Habersack aktuell 187. EL

Geleitwort zur Ergänzungslieferung

Die 187. Ergänzungslieferung bringt Ihre Textsammlung „Habersack, Deutsche Gesetze" auf den Stand der Gesetzgebung vom 26. Oktober 2021.

Berücksichtigung fanden zunächst die Änderungen mWv 1.1.2022 im BGB (Nr. **20**) mit EG (Nr. **21**) und im UKlaG (Nr. **105**) durch das Gesetz zur Umsetzung der RL über bestimmte vertragsrechtliche Aspekte der Bereitstellung digitaler Inhalte und digitaler Dienstleistungen vom 25.6.2021 (BGBl. I S. 2123) sowie ebenfalls mWv 1.1.2022 im BGB (Nr. **20**) mit EG (Nr. **21**) durch das Gesetz zur Regelung des Verkaufs von Sachen mit digitalen Elementen und anderer Aspekte des Kaufvertrags vom 25.6.2021 (BGBl. I S. 2133).

Eingearbeitet wurden auch die Änderungen mWv 1.12.2021 durch das Telekommunikationsmodernisierungsgesetz vom 23.6.2021 (BGBl. I S. 1858) im BGB (Nr. **20**), im UrhG (Nr. **65**), im MarkenG (Nr. **72**), im GWB (Nr. **74**), in der StPO (Nr. **90**), im UKlaG (Nr. **105**) und im JVEG (Nr. **116**).

Das Gesetz zur Verbesserung des Schutzes von Gerichtsvollziehern vor Gewalt sowie zur Änderung weiterer zwangsvollstreckungsrechtlicher Vorschriften und zur Änderung des Infektionsschutzgesetzes vom 7.5.2021 (BGBl. I S. 850) brachte Änderungen mWv 1.1.2022 im BGB (Nr. **20**), im StVG (Nr. **35**), in der ZPO (Nr. **100**), in der InsO (Nr. **110**), im FamFG (Nr. **112**) und im GvKostG (Nr. **123**). Berücksichtigung fanden auch die Änderungen mWv 1.12.2021 durch das Pfändungsschutzkonto-Fortentwicklungsgesetz vom 22.11.2020 (BGBl. I S. 2466) in der ZPO (Nr. **100**), in der InsO (Nr. **110**) und im JBeitrG (Nr. **122**).

Das Gesetz zum Ausbau des elektronischen Rechtsverkehrs mit den Gerichten und zur Änderung weiterer Vorschriften vom 5.10.2021 (BGBl. I S. 4607) brachte Änderungen im BeurkG (Nr. **23**), im ArbGG (Nr. **83**), in der StPO (Nr. **90**), im OWiG (Nr. **94**), in der ZPO (Nr. **100**), im FamFG (Nr. **112**), in der GBO (Nr. **114**) und im GvKostG (Nr. **123**).

Das Gesetz zur Änderung des Strafgesetzbuches – Verbesserung des strafrechtlichen Schutzes gegen sogenannte Feindeslisten, Strafbarkeit der Verbreitung und des Besitzes von Anleitungen zu sexuellem Missbrauch von Kindern und Verbesserung der Bekämpfung verhetzender Inhalte sowie Bekämpfung von Propagandamitteln und Kennzeichen verfassungswidriger und terroristischer Organisationen vom 14.9.2021 (BGBl. I S. 4250) änderte das StGB (Nr. **85**) mit EG (Nr. **85a**) und die StPO (Nr. **90**). Das Gesetz zur Verbesserung der Transparenzregeln für die Mitglieder des Deutschen Bundestages und zur Anhebung des Strafrahmens des § 108e des StGB vom 8.10.2021 (BGBl. I S. 4650) brachte eine Änderung im StGB (Nr. **85**).

Habersack aktuell — 187. EL

Vorschau

Gesetz zur Vereinheitlichung des Stiftungsrechts und zur Änderung des Infektionsschutzgesetzes

(Inkrafttreten: 1.7.2023 und 1.1.2026)

Das Stiftungszivilrecht beruht derzeit auf Bundesrecht und Landesrecht. Die zivilrechtlichen Regelungen über die Stiftungen in den §§ 80 ff. des Bürgerlichen Gesetzbuchs (BGB) werden ergänzt durch zivilrechtliche Regelungen in den Stiftungsgesetzen der Länder. Die landesrechtlichen Vorschriften sind nicht einheitlich. Dieses Nebeneinander von Bundesrecht und Landesrecht führte in der Vergangenheit immer wieder zu Streitfragen und Rechtsunsicherheit. Durch die Neufassung der §§ 80 ff. BGB wird das Stiftungszivilrecht künftig abschließend im Bürgerlichen Gesetzbuch geregelt. Dabei werden neue Regelungen insbesondere zum Namen, Sitz und Vermögen der Stiftung sowie zur Änderung der Stiftungssatzung und zur Zusammenlegung von Stiftungen geschaffen. Zusätzlich wird zur Schaffung von mehr Transparenz ein zentrales Stiftungsregister mit Publizitätswirkung eingeführt. Durch das Stiftungsregister wird den Stiftungen die Teilnahme am Rechtsverkehr erleichtert.

Habersack aktuell 187. EL

Gesetz zur Modernisierung des Personengesellschaftsrechts (Personengesellschaftsrechtsmodernisierungsgesetz – MoPeG)

(Inkrafttreten: im Wesentlichen zum 1.1.2024)

Das Personengesellschaftsrechtsmodernisierungsgesetz (MoPeG) vom 10.8.2021 (BGBl. I S. 3436) richtet das Recht der Gesellschaft bürgerlichen Rechts innerhalb des bestehenden Systems, das heißt unter Anerkennung des grundlegenden Unterschieds zwischen kaufmännischen und nicht kaufmännischen Personengesellschaften, konsolidiert und konsequent am Leitbild einer auf gewisse Dauer angelegten, mit eigenen Rechten und Pflichten ausgestatteten Personengesellschaft aus. Dabei soll es den Gesellschaftern auch künftig freistehen, ihre Rechtsbeziehungen in weitem Umfang im Gesellschaftsvertrag abweichend von den gesetzlichen Regelungen auszugestalten. Die Gesellschaft bürgerlichen Rechts wird konsequent als Grundform aller rechtsfähigen Personengesellschaften ausgestaltet. Es wird ein Gesellschaftsregister eingeführt, in das Gesellschaften bürgerlichen Rechts eingetragen werden können. Es lehnt sich an das Handelsregister an. Die Anmeldung zum Register ist grundsätzlich freiwillig und die Eintragung nicht Voraussetzung für die Erlangung der Rechtsfähigkeit der Gesellschaft. Die Rechtsformen der Personenhandelsgesellschaften sollen künftig grundsätzlich auch für die gemeinsame Ausübung Freier Berufe gewählt werden können. Diese Öffnung des Zugangs zu den ursprünglich dem Betrieb eines Handelsgewerbes vorbehaltenen kaufmännischen Rechtsformen der Personengesellschaft für Freie Berufe wird unter einen berufsrechtlichen Vorbehalt gestellt. Zur erhöhten Rechtssicherheit beim Umgang mit fehlerhaften Gesellschafterbeschlüssen soll schließlich die Einführung eines am Aktienrecht orientierten Beschlussmängelrechts beitragen.

Habersack, Deutsche Gesetze

Einordnungsanweisung für die 187. Ergänzungslieferung
Oktober 2021

(Anschluss an die 186. Ergänzungslieferung September 2021)

Die Angaben beziehen sich auf die Ordnungsnummern (fette Zahlen)
und die dazugehörigen Seitenzahlen (magere Zahlen)

Herauszunehmen:		Blätter	Einzufügen:		Blätter
Titelblatt,			Titelblatt,		
	„Habersack aktuell"[1]	3		„Habersack aktuell"[1]	3
20	12b–15a	4	**20**	13–15c	4
	68–75a	8		68–75c	13
	91–102	6		91–102a	8
	112–112c	2		112–112c	2
	121–132	6		121–132a	7
	141–148	5		141–148a	5
	159–166a	7		159–166a	7
21	4b/4c	1	**21**	4b/4c	1
	17–20	2		17–20	2
	43–43c	2		43–43c	2
23	3–28	13	**23**	3–28	13
35	5/6	1	**35**	5/6	1
	71–74	2		71–74a	3
65	3/4	1	**65**	3/4	1
	65/66	1		65/66	1
72	3–6	1	**72**	3–6	1
	19–22	2		19–22	2
74	3–4a	2	**74**	3/4	1
	37–46	5		37–46	5
83	3–60	28	**83**	3–56	27
85	9–22a	8	**85**	9–22a	9
	61–109	30		61–109a	30
Übertrag:		140	Übertrag:		148

---

[1] Aus technischen Gründen liegt das Geleitwort „Habersack aktuell" am Anfang der Lieferung. Bitte ordnen Sie es wie gewohnt nach dem Titelblatt ein.

Übertrag:	140
85a 2–10	5
90 11–24	8
61–84a	15
94 3/3a	1
39/40	1
100 5b–6a	2
21–78a	32
137–244	47
269/270	1
105 3–18	8
110 3/3a	1
14/14a	1
112 4–8a	5
19–30	7
114 3/4	1
37–42	3
116 1/2	1
27–32	3
122 1–**123** 18	12
Insgesamt herauszunehmen:	294

Übertrag:	148
85a 2–10	5
90 11–24a	9
61–84a	15
94 3/3a	1
39/40	1
100 6–6c	2
21–78a	31
137–244	48
269/270	1
105 3–16	7
110 3/3a	1
14–14c	2
112 4–8a	5
19–30	6
114 3/4	1
37–42	3
116 1/2	1
27–32	3
122 1–**123** 18	12
Insgesamt einzufügen:	302

Habersack
Deutsche Gesetze

Sammlung des
Zivil-, Straf- und Verfahrensrechts

Herausgegeben von
Prof. Dr. Mathias Habersack
Ludwig-Maximilians-Universität München

Begründet von
Dr. Heinrich Schönfelder

Stand: 26. Oktober 2021
(187. Ergänzungslieferung)

C.H.BECK

Dieses Titelblatt stammt aus der 187. Ergänzungslieferung Oktober 2021,
die Ergänzungslieferung schließt an die 186. Ergänzungslieferung September 2021 an.
ISBN 978 3 406 78213 8

> **Redaktioneller Hinweis:** Paragraphenüberschriften in eckigen Klammern sind nichtamtlich. Sie sind ebenso wie die Fußnoten urheber- und wettbewerbsrechtlich geschützt.

www.beck.de

ISBN 978 3 406 46119 4 (Grundwerk zur Fortsetzung für 12 Monate)
ISBN 978 3 406 50075 6 (Grundwerk ohne Fortsetzung)

© 2022 Verlag C. H. Beck oHG
Wilhelmstraße 9, 80801 München
Druck: Druckerei C. H. Beck Nördlingen
(Adresse wie Verlag)

Gedruckt auf säurefreiem, alterungsbeständigem Papier
(hergestellt aus chlorfrei gebleichtem Zellstoff)

Bürgerliches Gesetzbuch BGB 20

Lfd. Nr.	Änderndes Gesetz	Datum	Fundstelle	Betroffen	Hinweis
134.	Art. 1 G zur Regelung des Verkaufs von Sachen mit digitalen Elementen und anderer Aspekte des Kaufvertrags[1]	25.6.2021	BGBl. I S. 2133	§§ 439, 445a, 445b, 474, 475, 478	geänd. mWv 1.1.2022
				§§ 434, 476, 477, 479	neu gef. mWv 1.1.2022
				§§ 475b, 475c, 475d, 475e	eingef. mWv 1.1.2022
135.	Art. 1, 3 G zur Vereinheitlichung des Stiftungsrechts und zur Änd. des InfektionsschutzG	16.7.2021	BGBl. I S. 2947	Inhaltsübersicht, § 2101	geänd. mWv 1.7.2023
				Buch 1 Abschnitt 1 Titel 2 UTitel 2 (§§ 80, 81, 81a, 82, 82a, 83, 83a, 83b, 83c, 84, 84a, 84b, 84c, 85, 85a, 86, 86a, 86b, 86c, 86d, 86e, 86f, 86g, 86h, 87, 87a, 87b, 87c, 88)	neu gef. mWv 1.7.2023
				§§ 82b, 82c, 82d, 84d, 85b, 86i, 87b	eingef. mWv 1.1.2026
136.	Art. 12 G zur Umsetzung der DigitalisierungsRL[2]	5.7.2021	BGBl. I S. 3338	§§ 71, 126a	geänd. mWv 1.8.2022
				§§ 66, 129	neu gef. mWv 1.8.2022
137.	Art. 1 G für faire Verbraucherverträge[3]	10.8.2021	BGBl. I S. 3433	§§ 308, 310	geänd. mWv 1.10.2021
				§ 309	geänd. mWv 1.3.2022
				§§ 312, 312l, 312m	geänd. mWv 1.7.2022
				§ 312k	eingef. mWv 1.7.2022
138.	Art. 1 PersonengesellschaftsrechtsmodernisierungsG (MoPeG)	10.8.2021	BGBl. I S. 3436	§ 707d	eingef. mWv 18.8.2021
				Inhaltsübersicht	geänd. mWv 1.1.2024
				§ 54, Buch 2 Abschnitt 8 Titel 16 (§§ 705–740c)	neu gef. mWv 1.1.2024
				§ 899a	aufgeh. mit Ablauf des 31.12.2023

[1] **Amtl. Anm.:** Dieses Gesetz dient der Umsetzung der Richtlinie (EU) 2019/771 des Europäischen Parlaments und des Rates vom 20. Mai 2019 über bestimmte vertragsrechtliche Aspekte des Warenkaufs, zur Änderung der Verordnung (EU) 2017/2394 und der Richtlinie 2009/22/EG sowie zur Aufhebung der Richtlinie 1999/44/EG (ABl. L 136 vom 22.5.2019, S. 28; L 305 vom 26.11.2019, S. 66).

[2] **Amtl. Anm.:** Dieses Gesetz dient der Umsetzung der Richtlinie (EU) 2019/1151 des Europäischen Parlaments und des Rates vom 20. Juni 2019 zur Änderung der Richtlinie (EU) 2017/1132 im Hinblick auf den Einsatz digitaler Werkzeuge und Verfahren im Gesellschaftsrecht (ABl. L 186 vom 11.7.2019, S. 80).

[3] **Amtl. Anm.:** Notifiziert gemäß der Richtlinie (EU) 2015/1535 des Europäischen Parlaments und des Rates vom 9. September 2015 über ein Informationsverfahren auf dem Gebiet der technischen Vorschriften und der Vorschriften für die Dienste der Informationsgesellschaft (ABl. L 241 vom 17.9.2015, S. 1).

20 BGB Bürgerliches Gesetzbuch

Lfd. Nr.	Änderndes Gesetz	Datum	Fundstelle	Betroffen	Hinweis
139.	Art. 1 G zur Änd. des BGB und des EGBGB in Umsetzung der RL (EU) 2019/2161 und zur Aufhebung der VO zur Übertragung der Zuständigkeit für die Durchführung der VO (EG) Nr. 2006/2004 auf das Bundesministerium der Justiz und für Verbraucherschutz[1)2)]	10.8.2021	BGBl. I S. 3483	Inhaltsübersicht, §§ 312, 312e, Buch 2 Abschnitt 3 Titel 1 UTitel 2 Kapitel 3 Überschrift, §§ 312j, 312l, 356, 357, 357b, 375c, 357d, 357e, 358, 360	geänd. mWv 28.5.2022
				§§ 312k, 357a	eingef. mWv 28.5.2022
140.	Art. 1 MietspiegelreformG	10.8.2021	BGBl. I S. 3515	§ 558c	geänd. mWv 18.8.2021
				§§ 558c, 558d	geänd. mWv 1.7.2022

Vorbemerkung:

Die Änderungen durch G v. 10.8.2021 (BGBl. I S. 3433) treten teilweise erst mWv 1.3.2022 und 1.7.2022 in Kraft und sind insoweit im Text noch nicht berücksichtigt.

Die Änderungen durch G v. 10.8.2021 (BGBl. I S. 3483) treten erst mWv 28.5.2022 in Kraft und sind im Text noch nicht berücksichtigt.

Die Änderungen durch G v. 10.8.2021 (BGBl. I S. 3515) treten teilweise erst mWv 1.7.2022 in Kraft und sind insoweit im Text noch nicht berücksichtigt.

Die Änderungen durch G v. 5.7.2021 (BGBl. I S. 3338) treten erst mWv 1.8.2022 in Kraft und sind im Text noch nicht berücksichtigt.

Die Änderungen durch G v. 4.5.2021 (BGBl. I S. 882) und durch G v. 3.6.2021 (BGBl. I S. 1444) treten teilweise erst mWv 1.1.2023 in Kraft und sind insoweit im Text noch nicht berücksichtigt.

Die Änderungen durch G v. 16.7.2021 (BGBl. I S. 2947) treten erst mWv 1.7.2023 und 1.1.2026 in Kraft und sind im Text noch nicht berücksichtigt.

Die Änderungen durch G v. 10.8.2021 (BGBl. I S. 3436) treten teilweise erst mWv 1.1.2024 in Kraft und sind insoweit im Text noch nicht berücksichtigt.

[1)] **Amtl. Anm.:** Dieses Gesetz dient der Umsetzung der Richtlinie (EU) 2019/2161 des Europäischen Parlaments und des Rates vom 27. November 2019 zur Änderung der Richtlinie 93/13/EWG des Rates und der Richtlinien 98/6/EG, 2005/29/EG und 2011/83/EU des Europäischen Parlaments und des Rates zur besseren Durchsetzung und Modernisierung der Verbraucherschutzvorschriften der Union (ABl. L 328 vom 18.12.2019, S. 7).

[2)] **Amtl. Anm.:** Notifiziert gemäß der Richtlinie (EU) 2015/1535 des Europäischen Parlaments und des Rates vom 9. September 2015 über ein Informationsverfahren auf dem Gebiet der technischen Vorschriften und der Vorschriften für die Dienste der Informationsgesellschaft (ABl. L 241 vom 17.9.2015, S. 1).

Inhaltsübersicht[1]

	§§
Buch 1. Allgemeiner Teil	
Abschnitt 1. Personen	1–89
Titel 1. Natürliche Personen, Verbraucher, Unternehmer	1–14
Titel 2. Juristische Personen	21–89
Untertitel 1. Vereine	21–79
Kapitel 1. Allgemeine Vorschriften	21–54
Kapitel 2. Eingetragene Vereine	55–79a
Untertitel 2. Stiftungen	80–88
Untertitel 3. Juristische Personen des öffentlichen Rechts	89
Abschnitt 2. Sachen und Tiere	90–103
Abschnitt 3. Rechtsgeschäfte	104–185
Titel 1. Geschäftsfähigkeit	104–113
Titel 2. Willenserklärung	116–144
Titel 3. Vertrag	145–157
Titel 4. Bedingung und Zeitbestimmung	158–163
Titel 5. Vertretung und Vollmacht	164–181
Titel 6. Einwilligung und Genehmigung	182–185
Abschnitt 4. Fristen, Termine	186–193
Abschnitt 5. Verjährung	194–218
Titel 1. Gegenstand und Dauer der Verjährung	194–202
Titel 2. Hemmung, Ablaufhemmung und Neubeginn der Verjährung	203–213
Titel 3. Rechtsfolgen der Verjährung	214–218
Abschnitt 6. Ausübung der Rechte, Selbstverteidigung, Selbsthilfe	226–231
Abschnitt 7. Sicherheitsleistung	232–240
Buch 2. Recht der Schuldverhältnisse	
Abschnitt 1. Inhalt der Schuldverhältnisse	241–304
Titel 1. Verpflichtung zur Leistung	241–292
Titel 2. Verzug des Gläubigers	293–304
Abschnitt 2. Gestaltung rechtsgeschäftlicher Schuldverhältnisse durch Allgemeine Geschäftsbedingungen	305–310
Abschnitt 3. Schuldverhältnisse aus Verträgen	311–360
Titel 1. Begründung, Inhalt und Beendigung	311–319
Untertitel 1. Begründung	311–311c
Untertitel 2. Grundsätze bei Verbraucherverträgen und besondere Vertriebsformen	312–312k
Kapitel 1. Anwendungsbereich und Grundsätze bei Verbraucherverträgen	312, 312a
Kapitel 2. Außerhalb von Geschäftsräumen geschlossene Verträge und Fernabsatzverträge	312b–312h
Kapitel 3. Verträge im elektronischen Geschäftsverkehr	312i, 312j
Kapitel 4. Abweichende Vereinbarungen und Beweislast	312k
Untertitel 3. Anpassung und Beendigung von Verträgen	313, 314
Untertitel 4. Einseitige Leistungsbestimmungsrechte	315–319
Titel 2. Gegenseitiger Vertrag	320–326

---

[1] Inhaltsübersicht geänd. mWv 11.6.2010 durch G v. 29.7.2009 (BGBl. I S. 2355); Wiedergabe der einzelnen Paragraphen aufgeh. mWv 1.1.2010 durch G v. 24.9.2009 (BGBl. I S. 3142); Inhaltsübersicht geänd. mWv 30.7.2010 durch G v. 24.7.2010 (BGBl. I S. 977); mWv 23.2.2011 durch G v. 17.1.2011 (BGBl. I S. 34); mWv 1.5.2013 durch G v. 15.3.2012 (BGBl. II S. 178, geänd. durch Bek. v. 22.4.2013 (BGBl. II S. 431); mWv 26.2.2013 durch G v. 20.2.2013 (BGBl. I S. 277); mWv 1.5.2013 durch G v. 11.3.2013 (BGBl. I S. 434); mWv 13.6.2014 durch G v. 20.9.2013 (BGBl. I S. 3642); mWv 1.6.2015 durch G v. 21.4.2015 (BGBl. I S. 610); mWv 21.3.2016 durch G v. 11.3.2016 (BGBl. I S. 396); mWv 1.1.2018 durch G v. 28.4.2017 (BGBl. I S. 969); mWv 1.7.2018 durch G v. 17.7.2017 (BGBl. I S. 2394); mWv 13.1.2018 durch G v. 17.7.2017 (BGBl. I S. 2446); mWv 22.12.2018 durch G v. 18.12.2018 (BGBl. I S. 2639); mWv 23.12.2020 durch G v. 12.6.2020 (BGBl. I S. 1245); mWv 1.1.2022 durch G v. 25.6.2021 (BGBl. I S. 2123); sie wurde nichtamtlich an die Änderungen mWv 21.3.2016 durch G v. 11.3.2016 (BGBl. I S. 396), mWv 26.11.2019 durch G v. 20.11.2019 (BGBl. I S. 1724) und mWv 31.3.2020 durch G v. 19.3.2020 (BGBl. I S. 541) angepasst.

	§§
Titel 2a. Verträge über digitale Produkte	327–327u
Untertitel 1. Verbraucherverträge über digitale Produkte	327–327s
Untertitel 2. Besondere Bestimmungen für Verträge über digitale Produkte zwischen Unternehmern	327t, 327u
Titel 3. Versprechen der Leistung an einen Dritten	328–335
Titel 4. Draufgabe, Vertragsstrafe	336–345
Titel 5. Rücktritt; Widerrufsrecht bei Verbraucherverträgen	346–360
Untertitel 1. Rücktritt	346–354
Untertitel 2. Widerrufsrecht bei Verbraucherverträgen	355–361
Abschnitt 4. Erlöschen der Schuldverhältnisse	362–397
Titel 1. Erfüllung	362–371
Titel 2. Hinterlegung	372–386
Titel 3. Aufrechnung	387–396
Titel 4. Erlass	397
Abschnitt 5. Übertragung einer Forderung	398–413
Abschnitt 6. Schuldübernahme	414–418
Abschnitt 7. Mehrheit von Schuldnern und Gläubigern	420–432
Abschnitt 8. Einzelne Schuldverhältnisse	433–853
Titel 1. Kauf, Tausch	433–480
Untertitel 1. Allgemeine Vorschriften	433–453
Untertitel 2. Besondere Arten des Kaufs	454–473
Kapitel 1. Kauf auf Probe	454, 455
Kapitel 2. Wiederkauf	456–462
Kapitel 3. Vorkauf	463–473
Untertitel 3. Verbrauchsgüterkauf	474–479
Untertitel 4. Tausch	480
Titel 2. Teilzeit-Wohnrechteverträge, Verträge über langfristige Urlaubsprodukte, Vermittlungsverträge und Tauschsystemverträge	481–487
Titel 3. Darlehensvertrag; Finanzierungshilfen und Ratenlieferungsverträge zwischen einem Unternehmer und einem Verbraucher	488–512
Untertitel 1. Darlehensvertrag	488–505e
Kapitel 1. Allgemeine Vorschriften	488–490
Kapitel 2. Besondere Vorschriften für Verbraucherdarlehensverträge	491–505e
Untertitel 2. Finanzierungshilfen zwischen einem Unternehmer und einem Verbraucher	506–509
Untertitel 3. Ratenlieferungsverträge zwischen einem Unternehmer und einem Verbraucher	510
Untertitel 4. Beratungsleistungen bei Immobiliar-Verbraucherdarlehensverträgen	511
Untertitel 5. Unabdingbarkeit, Anwendung auf Existenzgründer	512, 513
Untertitel 6. [Unentgeltliche Darlehensverträge und unentgeltliche Finanzierungshilfen zwischen einem Unternehmer und einem Verbraucher]	514, 515
Titel 4. Schenkung	516–534
Titel 5. Mietvertrag, Pachtvertrag	535–597
Untertitel 1. Allgemeine Vorschriften für Mietverhältnisse	535–548a
Untertitel 2. Mietverhältnisse über Wohnraum	549–577a
Kapitel 1. Allgemeine Vorschriften	549–555
Kapitel 1a. Erhaltungs- und Modernisierungsmaßnahmen	555a–555f
Kapitel 2. Die Miete	556–561
Unterkapitel 1. Vereinbarungen über die Miete	556–556c
Unterkapitel 1a. Vereinbarungen über die Miethöhe bei Mietbeginn in Gebieten mit angespannten Wohnungsmärkten	556d–556g
Unterkapitel 2. Regelungen über die Miethöhe	557–561
Kapitel 3. Pfandrecht des Vermieters	562–562d
Kapitel 4. Wechsel der Vertragsparteien	563–567b
Kapitel 5. Beendigung des Mietverhältnisses	568–576b
Unterkapitel 1. Allgemeine Vorschriften	568–572
Unterkapitel 2. Mietverhältnisse auf unbestimmte Zeit	573–574c
Unterkapitel 3. Mietverhältnisse auf bestimmte Zeit	575, 575a
Unterkapitel 4. Werkwohnungen	576–576b
Kapitel 6. Besonderheiten bei der Bildung von Wohnungseigentum an vermieteten Wohnungen	577, 577a

Bürgerliches Gesetzbuch BGB 20

	§§
Untertitel 3. Mietverhältnisse über andere Sachen und digitale Produkte	578–580a
Untertitel 4. Pachtvertrag	581–584b
Untertitel 5. Landpachtvertrag	585–597
Titel 6. Leihe	598–606
Titel 7. Sachdarlehensvertrag	607–609
Titel 8. Dienstvertrag und ähnliche Verträge	611–630h
Untertitel 1. Dienstvertrag	611–630
Untertitel 2. Behandlungsvertrag	630a–630h
Titel 9. Werkvertrag und ähnliche Verträge	631–651m
Untertitel 1. Werkvertragsrecht	631–650o
Kapitel 1. Allgemeine Vorschriften	631–650
Kapitel 2. Bauvertrag	650a–650h
Kapitel 3. Verbraucherbauvertrag	650i–650n
Kapitel 4. Unabdingbarkeit	650o
Untertitel 2. Architektenvertrag und Ingenieurvertrag	650p–650t
Untertitel 3. Bauträgervertrag	650u, 650v
Untertitel 4. Pauschalreisevertrag, Reisevermittlung und Vermittlung verbundener Reiseleistungen	651a–651y
Titel 10. Maklervertrag	652–656
Untertitel 1. Allgemeine Vorschriften	652–655
Untertitel 2. Vermittlung von Verbraucherdarlehensverträgen und entgeltlichen Finanzierungshilfen	655a–655e
Untertitel 3. Ehevermittlung	656
Untertitel 4. Vermittlung von Kaufverträgen über Wohnungen und Einfamilienhäuser	656a–656d
Titel 11. Auslobung	657–661a
Titel 12. Auftrag, Geschäftsbesorgungsvertrag und Zahlungsdienste	662–676c
Untertitel 1. Auftrag	662–674
Untertitel 2. Geschäftsbesorgungsvertrag	675–675b
Untertitel 3. Zahlungsdienste	675c–676c
Kapitel 1. Allgemeine Vorschriften	675c–675e
Kapitel 2. Zahlungsdienstevertrag	675f–675i
Kapitel 3. Erbringung und Nutzung von Zahlungsdiensten	675j–676c
Unterkapitel 1. Autorisierung von Zahlungsvorgängen; Zahlungsinstrumente	675j–675m
Unterkapitel 2. Ausführung von Zahlungsvorgängen	675n–675t
Unterkapitel 3. Haftung	675u–676c
Titel 13. Geschäftsführung ohne Auftrag	677–687
Titel 14. Verwahrung	688–700
Titel 15. Einbringung von Sachen bei Gastwirten	701–704
Titel 16. Gesellschaft	705–740
Titel 17. Gemeinschaft	741–758
Titel 18. Leibrente	759–761
Titel 19. Unvollkommene Verbindlichkeiten	762–764
Titel 20. Bürgschaft	765–778
Titel 21. Vergleich	779
Titel 22. Schuldversprechen, Schuldanerkenntnis	780–782
Titel 23. Anweisung	783–792
Titel 24. Schuldverschreibung auf den Inhaber	793–808
Titel 25. Vorlegung von Sachen	809–811
Titel 26. Ungerechtfertigte Bereicherung	812–822
Titel 27. Unerlaubte Handlungen	823–853
Buch 3. Sachenrecht	
Abschnitt 1. Besitz	854–872
Abschnitt 2. Allgemeine Vorschriften über Rechte an Grundstücken	873–902
Abschnitt 3. Eigentum	903–1011
Titel 1. Inhalt des Eigentums	903–924
Titel 2. Erwerb und Verlust des Eigentums an Grundstücken	925–928
Titel 3. Erwerb und Verlust des Eigentums an beweglichen Sachen	929–984
Untertitel 1. Übertragung	929–936
Untertitel 2. Ersitzung	937–945
Untertitel 3. Verbindung, Vermischung, Verarbeitung	946–952

	§§
Untertitel 4. Erwerb von Erzeugnissen und sonstigen Bestandteilen einer Sache	953–957
Untertitel 5. Aneignung	958–964
Untertitel 6. Fund	965–984
Titel 4. Ansprüche aus dem Eigentum	985–1007
Titel 5. Miteigentum	1008–1011
Abschnitt 4. Dienstbarkeiten	1018–1093
Titel 1. Grunddienstbarkeiten	1018–1029
Titel 2. Nießbrauch	1030–1089
Untertitel 1. Nießbrauch an Sachen	1030–1067
Untertitel 2. Nießbrauch an Rechten	1068–1084
Untertitel 3. Nießbrauch an einem Vermögen	1085–1089
Titel 3. Beschränkte persönliche Dienstbarkeiten	1090–1093
Abschnitt 5. Vorkaufsrecht	1094–1104
Abschnitt 6. Reallasten	1105–1112
Abschnitt 7. Hypothek, Grundschuld, Rentenschuld	1113–1203
Titel 1. Hypothek	1113–1190
Titel 2. Grundschuld, Rentenschuld	1191–1203
Untertitel 1. Grundschuld	1191–1198
Untertitel 2. Rentenschuld	1199–1203
Abschnitt 8. Pfandrecht an beweglichen Sachen und an Rechten	1204–1296
Titel 1. Pfandrecht an beweglichen Sachen	1204–1259
Titel 2. Pfandrecht an Rechten	1273–1296

Buch 4. Familienrecht

Abschnitt 1. Bürgerliche Ehe	1297–1588
Titel 1. Verlöbnis	1297–1302
Titel 2. Eingehung der Ehe	1303–1312
Untertitel 1. Ehefähigkeit	1303–1305
Untertitel 2. Eheverbote	1306–1308
Untertitel 3. Ehefähigkeitszeugnis	1309
Untertitel 4. Eheschließung	1310–1312
Titel 3. Aufhebung der Ehe	1313–1318
Titel 4. Wiederverheiratung nach Todeserklärung	1319, 1320
Titel 5. Wirkungen der Ehe im Allgemeinen	1353–1362
Titel 6. Eheliches Güterrecht	1363–1563
Untertitel 1. Gesetzliches Güterrecht	1363–1390
Untertitel 2. Vertragliches Güterrecht	1408–1519
Kapitel 1. Allgemeine Vorschriften	1408–1413
Kapitel 2. Gütertrennung	1414
Kapitel 3. Gütergemeinschaft	1415–1518
Unterkapitel 1. Allgemeine Vorschriften	1415–1421
Unterkapitel 2. Verwaltung des Gesamtguts durch einen Ehegatten	1422–1449
Unterkapitel 3. Gemeinschaftliche Verwaltung des Gesamtguts durch die Ehegatten	1450–1470
Unterkapitel 4. Auseinandersetzung des Gesamtguts	1471–1482
Unterkapitel 5. Fortgesetzte Gütergemeinschaft	1483–1518
Kapitel 4. Wahl-Zugewinngemeinschaft	1519
Untertitel 3. Güterrechtsregister	1558–1563
Titel 7. Scheidung der Ehe	1564–1587
Untertitel 1. Scheidungsgründe	1564–1568
Untertitel 1a. Behandlung der Ehewohnung und der Haushaltsgegenstände anlässlich der Scheidung	1568a, 1568b
Untertitel 2. Unterhalt des geschiedenen Ehegatten	1569–1586b
Kapitel 1. Grundsatz	1569
Kapitel 2. Unterhaltsberechtigung	1570–1580
Kapitel 3. Leistungsfähigkeit und Rangfolge	1581–1584
Kapitel 4. Gestaltung des Unterhaltsanspruchs	1585–1585c
Kapitel 5. Ende des Unterhaltsanspruchs	1586–1586b
Untertitel 3. Versorgungsausgleich	1587
Titel 8. Kirchliche Verpflichtungen	1588

Bürgerliches Gesetzbuch BGB 20

	§§
Abschnitt 2. Verwandtschaft	1589–1772
Titel 1. Allgemeine Vorschriften	1589, 1590
Titel 2. Abstammung	1591–1600d
Titel 3. Unterhaltspflicht	1601–1615n
Untertitel 1. Allgemeine Vorschriften	1601–1615
Untertitel 2. Besondere Vorschriften für das Kind und seine nicht miteinander verheirateten Eltern	1615a–1615n
Titel 4. Rechtsverhältnis zwischen den Eltern und dem Kind im Allgemeinen	1616–1625
Titel 5. Elterliche Sorge	1626–1698b
Titel 6. Beistandschaft	1712–1717
Titel 7. Annahme als Kind	1741–1772
Untertitel 1. Annahme Minderjähriger	1741–1766a
Untertitel 2. Annahme Volljähriger	1767–1772
Abschnitt 3. Vormundschaft, Rechtliche Betreuung, Pflegschaft	1773–1921
Titel 1. Vormundschaft	1773–1895
Untertitel 1. Begründung der Vormundschaft	1773–1792
Untertitel 2. Führung der Vormundschaft	1793–1836e
Untertitel 3. Fürsorge und Aufsicht des Familiengerichts	1837–1847
Untertitel 4. Mitwirkung des Jugendamts	1851
Untertitel 5. Befreite Vormundschaft	1852–1857a
Untertitel 6. Beendigung der Vormundschaft	1882–1895
Titel 2. Rechtliche Betreuung	1896–1908i
Titel 3. Pflegschaft	1909–1921
Buch 5. Erbrecht	
Abschnitt 1. Erbfolge	1922–1941
Abschnitt 2. Rechtliche Stellung des Erben	1942–2063
Titel 1. Annahme und Ausschlagung der Erbschaft, Fürsorge des Nachlassgerichts	1942–1966
Titel 2. Haftung des Erben für die Nachlassverbindlichkeiten	1967–2017
Untertitel 1. Nachlassverbindlichkeiten	1967–1969
Untertitel 2. Aufgebot der Nachlassgläubiger	1970–1974
Untertitel 3. Beschränkung der Haftung des Erben	1975–1992
Untertitel 4. Inventarerrichtung, unbeschränkte Haftung des Erben	1993–2013
Untertitel 5. Aufschiebende Einreden	2014–2017
Titel 3. Erbschaftsanspruch	2018–2031
Titel 4. Mehrheit von Erben	2032–2063
Untertitel 1. Rechtsverhältnis der Erben untereinander	2032–2057a
Untertitel 2. Rechtsverhältnis zwischen den Erben und den Nachlassgläubigern	2058–2063
Abschnitt 3. Testament	2064–2272
Titel 1. Allgemeine Vorschriften	2064–2086
Titel 2. Erbeinsetzung	2087–2099
Titel 3. Einsetzung eines Nacherben	2100–2146
Titel 4. Vermächtnis	2147–2191
Titel 5. Auflage	2192–2196
Titel 6. Testamentsvollstrecker	2197–2228
Titel 7. Errichtung und Aufhebung eines Testaments	2229–2263
Titel 8. Gemeinschaftliches Testament	2265–2272
Abschnitt 4. Erbvertrag	2274–2302
Abschnitt 5. Pflichtteil	2303–2338
Abschnitt 6. Erbunwürdigkeit	2339–2345
Abschnitt 7. Erbverzicht	2346–2352
Abschnitt 8. Erbschein	2353–2370
Abschnitt 9. Erbschaftskauf	2371–2385

Buch 1. Allgemeiner Teil
Abschnitt 1. Personen
Titel 1. Natürliche Personen, Verbraucher, Unternehmer

§ 1 Beginn der Rechtsfähigkeit. Die Rechtsfähigkeit des Menschen beginnt mit der Vollendung der Geburt.

§ 2 Eintritt der Volljährigkeit. Die Volljährigkeit tritt mit der Vollendung des 18. Lebensjahres ein.

§§ 3 bis 6 (weggefallen)

§ 7 Wohnsitz; Begründung und Aufhebung. (1) Wer sich an einem Orte ständig niederlässt, begründet an diesem Orte seinen Wohnsitz.

(2) Der Wohnsitz kann gleichzeitig an mehreren Orten bestehen.

(3) Der Wohnsitz wird aufgehoben, wenn die Niederlassung mit dem Willen aufgehoben wird, sie aufzugeben.

§ 8[1) Wohnsitz nicht voll Geschäftsfähiger. Wer geschäftsunfähig oder in der Geschäftsfähigkeit beschränkt ist, kann ohne den Willen seines gesetzlichen Vertreters einen Wohnsitz weder begründen noch aufheben.

§ 9 Wohnsitz eines Soldaten. (1) [1] Ein Soldat hat seinen Wohnsitz am Standort. [2] Als Wohnsitz eines Soldaten, der im Inland keinen Standort hat, gilt der letzte inländische Standort.

(2) Diese Vorschriften finden keine Anwendung auf Soldaten, die nur auf Grund der Wehrpflicht Wehrdienst leisten oder die nicht selbständig einen Wohnsitz begründen können.

§ 10 (weggefallen)

§ 11 Wohnsitz des Kindes. [1] Ein minderjähriges Kind teilt den Wohnsitz der Eltern; es teilt nicht den Wohnsitz eines Elternteils, dem das Recht fehlt, für die Person des Kindes zu sorgen. [2] Steht keinem Elternteil das Recht zu, für die Person des Kindes zu sorgen, so teilt das Kind den Wohnsitz desjenigen, dem dieses Recht zusteht. [3] Das Kind behält den Wohnsitz, bis es ihn rechtsgültig aufhebt.

§ 12[2) Namensrecht. [1] Wird das Recht zum Gebrauch eines Namens dem Berechtigten von einem anderen bestritten oder wird das Interesse des Berechtigten dadurch verletzt, dass ein anderer unbefugt den gleichen Namen gebraucht, so kann der Berechtigte von dem anderen Beseitigung der Beeinträchtigung verlangen. [2] Sind weitere Beeinträchtigungen zu besorgen, so kann er auf Unterlassung klagen.

---

[1] § 8 Abs. 2 aufgeh. mWv 22.7.2017 durch G v. 17.7.2017 (BGBl. I S. 2429).
[2] Beachte hierzu auch das G über die Änderung der Vornamen und die Feststellung der Geschlechtszugehörigkeit in besonderen Fällen (Transsexuellengesetz – TSG) v. 10.9.1980 (BGBl. I S. 1654), zuletzt geänd. durch G v. 20.7.2017 (BGBl. I S. 2787).

Abschnitt 3. Schuldverhältnisse aus Verträgen §§ 311b–312 BGB 20

(2) ¹Der Gläubiger kann nach seiner Wahl Schadensersatz statt der Leistung oder Ersatz seiner Aufwendungen in dem in § 284 bestimmten Umfang verlangen. ²Dies gilt nicht, wenn der Schuldner das Leistungshindernis bei Vertragsschluss nicht kannte und seine Unkenntnis auch nicht zu vertreten hat. ³§ 281 Abs. 1 Satz 2 und 3 und Abs. 5 findet entsprechende Anwendung.

§ 311b Verträge über Grundstücke, das Vermögen und den Nachlass.
(1) ¹Ein Vertrag, durch den sich der eine Teil verpflichtet, das Eigentum an einem Grundstück zu übertragen oder zu erwerben, bedarf der notariellen Beurkundung. ²Ein ohne Beachtung dieser Form geschlossener Vertrag wird seinem ganzen Inhalt nach gültig, wenn die Auflassung und die Eintragung in das Grundbuch erfolgen.

(2) Ein Vertrag, durch den sich der eine Teil verpflichtet, sein künftiges Vermögen oder einen Bruchteil seines künftigen Vermögens zu übertragen oder mit einem Nießbrauch zu belasten, ist nichtig.

(3) Ein Vertrag, durch den sich der eine Teil verpflichtet, sein gegenwärtiges Vermögen oder einen Bruchteil seines gegenwärtigen Vermögens zu übertragen oder mit einem Nießbrauch zu belasten, bedarf der notariellen Beurkundung.

(4) ¹Ein Vertrag über den Nachlass eines noch lebenden Dritten ist nichtig. ²Das Gleiche gilt von einem Vertrag über den Pflichtteil oder ein Vermächtnis aus dem Nachlass eines noch lebenden Dritten.

(5) ¹Absatz 4 gilt nicht für einen Vertrag, der unter künftigen gesetzlichen Erben über den gesetzlichen Erbteil oder den Pflichtteil eines von ihnen geschlossen wird. ²Ein solcher Vertrag bedarf der notariellen Beurkundung.

§ 311c Erstreckung auf Zubehör. Verpflichtet sich jemand zur Veräußerung oder Belastung einer Sache, so erstreckt sich diese Verpflichtung im Zweifel auch auf das Zubehör der Sache.

Untertitel 2.[1] Grundsätze bei Verbraucherverträgen und besondere Vertriebsformen[2]

Kapitel 1.[1] Anwendungsbereich und Grundsätze bei Verbraucherverträgen

§ 312[3] Anwendungsbereich. (1) Die Vorschriften der Kapitel 1 und 2 dieses Untertitels sind auf Verbraucherverträge anzuwenden, bei denen sich der Verbraucher zur Zahlung eines Preises verpflichtet.

(1a) ¹Die Vorschriften der Kapitel 1 und 2 dieses Untertitels sind auch auf Verbraucherverträge anzuwenden, bei denen der Verbraucher dem Unternehmer personenbezogene Daten bereitstellt oder sich hierzu verpflichtet. ²Dies gilt nicht, wenn der Unternehmer die vom Verbraucher bereitgestellten personenbezogenen Daten ausschließlich verarbeitet, um seine Leistungspflicht oder an ihn gestellte rechtliche Anforderungen zu erfüllen, und sie zu keinem anderen Zweck verarbeitet.

---

[1] UTitel 2 (§§ 312–312k) neu gef. mWv 13.6.2014 durch G v. 20.9.2013 (BGBl. I S. 3642).
[2] Beachte hierzu auch G über Unterlassungsklagen bei Verbraucherrechts- und anderen Verstößen (Unterlassungsklagengesetz – UKlaG) (Nr. **105**).
[3] § 312 neu gef. mWv 13.6.2014 durch G v. 20.9.2013 (BGBl. I S. 3642); Abs. 2 Nr. 3 neu gef. mWv 1.1.2018 durch G v. 28.4.2017 (BGBl. I S. 969); Abs. 2 Nr. 4 aufgeh., Abs. 7 angef. mWv 1.7.2018 durch G v. 17.7.2017 (BGBl. I S. 2394); Abs. 1 neu gef., Abs. 1a eingef. mWv 1.1.2022 durch G v. 25.6.2021 (BGBl. I S. 2123); Abs. 7 Satz 2 geänd. mWv 1.7.2022 durch G v. 10.8.2021 (BGBl. I S. 3433).

(2) Von den Vorschriften der Kapitel 1 und 2 dieses Untertitels ist nur § 312a Absatz 1, 3, 4 und 6 auf folgende Verträge anzuwenden:
1. notariell beurkundete Verträge
   a) über Finanzdienstleistungen, die außerhalb von Geschäftsräumen geschlossen werden,
   b) die keine Verträge über Finanzdienstleistungen sind; für Verträge, für die das Gesetz die notarielle Beurkundung des Vertrags oder einer Vertragserklärung nicht vorschreibt, gilt dies nur, wenn der Notar darüber belehrt, dass die Informationspflichten nach § 312d Absatz 1 und das Widerrufsrecht nach § 312g Absatz 1 entfallen,
2. Verträge über die Begründung, den Erwerb oder die Übertragung von Eigentum oder anderen Rechten an Grundstücken,
3. Verbraucherbauverträge nach § 650i Absatz 1,
4. *(aufgehoben)*
5. Verträge über die Beförderung von Personen,
6. Verträge über Teilzeit-Wohnrechte, langfristige Urlaubsprodukte, Vermittlungen und Tauschsysteme nach den §§ 481 bis 481b,
7. Behandlungsverträge nach § 630a,
8. Verträge über die Lieferung von Lebensmitteln, Getränken oder sonstigen Haushaltsgegenständen des täglichen Bedarfs, die am Wohnsitz, am Aufenthaltsort oder am Arbeitsplatz eines Verbrauchers von einem Unternehmer im Rahmen häufiger und regelmäßiger Fahrten geliefert werden,
9. Verträge, die unter Verwendung von Warenautomaten und automatisierten Geschäftsräumen geschlossen werden,
10. Verträge, die mit Betreibern von Telekommunikationsmitteln mit Hilfe öffentlicher Münz- und Kartentelefone zu deren Nutzung geschlossen werden,
11. Verträge zur Nutzung einer einzelnen von einem Verbraucher hergestellten Telefon-, Internet- oder Telefaxverbindung,
12. außerhalb von Geschäftsräumen geschlossene Verträge, bei denen die Leistung bei Abschluss der Verhandlungen sofort erbracht und bezahlt wird und das vom Verbraucher zu zahlende Entgelt 40 Euro nicht überschreitet, und
13. Verträge über den Verkauf beweglicher Sachen auf Grund von Zwangsvollstreckungsmaßnahmen oder anderen gerichtlichen Maßnahmen.

(3) Auf Verträge über soziale Dienstleistungen, wie Kinderbetreuung oder Unterstützung von dauerhaft oder vorübergehend hilfsbedürftigen Familien oder Personen, einschließlich Langzeitpflege, sind von den Vorschriften der Kapitel 1 und 2 dieses Untertitels nur folgende anzuwenden:
1. die Definitionen der außerhalb von Geschäftsräumen geschlossenen Verträge und der Fernabsatzverträge nach den §§ 312b und 312c,
2. § 312a Absatz 1 über die Pflicht zur Offenlegung bei Telefonanrufen,
3. § 312a Absatz 3 über die Wirksamkeit der Vereinbarung, die auf eine über das vereinbarte Entgelt für die Hauptleistung hinausgehende Zahlung gerichtet ist,
4. § 312a Absatz 4 über die Wirksamkeit der Vereinbarung eines Entgelts für die Nutzung von Zahlungsmitteln,
5. § 312a Absatz 6,

Abschnitt 3. Schuldverhältnisse aus Verträgen   § 312a BGB 20

6. § 312d Absatz 1 in Verbindung mit Artikel 246a § 1 Absatz 2 und 3 des Einführungsgesetzes zum Bürgerlichen Gesetzbuche[1)] über die Pflicht zur Information über das Widerrufsrecht und

7. § 312g über das Widerrufsrecht.

(4) [1]Auf Verträge über die Vermietung von Wohnraum sind von den Vorschriften der Kapitel 1 und 2 dieses Untertitels nur die in Absatz 3 Nummer 1 bis 7 genannten Bestimmungen anzuwenden. [2]Die in Absatz 3 Nummer 1, 6 und 7 genannten Bestimmungen sind jedoch nicht auf die Begründung eines Mietverhältnisses über Wohnraum anzuwenden, wenn der Mieter die Wohnung zuvor besichtigt hat.

(5) [1]Bei Vertragsverhältnissen über Bankdienstleistungen sowie Dienstleistungen im Zusammenhang mit einer Kreditgewährung, Versicherung, Altersversorgung von Einzelpersonen, Geldanlage oder Zahlung (Finanzdienstleistungen), die eine erstmalige Vereinbarung mit daran anschließenden aufeinanderfolgenden Vorgängen oder eine daran anschließende Reihe getrennter, in einem zeitlichen Zusammenhang stehender Vorgänge gleicher Art umfassen, sind die Vorschriften der Kapitel 1 und 2 dieses Untertitels nur auf die erste Vereinbarung anzuwenden. [2]§ 312a Absatz 1, 3, 4 und 6 ist daneben auf jeden Vorgang anzuwenden. [3]Wenn die in Satz 1 genannten Vorgänge ohne eine solche Vereinbarung aufeinanderfolgen, gelten die Vorschriften über Informationspflichten des Unternehmers nur für den ersten Vorgang. [4]Findet jedoch länger als ein Jahr kein Vorgang der gleichen Art mehr statt, so gilt der nächste Vorgang als der erste Vorgang einer neuen Reihe im Sinne von Satz 3.

(6) Von den Vorschriften der Kapitel 1 und 2 dieses Untertitels ist auf Verträge über Versicherungen sowie auf Verträge über deren Vermittlung nur § 312a Absatz 3, 4 und 6 anzuwenden.

(7) [1]Auf Pauschalreiseverträge nach den §§ 651a und 651c sind von den Vorschriften dieses Untertitels nur § 312a Absatz 3 bis 6, die §§ 312i, 312j Absatz 2 bis 5 und § 312k anzuwenden; diese Vorschriften finden auch Anwendung, wenn der Reisende kein Verbraucher ist. [2]Ist der Reisende ein Verbraucher, ist auf Pauschalreiseverträge nach § 651a, die außerhalb von Geschäftsräumen geschlossen worden sind, auch § 312g Absatz 1 anzuwenden, es sei denn, die mündlichen Verhandlungen, auf denen der Vertragsschluss beruht, sind auf vorhergehende Bestellung des Verbrauchers geführt worden.

§ 312a[2)] **Allgemeine Pflichten und Grundsätze bei Verbraucherverträgen; Grenzen der Vereinbarung von Entgelten.** (1) Ruft der Unternehmer oder eine Person, die in seinem Namen oder Auftrag handelt, den Verbraucher an, um mit diesem einen Vertrag zu schließen, hat der Anrufer zu Beginn des Gesprächs seine Identität und gegebenenfalls die Identität der Person, für die er anruft, sowie den geschäftlichen Zweck des Anrufs offenzulegen.

(2) [1]Der Unternehmer ist verpflichtet, den Verbraucher nach Maßgabe des Artikels 246 des Einführungsgesetzes zum Bürgerlichen Gesetzbuche[1)] zu informieren. [2]Der Unternehmer kann von dem Verbraucher Fracht-, Liefer- oder Versandkosten und sonstige Kosten nur verlangen, soweit er den Verbraucher über diese Kosten entsprechend den Anforderungen aus Artikel 246 Absatz 1 Nummer 3 des Einführungsgesetzes zum Bürgerlichen Gesetzbuche informiert hat. [3]Die

---

[1)] Nr. 21.
[2)] UTitel 2 (§§ 312–312k) neu gef. mWv 13.6.2014 durch G v. 20.9.2013 (BGBl. I S. 3642).

Sätze 1 und 2 sind weder auf außerhalb von Geschäftsräumen geschlossene Verträge noch auf Fernabsatzverträge noch auf Verträge über Finanzdienstleistungen anzuwenden.

(3) ¹Eine Vereinbarung, die auf eine über das vereinbarte Entgelt für die Hauptleistung hinausgehende Zahlung des Verbrauchers gerichtet ist, kann ein Unternehmer mit einem Verbraucher nur ausdrücklich treffen. ²Schließen der Unternehmer und der Verbraucher einen Vertrag im elektronischen Geschäftsverkehr, wird eine solche Vereinbarung nur Vertragsbestandteil, wenn der Unternehmer die Vereinbarung nicht durch eine Voreinstellung herbeiführt.

(4) Eine Vereinbarung, durch die ein Verbraucher verpflichtet wird, ein Entgelt dafür zu zahlen, dass er für die Erfüllung seiner vertraglichen Pflichten ein bestimmtes Zahlungsmittel nutzt, ist unwirksam, wenn
1. für den Verbraucher keine gängige und zumutbare unentgeltliche Zahlungsmöglichkeit besteht oder
2. das vereinbarte Entgelt über die Kosten hinausgeht, die dem Unternehmer durch die Nutzung des Zahlungsmittels entstehen.

(5) ¹Eine Vereinbarung, durch die ein Verbraucher verpflichtet wird, ein Entgelt dafür zu zahlen, dass der Verbraucher den Unternehmer wegen Fragen oder Erklärungen zu einem zwischen ihnen geschlossenen Vertrag über eine Rufnummer anruft, die der Unternehmer für solche Zwecke bereithält, ist unwirksam, wenn das vereinbarte Entgelt das Entgelt für die bloße Nutzung des Telekommunikationsdienstes übersteigt. ²Ist eine Vereinbarung nach Satz 1 unwirksam, ist der Verbraucher auch gegenüber dem Anbieter des Telekommunikationsdienstes nicht verpflichtet, ein Entgelt für den Anruf zu zahlen. ³Der Anbieter des Telekommunikationsdienstes ist berechtigt, das Entgelt für die bloße Nutzung des Telekommunikationsdienstes von dem Unternehmer zu verlangen, der die unwirksame Vereinbarung mit dem Verbraucher geschlossen hat.

(6) Ist eine Vereinbarung nach den Absätzen 3 bis 5 nicht Vertragsbestandteil geworden oder ist sie unwirksam, bleibt der Vertrag im Übrigen wirksam.

Kapitel 2.[1] Außerhalb von Geschäftsräumen geschlossene Verträge und Fernabsatzverträge

§ 312b[1] Außerhalb von Geschäftsräumen geschlossene Verträge.

(1) ¹Außerhalb von Geschäftsräumen geschlossene Verträge sind Verträge,
1. die bei gleichzeitiger körperlicher Anwesenheit des Verbrauchers und des Unternehmers an einem Ort geschlossen werden, der kein Geschäftsraum des Unternehmers ist,
2. für die der Verbraucher unter den in Nummer 1 genannten Umständen ein Angebot abgegeben hat,
3. die in den Geschäftsräumen des Unternehmers oder durch Fernkommunikationsmittel geschlossen werden, bei denen der Verbraucher jedoch unmittelbar zuvor außerhalb der Geschäftsräume des Unternehmers bei gleichzeitiger körperlicher Anwesenheit des Verbrauchers und des Unternehmers persönlich und individuell angesprochen wurde, oder
4. die auf einem Ausflug geschlossen werden, der von dem Unternehmer oder mit seiner Hilfe organisiert wurde, um beim Verbraucher für den Verkauf von Waren

---

[1] UTitel 2 (§§ 312–312k) neu gef. mWv 13.6.2014 durch G v. 20.9.2013 (BGBl. I S. 3642).

oder die Erbringung von Dienstleistungen zu werben und mit ihm entsprechende Verträge abzuschließen. ²Dem Unternehmer stehen Personen gleich, die in seinem Namen oder Auftrag handeln.

(2) ¹Geschäftsräume im Sinne des Absatzes 1 sind unbewegliche Gewerberäume, in denen der Unternehmer seine Tätigkeit dauerhaft ausübt, und bewegliche Gewerberäume, in denen der Unternehmer seine Tätigkeit für gewöhnlich ausübt. ²Gewerberäume, in denen die Person, die im Namen oder Auftrag des Unternehmers handelt, ihre Tätigkeit dauerhaft oder für gewöhnlich ausübt, stehen Räumen des Unternehmers gleich.

§ 312c[1] Fernabsatzverträge. (1) Fernabsatzverträge sind Verträge, bei denen der Unternehmer oder eine in seinem Namen oder Auftrag handelnde Person und der Verbraucher für die Vertragsverhandlungen und den Vertragsschluss ausschließlich Fernkommunikationsmittel verwenden, es sei denn, dass der Vertragsschluss nicht im Rahmen eines für den Fernabsatz organisierten Vertriebs- oder Dienstleistungssystems erfolgt.

(2) Fernkommunikationsmittel im Sinne dieses Gesetzes sind alle Kommunikationsmittel, die zur Anbahnung oder zum Abschluss eines Vertrags eingesetzt werden können, ohne dass die Vertragsparteien gleichzeitig körperlich anwesend sind, wie Briefe, Kataloge, Telefonanrufe, Telekopien, E-Mails, über den Mobilfunkdienst versendete Nachrichten (SMS) sowie Rundfunk und Telemedien.

§ 312d[1] Informationspflichten. (1) ¹Bei außerhalb von Geschäftsräumen geschlossenen Verträgen und bei Fernabsatzverträgen ist der Unternehmer verpflichtet, den Verbraucher nach Maßgabe des Artikels 246a des Einführungsgesetzes zum Bürgerlichen Gesetzbuche[2] zu informieren. ²Die in Erfüllung dieser Pflicht gemachten Angaben des Unternehmers werden Inhalt des Vertrags, es sei denn, die Vertragsparteien haben ausdrücklich etwas anderes vereinbart.

(2) Bei außerhalb von Geschäftsräumen geschlossenen Verträgen und bei Fernabsatzverträgen über Finanzdienstleistungen ist der Unternehmer abweichend von Absatz 1 verpflichtet, den Verbraucher nach Maßgabe des Artikels 246b des Einführungsgesetzes zum Bürgerlichen Gesetzbuche zu informieren.

§ 312e[1] Verletzung von Informationspflichten über Kosten. Der Unternehmer kann von dem Verbraucher Fracht-, Liefer- oder Versandkosten und sonstige Kosten nur verlangen, soweit er den Verbraucher über diese Kosten entsprechend den Anforderungen aus § 312d Absatz 1 in Verbindung mit Artikel 246a § 1 Absatz 1 Satz 1 Nummer 4 des Einführungsgesetzes zum Bürgerlichen Gesetzbuche[2] informiert hat.

§ 312f[3] Abschriften und Bestätigungen. (1) ¹Bei außerhalb von Geschäftsräumen geschlossenen Verträgen ist der Unternehmer verpflichtet, dem Verbraucher alsbald auf Papier zur Verfügung zu stellen
1. eine Abschrift eines Vertragsdokuments, das von den Vertragsschließenden so unterzeichnet wurde, dass ihre Identität erkennbar ist, oder

---

[1] UTitel 2 (§§ 312–312k) neu gef. mWv 13.6.2014 durch G v. 20.9.2013 (BGBl. I S. 3642).
[2] Nr. **21**.
[3] § 312f neu gef. mWv 13.6.2014 durch G v. 20.9.2013 (BGBl. I S. 3642); Abs. 3 einl. Satzteil geänd. mWv 1.1.2022 durch G v. 25.6.2021 (BGBl. I S. 2123).

2. eine Bestätigung des Vertrags, in der der Vertragsinhalt wiedergegeben ist.

²Wenn der Verbraucher zustimmt, kann für die Abschrift oder die Bestätigung des Vertrags auch ein anderer dauerhafter Datenträger verwendet werden. ³Die Bestätigung nach Satz 1 muss die in Artikel 246a des Einführungsgesetzes zum Bürgerlichen Gesetzbuche[1]) genannten Angaben nur enthalten, wenn der Unternehmer dem Verbraucher diese Informationen nicht bereits vor Vertragsschluss in Erfüllung seiner Informationspflichten nach § 312d Absatz 1 auf einem dauerhaften Datenträger zur Verfügung gestellt hat.

(2) ¹Bei Fernabsatzverträgen ist der Unternehmer verpflichtet, dem Verbraucher eine Bestätigung des Vertrags, in der der Vertragsinhalt wiedergegeben ist, innerhalb einer angemessenen Frist nach Vertragsschluss, spätestens jedoch bei der Lieferung der Ware oder bevor mit der Ausführung der Dienstleistung begonnen wird, auf einem dauerhaften Datenträger zur Verfügung zu stellen. ²Die Bestätigung nach Satz 1 muss die in Artikel 246a des Einführungsgesetzes zum Bürgerlichen Gesetzbuche genannten Angaben enthalten, es sei denn, der Unternehmer hat dem Verbraucher diese Informationen bereits vor Vertragsschluss in Erfüllung seiner Informationspflichten nach § 312d Absatz 1 auf einem dauerhaften Datenträger zur Verfügung gestellt.

(3) Bei Verträgen über digitale Inhalte (§ 327 Absatz 2 Satz 1), die nicht auf einem körperlichen Datenträger bereitgestellt werden, ist auf der Abschrift oder in der Bestätigung des Vertrags nach den Absätzen 1 und 2 gegebenenfalls auch festzuhalten, dass der Verbraucher vor Ausführung des Vertrags

1. ausdrücklich zugestimmt hat, dass der Unternehmer mit der Ausführung des Vertrags vor Ablauf der Widerrufsfrist beginnt, und
2. seine Kenntnis davon bestätigt hat, dass er durch seine Zustimmung mit Beginn der Ausführung des Vertrags sein Widerrufsrecht verliert.

(4) Diese Vorschrift ist nicht anwendbar auf Verträge über Finanzdienstleistungen.

§ 312g[2]) Widerrufsrecht. (1) Dem Verbraucher steht bei außerhalb von Geschäftsräumen geschlossenen Verträgen und bei Fernabsatzverträgen ein Widerrufsrecht gemäß § 355 zu.

(2) Das Widerrufsrecht besteht, soweit die Parteien nichts anderes vereinbart haben, nicht bei folgenden Verträgen:

1. Verträge zur Lieferung von Waren, die nicht vorgefertigt sind und für deren Herstellung eine individuelle Auswahl oder Bestimmung durch den Verbraucher maßgeblich ist oder die eindeutig auf die persönlichen Bedürfnisse des Verbrauchers zugeschnitten sind,
2. Verträge zur Lieferung von Waren, die schnell verderben können oder deren Verfallsdatum schnell überschritten würde,
3. Verträge zur Lieferung versiegelter Waren, die aus Gründen des Gesundheitsschutzes oder der Hygiene nicht zur Rückgabe geeignet sind, wenn ihre Versiegelung nach der Lieferung entfernt wurde,
4. Verträge zur Lieferung von Waren, wenn diese nach der Lieferung auf Grund ihrer Beschaffenheit untrennbar mit anderen Gütern vermischt wurden,

---

[1]) Nr. **21**.
[2]) § 312g neu gef. mWv 13.6.2014 durch G v. 20.9.2013 (BGBl. I S. 3642); Abs. 3 geänd. mWv 21.3.2016 durch G v. 11.3.2016 (BGBl. I S. 396); Abs. 2 Nr. 9 geänd., Satz 2 aufgeh. mWv 1.7.2018 durch G v. 17.7.2017 (BGBl. I S. 2394).

Abschnitt 3. Schuldverhältnisse aus Verträgen § 312g BGB 20

5. Verträge zur Lieferung alkoholischer Getränke, deren Preis bei Vertragsschluss vereinbart wurde, die aber frühestens 30 Tage nach Vertragsschluss geliefert werden können und deren aktueller Wert von Schwankungen auf dem Markt abhängt, auf die der Unternehmer keinen Einfluss hat,
6. Verträge zur Lieferung von Ton- oder Videoaufnahmen oder Computersoftware in einer versiegelten Packung, wenn die Versiegelung nach der Lieferung entfernt wurde,
7. Verträge zur Lieferung von Zeitungen, Zeitschriften oder Illustrierten mit Ausnahme von Abonnement-Verträgen,
8. Verträge zur Lieferung von Waren oder zur Erbringung von Dienstleistungen, einschließlich Finanzdienstleistungen, deren Preis von Schwankungen auf dem Finanzmarkt abhängt, auf die der Unternehmer keinen Einfluss hat und die innerhalb der Widerrufsfrist auftreten können, insbesondere Dienstleistungen im Zusammenhang mit Aktien, mit Anteilen an offenen Investmentvermögen im Sinne von § 1 Absatz 4 des Kapitalanlagegesetzbuchs und mit anderen handelbaren Wertpapieren, Devisen, Derivaten oder Geldmarktinstrumenten,
9. Verträge zur Erbringung von Dienstleistungen in den Bereichen Beherbergung zu anderen Zwecken als zu Wohnzwecken, Beförderung von Waren, Kraftfahrzeugvermietung, Lieferung von Speisen und Getränken sowie zur Erbringung weiterer Dienstleistungen im Zusammenhang mit Freizeitbetätigungen, wenn der Vertrag für die Erbringung einen spezifischen Termin oder Zeitraum vorsieht,
10. Verträge, die im Rahmen einer Vermarktungsform geschlossen werden, bei der der Unternehmer Verbrauchern, die persönlich anwesend sind oder denen diese Möglichkeit gewährt wird, Waren oder Dienstleistungen anbietet, und zwar in einem vom Versteigerer durchgeführten, auf konkurrierenden Geboten basierenden transparenten Verfahren, bei dem der Bieter, der den Zuschlag erhalten hat, zum Erwerb der Waren oder Dienstleistungen verpflichtet ist (öffentlich zugängliche Versteigerung),
11. Verträge, bei denen der Verbraucher den Unternehmer ausdrücklich aufgefordert hat, ihn aufzusuchen, um dringende Reparatur- oder Instandhaltungsarbeiten vorzunehmen; dies gilt nicht hinsichtlich weiterer bei dem Besuch erbrachter Dienstleistungen, die der Verbraucher nicht ausdrücklich verlangt hat, oder hinsichtlich solcher bei dem Besuch gelieferter Waren, die bei der Instandhaltung oder Reparatur nicht unbedingt als Ersatzteile benötigt werden,
12. Verträge zur Erbringung von Wett- und Lotteriedienstleistungen, es sei denn, dass der Verbraucher seine Vertragserklärung telefonisch abgegeben hat oder der Vertrag außerhalb von Geschäftsräumen geschlossen wurde, und
13. notariell beurkundete Verträge; dies gilt für Fernabsatzverträge über Finanzdienstleistungen nur, wenn der Notar bestätigt, dass die Rechte des Verbrauchers aus § 312d Absatz 2 gewahrt sind.

(3) Das Widerrufsrecht besteht ferner nicht bei Verträgen, bei denen dem Verbraucher bereits auf Grund der §§ 495, 506 bis 513 ein Widerrufsrecht nach § 355 zusteht, und nicht bei außerhalb von Geschäftsräumen geschlossenen Verträgen, bei denen dem Verbraucher bereits nach § 305 Absatz 1 bis 6 des Kapitalanlagegesetzbuchs ein Widerrufsrecht zusteht.

§ 312h[1] Kündigung und Vollmacht zur Kündigung. Wird zwischen einem Unternehmer und einem Verbraucher nach diesem Untertitel ein Dauerschuldverhältnis begründet, das ein zwischen dem Verbraucher und einem anderen Unternehmer bestehendes Dauerschuldverhältnis ersetzen soll, und wird anlässlich der Begründung des Dauerschuldverhältnisses von dem Verbraucher
1. die Kündigung des bestehenden Dauerschuldverhältnisses erklärt und der Unternehmer oder ein von ihm beauftragter Dritter zur Übermittlung der Kündigung an den bisherigen Vertragspartner des Verbrauchers beauftragt oder
2. der Unternehmer oder ein von ihm beauftragter Dritter zur Erklärung der Kündigung gegenüber dem bisherigen Vertragspartner des Verbrauchers bevollmächtigt,

bedarf die Kündigung des Verbrauchers oder die Vollmacht zur Kündigung der Textform.

Kapitel 3.[1] Verträge im elektronischen Geschäftsverkehr

§ 312i[1] Allgemeine Pflichten im elektronischen Geschäftsverkehr. (1) [1] Bedient sich ein Unternehmer zum Zwecke des Abschlusses eines Vertrags über die Lieferung von Waren oder über die Erbringung von Dienstleistungen der Telemedien (Vertrag im elektronischen Geschäftsverkehr), hat er dem Kunden
1. angemessene, wirksame und zugängliche technische Mittel zur Verfügung zu stellen, mit deren Hilfe der Kunde Eingabefehler vor Abgabe seiner Bestellung erkennen und berichtigen kann,
2. die in Artikel 246c des Einführungsgesetzes zum Bürgerlichen Gesetzbuche[2] bestimmten Informationen rechtzeitig vor Abgabe von dessen Bestellung klar und verständlich mitzuteilen,
3. den Zugang von dessen Bestellung unverzüglich auf elektronischem Wege zu bestätigen und
4. die Möglichkeit zu verschaffen, die Vertragsbestimmungen einschließlich der Allgemeinen Geschäftsbedingungen bei Vertragsschluss abzurufen und in wiedergabefähiger Form zu speichern.

[2] Bestellung und Empfangsbestätigung im Sinne von Satz 1 Nummer 3 gelten als zugegangen, wenn die Parteien, für die sie bestimmt sind, sie unter gewöhnlichen Umständen abrufen können.

(2) [1] Absatz 1 Satz 1 Nummer 1 bis 3 ist nicht anzuwenden, wenn der Vertrag ausschließlich durch individuelle Kommunikation geschlossen wird. [2] Absatz 1 Satz 1 Nummer 1 bis 3 und Satz 2 ist nicht anzuwenden, wenn zwischen Vertragsparteien, die nicht Verbraucher sind, etwas anderes vereinbart wird.

(3) Weitergehende Informationspflichten auf Grund anderer Vorschriften bleiben unberührt.

§ 312j[1] Besondere Pflichten im elektronischen Geschäftsverkehr gegenüber Verbrauchern. (1) Auf Webseiten für den elektronischen Geschäftsverkehr mit Verbrauchern hat der Unternehmer zusätzlich zu den Angaben nach § 312i Absatz 1 spätestens bei Beginn des Bestellvorgangs klar und deutlich anzugeben, ob Lieferbeschränkungen bestehen und welche Zahlungsmittel akzeptiert werden.

---

[1] UTitel 2 (§§ 312–312k) neu gef. mWv 13.6.2014 durch G v. 20.9.2013 (BGBl. I S. 3642).
[2] Nr. 21.

(2) Bei einem Verbrauchervertrag im elektronischen Geschäftsverkehr, der eine entgeltliche Leistung des Unternehmers zum Gegenstand hat, muss der Unternehmer dem Verbraucher die Informationen gemäß Artikel 246a § 1 Absatz 1 Satz 1 Nummer 1, 4, 5, 11 und 12 des Einführungsgesetzes zum Bürgerlichen Gesetzbuche[1]), unmittelbar bevor der Verbraucher seine Bestellung abgibt, klar und verständlich in hervorgehobener Weise zur Verfügung stellen.

(3) [1] Der Unternehmer hat die Bestellsituation bei einem Vertrag nach Absatz 2 so zu gestalten, dass der Verbraucher mit seiner Bestellung ausdrücklich bestätigt, dass er sich zu einer Zahlung verpflichtet. [2] Erfolgt die Bestellung über eine Schaltfläche, ist die Pflicht des Unternehmers aus Satz 1 nur erfüllt, wenn diese Schaltfläche gut lesbar mit nichts anderem als den Wörtern „zahlungspflichtig bestellen" oder mit einer entsprechenden eindeutigen Formulierung beschriftet ist.

(4) Ein Vertrag nach Absatz 2 kommt nur zustande, wenn der Unternehmer seine Pflicht aus Absatz 3 erfüllt.

(5) [1] Die Absätze 2 bis 4 sind nicht anzuwenden, wenn der Vertrag ausschließlich durch individuelle Kommunikation geschlossen wird. [2] Die Pflichten aus den Absätzen 1 und 2 gelten weder für Webseiten, die Finanzdienstleistungen betreffen, noch für Verträge über Finanzdienstleistungen.

Kapitel 4.[2]) Abweichende Vereinbarungen und Beweislast

§ 312k[2]) **Abweichende Vereinbarungen und Beweislast.** (1) [1] Von den Vorschriften dieses Untertitels darf, soweit nichts anderes bestimmt ist, nicht zum Nachteil des Verbrauchers oder Kunden abgewichen werden. [2] Die Vorschriften dieses Untertitels finden, soweit nichts anderes bestimmt ist, auch Anwendung, wenn sie durch anderweitige Gestaltungen umgangen werden.

(2) Der Unternehmer trägt gegenüber dem Verbraucher die Beweislast für die Erfüllung der in diesem Untertitel geregelten Informationspflichten.

Untertitel 3. Anpassung und Beendigung von Verträgen

§ 313 Störung der Geschäftsgrundlage. (1) Haben sich Umstände, die zur Grundlage des Vertrags geworden sind, nach Vertragsschluss schwerwiegend verändert und hätten die Parteien den Vertrag nicht oder mit anderem Inhalt geschlossen, wenn sie diese Veränderung vorausgesehen hätten, so kann Anpassung des Vertrags verlangt werden, soweit einem Teil unter Berücksichtigung aller Umstände des Einzelfalls, insbesondere der vertraglichen oder gesetzlichen Risikoverteilung, das Festhalten am unveränderten Vertrag nicht zugemutet werden kann.

(2) Einer Veränderung der Umstände steht es gleich, wenn wesentliche Vorstellungen, die zur Grundlage des Vertrags geworden sind, sich als falsch herausstellen.

(3) [1] Ist eine Anpassung des Vertrags nicht möglich oder einem Teil nicht zumutbar, so kann der benachteiligte Teil vom Vertrag zurücktreten. [2] An die Stelle des Rücktrittsrechts tritt für Dauerschuldverhältnisse das Recht zur Kündigung.

§ 314[3]) **Kündigung von Dauerschuldverhältnissen aus wichtigem Grund.**
(1) [1] Dauerschuldverhältnisse kann jeder Vertragsteil aus wichtigem Grund ohne Einhaltung einer Kündigungsfrist kündigen. [2] Ein wichtiger Grund liegt vor, wenn

---

[1]) Nr. 21.
[2]) UTitel 2 (§§ 312–312k) neu gef. mWv 13.6.2014 durch G v. 20.9.2013 (BGBl. I S. 3642).
[3]) § 314 Abs. 2 Satz 2 neu gef., Satz 3 angef. mWv 13.6.2014 durch G v. 20.9.2013 (BGBl. I S. 3642).

dem kündigenden Teil unter Berücksichtigung aller Umstände des Einzelfalls und unter Abwägung der beiderseitigen Interessen die Fortsetzung des Vertragsverhältnisses bis zur vereinbarten Beendigung oder bis zum Ablauf einer Kündigungsfrist nicht zugemutet werden kann.

(2) [1]Besteht der wichtige Grund in der Verletzung einer Pflicht aus dem Vertrag, ist die Kündigung erst nach erfolglosem Ablauf einer zur Abhilfe bestimmten Frist oder nach erfolgloser Abmahnung zulässig. [2]Für die Entbehrlichkeit der Bestimmung einer Frist zur Abhilfe und für die Entbehrlichkeit einer Abmahnung findet § 323 Absatz 2 Nummer 1 und 2 entsprechende Anwendung. [3]Die Bestimmung einer Frist zur Abhilfe und eine Abmahnung sind auch entbehrlich, wenn besondere Umstände vorliegen, die unter Abwägung der beiderseitigen Interessen die sofortige Kündigung rechtfertigen.

(3) Der Berechtigte kann nur innerhalb einer angemessenen Frist kündigen, nachdem er vom Kündigungsgrund Kenntnis erlangt hat.

(4) Die Berechtigung, Schadensersatz zu verlangen, wird durch die Kündigung nicht ausgeschlossen.

Untertitel 4. Einseitige Leistungsbestimmungsrechte

§ 315 Bestimmung der Leistung durch eine Partei. (1) Soll die Leistung durch einen der Vertragschließenden bestimmt werden, so ist im Zweifel anzunehmen, dass die Bestimmung nach billigem Ermessen zu treffen ist.

(2) Die Bestimmung erfolgt durch Erklärung gegenüber dem anderen Teil.

(3) [1]Soll die Bestimmung nach billigem Ermessen erfolgen, so ist die getroffene Bestimmung für den anderen Teil nur verbindlich, wenn sie der Billigkeit entspricht. [2]Entspricht sie nicht der Billigkeit, so wird die Bestimmung durch Urteil getroffen; das Gleiche gilt, wenn die Bestimmung verzögert wird.

§ 316 Bestimmung der Gegenleistung. Ist der Umfang der für eine Leistung versprochenen Gegenleistung nicht bestimmt, so steht die Bestimmung im Zweifel demjenigen Teil zu, welcher die Gegenleistung zu fordern hat.

§ 317 Bestimmung der Leistung durch einen Dritten. (1) Ist die Bestimmung der Leistung einem Dritten überlassen, so ist im Zweifel anzunehmen, dass sie nach billigem Ermessen zu treffen ist.

(2) Soll die Bestimmung durch mehrere Dritte erfolgen, so ist im Zweifel Übereinstimmung aller erforderlich; soll eine Summe bestimmt werden, so ist, wenn verschiedene Summen bestimmt werden, im Zweifel die Durchschnittssumme maßgebend.

§ 318 Anfechtung der Bestimmung. (1) Die einem Dritten überlassene Bestimmung der Leistung erfolgt durch Erklärung gegenüber einem der Vertragschließenden.

(2) [1]Die Anfechtung der getroffenen Bestimmung wegen Irrtums, Drohung oder arglistiger Täuschung steht nur den Vertragschließenden zu; Anfechtungsgegner ist der andere Teil. [2]Die Anfechtung muss unverzüglich erfolgen, nachdem der Anfechtungsberechtigte von dem Anfechtungsgrund Kenntnis erlangt hat. [3]Sie ist ausgeschlossen, wenn 30 Jahre verstrichen sind, nachdem die Bestimmung getroffen worden ist.

§ 319 Unwirksamkeit der Bestimmung; Ersetzung. (1) [1]Soll der Dritte die Leistung nach billigem Ermessen bestimmen, so ist die getroffene Bestimmung für die Vertragschließenden nicht verbindlich, wenn sie offenbar unbillig ist. ²Die Bestimmung erfolgt in diesem Falle durch Urteil; das Gleiche gilt, wenn der Dritte die Bestimmung nicht treffen kann oder will oder wenn er sie verzögert.

(2) Soll der Dritte die Bestimmung nach freiem Belieben treffen, so ist der Vertrag unwirksam, wenn der Dritte die Bestimmung nicht treffen kann oder will oder wenn er sie verzögert.

Titel 2. Gegenseitiger Vertrag

§ 320 **Einrede des nicht erfüllten Vertrags.** (1) ¹Wer aus einem gegenseitigen Vertrag verpflichtet ist, kann die ihm obliegende Leistung bis zur Bewirkung der Gegenleistung verweigern, es sei denn, dass er vorzuleisten verpflichtet ist. ²Hat die Leistung an mehrere zu erfolgen, so kann dem einzelnen der ihm gebührende Teil bis zur Bewirkung der ganzen Gegenleistung verweigert werden. ³Die Vorschrift des § 273 Abs. 3 findet keine Anwendung.

(2) Ist von der einen Seite teilweise geleistet worden, so kann die Gegenleistung insoweit nicht verweigert werden, als die Verweigerung nach den Umständen, insbesondere wegen verhältnismäßiger Geringfügigkeit des rückständigen Teils, gegen Treu und Glauben verstoßen würde.

§ 321 **Unsicherheitseinrede.** (1) ¹Wer aus einem gegenseitigen Vertrag vorzuleisten verpflichtet ist, kann die ihm obliegende Leistung verweigern, wenn nach Abschluss des Vertrags erkennbar wird, dass sein Anspruch auf die Gegenleistung durch mangelnde Leistungsfähigkeit des anderen Teils gefährdet wird. ²Das Leistungsverweigerungsrecht entfällt, wenn die Gegenleistung bewirkt oder Sicherheit für sie geleistet wird.

(2) ¹Der Vorleistungspflichtige kann eine angemessene Frist bestimmen, in welcher der andere Teil Zug um Zug gegen die Leistung nach seiner Wahl die Gegenleistung zu bewirken oder Sicherheit zu leisten hat. ²Nach erfolglosem Ablauf der Frist kann der Vorleistungspflichtige vom Vertrag zurücktreten. ³§ 323 findet entsprechende Anwendung.

§ 322 **Verurteilung zur Leistung Zug-um-Zug.** (1) Erhebt aus einem gegenseitigen Vertrag der eine Teil Klage auf die ihm geschuldete Leistung, so hat die Geltendmachung des dem anderen Teil zustehenden Rechts, die Leistung bis zur Bewirkung der Gegenleistung zu verweigern, nur die Wirkung, dass der andere Teil zur Erfüllung Zug um Zug zu verurteilen ist.

(2) Hat der klagende Teil vorzuleisten, so kann er, wenn der andere Teil im Verzug der Annahme ist, auf Leistung nach Empfang der Gegenleistung klagen.

(3) Auf die Zwangsvollstreckung findet die Vorschrift des § 274 Abs. 2 Anwendung.

§ 323[1)2)] **Rücktritt wegen nicht oder nicht vertragsgemäß erbrachter Leistung.** (1) Erbringt bei einem gegenseitigen Vertrag der Schuldner eine fällige Leistung nicht oder nicht vertragsgemäß, so kann der Gläubiger, wenn er dem Schuldner erfolglos eine angemessene Frist zur Leistung oder Nacherfüllung bestimmt hat, vom Vertrag zurücktreten.

[1)] **Amtl. Anm.:** Diese Vorschrift dient auch der Umsetzung der Richtlinie 1999/44/EG des Europäischen Parlaments und des Rates vom 25. Mai 1999 zu bestimmten Aspekten des Verbrauchsgüterkaufs und der Garantien für Verbrauchsgüter (ABl. EG Nr. L 171 S. 12).
[2)] § 323 Abs. 2 Nr. 2 neu gef., Nr. 3 geänd. mWv 13.6.2014 durch G v. 20.9.2013 (BGBl. I S. 3642).

(2) Die Fristsetzung ist entbehrlich, wenn
1. der Schuldner die Leistung ernsthaft und endgültig verweigert,
2. der Schuldner die Leistung bis zu einem im Vertrag bestimmten Termin oder innerhalb einer im Vertrag bestimmten Frist nicht bewirkt, obwohl die termin- oder fristgerechte Leistung nach einer Mitteilung des Gläubigers an den Schuldner vor Vertragsschluss oder auf Grund anderer den Vertragsabschluss begleitenden Umstände für den Gläubiger wesentlich ist, oder
3. im Falle einer nicht vertragsgemäß erbrachten Leistung besondere Umstände vorliegen, die unter Abwägung der beiderseitigen Interessen den sofortigen Rücktritt rechtfertigen.

(3) Kommt nach der Art der Pflichtverletzung eine Fristsetzung nicht in Betracht, so tritt an deren Stelle eine Abmahnung.

(4) Der Gläubiger kann bereits vor dem Eintritt der Fälligkeit der Leistung zurücktreten, wenn offensichtlich ist, dass die Voraussetzungen des Rücktritts eintreten werden.

(5) [1] Hat der Schuldner eine Teilleistung bewirkt, so kann der Gläubiger vom ganzen Vertrag nur zurücktreten, wenn er an der Teilleistung kein Interesse hat. [2] Hat der Schuldner die Leistung nicht vertragsgemäß bewirkt, so kann der Gläubiger vom Vertrag nicht zurücktreten, wenn die Pflichtverletzung unerheblich ist.

(6) Der Rücktritt ist ausgeschlossen, wenn der Gläubiger für den Umstand, der ihn zum Rücktritt berechtigen würde, allein oder weit überwiegend verantwortlich ist oder wenn der vom Schuldner nicht zu vertretende Umstand zu einer Zeit eintritt, zu welcher der Gläubiger im Verzug der Annahme ist.

§ 324 Rücktritt wegen Verletzung einer Pflicht nach § 241 Abs. 2. Verletzt der Schuldner bei einem gegenseitigen Vertrag eine Pflicht nach § 241 Abs. 2, so kann der Gläubiger zurücktreten, wenn ihm ein Festhalten am Vertrag nicht mehr zuzumuten ist.

§ 325 Schadensersatz und Rücktritt. Das Recht, bei einem gegenseitigen Vertrag Schadensersatz zu verlangen, wird durch den Rücktritt nicht ausgeschlossen.

§ 326[1]) **Befreiung von der Gegenleistung und Rücktritt beim Ausschluss der Leistungspflicht.** (1) [1] Braucht der Schuldner nach § 275 Abs. 1 bis 3 nicht zu leisten, entfällt der Anspruch auf die Gegenleistung; bei einer Teilleistung findet § 441 Abs. 3 entsprechende Anwendung. [2] Satz 1 gilt nicht, wenn der Schuldner im Falle der nicht vertragsgemäßen Leistung die Nacherfüllung nach § 275 Abs. 1 bis 3 nicht zu erbringen braucht.

(2) [1] Ist der Gläubiger für den Umstand, auf Grund dessen der Schuldner nach § 275 Abs. 1 bis 3 nicht zu leisten braucht, allein oder weit überwiegend verantwortlich oder tritt dieser vom Schuldner nicht zu vertretende Umstand zu einer Zeit ein, zu welcher der Gläubiger im Verzug der Annahme ist, so behält der Schuldner den Anspruch auf die Gegenleistung. [2] Er muss sich jedoch dasjenige anrechnen lassen, was er infolge der Befreiung von der Leistung erspart oder durch anderweitige Verwendung seiner Arbeitskraft erwirbt oder zu erwerben böswillig unterlässt.

---

[1]) **Amtl. Anm.:** Diese Vorschrift dient auch der Umsetzung der Richtlinie 1999/44/EG des Europäischen Parlaments und des Rates vom 25. Mai 1999 zu bestimmten Aspekten des Verbrauchsgüterkaufs und der Garantien für Verbrauchsgüter (ABl. EG Nr. L 171 S. 12).

(3) ¹Verlangt der Gläubiger nach § 285 Herausgabe des für den geschuldeten Gegenstand erlangten Ersatzes oder Abtretung des Ersatzanspruchs, so bleibt er zur Gegenleistung verpflichtet. ²Diese mindert sich jedoch nach Maßgabe des § 441 Abs. 3 insoweit, als der Wert des Ersatzes oder des Ersatzanspruchs hinter dem Wert der geschuldeten Leistung zurückbleibt.

(4) Soweit die nach dieser Vorschrift nicht geschuldete Gegenleistung bewirkt ist, kann das Geleistete nach den §§ 346 bis 348 zurückgefordert werden.

(5) Braucht der Schuldner nach § 275 Abs. 1 bis 3 nicht zu leisten, kann der Gläubiger zurücktreten; auf den Rücktritt findet § 323 mit der Maßgabe entsprechende Anwendung, dass die Fristsetzung entbehrlich ist.

Titel 2a.[1)][2)] Verträge über digitale Produkte
Untertitel 1. Verbraucherverträge über digitale Produkte

§ 327[1)] Anwendungsbereich. (1) ¹Die Vorschriften dieses Untertitels sind auf Verbraucherverträge anzuwenden, welche die Bereitstellung digitaler Inhalte oder digitaler Dienstleistungen (digitale Produkte) durch den Unternehmer gegen Zahlung eines Preises zum Gegenstand haben. ²Preis im Sinne dieses Untertitels ist auch eine digitale Darstellung eines Werts.

(2) ¹Digitale Inhalte sind Daten, die in digitaler Form erstellt und bereitgestellt werden. ²Digitale Dienstleistungen sind Dienstleistungen, die dem Verbraucher
1. die Erstellung, die Verarbeitung oder die Speicherung von Daten in digitaler Form oder den Zugang zu solchen Daten ermöglichen, oder
2. die gemeinsame Nutzung der vom Verbraucher oder von anderen Nutzern der entsprechenden Dienstleistung in digitaler Form hochgeladenen oder erstellten Daten oder sonstige Interaktionen mit diesen Daten ermöglichen.

(3) Die Vorschriften dieses Untertitels sind auch auf Verbraucherverträge über die Bereitstellung digitaler Produkte anzuwenden, bei denen der Verbraucher dem Unternehmer personenbezogene Daten bereitstellt oder sich zu deren Bereitstellung verpflichtet, es sei denn, die Voraussetzungen des § 312 Absatz 1a Satz 2 liegen vor.

(4) Die Vorschriften dieses Untertitels sind auch auf Verbraucherverträge anzuwenden, die digitale Produkte zum Gegenstand haben, welche nach den Spezifikationen des Verbrauchers entwickelt werden.

(5) Die Vorschriften dieses Untertitels sind mit Ausnahme der §§ 327b und 327c auch auf Verbraucherverträge anzuwenden, welche die Bereitstellung von körperlichen Datenträgern, die ausschließlich als Träger digitaler Inhalte dienen, zum Gegenstand haben.

(6) Die Vorschriften dieses Untertitels sind nicht anzuwenden auf:
1. Verträge über andere Dienstleistungen als digitale Dienstleistungen, unabhängig davon, ob der Unternehmer digitale Formen oder Mittel einsetzt, um das Ergebnis der Dienstleistung zu generieren oder es dem Verbraucher zu liefern oder zu übermitteln,
2. Verträge über Telekommunikationsdienste im Sinne des § 3 Nummer 61 des Telekommunikationsgesetzes vom 23. Juni 2021 (BGBl. I S. 1858) mit Aus-

---
[1)] Titel 2a (§§ 327–327u) eingef. mWv 1.1.2022 durch G v. 25.6.2021 (BGBl. I S. 2123).
[2)] Beachte hierzu Übergangsvorschrift in Art. 229 § 57 EGBGB (Nr. **21**).

nahme von nummernunabhängigen interpersonellen Telekommunikationsdiensten im Sinne des § 3 Nummer 40 des Telekommunikationsgesetzes,
3. Behandlungsverträge nach § 630a,
4. Verträge über Glücksspieldienstleistungen, die einen geldwerten Einsatz erfordern und unter Zuhilfenahme elektronischer oder anderer Kommunikationstechnologien auf individuellen Abruf eines Empfängers erbracht werden,
5. Verträge über Finanzdienstleistungen,
6. Verträge über die Bereitstellung von Software, für die der Verbraucher keinen Preis zahlt und die der Unternehmer im Rahmen einer freien und quelloffenen Lizenz anbietet, sofern die vom Verbraucher bereitgestellten personenbezogenen Daten durch den Unternehmer ausschließlich zur Verbesserung der Sicherheit, der Kompatibilität oder der Interoperabilität der vom Unternehmer angebotenen Software verarbeitet werden,
7. Verträge über die Bereitstellung digitaler Inhalte, wenn die digitalen Inhalte der Öffentlichkeit auf eine andere Weise als durch Signalübermittlung als Teil einer Darbietung oder Veranstaltung zugänglich gemacht werden,
8. Verträge über die Bereitstellung von Informationen im Sinne des Informationsweiterverwendungsgesetzes vom 13. Dezember 2006 (BGBl. I S. 2913), das durch Artikel 1 des Gesetzes vom 8. Juli 2015 (BGBl. I S. 1162) geändert worden ist.

§ 327a[1]) **Anwendung auf Paketverträge und Verträge über Sachen mit digitalen Elementen.** (1) ¹Die Vorschriften dieses Untertitels sind auch auf Verbraucherverträge anzuwenden, die in einem Vertrag zwischen denselben Vertragsparteien neben der Bereitstellung digitaler Produkte die Bereitstellung anderer Sachen oder die Bereitstellung anderer Dienstleistungen zum Gegenstand haben (Paketvertrag). ²Soweit nachfolgend nicht anders bestimmt, sind die Vorschriften dieses Untertitels jedoch nur auf diejenigen Bestandteile des Paketvertrags anzuwenden, welche die digitalen Produkte betreffen.

(2) ¹Die Vorschriften dieses Untertitels sind auch auf Verbraucherverträge über Sachen anzuwenden, die digitale Produkte enthalten oder mit ihnen verbunden sind. ²Soweit nachfolgend nicht anders bestimmt, sind die Vorschriften dieses Untertitels jedoch nur auf diejenigen Bestandteile des Vertrags anzuwenden, welche die digitalen Produkte betreffen.

(3) ¹Absatz 2 gilt nicht für Kaufverträge über Waren, die in einer Weise digitale Produkte enthalten oder mit ihnen verbunden sind, dass die Waren ihre Funktionen ohne diese digitalen Produkte nicht erfüllen können (Waren mit digitalen Elementen). ²Beim Kauf einer Ware mit digitalen Elementen ist im Zweifel anzunehmen, dass die Verpflichtung des Verkäufers die Bereitstellung der digitalen Inhalte oder digitalen Dienstleistungen umfasst.

§ 327b[1]) **Bereitstellung digitaler Produkte.** (1) Ist der Unternehmer durch einen Verbrauchervertrag gemäß § 327 oder § 327a dazu verpflichtet, dem Verbraucher ein digitales Produkt bereitzustellen, so gelten für die Bestimmung der Leistungszeit sowie für die Art und Weise der Bereitstellung durch den Unternehmer die nachfolgenden Vorschriften.

(2) Sofern die Vertragsparteien keine Zeit für die Bereitstellung des digitalen Produkts nach Absatz 1 vereinbart haben, kann der Verbraucher die Bereitstellung

---

[1]) Titel 2a (§§ 327–327u) eingef. mWv 1.1.2022 durch G v. 25.6.2021 (BGBl. I S. 2123).

Abschnitt 3. Schuldverhältnisse aus Verträgen § 327c BGB 20

unverzüglich nach Vertragsschluss verlangen, der Unternehmer sie sofort bewirken.

(3) Ein digitaler Inhalt ist bereitgestellt, sobald der digitale Inhalt oder die geeigneten Mittel für den Zugang zu diesem oder das Herunterladen des digitalen Inhalts dem Verbraucher unmittelbar oder mittels einer von ihm hierzu bestimmten Einrichtung zur Verfügung gestellt oder zugänglich gemacht worden ist.

(4) Eine digitale Dienstleistung ist bereitgestellt, sobald die digitale Dienstleistung dem Verbraucher unmittelbar oder mittels einer von ihm hierzu bestimmten Einrichtung zugänglich gemacht worden ist.

(5) Wenn der Unternehmer durch den Vertrag zu einer Reihe einzelner Bereitstellungen verpflichtet ist, gelten die Absätze 2 bis 4 für jede einzelne Bereitstellung innerhalb der Reihe.

(6) Die Beweislast für die nach den Absätzen 1 bis 4 erfolgte Bereitstellung trifft abweichend von § 363 den Unternehmer.

§ 327c[1]) **Rechte bei unterbliebener Bereitstellung.** (1) [1] Kommt der Unternehmer seiner fälligen Verpflichtung zur Bereitstellung des digitalen Produkts auf Aufforderung des Verbrauchers nicht unverzüglich nach, so kann der Verbraucher den Vertrag beenden. [2] Nach einer Aufforderung gemäß Satz 1 kann eine andere Zeit für die Bereitstellung nur ausdrücklich vereinbart werden.

(2) [1] Liegen die Voraussetzungen für eine Beendigung des Vertrags nach Absatz 1 Satz 1 vor, so kann der Verbraucher nach den §§ 280 und 281 Absatz 1 Satz 1 Schadensersatz oder nach § 284 Ersatz vergeblicher Aufwendungen verlangen, wenn die Voraussetzungen dieser Vorschriften vorliegen. [2] § 281 Absatz 1 Satz 1 ist mit der Maßgabe anzuwenden, dass an die Stelle der Bestimmung einer angemessenen Frist die Aufforderung nach Absatz 1 Satz 1 tritt. [3] Ansprüche des Verbrauchers auf Schadensersatz nach den §§ 283 und 311a Absatz 2 bleiben unberührt.

(3) [1] Die Aufforderung nach Absatz 1 Satz 1 und Absatz 2 Satz 2 ist entbehrlich, wenn
1. der Unternehmer die Bereitstellung verweigert,
2. es nach den Umständen eindeutig zu erkennen ist, dass der Unternehmer das digitale Produkt nicht bereitstellen wird, oder
3. der Unternehmer die Bereitstellung bis zu einem bestimmten Termin oder innerhalb einer bestimmten Frist nicht bewirkt, obwohl vereinbart war oder es sich für den Unternehmer aus eindeutig erkennbaren, den Vertragsabschluss begleitenden Umständen ergeben sollte, dass die termin- oder fristgerechte Bereitstellung für den Verbraucher wesentlich ist.

[2] In den Fällen des Satzes 1 ist die Mahnung gemäß § 286 stets entbehrlich.

(4) [1] Für die Beendigung des Vertrags nach Absatz 1 Satz 1 und deren Rechtsfolgen sind die §§ 327o und 327p entsprechend anzuwenden. [2] Das Gleiche gilt für den Fall, dass der Verbraucher in den Fällen des Absatzes 2 Schadensersatz statt der ganzen Leistung verlangt. [3] § 325 gilt entsprechend.

(5) § 218 ist auf die Vertragsbeendigung nach Absatz 1 Satz 1 entsprechend anzuwenden.

(6) [1] Sofern der Verbraucher den Vertrag nach Absatz 1 Satz 1 beenden kann, kann er sich im Hinblick auf alle Bestandteile des Paketvertrags vom Vertrag lösen,

---

[1]) Titel 2a (§§ 327–327u) eingef. mWv 1.1.2022 durch G v. 25.6.2021 (BGBl. I S. 2123).

wenn er an dem anderen Teil des Paketvertrags ohne das nicht bereitgestellte digitale Produkt kein Interesse hat. ²Satz 1 ist nicht auf Paketverträge anzuwenden, bei denen der andere Bestandteil ein Telekommunikationsdienst im Sinne des § 3 Nummer 61 des Telekommunikationsgesetzes ist.

(7) Sofern der Verbraucher den Vertrag nach Absatz 1 Satz 1 beenden kann, kann er sich im Hinblick auf alle Bestandteile eines Vertrags nach § 327a Absatz 2 vom Vertrag lösen, wenn aufgrund des nicht bereitgestellten digitalen Produkts sich die Sache nicht zur gewöhnlichen Verwendung eignet.

§ 327d[1]) **Vertragsmäßigkeit digitaler Produkte.** Ist der Unternehmer durch einen Verbrauchervertrag gemäß § 327 oder § 327a zur Bereitstellung eines digitalen Produkts verpflichtet, so hat er das digitale Produkt frei von Produkt- und Rechtsmängeln im Sinne der §§ 327e bis 327g bereitzustellen.

§ 327e[1]) **Produktmangel.** (1) ¹Das digitale Produkt ist frei von Produktmängeln, wenn es zur maßgeblichen Zeit nach den Vorschriften dieses Untertitels den subjektiven Anforderungen, den objektiven Anforderungen und den Anforderungen an die Integration entspricht. ²Soweit nachfolgend nicht anders bestimmt, ist die maßgebliche Zeit der Zeitpunkt der Bereitstellung nach § 327b. ³Wenn der Unternehmer durch den Vertrag zu einer fortlaufenden Bereitstellung über einen Zeitraum (dauerhafte Bereitstellung) verpflichtet ist, ist der maßgebliche Zeitraum der gesamte vereinbarte Zeitraum der Bereitstellung (Bereitstellungszeitraum).

(2) ¹Das digitale Produkt entspricht den subjektiven Anforderungen, wenn
1. das digitale Produkt
   a) die vereinbarte Beschaffenheit hat, einschließlich der Anforderungen an seine Menge, seine Funktionalität, seine Kompatibilität und seine Interoperabilität,
   b) sich für die nach dem Vertrag vorausgesetzte Verwendung eignet,
2. es wie im Vertrag vereinbart mit Zubehör, Anleitungen und Kundendienst bereitgestellt wird und
3. die im Vertrag vereinbarten Aktualisierungen während des nach dem Vertrag maßgeblichen Zeitraums bereitgestellt werden.

²Funktionalität ist die Fähigkeit eines digitalen Produkts, seine Funktionen seinem Zweck entsprechend zu erfüllen. ³Kompatibilität ist die Fähigkeit eines digitalen Produkts, mit Hardware oder Software zu funktionieren, mit der digitale Produkte derselben Art in der Regel genutzt werden, ohne dass sie konvertiert werden müssen. ⁴Interoperabilität ist die Fähigkeit eines digitalen Produkts, mit anderer Hardware oder Software als derjenigen, mit der digitale Produkte derselben Art in der Regel genutzt werden, zu funktionieren.

(3) ¹Das digitale Produkt entspricht den objektiven Anforderungen, wenn
1. es sich für die gewöhnliche Verwendung eignet,
2. es eine Beschaffenheit, einschließlich der Menge, der Funktionalität, der Kompatibilität, der Zugänglichkeit, der Kontinuität und der Sicherheit aufweist, die bei digitalen Produkten derselben Art üblich ist und die der Verbraucher unter Berücksichtigung der Art des digitalen Produkts erwarten kann,
3. es der Beschaffenheit einer Testversion oder Voranzeige entspricht, die der Unternehmer dem Verbraucher vor Vertragsschluss zur Verfügung gestellt hat,

---

[1]) Titel 2a (§§ 327–327u) eingef. mWv 1.1.2022 durch G v. 25.6.2021 (BGBl. I S. 2123).

Abschnitt 3. Schuldverhältnisse aus Verträgen § 327f BGB 20

4. es mit dem Zubehör und den Anleitungen bereitgestellt wird, deren Erhalt der Verbraucher erwarten kann,
5. dem Verbraucher gemäß § 327f Aktualisierungen bereitgestellt werden und der Verbraucher über diese Aktualisierungen informiert wird und
6. sofern die Parteien nichts anderes vereinbart haben, es in der zum Zeitpunkt des Vertragsschlusses neuesten verfügbaren Version bereitgestellt wird.

²Zu den üblichen Beschaffenheit nach Satz 1 Nummer 2 gehören auch Anforderungen, die der Verbraucher nach vom Unternehmer oder einer anderen Person in vorhergehenden Gliedern der Vertriebskette selbst oder in deren Auftrag vorgenommenen öffentlichen Äußerungen, die insbesondere in der Werbung oder auf dem Etikett abgegeben wurden, erwarten kann. ³Das gilt nicht, wenn der Unternehmer die Äußerung nicht kannte und auch nicht kennen konnte, wenn die Äußerung im Zeitpunkt des Vertragsschlusses in derselben oder in gleichwertiger Weise berichtigt war oder wenn die Äußerung die Entscheidung, das digitale Produkt zu erwerben, nicht beeinflussen konnte.

(4) ¹Soweit eine Integration durchzuführen ist, entspricht das digitale Produkt den Anforderungen an die Integration, wenn die Integration
1. sachgemäß durchgeführt worden ist oder
2. zwar unsachgemäß durchgeführt worden ist, dies jedoch weder auf einer unsachgemäßen Integration durch den Unternehmer noch auf einem Mangel in der vom Unternehmer bereitgestellten Anleitung beruht.

²Integration ist die Verbindung und die Einbindung eines digitalen Produkts mit den oder in die Komponenten der digitalen Umgebung des Verbrauchers, damit das digitale Produkt gemäß den Anforderungen nach den Vorschriften dieses Untertitels genutzt werden kann. ³Digitale Umgebung sind Hardware, Software oder Netzverbindungen aller Art, die vom Verbraucher für den Zugang zu einem digitalen Produkt oder die Nutzung eines digitalen Produkts verwendet werden.

(5) Einem Produktmangel steht es gleich, wenn der Unternehmer ein anderes digitales Produkt als das vertraglich geschuldete digitale Produkt bereitstellt.

§ 327f[1]**) Aktualisierungen.** (1) ¹Der Unternehmer hat sicherzustellen, dass dem Verbraucher während des maßgeblichen Zeitraums Aktualisierungen, die für den Erhalt der Vertragsmäßigkeit des digitalen Produkts erforderlich sind, bereitgestellt werden und der Verbraucher über diese Aktualisierungen informiert wird. ²Zu den erforderlichen Aktualisierungen gehören auch Sicherheitsaktualisierungen. ³Der maßgebliche Zeitraum nach Satz 1 ist
1. bei einem Vertrag über die dauerhafte Bereitstellung eines digitalen Produkts der Bereitstellungszeitraum,
2. in allen anderen Fällen der Zeitraum, den der Verbraucher aufgrund der Art und des Zwecks des digitalen Produkts und unter Berücksichtigung der Umstände und der Art des Vertrags erwarten kann.

(2) Unterlässt es der Verbraucher, eine Aktualisierung, die ihm gemäß Absatz 1 bereitgestellt worden ist, innerhalb einer angemessenen Frist zu installieren, so haftet der Unternehmer nicht für einen Produktmangel, der allein auf das Fehlen dieser Aktualisierung zurückzuführen ist, sofern

---

[1]) Titel 2a (§§ 327–327u) eingef. mWv 1.1.2022 durch G v. 25.6.2021 (BGBl. I S. 2123).

1. der Unternehmer den Verbraucher über die Verfügbarkeit der Aktualisierung und die Folgen einer unterlassenen Installation informiert hat und
2. die Tatsache, dass der Verbraucher die Aktualisierung nicht oder unsachgemäß installiert hat, nicht auf eine dem Verbraucher bereitgestellte mangelhafte Installationsanleitung zurückzuführen ist.

§ 327g[1]**) Rechtsmangel.** Das digitale Produkt ist frei von Rechtsmängeln, wenn der Verbraucher es gemäß den subjektiven oder objektiven Anforderungen nach § 327e Absatz 2 und 3 nutzen kann, ohne Rechte Dritter zu verletzen.

§ 327h[1]**) Abweichende Vereinbarungen über Produktmerkmale.** Von den objektiven Anforderungen nach § 327e Absatz 3 Satz 1 Nummer 1 bis 5 und Satz 2, § 327f Absatz 1 und § 327g kann nur abgewichen werden, wenn der Verbraucher vor Abgabe seiner Vertragserklärung eigens davon in Kenntnis gesetzt wurde, dass ein bestimmtes Merkmal des digitalen Produkts von diesen objektiven Anforderungen abweicht, und diese Abweichung im Vertrag ausdrücklich und gesondert vereinbart wurde.

§ 327i[1]**) Rechte des Verbrauchers bei Mängeln.** Ist das digitale Produkt mangelhaft, kann der Verbraucher, wenn die Voraussetzungen der folgenden Vorschriften vorliegen,
1. nach § 327l Nacherfüllung verlangen,
2. nach § 327m Absatz 1, 2, 4 und 5 den Vertrag beenden oder nach § 327n den Preis mindern und
3. nach § 280 Absatz 1 oder § 327m Absatz 3 Schadensersatz oder nach § 284 Ersatz vergeblicher Aufwendungen verlangen.

§ 327j[1]**) Verjährung.** (1) ¹Die in § 327i Nummer 1 und 3 bezeichneten Ansprüche verjähren in zwei Jahren. ²Die Verjährung beginnt mit der Bereitstellung.

(2) Im Fall der dauerhaften Bereitstellung verjähren die Ansprüche nicht vor Ablauf von zwölf Monaten nach dem Ende des Bereitstellungszeitraums.

(3) Ansprüche wegen einer Verletzung der Aktualisierungspflicht verjähren nicht vor Ablauf von zwölf Monaten nach dem Ende des für die Aktualisierungspflicht maßgeblichen Zeitraums.

(4) Hat sich ein Mangel innerhalb der Verjährungsfrist gezeigt, so tritt die Verjährung nicht vor dem Ablauf von vier Monaten nach dem Zeitpunkt ein, in dem sich der Mangel erstmals gezeigt hat.

(5) Für die in § 327i Nummer 2 bezeichneten Rechte gilt § 218 entsprechend.

§ 327k[1]**) Beweislastumkehr.** (1) Zeigt sich bei einem digitalen Produkt innerhalb eines Jahres seit seiner Bereitstellung ein von den Anforderungen nach § 327e oder § 327g abweichender Zustand, so wird vermutet, dass das digitale Produkt bereits bei Bereitstellung mangelhaft war.

(2) Zeigt sich bei einem dauerhaft bereitgestellten digitalen Produkt während der Dauer der Bereitstellung ein von den Anforderungen nach § 327e oder § 327g abweichender Zustand, so wird vermutet, dass das digitale Produkt während der bisherigen Dauer der Bereitstellung mangelhaft war.

---

[1]) Titel 2a (§§ 327–327u) eingef. mWv 1.1.2022 durch G v. 25.6.2021 (BGBl. I S. 2123).

(3) Die Vermutungen nach den Absätzen 1 und 2 gelten vorbehaltlich des Absatzes 4 nicht, wenn
1. die digitale Umgebung des Verbrauchers mit den technischen Anforderungen des digitalen Produkts zur maßgeblichen Zeit nicht kompatibel war oder
2. der Unternehmer nicht feststellen kann, ob die Voraussetzungen der Nummer 1 vorlagen, weil der Verbraucher eine hierfür notwendige und ihm mögliche Mitwirkungshandlung nicht vornimmt und der Unternehmer zur Feststellung ein technisches Mittel einsetzen wollte, das für den Verbraucher den geringsten Eingriff darstellt.

(4) Absatz 3 ist nur anzuwenden, wenn der Unternehmer den Verbraucher vor Vertragsschluss klar und verständlich informiert hat über
1. die technischen Anforderungen des digitalen Produkts an die digitale Umgebung im Fall des Absatzes 3 Nummer 1 oder
2. die Obliegenheit des Verbrauchers nach Absatz 3 Nummer 2.

§ 327l[1]) **Nacherfüllung.** (1) ¹Verlangt der Verbraucher vom Unternehmer Nacherfüllung, so hat dieser den vertragsgemäßen Zustand herzustellen und die zum Zwecke der Nacherfüllung erforderlichen Aufwendungen zu tragen. ²Der Unternehmer hat die Nacherfüllung innerhalb einer angemessenen Frist ab dem Zeitpunkt, zu dem der Verbraucher ihn über den Mangel informiert hat, und ohne erhebliche Unannehmlichkeiten für den Verbraucher durchzuführen.

(2) ¹Der Anspruch nach Absatz 1 ist ausgeschlossen, wenn die Nacherfüllung unmöglich oder für den Unternehmer nur mit unverhältnismäßigen Kosten möglich ist. ²Dabei sind insbesondere der Wert des digitalen Produkts in mangelfreiem Zustand sowie die Bedeutung des Mangels zu berücksichtigen. ³§ 275 Absatz 2 und 3 findet keine Anwendung.

§ 327m[1]) **Vertragsbeendigung und Schadensersatz.** (1) Ist das digitale Produkt mangelhaft, so kann der Verbraucher den Vertrag gemäß § 327o beenden, wenn
1. der Nacherfüllungsanspruch gemäß § 327l Absatz 2 ausgeschlossen ist,
2. der Nacherfüllungsanspruch des Verbrauchers nicht gemäß § 327l Absatz 1 erfüllt wurde,
3. sich trotz der vom Unternehmer versuchten Nacherfüllung ein Mangel zeigt,
4. der Mangel derart schwerwiegend ist, dass die sofortige Vertragsbeendigung gerechtfertigt ist,
5. der Unternehmer die gemäß § 327l Absatz 1 Satz 2 ordnungsgemäße Nacherfüllung verweigert hat, oder
6. es nach den Umständen offensichtlich ist, dass der Unternehmer nicht gemäß § 327l Absatz 1 Satz 2 ordnungsgemäß nacherfüllen wird.

(2) ¹Eine Beendigung des Vertrags nach Absatz 1 ist ausgeschlossen, wenn der Mangel unerheblich ist. ²Dies gilt nicht für Verbraucherverträge im Sinne des § 327 Absatz 3.

(3) ¹In den Fällen des Absatzes 1 Nummer 1 bis 6 kann der Verbraucher unter den Voraussetzungen des § 280 Absatz 1 Schadensersatz statt der Leistung verlangen. ²§ 281 Absatz 1 Satz 3 und Absatz 4 sind entsprechend anzuwenden. ³Verlangt der Verbraucher Schadensersatz statt der ganzen Leistung, so ist der

---

¹⁾ Titel 2a (§§ 327–327u) eingef. mWv 1.1.2022 durch G v. 25.6.2021 (BGBl. I S. 2123).

Unternehmer zur Rückforderung des Geleisteten nach den §§ 327o und 327p berechtigt. ⁴ § 325 gilt entsprechend.

(4) ¹Sofern der Verbraucher den Vertrag nach Absatz 1 beenden kann, kann er sich im Hinblick auf alle Bestandteile des Paketvertrags vom Vertrag lösen, wenn er an dem anderen Teil des Paketvertrags ohne das mangelhafte digitale Produkt kein Interesse hat. ²Satz 1 ist nicht auf Paketverträge anzuwenden, bei denen der andere Bestandteil ein Telekommunikationsdienst im Sinne des § 3 Nummer 61 des Telekommunikationsgesetzes ist.

(5) Sofern der Verbraucher den Vertrag nach Absatz 1 beenden kann, kann er sich im Hinblick auf alle Bestandteile eines Vertrags nach § 327a Absatz 2 vom Vertrag lösen, wenn aufgrund des Mangels des digitalen Produkts sich die Sache nicht zur gewöhnlichen Verwendung eignet.

§ 327n[1]) Minderung.

(1) ¹Statt den Vertrag nach § 327m Absatz 1 zu beenden, kann der Verbraucher den Preis durch Erklärung gegenüber dem Unternehmer mindern. ²Der Ausschlussgrund des § 327m Absatz 2 Satz 1 findet keine Anwendung. ³§ 327o Absatz 1 ist entsprechend anzuwenden.

(2) ¹Bei der Minderung ist der Preis in dem Verhältnis herabzusetzen, in welchem zum Zeitpunkt der Bereitstellung der Wert des digitalen Produkts in mangelfreiem Zustand zu dem wirklichen Wert gestanden haben würde. ²Bei Verträgen über die dauerhafte Bereitstellung eines digitalen Produkts ist der Preis unter entsprechender Anwendung des Satzes 1 nur anteilig für die Dauer der Mangelhaftigkeit herabzusetzen.

(3) Die Minderung ist, soweit erforderlich, durch Schätzung zu ermitteln.

(4) ¹Hat der Verbraucher mehr als den geminderten Preis gezahlt, so hat der Unternehmer den Mehrbetrag zu erstatten. ²Der Mehrbetrag ist unverzüglich, auf jeden Fall aber innerhalb von 14 Tagen zu erstatten. ³Die Frist beginnt mit dem Zugang der Minderungserklärung beim Unternehmer. ⁴Für die Erstattung muss der Unternehmer dasselbe Zahlungsmittel verwenden, das der Verbraucher bei der Zahlung verwendet hat, es sei denn, es wurde ausdrücklich etwas anderes vereinbart und dem Verbraucher entstehen durch die Verwendung eines anderen Zahlungsmittels keine Kosten. ⁵Der Unternehmer kann vom Verbraucher keinen Ersatz für die Kosten verlangen, die ihm für die Erstattung des Mehrbetrags entstehen.

§ 327o[1]) Erklärung und Rechtsfolgen der Vertragsbeendigung.

(1) ¹Die Beendigung des Vertrags erfolgt durch Erklärung gegenüber dem Unternehmer, in welcher der Entschluss des Verbrauchers zur Beendigung zum Ausdruck kommt. ²§ 351 ist entsprechend anzuwenden.

(2) ¹Im Fall der Vertragsbeendigung hat der Unternehmer dem Verbraucher die Zahlungen zu erstatten, die der Verbraucher zur Erfüllung des Vertrags geleistet hat. ²Für Leistungen, die der Unternehmer aufgrund der Vertragsbeendigung nicht mehr zu erbringen hat, erlischt sein Anspruch auf Zahlung des vereinbarten Preises.

(3) ¹Abweichend von Absatz 2 Satz 2 erlischt bei Verträgen über die dauerhafte Bereitstellung eines digitalen Produkts der Anspruch des Unternehmers auch für bereits erbrachte Leistungen, jedoch nur für denjenigen Teil des Bereitstellungszeitraums, in dem das digitale Produkt mangelhaft war. ²Der gezahlte Preis für den

---

[1]) Titel 2a (§§ 327–327u) eingef. mWv 1.1.2022 durch G v. 25.6.2021 (BGBl. I S. 2125).

Zeitraum, für den der Anspruch nach Satz 1 entfallen ist, ist dem Verbraucher zu erstatten.

(4) Für die Erstattungen nach den Absätzen 2 und 3 ist § 327n Absatz 4 Satz 2 bis 5 entsprechend anzuwenden.

(5) [1] Der Verbraucher ist verpflichtet, einen vom Unternehmer bereitgestellten körperlichen Datenträger an diesen unverzüglich zurückzusenden, wenn der Unternehmer dies spätestens 14 Tage nach Vertragsbeendigung verlangt. [2] Der Unternehmer trägt die Kosten der Rücksendung. [3] § 348 ist entsprechend anzuwenden.

§ 327p[1]) **Weitere Nutzung nach Vertragsbeendigung.** (1) [1] Der Verbraucher darf das digitale Produkt nach Vertragsbeendigung weder weiter nutzen noch Dritten zur Verfügung stellen. [2] Der Unternehmer ist berechtigt, die weitere Nutzung durch den Verbraucher zu unterbinden. [3] Absatz 3 bleibt hiervon unberührt.

(2) [1] Der Unternehmer darf die Inhalte, die nicht personenbezogene Daten sind und die der Verbraucher bei der Nutzung des vom Unternehmer bereitgestellten digitalen Produkts bereitgestellt oder erstellt hat, nach der Vertragsbeendigung nicht weiter nutzen. [2] Dies gilt nicht, wenn die Inhalte
1. außerhalb des Kontextes des vom Unternehmer bereitgestellten digitalen Produkts keinen Nutzen haben,
2. ausschließlich mit der Nutzung des vom Unternehmer bereitgestellten digitalen Produkts durch den Verbraucher zusammenhängen,
3. vom Unternehmer mit anderen Daten aggregiert wurden und nicht oder nur mit unverhältnismäßigem Aufwand disaggregiert werden können oder
4. vom Verbraucher gemeinsam mit anderen erzeugt wurden, sofern andere Verbraucher die Inhalte weiterhin nutzen können.

(3) [1] Der Unternehmer hat dem Verbraucher auf dessen Verlangen die Inhalte gemäß Absatz 2 Satz 1 bereitzustellen. [2] Dies gilt nicht für Inhalte nach Absatz 2 Satz 2 Nummer 1 bis 3. [3] Die Inhalte müssen dem Verbraucher unentgeltlich, ohne Behinderung durch den Unternehmer, innerhalb einer angemessenen Frist und in einem gängigen und maschinenlesbaren Format bereitgestellt werden.

§ 327q[1]) **Vertragsrechtliche Folgen datenschutzrechtlicher Erklärungen des Verbrauchers.** (1) Die Ausübung von datenschutzrechtlichen Betroffenenrechten und die Abgabe datenschutzrechtlicher Erklärungen des Verbrauchers nach Vertragsschluss lassen die Wirksamkeit des Vertrags unberührt.

(2) Widerruft der Verbraucher eine von ihm erteilte datenschutzrechtliche Einwilligung oder widerspricht er einer weiteren Verarbeitung seiner personenbezogenen Daten, so kann der Unternehmer einen Vertrag, der ihn zu einer Reihe einzelner Bereitstellungen digitaler Produkte oder zur dauerhaften Bereitstellung eines digitalen Produkts verpflichtet, ohne Einhaltung einer Kündigungsfrist kündigen, wenn ihm unter Berücksichtigung des weiterhin zulässigen Umfangs der Datenverarbeitung und unter Abwägung der beiderseitigen Interessen die Fortsetzung des Vertragsverhältnisses bis zum vereinbarten Vertragsende oder bis zum Ablauf einer gesetzlichen oder vertraglichen Kündigungsfrist nicht zugemutet werden kann.

(3) Ersatzansprüche des Unternehmers gegen den Verbraucher wegen einer durch die Ausübung von Datenschutzrechten oder die Abgabe datenschutzrecht-

---

[1]) Titel 2a (§§ 327–327u) eingef. mWv 1.1.2022 durch G v. 25.6.2021 (BGBl. I S. 2123).

licher Erklärungen bewirkten Einschränkung der zulässigen Datenverarbeitung sind ausgeschlossen.

§ 327r[1]**) Änderungen an digitalen Produkten.** (1) Bei einer dauerhaften Bereitstellung darf der Unternehmer Änderungen des digitalen Produkts, die über das zur Aufrechterhaltung der Vertragsmäßigkeit nach § 327e Absatz 2 und 3 und § 327f erforderliche Maß hinausgehen, nur vornehmen, wenn
1. der Vertrag diese Möglichkeit vorsieht und einen triftigen Grund dafür enthält,
2. dem Verbraucher durch die Änderung keine zusätzlichen Kosten entstehen und
3. der Verbraucher klar und verständlich über die Änderung informiert wird.

(2) [1]Eine Änderung des digitalen Produkts, welche die Zugriffsmöglichkeit des Verbrauchers auf das digitale Produkt oder welche die Nutzbarkeit des digitalen Produkts für den Verbraucher beeinträchtigt, darf der Unternehmer nur vornehmen, wenn er den Verbraucher darüber hinaus innerhalb einer angemessenen Frist vor dem Zeitpunkt der Änderung mittels eines dauerhaften Datenträgers informiert. [2]Die Information muss Angaben enthalten über:
1. Merkmale und Zeitpunkt der Änderung sowie
2. die Rechte des Verbrauchers nach den Absätzen 3 und 4.
[3]Satz 1 gilt nicht, wenn die Beeinträchtigung der Zugriffsmöglichkeit oder der Nutzbarkeit nur unerheblich ist.

(3) [1]Beeinträchtigt eine Änderung des digitalen Produkts die Zugriffsmöglichkeit oder die Nutzbarkeit im Sinne des Absatzes 2 Satz 1, so kann der Verbraucher den Vertrag innerhalb von 30 Tagen unentgeltlich beenden. [2]Die Frist beginnt mit dem Zugang der Information nach Absatz 2 zu laufen. [3]Erfolgt die Änderung nach dem Zugang der Information, so tritt an die Stelle des Zeitpunkts des Zugangs der Information der Zeitpunkt der Änderung.

(4) Die Beendigung des Vertrags nach Absatz 3 Satz 1 ist ausgeschlossen, wenn
1. die Beeinträchtigung der Zugriffsmöglichkeit oder der Nutzbarkeit nur unerheblich ist oder
2. dem Verbraucher die Zugriffsmöglichkeit auf das unveränderte digitale Produkt und die Nutzbarkeit des unveränderten digitalen Produkts ohne zusätzliche Kosten erhalten bleiben.

(5) Für die Beendigung des Vertrags nach Absatz 3 Satz 1 und deren Rechtsfolgen sind die §§ 327o und 327p entsprechend anzuwenden.

(6) Die Absätze 1 bis 5 sind auf Paketverträge, bei denen der andere Bestandteil des Paketvertrags die Bereitstellung eines Internetzugangsdienstes oder eines öffentlich zugänglichen nummerngebundenen interpersonellen Telekommunikationsdienstes im Rahmen eines Paketvertrags im Sinne des § 66 Absatz 1 des Telekommunikationsgesetzes zum Gegenstand hat, nicht anzuwenden.

§ 327s[1]**) Abweichende Vereinbarungen.** (1) Auf eine Vereinbarung mit dem Verbraucher, die zum Nachteil des Verbrauchers von den Vorschriften dieses Untertitels abweicht, kann der Unternehmer sich nicht berufen, es sei denn, die Vereinbarung wurde erst nach der Mitteilung des Verbrauchers gegenüber dem Unternehmer über die unterbliebene Bereitstellung oder über den Mangel des digitalen Produkts getroffen.

---

[1]) Titel 2a (§§ 327–327u) eingef. mWv 1.1.2022 durch G v. 25.6.2021 (BGBl. I S. 2123).

(2) Auf eine Vereinbarung mit dem Verbraucher über eine Änderung des digitalen Produkts, die zum Nachteil des Verbrauchers von den Vorschriften dieses Untertitels abweicht, kann der Unternehmer sich nicht berufen, es sei denn, sie wurde nach der Information des Verbrauchers über die Änderung des digitalen Produkts gemäß § 327r getroffen.

(3) Die Vorschriften dieses Untertitels sind auch anzuwenden, wenn sie durch anderweitige Gestaltungen umgangen werden.

(4) Die Absätze 1 und 2 gelten nicht für den Ausschluss oder die Beschränkung des Anspruchs auf Schadensersatz.

(5) § 327h bleibt unberührt.

Untertitel 2. Besondere Bestimmungen für Verträge über digitale Produkte zwischen Unternehmern

§ 327t[1] **Anwendungsbereich.** Auf Verträge zwischen Unternehmern, die der Bereitstellung digitaler Produkte gemäß der nach den §§ 327 und 327a vom Anwendungsbereich des Untertitels 1 erfassten Verbraucherverträge dienen, sind ergänzend die Vorschriften dieses Untertitels anzuwenden.

§ 327u[1] **Rückgriff des Unternehmers.** (1) [1]Der Unternehmer kann von dem Unternehmer, der sich ihm gegenüber zur Bereitstellung eines digitalen Produkts verpflichtet hat (Vertriebspartner), Ersatz der Aufwendungen verlangen, die ihm im Verhältnis zu einem Verbraucher wegen einer durch den Vertriebspartner verursachten unterbliebenen Bereitstellung des vom Vertriebspartner bereitzustellenden digitalen Produkts aufgrund der Ausübung des Rechts des Verbrauchers nach § 327c Absatz 1 Satz 1 entstanden sind. [2]Das Gleiche gilt für die nach § 327l Absatz 1 vom Unternehmer zu tragenden Aufwendungen, wenn der vom Verbraucher gegenüber dem Unternehmer geltend gemachte Mangel bereits bei der Bereitstellung durch den Vertriebspartner vorhanden war oder in einer durch den Vertriebspartner verursachten Verletzung der Aktualisierungspflicht des Unternehmers nach § 327f Absatz 1 besteht.

(2) [1]Die Aufwendungsersatzansprüche nach Absatz 1 verjähren in sechs Monaten. [2]Die Verjährung beginnt

1. im Fall des Absatzes 1 Satz 1 mit dem Zeitpunkt, zu dem der Verbraucher sein Recht ausgeübt hat,

2. im Fall des Absatzes 1 Satz 2 mit dem Zeitpunkt, zu dem der Unternehmer die Ansprüche des Verbrauchers nach § 327l Absatz 1 erfüllt hat.

(3) § 327k Absatz 1 und 2 ist mit der Maßgabe entsprechend anzuwenden, dass die Frist mit der Bereitstellung an den Verbraucher beginnt.

(4) [1]Der Vertriebspartner kann sich nicht auf eine Vereinbarung berufen, die er vor Geltendmachung der in Absatz 1 bezeichneten Aufwendungsersatzansprüche mit dem Unternehmer getroffen hat und die zum Nachteil des Unternehmers von den Absätzen 1 bis 3 abweicht. [2]Satz 1 ist auch anzuwenden, wenn die Absätze 1 bis 3 durch anderweitige Gestaltungen umgangen werden.

(5) § 377 des Handelsgesetzbuchs[2] bleibt unberührt.

(6) Die vorstehenden Absätze sind auf die Ansprüche des Vertriebspartners und der übrigen Vertragspartner in der Vertriebskette gegen die jeweiligen zur Bereit-

---

[1] Titel 2a (§§ 327–327u) eingef. mWv 1.1.2022 durch G v. 25.6.2021 (BGBl. I S. 2123).
[2] Nr. **50**.

stellung verpflichteten Vertragspartner entsprechend anzuwenden, wenn die Schuldner Unternehmer sind.

Titel 3. Versprechen der Leistung an einen Dritten

§ 328 Vertrag zugunsten Dritter. (1) Durch Vertrag kann eine Leistung an einen Dritten mit der Wirkung bedungen werden, dass der Dritte unmittelbar das Recht erwirbt, die Leistung zu fordern.

(2) In Ermangelung einer besonderen Bestimmung ist aus den Umständen, insbesondere aus dem Zwecke des Vertrags, zu entnehmen, ob der Dritte das Recht erwerben, ob das Recht des Dritten sofort oder nur unter gewissen Voraussetzungen entstehen und ob den Vertragschließenden die Befugnis vorbehalten sein soll, das Recht des Dritten ohne dessen Zustimmung aufzuheben oder zu ändern.

§ 329 Auslegungsregel bei Erfüllungsübernahme. Verpflichtet sich in einem Vertrag der eine Teil zur Befriedigung eines Gläubigers des anderen Teils, ohne die Schuld zu übernehmen, so ist im Zweifel nicht anzunehmen, dass der Gläubiger unmittelbar das Recht erwerben soll, die Befriedigung von ihm zu fordern.

§ 330[1] Auslegungsregel bei Leibrentenvertrag. [1]Wird in einem Leibrentenvertrag die Zahlung der Leibrente an einen Dritten vereinbart, ist im Zweifel anzunehmen, dass der Dritte unmittelbar das Recht erwerben soll, die Leistung zu fordern. [2]Das Gleiche gilt, wenn bei einer unentgeltlichen Zuwendung dem Bedachten eine Leistung an einen Dritten auferlegt oder bei einer Vermögens- oder Gutsübernahme von dem Übernehmer eine Leistung an einen Dritten zum Zwecke der Abfindung versprochen wird.

§ 331 Leistung nach Todesfall. (1) Soll die Leistung an den Dritten nach dem Tode desjenigen erfolgen, welchem sie versprochen wird, so erwirbt der Dritte das Recht auf die Leistung im Zweifel mit dem Tode des Versprechensempfängers.

(2) Stirbt der Versprechensempfänger vor der Geburt des Dritten, so kann das Versprechen, an den Dritten zu leisten, nur dann noch aufgehoben oder geändert werden, wenn die Befugnis dazu vorbehalten worden ist.

§ 332 Änderung durch Verfügung von Todes wegen bei Vorbehalt. Hat sich der Versprechensempfänger die Befugnis vorbehalten, ohne Zustimmung des Versprechenden an die Stelle des in dem Vertrag bezeichneten Dritten einen anderen zu setzen, so kann dies im Zweifel auch in einer Verfügung von Todes wegen geschehen.

§ 333 Zurückweisung des Rechts durch den Dritten. Weist der Dritte das aus dem Vertrag erworbene Recht dem Versprechenden gegenüber zurück, so gilt das Recht als nicht erworben.

§ 334 Einwendungen des Schuldners gegenüber dem Dritten. Einwendungen aus dem Vertrag stehen dem Versprechenden auch gegenüber dem Dritten zu.

§ 335 Forderungsrecht des Versprechensempfängers. Der Versprechensempfänger kann, sofern nicht ein anderer Wille der Vertragschließenden anzuneh-

---

[1] § 330 Überschrift und Satz 1 neu gef. mWv 1.1.2008 durch G v. 23.11.2007 (BGBl. I S. 2631).

men ist, die Leistung an den Dritten auch dann fordern, wenn diesem das Recht auf die Leistung zusteht.

Titel 4. Draufgabe, Vertragsstrafe

§ 336 Auslegung der Draufgabe. (1) Wird bei der Eingehung eines Vertrags etwas als Draufgabe gegeben, so gilt dies als Zeichen des Abschlusses des Vertrags.

(2) Die Draufgabe gilt im Zweifel nicht als Reugeld.

§ 337 Anrechnung oder Rückgabe der Draufgabe. (1) Die Draufgabe ist im Zweifel auf die von dem Geber geschuldete Leistung anzurechnen oder, wenn dies nicht geschehen kann, bei der Erfüllung des Vertrags zurückzugeben.

(2) Wird der Vertrag wieder aufgehoben, so ist die Draufgabe zurückzugeben.

§ 338 Draufgabe bei zu vertretender Unmöglichkeit der Leistung. [1] Wird die von dem Geber geschuldete Leistung infolge eines Umstands, den er zu vertreten hat, unmöglich oder verschuldet der Geber die Wiederaufhebung des Vertrags, so ist der Empfänger berechtigt, die Draufgabe zu behalten. [2] Verlangt der Empfänger Schadensersatz wegen Nichterfüllung, so ist die Draufgabe im Zweifel anzurechnen oder, wenn dies nicht geschehen kann, bei der Leistung des Schadensersatzes zurückzugeben.

§ 339 Verwirkung der Vertragsstrafe. [1] Verspricht der Schuldner dem Gläubiger für den Fall, dass er seine Verbindlichkeit nicht oder nicht in gehöriger Weise erfüllt, die Zahlung einer Geldsumme als Strafe, so ist die Strafe verwirkt, wenn er in Verzug kommt. [2] Besteht die geschuldete Leistung in einem Unterlassen, so tritt die Verwirkung mit der Zuwiderhandlung ein.

(Fortsetzung nächstes Blatt)

§ 432 Mehrere Gläubiger einer unteilbaren Leistung. (1) ¹Haben mehrere eine unteilbare Leistung zu fordern, so kann, sofern sie nicht Gesamtgläubiger sind, der Schuldner nur an alle gemeinschaftlich leisten und jeder Gläubiger nur die Leistung an alle fordern. ²Jeder Gläubiger kann verlangen, dass der Schuldner die geschuldete Sache für alle Gläubiger hinterlegt oder, wenn sie sich nicht zur Hinterlegung eignet, an einen gerichtlich zu bestellenden Verwahrer abliefert.

(2) Im Übrigen wirkt eine Tatsache, die nur in der Person eines der Gläubiger eintritt, nicht für und gegen die übrigen Gläubiger.

Abschnitt 8. Einzelne Schuldverhältnisse
Titel 1.[1)] Kauf, Tausch[2)]
Untertitel 1. Allgemeine Vorschriften

§ 433 Vertragstypische Pflichten beim Kaufvertrag. (1) ¹Durch den Kaufvertrag wird der Verkäufer einer Sache verpflichtet, dem Käufer die Sache zu übergeben und das Eigentum an der Sache zu verschaffen. ²Der Verkäufer hat dem Käufer die Sache frei von Sach- und Rechtsmängeln zu verschaffen.

(2) Der Käufer ist verpflichtet, dem Verkäufer den vereinbarten Kaufpreis zu zahlen und die gekaufte Sache abzunehmen.

§ 434[3)] Sachmangel. (1) Die Sache ist frei von Sachmängeln, wenn sie bei Gefahrübergang den subjektiven Anforderungen, den objektiven Anforderungen und den Montageanforderungen dieser Vorschrift entspricht.

(2) ¹Die Sache entspricht den subjektiven Anforderungen, wenn sie
1. die vereinbarte Beschaffenheit hat,
2. sich für die nach dem Vertrag vorausgesetzte Verwendung eignet und
3. mit dem vereinbarten Zubehör und den vereinbarten Anleitungen, einschließlich Montage- und Installationsanleitungen, übergeben wird.

²Zu der Beschaffenheit nach Satz 1 Nummer 1 gehören Art, Menge, Qualität, Funktionalität, Kompatibilität, Interoperabilität und sonstige Merkmale der Sache, für die die Parteien Anforderungen vereinbart haben.

(3) ¹Soweit nicht wirksam etwas anderes vereinbart wurde, entspricht die Sache den objektiven Anforderungen, wenn sie
1. sich für die gewöhnliche Verwendung eignet,
2. eine Beschaffenheit aufweist, die bei Sachen derselben Art üblich ist und die der Käufer erwarten kann unter Berücksichtigung
   a) der Art der Sache und
   b) der öffentlichen Äußerungen, die von dem Verkäufer oder einem anderen Glied der Vertragskette oder in deren Auftrag, insbesondere in der Werbung oder auf dem Etikett, abgegeben wurden,
3. der Beschaffenheit einer Probe oder eines Musters entspricht, die oder das der Verkäufer dem Käufer vor Vertragsschluss zur Verfügung gestellt hat, und

---
[1)] Beachte hierzu auch Übereinkommen der Vereinten Nationen über Verträge über den internationalen Warenkauf (**Habersack, Deutsche Gesetze ErgBd. Nr. 50c**).
[2)] **Amtl. Anm.:** Dieser Titel dient der Umsetzung der Richtlinie 1999/44/EG des Europäischen Parlaments und des Rates vom 25. Mai 1999 zu bestimmten Aspekten des Verbrauchsgüterkaufs und der Garantien für Verbrauchsgüter (ABl. EG Nr. L 171 S. 12).
[3)] § 434 neu gef. mWv 1.1.2022 durch G v. 25.6.2021 (BGBl. I S. 2133).

4. mit dem Zubehör einschließlich der Verpackung, der Montage- oder Installationsanleitung sowie anderen Anleitungen übergeben wird, deren Erhalt der Käufer erwarten kann.

²Zu der üblichen Beschaffenheit nach Satz 1 Nummer 2 gehören Menge, Qualität und sonstige Merkmale der Sache, einschließlich ihrer Haltbarkeit, Funktionalität, Kompatibilität und Sicherheit. ³Der Verkäufer ist durch die in Satz 1 Nummer 2 Buchstabe b genannten öffentlichen Äußerungen nicht gebunden, wenn er sie nicht kannte und auch nicht kennen konnte, wenn die Äußerung im Zeitpunkt des Vertragsschlusses in derselben oder in gleichwertiger Weise berichtigt war oder wenn die Äußerung die Kaufentscheidung nicht beeinflussen konnte.

(4) Soweit eine Montage durchzuführen ist, entspricht die Sache den Montageanforderungen, wenn die Montage
1. sachgemäß durchgeführt worden ist oder
2. zwar unsachgemäß durchgeführt worden ist, dies jedoch weder auf einer unsachgemäßen Montage durch den Verkäufer noch auf einem Mangel in der vom Verkäufer übergebenen Anleitung beruht.

(5) Einem Sachmangel steht es gleich, wenn der Verkäufer eine andere Sache als die vertraglich geschuldete Sache liefert.

§ 435 Rechtsmangel. ¹Die Sache ist frei von Rechtsmängeln, wenn Dritte in Bezug auf die Sache keine oder nur die im Kaufvertrag übernommenen Rechte gegen den Käufer geltend machen können. ²Einem Rechtsmangel steht es gleich, wenn im Grundbuch ein Recht eingetragen ist, das nicht besteht.

§ 436 Öffentliche Lasten von Grundstücken. (1) Soweit nicht anders vereinbart, ist der Verkäufer eines Grundstücks verpflichtet, Erschließungsbeiträge und sonstige Anliegerbeiträge für die Maßnahmen zu tragen, die bis zum Tage des Vertragsschlusses bautechnisch begonnen sind, unabhängig vom Zeitpunkt des Entstehens der Beitragsschuld.

(2) Der Verkäufer eines Grundstücks haftet nicht für die Freiheit des Grundstücks von anderen öffentlichen Abgaben und von anderen öffentlichen Lasten, die zur Eintragung in das Grundbuch nicht geeignet sind.

§ 437 Rechte des Käufers bei Mängeln. Ist die Sache mangelhaft, kann der Käufer, wenn die Voraussetzungen der folgenden Vorschriften vorliegen und soweit nicht anderes bestimmt ist,
1. nach § 439 Nacherfüllung verlangen,
2. nach den §§ 440, 323 und 326 Abs. 5 von dem Vertrag zurücktreten oder nach § 441 den Kaufpreis mindern und
3. nach den §§ 440, 280, 281, 283 und 311a Schadensersatz oder nach § 284 Ersatz vergeblicher Aufwendungen verlangen.

§ 438 Verjährung der Mängelansprüche. (1) Die in § 437 Nr. 1 und 3 bezeichneten Ansprüche verjähren
1. in 30 Jahren, wenn der Mangel
   a) in einem dinglichen Recht eines Dritten, auf Grund dessen Herausgabe der Kaufsache verlangt werden kann, oder
   b) in einem sonstigen Recht, das im Grundbuch eingetragen ist,
besteht,

2. in fünf Jahren
 a) bei einem Bauwerk und
 b) bei einer Sache, die entsprechend ihrer üblichen Verwendungsweise für ein Bauwerk verwendet worden ist und dessen Mangelhaftigkeit verursacht hat, und
3. im Übrigen in zwei Jahren.

(2) Die Verjährung beginnt bei Grundstücken mit der Übergabe, im Übrigen mit der Ablieferung der Sache.

(3) [1] Abweichend von Absatz 1 Nr. 2 und 3 und Absatz 2 verjähren die Ansprüche in der regelmäßigen Verjährungsfrist, wenn der Verkäufer den Mangel arglistig verschwiegen hat. [2] Im Falle des Absatzes 1 Nr. 2 tritt die Verjährung jedoch nicht vor Ablauf der dort bestimmten Frist ein.

(4) [1] Für das in § 437 bezeichnete Rücktrittsrecht gilt § 218. [2] Der Käufer kann trotz einer Unwirksamkeit des Rücktritts nach § 218 Abs. 1 die Zahlung des Kaufpreises insoweit verweigern, als er auf Grund des Rücktritts dazu berechtigt sein würde. [3] Macht er von diesem Recht Gebrauch, kann der Verkäufer vom Vertrag zurücktreten.

(5) Auf das in § 437 bezeichnete Minderungsrecht finden § 218 und Absatz 4 Satz 2 entsprechende Anwendung.

§ 439[1] **Nacherfüllung.** (1) Der Käufer kann als Nacherfüllung nach seiner Wahl die Beseitigung des Mangels oder die Lieferung einer mangelfreien Sache verlangen.

(2) Der Verkäufer hat die zum Zwecke der Nacherfüllung erforderlichen Aufwendungen, insbesondere Transport-, Wege-, Arbeits- und Materialkosten zu tragen.

(3) Hat der Käufer die mangelhafte Sache gemäß ihrer Art und ihrem Verwendungszweck in eine andere Sache eingebaut oder an eine andere Sache angebracht, bevor der Mangel offenbar wurde, ist der Verkäufer im Rahmen der Nacherfüllung verpflichtet, dem Käufer die erforderlichen Aufwendungen für das Entfernen der mangelhaften und den Einbau oder das Anbringen der nachgebesserten oder gelieferten mangelfreien Sache zu ersetzen.

(4) [1] Der Verkäufer kann die vom Käufer gewählte Art der Nacherfüllung unbeschadet des § 275 Abs. 2 und 3 verweigern, wenn sie nur mit unverhältnismäßigen Kosten möglich ist. [2] Dabei sind insbesondere der Wert der Sache in mangelfreiem Zustand, die Bedeutung des Mangels und die Frage zu berücksichtigen, ob die andere Art der Nacherfüllung ohne erhebliche Nachteile für den Käufer zurückgegriffen werden könnte. [3] Der Anspruch des Käufers beschränkt sich in diesem Fall auf die andere Art der Nacherfüllung; das Recht des Verkäufers, auch diese unter den Voraussetzungen des Satzes 1 zu verweigern, bleibt unberührt.

(5) Der Käufer hat dem Verkäufer die Sache zum Zweck der Nacherfüllung zur Verfügung zu stellen.

(6) [1] Liefert der Verkäufer zum Zwecke der Nacherfüllung eine mangelfreie Sache, so kann er vom Käufer Rückgewähr der mangelhaften Sache nach Maßgabe der §§ 346 bis 348 verlangen. [2] Der Verkäufer hat die ersetzte Sache auf seine Kosten zurückzunehmen.

---

[1] § 439 Abs. 3 eingef., bish. Abs. 3 und 4 werden Abs. 4 und 5 mWv 1.1.2018 durch G v. 28.4.2017 (BGBl. I S. 969); Abs. 3 bish. Satz 1 geänd., Satz 2 aufgeh., Abs. 5 eingef., bish. Abs. 5 wird Abs. 6 und Satz 2 angef. mWv 1.1.2022 durch G v. 25.6.2021 (BGBl. I S. 2133).

§ 440[1]) Besondere Bestimmungen für Rücktritt und Schadensersatz.

[1] Außer in den Fällen des § 281 Absatz 2 und des § 323 Absatz 2 bedarf es der Fristsetzung auch dann nicht, wenn der Verkäufer beide Arten der Nacherfüllung gemäß § 439 Absatz 4 verweigert oder wenn die dem Käufer zustehende Art der Nacherfüllung fehlgeschlagen oder ihm unzumutbar ist. [2] Eine Nachbesserung gilt nach dem erfolglosen zweiten Versuch als fehlgeschlagen, wenn sich nicht insbesondere aus der Art der Sache oder des Mangels oder den sonstigen Umständen etwas anderes ergibt.

§ 441 Minderung.

(1) [1] Statt zurückzutreten, kann der Käufer den Kaufpreis durch Erklärung gegenüber dem Verkäufer mindern. [2] Der Ausschlussgrund des § 323 Abs. 5 Satz 2 findet keine Anwendung.

(2) Sind auf der Seite des Käufers oder auf der Seite des Verkäufers mehrere beteiligt, so kann die Minderung nur von allen oder gegen alle erklärt werden.

(3) [1] Bei der Minderung ist der Kaufpreis in dem Verhältnis herabzusetzen, in welchem zur Zeit des Vertragsschlusses der Wert der Sache in mangelfreiem Zustand zu dem wirklichen Wert gestanden haben würde. [2] Die Minderung ist, soweit erforderlich, durch Schätzung zu ermitteln.

(4) [1] Hat der Käufer mehr als den geminderten Kaufpreis gezahlt, so ist der Mehrbetrag vom Verkäufer zu erstatten. [2] § 346 Abs. 1 und § 347 Abs. 1 finden entsprechende Anwendung.

§ 442 Kenntnis des Käufers.

(1) [1] Die Rechte des Käufers wegen eines Mangels sind ausgeschlossen, wenn er bei Vertragsschluss den Mangel kennt. [2] Ist dem Käufer ein Mangel infolge grober Fahrlässigkeit unbekannt geblieben, kann der Käufer Rechte wegen dieses Mangels nur geltend machen, wenn der Verkäufer den Mangel arglistig verschwiegen oder eine Garantie für die Beschaffenheit der Sache übernommen hat.

(2) Ein im Grundbuch eingetragenes Recht hat der Verkäufer zu beseitigen, auch wenn es der Käufer kennt.

§ 443[2]) Garantie.

(1) Geht der Verkäufer, der Hersteller oder ein sonstiger Dritter in einer Erklärung oder einschlägigen Werbung, die vor oder bei Abschluss des Kaufvertrags verfügbar war, zusätzlich zu der gesetzlichen Mängelhaftung insbesondere die Verpflichtung ein, den Kaufpreis zu erstatten, die Sache auszutauschen, nachzubessern oder in ihrem Zusammenhang Dienstleistungen zu erbringen, falls die Sache nicht diejenige Beschaffenheit aufweist oder andere als die Mängelfreiheit betreffende Anforderungen nicht erfüllt, die in der Erklärung oder einschlägigen Werbung beschrieben sind (Garantie), stehen dem Käufer im Garantiefall unbeschadet der gesetzlichen Ansprüche die Rechte aus der Garantie gegenüber demjenigen zu, der die Garantie gegeben hat (Garantiegeber).

(2) Soweit der Garantiegeber eine Garantie dafür übernommen hat, dass die Sache für eine bestimmte Dauer eine bestimmte Beschaffenheit behält (Haltbarkeitsgarantie), wird vermutet, dass ein während ihrer Geltungsdauer auftretender Sachmangel die Rechte aus der Garantie begründet.

---

[1]) § 440 neu gef. mWv 1.1.2018 durch G v. 28.4.2017 (BGBl. I S. 969).
[2]) § 443 Überschrift und Abs. 1 neu gef., Abs. 2 geänd. mWv 13.6.2014 durch G v. 20.9.2013 (BGBl. I S. 3642).

§ 444[1] **Haftungsausschluss.** Auf eine Vereinbarung, durch welche die Rechte des Käufers wegen eines Mangels ausgeschlossen oder beschränkt werden, kann sich der Verkäufer nicht berufen, soweit er den Mangel arglistig verschwiegen oder eine Garantie für die Beschaffenheit der Sache übernommen hat.

§ 445 Haftungsbegrenzung bei öffentlichen Versteigerungen. Wird eine Sache auf Grund eines Pfandrechts in einer öffentlichen Versteigerung unter der Bezeichnung als Pfand verkauft, so stehen dem Käufer Rechte wegen eines Mangels nur zu, wenn der Verkäufer den Mangel arglistig verschwiegen oder eine Garantie für die Beschaffenheit der Sache übernommen hat.

§ 445a[2] **Rückgriff des Verkäufers.** (1) Der Verkäufer kann beim Verkauf einer neu hergestellten Sache von dem Verkäufer, der ihm die Sache verkauft hatte (Lieferant), Ersatz der Aufwendungen verlangen, die er im Verhältnis zum Käufer nach § 439 Absatz 2, 3 und 6 Satz 2 sowie nach § 475 Absatz 4 zu tragen hatte, wenn der vom Käufer geltend gemachte Mangel bereits beim Übergang der Gefahr auf den Verkäufer vorhanden war oder auf einer Verletzung der Aktualisierungspflicht gemäß § 475b Absatz 4 beruht.

(2) Für die in § 437 bezeichneten Rechte des Verkäufers gegen seinen Lieferanten bedarf es wegen des vom Käufer geltend gemachten Mangels der sonst erforderlichen Fristsetzung nicht, wenn der Verkäufer die verkaufte neu hergestellte Sache als Folge ihrer Mangelhaftigkeit zurücknehmen musste oder der Käufer den Kaufpreis gemindert hat.

(3) Die Absätze 1 und 2 finden auf die Ansprüche des Lieferanten und der übrigen Käufer in der Lieferkette gegen die jeweiligen Verkäufer entsprechende Anwendung, wenn die Schuldner Unternehmer sind.

(4) § 377 des Handelsgesetzbuchs[3] bleibt unberührt.

§ 445b[4] **Verjährung von Rückgriffsansprüchen.** (1) Die in § 445a Absatz 1 bestimmten Aufwendungsersatzansprüche verjähren in zwei Jahren ab Ablieferung der Sache.

(2) Die Verjährung der in den §§ 437 und 445a Absatz 1 bestimmten Ansprüche des Verkäufers gegen seinen Lieferanten wegen des Mangels einer verkauften neu hergestellten Sache tritt frühestens zwei Monate nach dem Zeitpunkt ein, in dem der Verkäufer die Ansprüche des Käufers erfüllt hat.

(3) Die Absätze 1 und 2 finden auf die Ansprüche des Lieferanten und der übrigen Käufer in der Lieferkette gegen die jeweiligen Verkäufer entsprechende Anwendung, wenn die Schuldner Unternehmer sind.

§ 445c[5] **Rückgriff bei Verträgen über digitale Produkte.** ¹Ist der letzte Vertrag in der Lieferkette ein Verbrauchervertrag über die Bereitstellung digitaler Produkte nach den §§ 327 und 327a, so sind die §§ 445a, 445b und 478 nicht anzuwenden. ²An die Stelle der nach Satz 1 nicht anzuwendenden Vorschriften treten die Vorschriften des Abschnitts 3 Titel 2a Untertitel 2.

---

[1] § 444 geänd. mWv 8.12.2004 durch G v. 2.12.2004 (BGBl. I S. 3102).
[2] § 445a eingef. mWv 1.1.2018 durch G v. 28.4.2017 (BGBl. I S. 969); Abs. 1 neu gef. mWv 1.1.2022 durch G v. 25.6.2021 (BGBl. I S. 2133).
[3] Nr. **50**.
[4] § 445b eingef. mWv 1.1.2018 durch G v. 28.4.2017 (BGBl. I S. 969); Abs. 2 Satz 2 aufgeh. mWv 1.1.2022 durch G v. 25.6.2021 (BGBl. I S. 2133).
[5] § 445c eingef. mWv 1.1.2022 durch G v. 25.6.2021 (BGBl. I S. 2123).

§ 446 Gefahr- und Lastenübergang. [1] Mit der Übergabe der verkauften Sache geht die Gefahr des zufälligen Untergangs und der zufälligen Verschlechterung auf den Käufer über. [2] Von der Übergabe an gebühren dem Käufer die Nutzungen und trägt er die Lasten der Sache. [3] Der Übergabe steht es gleich, wenn der Käufer im Verzug der Annahme ist.

§ 447 Gefahrübergang beim Versendungskauf. (1) Versendet der Verkäufer auf Verlangen des Käufers die verkaufte Sache nach einem anderen Ort als dem Erfüllungsort, so geht die Gefahr auf den Käufer über, sobald der Verkäufer die Sache dem Spediteur, dem Frachtführer oder der sonst zur Ausführung der Versendung bestimmten Person oder Anstalt ausgeliefert hat.

(2) Hat der Käufer eine besondere Anweisung über die Art der Versendung erteilt und weicht der Verkäufer ohne dringenden Grund von der Anweisung ab, so ist der Verkäufer dem Käufer für den daraus entstehenden Schaden verantwortlich.

§ 448 Kosten der Übergabe und vergleichbare Kosten. (1) Der Verkäufer trägt die Kosten der Übergabe der Sache, der Käufer die Kosten der Abnahme und der Versendung der Sache nach einem anderen Ort als dem Erfüllungsort.

(2) Der Käufer eines Grundstücks trägt die Kosten der Beurkundung des Kaufvertrags und der Auflassung, der Eintragung ins Grundbuch und der zu der Eintragung erforderlichen Erklärungen.

§ 449 Eigentumsvorbehalt. (1) Hat sich der Verkäufer einer beweglichen Sache das Eigentum bis zur Zahlung des Kaufpreises vorbehalten, so ist im Zweifel anzunehmen, dass das Eigentum unter der aufschiebenden Bedingung vollständiger Zahlung des Kaufpreises übertragen wird (Eigentumsvorbehalt).

(2) Auf Grund des Eigentumsvorbehalts kann der Verkäufer die Sache nur herausverlangen, wenn er vom Vertrag zurückgetreten ist.

(3) Die Vereinbarung eines Eigentumsvorbehalts ist nichtig, soweit der Eigentumsübergang davon abhängig gemacht wird, dass der Käufer Forderungen eines Dritten, insbesondere eines mit dem Verkäufer verbundenen Unternehmens, erfüllt.

§ 450 Ausgeschlossene Käufer bei bestimmten Verkäufen. (1) Bei einem Verkauf im Wege der Zwangsvollstreckung dürfen der mit der Vornahme oder Leitung des Verkaufs Beauftragte und die von ihm zugezogenen Gehilfen einschließlich des Protokollführers den zu verkaufenden Gegenstand weder für sich persönlich oder durch einen anderen noch als Vertreter eines anderen kaufen.

(2) Absatz 1 gilt auch bei einem Verkauf außerhalb der Zwangsvollstreckung, wenn der Auftrag zu dem Verkauf auf Grund einer gesetzlichen Vorschrift erteilt worden ist, die den Auftraggeber ermächtigt, den Gegenstand für Rechnung eines anderen verkaufen zu lassen, insbesondere in den Fällen des Pfandverkaufs und des in den §§ 383 und 385 zugelassenen Verkaufs, sowie bei einem Verkauf aus einer Insolvenzmasse.

§ 451 Kauf durch ausgeschlossenen Käufer. (1) [1] Die Wirksamkeit eines dem § 450 zuwider erfolgten Kaufs und der Übertragung des gekauften Gegenstandes hängt von der Zustimmung der bei dem Verkauf als Schuldner, Eigentümer oder Gläubiger Beteiligten ab. [2] Fordert der Käufer einen Beteiligten zur Erklärung über die Genehmigung auf, so findet § 177 Abs. 2 entsprechende Anwendung.

(2) Wird infolge der Verweigerung der Genehmigung ein neuer Verkauf vorgenommen, so hat der frühere Käufer für die Kosten des neuen Verkaufs sowie für einen Mindererlös aufzukommen.

§ 452 Schiffskauf. Die Vorschriften dieses Untertitels über den Kauf von Grundstücken finden auf den Kauf von eingetragenen Schiffen und Schiffsbauwerken entsprechende Anwendung.

§ 453[1]) **Rechtskauf; Verbrauchervertrag über den Kauf digitaler Inhalte.**
(1) [1] Die Vorschriften über den Kauf von Sachen finden auf den Kauf von Rechten und sonstigen Gegenständen entsprechende Anwendung. [2] Auf einen Verbrauchervertrag über den Verkauf digitaler Inhalte durch einen Unternehmer sind die folgenden Vorschriften nicht anzuwenden:
1. § 433 Absatz 1 Satz 1 und § 475 Absatz 1 über die Übergabe der Kaufsache und die Leistungszeit sowie
2. § 433 Absatz 1 Satz 2, die §§ 434 bis 442, 475 Absatz 3 Satz 1, Absatz 4 bis 6 und die §§ 476 und 477 über die Rechte bei Mängeln.

[3] An die Stelle der nach Satz 1 nicht anzuwendenden Vorschriften treten die Vorschriften des Abschnitts 3 Titel 2a Untertitel 1.

(2) Der Verkäufer trägt die Kosten der Begründung und Übertragung des Rechts.

(3) Ist ein Recht verkauft, das zum Besitz einer Sache berechtigt, so ist der Verkäufer verpflichtet, dem Käufer die Sache frei von Sach- und Rechtsmängeln zu übergeben.

Untertitel 2. Besondere Arten des Kaufs
Kapitel 1. Kauf auf Probe

§ 454 Zustandekommen des Kaufvertrags. (1) [1] Bei einem Kauf auf Probe oder auf Besichtigung steht die Billigung des gekauften Gegenstandes im Belieben des Käufers. [2] Der Kauf ist im Zweifel unter der aufschiebenden Bedingung der Billigung geschlossen.

(2) Der Verkäufer ist verpflichtet, dem Käufer die Untersuchung des Gegenstandes zu gestatten.

§ 455 Billigungsfrist. [1] Die Billigung eines auf Probe oder auf Besichtigung gekauften Gegenstandes kann nur innerhalb der vereinbarten Frist und in Ermangelung einer solchen nur bis zum Ablauf einer dem Käufer von dem Verkäufer bestimmten angemessenen Frist erklärt werden. [2] War die Sache dem Käufer zum Zwecke der Probe oder der Besichtigung übergeben, so gilt sein Schweigen als Billigung.

Kapitel 2.[2]) Wiederkauf

§ 456 Zustandekommen des Wiederkaufs. (1) [1] Hat sich der Verkäufer in dem Kaufvertrag das Recht des Wiederkaufs vorbehalten, so kommt der Wiederkauf mit der Erklärung des Verkäufers gegenüber dem Käufer, dass er das Wieder-

---

[1]) § 453 Überschrift geänd., Abs. 1 Sätze 2 und 3 angef. mWv 1.1.2022 durch G v. 25.6.2021 (BGBl. I S. 2123).
[2]) Beachte auch das Wiederkaufsrecht nach §§ 20, 21 Reichssiedlungsgesetz v. 11.8.1919 (RGBl. S. 1429), zuletzt geänd. durch G v. 29.7.2009 (BGBl. I S. 2355).

kaufsrecht ausübe, zustande. ²Die Erklärung bedarf nicht der für den Kaufvertrag bestimmten Form.

(2) Der Preis, zu welchem verkauft worden ist, gilt im Zweifel auch für den Wiederkauf.

§ 457 Haftung des Wiederverkäufers. (1) Der Wiederverkäufer ist verpflichtet, dem Wiederkäufer den gekauften Gegenstand nebst Zubehör herauszugeben.

(2) ¹Hat der Wiederverkäufer vor der Ausübung des Wiederkaufsrechts eine Verschlechterung, den Untergang oder eine aus einem anderen Grund eingetretene Unmöglichkeit der Herausgabe des gekauften Gegenstandes verschuldet oder den Gegenstand wesentlich verändert, so ist er für den daraus entstehenden Schaden verantwortlich. ²Ist der Gegenstand ohne Verschulden des Wiederverkäufers verschlechtert oder ist er nur unwesentlich verändert, so kann der Wiederkäufer Minderung des Kaufpreises nicht verlangen.

§ 458 Beseitigung von Rechten Dritter. ¹Hat der Wiederverkäufer vor der Ausübung des Wiederkaufsrechts über den gekauften Gegenstand verfügt, so ist er verpflichtet, die dadurch begründeten Rechte Dritter zu beseitigen. ²Einer Verfügung des Wiederverkäufers steht eine Verfügung gleich, die im Wege der Zwangsvollstreckung oder der Arrestvollziehung oder durch den Insolvenzverwalter erfolgt.

§ 459 Ersatz von Verwendungen. ¹Der Wiederverkäufer kann für Verwendungen, die er auf den gekauften Gegenstand vor dem Wiederkauf gemacht hat, insoweit Ersatz verlangen, als der Wert des Gegenstandes durch die Verwendungen erhöht ist. ²Eine Einrichtung, mit der er die herauszugebende Sache versehen hat, kann er wegnehmen.

§ 460 Wiederkauf zum Schätzungswert. Ist als Wiederkaufpreis der Schätzungswert vereinbart, den der gekaufte Gegenstand zur Zeit des Wiederkaufs hat, so ist der Wiederverkäufer für eine Verschlechterung, den Untergang oder die aus einem anderen Grund eingetretene Unmöglichkeit der Herausgabe des Gegenstandes nicht verantwortlich, der Wiederkäufer zum Ersatz von Verwendungen nicht verpflichtet.

§ 461 Mehrere Wiederkaufsberechtigte. ¹Steht das Wiederkaufsrecht mehreren gemeinschaftlich zu, so kann es nur im Ganzen ausgeübt werden. ²Ist es für einen der Berechtigten erloschen oder übt einer von ihnen sein Recht nicht aus, so sind die übrigen berechtigt, das Wiederkaufsrecht im Ganzen auszuüben.

§ 462 Ausschlussfrist. ¹Das Wiederkaufsrecht kann bei Grundstücken nur bis zum Ablauf von 30, bei anderen Gegenständen nur bis zum Ablauf von drei Jahren nach der Vereinbarung des Vorbehalts ausgeübt werden. ²Ist für die Ausübung eine Frist bestimmt, so tritt diese an die Stelle der gesetzlichen Frist.

Kapitel 3.[1] Vorkauf

§ 463 Voraussetzungen der Ausübung. Wer in Ansehung eines Gegenstandes zum Vorkauf berechtigt ist, kann das Vorkaufsrecht ausüben, sobald der Verpflichtete mit einem Dritten einen Kaufvertrag über den Gegenstand geschlossen hat.

---

[1] Dingliches Vorkaufsrecht: §§ 1094 ff. BGB - Vorkaufsrecht nach §§ 4–11a, 14 Reichssiedlungsgesetz v. 11.8.1919 (RGBl. S. 1429), zuletzt geänd. durch G v. 29.7.2009 (BGBl. I S. 2355) und gesetzliche Vorkaufsrechte der Gemeinden nach §§ 24–28 Baugesetzbuch **(Sartorius Nr. 300).**

§ **464 Ausübung des Vorkaufsrechts.** (1) [1]Die Ausübung des Vorkaufsrechts erfolgt durch Erklärung gegenüber dem Verpflichteten. [2]Die Erklärung bedarf nicht der für den Kaufvertrag bestimmten Form.

(2) Mit der Ausübung des Vorkaufsrechts kommt der Kauf zwischen dem Berechtigten und dem Verpflichteten unter den Bestimmungen zustande, welche der Verpflichtete mit dem Dritten vereinbart hat.

§ **465 Unwirksame Vereinbarungen.** Eine Vereinbarung des Verpflichteten mit dem Dritten, durch welche der Kauf von der Nichtausübung des Vorkaufsrechts abhängig gemacht oder dem Verpflichteten für den Fall der Ausübung des Vorkaufsrechts der Rücktritt vorbehalten wird, ist dem Vorkaufsberechtigten gegenüber unwirksam.

§ **466 Nebenleistungen.** [1]Hat sich der Dritte in dem Vertrag zu einer Nebenleistung verpflichtet, die der Vorkaufsberechtigte zu bewirken außerstande ist, so hat der Vorkaufsberechtigte statt der Nebenleistung ihren Wert zu entrichten. [2]Lässt sich die Nebenleistung nicht in Geld schätzen, so ist die Ausübung des Vorkaufsrechts ausgeschlossen; die Vereinbarung der Nebenleistung kommt jedoch nicht in Betracht, wenn der Vertrag mit dem Dritten auch ohne sie geschlossen sein würde.

§ **467 Gesamtpreis.** [1]Hat der Dritte den Gegenstand, auf den sich das Vorkaufsrecht bezieht, mit anderen Gegenständen zu einem Gesamtpreis gekauft, so hat der Vorkaufsberechtigte einen verhältnismäßigen Teil des Gesamtpreises zu entrichten. [2]Der Verpflichtete kann verlangen, dass der Vorkauf auf alle Sachen erstreckt wird, die nicht ohne Nachteil für ihn getrennt werden können.

§ **468 Stundung des Kaufpreises.** (1) Ist dem Dritten in dem Vertrag der Kaufpreis gestundet worden, so kann der Vorkaufsberechtigte die Stundung nur in Anspruch nehmen, wenn er für den gestundeten Betrag Sicherheit leistet.

(2) [1]Ist ein Grundstück Gegenstand des Vorkaufs, so bedarf es der Sicherheitsleistung insoweit nicht, als für den gestundeten Kaufpreis die Bestellung einer Hypothek an dem Grundstück vereinbart oder in Anrechnung auf den Kaufpreis eine Schuld, für die eine Hypothek an dem Grundstück besteht, übernommen worden ist. [2]Entsprechendes gilt, wenn ein eingetragenes Schiff oder Schiffsbauwerk Gegenstand des Vorkaufs ist.

§ **469 Mitteilungspflicht, Ausübungsfrist.** (1) [1]Der Verpflichtete hat dem Vorkaufsberechtigten den Inhalt des mit dem Dritten geschlossenen Vertrags unverzüglich mitzuteilen. [2]Die Mitteilung des Verpflichteten wird durch die Mitteilung des Dritten ersetzt.

(2) [1]Das Vorkaufsrecht kann bei Grundstücken nur bis zum Ablauf von zwei Monaten, bei anderen Gegenständen nur bis zum Ablauf einer Woche nach dem Empfang der Mitteilung ausgeübt werden. [2]Ist für die Ausübung eine Frist bestimmt, so tritt diese an die Stelle der gesetzlichen Frist.

§ **470 Verkauf an gesetzlichen Erben.** Das Vorkaufsrecht erstreckt sich im Zweifel nicht auf einen Verkauf, der mit Rücksicht auf ein künftiges Erbrecht an einen gesetzlichen Erben erfolgt.

§ **471 Verkauf bei Zwangsvollstreckung oder Insolvenz.** Das Vorkaufsrecht ist ausgeschlossen, wenn der Verkauf im Wege der Zwangsvollstreckung oder aus einer Insolvenzmasse erfolgt.

§ 472 Mehrere Vorkaufsberechtigte. ¹Steht das Vorkaufsrecht mehreren gemeinschaftlich zu, so kann es nur im Ganzen ausgeübt werden. ²Ist es für einen der Berechtigten erloschen oder übt einer von ihnen sein Recht nicht aus, so sind die übrigen berechtigt, das Vorkaufsrecht im Ganzen auszuüben.

§ 473 Unübertragbarkeit. ¹Das Vorkaufsrecht ist nicht übertragbar und geht nicht auf die Erben des Berechtigten über, sofern nicht ein anderes bestimmt ist. ²Ist das Recht auf eine bestimmte Zeit beschränkt, so ist es im Zweifel vererblich.

Untertitel 3.[1] Verbrauchsgüterkauf

§ 474[2] Verbrauchsgüterkauf. (1) ¹Verbrauchsgüterkäufe sind Verträge, durch die ein Verbraucher von einem Unternehmer eine Ware (§ 241a Absatz 1) kauft. ²Um einen Verbrauchsgüterkauf handelt es sich auch bei einem Vertrag, der neben dem Verkauf einer Ware die Erbringung einer Dienstleistung durch den Unternehmer zum Gegenstand hat.

(2) ¹Für den Verbrauchsgüterkauf gelten ergänzend die folgenden Vorschriften dieses Untertitels. ²Für gebrauchte Waren, die in einer öffentlich zugänglichen Versteigerung (§ 312g Absatz 2 Nummer 10) verkauft werden, gilt dies nicht, wenn dem Verbraucher klare und umfassende Informationen darüber, dass die Vorschriften dieses Untertitels nicht gelten, leicht verfügbar gemacht wurden.

§ 475[3] Anwendbare Vorschriften. (1) ¹Ist eine Zeit für die nach § 433 zu erbringenden Leistungen weder bestimmt noch aus den Umständen zu entnehmen, so kann der Gläubiger diese Leistungen abweichend von § 271 Absatz 1 nur unverzüglich verlangen. ²Der Unternehmer muss die Ware in diesem Fall spätestens 30 Tage nach Vertragsschluss übergeben. ³Die Vertragsparteien können die Leistungen sofort bewirken.

(2) § 447 Absatz 1 gilt mit der Maßgabe, dass die Gefahr des zufälligen Untergangs und der zufälligen Verschlechterung nur dann auf den Käufer übergeht, wenn der Käufer den Spediteur, den Frachtführer oder die sonst zur Ausführung der Versendung bestimmte Person oder Anstalt mit der Ausführung beauftragt hat und der Unternehmer dem Käufer diese Person oder Anstalt nicht zuvor benannt hat.

(3) ¹§ 439 Absatz 6 ist mit der Maßgabe anzuwenden, dass Nutzungen nicht herauszugeben oder durch ihren Wert zu ersetzen sind. ²Die §§ 442, 445 und 447 Absatz 2 sind nicht anzuwenden.

(4) Der Verbraucher kann von dem Unternehmer für Aufwendungen, die ihm im Rahmen der Nacherfüllung gemäß § 439 Absatz 2 und 3 entstehen und die vom Unternehmer zu tragen sind, Vorschuss verlangen.

(5) Der Unternehmer hat die Nacherfüllung innerhalb einer angemessenen Frist ab dem Zeitpunkt, zu dem der Verbraucher ihn über den Mangel unterrichtet hat, und ohne erhebliche Unannehmlichkeiten für den Verbraucher durchzuführen, wobei die Art der Ware sowie der Zweck, für den der Verbraucher die Ware benötigt, zu berücksichtigen sind.

---

[1] Beachte hierzu auch Unterlassungsklagengesetz (Nr. **105**).
[2] § 474 neu gef. mWv 1.1.2018 durch G v. 28.4.2017 (BGBl. I S. 969); Abs. 1 Sätze 1 und 2 geänd., Abs. 2 neu gef. mWv 1.1.2022 durch G v. 25.6.2021 (BGBl. I S. 2133).
[3] § 475 eingef. mWv 1.1.2018 durch G v. 28.4.2017 (BGBl. I S. 969); Abs. 1 Satz 2, Abs. 3 Sätze 1 und 2 geänd., Abs. 4 und 5 aufgeh., bish. Abs. 6 wird Abs. 4, Abs. 5 und 6 angef. mWv 1.1.2022 durch G v. 25.6.2021 (BGBl. I S. 2133).

Abschnitt 8. Titel 1. Kauf, Tausch §§ 475a, 475b BGB 20

(6) ¹Im Fall des Rücktritts oder des Schadensersatzes statt der ganzen Leistung wegen eines Mangels der Ware ist § 346 mit der Maßgabe anzuwenden, dass der Unternehmer die Kosten der Rückgabe der Ware trägt. ²§ 348 ist mit der Maßgabe anzuwenden, dass der Nachweis des Verbrauchers über die Rücksendung der Rückgewähr der Ware gleichsteht.

§ 475a[1]) **Verbrauchsgüterkaufvertrag über digitale Produkte.** (1) ¹Auf einen Verbrauchsgüterkaufvertrag, welcher einen körperlichen Datenträger zum Gegenstand hat, der ausschließlich als Träger digitaler Inhalte dient, sind § 433 Absatz 1 Satz 2, die §§ 434 bis 442, 475 Absatz 3 Satz 1, Absatz 4 bis 6, die §§ 475b bis 475e und die §§ 476 und 477 über die Rechte bei Mängeln nicht anzuwenden. ²An die Stelle der nach Satz 1 nicht anzuwendenden Vorschriften treten die Vorschriften des Abschnitts 3 Titel 2a Untertitel 1.

(2) ¹Auf einen Verbrauchsgüterkaufvertrag über eine Ware, die in einer Weise digitale Produkte enthält oder mit digitalen Produkten verbunden ist, dass die Ware ihre Funktionen auch ohne diese digitalen Produkte erfüllen kann, sind im Hinblick auf diejenigen Bestandteile des Vertrags, welche die digitalen Produkte betreffen, die folgenden Vorschriften nicht anzuwenden:
1. § 433 Absatz 1 Satz 1 und § 475 Absatz 1 über die Übergabe der Kaufsache und die Leistungszeit sowie
2. § 433 Absatz 1 Satz 2, die §§ 434 bis 442, 475 Absatz 3 Satz 1, Absatz 4 bis 6, die §§ 475b bis 475e und die §§ 476 und 477 über die Rechte bei Mängeln.

²An die Stelle der nach Satz 1 nicht anzuwendenden Vorschriften treten die Vorschriften des Abschnitts 3 Titel 2a Untertitel 1.

§ 475b[2]) **Sachmangel einer Ware mit digitalen Elementen.** (1) ¹Für den Kauf einer Ware mit digitalen Elementen (§ 327a Absatz 3 Satz 1), bei dem sich der Unternehmer verpflichtet, dass er oder ein Dritter die digitalen Elemente bereitstellt, gelten ergänzend die Regelungen dieser Vorschrift. ²Hinsichtlich der Frage, ob die Verpflichtung des Unternehmers die Bereitstellung der digitalen Inhalte oder digitalen Dienstleistungen umfasst, gilt § 327a Absatz 3 Satz 2.

(2) Eine Ware mit digitalen Elementen ist frei von Sachmängeln, wenn sie bei Gefahrübergang und in Bezug auf eine Aktualisierungspflicht auch während des Zeitraums nach Absatz 3 Nummer 2 und Absatz 4 Nummer 2 den subjektiven Anforderungen, den objektiven Anforderungen, den Montageanforderungen und den Installationsanforderungen entspricht.

(3) Eine Ware mit digitalen Elementen entspricht den subjektiven Anforderungen, wenn
1. sie den Anforderungen des § 434 Absatz 2 entspricht und
2. für die digitalen Elemente die im Kaufvertrag vereinbarten Aktualisierungen während des nach dem Vertrag maßgeblichen Zeitraums bereitgestellt werden.

(4) Eine Ware mit digitalen Elementen entspricht den objektiven Anforderungen, wenn
1. sie den Anforderungen des § 434 Absatz 3 entspricht und
2. dem Verbraucher während des Zeitraums, den er aufgrund der Art und des Zwecks der Ware und ihrer digitalen Elemente sowie unter Berücksichtigung

---

[1]) § 475a eingef. mWv 1.1.2022 durch G v. 25.6.2021 (BGBl. I S. 2123).
[2]) § 475b eingef. mWv 1.1.2022 durch G v. 25.6.2021 (BGBl. I S. 2133).

der Umstände und der Art des Vertrags erwarten kann, Aktualisierungen bereitgestellt werden, die für den Erhalt der Vertragsmäßigkeit der Ware erforderlich sind, und der Verbraucher über diese Aktualisierungen informiert wird.

(5) Unterlässt es der Verbraucher, eine Aktualisierung, die ihm gemäß Absatz 4 bereitgestellt worden ist, innerhalb einer angemessenen Frist zu installieren, so haftet der Unternehmer nicht für einen Sachmangel, der allein auf das Fehlen dieser Aktualisierung zurückzuführen ist, wenn

1. der Unternehmer den Verbraucher über die Verfügbarkeit der Aktualisierung und die Folgen einer unterlassenen Installation informiert hat und
2. die Tatsache, dass der Verbraucher die Aktualisierung nicht oder unsachgemäß installiert hat, nicht auf eine dem Verbraucher bereitgestellte mangelhafte Installationsanleitung zurückzuführen ist.

(6) Soweit eine Montage oder eine Installation durchzuführen ist, entspricht eine Ware mit digitalen Elementen

1. den Montageanforderungen, wenn sie den Anforderungen des § 434 Absatz 4 entspricht, und
2. den Installationsanforderungen, wenn die Installation
   a) der digitalen Elemente sachgemäß durchgeführt worden ist oder
   b) zwar unsachgemäß durchgeführt worden ist, dies jedoch weder auf einer unsachgemäßen Installation durch den Unternehmer noch auf einem Mangel der Anleitung beruht, die der Unternehmer oder derjenige übergeben hat, der die digitalen Elemente bereitgestellt hat.

§ 475c[1] **Sachmangel einer Ware mit digitalen Elementen bei dauerhafter Bereitstellung der digitalen Elemente.** (1) [1]Ist beim Kauf einer Ware mit digitalen Elementen eine dauerhafte Bereitstellung für die digitalen Elemente vereinbart, so gelten ergänzend die Regelungen dieser Vorschrift. [2]Haben die Parteien nicht bestimmt, wie lange die Bereitstellung andauern soll, so ist § 475b Absatz 4 Nummer 2 entsprechend anzuwenden.

(2) Der Unternehmer haftet über die §§ 434 und 475b hinaus auch dafür, dass die digitalen Elemente während des Bereitstellungszeitraums, mindestens aber für einen Zeitraum von zwei Jahren ab der Ablieferung der Ware, den Anforderungen des § 475b Absatz 2 entsprechen.

§ 475d[2] **Sonderbestimmungen für Rücktritt und Schadensersatz.** (1) Für einen Rücktritt wegen eines Mangels der Ware bedarf es der in § 323 Absatz 1 bestimmten Fristsetzung zur Nacherfüllung abweichend von § 323 Absatz 2 und § 440 nicht, wenn

1. der Unternehmer die Nacherfüllung trotz Ablaufs einer angemessenen Frist ab dem Zeitpunkt, zu dem der Verbraucher ihn über den Mangel unterrichtet hat, nicht vorgenommen hat,
2. sich trotz der vom Unternehmer versuchten Nacherfüllung ein Mangel zeigt,
3. der Mangel derart schwerwiegend ist, dass der sofortige Rücktritt gerechtfertigt ist,
4. der Unternehmer die gemäß § 439 Absatz 1 oder 2 oder § 475 Absatz 5 ordnungsgemäße Nacherfüllung verweigert hat oder

---

[1] § 475c eingef. mWv 1.1.2022 durch G v. 25.6.2021 (BGBl. I S. 2133).
[2] § 475d eingef. mWv 1.1.2022 durch G v. 25.6.2021 (BGBl. I S. 2133).

5. es nach den Umständen offensichtlich ist, dass der Unternehmer nicht gemäß § 439 Absatz 1 oder 2 oder § 475 Absatz 5 ordnungsgemäß nacherfüllen wird.

(2) ¹Für einen Anspruch auf Schadensersatz wegen eines Mangels der Ware bedarf es der in § 281 Absatz 1 bestimmten Fristsetzung in den in Absatz 1 bestimmten Fällen nicht. ²§ 281 Absatz 2 und § 440 sind nicht anzuwenden.

§ 475e[1] **Sonderbestimmungen für die Verjährung.** (1) Im Fall der dauerhaften Bereitstellung digitaler Elemente nach § 475c Absatz 1 Satz 1 verjähren Ansprüche wegen eines Mangels an den digitalen Elementen nicht vor dem Ablauf von zwölf Monaten nach dem Ende des Bereitstellungszeitraums.

(2) Ansprüche wegen einer Verletzung der Aktualisierungspflicht nach § 475b Absatz 3 oder 4 verjähren nicht vor dem Ablauf von zwölf Monaten nach dem Ende des Zeitraums der Aktualisierungspflicht.

(3) Hat sich ein Mangel innerhalb der Verjährungsfrist gezeigt, so tritt die Verjährung nicht vor dem Ablauf von vier Monaten nach dem Zeitpunkt ein, in dem sich der Mangel erstmals gezeigt hat.

(4) Hat der Verbraucher zur Nacherfüllung oder zur Erfüllung von Ansprüchen aus einer Garantie die Ware dem Unternehmer oder auf Veranlassung des Unternehmers einem Dritten übergeben, so tritt die Verjährung von Ansprüchen wegen des geltend gemachten Mangels nicht vor dem Ablauf von zwei Monaten nach dem Zeitpunkt ein, in dem die nachgebesserte oder ersetzte Ware dem Verbraucher übergeben wurde.

§ 476[2] **Abweichende Vereinbarungen.** (1) ¹Auf eine vor Mitteilung eines Mangels an den Unternehmer getroffene Vereinbarung, die zum Nachteil des Verbrauchers von den §§ 433 bis 435, 437, 439 bis 441 und 443 sowie von den Vorschriften dieses Untertitels abweicht, kann der Unternehmer sich nicht berufen. ²Von den Anforderungen nach § 434 Absatz 3 oder § 475b Absatz 4 kann vor Mitteilung eines Mangels an den Unternehmer durch Vertrag abgewichen werden, wenn

1. der Verbraucher vor der Abgabe seiner Vertragserklärung eigens davon in Kenntnis gesetzt wurde, dass ein bestimmtes Merkmal der Ware von den objektiven Anforderungen abweicht, und
2. die Abweichung im Sinne der Nummer 1 im Vertrag ausdrücklich und gesondert vereinbart wurde.

(2) ¹Die Verjährung der in § 437 bezeichneten Ansprüche kann vor Mitteilung eines Mangels an den Unternehmer nicht durch Rechtsgeschäft erleichtert werden, wenn die Vereinbarung zu einer Verjährungsfrist ab dem gesetzlichen Verjährungsbeginn von weniger als zwei Jahren, bei gebrauchten Waren von weniger als einem Jahr führt. ²Die Vereinbarung ist nur wirksam, wenn

1. der Verbraucher vor der Abgabe seiner Vertragserklärung von der Verkürzung der Verjährungsfrist eigens in Kenntnis gesetzt wurde und
2. die Verkürzung der Verjährungsfrist im Vertrag ausdrücklich und gesondert vereinbart wurde.

(3) Die Absätze 1 und 2 gelten unbeschadet der §§ 307 bis 309 nicht für den Ausschluss oder die Beschränkung des Anspruchs auf Schadensersatz.

---

[1] § 475e eingef. mWv 1.1.2022 durch G v. 25.6.2021 (BGBl. I S. 2133).
[2] § 476 neu gef. mWv 1.1.2022 durch G v. 25.6.2021 (BGBl. I S. 2133).

(4) Die Regelungen der Absätze 1 und 2 sind auch anzuwenden, wenn sie durch anderweitige Gestaltungen umgangen werden.

§ 477[1] **Beweislastumkehr.** (1) ¹Zeigt sich innerhalb eines Jahres seit Gefahrübergang ein von den Anforderungen nach § 434 oder § 475b abweichender Zustand der Ware, so wird vermutet, dass die Ware bereits bei Gefahrübergang mangelhaft war, es sei denn, diese Vermutung ist mit der Art der Ware oder des mangelhaften Zustands unvereinbar. ²Beim Kauf eines lebenden Tieres gilt diese Vermutung für einen Zeitraum von sechs Monaten seit Gefahrübergang.

(2) Ist bei Waren mit digitalen Elementen die dauerhafte Bereitstellung der digitalen Elemente im Kaufvertrag vereinbart und zeigt sich ein von den vertraglichen Anforderungen nach § 434 oder § 475b abweichender Zustand der digitalen Elemente während der Dauer der Bereitstellung oder innerhalb eines Zeitraums von zwei Jahren seit Gefahrübergang, so wird vermutet, dass die digitalen Elemente während der bisherigen Dauer der Bereitstellung mangelhaft waren.

§ 478[2] **Sonderbestimmungen für den Rückgriff des Unternehmers.**
(1) Ist der letzte Vertrag in der Lieferkette ein Verbrauchsgüterkauf (§ 474), findet § 477 in den Fällen des § 445a Absatz 1 und 2 mit der Maßgabe Anwendung, dass die Frist mit dem Übergang der Gefahr auf den Verbraucher beginnt.

(2) ¹Auf eine vor Mitteilung eines Mangels an den Lieferanten getroffene Vereinbarung, die zum Nachteil des Unternehmers von Absatz 1 sowie von den §§ 433 bis 435, 437, 439 bis 443, 445a Absatz 1 und 2 sowie den §§ 445b, 475b und 475c abweicht, kann sich der Lieferant nicht berufen, wenn dem Rückgriffsgläubiger kein gleichwertiger Ausgleich eingeräumt wird. ²Satz 1 gilt unbeschadet des § 307 nicht für den Ausschluss oder die Beschränkung des Anspruchs auf Schadensersatz. ³Die in Satz 1 bezeichneten Vorschriften finden auch Anwendung, wenn sie durch anderweitige Gestaltungen umgangen werden.

(3) Die Absätze 1 und 2 finden auf die Ansprüche des Lieferanten und der übrigen Käufer in der Lieferkette gegen die jeweiligen Verkäufer entsprechende Anwendung, wenn die Schuldner Unternehmer sind.

§ 479[3] **Sonderbestimmungen für Garantien.** (1) ¹Eine Garantieerklärung (§ 443) muss einfach und verständlich abgefasst sein. ²Sie muss Folgendes enthalten:
1. den Hinweis auf die gesetzlichen Rechte des Verbrauchers bei Mängeln, darauf, dass die Inanspruchnahme dieser Rechte unentgeltlich ist sowie darauf, dass diese Rechte durch die Garantie nicht eingeschränkt werden,
2. den Namen und die Anschrift des Garantiegebers,
3. das vom Verbraucher einzuhaltende Verfahren für die Geltendmachung der Garantie,
4. die Nennung der Ware, auf die sich die Garantie bezieht, und
5. die Bestimmungen der Garantie, insbesondere die Dauer und den räumlichen Geltungsbereich des Garantieschutzes.

---

[1] § 477 neu gef. mWv 1.1.2022 durch G v. 25.6.2021 (BGBl. I S. 2133).
[2] § 478 Überschrift geänd., Abs. 1 neu gef., Abs. 2 und 3 aufgeh., bish. Abs. 4 wird Abs. 2 und Satz 1 geänd., Abs. 5 wird Abs. 3 und geänd., Abs. 6 aufgeh. mWv 1.1.2018 durch G v. 28.4.2017 (BGBl. I S. 969); Abs. 2 Satz 1 geänd. mWv 1.1.2022 durch G v. 25.6.2021 (BGBl. I S. 2133).
[3] § 479 neu gef. mWv 1.1.2022 durch G v. 25.6.2021 (BGBl. I S. 2133).

(2) Die Garantieerklärung ist dem Verbraucher spätestens zum Zeitpunkt der Lieferung der Ware auf einem dauerhaften Datenträger zur Verfügung zu stellen.

(3) Hat der Hersteller gegenüber dem Verbraucher eine Haltbarkeitsgarantie übernommen, so hat der Verbraucher gegen den Hersteller während des Zeitraums der Garantie mindestens einen Anspruch auf Nacherfüllung gemäß § 439 Absatz 2, 3, 5 und 6 Satz 2 und § 475 Absatz 3 Satz 1 und Absatz 5.

(4) Die Wirksamkeit der Garantieverpflichtung wird nicht dadurch berührt, dass eine der vorstehenden Anforderungen nicht erfüllt wird.

Untertitel 4. Tausch

§ 480 Tausch. Auf den Tausch finden die Vorschriften über den Kauf entsprechende Anwendung.

Titel 2.[1)][2)] Teilzeit-Wohnrechteverträge, Verträge über langfristige Urlaubsprodukte, Vermittlungsverträge und Tauschsystemverträge

§ 481[3)] Teilzeit-Wohnrechtevertrag. (1) [1] Ein Teilzeit-Wohnrechtevertrag ist ein Vertrag, durch den ein Unternehmer einem Verbraucher gegen Zahlung eines Gesamtpreises das Recht verschafft oder zu verschaffen verspricht, für die Dauer von mehr als einem Jahr ein Wohngebäude mehrfach für einen bestimmten oder zu bestimmenden Zeitraum zu Übernachtungszwecken zu nutzen. [2] Bei der Berechnung der Vertragsdauer sind sämtliche im Vertrag vorgesehenen Verlängerungsmöglichkeiten zu berücksichtigen.

(2) [1] Das Recht kann ein dingliches oder anderes Recht sein und insbesondere auch durch eine Mitgliedschaft in einem Verein oder einen Anteil an einer Gesellschaft eingeräumt werden. [2] Das Recht kann auch darin bestehen, aus einem Bestand von Wohngebäuden ein Wohngebäude zur Nutzung zu wählen.

(3) Einem Wohngebäude steht ein Teil eines Wohngebäudes gleich, ebenso eine bewegliche, als Übernachtungsunterkunft gedachte Sache oder ein Teil derselben.

§ 481a[4)] Vertrag über ein langfristiges Urlaubsprodukt. [1] Ein Vertrag über ein langfristiges Urlaubsprodukt ist ein Vertrag für die Dauer von mehr als einem Jahr, durch den ein Unternehmer einem Verbraucher gegen Zahlung eines Gesamtpreises das Recht verschafft oder zu verschaffen verspricht, Preisnachlässe oder sonstige Vergünstigungen in Bezug auf eine Unterkunft zu erwerben. [2] § 481 Absatz 1 Satz 2 gilt entsprechend.

§ 481b[5)] Vermittlungsvertrag, Tauschsystemvertrag. (1) Ein Vermittlungsvertrag ist ein Vertrag, durch den sich ein Unternehmer von einem Verbraucher ein Entgelt versprechen lässt für den Nachweis der Gelegenheit zum Abschluss eines Vertrags oder für die Vermittlung eines Vertrags, durch die Rechte des Verbrauchers aus einem Teilzeit-Wohnrechtevertrag oder einem Vertrag über ein langfristiges Urlaubsprodukt erworben oder veräußert werden sollen.

(2) Ein Tauschsystemvertrag ist ein Vertrag, durch den sich ein Unternehmer von einem Verbraucher ein Entgelt versprechen lässt für den Nachweis der Gelegenheit zum Abschluss eines Vertrags oder für die Vermittlung eines Vertrags,

---

[1)] Titel 2 Überschrift neu gef. mWv 23.2.2011 durch G v. 17.1.2011 (BGBl. I S. 34).
[2)] Beachte hierzu auch Unterlassungsklagengesetz (Nr. **105**).
[3)] § 481 neu gef. mWv 23.2.2011 durch G v. 17.1.2011 (BGBl. I S. 34).
[4)] § 481a eingef. mWv 23.2.2011 durch G v. 17.1.2011 (BGBl. I S. 34).
[5)] § 481b eingef. mWv 23.2.2011 durch G v. 17.1.2011 (BGBl. I S. 34).

durch den einzelne Rechte des Verbrauchers aus einem Teilzeit-Wohnrechtevertrag oder einem Vertrag über ein langfristiges Urlaubsprodukt getauscht oder auf andere Weise erworben oder veräußert werden sollen.

§ 482[1] **Vorvertragliche Informationen, Werbung und Verbot des Verkaufs als Geldanlage.** (1) ¹Der Unternehmer hat dem Verbraucher rechtzeitig vor Abgabe von dessen Vertragserklärung zum Abschluss eines Teilzeit-Wohnrechtevertrags, eines Vertrags über ein langfristiges Urlaubsprodukt, eines Vermittlungsvertrags oder eines Tauschsystemvertrags vorvertragliche Informationen nach Artikel 242 § 1 des Einführungsgesetzes zum Bürgerlichen Gesetzbuche[2] in Textform zur Verfügung zu stellen. ²Diese müssen klar und verständlich sein.

(2) ¹In jeder Werbung für solche Verträge ist anzugeben, dass vorvertragliche Informationen erhältlich sind und wo diese angefordert werden können. ²Der Unternehmer hat bei der Einladung zu Werbe- oder Verkaufsveranstaltungen deutlich auf den gewerblichen Charakter der Veranstaltung hinzuweisen. ³Dem Verbraucher sind auf solchen Veranstaltungen die vorvertraglichen Informationen jederzeit zugänglich zu machen.

(3) Ein Teilzeit-Wohnrecht oder ein Recht aus einem Vertrag über ein langfristiges Urlaubsprodukt darf nicht als Geldanlage beworben oder verkauft werden.

(Fortsetzung nächstes Blatt)

---

[1] § 482 neu gef. mWv 23.2.2011 durch G v. 17.1.2011 (BGBl. I S. 34).
[2] Nr. **21**.

Bemessung der Vergütung von Nutzungen einer zurückzugebenden Sache ist auf die inzwischen eingetretene Wertminderung Rücksicht zu nehmen. [5] Nimmt der Unternehmer die auf Grund des Teilzahlungsgeschäfts gelieferte Sache wieder an sich, gilt dies als Ausübung des Rücktrittsrechts, es sei denn, der Unternehmer einigt sich mit dem Verbraucher, diesem den gewöhnlichen Verkaufswert der Sache im Zeitpunkt der Wegnahme zu vergüten. [6] Satz 5 gilt entsprechend, wenn ein Vertrag über die Lieferung einer Sache mit einem Verbraucherdarlehensvertrag verbunden ist (§ 358 Absatz 3) und wenn der Darlehensgeber die Sache an sich nimmt; im Falle des Rücktritts bestimmt sich das Rechtsverhältnis zwischen dem Darlehensgeber und dem Verbraucher nach den Sätzen 3 und 4.

§ 509[1] *(aufgehoben)*

Untertitel 3. Ratenlieferungsverträge zwischen einem Unternehmer und einem Verbraucher

§ 510[2] Ratenlieferungsverträge.

(1) [1] Der Vertrag zwischen einem Verbraucher und einem Unternehmer bedarf der schriftlichen Form, wenn der Vertrag
1. die Lieferung mehrerer als zusammengehörend verkaufter Sachen in Teilleistungen zum Gegenstand hat und das Entgelt für die Gesamtheit der Sachen in Teilzahlungen zu entrichten ist,
2. die regelmäßige Lieferung von Sachen gleicher Art zum Gegenstand hat oder
3. die Verpflichtung zum wiederkehrenden Erwerb oder Bezug von Sachen zum Gegenstand hat.

[2] Dies gilt nicht, wenn dem Verbraucher die Möglichkeit verschafft wird, die Vertragsbestimmungen einschließlich der Allgemeinen Geschäftsbedingungen bei Vertragsschluss abzurufen und in wiedergabefähiger Form zu speichern. [3] Der Unternehmer hat dem Verbraucher den Vertragsinhalt in Textform mitzuteilen.

(2) Dem Verbraucher steht vorbehaltlich des Absatzes 3 bei Verträgen nach Absatz 1, die weder im Fernabsatz noch außerhalb von Geschäftsräumen geschlossen werden, ein Widerrufsrecht nach § 355 zu.

(3) [1] Das Widerrufsrecht nach Absatz 2 gilt nicht in dem in § 491 Absatz 2 Satz 2 Nummer 1 bis 5, Absatz 3 Satz 2 und Absatz 4 bestimmten Umfang. [2] Dem in § 491 Absatz 2 Satz 2 Nummer 1 genannten Nettodarlehensbetrag entspricht die Summe aller vom Verbraucher bis zum frühestmöglichen Kündigungszeitpunkt zu entrichtenden Teilzahlungen.

Untertitel 4.[3] Beratungsleistungen bei Immobiliar-Verbraucherdarlehensverträgen

§ 511[3] Beratungsleistungen bei Immobiliar-Verbraucherdarlehensverträgen.

(1) Bevor der Darlehensgeber dem Darlehensnehmer individuelle Empfehlungen zu einem oder mehreren Geschäften erteilt, die im Zusammenhang mit einem Immobiliar-Verbraucherdarlehensvertrag stehen (Beratungsleistungen), hat er den Darlehensnehmer über die sich aus Artikel 247 § 18 des Einführungsgesetzes zum Bürgerlichen Gesetzbuche[4] ergebenden Einzelheiten in der dort vorgesehenen Form zu informieren.

---

[1] § 509 aufgeh. mWv 21.3.2016 durch G v. 11.3.2016 (BGBl. I S. 396).
[2] § 510 neu gef. mWv 13.6.2014 durch G v. 20.9.2013 (BGBl. I S. 3642); Abs. 3 Satz 1 neu gef., Satz 2 geänd. mWv 21.3.2016 durch G v. 11.3.2016 (BGBl. I S. 396).
[3] UTitel 4 (§ 511) eingef. mWv 21.3.2016 durch G v. 11.3.2016 (BGBl. I S. 396).
[4] Nr. 21.

(2) ¹Vor Erbringung der Beratungsleistung hat sich der Darlehensgeber über den Bedarf, die persönliche und finanzielle Situation sowie über die Präferenzen und Ziele des Darlehensnehmers zu informieren, soweit dies für eine passende Empfehlung eines Darlehensvertrags erforderlich ist. ²Auf Grundlage dieser aktuellen Informationen und unter Zugrundelegung realistischer Annahmen hinsichtlich der Risiken, die für den Darlehensnehmer während der Laufzeit des Darlehensvertrags zu erwarten sind, hat der Darlehensgeber eine ausreichende Zahl an Darlehensverträgen zumindest aus seiner Produktpalette auf ihre Geeignetheit zu prüfen.

(3) ¹Der Darlehensgeber hat dem Darlehensnehmer auf Grund der Prüfung gemäß Absatz 2 ein geeignetes oder mehrere geeignete Produkte zu empfehlen oder ihn darauf hinzuweisen, dass er kein Produkt empfehlen kann. ²Die Empfehlung oder der Hinweis ist dem Darlehensnehmer auf einem dauerhaften Datenträger zur Verfügung zu stellen.

Untertitel 5.[1] Unabdingbarkeit, Anwendung auf Existenzgründer

§ 512[2)3)] **Abweichende Vereinbarungen.** ¹Von den Vorschriften der §§ 491 bis 511, 514 und 515 darf, soweit nicht ein anderes bestimmt ist, nicht zum Nachteil des Verbrauchers abgewichen werden. ²Diese Vorschriften finden auch Anwendung, wenn sie durch anderweitige Gestaltungen umgangen werden.

§ 513[4)] **Anwendung auf Existenzgründer.** Die §§ 491 bis 512 gelten auch für natürliche Personen, die sich ein Darlehen, einen Zahlungsaufschub oder eine sonstige Finanzierungshilfe für die Aufnahme einer gewerblichen oder selbständigen beruflichen Tätigkeit gewähren lassen oder zu diesem Zweck einen Ratenlieferungsvertrag schließen, es sei denn, der Nettodarlehensbetrag oder Barzahlungspreis übersteigt 75 000 Euro oder die Verordnung (EU) 2020/1503 des Europäischen Parlaments und des Rates vom 7. Oktober 2020 über Europäische Schwarmfinanzierungsdienstleister für Unternehmen und zur Änderung der Verordnung (EU) 2017/1129 und der Richtlinie (EU) 2019/1937 (ABl. L 347 vom 20.10.2020, S. 1) ist anwendbar.

Untertitel 6.[5)] Unentgeltliche Darlehensverträge und unentgeltliche Finanzierungshilfen zwischen einem Unternehmer und einem Verbraucher

§ 514[6)] **Unentgeltliche Darlehensverträge.** (1) ¹§ 497 Absatz 1 und 3 sowie § 498 und die §§ 505a bis 505c sowie 505d Absatz 2 und 3 sowie § 505e sind entsprechend auf Verträge anzuwenden, durch die ein Unternehmer einem Verbraucher ein unentgeltliches Darlehen gewährt. ²Dies gilt nicht in dem in § 491 Absatz 2 Satz 2 Nummer 1 bestimmten Umfang.

[1)] Bish. UTitel 4 wird UTitel 5 mWv 21.3.2016 durch G v. 11.3.2016 (BGBl. I S. 396).
[2)] § 506 neu gef. mWv 1.7.2005 durch G v. 23.7.2002 (BGBl. I S. 2850); bish. § 506 wird § 511 und Satz 1 geänd. mWv 11.6.2010 durch G v. 29.7.2009 (BGBl. I S. 2355); bish. § 511 wird § 512 und Satz 1 geänd. mWv 21.3.2016 durch G v. 11.3.2016 (BGBl. I S. 396); Satz 1 geänd. mWv 10.6.2017 durch G v. 6.6.2017 (BGBl. I S. 1495).
[3)] Beachte hierzu Überleitungsvorschrift in Art. 229 § 9 EGBGB (Nr. 321).
[4)] Bish. § 507 wird § 512 und geänd. mWv 11.6.2010 durch G v. 29.7.2009 (BGBl. I S. 2355); bish. § 512 wird § 513 und geänd. mWv 21.3.2016 durch G v. 11.3.2016 (BGBl. I S. 396); geänd. mWv 1.1.2022 durch G v. 3.6.2021 (BGBl. I S. 1568).
[5)] UTitel 6 (§§ 514 und 515) eingef. mWv 21.3.2016 durch G v. 11.3.2016 (BGBl. I S. 396).
[6)] § 514 eingef. mWv 21.3.2016 durch G v. 11.3.2016 (BGBl. I S. 396); Abs. 1 Satz 1 geänd. mWv 10.6.2017 durch G v. 6.6.2017 (BGBl. I S. 1495).

(2) ¹Bei unentgeltlichen Darlehensverträgen gemäß Absatz 1 steht dem Verbraucher ein Widerrufsrecht nach § 355 zu. ²Dies gilt nicht, wenn bereits ein Widerrufsrecht nach § 312g Absatz 1 besteht, und nicht bei Verträgen, die § 495 Absatz 2 Nummer 1 entsprechen. ³Der Unternehmer hat den Verbraucher rechtzeitig vor der Abgabe von dessen Willenserklärung gemäß Artikel 246 Absatz 3 des Einführungsgesetzes zum Bürgerlichen Gesetzbuche[1]) über sein Widerrufsrecht zu unterrichten. ⁴Der Unternehmer kann diese Pflicht dadurch erfüllen, dass er dem Verbraucher das in der Anlage 9 zum Einführungsgesetz zum Bürgerlichen Gesetzbuche vorgesehene Muster für die Widerrufsbelehrung ordnungsgemäß ausgefüllt in Textform übermittelt.

§ 515[2]) **Unentgeltliche Finanzierungshilfen.** § 514 sowie die §§ 358 bis 360 gelten entsprechend, wenn ein Unternehmer einem Verbraucher einen unentgeltlichen Zahlungsaufschub oder eine sonstige unentgeltliche Finanzierungshilfe gewährt.

Titel 4. Schenkung

§ 516 Begriff der Schenkung. (1) Eine Zuwendung, durch die jemand aus seinem Vermögen einen anderen bereichert, ist Schenkung, wenn beide Teile darüber einig sind, dass die Zuwendung unentgeltlich erfolgt.

(2) ¹Ist die Zuwendung ohne den Willen des anderen erfolgt, so kann ihn der Zuwendende unter Bestimmung einer angemessenen Frist zur Erklärung über die Annahme auffordern. ²Nach dem Ablauf der Frist gilt die Schenkung als angenommen, wenn nicht der andere sie vorher abgelehnt hat. ³Im Falle der Ablehnung kann die Herausgabe des Zugewendeten nach den Vorschriften über die Herausgabe einer ungerechtfertigten Bereicherung gefordert werden.

§ 516a[3]) **Verbrauchervertrag über die Schenkung digitaler Produkte.**
(1) ¹Auf einen Verbrauchervertrag, bei dem der Unternehmer dem Verbraucher
1. digitale Produkte oder
2. einen körperlichen Datenträger, der ausschließlich als Träger digitaler Inhalte dient,

schenkt, und der Verbraucher dem Unternehmer personenbezogene Daten nach Maßgabe des § 327 Absatz 3 bereitstellt oder sich hierzu verpflichtet, sind die §§ 523 und 524 über die Haftung des Schenkers für Rechts- oder Sachmängel nicht anzuwenden. ²An die Stelle der nach Satz 1 nicht anzuwendenden Vorschriften treten die Vorschriften des Abschnitts 3 Titel 2a.

(2) Für einen Verbrauchervertrag, bei dem der Unternehmer dem Verbraucher eine Sache schenkt, die digitale Produkte enthält oder mit digitalen Produkten verbunden ist, gilt der Anwendungsausschluss nach Absatz 1 entsprechend für diejenigen Bestandteile des Vertrags, welche die digitalen Produkte betreffen.

(Fortsetzung nächstes Blatt)

---

[1]) Nr. **21**.
[2]) UTitel 6 (§§ 514 und 515) eingef. mWv 21.3.2016 durch G v. 11.3.2016 (BGBl. I S. 396).
[3]) § 516a eingef. mWv 1.1.2022 durch G v. 25.6.2021 (BGBl. I S. 2123).

den, so hat der Vermieter sie zurückzuerstatten und ab Empfang zu verzinsen. ²Hat der Vermieter die Beendigung des Mietverhältnisses nicht zu vertreten, so hat er das Erlangte nach den Vorschriften über die Herausgabe einer ungerechtfertigten Bereicherung zurückzuerstatten.

(2) Bei einem Mietverhältnis über Wohnraum ist eine zum Nachteil des Mieters abweichende Vereinbarung unwirksam.

§ 548 Verjährung der Ersatzansprüche und des Wegnahmerechts.
(1) ¹Die Ersatzansprüche des Vermieters wegen Veränderungen oder Verschlechterungen der Mietsache verjähren in sechs Monaten. ²Die Verjährung beginnt mit dem Zeitpunkt, in dem er die Mietsache zurückerhält. ³Mit der Verjährung des Anspruchs des Vermieters auf Rückgabe der Mietsache verjähren auch seine Ersatzansprüche.

(2) Ansprüche des Mieters auf Ersatz von Aufwendungen oder auf Gestattung der Wegnahme einer Einrichtung verjähren in sechs Monaten nach der Beendigung des Mietverhältnisses.

§ 548a[1] **Miete digitaler Produkte.** Die Vorschriften über die Miete von Sachen sind auf die Miete digitaler Produkte entsprechend anzuwenden.

Untertitel 2. Mietverhältnisse über Wohnraum

Kapitel 1. Allgemeine Vorschriften

§ 549[2] **Auf Wohnraummietverhältnisse anwendbare Vorschriften.**
(1) Für Mietverhältnisse über Wohnraum gelten die §§ 535 bis 548, soweit sich nicht aus den §§ 549 bis 577a etwas anderes ergibt.

(2) Die Vorschriften über die Miethöhe bei Mietbeginn in Gebieten mit angespannten Wohnungsmärkten (§§ 556d bis 556g), über die Mieterhöhung (§§ 557 bis 561) und über den Mieterschutz bei Beendigung des Mietverhältnisses sowie bei der Begründung von Wohnungseigentum (§ 568 Abs. 2, §§ 573, 573a, 573d Abs. 1, § 574 bis 575, 575a Abs. 1 und §§ 577, 577a) gelten nicht für Mietverhältnisse über

1. Wohnraum, der nur zum vorübergehenden Gebrauch vermietet ist,
2. Wohnraum, der Teil der vom Vermieter selbst bewohnten Wohnung ist und den der Vermieter überwiegend mit Einrichtungsgegenständen auszustatten hat, sofern der Wohnraum dem Mieter nicht zum dauernden Gebrauch mit seiner Familie oder mit Personen überlassen ist, mit denen er einen auf Dauer angelegten gemeinsamen Haushalt führt,
3. Wohnraum, den eine juristische Person des öffentlichen Rechts oder ein anerkannter privater Träger der Wohlfahrtspflege angemietet hat, um ihn Personen mit dringendem Wohnungsbedarf zu überlassen, wenn sie den Mieter bei Vertragsschluss auf die Zweckbestimmung des Wohnraums und die Ausnahme von den genannten Vorschriften hingewiesen hat.

(3) Für Wohnraum in einem Studenten- oder Jugendwohnheim gelten die §§ 556d bis 561 sowie die §§ 573, 573a, 573d Abs. 1 und §§ 575, 575a Abs. 1, §§ 577, 577a nicht.

---

[1] § 548a eingef. mWv 1.1.2022 durch G v. 25.6.2021 (BGBl. I S. 2123).
[2] § 549 Abs. 2 einl. Satzteil, Abs. 3 geänd. mWv 1.6.2015 durch G v. 21.4.2015 (BGBl. I S. 610).

§ 550 Form des Mietvertrags. ¹Wird der Mietvertrag für längere Zeit als ein Jahr nicht in schriftlicher Form geschlossen, so gilt er für unbestimmte Zeit. ²Die Kündigung ist jedoch frühestens zum Ablauf eines Jahres nach Überlassung des Wohnraums zulässig.

§ 551[1]) **Begrenzung und Anlage von Mietsicherheiten.** (1) Hat der Mieter dem Vermieter für die Erfüllung seiner Pflichten Sicherheit zu leisten, so darf diese vorbehaltlich des Absatzes 3 Satz 4 höchstens das Dreifache der auf einen Monat entfallenden Miete ohne die als Pauschale oder als Vorauszahlung ausgewiesenen Betriebskosten betragen.

(2) ¹Ist als Sicherheit eine Geldsumme bereitzustellen, so ist der Mieter zu drei gleichen monatlichen Teilzahlungen berechtigt. ²Die erste Teilzahlung ist zu Beginn des Mietverhältnisses fällig. ³Die weiteren Teilzahlungen werden zusammen mit den unmittelbar folgenden Mietzahlungen fällig.

(3) ¹Der Vermieter hat eine ihm als Sicherheit überlassene Geldsumme bei einem Kreditinstitut zu dem für Spareinlagen mit dreimonatiger Kündigungsfrist üblichen Zinssatz anzulegen. ²Die Vertragsparteien können eine andere Anlageform vereinbaren. ³In beiden Fällen muss die Anlage vom Vermögen des Vermieters getrennt erfolgen und stehen die Erträge dem Mieter zu. ⁴Sie erhöhen die Sicherheit. ⁵Bei Wohnraum in einem Studenten- oder Jugendwohnheim besteht für den Vermieter keine Pflicht, die Sicherheitsleistung zu verzinsen.

(4) Eine zum Nachteil des Mieters abweichende Vereinbarung ist unwirksam.

§ 552 Abwendung des Wegnahmerechts des Mieters. (1) Der Vermieter kann die Ausübung des Wegnahmerechts (§ 539 Abs. 2) durch Zahlung einer angemessenen Entschädigung abwenden, wenn nicht der Mieter ein berechtigtes Interesse an der Wegnahme hat.

(2) Eine Vereinbarung, durch die das Wegnahmerecht ausgeschlossen wird, ist nur wirksam, wenn ein angemessener Ausgleich vorgesehen ist.

§ 553 Gestattung der Gebrauchsüberlassung an Dritte. (1) ¹Entsteht für den Mieter nach Abschluss des Mietvertrags ein berechtigtes Interesse, einen Teil des Wohnraums einem Dritten zum Gebrauch zu überlassen, so kann er von dem Vermieter die Erlaubnis hierzu verlangen. ²Dies gilt nicht, wenn in der Person des Dritten ein wichtiger Grund vorliegt, der Wohnraum übermäßig belegt würde oder dem Vermieter die Überlassung aus sonstigen Gründen nicht zugemutet werden kann.

(2) Ist dem Vermieter die Überlassung nur bei einer angemessenen Erhöhung der Miete zuzumuten, so kann er die Erlaubnis davon abhängig machen, dass der Mieter sich mit einer solchen Erhöhung einverstanden erklärt.

(3) Eine zum Nachteil des Mieters abweichende Vereinbarung ist unwirksam.

§ 554[2]) **Barrierereduzierung, E-Mobilität und Einbruchsschutz.**

(1) ¹Der Mieter kann verlangen, dass ihm der Vermieter bauliche Veränderungen der Mietsache erlaubt, die dem Gebrauch durch Menschen mit Behinderungen, dem Laden elektrisch betriebener Fahrzeuge oder dem Einbruchsschutz dienen. ²Der Anspruch besteht nicht, wenn die bauliche Veränderung dem Vermieter auch unter Würdigung der Interessen des Mieters nicht zugemutet werden

---

[1]) § 551 Abs. 1 Satz 3 angef. mWv 1.5.2013 durch G v. 11.3.2013 (BGBl. I S. 434).
[2]) § 554 neu gef. mWv 1.12.2020 durch G v. 16.10.2020 (BGBl. I S. 2187).

kann. ³ Der Mieter kann sich im Zusammenhang mit der baulichen Veränderung zur Leistung einer besonderen Sicherheit verpflichten; § 551 Absatz 3 gilt entsprechend.

(2) Eine zum Nachteil des Mieters abweichende Vereinbarung ist unwirksam.

§ 554a[1]) *(aufgehoben)*

§ 555 Unwirksamkeit einer Vertragsstrafe. Eine Vereinbarung, durch die sich der Vermieter eine Vertragsstrafe vom Mieter versprechen lässt, ist unwirksam.

Kapitel 1a.[2]) **Erhaltungs- und Modernisierungsmaßnahmen**

§ 555a[2]) **Erhaltungsmaßnahmen.** (1) Der Mieter hat Maßnahmen zu dulden, die zur Instandhaltung oder Instandsetzung der Mietsache erforderlich sind (Erhaltungsmaßnahmen).

(2) Erhaltungsmaßnahmen sind dem Mieter rechtzeitig anzukündigen, es sei denn, sie sind nur mit einer unerheblichen Einwirkung auf die Mietsache verbunden oder ihre sofortige Durchführung ist zwingend erforderlich.

(3) ¹ Aufwendungen, die der Mieter infolge einer Erhaltungsmaßnahme machen muss, hat der Vermieter in angemessenem Umfang zu ersetzen. ² Auf Verlangen hat er Vorschuss zu leisten.

(4) Eine zum Nachteil des Mieters von Absatz 2 oder 3 abweichende Vereinbarung ist unwirksam.

§ 555b[3]) **Modernisierungsmaßnahmen.** Modernisierungsmaßnahmen sind bauliche Veränderungen,
1. durch die in Bezug auf die Mietsache Endenergie nachhaltig eingespart wird (energetische Modernisierung),
2. durch die nicht erneuerbare Primärenergie nachhaltig eingespart oder das Klima nachhaltig geschützt wird, sofern nicht bereits eine energetische Modernisierung nach Nummer 1 vorliegt,
3. durch die der Wasserverbrauch nachhaltig reduziert wird,
4. durch die der Gebrauchswert der Mietsache nachhaltig erhöht wird,
4a. durch die die Mietsache erstmalig mittels Glasfaser an ein öffentliches Netz mit sehr hoher Kapazität im Sinne des § 3 Nummer 33 des Telekommunikationsgesetzes angeschlossen wird,
5. durch die die allgemeinen Wohnverhältnisse auf Dauer verbessert werden,
6. die auf Grund von Umständen durchgeführt werden, die der Vermieter nicht zu vertreten hat, und die keine Erhaltungsmaßnahmen nach § 555a sind, oder
7. durch die neuer Wohnraum geschaffen wird.

§ 555c[4])[5]) **Ankündigung von Modernisierungsmaßnahmen.** (1) ¹ Der Vermieter hat dem Mieter eine Modernisierungsmaßnahme spätestens drei Monate

---

[1]) § 554a aufgeh. mWv 1.12.2020 durch G v. 16.10.2020 (BGBl. I S. 2187).
[2]) Kapitel 1a (§§ 555a–555f) eingef. mWv 1.5.2013 durch G v. 11.3.2013 (BGBl. I S. 434).
[3]) § 555b eingef. mWv 1.5.2013 durch G v. 11.3.2013 (BGBl. I S. 434); Nr. 4a eingef. mWv 1.12.2021 durch G v. 23.6.2021 (BGBl. I S. 1858).
[4]) § 555c eingef. mWv 1.5.2013 durch G v. 11.3.2013 (BGBl. I S. 434); Abs. 1 Satz 2 Nr. 3 geänd. mWv 1.1.2019 durch G v. 18.12.2018 (BGBl. I S. 2648).
[5]) Beachte hierzu Übergangsvorschrift in Art. 229 § 49 EGBGB (Nr. **21**).

vor ihrem Beginn in Textform anzukündigen (Modernisierungsankündigung).
² Die Modernisierungsankündigung muss Angaben enthalten über:
1. die Art und den voraussichtlichen Umfang der Modernisierungsmaßnahme in wesentlichen Zügen,
2. den voraussichtlichen Beginn und die voraussichtliche Dauer der Modernisierungsmaßnahme,
3. den Betrag der zu erwartenden Mieterhöhung, sofern eine Erhöhung nach § 559 oder § 559c verlangt werden soll, sowie die voraussichtlichen künftigen Betriebskosten.

(2) Der Vermieter soll den Mieter in der Modernisierungsankündigung auf die Form und die Frist des Härteeinwands nach § 555d Absatz 3 Satz 1 hinweisen.

(3) In der Modernisierungsankündigung für eine Modernisierungsmaßnahme nach § 555b Nummer 1 und 2 kann der Vermieter insbesondere hinsichtlich der energetischen Qualität von Bauteilen auf allgemein anerkannte Pauschalwerte Bezug nehmen.

(4) Die Absätze 1 bis 3 gelten nicht für Modernisierungsmaßnahmen, die nur mit einer unerheblichen Einwirkung auf die Mietsache verbunden sind und nur zu einer unerheblichen Mieterhöhung führen.

(5) Eine zum Nachteil des Mieters abweichende Vereinbarung ist unwirksam.

§ 555d[1]) Duldung von Modernisierungsmaßnahmen, Ausschlussfrist.

(1) Der Mieter hat eine Modernisierungsmaßnahme zu dulden.

(2) ¹ Eine Duldungspflicht nach Absatz 1 besteht nicht, wenn die Modernisierungsmaßnahme für den Mieter, seine Familie oder einen Angehörigen seines Haushalts eine Härte bedeuten würde, die auch unter Würdigung der berechtigten Interessen sowohl des Vermieters als auch anderer Mieter in dem Gebäude sowie von Belangen der Energieeinsparung und des Klimaschutzes nicht zu rechtfertigen ist. ² Die zu erwartende Mieterhöhung sowie die voraussichtlichen künftigen Betriebskosten bleiben bei der Abwägung im Rahmen der Duldungspflicht außer Betracht; sie sind nur nach § 559 Absatz 4 und 5 bei einer Mieterhöhung zu berücksichtigen.

(3) ¹ Der Mieter hat dem Vermieter Umstände, die eine Härte im Hinblick auf die Duldung oder die Mieterhöhung begründen, bis zum Ablauf des Monats, der auf den Zugang der Modernisierungsankündigung folgt, in Textform mitzuteilen. ² Der Lauf der Frist beginnt nur, wenn die Modernisierungsankündigung den Vorschriften des § 555c entspricht.

(4) ¹ Nach Ablauf der Frist sind Umstände, die eine Härte im Hinblick auf die Duldung oder die Mieterhöhung begründen, noch zu berücksichtigen, wenn der Mieter ohne Verschulden an der Einhaltung der Frist gehindert war und er dem Vermieter die Umstände sowie die Gründe der Verzögerung unverzüglich in Textform mitteilt. ² Umstände, die eine Härte im Hinblick auf die Mieterhöhung begründen, sind nur zu berücksichtigen, wenn sie spätestens bis zum Beginn der Modernisierungsmaßnahme mitgeteilt werden.

(5) ¹ Hat der Vermieter in der Modernisierungsankündigung nicht auf die Form und die Frist des Härteeinwands hingewiesen (§ 555c Absatz 2), so bedarf die Mitteilung des Mieters nach Absatz 3 Satz 1 nicht der dort bestimmten Form und Frist. ² Absatz 4 Satz 2 gilt entsprechend.

---

[1]) Kapitel 1a (§§ 555a–555f) eingef. mWv 1.5.2013 durch G v. 11.3.2013 (BGBl. I S. 434).

(6) § 555a Absatz 3 gilt entsprechend.
(7) Eine zum Nachteil des Mieters abweichende Vereinbarung ist unwirksam.

§ 555e[1]) Sonderkündigungsrecht des Mieters bei Modernisierungsmaßnahmen. (1) ¹Nach Zugang der Modernisierungsankündigung kann der Mieter das Mietverhältnis außerordentlich zum Ablauf des übernächsten Monats kündigen. ²Die Kündigung muss bis zum Ablauf des Monats erfolgen, der auf den Zugang der Modernisierungsankündigung folgt.
(2) § 555c Absatz 4 gilt entsprechend.
(3) Eine zum Nachteil des Mieters abweichende Vereinbarung ist unwirksam.

§ 555f[1]) Vereinbarungen über Erhaltungs- oder Modernisierungsmaßnahmen. Die Vertragsparteien können nach Abschluss des Mietvertrags aus Anlass von Erhaltungs- oder Modernisierungsmaßnahmen Vereinbarungen treffen, insbesondere über die
1. zeitliche und technische Durchführung der Maßnahmen,
2. Gewährleistungsrechte und Aufwendungsersatzansprüche des Mieters,
3. künftige Höhe der Miete.

Kapitel 2. Die Miete
Unterkapitel 1. Vereinbarungen über die Miete

§ 556[2]) Vereinbarungen über Betriebskosten. (1) ¹Die Vertragsparteien können vereinbaren, dass der Mieter Betriebskosten trägt. ²Betriebskosten sind die Kosten, die dem Eigentümer oder Erbbauberechtigten durch das Eigentum oder das Erbbaurecht am Grundstück oder durch den bestimmungsmäßigen Gebrauch des Gebäudes, der Nebengebäude, Anlagen, Einrichtungen und des Grundstücks laufend entstehen. ³Für die Aufstellung der Betriebskosten gilt die Betriebskostenverordnung[3]) vom 25. November 2003 (BGBl. I S. 2346, 2347) fort. ⁴Die Bundesregierung wird ermächtigt, durch Rechtsverordnung ohne Zustimmung des Bundesrates Vorschriften über die Aufstellung der Betriebskosten zu erlassen.

(2) ¹Die Vertragsparteien können vorbehaltlich anderweitiger Vorschriften vereinbaren, dass Betriebskosten als Pauschale oder als Vorauszahlung ausgewiesen werden. ²Vorauszahlungen für Betriebskosten dürfen nur in angemessener Höhe vereinbart werden.

(3) ¹Über die Vorauszahlungen für Betriebskosten ist jährlich abzurechnen; dabei ist der Grundsatz der Wirtschaftlichkeit zu beachten. ²Die Abrechnung ist dem Mieter spätestens bis zum Ablauf des zwölften Monats nach Ende des Abrechnungszeitraums mitzuteilen. ³Nach Ablauf dieser Frist ist die Geltendmachung einer Nachforderung durch den Vermieter ausgeschlossen, es sei denn, der Vermieter hat die verspätete Geltendmachung nicht zu vertreten. ⁴Der Vermieter ist zu Teilabrechnungen nicht verpflichtet. ⁵Einwendungen gegen die Abrechnung hat der Mieter dem Vermieter spätestens bis zum Ablauf des zwölften Monats nach Zugang der Abrechnung mitzuteilen. ⁶Nach Ablauf dieser Frist kann der Mieter Einwendungen nicht mehr geltend machen, es sei denn, der Mieter hat die verspätete Geltendmachung nicht zu vertreten.

---

[1]) Kapitel 1a (§§ 555a–555f) eingef. mWv 1.5.2013 durch G v. 11.3.2013 (BGBl. I S. 434).
[2]) § 556 Abs. 1 neu gef. mWv 1.1.2007 durch G v. 5.9.2006 (BGBl. I S. 2098); Abs. 3a eingef., Abs. 4 neu gef. mWv 1.12.2021 durch G v. 23.6.2021 (BGBl. I S. 1858).
[3]) **Habersack, Deutsche Gesetze ErgBd. Nr. 30b/1.**

(3a) ¹Ein Glasfaserbereitstellungsentgelt nach § 72 Absatz 1 des Telekommunikationsgesetzes hat der Mieter nur bei wirtschaftlicher Umsetzung der Maßnahme zu tragen. ²Handelt es sich um eine aufwändige Maßnahme im Sinne von § 72 Absatz 2 Satz 4 des Telekommunikationsgesetzes, hat der Mieter die Kosten nur dann zu tragen, wenn der Vermieter vor Vereinbarung der Glasfaserbereitstellung soweit möglich drei Angebote eingeholt und das wirtschaftlichste ausgewählt hat.

(4) Eine zum Nachteil des Mieters von Absatz 1, Absatz 2 Satz 2, Absatz 3 oder Absatz 3a abweichende Vereinbarung ist unwirksam.

§ 556a[1] **Abrechnungsmaßstab für Betriebskosten.** (1) ¹Haben die Vertragsparteien nichts anderes vereinbart, sind die Betriebskosten vorbehaltlich anderweitiger Vorschriften nach dem Anteil der Wohnfläche umzulegen. ²Betriebskosten, die von einem erfassten Verbrauch oder einer erfassten Verursachung durch die Mieter abhängen, sind nach einem Maßstab umzulegen, der dem unterschiedlichen Verbrauch oder der unterschiedlichen Verursachung Rechnung trägt.

(2) ¹Haben die Vertragsparteien etwas anderes vereinbart, kann der Vermieter durch Erklärung in Textform bestimmen, dass die Betriebskosten zukünftig abweichend von der getroffenen Vereinbarung ganz oder teilweise nach einem Maßstab umgelegt werden dürfen, der dem erfassten unterschiedlichen Verbrauch oder der erfassten unterschiedlichen Verursachung Rechnung trägt. ²Die Erklärung ist nur vor Beginn eines Abrechnungszeitraums zulässig. ³Sind die Kosten bislang in der Miete enthalten, so ist diese entsprechend herabzusetzen.

(3) ¹Ist Wohnungseigentum vermietet und haben die Vertragsparteien nichts anderes vereinbart, sind die Betriebskosten nach Absatz 1 nach dem für die Verteilung zwischen den Wohnungseigentümern jeweils geltenden Maßstab umzulegen. ²Widerspricht der Maßstab billigem Ermessen, ist nach Absatz 1 umzulegen.

(4) Eine zum Nachteil des Mieters von Absatz 2 abweichende Vereinbarung ist unwirksam.

§ 556b Fälligkeit der Miete, Aufrechnungs- und Zurückbehaltungsrecht.
(1) Die Miete ist zu Beginn, spätestens bis zum dritten Werktag der einzelnen Zeitabschnitte zu entrichten, nach denen sie bemessen ist.

(2) ¹Der Mieter kann entgegen einer vertraglichen Bestimmung gegen eine Mietforderung mit einer Forderung auf Grund der §§ 536a, 539 oder aus ungerechtfertigter Bereicherung wegen zu viel gezahlter Miete aufrechnen oder wegen einer solchen Forderung ein Zurückbehaltungsrecht ausüben, wenn er seine Absicht dem Vermieter mindestens einen Monat vor der Fälligkeit der Miete in Textform angezeigt hat. ²Eine zum Nachteil des Mieters abweichende Vereinbarung ist unwirksam.

§ 556c[2] **Kosten der Wärmelieferung als Betriebskosten, Verordnungsermächtigung.** (1) ¹Hat der Mieter die Betriebskosten für Wärme oder Warmwasser zu tragen und stellt der Vermieter die Versorgung von der Eigenversorgung auf die eigenständig gewerbliche Lieferung durch einen Wärmelieferanten (Wär-

---

[1] § 556a Abs. 3 eingef., bish. Abs. 3 wird Abs. 4 mWv 1.12.2020 durch G v. 16.10.2020 (BGBl. I S. 2187).

[2] § 556c eingef. mWv 1.7.2013 durch G v. 11.3.2013 (BGBl. I S. 434), wobei Abs. 3 bereits mWv 19.3.2013 in Kraft tritt.

melieferung) um, so hat der Mieter die Kosten der Wärmelieferung als Betriebskosten zu tragen, wenn
1. die Wärme mit verbesserter Effizienz entweder aus einer vom Wärmelieferanten errichteten neuen Anlage oder aus einem Wärmenetz geliefert wird und
2. die Kosten der Wärmelieferung die Betriebskosten für die bisherige Eigenversorgung mit Wärme oder Warmwasser nicht übersteigen.

²Beträgt der Jahresnutzungsgrad der bestehenden Anlage vor der Umstellung mindestens 80 Prozent, kann sich der Wärmelieferant anstelle der Maßnahmen nach Nummer 1 auf die Verbesserung der Betriebsführung der Anlage beschränken.

(2) Der Vermieter hat die Umstellung spätestens drei Monate zuvor in Textform anzukündigen (Umstellungsankündigung).

(3) ¹Die Bundesregierung wird ermächtigt, durch Rechtsverordnung[1]) ohne Zustimmung des Bundesrates Vorschriften für Wärmelieferverträge, die bei einer Umstellung nach Absatz 1 geschlossen werden, sowie für die Anforderungen nach den Absätzen 1 und 2 zu erlassen. ²Hierbei sind die Belange von Vermietern, Mietern und Wärmelieferanten angemessen zu berücksichtigen.

(4) Eine zum Nachteil des Mieters abweichende Vereinbarung ist unwirksam.

Unterkapitel 1a.[2]) **Vereinbarungen über die Miethöhe bei Mietbeginn in Gebieten mit angespannten Wohnungsmärkten**

§ 556d[3]) **Zulässige Miethöhe bei Mietbeginn; Verordnungsermächtigung.** (1) Wird ein Mietvertrag über Wohnraum abgeschlossen, der in einem durch Rechtsverordnung nach Absatz 2 bestimmten Gebiet mit einem angespannten Wohnungsmarkt liegt, so darf die Miete zu Beginn des Mietverhältnisses die ortsübliche Vergleichsmiete (§ 558 Absatz 2) höchstens um 10 Prozent übersteigen.

(2) ¹Die Landesregierungen werden ermächtigt, Gebiete mit angespannten Wohnungsmärkten durch Rechtsverordnung für die Dauer von jeweils höchstens fünf Jahren zu bestimmen. ²Gebiete mit angespannten Wohnungsmärkten liegen vor, wenn die ausreichende Versorgung der Bevölkerung mit Mietwohnungen in einer Gemeinde oder einem Teil der Gemeinde zu angemessenen Bedingungen besonders gefährdet ist. ³Dies kann insbesondere dann der Fall sein, wenn
1. die Mieten deutlich stärker steigen als im bundesweiten Durchschnitt,
2. die durchschnittliche Mietbelastung der Haushalte den bundesweiten Durchschnitt deutlich übersteigt,
3. die Wohnbevölkerung wächst, ohne dass durch Neubautätigkeit insoweit erforderlicher Wohnraum geschaffen wird, oder
4. geringer Leerstand bei großer Nachfrage besteht.

⁴Eine Rechtsverordnung nach Satz 1 muss spätestens mit Ablauf des 31. Dezember 2025 außer Kraft treten. ⁵Sie muss begründet werden. ⁶Aus der Begründung muss sich ergeben, auf Grund welcher Tatsachen ein Gebiet mit einem angespannten Wohnungsmarkt im Einzelfall vorliegt. ⁷Ferner muss sich aus der Begründung

---

[1]) Siehe die Wärmelieferverordnung (**Habersack, Deutsche Gesetze ErgBd. Nr. 30e**).
[2]) UKapitel 1a (§§ 556d–556g) eingef. mWv 1.6.2015 durch G v. 21.4.2015 (BGBl. I S. 610).
[3]) § 556d eingef. mWv 1.6.2015 durch G v. 21.4.2015 (BGBl. I S. 610), wobei Abs. 2 bereits am 28.4.2015 in Kraft getreten ist; Abs. 1 Satz 2 geänd., Satz 4 neu gef. mWv 1.4.2020 durch G v. 19.3.2020 (BGBl. I S. 540).

ergeben, welche Maßnahmen die Landesregierung in dem nach Satz 1 durch die Rechtsverordnung jeweils bestimmten Gebiet und Zeitraum ergreifen wird, um Abhilfe zu schaffen.

§ 556e[1] Berücksichtigung der Vormiete oder einer durchgeführten Modernisierung. (1) ¹Ist die Miete, die der vorherige Mieter zuletzt schuldete (Vormiete), höher als die nach § 556d Absatz 1 zulässige Miete, so darf eine Miete bis zur Höhe der Vormiete vereinbart werden. ²Bei der Ermittlung der Vormiete unberücksichtigt bleiben Mietminderungen sowie solche Mieterhöhungen, die mit dem vorherigen Mieter innerhalb des letzten Jahres vor Beendigung des Mietverhältnisses vereinbart worden sind.

(2) ¹Hat der Vermieter in den letzten drei Jahren vor Beginn des Mietverhältnisses Modernisierungsmaßnahmen im Sinne des § 555b durchgeführt, so darf die nach § 556d Absatz 1 zulässige Miete um den Betrag überschritten werden, der sich bei einer Mieterhöhung nach § 559 Absatz 1 bis 3a und § 559a Absatz 1 bis 4 ergäbe. ²Bei der Berechnung nach Satz 1 ist von der ortsüblichen Vergleichsmiete (§ 558 Absatz 2) auszugehen, die bei Beginn des Mietverhältnisses ohne Berücksichtigung der Modernisierung anzusetzen wäre.

§ 556f[2] Ausnahmen. ¹§ 556d ist nicht anzuwenden auf eine Wohnung, die nach dem 1. Oktober 2014 erstmals genutzt und vermietet wird. ²Die §§ 556d und 556e sind nicht anzuwenden auf die erste Vermietung nach umfassender Modernisierung.

§ 556g[3] [4] Rechtsfolgen; Auskunft über die Miete. (1) ¹Eine zum Nachteil des Mieters von den Vorschriften dieses Unterkapitels abweichende Vereinbarung ist unwirksam. ²Für Vereinbarungen über die Miethöhe bei Mietbeginn gilt dies nur, soweit die zulässige Miete überschritten wird. ³Der Vermieter hat dem Mieter zu viel gezahlte Miete nach den Vorschriften über die Herausgabe einer ungerechtfertigten Bereicherung herauszugeben. ⁴Die §§ 814 und 817 Satz 2 sind nicht anzuwenden.

(1a)[5] ¹Soweit die Zulässigkeit der Miete auf § 556e oder § 556f beruht, ist der Vermieter verpflichtet, dem Mieter vor dessen Abgabe der Vertragserklärung über Folgendes unaufgefordert Auskunft zu erteilen:
1. im Fall des § 556e Absatz 1 darüber, wie hoch die Vormiete war,
2. im Fall des § 556e Absatz 2 darüber, dass in den letzten drei Jahren vor Beginn des Mietverhältnisses Modernisierungsmaßnahmen durchgeführt wurden,
3. im Fall des § 556f Satz 1 darüber, dass die Wohnung nach dem 1. Oktober 2014 erstmals genutzt und vermietet wurde,
4. im Fall des § 556f Satz 2 darüber, dass es sich um die erste Vermietung nach umfassender Modernisierung handelt.

²Soweit der Vermieter die Auskunft nicht erteilt hat, kann er sich nicht auf eine nach § 556e oder § 556f zulässige Miete berufen. ³Hat der Vermieter die Auskunft

---

[1] § 556e eingef. mWv 1.6.2015 durch G v. 21.4.2015 (BGBl. I S. 610); Abs. 2 Satz 1 geänd. mWv 1.1.2019 durch G v. 18.12.2018 (BGBl. I S. 2648).
[2] § 556f eingef. mWv 1.6.2015 durch G v. 21.4.2015 (BGBl. I S. 610).
[3] § 556g eingef. mWv 1.6.2015 durch G v. 21.4.2015 (BGBl. I S. 610); Abs. 1a eingef., Abs. 2 Satz 2 neu gef., Abs. 4 geänd. mWv 1.1.2019 durch G v. 18.12.2018 (BGBl. I S. 2648); Abs. 1a Satz 1 Nr. 1, Abs. 2 Satz 1 geänd., Abs. 5 angef. mWv 1.4.2020 durch G v. 19.3.2020 (BGBl. I S. 540).
[4] Beachte hierzu Übergangsvorschrift in Art. 229 § 51 EGBGB (Nr. **21**).
[5] Beachte hierzu Übergangsvorschrift in Art. 229 § 49 EGBGB (Nr. **21**).

nicht erteilt und hat er diese in der vorgeschriebenen Form nachgeholt, kann er sich erst zwei Jahre nach Nachholung der Auskunft auf eine nach § 556e oder § 556f zulässige Miete berufen. ⁴Hat der Vermieter die Auskunft nicht in der vorgeschriebenen Form erteilt, so kann er sich auf eine nach § 556e oder § 556f zulässige Miete erst dann berufen, wenn er die Auskunft in der vorgeschriebenen Form nachgeholt hat.

(2)[1] ¹Der Mieter kann von dem Vermieter eine nach den §§ 556d und 556e nicht geschuldete Miete nur zurückverlangen, wenn er einen Verstoß gegen die Vorschriften dieses Unterkapitels gerügt hat. ²Hat der Vermieter eine Auskunft nach Absatz 1a Satz 1 erteilt, so muss die Rüge sich auf diese Auskunft beziehen. ³Rügt der Mieter den Verstoß mehr als 30 Monate nach Beginn des Mietverhältnisses oder war das Mietverhältnis bei Zugang der Rüge bereits beendet, kann er nur die nach Zugang der Rüge fällig gewordene Miete zurückverlangen.

(3) ¹Der Vermieter ist auf Verlangen des Mieters verpflichtet, Auskunft über diejenigen Tatsachen zu erteilen, die für die Zulässigkeit der vereinbarten Miete nach den Vorschriften dieses Unterkapitels maßgeblich sind, soweit diese Tatsachen nicht allgemein zugänglich sind und der Vermieter hierüber unschwer Auskunft geben kann. ²Für die Auskunft über Modernisierungsmaßnahmen (§ 556e Absatz 2) gilt § 559b Absatz 1 Satz 2 und 3 entsprechend.

(4) Sämtliche Erklärungen nach den Absätzen 1a bis 3 bedürfen der Textform.

Unterkapitel 2. Regelungen über die Miethöhe

§ 557 Mieterhöhungen nach Vereinbarung oder Gesetz. (1) Während des Mietverhältnisses können die Parteien eine Erhöhung der Miete vereinbaren.

(2) Künftige Änderungen der Miethöhe können die Vertragsparteien als Staffelmiete nach § 557a oder als Indexmiete nach § 557b vereinbaren.

(3) Im Übrigen kann der Vermieter Mieterhöhungen nur nach Maßgabe der §§ 558 bis 560 verlangen, soweit nicht eine Erhöhung durch Vereinbarung ausgeschlossen ist oder sich der Ausschluss aus den Umständen ergibt.

(4) Eine zum Nachteil des Mieters abweichende Vereinbarung ist unwirksam.

§ 557a[2] **Staffelmiete.** (1) Die Miete kann für bestimmte Zeiträume in unterschiedlicher Höhe schriftlich vereinbart werden; in der Vereinbarung ist die jeweilige Miete oder die jeweilige Erhöhung in einem Geldbetrag auszuweisen (Staffelmiete).

(2) ¹Die Miete muss jeweils mindestens ein Jahr unverändert bleiben. ²Während der Laufzeit einer Staffelmiete ist eine Erhöhung nach den §§ 558 bis 559b ausgeschlossen.

(3) ¹Das Kündigungsrecht des Mieters kann für höchstens vier Jahre seit Abschluss der Staffelmietvereinbarung ausgeschlossen werden. ²Die Kündigung ist frühestens zum Ablauf dieses Zeitraums zulässig.

(4) ¹Die §§ 556d bis 556g sind auf jede Mietstaffel anzuwenden. ²Maßgeblich für die Berechnung der nach § 556d Absatz 1 zulässigen Höhe der zweiten und aller weiteren Mietstaffeln ist statt des Beginns des Mietverhältnisses der Zeitpunkt, zu dem die erste Miete der jeweiligen Mietstaffel fällig wird. ³Die in einer vorangegangenen Mietstaffel wirksam begründete Miethöhe bleibt erhalten.

(5) Eine zum Nachteil des Mieters abweichende Vereinbarung ist unwirksam.

---

[1] Beachte hierzu Übergangsvorschrift in Art. 229 § 49 EGBGB (Nr. 21).
[2] § 557a Abs. 4 eingef., bish. Abs. 4 wird Abs. 5 mWv 1.6.2015 durch G v. 21.4.2015 (BGBl. I S. 610).

§ 557b[1]) **Indexmiete.** (1) Die Vertragsparteien können schriftlich vereinbaren, dass die Miete durch den vom Statistischen Bundesamt ermittelten Preisindex für die Lebenshaltung aller privaten Haushalte in Deutschland bestimmt wird (Indexmiete).

(2) ¹Während der Geltung einer Indexmiete muss die Miete, von Erhöhungen nach den §§ 559 bis 560 abgesehen, jeweils mindestens ein Jahr unverändert bleiben. ²Eine Erhöhung nach § 559 kann nur verlangt werden, soweit der Vermieter bauliche Maßnahmen auf Grund von Umständen durchgeführt hat, die er nicht zu vertreten hat. ³Eine Erhöhung nach § 558 ist ausgeschlossen.

(3) ¹Eine Änderung der Miete nach Absatz 1 muss durch Erklärung in Textform geltend gemacht werden. ²Dabei sind die eingetretene Änderung des Preisindexes sowie die jeweilige Miete oder die Erhöhung in einem Geldbetrag anzugeben. ³Die geänderte Miete ist mit Beginn des übernächsten Monats nach dem Zugang der Erklärung zu entrichten.

(4) Die §§ 556d bis 556g sind nur auf die Ausgangsmiete einer Indexmietvereinbarung anzuwenden.

(5) Eine zum Nachteil des Mieters abweichende Vereinbarung ist unwirksam.

§ 558[2]) **Mieterhöhung bis zur ortsüblichen Vergleichsmiete.** (1) ¹Der Vermieter kann die Zustimmung zu einer Erhöhung der Miete bis zur ortsüblichen Vergleichsmiete verlangen, wenn die Miete in dem Zeitpunkt, zu dem die Erhöhung eintreten soll, seit 15 Monaten unverändert ist. ²Das Mieterhöhungsverlangen kann frühestens ein Jahr nach der letzten Mieterhöhung geltend gemacht werden. ³Erhöhungen nach den §§ 559 bis 560 werden nicht berücksichtigt.

(2) ¹Die ortsübliche Vergleichsmiete wird gebildet aus den üblichen Entgelten, die in der Gemeinde oder einer vergleichbaren Gemeinde für Wohnraum vergleichbarer Art, Größe, Ausstattung, Beschaffenheit und Lage einschließlich der energetischen Ausstattung und Beschaffenheit in den letzten sechs Jahren vereinbart oder, von Erhöhungen nach § 560 abgesehen, geändert worden sind.[3]) ²Ausgenommen ist Wohnraum, bei dem die Miethöhe durch Gesetz oder im Zusammenhang mit einer Förderzusage festgelegt worden ist.

(3) ¹Bei Erhöhungen nach Absatz 1 darf sich die Miete innerhalb von drei Jahren, von Erhöhungen nach den §§ 559 bis 560 abgesehen, nicht um mehr als 20 vom Hundert erhöhen (Kappungsgrenze). ²Der Prozentsatz nach Satz 1 beträgt 15 vom Hundert, wenn die ausreichende Versorgung der Bevölkerung mit Mietwohnungen zu angemessenen Bedingungen in einer Gemeinde oder einem Teil einer Gemeinde besonders gefährdet ist und diese Gebiete nach Satz 3 bestimmt sind. ³Die Landesregierungen werden ermächtigt, diese Gebiete durch Rechtsverordnung für die Dauer von jeweils höchstens fünf Jahren zu bestimmen.

(4) ¹Die Kappungsgrenze gilt nicht,
1. wenn eine Verpflichtung des Mieters zur Ausgleichszahlung nach den Vorschriften über den Abbau der Fehlsubventionierung im Wohnungswesen wegen des Wegfalls der öffentlichen Bindung erloschen ist und

---

[1]) § 557b Abs. 4 eingef., bish. Abs. 4 wird Abs. 5 mWv 1.6.2015 durch G v. 21.4.2015 (BGBl. I S. 610).
[2]) § 558 Abs. 2 Satz 1 geänd., Abs. 3 Sätze 2 und 3 angef. mWv 1.5.2013 durch G v. 11.3.2013 (BGBl. I S. 434); Abs. 2 geänd. mWv 1.1.2019 durch G v. 18.12.2018 (BGBl. I S. 2648); Abs. 2 Satz 1 geänd. mWv 1.1.2020 durch G v. 21.12.2019 (BGBl. I S. 2911).
[3]) Beachte hierzu Übergangsvorschrift in Art. 229 § 50 EGBGB (Nr. 21).

2. soweit die Erhöhung den Betrag der zuletzt zu entrichtenden Ausgleichszahlung nicht übersteigt.

²Der Vermieter kann vom Mieter frühestens vier Monate vor dem Wegfall der öffentlichen Bindung verlangen, ihm innerhalb eines Monats über die Verpflichtung zur Ausgleichszahlung und über deren Höhe Auskunft zu erteilen. ³Satz 1 gilt entsprechend, wenn die Verpflichtung des Mieters zur Leistung einer Ausgleichszahlung nach den §§ 34 bis 37 des Wohnraumförderungsgesetzes[1]) und den hierzu ergangenen landesrechtlichen Vorschriften wegen Wegfalls der Mietbindung erloschen ist.

(5) Von dem Jahresbetrag, der sich bei einer Erhöhung auf die ortsübliche Vergleichsmiete ergäbe, sind Drittmittel im Sinne des § 559a abzuziehen, im Falle des § 559a Absatz 1 mit 8 Prozent des Zuschusses.

(6) Eine zum Nachteil des Mieters abweichende Vereinbarung ist unwirksam.

§ 558a Form und Begründung der Mieterhöhung. (1) Das Mieterhöhungsverlangen nach § 558 ist dem Mieter in Textform zu erklären und zu begründen.

(2) Zur Begründung kann insbesondere Bezug genommen werden auf
1. einen Mietspiegel (§§ 558c, 558d),
2. eine Auskunft aus einer Mietdatenbank (§ 558e),
3. ein mit Gründen versehenes Gutachten eines öffentlich bestellten und vereidigten Sachverständigen,
4. entsprechende Entgelte für einzelne vergleichbare Wohnungen; hierbei genügt die Benennung von drei Wohnungen.

(3) Enthält ein qualifizierter Mietspiegel (§ 558d Abs. 1), bei dem die Vorschrift des § 558d Abs. 2 eingehalten ist, Angaben für die Wohnung, so hat der Vermieter in seinem Mieterhöhungsverlangen diese Angaben auch dann mitzuteilen, wenn er die Mieterhöhung auf ein anderes Begründungsmittel nach Absatz 2 stützt.

(4) ¹Bei der Bezugnahme auf einen Mietspiegel, der Spannen enthält, reicht es aus, wenn die verlangte Miete innerhalb der Spanne liegt. ²Ist in dem Zeitpunkt, in dem der Vermieter seine Erklärung abgibt, kein Mietspiegel vorhanden, bei dem § 558c Abs. 3 oder § 558d Abs. 2 eingehalten ist, so kann auch ein anderer, insbesondere ein veralteter Mietspiegel oder ein Mietspiegel einer vergleichbaren Gemeinde verwendet werden.

(5) Eine zum Nachteil des Mieters abweichende Vereinbarung ist unwirksam.

§ 558b Zustimmung zur Mieterhöhung. (1) Soweit der Mieter der Mieterhöhung zustimmt, schuldet er die erhöhte Miete mit Beginn des dritten Kalendermonats nach dem Zugang des Erhöhungsverlangens.

(2) ¹Soweit der Mieter der Mieterhöhung nicht bis zum Ablauf des zweiten Kalendermonats nach dem Zugang des Verlangens zustimmt, kann der Vermieter auf Erteilung der Zustimmung klagen. ²Die Klage muss innerhalb von drei weiteren Monaten erhoben werden.

(3) ¹Ist der Klage ein Erhöhungsverlangen vorausgegangen, das den Anforderungen des § 558a nicht entspricht, so kann es der Vermieter im Rechtsstreit nachholen oder die Mängel des Erhöhungsverlangens beheben. ²Dem Mieter steht auch in diesem Fall die Zustimmungsfrist nach Absatz 2 Satz 1 zu.

---

[1]) Sartorius Nr. 355.

(4) Eine zum Nachteil des Mieters abweichende Vereinbarung ist unwirksam.

§ 558c[1]**) Mietspiegel.** (1) Ein Mietspiegel ist eine Übersicht über die ortsübliche Vergleichsmiete, soweit die Übersicht von der Gemeinde oder von Interessenvertretern der Vermieter und der Mieter gemeinsam erstellt oder anerkannt worden ist.

(2) Mietspiegel können für das Gebiet einer Gemeinde oder mehrerer Gemeinden oder für Teile von Gemeinden erstellt werden.

(3) Mietspiegel sollen im Abstand von zwei Jahren der Marktentwicklung angepasst werden.

(4) [1] Gemeinden sollen Mietspiegel erstellen, wenn hierfür ein Bedürfnis besteht und dies mit einem vertretbaren Aufwand möglich ist. [2] Die Mietspiegel und ihre Änderungen sollen veröffentlicht werden.

(5) Die Bundesregierung wird ermächtigt, durch Rechtsverordnung mit Zustimmung des Bundesrates Vorschriften zu erlassen über den näheren Inhalt von Mietspiegeln und das Verfahren zu deren Erstellung und Anpassung einschließlich Dokumentation und Veröffentlichung.

§ 558d Qualifizierter Mietspiegel. (1) Ein qualifizierter Mietspiegel ist ein Mietspiegel, der nach anerkannten wissenschaftlichen Grundsätzen erstellt und von der Gemeinde oder von Interessenvertretern der Vermieter und der Mieter anerkannt worden ist.

(2) [1] Der qualifizierte Mietspiegel ist im Abstand von zwei Jahren der Marktentwicklung anzupassen. [2] Dabei kann eine Stichprobe oder die Entwicklung des vom Statistischen Bundesamt ermittelten Preisindexes für die Lebenshaltung aller privaten Haushalte in Deutschland zugrunde gelegt werden. [3] Nach vier Jahren ist der qualifizierte Mietspiegel neu zu erstellen.

(3) Ist die Vorschrift des Absatzes 2 eingehalten, so wird vermutet, dass die im qualifizierten Mietspiegel bezeichneten Entgelte die ortsübliche Vergleichsmiete wiedergeben.

§ 558e Mietdatenbank. Eine Mietdatenbank ist eine zur Ermittlung der ortsüblichen Vergleichsmiete fortlaufend geführte Sammlung von Mieten, die von der Gemeinde oder von Interessenvertretern der Vermieter und der Mieter gemeinsam geführt oder anerkannt wird und aus der Auskünfte gegeben werden, die für einzelne Wohnungen einen Schluss auf die ortsübliche Vergleichsmiete zulassen.

§ 559[2) 3)] **Mieterhöhung nach Modernisierungsmaßnahmen.** (1) [1] Hat der Vermieter Modernisierungsmaßnahmen im Sinne des § 555b Nummer 1, 3, 4, 5 oder 6 durchgeführt, so kann er die jährliche Miete um 8 Prozent der für die Wohnung aufgewendeten Kosten erhöhen. [2] Im Fall des § 555b Nummer 4a ist die Erhöhung nur zulässig, wenn der Mieter seinen Anbieter von öffentlich zugänglichen Telekommunikationsdiensten über den errichteten Anschluss frei wählen kann und der Vermieter kein Bereitstellungsentgelt gemäß § 72 des Telekommunikationsgesetzes als Betriebskosten umlegt oder umgelegt hat.

[1)] § 558c Abs. 5 neu gef. mWv 18.8.2021 durch G v. 10.8.2021 (BGBl. I S. 3515).
[2)] § 559 neu gef. mWv 1.5.2013 durch G v. 11.3.2013 (BGBl. I S. 434); Abs. 1 geänd., Abs. 3a eingef. mWv 1.1.2019 durch G v. 18.12.2018 (BGBl. I S. 2648); Abs. 1 Satz 2 angef. mWv 1.12.2021 durch G v. 23.6.2021 (BGBl. I S. 1858).
[3)] Beachte hierzu Übergangsvorschrift in Art. 229 § 49 EGBGB (Nr. 21).

Abschnitt 8. Titel 5. Mietvertrag, Pachtvertrag § 559 **BGB 20**

(2) Kosten, die für Erhaltungsmaßnahmen erforderlich gewesen wären, gehören nicht zu den aufgewendeten Kosten nach Absatz 1; sie sind, soweit erforderlich, durch Schätzung zu ermitteln.

(3) Werden Modernisierungsmaßnahmen für mehrere Wohnungen durchgeführt, so sind die Kosten angemessen auf die einzelnen Wohnungen aufzuteilen.

(3a) ¹Bei Erhöhungen der jährlichen Miete nach Absatz 1 darf sich die monatliche Miete innerhalb von sechs Jahren, von Erhöhungen nach § 558 oder § 560 abgesehen, nicht um mehr als 3 Euro je Quadratmeter Wohnfläche erhöhen. ²Beträgt die monatliche Miete vor der Mieterhöhung weniger als 7 Euro pro Quadratmeter Wohnfläche, so darf sie sich abweichend von Satz 1 nicht um mehr als 2 Euro je Quadratmeter Wohnfläche erhöhen.

(4) ¹Die Mieterhöhung ist ausgeschlossen, soweit sie auch unter Berücksichtigung der voraussichtlichen künftigen Betriebskosten für den Mieter eine Härte bedeuten würde, die auch unter Würdigung der berechtigten Interessen des Vermieters nicht zu rechtfertigen ist. ²Eine Abwägung nach Satz 1 findet nicht statt, wenn

1. die Mietsache lediglich in einen Zustand versetzt wurde, der allgemein üblich ist, oder
2. die Modernisierungsmaßnahme auf Grund von Umständen durchgeführt wurde, die der Vermieter nicht zu vertreten hatte.

(Fortsetzung nächstes Blatt)

§ 576b **Entsprechende Geltung des Mietrechts bei Werkdienstwohnungen.** (1) Ist Wohnraum im Rahmen eines Dienstverhältnisses überlassen, so gelten für die Beendigung des Rechtsverhältnisses hinsichtlich des Wohnraums die Vorschriften über Mietverhältnisse entsprechend, wenn der zur Dienstleistung Verpflichtete den Wohnraum überwiegend mit Einrichtungsgegenständen ausgestattet hat oder in dem Wohnraum mit seiner Familie oder Personen lebt, mit denen er einen auf Dauer angelegten gemeinsamen Haushalt führt.

(2) Eine zum Nachteil des Mieters abweichende Vereinbarung ist unwirksam.

Kapitel 6. Besonderheiten bei der Bildung von Wohnungseigentum an vermieteten Wohnungen

§ 577 **Vorkaufsrecht des Mieters.** (1) [1] Werden vermietete Wohnräume, an denen nach der Überlassung an den Mieter Wohnungseigentum begründet worden ist oder begründet werden soll, an einen Dritten verkauft, so ist der Mieter zum Vorkauf berechtigt. [2] Dies gilt nicht, wenn der Vermieter die Wohnräume an einen Familienangehörigen oder an einen Angehörigen seines Haushalts verkauft. [3] Soweit sich nicht aus den nachfolgenden Absätzen etwas anderes ergibt, finden auf das Vorkaufsrecht die Vorschriften über den Vorkauf Anwendung.

(2) Die Mitteilung des Verkäufers oder des Dritten über den Inhalt des Kaufvertrags ist mit einer Unterrichtung des Mieters über sein Vorkaufsrecht zu verbinden.

(3) Die Ausübung des Vorkaufsrechts erfolgt durch schriftliche Erklärung des Mieters gegenüber dem Verkäufer.

(4) Stirbt der Mieter, so geht das Vorkaufsrecht auf diejenigen über, die in das Mietverhältnis nach § 563 Abs. 1 oder 2 eintreten.

(5) Eine zum Nachteil des Mieters abweichende Vereinbarung ist unwirksam.

§ 577a[1]) **Kündigungsbeschränkung bei Wohnungsumwandlung.**
(1) Ist an vermieteten Wohnräumen nach der Überlassung an den Mieter Wohnungseigentum begründet und das Wohnungseigentum veräußert worden, so kann sich ein Erwerber auf berechtigte Interessen im Sinne des § 573 Abs. 2 Nr. 2 oder 3 erst nach Ablauf von drei Jahren seit der Veräußerung berufen.

(1a) [1] Die Kündigungsbeschränkung nach Absatz 1 gilt entsprechend, wenn vermieteter Wohnraum nach der Überlassung an den Mieter
1. an eine Personengesellschaft oder an mehrere Erwerber veräußert worden ist oder
2. zu Gunsten einer Personengesellschaft oder mehrerer Erwerber mit einem Recht belastet worden ist, durch dessen Ausübung dem Mieter der vertragsgemäße Gebrauch entzogen wird.

[2] Satz 1 ist nicht anzuwenden, wenn die Gesellschafter oder Erwerber derselben Familie oder demselben Haushalt angehören oder vor Überlassung des Wohnraums an den Mieter Wohnungseigentum begründet worden ist.

(2) [1] Die Frist nach Absatz 1 oder nach Absatz 1a beträgt bis zu zehn Jahre, wenn die ausreichende Versorgung der Bevölkerung mit Mietwohnungen zu angemessenen Bedingungen in einer Gemeinde oder einem Teil einer Gemeinde besonders gefährdet ist und diese Gebiete nach Satz 2 bestimmt sind. [2] Die Landesregierun-

---

[1]) § 577a Abs. 1a und Abs. 2a eingef., Abs. 2 geänd. mWv 1.5.2013 durch G v. 11.3.2013 (BGBl. I S. 434).

gen werden ermächtigt, diese Gebiete und die Frist nach Satz 1 durch Rechtsverordnung[1)] für die Dauer von jeweils höchstens zehn Jahren zu bestimmen.

(2a) Wird nach einer Veräußerung oder Belastung im Sinne des Absatzes 1a Wohnungseigentum begründet, so beginnt die Frist, innerhalb der eine Kündigung nach § 573 Absatz 2 Nummer 2 oder 3 ausgeschlossen ist, bereits mit der Veräußerung oder Belastung nach Absatz 1a.

(3) Eine zum Nachteil des Mieters abweichende Vereinbarung ist unwirksam.

Untertitel 3.[2)] **Mietverhältnisse über andere Sachen und digitale Produkte**

§ 578[3)] **Mietverhältnisse über Grundstücke und Räume.** (1) Auf Mietverhältnisse über Grundstücke sind die Vorschriften der §§ 550, 554, 562 bis 562d, 566 bis 567b sowie 570 entsprechend anzuwenden.

(2) [1] Auf Mietverhältnisse über Räume, die keine Wohnräume sind, sind die in Absatz 1 genannten Vorschriften sowie § 552 Abs. 1, § 555a Absatz 1 bis 3, §§ 555b, 555c Absatz 1 bis 4, § 555d Absatz 1 bis 6, § 555e Absatz 1 und 2, § 555f und § 569 Abs. 2 entsprechend anzuwenden. [2] § 556c Absatz 1 und 2 sowie die auf Grund des § 556c Absatz 3 erlassene Rechtsverordnung sind entsprechend anzuwenden, abweichende Vereinbarungen sind zulässig. [3] Sind die Räume zum Aufenthalt von Menschen bestimmt, so gilt außerdem § 569 Abs. 1 entsprechend.

(3)[4)] [1] Auf Verträge über die Anmietung von Räumen durch eine juristische Person des öffentlichen Rechts oder einen anerkannten privaten Träger der Wohlfahrtspflege, die geschlossen werden, um die Räume Personen mit dringendem Wohnungsbedarf zum Wohnen zu überlassen, sind die in den Absätzen 1 und 2 genannten Vorschriften sowie die §§ 557, 557a Absatz 1 bis 3 und 5, § 557b Absatz 1 bis 3 und 5, die §§ 558 bis 559d, 561, 568 Absatz 1, § 569 Absatz 3 bis 5, die §§ 573 bis 573d, 575, 575a Absatz 1, 3 und 4, die §§ 577 und 577a entsprechend anzuwenden. [2] Solche Verträge können zusätzlich zu den in § 575 Absatz 1 Satz 1 genannten Gründen auch dann auf bestimmte Zeit geschlossen werden, wenn der Vermieter die Räume nach Ablauf der Mietzeit für ihm obliegende oder ihm übertragene öffentliche Aufgaben nutzen will.

§ 578a Mietverhältnisse über eingetragene Schiffe. (1) Die Vorschriften der §§ 566, 566a, 566e bis 567b gelten im Falle der Veräußerung oder Belastung eines im Schiffsregister eingetragenen Schiffs entsprechend.

(2) [1] Eine Verfügung, die der Vermieter vor dem Übergang des Eigentums über die Miete getroffen hat, die auf die Zeit der Berechtigung des Erwerbers entfällt, ist dem Erwerber gegenüber wirksam. [2] Das Gleiche gilt für ein Rechtsgeschäft, das zwischen dem Mieter und dem Vermieter über die Mietforderung vorgenommen wird, insbesondere die Entrichtung der Miete; ein Rechtsgeschäft, das nach dem Übergang des Eigentums vorgenommen wird, ist jedoch unwirksam, wenn

---

[1)] **Baden-Württemberg:** VO v. 16.6.2020 (GBl. S. 409); **Bayern:** VO v. 16.7.2019 (GVBl. S. 458, 552), zuletzt geänd. durch V v. 16.6.2020 (GVBl. S. 312); **Berlin:** VO v. 13.8.2013 (GVBl. S. 488); **Hamburg:** VO v. 12.11.2013 (HmbGVBl. S. 458), geänd. durch VO v. 30.12.2014 (HmbGVBl. 2015 S. 11); **Hessen:** VO v. 18.11.2020 (GVBl. S. 802); **Niedersachsen:** VO v. 22.12.2020 (Nds. GVBl. S. 566); **Nordrhein-Westfalen:** VO v. 9.6.2020 (GV. NRW. S. 565).

[2)] UTitel 3 Überschrift neu gef. mWv 1.1.2022 durch G v. 25.6.2021 (BGBl. I S. 2123).

[3)] § 578 Abs. 2 Satz 1 geänd., bish. Satz 2 aufgeh., Satz 3 neu gef. als Satz 2 mWv 1.5.2013 durch G v. 11.3.2013 (BGBl. I S. 434); Abs. 3 angef. mWv 1.1.2019 durch G v. 18.12.2018 (BGBl. I S. 2648); Abs. 1 geänd. mWv 1.12.2020 durch G v. 16.10.2020 (BGBl. I S. 2187).

[4)] Beachte hierzu Übergangsvorschrift in Art. 229 § 49 EGBGB (Nr. **21**).

der Mieter bei der Vornahme des Rechtsgeschäfts von dem Übergang des Eigentums Kenntnis hat. ³ § 566d gilt entsprechend.

§ 578b[1] **Verträge über die Miete digitaler Produkte.** (1) ¹ Auf einen Verbrauchervertrag, bei dem der Unternehmer sich verpflichtet, dem Verbraucher digitale Produkte zu vermieten, sind die folgenden Vorschriften nicht anzuwenden:
1. § 535 Absatz 1 Satz 2 und die §§ 536 bis 536d über die Rechte bei Mängeln und
2. § 543 Absatz 2 Satz 1 Nummer 1 und Absatz 4 über die Rechte bei unterbliebener Bereitstellung.

² An die Stelle der nach Satz 1 nicht anzuwendenden Vorschriften treten die Vorschriften des Abschnitts 3 Titel 2a. ³ Der Anwendungsausschluss nach Satz 1 Nummer 2 gilt nicht, wenn der Vertrag die Bereitstellung eines körperlichen Datenträgers zum Gegenstand hat, der ausschließlich als Träger digitaler Inhalte dient.

(2) ¹ Wenn der Verbraucher einen Verbrauchervertrag nach Absatz 1 wegen unterbliebener Bereitstellung (§ 327c), Mangelhaftigkeit (§ 327m) oder Änderung (§ 327r Absatz 3 und 4) des digitalen Produkts beendet, sind die §§ 546 bis 548 nicht anzuwenden. ² An die Stelle der nach Satz 1 nicht anzuwendenden Vorschriften treten die Vorschriften des Abschnitts 3 Titel 2a.

(3) Für einen Verbrauchervertrag, bei dem der Unternehmer sich verpflichtet, dem Verbraucher eine Sache zu vermieten, die ein digitales Produkt enthält oder mit ihm verbunden ist, gelten die Anwendungsausschlüsse nach den Absätzen 1 und 2 entsprechend für diejenigen Bestandteile des Vertrags, die das digitale Produkt betreffen.

(4) ¹ Auf einen Vertrag zwischen Unternehmern, der der Bereitstellung digitaler Produkte gemäß eines Verbrauchervertrags nach Absatz 1 oder Absatz 3 dient, ist § 536a Absatz 2 über den Anspruch des Unternehmers gegen den Vertriebspartner auf Ersatz von denjenigen Aufwendungen nicht anzuwenden, die er im Verhältnis zum Verbraucher nach § 327l zu tragen hatte. ² An die Stelle des nach Satz 1 nicht anzuwendenden § 536a Absatz 2 treten die Vorschriften des Abschnitts 3 Titel 2a Untertitel 2.

§ 579[2] **Fälligkeit der Miete.** (1) ¹ Die Miete für ein Grundstück und für bewegliche Sachen ist am Ende der Mietzeit zu entrichten. ² Ist die Miete nach Zeitabschnitten bemessen, so ist sie nach Ablauf der einzelnen Zeitabschnitte zu entrichten. ³ Die Miete für ein Grundstück ist, sofern sie nicht nach kürzeren Zeitabschnitten bemessen ist, jeweils nach Ablauf eines Kalendervierteljahrs am ersten Werktag des folgenden Monats zu entrichten.

(2) Für Mietverhältnisse über Räume gilt § 556b Abs. 1 entsprechend.

§ 580 Außerordentliche Kündigung bei Tod des Mieters. Stirbt der Mieter, so ist sowohl der Erbe als auch der Vermieter berechtigt, das Mietverhältnis innerhalb eines Monats, nachdem sie vom Tod des Mieters Kenntnis erlangt haben, außerordentlich mit der gesetzlichen Frist zu kündigen.

---

[1] § 578b eingef. mWv 1.1.2022 durch G v. 25.6.2021 (BGBl. I S. 2123).
[2] § 579 Abs. 1 Satz 1 geänd. mWv 25.4.2013 durch G v. 20.4.2013 (BGBl. I S. 831).

§ 580a[1] **Kündigungsfristen.** (1) Bei einem Mietverhältnis über Grundstücke, über Räume, die keine Geschäftsräume sind, ist die ordentliche Kündigung zulässig,
1. wenn die Miete nach Tagen bemessen ist, an jedem Tag zum Ablauf des folgenden Tages;
2. wenn die Miete nach Wochen bemessen ist, spätestens am ersten Werktag einer Woche zum Ablauf des folgenden Sonnabends;
3. wenn die Miete nach Monaten oder längeren Zeitabschnitten bemessen ist, spätestens am dritten Werktag eines Kalendermonats zum Ablauf des übernächsten Monats, bei einem Mietverhältnis über gewerblich genutzte unbebaute Grundstücke jedoch nur zum Ablauf eines Kalendervierteljahrs.

(2) Bei einem Mietverhältnis über Geschäftsräume ist die ordentliche Kündigung spätestens am dritten Werktag eines Kalendervierteljahres zum Ablauf des nächsten Kalendervierteljahrs zulässig.

(3) [1] Bei einem Mietverhältnis über bewegliche Sachen oder digitale Produkte ist die ordentliche Kündigung zulässig,
1. wenn die Miete nach Tagen bemessen ist, an jedem Tag zum Ablauf des folgenden Tages;
2. wenn die Miete nach längeren Zeitabschnitten bemessen ist, spätestens am dritten Tag vor dem Tag, mit dessen Ablauf das Mietverhältnis enden soll.

[2] Die Vorschriften über die Beendigung von Verbraucherverträgen über digitale Produkte bleiben unberührt.

(4) Absatz 1 Nr. 3, Absatz 2 und 3 Nr. 2 sind auch anzuwenden, wenn ein Mietverhältnis außerordentlich mit der gesetzlichen Frist gekündigt werden kann.

Untertitel 4.[2][3] Pachtvertrag

§ 581 Vertragstypische Pflichten beim Pachtvertrag. (1) [1] Durch den Pachtvertrag wird der Verpächter verpflichtet, dem Pächter den Gebrauch des verpachteten Gegenstands und den Genuss der Früchte, soweit sie nach den Regeln einer ordnungsmäßigen Wirtschaft als Ertrag anzusehen sind, während der Pachtzeit zu gewähren. [2] Der Pächter ist verpflichtet, dem Verpächter die vereinbarte Pacht zu entrichten.

(2) Auf den Pachtvertrag mit Ausnahme des Landpachtvertrags sind, soweit sich nicht aus den §§ 582 bis 584b etwas anderes ergibt, die Vorschriften über den Mietvertrag entsprechend anzuwenden.

§ 582 Erhaltung des Inventars. (1) Wird ein Grundstück mit Inventar verpachtet, so obliegt dem Pächter die Erhaltung der einzelnen Inventarstücke.

(2) [1] Der Verpächter ist verpflichtet, Inventarstücke zu ersetzen, die infolge eines vom Pächter nicht zu vertretenden Umstands in Abgang kommen. [2] Der Pächter

---

[1] § 580a Abs. 1 einl. Satzteil, Nr. 3 geänd. mWv 25.4.2013 durch G v. 20.4.2013 (BGBl. I S. 831); Abs. 3 Satz 1 einl. Satzteil, Satz 2 angef. mWv 1.1.2022 durch G v. 25.6.2021 (BGBl. I S. 2123).

[2] Landpachtverträge müssen der zuständigen Behörde angezeigt werden; vgl. §§ 2 ff. LandpachtverkehrsG (**Habersack, Deutsche Gesetze ErgBd. Nr. 39**). Die Jagdpacht ist in §§ 11 ff. BundesjagdG (**Sartorius Nr. 890**) geregelt. Beachte auch PachtkreditG (**Habersack, Deutsche Gesetze ErgBd. Nr. 42**).

[3] Wegen des für das Gebiet der ehem. DDR geltenden Übergangsrechts zu §§ 581–597 beachte Art. 232 § 3 EGBGB (Nr. 21).

hat jedoch den gewöhnlichen Abgang der zum Inventar gehörenden Tiere insoweit zu ersetzen, als dies einer ordnungsmäßigen Wirtschaft entspricht.

§ 582a Inventarübernahme zum Schätzwert. (1) [1] Übernimmt der Pächter eines Grundstücks das Inventar zum Schätzwert mit der Verpflichtung, es bei Beendigung des Pachtverhältnisses zum Schätzwert zurückzugewähren, so trägt er die Gefahr des zufälligen Untergangs und der zufälligen Verschlechterung des Inventars. [2] Innerhalb der Grenzen einer ordnungsmäßigen Wirtschaft kann er über die einzelnen Inventarstücke verfügen.

(2) [1] Der Pächter hat das Inventar in dem Zustand zu erhalten und in dem Umfang laufend zu ersetzen, der den Regeln einer ordnungsmäßigen Wirtschaft entspricht. [2] Die von ihm angeschafften Stücke werden mit der Einverleibung in das Inventar Eigentum des Verpächters.

(3) [1] Bei Beendigung des Pachtverhältnisses hat der Pächter das vorhandene Inventar dem Verpächter zurückzugewähren. [2] Der Verpächter kann die Übernahme derjenigen von dem Pächter angeschafften Inventarstücke ablehnen, welche nach den Regeln einer ordnungsmäßigen Wirtschaft für das Grundstück überflüssig oder zu wertvoll sind; mit der Ablehnung geht das Eigentum an den abgelehnten Stücken auf den Pächter über. [3] Besteht zwischen dem Gesamtschätzwert des übernommenen und dem des zurückzugewährenden Inventars ein Unterschied, so ist dieser in Geld auszugleichen. [4] Den Schätzwerten sind die Preise im Zeitpunkt der Beendigung des Pachtverhältnisses zugrunde zu legen.

§ 583 Pächterpfandrecht am Inventar. (1) Dem Pächter eines Grundstücks steht für die Forderungen gegen den Verpächter, die sich auf das mitgepachtete Inventar beziehen, ein Pfandrecht an den in seinen Besitz gelangten Inventarstücken zu.

(2) [1] Der Verpächter kann die Geltendmachung des Pfandrechts des Pächters durch Sicherheitsleistung abwenden. [2] Er kann jedes einzelne Inventarstück dadurch von dem Pfandrecht befreien, dass er in Höhe des Wertes Sicherheit leistet.

§ 583a Verfügungsbeschränkungen bei Inventar. Vertragsbestimmungen, die den Pächter eines Betriebs verpflichten, nicht oder nicht ohne Einwilligung des Verpächters über Inventarstücke zu verfügen oder Inventar an den Verpächter zu veräußern, sind nur wirksam, wenn sich der Verpächter verpflichtet, das Inventar bei der Beendigung des Pachtverhältnisses zum Schätzwert zu erwerben.

§ 584 Kündigungsfrist. (1) Ist bei dem Pachtverhältnis über ein Grundstück oder ein Recht die Pachtzeit nicht bestimmt, so ist die Kündigung nur für den Schluss eines Pachtjahrs zulässig; sie hat spätestens am dritten Werktag des halben Jahres zu erfolgen, mit dessen Ablauf die Pacht enden soll.

(2) Dies gilt auch, wenn das Pachtverhältnis außerordentlich mit der gesetzlichen Frist gekündigt werden kann.

§ 584a Ausschluss bestimmter mietrechtlicher Kündigungsrechte.
(1) Dem Pächter steht das in § 540 Abs. 1 bestimmte Kündigungsrecht nicht zu.
(2) Der Verpächter ist nicht berechtigt, das Pachtverhältnis nach § 580 zu kündigen.

§ 584b Verspätete Rückgabe. [1] Gibt der Pächter den gepachteten Gegenstand nach der Beendigung des Pachtverhältnisses nicht zurück, so kann der Verpächter für die Dauer der Vorenthaltung als Entschädigung die vereinbarte Pacht nach dem

Verhältnis verlangen, in dem die Nutzungen, die der Pächter während dieser Zeit gezogen hat oder hätte ziehen können, zu den Nutzungen des ganzen Pachtjahrs stehen. ²Die Geltendmachung eines weiteren Schadens ist nicht ausgeschlossen.

Untertitel 5.[1)] Landpachtvertrag

§ 585 Begriff des Landpachtvertrags. (1) ¹Durch den Landpachtvertrag wird ein Grundstück mit den seiner Bewirtschaftung dienenden Wohn- oder Wirtschaftsgebäuden (Betrieb) oder ein Grundstück ohne solche Gebäude überwiegend zur Landwirtschaft verpachtet. ²Landwirtschaft sind die Bodenbewirtschaftung und die mit der Bodennutzung verbundene Tierhaltung, um pflanzliche oder tierische Erzeugnisse zu gewinnen, sowie die gartenbauliche Erzeugung.

(2) Für Landpachtverträge gelten § 581 Abs. 1 und die §§ 582 bis 583a sowie die nachfolgenden besonderen Vorschriften.

(3) Die Vorschriften über Landpachtverträge gelten auch für Pachtverhältnisse über forstwirtschaftliche Grundstücke, wenn die Grundstücke zur Nutzung in einem überwiegend landwirtschaftlichen Betrieb verpachtet werden.

§ 585a Form des Landpachtvertrags. Wird der Landpachtvertrag für längere Zeit als zwei Jahre nicht in schriftlicher Form geschlossen, so gilt er für unbestimmte Zeit.

§ 585b Beschreibung der Pachtsache. (1) ¹Der Verpächter und der Pächter sollen bei Beginn des Pachtverhältnisses gemeinsam eine Beschreibung der Pachtsache anfertigen, in der ihr Umfang sowie der Zustand, in dem sie sich bei der Überlassung befindet, festgestellt werden. ²Dies gilt für die Beendigung des Pachtverhältnisses entsprechend. ³Die Beschreibung soll mit der Angabe des Tages der Anfertigung versehen werden und ist von beiden Teilen zu unterschreiben.

(2) ¹Weigert sich ein Vertragsteil, bei der Anfertigung einer Beschreibung mitzuwirken, oder ergeben sich bei der Anfertigung Meinungsverschiedenheiten tatsächlicher Art, so kann jeder Vertragsteil verlangen, dass eine Beschreibung durch einen Sachverständigen angefertigt wird, es sei denn, dass seit der Überlassung der Pachtsache mehr als neun Monate oder seit der Beendigung des Pachtverhältnisses mehr als drei Monate verstrichen sind; der Sachverständige wird auf Antrag durch das Landwirtschaftsgericht ernannt. ²Die insoweit entstehenden Kosten trägt jeder Vertragsteil zur Hälfte.

(3) Ist eine Beschreibung der genannten Art angefertigt, so wird im Verhältnis der Vertragsteile zueinander vermutet, dass sie richtig ist.

§ 586 Vertragstypische Pflichten beim Landpachtvertrag. (1) ¹Der Verpächter hat die Pachtsache dem Pächter in einem zu der vertragsmäßigen Nutzung geeigneten Zustand zu überlassen und sie während der Pachtzeit in diesem Zustand zu erhalten. ²Der Pächter hat jedoch die gewöhnlichen Ausbesserungen der Pachtsache, insbesondere die der Wohn- und Wirtschaftsgebäude, der Wege, Gräben, Dränungen und Einfriedigungen, auf seine Kosten durchzuführen. ³Er ist zur ordnungsmäßigen Bewirtschaftung der Pachtsache verpflichtet.

(2) Für die Haftung des Verpächters für Sach- und Rechtsmängel der Pachtsache sowie für die Rechte und Pflichten des Pächters wegen solcher Mängel gelten die Vorschriften des § 536 Abs. 1 bis 3 und der §§ 536a bis 536d entsprechend.

[1)] Beachte auch LandpachtverkehrsG **(Habersack, Deutsche Gesetze ErgBd. Nr. 39)**.

§ 586a Lasten der Pachtsache. Der Verpächter hat die auf der Pachtsache ruhenden Lasten zu tragen.

§ 587 Fälligkeit der Pacht; Entrichtung der Pacht bei persönlicher Verhinderung des Pächters. (1) [1]Die Pacht ist am Ende der Pachtzeit zu entrichten. [2]Ist die Pacht nach Zeitabschnitten bemessen, so ist sie am ersten Werktag nach dem Ablauf der einzelnen Zeitabschnitte zu entrichten.

(2) [1]Der Pächter wird von der Entrichtung der Pacht nicht dadurch befreit, dass er durch einen in seiner Person liegenden Grund an der Ausübung des ihm zustehenden Nutzungsrechts verhindert ist. [2]§ 537 Abs. 1 Satz 2 und Abs. 2 gilt entsprechend.

§ 588 Maßnahmen zur Erhaltung oder Verbesserung. (1) Der Pächter hat Einwirkungen auf die Pachtsache zu dulden, die zu ihrer Erhaltung erforderlich sind.

(2) [1]Maßnahmen zur Verbesserung der Pachtsache hat der Pächter zu dulden, es sei denn, dass die Maßnahme für ihn eine Härte bedeuten würde, die auch unter Würdigung der berechtigten Interessen des Verpächters nicht zu rechtfertigen ist. [2]Der Verpächter hat die dem Pächter durch die Maßnahme entstandenen Aufwendungen und entgangenen Erträge in einem den Umständen nach angemessenen Umfang zu ersetzen. [3]Auf Verlangen hat der Verpächter Vorschuss zu leisten.

(3) Soweit der Pächter infolge von Maßnahmen nach Absatz 2 Satz 1 höhere Erträge erzielt oder bei ordnungsmäßiger Bewirtschaftung erzielen könnte, kann der Verpächter verlangen, dass der Pächter in eine angemessene Erhöhung der Pacht einwilligt, es sei denn, dass dem Pächter eine Erhöhung der Pacht nach den Verhältnissen des Betriebs nicht zugemutet werden kann.

(4) [1]Über Streitigkeiten nach den Absätzen 1 und 2 entscheidet auf Antrag das Landwirtschaftsgericht. [2]Verweigert der Pächter in den Fällen des Absatzes 3 seine Einwilligung, so kann sie das Landwirtschaftsgericht auf Antrag des Verpächters ersetzen.

§ 589 Nutzungsüberlassung an Dritte. (1) Der Pächter ist ohne Erlaubnis des Verpächters nicht berechtigt,
1. die Nutzung der Pachtsache einem Dritten zu überlassen, insbesondere die Sache weiter zu verpachten,
2. die Pachtsache ganz oder teilweise einem landwirtschaftlichen Zusammenschluss zum Zwecke der gemeinsamen Nutzung zu überlassen.

(2) Überlässt der Pächter die Nutzung der Pachtsache einem Dritten, so hat er ein Verschulden, das dem Dritten bei der Nutzung zur Last fällt, zu vertreten, auch wenn der Verpächter die Erlaubnis zur Überlassung erteilt hat.

§ 590 Änderung der landwirtschaftlichen Bestimmung oder der bisherigen Nutzung. (1) Der Pächter darf die landwirtschaftliche Bestimmung der Pachtsache nur mit vorheriger Erlaubnis des Verpächters ändern.

(2) [1]Zur Änderung der bisherigen Nutzung der Pachtsache ist die vorherige Erlaubnis des Verpächters nur dann erforderlich, wenn durch die Änderung die Art der Nutzung über die Pachtzeit hinaus beeinflusst wird. [2]Der Pächter darf Gebäude nur mit vorheriger Erlaubnis des Verpächters errichten. [3]Verweigert der Verpächter die Erlaubnis, so kann sie auf Antrag des Pächters durch das Landwirtschaftsgericht ersetzt werden, soweit die Änderung zur Erhaltung oder nachhaltigen Verbesserung der Rentabilität des Betriebs geeignet erscheint und dem Ver-

pächter bei Berücksichtigung seiner berechtigten Interessen zugemutet werden kann. [4]Dies gilt nicht, wenn der Pachtvertrag gekündigt ist oder das Pachtverhältnis in weniger als drei Jahren endet. [5]Das Landwirtschaftsgericht kann die Erlaubnis unter Bedingungen und Auflagen ersetzen, insbesondere eine Sicherheitsleistung anordnen sowie Art und Umfang der Sicherheit bestimmen. [6]Ist die Veranlassung für die Sicherheitsleistung weggefallen, so entscheidet auf Antrag das Landwirtschaftsgericht über die Rückgabe der Sicherheit; § 109 der Zivilprozessordnung[1)] gilt entsprechend.

(3) Hat der Pächter das nach § 582a zum Schätzwert übernommene Inventar im Zusammenhang mit einer Änderung der Nutzung der Pachtsache wesentlich vermindert, so kann der Verpächter schon während der Pachtzeit einen Geldausgleich in entsprechender Anwendung des § 582a Abs. 3 verlangen, es sei denn, dass der Erlös der veräußerten Inventarstücke zu einer zur Höhe des Erlöses in angemessenem Verhältnis stehenden Verbesserung der Pachtsache nach § 591 verwendet worden ist.

§ 590a Vertragswidriger Gebrauch. Macht der Pächter von der Pachtsache einen vertragswidrigen Gebrauch und setzt er den Gebrauch ungeachtet einer Abmahnung des Verpächters fort, so kann der Verpächter auf Unterlassung klagen.

§ 590b Notwendige Verwendungen. Der Verpächter ist verpflichtet, dem Pächter die notwendigen Verwendungen auf die Pachtsache zu ersetzen.

§ 591 Wertverbessernde Verwendungen. (1) Andere als notwendige Verwendungen, denen der Verpächter zugestimmt hat, hat er dem Pächter bei Beendigung des Pachtverhältnisses zu ersetzen, soweit die Verwendungen den Wert der Pachtsache über die Pachtzeit hinaus erhöhen (Mehrwert).

(2) [1]Weigert sich der Verpächter, den Verwendungen zuzustimmen, so kann die Zustimmung auf Antrag des Pächters durch das Landwirtschaftsgericht ersetzt werden, soweit die Verwendungen zur Erhaltung oder nachhaltigen Verbesserung der Rentabilität des Betriebs geeignet sind und dem Verpächter bei Berücksichtigung seiner berechtigten Interessen zugemutet werden können. [2]Dies gilt nicht, wenn der Pachtvertrag gekündigt ist oder das Pachtverhältnis in weniger als drei Jahren endet. [3]Das Landwirtschaftsgericht kann die Zustimmung unter Bedingungen und Auflagen ersetzen.

(3) [1]Das Landwirtschaftsgericht kann auf Antrag auch über den Mehrwert Bestimmungen treffen und ihn festsetzen. [2]Es kann bestimmen, dass der Verpächter den Mehrwert nur in Teilbeträgen zu ersetzen hat, und kann Bedingungen für die Bewilligung solcher Teilzahlungen festsetzen. [3]Ist dem Verpächter ein Ersatz des Mehrwerts bei Beendigung des Pachtverhältnisses auch in Teilbeträgen nicht zuzumuten, so kann der Pächter nur verlangen, dass das Pachtverhältnis zu den bisherigen Bedingungen so lange fortgesetzt wird, bis der Mehrwert der Pachtsache abgegolten ist. [4]Kommt keine Einigung zustande, so entscheidet auf Antrag das Landwirtschaftsgericht über eine Fortsetzung des Pachtverhältnisses.

§ 591a Wegnahme von Einrichtungen. [1]Der Pächter ist berechtigt, eine Einrichtung, mit der er die Sache versehen hat, wegzunehmen. [2]Der Verpächter kann die Ausübung des Wegnahmerechts durch Zahlung einer angemessenen Entschädigung abwenden, es sei denn, dass der Pächter ein berechtigtes Interesse an der Wegnahme hat. [3]Eine Vereinbarung, durch die das Wegnahmerecht des

---

[1)] Nr. 100.

Pächters ausgeschlossen wird, ist nur wirksam, wenn ein angemessener Ausgleich vorgesehen ist.

§ 591b **Verjährung von Ersatzansprüchen.** (1) Die Ersatzansprüche des Verpächters wegen Veränderung oder Verschlechterung der verpachteten Sache sowie die Ansprüche des Pächters auf Ersatz von Verwendungen oder auf Gestattung der Wegnahme einer Einrichtung verjähren in sechs Monaten.

(2) ¹Die Verjährung der Ersatzansprüche des Verpächters beginnt mit dem Zeitpunkt, in welchem er die Sache zurückerhält. ²Die Verjährung der Ansprüche des Pächters beginnt mit der Beendigung des Pachtverhältnisses.

(3) Mit der Verjährung des Anspruchs des Verpächters auf Rückgabe der Sache verjähren auch die Ersatzansprüche des Verpächters.

§ 592[1] **Verpächterpfandrecht.** ¹Der Verpächter hat für seine Forderungen aus dem Pachtverhältnis ein Pfandrecht an den eingebrachten Sachen des Pächters sowie an den Früchten der Pachtsache. ²Für künftige Entschädigungsforderungen kann das Pfandrecht nicht geltend gemacht werden. ³Das Pfandrecht erstreckt sich nur auf Sachen, die der Pfändung unterliegen; betreibt der Pächter Landwirtschaft, erstreckt sich das Pfandrecht auch auf Sachen im Sinne des § 811 Absatz 1 Nummer 1 Buchstabe b und Tiere im Sinne des § 811 Absatz 1 Nummer 8 Buchstabe b der Zivilprozessordnung[2]. ⁴Die Vorschriften der §§ 562a bis 562c gelten entsprechend.

§ 593 **Änderung von Landpachtverträgen.** (1) ¹Haben sich nach Abschluss des Pachtvertrags die Verhältnisse, die für die Festsetzung der Vertragsleistungen maßgebend waren, nachhaltig so geändert, dass die gegenseitigen Verpflichtungen in ein grobes Missverhältnis zueinander geraten sind, so kann jeder Vertragsteil eine Änderung des Vertrags mit Ausnahme der Pachtdauer verlangen. ²Verbessert oder verschlechtert sich infolge der Bewirtschaftung der Pachtsache durch den Pächter deren Ertrag, so kann, soweit nichts anderes vereinbart ist, eine Änderung der Pacht nicht verlangt werden.

(2) ¹Eine Änderung kann frühestens zwei Jahre nach Beginn des Pachtverhältnisses oder nach dem Wirksamwerden der letzten Änderung der Vertragsleistungen verlangt werden. ²Dies gilt nicht, wenn verwüstende Naturereignisse, gegen die ein Versicherungsschutz nicht üblich ist, das Verhältnis der Vertragsleistungen grundlegend und nachhaltig verändert haben.

(3) Die Änderung kann nicht für eine frühere Zeit als für das Pachtjahr verlangt werden, in dem das Änderungsverlangen erklärt wird.

(4) Weigert sich ein Vertragsteil, in eine Änderung des Vertrags einzuwilligen, so kann der andere Teil die Entscheidung des Landwirtschaftsgerichts beantragen.

(5) ¹Auf das Recht, eine Änderung des Vertrags nach den Absätzen 1 bis 4 zu verlangen, kann nicht verzichtet werden. ²Eine Vereinbarung, dass einem Vertragsteil besondere Nachteile oder Vorteile erwachsen sollen, wenn er die Rechte nach den Absätzen 1 bis 4 ausübt oder nicht ausübt, ist unwirksam.

§ 593a **Betriebsübergabe.** ¹Wird bei der Übergabe eines Betriebs im Wege der vorweggenommenen Erbfolge ein zugepachtetes Grundstück, das der Landwirtschaft dient, mit übergeben, so tritt der Übernehmer anstelle des Pächters in

---

[1] § 592 Satz 3 neu gef. mWv 1.1.2022 durch G v. 7.5.2021 (BGBl. I S. 850).
[2] Nr. **100**.

den Pachtvertrag ein. ²Der Verpächter ist von der Betriebsübergabe jedoch unverzüglich zu benachrichtigen. ³Ist die ordnungsmäßige Bewirtschaftung der Pachtsache durch den Übernehmer nicht gewährleistet, so ist der Verpächter berechtigt, das Pachtverhältnis außerordentlich mit der gesetzlichen Frist zu kündigen.

§ 593b Veräußerung oder Belastung des verpachteten Grundstücks.
Wird das verpachtete Grundstück veräußert oder mit dem Recht eines Dritten belastet, so gelten die §§ 566 bis 567b entsprechend.

§ 594 Ende und Verlängerung des Pachtverhältnisses. ¹Das Pachtverhältnis endet mit dem Ablauf der Zeit, für die es eingegangen ist. ²Es verlängert sich bei Pachtverträgen, die auf mindestens drei Jahre geschlossen worden sind, auf unbestimmte Zeit, wenn auf die Anfrage eines Vertragsteils, ob der andere Teil zur Fortsetzung des Pachtverhältnisses bereit ist, dieser nicht binnen einer Frist von drei Monaten die Fortsetzung ablehnt. ³Die Anfrage und die Ablehnung bedürfen der schriftlichen Form. ⁴Die Anfrage ist ohne Wirkung, wenn in ihr nicht auf die Folge der Nichtbeachtung ausdrücklich hingewiesen wird und wenn sie nicht innerhalb des drittletzten Pachtjahrs gestellt wird.

§ 594a Kündigungsfristen. (1) ¹Ist die Pachtzeit nicht bestimmt, so kann jeder Vertragsteil das Pachtverhältnis spätestens am dritten Werktag eines Pachtjahrs für den Schluss des nächsten Pachtjahrs kündigen. ²Im Zweifel gilt das Kalenderjahr als Pachtjahr. ³Die Vereinbarung einer kürzeren Frist bedarf der Schriftform.

(2) Für die Fälle, in denen das Pachtverhältnis außerordentlich mit der gesetzlichen Frist vorzeitig gekündigt werden kann, ist die Kündigung nur für den Schluss eines Pachtjahrs zulässig; sie hat spätestens am dritten Werktag des halben Jahres zu erfolgen, mit dessen Ablauf die Pacht enden soll.

§ 594b Vertrag über mehr als 30 Jahre. ¹Wird ein Pachtvertrag für eine längere Zeit als 30 Jahre geschlossen, so kann nach 30 Jahren jeder Vertragsteil das Pachtverhältnis spätestens am dritten Werktag eines Pachtjahrs für den Schluss des nächsten Pachtjahrs kündigen. ²Die Kündigung ist nicht zulässig, wenn der Vertrag für die Lebenszeit des Verpächters oder des Pächters geschlossen ist.

§ 594c Kündigung bei Berufsunfähigkeit des Pächters. ¹Ist der Pächter berufsunfähig im Sinne der Vorschriften der gesetzlichen Rentenversicherung geworden, so kann er das Pachtverhältnis außerordentlich mit der gesetzlichen Frist kündigen, wenn der Verpächter der Überlassung der Pachtsache zur Nutzung an einen Dritten, der eine ordnungsmäßige Bewirtschaftung gewährleistet, widerspricht. ²Eine abweichende Vereinbarung ist unwirksam.

§ 594d Tod des Pächters. (1) Stirbt der Pächter, so sind sowohl seine Erben als auch der Verpächter innerhalb eines Monats, nachdem sie vom Tod des Pächters Kenntnis erlangt haben, berechtigt, das Pachtverhältnis mit einer Frist von sechs Monaten zum Ende eines Kalendervierteljahrs zu kündigen.

(2) ¹Die Erben können der Kündigung des Verpächters widersprechen und die Fortsetzung des Pachtverhältnisses verlangen, wenn die ordnungsmäßige Bewirtschaftung der Pachtsache durch sie oder durch einen von ihnen beauftragten Miterben oder Dritten gewährleistet erscheint. ²Der Verpächter kann die Fortsetzung des Pachtverhältnisses ablehnen, wenn die Erben den Widerspruch nicht spätestens drei Monate vor Ablauf des Pachtverhältnisses erklärt

§ 619a Beweislast bei Haftung des Arbeitnehmers. Abweichend von § 280 Abs. 1 hat der Arbeitnehmer dem Arbeitgeber Ersatz für den aus der Verletzung einer Pflicht aus dem Arbeitsverhältnis entstehenden Schaden nur zu leisten, wenn er die Pflichtverletzung zu vertreten hat.

§ 620[1)] **Beendigung des Dienstverhältnisses.** (1) Das Dienstverhältnis endigt mit dem Ablauf der Zeit, für die es eingegangen ist.

(2) Ist die Dauer des Dienstverhältnisses weder bestimmt noch aus der Beschaffenheit oder dem Zwecke der Dienste zu entnehmen, so kann jeder Teil das Dienstverhältnis nach Maßgabe der §§ 621 bis 623 kündigen.

(3) Für Arbeitsverträge, die auf bestimmte Zeit abgeschlossen werden, gilt das Teilzeit- und Befristungsgesetz[2)].

(4) Ein Verbrauchervertrag über eine digitale Dienstleistung kann auch nach Maßgabe der §§ 327c, 327m und 327r Absatz 3 und 4 beendet werden.

§ 621 Kündigungsfristen bei Dienstverhältnissen. Bei einem Dienstverhältnis, das kein Arbeitsverhältnis im Sinne des § 622 ist, ist die Kündigung zulässig,
1. wenn die Vergütung nach Tagen bemessen ist, an jedem Tag für den Ablauf des folgenden Tages;
2. wenn die Vergütung nach Wochen bemessen ist, spätestens am ersten Werktag einer Woche für den Ablauf des folgenden Sonnabends;
3. wenn die Vergütung nach Monaten bemessen ist, spätestens am 15. eines Monats für den Schluss des Kalendermonats;
4. wenn die Vergütung nach Vierteljahren oder längeren Zeitabschnitten bemessen ist, unter Einhaltung einer Kündigungsfrist von sechs Wochen für den Schluss eines Kalendervierteljahrs;
5. wenn die Vergütung nicht nach Zeitabschnitten bemessen ist, jederzeit; bei einem die Erwerbstätigkeit des Verpflichteten vollständig oder hauptsächlich in Anspruch nehmenden Dienstverhältnis ist jedoch eine Kündigungsfrist von zwei Wochen einzuhalten.

§ 622[3) 4)] **Kündigungsfristen bei Arbeitsverhältnissen.** (1) Das Arbeitsverhältnis eines Arbeiters oder eines Angestellten (Arbeitnehmers) kann mit einer Frist von vier Wochen zum Fünfzehnten oder zum Ende eines Kalendermonats gekündigt werden.

(2) Für eine Kündigung durch den Arbeitgeber beträgt die Kündigungsfrist, wenn das Arbeitsverhältnis in dem Betrieb oder Unternehmen
1. zwei Jahre bestanden hat, einen Monat zum Ende eines Kalendermonats,
2. fünf Jahre bestanden hat, zwei Monate zum Ende eines Kalendermonats,
3. acht Jahre bestanden hat, drei Monate zum Ende eines Kalendermonats,
4. zehn Jahre bestanden hat, vier Monate zum Ende eines Kalendermonats,
5. zwölf Jahre bestanden hat, fünf Monate zum Ende eines Kalendermonats,
6. 15 Jahre bestanden hat, sechs Monate zum Ende eines Kalendermonats,
7. 20 Jahre bestanden hat, sieben Monate zum Ende eines Kalendermonats.

[1)] § 620 Abs. 4 angef. mWv 1.1.2022 durch G v. 25.6.2021 (BGBl. I S. 2123).
[2)] **Habersack, Deutsche Gesetze ErgBd. Nr. 78b.**
[3)] § 622 Abs. 2 Satz 2 aufgeh. mWv 1.1.2019 durch G v. 18.12.2018 (BGBl. I S. 2651).
[4)] Beachte auch Kündigungsschutzgesetz (Nr. **84**).

(3) Während einer vereinbarten Probezeit, längstens für die Dauer von sechs Monaten, kann das Arbeitsverhältnis mit einer Frist von zwei Wochen gekündigt werden.

(4) [1] Von den Absätzen 1 bis 3 abweichende Regelungen können durch Tarifvertrag vereinbart werden. [2] Im Geltungsbereich eines solchen Tarifvertrags gelten die abweichenden tarifvertraglichen Bestimmungen zwischen nicht tarifgebundenen Arbeitgebern und Arbeitnehmern, wenn ihre Anwendung zwischen ihnen vereinbart ist.

(5) [1] Einzelvertraglich kann eine kürzere als die in Absatz 1 genannte Kündigungsfrist nur vereinbart werden,
1. wenn ein Arbeitnehmer zur vorübergehenden Aushilfe eingestellt ist; dies gilt nicht, wenn das Arbeitsverhältnis über die Zeit von drei Monaten hinaus fortgesetzt wird;
2. wenn der Arbeitgeber in der Regel nicht mehr als 20 Arbeitnehmer ausschließlich der zu ihrer Berufsbildung Beschäftigten beschäftigt und die Kündigungsfrist vier Wochen nicht unterschreitet.

[2] Bei der Feststellung der Zahl der beschäftigten Arbeitnehmer sind teilzeitbeschäftigte Arbeitnehmer mit einer regelmäßigen wöchentlichen Arbeitszeit von nicht mehr als 20 Stunden mit 0,5 und nicht mehr als 30 Stunden mit 0,75 zu berücksichtigen. [3] Die einzelvertragliche Vereinbarung längerer als der in den Absätzen 1 bis 3 genannten Kündigungsfristen bleibt hiervon unberührt.

(6) Für die Kündigung des Arbeitsverhältnisses durch den Arbeitnehmer darf keine längere Frist vereinbart werden als für die Kündigung durch den Arbeitgeber.

§ 623 Schriftform der Kündigung. Die Beendigung von Arbeitsverhältnissen durch Kündigung oder Auflösungsvertrag bedürfen zu ihrer Wirksamkeit der Schriftform; die elektronische Form ist ausgeschlossen.

§ 624 Kündigungsfrist bei Verträgen über mehr als fünf Jahre. [1] Ist das Dienstverhältnis für die Lebenszeit einer Person oder für längere Zeit als fünf Jahre eingegangen, so kann es von dem Verpflichteten nach dem Ablauf von fünf Jahren gekündigt werden. [2] Die Kündigungsfrist beträgt sechs Monate.

§ 625 Stillschweigende Verlängerung. Wird das Dienstverhältnis nach dem Ablauf der Dienstzeit von dem Verpflichteten mit Wissen des anderen Teiles fortgesetzt, so gilt es als auf unbestimmte Zeit verlängert, sofern nicht der andere Teil unverzüglich widerspricht.

§ 626 Fristlose Kündigung aus wichtigem Grund. (1) Das Dienstverhältnis kann von jedem Vertragsteil aus wichtigem Grund ohne Einhaltung einer Kündigungsfrist gekündigt werden, wenn Tatsachen vorliegen, auf Grund derer dem Kündigenden unter Berücksichtigung aller Umstände des Einzelfalles und unter Abwägung der Interessen beider Vertragsteile die Fortsetzung des Dienstverhältnisses bis zum Ablauf der Kündigungsfrist oder bis zu der vereinbarten Beendigung des Dienstverhältnisses nicht zugemutet werden kann.

(2) [1] Die Kündigung kann nur innerhalb von zwei Wochen erfolgen. [2] Die Frist beginnt mit dem Zeitpunkt, in dem der Kündigungsberechtigte von den für die Kündigung maßgebenden Tatsachen Kenntnis erlangt. [3] Der Kündigende muss dem anderen Teil auf Verlangen den Kündigungsgrund unverzüglich schriftlich mitteilen.

§ 627 Fristlose Kündigung bei Vertrauensstellung.

(1) Bei einem Dienstverhältnis, das kein Arbeitsverhältnis im Sinne des § 622 ist, ist die Kündigung auch ohne die in § 626 bezeichnete Voraussetzung zulässig, wenn der zur Dienstleistung Verpflichtete, ohne in einem dauernden Dienstverhältnis mit festen Bezügen zu stehen, Dienste höherer Art zu leisten hat, die auf Grund besonderen Vertrauens übertragen zu werden pflegen.

(2) ¹Der Verpflichtete darf nur in der Art kündigen, dass sich der Dienstberechtigte die Dienste anderweit beschaffen kann, es sei denn, dass ein wichtiger Grund für die unzeitige Kündigung vorliegt. ²Kündigt er ohne solchen Grund zur Unzeit, so hat er dem Dienstberechtigten den daraus entstehenden Schaden zu ersetzen.

§ 628[1]) Teilvergütung und Schadensersatz bei fristloser Kündigung.

(1) ¹Wird nach dem Beginn der Dienstleistung das Dienstverhältnis auf Grund des § 626 oder des § 627 gekündigt, so kann der Verpflichtete einen seinen bisherigen Leistungen entsprechenden Teil der Vergütung verlangen. ²Kündigt er, ohne durch vertragswidriges Verhalten des anderen Teiles dazu veranlasst zu sein, oder veranlasst er durch sein vertragswidriges Verhalten die Kündigung des anderen Teiles, so steht ihm ein Anspruch auf die Vergütung insoweit nicht zu, als seine bisherigen Leistungen infolge der Kündigung für den anderen Teil kein Interesse haben. ³Ist die Vergütung für eine spätere Zeit im Voraus entrichtet, so hat der Verpflichtete sie nach Maßgabe des § 346 oder, wenn die Kündigung wegen eines Umstands erfolgt, den er nicht zu vertreten hat, nach den Vorschriften über die Herausgabe einer ungerechtfertigten Bereicherung zurückzuerstatten.

(2) Wird die Kündigung durch vertragswidriges Verhalten des anderen Teiles veranlasst, so ist dieser zum Ersatz des durch die Aufhebung des Dienstverhältnisses entstehenden Schadens verpflichtet.

§ 629 Freizeit zur Stellungssuche.

Nach der Kündigung eines dauernden Dienstverhältnisses hat der Dienstberechtigte dem Verpflichteten auf Verlangen angemessene Zeit zum Aufsuchen eines anderen Dienstverhältnisses zu gewähren.

§ 630[2]) Pflicht zur Zeugniserteilung.

¹Bei der Beendigung eines dauernden Dienstverhältnisses kann der Verpflichtete von dem anderen Teil ein schriftliches Zeugnis über das Dienstverhältnis und dessen Dauer fordern. ²Das Zeugnis ist auf Verlangen auf die Leistungen und die Führung im Dienst zu erstrecken. ³Die Erteilung des Zeugnisses in elektronischer Form ist ausgeschlossen. ⁴Wenn der Verpflichtete ein Arbeitnehmer ist, findet § 109 der Gewerbeordnung[3]) Anwendung.

Untertitel 2.[4]) Behandlungsvertrag

§ 630a[4]) Vertragstypische Pflichten beim Behandlungsvertrag.

(1) Durch den Behandlungsvertrag wird derjenige, welcher die medizinische Behandlung eines Patienten zusagt (Behandelnder), zur Leistung der versprochenen Behandlung, der andere Teil (Patient) zur Gewährung der vereinbarten Vergütung verpflichtet, soweit nicht ein Dritter zur Zahlung verpflichtet ist.

---

[1]) § 628 Abs. 1 Satz 3 geänd. mWv 1.8.2002 durch G v. 23.7.2002 (BGBl. I S. 2850).
[2]) § 630 Satz 4 angef. mWv 1.1.2003 durch G v. 24.8.2002 (BGBl. I S. 3412).
[3]) Sartorius Nr. 800.
[4]) UTitel 2 (§§ 630a–630h) eingef. mWv 26.2.2013 durch G v. 20.2.2013 (BGBl. I S. 277).

(2) Die Behandlung hat nach den zum Zeitpunkt der Behandlung bestehenden, allgemein anerkannten fachlichen Standards zu erfolgen, soweit nicht etwas anderes vereinbart ist.

§ 630b[1] **Anwendbare Vorschriften.** Auf das Behandlungsverhältnis sind die Vorschriften über das Dienstverhältnis, das kein Arbeitsverhältnis im Sinne des § 622 ist, anzuwenden, soweit nicht in diesem Untertitel etwas anderes bestimmt ist.

§ 630c[1] **Mitwirkung der Vertragsparteien; Informationspflichten.**
(1) Behandelnder und Patient sollen zur Durchführung der Behandlung zusammenwirken.

(2) ¹Der Behandelnde ist verpflichtet, dem Patienten in verständlicher Weise zu Beginn der Behandlung und, soweit erforderlich, in deren Verlauf sämtliche für die Behandlung wesentlichen Umstände zu erläutern, insbesondere die Diagnose, die voraussichtliche gesundheitliche Entwicklung, die Therapie und die zu und nach der Therapie zu ergreifenden Maßnahmen. ²Sind für den Behandelnden Umstände erkennbar, die die Annahme eines Behandlungsfehlers begründen, hat er den Patienten über diese auf Nachfrage oder zur Abwendung gesundheitlicher Gefahren zu informieren. ³Ist dem Behandelnden oder einem seiner in § 52 Absatz 1 der Strafprozessordnung[2] bezeichneten Angehörigen ein Behandlungsfehler unterlaufen, darf die Information nach Satz 2 zu Beweiszwecken in einem gegen den Behandelnden oder gegen seinen Angehörigen geführten Straf- oder Bußgeldverfahren nur mit Zustimmung des Behandelnden verwendet werden.

(3) ¹Weiß der Behandelnde, dass eine vollständige Übernahme der Behandlungskosten durch einen Dritten nicht gesichert ist oder ergeben sich nach den Umständen hierfür hinreichende Anhaltspunkte, muss er den Patienten vor Beginn der Behandlung über die voraussichtlichen Kosten der Behandlung in Textform informieren. ²Weitergehende Formanforderungen aus anderen Vorschriften bleiben unberührt.

(4) Der Information des Patienten bedarf es nicht, soweit diese ausnahmsweise aufgrund besonderer Umstände entbehrlich ist, insbesondere wenn die Behandlung unaufschiebbar ist oder der Patient auf die Information ausdrücklich verzichtet hat.

§ 630d[1] **Einwilligung.** (1) ¹Vor Durchführung einer medizinischen Maßnahme, insbesondere eines Eingriffs in den Körper oder die Gesundheit, ist der Behandelnde verpflichtet, die Einwilligung des Patienten einzuholen. ²Ist der Patient einwilligungsunfähig, ist die Einwilligung eines hierzu Berechtigten einzuholen, soweit nicht eine Patientenverfügung nach § 1901a Absatz 1 Satz 1 die Maßnahme gestattet oder untersagt. ³Weitergehende Anforderungen an die Einwilligung aus anderen Vorschriften bleiben unberührt. ⁴Kann eine Einwilligung für eine unaufschiebbare Maßnahme nicht rechtzeitig eingeholt werden, darf sie ohne Einwilligung durchgeführt werden, wenn sie dem mutmaßlichen Willen des Patienten entspricht.

(2) Die Wirksamkeit der Einwilligung setzt voraus, dass der Patient oder im Fall des Absatzes 1 Satz 2 der zur Einwilligung Berechtigte vor der Einwilligung nach Maßgabe von § 630e Absatz 1 bis 4 aufgeklärt worden ist.

---

[1] UTitel 2 (§§ 630a–630h) eingef. mWv 26.2.2013 durch G v. 20.2.2013 (BGBl. I S. 277).
[2] Nr. **90**.

(3) Die Einwilligung kann jederzeit und ohne Angabe von Gründen formlos widerrufen werden.

§ 630e[1] **Aufklärungspflichten.** (1) ¹Der Behandelnde ist verpflichtet, den Patienten über sämtliche für die Einwilligung wesentlichen Umstände aufzuklären. ²Dazu gehören insbesondere Art, Umfang, Durchführung, zu erwartende Folgen und Risiken der Maßnahme sowie ihre Notwendigkeit, Dringlichkeit, Eignung und Erfolgsaussichten im Hinblick auf die Diagnose oder die Therapie. ³Bei der Aufklärung ist auch auf Alternativen zur Maßnahme hinzuweisen, wenn mehrere medizinisch gleichermaßen indizierte und übliche Methoden zu wesentlich unterschiedlichen Belastungen, Risiken oder Heilungschancen führen können.

(2) ¹Die Aufklärung muss
1. mündlich durch den Behandelnden oder durch eine Person erfolgen, die über die zur Durchführung der Maßnahme notwendige Ausbildung verfügt; ergänzend kann auch auf Unterlagen Bezug genommen werden, die der Patient in Textform erhält,
2. so rechtzeitig erfolgen, dass der Patient seine Entscheidung über die Einwilligung wohlüberlegt treffen kann,
3. für den Patienten verständlich sein.

²Dem Patienten sind Abschriften von Unterlagen, die er im Zusammenhang mit der Aufklärung oder Einwilligung unterzeichnet hat, auszuhändigen.

(3) Der Aufklärung des Patienten bedarf es nicht, soweit diese ausnahmsweise aufgrund besonderer Umstände entbehrlich ist, insbesondere wenn die Maßnahme unaufschiebbar ist oder der Patient auf die Aufklärung ausdrücklich verzichtet hat.

(4) Ist nach § 630d Absatz 1 Satz 2 die Einwilligung eines hierzu Berechtigten einzuholen, ist dieser nach Maßgabe der Absätze 1 bis 3 aufzuklären.

(5) ¹Im Fall des § 630d Absatz 1 Satz 2 sind die wesentlichen Umstände nach Absatz 1 auch dem Patienten entsprechend seinem Verständnis zu erläutern, soweit dieser aufgrund seines Entwicklungsstandes und seiner Verständnismöglichkeiten in der Lage ist, die Erläuterung aufzunehmen, und soweit dies seinem Wohl nicht zuwiderläuft. ²Absatz 3 gilt entsprechend.

§ 630f[1] **Dokumentation der Behandlung.** (1) ¹Der Behandelnde ist verpflichtet, zum Zweck der Dokumentation in unmittelbarem zeitlichen Zusammenhang mit der Behandlung eine Patientenakte in Papierform oder elektronisch zu führen. ²Berichtigungen und Änderungen von Eintragungen in der Patientenakte sind nur zulässig, wenn neben dem ursprünglichen Inhalt erkennbar bleibt, wann sie vorgenommen worden sind. ³Dies ist auch für elektronisch geführte Patientenakten sicherzustellen.

(2) ¹Der Behandelnde ist verpflichtet, in der Patientenakte sämtliche aus fachlicher Sicht für die derzeitige und künftige Behandlung wesentlichen Maßnahmen und deren Ergebnisse aufzuzeichnen, insbesondere die Anamnese, Diagnosen, Untersuchungen, Untersuchungsergebnisse, Befunde, Therapien und ihre Wirkungen, Eingriffe und ihre Wirkungen, Einwilligungen und Aufklärungen. ²Arztbriefe sind in die Patientenakte aufzunehmen.

(3) Der Behandelnde hat die Patientenakte für die Dauer von zehn Jahren nach Abschluss der Behandlung aufzubewahren, soweit nicht nach anderen Vorschriften andere Aufbewahrungsfristen bestehen.

---

[1] UTitel 2 (§§ 630a–630h) eingef. mWv 26.2.2013 durch G v. 20.2.2013 (BGBl. I S. 277).

§ 630g[1] **Einsichtnahme in die Patientenakte.** (1) ¹Dem Patienten ist auf Verlangen unverzüglich Einsicht in die vollständige, ihn betreffende Patientenakte zu gewähren, soweit der Einsichtnahme nicht erhebliche therapeutische Gründe oder sonstige erhebliche Rechte Dritter entgegenstehen. ²Die Ablehnung der Einsichtnahme ist zu begründen. ³§ 811 ist entsprechend anzuwenden.

(2) ¹Der Patient kann auch elektronische Abschriften von der Patientenakte verlangen. ²Er hat dem Behandelnden die entstandenen Kosten zu erstatten.

(3) ¹Im Fall des Todes des Patienten stehen die Rechte aus den Absätzen 1 und 2 zur Wahrnehmung der vermögensrechtlichen Interessen seinen Erben zu. ²Gleiches gilt für die nächsten Angehörigen des Patienten, soweit sie immaterielle Interessen geltend machen. ³Die Rechte sind ausgeschlossen, soweit der Einsichtnahme der ausdrückliche oder mutmaßliche Wille des Patienten entgegensteht.

§ 630h[1] **Beweislast bei Haftung für Behandlungs- und Aufklärungsfehler.** (1) Ein Fehler des Behandelnden wird vermutet, wenn sich ein allgemeines Behandlungsrisiko verwirklicht hat, das für den Behandelnden voll beherrschbar war und das zur Verletzung des Lebens, des Körpers oder der Gesundheit des Patienten geführt hat.

(2) ¹Der Behandelnde hat zu beweisen, dass er eine Einwilligung gemäß § 630d eingeholt und entsprechend den Anforderungen des § 630e aufgeklärt hat. ²Genügt die Aufklärung nicht den Anforderungen des § 630e, kann der Behandelnde sich darauf berufen, dass der Patient auch im Fall einer ordnungsgemäßen Aufklärung in die Maßnahme eingewilligt hätte.

(3) Hat der Behandelnde eine medizinisch gebotene wesentliche Maßnahme und ihr Ergebnis entgegen § 630f Absatz 1 oder Absatz 2 nicht in der Patientenakte aufgezeichnet oder hat er die Patientenakte entgegen § 630f Absatz 3 nicht aufbewahrt, wird vermutet, dass er diese Maßnahme nicht getroffen hat.

(4) War ein Behandelnder für die von ihm vorgenommene Behandlung nicht befähigt, wird vermutet, dass die mangelnde Befähigung für den Eintritt der Verletzung des Lebens, des Körpers oder der Gesundheit ursächlich war.

(5) ¹Liegt ein grober Behandlungsfehler vor und ist dieser grundsätzlich geeignet, eine Verletzung des Lebens, des Körpers oder der Gesundheit der tatsächlich eingetretenen Art herbeizuführen, wird vermutet, dass der Behandlungsfehler für diese Verletzung ursächlich war. ²Dies gilt auch dann, wenn es der Behandelnde unterlassen hat, einen medizinisch gebotenen Befund rechtzeitig zu erheben oder zu sichern, soweit der Befund mit hinreichender Wahrscheinlichkeit ein Ergebnis erbracht hätte, das Anlass zu weiteren Maßnahmen gegeben hätte, und wenn das Unterlassen solcher Maßnahmen grob fehlerhaft gewesen wäre.

Titel 9. Werkvertrag und ähnliche Verträge[2]
Untertitel 1. Werkvertrag
Kapitel 1.[3] Allgemeine Vorschriften

§ 631 Vertragstypische Pflichten beim Werkvertrag. (1) Durch den Werkvertrag wird der Unternehmer zur Herstellung des versprochenen Werkes, der Besteller zur Entrichtung der vereinbarten Vergütung verpflichtet.

---

[1] UTitel 2 (§§ 630a–630h) eingef. mWv 26.2.2013 durch G v. 20.2.2013 (BGBl. I S. 277).
[2] Beachte hierzu Übergangsvorschrift in Art. 229 § 39 EGBGB (Nr. **21**).
[3] Überschrift Kapitel 1 eingef. mWv 1.1.2018 durch G v. 28.4.2017 (BGBl. I S. 969).

Abschnitt 8. Titel 9. Werkvertrag §§ 632–634

(2) Gegenstand des Werkvertrags kann sowohl die Herstellung oder Veränderung einer Sache als auch ein anderer durch Arbeit oder Dienstleistung herbeizuführender Erfolg sein.

§ 632 Vergütung. (1) Eine Vergütung gilt als stillschweigend vereinbart, wenn die Herstellung des Werkes den Umständen nach nur gegen eine Vergütung zu erwarten ist.

(2) Ist die Höhe der Vergütung nicht bestimmt, so ist bei dem Bestehen einer Taxe die taxmäßige Vergütung, in Ermangelung einer Taxe die übliche Vergütung als vereinbart anzusehen.

(3) Ein Kostenanschlag ist im Zweifel nicht zu vergüten.

§ 632a[1] **Abschlagszahlungen.** (1) [1] Der Unternehmer kann von dem Besteller eine Abschlagszahlung in Höhe des Wertes der von ihm erbrachten und nach dem Vertrag geschuldeten Leistungen verlangen. [2] Sind die erbrachten Leistungen nicht vertragsgemäß, kann der Besteller die Zahlung eines angemessenen Teils des Abschlags verweigern. [3] Die Beweislast für die vertragsgemäße Leistung verbleibt bis zur Abnahme beim Unternehmer. [4] § 641 Abs. 3 gilt entsprechend. [5] Die Leistungen sind durch eine Aufstellung nachzuweisen, die eine rasche und sichere Beurteilung der Leistungen ermöglichen muss. [6] Die Sätze 1 bis 5 gelten auch für erforderliche Stoffe oder Bauteile, die angeliefert oder eigens angefertigt und bereitgestellt sind, wenn dem Besteller nach seiner Wahl Eigentum an den Stoffen oder Bauteilen übertragen oder entsprechende Sicherheit hierfür geleistet wird.

(2) Die Sicherheit nach Absatz 1 Satz 6 kann auch durch eine Garantie oder ein sonstiges Zahlungsversprechen eines im Geltungsbereich dieses Gesetzes zum Geschäftsbetrieb befugten Kreditinstituts oder Kreditversicherers geleistet werden.

§ 633 Sach- und Rechtsmangel. (1) Der Unternehmer hat dem Besteller das Werk frei von Sach- und Rechtsmängeln zu verschaffen.

(2) [1] Das Werk ist frei von Sachmängeln, wenn es die vereinbarte Beschaffenheit hat. [2] Soweit die Beschaffenheit nicht vereinbart ist, ist das Werk frei von Sachmängeln,
1. wenn es sich für die nach dem Vertrag vorausgesetzte, sonst
2. für die gewöhnliche Verwendung eignet und eine Beschaffenheit aufweist, die bei Werken der gleichen Art üblich ist und die der Besteller nach der Art des Werkes erwarten kann.

[3] Einem Sachmangel steht es gleich, wenn der Unternehmer ein anderes als das bestellte Werk oder das Werk in zu geringer Menge herstellt.

(3) Das Werk ist frei von Rechtsmängeln, wenn Dritte in Bezug auf das Werk keine oder nur die im Vertrag übernommenen Rechte gegen den Besteller geltend machen können.

§ 634 Rechte des Bestellers bei Mängeln. Ist das Werk mangelhaft, kann der Besteller, wenn die Voraussetzungen der folgenden Vorschriften vorliegen und soweit nicht ein anderes bestimmt ist,
1. nach § 635 Nacherfüllung verlangen,

---

[1]) § 632a neu gef. mWv 1.1.2009 durch G v. 23.10.2008 (BGBl. I S. 2022); Abs. 1 Sätze 1 und 2 neu gef., Satz 3 eingef., bish. Sätze 3–5 werden Sätze 4–6, neuer Satz 6 geänd., Abs. 2 und 3 aufgeh., bish. Abs. 4 wird Abs. 2 und neu gef. mWv 1.1.2018 durch G v. 28.4.2017 (BGBl. I S. 969).

2. nach § 637 den Mangel selbst beseitigen und Ersatz der erforderlichen Aufwendungen verlangen,
3. nach den §§ 636, 323 und 326 Abs. 5 von dem Vertrag zurücktreten oder nach § 638 die Vergütung mindern und
4. nach den §§ 636, 280, 281, 283 und 311a Schadensersatz oder nach § 284 Ersatz vergeblicher Aufwendungen verlangen.

§ 634a Verjährung der Mängelansprüche. (1) Die in § 634 Nr. 1, 2 und 4 bezeichneten Ansprüche verjähren
1. vorbehaltlich der Nummer 2 in zwei Jahren bei einem Werk, dessen Erfolg in der Herstellung, Wartung oder Veränderung einer Sache oder in der Erbringung von Planungs- oder Überwachungsleistungen hierfür besteht,
2. in fünf Jahren bei einem Bauwerk und einem Werk, dessen Erfolg in der Erbringung von Planungs- oder Überwachungsleistungen hierfür besteht, und
3. im Übrigen in der regelmäßigen Verjährungsfrist.

(2) Die Verjährung beginnt in den Fällen des Absatzes 1 Nr. 1 und 2 mit der Abnahme.

(3) [1] Abweichend von Absatz 1 Nr. 1 und 2 und Absatz 2 verjähren die Ansprüche in der regelmäßigen Verjährungsfrist, wenn der Unternehmer den Mangel arglistig verschwiegen hat. [2] Im Falle des Absatzes 1 Nr. 2 tritt die Verjährung jedoch nicht vor Ablauf der dort bestimmten Frist ein.

(4) [1] Für das in § 634 bezeichnete Rücktrittsrecht gilt § 218. [2] Der Besteller kann trotz einer Unwirksamkeit des Rücktritts nach § 218 Abs. 1 die Zahlung der Vergütung insoweit verweigern, als er auf Grund des Rücktritts dazu berechtigt sein würde. [3] Macht er von diesem Recht Gebrauch, kann der Unternehmer vom Vertrag zurücktreten.

(5) Auf das in § 634 bezeichnete Minderungsrecht finden § 218 und Absatz 4 Satz 2 entsprechende Anwendung.

§ 635 Nacherfüllung. (1) Verlangt der Besteller Nacherfüllung, so kann der Unternehmer nach seiner Wahl den Mangel beseitigen oder ein neues Werk herstellen.

(2) Der Unternehmer hat die zum Zwecke der Nacherfüllung erforderlichen Aufwendungen, insbesondere Transport-, Wege-, Arbeits- und Materialkosten zu tragen.

(3) Der Unternehmer kann die Nacherfüllung unbeschadet des § 275 Abs. 2 und 3 verweigern, wenn sie nur mit unverhältnismäßigen Kosten möglich ist.

(4) Stellt der Unternehmer ein neues Werk her, so kann er vom Besteller Rückgewähr des mangelhaften Werkes nach Maßgabe der §§ 346 bis 348 verlangen.

§ 636 Besondere Bestimmungen für Rücktritt und Schadensersatz.
Außer in den Fällen der §§ 281 Abs. 2 und 323 Abs. 2 bedarf es der Fristsetzung auch dann nicht, wenn der Unternehmer die Nacherfüllung gemäß § 635 Abs. 3 verweigert oder wenn die Nacherfüllung fehlgeschlagen oder dem Besteller unzumutbar ist.

§ 637 Selbstvornahme. (1) Der Besteller kann wegen eines Mangels des Werkes nach erfolglosem Ablauf einer von ihm zur Nacherfüllung bestimmten angemessenen Frist den Mangel selbst beseitigen und Ersatz der erforderlichen Aufwendungen verlangen, wenn nicht der Unternehmer die Nacherfüllung zu Recht verweigert.

(2) ¹§ 323 Abs. 2 findet entsprechende Anwendung. ²Der Bestimmung einer Frist bedarf es auch dann nicht, wenn die Nacherfüllung fehlgeschlagen oder dem Besteller unzumutbar ist.

(3) Der Besteller kann von dem Unternehmer für die zur Beseitigung des Mangels erforderlichen Aufwendungen Vorschuss verlangen.

§ 638 Minderung. (1) ¹Statt zurückzutreten, kann der Besteller die Vergütung durch Erklärung gegenüber dem Unternehmer mindern. ²Der Ausschlussgrund des § 323 Abs. 5 Satz 2 findet keine Anwendung.

(2) Sind auf der Seite des Bestellers oder auf der Seite des Unternehmers mehrere beteiligt, so kann die Minderung nur von allen oder gegen alle erklärt werden.

(3) ¹Bei der Minderung ist die Vergütung in dem Verhältnis herabzusetzen, in welchem zur Zeit des Vertragsschlusses der Wert des Werkes in mangelfreiem Zustand zu dem wirklichen Wert gestanden haben würde. ²Die Minderung ist, soweit erforderlich, durch Schätzung zu ermitteln.

(4) ¹Hat der Besteller mehr als die geminderte Vergütung gezahlt, so ist der Mehrbetrag vom Unternehmer zu erstatten. ²§ 346 Abs. 1 und § 347 Abs. 1 finden entsprechende Anwendung.

§ 639[1] Haftungsausschluss. Auf eine Vereinbarung, durch welche die Rechte des Bestellers wegen eines Mangels ausgeschlossen oder beschränkt werden, kann sich der Unternehmer nicht berufen, soweit er den Mangel arglistig verschwiegen oder eine Garantie für die Beschaffenheit des Werkes übernommen hat.

§ 640[2] Abnahme. (1) ¹Der Besteller ist verpflichtet, das vertragsmäßig hergestellte Werk abzunehmen, sofern nicht nach der Beschaffenheit des Werkes die Abnahme ausgeschlossen ist. ²Wegen unwesentlicher Mängel kann die Abnahme nicht verweigert werden.

(2) ¹Als abgenommen gilt ein Werk auch, wenn der Unternehmer dem Besteller nach Fertigstellung des Werks eine angemessene Frist zur Abnahme gesetzt hat und der Besteller die Abnahme nicht innerhalb dieser Frist unter Angabe mindestens eines Mangels verweigert hat. ²Ist der Besteller ein Verbraucher, so treten die Rechtsfolgen des Satzes 1 nur dann ein, wenn der Unternehmer den Besteller zusammen mit der Aufforderung zur Abnahme auf die Folgen einer nicht erklärten oder ohne Angabe von Mängeln verweigerten Abnahme hingewiesen hat; der Hinweis muss in Textform erfolgen.

(3) Nimmt der Besteller ein mangelhaftes Werk gemäß Absatz 1 Satz 1 ab, obschon er den Mangel kennt, so stehen ihm die in § 634 Nr. 1 bis 3 bezeichneten Rechte nur zu, wenn er sich seine Rechte wegen des Mangels bei der Abnahme vorbehält.

§ 641[3][4] Fälligkeit der Vergütung. (1) ¹Die Vergütung ist bei der Abnahme des Werkes zu entrichten. ²Ist das Werk in Teilen abzunehmen und die Vergütung

---

[1] § 639 geänd. mWv 8.12.2004 durch G v. 2.12.2004 (BGBl. I S. 3102).
[2] § 640 Abs. 1 Satz 3 aufgeh., Abs. 2 eingef., bish. Abs. 2 wird Abs. 3 mWv 1.1.2018 durch G v. 28.4.2017 (BGBl. I S. 969).
[3] § 641 Abs. 2 und 3 neu gef. mWv 1.1.2009 durch G v. 23.10.2008 (BGBl. I S. 2022).
[4] Beachte hierzu Übergangsvorschrift in Art. 229 § 19 EGBGB (Nr. 321).

für die einzelnen Teile bestimmt, so ist die Vergütung für jeden Teil bei dessen Abnahme zu entrichten.

(2) ¹Die Vergütung des Unternehmers für ein Werk, dessen Herstellung der Besteller einem Dritten versprochen hat, wird spätestens fällig,
1. soweit der Besteller von dem Dritten für das versprochene Werk wegen dessen Herstellung seine Vergütung oder Teile davon erhalten hat,
2. soweit das Werk des Bestellers von dem Dritten abgenommen worden ist oder als abgenommen gilt oder
3. wenn der Unternehmer dem Besteller erfolglos eine angemessene Frist zur Auskunft über die in den Nummern 1 und 2 bezeichneten Umstände bestimmt hat.

²Hat der Besteller dem Dritten wegen möglicher Mängel des Werks Sicherheit geleistet, gilt Satz 1 nur, wenn der Unternehmer dem Besteller entsprechende Sicherheit leistet.

(3) Kann der Besteller die Beseitigung eines Mangels verlangen, so kann er nach der Fälligkeit die Zahlung eines angemessenen Teils der Vergütung verweigern; angemessen ist in der Regel das Doppelte der für die Beseitigung des Mangels erforderlichen Kosten.

(4) Eine in Geld festgesetzte Vergütung hat der Besteller von der Abnahme des Werkes an zu verzinsen, sofern nicht die Vergütung gestundet ist.

§ 641a[1)2)] *(aufgehoben)*

§ 642 Mitwirkung des Bestellers.
(1) Ist bei der Herstellung des Werkes eine Handlung des Bestellers erforderlich, so kann der Unternehmer, wenn der Besteller durch das Unterlassen der Handlung in Verzug der Annahme kommt, eine angemessene Entschädigung verlangen.

(2) Die Höhe der Entschädigung bestimmt sich einerseits nach der Dauer des Verzugs und der Höhe der vereinbarten Vergütung, andererseits nach demjenigen, was der Unternehmer infolge des Verzugs an Aufwendungen erspart oder durch anderweitige Verwendung seiner Arbeitskraft erwerben kann.

§ 643 Kündigung bei unterlassener Mitwirkung.
¹Der Unternehmer ist im Falle des § 642 berechtigt, dem Besteller zur Nachholung der Handlung eine angemessene Frist mit der Erklärung zu bestimmen, dass er den Vertrag kündige, wenn die Handlung nicht bis zum Ablauf der Frist vorgenommen werde. ²Der Vertrag gilt als aufgehoben, wenn nicht die Nachholung bis zum Ablauf der Frist erfolgt.

§ 644 Gefahrtragung.
(1) ¹Der Unternehmer trägt die Gefahr bis zur Abnahme des Werkes. ²Kommt der Besteller in Verzug der Annahme, so geht die Gefahr auf ihn über. ³Für den zufälligen Untergang und eine zufällige Verschlechterung des von dem Besteller gelieferten Stoffes ist der Unternehmer nicht verantwortlich.

(2) Versendet der Unternehmer das Werk auf Verlangen des Bestellers nach einem anderen Ort als dem Erfüllungsort, so findet die für den Kauf geltende Vorschrift des § 447 entsprechende Anwendung.

[1)] § 641a aufgeh. mWv 1.1.2009 durch G v. 23.10.2008 (BGBl. I S. 2022).
[2)] Beachte hierzu Übergangsvorschrift in Art. 229 § 19 EGBGB (Nr. 21).

Abschnitt 8. Titel 9. Werkvertrag §§ 645–648a BGB 20

§ 645 Verantwortlichkeit des Bestellers. (1) ¹Ist das Werk vor der Abnahme infolge eines Mangels des von dem Besteller gelieferten Stoffes oder infolge einer von dem Besteller für die Ausführung erteilten Anweisung untergegangen, verschlechtert oder unausführbar geworden, ohne dass ein Umstand mitgewirkt hat, den der Unternehmer zu vertreten hat, so kann der Unternehmer einen der geleisteten Arbeit entsprechenden Teil der Vergütung und Ersatz der in der Vergütung nicht inbegriffenen Auslagen verlangen. ²Das Gleiche gilt, wenn der Vertrag in Gemäßheit des § 643 aufgehoben wird.

(2) Eine weitergehende Haftung des Bestellers wegen Verschuldens bleibt unberührt.

§ 646 Vollendung statt Abnahme. Ist nach der Beschaffenheit des Werkes die Abnahme ausgeschlossen, so tritt in den Fällen des § 634a Abs. 2 und der §§ 641, 644 und 645 an die Stelle der Abnahme die Vollendung des Werkes.

§ 647 Unternehmerpfandrecht. Der Unternehmer hat für seine Forderungen aus dem Vertrag ein Pfandrecht an den von ihm hergestellten oder ausgebesserten beweglichen Sachen des Bestellers, wenn sie bei der Herstellung oder zum Zwecke der Ausbesserung in seinen Besitz gelangt sind.

§ 647a[1]**) Sicherungshypothek des Inhabers einer Schiffswerft.** ¹Der Inhaber einer Schiffswerft kann für seine Forderungen aus dem Bau oder der Ausbesserung eines Schiffes die Einräumung einer Schiffshypothek an dem Schiffsbauwerk oder dem Schiff des Bestellers verlangen. ²Ist das Werk noch nicht vollendet, so kann er die Einräumung der Schiffshypothek für einen der geleisteten Arbeit entsprechenden Teil der Vergütung und für die in der Vergütung nicht inbegriffenen Auslagen verlangen. ³§ 647 findet keine Anwendung.

§ 648[2)3)]**) Kündigungsrecht des Bestellers.** ¹Der Besteller kann bis zur Vollendung des Werkes jederzeit den Vertrag kündigen. ²Kündigt der Besteller, so ist der Unternehmer berechtigt, die vereinbarte Vergütung zu verlangen; er muss sich jedoch dasjenige anrechnen lassen, was er infolge der Aufhebung des Vertrags an Aufwendungen erspart oder durch anderweitige Verwendung seiner Arbeitskraft erwirbt oder zu erwerben böswillig unterlässt. ³Es wird vermutet, dass danach dem Unternehmer 5 vom Hundert der auf den noch nicht erbrachten Teil der Werkleistung entfallenden vereinbarten Vergütung zustehen.

§ 648a[4)]**) Kündigung aus wichtigem Grund.** (1) ¹Beide Vertragsparteien können den Vertrag aus wichtigem Grund ohne Einhaltung einer Kündigungsfrist kündigen. ²Ein wichtiger Grund liegt vor, wenn dem kündigenden Teil unter Berücksichtigung aller Umstände des Einzelfalls und unter Abwägung der beiderseitigen Interessen die Fortsetzung des Vertragsverhältnisses bis zur Fertigstellung des Werks nicht zugemutet werden kann.

(2) Eine Teilkündigung ist möglich; sie muss sich auf einen abgrenzbaren Teil des geschuldeten Werks beziehen.

(3) § 314 Absatz 2 und 3 gilt entsprechend.

[1)] § 647a eingef. mWv 1.1.2018 durch G v. 28.4.2017 (BGBl. I S. 969).
[2)] Früher § 649 Satz 3 angef. mWv 1.1.2009 durch G v. 23.10.2008 (BGBl. I S. 2022); § 648 aufgeh., bish. § 649 wird § 648 eingef. mWv 1.1.2018 durch G v. 28.4.2017 (BGBl. I S. 969).
[3)] Beachte hierzu Übergangsvorschrift in Art. 229 § 19 EGBGB (Nr. **21**).
[4)] Bish. § 648a aufgeh., neuer § 648a eingef. mWv 1.1.2018 durch G v. 28.4.2017 (BGBl. I S. 969).

(4) ¹Nach der Kündigung kann jede Vertragspartei von der anderen verlangen, dass sie an einer gemeinsamen Feststellung des Leistungsstandes mitwirkt. ²Verweigert eine Vertragspartei die Mitwirkung oder bleibt sie einem vereinbarten oder einem von der anderen Vertragspartei innerhalb einer angemessenen Frist bestimmten Termin zur Leistungsstandfeststellung fern, trifft sie die Beweislast für den Leistungsstand zum Zeitpunkt der Kündigung. ³Dies gilt nicht, wenn die Vertragspartei infolge eines Umstands fernbleibt, den sie nicht zu vertreten hat und den sie der anderen Vertragspartei unverzüglich mitgeteilt hat.

(5) Kündigt eine Vertragspartei aus wichtigem Grund, ist der Unternehmer nur berechtigt, die Vergütung zu verlangen, die auf den bis zur Kündigung erbrachten Teil des Werks entfällt.

(6) Die Berechtigung, Schadensersatz zu verlangen, wird durch die Kündigung nicht ausgeschlossen.

§ 649[1]) **Kostenanschlag.** (1) Ist dem Vertrag ein Kostenanschlag zugrunde gelegt worden, ohne dass der Unternehmer die Gewähr für die Richtigkeit des Anschlags übernommen hat, und ergibt sich, dass das Werk nicht ohne eine wesentliche Überschreitung des Anschlags ausführbar ist, so steht dem Unternehmer, wenn der Besteller den Vertrag aus diesem Grund kündigt, nur der im § 645 Abs. 1 bestimmte Anspruch zu.

(2) Ist eine solche Überschreitung des Anschlags zu erwarten, so hat der Unternehmer dem Besteller unverzüglich Anzeige zu machen.

§ 650[2]) **Werklieferungsvertrag; Verbrauchervertrag über die Herstellung digitaler Produkte.** (1) ¹Auf einen Vertrag, der die Lieferung herzustellender oder zu erzeugender beweglicher Sachen zum Gegenstand hat, finden die Vorschriften über den Kauf Anwendung. ²§ 442 Abs. 1 Satz 1 findet bei diesen Verträgen auch Anwendung, wenn der Mangel auf den vom Besteller gelieferten Stoff zurückzuführen ist. ³Soweit es sich bei den herzustellenden oder zu erzeugenden beweglichen Sachen um nicht vertretbare Sachen handelt, sind auch die §§ 642, 643, 645, 648 und 649 mit der Maßgabe anzuwenden, dass an die Stelle der Abnahme der nach den §§ 446 und 447 maßgebliche Zeitpunkt tritt.

(2) ¹Auf einen Verbrauchervertrag, bei dem der Unternehmer sich verpflichtet,
1. digitale Inhalte herzustellen,
2. einen Erfolg durch eine digitale Dienstleistung herbeizuführen oder
3. einen körperlichen Datenträger herzustellen, der ausschließlich als Träger digitaler Inhalte dient,

sind die §§ 633 bis 639 über die Rechte bei Mängeln sowie § 640 über die Abnahme nicht anzuwenden. ²An die Stelle der nach Satz 1 nicht anzuwendenden Vorschriften treten die Vorschriften des Abschnitts 3 Titel 2a. ³Die §§ 641, 644 und 645 sind mit der Maßgabe anzuwenden, dass an die Stelle der Abnahme die Bereitstellung des digitalen Produkts (§ 327b Absatz 3 bis 5) tritt.

(3) ¹Auf einen Verbrauchervertrag, bei dem der Unternehmer sich verpflichtet, einen herzustellenden körperlichen Datenträger zu liefern, der ausschließlich als Träger digitaler Inhalte dient, sind abweichend von Absatz 1 Satz 1 und 2 § 433 Absatz 1 Satz 2, die §§ 434 bis 442, 475 Absatz 3 Satz 1, Absatz 4 bis 6 und die

---

[1]) Bish. § 650 wird § 649 mWv 1.1.2018 durch G v. 28.4.2017 (BGBl. I S. 969).
[2]) Bish. § 651 wird § 650 und Satz 3 geänd. mWv 1.1.2018 durch G v. 28.4.2017 (BGBl. I S. 969); Überschrift neu gef., Abs. 2–4 angef. mWv 1.1.2022 durch G v. 25.6.2021 (BGBl. I S. 2123).

§§ 476 und 477 über die Rechte bei Mängeln nicht anzuwenden. ²An die Stelle der nach Satz 1 nicht anzuwendenden Vorschriften treten die Vorschriften des Abschnitts 3 Titel 2a.

(4) ¹Für einen Verbrauchervertrag, bei dem der Unternehmer sich verpflichtet, eine Sache herzustellen, die ein digitales Produkt enthält oder mit digitalen Produkten verbunden ist, gilt der Anwendungsausschluss nach Absatz 2 entsprechend für diejenigen Bestandteile des Vertrags, welche die digitalen Produkte betreffen. ²Für einen Verbrauchervertrag, bei dem der Unternehmer sich verpflichtet, eine herzustellende Sache zu liefern, die ein digitales Produkt enthält oder mit digitalen Produkten verbunden ist, gilt der Anwendungsausschluss nach Absatz 3 entsprechend für diejenigen Bestandteile des Vertrags, welche die digitalen Produkte betreffen.

Kapitel 2.[1]) Bauvertrag

§ 650a[1]) **Bauvertrag.** (1) ¹Ein Bauvertrag ist ein Vertrag über die Herstellung, die Wiederherstellung, die Beseitigung oder den Umbau eines Bauwerks, einer Außenanlage oder eines Teils davon. ²Für den Bauvertrag gelten ergänzend die folgenden Vorschriften dieses Kapitels.

(2) Ein Vertrag über die Instandhaltung eines Bauwerks ist ein Bauvertrag, wenn das Werk für die Konstruktion, den Bestand oder den bestimmungsgemäßen Gebrauch von wesentlicher Bedeutung ist.

§ 650b[1]) **Änderung des Vertrags; Anordnungsrecht des Bestellers.**

(1) ¹Begehrt der Besteller
1. eine Änderung des vereinbarten Werkerfolgs (§ 631 Absatz 2) oder
2. eine Änderung, die zur Erreichung des vereinbarten Werkerfolgs notwendig ist,

streben die Vertragsparteien Einvernehmen über die Änderung und die infolge der Änderung zu leistende Mehr- oder Mindervergütung an. ²Der Unternehmer ist verpflichtet, ein Angebot über die Mehr- oder Mindervergütung zu erstellen, im Falle einer Änderung nach Satz 1 Nummer 1 jedoch nur, wenn ihm die Ausführung der Änderung zumutbar ist. ³Macht der Unternehmer betriebsinterne Vorgänge für die Unzumutbarkeit einer Anordnung nach Absatz 1 Satz 1 Nummer 1 geltend, trifft ihn die Beweislast hierfür. ⁴Trägt der Besteller die Verantwortung für die Planung des Bauwerks oder der Außenanlage, ist der Unternehmer nur dann zur Erstellung eines Angebots über die Mehr- oder Mindervergütung verpflichtet, wenn der Besteller die für die Änderung erforderliche Planung vorgenommen und dem Unternehmer zur Verfügung gestellt hat. ⁵Begehrt der Besteller eine Änderung, für die dem Unternehmer nach § 650c Absatz 1 Satz 2 kein Anspruch auf Vergütung für vermehrten Aufwand zusteht, streben die Parteien nur Einvernehmen über die Änderung an; Satz 2 findet in diesem Fall keine Anwendung.

(2) ¹Erzielen die Parteien binnen 30 Tagen nach Zugang des Änderungsbegehrens beim Unternehmer keine Einigung nach Absatz 1, kann der Besteller die Änderung in Textform anordnen. ²Der Unternehmer ist verpflichtet, der Anordnung des Bestellers nachzukommen, einer Anordnung nach Satz 1 Nummer 1 jedoch nur, wenn ihm die Ausführung zumutbar ist. ³Absatz 1 Satz 3 gilt entsprechend.

---

[1]) Kapitel 2 (§§ 650a–650h) eingef. mWv 1.1.2018 durch G v. 28.4.2017 (BGBl. I S. 969).

§ 650c[1] **Vergütungsanpassung bei Anordnungen nach § 650b Absatz 2.**

(1) ¹Die Höhe des Vergütungsanspruchs für den infolge einer Anordnung des Bestellers nach § 650b Absatz 2 vermehrten oder verminderten Aufwand ist nach den tatsächlich erforderlichen Kosten mit angemessenen Zuschlägen für allgemeine Geschäftskosten, Wagnis und Gewinn zu ermitteln. ²Umfasst die Leistungspflicht des Unternehmers auch die Planung des Bauwerks oder der Außenanlage, steht diesem im Fall des § 650b Absatz 1 Satz 1 Nummer 2 kein Anspruch auf Vergütung für vermehrten Aufwand zu.

(2) ¹Der Unternehmer kann zur Berechnung der Vergütung für den Nachtrag auf die Ansätze in einer vereinbarungsgemäß hinterlegten Urkalkulation zurückgreifen. ²Es wird vermutet, dass die auf Basis der Urkalkulation fortgeschriebene Vergütung der Vergütung nach Absatz 1 entspricht.

(3) ¹Bei der Berechnung von vereinbarten oder gemäß § 632a geschuldeten Abschlagszahlungen kann der Unternehmer 80 Prozent einer in einem Angebot nach § 650b Absatz 1 Satz 2 genannten Mehrvergütung ansetzen, wenn sich die Parteien nicht über die Höhe geeinigt haben oder keine anderslautende gericht-

(Fortsetzung nächstes Blatt)

---

[1] Kapitel 2 (§§ 650a–650h) eingef. mWv 1.1.2018 durch G v. 28.4.2017 (BGBl. I S. 969).

Einführungsgesetz zum Bürgerlichen Gesetzbuche EGBGB 21

Lfd. Nr.	Änderndes Gesetz	Datum	Fundstelle	Betroffen	Hinweis
118.	Art. 2 G zur Vereinheitlichung des Stiftungsrechts und zur Änd. des InfektionsschutzG	16.7.2021	BGBl. I S. 2947	Art. 229 § 59	eingef. mWv 1.7.2023
119.	Art. 2 G für faire Verbraucherverträge[1]	10.8.2021	BGBl. I S. 3433	Art. 229 § 60	eingef. mWv 1.10.2021
				Art. 246e, § 1	geänd. mWv 1.7.2022
120.	Art. 49 Personengesellschaftsrechtsmodernisierungs G (MoPeG)	10.8.2021	BGBl. I S. 3436	Art. 229 § 21	neu gef. mWv 1.1.2024
				Art. 229 § 61	eingef. mWv 1.1.2024
121.	Art. 2 G zur Änd. des BGB und des EGBGB in Umsetzung der RL (EU) 2019/2161 und zur Aufhebung der VO zur Übertragung der Zuständigkeit für die Durchführung der VO (EG) Nr. 2006/2004 auf das Bundesministerium der Justiz und für Verbraucherschutz[2][1]	10.8.2021	BGBl. I S. 3483	Art. 246, 246a §§ 1, 2, 3, Art. 246b § 1, Art. 249 § 3, Anl. 1, 2, 3, 3a, 3b, 7, 8, 9	geänd. mWv 28.5.2022
				Art. 246d (§§ 1, 2), 246e (§§ 1, 2)	eingef. mWv 28.5.2022
122.	Art. 2 MietspiegelreformG	10.8.2021	BGBl. I S. 3515	Art. 238 (§§ 1, 2, 3, 4)	neu gef. mWv 1.7.2022
				Art. 229 § 62	eingef. mWv 1.7.2022

Vorbemerkung:
Die Änderungen durch G v. 10.8.2021 (BGBl. I S. 3433) treten teilweise erst mWv 1.3.2022 und mWv 1.7.2022 in Kraft und sind insoweit im Text noch nicht berücksichtigt.
Die Änderungen durch G v. 10.8.2021 (BGBl. I S. 3483) treten erst mWv 28.5.2022 in Kraft und sind im Text noch nicht berücksichtigt.
Die Änderungen durch G v. 10.8.2021 (BGBl. I S. 3515) treten erst mWv 1.7.2022 in Kraft und sind im Text noch nicht berücksichtigt.
Die Änderungen durch G v. 4.5.2021 (BGBl. I S. 882) treten erst mWv 1.1.2023 in Kraft und sind im Text noch nicht berücksichtigt.
Die Änderungen durch G v. 16.7.2021 (BGBl. I S. 2947) treten erst mWv 1.7.2023 in Kraft und sind im Text noch nicht berücksichtigt.
Die Änderungen durch G v. 10.8.2021 (BGBl. I S. 3436) treten erst mWv 1.1.2024 in Kraft und sind im Text noch nicht berücksichtigt.

---

[1] **Amtl. Anm.:** Notifiziert gemäß der Richtlinie (EU) 2015/1535 des Europäischen Parlaments und des Rates vom 9. September 2015 über ein Informationsverfahren auf dem Gebiet der technischen Vorschriften und der Vorschriften für die Dienste der Informationsgesellschaft (ABl. L 241 vom 17.9.2015, S. 1).

[2] **Amtl. Anm.:** Dieses Gesetz dient der Umsetzung der Richtlinie (EU) 2019/2161 des Europäischen Parlaments und des Rates vom 27. November 2019 zur Änderung der Richtlinie 93/13/EWG des Rates und der Richtlinien 98/6/EG, 2005/29/EG und 2011/83/EU des Europäischen Parlaments und des Rates zur besseren Durchsetzung und Modernisierung der Verbraucherschutzvorschriften der Union (ABl. L 328 vom 18.12.2019, S. 7).

2. in den Fällen des Artikels 38 Abs. 2 und 3 und des Artikels 39 aus dem gewöhnlichen Aufenthalt der Beteiligten in demselben Staat im Zeitpunkt des rechtserheblichen Geschehens; Artikel 40 Abs. 2 Satz 2 gilt entsprechend.

Art. 42[1] **Rechtswahl.** ¹ Nach Eintritt des Ereignisses, durch das ein außervertragliches Schuldverhältnis entstanden ist, können die Parteien das Recht wählen, dem es unterliegen soll. ² Rechte Dritter bleiben unberührt.

Sechster Abschnitt.[2] Sachenrecht

Art. 43[3] **Rechte an einer Sache.** (1) Rechte an einer Sache unterliegen dem Recht des Staates, in dem sich die Sache befindet.

(2) Gelangt eine Sache, an der Rechte begründet sind, in einen anderen Staat, so können diese Rechte nicht im Widerspruch zu der Rechtsordnung dieses Staates ausgeübt werden.

(3) Ist ein Recht an einer Sache, die in das Inland gelangt, nicht schon vorher erworben worden, so sind für einen solchen Erwerb im Inland Vorgänge in einem anderen Staat wie inländische zu berücksichtigen.

Art. 44[4] **Von Grundstücken ausgehende Einwirkungen.** Für Ansprüche aus beeinträchtigenden Einwirkungen, die von einem Grundstück ausgehen, gelten die Vorschriften der Verordnung (EG) Nr. 864/2007[5] mit Ausnahme des Kapitels III entsprechend.

Art. 45[6] **Transportmittel.** (1) ¹ Rechte an Luft-, Wasser- und Schienenfahrzeugen unterliegen dem Recht des Herkunftsstaats. ² Das ist

1. bei Luftfahrzeugen der Staat ihrer Staatszugehörigkeit,
2. bei Wasserfahrzeugen der Staat der Registereintragung, sonst des Heimathafens oder des Heimatorts,
3. bei Schienenfahrzeugen der Staat der Zulassung.

(2) ¹ Die Entstehung gesetzlicher Sicherungsrechte an diesen Fahrzeugen unterliegt dem Recht, das auf die zu sichernde Forderung anzuwenden ist. ² Für die Rangfolge mehrerer Sicherungsrechte gilt Artikel 43 Abs. 1.

Art. 46[7] **Wesentlich engere Verbindung.** Besteht mit dem Recht eines Staates eine wesentlich engere Verbindung als mit dem Recht, das nach den Artikeln 43 und 45 maßgebend wäre, so ist jenes Recht anzuwenden.

---

[1] Art. 42 neu gef. durch G v. 21.5.1999 (BGBl. I S. 1026).
[2] 6. Abschnitt Überschrift eingef. durch G v. 21.5.1999 (BGBl. I S. 1026).
[3] Art. 43 neu gef. durch G v. 21.5.1999 (BGBl. I S. 1026).
[4] Art. 44 neu gef. durch G v. 21.5.1999 (BGBl. I S. 1026); Überschrift neu gef., Wortlaut geänd. mWv 11.1.2009 durch G v. 10.12.2008 (BGBl. I S. 2401).
[5] Nr. **21b**.
[6] Art. 45 neu gef. durch G v. 21.5.1999 (BGBl. I S. 1026).
[7] Art. 46 neu gef. durch G v. 21.5.1999 (BGBl. I S. 1026); geänd. mWv 11.1.2009 durch G v. 10.12.2008 (BGBl. I S. 2401).

21 EGBGB Art. 46a, 46b 1. Teil. Allgemeine Vorschriften

Siebter Abschnitt.[1] **Besondere Vorschriften zur Durchführung und Umsetzung international-privatrechtlicher Regelungen der Europäischen Union**

Erster Unterabschnitt.[2] **Durchführung der Verordnung (EG) Nr. 864/2007**

Art. 46a[3] **Umweltschädigungen.** Die geschädigte Person kann das ihr nach Artikel 7 der Verordnung (EG) Nr. 864/2007[4] zustehende Recht, ihren Anspruch auf das Recht des Staates zu stützen, in dem das schadensbegründende Ereignis eingetreten ist, nur im ersten Rechtszug bis zum Ende des frühen ersten Termins oder dem Ende des schriftlichen Vorverfahrens ausüben.

Zweiter Unterabschnitt.[5] **Umsetzung international-privatrechtlicher Regelungen im Verbraucherschutz**

Art. 46b[6] **Verbraucherschutz für besondere Gebiete.** (1) Unterliegt ein Vertrag auf Grund einer Rechtswahl nicht dem Recht eines Mitgliedstaats der Europäischen Union oder eines anderen Vertragsstaats des Abkommens über den Europäischen Wirtschaftsraum, weist der Vertrag jedoch einen engen Zusammenhang mit dem Gebiet eines dieser Staaten auf, so sind die im Gebiet dieses Staates geltenden Bestimmungen zur Umsetzung der Verbraucherschutzrichtlinien gleichwohl anzuwenden.

(2) Ein enger Zusammenhang ist insbesondere anzunehmen, wenn der Unternehmer

1. in dem Mitgliedstaat der Europäischen Union oder einem anderen Vertragsstaat des Abkommens über den Europäischen Wirtschaftsraum, in dem der Verbraucher seinen gewöhnlichen Aufenthalt hat, eine berufliche oder gewerbliche Tätigkeit ausübt oder
2. eine solche Tätigkeit auf irgendeinem Wege auf diesen Mitgliedstaat der Europäischen Union oder einen anderen Vertragsstaat des Abkommens über den Europäischen Wirtschaftsraum oder auf mehrere Staaten, einschließlich dieses Staates, ausrichtet

und der Vertrag in den Bereich dieser Tätigkeit fällt.

(3) Verbraucherschutzrichtlinien im Sinne dieser Vorschrift sind in ihrer jeweils geltenden Fassung:

1. die Richtlinie 93/13/EWG des Rates vom 5. April 1993 über missbräuchliche Klauseln in Verbraucherverträgen (ABl. L 95 vom 21.4.1993, S. 29);
2. die Richtlinie 2002/65/EG des Europäischen Parlaments und des Rates vom 23. September 2002 über den Fernabsatz von Finanzdienstleistungen an Ver-

---

[1] 7. Abschnitt (Art. 46a) eingef. mWv 11.1.2009 durch G v. 10.12.2008 (BGBl. I S. 2401); Überschrift geänd. mWv 29.1.2013 durch G v. 23.1.2013 (BGBl. I S. 101); Überschrift neu gef. mWv 1.7.2018 durch G v. 17.7.2017 (BGBl. I S. 2394).
[2] 1. UAbschnitt Überschrift eingef. mWv 17.12.2009 durch G v. 25.6.2009 (BGBl. I S. 1574).
[3] Art. 46a eingef. mWv 11.1.2009 durch G v. 10.12.2008 (BGBl. I S. 2401); Überschrift geänd. mWv 17.12.2009 durch G v. 25.6.2009 (BGBl. I S. 1574).
[4] Nr. **21b**.
[5] 2. UAbschnitt (Art. 46b und 46c) eingef. mWv 17.12.2009 durch G v. 25.6.2009 (BGBl. I S. 1574); Überschrift neu gef. mWv 1.7.2018 durch G v. 17.7.2017 (BGBl. I S. 2394).
[6] Art. 46b eingef. mWv 17.12.2009 durch G v. 25.6.2009 (BGBl. I S. 1574); Abs. 3 und 4 neu gef. mWv 23.2.2011 durch G v. 17.1.2011 (BGBl. I S. 34); Abs. 3 Nr. 2 aufgeh., bish. Nr. 3–5 werden Nr. 2–4 mWv 13.6.2014 durch G v. 20.9.2013 (BGBl. I S. 3642); Abs. 3 Nr. 2 aufgeh., bish. Nr. 3 und 4 werden Nr. 2 und 3 mWv 1.1.2022 durch G v. 25.6.2021 (BGBl. I S. 2133).

braucher und zur Änderung der Richtlinie 90/619/EWG des Rates und der Richtlinien 97/7/EG und 98/27/EG (ABl. L 271 vom 9.10.2002, S. 16);
3. die Richtlinie 2008/48/EG des Europäischen Parlaments und des Rates vom 23. April 2008 über Verbraucherkreditverträge und zur Aufhebung der Richtlinie 87/102/EWG des Rates (ABl. L 133 vom 22.5.2008, S. 66).

(4) Unterliegt ein Teilzeitnutzungsvertrag, ein Vertrag über ein langfristiges Urlaubsprodukt, ein Wiederverkaufsvertrag oder ein Tauschvertrag im Sinne von Artikel 2 Absatz 1 Buchstabe a bis d der Richtlinie 2008/122/EG des Europäischen Parlaments und des Rates vom 14. Januar 2009 über den Schutz der Verbraucher im Hinblick auf bestimmte Aspekte von Teilzeitnutzungsverträgen, Verträgen über langfristige Urlaubsprodukte sowie Wiederverkaufs- und Tauschverträgen (ABl. L 33 vom 3.2.2009, S. 10) nicht dem Recht eines Mitgliedstaats der Europäischen Union oder eines anderen Vertragsstaats des Abkommens über den Europäischen Wirtschaftsraum, so darf Verbrauchern der in Umsetzung dieser Richtlinie gewährte Schutz nicht vorenthalten werden, wenn
1. eine der betroffenen Immobilien im Hoheitsgebiet eines Mitgliedstaats der Europäischen Union oder eines anderen Vertragsstaats des Abkommens über den Europäischen Wirtschaftsraum belegen ist oder
2. im Falle eines Vertrags, der sich nicht unmittelbar auf eine Immobilie bezieht, der Unternehmer eine gewerbliche oder berufliche Tätigkeit in einem Mitgliedstaat der Europäischen Union oder einem anderen Vertragsstaat des Abkommens über den Europäischen Wirtschaftsraum ausübt oder diese Tätigkeit auf irgendeine Weise auf einen solchen Staat ausrichtet und der Vertrag in den Bereich dieser Tätigkeit fällt.

Art. 46c[1) Pauschalreisen und verbundene Reiseleistungen. (1) Hat der Reiseveranstalter im Zeitpunkt des Vertragsschlusses seine Niederlassung im Sinne des § 4 Absatz 3 der Gewerbeordnung[2) weder in einem Mitgliedstaat der Europäischen Union noch in einem anderen Vertragsstaat des Abkommens über den Europäischen Wirtschaftsraum und
1. schließt der Reiseveranstalter in einem Mitgliedstaat der Europäischen Union oder einem anderen Vertragsstaat des Abkommens über den Europäischen Wirtschaftsraum Pauschalreiseverträge oder bietet er in einem dieser Staaten an, solche Verträge zu schließen, oder
2. richtet der Reiseveranstalter seine Tätigkeit im Sinne der Nummer 1 auf einen Mitgliedstaat der Europäischen Union oder einen anderen Vertragsstaat des Abkommens über den Europäischen Wirtschaftsraum aus,

so sind die sachrechtlichen Vorschriften anzuwenden, die der in Nummer 1 oder Nummer 2 genannte Staat zur Umsetzung des Artikels 17 der Richtlinie (EU) 2015/2302 des Europäischen Parlaments und des Rates vom 25. November 2015 über Pauschalreisen und verbundene Reiseleistungen, zur Änderung der Verordnung (EG) Nr. 2006/2004 und der Richtlinie 2011/83/EU des Europäischen Parlaments und des Rates sowie zur Aufhebung der Richtlinie 90/314/EWG des Rates (ABl. L 326 vom 11.12.2015, S. 1) erlassen hat, sofern der Vertrag in den Bereich dieser Tätigkeit fällt.

(2) Hat der Vermittler verbundener Reiseleistungen im Zeitpunkt des Vertragsschlusses seine Niederlassung im Sinne des § 4 Absatz 3 der Gewerbeordnung

---

[1) Art. 46c eingef. mWv 1.7.2018 durch G v. 17.7.2017 (BGBl. I S. 2394).
[2) **Sartorius Nr. 800.**

21 EGBGB Art. 46d, 46e   1. Teil. Allgemeine Vorschriften

weder in einem Mitgliedstaat der Europäischen Union noch einem anderen Vertragsstaat des Abkommens über den Europäischen Wirtschaftsraum und
1. vermittelt er verbundene Reiseleistungen in einem Mitgliedstaat der Europäischen Union oder einem anderen Vertragsstaat des Abkommens über den Europäischen Wirtschaftsraum oder bietet er sie dort zur Vermittlung an oder
2. richtet er seine Vermittlungstätigkeit auf einen Mitgliedstaat der Europäischen Union oder einen anderen Vertragsstaat des Abkommens über den Europäischen Wirtschaftsraum aus,

so sind die sachrechtlichen Vorschriften anzuwenden, die der in Nummer 1 oder Nummer 2 genannte Staat zur Umsetzung des Artikels 19 Absatz 1 in Verbindung mit Artikel 17 und des Artikels 19 Absatz 3 der Richtlinie (EU) 2015/2302 erlassen hat, sofern der Vertrag in den Bereich dieser Tätigkeit fällt.

(3) Hat der Vermittler verbundener Reiseleistungen in dem nach Artikel 25¹ § 1 maßgeblichen Zeitpunkt seine Niederlassung im Sinne des § 4 Absatz 3 der Gewerbeordnung weder in einem Mitgliedstaat der Europäischen Union noch in einem anderen Vertragsstaat des Abkommens über den Europäischen Wirtschaftsraum und richtet er seine Vermittlungstätigkeit auf einen Mitgliedstaat der Europäischen Union oder einen anderen Vertragsstaat des Abkommens über den Europäischen Wirtschaftsraum aus, so sind die sachrechtlichen Vorschriften anzuwenden, die der Staat, auf den die Vermittlungstätigkeit ausgerichtet ist, zur Umsetzung des Artikels 19 Absatz 2 und 3 der Richtlinie (EU) 2015/2302 erlassen hat, sofern der in Aussicht genommene Vertrag in den Bereich dieser Tätigkeit fällt.

Dritter Unterabschnitt.[1] **Durchführung der Verordnung (EG) Nr. 593/2008**[2]

Art. 46d[3] **Pflichtversicherungsverträge.** (1) Ein Versicherungsvertrag über Risiken, für die ein Mitgliedstaat der Europäischen Union oder ein anderer Vertragsstaat des Abkommens über den Europäischen Wirtschaftsraum eine Versicherungspflicht vorschreibt, unterliegt dem Recht dieses Staates, sofern dieser dessen Anwendung vorschreibt.

(2) Ein über eine Pflichtversicherung abgeschlossener Vertrag unterliegt deutschem Recht, wenn die gesetzliche Verpflichtung zu seinem Abschluss auf deutschem Recht beruht.

Vierter Unterabschnitt.[4] **Durchführung der Verordnung (EU) Nr. 1259/2010**[5]

Art. 46e[4] **Rechtswahl.** (1) Eine Rechtswahlvereinbarung nach Artikel 5 der Verordnung (EU) Nr. 1259/2010[5] ist notariell zu beurkunden.

(Fortsetzung nächstes Blatt)

---

[1] Überschrift 3. UAbschnitt eingef. mWv 1.7.2018 durch G v. 17.7.2017 (BGBl. I S. 2394).
[2] Nr. **21a**.
[3] Früherer Art. 46c eingef. mWv 17.12.2009 durch G v. 25.6.2009 (BGBl. I S. 1574); bish. Art. 46c wird Art. 46d mWv 1.7.2018 durch G v. 17.7.2017 (BGBl. I S. 2394).
[4] Früherer 3. UAbschnitt (Art. 46d) eingef. mWv 29.1.2013 durch G v. 23.1.2013 (BGBl. I S. 101); bish. 3. UAbschnitt wird 4. UAbschnitt, bish. Art. 46d wird Art. 46e mWv 1.7.2018 durch G v. 17.7.2017 (BGBl. I S. 2394).
[5] Nr. **21c**.

aus Anlass jüngerer Änderungen　　　　　　　　Art. 229 **EGBGB 21**

§ 51[1]**) Übergangsvorschriften zum Gesetz zur Verlängerung und Verbesserung der Regelungen über die zulässige Miethöhe bei Mietbeginn.** Auf ein bis einschließlich 31. März 2020 entstandenes Mietverhältnis ist § 556g des Bürgerlichen Gesetzbuchs[2]) in der bis dahin geltenden Fassung weiter anzuwenden.

§ 52[3]**) Überleitungsvorschrift zum Gesetz zur Umsetzung der Entscheidung des Bundesverfassungsgerichts vom 26. März 2019 zum Ausschluss der Stiefkindadoption in nichtehelichen Familien.** Auf vor dem 31. März 2020 abgeschlossene Vorgänge bleibt das bisherige Internationale Privatrecht anwendbar.

§ 53[4]**) Übergangsvorschrift zum Gesetz über die Maklerkosten bei der Vermittlung von Kaufverträgen über Wohnungen und Einfamilienhäuser.**
Auf Rechtsverhältnisse, die vor dem 23. Dezember 2020 entstanden sind, sind die Vorschriften des Bürgerlichen Gesetzbuchs[2]) in der bis zu diesem Tag geltenden Fassung weiter anzuwenden.

§ 54 *(noch nicht in Kraft)*

§ 55[5]**) Übergangsvorschrift zum Gesetz zum Schutz von Kindern mit Varianten der Geschlechtsentwicklung.** § 1631e Absatz 6 des Bürgerlichen Gesetzbuchs[2]) ist auch auf Patientenakten von Kindern mit Varianten der Geschlechtsentwicklung anzuwenden, deren Behandlung vor dem 22. Mai 2021 durchgeführt worden ist, wenn die Aufbewahrungsfrist nach § 630f Absatz 3 des Bürgerlichen Gesetzbuchs nicht vor dem 22. Mai 2021 abgelaufen ist.

§ 56[6]**) Überleitungsvorschrift zum Gesetz über die Insolvenzsicherung durch Reisesicherungsfonds und zur Änderung reiserechtlicher Vorschriften.** (1) Auf Pauschalreiseverträge und Verträge über verbundene Reiseleistungen, die vor dem 1. November 2021 abgeschlossen wurden, ist § 651r des Bürgerlichen Gesetzbuchs[2]), auch in Verbindung mit § 651w Absatz 3 des Bürgerlichen Gesetzbuchs, in der bis zum 30. Juni 2021 geltenden Fassung mit der Maßgabe weiter anzuwenden, dass

1. ein Reisesicherungsfonds, der gemäß § 16 des Reisesicherungsfondsgesetzes fortbestehende Einstandspflichten eines Kundengeldabsicherers übernimmt, an die Stelle des bisherigen Kundengeldabsicherers tritt und
2. in den Fällen der Nummer 1 sich der bisherige Kundengeldabsicherer abweichend von § 651r Absatz 4 Satz 2 des Bürgerlichen Gesetzbuchs gegenüber dem Reisenden auf die Beendigung des Kundengeldabsicherungsvertrags berufen kann.

(2) [1] Auf einen Reisegutschein nach Artikel 240 § 6 sind die Vorschriften dieses Gesetzes und des Bürgerlichen Gesetzbuchs jeweils in der bis einschließlich 30. Juni 2021 geltenden Fassung weiter anzuwenden; Absatz 1 Nummer 1 und 2 gilt entsprechend. [2] In den Fällen des Artikels 240 § 6 Absatz 6 Satz 2 kann der Reisesicherungsfonds die Reisenden gegen Abtretung derjenigen Ansprüche, die ihnen nach Artikel 240 § 6 Absatz 6 Satz 2 gegen die Bundesrepublik Deutschland zustehen,

---

[1]) Art. 229 § 51 angef. mWv 1.4.2020 durch G v. 19.3.2020 (BGBl. I S. 540).
[2]) Nr. **20**.
[3]) Art. 229 § 52 angef. mWv 31.3.2020 durch G v. 19.3.2020 (BGBl. I S. 541).
[4]) Art. 229 § 53 angef. mWv 23.12.2020 durch G v. 12.6.2020 (BGBl. I S. 1245).
[5]) Art. 229 § 55 angef. mWv 22.5.2021 durch G v. 12.5.2021 (BGBl. I S. 1082).
[6]) Art. 229 § 56 angef. mWv 1.7.2021 durch G v. 25.6.2021 (BGBl. I S. 2114).

vollständig entschädigen. ³Er hat im Fall des Satzes 2 neben den abgetretenen Ansprüchen auch einen Anspruch auf angemessenen Ausgleich des zusätzlichen Abwicklungsaufwands gegen die Bundesrepublik Deutschland.

§ 57[1]**) Übergangsvorschrift zum Gesetz zur Umsetzung der Richtlinie über bestimmte vertragsrechtliche Aspekte der Bereitstellung digitaler Inhalte und digitaler Dienstleistungen.** (1) Auf Verbraucherverträge, welche die Bereitstellung eines digitalen Produkts zum Gegenstand haben und ab dem 1. Januar 2022 abgeschlossen wurden, sind nur die Vorschriften des Bürgerlichen Gesetzbuchs[2]) und des Unterlassungsklagengesetzes[3]) in der ab dem 1. Januar 2022 geltenden Fassung anzuwenden.

(2) Sofern nicht in Absatz 3 etwas anderes bestimmt ist, sind auf vor dem 1. Januar 2022 abgeschlossene Verbraucherverträge, welche die Bereitstellung eines digitalen Produkts zum Gegenstand haben, die Vorschriften des Bürgerlichen Gesetzbuchs und des Unterlassungsklagengesetzes in der ab dem 1. Januar 2022 geltenden Fassung anzuwenden, wenn die vertragsgegenständliche Bereitstellung ab dem 1. Januar 2022 erfolgt.

(3) § 327r des Bürgerlichen Gesetzbuchs ist auf Verbraucherverträge anzuwenden, welche die Bereitstellung eines digitalen Produkts zum Gegenstand haben und ab dem 1. Januar 2022 abgeschlossen wurden.

(4) Die §§ 327t und 327u des Bürgerlichen Gesetzbuchs sind auf Verträge anzuwenden, welche ab dem 1. Januar 2022 abgeschlossen wurden.

§ 58[4]**) Übergangsvorschrift zum Gesetz zur Regelung des Verkaufs von Sachen mit digitalen Elementen und anderer Aspekte des Kaufvertrags.**
Auf einen Kaufvertrag, der vor dem 1. Januar 2022 geschlossen worden ist, sind die Vorschriften dieses Gesetzes und des Bürgerlichen Gesetzbuchs[2]) in der bis einschließlich 31. Dezember 2021 geltenden Fassung anzuwenden.

§ 59 *(noch nicht in Kraft)*

§ 60[5]**) Übergangsvorschrift zum Gesetz für faire Verbraucherverträge.**
¹Auf ein Schuldverhältnis, das vor dem 1. Oktober 2021 entstanden ist, sind die §§ 308 und 310 Absatz 1 Satz 1 und 2 des Bürgerlichen Gesetzbuchs[2]) in der bis zu diesem Tag geltenden Fassung anzuwenden. ²Auf ein Schuldverhältnis, das vor dem 1. März 2022 entstanden ist, ist § 309 des Bürgerlichen Gesetzbuchs in der bis zu diesem Tag geltenden Fassung anzuwenden. ³Die in § 312k des Bürgerlichen Gesetzbuchs in der Fassung vom 1. Juli 2022 vorgesehenen Pflichten gelten auch im Hinblick auf Schuldverhältnisse, die vor diesem Tag entstanden sind.

---

[1]) Art. 229 § 57 angef. mWv 1.1.2022 durch G v. 25.6.2021 (BGBl. I S. 2123).
[2]) Nr. **20**.
[3]) Nr. **105**.
[4]) Art. 229 § 58 angef. mWv 1.1.2022 durch G v. 25.6.2021 (BGBl. I S. 2133).
[5]) Art. 229 § 60 angef. mWv 1.10.2021 durch G v. 10.8.2021 (BGBl. I S. 3433).

Sechster Teil. Inkrafttreten und Übergangsrecht aus Anlaß der Einführung des Bürgerlichen Gesetzbuchs und dieses Einführungsgesetzes in dem in Artikel 3 des Einigungsvertrages genannten Gebiet

Art. 230[1)] **Inkrafttreten.** Das Bürgerliche Gesetzbuch und dieses Einführungsgesetz treten für das in Artikel 3 des Einigungsvertrages genannte Gebiet am Tage des Wirksamwerdens des Beitritts nach Maßgabe der folgenden Übergangsvorschriften in Kraft.

Art. 231 Erstes Buch. Allgemeiner Teil des Bürgerlichen Gesetzbuchs

§ 1[2)] *(aufgehoben)*

§ 2 Vereine. (1) Rechtsfähige Vereinigungen, die nach dem Gesetz über Vereinigungen – Vereinigungsgesetz – vom 21. Februar 1990 (GBl. I Nr. 10 S. 75), geändert durch das Gesetz vom 22. Juni 1990 (GBl. I Nr. 37 S. 470, Nr. 39 S. 546), vor dem Wirksamwerden des Beitritts entstanden sind, bestehen fort.

(2) Auf sie sind ab dem Tag des Wirksamwerdens des Beitritts die §§ 21 bis 79 des Bürgerlichen Gesetzbuchs anzuwenden.

(3) Die in Absatz 1 genannten Vereinigungen führen ab dem Wirksamwerden des Beitritts die Bezeichnung „eingetragener Verein".

(4) Auf nicht rechtsfähige Vereinigungen im Sinn des Gesetzes über Vereinigungen – Vereinigungsgesetz – vom 21. Februar 1990 findet ab dem Tag des Wirksamwerdens des Beitritts § 54 des Bürgerlichen Gesetzbuchs Anwendung.

§ 3 Stiftungen. (1) Die in dem in Artikel 3 des Einigungsvertrages genannten Gebiet bestehenden rechtsfähigen Stiftungen bestehen fort.

(2) Auf Stiftungen des Privaten Rechts sind ab dem Tag des Wirksamwerdens des Beitritts die §§ 80 bis 88 des Bürgerlichen Gesetzbuchs anzuwenden.

§ 4 Haftung juristischer Personen für ihre Organe. Die §§ 31 und 89 des Bürgerlichen Gesetzbuchs sind nur auf solche Handlungen anzuwenden, die am Tag des Wirksamwerdens des Beitritts oder danach begangen werden.

§ 5[3)] **Sachen.** (1) [1] Nicht zu den Bestandteilen eines Grundstücks gehören Gebäude, Baulichkeiten, Anlagen, Anpflanzungen oder Einrichtungen, die gemäß dem am Tag vor dem Wirksamwerden des Beitritts geltenden Recht von Grundstückseigentum unabhängiges Eigentum sind. [2] Das gleiche gilt, wenn solche Gegenstände am Tag des Wirksamwerdens des Beitritts oder danach errichtet oder angebracht werden, soweit dies aufgrund eines vor dem Wirksamwerden des Beitritts begründeten Nutzungsrechts an dem Grundstück oder Nutzungsrechts nach den §§ 312 bis 315 des Zivilgesetzbuchs der Deutschen Demokratischen Republik zulässig ist.

(2) [1] Das Nutzungsrecht an dem Grundstück und die erwähnten Anlagen, Anpflanzungen oder Einrichtungen gelten als wesentliche Bestandteile des Gebäudes. [2] Artikel 233 § 4 Abs. 3 und 5 bleibt unberührt.

[1)] Art. 230 neu gef. durch G v. 4.12.1997 (BGBl. I S. 2846).
[2)] Art. 231 § 1 aufgeh. mWv 25.4.2006 durch G v. 19.4.2006 (BGBl. I S. 866).
[3)] Art. 231 § 5 Abs. 3 Satz 1, Abs. 4 Satz 1 geänd. durch G v. 20.12.1996 (BGBl. I S. 2028); Abs. 3 Satz 1, Abs. 4 Satz 1 geänd. durch G v. 20.12.1999 (BGBl. I S. 2493).

(3) ¹Das Gebäudeeigentum nach den Absätzen 1 und 2 erlischt, wenn nach dem 31. Dezember 2000 das Eigentum am Grundstück übertragen wird, es sei denn, daß das Nutzungsrecht oder das selbständige Gebäudeeigentum nach Artikel 233 § 2b Abs. 2 Satz 3 im Grundbuch des veräußerten Grundstücks eingetragen ist oder dem Erwerber das nicht eingetragene Recht bekannt war. ²Dem Inhaber des Gebäudeeigentums steht gegen den Veräußerer ein Anspruch auf Ersatz des Wertes zu, den das Gebäudeeigentum im Zeitpunkt seines Erlöschens hatte; an dem Gebäudeeigentum begründete Grundpfandrechte werden Pfandrechte an diesem Anspruch.

(4) ¹Wird nach dem 31. Dezember 2000 das Grundstück mit einem dinglichen Recht belastet oder ein solches Recht erworben, so gilt für den Inhaber des Rechts das Gebäude als Bestandteil des Grundstücks. ²Absatz 3 Satz 1 ist entsprechend anzuwenden.

(5) ¹Ist ein Gebäude auf mehreren Grundstücken errichtet, gelten die Absätze 3 und 4 nur in Ansehung des Grundstücks, auf dem sich der überwiegende Teil des Gebäudes befindet. ²Für den Erwerber des Grundstücks gelten in Ansehung des auf dem anderen Grundstück befindlichen Teils des Gebäudes die Vorschriften über den zu duldenden Überbau sinngemäß.

§ 6 Verjährung. (1) ¹Die Vorschriften des Bürgerlichen Gesetzbuchs über die Verjährung finden auf die am Tag des Wirksamwerdens des Beitritts bestehenden und noch nicht verjährten Ansprüche Anwendung. ²Der Beginn, die Hemmung und die Unterbrechung der Verjährung bestimmen sich jedoch für den Zeitraum vor dem Wirksamwerden des Beitritts nach den bislang für das in Artikel 3 des Einigungsvertrages genannte Gebiet geltenden Rechtsvorschriften.

(2) ¹Ist die Verjährungsfrist nach dem Bürgerlichen Gesetzbuch kürzer als nach den Rechtsvorschriften, die bislang für das in Artikel 3 des Einigungsvertrages genannte Gebiet galten, so wird die kürzere Frist von dem Tag des Wirksamwerdens des Beitritts an berechnet. ²Läuft jedoch die in den Rechtsvorschriften, die bislang für das in Artikel 3 des Einigungsvertrages genannte Gebiet galten, bestimmte längere Frist früher als die im Bürgerlichen Gesetzbuch bestimmte kürzere Frist ab, so ist die Verjährung mit dem Ablauf der längeren Frist vollendet.

(3) Die Absätze 1 und 2 sind entsprechend auf Fristen anzuwenden, die für die Geltendmachung, den Erwerb oder den Verlust eines Rechts maßgebend sind.

§ 7 Beurkundungen und Beglaubigungen. (1) Eine vor dem Wirksamwerden des Beitritts erfolgte notarielle Beurkundung oder Beglaubigung ist nicht deshalb unwirksam, weil die erforderliche Beurkundung oder Beglaubigung von einem Notar vorgenommen wurde, der nicht in dem in Artikel 3 des Einigungsvertrages genannten Gebiet berufen oder bestellt war, sofern dieser im Geltungsbereich des Grundgesetzes bestellt war.

(2) Absatz 1 gilt nicht, soweit eine rechtskräftige Entscheidung entgegensteht.

(3) Ein Vertrag, durch den sich der Beteiligte eines nach Absatz 1 wirksamen Rechtsgeschäfts vor Inkrafttreten des Zweiten Vermögensrechtsänderungsgesetzes gegenüber einem anderen Beteiligten zu weitergehenden Leistungen verpflichtet oder auf Rechte verzichtet hat, weil dieser die Nichtigkeit dieses Rechtsgeschäfts geltend gemacht hat, ist insoweit unwirksam, als die durch den Vertrag begründeten Rechte und Pflichten der Beteiligten von den Vereinbarungen in dem nach Absatz 1 wirksamen Rechtsgeschäft abweichen.

Beurkundungsgesetz **BeurkG 23**

Lfd. Nr.	Änderndes Gesetz	Datum	Fundstelle	Betroffen	Hinweis
26.	Art. 2 G zur Neuordnung der Aufbewahrung von Notariatsunterlagen und zur Einrichtung des Elektronischen Urkundenarchivs bei der Bundesnotarkammer sowie zur Änd. weiterer Gesetze	1.6.2017	BGBl. I S. 1396, geänd. 2019, S. 1942	§§ 10, 34a, 39a–41, 5.–7. Abschn., §§ 57, 58, 60–76	geänd. mWv 9.6.2017
				§§ 58, 66	geänd. mWv 1.1.2018
				§§ 1, 34, 44a, 45, 46, 49, 54	geänd. mWv 1.1.2022
				6. Abschnitt 3. Zwischenüberschrift	neu gef. mWv 1.1.2022
				§ 59	eingef. mWv 9.6.2017
				§§ 44b, 45a, 5. Abschnitt (§§ 55, 56), § 59a	eingef. mWv 1.1.2022
				§§ 55, 57, 60	aufgeh. mit Ablauf des 8.6.2017
				§ 69	aufgeh. mit Ablauf des 31.12.2017
27.	Art. 11 Abs. 14 eIDAS-DurchführungsG[1)][2)]	18.7.2017	BGBl. I S. 2745	§ 42	geänd. mWv 29.7.2017
28.	Art. 10 G zur Umsetzung des G zur Einf. des Rechts auf Eheschließung für Personen gleichen Geschlechts	18.12.2018	BGBl. I S. 2639	§ 3	geänd. mWv 22.12.2018
29.	Art. 13 G zur Änd. von Vorschr. über die außergerichtl. Streitbeilegung in Verbrauchersachen u. zur Änd. weiterer G	30.11.2019	BGBl. I S. 1942	§ 76	neu gef. mWv 1.1.2022
30.	Art. 10, 11 G zur Modernisierung des notariellen Berufsrechts und zur Änd. weiterer Vorschriften	25.6.2021	BGBl. I S. 2154	Überschrift, §§ 3, 17, 39a, 42, 46, 51, 57, 58	geänd. mWv 1.8.2021
				§ 75	aufgeh. mit Ablauf des 31.7.2021
				§§ 49, 56, 76	geänd. mWv 1.1.2022
31.	Art. 4 G zur Umsetzung der Digitalisierungsrichtlinie (DiRUG)[3)]	5.7.2021	BGBl. I S. 3338	§§ 1, 12, 39a, 42, 44a, 44b, 45, 46, 47, 49, 56, 66, 75	geänd. mWv 1.8.2022
				Glied.-, Paragr.überschr. (teilweise), §§ 31, 69	neu gef. mWv 1.8.2022
				Inhaltsübersicht, Abschnitt 2 UAbschnitt 3 (§§ 16a–16e), §§ 40a, 45b	eingef. mWv 1.8.2022

[1)] **Amtl. Anm.:** Dieses Gesetz dient der Durchführung der Verordnung (EU) Nr. 910/2014 des Europäischen Parlaments und des Rates vom 23. Juli 2014 über elektronische Identifizierung und Vertrauensdienste für elektronische Transaktionen im Binnenmarkt und zur Aufhebung der Richtlinie 1999/93/EG.

[2)] **Amtl. Anm.:** Notifiziert gemäß der Richtlinie (EU) 2015/1535 des Europäischen Parlaments und des Rates vom 9. September 2015 über ein Informationsverfahren auf dem Gebiet der technischen Vorschriften und der Vorschriften für die Dienste der Informationsgesellschaft (ABl. L 241 vom 17.9.2015, S. 1).

[3)] **Amtl. Anm.:** Dieses Gesetz dient der Umsetzung der Richtlinie (EU) 2019/1151 des Europäischen Parlaments und des Rates vom 20. Juni 2019 zur Änderung der Richtlinie (EU) 2017/1132 im Hinblick auf den Einsatz digitaler Werkzeuge und Verfahren im Gesellschaftsrecht (ABl. L 186 vom 11.7.2019, S. 80).

23 BeurkG

Beurkundungsgesetz

Lfd. Nr.	Änderndes Gesetz	Datum	Fundstelle	Betroffen	Hinweis
32.	Art. 23 G zum Ausbau des elektronischen Rechtsverkehrs mit den Gerichten und zur Änd. weiterer Vorschriften[1]	5.10.2021	BGBl. I S. 4607	§ 67	geänd. mWv 1.1.2022

Vorbemerkung:
Die Änderungen durch G v. 5.7.2021 (BGBl. I S. 3338) treten erst mWv 1.8.2022 in Kraft und sind im Text noch nicht berücksichtigt.

---

[1] **Amtl. Anm.:** Notifiziert gemäß der Richtlinie (EU) 2015/1535 des Europäischen Parlaments und des Rates vom 9. September 2015 über ein Informationsverfahren auf dem Gebiet der technischen Vorschriften und der Vorschriften für die Dienste der Informationsgesellschaft (ABl. L 241 vom 17.9.2015, S. 1).

1. Abschnitt. Allgemeine Vorschriften §§ 1–3 **BeurkG 23**

Nichtamtliche Inhaltsübersicht

§§

Erster Abschnitt. Allgemeine Vorschriften (§§ 1–5)
Zweiter Abschnitt. Beurkundung von Willenserklärungen (§§ 6–35)
   1. Ausschließung des Notars 6, 7
   2. Niederschrift 8–16
   3. Prüfungs- und Belehrungspflichten 17–21
   4. Beteiligung behinderter Personen 22–26
   5. Besonderheiten für Verfügungen von Todes wegen 27–35
Dritter Abschnitt. Sonstige Beurkundungen (§§ 36–43)
   1. Niederschriften 36–38
   2. Vermerke 39–43
Vierter Abschnitt. Behandlung der Urkunden (§§ 44–54)
Fünfter Abschnitt. Verwahrung der Urkunden (§§ 55, 56)
Sechster Abschnitt. Verwahrung (§§ 57–62)
Siebter Abschnitt. Schlußvorschriften (§§ 63–76)
   1. Verhältnis zu anderen Gesetzen 63–74
      a) Bundesrecht 63–65
      b) Landesrecht 66–69
      c) Amtliche Beglaubigungen 70
      d) Eidesstattliche Versicherungen in Verwaltungsverfahren 71
      e) Erklärungen juristischer Personen des öffentlichen Rechts 72
      f) Bereits errichtete Urkunden 73
      g) Verweisungen 74
   2. *(aufgehoben)* 75
   3. Übergangsvorschrift 76

Erster Abschnitt. Allgemeine Vorschriften

§ 1[1] **Geltungsbereich** (1) Dieses Gesetz gilt für öffentliche Beurkundungen und Verwahrungen durch den Notar.

(2) Soweit für öffentliche Beurkundungen neben dem Notar auch andere Urkundspersonen oder sonstige Stellen zuständig sind, gelten die Vorschriften dieses Gesetzes, ausgenommen § 5 Abs. 2 und des Fünften Abschnittes, entsprechend.[2]

§ 2 Überschreiten des Amtsbezirks. Eine Beurkundung ist nicht deshalb unwirksam, weil der Notar sie außerhalb seines Amtsbezirks oder außerhalb des Landes vorgenommen hat, in dem er zum Notar bestellt ist.

§ 3[3] **Verbot der Mitwirkung als Notar.** (1) [1]Ein Notar soll an einer Beurkundung nicht mitwirken, wenn es sich handelt um

---

[1] § 1 Abs. 1 neu gef. durch G v. 31.8.1998 (BGBl. I S. 2585); Abs. 2 geänd. mWv 1.1.2022 durch G v. 1.6.2017 (BGBl. I S. 1396, geänd. durch G v. 30.11.2019, BGBl. I S. 1942).
[2] Beachte hierzu auch §§ 10 ff. KonsularG v. 11.9.1974 (BGBl. I S. 2317), zuletzt geänd. durch G v. 28.3.2021 (BGBl. I S. 591).
[3] § 3 Abs. 1 Nr. 3 geänd. durch G v. 2.7.1976 (BGBl. I S. 1749); Abs. 1 Nr. 4 und 5 neu gef., Nr. 6–9 und Satz 2 angef., Abs. 3 Satz 1 Nr. 3 und sowie Satz 2 neu gef. durch G v. 31.8.1998 (BGBl. I S. 2585); Abs. 1 Satz 1 Nr. 2a neu gef. mWv 1.8.2001 durch G v. 16.2.2001 (BGBl. I S. 266); Abs. 1 Satz 1 Nr. 9 geänd. mWv 1.1.2002 durch G v. 13.12.2001 (BGBl. I S. 3574); Abs. 1 Satz 1 Nr. 2a neu gef. mWv 1.1. 2005 durch G v. 15.12.2004 (BGBl. I S. 3396); Abs. 1 Satz 1 Nr. 7 neu gef. mWv 18.12.2007 durch G v. 12.12.2007 (BGBl. I S. 2840); Abs. 1 Satz 1 Nr. 2a neu gef. mWv 22.12.2018 durch G v. 18.12.2018 (BGBl. I S. 2639); Abs. 1 Satz 3 geänd., Abs. 3 Satz 2 neu gef. mWv 1.8.2021 durch G v. 25.6.2021 (BGBl. I S. 2154).

EL 187 Oktober 2021

1. eigene Angelegenheiten, auch wenn der Notar nur mitberechtigt oder mitverpflichtet ist,
2. Angelegenheiten seines Ehegatten, früheren Ehegatten oder seines Verlobten,
2a. Angelegenheiten seines Lebenspartners oder früheren Lebenspartners,
3. Angelegenheiten einer Person, die mit dem Notar in gerader Linie verwandt oder verschwägert oder in der Seitenlinie bis zum dritten Grade verwandt oder bis zum zweiten Grade verschwägert ist oder war,
4. Angelegenheiten einer Person, mit der sich der Notar zur gemeinsamen Berufsausübung verbunden oder mit der er gemeinsame Geschäftsräume hat,
5. Angelegenheiten einer Person, deren gesetzlicher Vertreter der Notar oder eine Person im Sinne der Nummer 4 ist,
6. Angelegenheiten einer Person, deren vertretungsberechtigtem Organ der Notar oder eine Person im Sinne der Nummer 4 angehört,
7. Angelegenheiten einer Person, für die der Notar, eine Person im Sinn der Nummer 4 oder eine mit dieser im Sinn der Nummer 4 oder in einem verbundenen Unternehmen (§ 15 des Aktiengesetzes[1])) verbundene Person außerhalb einer Amtstätigkeit in derselben Angelegenheit bereits tätig war oder ist, es sei denn, diese Tätigkeit wurde im Auftrag aller Personen ausgeübt, die an der Beurkundung beteiligt sein sollen,
8. Angelegenheiten einer Person, die den Notar in derselben Angelegenheit bevollmächtigt hat oder zu der der Notar oder eine Person im Sinne der Nummer 4 in einem ständigen Dienst- oder ähnlichen ständigen Geschäftsverhältnis steht, oder
9. Angelegenheiten einer Gesellschaft, an der der Notar mit mehr als fünf vom Hundert der Stimmrechte oder mit einem anteiligen Betrag des Haftkapitals von mehr als 2 500 Euro beteiligt ist.

[2] Der Notar hat vor der Beurkundung nach einer Vorbefassung im Sinne des Satzes 1 Nummer 7 zu fragen und in der Urkunde die Antwort zu vermerken.

(2) [1] Handelt es sich um eine Angelegenheit mehrerer Personen und ist der Notar früher in dieser Angelegenheit als gesetzlicher Vertreter oder Bevollmächtigter tätig gewesen oder ist er für eine dieser Personen in anderer Sache als Bevollmächtigter tätig, so soll er vor der Beurkundung darauf hinweisen und fragen, ob er die Beurkundung gleichwohl vornehmen soll. [2] In der Urkunde soll er vermerken, daß dies geschehen ist.

(3) [1] Absatz 2 gilt entsprechend, wenn es sich handelt um
1. Angelegenheiten einer Person, deren nicht zur Vertretung berechtigtem Organ der Notar angehört,
2. Angelegenheiten einer Gemeinde oder eines Kreises, deren Organ der Notar angehört,
3. Angelegenheiten einer als Körperschaft des öffentlichen Rechts anerkannten Religions- oder Weltanschauungsgemeinschaft oder einer als Körperschaft des öffentlichen Rechts anerkannten Teilorganisation einer solchen Gemeinschaft, deren Organ der Notar angehört.

[2] In den Fällen des Satzes 1 Nummer 2 und 3 ist Absatz 1 Satz 1 Nummer 6 nicht anwendbar.

[1)] Nr. 51.

2. Abschn. Beurkundung v. Willenserklärungen §§ 4–8 BeurkG 23

§ 4 Ablehnung der Beurkundung. Der Notar soll die Beurkundung ablehnen, wenn sie mit seinen Amtspflichten nicht vereinbar wäre, insbesondere wenn seine Mitwirkung bei Handlungen verlangt wird, mit denen erkennbar unerlaubte oder unredliche Zwecke verfolgt werden.

§ 5 Urkundensprache. (1) Urkunden werden in deutscher Sprache errichtet.

(2) ¹Der Notar kann auf Verlangen Urkunden auch in einer anderen Sprache errichten. ²Er soll dem Verlangen nur entsprechen, wenn er der fremden Sprache hinreichend kundig ist.

Zweiter Abschnitt. Beurkundung von Willenserklärungen
1. Ausschließung des Notars

§ 6[1] Ausschließungsgründe. (1) Die Beurkundung von Willenserklärungen ist unwirksam, wenn
1. der Notar selbst,
2. sein Ehegatte,
2a. sein Lebenspartner,
3. eine Person, die mit ihm in gerader Linie verwandt ist oder war,

oder

4. ein Vertreter, der für eine der in den Nummern 1 bis 3 bezeichneten Personen handelt,

an der Beurkundung beteiligt ist.

(2) An der Beurkundung beteiligt sind die Erschienenen, deren im eigenen oder fremden Namen abgegebene Erklärungen beurkundet werden sollen.

§ 7[2] Beurkundungen zugunsten des Notars oder seiner Angehörigen. Die Beurkundung von Willenserklärungen ist insoweit unwirksam, als diese darauf gerichtet sind,
1. dem Notar,
2. seinem Ehegatten oder früheren Ehegatten,
2a. seinem Lebenspartner oder früheren Lebenspartner oder
3. einer Person, die mit ihm in gerader Linie verwandt oder verschwägert oder in der Seitenlinie bis zum dritten Grade verwandt oder bis zum zweiten Grade verschwägert ist oder war,

einen rechtlichen Vorteil zu verschaffen.

2. Niederschrift

§ 8 Grundsatz. Bei der Beurkundung von Willenserklärungen muß eine Niederschrift über die Verhandlung aufgenommen werden.

---

[1] § 6 Abs. 1 Nr. 3 neu gef. durch G v. 2.7.1976 (BGBl. I S. 1749); Abs. 1 Nr. 2a eingef. mWv 1.8.2001 durch G v. 16.2.2001 (BGBl. I S. 266).

[2] § 7 Nr. 3 geänd. durch G v. 2.7.1976 (BGBl. I S. 1749); Nr. 2 neu gef., Nr. 2a eingef. mWv 1.8.2001 durch G v. 16.2.2001 (BGBl. I S. 266).

§ 9[1]) Inhalt der Niederschrift.

(1) [1]Die Niederschrift muß enthalten
1. die Bezeichnung des Notars und der Beteiligten sowie
2. die Erklärungen der Beteiligten.

[2]Erklärungen in einem Schriftstück, auf das in der Niederschrift verwiesen und das dieser beigefügt wird, gelten als in der Niederschrift selbst enthalten. [3]Satz 2 gilt entsprechend, wenn die Beteiligten unter Verwendung von Karten, Zeichnungen oder Abbildungen Erklärungen abgeben.

(2) Die Niederschrift soll Ort und Tag der Verhandlung enthalten.

§ 10[2]) Feststellung der Beteiligten.

(1) Der Notar soll sich Gewissheit über die Person der Beteiligten verschaffen.

(2) In der Niederschrift soll die Person der Beteiligten so genau bezeichnet werden, daß Zweifel und Verwechslungen ausgeschlossen sind.

(3) [1]Aus der Niederschrift soll sich ergeben, ob der Notar die Beteiligten kennt oder wie er sich Gewißheit über ihre Person verschafft hat. [2]Kann sich der Notar diese Gewißheit nicht verschaffen, wird aber gleichwohl die Aufnahme der Niederschrift verlangt, so soll der Notar dies in der Niederschrift unter Anführung des Sachverhalts angeben.

§ 11 Feststellungen über die Geschäftsfähigkeit.

(1) [1]Fehlt einem Beteiligten nach der Überzeugung des Notars die erforderliche Geschäftsfähigkeit, so soll die Beurkundung abgelehnt werden. [2]Zweifel an der erforderlichen Geschäftsfähigkeit eines Beteiligten soll der Notar in der Niederschrift feststellen.

(2) Ist ein Beteiligter schwer krank, so soll dies in der Niederschrift vermerkt und angegeben werden, welche Feststellungen der Notar über die Geschäftsfähigkeit getroffen hat.

§ 12 Nachweise für die Vertretungsberechtigung.

[1]Vorgelegte Vollmachten und Ausweise über die Berechtigung eines gesetzlichen Vertreters sollen der Niederschrift in Urschrift oder in beglaubigter Abschrift beigefügt werden. [2]Ergibt sich die Vertretungsberechtigung aus einer Eintragung im Handelsregister oder in einem ähnlichen Register, so genügt die Bescheinigung eines Notars nach § 21 der Bundesnotarordnung[3]).

§ 13[4]) Vorlesen, Genehmigen, Unterschreiben.

(1) [1]Die Niederschrift muß in Gegenwart des Notars den Beteiligten vorgelesen, von ihnen genehmigt und eigenhändig unterschrieben werden; soweit die Niederschrift auf Karten, Zeichnungen oder Abbildungen verweist, müssen diese den Beteiligten anstelle des Vorlesens zur Durchsicht vorgelegt werden. [2]In der Niederschrift soll festgestellt werden, daß dies geschehen ist. [3]Haben die Beteiligten die Niederschrift eigenhändig unterschrieben, so wird vermutet, daß sie in Gegenwart des Notars vorgelesen oder, soweit nach Satz 1 erforderlich, zur Durchsicht vorgelegt und von den Beteiligten genehmigt ist. [4]Die Niederschrift soll den Beteiligten auf Verlangen vor der Genehmigung auch zur Durchsicht vorgelegt werden.

---

[1]) § 9 Abs. 1 Satz 3 angef. durch G v. 20.2.1980 (BGBl. I S. 157).
[2]) § 10 Abs. 1 eingef., bish. Abs. 1 und 2 werden Abs. 2 und 3 mWv 9.6.2017 durch G v. 1.6.2017 (BGBl. I S. 1396).
[3]) Habersack, Deutsche Gesetze ErgBd. Nr. 98a.
[4]) § 13 Abs. 1 Satz 1 geänd., Satz 3 und Abs. 2 Satz 1 neu gef. durch G v. 20.2.1980 (BGBl. I S. 157).

(2) [1] Werden mehrere Niederschriften aufgenommen, die ganz oder teilweise übereinstimmen, so genügt es, wenn der übereinstimmende Inhalt den Beteiligten einmal nach Absatz 1 Satz 1 vorgelesen oder anstelle des Vorlesens zur Durchsicht vorgelegt wird. [2] § 18 der Bundesnotarordnung[1]) bleibt unberührt.

(3) [1] Die Niederschrift muß von dem Notar eigenhändig unterschrieben werden. [2] Der Notar soll der Unterschrift seine Amtsbezeichnung beifügen.

§ 13a[2]) Eingeschränkte Beifügungs- und Vorlesungspflicht.

(1) [1] Wird in der Niederschrift auf eine andere notarielle Niederschrift verwiesen, die nach den Vorschriften über die Beurkundung von Willenserklärungen errichtet worden ist, so braucht diese nicht vorgelesen zu werden, wenn die Beteiligten erklären, daß ihnen der Inhalt der anderen Niederschrift bekannt ist, und sie auf das Vorlesen verzichten. [2] Dies soll in der Niederschrift festgestellt werden. [3] Der Notar soll nur beurkunden, wenn den Beteiligten die andere Niederschrift zumindest in beglaubigter Abschrift bei der Beurkundung vorliegt. [4] Für die Vorlage zur Durchsicht anstelle des Vorlesens von Karten, Zeichnungen oder Abbildungen gelten die Sätze 1 bis 3 entsprechend.

(2) [1] Die andere Niederschrift braucht der Niederschrift nicht beigefügt zu werden, wenn die Beteiligten darauf verzichten. [2] In der Niederschrift soll festgestellt werden, daß die Beteiligten auf das Beifügen verzichtet haben.

(3) [1] Kann die andere Niederschrift bei dem Notar oder einer anderen Stelle rechtzeitig vor der Beurkundung eingesehen werden, so soll der Notar dies den Beteiligten vor der Verhandlung mitteilen; befindet sich die andere Niederschrift bei dem Notar, so soll er diese dem Beteiligten auf Verlangen übermitteln. [2] Unbeschadet des § 17 soll der Notar die Beteiligten auch über die Bedeutung des Verweisens auf die andere Niederschrift belehren.

(4) Wird in der Niederschrift auf Karten oder Zeichnungen verwiesen, die von einer öffentlichen Behörde innerhalb der Grenzen ihrer Amtsbefugnisse oder von einer mit öffentlichem Glauben versehenen Person innerhalb des ihr zugewiesenen Geschäftskreises mit Unterschrift und Siegel oder Stempel versehen worden sind, so gelten die Absätze 1 bis 3 entsprechend.

§ 14[3]) Eingeschränkte Vorlesungspflicht.

(1) [1] Werden Bilanzen, Inventare, Nachlaßverzeichnisse oder sonstige Bestandsverzeichnisse über Sachen, Rechte und Rechtsverhältnisse in ein Schriftstück aufgenommen, auf das in der Niederschrift verwiesen und das dieser beigefügt wird, so braucht es nicht vorgelesen zu werden, wenn die Beteiligten auf das Vorlesen verzichten. [2] Das gleiche gilt für Erklärungen, die bei der Bestellung einer Hypothek, Grundschuld, Rentenschuld, Schiffshypothek oder eines Registerpfandrechts an Luftfahrzeugen aufgenommen werden und nicht im Grundbuch, Schiffsregister, Schiffsbauregister oder im Register für Pfandrechte an Luftfahrzeugen selbst angegeben zu werden brauchen. [3] Eine Erklärung, sich der sofortigen Zwangsvollstreckung zu unterwerfen, muß in die Niederschrift selbst aufgenommen werden.

(2) [1] Wird nach Absatz 1 das beigefügte Schriftstück nicht vorgelesen, so soll es den Beteiligten zur Kenntnisnahme vorgelegt und von ihnen unterschrieben werden; besteht das Schriftstück aus mehreren Seiten, soll jede Seite von ihnen unterzeichnet werden. [2] § 17 bleibt unberührt.

---

[1]) Habersack, Deutsche Gesetze ErgBd. Nr. 98a.
[2]) § 13a eingef. durch G v. 20.2.1980 (BGBl. I S. 157).
[3]) § 14 Abs. 1 neu gef., Abs. 2 Satz 1 geänd. durch G v. 31.8.1998 (BGBl. I S. 2585).

(3) In der Niederschrift muß festgestellt werden, daß die Beteiligten auf das Vorlesen verzichtet haben; es soll festgestellt werden, daß ihnen das beigefügte Schriftstück zur Kenntnisnahme vorgelegt worden ist.

§ 15 Versteigerungen. [1]Bei der Beurkundung von Versteigerungen gelten nur solche Bieter als beteiligt, die an ihr Gebot gebunden bleiben. [2]Entfernt sich ein solcher Bieter vor dem Schluß der Verhandlung, so gilt § 13 Abs. 1 insoweit nicht; in der Niederschrift muß festgestellt werden, daß sich der Bieter vor dem Schluß der Verhandlung entfernt hat.

§ 16 Übersetzung der Niederschrift. (1) Ist ein Beteiligter nach seinen Angaben oder nach der Überzeugung des Notars der deutschen Sprache nicht oder, wenn die Niederschrift in einer anderen als der deutschen Sprache aufgenommen wird, dieser Sprache nicht hinreichend kundig, so soll dies in der Niederschrift festgestellt werden.

(2) [1]Eine Niederschrift, die eine derartige Feststellung enthält, muß dem Beteiligten anstelle des Vorlesens übersetzt werden. [2]Wenn der Beteiligte es verlangt, soll die Übersetzung außerdem schriftlich angefertigt und ihm zur Durchsicht vorgelegt werden; die Übersetzung soll der Niederschrift beigefügt werden. [3]Der Notar soll den Beteiligten darauf hinweisen, daß dieser eine schriftliche Übersetzung verlangen kann. [4]Diese Tatsachen sollen in der Niederschrift festgestellt werden.

(3) [1]Für die Übersetzung muß, falls der Notar nicht selbst übersetzt, ein Dolmetscher zugezogen werden. [2]Für den Dolmetscher gelten die §§ 6, 7 entsprechend. [3]Ist der Dolmetscher nicht allgemein vereidigt, so soll ihn der Notar vereidigen, es sei denn, daß alle Beteiligten darauf verzichten. [4]Diese Tatsachen sollen in der Niederschrift festgestellt werden. [5]Die Niederschrift soll auch von dem Dolmetscher unterschrieben werden.

3. Prüfungs- und Belehrungspflichten

§ 17[1]) Grundsatz. (1) [1]Der Notar soll den Willen der Beteiligten erforschen, den Sachverhalt klären, die Beteiligten über die rechtliche Tragweite des Geschäfts belehren und ihre Erklärungen klar und unzweideutig in der Niederschrift wiedergeben. [2]Dabei soll er darauf achten, daß Irrtümer und Zweifel vermieden sowie unerfahrene und ungewandte Beteiligte nicht benachteiligt werden.

(2) [1]Bestehen Zweifel, ob das Geschäft dem Gesetz oder dem wahren Willen der Beteiligten entspricht, so sollen die Bedenken mit den Beteiligten erörtert werden. [2]Zweifelt der Notar an der Wirksamkeit des Geschäfts und bestehen die Beteiligten auf der Beurkundung, so soll er die Belehrung und die dazu abgegebenen Erklärungen der Beteiligten in der Niederschrift vermerken.

(2a) [1]Der Notar soll das Beurkundungsverfahren so gestalten, daß die Einhaltung der Amtspflichten nach den Absätzen 1 und 2 gewährleistet ist. [2]Bei Verbraucherverträgen soll der Notar darauf hinwirken, dass

1. die rechtsgeschäftlichen Erklärungen des Verbrauchers von diesem persönlich oder durch eine Vertrauensperson vor dem Notar abgegeben werden und

---

[1]) § 17 Abs. 2a eingef. durch G v. 31.8.1998 (BGBl. I S. 2585); Abs. 2a Sätze 2 und 3 angef. mWv 1.8. 2002 durch G v. 23.7.2002 (BGBl. I S. 2850); Abs. 2a Satz 2 Nr. 2 neu gef. mWv 1.10.2013 durch G v. 15.7.2013 (BGBl. I S. 2378); Abs. 2a Satz 1 geänd. mWv 1.8.2021 durch G v. 25.6.2021 (BGBl. I S. 2154).

2. der Verbraucher ausreichend Gelegenheit erhält, sich vorab mit dem Gegenstand der Beurkundung auseinanderzusetzen; bei Verbraucherverträgen, die der Beurkundungspflicht nach § 311b Absatz 1 Satz 1 und Absatz 3 des Bürgerlichen Gesetzbuchs[1]) unterliegen, soll dem Verbraucher der beabsichtigte Text des Rechtsgeschäfts vom beurkundenden Notar oder einem Notar, mit dem sich der beurkundende Notar zur gemeinsamen Berufsausübung verbunden hat, zur Verfügung gestellt werden. Dies soll im Regelfall zwei Wochen vor der Beurkundung erfolgen. Wird diese Frist unterschritten, sollen die Gründe hierfür in der Niederschrift angegeben werden.

³ Weitere Amtspflichten des Notars bleiben unberührt.

(3) ¹ Kommt ausländisches Recht zur Anwendung oder bestehen darüber Zweifel, so soll der Notar die Beteiligten darauf hinweisen und dies in der Niederschrift vermerken. ² Zur Belehrung über den Inhalt ausländischer Rechtsordnungen ist er nicht verpflichtet.

§ 18 Genehmigungserfordernisse. Auf die erforderlichen gerichtlichen oder behördlichen Genehmigungen oder Bestätigungen oder etwa darüber bestehende Zweifel soll der Notar die Beteiligten hinweisen und dies in der Niederschrift vermerken.

§ 19[2]) **Unbedenklichkeitsbescheinigung.** Darf nach dem Grunderwerbsteuerrecht eine Eintragung im Grundbuch erst vorgenommen werden, wenn die Unbedenklichkeitsbescheinigung des Finanzamts vorliegt, so soll der Notar die Beteiligten darauf hinweisen und dies in der Niederschrift vermerken.

§ 20 Gesetzliches Vorkaufsrecht. Beurkundet der Notar die Veräußerung eines Grundstücks, so soll er, wenn ein gesetzliches Vorkaufsrecht in Betracht kommen könnte, darauf hinweisen und dies in der Niederschrift vermerken.

§ 20a[3]) **Vorsorgevollmacht.** Beurkundet der Notar eine Vorsorgevollmacht, so soll er auf die Möglichkeit der Registrierung bei dem Zentralen Vorsorgeregister hinweisen.

§ 21 Grundbucheinsicht, Briefvorlage. (1) ¹ Bei Geschäften, die im Grundbuch eingetragene oder einzutragende Rechte zum Gegenstand haben, soll sich der Notar über den Grundbuchinhalt unterrichten. ² Sonst soll er nur beurkunden, wenn die Beteiligten trotz Belehrung über die damit verbundenen Gefahren auf einer sofortigen Beurkundung bestehen; dies soll er in der Niederschrift vermerken.

(2) Bei der Abtretung oder Belastung eines Briefpfandrechts soll der Notar in der Niederschrift vermerken, ob der Brief vorgelegen hat.

---

[1]) Nr. 20.
[2]) § 19 geänd. mWv 1.4.2005 durch G v. 22.3.2005 (BGBl. I S. 837).
[3]) § 20a eingef. mWv 31.7.2004 durch G v. 23.4.2004 (BGBl. I S. 598); geänd. mWv 28.12.2010 durch G v. 22.12.2010 (BGBl. I S. 2255).

4. Beteiligung behinderter Personen

§ 22[1]) Hörbehinderte, sprachbehinderte und sehbehinderte Beteiligte.

(1) [1]Vermag ein Beteiligter nach seinen Angaben oder nach der Überzeugung des Notars nicht hinreichend zu hören, zu sprechen oder zu sehen, so soll zu der Beurkundung ein Zeuge oder ein zweiter Notar zugezogen werden, es sei denn, daß alle Beteiligten darauf verzichten. [2]Auf Verlangen eines hör- oder sprachbehinderten Beteiligten soll der Notar einen Gebärdensprachdolmetscher hinzuziehen. [3]Diese Tatsachen sollen in der Niederschrift festgestellt werden.

(2) Die Niederschrift soll auch von dem Zeugen oder dem zweiten Notar unterschrieben werden.

§ 23[2]) Besonderheiten für hörbehinderte Beteiligte.
[1]Eine Niederschrift, in der nach § 22 Abs. 1 festgestellt ist, daß ein Beteiligter nicht hinreichend zu hören vermag, muß diesem Beteiligten anstelle des Vorlesens zur Durchsicht vorgelegt werden; in der Niederschrift soll festgestellt werden, daß dies geschehen ist. [2]Hat der Beteiligte die Niederschrift eigenhändig unterschrieben, so wird vermutet, daß sie ihm zur Durchsicht vorgelegt und von ihm genehmigt worden ist.

§ 24[3]) Besonderheiten für hör- und sprachbehinderte Beteiligte, mit denen eine schriftliche Verständigung nicht möglich ist.
(1) [1]Vermag ein Beteiligter nach seinen Angaben oder nach der Überzeugung des Notars nicht hinreichend zu hören oder zu sprechen und sich auch nicht schriftlich zu verständigen, so soll der Notar dies in der Niederschrift feststellen. [2]Wird in der Niederschrift eine solche Feststellung getroffen, so muss zu der Beurkundung eine Person zugezogen werden, die sich mit dem behinderten Beteiligten zu verständigen vermag und mit deren Zuziehung er nach der Überzeugung des Notars einverstanden ist; in der Niederschrift soll festgestellt werden, dass dies geschehen ist. [3]Zweifelt der Notar an der Möglichkeit der Verständigung zwischen der zugezogenen Person und dem Beteiligten, so soll er dies in der Niederschrift feststellen. [4]Die Niederschrift soll auch von der zugezogenen Person unterschrieben werden.

(2) Die Beurkundung von Willenserklärungen ist insoweit unwirksam, als diese darauf gerichtet sind, der nach Absatz 1 zugezogenen Person einen rechtlichen Vorteil zu verschaffen.

(3) Das Erfordernis, nach § 22 einen Zeugen oder zweiten Notar zuzuziehen, bleibt unberührt.

§ 25 Schreibunfähige.
[1]Vermag ein Beteiligter nach seinen Angaben oder nach der Überzeugung des Notars seinen Namen nicht zu schreiben, so muß bei dem Vorlesen und der Genehmigung ein Zeuge oder ein zweiter Notar zugezogen werden, wenn nicht bereits nach § 22 ein Zeuge oder ein zweiter Notar zugezogen worden ist. [2]Diese Tatsachen sollen in der Niederschrift festgestellt werden. [3]Die Niederschrift muß von dem Zeugen oder dem zweiten Notar unterschrieben werden.

---

[1]) § 22 Überschrift neu gef., Abs. 1 Satz 2 eingef., bish. Satz 2 wird Satz 3 mWv 1.8.2002 durch G v. 23.7.2002 (BGBl. I S. 2850).
[2]) § 23 Überschrift neu gef. mWv 1.8.2002 durch G v. 23.7.2002 (BGBl. I S. 2850).
[3]) § 24 Überschrift, Abs. 1 neu gef., Abs. 2 geänd. mWv 1.8.2002 durch G v. 23.7.2002 (BGBl. I S. 2850).

2. Abschn. Beurkundung v. Willenserklärungen   §§ 26–32   **BeurkG 23**

§ 26[1] **Verbot der Mitwirkung als Zeuge oder zweiter Notar.** (1) Als Zeuge oder zweiter Notar soll bei der Beurkundung nicht zugezogen werden, wer
1. selbst beteiligt ist oder durch einen Beteiligten vertreten werden wird,
2. aus einer zu beurkundenden Willenserklärung einen rechtlichen Vorteil erlangt,
3. mit dem Notar verheiratet ist,
3a. mit ihm eine Lebenspartnerschaft führt oder
4. mit ihm in gerader Linie verwandt ist oder war.

(2) Als Zeuge soll bei der Beurkundung ferner nicht zugezogen werden, wer
1. zu dem Notar in einem ständigen Dienstverhältnis steht,
2. minderjährig ist,
3. geisteskrank oder geistesschwach ist,
4. nicht hinreichend zu hören, zu sprechen oder zu sehen vermag,
5. nicht schreiben kann oder
6. der deutschen Sprache nicht hinreichend kundig ist; dies gilt nicht im Falle des § 5 Abs. 2, wenn der Zeuge der Sprache der Niederschrift hinreichend kundig ist.

5. Besonderheiten für Verfügungen von Todes wegen

§ 27 Begünstigte Personen. Die §§ 7, 16 Abs. 3 Satz 2, § 24 Abs. 2, § 26 Abs. 1 Nr. 2 gelten entsprechend für Personen, die in einer Verfügung von Todes wegen bedacht oder zum Testamentsvollstrecker ernannt werden.

§ 28 Feststellungen über die Geschäftsfähigkeit. Der Notar soll seine Wahrnehmungen über die erforderliche Geschäftsfähigkeit des Erblassers in der Niederschrift vermerken.

§ 29 Zeugen, zweiter Notar. [1] Auf Verlangen der Beteiligten soll der Notar bei der Beurkundung bis zu zwei Zeugen oder einen zweiten Notar zuziehen und dies in der Niederschrift vermerken. [2] Die Niederschrift soll auch von diesen Personen unterschrieben werden.

§ 30 Übergabe einer Schrift. [1] Wird eine Verfügung von Todes wegen durch Übergabe einer Schrift errichtet, so muß die Niederschrift auch die Feststellung enthalten, daß die Schrift übergeben worden ist. [2] Die Schrift soll derart gekennzeichnet werden, daß eine Verwechslung ausgeschlossen ist. [3] In der Niederschrift soll vermerkt werden, ob die Schrift offen oder verschlossen übergeben worden ist. [4] Von dem Inhalt einer offen übergebenen Schrift soll der Notar Kenntnis nehmen, sofern er der Sprache, in der die Schrift verfaßt ist, hinreichend kundig ist; § 17 ist anzuwenden. [5] Die Schrift soll der Niederschrift beigefügt werden; einer Verlesung der Schrift bedarf es nicht.

§ 31[2] *(aufgehoben)*

§ 32 Sprachunkundige. [1] Ist ein Erblasser, der dem Notar seinen letzten Willen mündlich erklärt, der Sprache, in der die Niederschrift aufgenommen wird, nicht

---

[1] § 26 Abs. 1 Nr. 4 geänd. durch G v. 2.7.1976 (BGBl. I S. 1749); Abs. 1 Nr. 3 neu gef., Nr. 3a eingef. mWv 1.8.2001 durch G v. 16.2.2001 (BGBl. I S. 266).
[2] § 31 aufgeh. mWv 1.8.2002 durch G v. 23.7.2002 (BGBl. I S. 2850).

EL 187   Oktober 2021   13

hinreichend kundig und ist dies in der Niederschrift festgestellt, so muß eine schriftliche Übersetzung angefertigt werden, die der Niederschrift beigefügt werden soll. ²Der Erblasser kann hierauf verzichten; der Verzicht muß in der Niederschrift festgestellt werden.

§ 33[1] **Besonderheiten beim Erbvertrag.** Bei einem Erbvertrag gelten die §§ 30 und 32 entsprechend auch für die Erklärung des anderen Vertragschließenden.

§ 34[2] **Verschließung, Verwahrung.** (1) ¹Die Niederschrift über die Errichtung eines Testaments soll der Notar in einen Umschlag nehmen und diesen mit dem Prägesiegel verschließen. ²In den Umschlag sollen auch die nach den §§ 30 und 32 beigefügten Schriften genommen werden. ³Auf dem Umschlag soll der Notar den Erblasser seiner Person nach näher bezeichnen und angeben, wann das Testament errichtet worden ist; diese Aufschrift soll der Notar unterschreiben. ⁴Der Notar soll veranlassen, daß das Testament unverzüglich in besondere amtliche Verwahrung gebracht wird.

(2) Beim Abschluß eines Erbvertrages gilt Absatz 1 entsprechend, sofern nicht die Vertragschließenden die besondere amtliche Verwahrung ausschließen; dies ist im Zweifel anzunehmen, wenn der Erbvertrag mit einem anderen Vertrag in derselben Urkunde verbunden wird.

(3) Haben die Beteiligten bei einem Erbvertrag die besondere amtliche Verwahrung ausgeschlossen, so bleibt die Urkunde in der Verwahrung des Notars.

(4) Die Urschrift einer Verfügung von Todes wegen darf nicht nach § 56 in die elektronische Form übertragen werden.

§ 34a[3] **Mitteilungs- und Ablieferungspflichten.** (1) ¹Der Notar übermittelt nach Errichtung einer erbfolgerelevanten Urkunde im Sinne von § 78d Absatz 2 Satz 1 der Bundesnotarordnung[4] die Verwahrangaben im Sinne von § 78d Absatz 2 Satz 2 der Bundesnotarordnung unverzüglich elektronisch an das Zentrale Testamentsregister führende Registerbehörde. ²Die Mitteilungspflicht nach Satz 1 besteht auch bei jeder Beurkundung von Änderungen erbfolgerelevanter Urkunden.

(2) Wird ein in die notarielle Verwahrung genommener Erbvertrag gemäß § 2300 Absatz 2, § 2256 Absatz 1 des Bürgerlichen Gesetzbuchs[5] zurückgegeben, teilt der Notar dies der Registerbehörde mit.

(3) ¹Befindet sich ein Erbvertrag in der Verwahrung des Notars, liefert der Notar ihn nach Eintritt des Erbfalls an das Nachlassgericht ab, in dessen Verwahrung er danach verbleibt. ²Enthält eine sonstige Urkunde Erklärungen, nach deren Inhalt die Erbfolge geändert werden kann, so teilt der Notar diese Erklärungen dem Nachlassgericht nach dem Eintritt des Erbfalls in beglaubigter Abschrift mit.

---

[1] § 33 geänd. mWv 1.8.2002 durch G v. 23.7.2002 (BGBl. I S. 2850).
[2] § 34 Abs. 3 angef. durch G v. 31.8.1998 (BGBl. I S. 2585); Abs. 1 Satz 2 geänd. mWv 1.8.2002 durch G v. 23.7.2002 (BGBl. I S. 2850); Abs. 3 Satz 2 aufgeh. mWv 1.1.2009 durch G v. 19.2.2007 (BGBl. I S. 122); Abs. 4 angef. mWv 1.1.2022 durch G v. 1.6.2017 (BGBl. I S. 1396).
[3] § 34a neu gef. mWv 1.1.2012 durch G v. 22.12.2010 (BGBl. I S. 2255); Abs. 1 Satz 1 geänd. mWv 9.6.2017 durch G v. 1.6.2017 (BGBl. I S. 1396).
[4] Habersack, Deutsche Gesetze ErgBd. Nr. 98a.
[5] Nr. 20.

§ 35 Niederschrift ohne Unterschrift des Notars. Hat der Notar die Niederschrift über die Errichtung einer Verfügung von Todes wegen nicht unterschrieben, so ist die Beurkundung aus diesem Grunde nicht unwirksam, wenn er die Aufschrift auf dem verschlossenen Umschlag unterschrieben hat.

Dritter Abschnitt. Sonstige Beurkundungen

1. Niederschriften

§ 36 Grundsatz. Bei der Beurkundung anderer Erklärungen als Willenserklärungen sowie sonstiger Tatsachen oder Vorgänge muß eine Niederschrift aufgenommen werden, soweit in § 39 nichts anderes bestimmt ist.

§ 37[1) Inhalt der Niederschrift. (1) [1]Die Niederschrift muß enthalten
1. die Bezeichnung des Notars sowie
2. den Bericht über seine Wahrnehmungen.
[2]Der Bericht des Notars in einem Schriftstück, auf das in der Niederschrift verwiesen und das dieser beigefügt wird, gilt als in der Niederschrift selbst enthalten.
[3] Satz 2 gilt entsprechend, wenn der Notar unter Verwendung von Karten, Zeichnungen oder Abbildungen seinen Bericht erstellt.

(2) In der Niederschrift sollen Ort und Tag der Wahrnehmungen des Notars sowie Ort und Tag der Errichtung der Urkunde angegeben werden.

(3) § 13 Abs. 3 gilt entsprechend.

§ 38 Eide, eidesstattliche Versicherungen. (1) Bei der Abnahme von Eiden und bei der Aufnahme eidesstattlicher Versicherungen gelten die Vorschriften über die Beurkundung von Willenserklärungen entsprechend.

(2) Der Notar soll über die Bedeutung des Eides oder der eidesstattlichen Versicherung belehren und dies in der Niederschrift vermerken.

2. Vermerke

§ 39[2) Einfache Zeugnisse. Bei der Beglaubigung einer Unterschrift oder eines Handzeichens oder der Zeichnung einer Namensunterschrift, bei der Feststellung des Zeitpunktes, zu dem eine Privaturkunde vorgelegt worden ist, bei Bescheinigungen über Eintragungen in öffentlichen Registern, bei der Beglaubigung von Abschriften, Abdrucken, Ablichtungen und dergleichen (Abschriften) und bei sonstigen einfachen Zeugnissen genügt anstelle einer Niederschrift eine Urkunde, die das Zeugnis, die Unterschrift und das Präge- oder Farbdrucksiegel (Siegel) des Notars enthalten muß und Ort und Tag der Ausstellung angeben soll (Vermerk).

§ 39a[3) Einfache elektronische Zeugnisse. (1) [1]Beglaubigungen und sonstige Zeugnisse im Sinne des § 39 können elektronisch errichtet werden. [2]Das hierzu erstellte Dokument muss mit einer qualifizierten elektronischen Signatur versehen werden. [3]Diese soll auf einem Zertifikat beruhen, das auf Dauer prüfbar ist.

---

[1]) § 37 Abs. 1 Satz 3 angef. durch G v. 20.2.1980 (BGBl. I S. 157).
[2]) § 39 geänd. durch G v. 22. 6.1998 (BGBl. I S. 1474).
[3]) § 39a eingef. mWv 1.4.2005 durch G v. 22.3.2005 (BGBl. I S. 837); bish. Sätze 1–3 werden Abs. 1 und Satz 2 geänd., Satz 4 angef., bish. Sätze 4 und 5 werden Abs. 2, Abs. 3 angef. mWv 9.6.2017 durch G v. 1.6.2017 (BGBl. I S. 1396); Abs. 1 Satz 4 neu gef., Satz 5 angef. mWv 1.8.2021 durch G v. 25.6.2021 (BGBl. I S. 2154).

[4] Der Notar muss die qualifizierte elektronische Signatur selbst erzeugen. [5] § 33 Absatz 3 der Bundesnotarordnung[1]) gilt entsprechend.

(2) [1] Mit dem Zeugnis muss eine Bestätigung der Notareigenschaft durch die zuständige Stelle verbunden werden. [2] Das Zeugnis soll Ort und Tag der Ausstellung angeben.

(3) Bei der Beglaubigung eines elektronischen Dokuments, das mit einer qualifizierten elektronischen Signatur versehen ist, soll das Ergebnis der Signaturprüfung dokumentiert werden.

§ 40[2]) Beglaubigung einer Unterschrift.

(1) Eine Unterschrift soll nur beglaubigt werden, wenn sie in Gegenwart des Notars vollzogen oder anerkannt wird.

(2) Der Notar braucht die Urkunde nur darauf zu prüfen, ob Gründe bestehen, seine Amtstätigkeit zu versagen.

(3) [1] Der Beglaubigungsvermerk muß auch die Person bezeichnen, welche die Unterschrift vollzogen oder anerkannt hat. [2] In dem Vermerk soll angegeben werden, ob die Unterschrift vor dem Notar vollzogen oder anerkannt worden ist.

(4) § 10 Absatz 1, 2 und 3 Satz 1 gilt entsprechend.

(5) [1] Unterschriften ohne zugehörigen Text soll der Notar nur beglaubigen, wenn dargelegt wird, daß die Beglaubigung vor der Festlegung des Urkundeninhalts benötigt wird. [2] In dem Beglaubigungsvermerk soll angegeben werden, daß bei der Beglaubigung ein durch die Unterschrift gedeckter Text nicht vorhanden war.

(6) Die Absätze 1 bis 5 gelten für die Beglaubigung von Handzeichen entsprechend.

§ 41[3]) Beglaubigung der Zeichnung einer *Firma* oder[4]) Namensunterschrift.

[1] Bei der Beglaubigung der Zeichnung einer Namensunterschrift, die zur Aufbewahrung beim Gericht bestimmt ist, muß die Zeichnung in Gegenwart des Notars vollzogen werden; dies soll in dem Beglaubigungsvermerk festgestellt werden. [2] Der Beglaubigungsvermerk muß auch die Person angeben, welche gezeichnet hat. [3] § 10 Absatz 1, 2 und 3 Satz 1 gilt entsprechend.

§ 42[5]) Beglaubigung einer Abschrift.

(1) Bei der Beglaubigung der Abschrift einer Urkunde soll festgestellt werden, ob die Urkunde eine Urschrift, eine Ausfertigung, eine beglaubigte oder einfache Abschrift ist.

(2) Finden sich in einer dem Notar vorgelegten Urkunde Lücken, Durchstreichungen, Einschaltungen, Änderungen oder unleserliche Worte, zeigen sich Spuren der Beseitigung von Schriftzeichen, insbesondere Radierungen, ist der Zusammenhang einer aus mehreren Blättern bestehenden Urkunde aufgehoben oder sprechen andere Umstände dafür, daß der ursprüngliche Inhalt der Urkunde

---

[1]) Habersack, Deutsche Gesetze ErgBd. Nr. 98a.
[2]) § 40 Abs. 4 geänd. mWv 9.6.2017 durch G v. 1.6.2017 (BGBl. I S. 1396).
[3]) § 41 Satz 1 geänd. durch G v. 22. 6.1998 (BGBl. I S. 1474); Satz 3 geänd. mWv 9.6.2017 durch G v. 1.6.2017 (BGBl. I S. 1396).
[4]) Die Überschrift wurde amtlich nicht an die Änderung des Satzes 1 durch G v. 22.6.1998 (BGBl. I S. 1474) angepasst.
[5]) § 42 Abs. 4 angef. mWv 1.4.2005 durch G v. 22.3.2005 (BGBl. I S. 837); Abs. 4 geänd. mWv 29.7. 2017 durch G v. 18.7.2017 (BGBl. I S. 2745); Abs. 4 geänd. mWv 1.8.2021 durch G v. 25.6.2021 (BGBl. I S. 2154).

geändert worden ist, so soll dies in dem Beglaubigungsvermerk festgestellt werden, sofern es sich nicht schon aus der Abschrift ergibt.

(3) Enthält die Abschrift nur den Auszug aus einer Urkunde, so soll in dem Beglaubigungsvermerk der Gegenstand des Auszugs angegeben und bezeugt werden, daß die Urkunde über diesen Gegenstand keine weiteren Bestimmungen enthält.

(4) Bei der Beglaubigung eines Ausdrucks oder einer Abschrift eines elektronischen Dokuments, das mit einer qualifizierten elektronischen Signatur versehen ist, soll das Ergebnis der Signaturprüfung dokumentiert werden.

§ 43 Feststellung des Zeitpunktes der Vorlegung einer privaten Urkunde.

Bei der Feststellung des Zeitpunktes, zu dem eine private Urkunde vorgelegt worden ist, gilt § 42 Abs. 2 entsprechend.

Vierter Abschnitt. Behandlung der Urkunden

§ 44[1] **Verbindung mit Schnur und Prägesiegel.** [1] Besteht eine Urkunde aus mehreren Blättern, so sollen diese mit Schnur und Prägesiegel verbunden werden. [2] Das gleiche gilt für Schriftstücke sowie für Karten, Zeichnungen oder Abbildungen, die nach § 9 Abs. 1 Satz 2, 3, §§ 14, 37 Abs. 1 Satz 2, 3 der Niederschrift beigefügt worden sind.

§ 44a[2] **Änderungen in den Urkunden.** (1) [1] Zusätze und sonstige, nicht nur geringfügige Änderungen sollen am Schluß vor den Unterschriften oder am Rande vermerkt und im letzteren Falle von dem Notar besonders unterzeichnet werden. [2] Ist der Niederschrift ein Schriftstück nach § 9 Abs. 1 Satz 2, den §§ 14, 37 Abs. 1 Satz 2 beigefügt, so brauchen Änderungen in dem beigefügten Schriftstück nicht unterzeichnet zu werden, wenn aus der Niederschrift hervorgeht, daß sie genehmigt worden sind.

(2) [1] Offensichtliche Unrichtigkeiten kann der Notar auch nach Abschluß der Niederschrift durch einen von ihm zu unterschreibenden Nachtragsvermerk richtigstellen. [2] Der Nachtragsvermerk ist mit dem Datum der Richtigstellung zu versehen. [3] Der Nachtragsvermerk ist am Schluß unter den Unterschriften oder auf einem besonderen, mit der Urkunde zu verbindenden Blatt niederzulegen. [4] Wird die elektronische Fassung der Urschrift zum Zeitpunkt der Richtigstellung bereits in der elektronischen Urkundensammlung verwahrt, darf der Nachtragsvermerk nur noch auf einem gesonderten, mit der Urkunde zu verbindenden Blatt niedergelegt werden.

(3) Ergibt sich im übrigen nach Abschluß der Niederschrift die Notwendigkeit einer Änderung oder Berichtigung, so hat der Notar hierüber eine besondere Niederschrift aufzunehmen.

§ 44b[3] **Nachtragsbeurkundung.** (1) [1] Wird der Inhalt einer Niederschrift in einer anderen Niederschrift berichtigt, geändert, ergänzt oder aufgehoben, soll der Notar durch einen mit dem Datum zu versehenden und von ihm zu unterschreibenden Nachtragsvermerk auf die andere Niederschrift verweisen. [2] § 44a Absatz 2

---

[1] § 44 Satz 2 neu gef. durch G v. 20.2.1980 (BGBl. I S. 157).
[2] § 44a eingef. durch G v. 31.8.1998 (BGBl. I S. 2585); Abs. 2 Satz 2 eingef., bish. Satz 2 wird Satz 3 und geänd., Satz 4 angef., bish. Satz 3 wird Abs. 3 mWv 1.1.2022 durch G v. 1.6.2017 (BGBl. I S. 1396).
[3] § 44b eingef. mWv 1.1.2022 durch G v. 1.6.2017 (BGBl. I S. 1396).

Satz 3 und 4 gilt entsprechend. ³Anstelle eines Nachtragsvermerks kann der Notar die andere Niederschrift zusammen mit der Niederschrift verwahren.

(2) Nachtragsvermerke sowie die zusammen mit der Niederschrift verwahrten anderen Niederschriften nach Absatz 1 soll der Notar in Ausfertigungen und Abschriften der Urschrift übernehmen.

§ 45[1] **Urschrift.** (1) Die Urschrift der notariellen Urkunde bleibt, wenn sie nicht auszuhändigen ist, in der Verwahrung des Notars.

(2) Wird die Urschrift der notariellen Urkunde nach § 56 in ein elektronisches Dokument übertragen und in der elektronischen Urkundensammlung verwahrt, steht die elektronische Fassung der Urschrift derjenigen in Papierform gleich.

§ 45a[2] **Aushändigung der Urschrift.** (1) ¹Die Urschrift einer Niederschrift soll nur ausgehändigt werden, wenn dargelegt wird, dass sie im Ausland verwendet werden soll, und sämtliche Personen zustimmen, die eine Ausfertigung verlangen können. ²In diesem Fall soll die Urschrift mit dem Siegel versehen werden; ferner soll eine Ausfertigung zurückbehalten und auf ihr vermerkt werden, an wen und weshalb die Urschrift ausgehändigt worden ist. ³Die Ausfertigung tritt an die Stelle der Urschrift.

(2) Die Urschrift einer Urkunde, die in der Form eines Vermerks verfasst ist, ist auszuhändigen, wenn nicht die Verwahrung verlangt wird.

§ 46[3] **Ersetzung der Urschrift.** (1) ¹Ist die Urschrift einer Niederschrift ganz oder teilweise zerstört worden oder abhanden gekommen und besteht Anlaß, sie zu ersetzen, so kann auf einer Ausfertigung oder beglaubigten Abschrift oder einer davon gefertigten beglaubigten Abschrift vermerkt werden, daß sie an die Stelle der Urschrift tritt. ²Der Vermerk kann mit dem Beglaubigungsvermerk verbunden werden. ³Er soll Ort und Tag der Ausstellung angeben und muß unterschrieben werden.

(2) ¹Ist die elektronische Fassung der Urschrift ganz oder teilweise zerstört worden, soll die Urschrift erneut nach § 56 in die elektronische Form übertragen und in der elektronischen Urkundensammlung verwahrt werden. ²Ist die Urschrift nicht mehr vorhanden, gilt Absatz 1 entsprechend oder die Wiederherstellung erfolgt aus einer im Elektronischen Urkundenarchiv gespeicherten früheren elektronischen Fassung der Urschrift. ³Für die Wiederherstellung aus einer früheren elektronischen Fassung gilt § 56 Absatz 1 entsprechend; in dem Vermerk soll zusätzlich die Tatsache der sicheren Speicherung im Elektronischen Urkundenarchiv angegeben werden.

(3) Die Ersetzung erfolgt durch die Stelle, die für die Erteilung einer Ausfertigung zuständig ist.

(4) ¹Vor der Ersetzung der Urschrift soll der Schuldner gehört werden, wenn er sich in der Urkunde der sofortigen Zwangsvollstreckung unterworfen hat. ²Von der Ersetzung der Urschrift sollen die Personen, die eine Ausfertigung verlangen können, verständigt werden, soweit sie sich ohne erhebliche Schwierigkeiten ermitteln lassen.

---

[1] § 45 Abs. 1 eingef., bish. Abs. 1 und 2 werden Abs. 2 und 3 durch G v. 31.8.1998 (BGBl. I S. 2585); Überschrift geänd., Abs. 2 neu gef., Abs. 3 aufgeh. mWv 1.1.2022 durch G v. 1.6.2017 (BGBl. I S. 1396).
[2] § 45a eingef. mWv 1.1.2022 durch G v. 1.6.2017 (BGBl. I S. 1396).
[3] § 46 Abs. 1 Satz 1 geänd., Abs. 2 neu gef., Abs. 3 eingef., bish. Abs. 3 wird Abs. 4 mWv 1.1.2022 durch G v. 1.6.2017 (BGBl. I S. 1396); Abs. 1 Satz 3 geänd. mWv 1.8.2021 durch G v. 25.6.2021 (BGBl. I S. 2154).

§ 47 Ausfertigung. Die Ausfertigung der Niederschrift vertritt die Urschrift im Rechtsverkehr.

§ 48 Zuständigkeit für die Erteilung der Ausfertigung. [1] Die Ausfertigung erteilt, soweit bundes- oder landesrechtlich nichts anderes bestimmt ist, die Stelle, welche die Urschrift verwahrt. [2] Wird die Urschrift bei einem Gericht verwahrt, so erteilt der Urkundsbeamte der Geschäftsstelle die Ausfertigung.

§ 49[1] Form der Ausfertigung. (1) Die Ausfertigung besteht, jeweils mit einem Ausfertigungsvermerk versehen, in
1. einer Abschrift der Urschrift oder der elektronischen Fassung der Urschrift oder
2. einem Ausdruck der elektronischen Fassung der Urschrift.

(2) [1] Der Ausfertigungsvermerk soll den Tag und den Ort der Erteilung angeben, die Person bezeichnen, der die Ausfertigung erteilt wird, und die Übereinstimmung der Ausfertigung mit der Urschrift oder der elektronischen Fassung der Urschrift bestätigen. [2] Er muß unterschrieben und mit dem Siegel der erteilenden Stelle versehen sein. [3] Besteht die Ausfertigung in einer Abschrift oder einem Ausdruck der elektronischen Fassung der Urschrift, soll das Ergebnis der Signaturprüfung dokumentiert werden.

(3) Werden Abschriften von Urkunden mit der Ausfertigung durch Schnur und Prägesiegel verbunden oder befinden sie sich mit dieser auf demselben Blatt, so genügt für die Beglaubigung dieser Abschriften der Ausfertigungsvermerk; dabei soll entsprechend § 42 Abs. 3 und, wenn die Urkunden, von denen die Abschriften hergestellt sind, nicht zusammen mit der Urschrift der ausgefertigten Urkunde verwahrt werden, auch entsprechend § 42 Abs. 1, 2 verfahren werden.

(4) Im Urkundenverzeichnis soll vermerkt werden, wem und an welchem Tage eine Ausfertigung erteilt worden ist.

(5) [1] Die Ausfertigung kann auf Antrag auch auszugsweise erteilt werden. [2] § 42 Abs. 3 ist entsprechend anzuwenden.

§ 50 Übersetzungen. (1) [1] Ein Notar kann die deutsche Übersetzung einer Urkunde mit der Bescheinigung der Richtigkeit und Vollständigkeit versehen, wenn er die Urkunde selbst in fremder Sprache errichtet hat oder für die Erteilung einer Ausfertigung der Niederschrift zuständig ist. [2] Für die Bescheinigung gilt § 39 entsprechend. [3] Der Notar soll die Bescheinigung nur erteilen, wenn er der fremden Sprache hinreichend kundig ist.

(2) [1] Eine Übersetzung, die mit einer Bescheinigung nach Absatz 1 versehen ist, gilt als richtig und vollständig. [2] Der Gegenbeweis ist zulässig.

(3) [1] Von einer derartigen Übersetzung können Ausfertigungen und Abschriften erteilt werden. [2] Die Übersetzung soll in diesem Fall zusammen mit der Urschrift verwahrt werden.

§ 51[2] Recht auf Ausfertigungen, Abschriften und Einsicht. (1) Ausfertigungen können verlangen

---

[1] § 49 Abs. 1 neu gef., Abs. 2 Satz 1 geänd., Satz 3 angef., Abs. 4 geänd. mWv 1.1.2022 durch G v. 1.6.2017 (BGBl. I S. 1396, geänd. durch G v. 30.11.2019, BGBl. I S. 1942); Abs. 1 neu gef., Abs. 2 Satz 3 geänd. mWv 1.1.2022 durch G v. 25.6.2021 (BGBl. I S. 2154).
[2] § 51 Abs. 4 geänd. mWv 1.8.2021 durch G v. 25.6.2021 (BGBl. I S. 2154).

1. bei Niederschriften über Willenserklärungen jeder, der eine Erklärung im eigenen Namen abgegeben hat oder in dessen Namen eine Erklärung abgegeben worden ist,
2. bei anderen Niederschriften jeder, der die Aufnahme der Urkunde beantragt hat,

sowie die Rechtsnachfolger dieser Personen.

(2) Die in Absatz 1 genannten Personen können gemeinsam in der Niederschrift oder durch besondere Erklärung gegenüber der zuständigen Stelle etwas anderes bestimmen.

(3) Wer Ausfertigungen verlangen kann, ist auch berechtigt, einfache oder beglaubigte Abschriften zu verlangen und die Urschrift einzusehen.

(4) Mitteilungspflichten, die auf Grund von Rechtsvorschriften gegenüber Gerichten oder Behörden bestehen, sowie das Recht auf Zugang zu Forschungszwecken nach § 18a der Bundesnotarordnung[1]) bleiben unberührt.

§ 52 Vollstreckbare Ausfertigungen. Vollstreckbare Ausfertigungen werden nach den dafür bestehenden Vorschriften erteilt.

§ 53 Einreichung beim Grundbuchamt oder Registergericht. Sind Willenserklärungen beurkundet worden, die beim Grundbuchamt oder Registergericht einzureichen sind, so soll der Notar dies veranlassen, sobald die Urkunde eingereicht werden kann, es sei denn, daß alle Beteiligten gemeinsam etwas anderes verlangen; auf die mit einer Verzögerung verbundenen Gefahren soll der Notar hinweisen.

§ 54[2]) Rechtsmittel. (1) Gegen die Ablehnung der Erteilung der Vollstreckungsklausel oder einer Amtshandlung nach den §§ 45a, 46 und 51 sowie gegen die Ersetzung einer Urschrift ist die Beschwerde gegeben.

(2) [1] Für das Beschwerdeverfahren gelten die Vorschriften des Gesetzes über das Verfahren in Familiensachen und in den Angelegenheiten der freiwilligen Gerichtsbarkeit[3]). [2] Über die Beschwerde entscheidet eine Zivilkammer des Landgerichts, in dessen Bezirk die Stelle, gegen die sich die Beschwerde richtet, ihren Sitz hat.

Fünfter Abschnitt.[4]) Verwahrung der Urkunden

§ 55[5]) [6]) Verzeichnis und Verwahrung der Urkunden. (1) Der Notar führt ein elektronisches Verzeichnis über Beurkundungen und sonstige Amtshandlungen (Urkundenverzeichnis).

(2) Das Urkundenverzeichnis und die elektronische Urkundensammlung sind vom Notar im Elektronischen Urkundenarchiv (§ 78h der Bundesnotarordnung[1])) zu führen.

---

[1]) **Habersack, Deutsche Gesetze ErgBd. Nr. 98a.**
[2]) § 54 Abs. 2 Satz 1 geänd. mWv 1.9.2009 durch G v. 17.12.2008 (BGBl. I S. 2586); Abs. 1 geänd. mWv 1.1.2022 durch G v. 1.6.2017 (BGBl. I S. 1396).
[3]) Nr. **112**.
[4]) 5. Abschnitt (§§ 55, 56) eingef. mWv 1.1.2022 durch G v. 1.6.2017 (BGBl. I S. 1396, geänd. durch G v. 30.11.2019, BGBl. I S. 1942).
[5]) § 55 eingef. mWv 1.1.2022 durch G v. 1.6.2017 (BGBl. I S. 1396, geänd. durch G v. 30.11.2019, BGBl. I S. 1942).
[6]) Beachte hierzu Übergangsvorschrift in § 76.

(3) Die im Urkundenverzeichnis registrierten Urkunden verwahrt der Notar in einer Urkundensammlung, einer elektronischen Urkundensammlung und einer Erbvertragssammlung.

§ 56[1)2)] **Übertragung der Papierdokumente in die elektronische Form; Einstellung der elektronischen Dokumente in die elektronische Urkundensammlung.** (1) ¹Bei der Übertragung der in Papierform vorliegenden Schriftstücke in die elektronische Form soll durch geeignete Vorkehrungen nach dem Stand der Technik sichergestellt werden, dass die elektronischen Dokumente mit den in Papierform vorhandenen Schriftstücken inhaltlich und bildlich übereinstimmen. ²Diese Übereinstimmung ist vom Notar in einem Vermerk unter Angabe des Ortes und des Tages seiner Ausstellung zu bestätigen. ³Durchstreichungen, Änderungen, Einschaltungen, Radierungen oder andere Mängel des Schriftstücks sollen im Vermerk angegeben werden, soweit sie nicht aus dem elektronischen Dokument eindeutig ersichtlich sind. ⁴Das elektronische Dokument und der Vermerk müssen mit einer qualifizierten elektronischen Signatur versehen werden. ⁵§ 39a Absatz 1 Satz 3 bis 5, Absatz 2 Satz 1 gilt entsprechend.

(2) Werden nach der Einstellung der elektronischen Fassung einer in der Urkundensammlung zu verwahrenden Urschrift oder Abschrift in die elektronische Urkundensammlung Nachtragsvermerke, weitere Unterlagen oder andere Urschriften der Urschrift oder Abschrift beigefügt, sind die Nachtragsvermerke, die weiteren Unterlagen und die anderen Urschriften nach Absatz 1 in elektronische Dokumente zu übertragen und zusammen mit der elektronischen Fassung der Urschrift oder Abschrift in der elektronischen Urkundensammlung zu verwahren.

(3) Die von dem Notar in der elektronischen Urkundensammlung verwahrten elektronischen Dokumente stehen den Dokumenten gleich, aus denen sie nach den Absätzen 1 und 2 übertragen worden sind.

Sechster Abschnitt.[3)] Verwahrung

§ 57[4)] **Antrag auf Verwahrung.** (1) Der Notar darf Bargeld zur Aufbewahrung oder zur Ablieferung an Dritte nicht entgegennehmen.

(2) Der Notar darf Geld zur Verwahrung nur entgegennehmen, wenn

1. hierfür ein berechtigtes Sicherungsinteresse der am Verwahrungsgeschäft beteiligten Personen besteht,
2. ihm ein Antrag auf Verwahrung verbunden mit einer Verwahrungsanweisung vorliegt, in der hinsichtlich der Masse und ihrer Erträge der Anweisende, der Empfangsberechtigte sowie die zeitlichen und sachlichen Bedingungen der Verwahrung und die Auszahlungsvoraussetzungen bestimmt sind,
3. er den Verwahrungsantrag und die Verwahrungsanweisung angenommen hat.

(3) Der Notar darf den Verwahrungsantrag nur annehmen, wenn die Verwahrungsanweisung den Bedürfnissen einer ordnungsgemäßen Geschäftsabwicklung

---

[1)] § 56 eingef. mWv 1.1.2022 durch G v. 1.6.2017 (BGBl. I S. 1396); Abs. 1 Sätze 2 und 5, Abs. 2 geänd. mWv 1.1.2022 durch G v. 25.6.2021 (BGBl. I S. 2154).
[2)] Beachte hierzu Übergangsvorschrift in § 76.
[3)] Früherer 5. Abschnitt (§§ 54a–54e) eingef. durch G v. 31.8.1998 (BGBl. I S. 2585); bish. 5. Abschnitt wird 6. Abschnitt mWv 9.6.2017 durch G v. 1.6.2017 (BGBl. I S. 1396).
[4)] Früherer § 54a eingef. durch G v. 31.8.1998 (BGBl. I S. 2585); bish. § 54a wird § 57 mWv 9.6.2017 durch G v. 1.6.2017 (BGBl. I S. 1396); Abs. 5 geänd. mWv 1.8.2021 durch G v. 25.6.2021 (BGBl. I S. 2154).

und eines ordnungsgemäßen Vollzugs der Verwahrung sowie dem Sicherungsinteresse aller am Verwahrungsgeschäft beteiligten Personen genügt.

(4) Die Verwahrungsanweisung sowie deren Änderung, Ergänzung oder Widerruf bedürfen der Schriftform.

(5) Auf der Verwahrungsanweisung hat der Notar die Annahme mit Datum und Unterschrift zu vermerken, sofern die Verwahrungsanweisung nicht Gegenstand einer Niederschrift (§§ 8, 36) ist, die er selbst oder seine Notarvertretung aufgenommen hat.

(6) Die Absätze 3 bis 5 gelten entsprechend für Treuhandaufträge, die dem Notar im Zusammenhang mit dem Vollzug des der Verwahrung zugrundeliegenden Geschäfts von Personen erteilt werden, die an diesem nicht beteiligt sind.

§ 58[1] Durchführung der Verwahrung. (1) [1] Der Notar hat anvertraute Gelder unverzüglich einem Sonderkonto für fremde Gelder (Notaranderkonto) zuzuführen. [2] Der Notar ist zu einer bestimmten Art der Anlage nur bei einer entsprechenden Anweisung der Beteiligten verpflichtet. [3] Fremdgelder sowie deren Erträge dürfen auch nicht vorübergehend auf einem sonstigen Konto des Notars oder eines Dritten geführt werden.

(2) [1] Das Notaranderkonto muß bei einem im Inland zum Geschäftsbetrieb befugten Kreditinstitut oder der Deutschen Bundesbank eingerichtet sein. [2] Die Anderkonten sollen bei Kreditinstituten in dem Amtsbereich des Notars oder den unmittelbar angrenzenden Amtsgerichtsbezirken desselben Oberlandesgerichtsbezirks eingerichtet werden, sofern in der Anweisung nicht ausdrücklich etwas anderes vorgesehen wird oder eine andere Handhabung sachlich geboten ist. [3] Für jede Verwahrungsmasse muß ein gesondertes Anderkonto geführt werden, Sammelanderkonten sind nicht zulässig.

(3) [1] Über das Notaranderkonto dürfen nur der Notar persönlich, die Notarvertretung, der Notariatsverwalter oder der nach § 51 Absatz 1 Satz 2 der Bundesnotarordnung[2] mit der Aktenverwahrung betraute Notar verfügen. [2] Die Landesregierungen oder die von ihnen bestimmten Stellen werden ermächtigt, durch Rechtsverordnung zu bestimmen, daß Verfügungen auch durch einen entsprechend bevollmächtigten anderen Notar oder im Land Baden-Württemberg durch Notariatsabwickler erfolgen dürfen. [3] Verfügungen sollen nur erfolgen, um Beträge unverzüglich dem Empfangsberechtigten oder einem von diesem schriftlich benannten Dritten zuzuführen. [4] Sie sind grundsätzlich im bargeldlosen Zahlungsverkehr durchzuführen, sofern nicht besondere berechtigte Interessen der Beteiligten die Auszahlung in bar oder mittels Bar- oder Verrechnungsscheck gebieten. [5] Die Gründe für eine Bar- oder Scheckauszahlung sind von dem Notar zu vermerken. [6] Die Bar- oder Scheckauszahlung ist durch den berechtigten Empfänger oder einen von ihm schriftlich Beauftragten nach Feststellung der Person zu quittieren. [7] Verfügungen zugunsten von Privat- oder Geschäftskonten des Notars sind lediglich zur Bezahlung von Kostenforderungen aus dem zugrundeliegenden Amtsgeschäft unter Angabe des Verwendungszwecks und nur dann zulässig, wenn hierfür eine notarielle Kostenrechnung erteilt und dem Kostenschuldner zugegangen ist und Auszahlungsreife des verwahrten Betrages zugunsten des Kostenschuldners gegeben ist.

---

[1] Früherer § 54b eingef. durch G v. 31.8.1998 (BGBl. I S. 2585); bish. § 54b wird § 58 mWv 9.6.2017, Abs. 3 Satz 3 geänd. mWv 1.1.2018 durch G v. 1.6.2017 (BGBl. I S. 1396); Abs. 3 Satz 1 neu gef., Satz 2 aufgeh., bish. Sätze 3–8 werden Sätze 2–7 mWv 1.8.2021 durch G v. 25.6.2021 (BGBl. I S. 2154).
[2] Habersack, Deutsche Gesetze ErgBd. Nr. 98a.

6. Abschnitt. Verwahrung §§ 59–60 **BeurkG 23**

(4) Eine Verwahrung soll nur dann über mehrere Anderkonten durchgeführt werden, wenn dies sachlich geboten ist und in der Anweisung ausdrücklich bestimmt ist.

(5) [1] Schecks sollen unverzüglich eingelöst oder verrechnet werden, soweit sich aus den Anweisungen nichts anderes ergibt. [2] Der Gegenwert ist nach den Absätzen 2 und 3 zu behandeln.

§ 59[1] Verordnungsermächtigung. [1] Das Bundesministerium der Justiz und für Verbraucherschutz hat durch Rechtsverordnung mit Zustimmung des Bundesrates die näheren Bestimmungen zu treffen über den Inhalt, den Aufbau und die Führung des Verwahrungsverzeichnisses einschließlich der Verweismöglichkeiten auf die im Urkundenverzeichnis zu der Urkunde gespeicherten Daten sowie über Einzelheiten der Datenübermittlung und -speicherung sowie der Datensicherheit. [2] Die Verordnung kann auch Ausnahmen von der Eintragungspflicht anordnen. [3] Die technischen und organisatorischen Maßnahmen zur Gewährleistung der Datensicherheit müssen denen zur Gewährleistung der Datensicherheit des Elektronischen Urkundenarchivs entsprechen.

§ 59a[2] [3] Verwahrungsverzeichnis. (1) Der Notar führt ein elektronisches Verzeichnis über Verwahrungsmassen, die er nach § 23 der Bundesnotarordnung[4] und nach den §§ 57 und 62 entgegennimmt (Verwahrungsverzeichnis).

(2) [1] Das Verwahrungsverzeichnis ist im Elektronischen Urkundenarchiv (§ 78h der Bundesnotarordnung) zu führen. [2] Erfolgt die Verwahrung in Vollzug eines vom Notar in das Urkundenverzeichnis einzutragenden Amtsgeschäfts, soll der Notar im Verwahrungsverzeichnis auf die im Urkundenverzeichnis zu der Urkunde gespeicherten Daten verweisen, soweit diese auch in das Verwahrungsverzeichnis einzutragen wären.

§ 60[5] Widerruf. (1) Den schriftlichen Widerruf einer Anweisung hat der Notar zu beachten, soweit er dadurch Dritten gegenüber bestehende Amtspflichten nicht verletzt.

(2) Ist die Verwahrungsanweisung von mehreren Anweisenden erteilt, so ist der Widerruf darüber hinaus nur zu beachten, wenn er durch alle Anweisenden erfolgt.

(3) [1] Erfolgt der Widerruf nach Absatz 2 nicht durch alle Anweisenden und wird er darauf gegründet, daß das mit der Verwahrung durchzuführende Rechtsverhältnis aufgehoben, unwirksam oder rückabzuwickeln sei, soll sich der Notar jeder Verfügung über das Verwahrungsgut enthalten. [2] Der Notar soll alle an dem Verwahrungsgeschäft beteiligten Personen im Sinne des § 57 hiervon unterrichten. [3] Der Widerruf wird jedoch unbeachtlich, wenn

1. eine spätere übereinstimmende Anweisung vorliegt oder
2. der Widerrufende nicht innerhalb einer von dem Notar festzusetzenden angemessenen Frist dem Notar nachweist, daß ein gerichtliches Verfahren zur Herbeiführung einer übereinstimmenden Anweisung rechtshängig ist, oder

---

[1] § 59 eingef. mWv 9.6.2017 durch G v. 1.6.2017 (BGBl. I S. 1396).
[2] § 59a eingef. mWv 1.1.2022 durch G v. 1.6.2017 (BGBl. I S. 1396, geänd. durch G v. 30.11.2019, BGBl. I S. 1942).
[3] Beachte hierzu Übergangsvorschrift in § 76.
[4] **Habersack, Deutsche Gesetze ErgBd. Nr. 98a.**
[5] Früherer § 54c eingef. durch G v. 31.8.1998 (BGBl. I S. 2585); bish. § 54c wird § 60 und Abs. 3 Satz 2 geänd. mWv 9.6.2017 durch G v. 1.6.2017 (BGBl. I S. 1396).

3. dem Notar nachgewiesen wird, daß die Rechtshängigkeit der nach Nummer 2 eingeleiteten Verfahren entfallen ist.

(4) Die Verwahrungsanweisung kann von den Absätzen 2 und 3 abweichende oder ergänzende Regelungen enthalten.

(5) § 15 Abs. 2 der Bundesnotarordnung bleibt unberührt.

§ 61[1]) **Absehen von Auszahlung.** Der Notar hat von der Auszahlung abzusehen und alle an dem Verwahrungsgeschäft beteiligten Personen im Sinne des § 57 hiervon zu unterrichten, wenn

1. hinreichende Anhaltspunkte dafür vorliegen, daß er bei Befolgung der unwiderruflichen Weisung an der Erreichung unerlaubter oder unredlicher Zwecke mitwirken würde, oder
2. einem Auftraggeber im Sinne des § 57 durch die Auszahlung des verwahrten Geldes ein unwiederbringlicher Schaden erkennbar droht.

§ 62[2]) **Verwahrung von Wertpapieren und Kostbarkeiten.** (1) Die §§ 57, 60 und 61 gelten entsprechend für die Verwahrung von Wertpapieren und Kostbarkeiten.

(2) Der Notar ist berechtigt, Wertpapiere und Kostbarkeiten auch einer Bank im Sinne des § 58 Absatz 2 in Verwahrung zu geben, und ist nicht verpflichtet, von ihm verwahrte Wertpapiere zu verwalten, soweit in der Verwahrungsanweisung nichts anderes bestimmt ist.

Siebter Abschnitt.[3]) Schlußvorschriften
1. Verhältnis zu anderen Gesetzen
a) Bundesrecht

§ 63[4]) **Beseitigung von Doppelzuständigkeiten.** (1), (2) *(nicht wiedergegebene Änderungsvorschriften)*

(3) *(aufgehoben)*

(4) Auch wenn andere Vorschriften des bisherigen Bundesrechts die gerichtliche oder notarielle Beurkundung oder Beglaubigung oder die Erklärung vor einem Gericht oder Notar vorsehen, ist nur der Notar zuständig.

§ 64[5]) **Beurkundungen nach dem Personenstandsgesetz.** Dieses Gesetz gilt nicht für Beurkundungen nach dem Personenstandsgesetz[6]).

---

[1]) Früherer § 54d eingef. durch G v. 31.8.1998 (BGBl. I S. 2585); bish. § 54d wird § 61, einl. Satzteil und Nr. 2 geänd. mWv 9.6.2017 durch G v. 1.6.2017 (BGBl. I S. 1396).

[2]) Früherer § 54e eingef. durch G v. 31.8.1998 (BGBl. I S. 2585); bish. § 54e wird § 62, Abs. 1 und 2 geänd. mWv 9.6.2017 durch G v. 1.6.2017 (BGBl. I S. 1396).

[3]) Früherer 5. Abschnitt wird 6. Abschnitt durch G v. 31.8.1998 (BGBl. I S. 2585); bish. 6. Abschnitt wird 7. Abschnitt mWv 9.6.2017 durch G v. 1.6.2017 (BGBl. I S. 1396).

[4]) Früherer § 56 Abs. 3 Satz 2 angef. durch G v. 27.6.1970 (BGBl. I S. 911); Abs. 3 aufgeh. mWv 17.8.2015 durch G v. 29.6.2015 (BGBl. I S. 1042); bish. § 56 wird § 63 mWv 9.6.2017 durch G v. 1.6.2017 (BGBl. I S. 1396).

[5]) Früherer § 58 geänd. mWv 1.1.2009 durch G v. 19.2.2007 (BGBl. I S. 122); bish. § 58 wird § 64 mWv 9.6.2017 durch G v. 1.6.2017 (BGBl. I S. 1396).

[6]) Habersack, Deutsche Gesetze ErgBd. Nr. 113.

7. Abschnitt. Schlußvorschriften

§ 65[1]) **Unberührt bleibendes Bundesrecht.** Soweit in diesem Gesetz nichts anderes bestimmt ist, bleiben bundesrechtliche Vorschriften über Beurkundungen unberührt.

b) Landesrecht

§ 66[2]) **Unberührt bleibendes Landesrecht.** (1) Unbeschadet der Zuständigkeit des Notars bleiben folgende landesrechtliche Vorschriften unberührt:

1. Vorschriften über die Beurkundung von freiwilligen Versteigerungen; dies gilt nicht für die freiwillige Versteigerung von Grundstücken und grundstücksgleichen Rechten;
2. Vorschriften über die Zuständigkeit zur Aufnahme von Inventaren, Bestandsverzeichnissen, Nachlaßverzeichnissen und anderen Vermögensverzeichnissen sowie zur Mitwirkung bei der Aufnahme solcher Vermögensverzeichnisse;
3. Vorschriften, nach denen die Gerichtsvollzieher zuständig sind, Wechsel- und Scheckproteste aufzunehmen sowie das tatsächliche Angebot einer Leistung zu beurkunden;
4. Vorschriften, nach denen die Amtsgerichte zuständig sind, außerhalb eines anhängigen Verfahrens die Aussagen von Zeugen und die Gutachten von Sachverständigen, die Vereidigung sowie eidesstattliche Versicherungen dieser Personen zu beurkunden;
5. Vorschriften, nach denen Beurkundungen in Fideikommißsachen, für die ein Kollegialgericht zuständig ist, durch einen beauftragten oder ersuchten Richter erfolgen können;
6. Vorschriften, nach denen die Vorstände der Vermessungsbehörden, die das amtliche Verzeichnis im Sinne des § 2 Abs. 2 der Grundbuchordnung[3]) führen, und die von den Vorständen beauftragten Beamten dieser Behörden zuständig sind, Anträge der Eigentümer auf Vereinigung oder Teilung von Grundstücken zu beurkunden oder zu beglaubigen;
7. Vorschriften über die Beurkundung der Errichtung fester Grenzzeichen (Abmarkung);
8. Vorschriften über die Beurkundung von Tatbeständen, die am Grund und Boden durch vermessungstechnische Ermittlungen festgestellt werden, durch Behörden, öffentlich bestellte Vermessungsingenieure oder Markscheider;
9. Vorschriften über Beurkundungen in Gemeinheitsteilungs- und agrarrechtlichen Ablösungsverfahren einschließlich der Rentenübernahme- und Rentengutsverfahren;
10. Vorschriften über Beurkundungen im Rückerstattungsverfahren;
11. Vorschriften über die Beglaubigung amtlicher Unterschriften zum Zwecke der Legalisation;
12. Vorschriften über Beurkundungen in Kirchenaustrittssachen.

(2) Auf Grund dieser Vorbehalte können den Gerichten Beurkundungszuständigkeiten nicht neu übertragen werden.

(3) Auf Grund anderer bundesrechtlicher Vorbehalte kann

---

[1]) Bish. § 59 wird § 65 mWv 9.6.2017 durch G v. 1.6.2017 (BGBl. I S. 1396).
[2]) Früherer § 61 Abs. 1 Nr. 12 angef. durch G v. 27.6.1970 (BGBl. I S. 911); Abs. 4 Satz 1 geänd. durch G v. 17.12.1974 (BGBl. I S. 3602); bish. § 61 wird § 66 mWv 9.6.2017, Abs. 4 aufgeh. mWv 1.1.2018 durch G v. 1.6.2017 (BGBl. I S. 1396).
[3]) Nr. **114**.

1. die Zuständigkeit der Notare für öffentliche Beurkundungen (§ 20 der Bundesnotarordnung[1]) nicht eingeschränkt werden,
2. nicht bestimmt werden, daß für öffentliche Beurkundungen neben dem Notar andere Urkundspersonen oder sonstige Stellen zuständig sind, und
3. keine Regelung getroffen werden, die den Vorschriften des Ersten bis Vierten Abschnitts dieses Gesetzes entgegensteht.

§ 67[2]) **Zuständigkeit der Amtsgerichte, Zustellung.** (1) Unbeschadet der Zuständigkeit sonstiger Stellen sind die Amtsgerichte zuständig für die Beurkundung von
1. Erklärungen über die Anerkennung der Vaterschaft,
2. Verpflichtungen zur Erfüllung von Unterhaltsansprüchen eines Kindes,
3. Verpflichtungen zur Erfüllung von Unterhaltsansprüchen nach § 1615l des Bürgerlichen Gesetzbuchs[3]).

(2) Die Zustellung von Urkunden, die eine Verpflichtung nach Absatz 1 Nr. 2 oder 3 zum Gegenstand haben, kann auch dadurch vollzogen werden, daß der Schuldner eine beglaubigte Abschrift der Urkunde ausgehändigt erhält; § 174 Satz 2 und 3 der Zivilprozeßordnung[4]) gilt entsprechend.

§ 68[5]) **Übertragung auf andere Stellen.** Die Länder sind befugt, durch Gesetz die Zuständigkeit für die öffentliche Beglaubigung von Abschriften oder Unterschriften anderen Personen oder Stellen zu übertragen.

§ 69[6]) *(aufgehoben)*

c) Amtliche Beglaubigungen

§ 70[7]) **Amtliche Beglaubigungen.** [1]Dieses Gesetz gilt nicht für amtliche Beglaubigungen, mit denen eine Verwaltungsbehörde zum Zwecke der Verwendung in Verwaltungsverfahren oder für sonstige Zwecke, für die eine öffentliche Beglaubigung nicht vorgeschrieben ist, die Echtheit einer Unterschrift oder eines Handzeichens oder die Richtigkeit der Abschrift einer Urkunde bezeugt, die nicht von einer Verwaltungsbehörde ausgestellt ist. [2]Die Beweiskraft dieser amtlichen Beglaubigungen beschränkt sich auf den in dem Beglaubigungsvermerk genannten Verwendungszweck. [3]Die Befugnis der Verwaltungsbehörden, Abschriften ihrer eigenen Urkunden oder von Urkunden anderer Verwaltungsbehörden in der dafür vorgeschriebenen Form mit uneingeschränkter Beweiskraft zu beglaubigen, bleibt unberührt.

---

[1]) **Habersack, Deutsche Gesetze ErgBd. Nr. 98a.**
[2]) Früherer § 62 Überschrift neu gef., Abs. 2 angef. durch G v. 17.12.1990 (BGBl. I S. 2847); Abs. 1 Nr. 2 und 3 geänd. durch G v. 16.12.1997 (BGBl. I S. 2942); Abs. 1 Nr. 2 und 3 neu gef. durch G v. 6.4.1998 (BGBl. I S. 666); Abs. 2 geänd. mWv 1.7.2002 durch G v. 25.6.2001 (BGBl. I S. 1206); bish. § 62 wird § 67 mWv 9.6.2017 durch G v. 1.6.2017 (BGBl. I S. 1396); Abs. 2 geänd. mWv 1.1.2022 durch G v. 5.10.2021 (BGBl. I S. 4607).
[3]) Nr. **20**.
[4]) Nr. **100**.
[5]) Bish. § 63 wird § 68 mWv 9.6.2017 durch G v. 1.6.2017 (BGBl. I S. 1396).
[6]) § 69 aufgeh. mWv 1.1.2018 durch G v. 1.6.2017 (BGBl. I S. 1396).
[7]) Bish. § 65 wird § 70 mWv 9.6.2017 durch G v. 1.6.2017 (BGBl. I S. 1396).

7. Abschnitt. Schlußvorschriften

d) Eidesstattliche Versicherungen in Verwaltungsverfahren

§ 71[1] **Eidesstattliche Versicherungen in Verwaltungsverfahren.** Dieses Gesetz gilt nicht für die Aufnahme eidesstattlicher Versicherungen in Verwaltungsverfahren.

e) Erklärungen juristischer Personen des öffentlichen Rechts

§ 72[2] **[Erklärungen juristischer Personen des öffentlichen Rechts]** Die bundes- oder landesrechtlich vorgeschriebene Beidrückung des Dienstsiegels bei Erklärungen juristischer Personen des öffentlichen Rechts wird durch die öffentliche Beurkundung ersetzt.

f) Bereits errichtete Urkunden

§ 73[3] **Bereits errichtete Urkunden.** (1) ¹§§ 45 bis 49, 51, 52, 54 dieses Gesetzes gelten auch für Urkunden, die vor dem Inkrafttreten dieses Gesetzes errichtet worden sind. ²Dies gilt auch, wenn die Beurkundungszuständigkeit weggefallen ist.

(2) Eine vor dem Inkrafttreten dieses Gesetzes erteilte Ausfertigung einer Niederschrift ist auch dann als von Anfang an wirksam anzusehen, wenn sie den Vorschriften dieses Gesetzes genügt.

(3) § 2256 Abs. 1, 2 des Bürgerlichen Gesetzbuchs[4] gilt auch für Testamente, die vor dem Inkrafttreten dieses Gesetzes vor einem Richter errichtet worden sind.

g) Verweisungen

§ 74[5] **Verweisungen.** Soweit in Gesetzen oder Verordnungen auf die durch dieses Gesetz aufgehobenen oder abgeänderten Vorschriften verwiesen ist, treten die entsprechenden Vorschriften dieses Gesetzes an ihre Stelle.

2. Geltung in Berlin

§ 75[6] *(aufgehoben)*

3.[7] Übergangsvorschrift

§ 76[8] **Übergangsvorschrift zur Einführung des Elektronischen Urkundenarchivs.** (1) ¹Für Beurkundungen und sonstige Amtshandlungen, die vor dem 1. Januar 2022 vorgenommen worden sind, sind die §§ 55 und 56 nicht anzuwenden. ²Abweichend von § 49 Absatz 4 ist auf der Urschrift zu vermerken, wem und an welchem Tag eine Ausfertigung erteilt worden ist. ³Zusätze und Änderungen sind nach den vor dem 1. Januar 2022 geltenden Bestimmungen vorzunehmen.

---

[1] Bish. § 66 wird § 71 mWv 9.6.2017 durch G v. 1.6.2017 (BGBl. I S. 1396).
[2] Bish. § 67 wird § 72 mWv 9.6.2017 durch G v. 1.6.2017 (BGBl. I S. 1396).
[3] Früherer § 68 Abs. 3 angef. durch G v. 27.6.1970 (BGBl. I S. 911); bish. § 68 wird § 73 mWv 9.6.2017 durch G v. 1.6.2017 (BGBl. I S. 1396).
[4] Nr. 20.
[5] Bish. § 69 wird § 74 mWv 9.6.2017 durch G v. 1.6.2017 (BGBl. I S. 1396).
[6] § 75 aufgeh. mWv 1.8.2021 durch G v. 25.6.2021 (BGBl. I S. 2154).
[7] Zwischenüberschrift neu gef. mWv 1.1.2022 durch G v. 1.6.2017 (BGBl. I S. 1396, geänd. durch G v. 30.11.2019, BGBl. I S. 1942).
[8] § 76 neu gef. mWv 1.1.2022 durch G v. 30.11.2019 (BGBl. I S. 1942); Abs. 3 neu gef. mWv 1.1.2022 durch G v. 25.6.2021 (BGBl. I S. 2154).

(2) ¹Die Urkundensammlung und die Erbvertragssammlung für Urkunden, die vor dem 1. Januar 2022 errichtet wurden, werden von dem Notar nach Maßgabe der vor dem 1. Januar 2022 geltenden Vorschriften geführt und verwahrt. ²Zusätze und Änderungen sind nach den vor dem 1. Januar 2022 geltenden Bestimmungen vorzunehmen.

(3) ¹Für Verwahrungsmassen, die der Notar vor dem 1. Januar 2022 entgegengenommen hat, ist § 59a vorbehaltlich der Sätze 3 und 4 nicht anzuwenden. ²Für diese Verwahrungsmassen werden die Verwahrungsbücher, die Massenbücher, die Namensverzeichnisse zum Massenbuch und die Anderkontenlisten nach den vor dem 1. Januar 2022 geltenden Bestimmungen geführt und verwahrt. ³Der Notar kann jedoch zum Schluss eines Kalenderjahres alle Verwahrungsmassen im Sinne des Satzes 1 in das Verwahrungsverzeichnis übernehmen und insoweit die Verzeichnisführung nach den vor dem 1. Januar 2022 geltenden Bestimmungen abschließen. ⁴Dazu sind für die zu übernehmenden Verwahrungsmassen die nach den Vorschriften des Abschnitts 3 der Verordnung über die Führung notarieller Akten und Verzeichnisse erforderlichen Angaben in das Verwahrungsverzeichnis einzutragen. ⁵Dabei sind sämtliche in den Massenbüchern und Verwahrungsbüchern verzeichneten Eintragungen zu übernehmen.

(4) Die Urkundenrollen, die Erbvertragsverzeichnisse und die Namensverzeichnisse zur Urkundenrolle für Urkunden, die vor dem 1. Januar 2022 errichtet wurden, werden von dem Notar nach Maßgabe der vor dem 1. Januar 2022 geltenden Vorschriften geführt und verwahrt.

Straßenverkehrsgesetz StVG 35

Lfd. Nr.	Änderndes Gesetz	Datum	Fundstelle	Betroffen	Hinweis
57.	Art. 1 G zur Änd. des StraßenverkehrsG und weiterer straßenverkehrsrechtl. Vorschriften	5.12.2019	BGBl. I S. 2008	§§ 6, 62, 65 §§ 6, 50	geänd. mWv 12.12.2019 geänd. mWv 1.6.2020
58.	Art. 325 Elfte ZuständigkeitsanpassungsVO	19.6.2020	BGBl. I S. 1328	§ 6	geänd. mWv 27.6.2020
59.	Art. 2 Achtes G zur Änd. des BundesfernstraßenG und zur Änd. weiterer Vorschriften	29.6.2020	BGBl. I S. 1528	§ 6a §§ 35, 36	geänd. mWv 4.7.2020 geänd. mWv 1.10.2020
60.	Art. 1 G zur Haftung bei Unfällen mit Anhängern und Gespannen im Straßenverkehr	10.7.2020	BGBl. I S. 1653	§§ 7, 8, 12, 17, 18, 65 §§ 19, 19a	geänd. mWv 17.7.2020 eingef. mWv 17.7.2020
61.	Art. 3 G über Änderungen im Berufskraftfahrerqualifikationsrecht	26.11.2020	BGBl. I S. 2575	§ 6a	geänd. mWv 2.12.2020
62.	Art. 6 Abs. 2 Zweites G zur Änd. des BundesmeldeG	15.1.2021	BGBl. I S. 530	§ 35	geänd. mWv 1.5.2022
63.	Art. 3 G zur Modernisierung des Personenbeförderungsrechts	16.4.2021	BGBl. I S. 822	§ 2	geänd. mWv 1.8.2021
64.	Art. 4 Abs. 9 G zur Verbesserung des Schutzes von Gerichtsvollziehern vor Gewalt sowie zur Änd. weiterer zwangsvollstreckungsrechtl. Vorschriften und Änd. des InfektionsschutzG	7.5.2021	BGBl. I S. 850	§ 35 §§ 35, 36	geänd. mWv 1.1.2022 geänd. mWv 1.11.2022
65.	Art. 1 und 2 Viertes G zur Änd. des StraßenverkehrsG und anderer straßenverkehrsrechtlicher Vorschriften	12.7.2021	BGBl. I S. 3091	§§ 2, 2a, 2b, 3, 4, 6a, 6b, 6c, 25, 25a, 26, 26a, 28, 28a, 29, 30, 30c, 31, 32, 33, 34, 35, 36, 37, 37a, 39, 41, 42, 43, 47, 58, 60, 63, 63b, 64, 65 §§ 6, 24 §§ 39a, 63d, 63e, 63f §§ 23, 24b § 33	geänd. mWv 28.7.2021 neu gef. mWv 28.7.2021 eingef. mWv 28.7.2021 aufgeh. mit Ablauf des 27.7.2021 geänd. mWv 1.7.2023
66.	Art. 1 Gesetz zum autonomen Fahren[1]	12.7.2021	BGBl. I S. 3108	§§ 8, 12, 19, 24 §§ 1d, 1e, 1f, 1g, 1h, 1i, 1j, 1k, 1l	geänd. mWv 28.7.2021 eingef. mWv 28.7.2021

[1] **Amtl. Anm.**: Notifiziert gemäß Richtlinie (EU) 2015/1535 des Europäischen Parlaments und des Rates vom 9. September 2015 über ein Informationsverfahren auf dem Gebiet der technischen Vorschriften und der Vorschriften für die Dienste der Informationsgesellschaft (ABl. L 241 vom 17.9.2015, S. 1).

Vorbemerkung:
Die Änderungen durch G v. 7.5.2021 (BGBl. I S. 850) treten teilweise erst mWv 1.11.2022 in Kraft und sind im Text insoweit noch nicht berücksichtigt.

V. Fahrzeugregister § 34 StVG 35

1. bei natürlichen Personen der Beruf oder das Gewerbe (Wirtschaftszweig) und
2. bei juristischen Personen und Vereinigungen gegebenenfalls das Gewerbe (Wirtschaftszweig).

(3) Im örtlichen und im Zentralen Fahrzeugregister darf die Anordnung einer Fahrtenbuchauflage wegen Zuwiderhandlungen gegen Verkehrsvorschriften gespeichert werden.

(4) Ferner werden für Daten, die nicht übermittelt werden dürfen (§ 41), in den Fahrzeugregistern Übermittlungssperren gespeichert.

§ 34[1]) Erhebung der Daten. (1) [1] Wer die Zuteilung oder die Ausgabe eines Kennzeichens für ein Fahrzeug beantragt, hat der hierfür zuständigen Stelle
1. von den nach § 33 Abs. 1 Satz 1 Nr. 1 zu speichernden Fahrzeugdaten bestimmte Daten nach näherer Regelung durch Rechtsverordnung (§ 47 Nummer 1) und
2. die nach § 33 Abs. 1 Satz 1 Nr. 2 zu speichernden Halterdaten

mitzuteilen und auf Verlangen nachzuweisen. [2] Zur Mitteilung und zum Nachweis der Daten über die Haftpflichtversicherung ist gegenüber der Zulassungsbehörde auch der jeweilige Versicherer befugt. [3] Die Zulassungsbehörde kann durch Einholung von Auskünften aus dem Melderegister die Richtigkeit und Vollständigkeit der vom Antragsteller mitgeteilten Daten überprüfen.

(2) Wer die Zuteilung eines amtlichen Kennzeichens für ein Fahrzeug beantragt, hat der Zulassungsbehörde außerdem die Daten über Beruf oder Gewerbe (Wirtschaftszweig) mitzuteilen, soweit sie nach § 33 Abs. 2 zu speichern sind.

(3) [1] Wird ein Fahrzeug veräußert, für das ein amtliches Kennzeichen zugeteilt ist, so hat der Veräußerer der Zulassungsbehörde, die dieses Kennzeichen zugeteilt hat, die in § 33 Abs. 1 Satz 2 aufgeführten Daten des Erwerbers (Halterdaten) mitzuteilen. [2] Die Mitteilung ist nicht erforderlich, wenn der neue Eigentümer bereits seiner Meldepflicht nach Absatz 4 nachgekommen ist.

(4) Der Halter und der Eigentümer, wenn dieser nicht zugleich Halter ist, haben der Zulassungsbehörde jede Änderung der Daten mitzuteilen, die nach Absatz 1 erhoben wurden; dies gilt nicht für die Fahrzeuge, die ein Versicherungskennzeichen führen müssen.

(5) [1] Die Versicherer dürfen der zuständigen Zulassungsbehörde Folgendes mitteilen:
1. das Nichtbestehen oder die Beendigung des Versicherungsverhältnisses über die vorgeschriebene Haftpflichtversicherung für das betreffende Fahrzeug oder
2. die Halterdaten, sofern die Zulassungsbehörde dem Versicherer gegenüber dargelegt hat, dass sie die Mitteilung dieser Daten zur Erfüllung ihrer gesetzlichen Aufgaben für erforderlich hält.

[2] Die Versicherer haben dem Kraftfahrt-Bundesamt im Rahmen der Zulassung von Fahrzeugen mit Versicherungskennzeichen die erforderlichen Fahrzeugdaten nach näherer Bestimmung durch Rechtsverordnung (§ 47 Nummer 2) und die Halter-

---

[1]) § 34 Abs. 1 Satz 2 eingef., bish. Satz 2 wird Satz 3 mWv 1.6.2005 durch G v. 3.5.2005 (BGBl. I S. 1221); Abs. 3 Satz 2 angef., Abs. 4 geänd. mWv 26.6.2011 durch G v. 20.6.2011 (BGBl. I S. 1124); Abs. 1 Satz 1 Nr. 1 und Abs. 5 Satz 2 geänd., Abs. 6 angef. mWv 7.12.2016 durch G v. 28.11.2016 (BGBl. I S. 2722); Abs. 1 Satz 2 und Abs. 5 Satz 2 geänd., Satz 1 neu gef. mWv 28.7.2021 durch G v. 12.7.2021 (BGBl. I S. 3091).

daten nach § 33 Absatz 1 Satz 1 Nummer 2 sowie jede Änderung dieser Daten mitzuteilen.

(6) ¹Die Technischen Prüfstellen, amtlich anerkannten Überwachungsorganisationen und anerkannten Kraftfahrzeugwerkstätten, soweit diese Werkstätten Sicherheitsprüfungen durchführen, haben dem Kraftfahrt-Bundesamt nach näherer Bestimmung durch Rechtsverordnung auf Grund des § 47 Nummer 1a die nach § 33 Absatz 1 Satz 1 Nummer 1 zu speichernden oder zu einer Änderung oder Löschung einer Eintragung führenden Daten über Prüfungen und Untersuchungen einschließlich der durchführenden Stellen und Kennungen zur Feststellung der für die Durchführung der Prüfung oder Untersuchung Verantwortlichen zu übermitteln. ²Im Fall der anerkannten Kraftfahrzeugwerkstätte erfolgt die Übermittlung über Kopfstellen; im Fall der Technischen Prüfstellen und anerkannten Überwachungsorganisationen kann die Übermittlung über Kopfstellen erfolgen. ³Eine Speicherung der nach Satz 2 zur Übermittlung an das Kraftfahrt-Bundesamt erhaltenen Daten bei den Kopfstellen erfolgt ausschließlich zu diesem Zweck. ⁴Nach erfolgter Übermittlung haben die Kopfstellen die nach Satz 3 gespeicherten Daten unverzüglich, bei elektronischer Speicherung automatisiert, zu löschen.

§ 35[1] Übermittlung von Fahrzeugdaten und Halterdaten. (1) Die nach § 33 Absatz 1 gespeicherten Fahrzeugdaten und Halterdaten dürfen an Behörden und sonstige öffentliche Stellen im Geltungsbereich dieses Gesetzes sowie im Rahmen einer internetbasierten Zulassung an Personen im Sinne des § 6g Absatz 3 zur Erfüllung der Aufgaben der Zulassungsbehörde, des Kraftfahrt-Bundesamtes oder der Aufgaben des Empfängers nur übermittelt werden, wenn dies für die Zwecke nach § 32 Absatz 2 jeweils erforderlich ist

1. zur Durchführung der in § 32 Abs. 1 angeführten Aufgaben,
2. zur Verfolgung von Straftaten, zur Vollstreckung von oder zum Vollzug von Strafen, von Maßnahmen im Sinne des § 11 Abs. 1 Nr. 8 des Strafgesetzbuchs[2] oder von Erziehungsmaßregeln oder Zuchtmitteln im Sinne des Jugendgerichtsgesetzes[3],

---

[1] § 35 Abs. 3 Satz 1 Nr. 1 Buchst. e und Abs. 5 Nr. 6 geänd. mWv 1.1.2005 durch G v. 27.12.2003 (BGBl. I S. 3022); Abs. 3 Satz 1 einl. Satzteil geänd., Abs. 4b eingef. mWv 1.3.2005 durch G v. 26.1.2005 (BGBl. I S. 162); Abs. 3 Satz 1 Nr. 1 Buchst. e, Abs. 5 Nr. 6 geänd. mWv 1.1.2005 durch G v. 21.3.2005 (BGBl. I S. 818); Abs. 1 Nr. 10 und 12, Abs. 2 Nr. 1 und Abs. 5 Nr. 5 geänd., Abs. 1 Nr. 13 und Abs. 2 Nr. 1a angef. mWv 1.6.2005 durch G v. 3.5.2005 (BGBl. I S. 1221); Abs. 1 Nr. 13 geänd. mWv 1.8.2006 durch G v. 20.7.2006 (BGBl. I S. 1706); Abs. 4b geänd. mWv 1.1.2009 durch G v. 17.3.2007 (BGBl. I S. 314) iVm Bek. v. 12.12.2008 (BGBl. 2009 II S. 39); Abs. 5 Nr. 4 geänd. mWv 1.7.2009 durch G v. 29.5.2009 (BGBl. I S. 1170); Abs. 3 Satz 1 geänd., Abs. 4c eingef. mWv 1.1.2013 durch G v. 29.7.2009 (BGBl. I S. 2258, geänd. durch G v. 23.5.2011, BGBl. I S. 898); Abs. 1 Nr. 12 und 13 geänd., Nr. 14 angef., Abs. 4b geänd. mWv 18.6.2011, Abs. 1 Nr. 13 und 14 geänd., Nr. 15 angef. mWv 1.1.2013 durch G v. 23.5.2011 (BGBl. I S. 898); Abs. 1a eingef. mWv 26.6.2011 durch G v. 20.6.2011 (BGBl. I S. 1124); Abs. 1 Nr. 10 neu gef. mWv 19.7.2011 durch G v. 12.7.2011 (BGBl. I S. 1378); Abs. 2a eingef., Abs. 5 Satz 1 einl. Satzteil geänd. mWv 31.8.2013 durch G v. 28.8.2013 (BGBl. I S. 3310); Abs. 1 einl. Satzteil neu gef., Abs. 5 einl. Satzteil und Abs. 6 Satz 2 geänd., Abs. 2 Sätze 2 und 3 angef. mWv 7.12.2016 durch G v. 28.11.2016 (BGBl. I S. 2722); Abs. 1 Nr. 14 und 15 geänd., Nr. 16 angef. mWv 10.3.2017 durch G v. 6.3.2017 (BGBl. I S. 399); Abs. 4b geänd. mWv 17.6.2017 durch G v. 11.6.2017 (BGBl. I S. 1607); Abs. 1 Nr. 15 und 16 geänd., Nr. 17 angef., Abs. 4c neu gef. mWv 6.7.2017 durch G v. 30.6.2017 (BGBl. I S. 2094); Abs. 1 Nr. 16 geänd. mWv 12.4.2019 durch G v. 8.4.2019 (BGBl. I S. 430); Abs. 1 Nr. 17 und 18 geänd., Nr. 19 angef. mWv 1.10.2020 durch G v. 29.6.2020 (BGBl. I S. 1528); Abs. 4b geänd. mWv 1.5.2022 durch G v. 15.1.2021 (BGBl. I S. 530); Abs. 1 Nr. 17 einl. Satzteil geänd., Buchst. a–c neu gef. mWv 1.1.2022 durch G v. 7.5.2021 (BGBl. I S. 850); Abs. 2 Satz 1 neu gef., Abs. 2a Nr. 3 geänd. mWv 28.7.2021 durch G v. 12.7.2021 (BGBl. I S. 3091).

[2] Nr. 85.

[3] Nr. 89.

V. Fahrzeugregister § 35 StVG 35

3. zur Verfolgung von Ordnungswidrigkeiten,
4. zur Abwehr von Gefahren für die öffentliche Sicherheit oder Ordnung,
5. zur Erfüllung der den Verfassungsschutzbehörden, dem Militärischen Abschirmdienst und dem Bundesnachrichtendienst durch Gesetz übertragenen Aufgaben,
6. für Maßnahmen nach dem Abfallbeseitigungsgesetz oder den darauf beruhenden Rechtsvorschriften,
7. für Maßnahmen nach dem Wirtschaftssicherstellungsgesetz oder den darauf beruhenden Rechtsvorschriften,
8. für Maßnahmen nach dem Energiesicherungsgesetz 1975 oder den darauf beruhenden Rechtsvorschriften,
9. für die Erfüllung der gesetzlichen Mitteilungspflichten zur Sicherung des Steueraufkommens nach § 93 der Abgabenordnung,
10. zur Feststellung der Maut für die Benutzung mautpflichtiger Straßen im Sinne des § 1 des Bundesfernstraßenmautgesetzes und zur Verfolgung von Ansprüchen nach diesem Gesetz,
11. zur Ermittlung der Mautgebühr für die Benutzung von Bundesfernstraßen und zur Verfolgung von Ansprüchen nach dem Fernstraßenbauprivatfinanzierungsgesetz vom 30. August 1994 (BGBl. I S. 2243) in der jeweils geltenden Fassung,
12. zur Ermittlung der Mautgebühr für die Benutzung von Straßen nach Landesrecht und zur Verfolgung von Ansprüchen nach den Gesetzen der Länder über den gebührenfinanzierten Neu- und Ausbau von Straßen,
13. zur Überprüfung von Personen, die Sozialhilfe, Leistungen der Grundsicherung für Arbeitsuchende oder Leistungen nach dem Asylbewerberleistungsgesetz[1)] beziehen, zur Vermeidung rechtswidriger Inanspruchnahme solcher Leistungen,
14. für die in § 17 des Auslandsunterhaltsgesetzes[2)] genannten Zwecke,
15. für die in § 802l der Zivilprozessordnung[3)] genannten Zwecke soweit kein Grund zu der Annahme besteht, dass dadurch schutzwürdige Interessen des Betroffenen beeinträchtigt werden,
16. zur Erfüllung der den Behörden der Zollverwaltung in § 2 Absatz 1 des Schwarzarbeitsbekämpfungsgesetzes[4)] übertragenen Prüfungsaufgaben,
17. zur Durchführung eines Vollstreckungsverfahrens an die für die Vollstreckung nach dem Verwaltungs-Vollstreckungsgesetz[5)] oder nach den Verwaltungsvollstreckungsgesetzen der Länder zuständige Behörde, wenn der Vollstreckungsschuldner als Halter des Fahrzeugs eingetragen ist, kein Grund zu der Annahme besteht, dass dadurch schutzwürdige Interessen des Betroffenen beeinträchtigt werden, und
    a) die Ladung zu dem Termin zur Abgabe der Vermögensauskunft an den Vollstreckungsschuldner nicht zustellbar ist und
        aa) die Anschrift, unter der die Zustellung ausgeführt werden sollte, mit der Anschrift übereinstimmt, die von einer der in § 755 Absatz 1 und 2 der

---

[1)] **Sartorius ErgBd. Nr. 418.**
[2)] **Habersack, Deutsche Gesetze ErgBd. Nr. 103o.**
[3)] Nr. 100.
[4)] **Habersack, Deutsche Gesetze ErgBd. Nr. 94b.**
[5)] **Sartorius Nr. 112.**

Zivilprozessordnung genannten Stellen innerhalb von drei Monaten vor oder nach dem Zustellungsversuch mitgeteilt wurde, oder
- bb) die Meldebehörde nach dem Zustellungsversuch die Auskunft erteilt, dass ihr keine derzeitige Anschrift des Vollstreckungsschuldners bekannt ist, oder
- cc) die Meldebehörde innerhalb von drei Monaten vor Erlass der Vollstreckungsanordnung die Auskunft erteilt hat, dass ihr keine derzeitige Anschrift des Vollstreckungsschuldners bekannt ist;
b) der Vollstreckungsschuldner seiner Pflicht zur Abgabe der Vermögensauskunft in dem dem Ersuchen zugrundeliegenden Vollstreckungsverfahren nicht nachkommt oder
c) bei einer Vollstreckung in die in der Vermögensauskunft aufgeführten Vermögensgegenstände eine vollständige Befriedigung der Forderung nicht zu erwarten ist,
18. zur Überprüfung der Einhaltung von Verkehrsbeschränkungen und Verkehrsverboten, die aufgrund des § 40 des Bundes-Immissionsschutzgesetzes[1]) nach Maßgabe der straßenverkehrsrechtlichen Vorschriften angeordnet worden oder aufgrund straßenverkehrsrechtlicher Vorschriften zum Schutz der Wohnbevölkerung oder der Bevölkerung vor Abgasen ergangen sind, oder
19. zur Überprüfung und Ergänzung der Angaben in Anträgen und Verwendungsnachweisen zu einer Förderung hinsichtlich der Einhaltung der Regelungen über die Förderung des Absatzes von elektrisch betriebenen Fahrzeugen (Umweltbonus).

(1a) Die nach § 33 Absatz 1 Nummer 1 gespeicherten Daten über Beschaffenheit, Ausrüstung und Identifizierungsmerkmale von Fahrzeugen dürfen den Zentralen Leitstellen für Brandschutz, Katastrophenschutz und Rettungsdienst, wenn dies für Zwecke nach § 32 Absatz 2 Nummer 3 erforderlich ist, zur Rettung von Unfallopfern übermittelt werden.

(2) [1] Die nach § 33 Absatz 1 gespeicherten Fahrzeugdaten und Halterdaten dürfen, soweit dies jeweils erforderlich ist, übermittelt werden
1. für die Zwecke des § 32 Absatz 1 Nummer 1 an Inhaber von Betriebserlaubnissen für Fahrzeuge, an Fahrzeughersteller oder an für den Mangel verantwortliche Teilehersteller, Werkstätten oder sonstige Produktverantwortliche, um Folgendes zu ermöglichen:
   a) Rückrufmaßnahmen zur Beseitigung von sicherheitsgefährdenden Mängeln an bereits ausgelieferten Fahrzeugen,
   b) Rückrufmaßnahmen zur Beseitigung von für die Umwelt erheblichen Mängeln an bereits ausgelieferten Fahrzeugen oder
   c) Rückrufmaßnahmen, die die Typgenehmigungsbehörde oder die Marktüberwachungsbehörde zur Beseitigung von sonstigen Unvorschriftsmäßigkeiten an bereits ausgelieferten Fahrzeugen für erforderlich erachtet,
2. für die Zwecke des § 32 Absatz 1 Nummer 6 an Fahrzeughersteller und Importeure von Fahrzeugen sowie an deren Rechtsnachfolger zur Überprüfung der Angaben über die Verwertung des Fahrzeugs nach dem Altfahrzeugrecht,
3. für die Zwecke des § 32 Absatz 1 Nummer 2 an Versicherer zur Gewährleistung des vorgeschriebenen Versicherungsschutzes oder

---

[1]) **Sartorius Nr. 296.**

V. Fahrzeugregister §35 StVG 35

4. für die Zwecke des § 32 Absatz 1 Nummer 1 unmittelbar oder über Kopfstellen an Technische Prüfstellen und amtlich anerkannte Überwachungsorganisationen sowie über Kopfstellen an anerkannte Kraftfahrzeugwerkstätten, soweit diese Werkstätten Sicherheitsprüfungen durchführen, für die Durchführung der regelmäßigen Untersuchungen und Prüfungen, um die Verkehrssicherheit der Fahrzeuge und den Schutz der Verkehrsteilnehmer zu gewährleisten; § 34 Absatz 6 Satz 3 und 4 gilt entsprechend.

[2] Bei Übermittlungen nach Satz 1 Nummer 3 erfolgt eine Speicherung der Daten bei den Kopfstellen ausschließlich zum Zweck der Übermittlung an Technische Prüfstellen, amtlich anerkannte Überwachungsorganisationen und anerkannte Kraftfahrzeugwerkstätten, soweit diese Werkstätten Sicherheitsprüfungen durchführen. [3] Nach erfolgter Übermittlung haben die Kopfstellen die nach Satz 2 gespeicherten Daten unverzüglich, bei elektronischer Speicherung automatisiert, zu löschen.

(Fortsetzung nächstes Blatt)

Urheberrechtsgesetz UrhG 65

Lfd. Nr.	Änderndes Gesetz	Datum	Fund-stelle	Betroffen	Hinweis
				Abschnitt 6 Überschrift	neu gef. mWv 1.3.2018
				Abschnitt 6 UAbschnitt 1–3 Überschrift, UAbschnitt 4 (§§ 60a–60h), Abschnitt 6 UAbschnitt 5 und 6 Überschrift, §§ 137o, 142	eingef. mWv 1.3.2018
				§§ 52a, 52b, 53a	aufgeh. mit Ablauf des 28.2.2018
48.	Art. 1 G zur Umsetzung der Marrakesch-RL über einen verbesserten Zugang zu urheberrechtlich geschützten Werken zugunsten von Menschen mit einer Seh- oder Lesebehinderung[1]	28.11.2018	BGBl. I S. 2014	§ 45c Abs. 5	eingef. mWv 5.12.2018
				Inhaltsübersicht, §§ 45a, 62, 87c, 95b	geänd. mWv 1.1.2019
				§§ 45b, 45c, 45d	eingef. mWv 1.1.2019
49.	Art. 4 G zur Stärkung des fairen Wettbewerbs	26.11.2020	BGBl. I S. 2568	§§ 36b, 97a	geänd. mWv 2.12.2020
50.	Art. 1 G zur Anpassung des Urheberrechts an die Erfordernisse des digitalen Binnenmarktes[2]	31.5.2021	BGBl. I S. 1204	Inhaltsübersicht, §§ 20b, 32, 32a, 32b, 36, 41, 60a, 60b, 60e, 60f, 60h, 62, 63, 69a, 69d, 69f, 69g, 71, 85, 87, 87c, 95a, 95b, 95d, 111a, 132, 137d, 137g, 142	geänd. mWv 7.6.2021
				§§ 23, 32d, 32e, 60d, 63a, 68, Teil 2 Abschnitt 7 (§§ 87f–87k), § 133	neu gef. mWv 7.6.2021
				§§ 20c, 20d, 32f, 32g, 35a, 36d, 44b, 51a, Teil 1 Abschnitt 6 UAbschnitt 5a (§§ 61d–61g), §§ 127b, 137p, 137q, 137r	eingef. mWv 7.6.2021
				§ 24	aufgeh. mit Ablauf des 6.6.2021

[1] **Amtl. Anm.:** Dieses Gesetz dient der Umsetzung der Richtlinie (EU) 2017/1564 des Europäischen Parlaments und des Rates vom 13. September 2017 über bestimmte zulässige Formen der Nutzung bestimmter urheberrechtlich oder durch verwandte Schutzrechte geschützter Werke und sonstiger Schutzgegenstände zugunsten blinder, sehbehinderter oder anderweitig lesebehinderter Personen und zur Änderung der Richtlinie 2001/29/EG zur Harmonisierung bestimmter Aspekte des Urheberrechts und der verwandten Schutzrechte in der Informationsgesellschaft (ABl. L 242 vom 20.9.2017, S. 6).

[2] **Amtl. Anm.:** Dieses Gesetz dient der Umsetzung der Richtlinie (EU) 2019/790 des Europäischen Parlaments und des Rates vom 17. April 2019 über das Urheberrecht und die verwandten Schutzrechte im digitalen Binnenmarkt und zur Änderung der Richtlinien 96/9/EG und 2001/29/EG (ABl. L 130 vom 17.5.2019, S. 92; L 259 vom 10.10.2019, S. 86). Die Artikel 1 und 2 dienen zudem der Umsetzung der Richtlinie (EU) 2019/789 des Europäischen Parlaments und des Rates vom 17. April 2019 mit Vorschriften für die Ausübung von Urheberrechten und verwandten Schutzrechten in Bezug auf bestimmte Online-Übertragungen von Sendeunternehmen und die Weiterverbreitung von Fernseh- und Hörfunkprogrammen und zur Änderung der Richtlinie 93/83/EWG des Rates (ABl. L 130 vom 17.5.2019, S. 82; L 296 vom 15.11.2019, S. 63). Artikel 1 dient zudem der Umsetzung des Artikels 5 Absatz 3 Buchstabe k der Richtlinie 2001/29/EG des Europäischen Parlaments und des Rates vom 22. Mai 2001 zur Harmonisierung bestimmter Aspekte des Urheberrechts und der verwandten Schutzrechte in der Informationsgesellschaft (ABl. L 167 vom 22.6.2001, S. 10; L 6 vom 10.1.2002, S. 71), die zuletzt durch die Richtlinie (EU) 2019/790 (ABl. L 130 vom 17.5.2019, S. 92; L 259 vom 10.10.2019, S. 86) geändert worden ist.

Lfd. Nr.	Änderndes Gesetz	Datum	Fundstelle	Betroffen	Hinweis
51.	Art. 25 TelekommunikationsmodernisierungsG[1]	23.6.2021	BGBl. I S. 1858	§ 101	geänd. mWv 1.12.2021

---

[1] **Amtl. Anm.:** Dieses Gesetz dient der Umsetzung der Richtlinie (EU) 2018/1972 des Europäischen Parlaments und des Rates vom 11. Dezember 2018 über den europäischen Kodex für die elektronische Kommunikation (Neufassung) (ABl. L 321 vom 17.12.2018, S. 36).

tum des Verletzers befindlichen rechtswidrig hergestellten, verbreiteten oder zur rechtswidrigen Verbreitung bestimmten Vervielfältigungsstücke in Anspruch genommen werden. ²Satz 1 ist entsprechend auf die im Eigentum des Verletzers stehenden Vorrichtungen anzuwenden, die vorwiegend zur Herstellung dieser Vervielfältigungsstücke gedient haben.

(2) Wer das Urheberrecht oder ein anderes nach diesem Gesetz geschütztes Recht widerrechtlich verletzt, kann von dem Verletzten auf Rückruf von rechtswidrig hergestellten, verbreiteten oder zur rechtswidrigen Verbreitung bestimmten Vervielfältigungsstücken oder auf deren endgültiges Entfernen aus den Vertriebswegen in Anspruch genommen werden.

(3) Statt der in Absatz 1 vorgesehenen Maßnahmen kann der Verletzte verlangen, dass ihm die Vervielfältigungsstücke, die im Eigentum des Verletzers stehen, gegen eine angemessene Vergütung, welche die Herstellungskosten nicht übersteigen darf, überlassen werden.

(4) ¹Die Ansprüche nach den Absätzen 1 bis 3 sind ausgeschlossen, wenn die Maßnahme im Einzelfall unverhältnismäßig ist. ²Bei der Prüfung der Verhältnismäßigkeit sind auch die berechtigten Interessen Dritter zu berücksichtigen.

(5) Bauwerke sowie ausscheidbare Teile von Vervielfältigungsstücken und Vorrichtungen, deren Herstellung und Verbreitung nicht rechtswidrig ist, unterliegen nicht den in den Absätzen 1 bis 3 vorgesehenen Maßnahmen.

§ 99[1] **Haftung des Inhabers eines Unternehmens.** Ist in einem Unternehmen von einem Arbeitnehmer oder Beauftragten ein nach diesem Gesetz geschütztes Recht widerrechtlich verletzt worden, hat der Verletzte die Ansprüche aus § 97 Abs. 1 und § 98 auch gegen den Inhaber des Unternehmens.

§ 100[2] **Entschädigung.** ¹Handelt der Verletzer weder vorsätzlich noch fahrlässig, kann er zur Abwendung der Ansprüche nach den §§ 97 und 98 den Verletzten in Geld entschädigen, wenn ihm durch die Erfüllung der Ansprüche ein unverhältnismäßig großer Schaden entstehen würde und dem Verletzten die Abfindung in Geld zuzumuten ist. ²Als Entschädigung ist der Betrag zu zahlen, der im Fall einer vertraglichen Einräumung des Rechts als Vergütung angemessen wäre. ³Mit der Zahlung der Entschädigung gilt die Einwilligung des Verletzten zur Verwertung im üblichen Umfang als erteilt.

§ 101[3] **Anspruch auf Auskunft.** (1) ¹Wer in gewerblichem Ausmaß das Urheberrecht oder ein anderes nach diesem Gesetz geschütztes Recht widerrechtlich verletzt, kann von dem Verletzten auf unverzügliche Auskunft über die Herkunft und den Vertriebsweg der rechtsverletzenden Vervielfältigungsstücke oder sonstigen Erzeugnisse in Anspruch genommen werden. ²Das gewerbliche Ausmaß kann sich sowohl aus der Anzahl der Rechtsverletzungen als auch aus der Schwere der Rechtsverletzung ergeben.

(2) ¹In Fällen offensichtlicher Rechtsverletzung oder in Fällen, in denen der Verletzte gegen den Verletzer Klage erhoben hat, besteht der Anspruch unbeschadet von Absatz 1 auch gegen eine Person, die in gewerblichem Ausmaß
1. rechtsverletzende Vervielfältigungsstücke in ihrem Besitz hatte,

---

[1] § 99 neu gef. mWv 1.9.2008 durch G v. 7.7.2008 (BGBl. I S. 1191).
[2] § 100 neu gef. mWv 1.9.2008 durch G v. 7.7.2008 (BGBl. I S. 1191).
[3] § 101 neu gef. mWv 1.9.2008 durch G v. 7.7.2008 (BGBl. I S. 1191); Abs. 9 Sätze 4 und 6 geänd., Satz 7 neu gef., Satz 8 aufgeh., bish. Satz 9 wird Satz 8 mWv 1.9.2009 durch G v. 17.12.2008 (BGBl. I S. 2586); Abs. 9 Satz 1 geänd. mWv 1.12.2021 durch G v. 23.6.2021 (BGBl. I S. 1858).

2. rechtsverletzende Dienstleistungen in Anspruch nahm,
3. für rechtsverletzende Tätigkeiten genutzte Dienstleistungen erbrachte oder
4. nach den Angaben einer in Nummer 1, 2 oder Nummer 3 genannten Person an der Herstellung, Erzeugung oder am Vertrieb solcher Vervielfältigungsstücke, sonstigen Erzeugnisse oder Dienstleistungen beteiligt war,

es sei denn, die Person wäre nach den §§ 383 bis 385 der Zivilprozessordnung[1]) im Prozess gegen den Verletzer zur Zeugnisverweigerung berechtigt. ²Im Fall der gerichtlichen Geltendmachung des Anspruchs nach Satz 1 kann das Gericht den gegen den Verletzer anhängigen Rechtsstreit auf Antrag bis zur Erledigung des wegen des Auskunftsanspruchs geführten Rechtsstreits aussetzen. ³Der zur Auskunft Verpflichtete kann von dem Verletzten den Ersatz der für die Auskunftserteilung erforderlichen Aufwendungen verlangen.

(3) Der zur Auskunft Verpflichtete hat Angaben zu machen über
1. Namen und Anschrift der Hersteller, Lieferanten und anderer Vorbesitzer der Vervielfältigungsstücke oder sonstigen Erzeugnisse, der Nutzer der Dienstleistungen sowie der gewerblichen Abnehmer und Verkaufsstellen, für die sie bestimmt waren, und
2. die Menge der hergestellten, ausgelieferten, erhaltenen oder bestellten Vervielfältigungsstücke oder sonstigen Erzeugnisse sowie über die Preise, die für die betreffenden Vervielfältigungsstücke oder sonstigen Erzeugnisse bezahlt wurden.

(4) Die Ansprüche nach den Absätzen 1 und 2 sind ausgeschlossen, wenn die Inanspruchnahme im Einzelfall unverhältnismäßig ist.

(5) Erteilt der zur Auskunft Verpflichtete die Auskunft vorsätzlich oder grob fahrlässig falsch oder unvollständig, so ist er dem Verletzten zum Ersatz des daraus entstehenden Schadens verpflichtet.

(6) Wer eine wahre Auskunft erteilt hat, ohne dazu nach Absatz 1 oder Absatz 2 verpflichtet gewesen zu sein, haftet Dritten gegenüber nur, wenn er wusste, dass er zur Auskunftserteilung nicht verpflichtet war.

(7) In Fällen offensichtlicher Rechtsverletzung kann die Verpflichtung zur Erteilung der Auskunft im Wege der einstweiligen Verfügung nach den §§ 935 bis 945 der Zivilprozessordnung angeordnet werden.

(8) Die Erkenntnisse dürfen in einem Strafverfahren oder in einem Verfahren nach dem Gesetz über Ordnungswidrigkeiten wegen einer vor der Erteilung der Auskunft begangenen Tat gegen den Verpflichteten oder gegen einen in § 52 Abs. 1 der Strafprozessordnung[2]) bezeichneten Angehörigen nur mit Zustimmung des Verpflichteten verwertet werden.

(9) ¹Kann die Auskunft nur unter Verwendung von Verkehrsdaten (§ 3 Nummer 70 des Telekommunikationsgesetzes) erteilt werden, ist für ihre Erteilung eine vorherige richterliche Anordnung über die Zulässigkeit der Verwendung der Verkehrsdaten erforderlich, die von dem Verletzten zu beantragen ist. ²Für den Erlass dieser Anordnung ist das Landgericht, in dessen Bezirk der zur Auskunft Verpflichtete seinen Wohnsitz, seinen Sitz oder eine Niederlassung hat, ohne Rücksicht auf den Streitwert ausschließlich zuständig. ³Die Entscheidung trifft die Zivilkammer. ⁴Für das Verfahren gelten die Vorschriften des Gesetzes über das Verfahren in Familiensachen und in den Angelegenheiten der freiwilligen Ge-

---

[1]) Nr. **100**.
[2]) Nr. **90**.

Lfd. Nr.	Änderndes Gesetz	Datum	Fundstelle	Betroffen	Hinweis
				§ 65a, Teil 5 (§§ 106a–106h), § 159	eingef. mWv 14.1.2019
				§ 125a	aufgeh. mit Ablauf des 13.1.2019
				bish. Teile 5–9 werden Teile 6–10	mWv 14.1.2019
				Inhaltsübersicht	geänd. mWv 1.5.2020
				§§ 53, 54	neu gef. mWv 1.5.2020
39.	Art. 24 Telekommunikationsmodernisierungs G[1]	23.6.2021	BGBl. I S. 1858	§ 19	geänd. mWv 1.12.2021
40.	Art. 10 Abs. 1 Viertes G zur Änd. des Lebensmittel- und Futtermittelgesetzbuches sowie anderer Vorschriften	27.7.2021	BGBl. I S. 3274	§ 134	geänd. mWv 10.8.2021
41.	Art. 5 Zweites G zur Vereinfachung und Modernisierung des Patentrechts	10.8.2021	BGBl. I S. 3490	§§ 33, 47, 55, 62, 65, 143a	geänd. mWv 18.8.2021
				Inhaltsübersicht, § 60, Teil 6 Überschrift, Teil 6 Abschnitt 2 Überschrift, §§ 120, 121, 122, 123, 124, 125	geänd. mWv 1.5.2022
				Teil 6 Abschnitt 1 (§§ 107, 108, 109, 110, 111, 112, 113, 114, 115, 116, 117, 118), § 119	neu gef. mWv 1.5.2022
				bish. Teil 6 Abschnitt 2 (bish. §§ 119–125)	aufgeh. mit Ablauf des 30.4.2022

Vorbemerkung:
Die Änderungen durch G v. 10.8.2021 (BGBl. I S. 3490) treten teilweise erst mWv 1.5.2022 in Kraft und sind insoweit im Text noch nicht berücksichtigt.

---

[1] **Amtl. Anm.:** Dieses Gesetz dient der Umsetzung der Richtlinie (EU) 2018/1972 des Europäischen Parlaments und des Rates vom 11. Dezember 2018 über den europäischen Kodex für die elektronische Kommunikation (Neufassung) (ABl. L 321 vom 17.12.2018, S. 36).

Dienstleistungen handelt, für die die Marke eingetragen ist, kann der Inhaber der Marke vom Verleger des Werkes verlangen, daß der Wiedergabe der Marke ein Hinweis beigefügt wird, daß es sich um eine eingetragene Marke handelt.

(2) Ist das Werk bereits erschienen, so beschränkt sich der Anspruch darauf, daß der Hinweis nach Absatz 1 bei einer neuen Auflage des Werkes aufgenommen wird.

(3) Die Absätze 1 und 2 sind entsprechend anzuwenden, wenn das Nachschlagewerk in der Form einer elektronischen Datenbank vertrieben wird oder wenn zu einer elektronischen Datenbank, die ein Nachschlagewerk enthält, Zugang gewährt wird.

§ 17[1]) **Ansprüche gegen Agenten oder Vertreter.** (1) Ist eine Marke entgegen § 11 für den Agenten oder Vertreter des Inhabers der Marke ohne dessen Zustimmung angemeldet oder eingetragen worden, so ist der Inhaber der Marke berechtigt, von dem Agenten oder Vertreter die Übertragung des durch die Anmeldung oder Eintragung der Marke begründeten Rechts zu verlangen.

(2) [1]Ist eine Marke entgegen § 11 für einen Agenten oder Vertreter des Inhabers der Marke eingetragen worden, so kann der Inhaber die Benutzung der Marke im Sinne des § 14 durch den Agenten oder Vertreter untersagen, wenn er der Benutzung nicht zugestimmt hat. [2]Handelt der Agent oder Vertreter vorsätzlich oder fahrlässig, so ist er dem Inhaber der Marke zum Ersatz des durch die Verletzungshandlung entstandenen Schadens verpflichtet. [3]§ 14 Abs. 7 ist entsprechend anzuwenden.

(3) Die Absätze 1 und 2 finden keine Anwendung, wenn Rechtfertigungsgründe für die Handlungsweise des Agenten oder des Vertreters vorliegen.

§ 18[2]) **Vernichtungs- und Rückrufansprüche.** (1) [1]Der Inhaber einer Marke oder einer geschäftlichen Bezeichnung kann den Verletzer in den Fällen der §§ 14, 15 und 17 auf Vernichtung der im Besitz oder Eigentum des Verletzers befindlichen widerrechtlich gekennzeichneten Waren in Anspruch nehmen. [2]Satz 1 ist entsprechend auf die im Eigentum des Verletzers stehenden Materialien und Geräte anzuwenden, die vorwiegend zur widerrechtlichen Kennzeichnung der Waren gedient haben.

(2) Der Inhaber einer Marke oder einer geschäftlichen Bezeichnung kann den Verletzer in den Fällen der §§ 14, 15 und 17 auf Rückruf von widerrechtlich gekennzeichneten Waren oder auf deren endgültiges Entfernen aus den Vertriebswegen in Anspruch nehmen.

(3) [1]Die Ansprüche nach den Absätzen 1 und 2 sind ausgeschlossen, wenn die Inanspruchnahme im Einzelfall unverhältnismäßig ist. [2]Bei der Prüfung der Verhältnismäßigkeit sind auch die berechtigten Interessen Dritter zu berücksichtigen.

§ 19[3]) **Auskunftsanspruch.** (1) Der Inhaber einer Marke oder einer geschäftlichen Bezeichnung kann den Verletzer in den Fällen der §§ 14, 15 und 17 auf unverzügliche Auskunft über die Herkunft und den Vertriebsweg von widerrechtlich gekennzeichneten Waren oder Dienstleistungen in Anspruch nehmen.

---

[1]) § 17 Abs. 3 angef. mWv 14.1.2019 durch G v. 11.12.2018 (BGBl. I S. 2357).
[2]) § 18 neu gef. mWv 1.9.2008 durch G v. 7.7.2008 (BGBl. I S. 1191).
[3]) § 19 neu gef. mWv 1.9.2008 durch G v. 7.7.2008 (BGBl. I S. 1191); Abs. 9 Sätze 4 und 6 geänd., Satz 7 neu gef., Satz 8 aufgeh., bish. Satz 9 wird Satz 8 mWv 1.9.2009 durch G v. 17.12.2008 (BGBl. I S. 2586); Abs. 9 Satz 1 geänd. mWv 1.12.2021 durch G v. 23.6.2021 (BGBl. I S. 1858).

(2) ¹In Fällen offensichtlicher Rechtsverletzung oder in Fällen, in denen der Inhaber einer Marke oder einer geschäftlichen Bezeichnung gegen den Verletzer Klage erhoben hat, besteht der Anspruch unbeschadet von Absatz 1 auch gegen eine Person, die in gewerblichem Ausmaß
1. rechtsverletzende Ware in ihrem Besitz hatte,
2. rechtsverletzende Dienstleistungen in Anspruch nahm,
3. für rechtsverletzende Tätigkeiten genutzte Dienstleistungen erbrachte oder
4. nach den Angaben einer in Nummer 1, 2 oder Nummer 3 genannten Person an der Herstellung, Erzeugung oder am Vertrieb solcher Waren oder an der Erbringung solcher Dienstleistungen beteiligt war,

es sei denn, die Person wäre nach den §§ 383 bis 385 der Zivilprozessordnung[1]) im Prozess gegen den Verletzer zur Zeugnisverweigerung berechtigt. ²Im Fall der gerichtlichen Geltendmachung des Anspruchs nach Satz 1 kann das Gericht den gegen den Verletzer anhängigen Rechtsstreit auf Antrag bis zur Erledigung des wegen des Auskunftsanspruchs geführten Rechtsstreits aussetzen. ³Der zur Auskunft Verpflichtete kann von dem Verletzten den Ersatz der für die Auskunftserteilung erforderlichen Aufwendungen verlangen.

(3) Der zur Auskunft Verpflichtete hat Angaben zu machen über
1. Namen und Anschrift der Hersteller, Lieferanten und anderer Vorbesitzer der Waren oder Dienstleistungen sowie der gewerblichen Abnehmer und Verkaufsstellen, für die sie bestimmt waren, und
2. die Menge der hergestellten, ausgelieferten, erhaltenen oder bestellten Waren sowie über die Preise, die für die betreffenden Waren oder Dienstleistungen bezahlt wurden.

(4) Die Ansprüche nach den Absätzen 1 und 2 sind ausgeschlossen, wenn die Inanspruchnahme im Einzelfall unverhältnismäßig ist.

(5) Erteilt der zur Auskunft Verpflichtete die Auskunft vorsätzlich oder grob fahrlässig falsch oder unvollständig, ist er dem Inhaber einer Marke oder einer geschäftlichen Bezeichnung zum Ersatz des daraus entstehenden Schadens verpflichtet.

(6) Wer eine wahre Auskunft erteilt hat, ohne dazu nach Absatz 1 oder Absatz 2 verpflichtet gewesen zu sein, haftet Dritten gegenüber nur, wenn er wusste, dass er zur Auskunftserteilung nicht verpflichtet war.

(7) In Fällen offensichtlicher Rechtsverletzung kann die Verpflichtung zur Erteilung der Auskunft im Wege der einstweiligen Verfügung nach den §§ 935 bis 945 der Zivilprozessordnung angeordnet werden.

(8) Die Erkenntnisse dürfen in einem Strafverfahren oder in einem Verfahren nach dem Gesetz über Ordnungswidrigkeiten[2]) wegen einer vor der Erteilung der Auskunft begangenen Tat gegen den Verpflichteten oder gegen einen in § 52 Abs. 1 der Strafprozessordnung[3]) bezeichneten Angehörigen nur mit Zustimmung des Verpflichteten verwertet werden.

(9) ¹Kann die Auskunft nur unter Verwendung von Verkehrsdaten (§ 3 Nummer 70 des Telekommunikationsgesetzes) erteilt werden, ist für ihre Erteilung eine vorherige richterliche Anordnung über die Zulässigkeit der Verwendung der Verkehrsdaten erforderlich, die von dem Verletzten zu beantragen ist. ²Für den

---

[1]) Nr. **100**.
[2]) Nr. **94**.
[3]) Nr. **90**.

Erlass dieser Anordnung ist das Landgericht, in dessen Bezirk der zur Auskunft Verpflichtete seinen Wohnsitz, seinen Sitz oder eine Niederlassung hat, ohne Rücksicht auf den Streitwert ausschließlich zuständig. [3] Die Entscheidung trifft die Zivilkammer. [4] Für das Verfahren gelten die Vorschriften des Gesetzes über das Verfahren in Familiensachen und in den Angelegenheiten der freiwilligen Gerichtsbarkeit[1] entsprechend. [5] Die Kosten der richterlichen Anordnung trägt der Verletzte. [6] Gegen die Entscheidung des Landgerichts ist die Beschwerde statthaft. [7] Die Beschwerde ist binnen einer Frist von zwei Wochen einzulegen. [8] Die Vorschriften zum Schutz personenbezogener Daten bleiben im Übrigen unberührt.

(10) Durch Absatz 2 in Verbindung mit Absatz 9 wird das Grundrecht des Fernmeldegeheimnisses (Artikel 10 des Grundgesetzes[2]) eingeschränkt.

§ 19a[3] **Vorlage- und Besichtigungsansprüche.** (1) [1] Bei hinreichender Wahrscheinlichkeit einer Rechtsverletzung nach den §§ 14, 15 und 17 kann der Inhaber einer Marke oder einer geschäftlichen Bezeichnung den vermeintlichen Verletzer auf Vorlage einer Urkunde oder Besichtigung einer Sache in Anspruch nehmen, die sich in dessen Verfügungsgewalt befindet, wenn dies zur Begründung seiner Ansprüche erforderlich ist. [2] Besteht die hinreichende Wahrscheinlichkeit einer in gewerblichem Ausmaß begangenen Rechtsverletzung, erstreckt sich der Anspruch auch auf die Vorlage von Bank-, Finanz- oder Handelsunterlagen. [3] Soweit der vermeintliche Verletzer geltend macht, dass es sich um vertrauliche Informationen handelt, trifft das Gericht die erforderlichen Maßnahmen, um den im Einzelfall gebotenen Schutz zu gewährleisten.

(2) Der Anspruch nach Absatz 1 ist ausgeschlossen, wenn die Inanspruchnahme im Einzelfall unverhältnismäßig ist.

(3) [1] Die Verpflichtung zur Vorlage einer Urkunde oder zur Duldung der Besichtigung einer Sache kann im Wege der einstweiligen Verfügung nach den §§ 935 bis 945 der Zivilprozessordnung[4] angeordnet werden. [2] Das Gericht trifft die erforderlichen Maßnahmen, um den Schutz vertraulicher Informationen zu gewährleisten. [3] Dies gilt insbesondere in den Fällen, in denen die einstweilige Verfügung ohne vorherige Anhörung des Gegners erlassen wird.

(4) § 811 des Bürgerlichen Gesetzbuchs[5] sowie § 19 Abs. 8 gelten entsprechend.

(5) Wenn keine Verletzung vorlag oder drohte, kann der vermeintliche Verletzer von demjenigen, der die Vorlage oder Besichtigung nach Absatz 1 begehrt hat, den Ersatz des ihm durch das Begehren entstandenen Schadens verlangen.

§ 19b[6] **Sicherung von Schadensersatzansprüchen.** (1) [1] Der Inhaber einer Marke oder einer geschäftlichen Bezeichnung kann den Verletzer bei einer in gewerblichem Ausmaß begangenen Rechtsverletzung in den Fällen des § 14 Abs. 6, § 15 Abs. 5 sowie § 17 Abs. 2 auch zur Vorlage von Bank-, Finanz- oder Handelsunterlagen oder einen geeigneten Zugang zu den entsprechenden Unterlagen in Anspruch nehmen, die sich in der Verfügungsgewalt des Verletzers befinden und die für die Durchsetzung des Schadensersatzanspruchs erforderlich sind, wenn ohne die Vorlage die Erfüllung des Schadensersatzanspruchs fraglich ist.

---

[1] Nr. **112**.
[2] Habersack, Deutsche Gesetze ErgBd. Nr. 1.
[3] § 19a eingef. mWv 1.9.2008 durch G v. 7.7.2008 (BGBl. I S. 1191).
[4] Nr. **100**.
[5] Nr. **20**.
[6] § 19b eingef. mWv 1.9.2008 durch G v. 7.7.2008 (BGBl. I S. 1191).

²Soweit der Verletzer geltend macht, dass es sich um vertrauliche Informationen handelt, trifft das Gericht die erforderlichen Maßnahmen, um den im Einzelfall gebotenen Schutz zu gewährleisten.

(2) Der Anspruch nach Absatz 1 ist ausgeschlossen, wenn die Inanspruchnahme im Einzelfall unverhältnismäßig ist.

(3) ¹Die Verpflichtung zur Vorlage der in Absatz 1 bezeichneten Urkunden kann im Wege der einstweiligen Verfügung nach den §§ 935 bis 945 der Zivilprozessordnung[1]) angeordnet werden, wenn der Schadensersatzanspruch offensichtlich besteht. ²Das Gericht trifft die erforderlichen Maßnahmen, um den Schutz vertraulicher Informationen zu gewährleisten. ³Dies gilt insbesondere in den Fällen, in denen die einstweilige Verfügung ohne vorherige Anhörung des Gegners erlassen wird.

(4) § 811 des Bürgerlichen Gesetzbuchs[2]) sowie § 19 Abs. 8 gelten entsprechend.

§ 19c[3]**) Urteilsbekanntmachung.** ¹Ist eine Klage auf Grund dieses Gesetzes erhoben worden, kann der obsiegenden Partei im Urteil die Befugnis zugesprochen werden, das Urteil auf Kosten der unterliegenden Partei öffentlich bekannt zu machen, wenn sie ein berechtigtes Interesse darlegt. ²Art und Umfang der Bekanntmachung werden im Urteil bestimmt. ³Die Befugnis erlischt, wenn von ihr nicht innerhalb von drei Monaten nach Eintritt der Rechtskraft des Urteils Gebrauch gemacht wird. ⁴Der Ausspruch nach Satz 1 ist nicht vorläufig vollstreckbar.

§ 19d[4]**) Ansprüche aus anderen gesetzlichen Vorschriften.** Ansprüche aus anderen gesetzlichen Vorschriften bleiben unberührt.

Abschnitt 4. Schranken des Schutzes

§ 20[5]**) Verjährung.** ¹Auf die Verjährung der in den §§ 14 bis 19c genannten Ansprüche finden die Vorschriften des Abschnitts 5 des Buches 1 des Bürgerlichen Gesetzbuchs[2]) entsprechende Anwendung. ²Hat der Verpflichtete durch die Verletzung auf Kosten des Berechtigten etwas erlangt, findet § 852 des Bürgerlichen Gesetzbuchs entsprechende Anwendung.

§ 21 Verwirkung von Ansprüchen. (1) Der Inhaber einer Marke oder einer geschäftlichen Bezeichnung hat nicht das Recht, die Benutzung einer eingetragenen Marke mit jüngerem Zeitrang für die Waren oder Dienstleistungen, für die sie eingetragen ist, zu untersagen, soweit er die Benutzung der Marke

(Fortsetzung nächstes Blatt)

---

[1]) Nr. **100**.
[2]) Nr. **20**.
[3]) § 19c eingef. mWv 1.9.2008 durch G v. 7.7.2008 (BGBl. I S. 1191).
[4]) § 19d eingef. mWv 1.9.2008 durch G v. 7.7.2008 (BGBl. I S. 1191).
[5]) § 20 neu gef. mWv 1.1.2002 durch G v. 26.11.2001 (BGBl. I S. 3138); Satz 1 geänd. mWv 1.9.2008 durch G v. 7.7.2008 (BGBl. I S. 1191).

Kartellgesetz GWB 74

Lfd. Nr.	Änderndes Gesetz	Datum	Fundstelle	Betroffen	Hinweis
16.	Art. 2 Abs. 2 G zur Einführung eines Wettbewerbsregisters und zur Änd. des G gegen Wettbewerbsbeschränkungen	18.7.2017	BGBl. I S. 2739, geänd. 2021, S. 2	§§ 39, 123, 124 § 125	geänd. mWv 29.7.2017 neu gef. mit noch nicht bestimmtem Inkrafttreten
17.	Art. 6 Zweites G zur Stärkung der Verfahrensrechte von Beschuldigten im Strafverfahren und zur Änd. des Schöffenrechts[1]	27.8.2017	BGBl. I S. 3295	§ 81b	geänd. mWv 5.9.2017
18.	Art. 10 Abs. 9 G zur Neuregelung des Schutzes von Geheimnissen bei der Mitwirkung Dritter an der Berufsausübung schweigepflichtiger Personen	30.10.2017	BGBl. I S. 3618	§ 47	geänd. mWv 9.11.2017
19.	Art. 10 G zur Einführung einer zivilprozessualen Musterfeststellungsklage	12.7.2018	BGBl. I S. 1151	§ 33h	geänd. mWv 1.11.2018
20.	Art. 1 G zur beschleunigten Beschaffung im Bereich der Verteidigung und Sicherheit und zur Optimierung der Vergabestatistik[2]	25.3.2020	BGBl. I S. 674	Inhaltsübersicht, §§ 107, 114, 150, 169, 170, 173, 176	geänd. mWv 2.4.2020
21.	Art. 1 G zur Abmilderung der Folgen der COVID-19-Pandemie im Wettbewerbsrecht und für den Bereich der Selbstverwaltungsorganisationen der gewerbl. Wirtschaft	25.5.2020	BGBl. I S. 1067	§ 186	geänd. mWv 29.5.2020
22.	Art. 220 Elfte ZuständigkeitsanpassungsVO	19.6.2020	BGBl. I S. 1328	§ 46	geänd. mWv 27.6.2020
23.	Art. 2 Abs. 8 G zur Änd. des EG-VerbraucherschutzdurchsetzungsG sowie des G über die Errichtung des Bundesamts für Justiz	25.6.2020	BGBl. I S. 1474	§ 50c	geänd. mWv 30.6.2020
24.	Art. 3 G zur Änd. des G zur Regelung von Ingenieur- und Architektenleistungen und anderer Gesetze	12.11.2020	BGBl. I S. 2392	§ 114	geänd. mWv 19.11.2020
25.	Art. 7 G zur Stärkung des fairen Wettbewerbs	26.11.2020	BGBl. I S. 2568	§§ 32e, 34a	geänd. mWv 2.12.2020

[1]) **Amtl. Anm.:** Die Artikel 1 bis 6 dieses Gesetzes dienen der Umsetzung der Richtlinie 2013/48/EU des Europäischen Parlaments und des Rates vom 22. Oktober 2013 über das Recht auf Zugang zu einem Rechtsbeistand in Strafverfahren und in Verfahren zur Vollstreckung des Europäischen Haftbefehls sowie über das Recht auf Benachrichtigung eines Dritten bei Freiheitsentzug und das Recht auf Kommunikation mit Dritten und mit Konsularbehörden während des Freiheitsentzugs (ABl. L 294 vom 6.11.2013, S. 1).

[2]) **Amtl. Anm.:** *(vom Abdruck wurde abgesehen)*

74 GWB — Kartellgesetz

Lfd. Nr.	Änderndes Gesetz	Datum	Fund-stelle	Betroffen	Hinweis
26.	Art. 1 GWB-Digitalisie-rungsG[1]	18.1.2021	BGBl. I S. 2	Inhaltsübersicht, §§ 18, 19, 20, 32a, 32c, 32e, 33a, 33c, 34a, 35, 36, 38, 39, 40, 44, 46, 47d, 47k, Teil 2 Kap. 3 Überschr., §§ 53, 83, 86a, 88, 89b, 90a–94, 140, 163, 168, 175, 186	geänd. mWv 19.1.2021
				Teil 2 Kapitel 1 und 2 (§§ 48–50f), Teil 3 Kapitel 1 (§§ 54–80), Teil 3 Kapitel 2 Abschnitte 1 und 2 (§§ 81–81n), §§ 82, 82a	neu gef. mWv 19.1.2021
				§§ 19a, 39a, Teil 3 Kapitel 2 Abschn. 3 Überschr., § 82b	eingef. mWv 19.1.2021
27.	Art. 8 G zur Ums. der VO des Europ. Parlaments u. des Rates über europ. Unternehmensstatistiken zur Aufh. von zehn Rechtsakten im Bereich Unternehmensstatistiken u. zur Änd. anderer StatistikG	22.2.2021	BGBl. I S. 266	§ 47c	geänd. mWv 1.4.2021
28.	Art. 5 Abs. 3 G zur Verbesserung der strafrechtl. Bekämpfung d. Geldwäsche	9.3.2021	BGBl. I S. 327	§ 123	geänd. mWv 18.3.2021
29.	Art. 30 TelekommunikationsmodernisierungsG[2]	23.6.2021	BGBl. I S. 1858	§ 46	geänd. mWv 1.12.2021
30.	Art. 4 G zur Errichtung u. Führung eines Registers über Unternehmensbasisdaten u. zur Einf. einer bundeseinheitl. Wirtschaftsnummer für Unternehmen u. zur Änd. weiterer G	9.7.2021	BGBl. I S. 2506, ber. S. 4455	§§ 20, 31b, 33c, 39, 50b, 50f, 73, 74, 75, 80, 81	geänd. mWv 15.7.2021
31.	Art. 2 G über die unternehmerischen Sorgfaltspflichten in Lieferketten	16.7.2021	BGBl. I S. 2959	§ 124	geänd. mWv 1.1.2023
32.	Art. 10 Abs. 2 Viertes G zur Änd. des Lebensmittel- und Futtermittelgesetzbuches sowie anderer Vorschriften	27.7.2021	BGBl. I S. 3274	§ 20	geänd. mWv 10.8.2021

Vorbemerkung:
Die Änderung durch G v. 16.7.2021 (BGBl. I S. 2959) tritt erst mWv 1.1.2023 in Kraft und ist im Text noch nicht berücksichtigt.

---

[1] **Amtl. Anm.:** Artikel 1 dieses Gesetzes dient der Umsetzung der Richtlinie (EU) 2019/1 des Europäischen Parlaments und des Rates vom 11. Dezember 2018 zur Stärkung der Wettbewerbsbehörden der Mitgliedstaaten im Hinblick auf eine wirksamere Durchsetzung der Wettbewerbsvorschriften und zur Gewährleistung des reibungslosen Funktionierens des Binnenmarkts (ABl. L 11 vom 14.1.2019, S. 3) und der Richtlinie 2014/104/EU des Europäischen Parlaments und des Rates vom 26. November 2014 über bestimmte Vorschriften für Schadensersatzklagen nach nationalem Recht wegen Zuwiderhandlungen gegen wettbewerbsrechtliche Bestimmungen der Mitgliedstaaten und der Europäischen Union (ABl. L 349 vom 5.12.2014, S. 1).

[2] **Amtl. Anm.:** Dieses Gesetz dient der Umsetzung der Richtlinie (EU) 2018/1972 des Europäischen Parlaments und des Rates vom 11. Dezember 2018 über den europäischen Kodex für die elektronische Kommunikation (Neufassung) (ABl. L 321 vom 17.12.2018, S. 36).

b) Rechte oder Verträge, die einen bestimmenden Einfluss auf die Zusammensetzung, die Beratungen oder Beschlüsse der Organe des Unternehmens gewähren;
das gilt auch, wenn ein im Inland tätiges Unternehmen noch keine Umsatzerlöse erzielt hat;
3. Erwerb von Anteilen an einem anderen Unternehmen, wenn die Anteile allein oder zusammen mit sonstigen, dem Unternehmen bereits gehörenden Anteilen
a) 50 vom Hundert oder
b) 25 vom Hundert
des Kapitals oder der Stimmrechte des anderen Unternehmens erreichen. Zu den Anteilen, die dem Unternehmen gehören, rechnen auch die Anteile, die einem anderen für Rechnung dieses Unternehmens gehören und, wenn der Inhaber des Unternehmens ein Einzelkaufmann ist, auch die Anteile, die sonstiges Vermögen des Inhabers sind. Erwerben mehrere Unternehmen gleichzeitig oder nacheinander Anteile im vorbezeichneten Umfang an einem anderen Unternehmen, gilt dies hinsichtlich der Märkte, auf denen das andere Unternehmen tätig ist, auch als Zusammenschluss der sich beteiligenden Unternehmen untereinander;
4. jede sonstige Verbindung von Unternehmen, auf Grund deren ein oder mehrere Unternehmen unmittelbar oder mittelbar einen wettbewerblich erheblichen Einfluss auf ein anderes Unternehmen ausüben können.

(2) Ein Zusammenschluss liegt auch dann vor, wenn die beteiligten Unternehmen bereits vorher zusammengeschlossen waren, es sei denn, der Zusammenschluss führt nicht zu einer wesentlichen Verstärkung der bestehenden Unternehmensverbindung.

(3) [1] Erwerben Kreditinstitute, Finanzinstitute oder Versicherungsunternehmen Anteile an einem anderen Unternehmen zum Zwecke der Veräußerung, gilt dies nicht als Zusammenschluss, solange sie das Stimmrecht aus den Anteilen nicht ausüben und sofern die Veräußerung innerhalb eines Jahres erfolgt. [2] Diese Frist kann vom Bundeskartellamt auf Antrag verlängert werden, wenn glaubhaft gemacht wird, dass die Veräußerung innerhalb der Frist unzumutbar war.

§ 38[1]) **Berechnung der Umsatzerlöse, der Marktanteile und des Wertes der Gegenleistung.** (1) [1] Für die Ermittlung der Umsatzerlöse gilt § 277 Absatz 1 des Handelsgesetzbuchs[2]). [2] Verwendet ein Unternehmen für seine regelmäßige Rechnungslegung ausschließlich einen anderen international anerkannten Rechnungslegungsstandard, so ist für die Ermittlung der Umsatzerlöse dieser Standard maßgeblich. [3] Umsatzerlöse aus Lieferungen und Leistungen zwischen verbundenen Unternehmen (Innenumsatzerlöse) sowie Verbrauchsteuern bleiben außer Betracht.

(2) Für den Handel mit Waren sind nur drei Viertel der Umsatzerlöse in Ansatz zu bringen.

(3) Für den Verlag, die Herstellung und den Vertrieb von Zeitungen, Zeitschriften und deren Bestandteilen ist das Vierfache der Umsatzerlöse und für die

---

[1]) § 38 Abs. 4 Satz 1 geänd. mWv 22.7.2013 durch G v. 4.7.2013 (BGBl. I S. 1981); Überschrift neu gef., Abs. 3 geänd., Abs. 4a eingef., Abs. 5 Satz 3 geänd. mWv 9.6.2017 durch G v. 1.6.2017 (BGBl. I S. 1416); Abs. 1 Satz 2 eingef., bish Satz 2 wird Satz 3, Abs. 3 und Abs. 5 Satz 3 geänd. mWv 19.1.2021 durch G v. 18.1.2021 (BGBl. I S. 2).
[2]) Nr. **50**.

Herstellung, den Vertrieb und die Veranstaltung von Rundfunkprogrammen und den Absatz von Rundfunkwerbezeiten ist das Achtfache der Umsatzerlöse in Ansatz zu bringen.

(4) [1] An die Stelle der Umsatzerlöse tritt bei Kreditinstituten, Finanzinstituten, Bausparkassen sowie bei externen Kapitalverwaltungsgesellschaften im Sinne des § 17 Absatz 2 Nummer 1 des Kapitalanlagegesetzbuchs der Gesamtbetrag der in § 34 Absatz 2 Satz 1 Nummer 1 Buchstabe a bis e der Kreditinstituts-Rechnungslegungsverordnung in der jeweils geltenden Fassung genannten Erträge abzüglich der Umsatzsteuer und sonstiger direkt auf diese Erträge erhobener Steuern. [2] Bei Versicherungsunternehmen sind die Prämieneinnahmen des letzten abgeschlossenen Geschäftsjahres maßgebend. [3] Prämieneinnahmen sind die Einnahmen aus dem Erst- und Rückversicherungsgeschäft einschließlich der in Rückdeckung gegebenen Anteile.

(4a) Die Gegenleistung nach § 35 Absatz 1a umfasst
1. alle Vermögensgegenstände und sonstigen geldwerten Leistungen, die der Veräußerer vom Erwerber im Zusammenhang mit dem Zusammenschluss nach § 37 Absatz 1 erhält, (Kaufpreis) und
2. den Wert etwaiger vom Erwerber übernommener Verbindlichkeiten.

(5) [1] Wird ein Zusammenschluss durch den Erwerb von Teilen eines oder mehrerer Unternehmen bewirkt, so ist unabhängig davon, ob diese Teile eigene Rechtspersönlichkeit besitzen, auf Seiten des Veräußerers nur der Umsatz oder der Marktanteil zu berücksichtigen, der auf die veräußerten Teile entfällt. [2] Dies gilt nicht, sofern beim Veräußerer die Kontrolle im Sinne des § 37 Absatz 1 Nummer 2 oder 25 Prozent oder mehr der Anteile verbleiben. [3] Zwei oder mehr Erwerbsvorgänge im Sinne von Satz 1, die innerhalb von zwei Jahren zwischen denselben Personen oder Unternehmen getätigt werden, werden als ein einziger Zusammenschluss behandelt, wenn dadurch die Umsatzschwellen des § 35 Absatz 1 erreicht oder die Voraussetzungen des § 35 Absatz 1a erfüllt werden; als Zeitpunkt des Zusammenschlusses gilt der letzte Erwerbsvorgang.

§ 39[1)] Anmelde- und Anzeigepflicht.
(1) [1] Zusammenschlüsse sind vor dem Vollzug beim Bundeskartellamt gemäß den Absätzen 2 und 3 anzumelden. [2] Elektronische Anmeldungen sind zulässig über:
1. die vom Bundeskartellamt eingerichtete zentrale De-Mail-Adresse im Sinne des De-Mail-Gesetzes,
2. die vom Bundeskartellamt eingerichtete zentrale E-Mail-Adresse für Dokumente mit qualifizierter elektronischer Signatur,
3. das besondere elektronische Behördenpostfach sowie
4. eine hierfür bestimmte Internetplattform.

(2) Zur Anmeldung sind verpflichtet:
1. die am Zusammenschluss beteiligten Unternehmen,
2. in den Fällen des § 37 Absatz 1 Nummer 1 und 3 auch der Veräußerer.

[1)] § 39 Abs. 3 Satz 2 Nr. 3 geänd. mWv 22.7.2013 durch G v. 4.7.2013 (BGBl. I S. 1981); Abs. 3 Satz 2 Nr. 3 angef., Nr. 3a eingef., Abs. 5 geänd. mWv 9.6.2017 durch G v. 1.6.2017 (BGBl. I S. 1416); Abs. 5 neu gef. mWv 29.7.2017 durch G v. 18.7.2017 (BGBl. I S. 2739); Abs. 1 Satz 2 und Abs. 6 neu gef. mWv 19.1.2021 durch G v. 18.1.2021 (BGBl. I S. 2); Abs. 1 Satz 3 aufgeh. mWv 15.7.2021 durch G v. 9.7.2021 (BGBl. I S. 2506, ber. S. 4455).

(3) [1] In der Anmeldung ist die Form des Zusammenschlusses anzugeben. [2] Die Anmeldung muss ferner über jedes beteiligte Unternehmen folgende Angaben enthalten:
1. die Firma oder sonstige Bezeichnung und den Ort der Niederlassung oder den Sitz;
2. die Art des Geschäftsbetriebes;
3. die Umsatzerlöse im Inland, in der Europäischen Union und weltweit; anstelle der Umsatzerlöse sind bei Kreditinstituten, Finanzinstituten, Bausparkassen sowie bei externen Kapitalverwaltungsgesellschaften im Sinne des § 17 Absatz 2 Nummer 1 des Kapitalanlagegesetzbuchs der Gesamtbetrag der Erträge gemäß § 38 Absatz 4, bei Versicherungsunternehmen die Prämieneinnahmen anzugeben; im Fall des § 35 Absatz 1a ist zusätzlich auch der Wert der Gegenleistung für den Zusammenschluss nach § 38 Absatz 4a, einschließlich der Grundlagen für seine Berechnung, anzugeben;
3a. im Fall des § 35 Absatz 1a Angaben zu Art und Umfang der Tätigkeit im Inland;
4. die Marktanteile einschließlich der Grundlagen für ihre Berechnung oder Schätzung, wenn diese im Geltungsbereich dieses Gesetzes oder in einem wesentlichen Teil desselben für die beteiligten Unternehmen zusammen mindestens 20 vom Hundert erreichen;
5. beim Erwerb von Anteilen an einem anderen Unternehmen die Höhe der erworbenen und der insgesamt gehaltenen Beteiligung;
6. eine zustellungsbevollmächtigte Person im Inland, sofern sich der Sitz des Unternehmens nicht im Geltungsbereich dieses Gesetzes befindet.

[3] In den Fällen des § 37 Absatz 1 Nummer 1 oder 3 sind die Angaben nach Satz 2 Nummer 1 und 6 auch für den Veräußerer zu machen. [4] Ist ein beteiligtes Unternehmen ein verbundenes Unternehmen, sind die Angaben nach Satz 2 Nummer 1 und 2 auch über die verbundenen Unternehmen und die Angaben nach Satz 2 Nummer 3 und Nummer 4 über jedes am Zusammenschluss beteiligte Unternehmen und die mit ihm verbundenen Unternehmen insgesamt zu machen sowie die Konzernbeziehungen, Abhängigkeits- und Beteiligungsverhältnisse zwischen den verbundenen Unternehmen mitzuteilen. [5] In der Anmeldung dürfen keine unrichtigen oder unvollständigen Angaben gemacht oder benutzt werden, um die Kartellbehörde zu veranlassen, eine Untersagung nach § 36 Absatz 1 oder eine Mitteilung nach § 40 Absatz 1 zu unterlassen.

(4) [1] Eine Anmeldung ist nicht erforderlich, wenn die Europäische Kommission einen Zusammenschluss an das Bundeskartellamt verwiesen hat und dem Bundeskartellamt die nach Absatz 3 erforderlichen Angaben in deutscher Sprache vorliegen. [2] Das Bundeskartellamt teilt den beteiligten Unternehmen unverzüglich den Zeitpunkt des Eingangs der Verweisungsentscheidung mit und unterrichtet sie zugleich darüber, inwieweit die nach Absatz 3 erforderlichen Angaben in deutscher Sprache vorliegen.

(5) Das Bundeskartellamt kann von jedem beteiligten Unternehmen Auskunft über Marktanteile einschließlich der Grundlagen für die Berechnung oder Schätzung sowie über den Umsatzerlös bei einer bestimmten Art von Waren oder gewerblichen Leistungen, den das Unternehmen im letzten Geschäftsjahr vor dem Zusammenschluss erzielt hat, sowie über die Tätigkeit eines Unternehmens im Inland einschließlich von Angaben zu Zahlen und Standorten seiner Kunden sowie der Orte, an denen seine Angebote erbracht und bestimmungsgemäß genutzt werden, verlangen.

(6) ¹Anmeldepflichtige Zusammenschlüsse, die entgegen Absatz 1 Satz 1 nicht vor dem Vollzug angemeldet wurden, sind von den beteiligten Unternehmen unverzüglich beim Bundeskartellamt anzuzeigen. ²§ 41 bleibt unberührt.

§ 39a[1]) Aufforderung zur Anmeldung künftiger Zusammenschlüsse.

(1) Das Bundeskartellamt kann ein Unternehmen durch Verfügung verpflichten, jeden Zusammenschluss des Unternehmens mit anderen Unternehmen in einem oder mehreren bestimmten Wirtschaftszweigen anzumelden, wenn
1. das Unternehmen im letzten Geschäftsjahr weltweit Umsatzerlöse von mehr als 500 Millionen Euro erzielt hat,
2. objektiv nachvollziehbare Anhaltspunkte dafür bestehen, dass durch künftige Zusammenschlüsse der wirksame Wettbewerb im Inland in den genannten Wirtschaftszweigen erheblich behindert werden könnte und
3. das Unternehmen in den genannten Wirtschaftszweigen einen Anteil von mindestens 15 Prozent am Angebot oder an der Nachfrage von Waren oder Dienstleistungen in Deutschland hat.

(2) Die Anmeldepflicht nach Absatz 1 gilt nur für Zusammenschlüsse bei denen
1. das zu erwerbende Unternehmen im letzten Geschäftsjahr Umsatzerlöse von mehr als 2 Millionen Euro erzielt hat und
2. mehr als zwei Drittel seiner Umsatzerlöse im Inland erzielt hat.

(3) Eine Verfügung nach Absatz 1 setzt voraus, dass das Bundeskartellamt auf einem der betroffenen Wirtschaftszweige zuvor eine Untersuchung nach § 32e durchgeführt hat.

(4) ¹Die Anmeldepflicht nach Absatz 1 gilt für drei Jahre ab Zustellung der Entscheidung. ²In der Verfügung sind die relevanten Wirtschaftszweige anzugeben.

§ 40[2]) Verfahren der Zusammenschlusskontrolle.

(1) ¹Das Bundeskartellamt darf einen Zusammenschluss, der ihm angemeldet worden ist, nur untersagen, wenn es den anmeldenden Unternehmen innerhalb einer Frist von einem Monat seit Eingang der vollständigen Anmeldung mitteilt, dass es in die Prüfung des Zusammenschlusses (Hauptprüfverfahren) eingetreten ist. ²Das Hauptprüfverfahren soll eingeleitet werden, wenn eine weitere Prüfung des Zusammenschlusses erforderlich ist.

(2) ¹Im Hauptprüfverfahren entscheidet das Bundeskartellamt durch Verfügung, ob der Zusammenschluss untersagt oder freigegeben wird. ²Wird die Verfügung nicht innerhalb von fünf Monaten nach Eingang der vollständigen Anmeldung den anmeldenden Unternehmen zugestellt, gilt der Zusammenschluss als freigegeben. ³Die Verfahrensbeteiligten sind unverzüglich über den Zeitpunkt der Zustellung der Verfügung zu unterrichten. ⁴Dies gilt nicht, wenn
1. die anmeldenden Unternehmen einer Fristverlängerung zugestimmt haben,
2. das Bundeskartellamt wegen unrichtiger Angaben oder wegen einer nicht rechtzeitig erteilten Auskunft nach § 39 Absatz 5 oder § 59 die Mitteilung nach Absatz 1 oder die Untersagung des Zusammenschlusses unterlassen hat,

---

[1]) § 39a eingef. mWv 19.1.2021 durch G v. 18.1.2021 (BGBl. I S. 2).
[2]) § 40 Abs. 4 Satz 3 angef. mWv 9.6.2017 durch G v. 1.6.2017 (BGBl. I S. 1416); Abs. 2 Sätze 2 und 7 geänd. mWv 19.1.2021 durch G v. 18.1.2021 (BGBl. I S. 2).

3. eine zustellungsbevollmächtigte Person im Inland entgegen § 39 Absatz 3 Satz 2 Nummer 6 nicht mehr benannt ist.

[5] Die Frist nach Satz 2 wird gehemmt, wenn das Bundeskartellamt von einem am Zusammenschluss beteiligten Unternehmen eine Auskunft nach § 59 erneut anfordern muss, weil das Unternehmen ein vorheriges Auskunftsverlangen nach § 59 aus Umständen, die von ihm zu vertreten sind, nicht rechtzeitig oder nicht vollständig beantwortet hat. [6] Die Hemmung endet, wenn das Unternehmen dem Bundeskartellamt die Auskunft vollständig übermittelt hat. [7] Die Frist verlängert sich um einen Monat, wenn ein anmeldendes Unternehmen in einem Verfahren dem Bundeskartellamt erstmals Vorschläge für Bedingungen oder Auflagen nach Absatz 3 unterbreitet.

(3) [1] Die Freigabe kann mit Bedingungen und Auflagen verbunden werden, um sicherzustellen, dass die beteiligten Unternehmen den Verpflichtungen nachkommen, die sie gegenüber dem Bundeskartellamt eingegangen sind, um eine Untersagung abzuwenden. [2] Die Bedingungen und Auflagen dürfen sich nicht darauf richten, die beteiligten Unternehmen einer laufenden Verhaltenskontrolle zu unterstellen.

(3a) [1] Die Freigabe kann widerrufen oder geändert werden, wenn sie auf unrichtigen Angaben beruht, arglistig herbeigeführt worden ist oder die beteiligten Unternehmen einer mit ihr verbundenen Auflage zuwiderhandeln. [2] Im Falle der Nichterfüllung einer Auflage gilt § 41 Absatz 4 entsprechend.

(4) [1] Vor einer Untersagung ist den obersten Landesbehörden, in deren Gebiet die beteiligten Unternehmen ihren Sitz haben, Gelegenheit zur Stellungnahme zu geben. [2] In Verfahren nach § 172a des Fünften Buches Sozialgesetzbuch[1]) ist vor einer Untersagung das Benehmen mit den zuständigen Aufsichtsbehörden nach § 90 des Vierten Buches Sozialgesetzbuch[2]) herzustellen. [3] Vor einer Untersagung in Verfahren, die den Bereich der bundesweiten Verbreitung von Fernsehprogrammen durch private Veranstalter betreffen, ist das Benehmen mit der Kommission zur Ermittlung der Konzentration im Medienbereich herzustellen.

(5) Die Fristen nach den Absätzen 1 und 2 Satz 2 beginnen in den Fällen des § 39 Absatz 4 Satz 1, wenn die Verweisungsentscheidung beim Bundeskartellamt eingegangen ist und die nach § 39 Absatz 3 erforderlichen Angaben in deutscher Sprache vorliegen.

(6) Wird eine Freigabe des Bundeskartellamts durch gerichtlichen Beschluss rechtskräftig ganz oder teilweise aufgehoben, beginnt die Frist nach Absatz 2 Satz 2 mit Eintritt der Rechtskraft von Neuem.

§ 41[3]) Vollzugsverbot, Entflechtung.

(1) [1] Die Unternehmen dürfen einen Zusammenschluss, der vom Bundeskartellamt nicht freigegeben ist, nicht vor Ablauf der Fristen nach § 40 Absatz 1 Satz 1 und Absatz 2 Satz 2 vollziehen oder am Vollzug dieses Zusammenschlusses mitwirken. [2] Rechtsgeschäfte, die gegen dieses Verbot verstoßen, sind unwirksam. [3] Dies gilt nicht
1. für Verträge über Grundstücksgeschäfte, sobald sie durch Eintragung in das Grundbuch rechtswirksam geworden sind,

---

[1]) Aichberger, SGB Nr. 5.
[2]) Aichberger, SGB Nr. 4.
[3]) § 41 Abs. 3 Satz 1 geänd. mWv 8.9.2015 durch VO v. 31.8.2015 (BGBl. I S. 1474); Abs. 3 Satz 1 geänd. mWv 9.6.2017 durch G v. 1.6.2017 (BGBl. I S. 1416).

2. für Verträge über die Umwandlung, Eingliederung oder Gründung eines Unternehmens und für Unternehmensverträge im Sinne der §§ 291 und 292 des Aktiengesetzes[1], sobald sie durch Eintragung in das zuständige Register rechtswirksam geworden sind, sowie
3. für andere Rechtsgeschäfte, wenn der nicht angemeldete Zusammenschluss nach Vollzug angezeigt und das Entflechtungsverfahren nach Absatz 3 eingestellt wurde, weil die Untersagungsvoraussetzungen nicht vorlagen, oder die Wettbewerbsbeschränkung infolge einer Auflösungsanordnung nach Absatz 3 Satz 2 in Verbindung mit Satz 3 beseitigt wurde oder eine Ministererlaubnis nach § 42 erteilt worden ist.

(1a) Absatz 1 steht der Verwirklichung von Erwerbsvorgängen nicht entgegen, bei denen die Kontrolle, Anteile oder wettbewerblich erheblicher Einfluss im Sinne von § 37 Absatz 1 oder 2 von mehreren Veräußerern entweder im Wege eines öffentlichen Übernahmeangebots oder im Wege einer Reihe von Rechtsgeschäften mit Wertpapieren, einschließlich solchen, die in andere zum Handel an einer Börse oder an einem ähnlichen Markt zugelassene Wertpapiere konvertierbar sind, über eine Börse erworben werden, sofern der Zusammenschluss gemäß § 39 unverzüglich beim Bundeskartellamt angemeldet wird und der Erwerber die mit den Anteilen verbundenen Stimmrechte nicht oder nur zur Erhaltung des vollen Wertes seiner Investition auf Grund einer vom Bundeskartellamt nach Absatz 2 erteilten Befreiung ausübt.

(2) [1]Das Bundeskartellamt kann auf Antrag Befreiungen vom Vollzugsverbot erteilen, wenn die beteiligten Unternehmen hierfür wichtige Gründe geltend machen, insbesondere um schweren Schaden von einem beteiligten Unternehmen oder von Dritten abzuwenden. [2]Die Befreiung kann jederzeit, auch vor der Anmeldung, erteilt und mit Bedingungen und Auflagen verbunden werden. [3]§ 40 Absatz 3a gilt entsprechend.

(3) [1]Ein vollzogener Zusammenschluss, der die Untersagungsvoraussetzungen nach § 36 Absatz 1 erfüllt, ist aufzulösen, wenn nicht die Bundesministerin oder der Bundesminister für Wirtschaft und Energie nach § 42 die Erlaubnis zu dem Zusammenschluss erteilt. [2]Das Bundeskartellamt ordnet die zur Auflösung des Zusammenschlusses erforderlichen Maßnahmen an. [3]Die Wettbewerbsbeschränkung kann auch auf andere Weise als durch Wiederherstellung des früheren Zustands beseitigt werden.

(4) Zur Durchsetzung seiner Anordnung kann das Bundeskartellamt insbesondere
1. (weggefallen)
2. die Ausübung des Stimmrechts aus Anteilen an einem beteiligten Unternehmen, die einem anderen beteiligten Unternehmen gehören oder ihm zuzurechnen sind, untersagen oder einschränken,
3. einen Treuhänder bestellen, der die Auflösung des Zusammenschlusses herbeiführt.

§ 42[2] **Ministererlaubnis.** (1) [1]Die Bundesministerin oder der Bundesminister für Wirtschaft und Energie erteilt auf Antrag die Erlaubnis zu einem vom Bundes-

---

[1] Nr. **51**.
[2] § 42 Abs. 1 Satz 1, Abs. 3 Satz 1 und Abs. 4 Satz 1 geänd. mWv 8.9.2015 durch VO v. 31.8.2015 (BGBl. I S. 1474); Abs. 1 Satz 1 geänd., Satz 4 angef., Abs. 4 neu gef., Abs. 5 und 6 angef. mWv 9.6.2017 durch G v. 1.6.2017 (BGBl. I S. 1416).

kartellamt untersagten Zusammenschluss, wenn im Einzelfall die Wettbewerbsbeschränkung von gesamtwirtschaftlichen Vorteilen des Zusammenschlusses aufgewogen wird oder der Zusammenschluss durch ein überragendes Interesse der Allgemeinheit gerechtfertigt ist. [2] Hierbei ist auch die Wettbewerbsfähigkeit der beteiligten Unternehmen auf Märkten außerhalb des Geltungsbereichs dieses Gesetzes zu berücksichtigen. [3] Die Erlaubnis darf nur erteilt werden, wenn durch das Ausmaß der Wettbewerbsbeschränkung die marktwirtschaftliche Ordnung nicht gefährdet wird. [4] Weicht die Entscheidung vom Votum der Stellungnahme ab, die die Monopolkommission nach Absatz 5 Satz 1 erstellt hat, ist dies in der Verfügung gesondert zu begründen.

(2) [1] Die Erlaubnis kann mit Bedingungen und Auflagen verbunden werden. [2] § 40 Absatz 3 Satz 2 und Absatz 3a gilt entsprechend.

(3) [1] Der Antrag ist innerhalb einer Frist von einem Monat seit Zustellung der Untersagung oder einer Auflösungsanordnung nach § 41 Absatz 3 Satz 1 ohne vorherige Untersagung beim Bundesministerium für Wirtschaft und Energie schriftlich zu stellen. [2] Wird die Untersagung angefochten, beginnt die Frist in dem Zeitpunkt, in dem die Untersagung unanfechtbar wird. [3] Wird die Auflösungsanordnung nach § 41 Absatz 3 Satz 1 angefochten, beginnt die Frist zu dem Zeitpunkt, zu dem die Auflösungsanordnung unanfechtbar wird.

(4) [1] Die Bundesministerin oder der Bundesminister für Wirtschaft und Energie soll über den Antrag innerhalb von vier Monaten entscheiden. [2] Wird die Entscheidung nicht innerhalb dieser Frist getroffen, teilt das Bundesministerium für Wirtschaft und Energie die Gründe hierfür dem Deutschen Bundestag unverzüglich schriftlich mit. [3] Wird die Verfügung den antragstellenden Unternehmen nicht innerhalb von sechs Monaten nach Eingang des vollständigen Antrags zugestellt, gilt der Antrag auf die Ministererlaubnis als abgelehnt. [4] Das Bundesministerium für Wirtschaft und Energie kann die Frist nach Satz 3 auf Antrag der antragstellenden Unternehmen um bis zu zwei Monate verlängern. [5] In diesem Fall ist Satz 3 nicht anzuwenden und die Verfügung ist den antragstellenden Unternehmen innerhalb der Frist nach Satz 4 zuzustellen.

(5) [1] Vor der Entscheidung nach Absatz 4 Satz 1 ist eine Stellungnahme der Monopolkommission einzuholen und den obersten Landesbehörden, in deren Gebiet die beteiligten Unternehmen ihren Sitz haben, Gelegenheit zur Stellungnahme zu geben. [2] Im Fall eines Antrags auf Erlaubnis eines untersagten Zusammenschlusses im Bereich der bundesweiten Verbreitung von Fernsehprogrammen durch private Veranstalter ist zusätzlich eine Stellungnahme der Kommission zur Ermittlung der Konzentration im Medienbereich einzuholen. [3] Die Monopolkommission soll ihre Stellungnahme innerhalb von zwei Monaten nach Aufforderung durch das Bundesministerium für Wirtschaft und Energie abgeben.

(6) Das Bundesministerium für Wirtschaft und Energie erlässt Leitlinien über die Durchführung des Verfahrens.

§ 43 Bekanntmachungen. (1) Die Einleitung des Hauptprüfverfahrens durch das Bundeskartellamt nach § 40 Absatz 1 Satz 1 und der Antrag auf Erteilung einer Ministererlaubnis sind unverzüglich im Bundesanzeiger bekannt zu machen.

(2) Im Bundesanzeiger sind bekannt zu machen

1. die Verfügung des Bundeskartellamts nach § 40 Absatz 2,
2. die Ministererlaubnis, deren Widerruf, Änderung oder Ablehnung,
3. die Rücknahme, der Widerruf oder die Änderung der Freigabe des Bundeskartellamts.

4. die Auflösung eines Zusammenschlusses und die sonstigen Anordnungen des Bundeskartellamts nach § 41 Absatz 3 und 4.

(3) Bekannt zu machen nach Absatz 1 und 2 sind jeweils die Angaben nach § 39 Absatz 3 Satz 1 sowie Satz 2 Nummer 1 und 2.

§ 43a[1] **Evaluierung.** Das Bundesministerium für Wirtschaft und Energie berichtet den gesetzgebenden Körperschaften nach Ablauf von drei Jahren nach Inkrafttreten der Vorschrift über die Erfahrungen mit den Regelungen von § 35 Absatz 1a, § 37 Absatz 1 Nummer 1 und § 38 Absatz 4a.

Kapitel 8.[2] Monopolkommission

§ 44[3] **Aufgaben.** (1) ¹Die Monopolkommission erstellt alle zwei Jahre ein Gutachten, in dem sie den Stand und die absehbare Entwicklung der Unternehmenskonzentration in der Bundesrepublik Deutschland beurteilt, die Anwendung der wettbewerbsrechtlichen Vorschriften anhand abgeschlossener Verfahren würdigt, sowie zu sonstigen aktuellen wettbewerbspolitischen Fragen Stellung nimmt. ²Das Gutachten soll bis zum 30. Juni des Jahres abgeschlossen sein, in dem das Gutachten zu erstellen ist. ³Die Bundesregierung kann die Monopolkommission mit der Erstattung zusätzlicher Gutachten beauftragen. ⁴Darüber hinaus kann die Monopolkommission nach ihrem Ermessen Gutachten oder andere Stellungnahmen erstellen. ⁵Die Möglichkeit zur Stellungnahme nach § 75 Absatz 5 bleibt unberührt.

(2) ¹Die Monopolkommission ist nur an den durch dieses Gesetz begründeten Auftrag gebunden und in ihrer Tätigkeit unabhängig. ²Vertritt eine Minderheit bei der Abfassung der Gutachten eine abweichende Auffassung, so kann sie diese in dem Gutachten zum Ausdruck bringen.

(3) ¹Die Monopolkommission leitet ihre Gutachten der Bundesregierung zu. ²Die Bundesregierung legt Gutachten nach Absatz 1 den gesetzgebenden Körperschaften unverzüglich vor. ³Die Bundesregierung nimmt zu den Gutachten nach Absatz 1 Satz 1 in angemessener Frist Stellung, zu sonstigen Gutachten nach Absatz 1 kann sie Stellung nehmen, wenn und soweit sie dies für angezeigt hält. ⁴Die jeweiligen fachlich zuständigen Bundesministerien und die Monopolkommission tauschen sich auf Verlangen zu den Inhalten der Gutachten aus. ⁵Die Gutachten werden von der Monopolkommission veröffentlicht. ⁶Bei Gutachten nach Absatz 1 Satz 1 erfolgt dies zu dem Zeitpunkt, zu dem sie von der Bundesregierung der gesetzgebenden Körperschaft vorgelegt werden.

§ 45 Mitglieder. (1) ¹Die Monopolkommission besteht aus fünf Mitgliedern, die über besondere volkswirtschaftliche, betriebswirtschaftliche, sozialpolitische, technologische oder wirtschaftsrechtliche Kenntnisse und Erfahrungen verfügen müssen. ²Die Monopolkommission wählt aus ihrer Mitte einen Vorsitzenden.

(2) ¹Die Mitglieder der Monopolkommission werden auf Vorschlag der Bundesregierung durch den Bundespräsidenten für die Dauer von vier Jahren berufen. ²Wiederberufungen sind zulässig. ³Die Bundesregierung hört die Mitglieder der Kommission an, bevor sie neue Mitglieder vorschlägt. ⁴Die Mitglieder sind berechtigt, ihr Amt durch Erklärung gegenüber dem Bundespräsidenten nieder-

---

[1] § 43a eingef. mWv 9.6.2017 durch G v. 1.6.2017 (BGBl. I S. 1416).
[2] Kapitel 8 Überschrift neu gef. mWv 9.6.2017 durch G v. 1.6.2017 (BGBl. I S. 1416).
[3] § 44 Abs. 1 Sätze 1 und 2 neu gef., Satz 4 geänd., Satz 5 angef., Abs. 3 Satz 2 neu gef., Sätze 3 und 4 eingef., bish Sätze 3 und 4 werden Sätze 5 und 6 mWv 19.1.2021 durch G v. 18.1.2021 (BGBl. I S. 2).

zulegen. [5]Scheidet ein Mitglied vorzeitig aus, so wird ein neues Mitglied für die Dauer der Amtszeit des ausgeschiedenen Mitglieds berufen.

(3) [1]Die Mitglieder der Monopolkommission dürfen weder der Regierung oder einer gesetzgebenden Körperschaft des Bundes oder eines Landes noch dem öffentlichen Dienst des Bundes, eines Landes oder einer sonstigen juristischen Person des öffentlichen Rechts, es sei denn als Hochschullehrer oder als Mitarbeiter eines wissenschaftlichen Instituts, angehören. [2]Ferner dürfen sie weder einen Wirtschaftsverband noch eine Arbeitgeber- oder Arbeitnehmerorganisation repräsentieren oder zu diesen in einem ständigen Dienst- oder Geschäftsbesorgungsverhältnis stehen. [3]Sie dürfen auch nicht während des letzten Jahres vor der Berufung zum Mitglied der Monopolkommission eine derartige Stellung innegehabt haben.

§ 46[1]) Beschlüsse, Organisation, Rechte und Pflichten der Mitglieder.

(1) Die Beschlüsse der Monopolkommission bedürfen der Zustimmung von mindestens drei Mitgliedern.

(2) [1]Die Monopolkommission hat eine Geschäftsordnung und verfügt über eine Geschäftsstelle. [2]Diese hat die Aufgabe, die Monopolkommission wissenschaftlich, administrativ und technisch zu unterstützen.

(2a) [1]Die Monopolkommission kann Einsicht in die von der Kartellbehörde geführten Akten einschließlich Betriebs- und Geschäftsgeheimnisse und personenbezogener Daten nehmen, soweit dies zur ordnungsgemäßen Erfüllung ihrer Aufgaben erforderlich ist. [2]Dies gilt auch für die Erstellung der Gutachten nach § 78 des Eisenbahnregulierungsgesetzes, § 62 des Energiewirtschaftsgesetzes[2]), § 44 des Postgesetzes[3]) sowie nach § 195 Absatz 2 des Telekommunikationsgesetzes[4]).

(2b) [1]Im Rahmen der Akteneinsicht kann die Monopolkommission bei der Kartellbehörde in elektronischer Form vorliegende Daten, einschließlich Betriebs- und Geschäftsgeheimnissen und personenbezogener Daten, selbstständig auswerten, soweit dies zur ordnungsgemäßen Erfüllung ihrer Aufgaben erforderlich ist. [2]Dies gilt auch für die Erstellung der Gutachten nach § 78 des Eisenbahnregulierungsgesetzes, § 62 des Energiewirtschaftsgesetzes, § 44 des Postgesetzes sowie nach § 195 Absatz 2 des Telekommunikationsgesetzes.

(3) [1]Die Mitglieder der Monopolkommission und die Angehörigen der Geschäftsstelle sind zur Verschwiegenheit über die Beratungen und über die von der Monopolkommission als vertraulich bezeichneten Beratungsunterlagen verpflichtet. [2]Die Pflicht zur Verschwiegenheit bezieht sich auch auf Informationen und Daten, die der Monopolkommission gegeben und als vertraulich bezeichnet werden oder die gemäß Absatz 2a oder 2b erlangt worden sind.

(4) [1]Die Mitglieder der Monopolkommission erhalten eine pauschale Entschädigung sowie Ersatz ihrer Reisekosten. [2]Diese werden vom Bundesministerium für Wirtschaft und Energie festgesetzt. [3]Die Kosten der Monopolkommission trägt der Bund.

---

[1]) § 46 Abs. 4 Satz 2 geänd. mWv 8.9.2015 durch VO v. 31.8.2015 (BGBl. I S. 1474); Abs. 4 Satz 2 geänd. mWv 27.6.2020 durch VO v. 19.6.2020 (BGBl. I S. 1328); Abs. 2a Satz 2 angef., Abs. 2b eingef., Abs. 3 Satz 2 und Abs. 4 Satz 2 geänd. mWv 19.1.2021 durch G v. 18.1.2021 (BGBl. I S. 2); Abs. 2a und 2b geänd. mWv 1.12.2021 durch G v. 23.6.2021 (BGBl. I S. 1858).
[2]) **Sartorius Nr. 830.**
[3]) **Sartorius ErgBd. Nr. 910.**
[4]) **Sartorius ErgBd. Nr. 920.**

§ 47[1] Übermittlung statistischer Daten. (1) [1]Für die Begutachtung der Entwicklung der Unternehmenskonzentration werden der Monopolkommission vom Statistischen Bundesamt aus Wirtschaftsstatistiken (Statistik im produzierenden Gewerbe, Handwerksstatistik, Außenhandelsstatistik, Steuerstatistik, Verkehrsstatistik, Statistik im Handel und Gastgewerbe, Dienstleistungsstatistik) und dem Statistikregister zusammengefasste Einzelangaben über die Vomhundertanteile der größten Unternehmen, Betriebe oder fachlichen Teile von Unternehmen des jeweiligen Wirtschaftsbereichs

a) am Wert der zum Absatz bestimmten Güterproduktion,
b) am Umsatz,
c) an der Zahl der tätigen Personen,
d) an den Lohn- und Gehaltssummen,
e) an den Investitionen,
f) am Wert der gemieteten und gepachteten Sachanlagen,
g) an der Wertschöpfung oder dem Rohertrag,
h) an der Zahl der jeweiligen Einheiten

übermittelt. [2]Satz 1 gilt entsprechend für die Übermittlung von Angaben über die Vomhundertanteile der größten Unternehmensgruppen. [3]Für die Zuordnung der Angaben zu Unternehmensgruppen übermittelt die Monopolkommission dem Statistischen Bundesamt Namen und Anschriften der Unternehmen, deren Zugehörigkeit zu einer Unternehmensgruppe sowie Kennzeichen zur Identifikation. [4]Die zusammengefassten Einzelangaben dürfen nicht weniger als drei Unternehmensgruppen, Unternehmen, Betriebe oder fachliche Teile von Unternehmen betreffen. [5]Durch Kombination oder zeitliche Nähe mit anderen übermittelten oder allgemein zugänglichen Angaben darf kein Rückschluss auf zusammengefasste Angaben von weniger als drei Unternehmensgruppen, Unternehmen, Betrieben oder fachlichen Teilen von Unternehmen möglich sein. [6]Für die Berechnung von summarischen Konzentrationsmaßen, insbesondere Herfindahl-Indizes und Gini-Koeffizienten, gilt dies entsprechend. [7]Die statistischen Ämter der Länder stellen die hierfür erforderlichen Einzelangaben dem Statistischen Bundesamt zur Verfügung.

(2) [1]Personen, die zusammengefasste Einzelangaben nach Absatz 1 erhalten sollen, sind vor der Übermittlung zur Geheimhaltung besonders zu verpflichten, soweit sie nicht Amtsträger oder für den öffentlichen Dienst besonders Verpflichtete sind. [2]§ 1 Absatz 2, 3 und 4 Nummer 2 des Verpflichtungsgesetzes gilt entsprechend. [3]Personen, die nach Satz 1 besonders verpflichtet worden sind, stehen für die Anwendung der Vorschriften des Strafgesetzbuches[2] über die Verletzung von Privatgeheimnissen (§ 203 Absatz 2, 5 und 6; §§ 204, 205) und des Dienst-

(Fortsetzung nächstes Blatt)

---

[1] § 47 Abs. 1 Satz 3 ber. durch G v. 12.8.2013 (BGBl. I S. 3245); Abs. 6 geänd. mWv 5.4.2017 durch G v. 29.3.2017 (BGBl. I S. 626); Abs. 2 Satz 3 geänd. mWv 9.11.2017 durch G v. 30.10.2017 (BGBl. I S. 3618).
[2] Nr. **85**.

Arbeitsgerichtsgesetz

ArbGG 83

Lfd. Nr.	Änderndes Gesetz	Datum	Fundstelle	Betroffen	Hinweis
75.	Art. 16, 17 G zur Einführung der elektronischen Akte in der Justiz und zur weiteren Förderung des elektronischen Rechtsverkehrs	5.7.2017	BGBl. I S. 2208	§ 46e §§ 46a, 46d, 46e, 54, 55, 59, 81, 83a, 90, 95 § 46e	geänd. mWv 13.7.2017 geänd. mWv 1.1.2018 geänd. mWv 1.1.2026
76.	Art. 11 Abs. 22 eIDAS-DurchführungsG[1]	18.7.2017	BGBl. I S. 2745	§ 46c	geänd. mWv 29.7.2017
77.	Art. 2 G zur Sicherung der tarifvertragl. Sozialkassenverfahren und zur Änd. des ArbeitsgerichtsG	1.9.2017	BGBl. I S. 3356	§ 98 § 113	geänd. mWv 8.9.2017 eingef. mWv 8.9.2017
78.	Art. 3, 5 Abs. 4 G über die Erweiterung der Medienöffentlichkeit in Gerichtsverfahren	8.10.2017	BGBl. I S. 3546	§ 112 §§ 52, 72	geänd. mWv 19.10.2017 geänd. mWv 18.4.2018
79.	Art. 3 G zur Einführung einer zivilprozessualen Musterfeststellungsklage	12.7.2018	BGBl. I S. 1151	§ 46	geänd. mWv 1.11.2018
80.	Art. 5 Abs. 1 G zur Einf. einer Karte für Unionsbürger u. Angehörige des Europäischen Wirtschaftsraums mit Funktion zum elektronischen Identitätsnachweis sowie zur Änd. des PersonalausweisG u. weiterer Vorschr.[2][3]	21.6.2019	BGBl. I S. 846	§ 46f	geänd. mWv 1.11.2019
81.	Art. 4 G zur Änd. des Neunten und des Zwölften Buches Sozialgesetzbuch und anderer Rechtsvorschriften	30.11.2019	BGBl. I S. 1948	§ 17	geänd. mWv 6.12.2019
82.	Art. 8 G zur Regelung der Wertgrenze für die Nichtzulassungsbeschwerde in Zivilsachen, zum Ausbau der Spezialisierung bei den Gerichten sowie zur Änd. weiterer prozessrechtl. Vorschr.	12.12.2019	BGBl. I S. 2633	§ 46c	geänd. mWv 1.1.2020
83.	Art. 2 und 3 Sozialschutz-Paket II	20.5.2020	BGBl. I S. 1055	§ 114 § 114	eingef. mWv 29.5.2020 aufgeh. mit Ablauf des 31.12.2020

---

[1] **Amtl. Anm.:** Dieses Gesetz dient der Durchführung der Verordnung (EU) Nr. 910/2014 des Europäischen Parlaments und des Rates vom 23. Juli 2014 über elektronische Identifizierung und Vertrauensdienste für elektronische Transaktionen im Binnenmarkt und zur Aufhebung der Richtlinie 1999/93/EG.

[2] **Amtl. Anm.:** Notifiziert gemäß der Richtlinie (EU) 2015/1535 des Europäischen Parlaments und des Rates vom 9. September 2015 über ein Informationsverfahren auf dem Gebiet der technischen Vorschriften und der Vorschriften für die Dienste der Informationsgesellschaft (ABl. L 241 vom 17.9.2015, S. 1).

[3] Die Änd. des Inkrafttretens dieses G durch Art. 154a G v. 20.11.2019 (BGBl. I S. 1626) ist unbeachtlich, da das G bei Erlass des ÄndG bereits in Kraft getreten war.

Lfd. Nr.	Änderndes Gesetz	Datum	Fundstelle	Betroffen	Hinweis
84.	Art. 12 Siebtes G zur Änd. des Vierten Buches SGB und anderer G	12.6.2020	BGBl. I S. 1248	§ 2	geänd. mWv 24.6.2020
85.	Art. 18 G zur Neuregelung des Berufsrechts der anwaltlichen und steuerberatenden Berufsausübungsgesellschaften sowie zur Änd. weiterer Vorschriften im Bereich der rechtsberatenden Berufe	7.7.2021	BGBl. I S. 2363	§ 46c	geänd. mWv 1.8.2022
86.	Art. 7, 8, 9, 10 G zum Ausbau des elektronischen Rechtsverkehrs mit den Gerichten und zur Änd. weiterer Vorschriften[1]	5.10.2021	BGBl. I S. 4607	§§ 64, 72, 80, 87, 90, 92, 97, 98	geänd. mWv 12.10.2021
				§§ 46c, 46g, 50, 64, 72	geänd. mWv 1.1.2022
				§ 46g	geänd. mWv 1.1.2026

Vorbemerkung:
Die Änderung durch G v. 7.7.2021 (BGBl. I S. 2363) tritt erst mWv 1.8. 2022 in Kraft und ist im Text noch nicht berücksichtigt.

---

[1] **Amtl. Anm.:** Notifiziert gemäß der Richtlinie (EU) 2015/1535 des Europäischen Parlaments und des Rates vom 9. September 2015 über ein Informationsverfahren auf dem Gebiet der technischen Vorschriften und der Vorschriften für die Dienste der Informationsgesellschaft (ABl. L 241 vom 17.9.2015, S. 1).

Arbeitsgerichtsgesetz §§ 1, 2 **ArbGG 83**

Nichtamtliche Gliederungsübersicht

	§§
Erster Teil. Allgemeine Vorschriften	1–13a
Zweiter Teil. Aufbau der Gerichte für Arbeitssachen	14–45
Erster Abschnitt. Arbeitsgerichte	14–32
Zweiter Abschnitt. Landesarbeitsgerichte	33–39
Dritter Abschnitt. Bundesarbeitsgericht	40–45
Dritter Teil. Verfahren vor den Gerichten für Arbeitssachen	46–100
Erster Abschnitt. Urteilsverfahren	46–79
Erster Unterabschnitt. Erster Rechtszug	46–63
Zweiter Unterabschnitt. Berufungsverfahren	64–71
Dritter Unterabschnitt. Revisionsverfahren	72–77
Vierter Unterabschnitt. Beschwerdeverfahren, Abhilfe bei Verletzung des Anspruchs auf rechtliches Gehör	78, 78a
Fünfter Unterabschnitt. Wiederaufnahme des Verfahrens	79
Zweiter Abschnitt. Beschlußverfahren	80–100
Erster Unterabschnitt. Erster Rechtszug	80–86
Zweiter Unterabschnitt. Zweiter Rechtszug	87–91
Dritter Unterabschnitt. Dritter Rechtszug	92–96a
Vierter Unterabschnitt. Beschlußverfahren in besonderen Fällen	97–100
Vierter Teil. Schiedsvertrag in Arbeitsstreitigkeiten	101–110
Fünfter Teil. Übergangs- und Schlußvorschriften	111–122

Erster Teil. Allgemeine Vorschriften

§ 1 Gerichte für Arbeitssachen. Die Gerichtsbarkeit in Arbeitssachen – §§ 2 bis 3 – wird ausgeübt durch die Arbeitsgerichte – §§ 14 bis 31 –, die Landesarbeitsgerichte – §§ 33 bis 39 – und das Bundesarbeitsgericht – §§ 40 bis 45 – (Gerichte für Arbeitssachen).

§ 2[1)2)] **Zuständigkeit im Urteilsverfahren.** (1) Die Gerichte für Arbeitssachen sind ausschließlich zuständig für

1. bürgerliche Rechtsstreitigkeiten zwischen Tarifvertragsparteien oder zwischen diesen und Dritten aus Tarifverträgen oder über das Bestehen oder Nichtbestehen von Tarifverträgen;
2. bürgerliche Rechtsstreitigkeiten zwischen tariffähigen Parteien oder zwischen diesen und Dritten aus unerlaubten Handlungen, soweit es sich um Maßnahmen zum Zwecke des Arbeitskampfes oder um Fragen der Vereinigungsfreiheit einschließlich des hiermit im Zusammenhang stehenden Betätigungsrechts der Vereinigungen handelt;
3. bürgerliche Rechtsstreitigkeiten zwischen Arbeitnehmern und Arbeitgebern
   a) aus dem Arbeitsverhältnis;
   b) über das Bestehen oder Nichtbestehen eines Arbeitsverhältnisses;

[1)] § 2 Überschrift geänd. durch G v. 17.12.1990 (BGBl. I S. 2809); Abs. 1 bish. Nr. 6 wird Nr. 5 und neu gef., bish. Nr. 5 wird Nr. 6 und geänd. durch G v. 26.6.1990 (BGBl. I S. 1206); Abs. 1 Nr. 10 angef. durch G v. 23.7.1996 (BGBl. I S. 1088); Abs. 1 Nr. 10 neu gef. mWv 1.7.2001 durch G v. 19.6.2001 (BGBl. I S. 1046); Abs. 1 Nr. 8 neu gef. mWv 1.6.2008 durch G v. 16.5.2008 (BGBl. I S. 842); Abs. 1 Nr. 8a eingef. mWv 3.5.2011 durch G v. 28.4.2011 (BGBl. I S. 687); Abs. 1 Nr. 10 geänd. mWv 1.1.2018 durch G v. 23.12.2016 (BGBl. I S. 3234); Abs. 1 Nr. 4 Buchst. b geänd. mWv 24.6.2020 durch G v. 12.6.2020 (BGBl. I S. 1248).

[2)] Vgl. hierzu auch Art. 56 Zusatzabkommen zum NATO-Truppenstatut v. 3.8.1959 (BGBl. 1961 II S. 1218), zuletzt geänd. durch Abk. v. 28.9.1994 (BGBl. II S. 2598).

> c) aus Verhandlungen über die Eingehung eines Arbeitsverhältnisses und aus dessen Nachwirkungen;
> d) aus unerlaubten Handlungen, soweit diese mit dem Arbeitsverhältnis im Zusammenhang stehen;
> e) über Arbeitspapiere;
>
> 4. bürgerliche Rechtsstreitigkeiten zwischen Arbeitnehmern oder ihren Hinterbliebenen und
>
>   a) Arbeitgebern über Ansprüche, die mit dem Arbeitsverhältnis in rechtlichem oder unmittelbar wirtschaftlichem Zusammenhang stehen;
>   b) gemeinsamen Einrichtungen der Tarifvertragsparteien oder Sozialeinrichtungen des privaten Rechts oder Versorgungseinrichtungen, soweit Letztere reine Beitragszusagen nach § 1 Absatz 2 Nummer 2a des Betriebsrentengesetzes durchführen, über Ansprüche aus dem Arbeitsverhältnis oder Ansprüche, die mit dem Arbeitsverhältnis in rechtlichem oder unmittelbar wirtschaftlichem Zusammenhang stehen,
>
>   soweit nicht die ausschließliche Zuständigkeit eines anderen Gerichts gegeben ist;
> 5. bürgerliche Rechtsstreitigkeiten zwischen Arbeitnehmern oder ihren Hinterbliebenen und dem Träger der Insolvenzsicherung über Ansprüche auf Leistungen der Insolvenzsicherung nach dem Vierten Abschnitt des Ersten Teils des Gesetzes zur Verbesserung der betrieblichen Altersversorgung;
> 6. bürgerliche Rechtsstreitigkeiten zwischen Arbeitgebern und Einrichtungen nach Nummer 4 Buchstabe b und Nummer 5 sowie zwischen diesen Einrichtungen, soweit nicht die ausschließliche Zuständigkeit eines anderen Gerichts gegeben ist;
> 7. bürgerliche Rechtsstreitigkeiten zwischen Entwicklungshelfern und Trägern des Entwicklungsdienstes nach dem Entwicklungshelfergesetz;
> 8. bürgerliche Rechtsstreitigkeiten zwischen den Trägern des freiwilligen sozialen oder ökologischen Jahres oder den Einsatzstellen und Freiwilligen nach dem Jugendfreiwilligendienstegesetz;
> 8a. bürgerliche Rechtsstreitigkeiten zwischen dem Bund oder den Einsatzstellen des Bundesfreiwilligendienstes oder deren Trägern und Freiwilligen nach dem Bundesfreiwilligendienstgesetz;
> 9. bürgerliche Rechtsstreitigkeiten zwischen Arbeitnehmern aus gemeinsamer Arbeit und aus unerlaubten Handlungen, soweit diese mit dem Arbeitsverhältnis im Zusammenhang stehen;
> 10. bürgerliche Rechtsstreitigkeiten zwischen behinderten Menschen im Arbeitsbereich von Werkstätten für behinderte Menschen und den Trägern der Werkstätten aus den in § 221 des Neunten Buches Sozialgesetzbuch geregelten arbeitnehmerähnlichen Rechtsverhältnissen.
>
> (2) Die Gerichte für Arbeitssachen sind auch zuständig für bürgerliche Rechtsstreitigkeiten zwischen Arbeitnehmern und Arbeitgebern,
>
> a) die ausschließlich Ansprüche auf Leistung einer festgestellten oder festgesetzten Vergütung für eine Arbeitnehmererfindung oder für einen technischen Verbesserungsvorschlag nach § 20 Abs. 1 des Gesetzes über Arbeitnehmererfindungen zum Gegenstand haben;
> b) die als Urheberrechtsstreitsachen aus Arbeitsverhältnissen ausschließlich Ansprüche auf Leistung einer vereinbarten Vergütung zum Gegenstand haben.

(3) Vor die Gerichte für Arbeitssachen können auch nicht unter die Absätze 1 und 2 fallende Rechtsstreitigkeiten gebracht werden, wenn der Anspruch mit einer bei einem Arbeitsgericht anhängigen oder gleichzeitig anhängig werdenden bürgerlichen Rechtsstreitigkeit der in den Absätzen 1 und 2 bezeichneten Art in rechtlichem oder unmittelbar wirtschaftlichem Zusammenhang steht und für seine Geltendmachung nicht die ausschließliche Zuständigkeit eines anderen Gerichts gegeben ist.

(4) Auf Grund einer Vereinbarung können auch bürgerliche Rechtsstreitigkeiten zwischen juristischen Personen des Privatrechts und Personen, die kraft Gesetzes allein oder als Mitglieder des Vertretungsorgans der juristischen Person zu deren Vertretung berufen sind, vor die Gerichte für Arbeitssachen gebracht werden.

(5) In Rechtsstreitigkeiten nach diesen Vorschriften findet das Urteilsverfahren statt.

§ 2a[1] Zuständigkeit im Beschlußverfahren. (1) Die Gerichte für Arbeitssachen sind ferner ausschließlich zuständig für

1. Angelegenheiten aus dem Betriebsverfassungsgesetz, soweit nicht für Maßnahmen nach seinen §§ 119 bis 121 die Zuständigkeit eines anderen Gerichts gegeben ist;
2. Angelegenheiten aus dem Sprecherausschußgesetz, soweit nicht für Maßnahmen nach seinen §§ 34 bis 36 die Zuständigkeit eines anderen Gerichts gegeben ist;
3. Angelegenheiten aus dem Mitbestimmungsgesetz, dem Mitbestimmungsergänzungsgesetz und dem Drittelbeteiligungsgesetz, soweit über die Wahl von Vertretern der Arbeitnehmer in den Aufsichtsrat und über ihre Abberufung mit Ausnahme der Abberufung nach § 103 Abs. 3 des Aktiengesetzes zu entscheiden ist;
3a. Angelegenheiten aus den §§ 177, 178 und 222 des Neunten Buches Sozialgesetzbuch;
3b. Angelegenheiten aus dem Gesetz über Europäische Betriebsräte, soweit nicht für Maßnahmen nach seinen §§ 43 bis 45 die Zuständigkeit eines anderen Gerichts gegeben ist;
3c. Angelegenheiten aus § 51 des Berufsbildungsgesetzes;
3d. Angelegenheiten aus § 10 des Bundesfreiwilligendienstgesetzes;
3e. Angelegenheiten aus dem SE-Beteiligungsgesetz vom 22. Dezember 2004 (BGBl. I S. 3675, 3686) mit Ausnahme der §§ 45 und 46 und nach den §§ 34 bis 39 nur insoweit, als über die Wahl von Vertretern der Arbeitnehmer in das

---

[1] § 2a Überschrift geänd. durch G v. 17.12.1990 (BGBl. I S. 2809); Abs. 1 Nr. 2 geänd. durch G v. 19.12.1985 (BGBl. I S. 2355); Abs. 1 Nr. 2 eingef., frühere Nr. 2 und 3 werden Nr. 3 und 4 durch G v. 20.12.1988 (BGBl. I S. 2312); Abs. 1 Nr. 3a eingef. durch G v. 23.7.1996 (BGBl. I S. 1088); Nr. 3b eingef. durch G v. 28.10.1996 (BGBl. I S. 1548, ber. S. 2022); Abs. 1 Nr. 3a neu gef. mWv 1.7.2001 durch G v. 19.6.2001 (BGBl. I S. 1046); Nr. 3c eingef. mWv 15.8.2002 durch G v. 8.8.2002 (BGBl. I S. 3140); Abs. 1 Nr. 3 geänd. mWv 1.7.2004 durch G v. 18.5.2004 (BGBl. I S. 974); Abs. 1 Nr. 3d eingef. mWv 29.12.2004 durch G v. 22.12.2004 (BGBl. I S. 3674); Abs. 1 Nr. 3c geänd. mWv 1.4.2005 durch G v. 23.3.2005 (BGBl. I S. 931); Abs. 1 Nr. 3d eingef., bish. Nr. 3d wird Nr. 3e eingef. mWv 18.8.2006 durch G v. 14.8.2006 (BGBl. I S. 1911); Abs. 1 Nr. 3f eingef. mWv 29.12.2006 durch G v. 21.12.2006 (BGBl. I S. 3332); Abs. 1 Nr. 3d eingef., bish. Nr. 3d–3f werden Nr. 3e–3g mWv 3.5.2011 durch G v. 28.4.2011 (BGBl. I S. 687); Abs. 1 Nr. 4 geänd., Nr. 5 angef. mWv 16.8.2014 durch G v. 11.8.2014 (BGBl. I S. 1348); Abs. 1 Nr. 5 geänd., Nr. 6 angef. mWv 10.7.2015 durch G v. 3.7.2015 (BGBl. I S. 1130); Abs. 1 Nr. 3a geänd. mWv 1.1.2018 durch G v. 23.12.2016 (BGBl. I S. 3234).

Aufsichts- oder Verwaltungsorgan sowie deren Abberufung mit Ausnahme der Abberufung nach § 103 Abs. 3 des Aktiengesetzes zu entscheiden ist;

3f. Angelegenheiten aus dem SCE-Beteiligungsgesetz vom 14. August 2006 (BGBl. I S. 1911, 1917) mit Ausnahme der §§ 47 und 48 und nach den §§ 34 bis 39 nur insoweit, als über die Wahl von Vertretern der Arbeitnehmer in das Aufsichts- oder Verwaltungsorgan sowie deren Abberufung zu entscheiden ist;

3g. Angelegenheiten aus dem Gesetz über die Mitbestimmung der Arbeitnehmer bei einer grenzüberschreitenden Verschmelzung vom 21. Dezember 2006 (BGBl. I S. 3332) mit Ausnahme der §§ 34 und 35 und nach den §§ 23 bis 28 nur insoweit, als über die Wahl von Vertretern der Arbeitnehmer in das Aufsichts- oder Verwaltungsorgan sowie deren Abberufung mit Ausnahme der Abberufung nach § 103 Abs. 3 des Aktiengesetzes zu entscheiden ist;

4. die Entscheidung über die Tariffähigkeit und die Tarifzuständigkeit einer Vereinigung;

5. die Entscheidung über die Wirksamkeit einer Allgemeinverbindlicherklärung nach § 5 des Tarifvertragsgesetzes, einer Rechtsverordnung nach § 7 oder § 7a des Arbeitnehmer-Entsendegesetzes und einer Rechtsverordnung nach § 3a des Arbeitnehmerüberlassungsgesetzes;

6. die Entscheidung über den nach § 4a Absatz 2 Satz 2 des Tarifvertragsgesetzes im Betrieb anwendbaren Tarifvertrag.

(2) In Streitigkeiten nach diesen Vorschriften findet das Beschlußverfahren statt.

§ 3 Zuständigkeit in sonstigen Fällen. Die in den §§ 2 und 2a begründete Zuständigkeit besteht auch in den Fällen, in denen der Rechtsstreit durch einen Rechtsnachfolger oder durch eine Person geführt wird, die kraft Gesetzes an Stelle des sachlich Berechtigten oder Verpflichteten hierzu befugt ist.

§ 4 Ausschluß der Arbeitsgerichtsbarkeit. In den Fällen des § 2 Abs. 1 und 2 kann die Arbeitsgerichtsbarkeit nach Maßgabe der §§ 101 bis 110 ausgeschlossen werden.

§ 5[1) Begriff des Arbeitnehmers. (1) [1] Arbeitnehmer im Sinne dieses Gesetzes sind Arbeiter und Angestellte sowie die zu ihrer Berufsausbildung Beschäftigten. [2] Als Arbeitnehmer gelten auch die in Heimarbeit Beschäftigten und die ihnen Gleichgestellten (§ 1 des Heimarbeitsgesetzes vom 14. März 1951 – Bundesgesetzbl. I S. 191 –) sowie sonstige Personen, die wegen ihrer wirtschaftlichen Unselbständigkeit als arbeitnehmerähnliche Personen anzusehen sind. [3] Als Arbeitnehmer gelten nicht in Betrieben einer juristischen Person oder einer Personengesamtheit Personen, die kraft Gesetzes, Satzung oder Gesellschaftsvertrags allein oder als Mitglieder des Vertretungsorgans zur Vertretung der juristischen Person oder der Personengesamtheit berufen sind.

(2) Beamte sind als solche keine Arbeitnehmer.

(3) [1] Handelsvertreter gelten nur dann als Arbeitnehmer im Sinne dieses Gesetzes, wenn sie zu dem Personenkreis gehören, für den nach § 92a des Handelsgesetzbuchs[2)] die untere Grenze der vertraglichen Leistungen des Unternehmers

---

[1)] § 5 Abs. 3 Satz 1 geänd. mWv 1.1.2002 durch G v. 21.12.2000 (BGBl. I S. 1983); Abs. 3 Satz 2 geänd. mWv 7.11.2001 durch VO v. 29.10.2001 (BGBl. I S. 2785); Abs. 3 Satz 2 geänd. mWv 28.11.2003 durch VO v. 25.11.2003 (BGBl. I S. 2304); Abs. 3 Satz 2 geänd. mWv 8.11.2006 durch VO v. 31.10.2006 (BGBl. I S. 2407); Abs. 3 Satz 2 geänd. mWv 8.9.2015 durch VO v. 31.8.2015 (BGBl. I S. 1474).
[2)] Nr. 50.

festgesetzt werden kann, und wenn sie während der letzten sechs Monate des Vertragsverhältnisses, bei kürzerer Vertragsdauer während dieser, im Durchschnitt monatlich nicht mehr als 1 000 Euro auf Grund des Vertragsverhältnisses an Vergütung einschließlich Provision und Ersatz für im regelmäßigen Geschäftsbetrieb entstandene Aufwendungen bezogen haben. [2] Das Bundesministerium für Arbeit und Soziales und das Bundesministerium der Justiz und für Verbraucherschutz können im Einvernehmen mit dem Bundesministerium für Wirtschaft und Energie die in Satz 1 bestimmte Vergütungsgrenze durch Rechtsverordnung, die nicht der Zustimmung des Bundesrates bedarf, den jeweiligen Lohn- und Preisverhältnissen anpassen.

§ 6 Besetzung der Gerichte für Arbeitssachen. (1) Die Gerichte für Arbeitssachen sind mit Berufsrichtern und mit ehrenamtlichen Richtern aus den Kreisen der Arbeitnehmer und Arbeitgeber besetzt.

(2) (weggefallen)

§ 6a Allgemeine Vorschriften über das Präsidium und die Geschäftsverteilung. Für die Gerichte für Arbeitssachen gelten die Vorschriften des Zweiten Titels des Gerichtsverfassungsgesetzes[1]) nach Maßgabe der folgenden Vorschriften entsprechend:
1. [1] Bei einem Arbeitsgericht mit weniger als drei Richterplanstellen werden die Aufgaben des Präsidiums durch den Vorsitzenden oder, wenn zwei Vorsitzende bestellt sind, im Einvernehmen der Vorsitzenden wahrgenommen. [2] Einigen sich die Vorsitzenden nicht, so entscheidet das Präsidium des Landesarbeitsgerichts oder, soweit ein solches nicht besteht, der Präsident dieses Gerichts.
2. Bei einem Landesarbeitsgericht mit weniger als drei Richterplanstellen werden die Aufgaben des Präsidiums durch den Präsidenten, soweit ein zweiter Vorsitzender vorhanden ist, im Benehmen mit diesem wahrgenommen.
3. Der aufsichtführende Richter bestimmt, welche richterlichen Aufgaben er wahrnimmt.
4. Jeder ehrenamtliche Richter kann mehreren Spruchkörpern angehören.
5. Den Vorsitz in den Kammern der Arbeitsgerichte führen die Berufsrichter.

§ 7[2]) Geschäftsstelle, Aufbringung der Mittel. (1) [1] Bei jedem Gericht für Arbeitssachen wird eine Geschäftsstelle eingerichtet, die mit der erforderlichen Zahl von Urkundsbeamten besetzt wird. [2] Die Einrichtung der Geschäftsstelle bestimmt bei dem Bundesarbeitsgericht das Bundesministerium für Arbeit und Soziales im Benehmen mit dem Bundesministerium der Justiz und für Verbraucherschutz. [3] Die Einrichtung der Geschäftsstelle bestimmt bei den Arbeitsgerichten und Landesarbeitsgerichten die zuständige oberste Landesbehörde.

(2) [1] Die Kosten der Arbeitsgerichte und der Landesarbeitsgerichte trägt das Land, das sie errichtet. [2] Die Kosten des Bundesarbeitsgerichts trägt der Bund.

§ 8[3]) Gang des Verfahrens. (1) Im ersten Rechtszug sind die Arbeitsgerichte zuständig, soweit durch Gesetz nichts anderes bestimmt ist.

---

[1]) Nr. 95.
[2]) § 7 Abs. 1 neu gef. durch G v. 26.6.1990 (BGBl. I S. 1206); Abs. 1 Satz 4 aufgeh. mWv 1.5.2000 durch G v. 30.3.2000 (BGBl. I S. 333); Abs. 1 Satz 2 geänd. mWv 7.11.2001 durch VO v. 29.10.2001 (BGBl. I S. 2785), mWv 28.11.2003 durch VO v. 25.11.2003 (BGBl. I S. 2304), mWv 8.11.2006 durch VO v. 31.10.2006 (BGBl. I S. 2407) und mWv 8.9.2015 durch VO v. 31.8.2015 (BGBl. I S. 1474).
[3]) § 8 Abs. 1 geänd. mWv 16.8.2014 durch G v. 11.8.2014 (BGBl. I S. 1348).

83 ArbGG §§ 9, 10

(2) Gegen die Urteile der Arbeitsgerichte findet die Berufung an die Landesarbeitsgerichte nach Maßgabe des § 64 Abs. 1 statt.

(3) Gegen die Urteile der Landesarbeitsgerichte findet die Revision an das Bundesarbeitsgericht nach Maßgabe des § 72 Abs. 1 statt.

(4) Gegen die Beschlüsse der Arbeitsgerichte und ihrer Vorsitzenden im Beschlußverfahren findet die Beschwerde an das Landesarbeitsgericht nach Maßgabe des § 87 statt.

(5) Gegen die Beschlüsse der Landesarbeitsgerichte im Beschlußverfahren findet die Rechtsbeschwerde an das Bundesarbeitsgericht nach Maßgabe des § 92 statt.

§ 9[1]**) Allgemeine Verfahrensvorschriften und Rechtsschutz bei überlangen Gerichtsverfahren.** (1) Das Verfahren ist in allen Rechtszügen zu beschleunigen.

(2) [1] Die Vorschriften des Gerichtsverfassungsgesetzes über Zustellungs- und Vollstreckungsbeamte, über die Aufrechterhaltung der Ordnung in der Sitzung, über die Gerichtssprache, über die Wahrnehmung richterlicher Geschäfte durch Referendare und über Beratung und Abstimmung gelten in allen Rechtszügen entsprechend. [2] Die Vorschriften des Siebzehnten Titels des Gerichtsverfassungsgesetzes sind mit der Maßgabe entsprechend anzuwenden, dass an die Stelle des Oberlandesgerichts das Landesarbeitsgericht, an die Stelle des Bundesgerichtshofs das Bundesarbeitsgericht und an die Stelle der Zivilprozessordnung das Arbeitsgerichtsgesetz tritt.

(3) [1] Die Vorschriften über die Wahrnehmung der Geschäfte bei den ordentlichen Gerichten durch Rechtspfleger gelten in allen Rechtszügen entsprechend. [2] Als Rechtspfleger können nur Beamte bestellt werden, die die Rechtspflegerprüfung oder die Prüfung für den gehobenen Dienst bei der Arbeitsgerichtsbarkeit bestanden haben.

(4) Zeugen und Sachverständige erhalten eine Entschädigung oder Vergütung nach dem Justizvergütungs- und -entschädigungsgesetz.

(5) [1] Alle mit einem befristeten Rechtsmittel anfechtbaren Entscheidungen enthalten die Belehrung über das Rechtsmittel. [2] Soweit ein Rechtsmittel nicht gegeben ist, ist eine entsprechende Belehrung zu erteilen. [3] Die Frist für ein Rechtsmittel beginnt nur, wenn die Partei oder die Beteiligte über das Rechtsmittel und das Gericht, bei dem das Rechtsmittel einzulegen ist, die Anschrift des Gerichts und die einzuhaltende Frist und Form schriftlich belehrt worden ist. [4] Ist die Belehrung unterblieben oder unrichtig erteilt, so ist die Einlegung des Rechtsmittels nur innerhalb eines Jahres seit Zustellung der Entscheidung zulässig, außer wenn die Einlegung vor Ablauf der Jahresfrist infolge höherer Gewalt unmöglich war oder eine Belehrung dahin erfolgt ist, daß ein Rechtsmittel nicht gegeben sei; § 234 Abs. 1, 2 und § 236 Abs. 2 der Zivilprozeßordnung gelten für den Fall höherer Gewalt entsprechend.

§ 10[2]**) Parteifähigkeit.** [1] Parteifähig im arbeitsgerichtlichen Verfahren sind auch Gewerkschaften und Vereinigungen von Arbeitgebern sowie Zusammenschlüsse

---

[1]) § 9 Abs. 1 Satz 2 aufgeh. durch G v. 28.10.1996 (BGBl. I S. 1546); Abs. 4 geänd. mWv 1.7.2004 durch G v. 5.5.2004 (BGBl. I S. 718); Überschrift geänd., Abs. 2 Satz 2 angef. mWv 3.12.2011 durch G v. 24.11.2011 (BGBl. I S. 2302).

[2]) § 10 neu gef. mWv 29.12.2004 durch G v. 22.12.2004 (BGBl. I S. 3675); Satz 1 geänd. mWv 1.4.2005 durch G v. 23.3.2005 (BGBl. I S. 931), mWv 18.8.2006 durch G v. 14.8.2006 (BGBl. I S. 1911) und mWv 29.12.2006 durch G v. 21.12.2006 (BGBl. I S. 3332); Satz 3 angef. mWv 16.8.2014 durch G v. 11.8.2014 (BGBl. I S. 1348); Satz 1 geänd. mWv 1.1.2018 durch G v. 23.12.2016 (BGBl. I S. 3234).

solcher Verbände; in den Fällen des § 2a Abs. 1 Nr. 1 bis 3f sind auch die nach dem Betriebsverfassungsgesetz, dem Sprecherausschussgesetz, dem Mitbestimmungsgesetz, dem Mitbestimmungsergänzungsgesetz, dem Drittelbeteiligungsgesetz, dem § 222 des Neunten Buches Sozialgesetzbuch, dem § 51 des Berufsbildungsgesetzes und den zu diesen Gesetzen ergangenen Rechtsverordnungen sowie die nach dem Gesetz über Europäische Betriebsräte, dem SE-Beteiligungsgesetz, dem SCE-Beteiligungsgesetz und dem Gesetz über die Mitbestimmung der Arbeitnehmer bei einer grenzüberschreitenden Verschmelzung beteiligten Personen und Stellen Beteiligte. ²Parteifähig im arbeitsgerichtlichen Verfahren sind in den Fällen des § 2a Abs. 1 Nr. 4 auch die beteiligten Vereinigungen von Arbeitnehmern und Arbeitgebern sowie die oberste Arbeitsbehörde des Bundes oder derjenigen Länder, auf deren Bereich sich die Tätigkeit der Vereinigung erstreckt. ³Parteifähig im arbeitsgerichtlichen Verfahren sind in den Fällen des § 2a Absatz 1 Nummer 5 auch die oberste Arbeitsbehörde des Bundes oder die oberste Arbeitsbehörde eines Landes, soweit ihr nach § 5 Absatz 6 des Tarifvertragsgesetzes Rechte übertragen sind.

§ 11[1]) **Prozessvertretung.** (1) ¹Die Parteien können vor dem Arbeitsgericht den Rechtsstreit selbst führen. ²Parteien, die eine fremde oder ihnen zum Zweck der Einziehung auf fremde Rechnung abgetretene Geldforderung geltend machen, müssen sich durch einen Rechtsanwalt als Bevollmächtigten vertreten lassen, soweit sie nicht nach Maßgabe des Absatzes 2 zur Vertretung des Gläubigers befugt wären oder eine Forderung einziehen, deren ursprünglicher Gläubiger sie sind.

(2) ¹Die Parteien können sich durch einen Rechtsanwalt als Bevollmächtigten vertreten lassen. ²Darüber hinaus sind als Bevollmächtigte vor dem Arbeitsgericht vertretungsbefugt nur
1. Beschäftigte der Partei oder eines mit ihr verbundenen Unternehmens (§ 15 des Aktiengesetzes[2])); Behörden und juristische Personen des öffentlichen Rechts einschließlich der von ihnen zur Erfüllung ihrer öffentlichen Aufgaben gebildeten Zusammenschlüsse können sich auch durch Beschäftigte anderer Behörden oder juristischer Personen des öffentlichen Rechts einschließlich der von ihnen zur Erfüllung ihrer öffentlichen Aufgaben gebildeten Zusammenschlüsse vertreten lassen,
2. volljährige Familienangehörige (§ 15 der Abgabenordnung, § 11 des Lebenspartnerschaftsgesetzes[3])), Personen mit Befähigung zum Richteramt und Streitgenossen, wenn die Vertretung nicht im Zusammenhang mit einer entgeltlichen Tätigkeit steht,
3. selbständige Vereinigungen von Arbeitnehmern mit sozial- oder berufspolitischer Zwecksetzung für ihre Mitglieder,
4. Gewerkschaften und Vereinigungen von Arbeitgebern sowie Zusammenschlüsse solcher Verbände für ihre Mitglieder oder für andere Verbände oder Zusammenschlüsse mit vergleichbarer Ausrichtung und deren Mitglieder,
5. juristische Personen, deren Anteile sämtlich im wirtschaftlichen Eigentum einer der in Nummer 4 bezeichneten Organisationen stehen, wenn die juristische Person ausschließlich die Rechtsberatung und Prozessvertretung dieser Organisation und ihrer Mitglieder oder anderer Verbände oder Zusammenschlüsse mit vergleichbarer Ausrichtung und deren Mitglieder entsprechend deren Satzung

---
[1]) § 11 neu gef. mWv 1.7.2008 durch G v. 12.12.2007 (BGBl. I S. 2840).
[2]) Nr. **51**.
[3]) **Habersack,** Deutsche Gesetze ErgBd. **Nr. 43.**

durchführt, und wenn die Organisation für die Tätigkeit der Bevollmächtigten haftet.
³ Bevollmächtigte, die keine natürlichen Personen sind, handeln durch ihre Organe und mit der Prozessvertretung beauftragten Vertreter.

(3) ¹ Das Gericht weist Bevollmächtigte, die nicht nach Maßgabe des Absatzes 2 vertretungsbefugt sind, durch unanfechtbaren Beschluss zurück. ² Prozesshandlungen eines nicht vertretungsbefugten Bevollmächtigten und Zustellungen oder Mitteilungen an diesen Bevollmächtigten sind bis zu seiner Zurückweisung wirksam.
³ Das Gericht kann den in Absatz 2 Satz 2 Nr. 1 bis 3 bezeichneten Bevollmächtigten durch unanfechtbaren Beschluss die weitere Vertretung untersagen, wenn sie nicht in der Lage sind, das Sach- und Streitverhältnis sachgerecht darzustellen.

(4) ¹ Vor dem Bundesarbeitsgericht und dem Landesarbeitsgericht müssen sich die Parteien, außer im Verfahren vor einem beauftragten oder ersuchten Richter und bei Prozesshandlungen, die vor dem Urkundsbeamten der Geschäftsstelle vorgenommen werden können, durch Prozessbevollmächtigte vertreten lassen.
² Als Bevollmächtigte sind außer Rechtsanwälten nur die in Absatz 2 Satz 2 Nr. 4 und 5 bezeichneten Organisationen zugelassen. ³ Diese müssen in Verfahren vor dem Bundesarbeitsgericht durch Personen mit Befähigung zum Richteramt handeln. ⁴ Eine Partei, die nach Maßgabe des Satzes 2 zur Vertretung berechtigt ist, kann sich selbst vertreten; Satz 3 bleibt unberührt.

(5) ¹ Richter dürfen nicht als Bevollmächtigte vor dem Gericht auftreten, dem sie angehören. ² Ehrenamtliche Richter dürfen, außer in den Fällen des Absatzes 2 Satz 2 Nr. 1, nicht vor einem Spruchkörper auftreten, dem sie angehören. ³ Absatz 3 Satz 1 und 2 gilt entsprechend.

(6) ¹ In der Verhandlung können die Parteien mit Beiständen erscheinen.
² Beistand kann sein, wer in Verfahren, in denen die Parteien den Rechtsstreit selbst führen können, als Bevollmächtigter zur Vertretung in der Verhandlung befugt ist. ³ Das Gericht kann andere Personen als Beistand zulassen, wenn dies sachdienlich ist und hierfür nach den Umständen des Einzelfalls ein Bedürfnis besteht. ⁴ Absatz 3 Satz 1 und 3 und Absatz 5 gelten entsprechend. ⁵ Das von dem Beistand Vorgetragene gilt als von der Partei vorgebracht, soweit es nicht von dieser sofort widerrufen oder berichtigt wird.

§ 11a[1]) Beiordnung eines Rechtsanwalts, Prozeßkostenhilfe.

(1) Die Vorschriften der Zivilprozeßordnung[2]) über die Prozeßkostenhilfe und über die grenzüberschreitende Prozeßkostenhilfe innerhalb der Europäischen Union nach der Richtlinie 2003/8/EG gelten in Verfahren vor den Gerichten für Arbeitssachen entsprechend.

(2) Das Bundesministerium für Arbeit und Soziales wird ermächtigt, zur Vereinfachung und Vereinheitlichung des Verfahrens durch Rechtsverordnung mit Zustimmung des Bundesrates Formulare für die Erklärung der Partei über ihre persönlichen und wirtschaftlichen Verhältnisse (§ 117 Abs. 2 der Zivilprozeßordnung) einzuführen.

---

[1]) § 11a Überschrift geänd., Abs. 3 neu gef., Abs. 4 angef. durch G v. 13.6.1980 (BGBl. I S. 677); Abs. 4 geänd. mWv 7.11.2001 durch VO v. 29.10.2001 (BGBl. I S. 2785); Abs. 4 geänd. mWv 28.11.2003 durch VO v. 25.11.2003 (BGBl. I S. 2304); Abs. 2a eingef., Abs. 3 neu gef. mWv 21.12.2004 durch G v. 15.12. 2004 (BGBl. I S. 3392); Abs. 4 geänd. mWv 1.4.2005 durch G v. 22.3.2005 (BGBl. I S. 837); Abs. 4 geänd. mWv 8.11.2006 durch VO v. 31.10.2006 (BGBl. I S. 2407); Abs. 1–2a aufgeh., bish. Abs. 3 und 4 werden Abs. 1 und 2 mWv 1.1.2014 durch G v. 31.8.2013 (BGBl. I S. 3533).

[2]) Nr. **100**.

Arbeitsgerichtsgesetz §§ 12–13a ArbGG

§ 12[1]) **Kosten.** ¹Das Justizverwaltungskostengesetz[2]) und das Justizbeitreibungsgesetz[3]) gelten entsprechend, soweit sie nicht unmittelbar Anwendung finden. ²Bei Einziehung der Gerichts- und Verwaltungskosten leisten die Vollstreckungsbehörden der Justizverwaltung oder die sonst nach Landesrecht zuständigen Stellen den Gerichten für Arbeitssachen Amtshilfe, soweit sie diese Aufgaben nicht als eigene wahrnehmen. ³Vollstreckungsbehörde ist für die Ansprüche, die beim Bundesarbeitsgericht entstehen, die Justizbeitreibungsstelle des Bundesarbeitsgerichts.

§ 12a[4]) **Kostentragungspflicht.** (1) ¹In Urteilsverfahren des ersten Rechtszugs besteht kein Anspruch der obsiegenden Partei auf Entschädigung wegen Zeitversäumnis und auf Erstattung der Kosten für die Zuziehung eines Prozeßbevollmächtigten oder Beistands. ²Vor Abschluß der Vereinbarung über die Vertretung ist auf den Ausschluß der Kostenerstattung nach Satz 1 hinzuweisen. ³Satz 1 gilt nicht für Kosten, die dem Beklagten dadurch entstanden sind, daß der Kläger ein Gericht der ordentlichen Gerichtsbarkeit, der allgemeinen Verwaltungsgerichtsbarkeit, der Finanz- oder Sozialgerichtsbarkeit angerufen und dieses den Rechtsstreit an das Arbeitsgericht verwiesen hat.

(2) ¹Werden im Urteilsverfahren des zweiten und dritten Rechtszugs die Kosten nach § 92 Abs. 1 der Zivilprozeßordnung[5]) verhältnismäßig geteilt und ist die eine Partei durch einen Rechtsanwalt, die andere Partei durch einen Verbandsvertreter nach § 11 Abs. 2 Satz 2 Nr. 4 und 5 vertreten, so ist diese Partei hinsichtlich der außergerichtlichen Kosten so zu stellen, als wenn sie durch einen Rechtsanwalt vertreten worden wäre. ²Ansprüche auf Erstattung stehen ihr jedoch nur insoweit zu, als ihr Kosten im Einzelfall tatsächlich erwachsen sind.

§ 13[6]) **Rechtshilfe.** (1) ¹Die Arbeitsgerichte leisten den Gerichten für Arbeitssachen Rechtshilfe. ²Ist die Amtshandlung außerhalb des Sitzes eines Arbeitsgerichts vorzunehmen, so leistet das Amtsgericht Rechtshilfe.

(2) Die Vorschriften des Gerichtsverfassungsgesetzes[7]) über Rechtshilfe und des Einführungsgesetzes zum Gerichtsverfassungsgesetz[8]) über verfahrensübergreifende Mitteilungen von Amts wegen[9]) finden entsprechende Anwendung.

§ 13a[10]) **Internationale Verfahren.** Die Vorschriften des Buches 11 der Zivilprozessordnung[5]) über die justizielle Zusammenarbeit in der Europäischen Union finden in Verfahren vor den Gerichten für Arbeitssachen Anwendung, soweit dieses Gesetz nichts anderes bestimmt.

---

[1]) § 12 Abs. 6 neu gef. durch G v. 26.6.1990 (BGBl. I S. 1206); Abs. 1–5a und 7 aufgeh., bish. Abs. 6 wird alleiniger Wortlaut mWv 1.7.2004 durch G v. 5.5.2004 (BGBl. I S. 718); Satz 1 geänd. mWv 1.8. 2013 durch G v. 23.7.2013 (BGBl. I S. 2586); Satz 1 geänd. mWv 1.7.2017 durch G v. 21.11.2016 (BGBl. I S. 2591).
[2]) Nr. **120**.
[3]) Nr. **122**.
[4]) § 12a Abs. 2 geänd. durch G v. 31.8.1998 (BGBl. I S. 2600); Abs. 2 Satz 1 geänd. mWv 1.7.2008 durch G v. 12.12.2007 (BGBl. I S. 2840); Abs. 2 Satz 1 geänd. mWv 1.8.2013 durch G v. 23.7.2013 (BGBl. I S. 2586).
[5]) Nr. **100**.
[6]) § 13 Abs. 2 geänd. durch G v. 18.6.1997 (BGBl. I S. 1430).
[7]) Nr. **95**.
[8]) Nr. **95a**.
[9]) Vgl. §§ 156 bis 168 GVG (Nr. **95**).
[10]) § 13a eingef. mWv 21.10.2005 durch G v. 18.8.2005 (BGBl. I S. 2477); geänd. mWv 12.12.2008 durch G v. 30.10.2008 (BGBl. I S. 2122).

Zweiter Teil. Aufbau der Gerichte für Arbeitssachen

Erster Abschnitt. Arbeitsgerichte

§ 14[1] **Errichtung und Organisation.** (1) In den Ländern werden Arbeitsgerichte errichtet.

(2) Durch Gesetz werden angeordnet
1. die Errichtung und Aufhebung eines Arbeitsgerichts;
2. die Verlegung eines Gerichtssitzes;
3. Änderungen in der Abgrenzung der Gerichtsbezirke;
4. die Zuweisung einzelner Sachgebiete an ein Arbeitsgericht für die Bezirke mehrerer Arbeitsgerichte;
5. die Errichtung von Kammern des Arbeitsgerichts an anderen Orten;
6. der Übergang anhängiger Verfahren auf ein anderes Gericht bei Maßnahmen nach den Nummern 1, 3 und 4, wenn sich die Zuständigkeit nicht nach den bisher geltenden Vorschriften richten soll.

(3) Mehrere Länder können die Errichtung eines gemeinsamen Arbeitsgerichts oder gemeinsamer Kammern eines Arbeitsgerichts oder die Ausdehnung von Gerichtsbezirken über die Landesgrenzen hinaus, auch für einzelne Sachgebiete, vereinbaren.

(4) [1]Die zuständige oberste Landesbehörde kann anordnen, daß außerhalb des Sitzes des Arbeitsgerichts Gerichtstage abgehalten werden. [2]Die Landesregierung kann ferner durch Rechtsverordnung bestimmen, daß Gerichtstage außerhalb des Sitzes des Arbeitsgerichts abgehalten werden. [3]Die Landesregierung kann die Ermächtigung nach Satz 2 durch Rechtsverordnung auf die zuständige oberste Landesbehörde übertragen.

(5) Bei der Vorbereitung gesetzlicher Regelungen nach Absatz 2 Nr. 1 bis 5 und Absatz 3 sind die Gewerkschaften und Vereinigungen von Arbeitgebern, die für das Arbeitsleben im Landesgebiet wesentliche Bedeutung haben, zu hören.

§ 15[2] **Verwaltung und Dienstaufsicht.** (1) [1]Die Geschäfte der Verwaltung und Dienstaufsicht führt die zuständige oberste Landesbehörde. [2]Vor Erlaß allgemeiner Anordnungen, die die Verwaltung und Dienstaufsicht betreffen, soweit sie nicht rein technischer Art sind, sind die in § 14 Abs. 5 genannten Verbände zu hören.

(2) [1]Die Landesregierung kann durch Rechtsverordnung Geschäfte der Verwaltung und Dienstaufsicht dem Präsidenten des Landesarbeitsgerichts oder dem Vorsitzenden des Arbeitsgerichts oder, wenn mehrere Vorsitzende vorhanden sind, einem von ihnen übertragen. [2]Die Landesregierung kann die Ermächtigung nach Satz 1 durch Rechtsverordnung auf die zuständige oberste Landesbehörde übertragen.

§ 16 Zusammensetzung. (1) [1]Das Arbeitsgericht besteht aus der erforderlichen Zahl von Vorsitzenden und ehrenamtlichen Richtern. [2]Die ehrenamtlichen

---

[1] § 14 Abs. 4 neu gef. durch G v. 26.6.1990 (BGBl. I S. 1206); Abs. 4 Sätze 2 und 5 aufgeh., bish. Sätze 3 und 4 werden Sätze 2 und 3, neuer Satz 3 geänd. mWv 1.5.2000 durch G v. 30.3.2000 (BGBl. I S. 333).

[2] § 15 neu gef. durch G v. 26.6.1990 (BGBl. I S. 1206); Abs. 1 Satz 2 aufgeh., bish. Satz 3 wird Satz 2, Abs. 2 Sätze 1 und 2 geänd. mWv 1.5.2000 durch G v. 30.3.2000 (BGBl. I S. 333).

Richter werden je zur Hälfte aus den Kreisen der Arbeitnehmer und der Arbeitgeber entnommen.

(2) Jede Kammer des Arbeitsgerichts wird in der Besetzung mit einem Vorsitzenden und je einem ehrenamtlichen Richter aus Kreisen der Arbeitnehmer und der Arbeitgeber tätig.

§ 17[1)] **Bildung von Kammern.** (1) [1]Die zuständige oberste Landesbehörde bestimmt die Zahl der Kammern. [2]Die Landesregierung kann diese Befugnis durch Rechtsverordnung auf die Präsidentin oder den Präsidenten des Landesarbeitsgerichts übertragen. [3]Vor Bestimmung der Zahl der Kammern sind die in § 14 Absatz 5 genannten Verbände zu hören.

(2) [1]Soweit ein Bedürfnis besteht, kann die Landesregierung durch Rechtsverordnung für die Streitigkeiten bestimmter Berufe und Gewerbe und bestimmter Gruppen von Arbeitnehmern Fachkammern bilden. [2]Die Zuständigkeit einer Fachkammer kann durch Rechtsverordnung auf die Bezirke anderer Arbeitsgerichte oder Teile von ihnen erstreckt werden, sofern die Erstreckung für eine sachdienliche Förderung oder schnellere Erledigung der Verfahren zweckmäßig ist. [3]Die Rechtsverordnungen auf Grund der Sätze 1 und 2 treffen Regelungen zum Übergang anhängiger Verfahren auf ein anderes Gericht, sofern die Regelungen zur sachdienlichen Erledigung der Verfahren zweckmäßig sind und sich die Zuständigkeit nicht nach den bisher geltenden Vorschriften richten soll. [4]§ 14 Abs. 5 ist entsprechend anzuwenden.

(3) Die Landesregierung kann die Ermächtigung nach Absatz 2 durch Rechtsverordnung auf die zuständige oberste Landesbehörde übertragen.

§ 18[2)] **Ernennung der Vorsitzenden.** (1) Die Vorsitzenden werden auf Vorschlag der zuständigen obersten Landesbehörde nach Beratung mit einem Ausschuß entsprechend den landesrechtlichen Vorschriften bestellt.

(2) [1]Der Ausschuß ist von der zuständigen obersten Landesbehörde zu errichten. [2]Ihm müssen in gleichem Verhältnis Vertreter der in § 14 Abs. 5 genannten Gewerkschaften und Vereinigungen von Arbeitgebern sowie der Arbeitsgerichtsbarkeit angehören.

(3) Einem Vorsitzenden kann zugleich ein weiteres Richteramt bei einem anderen Arbeitsgericht übertragen werden.

(4)–(6) (weggefallen)

(7) Bei den Arbeitsgerichten können Richter auf Probe und Richter kraft Auftrags verwendet werden.

§ 19 Ständige Vertretung. (1) Ist ein Arbeitsgericht nur mit einem Vorsitzenden besetzt, so beauftragt das Präsidium des Landesarbeitsgerichts einen Richter seines Bezirks mit der ständigen Vertretung des Vorsitzenden.

(2) [1]Wird an einem Arbeitsgericht die vorübergehende Vertretung durch einen Richter eines anderen Gerichts nötig, so beauftragt das Präsidium des Landesarbeitsgerichts einen Richter seines Bezirks längstens für zwei Monate mit der Vertretung. [2]In Eilfällen kann an Stelle des Präsidiums der Präsident des Landes-

---

[1)] § 17 Abs. 1 und 3 neu gef. sowie Abs. 2 Satz 1 geänd. durch G v. 26.6.1990 (BGBl. I S. 1206); Abs. 1 Satz 2, Abs. 3 Satz 2 aufgeh. mWv 1.5.2000 durch G v. 30.3.2000 (BGBl. I S. 333); Abs. 1 neu gef. mWv 6.12.2019 durch G v. 30.11.2019 (BGBl. I S. 1948).
[2)] § 18 Abs. 1 neu gef. durch G v. 26.6.1990 (BGBl. I S. 1206); Abs. 1 Satz 2 aufgeh. mWv 1.5.2000 durch G v. 30.3.2000 (BGBl. I S. 333).

arbeitsgerichts einen zeitweiligen Vertreter bestellen. ³Die Gründe für die getroffene Anordnung sind schriftlich niederzulegen.

§ 20[1]**) Berufung der ehrenamtlichen Richter.** (1) ¹Die ehrenamtlichen Richter werden von der zuständigen obersten Landesbehörde oder von der von der Landesregierung durch Rechtsverordnung beauftragten Stelle auf die Dauer von fünf Jahren berufen. ²Die Landesregierung kann die Ermächtigung nach Satz 1 durch Rechtsverordnung auf die zuständige oberste Landesbehörde übertragen.

(2) Die ehrenamtlichen Richter sind in angemessenem Verhältnis unter billiger Berücksichtigung der Minderheiten aus den Vorschlagslisten zu entnehmen, die der zuständigen Stelle von den im Land bestehenden Gewerkschaften, selbständigen Vereinigungen von Arbeitnehmern mit sozial- oder berufspolitischer Zwecksetzung und Vereinigungen von Arbeitgebern sowie von den in § 22 Abs. 2 Nr. 3 bezeichneten Körperschaften oder deren Arbeitgebervereinigungen eingereicht werden.

§ 21[2]**) Voraussetzungen für die Berufung als ehrenamtlicher Richter.**
(1) Als ehrenamtliche Richter sind Arbeitnehmer und Arbeitgeber zu berufen, die das 25. Lebensjahr vollendet haben und im Bezirk des Arbeitsgerichts tätig sind oder wohnen.

(2) ¹Vom Amt des ehrenamtlichen Richters ist ausgeschlossen,
1. wer infolge Richterspruchs die Fähigkeit zur Bekleidung öffentlicher Ämter nicht besitzt oder wegen einer vorsätzlichen Tat zu einer Freiheitsstrafe von mehr als sechs Monaten verurteilt worden ist;
2. wer wegen einer Tat angeklagt ist, die den Verlust der Fähigkeit zur Bekleidung öffentlicher Ämter zur Folge haben kann;
3. wer das Wahlrecht zum Deutschen Bundestag nicht besitzt.

²Personen, die in Vermögensverfall geraten sind, sollen nicht als ehrenamtliche Richter berufen werden.

(3) Beamte und Angestellte eines Gerichts für Arbeitssachen dürfen nicht als ehrenamtliche Richter berufen werden.

(4) ¹Das Amt des ehrenamtlichen Richters, der zum ehrenamtlichen Richter in einem höheren Rechtszug berufen wird, endet mit Beginn der Amtszeit im höheren Rechtszug. ²Niemand darf gleichzeitig ehrenamtlicher Richter der Arbeitnehmerseite und der Arbeitgeberseite sein oder als ehrenamtlicher Richter bei mehr als einem Gericht für Arbeitssachen berufen werden.

(5) ¹Wird das Fehlen einer Voraussetzung für die Berufung nachträglich bekannt oder fällt eine Voraussetzung nachträglich fort, so ist der ehrenamtliche Richter auf Antrag der zuständigen Stelle (§ 20) oder auf eigenen Antrag von seinem Amt zu entbinden. ²Über den Antrag entscheidet die vom Präsidium für jedes Geschäftsjahr im voraus bestimmte Kammer des Landesarbeitsgerichts. ³Vor der Entscheidung ist der ehrenamtliche Richter zu hören. ⁴Die Entscheidung ist unanfechtbar. ⁵Die nach Satz 2 zuständige Kammer kann anordnen, daß der

---

[1]) § 20 Abs. 1 geänd. durch G v. 26.6.1990 (BGBl. I S. 1206); Abs. 1 neu gef., Abs. 2 angef. mWv 1.5. 2000 durch G v. 30.3.2000 (BGBl. I S. 333).
[2]) § 21 Abs. 5 Satz 1 geänd. durch G v. 26.6.1990 (BGBl. I S. 1206); Abs. 2 Satz 2 angef., Satz 1 Nr. 3 aufgeh., bish. Nr. 4 wird Nr. 3 durch G v. 5.10.1994 (BGBl. I S. 2911); Abs. 5 Satz 1 geänd. mWv 1.5. 2000 durch G v. 30.3.2000 (BGBl. I S. 333); Abs. 1 neu gef. mWv 1.4.2008 durch G v. 26.3.2008 (BGBl. I S. 444).

ehrenamtliche Richter bis zu der Entscheidung über die Entbindung vom Amt nicht heranzuziehen ist.

(6) Verliert der ehrenamtliche Richter seine Eigenschaft als Arbeitnehmer oder Arbeitgeber wegen Erreichens der Altersgrenze, findet Absatz 5 mit der Maßgabe Anwendung, daß die Entbindung vom Amt nur auf Antrag des ehrenamtlichen Richters zulässig ist.

§ 22 Ehrenamtlicher Richter aus Kreisen der Arbeitgeber. (1) Ehrenamtlicher Richter aus Kreisen der Arbeitgeber kann auch sein, wer vorübergehend oder regelmäßig zu gewissen Zeiten des Jahres keine Arbeitnehmer beschäftigt.

(2) Zu ehrenamtlichen Richtern aus Kreisen der Arbeitgeber können auch berufen werden

1. bei Betrieben einer juristischen Person oder einer Personengesamtheit Personen, die kraft Gesetzes, Satzung oder Gesellschaftsvertrag allein oder als Mitglieder des Vertretungsorgans zur Vertretung der juristischen Person oder der Personengesamtheit berufen sind;
2. Geschäftsführer, Betriebsleiter oder Personalleiter, soweit sie zur Einstellung von Arbeitnehmern in den Betrieb berechtigt sind, oder Personen, denen Prokura oder Generalvollmacht erteilt ist;
3. bei dem Bunde, den Ländern, den Gemeinden, den Gemeindeverbänden und anderen Körperschaften, Anstalten und Stiftungen des öffentlichen Rechts Beamte und Angestellte nach näherer Anordnung der zuständigen obersten Bundes- oder Landesbehörde;
4. Mitglieder und Angestellte von Vereinigungen von Arbeitgebern sowie Vorstandsmitglieder und Angestellte von Zusammenschlüssen solcher Vereinigungen, wenn diese Personen kraft Satzung oder Vollmacht zur Vertretung befugt sind.

§ 23[1] Ehrenamtlicher Richter aus Kreisen der Arbeitnehmer. (1) Ehrenamtlicher Richter aus Kreisen der Arbeitnehmer kann auch sein, wer arbeitslos ist.

(2) [1]Den Arbeitnehmern stehen für die Berufung als ehrenamtliche Richter Mitglieder und Angestellte von Gewerkschaften, von selbständigen Vereinigungen von Arbeitnehmern mit sozial- oder berufspolitischer Zwecksetzung sowie Vorstandsmitglieder und Angestellte von Zusammenschlüssen von Gewerkschaften gleich, wenn diese Personen kraft Satzung oder Vollmacht zur Vertretung befugt sind. [2]Gleiches gilt für Bevollmächtigte, die als Angestellte juristischer Personen, deren Anteile sämtlich im wirtschaftlichen Eigentum einer der in Satz 1 genannten Organisationen stehen, handeln und wenn die juristische Person ausschließlich die Rechtsberatung und Prozeßvertretung der Mitglieder der Organisation entsprechend deren Satzung durchführt.

§ 24[2] Ablehnung und Niederlegung des ehrenamtlichen Richteramtes.

(1) Das Amt des ehrenamtlichen Richters kann ablehnen oder niederlegen,
1. wer die Regelaltersgrenze nach dem Sechsten Buch Sozialgesetzbuch[3] erreicht hat;

---

[1] § 23 Abs. 2 Satz 2 angef. durch G v. 31.8.1998 (BGBl. I S. 2600)
[2] § 24 Abs. 2 Satz 1 geänd. durch G v. 26.6.1990 (BGBl. I S. 1206); Abs. 1 Nr. 4, Abs. 2 Satz 1 geänd. mWv 1.5.2000 durch G v. 30.3.2000 (BGBl. I S. 333); Abs. 1 Nr. 2 neu gef. mWv 1.5.2002 durch G v. 27.4.2002 (BGBl. I S. 1467); Abs. 1 Nr. 1 neu gef. mWv 1.1.2008 durch G v. 20.4.2007 (BGBl. I S. 554).
[3] **Aichberger,** SGB Nr. 6.

2. wer aus gesundheitlichen Gründen daran gehindert ist, das Amt ordnungsgemäß auszuüben;
3. wer durch ehrenamtliche Tätigkeit für die Allgemeinheit so in Anspruch genommen ist, daß ihm die Übernahme des Amtes nicht zugemutet werden kann;
4. wer in den zehn der Berufung vorhergehenden Jahren als ehrenamtlicher Richter bei einem Gericht für Arbeitssachen tätig gewesen ist;
5. wer glaubhaft macht, daß ihm wichtige Gründe, insbesondere die Fürsorge für seine Familie, die Ausübung des Amtes in besonderem Maße erschweren.

(2) [1] Über die Berechtigung zur Ablehnung oder Niederlegung entscheidet die zuständige Stelle (§ 20). [2] Die Entscheidung ist endgültig.

§ 25 (weggefallen)

§ 26 Schutz der ehrenamtlichen Richter.
(1) Niemand darf in der Übernahme oder Ausübung des Amtes als ehrenamtlicher Richter beschränkt oder wegen der Übernahme oder Ausübung des Amtes benachteiligt werden.

(2) Wer einen anderen in der Übernahme oder Ausübung seines Amtes als ehrenamtlicher Richter beschränkt oder wegen der Übernahme oder Ausübung des Amtes benachteiligt, wird mit Freiheitsstrafe bis zu einem Jahr oder mit Geldstrafe bestraft.

§ 27[1] Amtsenthebung der ehrenamtlichen Richter.
[1] Ein ehrenamtlicher Richter ist auf Antrag der zuständigen Stelle (§ 20) seines Amtes zu entheben, wenn er seine Amtspflicht grob verletzt. [2] § 21 Abs. 5 Satz 2 bis 5 ist entsprechend anzuwenden.

§ 28 Ordnungsgeld gegen ehrenamtliche Richter.
[1] Die vom Präsidium für jedes Geschäftsjahr im voraus bestimmte Kammer des Landesarbeitsgerichts kann auf Antrag des Vorsitzenden des Arbeitsgerichts gegen einen ehrenamtlichen Richter, der sich der Erfüllung seiner Pflichten entzieht, insbesondere ohne genügende Entschuldigung nicht oder nicht rechtzeitig zu den Sitzungen erscheint, ein Ordnungsgeld festsetzen. [2] Vor dem Antrag hat der Vorsitzende des Arbeitsgerichts den ehrenamtlichen Richter zu hören. [3] Die Entscheidung ist endgültig.

§ 29 Ausschuß der ehrenamtlichen Richter.
(1) [1] Bei jedem Arbeitsgericht mit mehr als einer Kammer wird ein Ausschuß der ehrenamtlichen Richter gebildet. [2] Er besteht aus mindestens je drei ehrenamtlichen Richtern aus den Kreisen der Arbeitnehmer und der Arbeitgeber in gleicher Zahl, die von den ehrenamtlichen Richtern aus den Kreisen der Arbeitnehmer und der Arbeitgeber in getrennter Wahl gewählt werden. [3] Der Ausschuß tagt unter der Leitung des aufsichtführenden oder, wenn ein solcher nicht vorhanden oder verhindert ist, des dienstältesten Vorsitzenden des Arbeitsgerichts.

(2) [1] Der Ausschuß ist vor der Bildung von Kammern, vor der Geschäftsverteilung, vor der Verteilung der ehrenamtlichen Richter auf die Kammern und vor der Aufstellung der Listen über die Heranziehung der ehrenamtlichen Richter zu den Sitzungen mündlich oder schriftlich zu hören. [2] Er kann den Vorsitzenden des

---

[1] § 27 Satz 1 geänd. durch G v. 26.6.1990 (BGBl. I S. 1206) und geänd. mWv 1.5.2000 durch G v. 30.3.2000 (BGBl. I S. 333).

Arbeitsgerichts und den die Verwaltung und Dienstaufsicht führenden Stellen (§ 15) Wünsche der ehrenamtlichen Richter übermitteln.

§ 30 Besetzung der Fachkammern. [1] Die ehrenamtlichen Richter einer Fachkammer sollen aus den Kreisen der Arbeitnehmer und der Arbeitgeber entnommen werden, für die die Fachkammer gebildet ist. [2] Werden für Streitigkeiten der in § 22 Abs. 2 Nr. 2 bezeichneten Angestellten Fachkammern gebildet, so dürfen ihnen diese Angestellten nicht als ehrenamtliche Richter aus Kreisen der Arbeitgeber angehören. [3] Wird die Zuständigkeit einer Fachkammer gemäß § 17 Abs. 2 erstreckt, so sollen die ehrenamtlichen Richter dieser Kammer aus den Bezirken derjenigen Arbeitsgerichte berufen werden, für deren Bezirke die Fachkammer zuständig ist.

§ 31 Heranziehung der ehrenamtlichen Richter. (1) Die ehrenamtlichen Richter sollen zu den Sitzungen nach der Reihenfolge einer Liste herangezogen werden, die der Vorsitzende vor Beginn des Geschäftsjahres oder vor Beginn der Amtszeit neu berufener ehrenamtlicher Richter gemäß § 29 Abs. 2 aufstellt.

(2) Für die Heranziehung von Vertretern bei unvorhergesehener Verhinderung kann eine Hilfsliste von ehrenamtlichen Richtern aufgestellt werden, die am Gerichtssitz oder in der Nähe wohnen oder ihren Dienstsitz haben.

§ 32 (weggefallen)

Zweiter Abschnitt. Landesarbeitsgerichte

§ 33 Errichtung und Organisation. [1] In den Ländern werden Landesarbeitsgerichte errichtet. [2] § 14 Abs. 2 bis 5 ist entsprechend anzuwenden.

§ 34[1) Verwaltung und Dienstaufsicht. (1) [1] Die Geschäfte der Verwaltung und Dienstaufsicht führt die zuständige oberste Landesbehörde. [2] § 15 Abs. 1 Satz 2 gilt entsprechend.

(2) [1] Die Landesregierung kann durch Rechtsverordnung Geschäfte der Verwaltung und Dienstaufsicht dem Präsidenten des Landesarbeitsgerichts übertragen. [2] Die Landesregierung kann die Ermächtigung nach Satz 1 durch Rechtsverordnung auf die zuständige oberste Landesbehörde übertragen.

§ 35[2) Zusammensetzung, Bildung von Kammern. (1) [1] Das Landesarbeitsgericht besteht aus dem Präsidenten, der erforderlichen Zahl von weiteren Vorsitzenden und von ehrenamtlichen Richtern. [2] Die ehrenamtlichen Richter werden je zur Hälfte aus den Kreisen der Arbeitnehmer und der Arbeitgeber entnommen.

(2) Jede Kammer des Landesarbeitsgerichts wird in der Besetzung mit einem Vorsitzenden und je einem ehrenamtlichen Richter aus den Kreisen der Arbeitnehmer und der Arbeitgeber tätig.

(3) [1] Die zuständige oberste Landesbehörde bestimmt die Zahl der Kammern. [2] § 17 gilt entsprechend.

[1)] § 34 neu gef. durch G v. 26.6.1990 (BGBl. I S. 1206); Abs. 1 Satz 2 und Abs. 2 Satz 2 neu gef., Abs. 2 Satz 1 geänd. mWv 1.5.2000 durch G v. 30.3.2000 (BGBl. I S. 333); Abs. 1 Satz 2 geänd. mWv 1.1.2002 durch G v. 27.7.2001 (BGBl. I S. 1887).

[2)] § 35 Abs. 3 neu gef. durch G v. 26.6.1990 (BGBl. I S. 1206).

§ 36) **Vorsitzende[2]**. Der Präsident und die weiteren Vorsitzenden werden auf Vorschlag der zuständigen obersten Landesbehörde nach Anhörung der in § 14 Abs. 5 genannten Gewerkschaften und Vereinigungen von Arbeitgebern als Richter auf Lebenszeit entsprechend den landesrechtlichen Vorschriften bestellt.

§ 37[3] **Ehrenamtliche Richter.** (1) Die ehrenamtlichen Richter müssen das dreißigste Lebensjahr vollendet haben und sollen mindestens fünf Jahre ehrenamtliche Richter eines Gerichts für Arbeitssachen gewesen sein.

(2) Im übrigen gelten für die Berufung und Stellung der ehrenamtlichen Richter sowie für die Amtsenthebung und die Amtsentbindung die §§ 20 bis 28 entsprechend.

§ 38 Ausschuß der ehrenamtlichen Richter. [1] Bei jedem Landesarbeitsgericht wird ein Ausschuß der ehrenamtlichen Richter gebildet. [2] Die Vorschriften des § 29 Abs. 1 Satz 2 und 3 und Abs. 2 gelten entsprechend.

§ 39 Heranziehung der ehrenamtlichen Richter. [1] Die ehrenamtlichen Richter sollen zu den Sitzungen nach der Reihenfolge einer Liste herangezogen werden, die der Vorsitzende vor Beginn des Geschäftsjahres oder vor Beginn der Amtszeit neu berufener ehrenamtlicher Richter gemäß § 38 Satz 2 aufstellt. [2] § 31 Abs. 2 ist entsprechend anzuwenden.

Dritter Abschnitt. Bundesarbeitsgericht

§ 40[4] **Errichtung.** (1) Das Bundesarbeitsgericht hat seinen Sitz in Erfurt.

(2) [1] Die Geschäfte der Verwaltung und Dienstaufsicht führt das Bundesministerium für Arbeit und Soziales im Einvernehmen mit dem Bundesministerium der Justiz und für Verbraucherschutz. [2] Das Bundesministerium für Arbeit und Soziales kann im Einvernehmen mit dem Bundesministerium der Justiz und für Verbraucherschutz Geschäfte der Verwaltung und Dienstaufsicht auf den Präsidenten des Bundesarbeitsgerichts übertragen.

§ 41[5] **Zusammensetzung, Senate.** (1) [1] Das Bundesarbeitsgericht besteht aus dem Präsidenten, der erforderlichen Zahl von Vorsitzenden Richtern, von berufsrichterlichen Beisitzern sowie ehrenamtlichen Richtern. [2] Die ehrenamtlichen Richter werden je zur Hälfte aus den Kreisen der Arbeitnehmer und der Arbeitgeber entnommen.

(2) Jeder Senat wird in der Besetzung mit einem Vorsitzenden, zwei berufsrichterlichen Beisitzern und je einem ehrenamtlichen Richter aus den Kreisen der Arbeitnehmer und der Arbeitgeber tätig.

---

[1] § 36 neu gef. durch G v. 26.6.1990 (BGBl. I S. 1206); Satz 2 aufgeh. mWv 1.5.2000 durch G v. 30.3.2000 (BGBl. I S. 333).

[2] **Amtl. Anm.:** Diese Überschrift wurde bei der deklaratorischen Neufassung eingefügt.

[3] § 37 Abs. 1 geänd. mWv 1.5.2000 durch G v. 30.3.2000 (BGBl. I S. 333).

[4] § 40 Abs. 1 Satz 1 geänd., Satz 2 aufgeh. durch G v. 11.3.1996 (BGBl. I S. 454); Abs. 1a aufgeh. mWv 1.1.2002 durch G v. 27.7.2001 (BGBl. I S. 1887); Abs. 2 Sätze 1 und 2 geänd. mWv 7.11.2001 durch VO v. 29.10.2001 (BGBl. I S. 2785), mWv 28.11.2003 durch VO v. 25.11.2003 (BGBl. I S. 2304), mWv 8.11.2006 durch VO v. 31.10.2006 (BGBl. I S. 2407) und mWv 8.9.2015 durch VO v. 31.8.2015 (BGBl. I S. 1474).

[5] § 41 Abs. 3 geänd. mWv 7.11.2001 durch VO v. 29.10.2001 (BGBl. I S. 2785), mWv 28.11.2003 durch VO v. 25.11.2003 (BGBl. I S. 2304), mWv 8.11.2006 durch VO v. 31.10.2006 (BGBl. I S. 2407) und mWv 8.9.2015 durch VO v. 31.8.2015 (BGBl. I S. 1474).

Arbeitsgerichtsgesetz §§ 42–44 ArbGG 83

(3) Die Zahl der Senate bestimmt das Bundesministerium für Arbeit und Soziales im Einvernehmen mit dem Bundesministerium der Justiz und für Verbraucherschutz.

§ 42[1] **Bundesrichter.** (1) [1] Für die Berufung der Bundesrichter (Präsident, Vorsitzende Richter und berufsrichterliche Beisitzer nach § 41 Abs. 1 Satz 1) gelten die Vorschriften des Richterwahlgesetzes[2]. [2] Zuständiges Ministerium im Sinne des § 1 Abs. 1 des Richterwahlgesetzes ist das Bundesministerium für Arbeit und Soziales; es entscheidet im Benehmen mit dem Bundesministerium der Justiz und für Verbraucherschutz.

(2) Die zu berufenden Personen müssen das fünfunddreißigste Lebensjahr vollendet haben.

§ 43[3] **Ehrenamtliche Richter.** (1) [1] Die ehrenamtlichen Richter werden vom Bundesministerium für Arbeit und Soziales für die Dauer von fünf Jahren berufen. [2] Sie sind im angemessenen Verhältnis unter billiger Berücksichtigung der Minderheiten aus den Vorschlagslisten zu entnehmen, die von den Gewerkschaften, den selbständigen Vereinigungen von Arbeitnehmern mit sozial- oder berufspolitischer Zwecksetzung und Vereinigungen von Arbeitgebern, die für das Arbeitsleben des Bundesgebietes wesentliche Bedeutung haben, sowie von den in § 22 Abs. 2 Nr. 3 bezeichneten Körperschaften eingereicht worden sind.

(2) [1] Die ehrenamtlichen Richter müssen das fünfunddreißigste Lebensjahr vollendet haben, besondere Kenntnisse und Erfahrungen auf dem Gebiet des Arbeitsrechts und des Arbeitslebens besitzen und sollen mindestens fünf Jahre ehrenamtliche Richter eines Gerichts für Arbeitssachen gewesen sein. [2] Sie sollen längere Zeit in Deutschland als Arbeitnehmer oder als Arbeitgeber tätig gewesen sein.

(3) Für die Berufung, Stellung und Heranziehung der ehrenamtlichen Richter sowie für die Amtsenthebung und die Amtsentbindung sind im übrigen die Vorschriften der §§ 21 bis 28 und des § 31 entsprechend anzuwenden mit der Maßgabe, daß die in § 21 Abs. 5, § 27 Satz 2 und § 28 Satz 1 bezeichneten Entscheidungen durch den vom Präsidium für jedes Geschäftsjahr im voraus bestimmten Senat des Bundesarbeitsgerichts getroffen werden.

§ 44[4] **Anhörung der ehrenamtlichen Richter, Geschäftsordnung.**
(1) Bevor zu Beginn des Geschäftsjahres die Geschäfte verteilt sowie die berufsrichterlichen Beisitzer und die ehrenamtlichen Richter den einzelnen Senaten und dem Großen Senat zugeteilt werden, sind je die beiden lebensältesten ehrenamtlichen Richter aus den Kreisen der Arbeitnehmer und der Arbeitgeber zu hören.

(2) [1] Der Geschäftsgang wird durch eine Geschäftsordnung[5] geregelt, die das Präsidium beschließt. [2] Absatz 1 gilt entsprechend.

---

[1] § 42 Abs. 1 Satz 2 geänd. mWv 7.11.2001 durch VO v. 29.10.2001 (BGBl. I S. 2785), mWv 28.11.2003 durch VO v. 25.11.2003 (BGBl. I S. 2304), mWv 8.11.2006 durch VO v. 31.10.2006 (BGBl. I S. 2407) und mWv 8.9.2015 durch VO v. 31.8.2015 (BGBl. I S. 1474).
[2] **Sartorius Nr. 610.**
[3] § 43 Abs. 1 Satz 1, Abs. 2 Satz 1 geänd. mWv 1.5.2000 durch G v. 30.3.2000 (BGBl. I S. 333); Abs. 1 Satz 2 geänd. mWv 7.11.2001 durch VO v. 29.10.2001 (BGBl. I S. 2785), mWv 28.11.2003 durch VO v. 25.11.2003 (BGBl. I S. 2304) und mWv 8.11.2006 durch VO v. 31.10.2006 (BGBl. I S. 2407).
[4] § 44 Abs. 2 Satz 1 geänd. mWv 5.8.2009 durch G v. 30.7.2009 (BGBl. I S. 2449).
[5] Siehe hierzu die Geschäftsordnung des Bundesarbeitsgerichts (**Loseblatt-Textsammlung Arbeitsrecht Nr. 662**) und die AO des Bundespräsidenten über die Amtstracht bei dem Bundesarbeitsgericht und bei dem Bundessozialgericht v. 7.5.1954 (BGBl. I S. 119).

§ 45[1] Großer Senat.

(1) Bei dem Bundesarbeitsgericht wird ein Großer Senat gebildet.

(2) Der Große Senat entscheidet, wenn ein Senat in einer Rechtsfrage von der Entscheidung eines anderen Senats oder des Großen Senats abweichen will.[2]

(3) [1] Eine Vorlage an den Großen Senat ist nur zulässig, wenn der Senat, von dessen Entscheidung abgewichen werden soll, auf Anfrage des erkennenden Senats erklärt hat, daß er an seiner Rechtsauffassung festhält. [2] Kann der Senat, von dessen Entscheidung abgewichen werden soll, wegen einer Änderung des Geschäftsverteilungsplanes mit der Rechtsfrage nicht mehr befaßt werden, tritt der Senat an seine Stelle, der nach dem Geschäftsverteilungsplan für den Fall, in dem abweichend entschieden wurde, nunmehr zuständig wäre. [3] Über die Anfrage und die Antwort entscheidet der jeweilige Senat durch Beschluß in der für Urteile erforderlichen Besetzung.

(4) Der erkennende Senat kann eine Frage von grundsätzlicher Bedeutung dem Großen Senat zur Entscheidung vorlegen, wenn das nach seiner Auffassung zur Fortbildung des Rechts oder zur Sicherung einer einheitlichen Rechtsprechung erforderlich ist.

(5) [1] Der Große Senat besteht aus dem Präsidenten, je einem Berufsrichter der Senate, in denen der Präsident nicht den Vorsitz führt, und je drei ehrenamtlichen Richtern aus den Kreisen der Arbeitnehmer und Arbeitgeber. [2] Bei einer Verhinderung des Präsidenten tritt ein Berufsrichter des Senats, dem er angehört, an seine Stelle.

(6) [1] Die Mitglieder und die Vertreter werden durch das Präsidium für ein Geschäftsjahr bestellt. [2] Den Vorsitz im Großen Senat führt der Präsident, bei Verhinderung das dienstälteste Mitglied. [3] Bei Stimmengleichheit gibt die Stimme des Vorsitzenden den Ausschlag.

(7) [1] Der Große Senat entscheidet nur über die Rechtsfrage. [2] Er kann ohne mündliche Verhandlung entscheiden. [3] Seine Entscheidung ist in der vorliegenden Sache für den erkennenden Senat bindend.

Dritter Teil. Verfahren vor den Gerichten für Arbeitssachen

Erster Abschnitt. Urteilsverfahren

Erster Unterabschnitt. Erster Rechtszug

§ 46[3] Grundsatz.

(1) Das Urteilsverfahren findet in den in § 2 Abs. 1 bis 4 bezeichneten bürgerlichen Rechtsstreitigkeiten Anwendung.

(2) [1] Für das Urteilsverfahren des ersten Rechtszugs gelten die Vorschriften der Zivilprozeßordnung über das Verfahren vor den Amtsgerichten entsprechend, soweit dieses Gesetz nichts anderes bestimmt. [2] Die Vorschriften über den frühen ersten Termin zur mündlichen Verhandlung und das schriftliche Vorverfahren (§§ 275 bis 277 der Zivilprozeßordnung), über das vereinfachte Verfahren (§ 495a der Zivilprozeßordnung), über den Urkunden- und Wechselprozeß (§§ 592 bis 605a der Zivilprozeßordnung), über die Musterfeststellungsklage (§§ 606 bis

---

[1] § 45 neu gef. durch G v. 17.12.1990 (BGBl. I S. 2847).
[2] Siehe hierzu § 8 GeschäftsO **(Loseblatt-Textsammlung Arbeitsrecht Nr. 662)**.
[3] § 46 Abs. 2 Satz 2 geänd. durch G v. 17.12.1990 (BGBl. I S. 2847); Abs. 2 Satz 2 geänd G v. 28.10.1996 (BGBl. I S. 1546); Abs. 2 Satz 2 geänd., Satz 3 angef. mWv 1.1.2002 durch G v. 27.7.2001 (BGBl. I S. 1887); Abs. 2 Satz 2 geänd. mWv 1.11.2018 durch G v. 12.7.2018 (BGBl. I S. 1151).
[4] Nr. 100.

Arbeitsgerichtsgesetz § 46a ArbGG 83

613 der Zivilprozeßordnung), über die Entscheidung ohne mündliche Verhandlung (§ 128 Abs. 2 der Zivilprozeßordnung) und über die Verlegung von Terminen in der Zeit vom 1. Juli bis 31. August (§ 227 Abs. 3 Satz 1 der Zivilprozeßordnung) finden keine Anwendung. ³ § 127 Abs. 2 der Zivilprozeßordnung findet mit der Maßgabe Anwendung, dass die sofortige Beschwerde bei Bestandsschutzstreitigkeiten unabhängig von dem Streitwert zulässig ist.

§ 46a[1] Mahnverfahren. (1) ¹ Für das Mahnverfahren vor den Gerichten für Arbeitssachen gelten die Vorschriften der Zivilprozeßordnung über das Mahnverfahren einschließlich der maschinellen Bearbeitung entsprechend, soweit dieses Gesetz nichts anderes bestimmt. ² § 702 Absatz 2 Satz 2 der Zivilprozessordnung[2] ist nicht anzuwenden.

(2) ¹ Zuständig für die Durchführung des Mahnverfahrens ist das Arbeitsgericht, das für die im Urteilsverfahren erhobene Klage zuständig sein würde. ² Die Landesregierungen werden ermächtigt, einem Arbeitsgericht durch Rechtsverordnung Mahnverfahren für die Bezirke mehrerer Arbeitsgerichte zuzuweisen. ³ Die Zuweisung kann auf Mahnverfahren beschränkt werden, die maschinell bearbeitet werden. ⁴ Die Landesregierungen können die Ermächtigung durch Rechtsverordnung auf die jeweils zuständige oberste Landesbehörde übertragen. ⁵ Mehrere Länder können die Zuständigkeit eines Arbeitsgerichts über die Landesgrenzen hinaus vereinbaren.

(3) Die in dem Mahnbescheid nach § 692 Abs. 1 Nr. 3 der Zivilprozeßordnung aufzunehmende Frist beträgt eine Woche.

(4) ¹ Wird rechtzeitig Widerspruch erhoben und beantragt eine Partei die Durchführung der mündlichen Verhandlung, so gibt das Gericht, das den Mahnbescheid erlassen hat, den Rechtsstreit von Amts wegen an das Gericht ab, das in dem Mahnbescheid gemäß § 692 Absatz 1 Nummer 1 der Zivilprozessordnung bezeichnet worden ist. ² Verlangen die Parteien übereinstimmend die Abgabe an ein anderes als das im Mahnbescheid bezeichnete Gericht, erfolgt die Abgabe dorthin. ³ Die Geschäftsstelle hat dem Antragsteller unverzüglich aufzugeben, seinen Anspruch binnen zwei Wochen schriftlich zu begründen. ⁴ Bei Eingang der Anspruchsbegründung bestimmt der Vorsitzende den Termin zur mündlichen Verhandlung. ⁵ Geht die Anspruchsbegründung nicht rechtzeitig ein, so wird bis zu ihrem Eingang der Termin nur auf Antrag des Antragsgegners bestimmt.

(5) Die Streitsache gilt als mit Zustellung des Mahnbescheids rechtshängig geworden, wenn alsbald nach Erhebung des Widerspruchs Termin zur mündlichen Verhandlung bestimmt wird.

(6) ¹ Im Fall des Einspruchs hat das Gericht von Amts wegen zu prüfen, ob der Einspruch an sich statthaft und ob er in der gesetzlichen Form und Frist eingelegt ist. ² Fehlt es an einem dieser Erfordernisse, so ist der Einspruch als unzulässig zu verwerfen. ³ Ist der Einspruch zulässig, hat die Geschäftsstelle dem Antragsteller

---

[1] § 46a Abs. 4 neu gef., Abs. 6 und 7 geänd. durch G v. 17.12.1990 (BGBl. I S. 2847); Abs. 1 geänd., Abs. 7 eingef., bish. Abs. 7 wird Abs. 8 und neu gef. durch G v. 29.6.1998 (BGBl. I S. 1694); Abs. 7 und Abs. 8 Satz 1 geänd. mWv 28.11.2003 durch VO v. 25.11.2003 (BGBl. I S. 2304); Abs. 8 Sätze 1 und 2 geänd. mWv 1.4.2005 durch G v. 22.3.2005 (BGBl. I S. 837); Abs 7 und 8 Satz 1 geänd. mWv 8.11.2006 durch VO v. 31.10.2006 (BGBl. I S. 2407); Abs. 1 Satz 2 angef. mWv 31.12.2006 durch G v. 22.12.2006 (BGBl. I S. 3416); Abs. 6 neu gef. durch G v. 1.4.2008 durch G v. 26.3.2008 (BGBl. I S. 444); Abs. 2 Sätze 2–5 angef., Abs. 4 Satz 1 neu gef., Sätze 2 und 3 eingef., bish. Sätze 2 und 3 werden Sätze 4 und 5, Abs. 8 Satz 3 angef. mWv 1.7.2014 durch G v. 10.10.2013 (BGBl. I S. 3786); Abs. 1 Satz 2 geänd. mWv 1.1.2018 durch G v. 5.7.2017 (BGBl. I S. 2208).
[2] Nr. 100.

EL 187 Oktober 2021

unverzüglich aufzugeben, seinen Anspruch binnen zwei Wochen schriftlich zu begründen. ⁴Nach Ablauf der Begründungsfrist bestimmt der Vorsitzende unverzüglich Termin zur mündlichen Verhandlung.

(7) Das Bundesministerium für Arbeit und Soziales wird ermächtigt, durch Rechtsverordnung mit Zustimmung des Bundesrates den Verfahrensablauf zu regeln, soweit dies für eine einheitliche maschinelle Bearbeitung der Mahnverfahren erforderlich ist (Verfahrensablaufplan).

(8) ¹Das Bundesministerium für Arbeit und Soziales wird ermächtigt, durch Rechtsverordnung mit Zustimmung des Bundesrates zur Vereinfachung des Mahnverfahrens und zum Schutze der in Anspruch genommenen Partei Formulare einzuführen[1]. ²Dabei können für Mahnverfahren bei Gerichten, die die Verfahren maschinell bearbeiten, und für Mahnverfahren bei Gerichten, die die Verfahren nicht maschinell bearbeiten, unterschiedliche Formulare eingeführt werden. ³Die Rechtsverordnung kann ein elektronisches Formular vorsehen; § 130c Satz 2 bis 4 der Zivilprozessordnung gilt entsprechend.

§ 46b[2] Europäisches Mahnverfahren nach der Verordnung (EG) Nr. 1896/2006[3].

(1) Für das Europäische Mahnverfahren nach der Verordnung (EG) Nr. 1896/2006 des Europäischen Parlaments und des Rates vom 12. Dezember 2006 zur Einführung eines Europäischen Mahnverfahrens (ABl. EU Nr. L 399 S. 1) gelten die Vorschriften des Abschnitts 5 des Buchs 11 der Zivilprozessordnung[4] entsprechend, soweit dieses Gesetz nichts anderes bestimmt.

(2) Für die Bearbeitung von Anträgen auf Erlass und Überprüfung sowie die Vollstreckbarerklärung eines Europäischen Zahlungsbefehls nach der Verordnung (EG) Nr. 1896/2006 ist das Arbeitsgericht zuständig, das für die im Urteilsverfahren erhobene Klage zuständig sein würde.

(3) ¹Im Fall des Artikels 17 Abs. 1 der Verordnung (EG) Nr. 1896/2006 ist § 46a Abs. 4 und 5 entsprechend anzuwenden. ²Der Antrag auf Durchführung der mündlichen Verhandlung gilt als vom Antragsteller gestellt.

§ 46c[5] Elektronisches Dokument; Verordnungsermächtigung.

(1) Vorbereitende Schriftsätze und deren Anlagen, schriftlich einzureichende Anträge und Erklärungen der Parteien sowie schriftlich einzureichende Auskünfte, Aussagen, Gutachten, Übersetzungen und Erklärungen Dritter können nach Maßgabe der folgenden Absätze als elektronische Dokumente bei Gericht eingereicht werden.

(2) ¹Das elektronische Dokument muss für die Bearbeitung durch das Gericht geeignet sein. ²Die Bundesregierung bestimmt durch Rechtsverordnung mit Zustimmung des Bundesrates technische Rahmenbedingungen für die Übermittlung und die Eignung zur Bearbeitung durch das Gericht.

(3) ¹Das elektronische Dokument muss mit einer qualifizierten elektronischen Signatur der verantwortenden Person versehen sein oder von der verantwortenden

---

[1] VO zur Einführung von Vordrucken für das arbeitsgerichtliche Mahnverfahren v. 15.12.1977 (BGBl. I S. 2625), zuletzt geänd. durch G v. 11.3.2016 (BGBl. I S. 396).
[2] § 46b eingef. mWv 12.12.2008 durch G v. 30.10.2008 (BGBl. I S. 2122).
[3] Habersack, Deutsche Gesetze ErgBd. Nr. 103g.
[4] Nr. 100.
[5] § 46c neu gef. mWv 1.1.2018 durch G v. 10.10.2013 (BGBl. I S. 3786); Abs. 1 geänd., Abs. 3 Satz 2 angef. mWv 1.1.2020 durch G v. 12.12.2019 (BGBl. I S. 2633); Überschrift geänd., Abs. 2 Satz 2 neu gef., Abs. 4 Nr. 3 geänd., Nrn. 4 und 5 eingef., bish. Nr. 4 wird Nr. 6, Satz 2 angef., Abs. 6 Satz 1 geänd. mWv 1.1.2022 durch G v. 5.10.2021 (BGBl. I S. 4607).

Person signiert und auf einem sicheren Übermittlungsweg eingereicht werden. ²Satz 1 gilt nicht für Anlagen, die vorbereitenden Schriftsätzen beigefügt sind.

(4) ¹Sichere Übermittlungswege sind

1. der Postfach- und Versanddienst eines De-Mail-Kontos, wenn der Absender bei Versand der Nachricht sicher im Sinne des § 4 Absatz 1 Satz 2 des De-Mail-Gesetzes angemeldet ist und er sich die sichere Anmeldung gemäß § 5 Absatz 5 des De-Mail-Gesetzes bestätigen lässt,
2. der Übermittlungsweg zwischen dem besonderen elektronischen Anwaltspostfach nach § 31a der Bundesrechtsanwaltsordnung[1]) oder einem entsprechenden, auf gesetzlicher Grundlage errichteten elektronischen Postfach und der elektronischen Poststelle des Gerichts,
3. der Übermittlungsweg zwischen einem nach Durchführung eines Identifizierungsverfahrens eingerichteten Postfach einer Behörde oder einer juristischen Person des öffentlichen Rechts und der elektronischen Poststelle des Gerichts,
4. der Übermittlungsweg zwischen einem nach Durchführung eines Identifizierungsverfahrens eingerichteten elektronischen Postfach einer natürlichen oder juristischen Person oder einer sonstigen Vereinigung und der elektronischen Poststelle des Gerichts,
5. der Übermittlungsweg zwischen einem nach Durchführung eines Identifizierungsverfahrens genutzten Postfach- und Versanddienst eines Nutzerkontos im Sinne des § 2 Absatz 5 des Onlinezugangsgesetzes und der elektronischen Poststelle des Gerichts,
6. sonstige bundeseinheitliche Übermittlungswege, die durch Rechtsverordnung der Bundesregierung mit Zustimmung des Bundesrates festgelegt werden, bei denen die Authentizität und Integrität der Daten sowie die Barrierefreiheit gewährleistet sind.

²Das Nähere zu den Übermittlungswegen gemäß Satz 1 Nummer 3 bis 5 regelt die Rechtsverordnung nach Absatz 2 Satz 2.

(5) ¹Ein elektronisches Dokument ist eingegangen, sobald es auf der für den Empfang bestimmten Einrichtung des Gerichts gespeichert ist. ²Dem Absender ist eine automatisierte Bestätigung über den Zeitpunkt des Eingangs zu erteilen.

(6) ¹Ist ein elektronisches Dokument für das Gericht zur Bearbeitung nicht geeignet, ist dies dem Absender unter Hinweis auf die Unwirksamkeit des Eingangs unverzüglich mitzuteilen. ²Das Dokument gilt als zum Zeitpunkt der früheren Einreichung eingegangen, sofern der Absender es unverzüglich in einer für das Gericht zur Bearbeitung geeigneten Form nachreicht und glaubhaft macht, dass es mit dem zuerst eingereichten Dokument inhaltlich übereinstimmt.

§ 46d[2]) **Gerichtliches elektronisches Dokument.** ¹Soweit dieses Gesetz dem Richter, dem Rechtspfleger, dem Urkundsbeamten der Geschäftsstelle oder dem Gerichtsvollzieher die handschriftliche Unterzeichnung vorschreibt, genügt dieser Form die Aufzeichnung als elektronisches Dokument, wenn die verantwortenden Personen am Ende des Dokuments ihren Namen hinzufügen und das Dokument mit einer qualifizierten elektronischen Signatur versehen. ²Der in Satz 1 genann-

---

[1]) **Habersack, Deutsche Gesetze ErgBd. Nr. 98.**
[2]) Früherer § 46c neu gef. mWv 1.4.2008 durch G v. 26.3.2008 (BGBl. I S. 444); bish. § 46c wird § 46d mWv 12.12.2008 durch G v. 30.10.2008 (BGBl. I S. 2122); Satz 2 angef. mWv 1.1.2018 durch G v. 5.7.2017 (BGBl. I S. 2208).

ten Form genügt auch ein elektronisches Dokument, in welches das handschriftlich unterzeichnete Schriftstück gemäß § 46e Absatz 2 übertragen worden ist.

§ 46e[1]) Elektronische Akte; Verordnungsermächtigung.
[Abs. 1 bis 31.12.2025:]

(1) ¹Die Prozessakten können elektronisch geführt werden. ²Die Bundesregierung und die Landesregierungen bestimmen für ihren Bereich durch Rechtsverordnung den Zeitpunkt, von dem an elektronische Akten geführt werden sowie die hierfür geltenden organisatorisch-technischen Rahmenbedingungen für die Bildung, Führung und Aufbewahrung der elektronischen Akten. ³Die Landesregierungen können die Ermächtigung durch Rechtsverordnung auf die jeweils zuständige oberste Landesbehörde übertragen. ⁴Die Zulassung der elektronischen Akte kann auf einzelne Gerichte oder Verfahren beschränkt werden; wird von dieser Möglichkeit Gebrauch gemacht, kann in der Rechtsverordnung bestimmt werden, dass durch Verwaltungsvorschrift, die öffentlich bekanntzumachen ist, geregelt wird, in welchen Verfahren die Akten elektronisch zu führen sind.

(1a) *[ab 1.1.2026: (1)]* ¹Die Prozessakten werden *[bis 31.12.2025:* ab dem 1. Januar 2026*]* elektronisch geführt. ²Die Bundesregierung und die Landesregierungen bestimmen jeweils für ihren Bereich durch Rechtsverordnung die organisatorischen und dem Stand der Technik entsprechenden technischen Rahmenbedingungen für die Bildung, Führung und Aufbewahrung der elektronischen Akten einschließlich der einzuhaltenden Anforderungen der Barrierefreiheit. ³Die Bundesregierung und die Landesregierungen können jeweils für ihren Bereich durch Rechtsverordnung bestimmen, dass Akten, die in Papierform angelegt wurden, in Papierform weitergeführt werden. ⁴Die Landesregierungen können die Ermächtigungen nach den Sätzen 2 und 3 durch Rechtsverordnung auf die für die Arbeitsgerichtsbarkeit zuständigen obersten Landesbehörden übertragen. ⁵Die Rechtsverordnungen der Bundesregierung bedürfen nicht der Zustimmung des Bundesrates.

(2) ¹Werden die Prozessakten elektronisch geführt, sind in Papierform vorliegende Schriftstücke und sonstige Unterlagen nach dem Stand der Technik zur Ersetzung der Urschrift in ein elektronisches Dokument zu übertragen. ²Es ist sicherzustellen, dass das elektronische Dokument mit den vorliegenden Schriftstücken und sonstigen Unterlagen bildlich und inhaltlich übereinstimmt. ³Das elektronische Dokument ist mit einem Übertragungsnachweis zu versehen, der das bei der Übertragung angewandte Verfahren und die bildliche und inhaltliche Übereinstimmung dokumentiert. ⁴Wird ein von den verantwortlichen Personen handschriftlich unterzeichnetes gerichtliches Schriftstück übertragen, ist der Übertragungsnachweis mit einer qualifizierten elektronischen Signatur des Urkundsbeamten der Geschäftsstelle zu versehen. ⁵Die in Papierform vorliegenden Schriftstücke und sonstigen Unterlagen können sechs Monate nach der Übertragung vernichtet werden, sofern sie nicht rückgabepflichtig sind.

---

[1]) Früherer § 46d eingef. mWv 1.4.2005 durch G v. 22.3.2005 (BGBl. I S. 837); Abs. 1 Satz 2, Abs. 2 Satz 2 geänd. mWv 1.4.2008 durch G v. 26.3.2008 (BGBl. I S. 444); bish. § 46d wird § 46e mWv 12.12. 2008 durch G v. 30.10.2008 (BGBl. I S. 2122); Abs. 3 aufgeh. mWv 1.1.2018 durch G v. 10.10.2013 (BGBl. I S. 3786); Überschrift neu gef., Abs. 1 Satz 4 geänd. mWv 13.7.2017, Abs. 1a eingef, Abs. 2 neu gef. mWv 1.1.2018; Abs. 1 aufgeh., bish. Abs. 1a wird Abs. 1 und Satz 1 geänd. **mWv 1.1. 2026** durch G v. 5.7.2017 (BGBl. I S. 2208).

§ 46f[1] **Formulare; Verordnungsermächtigung.** [1]Das Bundesministerium für Arbeit und Soziales kann durch Rechtsverordnung mit Zustimmung des Bundesrates elektronische Formulare einführen. [2]Die Rechtsverordnung kann bestimmen, dass die in den Formularen enthaltenen Angaben ganz oder teilweise in strukturierter maschinenlesbarer Form zu übermitteln sind. [3]Die Formulare sind auf einer in der Rechtsverordnung zu bestimmenden Kommunikationsplattform im Internet zur Nutzung bereitzustellen. [4]Die Rechtsverordnung kann bestimmen, dass eine Identifikation des Formularverwenders abweichend von § 46c Absatz 3 auch durch Nutzung des elektronischen Identitätsnachweises nach § 18 des Personalausweisgesetzes[2], § 12 des eID-Karte-Gesetzes oder § 78 Absatz 5 des Aufenthaltsgesetzes[3] erfolgen kann.

§ 46g[4] [5] *[bis 31.12.2025:* **Nutzungspflicht für Rechtsanwälte, Behörden und vertretungsberechtigte Personen**] *[ab 1.1.2026:* Nutzungspflicht für Rechtsanwälte, Behörden und vertretungsberechtigte Bevollmächtigte]. [1]Vorbereitende Schriftsätze und deren Anlagen sowie schriftlich einzureichende Anträge und Erklärungen, die durch einen Rechtsanwalt, durch eine Behörde oder durch eine juristische Person des öffentlichen Rechts einschließlich der von ihr zur Erfüllung ihrer öffentlichen Aufgaben gebildeten Zusammenschlüsse eingereicht werden, sind als elektronisches Dokument zu übermitteln. *[Satz 2 bis 31.12.2025:]* [2]Gleiches gilt für die nach diesem Gesetz vertretungsberechtigten Personen, für die ein sicherer Übermittlungsweg nach § 46c Absatz 4 Satz 2 Nummer 2 zur Verfügung steht. *[Satz 2 ab 1.1.2026:]* [2] *Gleiches gilt für die nach diesem Gesetz vertretungsberechtigten Personen und Bevollmächtigten, für die ein sicherer Übermittlungsweg nach § 46c Absatz 4 Satz 1 Nummer 2 oder Nummer 4 zur Verfügung steht; ausgenommen sind nach § 11 Absatz 2 Satz 2 Nummer 1 Halbsatz 1 oder Nummer 2 vertretungsbefugte Personen.* [3]Ist eine Übermittlung aus technischen Gründen vorübergehend nicht möglich, bleibt die Übermittlung nach den allgemeinen Vorschriften zulässig. [4]Die vorübergehende Unmöglichkeit ist bei der Ersatzeinreichung oder unverzüglich danach glaubhaft zu machen; auf Anforderung ist ein elektronisches Dokument nachzureichen.

§ 47 **Sondervorschriften über Ladung und Einlassung**[6]. (1) Die Klageschrift muß mindestens eine Woche vor dem Termin zugestellt sein.

(2) Eine Aufforderung an den Beklagten, sich auf die Klage schriftlich zu äußern, erfolgt in der Regel nicht.

---

[1] § 46f eingef. mWv 1.7.2014 durch G v. 10.10.2013 (BGBl. I S. 3786); Satz 4 geänd. mWv 1.11.2019 durch G v. 21.6.2019 (BGBl. I S. 846).
[2] **Sartorius Nr. 255.**
[3] **Sartorius Nr. 565.**
[4] § 46g eingef. mWv 1.1.2022 durch G v. 10.10.2013 (BGBl. I S. 3786); Satz 2 geänd. mWv 1.1.2022, Überschrift und Satz 2 neu gef. **mWv 1.1.2026** durch G v. 5.10.2021 (BGBl. I S. 4607).
[5] Gem. Art. 24 Abs. 2 G v. 10.10.2013 (BGBl. I S. 3786) können die Landesregierungen für ihren Bereich durch VO bestimmen, dass § 46g ganz oder teilweise bereits am 1.1.2020 oder am 1.1.2021 in Kraft tritt.
Gem. § 1 der VO über die Pflicht zur Nutzung des elektronischen Rechtsverkehrs v. 13.12.2019 (GVOBl. Schl.-H. S. 782) tritt § 46g für Schleswig-Holstein am 1.1.2020 in Kraft.
Gem. § 1 der VO über die Pflicht zur Nutzung des elektronischen Rechtsverkehrs für die Fachgerichtsbarkeiten mit Ausnahme des Landessozialgerichts Niedersachsen-Bremen und der Verwaltungsgerichtsbarkeit zum 1. Januar 2021 v. 8.12.2020 (Brem.GBl. S. 1666) tritt § 46g für Bremen am 1.1.2021 in Kraft.
[6] **Amtl. Anm.:** Die Worte „Ladung und" sind gegenstandslos.

§ 48[1] Rechtsweg und Zuständigkeit.

(1) Für die Zulässigkeit des Rechtsweges und der Verfahrensart sowie für die sachliche und örtliche Zuständigkeit gelten die §§ 17 bis 17b des Gerichtsverfassungsgesetzes[2] mit folgender Maßgabe entsprechend:
1. Beschlüsse entsprechend § 17a Abs. 2 und 3 des Gerichtsverfassungsgesetzes über die örtliche Zuständigkeit sind unanfechtbar.
2. Der Beschluß nach § 17a Abs. 4 des Gerichtsverfassungsgesetzes ergeht, sofern er nicht lediglich die örtliche Zuständigkeit zum Gegenstand hat, auch außerhalb der mündlichen Verhandlung stets durch die Kammer.

(1a) [1]Für Streitigkeiten nach § 2 Abs. 1 Nr. 3, 4a, 7, 8 und 10 sowie Abs. 2 ist auch das Arbeitsgericht zuständig, in dessen Bezirk der Arbeitnehmer gewöhnlich seine Arbeit verrichtet oder zuletzt gewöhnlich verrichtet hat. [2]Ist ein gewöhnlicher Arbeitsort im Sinne des Satzes 1 nicht feststellbar, ist das Arbeitsgericht örtlich zuständig, von dessen Bezirk aus der Arbeitnehmer gewöhnlich seine Arbeit verrichtet oder zuletzt gewöhnlich verrichtet hat.

(2) [1]Die Tarifvertragsparteien können im Tarifvertrag die Zuständigkeit eines an sich örtlich unzuständigen Arbeitsgerichts festlegen für
1. bürgerliche Rechtsstreitigkeiten zwischen Arbeitnehmern und Arbeitgebern aus einem Arbeitsverhältnis und aus Verhandlungen über die Eingehung eines Arbeitsverhältnisses, das sich nach einem Tarifvertrag bestimmt,
2. bürgerliche Rechtsstreitigkeiten aus dem Verhältnis einer gemeinsamen Einrichtung der Tarifvertragsparteien zu den Arbeitnehmern oder Arbeitgebern.

[2]Im Geltungsbereich eines Tarifvertrags nach Satz 1 Nr. 1 gelten die tarifvertraglichen Bestimmungen über das örtlich zuständige Arbeitsgericht zwischen nicht tarifgebundenen Arbeitgebern und Arbeitnehmern, wenn die Anwendung des gesamten Tarifvertrags zwischen ihnen vereinbart ist. [3]Die in § 38 Abs. 2 und 3 der Zivilprozeßordnung[3] vorgesehenen Beschränkungen finden keine Anwendung.

§ 48a[4] *(aufgehoben)*

§ 49 Ablehnung von Gerichtspersonen.

(1) Über die Ablehnung von Gerichtspersonen entscheidet die Kammer des Arbeitsgerichts.

(2) Wird sie durch das Ausscheiden des abgelehnten Mitgliedes beschlußunfähig, so entscheidet das Landesarbeitsgericht.

(3) Gegen den Beschluß findet kein Rechtsmittel statt.

§ 50[5] Zustellung.

(1) [1]Die Urteile werden von Amts wegen binnen drei Wochen seit Übermittlung an die Geschäftsstelle zugestellt. [2]§ 317 Abs. 1 Satz 3 der Zivilprozeßordnung[3] ist nicht anzuwenden.

---

[1] § 48 Überschrift und Abs. 1 neu gef. durch G v. 17.12.1990 (BGBl. I S. 2809); Abs. 1 Nr. 2 geänd. mWv 1.5.2000 durch G v. 30.3.2000 (BGBl. I S. 333); Abs. 1a eingef. mWv 1.4.2008 durch G v. 26.3.2008 (BGBl. I S. 444); Abs. 1a Satz 1 geänd. mWv 1.1.2009 durch G v. 21.12.2008 (BGBl. I S. 2940).
[2] Nr. **95**.
[3] Nr. **100**.
[4] § 48a aufgeh. durch G v. 17.12.1990 (BGBl. I S. 2809).
[5] § 50 Abs. 3 angef. durch G v. 26.6.1990 (BGBl. I S. 1206); Abs. 2 neu gef., Abs. 3 aufgeh. mWv 1.7.2002 durch G v. 25.6.2001 (BGBl. I S. 1206); Abs. 1 Satz 1 geänd. mWv 1.4.2005 durch G v. 22.3.2005 (BGBl. I S. 837); Abs. 2 geänd. mWv 1.1.2022 durch G v. 5.10.2021 (BGBl. I S. 4607).

Arbeitsgerichtsgesetz §§ 51–54 ArbGG 83

(2) Die §§ 173, 175 und 178 Absatz 1 Nummer 2 der Zivilprozessordnung sind auf die nach § 11 zur Prozessvertretung zugelassenen Personen entsprechend anzuwenden.

§ 51 Persönliches Erscheinen der Parteien. (1) [1] Der Vorsitzende kann das persönliche Erscheinen der Parteien in jeder Lage des Rechtsstreits anordnen. [2] Im übrigen finden die Vorschriften des § 141 Abs. 2 und 3 der Zivilprozeßordnung[1)] entsprechende Anwendung.

(2) [1] Der Vorsitzende kann die Zulassung eines Prozeßbevollmächtigten ablehnen, wenn die Partei trotz Anordnung ihres persönlichen Erscheinens unbegründet ausgeblieben ist und hierdurch der Zweck der Anordnung vereitelt wird. [2] § 141 Abs. 3 Satz 2 und 3 der Zivilprozeßordnung findet entsprechende Anwendung.

§ 52[2)] Öffentlichkeit. [1] Die Verhandlungen vor dem erkennenden Gericht einschließlich der Beweisaufnahme und der Verkündung der Entscheidung ist öffentlich. [2] Das Arbeitsgericht kann die Öffentlichkeit für die Verhandlung oder für einen Teil der Verhandlung ausschließen, wenn durch die Öffentlichkeit eine Gefährdung der öffentlichen Ordnung, insbesondere der Staatssicherheit, oder eine Gefährdung der Sittlichkeit zu besorgen ist oder wenn eine Partei den Ausschluß der Öffentlichkeit beantragt, weil Betriebs-, Geschäfts- oder Erfindungsgeheimnisse zum Gegenstand der Verhandlung oder der Beweisaufnahme gemacht werden; außerdem ist § 171b des Gerichtsverfassungsgesetzes[3)] entsprechend anzuwenden. [3] Im Güteverfahren kann es die Öffentlichkeit auch aus Zweckmäßigkeitsgründen ausschließen. [4] § 169 Absatz 1 Satz 2 bis 5, Absatz 2 und 4 sowie die §§ 173 bis 175 des Gerichtsverfassungsgesetzes sind entsprechend anzuwenden.

§ 53 Befugnisse des Vorsitzenden und der ehrenamtlichen Richter.
(1) [1] Die nicht auf Grund einer mündlichen Verhandlung ergehenden Beschlüsse und Verfügungen erläßt, soweit nichts anderes bestimmt ist, der Vorsitzende allein. [2] Entsprechendes gilt für Amtshandlungen auf Grund eines Rechtshilfeersuchens.

(2) Im übrigen gelten für die Befugnisse des Vorsitzenden und der ehrenamtlichen Richter die Vorschriften der Zivilprozeßordnung über das landgerichtliche Verfahren entsprechend.

§ 54[4)] Güteverfahren. (1) [1] Die mündliche Verhandlung beginnt mit einer Verhandlung vor dem Vorsitzenden zum Zwecke der gütlichen Einigung der Parteien (Güteverhandlung). [2] Der Vorsitzende hat zu diesem Zwecke das gesamte Streitverhältnis mit den Parteien unter freier Würdigung aller Umstände zu erörtern. [3] Zur Aufklärung des Sachverhalts kann er alle Handlungen vornehmen, die sofort erfolgen können. [4] Eidliche Vernehmungen sind jedoch ausgeschlossen. [5] Der Vorsitzende kann die Güteverhandlung mit Zustimmung der Parteien in einem weiteren Termin, der alsbald stattzufinden hat, fortsetzen.

[1)] Nr. **100**.
[2)] § 52 Satz 2 geänd. durch G v. 18.12.1986 (BGBl. I S. 2496); Satz 4 geänd. mWv 18.4.2017 durch G v. 8.10.2017 (BGBl. I S. 3546).
[3)] Nr. **95**.
[4)] § 54 Abs. 1 Satz 5 angef. mWv 1. 5. 2000 durch G v. 30.3.2000 (BGBl. I S. 333); Abs. 5 Sätze 3 und 4 geänd. mWv 1.1.2002 durch G v. 27.7.2001 (BGBl. I S. 1887); Abs. 6 angef. mWv 26.7.2012 durch G v. 21.7.2012 (BGBl. I S. 1577); Abs. 3 geänd. mWv 1.1.2018 durch G v. 5.7.2017 (BGBl. I S. 2208).

EL 187 Oktober 2021

(2) ¹Die Klage kann bis zum Stellen der Anträge ohne Einwilligung des Beklagten zurückgenommen werden. ²In der Güteverhandlung erklärte gerichtliche Geständnisse nach § 288 der Zivilprozeßordnung¹⁾ haben nur dann bindende Wirkung, wenn sie zu Protokoll erklärt worden sind. ³§ 39 Satz 1 und § 282 Abs. 3 Satz 1 der Zivilprozeßordnung sind nicht anzuwenden.

(3) Das Ergebnis der Güteverhandlung, insbesondere der Abschluß eines Vergleichs, ist in das Protokoll aufzunehmen.

(4) Erscheint eine Partei in der Güteverhandlung nicht oder ist die Güteverhandlung erfolglos, schließt sich die weitere Verhandlung unmittelbar an oder es ist, falls der weiteren Verhandlung Hinderungsgründe entgegenstehen, Termin zur streitigen Verhandlung zu bestimmen; diese hat alsbald stattzufinden.

(5) ¹Erscheinen oder verhandeln beide Parteien in der Güteverhandlung nicht, ist das Ruhen des Verfahrens anzuordnen. ²Auf Antrag einer Partei ist Termin zur streitigen Verhandlung zu bestimmen. ³Dieser Antrag kann nur innerhalb von sechs Monaten nach der Güteverhandlung gestellt werden. ⁴Nach Ablauf der Frist ist § 269 Abs. 3 bis 5 der Zivilprozeßordnung entsprechend anzuwenden.

(6) ¹Der Vorsitzende kann die Parteien für die Güteverhandlung sowie deren Fortsetzung vor einen hierfür bestimmten und nicht entscheidungsbefugten Richter (Güterichter) verweisen. ²Der Güterichter kann alle Methoden der Konfliktbeilegung einschließlich der Mediation einsetzen.

§ 54a²⁾ **Mediation, außergerichtliche Konfliktbeilegung.** (1) Das Gericht kann den Parteien eine Mediation oder ein anderes Verfahren der außergerichtlichen Konfliktbeilegung vorschlagen.

(2) ¹Entscheiden sich die Parteien zur Durchführung einer Mediation oder eines anderen Verfahrens der außergerichtlichen Konfliktbeilegung, ordnet das Gericht das Ruhen des Verfahrens an. ²Auf Antrag einer Partei ist Termin zur mündlichen Verhandlung zu bestimmen. ³Im Übrigen nimmt das Gericht das Verfahren nach drei Monaten wieder auf, es sei denn, die Parteien legen übereinstimmend dar, dass eine Mediation oder eine außergerichtliche Konfliktbeilegung noch betrieben wird.

§ 55³⁾ **Alleinentscheidung durch den Vorsitzenden.** (1) Der Vorsitzende entscheidet außerhalb der streitigen Verhandlung allein
1. bei Zurücknahme der Klage;
2. bei Verzicht auf den geltend gemachten Anspruch;
3. bei Anerkenntnis des geltend gemachten Anspruchs;
4. bei Säumnis einer Partei;
4a. über die Verwerfung des Einspruchs gegen ein Versäumnisurteil oder einen Vollstreckungsbescheid als unzulässig;
5. bei Säumnis beider Parteien;

---

¹⁾ Nr. **100**.
²⁾ § 54a eingef. mWv 26.7.2012 durch G v. 21.7.2012 (BGBl. I S. 1577).
³⁾ § 55 Abs. 4 neu gef. durch G v. 17.12.1990 (BGBl. I S. 2847); Abs. 1 Nr. 6 geänd., Nr. 7 und 8 angef., Abs. 4 Satz 2 neu gef., Abs. 4 Satz 1 Nr. 4 geänd., Nr. 5 angef. mWv 1.5.2000 durch G v. 30.3.2000 (BGBl. I S. 333); Abs. 1 Nr. 11 angef. mWv 1.7.2008 durch G v. 12.12.2007 (BGBl. I S. 2840, geänd. BGBl. I 2008 S. 444); Abs. 1 einl. Satzteil geänd., Nr. 4a eingef., Nr. 9 und 10 angef., Abs. 2 Satz 1 neu gef. mWv 1.4.2008 durch G v. 26.3.2008 (BGBl. I S. 444); Abs. 1 Nr. 8 neu gef. mWv 26.7.2012 durch G v. 21.7.2012 (BGBl. I S. 1577); Abs. 3 geänd. mWv 1.1.2018 durch G v. 5.7.2017 (BGBl. I S. 2208).

6. über die einstweilige Einstellung der Zwangsvollstreckung;
7. über die örtliche Zuständigkeit;
8. über die Aussetzung und Anordnung des Ruhens des Verfahrens;
9. wenn nur noch über die Kosten zu entscheiden ist;
10. bei Entscheidungen über eine Berichtigung des Tatbestandes, soweit nicht eine Partei eine mündliche Verhandlung hierüber beantragt;
11. im Fall des § 11 Abs. 3 über die Zurückweisung des Bevollmächtigten oder die Untersagung der weiteren Vertretung.

(2) ¹Der Vorsitzende kann in den Fällen des Absatzes 1 Nr. 1, 3 und 4a bis 10 eine Entscheidung ohne mündliche Verhandlung treffen. ²Dies gilt mit Zustimmung der Parteien auch in dem Fall des Absatzes 1 Nr. 2.

(3) Der Vorsitzende entscheidet ferner allein, wenn in der Verhandlung, die sich unmittelbar an die Güteverhandlung anschließt, eine das Verfahren beendende Entscheidung ergehen kann und die Parteien übereinstimmend eine Entscheidung durch den Vorsitzenden beantragen; der Antrag ist in das Protokoll aufzunehmen.

(4) ¹Der Vorsitzende kann vor der streitigen Verhandlung einen Beweisbeschluß erlassen, soweit er anordnet
1. eine Beweisaufnahme durch den ersuchten Richter;
2. eine schriftliche Beantwortung der Beweisfrage nach § 377 Abs. 3 der Zivilprozeßordnung[1)];
3. die Einholung amtlicher Auskünfte;
4. eine Parteivernehmung;
5. die Einholung eines schriftlichen Sachverständigengutachtens.

²Anordnungen nach den Nummern 1 bis 3 und 5 können vor der streitigen Verhandlung ausgeführt werden.

§ 56[2)] Vorbereitung der streitigen Verhandlung. (1) ¹Der Vorsitzende hat die streitige Verhandlung so vorzubereiten, daß sie möglichst in einem Termin zu Ende geführt werden kann. ²Zu diesem Zweck soll er, soweit es sachdienlich erscheint, insbesondere
1. den Parteien die Ergänzung oder Erläuterung ihrer vorbereitenden Schriftsätze sowie die Vorlegung von Urkunden und von anderen zur Niederlegung bei Gericht geeigneten Gegenständen aufgeben, insbesondere eine Frist zur Erklärung über bestimmte klärungsbedürftige Punkte setzen;
2. Behörden oder Träger eines öffentlichen Amtes um Mitteilung von Urkunden oder um Erteilung amtlicher Auskünfte ersuchen;
3. das persönliche Erscheinen der Parteien anordnen;
4. Zeugen, auf die sich eine Partei bezogen hat, und Sachverständige zur mündlichen Verhandlung laden sowie eine Anordnung nach § 378 der Zivilprozeßordnung[1)] treffen.

³Von diesen Maßnahmen sind die Parteien zu benachrichtigen.

(2) ¹Angriffs- und Verteidigungsmittel, die erst nach Ablauf einer nach Absatz 1 Satz 2 Nr. 1 gesetzten Frist vorgebracht werden, sind nur zuzulassen, wenn nach der freien Überzeugung des Gerichts ihre Zulassung die Erledigung des Rechtsstreits nicht verzögern würde oder wenn die Partei die Verspätung genügend

---

[1)] Nr. **100**.
[2)] § 56 Abs. 1 Satz 2 Nr. 4 geänd. durch G v. 17.12.1990 (BGBl. I S. 2847).

entschuldigt. ²Die Parteien sind über die Folgen der Versäumung der nach Absatz 1 Satz 2 Nr. 1 gesetzten Frist zu belehren.

§ 57 Verhandlung vor der Kammer. (1) ¹Die Verhandlung ist möglichst in einem Termin zu Ende zu führen. ²Ist das nicht durchführbar, insbesondere weil eine Beweisaufnahme nicht sofort stattfinden kann, so ist der Termin zur weiteren Verhandlung, die sich alsbald anschließen soll, sofort zu verkünden.

(2) Die gütliche Erledigung des Rechtsstreits soll während des ganzen Verfahrens angestrebt werden.

§ 58[1] Beweisaufnahme. (1) ¹Soweit die Beweisaufnahme an der Gerichtsstelle möglich ist, erfolgt sie vor der Kammer. ²In den übrigen Fällen kann die Beweisaufnahme, unbeschadet des § 13, dem Vorsitzenden übertragen werden.

(2) ¹Zeugen und Sachverständige werden nur beeidigt, wenn die Kammer dies im Hinblick auf die Bedeutung des Zeugnisses für die Entscheidung des Rechtsstreits für notwendig erachtet. ²Im Falle des § 377 Abs. 3 der Zivilprozeßordnung[2] ist die eidesstattliche Versicherung nur erforderlich, wenn die Kammer sie aus dem gleichen Grunde für notwendig hält.

(3) Insbesondere über die Zahl der in einem Arbeitsverhältnis stehenden Mitglieder oder das Vertretensein einer Gewerkschaft in einem Betrieb kann Beweis auch durch die Vorlegung öffentlicher Urkunden angetreten werden.

§ 59[3] Versäumnisverfahren. ¹Gegen ein Versäumnisurteil kann eine Partei, gegen die das Urteil ergangen ist, binnen einer Notfrist von einer Woche nach seiner Zustellung Einspruch einlegen. ²Der Einspruch wird beim Arbeitsgericht schriftlich oder durch Abgabe einer Erklärung zu Protokoll der Geschäftsstelle eingelegt. ³Hierauf ist die Partei zugleich mit der Zustellung des Urteils schriftlich hinzuweisen. ⁴§ 345 der Zivilprozeßordnung[2] bleibt unberührt.

§ 60[4] Verkündung des Urteils. (1) ¹Zur Verkündung des Urteils kann ein besonderer Termin nur bestimmt werden, wenn die sofortige Verkündung in dem Termin, auf Grund dessen es erlassen wird, aus besonderen Gründen nicht möglich ist, insbesondere weil die Beratung nicht mehr am Tage der Verhandlung stattfinden kann. ²Der Verkündungstermin wird nur dann über drei Wochen hinaus angesetzt, wenn wichtige Gründe, insbesondere der Umfang oder die Schwierigkeit der Sache, dies erfordern. ³Dies gilt auch dann, wenn ein Urteil nach Lage der Akten erlassen wird.

(2) ¹Bei Verkündung des Urteils ist der wesentliche Inhalt der Entscheidungsgründe mitzuteilen. ²Dies gilt nicht, wenn beide Parteien abwesend sind; in diesem Fall genügt die Bezugnahme auf die unterschriebene Urteilsformel.

(3) ¹Die Wirksamkeit der Verkündung ist von der Anwesenheit der ehrenamtlichen Richter nicht abhängig. ²Wird ein von der Kammer gefälltes Urteil ohne Zuziehung der ehrenamtlichen Richter verkündet, so ist die Urteilsformel vorher von dem Vorsitzenden und den ehrenamtlichen Richtern zu unterschreiben.

---

[1] § 58 Abs. 2 Satz 2 geänd. durch G v. 17.12.1990 (BGBl. I S. 2847); Abs. 3 angef. mWv 10.7.2015 durch G v. 3.7.2015 (BGBl. I S. 1370).
[2] Nr. 100.
[3] § 59 Satz 2 geänd. mWv 1.1.2018 durch G v. 5.7.2017 (BGBl. I S. 2208).
[4] § 60 Abs. 4 Sätze 3 und 4 geänd. mWv 1.4.2005 durch G v. 22.3.2005 (BGBl. I S. 837).

(4) [1] Das Urteil nebst Tatbestand und Entscheidungsgründen ist vom Vorsitzenden zu unterschreiben. [2] Wird das Urteil nicht in dem Termin verkündet, in dem die mündliche Verhandlung geschlossen wird, so muß es bei der Verkündung in vollständiger Form abgefaßt sein. [3] Ein Urteil, das in dem Termin, in dem die mündliche Verhandlung geschlossen wird, verkündet wird, ist vor Ablauf von drei Wochen, vom Tage der Verkündung an gerechnet, vollständig abgefaßt der Geschäftsstelle zu übermitteln; kann dies ausnahmsweise nicht geschehen, so ist innerhalb dieser Frist das von dem Vorsitzenden unterschriebene Urteil ohne Tatbestand und Entscheidungsgründe der Geschäftsstelle zu übermitteln. [4] In diesem Fall sind Tatbestand und Entscheidungsgründe alsbald nachträglich anzufertigen, von dem Vorsitzenden besonders zu unterschreiben und der Geschäftsstelle zu übermitteln.

§ 61 Inhalt des Urteils. (1) Den Wert des Streitgegenstandes setzt das Arbeitsgericht im Urteil fest.

(2) [1] Spricht das Urteil die Verpflichtung zur Vornahme einer Handlung aus, so ist der Beklagte auf Antrag des Klägers zugleich für den Fall, daß die Handlung nicht binnen einer bestimmten Frist vorgenommen ist, zur Zahlung einer vom Arbeitsgericht nach freiem Ermessen festzusetzenden Entschädigung zu verurteilen. [2] Die Zwangsvollstreckung nach §§ 887 und 888 der Zivilprozeßordnung[1]) ist in diesem Falle ausgeschlossen.

(3) Ein über den Grund des Anspruchs vorab entscheidendes Zwischenurteil ist wegen der Rechtsmittel nicht als Endurteil anzusehen.

§ 61a Besondere Prozeßförderung in Kündigungsverfahren. (1) Verfahren in Rechtsstreitigkeiten über das Bestehen, das Nichtbestehen oder die Kündigung eines Arbeitsverhältnisses sind nach Maßgabe der folgenden Vorschriften vorrangig zu erledigen.

(2) Die Güteverhandlung soll innerhalb von zwei Wochen nach Klageerhebung stattfinden.

(3) Ist die Güteverhandlung erfolglos oder wird das Verfahren nicht in einer sich unmittelbar anschließenden weiteren Verhandlung abgeschlossen, fordert der Vorsitzende den Beklagten auf, binnen einer angemessenen Frist, die mindestens zwei Wochen betragen muß, im einzelnen unter Beweisantritt schriftlich die Klage zu erwidern, wenn der Beklagte noch nicht oder nicht ausreichend auf die Klage erwidert hat.

(4) Der Vorsitzende kann dem Kläger eine angemessene Frist, die mindestens zwei Wochen betragen muß, zur schriftlichen Stellungnahme auf die Klageerwiderung setzen.

(5) Angriffs- und Verteidigungsmittel, die erst nach Ablauf der nach Absatz 3 oder 4 gesetzten Fristen vorgebracht werden, sind nur zuzulassen, wenn nach der freien Überzeugung des Gerichts ihre Zulassung die Erledigung des Rechtsstreits nicht verzögert oder wenn die Partei die Verspätung genügend entschuldigt.

(6) Die Parteien sind über die Folgen der Versäumung der nach Absatz 3 oder 4 gesetzten Fristen zu belehren.

---

[1]) Nr. 100.

§ 61b[1]) Klage wegen Benachteiligung.

(1) Eine Klage auf Entschädigung nach § 15 des Allgemeinen Gleichbehandlungsgesetzes[2]) muss innerhalb von drei Monaten, nachdem der Anspruch schriftlich geltend gemacht worden ist, erhoben werden.

(2) [1]Machen mehrere Bewerber wegen Benachteiligung bei der Begründung eines Arbeitsverhältnisses oder beim beruflichen Aufstieg eine Entschädigung nach § 15 des Allgemeinen Gleichbehandlungsgesetzes gerichtlich geltend, so wird auf Antrag des Arbeitgebers das Arbeitsgericht, bei dem die erste Klage erhoben ist, auch für die übrigen Klagen ausschließlich zuständig. [2]Die Rechtsstreitigkeiten sind von Amts wegen an dieses Arbeitsgericht zu verweisen; die Prozesse sind zur gleichzeitigen Verhandlung und Entscheidung zu verbinden.

(3) Auf Antrag des Arbeitgebers findet die mündliche Verhandlung nicht vor Ablauf von sechs Monaten seit Erhebung der ersten Klage statt.

§ 62[3]) Zwangsvollstreckung.

(1) [1]Urteile der Arbeitsgerichte, gegen die Einspruch oder Berufung zulässig ist, sind vorläufig vollstreckbar. [2]Macht der Beklagte glaubhaft, daß die Vollstreckung ihm einen nicht zu ersetzenden Nachteil bringen würde, so hat das Arbeitsgericht auf seinen Antrag die vorläufige Vollstreckbarkeit im Urteil auszuschließen. [3]In den Fällen des § 707 Abs. 1 und des § 719 Abs. 1 der Zivilprozeßordnung[4]) kann die Zwangsvollstreckung nur unter derselben Voraussetzung eingestellt werden. [4]Die Einstellung der Zwangsvollstreckung nach Satz 3 erfolgt ohne Sicherheitsleistung. [5]Die Entscheidung ergeht durch unanfechtbaren Beschluss.

(2) [1]Im übrigen finden auf die Zwangsvollstreckung einschließlich des Arrestes und der einstweiligen Verfügung die Vorschriften des Achten Buchs der Zivilprozeßordnung Anwendung. [2]Die Entscheidung über den Antrag auf Erlaß einer einstweiligen Verfügung kann in dringenden Fällen, auch dann, wenn der Antrag zurückzuweisen ist, ohne mündliche Verhandlung ergehen. [3]Eine in das Schutzschriftenregister nach § 945a Absatz 1 der Zivilprozessordnung eingestellte Schutzschrift gilt auch als bei allen Arbeitsgerichten der Länder eingereicht.

§ 63[5]) Übermittlung von Urteilen in Tarifvertragssachen.

[1]Rechtskräftige Urteile, die in bürgerlichen Rechtsstreitigkeiten zwischen Tarifvertragsparteien aus dem Tarifvertrag oder über das Bestehen oder Nichtbestehen des Tarifvertrags ergangen sind, sind alsbald der zuständigen obersten Landesbehörde und dem Bundesministerium für Arbeit und Soziales in vollständiger Form abschriftlich zu übersenden oder elektronisch zu übermitteln. [2]Ist die zuständige oberste Landesbehörde die Landesjustizverwaltung, so sind die Urteilsabschriften oder das Urteil in elektronischer Form auch der obersten Arbeitsbehörde des Landes zu übermitteln.

---

[1]) § 61b eingef. durch G v. 24.6.1994 (BGBl. I S. 1406); Abs. 2 neu gef., Abs. 3 und 5 aufgeh., bish. Abs. 4 wird Abs. 3 durch G v. 29.6.1998 (BGBl. I S. 1694); Überschrift, Abs. 1 neu gef., Abs. 2 Satz 1 geänd. mWv 18.8.2006 durch G v. 14.8.2006 (BGBl. I S. 1897).
[2]) Nr. **34**.
[3]) § 62 Abs. 2 Satz 2 angef. durch G v. 17.12.1990 (BGBl. I S. 2847); Abs. 1 Sätze 4 und 5 angef. mWv 1.4.2008 durch G v. 26.3.2008 (BGBl. I S. 444); Abs. 2 Satz 3 angef. mWv 1.1.2016 durch G v. 10.10.2013 (BGBl. I S. 3786).
[4]) Nr. **100**.
[5]) § 63 Satz 1 geänd., Satz 2 angef. durch G v. 26.6.1990 (BGBl. I S. 1206); Satz 1 geänd. mWv 7.11.2001 durch VO v. 29.10.2001 (BGBl. I S. 2785); Satz 1 geänd. mWv 28.11.2003 durch G v. 25.11.2003 (BGBl. I S. 2304); Überschrift, Sätze 1 und 2 geänd. mWv 1.4.2005 durch G v. 22.3.2005 (BGBl. I S. 837); Satz 1 geänd. mWv 8.11.2006 durch VO v. 31.10.2006 (BGBl. I S. 2407).

Arbeitsgerichtsgesetz § 64 ArbGG 83

Zweiter Unterabschnitt. Berufungsverfahren

§ 64[1]) **Grundsatz.** (1) Gegen die Urteile der Arbeitsgerichte findet, soweit nicht nach § 78 das Rechtsmittel der sofortigen Beschwerde gegeben ist, die Berufung an die Landesarbeitsgerichte statt.

(2) Die Berufung kann nur eingelegt werden,
a) wenn sie in dem Urteil des Arbeitsgerichts zugelassen worden ist,
b) wenn der Wert des Beschwerdegegenstandes 600 Euro übersteigt,
c) in Rechtsstreitigkeiten über das Bestehen, das Nichtbestehen oder die Kündigung eines Arbeitsverhältnisses oder
d) wenn es sich um ein Versäumnisurteil handelt, gegen das der Einspruch an sich nicht statthaft ist, wenn die Berufung oder Anschlussberufung darauf gestützt wird, dass der Fall der schuldhaften Versäumung nicht vorgelegen habe.

(3) Das Arbeitsgericht hat die Berufung zuzulassen, wenn
1. die Rechtssache grundsätzliche Bedeutung hat,
2. die Rechtssache Rechtsstreitigkeiten betrifft
   a) zwischen Tarifvertragsparteien aus Tarifverträgen oder über das Bestehen oder Nichtbestehen von Tarifverträgen,
   b) über die Auslegung eines Tarifvertrags, dessen Geltungsbereich sich über den Bezirk eines Arbeitsgerichts hinaus erstreckt, oder
   c) zwischen tariffähigen Parteien oder zwischen diesen und Dritten aus unerlaubten Handlungen, soweit es sich um Maßnahmen zum Zwecke des Arbeitskampfes oder um Fragen der Vereinigungsfreiheit einschließlich des hiermit im Zusammenhang stehenden Betätigungsrechts der Vereinigungen handelt, oder
3. das Arbeitsgericht in der Auslegung einer Rechtsvorschrift von einem ihm im Verfahren vorgelegten Urteil, das für oder gegen eine Partei des Rechtsstreits ergangen ist, oder von einem Urteil des im Rechtszug übergeordneten Landesarbeitsgerichts abweicht und die Entscheidung auf dieser Abweichung beruht.

(3a) [1]Die Entscheidung des Arbeitsgerichts, ob die Berufung zugelassen oder nicht zugelassen wird, ist in den Urteilstenor aufzunehmen. [2]Ist dies unterblieben, kann binnen zwei Wochen ab Verkündung des Urteils eine entsprechende Ergänzung beantragt werden. [3]Über den Antrag kann die Kammer ohne mündliche Verhandlung entscheiden.

(4) Das Landesarbeitsgericht ist an die Zulassung gebunden.

(5) Ist die Berufung nicht zugelassen worden, hat der Berufungskläger den Wert des Beschwerdegegenstandes glaubhaft zu machen; zur Versicherung an Eides Statt darf er nicht zugelassen werden.

(6) [1]Für das Verfahren vor den Landesarbeitsgerichten gelten, soweit dieses Gesetz nichts anderes bestimmt, die Vorschriften der Zivilprozeßordnung über die Berufung entsprechend. [2]Die Vorschriften über das Verfahren vor dem Einzelrichter finden keine Anwendung.

---

[1]) § 64 Abs. 2 neu gef., Abs. 3a eingef. mWv 1.5.2000 durch G v. 30.3.2000 (BGBl. I S. 333); Abs. 2 Buchst. b geänd. mWv 1.1.2002 durch G v. 21.12.2001 (BGBl. I S. 1983); Abs. 2 Buchst. b und c geänd., Buchst. d angef. mWv 1.1.2002 durch G v. 27.7.2001 (BGBl. I S. 1887); Abs. 7 geänd. mWv 1.4.2008 durch G v. 26.3.2008 (BGBl. I S. 444); Abs. 7 geänd. mWv 26.7.2012 durch G v. 21.7.2012 (BGBl. I S. 1577); Abs. 7 geänd. mWv 12.10.2021 und mWv 1.1.2022 durch G v. 5.10.2021 (BGBl. I S. 4607).

83 ArbGG §§ 65–67 Arbeitsgerichtsgesetz

(7) Die Vorschriften der §§ 46c bis 46g, 49 Abs. 1 und 3, des § 50, des § 51 Abs. 1, der §§ 52, 53, 55 Abs. 1 Nr. 1 bis 9, Abs. 2 und 4, des § 54 Absatz 6, des § 54a, der §§ 56 bis 59, 61 Abs. 2 und 3 und der §§ 62 und 63 über den elektronischen Rechtsverkehr, Ablehnung von Gerichtspersonen, Zustellungen, persönliches Erscheinen der Parteien, Öffentlichkeit, Befugnisse des Vorsitzenden und der ehrenamtlichen Richter, Güterichter, Mediation und außergerichtliche Konfliktbeilegung, Vorbereitung der streitigen Verhandlung, Verhandlung vor der Kammer, Beweisaufnahme, Versäumnisverfahren, Inhalt des Urteils, Zwangsvollstreckung und Übersendung von Urteilen in Tarifvertragssachen gelten entsprechend.

(8) Berufungen in Rechtsstreitigkeiten über das Bestehen, das Nichtbestehen oder die Kündigung eines Arbeitsverhältnisses sind vorrangig zu erledigen.

§ 65[1) Beschränkung der Berufung. Das Berufungsgericht prüft nicht, ob der beschrittene Rechtsweg und die Verfahrensart zulässig sind und ob bei der Berufung der ehrenamtlichen Richter Verfahrensmängel unterlaufen sind oder Umstände vorgelegen haben, die die Berufung eines ehrenamtlichen Richters zu seinem Amte ausschließen.

§ 66[2) Einlegung der Berufung, Terminbestimmung. (1) [1]Die Frist für die Einlegung der Berufung beträgt einen Monat, die Frist für die Begründung der Berufung zwei Monate. [2]Beide Fristen beginnen mit der Zustellung des in vollständiger Form abgefassten Urteils, spätestens aber mit Ablauf von fünf Monaten nach der Verkündung. [3]Die Berufung muss innerhalb einer Frist von einem Monat nach Zustellung der Berufungsbegründung beantwortet werden. [4]Mit der Zustellung der Berufungsbegründung ist der Berufungsbeklagte auf die Frist für die Berufungsbeantwortung hinzuweisen. [5]Die Fristen zur Begründung der Berufung und zur Berufungsbeantwortung können vom Vorsitzenden einmal auf Antrag verlängert werden, wenn nach seiner freien Überzeugung der Rechtsstreit durch die Verlängerung nicht verzögert wird oder wenn die Partei erhebliche Gründe darlegt.

(2) [1]Die Bestimmung des Termins zur mündlichen Verhandlung muss unverzüglich erfolgen. [2]§ 522 Abs. 1 der Zivilprozessordnung[3)] bleibt unberührt; die Verwerfung der Berufung ohne mündliche Verhandlung ergeht durch Beschluss des Vorsitzenden. [3]§ 522 Abs. 2 und 3 der Zivilprozessordnung findet keine Anwendung.

§ 67[4) Zulassung neuer Angriffs- und Verteidigungsmittel. (1) Angriffs- und Verteidigungsmittel, die im ersten Rechtszug zu Recht zurückgewiesen worden sind, bleiben ausgeschlossen.

(2) [1]Neue Angriffs- und Verteidigungsmittel, die im ersten Rechtszug entgegen einer hierfür nach § 56 Abs. 1 Satz 2 Nr. 1 oder § 61a Abs. 3 oder 4 gesetzten Frist nicht vorgebracht worden sind, sind nur zuzulassen, wenn nach der freien Überzeugung des Landesarbeitsgerichts ihre Zulassung die Erledigung des Rechtsstreits nicht verzögern würde oder wenn die Partei die Verspätung genügend entschul-

---

[1)] § 65 neu gef. durch G v. 17.12.1990 (BGBl. I S. 2809); geänd. mWv 1.1.2002 durch G v. 27.7.2001 (BGBl. I S. 1887).
[2)] § 66 Abs. 1 Satz 1, Abs. 2 neu gef., Abs. 1 Satz 2 eingef., bish. Sätze 2 bis 4 werden Sätze 3 bis 5 mWv 1.1.2002 durch G v. 27.7.2001 (BGBl. I S. 1887); Abs. 2 Satz 2 geänd. mWv 1.4.2008 durch G v. 26.3.2008 (BGBl. I S. 444).
[3)] Nr. **100**.
[4)] § 67 neu gef. mWv 1.1.2002 durch G v. 27.7.2001 (BGBl. I S. 1887).

digt. ²Der Entschuldigungsgrund ist auf Verlangen des Landesarbeitsgerichts glaubhaft zu machen.

(3) Neue Angriffs- und Verteidigungsmittel, die im ersten Rechtszug entgegen § 282 Abs. 1 der Zivilprozessordnung¹⁾ nicht rechtzeitig vorgebracht oder entgegen § 282 Abs. 2 der Zivilprozessordnung nicht rechtzeitig mitgeteilt worden sind, sind nur zuzulassen, wenn ihre Zulassung nach der freien Überzeugung des Landesarbeitsgerichts die Erledigung des Rechtsstreits nicht verzögern würde oder wenn die Partei das Vorbringen im ersten Rechtszug nicht aus grober Nachlässigkeit unterlassen hatte.

(4) ¹Soweit das Vorbringen neuer Angriffs- und Verteidigungsmittel nach den Absätzen 2 und 3 zulässig ist, sind diese vom Berufungskläger in der Berufungsbegründung, vom Berufungsbeklagten in der Berufungsbeantwortung vorzubringen. ²Werden sie später vorgebracht, sind sie nur zuzulassen, wenn sie nach der Berufungsbegründung oder der Berufungsbeantwortung entstanden sind oder das verspätete Vorbringen nach der freien Überzeugung des Landesarbeitsgerichts die Erledigung des Rechtsstreits nicht verzögern würde oder nicht auf Verschulden der Partei beruht.

§ 67a²⁾ *(aufgehoben)*

§ 68 Zurückverweisung. Wegen eines Mangels im Verfahren des Arbeitsgerichts ist die Zurückverweisung unzulässig.

§ 69³⁾ **Urteil.** (1) ¹Das Urteil nebst Tatbestand und Entscheidungsgründen ist von sämtlichen Mitgliedern der Kammer zu unterschreiben. ²§ 60 Abs. 1 bis 3 und Abs. 4 Satz 2 bis 4 ist entsprechend mit der Maßgabe anzuwenden, dass die Frist nach Absatz 4 Satz 3 vier Wochen beträgt und im Falle des Absatzes 4 Satz 4 Tatbestand und Entscheidungsgründe von sämtlichen Mitgliedern der Kammer zu unterschreiben sind.

(2) Im Urteil kann von der Darstellung des Tatbestandes und, soweit das Berufungsgericht den Gründen der angefochtenen Entscheidung folgt und dies in seinem Urteil feststellt, auch von der Darstellung der Entscheidungsgründe abgesehen werden.

(3) ¹Ist gegen das Urteil die Revision statthaft, so soll der Tatbestand eine gedrängte Darstellung des Sach- und Streitstandes auf der Grundlage der mündlichen Vorträge der Parteien enthalten. ²Eine Bezugnahme auf das angefochtene Urteil sowie auf Schriftsätze, Protokolle und andere Unterlagen ist zulässig, soweit hierdurch die Beurteilung des Parteivorbringens durch das Revisionsgericht nicht wesentlich erschwert wird.

(4) ¹§ 540 Abs. 1 der Zivilprozessordnung¹⁾ findet keine Anwendung. ²§ 313a Abs. 1 Satz 2 der Zivilprozessordnung findet mit der Maßgabe entsprechende Anwendung, dass es keiner Entscheidungsgründe bedarf, wenn die Parteien auf sie verzichtet haben; im Übrigen sind die §§ 313a und 313b der Zivilprozessordnung entsprechend anwendbar.

§ 70⁴⁾ *(aufgehoben)*

---

[1] Nr. 100.
[2] § 67a aufgeh. durch G v. 17.12.1990 (BGBl. I S. 2809).
[3] § 69 neu gef. mWv 1.1.2002 durch G v. 27.7.2001 (BGBl. I S. 1887).
[4] § 70 aufgeh. mWv 1.1.2002 durch G v. 27.7.2001 (BGBl. I S. 1887).

§ 71 (weggefallen)

Dritter Unterabschnitt. Revisionsverfahren

§ 72[1] **Grundsatz.** (1) ¹Gegen das Endurteil eines Landesarbeitsgerichts findet die Revision an das Bundesarbeitsgericht statt, wenn sie in dem Urteil des Landesarbeitsgerichts oder in dem Beschluß des Bundesarbeitsgerichts nach § 72a Abs. 5 Satz 2 zugelassen worden ist. ²§ 64 Abs. 3a ist entsprechend anzuwenden.

(2) Die Revision ist zuzulassen, wenn
1. eine entscheidungserhebliche Rechtsfrage grundsätzliche Bedeutung hat,
2. das Urteil von einer Entscheidung des Bundesverfassungsgerichts, von einer Entscheidung des Gemeinsamen Senats der obersten Gerichtshöfe des Bundes, von einer Entscheidung des Bundesarbeitsgerichts oder, solange eine Entscheidung des Bundesarbeitsgerichts in der Rechtsfrage nicht ergangen ist, von einer Entscheidung einer anderen Kammer desselben Landesarbeitsgerichts oder eines anderen Landesarbeitsgerichts abweicht und die Entscheidung auf dieser Abweichung beruht oder
3. ein absoluter Revisionsgrund gemäß § 547 Nr. 1 bis 5 der Zivilprozessordnung[2] oder eine entscheidungserhebliche Verletzung des Anspruchs auf rechtliches Gehör geltend gemacht wird und vorliegt.

(3) Das Bundesarbeitsgericht ist an die Zulassung der Revision durch das Landesarbeitsgericht gebunden.

(4) Gegen Urteile, durch die über die Anordnung, Abänderung oder Aufhebung eines Arrestes oder einer einstweiligen Verfügung entschieden wird, ist die Revision nicht zulässig.

(5) Für das Verfahren vor dem Bundesarbeitsgericht gelten, soweit dieses Gesetz nichts anderes bestimmt, die Vorschriften der Zivilprozeßordnung über die Revision mit Ausnahme des § 566 entsprechend.

(6) Die Vorschriften der §§ 46c bis 46g, 49 Abs. 1, der §§ 50, 52 und 53, des § 57 Abs. 2, des § 61 Abs. 2 und des § 63 dieses Gesetzes über den elektronischen Rechtsverkehr, Ablehnung von Gerichtspersonen, Zustellung, Öffentlichkeit, Befugnisse des Vorsitzenden und der ehrenamtlichen Richter, gütliche Erledigung des Rechtsstreits sowie Inhalt des Urteils und Übersendung von Urteilen in Tarifvertragssachen und des § 169 Absatz 3 und 4 des Gerichtsverfassungsgesetzes[3] über die Ton- und Fernseh-Rundfunkaufnahmen sowie Ton- und Filmaufnahmen bei der Entscheidungsverkündung gelten entsprechend.

§ 72a[4] **Nichtzulassungsbeschwerde.** (1) Die Nichtzulassung der Revision durch das Landesarbeitsgericht kann selbständig durch Beschwerde angefochten werden.

(2) ¹Die Beschwerde ist bei dem Bundesarbeitsgericht innerhalb einer Notfrist von einem Monat nach Zustellung des in vollständiger Form abgefaßten Urteils

---

[1] § 72 Abs. 2 Nr. 2 geänd. durch G v. 2.8.1993 (BGBl. I S. 1442); Abs. 1 Satz 2 angef. mWv 1.5.2000 durch G v. 30.3.2000 (BGBl. I S. 333); Abs. 5 geänd. mWv 1.1.2002 durch G v. 27.7.2001 (BGBl. I S. 1887); Abs. 2 Nr. 1 neu gef., Nr. 2 geänd., Nr. 3 angef. mWv 1.1.2005 durch G v. 9.12.2004 (BGBl. I S. 3220); Abs. 6 geänd. mWv 18.4.2018 durch G v. 8.10.2017 (BGBl. I S. 3546); Abs. 6 geänd. mWv 12.10.2021 und mWv 1.1.2022 durch G v. 5.10.2021 (BGBl. I S. 4607).
[2] Nr. 100.
[3] Nr. 95.
[4] § 72a Abs. 1, Abs. 3 Satz 2, Abs. 5 Sätze 3 bis 6 neu gef., Satz 7 aufgeh., Abs. 6 und 7 angef. mWv 1.1.2005 durch G v. 9.12.2004 (BGBl. I S. 3220).

Arbeitsgerichtsgesetz § 72b ArbGG 83

schriftlich einzulegen. ²Der Beschwerdeschrift soll eine Ausfertigung oder beglaubigte Abschrift des Urteils beigefügt werden, gegen das die Revision eingelegt werden soll.

(3) ¹Die Beschwerde ist innerhalb einer Notfrist von zwei Monaten nach Zustellung des in vollständiger Form abgefaßten Urteils zu begründen. ²Die Begründung muss enthalten:
1. die Darlegung der grundsätzlichen Bedeutung einer Rechtsfrage und deren Entscheidungserheblichkeit,
2. die Bezeichnung der Entscheidung, von der das Urteil des Landesarbeitsgerichts abweicht, oder
3. die Darlegung eines absoluten Revisionsgrundes nach § 547 Nr. 1 bis 5 der Zivilprozessordnung¹⁾ oder der Verletzung des Anspruchs auf rechtliches Gehör und der Entscheidungserheblichkeit der Verletzung.

(4) ¹Die Einlegung der Beschwerde hat aufschiebende Wirkung. ²Die Vorschriften des § 719 Abs. 2 und 3 der Zivilprozeßordnung sind entsprechend anzuwenden.

(5) ¹Das Landesarbeitsgericht ist zu einer Änderung seiner Entscheidung nicht befugt. ²Das Bundesarbeitsgericht entscheidet unter Hinzuziehung der ehrenamtlichen Richter durch Beschluß, der ohne mündliche Verhandlung ergehen kann. ³Die ehrenamtlichen Richter wirken nicht mit, wenn die Nichtzulassungsbeschwerde als unzulässig verworfen wird, weil sie nicht statthaft oder nicht in der gesetzlichen Form und Frist eingelegt und begründet ist. ⁴Dem Beschluss soll eine kurze Begründung beigefügt werden. ⁵Von einer Begründung kann abgesehen werden, wenn sie nicht geeignet wäre, zur Klärung der Voraussetzungen beizutragen, unter denen eine Revision zuzulassen ist, oder wenn der Beschwerde stattgegeben wird. ⁶Mit der Ablehnung der Beschwerde durch das Bundesarbeitsgericht wird das Urteil rechtskräftig.

(6) ¹Wird der Beschwerde stattgegeben, so wird das Beschwerdeverfahren als Revisionsverfahren fortgesetzt. ²In diesem Fall gilt die form- und fristgerechte Einlegung der Nichtzulassungsbeschwerde als Einlegung der Revision. ³Mit der Zustellung der Entscheidung beginnt die Revisionsbegründungsfrist.

(7) Hat das Landesarbeitsgericht den Anspruch des Beschwerdeführers auf rechtliches Gehör in entscheidungserheblicher Weise verletzt, so kann das Bundesarbeitsgericht abweichend von Absatz 6 in dem der Beschwerde stattgebenden Beschluss das angefochtene Urteil aufheben und den Rechtsstreit zur neuen Verhandlung und Entscheidung an das Landesarbeitsgericht zurückverweisen.

§ 72b²⁾ **Sofortige Beschwerde wegen verspäteter Absetzung des Berufungsurteils.** (1) ¹Das Endurteil eines Landesarbeitsgerichts kann durch sofortige Beschwerde angefochten werden, wenn es nicht binnen fünf Monaten nach der Verkündung vollständig abgefasst und mit den Unterschriften sämtlicher Mitglieder der Kammer versehen der Geschäftsstelle übergeben worden ist. ²§ 72a findet keine Anwendung.

(2) ¹Die sofortige Beschwerde ist innerhalb einer Notfrist von einem Monat beim Bundesarbeitsgericht einzulegen und zu begründen. ²Die Frist beginnt mit dem Ablauf von fünf Monaten nach der Verkündung des Urteils des Landesarbeitsgerichts. ³§ 9 Abs. 5 findet keine Anwendung.

---

¹⁾ Nr. 100.
²⁾ § 72b eingef. mWv 1.1.2005 durch G v. 9.12.2004 (BGBl. I S. 3220).

(3) ¹Die sofortige Beschwerde wird durch Einreichung einer Beschwerdeschrift eingelegt. ²Die Beschwerdeschrift muss die Bezeichnung der angefochtenen Entscheidung sowie die Erklärung enthalten, dass Beschwerde gegen diese Entscheidung eingelegt werde. ³Die Beschwerde kann nur damit begründet werden, dass das Urteil des Landesarbeitsgerichts mit Ablauf von fünf Monaten nach der Verkündung noch nicht vollständig abgefasst und mit den Unterschriften sämtlicher Mitglieder der Kammer versehen der Geschäftsstelle übergeben worden ist.

(4) ¹Über die sofortige Beschwerde entscheidet das Bundesarbeitsgericht ohne Hinzuziehung der ehrenamtlichen Richter durch Beschluss, der ohne mündliche Verhandlung ergehen kann. ²Dem Beschluss soll eine kurze Begründung beigefügt werden.

(5) ¹Ist die sofortige Beschwerde zulässig und begründet, ist das Urteil des Landesarbeitsgerichts aufzuheben und die Sache zur neuen Verhandlung und Entscheidung an das Landesarbeitsgericht zurückzuverweisen. ²Die Zurückverweisung kann an eine andere Kammer des Landesarbeitsgerichts erfolgen.

§ 73[1]) **Revisionsgründe.** (1) ¹Die Revision kann nur darauf gestützt werden, daß das Urteil des Landesarbeitsgerichts auf der Verletzung einer Rechtsnorm beruht. ²Sie kann nicht auf die Gründe des § 72b gestützt werden.

(2) § 65 findet entsprechende Anwendung.

§ 74[2]) **Einlegung der Revision, Terminbestimmung.** (1) ¹Die Frist für die Einlegung der Revision beträgt einen Monat, die Frist für die Begründung der Revision zwei Monate. ²Beide Fristen beginnen mit der Zustellung des in vollständiger Form abgefaßten Urteils, spätestens aber mit Ablauf von fünf Monaten nach der Verkündung. ³Die Revisionsbegründungsfrist kann einmal bis zu einem weiteren Monat verlängert werden.

(2) ¹Die Bestimmung des Termins zur mündlichen Verhandlung muß unverzüglich erfolgen. ²§ 552 Abs. 1 der Zivilprozeßordnung[3]) bleibt unberührt. ³Die Verwerfung der Revision ohne mündliche Verhandlung ergeht durch Beschluß des Senats und ohne Zuziehung der ehrenamtlichen Richter.

§ 75 Urteil. (1) ¹Die Wirksamkeit der Verkündung des Urteils ist von der Anwesenheit der ehrenamtlichen Richter nicht abhängig. ²Wird ein Urteil in Abwesenheit der ehrenamtlichen Richter verkündet, so ist die Urteilsformel vorher von sämtlichen Mitgliedern des erkennenden Senats zu unterschreiben.

(2) Das Urteil nebst Tatbestand und Entscheidungsgründen ist von sämtlichen Mitgliedern des erkennenden Senats zu unterschreiben.

§ 76[4]) **Sprungrevision.** (1) ¹Gegen das Urteil eines Arbeitsgerichts kann unter Übergehung der Berufungsinstanz unmittelbar die Revision eingelegt werden (Sprungrevision), wenn der Gegner schriftlich zustimmt und wenn sie vom Arbeitsgericht auf Antrag im Urteil oder nachträglich durch Beschluß zugelassen wird. ²Der Antrag ist innerhalb einer Notfrist von einem Monat nach Zustellung des in vollständiger Form abgefaßten Urteils schriftlich zu stellen. ³Die Zustim-

---

[1]) § 73 Abs. 2 neu gef. durch G v. 17.12.1990 (BGBl. I S. 2809); Abs. 1 Satz 2 angef. mWv 1.1.2005 durch G v. 9.12.2004 (BGBl. I S. 3220).
[2]) § 74 Abs. 1 Satz 1 neu gef., Satz 2 eingef., bish. Satz 2 wird Satz 3, Abs. 2 Satz 2 geänd. mWv 1.1.2002 durch G v. 27.7.2001 (BGBl. I S. 1887).
[3]) Nr. **100**.
[4]) § 76 Abs. 6 neu gef. mWv 1.1.2002 durch G v. 27.7.2001 (BGBl. I S. 1887).

mung des Gegners ist, wenn die Revision im Urteil zugelassen ist, der Revisionsschrift, andernfalls dem Antrag beizufügen.

(2) ¹Die Sprungrevision ist nur zuzulassen, wenn die Rechtssache grundsätzliche Bedeutung hat und Rechtsstreitigkeiten betrifft
1. zwischen Tarifvertragsparteien aus Tarifverträgen oder über das Bestehen oder Nichtbestehen von Tarifverträgen,
2. über die Auslegung eines Tarifvertrags, dessen Geltungsbereich sich über den Bezirk des Landesarbeitsgerichts hinaus erstreckt, oder
3. zwischen tariffähigen Parteien oder zwischen diesen und Dritten aus unerlaubten Handlungen, soweit es sich um Maßnahmen zum Zwecke des Arbeitskampfes oder um Fragen der Vereinigungsfreiheit einschließlich des hiermit im Zusammenhang stehenden Betätigungsrechts der Vereinigungen handelt.

²Das Bundesarbeitsgericht ist an die Zulassung gebunden. ³Die Ablehnung der Zulassung ist unanfechtbar.

(3) ¹Lehnt das Arbeitsgericht den Antrag auf Zulassung der Revision durch Beschluß ab, so beginnt mit der Zustellung dieser Entscheidung der Lauf der Berufungsfrist von neuem, sofern der Antrag in der gesetzlichen Form und Frist gestellt und die Zustimmungserklärung beigefügt war. ²Läßt das Arbeitsgericht die Revision durch Beschluß zu, so beginnt mit der Zustellung dieser Entscheidung der Lauf der Revisionsfrist.

(4) Die Revision kann nicht auf Mängel des Verfahrens gestützt werden.

(5) Die Einlegung der Revision und die Zustimmung gelten als Verzicht auf die Berufung, wenn das Arbeitsgericht die Revision zugelassen hat.

(6) ¹Verweist das Bundesarbeitsgericht die Sache zur anderweitigen Verhandlung und Entscheidung zurück, so kann die Zurückverweisung nach seinem Ermessen auch an dasjenige Landesarbeitsgericht erfolgen, das für die Berufung zuständig gewesen wäre. ²In diesem Falle gelten für das Verfahren vor dem Landesarbeitsgericht die gleichen Grundsätze, wie wenn der Rechtsstreit auf eine ordnungsmäßig eingelegte Berufung beim Landesarbeitsgericht anhängig geworden wäre. ³Das Arbeitsgericht und das Landesarbeitsgericht haben die rechtliche Beurteilung, die der Aufhebung zugrunde gelegt ist, auch ihrer Entscheidung zugrunde zu legen. ⁴Von der Einlegung der Revision nach Absatz 1 hat die Geschäftsstelle des Bundesarbeitsgerichts der Geschäftsstelle des Arbeitsgerichts unverzüglich Nachricht zu geben.

§ 77[1]) **Revisionsbeschwerde.** ¹Gegen den Beschluss des Landesarbeitsgerichts, der die Berufung als unzulässig verwirft, findet die Revisionsbeschwerde statt, wenn das Landesarbeitsgericht sie in dem Beschluss oder das Bundesarbeitsgericht sie zugelassen hat. ²Für die Zulassung der Revisionsbeschwerde gelten § 72 Absatz 2 und § 72a entsprechend. ³Über die Nichtzulassungsbeschwerde und die Revisionsbeschwerde entscheidet das Bundesarbeitsgericht ohne Hinzuziehung der ehrenamtlichen Richter. ⁴Die Vorschriften der Zivilprozessordnung über die Rechtsbeschwerde gelten entsprechend.

---

[1]) § 77 neu gef. mWv 17.11.2016 durch G v. 11.11.2016 (BGBl. I S. 2500).

Vierter Unterabschnitt.[1]) **Beschwerdeverfahren, Abhilfe bei Verletzung des Anspruchs auf rechtliches Gehör**

§ 78[2]) **Beschwerdeverfahren.** [1] Hinsichtlich der Beschwerde gegen Entscheidungen der Arbeitsgerichte oder ihrer Vorsitzenden gelten die für die Beschwerde gegen Entscheidungen der Amtsgerichte maßgebenden Vorschriften der Zivilprozessordnung[3]) entsprechend. [2] Für die Zulassung der Rechtsbeschwerde gilt § 72 Abs. 2 entsprechend. [3] Über die sofortige Beschwerde entscheidet das Landesarbeitsgericht ohne Hinzuziehung der ehrenamtlichen Richter, über die Rechtsbeschwerde das Bundesarbeitsgericht.

§ 78a[4]) **Abhilfe bei Verletzung des Anspruchs auf rechtliches Gehör.**

(1) [1] Auf die Rüge der durch die Entscheidung beschwerten Partei ist das Verfahren fortzuführen, wenn

1. ein Rechtsmittel oder ein anderer Rechtsbehelf gegen die Entscheidung nicht gegeben ist und
2. das Gericht den Anspruch dieser Partei auf rechtliches Gehör in entscheidungserheblicher Weise verletzt hat.

[2] Gegen eine der Endentscheidung vorausgehende Entscheidung findet die Rüge nicht statt.

(2) [1] Die Rüge ist innerhalb einer Notfrist von zwei Wochen nach Kenntnis von der Verletzung des rechtlichen Gehörs zu erheben; der Zeitpunkt der Kenntniserlangung ist glaubhaft zu machen. [2] Nach Ablauf eines Jahres seit Bekanntgabe der angegriffenen Entscheidung kann die Rüge nicht mehr erhoben werden. [3] Formlos mitgeteilte Entscheidungen gelten mit dem dritten Tage nach Aufgabe zur Post als bekannt gegeben. [4] Die Rüge ist schriftlich bei dem Gericht zu erheben, dessen Entscheidung angegriffen wird. [5] Die Rüge muss die angegriffene Entscheidung bezeichnen und das Vorliegen der in Absatz 1 Satz 1 Nr. 2 genannten Voraussetzungen darlegen.

(3) Dem Gegner ist, soweit erforderlich, Gelegenheit zur Stellungnahme zu geben.

(4) [1] Das Gericht hat von Amts wegen zu prüfen, ob die Rüge an sich statthaft und ob sie in der gesetzlichen Form und Frist erhoben ist. [2] Mangelt es an einem dieser Erfordernisse, so ist die Rüge als unzulässig zu verwerfen. [3] Ist die Rüge unbegründet, weist das Gericht sie zurück. [4] Die Entscheidung ergeht durch unanfechtbaren Beschluss. [5] Der Beschluss soll kurz begründet werden.

(5) [1] Ist die Rüge begründet, so hilft ihr das Gericht ab, indem es das Verfahren fortführt, soweit dies aufgrund der Rüge geboten ist. [2] Das Verfahren wird in die Lage zurückversetzt, in der es sich vor dem Schluss der mündlichen Verhandlung befand. [3] § 343 der Zivilprozessordnung[3]) gilt entsprechend. [4] In schriftlichen Verfahren tritt an die Stelle des Schlusses der mündlichen Verhandlung der Zeitpunkt, bis zu dem Schriftsätze eingereicht werden können.

(6) [1] Die Entscheidungen nach den Absätzen 4 und 5 erfolgen unter Hinzuziehung der ehrenamtlichen Richter. [2] Die ehrenamtlichen Richter wirken nicht mit,

---

[1]) 4. UAbschnitt Überschrift geänd. mWv 1.1.2005 durch G v. 9.12.2004 (BGBl. I S. 3220).
[2]) § 78 neu gef. mWv 1.1.2002 durch G v. 27.7.2001 (BGBl. I S. 1887); Überschrift eingef. mWv 1.1.2005 durch G v. 9.12.2004 (BGBl. I S. 3220).
[3]) Nr. **100**.
[4]) § 78a eingef. mWv 1.1.2005 durch G v. 9.12.2004 (BGBl. I S. 3220).

wenn die Rüge als unzulässig verworfen wird oder sich gegen eine Entscheidung richtet, die ohne Hinziehung der ehrenamtlichen Richter erlassen wurde.

(7) § 707 der Zivilprozessordnung ist unter der Voraussetzung entsprechend anzuwenden, dass der Beklagte glaubhaft macht, dass die Vollstreckung ihm einen nicht zu ersetzenden Nachteil bringen würde.

(8) Auf das Beschlussverfahren finden die Absätze 1 bis 7 entsprechende Anwendung.

Fünfter Unterabschnitt. Wiederaufnahme des Verfahrens

§ 79 [Wiederaufnahme des Verfahrens] [1] Die Vorschriften der Zivilprozeßordnung über die Wiederaufnahme des Verfahrens gelten für Rechtsstreitigkeiten nach § 2 Abs. 1 bis 4 entsprechend. [2] Die Nichtigkeitsklage kann jedoch nicht auf Mängel des Verfahrens bei der Berufung der ehrenamtlichen Richter oder auf Umstände, die die Berufung eines ehrenamtlichen Richters zu seinem Amt ausschließen, gestützt werden.

Zweiter Abschnitt. Beschlußverfahren
Erster Unterabschnitt. Erster Rechtszug

§ 80[1] Grundsatz. (1) Das Beschlußverfahren findet in den in § 2a bezeichneten Fällen Anwendung.

(2) [1] Für das Beschlussverfahren des ersten Rechtszugs gelten die für das Urteilsverfahren des ersten Rechtszugs maßgebenden Vorschriften entsprechend, soweit sich aus den §§ 81 bis 84 nichts anderes ergibt. [2] Der Vorsitzende kann ein Güteverfahren ansetzen; die für das Urteilsverfahren des ersten Rechtszugs maßgebenden Vorschriften über das Güteverfahren gelten entsprechend.

(3) § 48 Abs. 1 findet entsprechende Anwendung.

§ 81[2] Antrag. (1) Das Verfahren wird nur auf Antrag eingeleitet; der Antrag ist bei dem Arbeitsgericht schriftlich einzureichen oder bei seiner Geschäftsstelle mündlich zu Protokoll anzubringen.

(2) [1] Der Antrag kann jederzeit in derselben Form zurückgenommen werden. [2] In diesem Fall ist das Verfahren vom Vorsitzenden des Arbeitsgerichts einzustellen. [3] Von der Einstellung ist den Beteiligten Kenntnis zu geben, soweit ihnen der Antrag vom Arbeitsgericht mitgeteilt worden ist.

(3) [1] Eine Änderung des Antrags ist zulässig, wenn die übrigen Beteiligten zustimmen oder das Gericht die Änderung für sachdienlich hält. [2] Die Zustimmung der Beteiligten zu der Änderung des Antrags gilt als erteilt, wenn die Beteiligten sich, ohne zu widersprechen, in einem Schriftsatz oder in der mündlichen Verhandlung auf den geänderten Antrag eingelassen haben. [3] Die Entscheidung, daß eine Änderung des Antrags nicht vorliegt oder zugelassen wird, ist unanfechtbar.

---

[1] § 80 Abs. 3 angef. durch G v. 17.12.1990 (BGBl. I S. 2809); Abs. 2 Satz 2 angef. mWv 1.5.2000 durch G v. 30.3.2000 (BGBl. I S. 333); Abs. 2 Satz 1 neu gef. mWv 12.10.2021 durch G v. 5.10.2021 (BGBl. I S. 4607).

[2] § 81 Abs. 1 geänd. mWv 1.1.2018 durch G v. 5.7.2017 (BGBl. I S. 2208).

§ 82[1] **Örtliche Zuständigkeit.** (1) [1] Zuständig ist das Arbeitsgericht, in dessen Bezirk der Betrieb liegt. [2] In Angelegenheiten des Gesamtbetriebsrats, des Konzernbetriebsrats, der Gesamtjugendvertretung oder der Gesamt-Jugend- und Auszubildendenvertretung, des Wirtschaftsausschusses und der Vertretung der Arbeitnehmer im Aufsichtsrat ist das Arbeitsgericht zuständig, in dessen Bezirk das Unternehmen seinen Sitz hat. [3] Satz 2 gilt entsprechend in Angelegenheiten des Gesamtsprecherausschusses, des Unternehmenssprecherausschusses und des Konzernsprecherausschusses.

(2) [1] In Angelegenheiten eines Europäischen Betriebsrats, im Rahmen eines Verfahrens zur Unterrichtung und Anhörung oder des besonderen Verhandlungsgremiums ist das Arbeitsgericht zuständig, in dessen Bezirk das Unternehmen oder das herrschende Unternehmen nach § 2 des Gesetzes über Europäische Betriebsräte seinen Sitz hat. [2] Bei einer Vereinbarung nach § 41 Absatz 1 bis 7 des Gesetzes über Europäische Betriebsräte ist der Sitz des vertragschließenden Unternehmens maßgebend.

(3) In Angelegenheiten aus dem SE-Beteiligungsgesetz ist das Arbeitsgericht zuständig, in dessen Bezirk die Europäische Gesellschaft ihren Sitz hat; vor ihrer Eintragung ist das Arbeitsgericht zuständig, in dessen Bezirk die Europäische Gesellschaft ihren Sitz haben soll.

(4) In Angelegenheiten nach dem SCE-Beteiligungsgesetz ist das Arbeitsgericht zuständig, in dessen Bezirk die Europäische Genossenschaft ihren Sitz hat; vor ihrer Eintragung ist das Arbeitsgericht zuständig, in dessen Bezirk die Europäische Genossenschaft ihren Sitz haben soll.

(5) In Angelegenheiten nach dem Gesetz über die Mitbestimmung der Arbeitnehmer bei einer grenzüberschreitenden Verschmelzung ist das Arbeitsgericht zuständig, in dessen Bezirk die aus der grenzüberschreitenden Verschmelzung hervorgegangene Gesellschaft ihren Sitz hat; vor ihrer Eintragung ist das Arbeitsgericht zuständig, in dessen Bezirk die aus der grenzüberschreitenden Verschmelzung hervorgehende Gesellschaft ihren Sitz haben soll.

§ 83[2] **Verfahren.** (1) [1] Das Gericht erforscht den Sachverhalt im Rahmen der gestellten Anträge von Amts wegen. [2] Die am Verfahren Beteiligten haben an der Aufklärung des Sachverhalts mitzuwirken.

(1a) [1] Der Vorsitzende kann den Beteiligten eine Frist für ihr Vorbringen setzen. [2] Nach Ablauf einer nach Satz 1 gesetzten Frist kann das Vorbringen zurückgewiesen werden, wenn nach der freien Überzeugung des Gerichts seine Zulassung die Erledigung des Beschlussverfahrens verzögern würde und der Beteiligte die Verspätung nicht genügend entschuldigt. [3] Die Beteiligten sind über die Folgen der Versäumung einer nach Satz 1 gesetzten Frist zu belehren.

(2) Zur Aufklärung des Sachverhalts können Urkunden eingesehen, Auskünfte eingeholt, Zeugen, Sachverständige und Beteiligte vernommen und der Augenschein eingenommen werden.

---

[1] § 82 neu gef. mWv 29.12.2004 durch G v. 22.12.2004 (BGBl. I S. 3674); Abs. 4 angef. mWv 18.8.2006 durch G v. 14.8.2006 (BGBl. I S. 1911); Abs. 5 angef. mWv 29.12.2006 durch G v. 21.12.2006 (BGBl. I S. 3332); Abs. 2 Satz 2 geänd. mWv 18.6.2011 durch G v. 14.6.2011 (BGBl. I S. 1050).
[2] § 83 Abs. 1a eingef., Abs. 4 Satz 1 neu gef. mWv 1.5.2000 durch G v. 30.3.2000 (BGBl. I S. 333); Abs. 1a neu gef. mWv 1.1.2002 durch G v. 27.7.2001 (BGBl. I S. 1887); Abs. 3 neu gef. mWv 15.8.2002 durch G v. 8.8.2002 (BGBl. I S. 3140); Abs. 3 geänd. mWv 1.7.2004 durch G v. 18.5.2004 (BGBl. I S. 974), mWv 29.12.2004 durch G v. 22.12.2004 (BGBl. I S. 3674), mWv 18.8.2006 durch G v. 14.8.2006 (BGBl. I S. 1911), mWv 29.12.2006 durch G v. 21.12.2006 (BGBl. I S. 3332) und mWv 1.1.2018 durch G v. 23.12.2016 (BGBl. I S. 3234).

(3) In dem Verfahren sind der Arbeitgeber, die Arbeitnehmer und die Stellen zu hören, die nach dem Betriebsverfassungsgesetz, dem Sprecherausschussgesetz, dem Mitbestimmungsgesetz, dem Mitbestimmungsergänzungsgesetz, dem Drittelbeteiligungsgesetz, den §§ 177, 178 und 222 des Neunten Buches Sozialgesetzbuch, dem § 18a des Berufsbildungsgesetzes und den zu diesen Gesetzen ergangenen Rechtsverordnungen sowie nach dem Gesetz über Europäische Betriebsräte, dem SE-Beteiligungsgesetz, dem SCE-Beteiligungsgesetz und dem Gesetz über die Mitbestimmung der Arbeitnehmer bei einer grenzüberschreitenden Verschmelzung im einzelnen Fall beteiligt sind.

(4) [1] Die Beteiligten können sich schriftlich äußern. [2] Bleibt ein Beteiligter auf Ladung unentschuldigt aus, so ist der Pflicht zur Anhörung genügt; hierauf ist in der Ladung hinzuweisen. [3] Mit Einverständnis der Beteiligten kann das Gericht ohne mündliche Verhandlung entscheiden.

(5) Gegen Beschlüsse und Verfügungen des Arbeitsgerichts oder seines Vorsitzenden findet die Beschwerde nach Maßgabe des § 78 statt.

§ 83a[1]) **Vergleich, Erledigung des Verfahrens.** (1) Die Beteiligten können, um das Verfahren ganz oder zum Teil zu erledigen, zu Protokoll des Gerichts oder des Vorsitzenden oder des Güterichters einen Vergleich schließen, soweit sie über den Gegenstand des Vergleichs verfügen können, oder das Verfahren für erledigt erklären.

(2) [1] Haben die Beteiligten das Verfahren für erledigt erklärt, so ist es vom Vorsitzenden des Arbeitsgerichts einzustellen. [2] § 81 Abs. 2 Satz 3 ist entsprechend anzuwenden.

(3) [1] Hat der Antragsteller das Verfahren für erledigt erklärt, so sind die übrigen Beteiligten binnen einer von dem Vorsitzenden zu bestimmenden Frist von mindestens zwei Wochen aufzufordern, mitzuteilen, ob sie der Erledigung zustimmen. [2] Die Zustimmung gilt als erteilt, wenn sich der Beteiligte innerhalb der vom Vorsitzenden bestimmten Frist nicht äußert.

§ 84 Beschluß. [1] Das Gericht entscheidet nach seiner freien, aus dem Gesamtergebnis des Verfahrens gewonnenen Überzeugung. [2] Der Beschluß ist schriftlich abzufassen. [3] § 60 ist entsprechend anzuwenden.

§ 85[2]) **Zwangsvollstreckung.** (1) [1] Soweit sich aus Absatz 2 nichts anderes ergibt, findet aus rechtskräftigen Beschlüssen der Arbeitsgerichte oder gerichtlichen Vergleichen, durch die einem Beteiligten eine Verpflichtung auferlegt wird, die Zwangsvollstreckung statt. [2] Beschlüsse der Arbeitsgerichte in vermögensrechtlichen Streitigkeiten sind vorläufig vollstreckbar; § 62 Abs. 1 Satz 2 bis 5 ist entsprechend anzuwenden. [3] Für die Zwangsvollstreckung gelten die Vorschriften des Achten Buches der Zivilprozeßordnung entsprechend mit der Maßgabe, daß der nach dem Beschluß Verpflichtete als Schuldner, derjenige, der die Erfüllung der Verpflichtung auf Grund des Beschlusses verlangen kann, als Gläubiger gilt und in den Fällen des § 23 Abs. 3, des § 98 Abs. 5 sowie der §§ 101 und 104 des Betriebsverfassungsgesetzes[3]) eine Festsetzung von Ordnungs- oder Zwangshaft nicht erfolgt.

---

[1]) § 83a Abs. 1 geänd. mWv 26.7.2012 durch G v. 21.7.2012 (BGBl. I S. 1577); Abs. 1 geänd. mWv 1.1.2018 durch G v. 5.7.2017 (BGBl. I S. 2208).
[2]) § 85 Abs. 1 Satz 2 geänd. mWv 1.4.2008 durch G v. 26.3.2008 (BGBl. I S. 444); Abs. 2 Satz 3 angef. mWv 1.1.2016 durch G v. 10.10.2013 (BGBl. I S. 3786).
[3]) **Habersack, Deutsche Gesetze ErgBd. Nr. 82.**

(2) ¹Der Erlaß einer einstweiligen Verfügung ist zulässig. ²Für das Verfahren gelten die Vorschriften des Achten Buches der Zivilprozeßordnung über die einstweilige Verfügung entsprechend mit der Maßgabe, daß die Entscheidungen durch Beschluß der Kammer ergehen, erforderliche Zustellungen von Amts wegen erfolgen und ein Anspruch auf Schadensersatz nach § 945 der Zivilprozeßordnung[1]) in Angelegenheiten des Betriebsverfassungsgesetzes nicht besteht. ³Eine in das Schutzschriftenregister nach § 945a Absatz 1 der Zivilprozessordnung eingestellte Schutzschrift gilt auch als bei allen Arbeitsgerichten der Länder eingereicht.

§ 86 (weggefallen)

Zweiter Unterabschnitt. Zweiter Rechtszug

§ 87[2]) **Grundsatz.** (1) Gegen die das Verfahren beendenden Beschlüsse der Arbeitsgerichte findet die Beschwerde an das Landesarbeitsgericht statt.

(2) ¹Für das Beschwerdeverfahren gelten die für das Berufungsverfahren maßgebenden Vorschriften sowie die Vorschrift des § 85 über die Zwangsvollstreckung entsprechend, soweit sich aus den §§ 88 bis 91 nichts anderes ergibt. ²Für die Vertretung der Beteiligten gilt § 11 Abs. 1 bis 3 und 5 entsprechend. ³Der Antrag kann jederzeit mit Zustimmung der anderen Beteiligten zurückgenommen werden; § 81 Abs. 2 Satz 2 und 3 und Absatz 3 ist entsprechend anzuwenden.

(3) ¹In erster Instanz zu Recht zurückgewiesenes Vorbringen bleibt ausgeschlossen. ²Neues Vorbringen, das im ersten Rechtszug entgegen einer hierfür nach § 83 Abs. 1 gesetzten Frist nicht vorgebracht wurde, kann zurückgewiesen werden, wenn seine Zulassung nach der freien Überzeugung des Landesarbeitsgerichts die Erledigung des Beschlussverfahrens verzögern würde und der Beteiligte die Verzögerung nicht genügend entschuldigt. ³Soweit neues Vorbringen nach Satz 2 zulässig ist, muss es in der Beschwerdeführer in der Beschwerdebegründung, der Beschwerdegegner in der Beschwerdebeantwortung vortragen. ⁴Wird es später vorgebracht, kann es zurückgewiesen werden, wenn die Möglichkeit es vorzutragen vor der Beschwerdebegründung oder der Beschwerdebeantwortung entstanden ist und das verspätete Vorbringen nach der freien Überzeugung des Landesarbeitsgerichts die Erledigung des Rechtsstreits verzögern würde und auf dem Verschulden des Beteiligten beruht.

(4) Die Einlegung der Beschwerde hat aufschiebende Wirkung; § 85 Abs. 1 Satz 2 bleibt unberührt.

§ 88[3]) **Beschränkung der Beschwerde.** § 65 findet entsprechende Anwendung.

§ 89[4]) **Einlegung.** (1) Für die Einlegung und Begründung der Beschwerde gilt § 11 Abs. 4 und 5 entsprechend.

---

[1]) Nr. **100**.
[2]) § 87 Abs. 2 Satz 4 angef. mWv 1.5.2000 durch G v. 30.3.2000 (BGBl. I S. 333); Abs. 2 Satz 4 aufgeh., Abs. 3 angef., bish. Abs. 3 wird Abs. 4 mWv 1.1.2002 durch G v. 27.7.2001 (BGBl. I S. 1887, geänd. durch G v. 26.11.2001, BGBl. I S. 3138); Abs. 3 Satz 2 geänd. mWv 1.1.2002 durch G v. 26.11.2001 (BGBl. I S. 3138); Abs. 2 Satz 2 geänd. mWv 1.7.2008 durch G v. 12.12.2007 (BGBl. I S. 2840); Abs. 3 Satz 1 neu gef. mWv 12.10.2021 durch G v. 5.10.2021 (BGBl. I S. 4607).
[3]) § 88 neu gef. durch G v. 17.12.1990 (BGBl. I S. 2809); Abs. 1 geänd. durch G v. 31.8.1998 (BGBl. I S. 2600).
[4]) § 89 Abs. 3 Satz 4 angef. mWv 1.1.2002 durch G v. 27.7.2001 (BGBl. I S. 1887); Abs. 1 neu gef. mWv 1.7.2008 durch G v. 12.12.2007 (BGBl. I S. 2840); Abs. 3 Satz 1 und 2 neu gef. mWv 1.4.2008 durch G v. 26.3.2008 (BGBl. I S. 444).

Arbeitsgerichtsgesetz §§ 90–92 ArbGG 83

(2) ¹Die Beschwerdeschrift muß den Beschluß bezeichnen, gegen den die Beschwerde gerichtet ist, und die Erklärung enthalten, daß gegen diesen Beschluß die Beschwerde eingelegt wird. ²Die Beschwerdebegründung muß angeben, auf welche im einzelnen anzuführenden Beschwerdegründe sowie auf welche neuen Tatsachen die Beschwerde gestützt wird.

(3) ¹Ist die Beschwerde nicht in der gesetzlichen Form oder Frist eingelegt oder begründet, so ist sie als unzulässig zu verwerfen. ²Der Beschluss kann ohne vorherige mündliche Verhandlung durch den Vorsitzenden ergehen; er ist unanfechtbar. ³Er ist dem Beschwerdeführer zuzustellen. ⁴§ 522 Abs. 2 und 3 der Zivilprozessordnung¹⁾ ist nicht anwendbar.

(4) ¹Die Beschwerde kann jederzeit in der für ihre Einlegung vorgeschriebenen Form zurückgenommen werden. ²Im Falle der Zurücknahme stellt der Vorsitzende das Verfahren ein. ³Er gibt hiervon den Beteiligten Kenntnis, soweit ihnen die Beschwerde zugestellt worden ist.

§ 90²⁾ **Verfahren.** (1) ¹Die Beschwerdeschrift und die Beschwerdebegründung werden den Beteiligten zur Äußerung zugestellt. ²Die Äußerung erfolgt durch Einreichung eines Schriftsatzes beim Beschwerdegericht oder durch Erklärung zu Protokoll der Geschäftsstelle des Arbeitsgerichts, das den angefochtenen Beschluß erlassen hat.

(2) Für das Verfahren sind die §§ 83 und 83a entsprechend anzuwenden.

§ 91 Entscheidung. (1) ¹Über die Beschwerde entscheidet das Landesarbeitsgericht durch Beschluß. ²Eine Zurückverweisung ist nicht zulässig. ³§ 84 Satz 2 gilt entsprechend.

(2) ¹Der Beschluß nebst Gründen ist von den Mitgliedern der Kammer zu unterschreiben und den Beteiligten zuzustellen. ²§ 69 Abs. 1 Satz 2 gilt entsprechend.

Dritter Unterabschnitt. Dritter Rechtszug

§ 92³⁾ **Rechtsbeschwerdeverfahren, Grundsatz.** (1) ¹Gegen den das Verfahren beendenden Beschluß eines Landesarbeitsgerichts findet die Rechtsbeschwerde an das Bundesarbeitsgericht statt, wenn sie in dem Beschluß des Landesarbeitsgerichts oder in dem Beschluß des Bundesarbeitsgerichts nach § 92a Satz 2 zugelassen wird. ²§ 72 Abs. 1 Satz 2, Abs. 2 und 3 ist entsprechend anzuwenden. ³In den Fällen des § 85 Abs. 2 findet die Rechtsbeschwerde nicht statt.

(2) ¹Für das Rechtsbeschwerdeverfahren gelten die für das Revisionsverfahren maßgebenden Vorschriften sowie die Vorschrift des § 85 über die Zwangsvollstreckung entsprechend, soweit sich aus den §§ 93 bis 96 nichts anderes ergibt. ²Für die Vertretung der Beteiligten gilt § 11 Abs. 1 bis 3 und 5 entsprechend. ³Der Antrag kann jederzeit mit Zustimmung der anderen Beteiligten zurückgenommen werden; § 81 Abs. 2 Satz 2 und 3 ist entsprechend anzuwenden.

(3) ¹Die Einlegung der Rechtsbeschwerde hat aufschiebende Wirkung. ²§ 85 Abs. 1 Satz 2 bleibt unberührt.

---

¹⁾ Nr. **100**.
²⁾ § 90 Abs. 1 Satz 2 geänd. mWv 1.1.2018 durch G v. 5.7.2017 (BGBl. I S. 2208); Abs. 3 aufgeh. mWv 12.10.2021 durch G v. 5.10.2021 (BGBl. I S. 4607).
³⁾ § 92 Abs. 1 Satz 1 geänd. mWv 1.5.2000 durch G v. 30.3.2000 (BGBl. I S. 333); Abs. 2 geänd. mWv 1.7.2008 durch G v. 12.12.2007 (BGBl. I S. 2840); Abs. 2 Satz 1 neu gef. mWv 12.10.2021 durch G v. 5.10.2021 (BGBl. I S. 4607).

§ 92a) **Nichtzulassungsbeschwerde.** ¹Die Nichtzulassung der Rechtsbeschwerde durch das Landesarbeitsgericht kann selbständig durch Beschwerde angefochten werden. ² § 72a Abs. 2 bis 7 ist entsprechend anzuwenden.

§ 92b) **Sofortige Beschwerde wegen verspäteter Absetzung der Beschwerdeentscheidung.** ¹Der Beschluss eines Landesarbeitsgerichts nach § 91 kann durch sofortige Beschwerde angefochten werden, wenn er nicht binnen fünf Monaten nach der Verkündung vollständig abgefasst und mit den Unterschriften sämtlicher Mitglieder der Kammer versehen der Geschäftsstelle übergeben worden ist. ² § 72b Abs. 2 bis 5 gilt entsprechend. ³ § 92a findet keine Anwendung.

§ 93) **Rechtsbeschwerdegründe.** (1) ¹Die Rechtsbeschwerde kann nur darauf gestützt werden, daß der Beschluß des Landesarbeitsgerichts auf der Nichtanwendung oder der unrichtigen Anwendung einer Rechtsnorm beruht. ²Sie kann nicht auf die Gründe des § 92b gestützt werden.

(2) § 65 findet entsprechende Anwendung.

§ 94) **Einlegung.** (1) Für die Einlegung und Begründung der Rechtsbeschwerde gilt § 11 Abs. 4 und 5 entsprechend.

(2) ¹Die Rechtsbeschwerdeschrift muß den Beschluß bezeichnen, gegen den die Rechtsbeschwerde gerichtet ist, und die Erklärung enthalten, daß gegen diesen Beschluß die Rechtsbeschwerde eingelegt werde. ²Die Rechtsbeschwerdebegründung muß angeben, inwieweit die Abänderung des angefochtenen Beschlusses beantragt wird, welche Bestimmungen verletzt sein sollen und worin die Verletzung bestehen soll. ³ § 74 Abs. 2 ist entsprechend anzuwenden.

(3) ¹Die Rechtsbeschwerde kann jederzeit in der für ihre Einlegung vorgeschriebenen Form zurückgenommen werden. ²Im Falle der Zurücknahme stellt der Vorsitzende das Verfahren ein. ³Er gibt hiervon den Beteiligten Kenntnis, soweit ihnen die Rechtsbeschwerde zugestellt worden ist.

§ 95) **Verfahren.** ¹Die Rechtsbeschwerdeschrift und die Rechtsbeschwerdebegründung werden den Beteiligten zur Äußerung zugestellt. ²Die Äußerung erfolgt durch Einreichung eines Schriftsatzes beim Bundesarbeitsgericht oder durch Erklärung zu Protokoll der Geschäftsstelle des Landesarbeitsgerichts, das den angefochtenen Beschluß erlassen hat. ³Geht von einem Beteiligten die Äußerung nicht rechtzeitig ein, so steht dies dem Fortgang des Verfahrens nicht entgegen. ⁴ § 83a ist entsprechend anzuwenden.

§ 96) **Entscheidung.** (1) ¹Über die Rechtsbeschwerde entscheidet das Bundesarbeitsgericht durch Beschluß. ²Die §§ 562, 563 der Zivilprozeßordnung[7] gelten entsprechend.

(2) Der Beschluß nebst Gründen ist von sämtlichen Mitgliedern des Senats zu unterschreiben und den Beteiligten zuzustellen.

---

[1] § 92a neu gef. mWv 1.1.2005 durch G v. 9.12.2004 (BGBl. I S. 3220).
[2] § 92b eingef. mWv 1.1.2005 durch G v. 9.12.2004 (BGBl. I S. 3220).
[3] § 93 Abs. 2 neu gef. durch G v. 17.12.1990 (BGBl. I S. 2809); Abs. 1 Satz 2 angef. mWv 1.1.2005 durch G v. 9.12.2004 (BGBl. I S. 3220).
[4] § 94 Abs. 1 neu gef. mWv 1.7.2008 durch G v. 12.12.2007 (BGBl. I S. 2840).
[5] § 95 Satz 2 geänd. mWv 1.1.2018 durch G v. 5.7.2017 (BGBl. I S. 2208).
[6] § 96 Abs. 1 Satz 2 geänd. mWv 1.1.2002 durch G v. 27.7.2001 (BGBl. I S. 1887).
[7] Nr. **100**.

Arbeitsgerichtsgesetz §§ 96a, 97 **ArbGG 83**

§ 96a Sprungrechtsbeschwerde. (1) [1] Gegen den das Verfahren beendenden Beschluß eines Arbeitsgerichts kann unter Übergehung der Beschwerdeinstanz unmittelbar Rechtsbeschwerde eingelegt werden (Sprungrechtsbeschwerde), wenn die übrigen Beteiligten schriftlich zustimmen und wenn sie vom Arbeitsgericht wegen grundsätzlicher Bedeutung der Rechtssache auf Antrag in dem verfahrensbeendenden Beschluß oder nachträglich durch gesonderten Beschluß zugelassen wird. [2] Der Antrag ist innerhalb einer Notfrist von einem Monat nach Zustellung des in vollständiger Form abgefaßten Beschlusses schriftlich zu stellen. [3] Die Zustimmung der übrigen Beteiligten ist, wenn die Sprungrechtsbeschwerde in dem verfahrensbeendenden Beschluß zugelassen ist, der Rechtsbeschwerdeschrift, andernfalls dem Antrag beizufügen.

(2) § 76 Abs. 2 Satz 2, 3, Abs. 3 bis 6 ist entsprechend anzuwenden.

Vierter Unterabschnitt. Beschlußverfahren in besonderen Fällen

§ 97[1]) **Entscheidung über die Tariffähigkeit oder Tarifzuständigkeit einer Vereinigung.** (1) In den Fällen des § 2a Abs. 1 Nr. 4 wird das Verfahren auf Antrag einer räumlich und sachlich zuständigen Vereinigung von Arbeitnehmern oder von Arbeitgebern oder der obersten Arbeitsbehörde des Bundes oder der obersten Arbeitsbehörde eines Landes, auf dessen Gebiet sich die Tätigkeit der Vereinigung erstreckt, eingeleitet.

(2) Für Verfahren nach § 2a Absatz 1 Nummer 4 ist das Landesarbeitsgericht zuständig, in dessen Bezirk die Vereinigung, über deren Tariffähigkeit oder Tarifzuständigkeit zu entscheiden ist, ihren Sitz hat.

(2a) [1] Für das Verfahren sind § 80 Absatz 1, 2 Satz 1 und Absatz 3, §§ 81, 83 Absatz 1 und 2 bis 4, §§ 83a, 84 Satz 1 und 2, § 91 Absatz 2 und §§ 92 bis 96 entsprechend anzuwenden. [2] Für die Vertretung der Beteiligten gilt § 11 Absatz 4 und 5 entsprechend.

(3) [1] Der rechtskräftige Beschluß über die Tariffähigkeit oder Tarifzuständigkeit einer Vereinigung wirkt für und gegen jedermann. [2] Die Vorschrift des § 63 über die Übersendung von Urteilen gilt entsprechend für die rechtskräftigen Beschlüsse von Gerichten für Arbeitssachen im Verfahren nach § 2a Abs. 1 Nr. 4.

(4) [1] In den Fällen des § 2a Abs. 1 Nr. 4 findet eine Wiederaufnahme des Verfahrens auch dann statt, wenn die Entscheidung über die Tariffähigkeit oder Tarifzuständigkeit darauf beruht, daß ein Beteiligter absichtlich unrichtige Angaben oder Aussagen gemacht hat. [2] § 581 der Zivilprozeßordnung[2]) findet keine Anwendung.

(5) [1] Hängt die Entscheidung eines Rechtsstreits davon ab, ob eine Vereinigung tariffähig oder ob die Tarifzuständigkeit der Vereinigung gegeben ist, so hat das Gericht das Verfahren bis zur Erledigung des Beschlußverfahrens nach § 2a Abs. 1 Nr. 4 auszusetzen. [2] Im Falle des Satzes 1 sind die Parteien des Rechtsstreits auch im Beschlußverfahren nach § 2a Abs. 1 Nr. 4 antragsberechtigt.

---

[1]) § 97 Abs. 1, 3, 4 Satz 1 und Abs. 5 geänd. durch G v. 20.12.1988 (BGBl. I S. 2312); Überschrift geänd., Abs. 2 neu gef., Abs. 2a und Abs. 3 Satz 1 eingef., Abs. 4 Satz 1 geänd. mWv 16.8.2014 durch G v. 11.8.2014 (BGBl. I S. 1348); Abs. 2a Satz 1 geänd. mWv 12.10.2021 durch G v. 5.10.2021 (BGBl. I S. 4607).
[2]) Nr. **100**.

§ 98[1] Entscheidung über die Wirksamkeit einer Allgemeinverbindlicherklärung oder einer Rechtsverordnung.

(1) In den Fällen des § 2a Absatz 1 Nummer 5 wird das Verfahren eingeleitet auf Antrag

1. jeder natürlichen oder juristischen Person oder
2. einer Gewerkschaft oder einer Vereinigung von Arbeitgebern,

die nach Bekanntmachung der Allgemeinverbindlicherklärung oder der Rechtsverordnung geltend macht, durch die Allgemeinverbindlicherklärung oder die Rechtsverordnung oder deren Anwendung in ihren Rechten verletzt zu sein oder in absehbarer Zeit verletzt zu werden.

(2) Für Verfahren nach § 2a Absatz 1 Nummer 5 ist das Landesarbeitsgericht zuständig, in dessen Bezirk die Behörde ihren Sitz hat, die den Tarifvertrag für allgemeinverbindlich erklärt hat oder die Rechtsverordnung erlassen hat.

(3) [1]Für das Verfahren sind § 80 Absatz 1, 2 Satz 1 und Absatz 3, §§ 81, 83 Absatz 1 und 2 bis 4, §§ 83a, 84 Satz 1 und 2, § 91 Absatz 2 und §§ 92 bis 96 entsprechend anzuwenden. [2]Für die Vertretung der Beteiligten gilt § 11 Absatz 4 und 5 entsprechend. [3]In dem Verfahren ist die Behörde, die den Tarifvertrag für allgemeinverbindlich erklärt hat oder die Rechtsverordnung erlassen hat, Beteiligte.

(4) [1]Der rechtskräftige Beschluss über die Wirksamkeit einer Allgemeinverbindlicherklärung oder einer Rechtsverordnung wirkt für und gegen jedermann. [2]Rechtskräftige Beschlüsse von Gerichten für Arbeitssachen im Verfahren nach § 2a Absatz 1 Nummer 5 sind alsbald der obersten Arbeitsbehörde des Bundes in vollständiger Form abschriftlich zu übersenden oder elektronisch zu übermitteln. [3]Soweit eine Allgemeinverbindlicherklärung oder eine Rechtsverordnung rechtskräftig als wirksam oder unwirksam festgestellt wird, ist die Entscheidungsformel durch die oberste Arbeitsbehörde des Bundes im Bundesanzeiger bekannt zu machen.

(5) [1]In den Fällen des § 2a Absatz 1 Nummer 5 findet eine Wiederaufnahme des Verfahrens auch dann statt, wenn die Entscheidung über die Wirksamkeit einer Allgemeinverbindlicherklärung oder einer Rechtsverordnung darauf beruht, dass ein Beteiligter absichtlich unrichtige Angaben oder Aussagen gemacht hat. [2]§ 581 der Zivilprozessordnung[2] findet keine Anwendung.

(6) [1]Hängt die Entscheidung eines Rechtsstreits davon ab, ob eine Allgemeinverbindlicherklärung oder eine Rechtsverordnung wirksam ist und hat das Gericht ernsthafte Zweifel nichtverfassungsrechtlicher Art an der Wirksamkeit der Allgemeinverbindlicherklärung oder der Rechtsverordnung, so hat das Gericht das Verfahren bis zur Erledigung des Beschlussverfahrens nach § 2a Absatz 1 Nummer 5 auszusetzen. [2]Setzt ein Gericht für Arbeitssachen nach Satz 1 einen Rechtsstreit über den Leistungsanspruch einer gemeinsamen Einrichtung aus, hat das Gericht auf deren Antrag den Beklagten zur vorläufigen Leistung zu verpflichten. [3]Die Anordnung unterbleibt, wenn das Gericht die Allgemeinverbindlicherklärung oder die Rechtsverordnung nach dem bisherigen Sach- und Streitstand für offensichtlich unwirksam hält oder der Beklagte glaubhaft macht, dass der vorläufige Leistungspflicht ihm einen nicht zu ersetzenden Nachteil bringen würde. [4]Auf die Entscheidung über die vorläufige Leistungspflicht finden die Vorschriften

---

[1] § 98 eingef. mWv 16.8.2014 durch G v. 11.8.2014 (BGBl. I S. 1348); Abs. 6 neu gef. mWv 8.9.2017 durch G v. 1.9.2017 (BGBl. I S. 3356); Abs. 3 Satz 1 geänd. mWv 12.10.2021 durch G v. 5.10.2021 (BGBl. I S. 4607).
[2] Nr. **100**.

Arbeitsgerichtsgesetz §§ 99, 100 ArbGG 83

über die Aussetzung entsprechend Anwendung; die Entscheidung ist ein Vollstreckungstitel gemäß § 794 Absatz 1 Nummer 3 der Zivilprozessordnung. [5] Auch außerhalb eines Beschwerdeverfahrens können die Parteien die Änderung oder Aufhebung der Entscheidung über die vorläufige Leistungspflicht wegen veränderter oder im ursprünglichen Verfahren ohne Verschulden nicht geltend gemachter Umstände beantragen. [6] Ergeht nach Aufnahme des Verfahrens eine Entscheidung, gilt § 717 der Zivilprozessordnung entsprechend. [7] Im Falle des Satzes 1 sind die Parteien des Rechtsstreits auch im Beschlussverfahren nach § 2a Absatz 1 Nummer 5 antragsberechtigt.

§ 99[1]**) Entscheidung über den nach § 4a Absatz 2 Satz 2 des Tarifvertragsgesetzes im Betrieb anwendbaren Tarifvertrag.** (1) In den Fällen des § 2a Absatz 1 Nummer 6 wird das Verfahren auf Antrag einer Tarifvertragspartei eines kollidierenden Tarifvertrags eingeleitet.

(2) Für das Verfahren sind die §§ 80 bis 82 Absatz 1 Satz 1, die §§ 83 bis 84 und 87 bis 96a entsprechend anzuwenden.

(3) Der rechtskräftige Beschluss über den nach § 4a Absatz 2 Satz 2 des Tarifvertragsgesetzes[2]) im Betrieb anwendbaren Tarifvertrag wirkt für und gegen jedermann.

(4) [1] In den Fällen des § 2a Absatz 1 Nummer 6 findet eine Wiederaufnahme des Verfahrens auch dann statt, wenn die Entscheidung über den nach § 4a Absatz 2 Satz 2 des Tarifvertragsgesetzes im Betrieb anwendbaren Tarifvertrag darauf beruht, dass ein Beteiligter absichtlich unrichtige Angaben oder Aussagen gemacht hat. [2] § 581 der Zivilprozessordnung[3]) findet keine Anwendung.

§ 100[4]**) Entscheidung über die Besetzung der Einigungsstelle.** (1) [1] In den Fällen des § 76 Abs. 2 Satz 2 und 3 des Betriebsverfassungsgesetzes[5]) entscheidet der Vorsitzende allein. [2] Wegen fehlender Zuständigkeit der Einigungsstelle können die Anträge nur zurückgewiesen werden, wenn die Einigungsstelle offensichtlich unzuständig ist. [3] Für das Verfahren gelten die §§ 80 bis 84 entsprechend. [4] Die Einlassungs- und Ladungsfristen betragen 48 Stunden. [5] Ein Richter darf nur dann zum Vorsitzenden der Einigungsstelle bestellt werden, wenn aufgrund der Geschäftsverteilung ausgeschlossen ist, dass er mit der Überprüfung, der Auslegung oder der Anwendung des Spruchs der Einigungsstelle befasst wird. [6] Der Beschluss des Vorsitzenden soll den Beteiligten innerhalb von zwei Wochen nach Eingang des Antrags zugestellt werden; er ist den Beteiligten spätestens innerhalb von vier Wochen nach diesem Zeitpunkt zuzustellen.

(2) [1] Gegen die Entscheidungen des Vorsitzenden findet die Beschwerde an das Landesarbeitsgericht statt. [2] Die Beschwerde ist innerhalb einer Frist von zwei Wochen einzulegen und zu begründen. [3] Für das Verfahren gelten § 87 Abs. 2 und 3 und die §§ 88 bis 90 Abs. 1 und 2 sowie § 91 Abs. 1 und 2 entsprechend mit der Maßgabe, dass an die Stelle der Kammer des Landesarbeitsgerichts der Vorsitzende tritt. [4] Gegen dessen Entscheidungen findet kein Rechtsmittel statt.

---

[1]) § 99 eingef. mWv 10.7.2015 durch G v. 3.7.2015 (BGBl. I S. 1130).
[2]) **Habersack, Deutsche Gesetze ErgBd. Nr. 81.**
[3]) Nr. 100.
[4]) Früher § 98 wird § 99 mWv 16.8.2014 durch G v. 11.8.2014 (BGBl. I S. 1348); bish. § 99 wird § 100 mWv 10.7.2015 durch G v. 3.7.2015 (BGBl. I S. 1130).
[5]) **Habersack, Deutsche Gesetze ErgBd. Nr. 82.**

Vierter Teil. Schiedsvertrag in Arbeitsstreitigkeiten

§ 101[1] Grundsatz. (1) Für bürgerliche Rechtsstreitigkeiten zwischen Tarifvertragsparteien aus Tarifverträgen oder über das Bestehen oder Nichtbestehen von Tarifverträgen können die Parteien des Tarifvertrags die Arbeitsgerichtsbarkeit allgemein oder für den Einzelfall durch die ausdrückliche Vereinbarung ausschließen, daß die Entscheidung durch ein Schiedsgericht erfolgen soll.

(2) [1] Für bürgerliche Rechtsstreitigkeiten aus einem Arbeitsverhältnis, das sich nach einem Tarifvertrag bestimmt, können die Parteien des Tarifvertrags die Arbeitsgerichtsbarkeit im Tarifvertrag durch die ausdrückliche Vereinbarung ausschließen, daß die Entscheidung durch ein Schiedsgericht erfolgen soll, wenn der persönliche Geltungsbereich des Tarifvertrags überwiegend Bühnenkünstler, Filmschaffende oder Artisten umfaßt. [2] Die Vereinbarung gilt nur für tarifgebundene Personen. [3] Sie erstreckt sich auf Parteien, deren Verhältnisse sich aus anderen Gründen nach dem Tarifvertrag regeln, wenn die Parteien dies ausdrücklich und schriftlich vereinbart haben; der Mangel der Form wird durch Einlassung auf die schiedsgerichtliche Verhandlung zur Hauptsache geheilt.

(3) Die Vorschriften der Zivilprozeßordnung über das schiedsrichterliche Verfahren finden in Arbeitssachen keine Anwendung.

§ 102[2] Prozeßhindernde Einrede. (1) Wird das Arbeitsgericht wegen einer Rechtsstreitigkeit angerufen, für die die Parteien des Tarifvertrages einen Schiedsvertrag geschlossen haben, so hat das Gericht die Klage als unzulässig abzuweisen, wenn sich der Beklagte auf den Schiedsvertrag beruft.

(2) Der Beklagte kann sich nicht auf den Schiedsvertrag berufen,
1. wenn in einem Falle, in dem die Streitparteien selbst die Mitglieder des Schiedsgerichts zu ernennen haben, der Kläger dieser Pflicht nachgekommen ist, der Beklagte die Ernennung aber nicht binnen einer Woche nach der Aufforderung des Klägers vorgenommen hat;
2. wenn in einem Falle, in dem nicht die Streitparteien, sondern die Parteien des Schiedsvertrags die Mitglieder des Schiedsgerichts zu ernennen haben, das Schiedsgericht nicht gebildet ist und die den Parteien des Schiedsvertrags von dem Vorsitzenden des Arbeitsgerichts gesetzte Frist zur Bildung des Schiedsgerichts fruchtlos verstrichen ist;
3. wenn das nach dem Schiedsvertrag gebildete Schiedsgericht die Durchführung des Verfahrens verzögert und die ihm von dem Vorsitzenden des Arbeitsgerichts gesetzte Frist zur Durchführung des Verfahrens fruchtlos verstrichen ist;
4. wenn das Schiedsgericht den Parteien des streitigen Rechtsverhältnisses anzeigt, daß die Abgabe eines Schiedsspruchs unmöglich ist.

(3) In den Fällen des Absatzes 2 Nummern 2 und 3 erfolgt die Bestimmung der Frist auf Antrag des Klägers durch den Vorsitzenden des Arbeitsgerichts, das für die Geltendmachung des Anspruchs zuständig wäre.

(4) Kann sich der Beklagte nach Absatz 2 nicht auf den Schiedsvertrag berufen, so ist eine schiedsrichterliche Entscheidung des Rechtsstreits auf Grund des Schiedsvertrags ausgeschlossen.

---

[1] § 101 Abs. 2 Satz 1 geänd. mWv 1.8.2013 durch G v. 20.4.2013 (BGBl. I S. 868).
[2] § 102 Abs. 1 und 4 neu gef. und Abs. 2 geänd. durch G v. 17.12.1990 (BGBl. I S. 2847).

§ 103 Zusammensetzung des Schiedsgerichts. (1) ¹Das Schiedsgericht muß aus einer gleichen Zahl von Arbeitnehmern und von Arbeitgebern bestehen; außerdem können ihm Unparteiische angehören. ²Personen, die infolge Richterspruchs die Fähigkeit zur Bekleidung öffentlicher Ämter nicht besitzen, dürfen ihm nicht angehören.

(2) Mitglieder des Schiedsgerichts können unter denselben Voraussetzungen abgelehnt werden, die zur Ablehnung eines Richters berechtigen.

(3) ¹Über die Ablehnung beschließt die Kammer des Arbeitsgerichts, das für die Geltendmachung des Anspruchs zuständig wäre. ²Vor dem Beschluß sind die Streitparteien und das abgelehnte Mitglied des Schiedsgerichts zu hören. ³Der Vorsitzende des Arbeitsgerichts entscheidet, ob sie mündlich oder schriftlich zu hören sind. ⁴Die mündliche Anhörung erfolgt vor der Kammer. ⁵Gegen den Beschluß findet kein Rechtsmittel statt.

§ 104 Verfahren vor dem Schiedsgericht. Das Verfahren vor dem Schiedsgericht regelt sich nach den §§ 105 bis 110 und dem Schiedsvertrag, im übrigen nach dem freien Ermessen des Schiedsgerichts.

§ 105[1] Anhörung der Parteien. (1) Vor der Fällung des Schiedsspruchs sind die Streitparteien zu hören.

(2) ¹Die Anhörung erfolgt mündlich. ²Die Parteien haben persönlich zu erscheinen oder sich durch einen mit schriftlicher Vollmacht versehenen Bevollmächtigten vertreten zu lassen. ³Die Beglaubigung der Vollmachtsurkunde kann nicht verlangt werden. ⁴Die Vorschrift des § 11 Abs. 1 bis 3 gilt entsprechend, soweit der Schiedsvertrag nicht anderes bestimmt.

(3) Bleibt eine Partei in der Verhandlung unentschuldigt aus oder äußert sie sich trotz Aufforderung nicht, so ist der Pflicht zur Anhörung genügt.

§ 106[2] Beweisaufnahme. (1) ¹Das Schiedsgericht kann Beweise erheben, soweit die Beweismittel ihm zur Verfügung gestellt werden. ²Zeugen und Sachverständige kann das Schiedsgericht nicht beeidigen, eidesstattliche Versicherungen nicht verlangen oder entgegennehmen.

(2) ¹Hält das Schiedsgericht eine Beweiserhebung für erforderlich, die es nicht vornehmen kann, so ersucht es um die Vornahme den Vorsitzenden desjenigen Arbeitsgerichts oder, falls dies aus Gründen der örtlichen Lage zweckmäßiger ist, dasjenige Amtsgericht, in dessen Bezirk die Beweisaufnahme erfolgen soll. ²Entsprechend ist zu verfahren, wenn das Schiedsgericht die Beeidigung eines Zeugen oder Sachverständigen gemäß § 58 Abs. 2 Satz 1 für notwendig oder eine eidliche Parteivernehmung für sachdienlich erachtet. ³Die durch die Rechtshilfe entstehenden baren Auslagen sind dem Gericht zu ersetzen; § 22 Abs. 1 und § 29 des Gerichtskostengesetzes[3] finden entsprechende Anwendung.

§ 107 Vergleich. Ein vor dem Schiedsgericht geschlossener Vergleich ist unter Angabe des Tages seines Zustandekommens von den Streitparteien und den Mitgliedern des Schiedsgerichts zu unterschreiben.

---

[1] § 105 Satz 4 geänd. mWv 1.7.2008 durch G v. 12.12.2007 (BGBl. I S. 2840).
[2] § 106 Abs. 2 Satz 3 geänd. mWv 1.7.2004 durch G v. 5.5.2004 (BGBl. I S. 718).
[3] Nr. **115**.

§ 108 Schiedsspruch. (1) Der Schiedsspruch ergeht mit einfacher Mehrheit der Stimmen der Mitglieder des Schiedsgerichts, falls der Schiedsvertrag nichts anderes bestimmt.

(2) [1] Der Schiedsspruch ist unter Angabe des Tages seiner Fällung von den Mitgliedern des Schiedsgerichts zu unterschreiben und muß schriftlich begründet werden, soweit die Parteien nicht auf schriftliche Begründung ausdrücklich verzichten. [2] Eine vom Verhandlungsleiter unterschriebene Ausfertigung des Schiedsspruchs ist jeder Streitpartei zuzustellen. [3] Die Zustellung kann durch eingeschriebenen Brief gegen Rückschein erfolgen.

(3) [1] Eine vom Verhandlungsleiter unterschriebene Ausfertigung des Schiedsspruchs soll bei dem Arbeitsgericht, das für die Geltendmachung des Anspruchs zuständig wäre, niedergelegt werden. [2] Die Akten des Schiedsgerichts oder Teile der Akten können ebenfalls dort niedergelegt werden.

(4) Der Schiedsspruch hat unter den Parteien dieselben Wirkungen wie ein rechtskräftiges Urteil des Arbeitsgerichts.

§ 109 Zwangsvollstreckung. (1) [1] Die Zwangsvollstreckung findet aus dem Schiedsspruch oder aus einem vor dem Schiedsgericht geschlossenen Vergleich nur statt, wenn der Schiedsspruch oder der Vergleich von dem Vorsitzenden des Arbeitsgerichts, das für die Geltendmachung des Anspruchs zuständig wäre, für vollstreckbar erklärt worden ist. [2] Der Vorsitzende hat vor der Erklärung den Gegner zu hören. [3] Wird nachgewiesen, daß auf Aufhebung des Schiedsspruchs geklagt ist, so ist die Entscheidung bis zur Erledigung dieses Rechtsstreits auszusetzen.

(2) [1] Die Entscheidung des Vorsitzenden ist endgültig. [2] Sie ist den Parteien zuzustellen.

§ 110 Aufhebungsklage. (1) Auf Aufhebung des Schiedsspruchs kann geklagt werden,
1. wenn das schiedsgerichtliche Verfahren unzulässig war;
2. wenn der Schiedsspruch auf der Verletzung einer Rechtsnorm beruht;
3. wenn die Voraussetzungen vorliegen, unter denen gegen ein gerichtliches Urteil nach § 580 Nr. 1 bis 6 der Zivilprozeßordnung[1]) die Restitutionsklage zulässig wäre.

(2) Für die Klage ist das Arbeitsgericht zuständig, das für die Geltendmachung des Anspruchs zuständig wäre.

(3) [1] Die Klage ist binnen einer Notfrist von zwei Wochen zu erheben. [2] Die Frist beginnt in den Fällen des Absatzes 1 Nr. 1 und 2 mit der Zustellung des Schiedsspruchs. [3] Im Falle des Absatzes 1 Nr. 3 beginnt sie mit der Rechtskraft des Urteils, das die Verurteilung wegen der Straftat ausspricht, oder mit dem Tage, an dem der Partei bekannt geworden ist, daß die Einleitung oder die Durchführung des Verfahrens nicht erfolgen kann; nach Ablauf von zehn Jahren, von der Zustellung des Schiedsspruchs an gerechnet, ist die Klage unstatthaft.

(4) Ist der Schiedsspruch für vollstreckbar erklärt, so ist in dem der Klage stattgebenden Urteil auch die Aufhebung der Vollstreckbarkeitserklärung auszusprechen.

---

[1]) Nr. 100.

Arbeitsgerichtsgesetz §§ 111–120 ArbGG 83

Fünfter Teil. Übergangs- und Schlußvorschriften

§ 111[1] **Änderung von Vorschriften.** (1) [1] Soweit nach anderen Rechtsvorschriften andere Gerichte, Behörden oder Stellen zur Entscheidung oder Beilegung von Arbeitssachen zuständig sind, treten an ihre Stelle die Arbeitsgerichte. [2] Dies gilt nicht für Seemannsämter, soweit sie zur vorläufigen Entscheidung von Arbeitssachen zuständig sind.

(2) [1] Zur Beilegung von Streitigkeiten zwischen Ausbildenden und Auszubildenden aus einem bestehenden Berufsausbildungsverhältnis können im Bereich des Handwerks die Handwerksinnungen, im übrigen die zuständigen Stellen im Sinne des Berufsbildungsgesetzes[2] Ausschüsse bilden, denen Arbeitgeber und Arbeitnehmer in gleicher Zahl angehören müssen. [2] Der Ausschuß hat die Parteien mündlich zu hören. [3] Wird der von ihm gefällte Spruch nicht innerhalb einer Woche von beiden Parteien anerkannt, so kann binnen zwei Wochen nach ergangenem Spruch Klage beim zuständigen Arbeitsgericht erhoben werden. [4] § 9 Abs. 5 gilt entsprechend. [5] Der Klage muß in allen Fällen die Verhandlung vor dem Ausschuß vorangegangen sein. [6] Aus Vergleichen, die vor dem Ausschuß geschlossen sind, und aus Sprüchen des Ausschusses, die von beiden Seiten anerkannt sind, findet die Zwangsvollstreckung statt. [7] Die §§ 107 und 109 gelten entsprechend.

§ 112[3] **Übergangsregelungen.** (1) Für Beschlussverfahren nach § 2a Absatz 1 Nummer 4, die bis zum Ablauf des 15. August 2014 anhängig gemacht worden sind, gilt § 97 in der an diesem Tag geltenden Fassung bis zum Abschluss des Verfahrens durch einen rechtskräftigen Beschluss fort.

(2) § 43 des Einführungsgesetzes zum Gerichtsverfassungsgesetz[4] gilt entsprechend.

§ 113[5] **Berichterstattung.** Die Bundesregierung berichtet dem Deutschen Bundestag bis zum 8. September 2020 über die Auswirkungen der vorläufigen Leistungspflicht nach § 98 Absatz 6 Satz 2 und gibt eine Einschätzung dazu ab, ob die Regelung fortbestehen soll.

§ 114[6] *(aufgehoben)*

§§ 115, 116 (weggefallen)

§ 117[7] **[Verfahren bei Meinungsverschiedenheiten der beteiligten Verwaltungen]** Soweit in den Fällen der §§ 40 und 41 das Einvernehmen nicht erzielt wird, entscheidet die Bundesregierung.

§§ 118 bis 120 (weggefallen)

---

[1] § 111 Abs. 2 Satz 8 aufgeh. mWv 1.5.2000 durch G v. 30.3.2000 (BGBl. I S. 333).
[2] Sartorius ErgBd. Nr. 422.
[3] § 112 eingef. mWv 16.8.2014 durch G v. 11.8.2014 (BGBl. I S. 1348); Überschrift neu gef., Abs. 2 angef. mWv 19.10.2017 durch G v. 8.10.2017 (BGBl. I S. 3546).
[4] Nr. **95a**.
[5] § 113 eingef. mWv 8.9.2017 durch G v. 1.9.2017 (BGBl. I S. 3356).
[6] § 114 aufgeh. mWv 1.1.2021 durch G v. 20.5.2020 (BGBl. I S. 1055).
[7] § 117 neu gef. mWv 1.5.2000 durch G v. 30.3.2000 (BGBl. I S. 333).

§§ 121–122[1] *(aufgehoben)*

Anlage 1, 2.[2] *(aufgehoben)*

---

[1] §§ 121–122 aufgeh. mWv 25.4.2006 durch G v. 19.4.2006 (BGBl. I S. 866).
[2] Anl. 1 und 2 aufgeh. mWv 1.7.2004 durch G v. 5.5.2004 (BGBl. I S. 718).

Lfd. Nr.	Änderndes Gesetz	Datum	Fundstelle	Betroffen	Hinweis
132.	Art. 2 G zur Änd. des Anti-Doping-G	12.8.2021	BGBl. I S. 3542	§§ 145d, 164	geänd. mWv 1.10.2021
133.	Art. 1 G zur Änd. des StGB – Strafbarkeit des Betreibens krimineller Handelsplattformen im Internet[1]	12.8.2021	BGBl. I S. 3544	Inhaltsübersicht, §§ 5, 128, 129 § 127	geänd. mWv 1.10.2021 eingef. mWv 1.10.2021
134.	Art. 1 G zur Änd. des StGB – Verbesserung des strafrechtlichen Schutzes gegen sogenannte Feindeslisten, Strafbarkeit der Verbreitung und des Besitzes von Anleitungen zu sexuellem Missbrauch von Kindern und Verbesserung der Bekämpfung verhetzender Inhalte sowie Bekämpfung von Propagandamitteln und Kennzeichen verfassungswidriger und terroristischer Organisationen	14.9.2021	BGBl. I S. 4250	Inhaltsübersicht, §§ 5, 86, 86a, 89, 130, 130a, 193, 194, 201a §§ 126a, 176e, 192a	geänd. mWv 22.9.2021 eingef. mWv 22.9.2021
135.	Art. 3 G zur Verbesserung der Transparenzregeln für die Mitglieder des Deutschen Bundestages und zur Anhebung des Strafrahmens des § 108e des StGB	8.10.2021	BGBl. I S. 4650	§ 108e	geänd. mWv 19.10.2021

Vorbemerkung:
Die Änderung durch G v. 7.7.2021 (BGBl. I S. 2363) tritt erst mWv 1.8. 2022 in Kraft und ist im Text noch nicht berücksichtigt.

---

[1] **Amtl. Anm.:** Notifiziert gemäß der Richtlinie (EU) 2015/1535 des Europäischen Parlaments und des Rates vom 9. September 2015 über ein Informationsverfahren auf dem Gebiet der technischen Vorschriften und der Vorschriften für die Dienste der Informationsgesellschaft (ABl. L 241 vom 17.9.2015, S. 1).

Inhaltsübersicht[1]

Allgemeiner Teil
Erster Abschnitt. Das Strafgesetz
Erster Titel. Geltungsbereich

§ 1	Keine Strafe ohne Gesetz
§ 2	Zeitliche Geltung
§ 3	Geltung für Inlandstaten
§ 4	Geltung für Taten auf deutschen Schiffen und Luftfahrzeugen
§ 5	Auslandstaten mit besonderem Inlandsbezug
§ 6	Auslandstaten gegen international geschützte Rechtsgüter
§ 7	Geltung für Auslandstaten in anderen Fällen
§ 8	Zeit der Tat
§ 9	Ort der Tat
§ 10	Sondervorschriften für Jugendliche und Heranwachsende

Zweiter Titel. Sprachgebrauch

§ 11	Personen- und Sachbegriffe
§ 12	Verbrechen und Vergehen

Zweiter Abschnitt. Die Tat
Erster Titel. Grundlagen der Strafbarkeit

§ 13	Begehen durch Unterlassen
§ 14	Handeln für einen anderen
§ 15	Vorsätzliches und fahrlässiges Handeln
§ 16	Irrtum über Tatumstände
§ 17	Verbotsirrtum
§ 18	Schwerere Strafe bei besonderen Tatfolgen
§ 19	Schuldunfähigkeit des Kindes
§ 20	Schuldunfähigkeit wegen seelischer Störungen
§ 21	Verminderte Schuldfähigkeit

Zweiter Titel. Versuch

§ 22	Begriffsbestimmung
§ 23	Strafbarkeit des Versuchs
§ 24	Rücktritt

---

[1] Inhaltsübersicht geänd. mWv 21.4.2001 durch G v. 12.4.2001 (BGBl. I S. 530); mWv 1.1.2002 durch G v. 20.12.2001 (BGBl. I S. 3983); mWv 30.6.2002 durch G v. 26.6.2002 (BGBl. I S. 2254); mWv 28.8.2002 durch G v. 21.8.2002 (BGBl. I S. 3344); mWv 30.8.2002 durch G v. 22.8.2002 (BGBl. I S. 3390); mWv 28.12.2003 durch G v. 22.12.2003 (BGBl. I S. 2838); mWv 1.4.2004 durch G v. 27.12.2003 (BGBl. I S. 3007); mWv 29.7.2004 durch G v. 23.7.2004 (BGBl. I S. 1838); mWv 6.8.2004 durch G v. 30.7.2004 (BGBl. I S. 2012); mWv 19.2.2005 durch G v. 11.2.2005 (BGBl. I S. 239); mWv 25.4.2006 durch G v. 19.4.2006 (BGBl. I S. 866); mWv 31.3.2007 durch G v. 22.3.2007 (BGBl. I S. 354); mWv 18.4.2007 durch G v. 13.4.2007 (BGBl. I S. 513); mWv 11.8.2007 durch G v. 7.8.2007 (BGBl. I S. 1786); mWv 5.11.2008 durch G v. 31.10.2008 (BGBl. I S. 2149); mWv 1.9.2009 durch G v. 29.7.2009 (BGBl. I S. 2288); mWv 4.8.2009 durch G v. 30.7.2009 (BGBl. I S. 2437); mWv 1.1.2011 durch G v. 22.12.2010 (BGBl. I S. 2300); mWv 1.7.2011 durch G v. 23.6.2011 (BGBl. I S. 1266); mWv 14.12.2011 durch G v. 6.12.2011 (BGBl. I S. 2557); mWv 1.6.2013 durch G v. 5.12.2012 (BGBl. I S. 2425); mWv 28.9.2013 durch G v. 24.9.2013 (BGBl. I S. 3671); mWv 1.9.2014 durch G v. 23.4.2014 (BGBl. I S. 410); mWv 27.1.2015 durch G v. 21.1.2015 (BGBl. I S. 10); mWv 20.6.2015 durch G v. 12.6.2015 (BGBl. I S. 926); mWv 26.11.2015 durch G v. 20.11.2015 (BGBl. I S. 2010); mWv 26.11.2015 durch G v. 20.11.2015 (BGBl. I S. 2025); mWv 10.12.2015 durch G v. 3.12.2015 (BGBl. I S. 2177); mWv 18.12.2015 durch G v. 10.12.2015 (BGBl. I S. 2218); mWv 4.6.2016 durch G v. 30.5.2016 (BGBl. I S. 1254); mWv 15.10. 2016 durch G v. 11.10.2016 (BGBl. I S. 2226); mWv 10.11.2016 durch G v. 4.11.2016 (BGBl. I S. 2460); mWv 1.1.2017 durch G v. 22.12.2016 (BGBl. I S. 3150); mWv 19.4.2017 durch G v. 11.4.2017 (BGBl. I S. 815); mWv 1.7.2017 durch G v. 13.4.2017 (BGBl. I S. 872); mWv 30.5.2017 durch G v. 23.5.2017 (BGBl. I S. 1226); mWv 1.1.2018 durch G v. 17.7.2017 (BGBl. I S. 2439); mWv 13.10.2017 durch G v. 30.9.2017 (BGBl. I S. 3532); mWv 24.6.2020 durch G v. 12.6.2020 (BGBl. I S. 1247); mWv 1.1.2021 durch G v. 9.10.2020 (BGBl. I S. 2075); mWv 1.1.2021 durch G v. 30.11.2020 (BGBl. I S. 2600); mWv 18.3.2021 durch G v. 9.3.2021 (BGBl. I S. 327); mWv 18.3.2021 durch G v. 10.3.2021 (BGBl. I S. 333); mWv 3.4.2021 durch G v. 30.3.2021 (BGBl. I S. 441, geänd. durch G v. 30.3.2021, BGBl. I S. 448); mWv 1.7.2021 durch G v. 16.6.2021 (BGBl. I S. 1810); mWv 1.10.2021 durch G v. 12.8.2021 (BGBl. I S. 3544); mWv 22.9.2021 durch G v. 14.9.2021 (BGBl. I S. 4250).

Dritter Titel. Täterschaft und Teilnahme

§ 25	Täterschaft
§ 26	Anstiftung
§ 27	Beihilfe
§ 28	Besondere persönliche Merkmale
§ 29	Selbständige Strafbarkeit des Beteiligten
§ 30	Versuch der Beteiligung
§ 31	Rücktritt vom Versuch der Beteiligung

Vierter Titel. Notwehr und Notstand

§ 32	Notwehr
§ 33	Überschreitung der Notwehr
§ 34	Rechtfertigender Notstand
§ 35	Entschuldigender Notstand

Fünfter Titel. Straflosigkeit parlamentarischer Äußerungen und Berichte

| § 36 | Parlamentarische Äußerungen |
| § 37 | Parlamentarische Berichte |

Dritter Abschnitt. Rechtsfolgen der Tat

Erster Titel. Strafen

– Freiheitsstrafe –

| § 38 | Dauer der Freiheitsstrafe |
| § 39 | Bemessung der Freiheitsstrafe |

– Geldstrafe –

§ 40	Verhängung in Tagessätzen
§ 41	Geldstrafe neben Freiheitsstrafe
§ 42	Zahlungserleichterungen
§ 43	Ersatzfreiheitsstrafe

– Nebenstrafe –

| § 44 | Fahrverbot |

– Nebenfolgen –

§ 45	Verlust der Amtsfähigkeit, der Wählbarkeit und des Stimmrechts
§ 45a	Eintritt und Berechnung des Verlustes
§ 45b	Wiederverleihung von Fähigkeiten und Rechten

Zweiter Titel. Strafbemessung

§ 46	Grundsätze der Strafzumessung
§ 46a	Täter-Opfer-Ausgleich, Schadenswiedergutmachung
§ 46b	Hilfe zur Aufklärung oder Verhinderung von schweren Straftaten
§ 47	Kurze Freiheitsstrafe nur in Ausnahmefällen
§ 48	(weggefallen)
§ 49	Besondere gesetzliche Milderungsgründe
§ 50	Zusammentreffen von Milderungsgründen
§ 51	Anrechnung

Dritter Titel. Strafbemessung bei mehreren Gesetzesverletzungen

§ 52	Tateinheit
§ 53	Tatmehrheit
§ 54	Bildung der Gesamtstrafe
§ 55	Nachträgliche Bildung der Gesamtstrafe

Vierter Titel. Strafaussetzung zur Bewährung

§ 56	Strafaussetzung
§ 56a	Bewährungszeit
§ 56b	Auflagen
§ 56c	Weisungen
§ 56d	Bewährungshilfe
§ 56e	Nachträgliche Entscheidungen
§ 56f	Widerruf der Strafaussetzung
§ 56g	Straferlaß

Strafgesetzbuch   StGB 85

§ 57	Aussetzung des Strafrestes bei zeitiger Freiheitsstrafe
§ 57a	Aussetzung des Strafrestes bei lebenslanger Freiheitsstrafe
§ 57b	Aussetzung des Strafrestes bei lebenslanger Freiheitsstrafe als Gesamtstrafe
§ 58	Gesamtstrafe und Strafaussetzung

Fünfter Titel. Verwarnung mit Strafvorbehalt; Absehen von Strafe

§ 59	Voraussetzungen der Verwarnung mit Strafvorbehalt
§ 59a	Bewährungszeit, Auflagen und Weisungen
§ 59b	Verurteilung zu der vorbehaltenen Strafe
§ 59c	Gesamtstrafe und Verwarnung mit Strafvorbehalt
§ 60	Absehen von Strafe

Sechster Titel. Maßregeln der Besserung und Sicherung

§ 61	Übersicht
§ 62	Grundsatz der Verhältnismäßigkeit

– Freiheitsentziehende Maßregeln –

§ 63	Unterbringung in einem psychiatrischen Krankenhaus
§ 64	Unterbringung in einer Entziehungsanstalt
§ 65	(weggefallen)
§ 66	Unterbringung in der Sicherungsverwahrung
§ 66a	Vorbehalt der Unterbringung in der Sicherungsverwahrung
§ 66b	Nachträgliche Anordnung der Unterbringung in der Sicherungsverwahrung
§ 66c	Ausgestaltung der Unterbringung in der Sicherungsverwahrung und des vorhergehenden Strafvollzugs
§ 67	Reihenfolge der Vollstreckung
§ 67a	Überweisung in den Vollzug einer anderen Maßregel
§ 67b	Aussetzung zugleich mit der Anordnung
§ 67c	Späterer Beginn der Unterbringung
§ 67d	Dauer der Unterbringung
§ 67e	Überprüfung
§ 67f	Mehrfache Anordnung der Maßregel
§ 67g	Widerruf der Aussetzung
§ 67h	Befristete Wiederinvollzugsetzung; Krisenintervention

– Führungsaufsicht –

§ 68	Voraussetzungen der Führungsaufsicht
§ 68a	Aufsichtsstelle, Bewährungshilfe, forensische Ambulanz
§ 68b	Weisungen
§ 68c	Dauer der Führungsaufsicht
§ 68d	Nachträgliche Entscheidungen; Überprüfungsfrist
§ 68e	Beendigung oder Ruhen der Führungsaufsicht
§ 68f	Führungsaufsicht bei Nichtaussetzung des Strafrestes
§ 68g	Führungsaufsicht und Aussetzung zur Bewährung

– Entziehung der Fahrerlaubnis –

§ 69	Entziehung der Fahrerlaubnis
§ 69a	Sperre für die Erteilung einer Fahrerlaubnis
§ 69b	Wirkung der Entziehung bei einer ausländischen Fahrerlaubnis

– Berufsverbot –

§ 70	Anordnung des Berufsverbots
§ 70a	Aussetzung des Berufsverbots
§ 70b	Widerruf der Aussetzung und Erledigung des Berufsverbots

– Gemeinsame Vorschriften –

§ 71	Selbständige Anordnung
§ 72	Verbindung von Maßregeln

Siebenter Titel. Einziehung

§ 73	Einziehung von Taterträgen bei Tätern und Teilnehmern
§ 73a	Erweiterte Einziehung von Taterträgen bei Tätern und Teilnehmern
§ 73b	Einziehung von Taterträgen bei anderen
§ 73c	Einziehung des Wertes von Taterträgen
§ 73d	Bestimmung des Wertes des Erlangten; Schätzung
§ 73e	Ausschluss der Einziehung des Tatertrages oder des Wertersatzes
§ 74	Einziehung von Tatprodukten, Tatmitteln und Tatobjekten bei Tätern und Teilnehmern

EL 187   Oktober 2021

§ 74a	Einziehung von Tatprodukten, Tatmitteln und Tatobjekten bei anderen
§ 74b	Sicherungseinziehung
§ 74c	Einziehung des Wertes von Tatprodukten, Tatmitteln und Tatobjekten bei Tätern und Teilnehmern
§ 74d	Einziehung von Verkörperungen eines Inhalts und Unbrauchbarmachung
§ 74e	Sondervorschrift für Organe und Vertreter
§ 74f	Grundsatz der Verhältnismäßigkeit
§ 75	Wirkung der Einziehung
§ 76	Nachträgliche Anordnung der Einziehung des Wertersatzes
§ 76a	Selbständige Einziehung
§ 76b	Verjährung der Einziehung von Taterträgen und des Wertes von Taterträgen

Vierter Abschnitt. Strafantrag, Ermächtigung, Strafverlangen

§ 77	Antragsberechtigte
§ 77a	Antrag des Dienstvorgesetzten
§ 77b	Antragsfrist
§ 77c	Wechselseitig begangene Taten
§ 77d	Zurücknahme des Antrags
§ 77e	Ermächtigung und Strafverlangen

Fünfter Abschnitt. Verjährung
Erster Titel. Verfolgungsverjährung

§ 78	Verjährungsfrist
§ 78a	Beginn
§ 78b	Ruhen
§ 78c	Unterbrechung

Zweiter Titel. Vollstreckungsverjährung

§ 79	Verjährungsfrist
§ 79a	Ruhen
§ 79b	Verlängerung

Besonderer Teil
Erster Abschnitt. Friedensverrat, Hochverrat und Gefährdung des demokratischen Rechtsstaates
Erster Titel. Friedensverrat

§ 80	(weggefallen)
§ 80a	Aufstacheln zum Verbrechen der Aggression

Zweiter Titel. Hochverrat

§ 81	Hochverrat gegen den Bund
§ 82	Hochverrat gegen ein Land
§ 83	Vorbereitung eines hochverräterischen Unternehmens
§ 83a	Tätige Reue

Dritter Titel. Gefährdung des demokratischen Rechtsstaates

§ 84	Fortführung einer für verfassungswidrig erklärten Partei
§ 85	Verstoß gegen ein Vereinigungsverbot
§ 86	Verbreiten von Propagandamitteln verfassungswidriger und terroristischer Organisationen
§ 86a	Verwenden von Kennzeichen verfassungswidriger und terroristischer Organisationen
§ 87	Agententätigkeit zu Sabotagezwecken
§ 88	Verfassungsfeindliche Sabotage
§ 89	Verfassungsfeindliche Einwirkung auf Bundeswehr und öffentliche Sicherheitsorgane
§ 89a	Vorbereitung einer schweren staatsgefährdenden Gewalttat
§ 89b	Aufnahme von Beziehungen zur Begehung einer schweren staatsgefährdenden Gewalttat
§ 89c	Terrorismusfinanzierung
§ 90	Verunglimpfung des Bundespräsidenten
§ 90a	Verunglimpfung des Staates und seiner Symbole
§ 90b	Verfassungsfeindliche Verunglimpfung von Verfassungsorganen
§ 90c	Verunglimpfung von Symbolen der Europäischen Union
§ 91	Anleitung zur Begehung einer schweren staatsgefährdenden Gewalttat
§ 91a	Anwendungsbereich

Strafgesetzbuch **StGB 85**

Vierter Titel. Gemeinsame Vorschriften
§ 92   Begriffsbestimmungen
§ 92a Nebenfolgen
§ 92b Einziehung

Zweiter Abschnitt. Landesverrat und Gefährdung der äußeren Sicherheit
§ 93   Begriff des Staatsgeheimnisses
§ 94   Landesverrat
§ 95   Offenbaren von Staatsgeheimnissen
§ 96   Landesverräterische Ausspähung; Auskundschaften von Staatsgeheimnissen
§ 97   Preisgabe von Staatsgeheimnissen
§ 97a Verrat illegaler Geheimnisse
§ 97b Verrat in irriger Annahme eines illegalen Geheimnisses
§ 98   Landesverräterische Agententätigkeit
§ 99   Geheimdienstliche Agententätigkeit
§ 100 Friedensgefährdende Beziehungen
§ 100a Landesverräterische Fälschung
§ 101 Nebenfolgen
§ 101a Einziehung

Dritter Abschnitt. Straftaten gegen ausländische Staaten
§ 102 Angriff gegen Organe und Vertreter ausländischer Staaten
§ 103 (weggefallen)
§ 104 Verletzung von Flaggen und Hoheitszeichen ausländischer Staaten
§ 104a Voraussetzungen der Strafverfolgung

Vierter Abschnitt. Straftaten gegen Verfassungsorgane sowie bei Wahlen und Abstimmungen; Bestechlichkeit und Bestechung von Mandatsträgern
§ 105 Nötigung von Verfassungsorganen
§ 106 Nötigung des Bundespräsidenten und von Mitgliedern eines Verfassungsorgans
§ 106a *(aufgehoben)*
§ 106b Störung der Tätigkeit eines Gesetzgebungsorgans
§ 107 Wahlbehinderung
§ 107a Wahlfälschung
§ 107b Fälschung von Wahlunterlagen
§ 107c Verletzung des Wahlgeheimnisses
§ 108 Wählernötigung
§ 108a Wählertäuschung
§ 108b Wählerbestechung
§ 108c Nebenfolgen
§ 108d Geltungsbereich
§ 108e Bestechlichkeit und Bestechung von Mandatsträgern

Fünfter Abschnitt. Straftaten gegen die Landesverteidigung
§ 109 Wehrpflichtentziehung durch Verstümmelung
§ 109a Wehrpflichtentziehung durch Täuschung
§§ 109b, 109c (weggefallen)
§ 109d Störpropaganda gegen die Bundeswehr
§ 109e Sabotagehandlungen an Verteidigungsmitteln
§ 109f Sicherheitsgefährdender Nachrichtendienst
§ 109g Sicherheitsgefährdendes Abbilden
§ 109h Anwerben für fremden Wehrdienst
§ 109i Nebenfolgen
§ 109k Einziehung

Sechster Abschnitt. Widerstand gegen die Staatsgewalt
§ 110 (weggefallen)
§ 111 Öffentliche Aufforderung zu Straftaten
§ 112 (weggefallen)
§ 113 Widerstand gegen Vollstreckungsbeamte
§ 114 Tätlicher Angriff auf Vollstreckungsbeamte
§ 115 Widerstand gegen oder tätlicher Angriff auf Personen, die Vollstreckungsbeamten gleichstehen
§§ 116–119 (weggefallen)
§ 120 Gefangenenbefreiung
§ 121 Gefangenenmeuterei

§ 122 (weggefallen)

Siebenter Abschnitt. Straftaten gegen die öffentliche Ordnung

§ 123	Hausfriedensbruch
§ 124	Schwerer Hausfriedensbruch
§ 125	Landfriedensbruch
§ 125a	Besonders schwerer Fall des Landfriedensbruchs
§ 126	Störung des öffentlichen Friedens durch Androhung von Straftaten
§ 126a	Gefährdendes Verbreiten personenbezogener Daten
§ 127	Betreiben krimineller Handelsplattformen im Internet
§ 128	Bildung bewaffneter Gruppen
§ 129	Bildung krimineller Vereinigungen
§ 129a	Bildung terroristischer Vereinigungen
§ 129b	Kriminelle und terroristische Vereinigungen im Ausland; Einziehung
§ 130	Volksverhetzung
§ 130a	Anleitung zu Straftaten
§ 131	Gewaltdarstellung
§ 132	Amtsanmaßung
§ 132a	Mißbrauch von Titeln, Berufsbezeichnungen und Abzeichen
§ 133	Verwahrungsbruch
§ 134	Verletzung amtlicher Bekanntmachungen
§ 135	(weggefallen)
§ 136	Verstrickungsbruch; Siegelbruch
§ 137	(weggefallen)
§ 138	Nichtanzeige geplanter Straftaten
§ 139	Straflosigkeit der Nichtanzeige geplanter Straftaten
§ 140	Belohnung und Billigung von Straftaten
§ 141	(weggefallen)
§ 142	Unerlaubtes Entfernen vom Unfallort
§ 143	(weggefallen)
§ 144	(weggefallen)
§ 145	Mißbrauch von Notrufen und Beeinträchtigung von Unfallverhütungs- und Nothilfemitteln
§ 145a	Verstoß gegen Weisungen während der Führungsaufsicht
§ 145b	(weggefallen)
§ 145c	Verstoß gegen das Berufsverbot
§ 145d	Vortäuschen einer Straftat

Achter Abschnitt. Geld- und Wertzeichenfälschung

§ 146	Geldfälschung
§ 147	Inverkehrbringen von Falschgeld
§ 148	Wertzeichenfälschung
§ 149	Vorbereitung der Fälschung von Geld und Wertzeichen
§ 150	Einziehung
§ 151	Wertpapiere
§ 152	Geld, Wertzeichen und Wertpapiere eines fremden Währungsgebiets
§ 152a	Fälschung von Zahlungskarten, Schecks, Wechseln und anderen körperlichen unbaren Zahlungsinstrumenten
§ 152b	Fälschung von Zahlungskarten mit Garantiefunktion
§ 152c	Vorbereitung des Diebstahls und der Unterschlagung von Zahlungskarten, Schecks, Wechseln und anderen körperlichen unbaren Zahlungsinstrumenten

Neunter Abschnitt. Falsche uneidliche Aussage und Meineid

§ 153	Falsche uneidliche Aussage
§ 154	Meineid
§ 155	Eidesgleiche Bekräftigungen
§ 156	Falsche Versicherung an Eides Statt
§ 157	Aussagenotstand
§ 158	Berichtigung einer falschen Angabe
§ 159	Versuch der Anstiftung zur Falschaussage
§ 160	Verleitung zur Falschaussage
§ 161	Fahrlässiger Falscheid; fahrlässige falsche Versicherung an Eides statt
§ 162	Internationale Gerichte; nationale Untersuchungsausschüsse
§ 163	(weggefallen)

Strafgesetzbuch StGB 85

Zehnter Abschnitt. Falsche Verdächtigung
- § 164 Falsche Verdächtigung
- § 165 Bekanntgabe der Verurteilung

Elfter Abschnitt. Straftaten, welche sich auf Religion und Weltanschauung beziehen
- § 166 Beschimpfung von Bekenntnissen, Religionsgesellschaften und Weltanschauungsvereinigungen
- § 167 Störung der Religionsausübung
- § 167a Störung einer Bestattungsfeier
- § 168 Störung der Totenruhe

Zwölfter Abschnitt. Straftaten gegen den Personenstand, die Ehe und die Familie
- § 169 Personenstandsfälschung
- § 170 Verletzung der Unterhaltspflicht
- § 171 Verletzung der Fürsorge- oder Erziehungspflicht
- § 172 Doppelehe; doppelte Lebenspartnerschaft
- § 173 Beischlaf zwischen Verwandten

Dreizehnter Abschnitt. Straftaten gegen die sexuelle Selbstbestimmung
- § 174 Sexueller Mißbrauch von Schutzbefohlenen
- § 174a Sexueller Mißbrauch von Gefangenen, behördlich Verwahrten oder Kranken und Hilfsbedürftigen in Einrichtungen
- § 174b Sexueller Mißbrauch unter Ausnutzung einer Amtsstellung
- § 174c Sexueller Mißbrauch unter Ausnutzung eines Beratungs-, Behandlungs- oder Betreuungsverhältnisses
- § 175 (weggefallen)
- § 176 Sexueller Missbrauch von Kindern
- § 176a Sexueller Missbrauch von Kindern ohne Körperkontakt mit dem Kind
- § 176b Vorbereitung des sexuellen Missbrauchs von Kindern
- § 176c Schwerer sexueller Missbrauch von Kindern
- § 176d Sexueller Missbrauch von Kindern mit Todesfolge
- § 176e Verbreitung und Besitz von Anleitungen zu sexuellem Missbrauch von Kindern
- § 177 Sexueller Übergriff; sexuelle Nötigung; Vergewaltigung
- § 178 Sexueller Übergriff, sexuelle Nötigung und Vergewaltigung mit Todesfolge
- § 179 *(aufgehoben)*
- § 180 Förderung sexueller Handlungen Minderjähriger
- § 180a Ausbeutung von Prostituierten
- §§ 180b, 181 (weggefallen)
- § 181a Zuhälterei
- § 181b Führungsaufsicht
- § 182 Sexueller Mißbrauch von Jugendlichen
- § 183 Exhibitionistische Handlungen
- § 183a Erregung öffentlichen Ärgernisses
- § 184 Verbreitung pornographischer Inhalte
- § 184a Verbreitung gewalt- oder tierpornographischer Inhalte
- § 184b Verbreitung, Erwerb und Besitz kinderpornographischer Inhalte
- § 184c Verbreitung, Erwerb und Besitz jugendpornographischer Inhalte
- § 184d (weggefallen)
- § 184e Veranstaltung und Besuch kinder- und jugendpornographischer Darbietungen
- § 184f Ausübung der verbotenen Prostitution
- § 184g Jugendgefährdende Prostitution
- § 184h Begriffsbestimmungen
- § 184i Sexuelle Belästigung
- § 184j Straftaten aus Gruppen
- § 184k Verletzung des Intimbereichs durch Bildaufnahmen
- § 184l Inverkehrbringen, Erwerb und Besitz von Sexpuppen mit kindlichem Erscheinungsbild

Vierzehnter Abschnitt. Beleidigung
- § 185 Beleidigung
- § 186 Üble Nachrede
- § 187 Verleumdung
- § 188 Gegen Personen des politischen Lebens gerichtete Beleidigung, üble Nachrede und Verleumdung
- § 189 Verunglimpfung des Andenkens Verstorbener
- § 190 Wahrheitsbeweis durch Strafurteil

§ 191	(weggefallen)
§ 192	Beleidigung trotz Wahrheitsbeweises
§ 192a	Verhetzende Beleidigung
§ 193	Wahrnehmung berechtigter Interessen
§ 194	Strafantrag
§§ 195–198	(weggefallen)
§ 199	Wechselseitig begangene Beleidigungen
§ 200	Bekanntgabe der Verurteilung

Fünfzehnter Abschnitt. Verletzung des persönlichen Lebens- und Geheimbereichs

§ 201	Verletzung der Vertraulichkeit des Wortes
§ 201a	Verletzung des höchstpersönlichen Lebensbereichs und von Persönlichkeitsrechten durch Bildaufnahmen
§ 202	Verletzung des Briefgeheimnisses
§ 202a	Ausspähen von Daten
§ 202b	Abfangen von Daten
§ 202c	Vorbereiten des Ausspähens und Abfangens von Daten
§ 202d	Datenhehlerei
§ 203	Verletzung von Privatgeheimnissen
§ 204	Verwertung fremder Geheimnisse
§ 205	Strafantrag
§ 206	Verletzung des Post- oder Fernmeldegeheimnisses
§§ 207–210	(weggefallen)

Sechzehnter Abschnitt. Straftaten gegen das Leben

§ 211	Mord
§ 212	Totschlag
§ 213	Minder schwerer Fall des Totschlags
§§ 214, 215	(weggefallen)
§ 216	Tötung auf Verlangen
§ 217	Geschäftsmäßige Förderung der Selbsttötung
§ 218	Schwangerschaftsabbruch
§ 218a	Straflosigkeit des Schwangerschaftsabbruchs
§ 218b	Schwangerschaftsabbruch ohne ärztliche Feststellung; unrichtige ärztliche Feststellung
§ 218c	Ärztliche Pflichtverletzung bei einem Schwangerschaftsabbruch
§ 219	Beratung der Schwangeren in einer Not- und Konfliktlage
§ 219a	Werbung für den Abbruch der Schwangerschaft
§ 219b	Inverkehrbringen von Mitteln zum Abbruch der Schwangerschaft
§§ 220, 220a	(weggefallen)
§ 221	Aussetzung
§ 222	Fahrlässige Tötung

Siebzehnter Abschnitt. Straftaten gegen die körperliche Unversehrtheit

§ 223	Körperverletzung
§ 224	Gefährliche Körperverletzung
§ 225	Mißhandlung von Schutzbefohlenen
§ 226	Schwere Körperverletzung
§ 226a	Verstümmelung weiblicher Genitalien
§ 227	Körperverletzung mit Todesfolge
§ 228	Einwilligung
§ 229	Fahrlässige Körperverletzung
§ 230	Strafantrag
§ 231	Beteiligung an einer Schlägerei

Achtzehnter Abschnitt. Straftaten gegen die persönliche Freiheit

§ 232	Menschenhandel
§ 232a	Zwangsprostitution
§ 232b	Zwangsarbeit
§ 233	Ausbeutung der Arbeitskraft
§ 233a	Ausbeutung unter Ausnutzung einer Freiheitsberaubung
§ 233b	Führungsaufsicht
§ 234	Menschenraub
§ 234a	Verschleppung
§ 235	Entziehung Minderjähriger
§ 236	Kinderhandel

Strafgesetzbuch   StGB 85

§ 237 Zwangsheirat
§ 238 Nachstellung
§ 239 Freiheitsberaubung
§ 239a Erpresserischer Menschenraub
§ 239b Geiselnahme
§ 239c Führungsaufsicht
§ 240 Nötigung
§ 241 Bedrohung
§ 241a Politische Verdächtigung

Neunzehnter Abschnitt. Diebstahl und Unterschlagung

§ 242 Diebstahl
§ 243 Besonders schwerer Fall des Diebstahls
§ 244 Diebstahl mit Waffen; Bandendiebstahl; Wohnungseinbruchdiebstahl
§ 244a Schwerer Bandendiebstahl
§ 245 Führungsaufsicht
§ 246 Unterschlagung
§ 247 Haus- und Familiendiebstahl
§ 248 (weggefallen)
§ 248a Diebstahl und Unterschlagung geringwertiger Sachen
§ 248b Unbefugter Gebrauch eines Fahrzeugs
§ 248c Entziehung elektrischer Energie

Zwanzigster Abschnitt. Raub und Erpressung

§ 249 Raub
§ 250 Schwerer Raub
§ 251 Raub mit Todesfolge
§ 252 Räuberischer Diebstahl
§ 253 Erpressung
§ 254 (weggefallen)
§ 255 Räuberische Erpressung
§ 256 Führungsaufsicht

Einundzwanzigster Abschnitt. Begünstigung und Hehlerei

§ 257 Begünstigung
§ 258 Strafvereitelung
§ 258a Strafvereitelung im Amt
§ 259 Hehlerei
§ 260 Gewerbsmäßige Hehlerei; Bandenhehlerei
§ 260a Gewerbsmäßige Bandenhehlerei
§ 261 Geldwäsche
§ 262 Führungsaufsicht

Zweiundzwanzigster Abschnitt. Betrug und Untreue

§ 263 Betrug
§ 263a Computerbetrug
§ 264 Subventionsbetrug
§ 264a Kapitalanlagebetrug
§ 265 Versicherungsmißbrauch
§ 265a Erschleichen von Leistungen
§ 265b Kreditbetrug
§ 265c Sportwettbetrug
§ 265d Manipulation von berufssportlichen Wettbewerben
§ 265e Besonders schwere Fälle des Sportwettbetrugs und der Manipulation von berufssportlichen Wettbewerben
§ 266 Untreue
§ 266a Vorenthalten und Veruntreuen von Arbeitsentgelt
§ 266b Mißbrauch von Scheck- und Kreditkarten

Dreiundzwanzigster Abschnitt. Urkundenfälschung

§ 267 Urkundenfälschung
§ 268 Fälschung technischer Aufzeichnungen
§ 269 Fälschung beweiserheblicher Daten
§ 270 Täuschung im Rechtsverkehr bei Datenverarbeitung
§ 271 Mittelbare Falschbeurkundung

EL 187 Oktober 2021   19

§ 272	(weggefallen)
§ 273	Verändern von amtlichen Ausweisen
§ 274	Urkundenunterdrückung; Veränderung einer Grenzbezeichnung
§ 275	Vorbereitung der Fälschung von amtlichen Ausweisen
§ 276	Verschaffen von falschen amtlichen Ausweisen
§ 276a	Aufenthaltsrechtliche Papiere; Fahrzeugpapiere
§ 277	Fälschung von Gesundheitszeugnissen
§ 278	Ausstellen unrichtiger Gesundheitszeugnisse
§ 279	Gebrauch unrichtiger Gesundheitszeugnisse
§ 280	(weggefallen)
§ 281	Mißbrauch von Ausweispapieren
§ 282	Einziehung

Vierundzwanzigster Abschnitt. Insolvenzstraftaten

§ 283	Bankrott
§ 283a	Besonders schwerer Fall des Bankrotts
§ 283b	Verletzung der Buchführungspflicht
§ 283c	Gläubigerbegünstigung
§ 283d	Schuldnerbegünstigung

Fünfundzwanzigster Abschnitt. Strafbarer Eigennutz

§ 284	Unerlaubte Veranstaltung eines Glücksspiels
§ 285	Beteiligung am unerlaubten Glücksspiel
§ 285a	(weggefallen)
§ 286	Einziehung
§ 287	Unerlaubte Veranstaltung einer Lotterie oder einer Ausspielung
§ 288	Vereiteln der Zwangsvollstreckung
§ 289	Pfandkehr
§ 290	Unbefugter Gebrauch von Pfandsachen
§ 291	Wucher
§ 292	Jagdwilderei
§ 293	Fischwilderei
§ 294	Strafantrag
§ 295	Einziehung
§ 296	(weggefallen)
§ 297	Gefährdung von Schiffen, Kraft- und Luftfahrzeugen durch Bannware

Sechsundzwanzigster Abschnitt. Straftaten gegen den Wettbewerb

§ 298	Wettbewerbsbeschränkende Absprachen bei Ausschreibungen
§ 299	Bestechlichkeit und Bestechung im geschäftlichen Verkehr
§ 299a	Bestechlichkeit im Gesundheitswesen
§ 299b	Bestechung im Gesundheitswesen
§ 300	Besonders schwere Fälle der Bestechlichkeit und Bestechung im geschäftlichen Verkehr und im Gesundheitswesen
§ 301	Strafantrag
§ 302	(weggefallen)

Siebenundzwanzigster Abschnitt. Sachbeschädigung

§ 303	Sachbeschädigung
§ 303a	Datenveränderung
§ 303b	Computersabotage
§ 303c	Strafantrag
§ 304	Gemeinschädliche Sachbeschädigung
§ 305	Zerstörung von Bauwerken
§ 305a	Zerstörung wichtiger Arbeitsmittel

Achtundzwanzigster Abschnitt. Gemeingefährliche Straftaten

§ 306	Brandstiftung
§ 306a	Schwere Brandstiftung
§ 306b	Besonders schwere Brandstiftung
§ 306c	Brandstiftung mit Todesfolge
§ 306d	Fahrlässige Brandstiftung
§ 306e	Tätige Reue
§ 306f	Herbeiführen einer Brandgefahr
§ 307	Herbeiführen einer Explosion durch Kernenergie

Strafgesetzbuch **StGB 85**

§ 308	Herbeiführen einer Sprengstoffexplosion
§ 309	Mißbrauch ionisierender Strahlen
§ 310	Vorbereitung eines Explosions- oder Strahlungsverbrechens
§ 311	Freisetzen ionisierender Strahlen
§ 312	Fehlerhafte Herstellung einer kerntechnischen Anlage
§ 313	Herbeiführen einer Überschwemmung
§ 314	Gemeingefährliche Vergiftung
§ 314a	Tätige Reue
§ 315	Gefährliche Eingriffe in den Bahn-, Schiffs- und Luftverkehr
§ 315a	Gefährdung des Bahn-, Schiffs- und Luftverkehrs
§ 315b	Gefährliche Eingriffe in den Straßenverkehr
§ 315c	Gefährdung des Straßenverkehrs
§ 315d	Verbotene Kraftfahrzeugrennen
§ 315e	Schienenbahnen im Straßenverkehr
§ 315f	Einziehung
§ 316	Trunkenheit im Verkehr
§ 316a	Räuberischer Angriff auf Kraftfahrer
§ 316b	Störung öffentlicher Betriebe
§ 316c	Angriffe auf den Luft- und Seeverkehr
§ 317	Störung von Telekommunikationsanlagen
§ 318	Beschädigung wichtiger Anlagen
§ 319	Baugefährdung
§ 320	Tätige Reue
§ 321	Führungsaufsicht
§ 322	Einziehung
§ 323	(weggefallen)
§ 323a	Vollrausch
§ 323b	Gefährdung einer Entziehungskur
§ 323c	Unterlassene Hilfeleistung; Behinderung von hilfeleistenden Personen

Neunundzwanzigster Abschnitt. Straftaten gegen die Umwelt

§ 324	Gewässerverunreinigung
§ 324a	Bodenverunreinigung
§ 325	Luftverunreinigung
§ 325a	Verursachen von Lärm, Erschütterungen und nichtionisierenden Strahlen
§ 326	Unerlaubter Umgang mit Abfällen
§ 327	Unerlaubtes Betreiben von Anlagen
§ 328	Unerlaubter Umgang mit radioaktiven Stoffen und anderen gefährlichen Stoffen und Gütern
§ 329	Gefährdung schutzbedürftiger Gebiete
§ 330	Besonders schwerer Fall einer Umweltstraftat
§ 330a	Schwere Gefährdung durch Freisetzen von Giften
§ 330b	Tätige Reue
§ 330c	Einziehung
§ 330d	Begriffsbestimmungen

Dreißigster Abschnitt. Straftaten im Amt

§ 331	Vorteilsannahme
§ 332	Bestechlichkeit
§ 333	Vorteilsgewährung
§ 334	Bestechung
§ 335	Besonders schwere Fälle der Bestechlichkeit und Bestechung
§ 335a	Ausländische und internationale Bedienstete
§ 336	Unterlassen der Diensthandlung
§ 337	Schiedsrichtervergütung
§ 338	(weggefallen)
§ 339	Rechtsbeugung
§ 340	Körperverletzung im Amt
§§ 341, 342	(weggefallen)
§ 343	Aussageerpressung
§ 344	Verfolgung Unschuldiger
§ 345	Vollstreckung gegen Unschuldige
§§ 346, 347	(weggefallen)
§ 348	Falschbeurkundung im Amt

§§ 349–351 (weggefallen)
§ 352 Gebührenüberhebung
§ 353 Abgabenüberhebung; Leistungskürzung
§ 353a Vertrauensbruch im auswärtigen Dienst
§ 353b Verletzung des Dienstgeheimnisses und einer besonderen Geheimhaltungspflicht
§ 353c (weggefallen)
§ 353d Verbotene Mitteilungen über Gerichtsverhandlungen
§ 354 (weggefallen)
§ 355 Verletzung des Steuergeheimnisses
§ 356 Parteiverrat
§ 357 Verleitung eines Untergebenen zu einer Straftat
§ 358 Nebenfolgen

Allgemeiner Teil

Erster Abschnitt. Das Strafgesetz

Erster Titel. Geltungsbereich

§ 1 Keine Strafe ohne Gesetz Eine Tat kann nur bestraft werden, wenn die Strafbarkeit gesetzlich bestimmt war, bevor die Tat begangen wurde.

§ 2[1] **Zeitliche Geltung.** (1) Die Strafe und ihre Nebenfolgen bestimmen sich nach dem Gesetz, das zur Zeit der Tat gilt.

(2) Wird die Strafdrohung während der Begehung der Tat geändert, so ist das Gesetz anzuwenden, das bei Beendigung der Tat gilt.

(3) Wird das Gesetz, das bei Beendigung der Tat gilt, vor der Entscheidung geändert, so ist das mildeste Gesetz anzuwenden.

(4) [1] Ein Gesetz, das nur für eine bestimmte Zeit gelten soll, ist auf Taten, die während seiner Geltung begangen sind, auch dann anzuwenden, wenn es außer Kraft getreten ist. [2] Dies gilt nicht, soweit ein Gesetz etwas anderes bestimmt.

(5) Für Einziehung und Unbrauchbarmachung gelten die Absätze 1 bis 4 entsprechend.

(6) Über Maßregeln der Besserung und Sicherung ist, wenn gesetzlich nichts anderes bestimmt ist, nach dem Gesetz zu entscheiden, das zur Zeit der Entscheidung gilt.

§ 3 Geltung für Inlandstaten. Das deutsche Strafrecht gilt für Taten, die im Inland begangen werden.

§ 4[2] **Geltung für Taten auf deutschen Schiffen und Luftfahrzeugen.**

Das deutsche Strafrecht gilt, unabhängig vom Recht des Tatorts, für Taten, die auf einem Schiff oder in einem Luftfahrzeug begangen werden, das berechtigt ist, die Bundesflagge oder das Staatszugehörigkeitszeichen der Bundesrepublik Deutschland zu führen.

---

[1] § 2 Abs. 5 geänd. mWv 1.7.2017 durch G v. 13.4.2017 (BGBl. I S. 872).
[2] § 4 geänd. mWv 1.3.1999 durch G v. 25.8.1998 (BGBl. I S. 2432).

§ 5[1)] **Auslandstaten mit besonderem Inlandsbezug.** Das deutsche Strafrecht gilt, unabhängig vom Recht des Tatorts, für folgende Taten, die im Ausland begangen werden:
1. *(aufgehoben)*
2. Hochverrat (§§ 81 bis 83);
3. Gefährdung des demokratischen Rechtsstaates
   a) in den Fällen des § 86 Absatz 1 und 2, wenn Propagandamittel im Inland wahrnehmbar verbreitet oder der inländischen Öffentlichkeit zugänglich gemacht werden und der Täter Deutscher ist oder seine Lebensgrundlage im Inland hat,
   b) in den Fällen des § 86a Absatz 1 Nummer 1, wenn ein Kennzeichen im Inland wahrnehmbar verbreitet oder in einer der inländischen Öffentlichkeit zugänglichen Weise oder in einem im Inland wahrnehmbar verbreiteten Inhalt (§ 11 Absatz 3) verwendet wird und der Täter Deutscher ist oder seine Lebensgrundlage im Inland hat,
   c) in den Fällen der §§ 89, 90a Abs. 1 und des § 90b, wenn der Täter Deutscher ist und seine Lebensgrundlage im räumlichen Geltungsbereich dieses Gesetzes hat, und
   d) in den Fällen der §§ 90 und 90a Abs. 2;
4. Landesverrat und Gefährdung der äußeren Sicherheit (§§ 94 bis 100a);
5. Straftaten gegen die Landesverteidigung
   a) in den Fällen der §§ 109 und 109e bis 109g und
   b) in den Fällen der §§ 109a, 109d und 109h, wenn der Täter Deutscher ist und seine Lebensgrundlage im räumlichen Geltungsbereich dieses Gesetzes hat;
5a. Widerstand gegen die Staatsgewalt und Straftaten gegen die öffentliche Ordnung
   a) in den Fällen des § 111, wenn die Aufforderung im Inland wahrnehmbar ist und der Täter Deutscher ist oder seine Lebensgrundlage im Inland hat,
   b) in den Fällen des § 127, wenn der Zweck der Handelsplattform darauf ausgerichtet ist, die Begehung von rechtswidrigen Taten im Inland zu ermöglichen oder zu fördern und der Täter Deutscher ist oder seine Lebensgrundlage im Inland hat, und
   c) in den Fällen des § 130 Absatz 2 Nummer 1, auch in Verbindung mit Absatz 5, wenn ein in Absatz 2 Nummer 1 oder Absatz 3 bezeichneter Inhalt (§ 11 Absatz 3) in einer Weise, die geeignet ist, den öffentlichen Frieden zu stören, im Inland wahrnehmbar verbreitet oder der inländischen Öffentlichkeit zugänglich gemacht wird und der Täter Deutscher ist oder seine Lebensgrundlage im Inland hat;

[1)] § 5 Nr. 15 geänd. mWv 1.8.2007 durch G v. 20.7.2007 (BGBl. I S. 1574); Überschrift und Nr. 6 neu gef., Nr. 6a aufgeh., Nr. 8 und 9 neu gef., Nr. 9a eingef. mWv 27.1.2015 durch G v. 21.1.2015 (BGBl. I S. 10); Nr. 14a aufgeh., Nr. 15 und 16 eingef., bish. Nr. 15 wird Nr. 17 mWv 26.11.2015 durch G v. 20.11.2015 (BGBl. I S. 2025); Nr. 8 geänd. mWv 10.11.2016 durch G v. 4.11.2016 (BGBl. I S. 2460); Nr. 1 aufgeh. mWv 1.1.2017 durch G v. 22.12.2016 (BGBl. I S. 3150); Nr. 10a eingef. mWv 19.4.2017 durch G v. 11.4.2017 (BGBl. I S. 815); Nr. 3 Buchst. a und b eingef., bish. Buchst. a und b werden Buchst. c und d, Nr. 5a eingef. mWv 1.1.2021 durch G v. 30.11.2020 (BGBl. I S. 2600); Nr. 5a Buchst. a geänd., Buchst. b eingef., bish. Buchst. b wird Buchst. c mWv 1.10.2021 durch G v. 12.8.2021 (BGBl. I S. 3544); Nr. 3 Buchst. a geänd. mWv 22.9.2021 durch G v. 14.9.2021 (BGBl. I S. 4250).

6. Straftaten gegen die persönliche Freiheit
   a) in den Fällen der §§ 234a und 241a, wenn die Tat sich gegen eine Person richtet, die zur Zeit der Tat Deutsche ist und ihren Wohnsitz oder gewöhnlichen Aufenthalt im Inland hat,
   b) in den Fällen des § 235 Absatz 2 Nummer 2, wenn die Tat sich gegen eine Person richtet, die zur Zeit der Tat ihren Wohnsitz oder gewöhnlichen Aufenthalt im Inland hat, und
   c) in den Fällen des § 237, wenn der Täter zur Zeit der Tat Deutscher ist oder wenn die Tat sich gegen eine Person richtet, die zur Zeit der Tat ihren Wohnsitz oder gewöhnlichen Aufenthalt im Inland hat;
7. Verletzung von Betriebs- oder Geschäftsgeheimnissen eines im räumlichen Geltungsbereich dieses Gesetzes liegenden Betriebs, eines Unternehmens, das dort seinen Sitz hat, oder eines Unternehmens mit Sitz im Ausland, das von einem Unternehmen mit Sitz im räumlichen Geltungsbereich dieses Gesetzes abhängig ist und mit diesem einen Konzern bildet;
8. Straftaten gegen die sexuelle Selbstbestimmung in den Fällen des § 174 Absatz 1, 2 und 4, der §§ 176 bis 178 und des § 182, wenn der Täter zur Zeit der Tat Deutscher ist;
9. Straftaten gegen das Leben
   a) in den Fällen des § 218 Absatz 2 Satz 2 Nummer 1 und Absatz 4 Satz 1, wenn der Täter zur Zeit der Tat Deutscher ist, und
   b) in den übrigen Fällen des § 218, wenn der Täter zur Zeit der Tat Deutscher ist und seine Lebensgrundlage im Inland hat;
9a. Straftaten gegen die körperliche Unversehrtheit
   a) in den Fällen des § 226 Absatz 1 Nummer 1 in Verbindung mit Absatz 2 bei Verlust der Fortpflanzungsfähigkeit, wenn der Täter zur Zeit der Tat Deutscher ist, und
   b) in den Fällen des § 226a, wenn der Täter zur Zeit der Tat Deutscher ist oder wenn die Tat sich gegen eine Person richtet, die zur Zeit der Tat ihren Wohnsitz oder gewöhnlichen Aufenthalt im Inland hat;
10. falsche uneidliche Aussage, Meineid und falsche Versicherung an Eides Statt (§§ 153 bis 156) in einem Verfahren, das im räumlichen Geltungsbereich dieses Gesetzes bei einem Gericht oder einer anderen deutschen Stelle anhängig ist, die zur Abnahme von Eiden oder eidesstattlichen Versicherungen zuständig ist;
10a. Sportwettbetrug und Manipulation von berufssportlichen Wettbewerben (§§ 265c und 265d), wenn sich die Tat auf einen Wettbewerb bezieht, der im Inland stattfindet;
11. Straftaten gegen die Umwelt in den Fällen der §§ 324, 326, 330 und 330a, die im Bereich der deutschen ausschließlichen Wirtschaftszone begangen werden, soweit völkerrechtliche Übereinkommen zum Schutze des Meeres ihre Verfolgung als Straftaten gestatten;
11a. Straftaten nach § 328 Abs. 2 Nr. 3 und 4, Abs. 4 und 5, auch in Verbindung mit § 330, wenn der Täter zur Zeit der Tat Deutscher ist;
12. Taten, die ein deutscher Amtsträger oder für den öffentlichen Dienst besonders Verpflichteter während eines dienstlichen Aufenthalts oder in Beziehung auf den Dienst begeht;
13. Taten, die ein Ausländer als Amtsträger oder für den öffentlichen Dienst besonders Verpflichteter begeht;

14. Taten, die jemand gegen einen Amtsträger, einen für den öffentlichen Dienst besonders Verpflichteten oder einen Soldaten der Bundeswehr während der Ausübung ihres Dienstes oder in Beziehung auf ihren Dienst begeht;
15. Straftaten im Amt nach den §§ 331 bis 337, wenn
    a) der Täter zur Zeit der Tat Deutscher ist,
    b) der Täter zur Zeit der Tat Europäischer Amtsträger ist und seine Dienststelle ihren Sitz im Inland hat,
    c) die Tat gegenüber einem Amtsträger, einem für den öffentlichen Dienst besonders Verpflichteten oder einem Soldaten der Bundeswehr begangen wird oder
    d) die Tat gegenüber einem Europäischen Amtsträger oder Schiedsrichter, der zur Zeit der Tat Deutscher ist, oder einer nach § 335a gleichgestellten Person begangen wird, die zur Zeit der Tat Deutsche ist;
16. Bestechlichkeit und Bestechung von Mandatsträgern (§ 108e), wenn
    a) der Täter zur Zeit der Tat Mitglied einer deutschen Volksvertretung oder Deutscher ist oder
    b) die Tat gegenüber einem Mitglied einer deutschen Volksvertretung oder einer Person, die zur Zeit der Tat Deutsche ist, begangen wird;

(Fortsetzung nächstes Blatt)

Friedensverrat, Hochverrat, Staatsgefährdung § 85 StGB 85

2. einer Partei, von der das Bundesverfassungsgericht festgestellt hat, daß sie Ersatzorganisation einer verbotenen Partei ist,

aufrechterhält, wird mit Freiheitsstrafe von drei Monaten bis zu fünf Jahren bestraft. ²Der Versuch ist strafbar.

(2) Wer sich in einer Partei der in Absatz 1 bezeichneten Art als Mitglied betätigt oder wer ihren organisatorischen Zusammenhalt oder ihre weitere Betätigung unterstützt, wird mit Freiheitsstrafe bis zu fünf Jahren oder mit Geldstrafe bestraft.

(3) ¹Wer einer anderen Sachentscheidung des Bundesverfassungsgerichts, die im Verfahren nach Artikel 21 Abs. 2 des Grundgesetzes[1)] oder im Verfahren nach § 33 Abs. 2 des Parteiengesetzes[2)] erlassen ist, oder einer vollziehbaren Maßnahme zuwiderhandelt, die im Vollzug einer in einem solchen Verfahren ergangenen Sachentscheidung getroffen ist, wird mit Freiheitsstrafe bis zu fünf Jahren oder mit Geldstrafe bestraft. ²Den in Satz 1 bezeichneten Verfahren steht ein Verfahren nach Artikel 18 des Grundgesetzes gleich.

(4) In den Fällen des Absatzes 1 Satz 2 und der Absätze 2 und 3 Satz 1 kann das Gericht bei Beteiligten, deren Schuld gering und deren Mitwirkung von untergeordneter Bedeutung ist, die Strafe nach seinem Ermessen mildern (§ 49 Abs. 2) oder von einer Bestrafung nach diesen Vorschriften absehen.

(5) In den Fällen der Absätze 1 bis 3 Satz 1 kann das Gericht die Strafe nach seinem Ermessen mildern (§ 49 Abs. 2) oder von einer Bestrafung nach diesen Vorschriften absehen, wenn der Täter sich freiwillig und ernsthaft bemüht, das Fortbestehen der Partei zu verhindern; erreicht er dieses Ziel oder wird es ohne sein Bemühen erreicht, so wird der Täter nicht bestraft.

§ 85[3)] **Verstoß gegen ein Vereinigungsverbot.** (1) ¹Wer als Rädelsführer oder Hintermann im räumlichen Geltungsbereich dieses Gesetzes den organisatorischen Zusammenhalt

1. einer Partei oder Vereinigung, von der im Verfahren nach § 33 Abs. 3 des Parteiengesetzes unanfechtbar festgestellt ist, daß sie Ersatzorganisation einer verbotenen Partei ist, oder

2. einer Vereinigung, die unanfechtbar verboten ist, weil sie sich gegen die verfassungsmäßige Ordnung oder gegen den Gedanken der Völkerverständigung richtet, oder von der unanfechtbar festgestellt ist, daß sie Ersatzorganisation einer solchen verbotenen Vereinigung ist,

aufrechterhält, wird mit Freiheitsstrafe bis zu fünf Jahren oder mit Geldstrafe bestraft. ²Der Versuch ist strafbar.

(2) Wer sich in einer Partei oder Vereinigung der in Absatz 1 bezeichneten Art als Mitglied betätigt oder wer ihren organisatorischen Zusammenhalt oder ihre weitere Betätigung unterstützt, wird mit Freiheitsstrafe bis zu drei Jahren oder mit Geldstrafe bestraft.

(3) § 84 Abs. 4 und 5 gilt entsprechend.

[1)] Habersack, Deutsche Gesetze ErgBd. Nr. 1.
[2)] Sartorius Nr. 58.
[3)] § 85 Abs. 2 geänd. mWv 30.7.2016 durch G v. 26.7.2016 (BGBl. I S. 1818).

§ 86[1] **Verbreiten von Propagandamitteln verfassungswidriger und terroristischer Organisationen.** (1) Wer Propagandamittel

1. einer vom Bundesverfassungsgericht für verfassungswidrig erklärten Partei oder einer Partei oder Vereinigung, von der unanfechtbar festgestellt ist, daß sie Ersatzorganisation einer solchen Partei ist,
2. einer Vereinigung, die unanfechtbar verboten ist, weil sie sich gegen die verfassungsmäßige Ordnung oder gegen den Gedanken der Völkerverständigung richtet, oder von der unanfechtbar festgestellt ist, daß sie Ersatzorganisation einer solchen verbotenen Vereinigung ist,
3. einer Regierung, Vereinigung oder Einrichtung außerhalb des räumlichen Geltungsbereichs dieses Gesetzes, die für die Zwecke einer der in den Nummern 1 und 2 bezeichneten Parteien oder Vereinigungen tätig ist, oder
4. die nach ihrem Inhalt dazu bestimmt sind, Bestrebungen einer ehemaligen nationalsozialistischen Organisation fortzusetzen,

im Inland verbreitet oder der Öffentlichkeit zugänglich macht oder zur Verbreitung im Inland oder Ausland herstellt, vorrätig hält, einführt oder ausführt, wird mit Freiheitsstrafe bis zu drei Jahren oder mit Geldstrafe bestraft.

(2) Ebenso wird bestraft, wer Propagandamittel einer Organisation, die im Anhang der Durchführungsverordnung (EU) 2021/138 des Rates vom 5. Februar 2021 zur Durchführung des Artikels 2 Absatz 3 der Verordnung (EG) Nr. 2580/2001 über spezifische, gegen bestimmte Personen und Organisationen gerichtete restriktive Maßnahmen zur Bekämpfung des Terrorismus und zur Aufhebung der Durchführungsverordnung (EU) 2020/1128 (ABl. L 43 vom 8.2.2021, S. 1) als juristische Person, Vereinigung oder Körperschaft aufgeführt ist, im Inland verbreitet oder der Öffentlichkeit zugänglich macht oder zur Verbreitung im Inland oder Ausland herstellt, vorrätig hält, einführt oder ausführt.

(3) [1] Propagandamittel im Sinne des Absatzes 1 ist nur ein solcher Inhalt (§ 11 Absatz 3), der gegen die freiheitliche demokratische Grundordnung oder den Gedanken der Völkerverständigung gerichtet ist. [2] Propagandamittel im Sinne des Absatzes 2 ist nur ein solcher Inhalt (§ 11 Absatz 3), der gegen den Bestand oder die Sicherheit eines Staates oder einer internationalen Organisation oder gegen die Verfassungsgrundsätze der Bundesrepublik Deutschland gerichtet ist.

(4) Die Absätze 1 und 2 gelten nicht, wenn die Handlung der staatsbürgerlichen Aufklärung, der Abwehr verfassungswidriger Bestrebungen, der Kunst oder der Wissenschaft, der Forschung oder der Lehre, der Berichterstattung über Vorgänge des Zeitgeschehens oder der Geschichte oder ähnlichen Zwecken dient.

(5) Ist die Schuld gering, so kann das Gericht von einer Bestrafung nach dieser Vorschrift absehen.

§ 86a[2] **Verwenden von Kennzeichen verfassungswidriger und terroristischer Organisationen.** (1) Mit Freiheitsstrafe bis zu drei Jahren oder mit Geldstrafe wird bestraft, wer

1. im Inland Kennzeichen einer der in § 86 Abs. 1 Nr. 1, 2 und 4 oder Absatz 2 bezeichneten Parteien oder Vereinigungen verbreitet oder öffentlich, in einer

---

[1] § 86 Abs. 1 Nr. 4 und abschl. Satzteil geänd., Abs. 2 neu gef., Abs. 3 geänd. mWv 1.1.2021 durch G v. 30.11.2020 (BGBl. I S. 2600); Überschrift geänd., Abs. 2 eingef., bish. Abs. 2–4 werden Abs. 3–5, neuer Abs. 3 Satz 2 angef., neuer Abs. 4 geänd. mWv 22.9.2021 durch G v. 14.9.2021 (BGBl. I S. 4250).

[2] § 86a Abs. 1 Nr. 1 und 2 geänd. mWv 1.1.2021 durch G v. 30.11.2020 (BGBl. I S. 2600); Überschrift, Abs. 1 Nr. 1, Abs. 3 geänd. mWv 22.9.2021 durch G v. 14.9.2021 (BGBl. I S. 4250).

Versammlung oder in einem von ihm verbreiteten Inhalt (§ 11 Absatz 3) verwendet oder
2. einen Inhalt (§ 11 Absatz 3), der ein derartiges Kennzeichen darstellt oder enthält, zur Verbreitung oder Verwendung im Inland oder Ausland in der in Nummer 1 bezeichneten Art und Weise herstellt, vorrätig hält, einführt oder ausführt.

(2) [1] Kennzeichen im Sinne des Absatzes 1 sind namentlich Fahnen, Abzeichen, Uniformstücke, Parolen und Grußformen. [2] Den in Satz 1 genannten Kennzeichen stehen solche gleich, die ihnen zum Verwechseln ähnlich sind.

(3) § 86 Abs. 4 und 5 gilt entsprechend.

§ 87 Agententätigkeit zu Sabotagezwecken.

(1) Mit Freiheitsstrafe bis zu fünf Jahren oder mit Geldstrafe wird bestraft, wer einen Auftrag einer Regierung, Vereinigung oder Einrichtung außerhalb des räumlichen Geltungsbereichs dieses Gesetzes zur Vorbereitung von Sabotagehandlungen, die in diesem Geltungsbereich begangen werden sollen, dadurch befolgt, daß er

1. sich bereit hält, auf Weisung einer der bezeichneten Stellen solche Handlungen zu begehen,
2. Sabotageobjekte auskundschaftet,
3. Sabotagemittel herstellt, sich oder einem anderen verschafft, verwahrt, einem anderen überläßt oder in diesen Bereich einführt,
4. Lager zur Aufnahme von Sabotagemitteln oder Stützpunkte für die Sabotagetätigkeit einrichtet, unterhält oder überprüft,
5. sich zur Begehung von Sabotagehandlungen schulen läßt oder andere dazu schult oder
6. die Verbindung zwischen einem Sabotageagenten (Nummern 1 bis 5) und einer der bezeichneten Stellen herstellt oder aufrechterhält,

und sich dadurch absichtlich oder wissentlich für Bestrebungen gegen den Bestand oder die Sicherheit der Bundesrepublik Deutschland oder gegen Verfassungsgrundsätze einsetzt.

(2) Sabotagehandlungen im Sinne des Absatzes 1 sind

1. Handlungen, die den Tatbestand der §§ 109e, 305, 306 bis 306c, 307 bis 309, 313, 315, 315b, 316b, 316c Abs. 1 Nr. 2, der §§ 317 oder 318 verwirklichen, und
2. andere Handlungen, durch die der Betrieb eines für die Landesverteidigung, den Schutz der Zivilbevölkerung gegen Kriegsgefahren oder für die Gesamtwirtschaft wichtigen Unternehmens dadurch verhindert oder gestört wird, daß eine dem Betrieb dienende Sache zerstört, beschädigt, beseitigt, verändert oder unbrauchbar gemacht oder daß die für den Betrieb bestimmte Energie entzogen wird.

(3) Das Gericht kann von einer Bestrafung nach diesen Vorschriften absehen, wenn der Täter freiwillig sein Verhalten aufgibt und sein Wissen so rechtzeitig einer Dienststelle offenbart, daß Sabotagehandlungen, deren Planung er kennt, noch verhindert werden können.

§ 88 Verfassungsfeindliche Sabotage.

(1) Wer als Rädelsführer oder Hintermann einer Gruppe oder, ohne mit einer Gruppe oder für eine solche zu handeln, als einzelner absichtlich bewirkt, daß im räumlichen Geltungsbereich dieses Gesetzes durch Störhandlungen

1. Unternehmen oder Anlagen, die der öffentlichen Versorgung mit Postdienstleistungen oder dem öffentlichen Verkehr dienen,
2. Telekommunikationsanlagen, die öffentlichen Zwecken dienen,
3. Unternehmen oder Anlagen, die der öffentlichen Versorgung mit Wasser, Licht, Wärme oder Kraft dienen oder sonst für die Versorgung der Bevölkerung lebenswichtig sind, oder
4. Dienststellen, Anlagen, Einrichtungen oder Gegenstände, die ganz oder überwiegend der öffentlichen Sicherheit oder Ordnung dienen,

ganz oder zum Teil außer Tätigkeit gesetzt oder den bestimmungsmäßigen Zwecken entzogen werden, und sich dadurch absichtlich für Bestrebungen gegen den Bestand oder die Sicherheit der Bundesrepublik Deutschland oder gegen Verfassungsgrundsätze einsetzt, wird mit Freiheitsstrafe bis zu fünf Jahren oder mit Geldstrafe bestraft.

(2) Der Versuch ist strafbar.

§ 89[1]**) Verfassungsfeindliche Einwirkung auf Bundeswehr und öffentliche Sicherheitsorgane.** (1) Wer auf Angehörige der Bundeswehr oder eines öffentlichen Sicherheitsorgans planmäßig einwirkt, um deren pflichtmäßige Bereitschaft zum Schutz der Sicherheit der Bundesrepublik Deutschland oder der verfassungsmäßigen Ordnung zu untergraben, und sich dadurch absichtlich für Bestrebungen gegen den Bestand oder die Sicherheit der Bundesrepublik Deutschland oder gegen Verfassungsgrundsätze einsetzt, wird mit Freiheitsstrafe bis zu fünf Jahren oder mit Geldstrafe bestraft.

(2) Der Versuch ist strafbar.

(3) § 86 Absatz 5 gilt entsprechend.

§ 89a[2]**) Vorbereitung einer schweren staatsgefährdenden Gewalttat.**

(1) ¹Wer eine schwere staatsgefährdende Gewalttat vorbereitet, wird mit Freiheitsstrafe von sechs Monaten bis zu zehn Jahren bestraft. ²Eine schwere staatsgefährdende Gewalttat ist eine Straftat gegen das Leben in den Fällen des § 211 oder des § 212 oder gegen die persönliche Freiheit in den Fällen des § 239a oder des § 239b, die nach den Umständen bestimmt und geeignet ist, den Bestand oder die Sicherheit eines Staates oder einer internationalen Organisation zu beeinträchtigen oder Verfassungsgrundsätze der Bundesrepublik Deutschland zu beseitigen, außer Geltung zu setzen oder zu untergraben.

(2) Absatz 1 ist nur anzuwenden, wenn der Täter eine schwere staatsgefährdende Gewalttat vorbereitet, indem er
1. eine andere Person unterweist oder sich unterweisen lässt in der Herstellung von oder im Umgang mit Schusswaffen, Sprengstoffen, Spreng- oder Brandvorrichtungen, Kernbrenn- oder sonstigen radioaktiven Stoffen, Stoffen, die Gift enthalten oder hervorbringen können, anderen gesundheitsschädlichen Stoffen, zur Ausführung der Tat erforderlichen besonderen Vorrichtungen oder in sonstigen Fertigkeiten, die der Begehung einer der in Absatz 1 genannten Straftaten dienen,

---

[1]) § 89 Abs. 3 geänd. mWv 22.9.2021 durch G v. 14.9.2021 (BGBl. I S. 4250).
[2]) § 89a eingef. mWv 4.8.2009 durch G v. 30.7.2009 (BGBl. I S. 2437); Abs. 2 Nr. 2 und 3 geänd., Nr. 4 aufgeh., Abs. 2a eingef. mWv 20.6.2015 durch G v. 12.6.2015 (BGBl. I S. 926); Abs. 4 Sätze 1 und 2 geänd. mWv 8.9.2015 durch VO v. 31.8.2015 (BGBl. I S. 1474); Abs. 6 geänd. mWv 1.7.2017 durch G v. 13.4.2017 (BGBl. I S. 872).

2. Waffen, Stoffe oder Vorrichtungen der in Nummer 1 bezeichneten Art herstellt, sich oder einem anderen verschafft, verwahrt oder einem anderen überlässt oder
3. Gegenstände oder Stoffe sich verschafft oder verwahrt, die für die Herstellung von Waffen, Stoffen oder Vorrichtungen der in Nummer 1 bezeichneten Art wesentlich sind.

(2a) Absatz 1 ist auch anzuwenden, wenn der Täter eine schwere staatsgefährdende Gewalttat vorbereitet, indem er es unternimmt, zum Zweck der Begehung einer schweren staatsgefährdenden Gewalttat oder der in Absatz 2 Nummer 1 genannten Handlungen aus der Bundesrepublik Deutschland auszureisen, um sich in einen Staat zu begeben, in dem Unterweisungen von Personen im Sinne des Absatzes 2 Nummer 1 erfolgen.

(3) [1] Absatz 1 gilt auch, wenn die Vorbereitung im Ausland begangen wird. [2] Wird die Vorbereitung außerhalb der Mitgliedstaaten der Europäischen Union begangen, gilt dies nur, wenn sie durch einen Deutschen oder einen Ausländer mit Lebensgrundlage im Inland begangen wird oder die vorbereitete schwere staatsgefährdende Gewalttat im Inland oder durch oder gegen einen Deutschen begangen werden soll.

(4) [1] In den Fällen des Absatzes 3 Satz 2 bedarf die Verfolgung der Ermächtigung durch das Bundesministerium der Justiz und für Verbraucherschutz. [2] Wird die Vorbereitung in einem anderen Mitgliedstaat der Europäischen Union begangen, bedarf die Verfolgung der Ermächtigung durch das Bundesministerium der Justiz und für Verbraucherschutz, wenn die Vorbereitung weder durch einen Deutschen erfolgt noch die vorbereitete schwere staatsgefährdende Gewalttat im Inland noch durch oder gegen einen Deutschen begangen werden soll.

(5) In minder schweren Fällen ist die Strafe Freiheitsstrafe von drei Monaten bis zu fünf Jahren.

(6) Das Gericht kann Führungsaufsicht anordnen (§ 68 Abs. 1).

(7) [1] Das Gericht kann die Strafe nach seinem Ermessen mildern (§ 49 Abs. 2) oder von einer Bestrafung nach dieser Vorschrift absehen, wenn der Täter freiwillig die weitere Vorbereitung der schweren staatsgefährdenden Gewalttat aufgibt und eine von ihm verursachte und erkannte Gefahr, dass andere diese Tat weiter vorbereiten oder sie ausführen, abwendet oder wesentlich mindert oder wenn er freiwillig die Vollendung dieser Tat verhindert. [2] Wird ohne Zutun des Täters die bezeichnete Gefahr abgewendet oder wesentlich gemindert oder die Vollendung der schweren staatsgefährdenden Gewalttat verhindert, genügt sein freiwilliges und ernsthaftes Bemühen, dieses Ziel zu erreichen.

§ 89b[1] **Aufnahme von Beziehungen zur Begehung einer schweren staatsgefährdenden Gewalttat.** (1) Wer in der Absicht, sich in der Begehung einer schweren staatsgefährdenden Gewalttat gemäß § 89a Abs. 2 Nr. 1 unterweisen zu lassen, zu einer Vereinigung im Sinne des § 129a, auch in Verbindung mit § 129b, Beziehungen aufnimmt oder unterhält, wird mit Freiheitsstrafe bis zu drei Jahren oder mit Geldstrafe bestraft.

(2) Absatz 1 gilt nicht, wenn die Handlung ausschließlich der Erfüllung rechtmäßiger beruflicher oder dienstlicher Pflichten dient.

(3) [1] Absatz 1 gilt auch, wenn das Aufnehmen oder Unterhalten von Beziehungen im Ausland erfolgt. [2] Außerhalb der Mitgliedstaaten der Europäischen Union

---

[1] § 89b eingef. mWv 4.8.2009 durch G v. 30.7.2009 (BGBl. I S. 2437); Abs. 4 einl. Satzteil geänd. mWv 8.9.2015 durch VO v. 31.8.2015 (BGBl. I S. 1474).

gilt dies nur, wenn das Aufnehmen oder Unterhalten von Beziehungen durch einen Deutschen oder einen Ausländer mit Lebensgrundlage im Inland begangen wird.

(4) Die Verfolgung bedarf der Ermächtigung durch das Bundesministerium der Justiz und für Verbraucherschutz
1. in den Fällen des Absatzes 3 Satz 2 oder
2. wenn das Aufnehmen oder Unterhalten von Beziehungen in einem anderen Mitgliedstaat der Europäischen Union nicht durch einen Deutschen begangen wird.

(5) Ist die Schuld gering, so kann das Gericht von einer Bestrafung nach dieser Vorschrift absehen.

§ 89c[1]) **Terrorismusfinanzierung.** (1) [1]Wer Vermögenswerte sammelt, entgegennimmt oder zur Verfügung stellt mit dem Wissen oder in der Absicht, dass diese von einer anderen Person zur Begehung
1. eines Mordes (§ 211), eines Totschlags (§ 212), eines Völkermordes (§ 6 des Völkerstrafgesetzbuches)[2]), eines Verbrechens gegen die Menschlichkeit (§ 7 des Völkerstrafgesetzbuches), eines Kriegsverbrechens (§§ 8, 9, 10, 11 oder 12 des Völkerstrafgesetzbuches), einer Körperverletzung nach § 224 oder einer Körperverletzung, die einem anderen Menschen schwere körperliche oder seelische Schäden, insbesondere der in § 226 bezeichneten Art, zufügt,
2. eines erpresserischen Menschenraubes (§ 239a) oder einer Geiselnahme (§ 239b),
3. von Straftaten nach den §§ 303b, 305, 305a oder gemeingefährlicher Straftaten in den Fällen der §§ 306 bis 306c oder 307 Absatz 1 bis 3, des § 308 Absatz 1 bis 4, des § 309 Absatz 1 bis 5, der §§ 313, 314 oder 315 Absatz 1, 3 oder 4, des § 316b Absatz 1 oder 3 oder des § 316c Absatz 1 bis 3 oder des § 317 Absatz 1,
4. von Straftaten gegen die Umwelt in den Fällen des § 330a Absatz 1 bis 3,
5. von Straftaten nach § 19 Absatz 1 bis 3, § 20 Absatz 1 oder 2, § 20a Absatz 1 bis 3, § 19 Absatz 2 Nummer 2 oder Absatz 3 Nummer 2, § 20 Absatz 1 oder 2 oder § 20a Absatz 1 bis 3, jeweils auch in Verbindung mit § 21, oder nach § 22a Absatz 1 bis 3 des Gesetzes über die Kontrolle von Kriegswaffen[3]),
6. von Straftaten nach § 51 Absatz 1 bis 3 des Waffengesetzes[4]),
7. einer Straftat nach § 328 Absatz 1 oder 2 oder § 310 Absatz 1 oder 2,
8. einer Straftat nach § 89a Absatz 2a

verwendet werden sollen, wird mit Freiheitsstrafe von sechs Monaten bis zu zehn Jahren bestraft. [2]Satz 1 ist in den Fällen der Nummern 1 bis 7 nur anzuwenden, wenn die dort bezeichnete Tat bestimmt ist, die Bevölkerung auf erhebliche Weise einzuschüchtern, eine Behörde oder eine internationale Organisation rechtswidrig mit Gewalt oder durch Drohung mit Gewalt zu nötigen oder die politischen, verfassungsrechtlichen, wirtschaftlichen oder sozialen Grundstrukturen eines Staates oder einer internationalen Organisation zu beseitigen oder erheblich zu beeinträchtigen, und durch die Art ihrer Begehung oder ihre Auswirkungen einen Staat oder eine internationale Organisation erheblich schädigen kann.

---

[1]) § 89c eingef. mWv 20.6.2015 durch G v. 12.6.2015 (BGBl. I S. 926).
[2]) Habersack, Deutsche Gesetze ErgBd. Nr. 85g.
[3]) Sartorius Nr. 823.
[4]) Sartorius Nr. 820.

(2) Ebenso wird bestraft, wer unter der Voraussetzung des Absatzes 1 Satz 2 Vermögenswerte sammelt, entgegennimmt oder zur Verfügung stellt, um selbst eine der in Absatz 1 Satz 1 genannten Straftaten zu begehen.

(3) ¹Die Absätze 1 und 2 gelten auch, wenn die Tat im Ausland begangen wird. ²Wird sie außerhalb der Mitgliedstaaten der Europäischen Union begangen, gilt dies nur, wenn sie durch einen Deutschen oder einen Ausländer mit Lebensgrundlage im Inland begangen wird oder die finanzierte Straftat im Inland oder durch oder gegen einen Deutschen begangen werden soll.

(4) ¹In den Fällen des Absatzes 3 Satz 2 bedarf die Verfolgung der Ermächtigung durch das Bundesministerium der Justiz und für Verbraucherschutz. ²Wird die Tat in einem anderen Mitgliedstaat der Europäischen Union begangen, bedarf die Verfolgung der Ermächtigung durch das Bundesministerium der Justiz und für Verbraucherschutz, wenn die Tat weder durch einen Deutschen begangen wird noch die finanzierte Straftat im Inland noch durch oder gegen einen Deutschen begangen werden soll.

(5) Sind die Vermögenswerte bei einer Tat nach Absatz 1 oder 2 geringwertig, so ist auf Freiheitsstrafe von drei Monaten bis zu fünf Jahren zu erkennen.

(6) Das Gericht mildert die Strafe (§ 49 Absatz 1) oder kann von Strafe absehen, wenn die Schuld des Täters gering ist.

(7) ¹Das Gericht kann die Strafe nach seinem Ermessen mildern (§ 49 Absatz 2) oder von einer Bestrafung nach dieser Vorschrift absehen, wenn der Täter freiwillig die weitere Vorbereitung der Tat aufgibt und eine von ihm verursachte und erkannte Gefahr, dass andere diese Tat weiter vorbereiten oder sie ausführen, abwendet oder wesentlich mindert oder wenn er freiwillig die Vollendung dieser Tat verhindert. ²Wird ohne Zutun des Täters die bezeichnete Gefahr abgewendet oder wesentlich gemindert oder die Vollendung der Tat verhindert, genügt sein freiwilliges und ernsthaftes Bemühen, dieses Ziel zu erreichen.

§ 90[1]) Verunglimpfung des Bundespräsidenten.
(1) Wer öffentlich, in einer Versammlung oder durch Verbreiten eines Inhalts (§ 11 Absatz 3) den Bundespräsidenten verunglimpft, wird mit Freiheitsstrafe von drei Monaten bis zu fünf Jahren bestraft.

(2) In minder schweren Fällen kann das Gericht die Strafe nach seinem Ermessen mildern (§ 49 Abs. 2), wenn nicht die Voraussetzungen des § 188 erfüllt sind.

(3) Die Strafe ist Freiheitsstrafe von sechs Monaten bis zu fünf Jahren, wenn die Tat eine Verleumdung (§ 187) ist oder wenn der Täter sich durch die Tat absichtlich für Bestrebungen gegen den Bestand der Bundesrepublik Deutschland oder gegen Verfassungsgrundsätze einsetzt.

(4) Die Tat wird nur mit Ermächtigung des Bundespräsidenten verfolgt.

§ 90a[2]) Verunglimpfung des Staates und seiner Symbole.
(1) Wer öffentlich, in einer Versammlung oder durch Verbreiten eines Inhalts (§ 11 Absatz 3)
1. die Bundesrepublik Deutschland oder eines ihrer Länder oder ihre verfassungsmäßige Ordnung beschimpft oder böswillig verächtlich macht oder
2. die Farben, die Flagge, das Wappen oder die Hymne der Bundesrepublik Deutschland oder eines ihrer Länder verunglimpft,

wird mit Freiheitsstrafe bis zu drei Jahren oder mit Geldstrafe bestraft.

---

[1]) § 90 Abs. 1 geänd. mWv 1.1.2021 durch G v. 30.11.2020 (BGBl. I S. 2600).
[2]) § 90a Abs. 1 einl. Satzteil geänd. mWv 1.1.2021 durch G v. 30.11.2020 (BGBl. I S. 2600).

(2) ¹Ebenso wird bestraft, wer eine öffentlich gezeigte Flagge der Bundesrepublik Deutschland oder eines ihrer Länder oder ein von einer Behörde öffentlich angebrachtes Hoheitszeichen der Bundesrepublik Deutschland oder eines ihrer Länder entfernt, zerstört, beschädigt, unbrauchbar oder unkenntlich macht oder beschimpfenden Unfug daran verübt. ²Der Versuch ist strafbar.

(3) Die Strafe ist Freiheitsstrafe bis zu fünf Jahren oder Geldstrafe, wenn der Täter sich durch die Tat absichtlich für Bestrebungen gegen den Bestand der Bundesrepublik Deutschland oder gegen Verfassungsgrundsätze einsetzt.

§ 90b[1]) Verfassungsfeindliche Verunglimpfung von Verfassungsorganen.

(1) Wer öffentlich, in einer Versammlung oder durch Verbreiten eines Inhalts (§ 11 Absatz 3) ein Gesetzgebungsorgan, die Regierung oder das Verfassungsgericht des Bundes oder eines Landes oder eines ihrer Mitglieder in dieser Eigenschaft in einer das Ansehen des Staates gefährdenden Weise verunglimpft und sich dadurch absichtlich für Bestrebungen gegen den Bestand der Bundesrepublik Deutschland oder gegen Verfassungsgrundsätze einsetzt, wird mit Freiheitsstrafe von drei Monaten bis zu fünf Jahren bestraft.

(2) Die Tat wird nur mit Ermächtigung des betroffenen Verfassungsorgans oder Mitglieds verfolgt.

§ 90c[2]) Verunglimpfung von Symbolen der Europäischen Union.

(1) Wer öffentlich, in einer Versammlung oder durch Verbreiten eines Inhalts (§ 11 Absatz 3) die Flagge oder die Hymne der Europäischen Union verunglimpft, wird mit Freiheitsstrafe bis zu drei Jahren oder mit Geldstrafe bestraft.

(2) ¹Ebenso wird bestraft, wer eine öffentlich gezeigte Flagge der Europäischen Union entfernt, zerstört, beschädigt, unbrauchbar oder unkenntlich macht oder beschimpfenden Unfug daran verübt. ²Der Versuch ist strafbar.

§ 91[3]) Anleitung zur Begehung einer schweren staatsgefährdenden Gewalttat.

(1) Mit Freiheitsstrafe bis zu drei Jahren oder mit Geldstrafe wird bestraft, wer

1. einen Inhalt (§ 11 Absatz 3), der geeignet ist, als Anleitung zu einer schweren staatsgefährdenden Gewalttat (§ 89a Abs. 1) zu dienen, anpreist oder einer anderen Person zugänglich macht, wenn die Umstände seiner Verbreitung geeignet sind, die Bereitschaft anderer zu fördern oder zu wecken, eine schwere staatsgefährdende Gewalttat zu begehen,
2. sich einen Inhalt der in Nummer 1 bezeichneten Art verschafft, um eine schwere staatsgefährdende Gewalttat zu begehen.

(2) Absatz 1 Nr. 1 ist nicht anzuwenden, wenn

1. die Handlung der staatsbürgerlichen Aufklärung, der Abwehr verfassungswidriger Bestrebungen, der Kunst und Wissenschaft, der Forschung oder der Lehre, der Berichterstattung über Vorgänge des Zeitgeschehens oder der Geschichte oder ähnlichen Zwecken dient oder
2. die Handlung ausschließlich der Erfüllung rechtmäßiger beruflicher oder dienstlicher Pflichten dient.

---

[1]) § 90b Abs. 1 geänd. mWv 1.1.2021 durch G v. 30.11.2020 (BGBl. I S. 2600).
[2]) § 90c eingef. mWv 24.6.2020 durch G v. 12.6.2020 (BGBl. I S. 1247); Abs. 1 geänd. mWv 1.1.2021 durch G v. 30.11.2020 (BGBl. I S. 2600).
[3]) § 91 eingef. mWv 4.8.2009 durch G v. 30.7.2009 (BGBl. I S. 2437); Abs. 1 Nr. 1 und 2 geänd. mWv 1.1.2021 durch G v. 30.11.2020 (BGBl. I S. 2600).

Friedensverrat, Hochverrat, Staatsgefährdung §§ 91a–92b StGB 85

(3) Ist die Schuld gering, so kann das Gericht von einer Bestrafung nach dieser Vorschrift absehen.

§ 91a[1]) **Anwendungsbereich.** Die §§ 84, 85 und 87 gelten nur für Taten, die durch eine im räumlichen Geltungsbereich dieses Gesetzes ausgeübte Tätigkeit begangen werden.

Vierter Titel. Gemeinsame Vorschriften

§ 92 Begriffsbestimmungen. (1) Im Sinne dieses Gesetzes beeinträchtigt den Bestand der Bundesrepublik Deutschland, wer ihre Freiheit von fremder Botmäßigkeit aufhebt, ihre staatliche Einheit beseitigt oder ein zu ihr gehörendes Gebiet abtrennt.

(2) Im Sinne dieses Gesetzes sind Verfassungsgrundsätze
1. das Recht des Volkes, die Staatsgewalt in Wahlen und Abstimmungen und durch besondere Organe der Gesetzgebung, der vollziehenden Gewalt und der Rechtsprechung auszuüben und die Volksvertretung in allgemeiner, unmittelbarer, freier, gleicher und geheimer Wahl zu wählen,
2. die Bindung der Gesetzgebung an die verfassungsmäßige Ordnung und die Bindung der vollziehenden Gewalt und der Rechtsprechung an Gesetz und Recht,
3. das Recht auf die Bildung und Ausübung einer parlamentarischen Opposition,
4. die Ablösbarkeit der Regierung und ihre Verantwortlichkeit gegenüber der Volksvertretung,
5. die Unabhängigkeit der Gerichte und
6. der Ausschluß jeder Gewalt- und Willkürherrschaft.

(3) Im Sinne dieses Gesetzes sind
1. Bestrebungen gegen den Bestand der Bundesrepublik Deutschland solche Bestrebungen, deren Träger darauf hinarbeiten, den Bestand der Bundesrepublik Deutschland zu beeinträchtigen (Absatz 1),
2. Bestrebungen gegen die Sicherheit der Bundesrepublik Deutschland solche Bestrebungen, deren Träger darauf hinarbeiten, die äußere oder innere Sicherheit der Bundesrepublik Deutschland zu beeinträchtigen,
3. Bestrebungen gegen Verfassungsgrundsätze solche Bestrebungen, deren Träger darauf hinarbeiten, einen Verfassungsgrundsatz (Absatz 2) zu beseitigen, außer Geltung zu setzen oder zu untergraben.

§ 92a Nebenfolgen. Neben einer Freiheitsstrafe von mindestens sechs Monaten wegen einer Straftat nach diesem Abschnitt kann das Gericht die Fähigkeit, öffentliche Ämter zu bekleiden, die Fähigkeit, Rechte aus öffentlichen Wahlen zu erlangen, und das Recht, in öffentlichen Angelegenheiten zu wählen oder zu stimmen, aberkennen (§ 45 Abs. 2 und 5).

§ 92b[2]) **Einziehung.** [1] Ist eine Straftat nach diesem Abschnitt begangen worden, so können
1. Gegenstände, die durch die Tat hervorgebracht oder zu ihrer Begehung oder Vorbereitung gebraucht worden oder bestimmt gewesen sind, und

---
[1]) Bish. § 91 wird § 91a mWv 4.8.2009 durch G v. 30.7.2009 (BGBl. I S. 2437).
[2]) § 92b Nr. 2 geänd. mWv 4.8.2009 durch G v. 30.7.2009 (BGBl. I S. 2437).

2. Gegenstände, auf die sich eine Straftat nach den §§ 80a, 86, 86a, 89a bis 91 bezieht,

eingezogen werden. ² § 74a ist anzuwenden.

Zweiter Abschnitt. Landesverrat und Gefährdung der äußeren Sicherheit

§ 93 Begriff des Staatsgeheimnisses. (1) Staatsgeheimnisse sind Tatsachen, Gegenstände oder Erkenntnisse, die nur einem begrenzten Personenkreis zugänglich sind und vor einer fremden Macht geheimgehalten werden müssen, um die Gefahr eines schweren Nachteils für die äußere Sicherheit der Bundesrepublik Deutschland abzuwenden.

(2) Tatsachen, die gegen die freiheitliche demokratische Grundordnung oder unter Geheimhaltung gegenüber den Vertragspartnern der Bundesrepublik Deutschland gegen zwischenstaatlich vereinbarte Rüstungsbeschränkungen verstoßen, sind keine Staatsgeheimnisse.

§ 94 Landesverrat. (1) Wer ein Staatsgeheimnis
1. einer fremden Macht oder einem ihrer Mittelsmänner mitteilt oder
2. sonst an einen Unbefugten gelangen läßt oder öffentlich bekanntmacht, um die Bundesrepublik Deutschland zu benachteiligen oder eine fremde Macht zu begünstigen,

und dadurch die Gefahr eines schweren Nachteils für die äußere Sicherheit der Bundesrepublik Deutschland herbeiführt, wird mit Freiheitsstrafe nicht unter einem Jahr bestraft.

(2) ¹ In besonders schweren Fällen ist die Strafe lebenslange Freiheitsstrafe oder Freiheitsstrafe nicht unter fünf Jahren. ² Ein besonders schwerer Fall liegt in der Regel vor, wenn der Täter
1. eine verantwortliche Stellung mißbraucht, die ihn zur Wahrung von Staatsgeheimnissen besonders verpflichtet, oder
2. durch die Tat die Gefahr eines besonders schweren Nachteils für die äußere Sicherheit der Bundesrepublik Deutschland herbeiführt.

§ 95 Offenbaren von Staatsgeheimnissen. (1) Wer ein Staatsgeheimnis, das von einer amtlichen Stelle oder auf deren Veranlassung geheimgehalten wird, an einen Unbefugten gelangen läßt oder öffentlich bekanntmacht und dadurch die Gefahr eines schweren Nachteils für die äußere Sicherheit der Bundesrepublik Deutschland herbeiführt, wird mit Freiheitsstrafe von sechs Monaten bis zu fünf Jahren bestraft, wenn die Tat nicht in § 94 mit Strafe bedroht ist.

(2) Der Versuch ist strafbar.

(3) ¹ In besonders schweren Fällen ist die Strafe Freiheitsstrafe von einem Jahr bis zu zehn Jahren. ² § 94 Abs. 2 Satz 2 ist anzuwenden.

§ 96 Landesverräterische Ausspähung; Auskundschaften von Staatsgeheimnissen. (1) Wer sich ein Staatsgeheimnis verschafft, um es zu verraten (§ 94), wird mit Freiheitsstrafe von einem Jahr bis zu zehn Jahren bestraft.

(2) ¹ Wer sich ein Staatsgeheimnis, das von einer amtlichen Stelle oder auf deren Veranlassung geheimgehalten wird, verschafft, um es zu offenbaren (§ 95), wird mit Freiheitsstrafe von sechs Monaten bis zu fünf Jahren bestraft. ² Der Versuch ist strafbar.

§ 97 Preisgabe von Staatsgeheimnissen. (1) Wer ein Staatsgeheimnis, das von einer amtlichen Stelle oder auf deren Veranlassung geheimgehalten wird, an einen Unbefugten gelangen läßt oder öffentlich bekanntmacht und dadurch fahrlässig die Gefahr eines schweren Nachteils für die äußere Sicherheit der Bundesrepublik Deutschland verursacht, wird mit Freiheitsstrafe bis zu fünf Jahren oder mit Geldstrafe bestraft.

(2) Wer ein Staatsgeheimnis, das von einer amtlichen Stelle oder auf deren Veranlassung geheimgehalten wird und das ihm kraft seines Amtes, seiner Dienststellung oder eines von einer amtlichen Stelle erteilten Auftrags zugänglich war, leichtfertig an einen Unbefugten gelangen läßt und dadurch fahrlässig die Gefahr eines schweren Nachteils für die äußere Sicherheit der Bundesrepublik Deutschland verursacht, wird mit Freiheitsstrafe bis zu drei Jahren oder mit Geldstrafe bestraft.

(3) Die Tat wird nur mit Ermächtigung der Bundesregierung verfolgt.

§ 97a Verrat illegaler Geheimnisse. [1] Wer ein Geheimnis, das wegen eines der in § 93 Abs. 2 bezeichneten Verstöße kein Staatsgeheimnis ist, einer fremden Macht oder einem ihrer Mittelsmänner mitteilt und dadurch die Gefahr eines schweren Nachteils für die äußere Sicherheit der Bundesrepublik Deutschland herbeiführt, wird wie ein Landesverräter (§ 94) bestraft. [2] § 96 Abs. 1 in Verbindung mit § 94 Abs. 1 Nr. 1 ist auf Geheimnisse der in Satz 1 bezeichneten Art entsprechend anzuwenden.

§ 97b Verrat in irriger Annahme eines illegalen Geheimnisses.

(1) [1] Handelt der Täter in den Fällen der §§ 94 bis 97 in der irrigen Annahme, das Staatsgeheimnis sei ein Geheimnis der in § 97a bezeichneten Art, so wird er, wenn
1. dieser Irrtum ihm vorzuwerfen ist,
2. er nicht in der Absicht handelt, dem vermeintlichen Verstoß entgegenzuwirken, oder
3. die Tat nach den Umständen kein angemessenes Mittel zu diesem Zweck ist,

nach den bezeichneten Vorschriften bestraft. [2] Die Tat ist in der Regel kein angemessenes Mittel, wenn der Täter nicht zuvor ein Mitglied des Bundestages um Abhilfe angerufen hat.

(2) [1] War dem Täter als Amtsträger oder als Soldat der Bundeswehr das Staatsgeheimnis dienstlich anvertraut oder zugänglich, so wird er auch dann bestraft, wenn nicht zuvor der Amtsträger einen Dienstvorgesetzten, der Soldat einen Disziplinarvorgesetzten um Abhilfe angerufen hat. [2] Dies gilt für die für den öffentlichen Dienst besonders Verpflichteten und für Personen, die im Sinne des § 353b Abs. 2 verpflichtet worden sind, sinngemäß.

§ 98 Landesverräterische Agententätigkeit. (1) [1] Wer
1. für eine fremde Macht eine Tätigkeit ausübt, die auf die Erlangung oder Mitteilung von Staatsgeheimnissen gerichtet ist, oder
2. gegenüber einer fremden Macht oder einem ihrer Mittelsmänner sich zu einer solchen Tätigkeit bereit erklärt,

wird mit Freiheitsstrafe bis zu fünf Jahren oder mit Geldstrafe bestraft, wenn die Tat nicht in § 94 oder § 96 Abs. 1 mit Strafe bedroht ist. [2] In besonders schweren Fällen ist die Strafe Freiheitsstrafe von einem Jahr bis zu zehn Jahren; § 94 Abs. 2 Satz 2 Nr. 1 gilt entsprechend.

(2) ¹Das Gericht kann die Strafe nach seinem Ermessen mildern (§ 49 Abs. 2) oder von einer Bestrafung nach diesen Vorschriften absehen, wenn der Täter freiwillig sein Verhalten aufgibt und sein Wissen einer Dienststelle offenbart. ²Ist der Täter in den Fällen des Absatzes 1 Satz 1 von der fremden Macht oder einem ihrer Mittelsmänner zu seinem Verhalten gedrängt worden, so wird er nach dieser Vorschrift nicht bestraft, wenn er freiwillig sein Verhalten aufgibt und sein Wissen unverzüglich einer Dienststelle offenbart.

§ 99 Geheimdienstliche Agententätigkeit. (1) Wer
1. für den Geheimdienst einer fremden Macht eine geheimdienstliche Tätigkeit gegen die Bundesrepublik Deutschland ausübt, die auf die Mitteilung oder Lieferung von Tatsachen, Gegenständen oder Erkenntnissen gerichtet ist, oder
2. gegenüber dem Geheimdienst einer fremden Macht oder einem seiner Mittelsmänner sich zu einer solchen Tätigkeit bereit erklärt,

wird mit Freiheitsstrafe bis zu fünf Jahren oder mit Geldstrafe bestraft, wenn die Tat nicht in § 94 oder § 96 Abs. 1, in § 97a oder in § 97b in Verbindung mit § 94 oder § 96 Abs. 1 mit Strafe bedroht ist.

(2) ¹In besonders schweren Fällen ist die Strafe Freiheitsstrafe von einem Jahr bis zu zehn Jahren. ²Ein besonders schwerer Fall liegt in der Regel vor, wenn der Täter Tatsachen, Gegenstände oder Erkenntnisse, die von einer amtlichen Stelle oder auf deren Veranlassung geheimgehalten werden, mitteilt oder liefert und wenn er
1. eine verantwortliche Stellung mißbraucht, die ihn zur Wahrung solcher Geheimnisse besonders verpflichtet, oder
2. durch die Tat die Gefahr eines schweren Nachteils für die Bundesrepublik Deutschland herbeiführt.

(3) § 98 Abs. 2 gilt entsprechend.

§ 100 Friedensgefährdende Beziehungen. (1) Wer als Deutscher, der seine Lebensgrundlage im räumlichen Geltungsbereich dieses Gesetzes hat, in der Absicht, einen Krieg oder ein bewaffnetes Unternehmen gegen die Bundesrepublik Deutschland herbeizuführen, zu einer Regierung, Vereinigung oder Einrichtung außerhalb des räumlichen Geltungsbereichs dieses Gesetzes oder zu einem ihrer Mittelsmänner Beziehungen aufnimmt oder unterhält, wird mit Freiheitsstrafe nicht unter einem Jahr bestraft.

(2) ¹In besonders schweren Fällen ist die Strafe lebenslange Freiheitsstrafe oder Freiheitsstrafe nicht unter fünf Jahren. ²Ein besonders schwerer Fall liegt in der Regel vor, wenn der Täter durch die Tat eine schwere Gefahr für den Bestand der Bundesrepublik Deutschland herbeiführt.

(3) In minder schweren Fällen ist die Strafe Freiheitsstrafe von einem Jahr bis zu fünf Jahren.

§ 100a Landesverräterische Fälschung. (1) Wer wider besseres Wissen gefälschte oder verfälschte Gegenstände, Nachrichten darüber oder unwahre Behauptungen tatsächlicher Art, die im Falle ihrer Echtheit oder Wahrheit für die äußere Sicherheit oder die Beziehungen der Bundesrepublik Deutschland zu einer fremden Macht von Bedeutung wären, an einen anderen gelangen läßt oder öffentlich bekanntmacht, um einer fremden Macht vorzutäuschen, daß es sich um echte Gegenstände oder um Tatsachen handele, und dadurch die Gefahr eines schweren Nachteils für die äußere Sicherheit oder die Beziehungen der Bundesrepublik Deutschland zu einer fremden Macht herbeiführt, wird mit Freiheitsstrafe von sechs Monaten bis zu fünf Jahren bestraft.

(2) Ebenso wird bestraft, wer solche Gegenstände durch Fälschung oder Verfälschung herstellt oder sie sich verschafft, um sie in der in Absatz 1 bezeichneten Weise zur Täuschung einer fremden Macht an einen anderen gelangen zu lassen oder öffentlich bekanntzumachen und dadurch die Gefahr eines schweren Nachteils für die äußere Sicherheit oder die Beziehungen der Bundesrepublik Deutschland zu einer fremden Macht herbeizuführen.

(3) Der Versuch ist strafbar.

(4) [1] In besonders schweren Fällen ist die Strafe Freiheitsstrafe nicht unter einem Jahr. [2] Ein besonders schwerer Fall liegt in der Regel vor, wenn der Täter durch die Tat einen besonders schweren Nachteil für die äußere Sicherheit oder die Beziehungen der Bundesrepublik Deutschland zu einer fremden Macht herbeiführt.

§ 101 Nebenfolgen.

Neben einer Freiheitsstrafe von mindestens sechs Monaten wegen einer vorsätzlichen Straftat nach diesem Abschnitt kann das Gericht die Fähigkeit, öffentliche Ämter zu bekleiden, die Fähigkeit, Rechte aus öffentlichen Wahlen zu erlangen, und das Recht, in öffentlichen Angelegenheiten zu wählen oder zu stimmen, aberkennen (§ 45 Abs. 2 und 5).

§ 101a[1]) Einziehung.

[1] Ist eine Straftat nach diesem Abschnitt begangen worden, so können

1. Gegenstände, die durch die Tat hervorgebracht oder zu ihrer Begehung oder Vorbereitung gebraucht worden oder bestimmt gewesen sind, und
2. Gegenstände, die Staatsgeheimnisse sind, und Gegenstände der in § 100a bezeichneten Art, auf die sich die Tat bezieht,

eingezogen werden. [2] § 74a ist anzuwenden. [3] Gegenstände der in Satz 1 Nr. 2 bezeichneten Art werden auch ohne die Voraussetzungen des § 74 Absatz 3 Satz 1 und des § 74b eingezogen, wenn dies erforderlich ist, um die Gefahr eines schweren Nachteils für die äußere Sicherheit der Bundesrepublik Deutschland abzuwenden; dies gilt auch dann, wenn der Täter ohne Schuld gehandelt hat.

Dritter Abschnitt. Straftaten gegen ausländische Staaten

§ 102 Angriff gegen Organe und Vertreter ausländischer Staaten.

(1) Wer einen Angriff auf Leib oder Leben eines ausländischen Staatsoberhaupts, eines Mitglieds einer ausländischen Regierung oder eines im Bundesgebiet beglaubigten Leiters einer ausländischen diplomatischen Vertretung begeht, während sich der Angegriffene in amtlicher Eigenschaft im Inland aufhält, wird mit Freiheitsstrafe bis zu fünf Jahren oder mit Geldstrafe, in besonders schweren Fällen mit Freiheitsstrafe nicht unter einem Jahr bestraft.

(2) Neben einer Freiheitsstrafe von mindestens sechs Monaten kann das Gericht die Fähigkeit, öffentliche Ämter zu bekleiden, die Fähigkeit, Rechte aus öffentlichen Wahlen zu erlangen, und das Recht, in öffentlichen Angelegenheiten zu wählen oder zu stimmen, aberkennen (§ 45 Abs. 2 und 5).

§ 103[2]) *(aufgehoben)*

---

[1]) § 101a Satz 3 geänd. mWv 1.7.2017 durch G v. 13.4.2017 (BGBl. I S. 872).
[2]) § 103 aufgeh. mWv 1.1.2018 durch G v. 17.7.2017 (BGBl. I S. 2439).

§ 104[1] **Verletzung von Flaggen und Hoheitszeichen ausländischer Staaten.** (1) ¹Wer eine auf Grund von Rechtsvorschriften oder nach anerkanntem Brauch öffentlich gezeigte Flagge eines ausländischen Staates oder wer ein Hoheitszeichen eines solchen Staates, das von einer anerkannten Vertretung dieses Staates öffentlich angebracht worden ist, entfernt, zerstört, beschädigt oder unkenntlich macht oder wer beschimpfenden Unfug daran verübt, wird mit Freiheitsstrafe bis zu zwei Jahren oder mit Geldstrafe bestraft. ²Ebenso wird bestraft, wer öffentlich die Flagge eines ausländischen Staates zerstört oder beschädigt und dadurch verunglimpft. ³Den in Satz 2 genannten Flaggen stehen solche gleich, die ihnen zum Verwechseln ähnlich sind.

(2) Der Versuch ist strafbar.

§ 104a[2] **Voraussetzungen der Strafverfolgung.** Straftaten nach diesem Abschnitt werden nur verfolgt, wenn die Bundesrepublik Deutschland zu dem anderen Staat diplomatische Beziehungen unterhält und ein Strafverlangen der ausländischen Regierung vorliegt.

Vierter Abschnitt. Straftaten gegen Verfassungsorgane sowie bei Wahlen und Abstimmungen

§ 105 Nötigung von Verfassungsorganen. (1) Wer

1. ein Gesetzgebungsorgan des Bundes oder eines Landes oder einen seiner Ausschüsse,
2. die Bundesversammlung oder einen ihrer Ausschüsse oder
3. die Regierung oder das Verfassungsgericht des Bundes oder eines Landes

rechtswidrig mit Gewalt oder durch Drohung mit Gewalt nötigt, ihre Befugnisse nicht oder in einem bestimmten Sinne auszuüben, wird mit Freiheitsstrafe von einem Jahr bis zu zehn Jahren bestraft.

(2) In minder schweren Fällen ist die Strafe Freiheitsstrafe von sechs Monaten bis zu fünf Jahren.

§ 106 Nötigung des Bundespräsidenten und von Mitgliedern eines Verfassungsorgans. (1) Wer

1. den Bundespräsidenten oder
2. ein Mitglied
   a) eines Gesetzgebungsorgans des Bundes oder eines Landes,
   b) der Bundesversammlung oder
   c) der Regierung oder des Verfassungsgerichts des Bundes oder eines Landes

rechtswidrig mit Gewalt oder durch Drohung mit einem empfindlichen Übel nötigt, seine Befugnisse nicht oder in einem bestimmten Sinne auszuüben, wird mit Freiheitsstrafe von drei Monaten bis zu fünf Jahren bestraft.

(2) Der Versuch ist strafbar.

(3) In besonders schweren Fällen ist die Strafe Freiheitsstrafe von einem Jahr bis zu zehn Jahren.

§ 106a[3] *(aufgehoben)*

---

[1] § 104 Abs. 1 Sätze 2 und 3 angef. mWv 24.6.2020 durch G v. 12.6.2020 (BGBl. I S. 1247).
[2] § 104a geänd. mWv 24.6.2020 durch G v. 12.6.2020 (BGBl. I S. 1247).
[3] § 106a aufgeh. durch G v. 11.8.1999 (BGBl. I S. 1818).

Straftaten gegen Verfassungsorgane §§ 106b–108 StGB 85

§ 106b **Störung der Tätigkeit eines Gesetzgebungsorgans.** (1) Wer gegen Anordnungen verstößt, die ein Gesetzgebungsorgan des Bundes oder eines Landes oder sein Präsident über die Sicherheit und Ordnung im Gebäude des Gesetzgebungsorgans oder auf dem dazugehörenden Grundstück allgemein oder im Einzelfall erläßt, und dadurch die Tätigkeit des Gesetzgebungsorgans hindert oder stört, wird mit Freiheitsstrafe bis zu einem Jahr oder mit Geldstrafe bestraft.

(2) Die Strafvorschrift des Absatzes 1 gilt bei Anordnungen eines Gesetzgebungsorgans des Bundes oder seines Präsidenten weder für die Mitglieder des Bundestages noch für die Mitglieder des Bundesrates und der Bundesregierung sowie ihre Beauftragten, bei Anordnungen eines Gesetzgebungsorgans eines Landes oder seines Präsidenten weder für die Mitglieder der Gesetzgebungsorgane dieses Landes noch für die Mitglieder der Landesregierung und ihre Beauftragten.

§ 107 **Wahlbehinderung.** (1) Wer mit Gewalt oder durch Drohung mit Gewalt eine Wahl oder die Feststellung ihres Ergebnisses verhindert oder stört, wird mit Freiheitsstrafe bis zu fünf Jahren oder mit Geldstrafe, in besonders schweren Fällen mit Freiheitsstrafe nicht unter einem Jahr bestraft.

(2) Der Versuch ist strafbar.

§ 107a[1]**) Wahlfälschung.** (1) [1] Wer unbefugt wählt oder sonst ein unrichtiges Ergebnis einer Wahl herbeiführt oder das Ergebnis verfälscht, wird mit Freiheitsstrafe bis zu fünf Jahren oder mit Geldstrafe bestraft. [2] Unbefugt wählt auch, wer im Rahmen zulässiger Assistenz entgegen der Wahlentscheidung des Wahlberechtigten oder ohne eine geäußerte Wahlentscheidung des Wahlberechtigten eine Stimme abgibt.

(2) Ebenso wird bestraft, wer das Ergebnis einer Wahl unrichtig verkündet oder verkünden läßt.

(3) Der Versuch ist strafbar.

§ 107b **Fälschung von Wahlunterlagen.** (1) Wer
1. seine Eintragung in die Wählerliste (Wahlkartei) durch falsche Angaben erwirkt,
2. einen anderen als Wähler einträgt, von dem er weiß, daß er keinen Anspruch auf Eintragung hat,
3. die Eintragung eines Wahlberechtigten als Wähler verhindert, obwohl er dessen Wahlberechtigung kennt,
4. sich als Bewerber für eine Wahl aufstellen läßt, obwohl er nicht wählbar ist,

wird mit Freiheitsstrafe bis zu sechs Monaten oder mit Geldstrafe bis zu einhundertachtzig Tagessätzen bestraft, wenn die Tat nicht in anderen Vorschriften mit schwererer Strafe bedroht ist.

(2) Der Eintragung in die Wählerliste als Wähler entspricht die Ausstellung der Wahlunterlagen für die Urwahlen in der Sozialversicherung.

§ 107c **Verletzung des Wahlgeheimnisses.** Wer einer dem Schutz des Wahlgeheimnisses dienenden Vorschrift in der Absicht zuwiderhandelt, sich oder einem anderen Kenntnis davon zu verschaffen, wie jemand gewählt hat, wird mit Freiheitsstrafe bis zu zwei Jahren oder mit Geldstrafe bestraft.

§ 108 **Wählernötigung.** (1) Wer rechtswidrig mit Gewalt, durch Drohung mit einem empfindlichen Übel, durch Mißbrauch eines beruflichen oder wirtschaftli-

---

[1]) § 107a Abs. 1 Satz 2 angef. mWv 1.7.2019 durch G v. 18.6.2019 (BGBl. I S. 834).

chen Abhängigkeitsverhältnisses oder durch sonstigen wirtschaftlichen Druck einen anderen nötigt oder hindert, zu wählen oder sein Wahlrecht in einem bestimmten Sinne auszuüben, wird mit Freiheitsstrafe bis zu fünf Jahren oder mit Geldstrafe, in besonders schweren Fällen mit Freiheitsstrafe von einem Jahr bis zu zehn Jahren bestraft.

(2) Der Versuch ist strafbar.

§ 108a Wählertäuschung. (1) Wer durch Täuschung bewirkt, daß jemand bei der Stimmabgabe über den Inhalt seiner Erklärung irrt oder gegen seinen Willen nicht oder ungültig wählt, wird mit Freiheitsstrafe bis zu zwei Jahren oder mit Geldstrafe bestraft.

(2) Der Versuch ist strafbar.

§ 108b Wählerbestechung. (1) Wer einem anderen dafür, daß er nicht oder in einem bestimmten Sinne wähle, Geschenke oder andere Vorteile anbietet, verspricht oder gewährt, wird mit Freiheitsstrafe bis zu fünf Jahren oder mit Geldstrafe bestraft.

(2) Ebenso wird bestraft, wer dafür, daß er nicht oder in einem bestimmten Sinne wähle, Geschenke oder andere Vorteile fordert, sich versprechen läßt oder annimmt.

§ 108c Nebenfolgen. Neben einer Freiheitsstrafe von mindestens sechs Monaten wegen einer Straftat nach den §§ 107, 107a, 108 und 108b kann das Gericht die Fähigkeit, Rechte aus öffentlichen Wahlen zu erlangen, und das Recht, in öffentlichen Angelegenheiten zu wählen oder zu stimmen, aberkennen (§ 45 Abs. 2 und 5).

§ 108d[1] Geltungsbereich. [1]Die §§ 107 bis 108c gelten für Wahlen zu den Volksvertretungen, für die Wahl der Abgeordneten des Europäischen Parlaments, für sonstige Wahlen und Abstimmungen des Volkes im Bund, in den Ländern, in kommunalen Gebietskörperschaften, für Wahlen und Abstimmungen in Teilgebieten eines Landes oder einer kommunalen Gebietskörperschaft sowie für Urwahlen in der Sozialversicherung. [2]Einer Wahl und Abstimmung steht das Unterschreiben eines Wahlvorschlags oder das Unterschreiben für ein Volksbegehren gleich.

§ 108e[2] Bestechlichkeit und Bestechung von Mandatsträgern. (1) Wer als Mitglied einer Volksvertretung des Bundes oder der Länder einen ungerechtfertigten Vorteil für sich oder einen Dritten als Gegenleistung dafür fordert, sich versprechen lässt oder annimmt, dass er bei der Wahrnehmung seines Mandates eine Handlung im Auftrag oder auf Weisung vornehme oder unterlasse, wird mit Freiheitsstrafe von einem Jahr bis zu zehn Jahren, in minder schweren Fällen mit Freiheitsstrafe von sechs Monaten bis zu fünf Jahren bestraft.

(2) Ebenso wird bestraft, wer einem Mitglied einer Volksvertretung des Bundes oder der Länder einen ungerechtfertigten Vorteil für dieses Mitglied oder einen Dritten als Gegenleistung dafür anbietet, verspricht oder gewährt, dass es bei der Wahrnehmung seines Mandates eine Handlung im Auftrag oder auf Weisung vornehme oder unterlasse.

---

[1] § 108d Satz 1 neu gef. mWv 1.9.2014 durch G v. 23.4.2014 (BGBl. I S. 410).
[2] § 108e neu gef. mWv 1.9.2014 durch G v. 23.4.2014 (BGBl. I S. 410); Abs. 1 geänd. mWv 19.10.2021 durch G v. 8.10.2021 (BGBl. I S. 4650).

(3) Den in den Absätzen 1 und 2 genannten Mitgliedern gleich stehen Mitglieder
1. einer Volksvertretung einer kommunalen Gebietskörperschaft,
2. eines in unmittelbarer und allgemeiner Wahl gewählten Gremiums einer für ein Teilgebiet eines Landes oder einer kommunalen Gebietskörperschaft gebildeten Verwaltungseinheit,
3. der Bundesversammlung,
4. des Europäischen Parlaments,
5. einer parlamentarischen Versammlung einer internationalen Organisation und
6. eines Gesetzgebungsorgans eines ausländischen Staates.

(4) [1] Ein ungerechtfertigter Vorteil liegt insbesondere nicht vor, wenn die Annahme des Vorteils im Einklang mit den für die Rechtsstellung des Mitglieds maßgeblichen Vorschriften steht. [2] Keinen ungerechtfertigten Vorteil stellen dar
1. ein politisches Mandat oder eine politische Funktion sowie
2. eine nach dem Parteiengesetz[1]) oder entsprechenden Gesetzen zulässige Spende.

(5) Neben einer Freiheitsstrafe von mindestens sechs Monaten kann das Gericht die Fähigkeit, Rechte aus öffentlichen Wahlen zu erlangen, und das Recht, in öffentlichen Angelegenheiten zu wählen oder zu stimmen, aberkennen.

Fünfter Abschnitt. Straftaten gegen die Landesverteidigung

§ 109 Wehrpflichtentziehung durch Verstümmelung. (1) Wer sich oder einen anderen mit dessen Einwilligung durch Verstümmelung oder auf andere Weise zur Erfüllung der Wehrpflicht untauglich macht oder machen läßt, wird mit Freiheitsstrafe von drei Monaten bis zu fünf Jahren bestraft.

(2) Führt der Täter die Untauglichkeit nur für eine gewisse Zeit oder für eine einzelne Art der Verwendung herbei, so ist die Strafe Freiheitsstrafe bis zu fünf Jahren oder Geldstrafe.

(3) Der Versuch ist strafbar.

§ 109a Wehrpflichtentziehung durch Täuschung. (1) Wer sich oder einen anderen durch arglistige, auf Täuschung berechnete Machenschaften der Erfüllung der Wehrpflicht dauernd oder für eine gewisse Zeit, ganz oder für eine einzelne Art der Verwendung entzieht, wird mit Freiheitsstrafe bis zu fünf Jahren oder mit Geldstrafe bestraft.

(2) Der Versuch ist strafbar.

§§ 109b und 109c (weggefallen)

§ 109d Störpropaganda gegen die Bundeswehr. (1) Wer unwahre oder gröblich entstellte Behauptungen tatsächlicher Art, deren Verbreitung geeignet ist, die Tätigkeit der Bundeswehr zu stören, wider besseres Wissen zum Zwecke der Verbreitung aufstellt oder solche Behauptungen in Kenntnis ihrer Unwahrheit verbreitet, um die Bundeswehr in der Erfüllung ihrer Aufgabe der Landesverteidigung zu behindern, wird mit Freiheitsstrafe bis zu fünf Jahren oder mit Geldstrafe bestraft.

(2) Der Versuch ist strafbar.

---

[1]) Sartorius Nr. 58.

§ 109e Sabotagehandlungen an Verteidigungsmitteln. (1) Wer ein Wehrmittel oder eine Einrichtung oder Anlage, die ganz oder vorwiegend der Landesverteidigung oder dem Schutz der Zivilbevölkerung gegen Kriegsgefahren dient, unbefugt zerstört, beschädigt, verändert, unbrauchbar macht oder beseitigt und dadurch die Sicherheit der Bundesrepublik Deutschland, die Schlagkraft der Truppe oder Menschenleben gefährdet, wird mit Freiheitsstrafe von drei Monaten bis zu fünf Jahren bestraft.

(2) Ebenso wird bestraft, wer wissentlich einen solchen Gegenstand oder den dafür bestimmten Werkstoff fehlerhaft herstellt oder liefert und dadurch wissentlich die in Absatz 1 bezeichnete Gefahr herbeiführt.

(3) Der Versuch ist strafbar.

(4) In besonders schweren Fällen ist die Strafe Freiheitsstrafe von einem Jahr bis zu zehn Jahren.

(5) Wer die Gefahr in den Fällen des Absatzes 1 fahrlässig, in den Fällen des Absatzes 2 nicht wissentlich, aber vorsätzlich oder fahrlässig herbeiführt, wird mit Freiheitsstrafe bis zu fünf Jahren oder mit Geldstrafe bestraft, wenn die Tat nicht in anderen Vorschriften mit schwererer Strafe bedroht ist.

§ 109f Sicherheitsgefährdender Nachrichtendienst. (1) [1]Wer für eine Dienststelle, eine Partei oder eine andere Vereinigung außerhalb des räumlichen Geltungsbereichs dieses Gesetzes, für eine verbotene Vereinigung oder für einen ihrer Mittelsmänner
1. Nachrichten über Angelegenheiten der Landesverteidigung sammelt,
2. einen Nachrichtendienst betreibt, der Angelegenheiten der Landesverteidigung zum Gegenstand hat, oder
3. für eine dieser Tätigkeiten anwirbt oder sie unterstützt

und dadurch Bestrebungen dient, die gegen die Sicherheit der Bundesrepublik Deutschland oder die Schlagkraft der Truppe gerichtet sind, wird mit Freiheitsstrafe bis zu fünf Jahren oder mit Geldstrafe bestraft, wenn die Tat nicht in anderen Vorschriften mit schwererer Strafe bedroht ist. [2]Ausgenommen ist eine zur Unterrichtung der Öffentlichkeit im Rahmen der üblichen Presse- oder Funkberichterstattung ausgeübte Tätigkeit.

(2) Der Versuch ist strafbar.

§ 109g Sicherheitsgefährdendes Abbilden. (1) Wer von einem Wehrmittel, einer militärischen Einrichtung oder Anlage oder einem militärischen Vorgang eine Abbildung oder Beschreibung anfertigt oder eine solche Abbildung oder Beschreibung an einen anderen gelangen läßt und dadurch wissentlich die Sicherheit der Bundesrepublik Deutschland oder die Schlagkraft der Truppe gefährdet, wird mit Freiheitsstrafe bis zu fünf Jahren oder mit Geldstrafe bestraft.

(2) Wer von einem Luftfahrzeug aus eine Lichtbildaufnahme von einem Gebiet oder Gegenstand im räumlichen Geltungsbereich dieses Gesetzes anfertigt oder eine solche Aufnahme oder eine danach hergestellte Abbildung an einen anderen gelangen läßt und dadurch wissentlich die Sicherheit der Bundesrepublik Deutschland oder die Schlagkraft der Truppe gefährdet, wird mit Freiheitsstrafe bis zu zwei Jahren oder mit Geldstrafe bestraft, wenn die Tat nicht in Absatz 1 mit Strafe bedroht ist.

(3) Der Versuch ist strafbar.

(4) [1]Wer in den Fällen des Absatzes 1 die Abbildung oder Beschreibung an einen anderen gelangen läßt und dadurch die Gefahr nicht wissentlich, aber vor-

sätzlich oder leichtfertig herbeiführt, wird mit Freiheitsstrafe bis zu zwei Jahren oder mit Geldstrafe bestraft. ²Die Tat ist jedoch nicht strafbar, wenn der Täter mit Erlaubnis der zuständigen Dienststelle gehandelt hat.

§ 109h Anwerben für fremden Wehrdienst. (1) Wer zugunsten einer ausländischen Macht einen Deutschen zum Wehrdienst in einer militärischen oder militärähnlichen Einrichtung anwirbt oder ihren Werbern oder dem Wehrdienst einer solchen Einrichtung zuführt, wird mit Freiheitsstrafe von drei Monaten bis zu fünf Jahren bestraft.

(2) Der Versuch ist strafbar.

§ 109i Nebenfolgen. Neben einer Freiheitsstrafe von mindestens einem Jahr wegen einer Straftat nach den §§ 109e und 109f kann das Gericht die Fähigkeit, öffentliche Ämter zu bekleiden, die Fähigkeit, Rechte aus öffentlichen Wahlen zu erlangen, und das Recht, in öffentlichen Angelegenheiten zu wählen oder zu stimmen, aberkennen (§ 45 Abs. 2 und 5).

§ 109k[1] Einziehung. ¹Ist eine Straftat nach den §§ 109d bis 109g begangen worden, so können
1. Gegenstände, die durch die Tat hervorgebracht oder zu ihrer Begehung oder Vorbereitung gebraucht worden oder bestimmt gewesen sind, und
2. Abbildungen, Beschreibungen und Aufnahmen, auf die sich eine Straftat nach § 109g bezieht,

eingezogen werden. ² § 74a ist anzuwenden. ³Gegenstände der in Satz 1 Nr. 2 bezeichneten Art werden auch ohne die Voraussetzungen des § 74 Absatz 3 Satz 1 und des § 74b eingezogen, wenn das Interesse der Landesverteidigung es erfordert; dies gilt auch dann, wenn der Täter ohne Schuld gehandelt hat.

Sechster Abschnitt. Widerstand gegen die Staatsgewalt

§ 110 (weggefallen)

§ 111[2] Öffentliche Aufforderung zu Straftaten. (1) Wer öffentlich, in einer Versammlung oder durch Verbreiten eines Inhalts (§ 11 Absatz 3) zu einer rechtswidrigen Tat auffordert, wird wie ein Anstifter (§ 26) bestraft.

(2) ¹Bleibt die Aufforderung ohne Erfolg, so ist die Strafe Freiheitsstrafe bis zu fünf Jahren oder Geldstrafe. ²Die Strafe darf nicht schwerer sein als die, die für den Fall angedroht ist, daß die Aufforderung Erfolg hat (Absatz 1); § 49 Abs. 1 Nr. 2 ist anzuwenden.

§ 112 (weggefallen)

§ 113[3] Widerstand gegen Vollstreckungsbeamte. (1) Wer einem Amtsträger oder Soldaten der Bundeswehr, der zur Vollstreckung von Gesetzen, Rechtsverordnungen, Urteilen, Gerichtsbeschlüssen oder Verfügungen berufen ist, bei der Vornahme einer solchen Diensthandlung mit Gewalt oder durch Drohung mit

---

[1] § 109k Satz 3 geänd. mWv 1.7.2017 durch G v. 13.4.2017 (BGBl. I S. 872).
[2] § 111 Abs. 1 geänd. mWv 1.1.2021 durch G v. 30.11.2020 (BGBl. I S. 2600).
[3] § 113 Abs. 2 Satz 2 Nr. 1 geänd. mWv 5.11.2011 durch G v. 1.11.2011 (BGBl. I S. 2130); Abs. 1 geänd., Abs. 2 Satz 2 Nr. 1 und 2 geänd., Nr. 3 angef. mWv 30.5.2017 durch G v. 23.5.2017 (BGBl. I S. 1226).

Gewalt Widerstand leistet, wird mit Freiheitsstrafe bis zu drei Jahren oder mit Geldstrafe bestraft.

(2) [1] In besonders schweren Fällen ist die Strafe Freiheitsstrafe von sechs Monaten bis zu fünf Jahren. [2] Ein besonders schwerer Fall liegt in der Regel vor, wenn
1. der Täter oder ein anderer Beteiligter eine Waffe oder ein anderes gefährliches Werkzeug bei sich führt,
2. der Täter durch eine Gewalttätigkeit den Angegriffenen in die Gefahr des Todes oder einer schweren Gesundheitsschädigung bringt oder
3. die Tat mit einem anderen Beteiligten gemeinschaftlich begangen wird.

(3) [1] Die Tat ist nicht nach dieser Vorschrift strafbar, wenn die Diensthandlung nicht rechtmäßig ist. [2] Dies gilt auch dann, wenn der Täter irrig annimmt, die Diensthandlung sei rechtmäßig.

(4) [1] Nimmt der Täter bei Begehung der Tat irrig an, die Diensthandlung sei nicht rechtmäßig, und konnte er den Irrtum vermeiden, so kann das Gericht die Strafe nach seinem Ermessen mildern (§ 49 Abs. 2) oder bei geringer Schuld von einer Bestrafung nach dieser Vorschrift absehen. [2] Konnte der Täter den Irrtum nicht vermeiden und war ihm nach den ihm bekannten Umständen auch nicht zuzumuten, sich mit Rechtsbehelfen gegen die vermeintlich rechtswidrige Diensthandlung zu wehren, so ist die Tat nicht nach dieser Vorschrift strafbar; war ihm dies zuzumuten, so kann das Gericht die Strafe nach seinem Ermessen mildern (§ 49 Abs. 2) oder von einer Bestrafung nach dieser Vorschrift absehen.

§ 114[1)] **Tätlicher Angriff auf Vollstreckungsbeamte.** (1) Wer einen Amtsträger oder Soldaten der Bundeswehr, der zur Vollstreckung von Gesetzen, Rechtsverordnungen, Urteilen, Gerichtsbeschlüssen oder Verfügungen berufen ist, bei einer Diensthandlung tätlich angreift, wird mit Freiheitsstrafe von drei Monaten bis zu fünf Jahren bestraft.

(2) § 113 Absatz 2 gilt entsprechend.

(3) § 113 Absatz 3 und 4 gilt entsprechend, wenn die Diensthandlung eine Vollstreckungshandlung im Sinne des § 113 Absatz 1 ist.

§ 115[2)] **Widerstand gegen oder tätlicher Angriff auf Personen, die Vollstreckungsbeamten gleichstehen.** (1) Zum Schutz von Personen, die die Rechte und Pflichten eines Polizeibeamten haben oder Ermittlungspersonen der Staatsanwaltschaft sind, ohne Amtsträger zu sein, gelten die §§ 113 und 114 entsprechend.

(2) Zum Schutz von Personen, die zur Unterstützung bei der Diensthandlung hinzugezogen sind, gelten die §§ 113 und 114 entsprechend.

(3) [1] Nach § 113 wird auch bestraft, wer bei Unglücksfällen, gemeiner Gefahr oder Not Hilfeleistende der Feuerwehr, des Katastrophenschutzes, eines Rettungsdienstes, eines ärztlichen Notdienstes oder einer Notaufnahme durch Gewalt oder durch Drohung mit Gewalt behindert. [2] Nach § 114 wird bestraft, wer die Hilfeleistenden in diesen Situationen tätlich angreift.

§§ 116 bis 119 (weggefallen)

[1)] § 114 eingef. mWv 30.5.2017 durch G v. 23.5.2017 (BGBl. I S. 1226).
[2)] Bish. § 114 wird § 115 und neu gef. mWv 30.5.2017 durch G v. 23.5.2017 (BGBl. I S. 1226); Abs. 3 Satz 1 geänd. mWv 3.4.2021 durch G v. 30.3.2021 (BGBl. I S. 441, geänd. durch G v. 30.3.2021, BGBl. I S. 448).

§ 120 Gefangenenbefreiung. (1) Wer einen Gefangenen befreit, ihn zum Entweichen verleitet oder dabei fördert, wird mit Freiheitsstrafe bis zu drei Jahren oder mit Geldstrafe bestraft.

(2) Ist der Täter als Amtsträger oder als für den öffentlichen Dienst besonders Verpflichteter gehalten, das Entweichen des Gefangenen zu verhindern, so ist die Strafe Freiheitsstrafe bis zu fünf Jahren oder Geldstrafe.

(3) Der Versuch ist strafbar.

(4) Einem Gefangenen im Sinne der Absätze 1 und 2 steht gleich, wer sonst auf behördliche Anordnung in einer Anstalt verwahrt wird.

§ 121[1]) **Gefangenenmeuterei.** (1) Gefangene, die sich zusammenrotten und mit vereinten Kräften

1. einen Anstaltsbeamten, einen anderen Amtsträger oder einen mit ihrer Beaufsichtigung, Betreuung oder Untersuchung Beauftragten nötigen (§ 240) oder tätlich angreifen,
2. gewaltsam ausbrechen oder
3. gewaltsam einem von ihnen oder einem anderen Gefangenen zum Ausbruch verhelfen,

werden mit Freiheitsstrafe von drei Monaten bis zu fünf Jahren bestraft.

(2) Der Versuch ist strafbar.

(3) [1] In besonders schweren Fällen wird die Meuterei mit Freiheitsstrafe von sechs Monaten bis zu zehn Jahren bestraft. [2] Ein besonders schwerer Fall liegt in der Regel vor, wenn der Täter oder ein anderer Beteiligter

1. eine Schußwaffe bei sich führt,
2. eine andere Waffe oder ein anderes gefährliches Werkzeug bei sich führt, um diese oder dieses bei der Tat zu verwenden, oder
3. durch eine Gewalttätigkeit einen anderen in die Gefahr des Todes oder einer schweren Gesundheitsschädigung bringt.

(4) Gefangener im Sinne der Absätze 1 bis 3 ist auch, wer in der Sicherungsverwahrung untergebracht ist.

§ 122 (weggefallen)

Siebenter Abschnitt. Straftaten gegen die öffentliche Ordnung

§ 123 Hausfriedensbruch. (1) Wer in die Wohnung, in die Geschäftsräume oder in das befriedete Besitztum eines anderen oder in abgeschlossene Räume, welche zum öffentlichen Dienst oder Verkehr bestimmt sind, widerrechtlich eindringt, oder wer, wenn er ohne Befugnis darin verweilt, auf die Aufforderung des Berechtigten sich nicht entfernt, wird mit Freiheitsstrafe bis zu einem Jahr oder mit Geldstrafe bestraft.

(2) Die Tat wird nur auf Antrag verfolgt.

§ 124 Schwerer Hausfriedensbruch. Wenn sich eine Menschenmenge öffentlich zusammenrottet und in der Absicht, Gewalttätigkeiten gegen Personen oder Sachen mit vereinten Kräften zu begehen, in die Wohnung, in die Geschäftsräume oder in das befriedete Besitztum eines anderen oder in abgeschlossene Räume, welche zum öffentlichen Dienst bestimmt sind, widerrechtlich eindringt, so wird

---

[1]) § 121 Abs. 3 Satz 2 Nr. 2 geänd. mWv 5.11.2011 durch G v. 1.11.2011 (BGBl. I S. 2130).

jeder, welcher an diesen Handlungen teilnimmt, mit Freiheitsstrafe bis zu zwei Jahren oder mit Geldstrafe bestraft.

§ 125[1] Landfriedensbruch. (1) Wer sich an
1. Gewalttätigkeiten gegen Menschen oder Sachen oder
2. Bedrohungen von Menschen mit einer Gewalttätigkeit,

die aus einer Menschenmenge in einer die öffentliche Sicherheit gefährdenden Weise mit vereinten Kräften begangen werden, als Täter oder Teilnehmer beteiligt oder wer auf die Menschenmenge einwirkt, um ihre Bereitschaft zu solchen Handlungen zu fördern, wird mit Freiheitsstrafe bis zu drei Jahren oder mit Geldstrafe bestraft.

(2) ¹Soweit die in Absatz 1 Nr. 1, 2 bezeichneten Handlungen in § 113 mit Strafe bedroht sind, gilt § 113 Abs. 3, 4 sinngemäß. ²Dies gilt auch in Fällen des § 114, wenn die Diensthandlung eine Vollstreckungshandlung im Sinne des § 113 Absatz 1 ist.

§ 125a[2] Besonders schwerer Fall des Landfriedensbruchs. ¹In besonders schweren Fällen des § 125 Abs. 1 ist die Strafe Freiheitsstrafe von sechs Monaten bis zu zehn Jahren. ²Ein besonders schwerer Fall liegt in der Regel vor, wenn der Täter
1. eine Schußwaffe bei sich führt,
2. eine andere Waffe oder ein anderes gefährliches Werkzeug bei sich führt,
3. durch eine Gewalttätigkeit einen anderen in die Gefahr des Todes oder einer schweren Gesundheitsschädigung bringt oder
4. plündert oder bedeutenden Schaden an fremden Sachen anrichtet.

§ 126[3] Störung des öffentlichen Friedens durch Androhung von Straftaten. (1) Wer in einer Weise, die geeignet ist, den öffentlichen Frieden zu stören,
1. einen der in § 125a Satz 2 Nr. 1 bis 4 bezeichneten Fälle des Landfriedensbruchs,
2. eine Straftat gegen die sexuelle Selbstbestimmung in den Fällen des § 177 Absatz 4 bis 8 oder des § 178,
3. einen Mord (§ 211), Totschlag (§ 212) oder Völkermord (§ 6 des Völkerstrafgesetzbuches[4]) oder ein Verbrechen gegen die Menschlichkeit (§ 7 des Völkerstrafgesetzbuches) oder ein Kriegsverbrechen (§§ 8, 9, 10, 11 oder 12 des Völkerstrafgesetzbuches),
4. eine gefährliche Körperverletzung (§ 224) oder eine schwere Körperverletzung (§ 226),
5. eine Straftat gegen die persönliche Freiheit in den Fällen des § 232 Absatz 3 Satz 2, des § 232a Absatz 3, 4 oder 5, des § 232b Absatz 3 oder 4, des § 233a

---

[1] § 125 Abs. 1 abschl. Satzteil geänd., Abs. 2 Satz 2 angef. mWv 30.5.2017 durch G v. 23.5.2017 (BGBl. I S. 1226).
[2] § 125a Satz 2 Nr. 2 geänd. mWv 5.11.2011 durch G v. 1.11.2011 (BGBl. I S. 2130); Satz 2 Nr. 2 geänd. mWv 30.5.2017 durch G v. 23.5.2017 (BGBl. I S. 1226).
[3] § 126 Abs. 1 Nr. 2 geänd. mWv 30.6.2002 durch G v. 26.6.2002 (BGBl. I S. 2254); Abs. 1 Nr. 4 geänd. mWv 19.2.2005 durch G v. 11.2.2005 (BGBl. I S. 239); Abs. 1 Nr. 4 geänd. mWv 15.10.2016 durch G v. 11.10.2016 (BGBl. I S. 2226); Abs. 1 Nr. 2 eingef., bish. Nr. 3–7 werden Nr. 4–8, neue Nr. 4 geänd. mWv 3.4.2021 durch G v. 30.3.2021 (BGBl. I S. 441, geänd. durch G v. 30.3.2021, BGBl. I S. 448).
[4] Habersack, Deutsche Gesetze ErgBd. Nr. 85g.

Absatz 3 oder 4, jeweils soweit es sich um Verbrechen handelt, der §§ 234, 234a, 239a oder 239b,
6. einen Raub oder eine räuberische Erpressung (§§ 249 bis 251 oder 255),
7. ein gemeingefährliches Verbrechen in den Fällen der §§ 306 bis 306c oder 307 Abs. 1 bis 3, des § 308 Abs. 1 bis 3, des § 309 Abs. 1 bis 4, der §§ 313, 314 oder 315 Abs. 3, des § 315b Abs. 3, des § 316a Abs. 1 oder 3, des § 316c Abs. 1 oder 3 oder des § 318 Abs. 3 oder 4 oder
8. ein gemeingefährliches Vergehen in den Fällen des § 309 Abs. 6, des § 311 Abs. 1, des § 316b Abs. 1, des § 317 Abs. 1 oder des § 318 Abs. 1
androht, wird mit Freiheitsstrafe bis zu drei Jahren oder mit Geldstrafe bestraft.

(2) Ebenso wird bestraft, wer in einer Weise, die geeignet ist, den öffentlichen Frieden zu stören, wider besseres Wissen vortäuscht, die Verwirklichung einer der in Absatz 1 genannten rechtswidrigen Taten stehe bevor.

§ 126a[1] **Gefährdendes Verbreiten personenbezogener Daten.** (1) Wer öffentlich, in einer Versammlung oder durch Verbreiten eines Inhalts (§ 11 Absatz 3) personenbezogene Daten einer anderen Person in einer Art und Weise verbreitet, die geeignet und nach den Umständen bestimmt ist, diese Person oder eine ihr nahestehende Person der Gefahr
1. eines gegen sie gerichteten Verbrechens oder
2. einer gegen sie gerichteten sonstigen rechtswidrigen Tat gegen die sexuelle Selbstbestimmung, die körperliche Unversehrtheit, die persönliche Freiheit oder gegen eine Sache von bedeutendem Wert
auszusetzen, wird mit Freiheitsstrafe bis zu zwei Jahren oder mit Geldstrafe bestraft.

(2) Handelt es sich um nicht allgemein zugängliche Daten, so ist die Strafe Freiheitsstrafe bis zu drei Jahren oder Geldstrafe.

(3) § 86 Absatz 4 gilt entsprechend.

§ 127[2] **Betreiben krimineller Handelsplattformen im Internet.**
(1) ¹ Wer eine Handelsplattform im Internet betreibt, deren Zweck darauf ausgerichtet ist, die Begehung von rechtswidrigen Taten zu ermöglichen oder zu fördern, wird mit Freiheitsstrafe bis zu fünf Jahren oder mit Geldstrafe bestraft, wenn die Tat nicht in anderen Vorschriften mit schwererer Strafe bedroht ist. ² Rechtswidrige Taten im Sinne des Satzes 1 sind
1. Verbrechen,
2. Vergehen nach
   a) den §§ 86, 86a, 91, 130, 147 und 148 Absatz 1 Nummer 3, den §§ 149, 152a und 176a Absatz 2, § 176b Absatz 2, § 180 Absatz 2, § 184b Absatz 1 Satz 2, § 184c Absatz 1, § 184l Absatz 1 und 3, den §§ 202a, 202b, 202c, 202d, 232 und 232a Absatz 1, 2, 5 und 6, nach § 232b Absatz 1, 2 und 4 in Verbindung mit § 232a Absatz 5, nach den §§ 233, 233a, 236, 259 und 260, nach § 261 Absatz 1 und 2 unter den in § 261 Absatz 5 Satz 2 genannten Voraussetzungen sowie nach den §§ 263, 263a, 267, 269, 275, 276, 303a und 303b,
   b) § 4 Absatz 1 bis 3 des Anti-Doping-Gesetzes,

---

[1] § 126a eingef. mWv 22.9.2021 durch G v. 14.9.2021 (BGBl. I S. 4250).
[2] § 127 eingef. mWv 1.10.2021 durch G v. 12.8.2021 (BGBl. I S. 3544).

c) § 29 Absatz 1 Satz 1 Nummer 1, auch in Verbindung mit Absatz 6, sowie Absatz 2 und 3 des Betäubungsmittelgesetzes[1],
d) § 19 Absatz 1 bis 3 des Grundstoffüberwachungsgesetzes,
e) § 4 Absatz 1 und 2 des Neue-psychoaktive-Stoffe-Gesetzes,
f) § 95 Absatz 1 bis 3 des Arzneimittelgesetzes[2],
g) § 52 Absatz 1 Nummer 1 und 2 Buchstabe b und c, Absatz 2 und 3 Nummer 1 und 7 sowie Absatz 5 und 6 des Waffengesetzes[3],
h) § 40 Absatz 1 bis 3 des Sprengstoffgesetzes[4],
i) § 13 des Ausgangsstoffgesetzes,
j) § 83 Absatz 1 Nummer 4 und 5 sowie Absatz 4 des Kulturgutschutzgesetzes,
k) den §§ 143, 143a und 144 des Markengesetzes[5] sowie
l) den §§ 51 und 65 des Designgesetzes[6].

(2) Handelsplattform im Internet im Sinne dieser Vorschrift ist jede virtuelle Infrastruktur im frei zugänglichen wie im durch technische Vorkehrungen zugangsbeschränkten Bereich des Internets, die Gelegenheit bietet, Menschen, Waren, Dienstleistungen oder Inhalte (§ 11 Absatz 3) anzubieten oder auszutauschen.

(3) Mit Freiheitsstrafe von sechs Monaten bis zu zehn Jahren wird bestraft, wer im Fall des Absatzes 1 gewerbsmäßig oder als Mitglied einer Bande handelt, die sich zur fortgesetzten Begehung solcher Taten verbunden hat.

(4) Mit Freiheitsstrafe von einem Jahr bis zu zehn Jahren wird bestraft, wer bei der Begehung einer Tat nach Absatz 1 beabsichtigt oder weiß, dass die Handelsplattform im Internet den Zweck hat, Verbrechen zu ermöglichen oder zu fördern.

§ 128[7] **Bildung bewaffneter Gruppen.** Wer unbefugt eine Gruppe, die über Waffen oder andere gefährliche Werkzeuge verfügt, bildet oder befehligt oder wer sich einer solchen Gruppe anschließt, sie mit Waffen oder Geld versorgt oder sonst unterstützt, wird mit Freiheitsstrafe bis zu zwei Jahren oder mit Geldstrafe bestraft.

§ 129[8] **Bildung krimineller Vereinigungen.** (1) ¹Mit Freiheitsstrafe bis zu fünf Jahren oder mit Geldstrafe wird bestraft, wer eine Vereinigung gründet oder sich an einer Vereinigung als Mitglied beteiligt, deren Zweck oder Tätigkeit auf die Begehung von Straftaten gerichtet ist, die im Höchstmaß mit Freiheitsstrafe von mindestens zwei Jahren bedroht sind. ²Mit Freiheitsstrafe bis zu drei Jahren oder mit Geldstrafe wird bestraft, wer eine solche Vereinigung unterstützt oder für sie um Mitglieder oder Unterstützer wirbt.

---

[1] **Habersack, Deutsche Gesetze ErgBd. Nr. 86.**
[2] **Sartorius ErgBd. Nr. 272.**
[3] **Sartorius Nr. 820.**
[4] **Sartorius ErgBd. Nr. 822.**
[5] Nr. 72.
[6] **Habersack, Deutsche Gesetze ErgBd. Nr. 69.**
[7] § 127 eingef., bish. § 127 wird § 128 mWv 1.10.2021 durch G v. 12.8.2021 (BGBl. I S. 3544).
[8] § 129 Abs. 1 geänd. mWv 30.8.2002 durch G v. 22.8.2002 (BGBl. I S. 3390); Abs. 4 geänd. mWv 1.7.2005 durch G v. 24.6.2005 (BGBl. I S. 1841); Abs. 1 neu gef., Abs. 2 eingef., bish. Abs. 2 wird Abs. 3, bish. Abs. 3 wird Abs. 4 und geänd., bish. Abs. 4 wird Abs. 5 und neu gef., bish. Abs. 5 wird Abs. 6 und geänd., bish. Abs. 6 wird Abs. 7 mWv 22.7.2017 durch G v. 17.7.2017 (BGBl. I S. 2440); Abs. 5 Satz 3 geänd. mWv 24.8.2017 durch G v. 17.8.2017 (BGBl. I S. 3202, Nr. 5 geänd.; Abs. 5 Satz 3 geänd. mWv 1.7.2021 durch G v. 25.6.2021 (BGBl. I S. 2099); Abs. 5 Satz 3 geänd. mWv 1.10.2021 durch G v. 12.8. 2021 (BGBl. I S. 3544) (aufgrund der vorhergehenden Änd. teilweise nicht ausführbar).

Straftaten gegen die öffentliche Ordnung § 129a StGB

(2) Eine Vereinigung ist ein auf längere Dauer angelegter, von einer Festlegung von Rollen der Mitglieder, der Kontinuität der Mitgliedschaft und der Ausprägung der Struktur unabhängiger organisierter Zusammenschluss von mehr als zwei Personen zur Verfolgung eines übergeordneten gemeinsamen Interesses.

(3) Absatz 1 ist nicht anzuwenden,
1. wenn die Vereinigung eine politische Partei ist, die das Bundesverfassungsgericht nicht für verfassungswidrig erklärt hat,
2. wenn die Begehung von Straftaten nur ein Zweck oder eine Tätigkeit von untergeordneter Bedeutung ist oder
3. soweit die Zwecke oder die Tätigkeit der Vereinigung Straftaten nach den §§ 84 bis 87 betreffen.

(4) Der Versuch, eine in Absatz 1 Satz 1 und Absatz 2 bezeichnete Vereinigung zu gründen, ist strafbar.

(5) [1]In besonders schweren Fällen des Absatzes 1 Satz 1 ist auf Freiheitsstrafe von sechs Monaten bis zu fünf Jahren zu erkennen. [2]Ein besonders schwerer Fall liegt in der Regel vor, wenn der Täter zu den Rädelsführern oder Hintermännern der Vereinigung gehört. [3]In den Fällen des Absatzes 1 Satz 1 ist auf Freiheitsstrafe von sechs Monaten bis zu zehn Jahren zu erkennen, wenn der Zweck oder die Tätigkeit der Vereinigung darauf gerichtet ist, in § 100b Absatz 2 Nummer 1 Buchstabe a, c, d, e und g bis n[1)], Nummer 2 bis 8 und 10 der Strafprozessordnung[2)] genannte Straftaten mit Ausnahme der in § 100b Absatz 2 Nummer 1 Buchstabe h der Strafprozessordnung genannten Straftaten nach den §§ 239a und 239b des Strafgesetzbuches zu begehen.

(6) Das Gericht kann bei Beteiligten, deren Schuld gering und deren Mitwirkung von untergeordneter Bedeutung ist, von einer Bestrafung nach den Absätzen 1 und 4 absehen.

(7) Das Gericht kann die Strafe nach seinem Ermessen mildern (§ 49 Abs. 2) oder von einer Bestrafung nach diesen Vorschriften absehen, wenn der Täter
1. sich freiwillig und ernsthaft bemüht, das Fortbestehen der Vereinigung oder die Begehung einer ihren Zielen entsprechenden Straftat zu verhindern, oder
2. freiwillig sein Wissen so rechtzeitig einer Dienststelle offenbart, daß Straftaten, deren Planung er kennt, noch verhindert werden können;
erreicht der Täter sein Ziel, das Fortbestehen der Vereinigung zu verhindern, oder wird es ohne sein Bemühen erreicht, so wird er nicht bestraft.

§ 129a[3)] Bildung terroristischer Vereinigungen. (1) Wer eine Vereinigung (§ 129 Absatz 2) gründet, deren Zwecke oder deren Tätigkeit darauf gerichtet sind,

---

[1)] Folgende Änderungsanweisung in G v. 12.8.2021 (BGBl. I S. 3544) ist mangels Textübereinstimmung („m" statt „n") nicht ausführbar: „In § 129 Absatz 5 Satz 3 werden die Wörter „§ 100b Absatz 2 Nummer 1 Buchstabe a, c, d, e und g bis m" durch die Wörter „§ 100b Absatz 2 Nummer 1 Buchstabe a, b, d bis f und h bis o" [...] ersetzt."
[2)] Nr. 90.
[3)] § 129a Abs. 1 Nr. 1 geänd. mWv 30.6.2002 durch G v. 26.6.2002 (BGBl. I S. 2254); Abs. 3 geänd. mWv 30.8.2002 durch G v. 22.8.2002 (BGBl. I S. 3390); Abs. 1 Nr. 1 und 2 geänd., Nr. 3 aufgeh., Abs. 2 und 3 eingef., bish. Abs. 2, 4 und 7 werden Abs. 4, 6 und 9 und geänd., bish. Abs. 3 wird Abs. 5 und neu gef., bish. Abs. 5 und 6 werden Abs. 7 und 8 mWv 28.12.2003 durch G v. 22.12.2003 (BGBl. I S. 2836); Abs. 9 geänd. mWv 30.7.2016 durch G v. 26.7.2016 (BGBl. I S. 1818); Abs. 1 einl. Satzteil und Abs. 7 geänd. mWv 22.7.2017 durch G v. 17.7.2017 (BGBl. I S. 2440).

1. Mord (§ 211) oder Totschlag (§ 212) oder Völkermord (§ 6 des Völkerstrafgesetzbuches[1]) oder Verbrechen gegen die Menschlichkeit (§ 7 des Völkerstrafgesetzbuches) oder Kriegsverbrechen (§§ 8, 9, 10, 11 oder § 12 des Völkerstrafgesetzbuches) oder
2. Straftaten gegen die persönliche Freiheit in den Fällen des § 239a oder des § 239b

zu begehen, oder wer sich an einer solchen Vereinigung als Mitglied beteiligt, wird mit Freiheitsstrafe von einem Jahr bis zu zehn Jahren bestraft.

(2) Ebenso wird bestraft, wer eine Vereinigung gründet, deren Zwecke oder deren Tätigkeit darauf gerichtet sind,

1. einem anderen Menschen schwere körperliche oder seelische Schäden, insbesondere der in § 226 bezeichneten Art, zuzufügen,
2. Straftaten nach den §§ 303b, 305, 305a oder gemeingefährliche Straftaten in den Fällen der §§ 306 bis 306c oder 307 Abs. 1 bis 3, des § 308 Abs. 1 bis 4, des § 309 Abs. 1 bis 5, der §§ 313, 314 oder 315 Abs. 1, 3 oder 4, des § 316b Abs. 1 oder 3 oder des § 316c Abs. 1 bis 3 oder des § 317 Abs. 1,
3. Straftaten gegen die Umwelt in den Fällen des § 330a Abs. 1 bis 3,
4. Straftaten nach § 19 Abs. 1 bis 3, § 20 Abs. 1 oder 2, § 20a Abs. 1 bis 3, § 19 Abs. 2 Nr. 2 oder § 20 Abs. 1 Nr. 2, § 20 Abs. 1 oder 2 oder § 20a Abs. 1 bis 3, jeweils auch in Verbindung mit § 21, oder nach § 22a Abs. 1 bis 3 des Gesetzes über die Kontrolle von Kriegswaffen[2]) oder
5. Straftaten nach § 51 Abs. 1 bis 3 des Waffengesetzes[3])

zu begehen, oder wer sich an einer solchen Vereinigung als Mitglied beteiligt, wenn eine der in den Nummern 1 bis 5 bezeichneten Taten bestimmt ist, die Bevölkerung auf erhebliche Weise einzuschüchtern, eine Behörde oder eine internationale Organisation rechtswidrig mit Gewalt oder durch Drohung mit Gewalt zu nötigen oder die politischen, verfassungsrechtlichen, wirtschaftlichen oder sozialen Grundstrukturen eines Staates oder einer internationalen Organisation zu beseitigen oder erheblich zu beeinträchtigen, und durch die Art ihrer Begehung oder ihre Auswirkungen einen Staat oder eine internationale Organisation erheblich schädigen kann.

(3) Sind die Zwecke oder die Tätigkeit der Vereinigung darauf gerichtet, eine der in Absatz 1 und 2 bezeichneten Straftaten anzudrohen, ist auf Freiheitsstrafe von sechs Monaten bis zu fünf Jahren zu erkennen.

(4) Gehört der Täter zu den Rädelsführern oder Hintermännern, so ist in den Fällen der Absätze 1 und 2 auf Freiheitsstrafe nicht unter drei Jahren, in den Fällen des Absatzes 3 auf Freiheitsstrafe von einem Jahr bis zu zehn Jahren zu erkennen.

(5) [1] Wer eine in Absatz 1, 2 oder Absatz 3 bezeichnete Vereinigung unterstützt, wird in den Fällen der Absätze 1 und 2 mit Freiheitsstrafe von sechs Monaten bis zu zehn Jahren, in den Fällen des Absatzes 3 mit Freiheitsstrafe bis zu fünf Jahren oder mit Geldstrafe bestraft. [2] Wer für eine in Absatz 1 oder Absatz 2 bezeichnete Vereinigung um Mitglieder oder Unterstützer wirbt, wird mit Freiheitsstrafe von sechs Monaten bis zu fünf Jahren bestraft.

---

[1]) **Habersack, Deutsche Gesetze ErgBd. Nr. 85g.**
[2]) **Sartorius Nr. 823.**
[3]) **Sartorius Nr. 820.**

Straftaten gegen die öffentliche Ordnung §§ 129b, 130 StGB 85

(6) Das Gericht kann bei Beteiligten, deren Schuld gering und deren Mitwirkung von untergeordneter Bedeutung ist, in den Fällen der Absätze 1, 2, 3 und 5 die Strafe nach seinem Ermessen (§ 49 Abs. 2) mildern.

(7) § 129 Absatz 7 gilt entsprechend.

(8) Neben einer Freiheitsstrafe von mindestens sechs Monaten kann das Gericht die Fähigkeit, öffentliche Ämter zu bekleiden, und die Fähigkeit, Rechte aus öffentlichen Wahlen zu erlangen, aberkennen (§ 45 Abs. 2).

(9) In den Fällen der Absätze 1, 2, 4 und 5 kann das Gericht Führungsaufsicht anordnen (§ 68 Abs. 1).

§ 129b[1]**) Kriminelle und terroristische Vereinigungen im Ausland; Einziehung.** (1) [1]Die §§ 129 und 129a gelten auch für Vereinigungen im Ausland. [2]Bezieht sich die Tat auf eine Vereinigung außerhalb der Mitgliedstaaten der Europäischen Union, so gilt dies nur, wenn sie durch eine im räumlichen Geltungsbereich dieses Gesetzes ausgeübte Tätigkeit begangen wird oder wenn der Täter oder das Opfer Deutscher ist oder sich im Inland befindet. [3]In den Fällen des Satzes 2 wird die Tat nur mit Ermächtigung des Bundesministeriums der Justiz und für Verbraucherschutz verfolgt. [4]Die Ermächtigung kann für den Einzelfall oder allgemein auch für die Verfolgung künftiger Taten erteilt werden, die sich auf eine bestimmte Vereinigung beziehen. [5]Bei der Entscheidung über die Ermächtigung zieht das Ministerium in Betracht, ob die Bestrebungen der Vereinigung gegen die Grundwerte einer die Würde des Menschen achtenden staatlichen Ordnung oder gegen das friedliche Zusammenleben der Völker gerichtet sind und bei Abwägung aller Umstände als verwerflich erscheinen.

(2) In den Fällen der §§ 129 und 129a, jeweils auch in Verbindung mit Absatz 1, ist § 74a anzuwenden.

§ 130[2]**) Volksverhetzung.** (1) Wer in einer Weise, die geeignet ist, den öffentlichen Frieden zu stören,
1. gegen eine nationale, rassische, religiöse oder durch ihre ethnische Herkunft bestimmte Gruppe, gegen Teile der Bevölkerung oder gegen einen Einzelnen wegen seiner Zugehörigkeit zu einer vorbezeichneten Gruppe oder zu einem Teil der Bevölkerung zum Hass aufstachelt, zu Gewalt- oder Willkürmaßnahmen auffordert oder
2. die Menschenwürde anderer dadurch angreift, dass er eine vorbezeichnete Gruppe, Teile der Bevölkerung oder einen Einzelnen wegen seiner Zugehörigkeit zu einer vorbezeichneten Gruppe oder zu einem Teil der Bevölkerung beschimpft, böswillig verächtlich macht oder verleumdet,

wird mit Freiheitsstrafe von drei Monaten bis zu fünf Jahren bestraft.

(2) Mit Freiheitsstrafe bis zu drei Jahren oder mit Geldstrafe wird bestraft, wer

---

[1]) § 129b eingef. mWv 30.8.2002 durch G v. 22.8.2002 (BGBl. I S. 3390); Abs. 1 Satz 3 geänd. mWv 8.9.2015 durch VO v. 31.8.2015 (BGBl. I S. 1474); Überschrift und Abs. 2 geänd. mWv 1.7.2017 durch G v. 13.4.2017 (BGBl. I S. 872).
[2]) § 130 Abs. 3 geänd. mWv 30.6.2002 durch G v. 26.6.2002 (BGBl. I S. 2254); Abs. 2 Nr. 2 geänd. mWv 1.4.2004 durch G v. 27.12.2003 (BGBl. I S. 3007); Abs. 4 eingef., bish. Abs. 4 und 5 werden Abs. 5 und 6 mWv 1.4.2005 durch G v. 24.3.2005 (BGBl. I S. 969); Abs. 1 Nr. 2 neu gef. mWv 22.3.2011 durch G v. 16.3.2011 (BGBl. I S. 418); Abs. 2 und 5 neu gef., Abs. 6 eingef., bish. Abs. 6 wird Abs. 7 mWv 27.1.2015 durch G v. 21.1.2015 (BGBl. I S. 10); Abs. 2 Nr. 1 einl. Satzteil und Buchst. c geänd., Nr. 2 geänd. Nr. 3 wird Nr. 2 und neu gef., Abs. 5 neu gef., Abs. 6 und 7 geänd. mWv 1.1.2021 durch G v. 30.11.2020 (BGBl. I S. 2600); Abs. 7 geänd. mWv 22.9.2021 durch G v. 14.9.2021 (BGBl. I S. 4250).

EL 187 Oktober 2021 87

§ 130a   Besonderer Teil. 7. Abschnitt

1. einen Inhalt (§ 11 Absatz 3) verbreitet oder der Öffentlichkeit zugänglich macht oder einer Person unter achtzehn Jahren einen Inhalt (§ 11 Absatz 3) anbietet, überlässt oder zugänglich macht, der
    a) zum Hass gegen eine in Absatz 1 Nummer 1 bezeichnete Gruppe, gegen Teile der Bevölkerung oder gegen einen Einzelnen wegen seiner Zugehörigkeit zu einer in Absatz 1 Nummer 1 bezeichneten Gruppe oder zu einem Teil der Bevölkerung aufstachelt,
    b) zu Gewalt- oder Willkürmaßnahmen gegen in Buchstabe a genannte Personen oder Personenmehrheiten auffordert oder
    c) die Menschenwürde von in Buchstabe a genannten Personen oder Personenmehrheiten dadurch angreift, dass diese beschimpft, böswillig verächtlich gemacht oder verleumdet werden oder
2. einen in Nummer 1 Buchstabe a bis c bezeichneten Inhalt (§ 11 Absatz 3) herstellt, bezieht, liefert, vorrätig hält, anbietet, bewirbt oder es unternimmt, diesen ein- oder auszuführen, um ihn im Sinne der Nummer 1 zu verwenden oder einer anderen Person eine solche Verwendung zu ermöglichen.

(3) Mit Freiheitsstrafe bis zu fünf Jahren oder mit Geldstrafe wird bestraft, wer eine unter der Herrschaft des Nationalsozialismus begangene Handlung der in § 6 Abs. 1 des Völkerstrafgesetzbuches[1] bezeichneten Art in einer Weise, die geeignet ist, den öffentlichen Frieden zu stören, öffentlich oder in einer Versammlung billigt, leugnet oder verharmlost.

(4) Mit Freiheitsstrafe bis zu drei Jahren oder mit Geldstrafe wird bestraft, wer öffentlich oder in einer Versammlung den öffentlichen Frieden in einer die Würde der Opfer verletzenden Weise dadurch stört, dass er die nationalsozialistische Gewalt- und Willkürherrschaft billigt, verherrlicht oder rechtfertigt.

(5) Absatz 2 gilt auch für einen in den Absätzen 3 oder 4 bezeichneten Inhalt (§ 11 Absatz 3).

(6) In den Fällen des Absatzes 2 Nummer 1, auch in Verbindung mit Absatz 5, ist der Versuch strafbar.

(7) In den Fällen des Absatzes 2, auch in Verbindung mit den Absätzen 5 und 6, sowie in den Fällen der Absätze 3 und 4 gilt § 86 Absatz 4 entsprechend.

§ 130a[2] Anleitung zu Straftaten.

(1) Wer einen Inhalt (§ 11 Absatz 3), der geeignet ist, als Anleitung zu einer in § 126 Abs. 1 genannten rechtswidrigen Tat zu dienen, und dazu bestimmt ist, die Bereitschaft anderer zu fördern oder zu wecken, eine solche Tat zu begehen, verbreitet oder der Öffentlichkeit zugänglich macht, wird mit Freiheitsstrafe bis zu drei Jahren oder mit Geldstrafe bestraft.

(2) Ebenso wird bestraft, wer

1. einen Inhalt (§ 11 Absatz 3), der geeignet ist, als Anleitung zu einer in § 126 Abs. 1 genannten rechtswidrigen Tat zu dienen, verbreitet oder der Öffentlichkeit zugänglich macht oder
2. öffentlich oder in einer Versammlung zu einer in § 126 Abs. 1 genannten rechtswidrigen Tat eine Anleitung gibt,

---

[1] **Habersack, Deutsche Gesetze ErgBd. Nr. 85g.**
[2] § 130a Abs. 1 und Abs. 2 Nr. 1 geänd., Abs. 3 eingef., bish. Abs. 3 wird Abs. 4 mWv 27.1.2015 durch G v. 21.1.2015 (BGBl. I S. 10); Abs. 1 und Abs. 2 Nr. 1 geänd., Abs. 3 aufgeh., bish. Abs. 4 wird Abs. 3 mWv 1.1.2021 durch G v. 30.11.2020 (BGBl. I S. 2600); Abs. 3 geänd. mWv 22.9.2021 durch G v. 14.9.2021 (BGBl. I S. 4250).

Straftaten gegen die öffentliche Ordnung §§ 131–132a StGB

um die Bereitschaft anderer zu fördern oder zu wecken, eine solche Tat zu begehen.

(3) § 86 Absatz 4 gilt entsprechend.

§ 131[1] **Gewaltdarstellung.** (1) [1] Mit Freiheitsstrafe bis zu einem Jahr oder mit Geldstrafe wird bestraft, wer

1. einen Inhalt (§ 11 Absatz 3), der grausame oder sonst unmenschliche Gewalttätigkeiten gegen Menschen oder menschenähnliche Wesen in einer Art schildert, die eine Verherrlichung oder Verharmlosung solcher Gewalttätigkeiten ausdrückt oder die das Grausame oder Unmenschliche des Vorgangs in einer die Menschenwürde verletzenden Weise darstellt,
   a) verbreitet oder der Öffentlichkeit zugänglich macht,
   b) einer Person unter achtzehn Jahren anbietet, überlässt oder zugänglich macht oder
2. einen in Nummer 1 bezeichneten Inhalt (§ 11 Absatz 3) herstellt, bezieht, liefert, vorrätig hält, anbietet, bewirbt oder es unternimmt, diesen ein- oder auszuführen, um ihn im Sinne der Nummer 1 zu verwenden oder einer anderen Person eine solche Verwendung zu ermöglichen.

[2] In den Fällen des Satzes 1 Nummer 1 ist der Versuch strafbar.

(2) Absatz 1 gilt nicht, wenn die Handlung der Berichterstattung über Vorgänge des Zeitgeschehens oder der Geschichte dient.

(3) Absatz 1 Satz 1 Nummer 1 Buchstabe b ist nicht anzuwenden, wenn der zur Sorge für die Person Berechtigte handelt; dies gilt nicht, wenn der Sorgeberechtigte durch das Anbieten, Überlassen oder Zugänglichmachen seine Erziehungspflicht gröblich verletzt.

§ 132 Amtsanmaßung. Wer unbefugt sich mit der Ausübung eines öffentlichen Amtes befaßt oder eine Handlung vornimmt, welche nur kraft eines öffentlichen Amtes vorgenommen werden darf, wird mit Freiheitsstrafe bis zu zwei Jahren oder mit Geldstrafe bestraft.

§ 132a Mißbrauch von Titeln, Berufsbezeichnungen und Abzeichen.
(1) Wer unbefugt
1. inländische oder ausländische Amts- oder Dienstbezeichnungen, akademische Grade, Titel oder öffentliche Würden führt,
2. die Berufsbezeichnung Arzt, Zahnarzt, Psychologischer Psychotherapeut, Kinder- und Jugendlichenpsychotherapeut, Psychotherapeut, Tierarzt, Apotheker, Rechtsanwalt, Patentanwalt, Wirtschaftsprüfer, vereidigter Buchprüfer, Steuerberater oder Steuerbevollmächtigter führt,
3. die Bezeichnung öffentlich bestellter Sachverständiger führt oder
4. inländische oder ausländische Uniformen, Amtskleidungen oder Amtsabzeichen trägt,

wird mit Freiheitsstrafe bis zu einem Jahr oder mit Geldstrafe bestraft.

---

[1] § 131 Abs. 1 und 2 geänd., Abs. 4 neu gef. mWv 1.4.2004 durch G v. 27.12.2003 (BGBl. I S. 3007); Abs. 1 neu gef., Abs. 2 aufgeh., bish. Abs. 3 wird Nr. 2 und geänd., bish. Abs. 4 wird Abs. 3 und geänd. mWv 27.1.2015 durch G v. 21.1.2015 (BGBl. I S. 10); Abs. 1 Satz 1 Nr. 1 einl. Satzteil geänd., Nr. 2 aufgeh., bish. Nr. 3 wird Nr. 2 und neu gef., Satz 2 und Abs. 3 geänd. mWv 1.1.2021 durch G v. 30.11.2020 (BGBl. I S. 2600).

(2) Den in Absatz 1 genannten Bezeichnungen, akademischen Graden, Titeln, Würden, Uniformen, Amtskleidungen oder Amtsabzeichen stehen solche gleich, die ihnen zum Verwechseln ähnlich sind.

(3) Die Absätze 1 und 2 gelten auch für Amtsbezeichnungen, Titel, Würden, Amtskleidungen und Amtsabzeichen der Kirchen und anderen Religionsgesellschaften des öffentlichen Rechts.

(4) Gegenstände, auf die sich eine Straftat nach Absatz 1 Nr. 4, allein oder in Verbindung mit Absatz 2 oder 3, bezieht, können eingezogen werden.

§ 133 Verwahrungsbruch. (1) Wer Schriftstücke oder andere bewegliche Sachen, die sich in dienstlicher Verwahrung befinden oder ihm oder einem anderen dienstlich in Verwahrung gegeben worden sind, zerstört, beschädigt, unbrauchbar macht oder der dienstlichen Verfügung entzieht, wird mit Freiheitsstrafe bis zu zwei Jahren oder mit Geldstrafe bestraft.

(2) Dasselbe gilt für Schriftstücke oder andere bewegliche Sachen, die sich in amtlicher Verwahrung einer Kirche oder anderen Religionsgesellschaft des öffentlichen Rechts befinden oder von dieser dem Täter oder einem anderen amtlich in Verwahrung gegeben worden sind.

(3) Wer die Tat an einer Sache begeht, die ihm als Amtsträger oder für den öffentlichen Dienst besonders Verpflichteten anvertraut worden oder zugänglich geworden ist, wird mit Freiheitsstrafe bis zu fünf Jahren oder mit Geldstrafe bestraft.

§ 134 Verletzung amtlicher Bekanntmachungen. Wer wissentlich ein dienstliches Schriftstück, das zur Bekanntmachung öffentlich angeschlagen oder ausgelegt ist, zerstört, beseitigt, verunstaltet, unkenntlich macht oder in seinem Sinn entstellt, wird mit Freiheitsstrafe bis zu einem Jahr oder mit Geldstrafe bestraft.

§ 135 (weggefallen)

§ 136 Verstrickungsbruch; Siegelbruch. (1) Wer eine Sache, die gepfändet oder sonst dienstlich in Beschlag genommen ist, zerstört, beschädigt, unbrauchbar macht oder in anderer Weise ganz oder zum Teil der Verstrickung entzieht, wird mit Freiheitsstrafe bis zu einem Jahr oder mit Geldstrafe bestraft.

(2) Ebenso wird bestraft, wer ein dienstliches Siegel beschädigt, ablöst oder unkenntlich macht, das angelegt ist, um Sachen in Beschlag zu nehmen, dienstlich zu verschließen oder zu bezeichnen, oder wer den durch ein solches Siegel bewirkten Verschluß ganz oder zum Teil unwirksam macht.

(3) [1]Die Tat ist nicht nach den Absätzen 1 und 2 strafbar, wenn die Pfändung, die Beschlagnahme oder die Anlegung des Siegels nicht durch eine rechtmäßige Diensthandlung vorgenommen ist. [2]Dies gilt auch dann, wenn der Täter irrig annimmt, die Diensthandlung sei rechtmäßig.

(4) § 113 Abs. 4 gilt sinngemäß.

§ 137 (weggefallen)

§ 138[1] **Nichtanzeige geplanter Straftaten.** (1) Wer von dem Vorhaben oder der Ausführung

---

[1] § 138 Abs. 1 Nr. 6 geänd. mWv 30.6.2002 durch G v. 26.6.2002 (BGBl. I S. 2254); Abs. 2 neu gef. mWv 30.8.2002 durch G v. 22.8.2002 (BGBl. I S. 3390); Abs. 1 Nr. 4 geänd. mWv 28.12.2003 durch G

Straftaten gegen die öffentliche Ordnung § 139 StGB 85

1. *(aufgehoben)*
2. eines Hochverrats in den Fällen der §§ 81 bis 83 Abs. 1,
3. eines Landesverrats oder einer Gefährdung der äußeren Sicherheit in den Fällen der §§ 94 bis 96, 97a oder 100,
4. einer Geld- oder Wertpapierfälschung in den Fällen der §§ 146, 151, 152 oder einer Fälschung von Zahlungskarten mit Garantiefunktion in den Fällen des § 152b Abs. 1 bis 3,
5. eines Mordes (§ 211) oder Totschlags (§ 212) oder eines Völkermordes (§ 6 des Völkerstrafgesetzbuches[1]) oder eines Verbrechens gegen die Menschlichkeit (§ 7 des Völkerstrafgesetzbuches) oder eines Kriegsverbrechens (§§ 8, 9, 10, 11 oder 12 des Völkerstrafgesetzbuches) oder eines Verbrechens der Aggression (§ 13 des Völkerstrafgesetzbuches),
6. einer Straftat gegen die persönliche Freiheit in den Fällen des § 232 Absatz 3 Satz 2, des § 232a Absatz 3, 4 oder 5, des § 232b Absatz 3 oder 4, des § 233a Absatz 3 oder 4, jeweils soweit es sich um Verbrechen handelt, der §§ 234, 234a, 239a oder 239b,
7. eines Raubes oder einer räuberischen Erpressung (§§ 249 bis 251 oder 255) oder
8. einer gemeingefährlichen Straftat in den Fällen der §§ 306 bis 306c oder 307 Abs. 1 bis 3, des § 308 Abs. 1 bis 4, des § 309 Abs. 1 bis 5, der §§ 310, 313, 314 oder 315 Abs. 3, des § 315b Abs. 3 oder der §§ 316a oder 316c

zu einer Zeit, zu der die Ausführung oder der Erfolg noch abgewendet werden kann, glaubhaft erfährt und es unterläßt, der Behörde oder dem Bedrohten rechtzeitig Anzeige zu machen, wird mit Freiheitsstrafe bis zu fünf Jahren oder mit Geldstrafe bestraft.

(2) [1] Ebenso wird bestraft, wer
1. von der Ausführung einer Straftat nach § 89a oder
2. von dem Vorhaben oder der Ausführung einer Straftat nach § 129a, auch in Verbindung mit § 129b Abs. 1 Satz 1 und 2,

zu einer Zeit, zu der die Ausführung noch abgewendet werden kann, glaubhaft erfährt und es unterlässt, der Behörde unverzüglich Anzeige zu erstatten. [2] § 129b Abs. 1 Satz 3 bis 5 gilt im Fall der Nummer 2 entsprechend.

(3) Wer die Anzeige leichtfertig unterläßt, obwohl er von dem Vorhaben oder der Ausführung der rechtswidrigen Tat glaubhaft erfahren hat, wird mit Freiheitsstrafe bis zu einem Jahr oder mit Geldstrafe bestraft.

§ 139[2] **Straflosigkeit der Nichtanzeige geplanter Straftaten.** (1) Ist in den Fällen des § 138 die Tat nicht versucht worden, so kann von Strafe abgesehen werden.

(Fortsetzung der Anm. von voriger Seite)
v. 22.12.2003 (BGBl. I S. 2838); Abs. 1 Nr. 5 aufgeh., bish. Nr. 6–9 werden Nr. 5–8, neue Nr. 6 geänd. mWv 19.2.2005 durch G v. 11.2.2005 (BGBl. I S. 239); Abs. 2 neu gef. mWv 4.8.2009 durch G v. 30.7.2009 (BGBl. I S. 2437); Abs. 1 Nr. 6 geänd. mWv 15.10.2016 durch G v. 11.10.2016 (BGBl. I S. 2226); Abs. 1 Nr. 1 aufgeh., Nr. 5 geänd. mWv 1.1.2017 durch G v. 22.12.2016 (BGBl. I S. 3150); Abs. 1 Nr. 4 geänd. mWv 18.3.2021 durch G v. 10.3.2021 (BGBl. I S. 333).
[1] **Habersack, Deutsche Gesetze ErgBd. Nr. 85g.**
[2] § 139 Abs. 3 Satz 1 Nr. 2 geänd. mWv 30.6.2002 durch G v. 26.6.2002 (BGBl. I S. 2254); Abs. 3 Satz 1 Nr. 3 geänd. mWv 30.8.2002 durch G v. 22.8.2002 (BGBl. I S. 3390); Abs. 3 Satz 2 neu gef., Satz 3 angef. mWv 1.4.2004 durch G v. 27.12.2003 (BGBl. I S. 3007); Abs. 3 Satz 2 geänd. mWv 1.9.2020 durch G v. 15.11.2019 (BGBl. I S. 1604).

(2) Ein Geistlicher ist nicht verpflichtet anzuzeigen, was ihm in seiner Eigenschaft als Seelsorger anvertraut worden ist.

(3) ¹Wer eine Anzeige unterläßt, die er gegen einen Angehörigen erstatten müßte, ist straffrei, wenn er sich ernsthaft bemüht hat, ihn von der Tat abzuhalten oder den Erfolg abzuwenden, es sei denn, daß es sich um
1. einen Mord oder Totschlag (§§ 211 oder 212),
2. einen Völkermord in den Fällen des § 6 Abs. 1 Nr. 1 des Völkerstrafgesetzbuches¹⁾ oder ein Verbrechen gegen die Menschlichkeit in den Fällen des § 7 Abs. 1 Nr. 1 des Völkerstrafgesetzbuches oder ein Kriegsverbrechen in den Fällen des § 8 Abs. 1 Nr. 1 des Völkerstrafgesetzbuches oder
3. einen erpresserischen Menschenraub (§ 239a Abs. 1), eine Geiselnahme (§ 239b Abs. 1) oder einen Angriff auf den Luft- und Seeverkehr (§ 316c Abs. 1) durch eine terroristische Vereinigung (§ 129a, auch in Verbindung mit § 129b Abs. 1)

handelt. ²Unter denselben Voraussetzungen ist ein Rechtsanwalt, Verteidiger, Arzt, Psychotherapeut, Psychologischer Psychotherapeut oder Kinder- und Jugendlichenpsychotherapeut nicht verpflichtet anzuzeigen, was ihm in dieser Eigenschaft anvertraut worden ist. ³Die berufsmäßigen Gehilfen der in Satz 2 genannten Personen und die Personen, die bei diesen zur Vorbereitung auf den Beruf tätig sind, sind nicht verpflichtet mitzuteilen, was ihnen in ihrer beruflichen Eigenschaft bekannt geworden ist.

(4) ¹Straffrei ist, wer die Ausführung oder den Erfolg der Tat anders als durch Anzeige abwendet. ²Unterbleibt die Ausführung oder der Erfolg der Tat ohne Zutun des zur Anzeige Verpflichteten, so genügt zu seiner Straflosigkeit sein ernsthaftes Bemühen, den Erfolg abzuwenden.

§ 140²⁾ **Belohnung und Billigung von Straftaten.** Wer eine der in § 138 Absatz 1 Nummer 2 bis 4 und 5 letzte Alternative oder in § 126 Absatz 1 genannten rechtswidrigen Taten oder eine rechtswidrige Tat nach § 176 Absatz 1 oder nach den §§ 176c und 176d
1. belohnt, nachdem sie begangen oder in strafbarer Weise versucht worden ist, oder
2. in einer Weise, die geeignet ist, den öffentlichen Frieden zu stören, öffentlich, in einer Versammlung oder durch Verbreiten eines Inhalts (§ 11 Absatz 3) billigt,

wird mit Freiheitsstrafe bis zu drei Jahren oder mit Geldstrafe bestraft.

§ 141 (weggefallen)

§ 142 Unerlaubtes Entfernen vom Unfallort. (1) Ein Unfallbeteiligter, der sich nach einem Unfall im Straßenverkehr vom Unfallort entfernt, bevor er
1. zugunsten der anderen Unfallbeteiligten und der Geschädigten die Feststellung seiner Person, seines Fahrzeugs und der Art seiner Beteiligung durch seine Anwesenheit und durch die Angabe, daß er an dem Unfall beteiligt ist, ermöglicht hat oder

---

¹⁾ Habersack, Deutsche Gesetze ErgBd. Nr. 85g.
²⁾ § 140 einl. Satzteil geänd. mWv 1.4.2004 durch G v. 27.12.2003 (BGBl. I S. 3007); einl. Satzteil geänd. mWv 19.2.2005 durch G v. 11.2.2005 (BGBl. I S. 239); einl. Satzteil geänd. mWv 10.11.2016 durch G v. 4.11.2016 (BGBl. I S. 2460); einl. Satzteil geänd. mWv 1.1.2017 durch G v. 22.12.2016 (BGBl. I S. 3150); Nr. 2 geänd. mWv 1.1.2021 durch G v. 30.11.2020 (BGBl. I S. 2600); einl. Satzteil und Nr. 1 neu gef. mWv 3.4.2021 durch G v. 30.3.2021 (BGBl. I S. 441, geänd. durch G v. 30.3.2021, BGBl. I S. 448); einl. Satzteil geänd. mWv 1.7.2021 durch G v. 16.6.2021 (BGBl. I S. 1810).

2. eine nach den Umständen angemessene Zeit gewartet hat, ohne daß jemand bereit war, die Feststellungen zu treffen,

wird mit Freiheitsstrafe bis zu drei Jahren oder mit Geldstrafe bestraft.

(2) Nach Absatz 1 wird auch ein Unfallbeteiligter bestraft, der sich
1. nach Ablauf der Wartefrist (Absatz 1 Nr. 2) oder
2. berechtigt oder entschuldigt

vom Unfallort entfernt hat und die Feststellungen nicht unverzüglich nachträglich ermöglicht.

(3) [1] Der Verpflichtung, die Feststellungen nachträglich zu ermöglichen, genügt der Unfallbeteiligte, wenn er den Berechtigten (Absatz 1 Nr. 1) oder einer nahe gelegenen Polizeidienststelle mitteilt, daß er an dem Unfall beteiligt gewesen ist, und wenn er seine Anschrift, seinen Aufenthalt sowie das Kennzeichen und den Standort seines Fahrzeugs angibt und dieses zu unverzüglichen Feststellungen für eine ihm zumutbare Zeit zur Verfügung hält. [2] Dies gilt nicht, wenn er durch sein Verhalten die Feststellungen absichtlich vereitelt.

(4) Das Gericht mildert in den Fällen der Absätze 1 und 2 die Strafe (§ 49 Abs. 1) oder kann von Strafe nach diesen Vorschriften absehen, wenn der Unfallbeteiligte innerhalb von vierundzwanzig Stunden nach einem Unfall außerhalb des fließenden Verkehrs, der ausschließlich nicht bedeutenden Sachschaden zur Folge hat, freiwillig die Feststellungen nachträglich ermöglicht (Absatz 3).

(5) Unfallbeteiligter ist jeder, dessen Verhalten nach den Umständen zur Verursachung des Unfalls beigetragen haben kann.

§ 143[1] *(aufgehoben)*

§ 144 (weggefallen)

§ 145 Mißbrauch von Notrufen und Beeinträchtigung von Unfallverhütungs- und Nothilfemitteln. (1) Wer absichtlich oder wissentlich
1. Notrufe oder Notzeichen mißbraucht oder
2. vortäuscht, daß wegen eines Unglücksfalles oder wegen gemeiner Gefahr oder Not die Hilfe anderer erforderlich sei,

wird mit Freiheitsstrafe bis zu einem Jahr oder mit Geldstrafe bestraft.

(2) Wer absichtlich oder wissentlich
1. die zur Verhütung von Unglücksfällen oder gemeiner Gefahr dienenden Warn- oder Verbotszeichen beseitigt, unkenntlich macht oder in ihrem Sinn entstellt oder
2. die zur Verhütung von Unglücksfällen oder gemeiner Gefahr dienenden Schutzvorrichtungen oder die zur Hilfeleistung bei Unglücksfällen oder gemeiner Gefahr bestimmten Rettungsgeräte oder anderen Sachen beseitigt, verändert *oder unbrauchbar macht,*

wird mit Freiheitsstrafe bis zu zwei Jahren oder mit Geldstrafe bestraft, wenn die Tat nicht in § 303 oder § 304 mit Strafe bedroht ist.

§ 145a[2] **Verstoß gegen Weisungen während der Führungsaufsicht.** [1] Wer während der Führungsaufsicht gegen eine bestimmte Weisung der in § 68b

---

[1] § 143 aufgeh. mWv 25.4.2006 durch G v. 19.4.2006 (BGBl. I S. 866).
[2] § 145a Satz 1 geänd. mWv 18.4.2007 durch G. v. 13.4.2007 (BGBl. I S. 513).

Abs. 1 bezeichneten Art verstößt und dadurch den Zweck der Maßregel gefährdet, wird mit Freiheitsstrafe bis zu drei Jahren oder mit Geldstrafe bestraft. ²Die Tat wird nur auf Antrag der Aufsichtsstelle (§ 68a) verfolgt.

§ 145b (weggefallen)

§ 145c Verstoß gegen das Berufsverbot. Wer einen Beruf, einen Berufszweig, ein Gewerbe oder einen Gewerbezweig für sich oder einen anderen ausübt oder durch einen anderen für sich ausüben läßt, obwohl dies ihm oder dem anderen strafgerichtlich untersagt ist, wird mit Freiheitsstrafe bis zu einem Jahr oder mit Geldstrafe bestraft.

§ 145d[1) Vortäuschen einer Straftat. (1) Wer wider besseres Wissen einer Behörde oder einer zur Entgegennahme von Anzeigen zuständigen Stelle vortäuscht,
1. daß eine rechtswidrige Tat begangen worden sei oder
2. daß die Verwirklichung einer der in § 126 Abs. 1 genannten rechtswidrigen Taten bevorstehe,

wird mit Freiheitsstrafe bis zu drei Jahren oder mit Geldstrafe bestraft, wenn die Tat nicht in § 164, § 258 oder § 258a mit Strafe bedroht ist.

(2) Ebenso wird bestraft, wer wider besseres Wissen eine der in Absatz 1 bezeichneten Stellen über den Beteiligten
1. an einer rechtswidrigen Tat oder
2. an einer bevorstehenden, in § 126 Abs. 1 genannten rechtswidrigen Tat
zu täuschen sucht.

(3) Mit Freiheitsstrafe von drei Monaten bis zu fünf Jahren wird bestraft, wer
1. eine Tat nach Absatz 1 Nr. 1 oder Absatz 2 Nr. 1 begeht oder
2. wider besseres Wissen einer der in Absatz 1 bezeichneten Stellen vortäuscht, dass die Verwirklichung einer der in § 46b Abs. 1 Satz 1 Nr. 2 dieses Gesetzes, in § 31 Satz 1 Nummer 2 des Betäubungsmittelgesetzes[2)] oder in § 4a Satz 1 Nummer 2 des Anti-Doping-Gesetzes genannten rechtswidrigen Taten bevorstehe, oder
3. wider besseres Wissen eine dieser Stellen über den Beteiligten an einer bevorstehenden Tat nach Nummer 2 zu täuschen sucht,

um eine Strafmilderung oder ein Absehen von Strafe nach § 46b dieses Gesetzes, § 31 des Betäubungsmittelgesetzes oder § 4a des Anti-Doping-Gesetzes zu erlangen.

(4) In minder schweren Fällen des Absatzes 3 ist die Strafe Freiheitsstrafe bis zu drei Jahren oder Geldstrafe.

Achter Abschnitt. Geld- und Wertzeichenfälschung

§ 146[3) Geldfälschung. (1) Mit Freiheitsstrafe nicht unter einem Jahr wird bestraft, wer

---

[1)] § 145d Abs. 3 und 4 angef. mWv 1.9.2009 durch G v. 29.7.2009 (BGBl. I S. 2288); Abs. 3 Nr. 2 und abschl. Satzteil geänd. mWv 1.10.2021 durch G v. 12.8.2021 (BGBl. I S. 3542).
[2)] Habersack, Deutsche Gesetze ErgBd. Nr. 86.
[3)] § 146 Abs. 1 Nr. 2 geänd. mWv 28.12.2003 durch G v. 22.12.2003 (BGBl. I S. 2838).

Geld- und Wertzeichenfälschung §§ 147–149 StGB 85

1. Geld in der Absicht nachmacht, daß es als echt in Verkehr gebracht oder daß ein solches Inverkehrbringen ermöglicht werde, oder Geld in dieser Absicht so verfälscht, daß der Anschein eines höheren Wertes hervorgerufen wird,
2. falsches Geld in dieser Absicht sich verschafft oder feilhält oder
3. falsches Geld, das er unter den Voraussetzungen der Nummern 1 oder 2 nachgemacht, verfälscht oder sich verschafft hat, als echt in Verkehr bringt.

(2) Handelt der Täter gewerbsmäßig oder als Mitglied einer Bande, die sich zur fortgesetzten Begehung einer Geldfälschung verbunden hat, so ist die Strafe Freiheitsstrafe nicht unter zwei Jahren.

(3) In minder schweren Fällen des Absatzes 1 ist auf Freiheitsstrafe von drei Monaten bis zu fünf Jahren, in minder schweren Fällen des Absatzes 2 auf Freiheitsstrafe von einem Jahr bis zu zehn Jahren zu erkennen.

§ 147 Inverkehrbringen von Falschgeld. (1) Wer, abgesehen von den Fällen des § 146, falsches Geld als echt in Verkehr bringt, wird mit Freiheitsstrafe bis zu fünf Jahren oder mit Geldstrafe bestraft.

(2) Der Versuch ist strafbar.

§ 148 Wertzeichenfälschung. (1) Mit Freiheitsstrafe bis zu fünf Jahren oder mit Geldstrafe wird bestraft, wer
1. amtliche Wertzeichen in der Absicht nachmacht, daß sie als echt verwendet oder in Verkehr gebracht werden oder daß ein solches Verwenden oder Inverkehrbringen ermöglicht werde, oder amtliche Wertzeichen in dieser Absicht so verfälscht, daß der Anschein eines höheren Wertes hervorgerufen wird,
2. falsche amtliche Wertzeichen in dieser Absicht sich verschafft oder
3. falsche amtliche Wertzeichen als echt verwendet, feilhält oder in Verkehr bringt.

(2) Wer bereits verwendete amtliche Wertzeichen, an denen das Entwertungszeichen beseitigt worden ist, als gültig verwendet oder in Verkehr bringt, wird mit Freiheitsstrafe bis zu einem Jahr oder mit Geldstrafe bestraft.

(3) Der Versuch ist strafbar.

§ 149[1)] **Vorbereitung der Fälschung von Geld und Wertzeichen.**

(1) Wer eine Fälschung von Geld oder Wertzeichen vorbereitet, indem er
1. Platten, Formen, Drucksätze, Druckstöcke, Negative, Matrizen, Computerprogramme oder ähnliche Vorrichtungen, die ihrer Art nach zur Begehung der Tat geeignet sind,
2. Papier, das einer solchen Papierart gleicht oder zum Verwechseln ähnlich ist, die zur Herstellung von Geld oder amtlichen Wertzeichen bestimmt und gegen Nachahmung besonders gesichert ist, oder
3. Hologramme oder andere Bestandteile, die der Sicherung gegen Fälschung dienen,

herstellt, sich oder einem anderen verschafft, feilhält, verwahrt oder einem anderen überläßt, wird, wenn er eine Geldfälschung vorbereitet, mit Freiheitsstrafe bis zu fünf Jahren oder mit Geldstrafe, sonst mit Freiheitsstrafe bis zu zwei Jahren oder mit Geldstrafe bestraft.

(2) Nach Absatz 1 wird nicht bestraft, wer freiwillig

[1)] § 149 Abs. 1 Nr. 1 und 2 geänd., Nr. 3 angef. mWv 30.8.2002 durch G v. 22.8.2002 (BGBl. I S. 3387).

1. die Ausführung der vorbereiteten Tat aufgibt und eine von ihm verursachte Gefahr, daß andere die Tat weiter vorbereiten oder sie ausführen, abwendet oder die Vollendung der Tat verhindert und
2. die Fälschungsmittel, soweit sie noch vorhanden und zur Fälschung brauchbar sind, vernichtet, unbrauchbar macht, ihr Vorhandensein einer Behörde anzeigt oder sie dort abliefert.

(3) Wird ohne Zutun des Täters die Gefahr, daß andere die Tat weiter vorbereiten oder sie ausführen, abgewendet oder die Vollendung der Tat verhindert, so genügt an Stelle der Voraussetzungen des Absatzes 2 Nr. 1 das freiwillige und ernsthafte Bemühen des Täters, dieses Ziel zu erreichen.

§ 150[1] **Einziehung.** Ist eine Straftat nach diesem Abschnitt begangen worden, so werden das falsche Geld, die falschen oder entwerteten Wertzeichen und die in § 149 bezeichneten Fälschungsmittel eingezogen.

§ 151[2] **Wertpapiere.** Dem Geld im Sinne der §§ 146, 147, 149 und 150 stehen folgende Wertpapiere gleich, wenn sie durch Druck und Papierart gegen Nachahmung besonders gesichert sind:
1. Inhaber- sowie solche Orderschuldverschreibungen, die Teile einer Gesamtemission sind, wenn in den Schuldverschreibungen die Zahlung einer bestimmten Geldsumme versprochen wird;
2. Aktien;
3. von Kapitalverwaltungsgesellschaften ausgegebene Anteilscheine;
4. Zins-, Gewinnanteil- und Erneuerungsscheine zu Wertpapieren der in den Nummern 1 bis 3 bezeichneten Art sowie Zertifikate über Lieferung solcher Wertpapiere;
5. Reiseschecks.

§ 152 Geld, Wertzeichen und Wertpapiere eines fremden Währungsgebiets. Die §§ 146 bis 151 sind auch auf Geld, Wertzeichen und Wertpapiere eines fremden Währungsgebiets anzuwenden.

§ 152a[3] **Fälschung von Zahlungskarten, Schecks, Wechseln und anderen körperlichen unbaren Zahlungsinstrumenten.** (1) Wer zur Täuschung im Rechtsverkehr oder, um eine solche Täuschung zu ermöglichen,
1. inländische oder ausländische Zahlungskarten, Schecks, Wechsel oder andere körperliche unbare Zahlungsinstrumente nachmacht oder verfälscht oder
2. solche falschen Karten, Schecks, Wechsel oder anderen körperlichen unbaren Zahlungsinstrumente sich oder einem anderen verschafft, feilhält, einem anderen überlässt oder gebraucht,

wird mit Freiheitsstrafe bis zu fünf Jahren oder mit Geldstrafe bestraft.

(2) Der Versuch ist strafbar.

---

[1] § 150 Überschrift geänd., Abs. 1 neu gef. mWv 28.12.2003 durch G v. 22.12.2003 (BGBl. I S. 2838); Überschrift geänd., Abs. 1 aufgeh. mWv 1.7.2017 durch G v. 13.4.2017 (BGBl. I S. 872).

[2] § 151 Nr. 5 geänd. mWv 28.12.2003 durch G v. 22.12.2003 (BGBl. I S. 2838); Nr. 3 geänd. mWv 22.7.2013 durch G v. 4.7.2013 (BGBl. I S. 1981).

[3] § 152a neu gef. mWv 28.12.2003 durch G v. 22.12.2003 (BGBl. I S. 2838); Abs. 5 geänd. mWv 1.7.2017 durch G v. 13.4.2017 (BGBl. I S. 872); Überschrift, Abs. 1 Nr. 1 und 2 geänd., Abs. 4 neu gef. mWv 18.3.2021 durch G v. 10.3.2021 (BGBl. I S. 333).

(3) Handelt der Täter gewerbsmäßig oder als Mitglied einer Bande, die sich zur fortgesetzten Begehung von Straftaten nach Absatz 1 verbunden hat, so ist die Strafe Freiheitsstrafe von sechs Monaten bis zu zehn Jahren.

(4) Zahlungskarten und andere körperliche unbare Zahlungsinstrumente im Sinne des Absatzes 1 sind nur solche, die durch Ausgestaltung oder Codierung besonders gegen Nachahmung gesichert sind.

(5) § 149, soweit er sich auf die Fälschung von Wertzeichen bezieht, und § 150 gelten entsprechend.

§ 152b[1)] **Fälschung von Zahlungskarten mit Garantiefunktion.** (1) Wer eine der in § 152a Abs. 1 bezeichneten Handlungen in Bezug auf Zahlungskarten mit Garantiefunktion begeht, wird mit Freiheitsstrafe von einem Jahr bis zu zehn Jahren bestraft.

(2) Handelt der Täter gewerbsmäßig oder als Mitglied einer Bande, die sich zur fortgesetzten Begehung von Straftaten nach Absatz 1 verbunden hat, so ist die Strafe Freiheitsstrafe nicht unter zwei Jahren.

(3) In minder schweren Fällen des Absatzes 1 ist auf Freiheitsstrafe von drei Monaten bis zu fünf Jahren, in minder schweren Fällen des Absatzes 2 auf Freiheitsstrafe von einem Jahr bis zu zehn Jahren zu erkennen.

(4) Zahlungskarten mit Garantiefunktion im Sinne des Absatzes 1 sind Kreditkarten und sonstige Karten,
1. die es ermöglichen, den Aussteller im Zahlungsverkehr zu einer garantierten Zahlung zu veranlassen, und
2. durch Ausgestaltung oder Codierung besonders gegen Nachahmung gesichert sind.

(5) § 149, soweit er sich auf die Fälschung von Geld bezieht, und § 150 gelten entsprechend.

§ 152c[2)] **Vorbereitung des Diebstahls und der Unterschlagung von Zahlungskarten, Schecks, Wechseln und anderen körperlichen unbaren Zahlungsinstrumenten.** (1) Wer eine Straftat nach § 242 oder § 246, die auf die Erlangung inländischer oder ausländischer Zahlungskarten, Schecks, Wechsel oder anderer körperlicher unbarer Zahlungsinstrumente gerichtet ist, vorbereitet, indem er
1. Computerprogramme oder Vorrichtungen, deren Zweck die Begehung einer solchen Tat ist, herstellt, sich oder einem anderen verschafft oder einem anderen überlässt oder
2. Passwörter oder sonstige Sicherungscodes, die zur Begehung einer solchen Tat geeignet sind, herstellt, sich oder einem anderen verschafft oder einem anderen überlässt,
wird mit Freiheitsstrafe bis zu zwei Jahren oder mit Geldstrafe bestraft.

(2) [1] § 149 Absatz 2 und 3 gilt entsprechend. [2] § 152a Absatz 4 ist anwendbar.

[1)] § 152b eingef. mWv 28.12.2003 durch G v. 22.12.2003 (BGBl. I S. 2838); Abs. 5 geänd. mWv 1.7.2017 durch G v. 13.4.2017 (BGBl. I S. 872); Überschrift, Abs. 1, Abs. 4 einl. Satzteil geänd. mWv 18.3.2021 durch G v. 10.3.2021 (BGBl. I S. 333).
[2)] § 152c eingef. mWv 18.3.2021 durch G v. 10.3.2021 (BGBl. I S. 333).

Neunter Abschnitt. Falsche uneidliche Aussage und Meineid

§ 153[1]) **Falsche uneidliche Aussage.** Wer vor Gericht oder vor einer anderen zur eidlichen Vernehmung von Zeugen oder Sachverständigen zuständigen Stelle als Zeuge oder Sachverständiger uneidlich falsch aussagt, wird mit Freiheitsstrafe von drei Monaten bis zu fünf Jahren bestraft.

§ 154 Meineid. (1) Wer vor Gericht oder vor einer anderen zur Abnahme von Eiden zuständigen Stelle falsch schwört, wird mit Freiheitsstrafe nicht unter einem Jahr bestraft.

(2) In minder schweren Fällen ist die Strafe Freiheitsstrafe von sechs Monaten bis zu fünf Jahren.

§ 155 Eidesgleiche Bekräftigungen. Dem Eid stehen gleich
1. die den Eid ersetzende Bekräftigung,
2. die Berufung auf einen früheren Eid oder auf eine frühere Bekräftigung.

§ 156 Falsche Versicherung an Eides Statt. Wer vor einer zur Abnahme einer Versicherung an Eides Statt zuständigen Behörde eine solche Versicherung falsch abgibt oder unter Berufung auf eine solche Versicherung falsch aussagt, wird mit Freiheitsstrafe bis zu drei Jahren oder mit Geldstrafe bestraft.

§ 157 Aussagenotstand. (1) Hat ein Zeuge oder Sachverständiger sich eines Meineids oder einer falschen uneidlichen Aussage schuldig gemacht, so kann das Gericht die Strafe nach seinem Ermessen mildern (§ 49 Abs. 2) und im Falle uneidlicher Aussage auch ganz von Strafe absehen, wenn der Täter die Unwahrheit gesagt hat, um von einem Angehörigen oder von sich selbst die Gefahr abzuwenden, bestraft oder einer freiheitsentziehenden Maßregel der Besserung und Sicherung unterworfen zu werden.

(2) Das Gericht kann auch dann die Strafe nach seinem Ermessen mildern (§ 49 Abs. 2) oder ganz von Strafe absehen, wenn ein noch nicht Eidesmündiger uneidlich falsch ausgesagt hat.

§ 158 Berichtigung einer falschen Angabe. (1) Das Gericht kann die Strafe wegen Meineids, falscher Versicherung an Eides Statt oder falscher uneidlicher Aussage nach seinem Ermessen mildern (§ 49 Abs. 2) oder von Strafe absehen, wenn der Täter die falsche Angabe rechtzeitig berichtigt.

(2) Die Berichtigung ist verspätet, wenn sie bei der Entscheidung nicht mehr verwertet werden kann oder aus der Tat ein Nachteil für einen anderen entstanden ist oder wenn schon gegen den Täter eine Anzeige erstattet oder eine Untersuchung eingeleitet worden ist.

(3) Die Berichtigung kann bei der Stelle, der die falsche Angabe gemacht worden ist oder die sie im Verfahren zu prüfen hat, sowie bei einem Gericht, einem Staatsanwalt oder einer Polizeibehörde erfolgen.

§ 159 Versuch der Anstiftung zur Falschaussage. Für den Versuch der Anstiftung zu einer falschen uneidlichen Aussage (§ 153) und einer falschen Versicherung an Eides Statt (§ 156) gelten § 30 Abs. 1 und § 31 Abs. 1 Nr. 1 und Abs. 2 entsprechend.

---

[1]) § 153 Abs. 2 angef. mWv 26.6.2001 durch G v. 19.6.2001 (BGBl. I S. 1142); Abs. 2 aufgeh. mWv 5.11.2008 durch G v. 31.10.2008 (BGBl. I S. 2149).

§ 160 Verleitung zur Falschaussage. (1) Wer einen anderen zur Ableistung eines falschen Eides verleitet, wird mit Freiheitsstrafe bis zu zwei Jahren oder mit Geldstrafe bestraft; wer einen anderen zur Ableistung einer falschen Versicherung an Eides Statt oder einer falschen uneidlichen Aussage verleitet, wird mit Freiheitsstrafe bis zu sechs Monaten oder mit Geldstrafe bis zu einhundertachtzig Tagessätzen bestraft.

(2) Der Versuch ist strafbar.

§ 161[1]**) Fahrlässiger Falscheid; fahrlässige falsche Versicherung an Eides Statt.** (1) Wenn eine der in den §§ 154 bis 156 bezeichneten Handlungen aus Fahrlässigkeit begangen worden ist, so tritt Freiheitsstrafe bis zu einem Jahr oder Geldstrafe ein.

(2) [1] Straflosigkeit tritt ein, wenn der Täter die falsche Angabe rechtzeitig berichtigt. [2] Die Vorschriften des § 158 Abs. 2 und 3 gelten entsprechend.

§ 162[2]**) Internationale Gerichte; nationale Untersuchungsausschüsse.**
(1) Die §§ 153 bis 161 sind auch auf falsche Angaben in einem Verfahren vor einem internationalen Gericht, das durch einen für die Bundesrepublik Deutschland verbindlichen Rechtsakt errichtet worden ist, anzuwenden.

(2) Die §§ 153 und 157 bis 160, soweit sie sich auf falsche uneidliche Aussagen beziehen, sind auch auf falsche Angaben vor einem Untersuchungsausschuss eines Gesetzgebungsorgans des Bundes oder eines Landes anzuwenden.

§ 163[3]**)** *(aufgehoben)*

Zehnter Abschnitt. Falsche Verdächtigung

§ 164[4]**) Falsche Verdächtigung.** (1) Wer einen anderen bei einer Behörde oder einem zur Entgegennahme von Anzeigen zuständigen Amtsträger oder militärischen Vorgesetzten oder öffentlich wider besseres Wissen einer rechtswidrigen Tat oder der Verletzung einer Dienstpflicht in der Absicht verdächtigt, ein behördliches Verfahren oder andere behördliche Maßnahmen gegen ihn herbeizuführen oder fortdauern zu lassen, wird mit Freiheitsstrafe bis zu fünf Jahren oder mit Geldstrafe bestraft.

(2) Ebenso wird bestraft, wer in gleicher Absicht bei einer der in Absatz 1 bezeichneten Stellen oder öffentlich über einen anderen wider besseres Wissen eine sonstige Behauptung tatsächlicher Art aufstellt, die geeignet ist, ein behördliches Verfahren oder andere behördliche Maßnahmen gegen ihn herbeizuführen oder fortdauern zu lassen.

(3) [1] Mit Freiheitsstrafe von sechs Monaten bis zu zehn Jahren wird bestraft, wer die falsche Verdächtigung begeht, um eine Strafmilderung oder ein Absehen von Strafe nach § 46b dieses Gesetzes, § 31 des Betäubungsmittelgesetzes[5]) oder § 4a des Anti-Doping-Gesetzes zu erlangen. [2] In minder schweren Fällen ist die Strafe Freiheitsstrafe von drei Monaten bis zu fünf Jahren.

---

[1]) § 161 eingef. mWv 5.11.2008 durch G v. 31.10.2008 (BGBl. I S. 2149).
[2]) § 162 eingef. mWv 5.11.2008 durch G v. 31.10.2008 (BGBl. I S. 2149).
[3]) § 163 aufgeh. mWv 5.11.2008 durch G v. 31.10.2008 (BGBl. I S. 2149).
[4]) Abs. 3 geänd. mWv 1.9.2009 durch G v. 29.7.2009 (BGBl. I S. 2288); Abs. 3 Satz 1 geänd. mWv 1.10.2021 durch G v. 12.8.2021 (BGBl. I S. 3542).
[5]) Habersack, Deutsche Gesetze ErgBd. Nr. 86.

§ 165[1] Bekanntgabe der Verurteilung. (1) [1] Ist die Tat nach § 164 öffentlich oder durch Verbreiten eines Inhalts (§ 11 Absatz 3) begangen und wird ihretwegen auf Strafe erkannt, so ist auf Antrag des Verletzten anzuordnen, daß die Verurteilung wegen falscher Verdächtigung auf Verlangen öffentlich bekanntgemacht wird. [2] Stirbt der Verletzte, so geht das Antragsrecht auf die in § 77 Abs. 2 bezeichneten Angehörigen über. [3] § 77 Abs. 2 bis 4 gilt entsprechend.

(2) Für die Art der Bekanntmachung gilt § 200 Abs. 2 entsprechend.

Elfter Abschnitt. Straftaten, welche sich auf Religion und Weltanschauung beziehen

§ 166[2] Beschimpfung von Bekenntnissen, Religionsgesellschaften und Weltanschauungsvereinigungen. (1) Wer öffentlich oder durch Verbreiten eines Inhalts (§ 11 Absatz 3) den Inhalt des religiösen oder weltanschaulichen Bekenntnisses anderer in einer Weise beschimpft, die geeignet ist, den öffentlichen Frieden zu stören, wird mit Freiheitsstrafe bis zu drei Jahren oder mit Geldstrafe bestraft.

(2) Ebenso wird bestraft, wer öffentlich oder durch Verbreiten eines Inhalts (§ 11 Absatz 3) eine im Inland bestehende Kirche oder andere Religionsgesellschaft oder Weltanschauungsvereinigung, ihre Einrichtungen oder Gebräuche in einer Weise beschimpft, die geeignet ist, den öffentlichen Frieden zu stören.

§ 167 Störung der Religionsausübung. (1) Wer
1. den Gottesdienst oder eine gottesdienstliche Handlung einer im Inland bestehenden Kirche oder anderen Religionsgesellschaft absichtlich und in grober Weise stört oder
2. an einem Ort, der dem Gottesdienst einer solchen Religionsgesellschaft gewidmet ist, beschimpfenden Unfug verübt,

wird mit Freiheitsstrafe bis zu drei Jahren oder mit Geldstrafe bestraft.

(2) Dem Gottesdienst stehen entsprechende Feiern einer im Inland bestehenden Weltanschauungsvereinigung gleich.

§ 167a Störung einer Bestattungsfeier. Wer eine Bestattungsfeier absichtlich oder wissentlich stört, wird mit Freiheitsstrafe bis zu drei Jahren oder mit Geldstrafe bestraft.

§ 168 Störung der Totenruhe. (1) Wer unbefugt aus dem Gewahrsam des Berechtigten den Körper oder Teile des Körpers eines verstorbenen Menschen, eine tote Leibesfrucht, Teile einer solchen oder die Asche eines verstorbenen Menschen wegnimmt oder wer daran beschimpfenden Unfug verübt, wird mit Freiheitsstrafe bis zu drei Jahren oder mit Geldstrafe bestraft.

(2) Ebenso wird bestraft, wer eine Aufbahrungsstätte, Beisetzungsstätte oder öffentliche Totengedenkstätte zerstört oder beschädigt oder wer dort beschimpfenden Unfug verübt.

(3) Der Versuch ist strafbar.

---

[1] § 165 Abs. 1 Satz 1 geänd. mWv 1.1.2021 durch G v. 30.11.2020 (BGBl. I S. 2600).
[2] § 166 Abs. 1 und 2 geänd. mWv 1.1.2021 durch G v. 30.11.2020 (BGBl. I S. 2600).

Zwölfter Abschnitt. Straftaten gegen den Personenstand, die Ehe und die Familie

§ 169[1] **Personenstandsfälschung.** (1) Wer ein Kind unterschiebt oder den Personenstand eines anderen gegenüber einer zur Führung von Personenstandsregistern oder zur Feststellung des Personenstands zuständigen Behörde falsch angibt oder unterdrückt, wird mit Freiheitsstrafe bis zu zwei Jahren oder mit Geldstrafe bestraft.

(2) Der Versuch ist strafbar.

§ 170 Verletzung der Unterhaltspflicht. (1) Wer sich einer gesetzlichen Unterhaltspflicht entzieht, so daß der Lebensbedarf des Unterhaltsberechtigten gefährdet ist oder ohne die Hilfe anderer gefährdet wäre, wird mit Freiheitsstrafe bis zu drei Jahren oder mit Geldstrafe bestraft.

(2) Wer einer Schwangeren zum Unterhalt verpflichtet ist und ihr diesen Unterhalt in verwerflicher Weise vorenthält und dadurch den Schwangerschaftsabbruch bewirkt, wird mit Freiheitsstrafe bis zu fünf Jahren oder mit Geldstrafe bestraft.

§ 171 Verletzung der Fürsorge- oder Erziehungspflicht. Wer seine Fürsorge- oder Erziehungspflicht gegenüber einer Person unter sechzehn Jahren gröblich verletzt und dadurch den Schutzbefohlenen in die Gefahr bringt, in seiner körperlichen oder psychischen Entwicklung erheblich geschädigt zu werden, einen kriminellen Lebenswandel zu führen oder der Prostitution nachzugehen, wird mit Freiheitsstrafe bis zu drei Jahren oder mit Geldstrafe bestraft.

§ 172[2] **Doppelehe; doppelte Lebenspartnerschaft.** ¹ Mit Freiheitsstrafe bis zu drei Jahren oder mit Geldstrafe wird bestraft, wer verheiratet ist oder eine Lebenspartnerschaft führt und
1. mit einer dritten Person eine Ehe schließt oder
2. gemäß § 1 Absatz 1 des Lebenspartnerschaftsgesetzes[3] gegenüber der für die Begründung der Lebenspartnerschaft zuständigen Stelle erklärt, mit einer dritten Person eine Lebenspartnerschaft führen zu wollen.

² Ebenso wird bestraft, wer mit einer dritten Person, die verheiratet ist oder eine Lebenspartnerschaft führt, die Ehe schließt oder gemäß § 1 Absatz 1 des Lebenspartnerschaftsgesetzes gegenüber der für die Begründung der Lebenspartnerschaft zuständigen Stelle erklärt, mit dieser dritten Person eine Lebenspartnerschaft führen zu wollen.

§ 173 Beischlaf zwischen Verwandten. (1) Wer mit einem leiblichen Abkömmling den Beischlaf vollzieht, wird mit Freiheitsstrafe bis zu drei Jahren oder mit Geldstrafe bestraft.

(2) ¹ Wer mit einem leiblichen Verwandten aufsteigender Linie den Beischlaf vollzieht, wird mit Freiheitsstrafe bis zu zwei Jahren oder mit Geldstrafe bestraft; dies gilt auch dann, wenn das Verwandtschaftsverhältnis erloschen ist. ² Ebenso werden leibliche Geschwister bestraft, die miteinander den Beischlaf vollziehen.

(3) Abkömmlinge und Geschwister werden nicht nach dieser Vorschrift bestraft, wenn sie zur Zeit der Tat noch nicht achtzehn Jahre alt waren.

---

[1] § 169 Abs. 1 geänd. mWv 1.1.2009 durch G v. 19.2.2007 (BGBl. I S. 122).
[2] § 172 neu gef. mWv 26.11.2015 durch G v. 20.11.2015 (BGBl. I S. 2010).
[3] **Habersack**, Deutsche Gesetze ErgBd. Nr. 43.

Dreizehnter Abschnitt. Straftaten gegen die sexuelle Selbstbestimmung

§ 174[1] **Sexueller Mißbrauch von Schutzbefohlenen.** (1) ¹Wer sexuelle Handlungen

1. an einer Person unter achtzehn Jahren, die ihm zur Erziehung oder zur Betreuung in der Lebensführung anvertraut ist,
2. an einer Person unter achtzehn Jahren, die ihm im Rahmen eines Ausbildungs-, Dienst- oder Arbeitsverhältnisses untergeordnet ist, unter Missbrauch einer mit dem Ausbildungs-, Dienst- oder Arbeitsverhältnis verbundenen Abhängigkeit oder
3. an einer Person unter achtzehn Jahren, die sein leiblicher oder rechtlicher Abkömmling ist oder der seines Ehegatten, seines Lebenspartners oder einer Person, mit der er in eheähnlicher oder lebenspartnerschaftsähnlicher Gemeinschaft lebt,

vornimmt oder an sich von dem Schutzbefohlenen vornehmen läßt, wird mit Freiheitsstrafe von drei Monaten bis zu fünf Jahren bestraft. ²Ebenso wird bestraft, wer unter den Voraussetzungen des Satzes 1 den Schutzbefohlenen dazu bestimmt, dass er sexuelle Handlungen an oder vor einer dritten Person vornimmt oder von einer dritten Person an sich vornehmen lässt.

(2) ¹Mit Freiheitsstrafe von drei Monaten bis zu fünf Jahren wird eine Person bestraft, der in einer dazu bestimmten Einrichtung die Erziehung, Ausbildung oder Betreuung in der Lebensführung von Personen unter achtzehn Jahren anvertraut ist, und die sexuelle Handlungen

1. an einer Person unter sechzehn Jahren, die zu dieser Einrichtung in einem Rechtsverhältnis steht, das ihrer Erziehung, Ausbildung oder Betreuung in der Lebensführung dient, vornimmt oder an sich von ihr vornehmen lässt oder
2. unter Ausnutzung ihrer Stellung an einer Person unter achtzehn Jahren, die zu dieser Einrichtung in einem Rechtsverhältnis steht, das ihrer Erziehung, Ausbildung oder Betreuung in der Lebensführung dient, vornimmt oder an sich von ihr vornehmen lässt.

²Ebenso wird bestraft, wer unter den Voraussetzungen des Satzes 1 den Schutzbefohlenen dazu bestimmt, dass er sexuelle Handlungen an oder vor einer dritten Person vornimmt oder von einer dritten Person an sich vornehmen lässt.

(3) Wer unter den Voraussetzungen des Absatzes 1 oder 2

1. sexuelle Handlungen vor dem Schutzbefohlenen vornimmt, um sich oder den Schutzbefohlenen hierdurch sexuell zu erregen, oder
2. den Schutzbefohlenen dazu bestimmt, daß er sexuelle Handlungen vor ihm vornimmt,

wird mit Freiheitsstrafe bis zu drei Jahren oder mit Geldstrafe bestraft.

(4) Der Versuch ist strafbar.

(5) In den Fällen des Absatzes 1 Satz 1 Nummer 1, des Absatzes 2 Satz 1 Nummer 1 oder des Absatzes 3 in Verbindung mit Absatz 1 Satz 1 Nummer 1 oder mit Absatz 2 Satz 1 Nummer 1 kann das Gericht von einer Bestrafung nach dieser Vorschrift absehen, wenn das Unrecht der Tat gering ist.

---

[1] § 174 Abs. 1 geänd. mWv 1.4.2004 durch G v. 27.12.2003 (BGBl. I S. 3007); Abs. 1 Nr. 3 neu gef., Abs. 2 eingef., bish. Abs. 2 wird Abs. 3 und geänd., bish. Abs. 3 wird Abs. 4, bish. Abs. 4 wird Abs. 5 und geänd. mWv 27.1.2015 durch G v. 21.1.2015 (BGBl. I S. 10); Abs. 1 Satz Nr. 1 geänd., Nr. 2 neu gef., Satz 2, Abs. 2 Satz 2 angef., Abs. 3 Nr. 1, abschl. Satzteil geänd., Abs. 5 neu gef. mWv 1.7.2021 durch G v. 16.6.2021 (BGBl. I S. 1810).

§ 174a[1] **Sexueller Mißbrauch von Gefangenen, behördlich Verwahrten oder Kranken und Hilfsbedürftigen in Einrichtungen.** (1) Wer sexuelle Handlungen an einer gefangenen oder auf behördliche Anordnung verwahrten Person, die ihm zur Erziehung, Ausbildung, Beaufsichtigung oder Betreuung anvertraut ist, unter Mißbrauch seiner Stellung vornimmt oder an sich von der gefangenen oder verwahrten Person vornehmen läßt oder die gefangene oder verwahrte Person zur Vornahme oder Duldung sexueller Handlungen an oder von einer dritten Person bestimmt, wird mit Freiheitsstrafe von drei Monaten bis zu fünf Jahren bestraft.

(2) Ebenso wird bestraft, wer eine Person, die in einer Einrichtung für kranke oder hilfsbedürftige Menschen aufgenommen und ihm zur Beaufsichtigung oder Betreuung anvertraut ist, dadurch mißbraucht, daß er unter Ausnutzung der Krankheit oder Hilfsbedürftigkeit dieser Person sexuelle Handlungen an ihr vornimmt oder an sich von ihr vornehmen läßt oder diese Person zur Vornahme oder Duldung sexueller Handlungen an oder von einer dritten Person bestimmt.

(3) Der Versuch ist strafbar.

§ 174b[2] **Sexueller Mißbrauch unter Ausnutzung einer Amtsstellung.**
(1) Wer als Amtsträger, der zur Mitwirkung an einem Strafverfahren oder an einem Verfahren zur Anordnung einer freiheitsentziehenden Maßregel der Besserung und Sicherung oder einer behördlichen Verwahrung berufen ist, unter Mißbrauch der durch das Verfahren begründeten Abhängigkeit sexuelle Handlungen an demjenigen, gegen den sich das Verfahren richtet, vornimmt oder an sich von dem anderen vornehmen läßt oder die Person zur Vornahme oder Duldung sexueller Handlungen an oder von einer dritten Person bestimmt, wird mit Freiheitsstrafe von drei Monaten bis zu fünf Jahren bestraft.

(2) Der Versuch ist strafbar.

§ 174c[3] **Sexueller Mißbrauch unter Ausnutzung eines Beratungs-, Behandlungs- oder Betreuungsverhältnisses.** (1) Wer sexuelle Handlungen an einer Person, die ihm wegen einer geistigen oder seelischen Krankheit oder Behinderung einschließlich einer Suchtkrankheit oder wegen einer körperlichen Krankheit oder Behinderung zur Beratung, Behandlung oder Betreuung anvertraut ist, unter Mißbrauch des Beratungs-, Behandlungs- oder Betreuungsverhältnisses vornimmt oder an sich von ihr vornehmen läßt oder diese Person zur Vornahme oder Duldung sexueller Handlungen an oder von einer dritten Person bestimmt, wird mit Freiheitsstrafe von drei Monaten bis zu fünf Jahren bestraft.

(2) Ebenso wird bestraft, wer sexuelle Handlungen an einer Person, die ihm zur psychotherapeutischen Behandlung anvertraut ist, unter Mißbrauch des Behandlungsverhältnisses vornimmt oder an sich von ihr vornehmen läßt oder diese Person zur Vornahme oder Duldung sexueller Handlungen an oder von einer dritten Person bestimmt.

(3) Der Versuch ist strafbar.

§ 175 (weggefallen)

---

[1] § 174a Abs. 1 und 2 geänd. mWv 1.4.2004 durch G v. 27.12.2003 (BGBl. I S. 3007); Abs. 1 und 2 geänd. mWv 1.7.2021 durch G v. 16.6.2021 (BGBl. I S. 1810).
[2] § 174b Abs. 1 geänd. mWv 1.4.2004 durch G v. 27.12.2003 (BGBl. I S. 3007); Abs. 1 geänd. mWv 1.7.2021 durch G v. 16.6.2021 (BGBl. I S. 1810).
[3] § 174c Abs. 1 geänd. mWv 1.4.2004 durch G v. 27.12.2003 (BGBl. I S. 3007); Abs. 1 und 2 geänd. mWv 1.7.2021 durch G v. 16.6.2021 (BGBl. I S. 1810).

§ 176[1]) Sexueller Missbrauch von Kindern.
(1) Mit Freiheitsstrafe nicht unter einem Jahr wird bestraft, wer
1. sexuelle Handlungen an einer Person unter vierzehn Jahren (Kind) vornimmt oder an sich von dem Kind vornehmen lässt,
2. ein Kind dazu bestimmt, dass es sexuelle Handlungen an einer dritten Person vornimmt oder von einer dritten Person an sich vornehmen lässt,
3. ein Kind für eine Tat nach Nummer 1 oder Nummer 2 anbietet oder nachzuweisen verspricht.

(2) In den Fällen des Absatzes 1 Nummer 1 kann das Gericht von Strafe nach dieser Vorschrift absehen, wenn zwischen Täter und Kind die sexuelle Handlung einvernehmlich erfolgt und der Unterschied sowohl im Alter als auch im Entwicklungsstand oder Reifegrad gering ist, es sei denn, der Täter nutzt die fehlende Fähigkeit des Kindes zur sexuellen Selbstbestimmung aus.

§ 176a[1]) Sexueller Missbrauch von Kindern ohne Körperkontakt mit dem Kind.
(1) Mit Freiheitsstrafe von sechs Monaten bis zu zehn Jahren wird bestraft, wer
1. sexuelle Handlungen vor einem Kind vornimmt oder vor einem Kind von einer dritten Person an sich vornehmen lässt,
2. ein Kind dazu bestimmt, dass es sexuelle Handlungen vornimmt, soweit die Tat nicht nach § 176 Absatz 1 Nummer 1 oder Nummer 2 mit Strafe bedroht ist, oder
3. auf ein Kind durch einen pornographischen Inhalt (§ 11 Absatz 3) oder durch entsprechende Reden einwirkt.

(2) Ebenso wird bestraft, wer ein Kind für eine Tat nach Absatz 1 anbietet oder nachzuweisen verspricht oder wer sich mit einem anderen zu einer solchen Tat verabredet.

(3) [1]Der Versuch ist in den Fällen des Absatzes 1 Nummer 1 und 2 strafbar. [2]Bei Taten nach Absatz 1 Nummer 3 ist der Versuch in den Fällen strafbar, in denen eine Vollendung der Tat allein daran scheitert, dass der Täter irrig annimmt, sein Einwirken beziehe sich auf ein Kind.

§ 176b[1]) Vorbereitung des sexuellen Missbrauchs von Kindern.
(1) Mit Freiheitsstrafe von drei Monaten bis zu fünf Jahren wird bestraft, wer auf ein Kind durch einen Inhalt (§ 11 Absatz 3) einwirkt, um
1. das Kind zu sexuellen Handlungen zu bringen, die es an oder vor dem Täter oder an oder vor einer dritten Person vornehmen oder von dem Täter oder einer dritten Person an sich vornehmen lassen soll, oder
2. eine Tat nach § 184b Absatz 1 Satz 1 Nummer 3 oder nach § 184b Absatz 3 zu begehen.

(2) Ebenso wird bestraft, wer ein Kind für eine Tat nach Absatz 1 anbietet oder nachzuweisen verspricht oder wer sich mit einem anderen zu einer solchen Tat verabredet.

(3) Bei Taten nach Absatz 1 ist der Versuch in den Fällen strafbar, in denen eine Vollendung der Tat allein daran scheitert, dass der Täter irrig annimmt, sein Einwirken beziehe sich auf ein Kind.

---

[1]) §§ 176–176b neu gef. mWv 1.7.2021 durch G v. 16.6.2021 (BGBl. I S. 1810).

§ 176c[1]**) Schwerer sexueller Missbrauch von Kindern.** (1) Der sexuelle Missbrauch von Kindern wird in den Fällen des § 176 Absatz 1 Nummer 1 und 2 mit Freiheitsstrafe nicht unter zwei Jahren bestraft, wenn

1. der Täter innerhalb der letzten fünf Jahre wegen einer solchen Straftat rechtskräftig verurteilt worden ist,
2. der Täter mindestens achtzehn Jahre alt ist und
    a) mit dem Kind den Beischlaf vollzieht oder ähnliche sexuelle Handlungen an ihm vornimmt oder an sich von ihm vornehmen lässt, die mit einem Eindringen in den Körper verbunden sind, oder
    b) das Kind dazu bestimmt, den Beischlaf mit einem Dritten zu vollziehen oder ähnliche sexuelle Handlungen, die mit einem Eindringen in den Körper verbunden sind, an dem Dritten vorzunehmen oder von diesem an sich vornehmen zu lassen,
3. die Tat von mehreren gemeinschaftlich begangen wird oder
4. der Täter das Kind durch die Tat in die Gefahr einer schweren Gesundheitsschädigung oder einer erheblichen Schädigung der körperlichen oder seelischen Entwicklung bringt.

(2) Ebenso wird bestraft, wer in den Fällen des § 176 Absatz 1 Nummer 1 oder Nummer 2, des § 176a Absatz 1 Nummer 1 oder Nummer 2 oder Absatz 3 Satz 1 als Täter oder anderer Beteiligter in der Absicht handelt, die Tat zum Gegenstand eines pornographischen Inhalts (§ 11 Absatz 3) zu machen, der nach § 184b Absatz 1 oder 2 verbreitet werden soll.

(3) Mit Freiheitsstrafe nicht unter fünf Jahren wird bestraft, wer das Kind in den Fällen des § 176 Absatz 1 Nummer 1 oder Nummer 2 bei der Tat körperlich schwer misshandelt oder durch die Tat in die Gefahr des Todes bringt.

(4) [1] In die in Absatz 1 Nummer 1 bezeichnete Frist wird die Zeit nicht eingerechnet, in welcher der Täter auf behördliche Anordnung in einer Anstalt verwahrt worden ist. [2] Eine Tat, die im Ausland abgeurteilt worden ist, steht in den Fällen des Absatzes 1 Nummer 1 einer im Inland abgeurteilten Tat gleich, wenn sie nach deutschem Strafrecht eine solche nach § 176 Absatz 1 Nummer 1 oder Nummer 2 wäre.

§ 176d[1]**) Sexueller Missbrauch von Kindern mit Todesfolge.** Verursacht der Täter durch den sexuellen Missbrauch (§§ 176 bis 176c) mindestens leichtfertig den Tod eines Kindes, so ist die Strafe lebenslange Freiheitsstrafe oder Freiheitsstrafe nicht unter zehn Jahren.

§ 176e[2]**) Verbreitung und Besitz von Anleitungen zu sexuellem Missbrauch von Kindern.** (1) Wer einen Inhalt (§ 11 Absatz 3) verbreitet oder der Öffentlichkeit zugänglich macht, der geeignet ist, als Anleitung zu einer in den §§ 176 bis 176d genannten rechtswidrigen Tat zu dienen, und der dazu bestimmt ist, die Bereitschaft anderer zu fördern oder zu wecken, eine solche Tat zu begehen, wird mit Freiheitsstrafe bis zu drei Jahren oder mit Geldstrafe bestraft.

(2) Ebenso wird bestraft, wer
1. einen Inhalt (§ 11 Absatz 3), der geeignet ist, als Anleitung zu einer in den §§ 176 bis 176d genannten rechtswidrigen Tat zu dienen, verbreitet oder der Öffentlichkeit zugänglich macht oder

---

[1]) §§ 176c, 176d eingef. mWv 1.7.2021 durch G v. 16.6.2021 (BGBl. I S. 1810).
[2]) § 176e eingef. mWv 22.9.2021 durch G v. 14.9.2021 (BGBl. I S. 4250).

2. öffentlich oder in einer Versammlung zu einer in den §§ 176 bis 176d genannten rechtswidrigen Tat eine Anleitung gibt,

um die Bereitschaft anderer zu fördern oder zu wecken, eine solche Tat zu begehen.

(3) Wer einen in Absatz 1 bezeichneten Inhalt abruft, besitzt, einer anderen Person zugänglich macht oder einer anderen Person den Besitz daran verschafft, wird mit Freiheitsstrafe bis zu zwei Jahren oder mit Geldstrafe bestraft.

(4) Absatz 3 gilt nicht für Handlungen, die ausschließlich der rechtmäßigen Erfüllung von Folgendem dienen:
1. staatlichen Aufgaben,
2. Aufgaben, die sich aus Vereinbarungen mit einer zuständigen staatlichen Stelle ergeben, oder
3. dienstlichen oder beruflichen Pflichten.

(5) Die Absätze 1 und 3 gelten nicht für dienstliche Handlungen im Rahmen von strafrechtlichen Ermittlungsverfahren, wenn
1. kein kinderpornographischer Inhalt, der ein tatsächliches Geschehen wiedergibt oder der unter Verwendung einer Bildaufnahme eines Kindes oder Jugendlichen hergestellt worden ist, einer anderen Person oder der Öffentlichkeit zugänglich gemacht, verbreitet oder einer anderen Person der Besitz daran verschafft wird, und
2. die Aufklärung des Sachverhalts auf andere Weise aussichtslos oder wesentlich erschwert wäre.

(6) [1]Gegenstände, auf die sich eine Straftat nach Absatz 3 bezieht, werden eingezogen. [2] § 74a ist anzuwenden.

§ 177[1]) Sexueller Übergriff; sexuelle Nötigung; Vergewaltigung.

(1) Wer gegen den erkennbaren Willen einer anderen Person sexuelle Handlungen an dieser Person vornimmt oder von ihr vornehmen lässt oder diese Person zur Vornahme oder Duldung sexueller Handlungen an oder von einem Dritten bestimmt, wird mit Freiheitsstrafe von sechs Monaten bis zu fünf Jahren bestraft.

(2) Ebenso wird bestraft, wer sexuelle Handlungen an einer anderen Person vornimmt oder von ihr vornehmen lässt oder diese Person zur Vornahme oder Duldung sexueller Handlungen an oder von einem Dritten bestimmt, wenn
1. der Täter ausnutzt, dass die Person nicht in der Lage ist, einen entgegenstehenden Willen zu bilden oder zu äußern,
2. der Täter ausnutzt, dass die Person auf Grund ihres körperlichen oder psychischen Zustands in der Bildung oder Äußerung des Willens erheblich eingeschränkt ist, es sei denn, er hat sich der Zustimmung dieser Person versichert,
3. der Täter ein Überraschungsmoment ausnutzt,
4. der Täter eine Lage ausnutzt, in der dem Opfer bei Widerstand ein empfindliches Übel droht, oder
5. der Täter die Person zur Vornahme oder Duldung der sexuellen Handlung durch Drohung mit einem empfindlichen Übel genötigt hat.

(3) Der Versuch ist strafbar.

---

[1]) § 177 neu gef. mWv 10.11.2016 durch G v. 4.11.2016 (BGBl. I S. 2460).

(4) Auf Freiheitsstrafe nicht unter einem Jahr ist zu erkennen, wenn die Unfähigkeit, einen Willen zu bilden oder zu äußern, auf einer Krankheit oder Behinderung des Opfers beruht.

(5) Auf Freiheitsstrafe nicht unter einem Jahr ist zu erkennen, wenn der Täter
1. gegenüber dem Opfer Gewalt anwendet,
2. dem Opfer mit gegenwärtiger Gefahr für Leib oder Leben droht oder
3. eine Lage ausnutzt, in der das Opfer der Einwirkung des Täters schutzlos ausgeliefert ist.

(6) ¹ In besonders schweren Fällen ist auf Freiheitsstrafe nicht unter zwei Jahren zu erkennen. ² Ein besonders schwerer Fall liegt in der Regel vor, wenn
1. der Täter mit dem Opfer den Beischlaf vollzieht oder vollziehen lässt oder ähnliche sexuelle Handlungen an dem Opfer vornimmt oder von ihm vornehmen lässt, die dieses besonders erniedrigen, insbesondere wenn sie mit einem Eindringen in den Körper verbunden sind (Vergewaltigung), oder
2. die Tat von mehreren gemeinschaftlich begangen wird.

(7) Auf Freiheitsstrafe nicht unter drei Jahren ist zu erkennen, wenn der Täter
1. eine Waffe oder ein anderes gefährliches Werkzeug bei sich führt,
2. sonst ein Werkzeug oder Mittel bei sich führt, um den Widerstand einer anderen Person durch Gewalt oder Drohung mit Gewalt zu verhindern oder zu überwinden, oder
3. das Opfer in die Gefahr einer schweren Gesundheitsschädigung bringt.

(8) Auf Freiheitsstrafe nicht unter fünf Jahren ist zu erkennen, wenn der Täter
1. bei der Tat eine Waffe oder ein anderes gefährliches Werkzeug verwendet oder
2. das Opfer
   a) bei der Tat körperlich schwer misshandelt oder
   b) durch die Tat in die Gefahr des Todes bringt.

(9) In minder schweren Fällen der Absätze 1 und 2 ist auf Freiheitsstrafe von drei Monaten bis zu drei Jahren, in minder schweren Fällen der Absätze 4 und 5 ist auf Freiheitsstrafe von sechs Monaten bis zu zehn Jahren, in minder schweren Fällen der Absätze 7 und 8 ist auf Freiheitsstrafe von einem Jahr bis zu zehn Jahren zu erkennen.

§ 178[1]**) Sexueller Übergriff, sexuelle Nötigung und Vergewaltigung mit Todesfolge.** Verursacht der Täter durch den sexuellen Übergriff, die sexuelle Nötigung oder Vergewaltigung (§ 177) wenigstens leichtfertig den Tod des Opfers, so ist die Strafe lebenslange Freiheitsstrafe oder Freiheitsstrafe nicht unter zehn Jahren.

§ 179[1]**)** *(aufgehoben)*

§ 180[2]**) Förderung sexueller Handlungen Minderjähriger.** (1) ¹ Wer sexuellen Handlungen einer Person unter sechzehn Jahren an oder vor einem Dritten oder sexuellen Handlungen eines Dritten an einer Person unter sechzehn Jahren
1. durch seine Vermittlung oder

---

[1]) § 178 neu gef., § 179 aufgeh. mWv 10.11.2016 durch G v. 4.11.2016 (BGBl. I S. 2460).
[2]) § 180 Abs. 3 aufgeh., bish. Abs. 4 wird Abs. 3 und neu gef. mWv 1.7.2021 durch G v. 16.6.2021 (BGBl. I S. 1810).

85 StGB §§ 180a–181a Besonderer Teil. 13. Abschnitt

2. durch Gewähren oder Verschaffen von Gelegenheit

Vorschub leistet, wird mit Freiheitsstrafe bis zu drei Jahren oder mit Geldstrafe bestraft. ²Satz 1 Nr. 2 ist nicht anzuwenden, wenn der zur Sorge für die Person Berechtigte handelt; dies gilt nicht, wenn der Sorgeberechtigte durch das Vorschubleisten seine Erziehungspflicht gröblich verletzt.

(2) Wer eine Person unter achtzehn Jahren bestimmt, sexuelle Handlungen gegen Entgelt an oder vor einem Dritten vorzunehmen oder von einem Dritten an sich vornehmen zu lassen, oder wer solchen Handlungen durch seine Vermittlung Vorschub leistet, wird mit Freiheitsstrafe bis zu fünf Jahren oder mit Geldstrafe bestraft.

(3) Im Fall des Absatzes 2 ist der Versuch strafbar.

§ 180a[1] Ausbeutung von Prostituierten. (1) Wer gewerbsmäßig einen Betrieb unterhält oder leitet, in dem Personen der Prostitution nachgehen und in dem diese in persönlicher oder wirtschaftlicher Abhängigkeit gehalten werden, wird mit Freiheitsstrafe bis zu drei Jahren oder mit Geldstrafe bestraft.

(2) Ebenso wird bestraft, wer

1. einer Person unter achtzehn Jahren zur Ausübung der Prostitution Wohnung, gewerbsmäßig Unterkunft oder gewerbsmäßig Aufenthalt gewährt oder
2. eine andere Person, der er zur Ausübung der Prostitution Wohnung gewährt, zur Prostitution anhält oder im Hinblick auf sie ausbeutet.

§§ 180b, 181[2] *(aufgehoben)*

§ 181a[3] Zuhälterei. (1) Mit Freiheitsstrafe von sechs Monaten bis zu fünf Jahren wird bestraft, wer

1. eine andere Person, die der Prostitution nachgeht, ausbeutet oder
2. seines Vermögensvorteils wegen eine andere Person bei der Ausübung der Prostitution überwacht, Ort, Zeit, Ausmaß oder andere Umstände der Prostitutionsausübung bestimmt oder Maßnahmen trifft, die sie davon abhalten sollen, die Prostitution aufzugeben,

und im Hinblick darauf Beziehungen zu ihr unterhält, die über den Einzelfall hinausgehen.

(2) Mit Freiheitsstrafe bis zu drei Jahren oder mit Geldstrafe wird bestraft, wer die persönliche oder wirtschaftliche Unabhängigkeit einer anderen Person dadurch beeinträchtigt, dass er gewerbsmäßig die Prostitutionsausübung der anderen Person durch Vermittlung sexuellen Verkehrs fördert und im Hinblick darauf Beziehungen zu ihr unterhält, die über den Einzelfall hinausgehen.

(3) Nach den Absätzen 1 und 2 wird auch bestraft, wer die in Absatz 1 Nr. 1 und 2 genannten Handlungen oder die in Absatz 2 bezeichnete Förderung gegenüber seinem Ehegatten oder Lebenspartner vornimmt.

---

[1] § 180a Überschrift neu gef., Abs. 1 geänd. mWv 1.1.2002 durch G v. 20.12.2001 (BGBl. I S. 3983).
[2] §§ 180b, 181 aufgeh. mWv 19.2.2005 durch G v. 11.2.2005 (BGBl. I S. 239).
[3] § 181a Abs. 2 neu gef. mWv 1.1.2002 durch G v. 20.12.2001 (BGBl. I S. 3983); Abs. 2 geänd. mWv 1.4.2004 durch G v. 27.12.2003 (BGBl. I S. 3007); Abs. 3 geänd. mWv 26.11.2015 durch G v. 20.11.2015 (BGBl. I S. 2010).

§ 181b[1)] **Führungsaufsicht.** In den Fällen der §§ 174 bis 174c, 176 bis 180, 181a, 182 und 184b kann das Gericht Führungsaufsicht anordnen (§ 68 Abs. 1).

§ 181c[2)] *(aufgehoben)*

§ 182[3)] **Sexueller Mißbrauch von Jugendlichen.** (1) Wer eine Person unter achtzehn Jahren dadurch missbraucht, dass er unter Ausnutzung einer Zwangslage
1. sexuelle Handlungen an ihr vornimmt oder an sich von ihr vornehmen lässt oder
2. diese dazu bestimmt, sexuelle Handlungen an einem Dritten vorzunehmen oder von einem Dritten an sich vornehmen zu lassen,
wird mit Freiheitsstrafe bis zu fünf Jahren oder mit Geldstrafe bestraft.

(2) Ebenso wird eine Person über achtzehn Jahren bestraft, die eine Person unter achtzehn Jahren dadurch missbraucht, dass sie gegen Entgelt sexuelle Handlungen an ihr vornimmt oder an sich von ihr vornehmen lässt.

(3) Eine Person über einundzwanzig Jahre, die eine Person unter sechzehn Jahren dadurch mißbraucht, daß sie
1. sexuelle Handlungen an ihr vornimmt oder an sich von ihr vornehmen läßt oder
2. diese dazu bestimmt, sexuelle Handlungen an einem Dritten vorzunehmen oder von einem Dritten an sich vornehmen zu lassen,
und dabei die ihr gegenüber fehlende Fähigkeit des Opfers zur sexuellen Selbstbestimmung ausnutzt, wird mit Freiheitsstrafe bis zu drei Jahren oder mit Geldstrafe bestraft.

(4) Der Versuch ist strafbar.

(5) In den Fällen des Absatzes 3 wird die Tat nur auf Antrag verfolgt, es sei denn, daß die Strafverfolgungsbehörde wegen des besonderen öffentlichen Interesses an der Strafverfolgung ein Einschreiten von Amts wegen für geboten hält.

(6) In den Fällen der Absätze 1 bis 3 kann das Gericht von Strafe nach diesen Vorschriften absehen, wenn bei Berücksichtigung des Verhaltens der Person, gegen die sich die Tat richtet, das Unrecht der Tat gering ist.

§ 183[4)] **Exhibitionistische Handlungen.** (1) Ein Mann, der eine andere Person durch eine exhibitionistische Handlung belästigt, wird mit Freiheitsstrafe bis zu einem Jahr oder mit Geldstrafe bestraft.

(2) Die Tat wird nur auf Antrag verfolgt, es sei denn, daß die Strafverfolgungsbehörde wegen des besonderen öffentlichen Interesses an der Strafverfolgung ein Einschreiten von Amts wegen für geboten hält.

(3) Das Gericht kann die Vollstreckung einer Freiheitsstrafe auch dann zur Bewährung aussetzen, wenn zu erwarten ist, daß der Täter erst nach einer längeren Heilbehandlung keine exhibitionistischen Handlungen mehr vornehmen wird.

[1)] § 181b geänd. mWv 19.2.2005 durch G v. 11.2.2005 (BGBl. I S. 239); geänd. mWv 1.7.2021 durch G v. 16.6.2021 (BGBl. I S. 1810).
[2)] § 181c aufgeh. mWv 1.7.2017 durch G v. 13.4.2017 (BGBl. I S. 872).
[3)] § 182 Abs. 1 neu gef., Abs. 2 und 4 eingef., bish. Abs. 2 wird Abs. 3, bish. Abs. 3 und 4 werden Abs. 5 und 6 und geänd. mWv 5.11.2008 durch G v. 31.10.2008 (BGBl. I S. 2149); Abs. 3 abschl. Satzteil geänd. mWv 27.1.2015 durch G v. 21.1.2015 (BGBl. I S. 10).
[4)] § 183 Abs. 1 geänd. mWv 5.11.2008 durch G v. 31.10.2008 (BGBl. I S. 2149); Abs. 4 Nr. 2 geänd. mWv 27.1.2015 durch G v. 21.1.2015 (BGBl. I S. 10); Abs. 4 Nr. 2 geänd. mWv 1.7.2021 durch G v. 16.6.2021 (BGBl. I S. 1810).

(4) Absatz 3 gilt auch, wenn ein Mann oder eine Frau wegen einer exhibitionistischen Handlung
1. nach einer anderen Vorschrift, die im Höchstmaß Freiheitsstrafe bis zu einem Jahr oder Geldstrafe androht, oder
2. nach § 174 Absatz 3 Nummer 1 oder § 176a Absatz 1 Nummer 1
bestraft wird.

§ 183a Erregung öffentlichen Ärgernisses. Wer öffentlich sexuelle Handlungen vornimmt und dadurch absichtlich oder wissentlich ein Ärgernis erregt, wird mit Freiheitsstrafe bis zu einem Jahr oder mit Geldstrafe bestraft, wenn die Tat nicht in § 183 mit Strafe bedroht ist.

§ 184[1]**) Verbreitung pornographischer Inhalte.** (1) Wer einen pornographischen Inhalt (§ 11 Absatz 3)
1. einer Person unter achtzehn Jahren anbietet, überläßt oder zugänglich macht,
2. an einem Ort, der Personen unter achtzehn Jahren zugänglich ist oder von ihnen eingesehen werden kann, zugänglich macht,
3. im Einzelhandel außerhalb von Geschäftsräumen, in Kiosken oder anderen Verkaufsstellen, die der Kunde nicht zu betreten pflegt, im Versandhandel oder in gewerblichen Leihbüchereien oder Lesezirkeln einem anderen anbietet oder überläßt,
3a. im Wege gewerblicher Vermietung oder vergleichbarer gewerblicher Gewährung des Gebrauchs, ausgenommen in Ladengeschäften, die Personen unter achtzehn Jahren nicht zugänglich sind und von ihnen nicht eingesehen werden können, einem anderen anbietet oder überläßt,
4. im Wege des Versandhandels einzuführen unternimmt,
5. öffentlich an einem Ort, der Personen unter achtzehn Jahren zugänglich ist oder von ihnen eingesehen werden kann, oder durch Verbreiten von Schriften außerhalb des Geschäftsverkehrs mit dem einschlägigen Handel anbietet oder bewirbt,
6. an einen anderen gelangen läßt, ohne von diesem hierzu aufgefordert zu sein,
7. in einer öffentlichen Filmvorführung gegen ein Entgelt zeigt, das ganz oder überwiegend für diese Vorführung verlangt wird,
8. herstellt, bezieht, liefert, vorrätig hält oder einzuführen unternimmt, um diesen im Sinne der Nummern 1 bis 7 zu verwenden oder einer anderen Person eine solche Verwendung zu ermöglichen, oder
9. auszuführen unternimmt, um diesen im Ausland unter Verstoß gegen die dort geltenden Strafvorschriften zu verbreiten oder der Öffentlichkeit zugänglich zu machen oder eine solche Verwendung zu ermöglichen,

wird mit Freiheitsstrafe bis zu einem Jahr oder mit Geldstrafe bestraft[2]).

(2) [1] Absatz 1 Nummer 1 und 2 ist nicht anzuwenden, wenn der zur Sorge für die Person Berechtigte handelt; dies gilt nicht, wenn der Sorgeberechtigte durch das Anbieten, Überlassen oder Zugänglichmachen seine Erziehungspflicht gröblich

---

[1]) § 184 Abs. 2 neu gef., Abs. 3–7 aufgeh. mWv 1.4.2004 durch G v. 27.12.2003 (BGBl. I S. 3007); Abs. 1 einl. Satzteil, Nr. 2, 5, 8 und 9 geänd. mWv 27.1.2015 durch G v. 21.1.2015 (BGBl. I S. 10); Überschrift, Abs. 1 einl. Satzteil, Nr. 8 und 9, Abs. 2 Satz 1 geänd. mWv 1.1.2021 durch G v. 30.11.2020 (BGBl. I S. 2600).
[2]) Vgl. auch §§ 27 und 28 JugendschutzG **(Sartorius Nr. 400)**.

verletzt. ²Absatz 1 Nr. 3a gilt nicht, wenn die Handlung im Geschäftsverkehr mit gewerblichen Entleihern erfolgt.

§ 184a[1]**) Verbreitung gewalt- oder tierpornographischer Inhalte.** ¹Mit Freiheitsstrafe bis zu drei Jahren oder mit Geldstrafe wird bestraft, wer einen pornographischen Inhalt (§ 11 Absatz 3), der Gewalttätigkeiten oder sexuelle Handlungen von Menschen mit Tieren zum Gegenstand hat,
1. verbreitet oder der Öffentlichkeit zugänglich macht oder
2. herstellt, bezieht, liefert, vorrätig hält, anbietet, bewirbt oder es unternimmt, diesen ein- oder auszuführen um ihn im Sinne der Nummer 1 zu verwenden oder einer anderen Person eine solche Verwendung zu ermöglichen.

²In den Fällen des Satzes 1 Nummer 1 ist der Versuch strafbar.

§ 184b[2]**) Verbreitung, Erwerb und Besitz kinderpornographischer Inhalte.** (1) ¹Mit Freiheitsstrafe von einem Jahr bis zu zehn Jahren wird bestraft, wer
1. einen kinderpornographischen Inhalt verbreitet oder der Öffentlichkeit zugänglich macht; kinderpornographisch ist ein pornographischer Inhalt (§ 11 Absatz 3), wenn er zum Gegenstand hat:
   a) sexuelle Handlungen von, an oder vor einer Person unter vierzehn Jahren (Kind),
   b) die Wiedergabe eines ganz oder teilweise unbekleideten Kindes in aufreizend geschlechtsbetonter Körperhaltung oder
   c) die sexuell aufreizende Wiedergabe der unbekleideten Genitalien oder des unbekleideten Gesäßes eines Kindes,
2. es unternimmt, einer anderen Person einen kinderpornographischen Inhalt, der ein tatsächliches oder wirklichkeitsnahes Geschehen wiedergibt, zugänglich zu machen oder den Besitz daran zu verschaffen,
3. einen kinderpornographischen Inhalt, der ein tatsächliches Geschehen wiedergibt, herstellt oder
4. einen kinderpornographischen Inhalt herstellt, bezieht, liefert, vorrätig hält, anbietet, bewirbt oder es unternimmt, diesen ein- oder auszuführen, um ihn im Sinne der Nummer 1 oder der Nummer 2 zu verwenden oder einer anderen Person eine solche Verwendung zu ermöglichen, soweit die Tat nicht nach Nummer 3 mit Strafe bedroht ist.

²Gibt der kinderpornographische Inhalt in den Fällen von Absatz 1 Satz 1 Nummer 1 und 4 kein tatsächliches oder wirklichkeitsnahes Geschehen wieder, so ist auf Freiheitsstrafe von drei Monaten bis zu fünf Jahren zu erkennen.

(2) Handelt der Täter in den Fällen des Absatzes 1 Satz 1 gewerbsmäßig oder als Mitglied einer Bande, die sich zur fortgesetzten Begehung solcher Taten verbunden hat, und gibt der Inhalt in den Fällen des Absatzes 1 Satz 1 Nummer 1, 2 und 4 ein tatsächliches oder wirklichkeitsnahes Geschehen wieder, so ist auf Freiheitsstrafe nicht unter zwei Jahren zu erkennen.

(3) Wer es unternimmt, einen kinderpornographischen Inhalt, der ein tatsächliches oder wirklichkeitsnahes Geschehen wiedergibt, abzurufen oder sich den

---

[1]) § 184a neu gef. mWv 27.1.2015 durch G v. 21.1.2015 (BGBl. I S. 10); Überschrift, Abs. 1 Satz 1 einl. Satzteil, Nr. 2 geänd. mWv 1.1.2021 durch G v. 30.11.2020 (BGBl. I S. 2600).
[2]) § 184b neu gef. mWv 1.7.2021 durch G v. 16.6.2021 (BGBl. I S. 1810).

Besitz an einem solchen Inhalt zu verschaffen oder wer einen solchen Inhalt besitzt, wird mit Freiheitsstrafe von einem Jahr bis zu fünf Jahren bestraft.

(4) Der Versuch ist in den Fällen des Absatzes 1 Satz 2 in Verbindung mit Satz 1 Nummer 1 strafbar.

(5) Absatz 1 Satz 1 Nummer 2 und Absatz 3 gelten nicht für Handlungen, die ausschließlich der rechtmäßigen Erfüllung von Folgendem dienen:
1. staatlichen Aufgaben,
2. Aufgaben, die sich aus Vereinbarungen mit einer zuständigen staatlichen Stelle ergeben, oder
3. dienstlichen oder beruflichen Pflichten.

(6) Absatz 1 Satz 1 Nummer 1, 2 und 4 und Satz 2 gilt nicht für dienstliche Handlungen im Rahmen von strafrechtlichen Ermittlungsverfahren, wenn
1. die Handlung sich auf einen kinderpornographischen Inhalt bezieht, der kein tatsächliches Geschehen wiedergibt und auch nicht unter Verwendung einer Bildaufnahme eines Kindes oder Jugendlichen hergestellt worden ist, und
2. die Aufklärung des Sachverhalts auf andere Weise aussichtslos oder wesentlich erschwert wäre.

(7) [1] Gegenstände, auf die sich eine Straftat nach Absatz 1 Satz 1 Nummer 2 oder 3 oder Absatz 3 bezieht, werden eingezogen. [2] § 74a ist anzuwenden.

§ 184c[1] Verbreitung, Erwerb und Besitz jugendpornographischer Inhalte.

(1) Mit Freiheitsstrafe bis zu drei Jahren oder mit Geldstrafe wird bestraft, wer
1. einen jugendpornographischen Inhalt verbreitet oder der Öffentlichkeit zugänglich macht; jugendpornographisch ist ein pornographischer Inhalt (§ 11 Absatz 3), wenn er zum Gegenstand hat:
   a) sexuelle Handlungen von, an oder vor einer vierzehn, aber noch nicht achtzehn Jahre alten Person,
   b) die Wiedergabe einer ganz oder teilweise unbekleideten vierzehn, aber noch nicht achtzehn Jahre alten Person in aufreizend geschlechtsbetonter Körperhaltung oder
   c) die sexuell aufreizende Wiedergabe der unbekleideten Genitalien oder des unbekleideten Gesäßes einer vierzehn, aber noch nicht achtzehn Jahre alten Person,
2. es unternimmt, einer anderen Person einen jugendpornographischen Inhalt, der ein tatsächliches oder wirklichkeitsnahes Geschehen wiedergibt, zugänglich zu machen oder den Besitz daran zu verschaffen,
3. einen jugendpornographischen Inhalt, der ein tatsächliches Geschehen wiedergibt, herstellt oder
4. einen jugendpornographischen Inhalt herstellt, bezieht, liefert, vorrätig hält, anbietet, bewirbt oder es unternimmt, diesen ein- oder auszuführen, um ihn im Sinne der Nummer 1 oder 2 zu verwenden oder einer anderen Person eine solche Verwendung zu ermöglichen, soweit die Tat nicht nach Nummer 3 mit Strafe bedroht ist.

---

[1] § 184c neu gef. mWv 27.1.2015 durch G v. 21.1.2015 (BGBl. I S. 10); Überschrift, Abs. 1 Nr. 1 einl. Satzteil, Buchst. a und b geänd., Buchst. c angef., Nr. 2–4 und Abs. 2 geänd., Abs. 3 neu gef., Abs. 4 geänd. mWv 1.1.2021 durch G v. 30.11.2020 (BGBl. I S. 2600); Abs. 6 geänd. mWv 1.7.2021 durch G v. 16.6.2021 (BGBl. I S. 1810).

(2) Handelt der Täter in den Fällen des Absatzes 1 gewerbsmäßig oder als Mitglied einer Bande, die sich zur fortgesetzten Begehung solcher Taten verbunden hat, und gibt der Inhalt in den Fällen des Absatzes 1 Nummer 1, 2 und 4 ein tatsächliches oder wirklichkeitsnahes Geschehen wieder, so ist auf Freiheitsstrafe von drei Monaten bis zu fünf Jahren zu erkennen.

(3) Wer es unternimmt, einen jugendpornographischen Inhalt, der ein tatsächliches Geschehen wiedergibt, abzurufen oder sich den Besitz an einem solchen Inhalt zu verschaffen, oder wer einen solchen Inhalt besitzt, wird mit Freiheitsstrafe bis zu zwei Jahren oder mit Geldstrafe bestraft.

(4) Absatz 1 Nummer 3, auch in Verbindung mit Absatz 5, und Absatz 3 sind nicht anzuwenden auf Handlungen von Personen in Bezug auf einen solchen jugendpornographischen Inhalt, den sie ausschließlich zum persönlichen Gebrauch mit Einwilligung der dargestellten Personen hergestellt haben.

(5) Der Versuch ist strafbar; dies gilt nicht für Taten nach Absatz 1 Nummer 2 und 4 sowie Absatz 3.

(6) § 184b Absatz 5 bis 7 gilt entsprechend.

§ 184d[1] *(aufgehoben)*

§ 184e[1] **Veranstaltung und Besuch kinder- und jugendpornographischer Darbietungen.** (1) ¹Nach § 184b Absatz 1 wird auch bestraft, wer eine kinderpornographische Darbietung veranstaltet. ²Nach § 184c Absatz 1 wird auch bestraft, wer eine jugendpornographische Darbietung veranstaltet.

(2) ¹Nach § 184b Absatz 3 wird auch bestraft, wer eine kinderpornographische Darbietung besucht. ²Nach § 184c Absatz 3 wird auch bestraft, wer eine jugendpornographische Darbietung besucht. ³§ 184b Absatz 5 Nummer 1 und 3 gilt entsprechend.

§ 184f[1] **Ausübung der verbotenen Prostitution.** Wer einem durch Rechtsverordnung erlassenen Verbot, der Prostitution an bestimmten Orten überhaupt oder zu bestimmten Tageszeiten nachzugehen, beharrlich zuwiderhandelt, wird mit Freiheitsstrafe bis zu sechs Monaten oder mit Geldstrafe bis zu einhundertachtzig Tagessätzen bestraft.

§ 184g[1] **Jugendgefährdende Prostitution.** Wer der Prostitution
1. in der Nähe einer Schule oder anderen Örtlichkeit, die zum Besuch durch Personen unter achtzehn Jahren bestimmt ist, oder
2. in einem Haus, in dem Personen unter achtzehn Jahren wohnen,

in einer Weise nachgeht, die diese Personen sittlich gefährdet, wird mit Freiheitsstrafe bis zu einem Jahr oder mit Geldstrafe bestraft.

§ 184h[1] **Begriffsbestimmungen.** Im Sinne dieses Gesetzes sind
1. sexuelle Handlungen
   nur solche, die im Hinblick auf das jeweils geschützte Rechtsgut von einiger Erheblichkeit sind,
2. sexuelle Handlungen vor einer anderen Person
   nur solche, die vor einer anderen Person vorgenommen werden, die den Vorgang wahrnimmt.

---

[1] § 184d aufgeh. mWv 1.1.2021 durch G v. 30.11.2020 (BGBl. I S. 2600); § 184e eingef., bish. §§ 184e–184g werden §§ 184f–184h, § 184h Nr. 2 geänd. mWv 27.1.2015 durch G v. 21.1.2015 (BGBl. I S. 10).

§ 184i[1]) **Sexuelle Belästigung.** (1) Wer eine andere Person in sexuell bestimmter Weise körperlich berührt und dadurch belästigt, wird mit Freiheitsstrafe bis zu zwei Jahren oder mit Geldstrafe bestraft, wenn nicht die Tat in anderen Vorschriften dieses Abschnitts mit schwererer Strafe bedroht ist.

(2) ¹ In besonders schweren Fällen ist die Freiheitsstrafe von drei Monaten bis zu fünf Jahren. ² Ein besonders schwerer Fall liegt in der Regel vor, wenn die Tat von mehreren gemeinschaftlich begangen wird.

(3) Die Tat wird nur auf Antrag verfolgt, es sei denn, dass die Strafverfolgungsbehörde wegen des besonderen öffentlichen Interesses an der Strafverfolgung ein Einschreiten von Amts wegen für geboten hält.

§ 184j[1]) **Straftaten aus Gruppen.** Wer eine Straftat dadurch fördert, dass er sich an einer Personengruppe beteiligt, die eine andere Person zur Begehung einer Straftat an ihr bedrängt, wird mit Freiheitsstrafe bis zu zwei Jahren oder mit Geldstrafe bestraft, wenn von einem Beteiligten der Gruppe eine Straftat nach den §§ 177 oder 184i begangen wird und die Tat nicht in anderen Vorschriften mit schwererer Strafe bedroht ist.

§ 184k[2]) **Verletzung des Intimbereichs durch Bildaufnahmen.** (1) Mit Freiheitsstrafe bis zu zwei Jahren oder mit Geldstrafe wird bestraft, wer
1. absichtlich oder wissentlich von den Genitalien, dem Gesäß, der weiblichen Brust oder der diese Körperteile bedeckenden Unterwäsche einer anderen Person unbefugt eine Bildaufnahme herstellt oder überträgt, soweit diese Bereiche gegen Anblick geschützt sind,
2. eine durch eine Tat nach Nummer 1 hergestellte Bildaufnahme gebraucht oder einer dritten Person zugänglich macht oder
3. eine befugt hergestellte Bildaufnahme der in der Nummer 1 bezeichneten Art wissentlich unbefugt einer dritten Person zugänglich macht.

(2) Die Tat wird nur auf Antrag verfolgt, es sei denn, dass die Strafverfolgungsbehörde wegen des besonderen öffentlichen Interesses an der Strafverfolgung ein Einschreiten von Amts wegen für geboten hält.

(3) Absatz 1 gilt nicht für Handlungen, die in Wahrnehmung überwiegender berechtigter Interessen erfolgen, namentlich der Kunst oder der Wissenschaft, der Forschung oder der Lehre, der Berichterstattung über Vorgänge des Zeitgeschehens oder der Geschichte oder ähnlichen Zwecken dienen.

(4) ¹ Die Bildträger sowie Bildaufnahmegeräte oder andere technische Mittel, die der Täter oder Teilnehmer verwendet hat, können eingezogen werden. ² § 74a ist anzuwenden.

§ 184l[3]) **Inverkehrbringen, Erwerb und Besitz von Sexpuppen mit kindlichem Erscheinungsbild**[4]**.** (1) ¹ Mit Freiheitsstrafe bis zu fünf Jahren oder Geldstrafe wird bestraft, wer

---

[1]) §§ 184i, 184j eingef. mWv 10.11.2016 durch G v. 4.11.2016 (BGBl. I S. 2460); § 184i Abs. 1 geänd. mWv 13.3.2020 durch G v. 3.3.2020 (BGBl. I S. 431).
[2]) § 184k eingef. mWv 1.1.2021 durch G v. 9.10.2020 (BGBl. I S. 2075).
[3]) § 184l eingef. mWv 1.7.2021 durch G v. 16.6.2021 (BGBl. I S. 1810).
[4]) **Amtl. Anm.:** Notifiziert gemäß der Richtlinie (EU) 2015/1535 des Europäischen Parlaments und des Rates vom 9. September 2015 über ein Informationsverfahren auf dem Gebiet der technischen Vorschriften und der Vorschriften für die Dienste der Informationsgesellschaft (ABl. L 241 vom 17.9.2015, S. 1).

1. eine körperliche Nachbildung eines Kindes oder eines Körperteiles eines Kindes, die nach ihrer Beschaffenheit zur Vornahme sexueller Handlungen bestimmt ist, herstellt, anbietet oder bewirbt oder
2. mit einer in Nummer 1 beschriebenen Nachbildung Handel treibt oder sie hierzu in oder durch den räumlichen Geltungsbereich dieses Gesetzes verbringt oder
3. ohne Handel zu treiben, eine in Nummer 1 beschriebene Nachbildung veräußert, abgibt oder sonst in Verkehr bringt.

² Satz 1 gilt nicht, wenn die Tat nach § 184b mit schwererer Strafe bedroht ist.

(2) ¹ Mit Freiheitsstrafe bis zu drei Jahren oder Geldstrafe wird bestraft, wer eine in Absatz 1 Satz 1 Nummer 1 beschriebene Nachbildung erwirbt, besitzt oder in oder durch den räumlichen Geltungsbereich dieses Gesetzes verbringt. ² Absatz 1 Satz 2 gilt entsprechend.

(3) In den Fällen des Absatzes 1 Satz 1 Nummer 2 und 3 ist der Versuch strafbar.

(4) Absatz 1 Satz 1 Nummer 3 und Absatz 2 gelten nicht für Handlungen, die ausschließlich der rechtmäßigen Erfüllung staatlicher Aufgaben oder dienstlicher oder beruflicher Pflichten dienen.

(5) ¹ Gegenstände, auf die sich die Straftat bezieht, werden eingezogen. ² § 74a ist anzuwenden.

Vierzehnter Abschnitt. Beleidigung

§ 185[1]**) Beleidigung.** Die Beleidigung wird mit Freiheitsstrafe bis zu einem Jahr oder mit Geldstrafe und, wenn die Beleidigung öffentlich, in einer Versammlung, durch Verbreiten eines Inhalts (§ 11 Absatz 3) oder mittels einer Tätlichkeit begangen wird, mit Freiheitsstrafe bis zu zwei Jahren oder mit Geldstrafe bestraft.

§ 186[2]**) Üble Nachrede.** Wer in Beziehung auf einen anderen eine Tatsache behauptet oder verbreitet, welche denselben verächtlich zu machen oder in der öffentlichen Meinung herabzuwürdigen geeignet ist, wird, wenn nicht diese Tatsache erweislich wahr ist, mit Freiheitsstrafe bis zu einem Jahr oder mit Geldstrafe und, wenn die Tat öffentlich, in einer Versammlung oder durch Verbreiten eines Inhalts (§ 11 Absatz 3) begangen ist, mit Freiheitsstrafe bis zu zwei Jahren oder mit Geldstrafe bestraft.

§ 187[3]**) Verleumdung.** Wer wider besseres Wissen in Beziehung auf einen anderen eine unwahre Tatsache behauptet oder verbreitet, welche denselben verächtlich zu machen oder in der öffentlichen Meinung herabzuwürdigen oder dessen Kredit zu gefährden geeignet ist, wird mit Freiheitsstrafe bis zu zwei Jahren oder mit Geldstrafe und, wenn die Tat öffentlich, in einer Versammlung oder durch Verbreiten eines Inhalts (§ 11 Absatz 3) begangen ist, mit Freiheitsstrafe bis zu fünf Jahren oder mit Geldstrafe bestraft.

---

[1] § 185 geänd. mWv 3.4.2021 durch G v. 30.3.2021 (BGBl. I S. 441, geänd. 2021, S. 448).
[2] § 186 geänd. mWv 1.1.2021 durch G v. 30.11.2020 (BGBl. I S. 2600); geänd. mWv 3.4.2021 durch G v. 30.3.2021 (BGBl. I S. 441, geänd. 2021, S. 448).
[3] § 187 geänd. mWv 1.1.2021 durch G v. 30.11.2020 (BGBl. I S. 2600).

§ 188[1]) **Gegen Personen des politischen Lebens gerichtete Beleidigung, üble Nachrede und Verleumdung.** (1) [1] Wird gegen eine im politischen Leben des Volkes stehende Person öffentlich, in einer Versammlung oder durch Verbreiten eines Inhalts (§ 11 Absatz 3) eine Beleidigung (§ 185) aus Beweggründen begangen, die mit der Stellung des Beleidigten im öffentlichen Leben zusammenhängen, und ist die Tat geeignet, sein öffentliches Wirken erheblich zu erschweren, so ist die Strafe Freiheitsstrafe bis zu drei Jahren oder Geldstrafe. [2] Das politische Leben des Volkes reicht bis hin zur kommunalen Ebene.

(2) Unter den gleichen Voraussetzungen wird eine üble Nachrede (§ 186) mit Freiheitsstrafe von drei Monaten bis zu fünf Jahren und eine Verleumdung (§ 187) mit Freiheitsstrafe von sechs Monaten bis zu fünf Jahren bestraft.

§ 189 Verunglimpfung des Andenkens Verstorbener. Wer das Andenken eines Verstorbenen verunglimpft, wird mit Freiheitsstrafe bis zu zwei Jahren oder mit Geldstrafe bestraft.

§ 190 Wahrheitsbeweis durch Strafurteil. [1] Ist die behauptete oder verbreitete Tatsache eine Straftat, so ist der Beweis der Wahrheit als erbracht anzusehen, wenn der Beleidigte wegen dieser Tat rechtskräftig verurteilt worden ist. [2] Der Beweis der Wahrheit ist dagegen ausgeschlossen, wenn der Beleidigte vor der Behauptung oder Verbreitung rechtskräftig freigesprochen worden ist.

§ 191 (weggefallen)

§ 192 Beleidigung trotz Wahrheitsbeweises. Der Beweis der Wahrheit der behaupteten oder verbreiteten Tatsache schließt die Bestrafung nach § 185 nicht aus, wenn das Vorhandensein einer Beleidigung aus der Form der Behauptung oder Verbreitung oder aus den Umständen, unter welchen sie geschah, hervorgeht.

§ 192a[2]) **Verhetzende Beleidigung.** Wer einen Inhalt (§ 11 Absatz 3), der geeignet ist, die Menschenwürde anderer dadurch anzugreifen, dass er eine durch ihre nationale, rassische, religiöse oder ethnische Herkunft, ihre Weltanschauung, ihre Behinderung oder ihre sexuelle Orientierung bestimmte Gruppe oder einen Einzelnen wegen seiner Zugehörigkeit zu einer dieser Gruppen beschimpft, böswillig verächtlich macht oder verleumdet, an eine andere Person, die zu einer der vorbezeichneten Gruppen gehört, gelangen lässt, ohne von dieser Person hierzu aufgefordert zu sein, wird mit Freiheitsstrafe bis zu zwei Jahren oder mit Geldstrafe bestraft.

§ 193[2]) **Wahrnehmung berechtigter Interessen.** Tadelnde Urteile über wissenschaftliche, künstlerische oder gewerbliche Leistungen, desgleichen Äußerungen oder Tathandlungen nach § 192a, welche zur Ausführung oder Verteidigung von Rechten oder zur Wahrnehmung berechtigter Interessen vorgenommen werden, sowie Vorhaltungen und Rügen der Vorgesetzten gegen ihre Untergebenen, dienstliche Anzeigen oder Urteile von seiten eines Beamten und ähnliche Fälle sind nur insofern strafbar, als das Vorhandensein einer Beleidigung aus der Form der Äußerung oder aus den Umständen, unter welchen sie geschah, hervorgeht.

---

[1]) § 188 Abs. 1 geänd. mWv 1.1.2021 durch G v. 30.11.2020 (BGBl. I S. 2600); Überschr. neu gef., Abs. 1 Satz 1 geänd., Satz 2 angef., Abs. 2 neu gef. mWv 3.4.2021 durch G v. 30.3.2021 (BGBl. I S. 441, geänd. 2021, S. 448).

[2]) § 192a eingef., § 193 geänd. mWv 22.9.2021 durch G v. 14.9.2021 (BGBl. I S. 4250).

§ 194 [1]) Strafantrag.

(1) ¹Die Beleidigung wird nur auf Antrag verfolgt. ²Ist die Tat in einer Versammlung oder dadurch begangen, dass ein Inhalt (§ 11 Absatz 3) verbreitet oder der Öffentlichkeit zugänglich gemacht worden ist, so ist ein Antrag nicht erforderlich, wenn der Verletzte als Angehöriger einer Gruppe unter der nationalsozialistischen oder einer anderen Gewalt- und Willkürherrschaft verfolgt wurde, diese Gruppe Teil der Bevölkerung ist und die Beleidigung mit dieser Verfolgung zusammenhängt. ³In den Fällen der §§ 188 und 192a wird die Tat auch dann verfolgt, wenn die Strafverfolgungsbehörde wegen des besonderen öffentlichen Interesses an der Strafverfolgung ein Einschreiten von Amts wegen für geboten hält. ⁴Die Taten nach den Sätzen 2 und 3 können jedoch nicht von Amts wegen verfolgt werden, wenn der Verletzte widerspricht. ⁵Der Widerspruch kann nicht zurückgenommen werden. ⁶Stirbt der Verletzte, so gehen das Antragsrecht und das Widerspruchsrecht auf die in § 77 Abs. 2 bezeichneten Angehörigen über.

(2) ¹Ist das Andenken eines Verstorbenen verunglimpft, so steht das Antragsrecht den in § 77 Abs. 2 bezeichneten Angehörigen zu. ²Ist die Tat in einer Versammlung oder dadurch begangen, dass ein Inhalt (§ 11 Absatz 3) verbreitet oder der Öffentlichkeit zugänglich gemacht worden ist, so ist ein Antrag nicht erforderlich, wenn der Verstorbene sein Leben als Opfer der nationalsozialistischen oder einer anderen Gewalt- und Willkürherrschaft verloren hat und die Verunglimpfung damit zusammenhängt. ³Die Tat kann jedoch nicht von Amts wegen verfolgt werden, wenn ein Antragsberechtigter der Verfolgung widerspricht. ⁴Der Widerspruch kann nicht zurückgenommen werden.

(3) ¹Ist die Beleidigung gegen einen Amtsträger, einen für den öffentlichen Dienst besonders Verpflichteten oder einen Soldaten der Bundeswehr während der Ausübung seines Dienstes oder in Beziehung auf seinen Dienst begangen, so wird sie auch auf Antrag des Dienstvorgesetzten verfolgt. ²Richtet sich die Tat gegen eine Behörde oder eine sonstige Stelle, die Aufgaben der öffentlichen Verwaltung wahrnimmt, so wird sie auf Antrag des Behördenleiters oder des Leiters der aufsichtführenden Behörde verfolgt. ³Dasselbe gilt für Träger von Ämtern und für Behörden der Kirchen und anderen Religionsgesellschaften des öffentlichen Rechts.

(4) Richtet sich die Tat gegen ein Gesetzgebungsorgan des Bundes oder eines Landes oder eine andere politische Körperschaft im räumlichen Geltungsbereich dieses Gesetzes, so wird sie nur mit Ermächtigung der betroffenen Körperschaft verfolgt.

§§ 195 bis 198 (weggefallen)

§ 199 Wechselseitig begangene Beleidigungen.

Wenn eine Beleidigung auf der Stelle erwidert wird, so kann der Richter beide Beleidiger oder einen derselben für straffrei erklären.

§ 200 [2]) Bekanntgabe der Verurteilung.

(1) Ist die Beleidigung öffentlich oder durch Verbreiten eines Inhalts (§ 11 Absatz 3) begangen und wird ihretwegen auf Strafe erkannt, so ist auf Antrag des Verletzten oder eines sonst zum Strafantrag

---

[1]) § 194 Abs. 1 Satz 2 geänd. mWv 27.1.2015 durch G v. 21.1.2015 (BGBl. I S. 10); Abs. 1 Satz 2, Abs. 2 Satz 2 geänd. mWv 1.1.2021 durch G v. 30.11.2020 (BGBl. I S. 2600); Abs. 1 Satz 2 eingef., bish. Sätze 3–5 werden Sätze 4–6, neuer Satz 4 geänd. mWv 3.4.2021 durch G v. 30.3.2021 (BGBl. I S. 441, geänd. 2021, S. 448); Abs. 1 Satz 3 geänd. mWv 22.9.2021 durch G v. 14.9.2021 (BGBl. I S. 4250).

[2]) § 200 Abs. 1, Abs. 2 Satz 2 geänd. mWv 1.1.2021 durch G v. 30.11.2020 (BGBl. I S. 2600).

Berechtigten anzuordnen, daß die Verurteilung wegen der Beleidigung auf Verlangen öffentlich bekanntgemacht wird.

(2) [1] Die Art der Bekanntmachung ist im Urteil zu bestimmen. [2] Ist die Beleidigung durch Verbreiten eines Inhalts (§ 11 Absatz 3) begangen, so soll die Bekanntmachung, wenn möglich, auf dieselbe Art erfolgen.

Fünfzehnter Abschnitt. Verletzung des persönlichen Lebens- und Geheimbereichs

§ 201 Verletzung der Vertraulichkeit des Wortes. (1) Mit Freiheitsstrafe bis zu drei Jahren oder mit Geldstrafe wird bestraft, wer unbefugt

1. das nichtöffentlich gesprochene Wort eines anderen auf einen Tonträger aufnimmt oder
2. eine so hergestellte Aufnahme gebraucht oder einem Dritten zugänglich macht.

(2) [1] Ebenso wird bestraft, wer unbefugt

1. das nicht zu seiner Kenntnis bestimmte nichtöffentlich gesprochene Wort eines anderen mit einem Abhörgerät abhört oder
2. das nach Absatz 1 Nr. 1 aufgenommene oder nach Absatz 2 Nr. 1 abgehörte nichtöffentlich gesprochene Wort eines anderen im Wortlaut oder seinem wesentlichen Inhalt nach öffentlich mitteilt.

[2] Die Tat nach Satz 1 Nr. 2 ist nur strafbar, wenn die öffentliche Mitteilung geeignet ist, berechtigte Interessen eines anderen zu beeinträchtigen. [3] Sie ist nicht rechtswidrig, wenn die öffentliche Mitteilung zur Wahrnehmung überragender öffentlicher Interessen gemacht wird.

(3) Mit Freiheitsstrafe bis zu fünf Jahren oder mit Geldstrafe wird bestraft, wer als Amtsträger oder als für den öffentlichen Dienst besonders Verpflichteter die Vertraulichkeit des Wortes verletzt (Absätze 1 und 2).

(4) Der Versuch ist strafbar.

(5) [1] Die Tonträger und Abhörgeräte, die der Täter oder Teilnehmer verwendet hat, können eingezogen werden. [2] § 74a ist anzuwenden.

§ 201a[1]) Verletzung des höchstpersönlichen Lebensbereichs und von Persönlichkeitsrechten durch Bildaufnahmen. (1) Mit Freiheitsstrafe bis zu zwei Jahren oder mit Geldstrafe wird bestraft, wer

1. von einer anderen Person, die sich in einer Wohnung oder einem gegen Einblick besonders geschützten Raum befindet, unbefugt eine Bildaufnahme herstellt oder überträgt und dadurch den höchstpersönlichen Lebensbereich der abgebildeten Person verletzt,
2. eine Bildaufnahme, die die Hilflosigkeit einer anderen Person zur Schau stellt, unbefugt herstellt oder überträgt und dadurch den höchstpersönlichen Lebensbereich der abgebildeten Person verletzt,
3. eine Bildaufnahme, die in grob anstößiger Weise eine verstorbene Person zur Schau stellt, unbefugt herstellt oder überträgt,
4. eine durch eine Tat nach den Nummern 1 bis 3 hergestellte Bildaufnahme gebraucht oder einer dritten Person zugänglich macht oder

---

[1]) § 201a neu gef. durch G v. 21.1.2015 (BGBl. I S. 10); Überschr. geänd., Abs. 1 Nr. 3 eingef., bish. Nr. 3, 4 werden Nr. 4, 5 und jeweils geänd., Abs. 2 Satz 2 angef., Abs. 4 geänd. mWv 1.1.2021 durch G v. 9.10.2020 (BGBl. I S. 2075); Abs. 4 geänd. mWv 22.9.2021 durch G v. 14.9.2021 (BGBl. I S. 4250).

5. eine befugt hergestellte Bildaufnahme der in den Nummern 1 bis 3 bezeichneten Art wissentlich unbefugt einer dritten Person zugänglich macht und in den Fällen der Nummern 1 und 2 dadurch den höchstpersönlichen Lebensbereich der abgebildeten Person verletzt.

(2) [1] Ebenso wird bestraft, wer unbefugt von einer anderen Person eine Bildaufnahme, die geeignet ist, dem Ansehen der abgebildeten Person erheblich zu schaden, einer dritten Person zugänglich macht. [2] Dies gilt unter den gleichen Voraussetzungen auch für eine Bildaufnahme von einer verstorbenen Person.

(3) Mit Freiheitsstrafe bis zu zwei Jahren oder mit Geldstrafe wird bestraft, wer eine Bildaufnahme, die die Nacktheit einer anderen Person unter achtzehn Jahren zum Gegenstand hat,
1. herstellt oder anbietet, um sie einer dritten Person gegen Entgelt zu verschaffen, oder
2. sich oder einer dritten Person gegen Entgelt verschafft.

(4) Absatz 1 Nummer 2 und 3, auch in Verbindung mit Absatz 1 Nummer 4 oder 5, Absatz 2 und 3 gelten nicht für Handlungen, die in Wahrnehmung überwiegender berechtigter Interessen erfolgen, namentlich der Kunst oder der Wissenschaft, der Forschung oder der Lehre, der Berichterstattung über Vorgänge des Zeitgeschehens oder der Geschichte oder ähnlichen Zwecken dienen.

(5) [1] Die Bildträger sowie Bildaufnahmegeräte oder andere technische Mittel, die der Täter oder Teilnehmer verwendet hat, können eingezogen werden. [2] § 74a ist anzuwenden.

§ 202 Verletzung des Briefgeheimnisses. (1) Wer unbefugt
1. einen verschlossenen Brief oder ein anderes verschlossenes Schriftstück, die nicht zu seiner Kenntnis bestimmt sind, öffnet oder
2. sich vom Inhalt eines solchen Schriftstücks ohne Öffnung des Verschlusses unter Anwendung technischer Mittel Kenntnis verschafft,

wird mit Freiheitsstrafe bis zu einem Jahr oder mit Geldstrafe bestraft, wenn die Tat nicht in § 206 mit Strafe bedroht ist.

(2) Ebenso wird bestraft, wer sich unbefugt vom Inhalt eines Schriftstücks, das nicht zu seiner Kenntnis bestimmt und durch ein verschlossenes Behältnis gegen Kenntnisnahme besonders gesichert ist, Kenntnis verschafft, nachdem er dazu das Behältnis geöffnet hat.

(3) Einem Schriftstück im Sinne der Absätze 1 und 2 steht eine Abbildung gleich.

§ 202a[1]) **Ausspähen von Daten.** (1) Wer unbefugt sich oder einem anderen Zugang zu Daten, die nicht für ihn bestimmt und die gegen unberechtigten Zugang besonders gesichert sind, unter Überwindung der Zugangssicherung verschafft, wird mit Freiheitsstrafe bis zu drei Jahren oder mit Geldstrafe bestraft.

(2) Daten im Sinne des Absatzes 1 sind nur solche, die elektronisch, magnetisch oder sonst nicht unmittelbar wahrnehmbar gespeichert sind oder übermittelt werden.

---

[1]) § 202a Abs. 1 neu gef. mWv 11.8.2007 durch G v. 7.8.2007 (BGBl. I S. 1786).

§ 202b[1]**) Abfangen von Daten.** Wer unbefugt sich oder einem anderen unter Anwendung von technischen Mitteln nicht für ihn bestimmte Daten (§ 202a Abs. 2) aus einer nichtöffentlichen Datenübermittlung oder aus der elektromagnetischen Abstrahlung einer Datenverarbeitungsanlage verschafft, wird mit Freiheitsstrafe bis zu zwei Jahren oder mit Geldstrafe bestraft, wenn die Tat nicht in anderen Vorschriften mit schwererer Strafe bedroht ist.

§ 202c[1]**) Vorbereiten des Ausspähens und Abfangens von Daten.**
(1) Wer eine Straftat nach § 202a oder § 202b vorbereitet, indem er
1. Passwörter oder sonstige Sicherungscodes, die den Zugang zu Daten (§ 202a Abs. 2) ermöglichen, oder
2. Computerprogramme, deren Zweck die Begehung einer solchen Tat ist,

herstellt, sich oder einem anderen verschafft, verkauft, einem anderen überlässt, verbreitet oder sonst zugänglich macht, wird mit Freiheitsstrafe bis zu zwei Jahren oder mit Geldstrafe bestraft.

(2) § 149 Abs. 2 und 3 gilt entsprechend.

§ 202d[2]**) Datenhehlerei.** (1) Wer Daten (§ 202a Absatz 2), die nicht allgemein zugänglich sind und die ein anderer durch eine rechtswidrige Tat erlangt hat, sich oder einem anderen verschafft, einem anderen überlässt, verbreitet oder sonst zugänglich macht, um sich oder einen Dritten zu bereichern oder einen anderen zu schädigen, wird mit Freiheitsstrafe bis zu drei Jahren oder mit Geldstrafe bestraft.

(2) Die Strafe darf nicht schwerer sein als die für die Vortat angedrohte Strafe.

(3) ¹Absatz 1 gilt nicht für Handlungen, die ausschließlich der Erfüllung rechtmäßiger dienstlicher oder beruflicher Pflichten dienen. ²Dazu gehören insbesondere
1. solche Handlungen von Amtsträgern oder deren Beauftragten, mit denen Daten ausschließlich der Verwertung in einem Besteuerungsverfahren, einem Strafverfahren oder einem Ordnungswidrigkeitenverfahren zugeführt werden sollen, sowie
2. solche beruflichen Handlungen der in § 53 Absatz 1 Satz 1 Nummer 5 der Strafprozessordnung genannten Personen, mit denen Daten entgegengenommen, ausgewertet oder veröffentlicht werden.

§ 203[3]**) Verletzung von Privatgeheimnissen.** (1) Wer unbefugt ein fremdes Geheimnis, namentlich ein zum persönlichen Lebensbereich gehörendes Geheimnis oder ein Betriebs- oder Geschäftsgeheimnis, offenbart, das ihm als

---

[1]) §§ 202b, 202c eingef. mWv 11.8.2007 durch G v. 7.8.2007 (BGBl. I S. 1786); § 202c Abs. 1 abschl. Satzteil geänd. mWv 26.11.2015 durch G v. 20.11.2015 (BGBl. I S. 2025).
[2]) § 202d eingef. mWv 18.12.2015 durch G v. 10.12.2015 (BGBl. I S. 2218).
[3]) § 203 Abs. 1 Nr. 3 geänd. durch G vom 31.8.1998 (BGBl. I S. 2600); Abs. 2 Satz 1 Nr. 4, 5 geänd., Nr. 6 angef. durch G v. 2.8.2000 (BGBl. I S. 1253); Abs. 1 Nr. 6 geänd. durch G v. 12.12.2007 (BGBl. I S. 2840) und durch G v. 8.4.2008 (BGBl. I S. 666); Abs. 1 Nr. 3 geänd., bish. Nr. 4a–6 werden Nr. 5–7, Abs. 2a aufgeh., Abs. 3 neu gef., Abs. 4 eingef., bish. Abs. 4, 5 werden Abs. 5, 6, Abs. 5 geänd. mWv 9.11.2017 durch G v. 30.10.2017 (BGBl. I S. 3618); Abs. 4 Satz 1 geänd. mWv 26.11.2019 durch G v. 20.11.2019 (BGBl. I S. 1626); Abs. 2 Satz 1 Nr. 1 geänd. mWv 17.7.2020 durch G v. 10.7.2020 (BGBl. I S. 1648).

Lfd. Nr.	Änderndes Gesetz	Datum	Fundstelle	Betroffen	Hinweis
40.	Art. 9 Transparenzregister- und FinanzinformationsG[1]	25.6.2021	BGBl. I S. 2083	Art. 316k	geänd. mWv 1.7.2021
41.	Art. 3 G zur Änd. des Anti-Doping-G	12.8.2021	BGBl. I S. 3542	Art. 316m	eingef. mWv 1.10.2021
42.	Art. 3 Abs. 2 G zur Änd. des StGB – Verbesserung des strafrechtlichen Schutzes gegen sogenannte Feindeslisten, Strafbarkeit der Verbreitung und des Besitzes von Anleitungen zu sexuellem Missbrauch von Kindern und Verbesserung der Bekämpfung verhetzender Inhalte sowie Bekämpfung von Propagandamitteln und Kennzeichen verfassungswidriger und terroristischer Organisationen	14.9.2021	BGBl. I S. 4250	Art. 296	aufgeh. mit Ablauf des 21.9.2021

[1] **Amtl. Anm.:** Dieses Gesetz dient der Umsetzung der Richtlinie (EU) 2019/1153 des Europäischen Parlaments und des Rates vom 20. Juni 2019 zur Festlegung von Vorschriften zur Erleichterung der Nutzung von Finanz- und sonstigen Informationen für die Verhütung, Aufdeckung, Untersuchung oder Verfolgung bestimmter Straftaten und zur Aufhebung des Beschlusses 2000/642/JI des Rates (ABl. L 186 vom 11.7.2019, S. 122), der Umsetzung der Richtlinie (EU) 2018/843 des Europäischen Parlaments und des Rates vom 30. Mai 2018 zur Änderung der Richtlinie (EU) 2015/849 zur Verhinderung der Nutzung des Finanzsystems zum Zwecke der Geldwäsche und der Terrorismusfinanzierung und zur Änderung der Richtlinien 2009/138/EG und 2013/36/EU (ABl. L 156 vom 19.6.2018, S. 43) sowie der Umsetzung der Richtlinie (EU) 2019/2177 des Europäischen Parlaments und des Rates vom 18. Dezember 2019 zur Änderung der Richtlinie 2009/138/EG betreffend die Aufnahme und Ausübung der Versicherungs- und der Rückversicherungstätigkeit (Solvabilität II), der Richtlinie 2014/65/EU über Märkte für Finanzinstrumente, und der Richtlinie (EU) 2015/849 zur Verhinderung der Nutzung des Finanzsystems zum Zwecke der Geldwäsche und der Terrorismusfinanzierung (ABl. L 334 vom 27.12.2019, S. 155).

Erster Abschnitt. Allgemeine Vorschriften

Erster Titel. Sachliche Geltung des Strafgesetzbuches

Art. 1 Geltung des Allgemeinen Teils. (1) Die Vorschriften des Allgemeinen Teils des Strafgesetzbuches[1]) gelten für das bei seinem Inkrafttreten bestehende und das zukünftige Bundesrecht, soweit das Gesetz nichts anderes bestimmt.

(2) ¹Die Vorschriften des Allgemeinen Teils des Strafgesetzbuches gelten auch für das bei seinem Inkrafttreten bestehende und das zukünftige Landesrecht. ²Sie gelten nicht, soweit das Bundesrecht besondere Vorschriften des Landesrechts zuläßt und das Landesrecht derartige Vorschriften enthält.

Art. 1a[2]) *(aufgehoben)*

Art. 1b[3]) **Anwendbarkeit der Vorschriften des internationalen Strafrechts.**

Soweit das deutsche Strafrecht auf im Ausland begangene Taten Anwendung findet und unterschiedliches Strafrecht im Geltungsbereich dieses Gesetzes gilt, finden diejenigen Vorschriften Anwendung, die an dem Ort gelten, an welchem der Täter seine Lebensgrundlage hat.

Art. 2 Vorbehalte für das Landesrecht. Die Vorschriften des Allgemeinen Teils des Strafgesetzbuches[1]) lassen Vorschriften des Landesrechts unberührt, die bei einzelnen landesrechtlichen Straftatbeständen

1. den Geltungsbereich abweichend von den §§ 3 bis 7 des Strafgesetzbuches bestimmen oder
2. unter besonderen Voraussetzungen Straflosigkeit vorsehen.

Art. 3[4]) **Zulässige Rechtsfolgen bei Straftaten nach Landesrecht.**

(1) Vorschriften des Landesrechts dürfen bei Straftaten keine anderen Rechtsfolgen vorsehen als

1. Freiheitsstrafe bis zu zwei Jahren und wahlweise Geldstrafe bis zum gesetzlichen Höchstmaß (§ 40 Abs. 1 Satz 2, Abs. 2 Satz 3 des Strafgesetzbuches[1])),
2. Einziehung von Gegenständen im Sinne der §§ 74 bis 74b und 74d des Strafgesetzbuches.

(2) Vorschriften des Landesrechts dürfen

1. weder Freiheitsstrafe noch Geldstrafe allein und
2. bei Freiheitsstrafe kein anderes Mindestmaß als das gesetzliche (§ 38 Abs. 2 des Strafgesetzbuches) und kein niedrigeres Höchstmaß als sechs Monate

androhen.

---

[1]) Nr. 85.
[2]) Art. 1a aufgeh. mWv 1.1.2011 durch G v. 22.12.2010 (BGBl. I S. 2300).
[3]) Art. 1b eingef. aufgrund des EVertr. v. 31.8.1990 (BGBl. II S. 889, 954).
[4]) Art. 3 Abs. 1 Nr. 2 geänd. mWv 1.7.2017 durch G v. 13.4.2017 (BGBl. I S. 872).

Art. 4 Verhältnis des Besonderen Teils zum Bundes- und Landesrecht.

(1) Die Vorschriften des Besonderen Teils des Strafgesetzbuches[1]) lassen die Strafvorschriften des Bundesrechts unberührt, soweit sie nicht durch dieses Gesetz aufgehoben oder geändert werden.

(2) Die Vorschriften des Besonderen Teils des Strafgesetzbuches lassen auch die Straf- und Bußgeldvorschriften des Landesrechts unberührt, soweit diese nicht eine Materie zum Gegenstand haben, die im Strafgesetzbuch abschließend geregelt ist.

(3) Die Vorschriften des Strafgesetzbuches über Betrug, Hehlerei und Begünstigung lassen die Vorschriften des Landesrechts unberührt, die bei Steuern oder anderen Abgaben

1. die Straf- und Bußgeldvorschriften der Abgabenordnung für anwendbar erklären oder
2. entsprechende Straf- und Bußgeldtatbestände wie die Abgabenordnung enthalten; Artikel 3 bleibt unberührt.

(4) Die Vorschriften des Strafgesetzbuches über Diebstahl, Hehlerei und Begünstigung lassen die Vorschriften des Landesrechts zum Schutze von Feld und Forst unberührt, die bestimmen, daß eine Tat in bestimmten Fällen, die unbedeutend erscheinen, nicht strafbar ist oder nicht verfolgt wird.

(5) Die Vorschriften des Strafgesetzbuches über Hausfriedensbruch, Sachbeschädigung und Urkundenfälschung lassen die Vorschriften des Landesrechts zum Schutze von Feld und Forst unberührt, die

1. bestimmte Taten nur mit Geldbuße bedrohen oder
2. bestimmen, daß eine Tat in bestimmten Fällen,
   a) die unbedeutend erscheinen, nicht strafbar ist oder nicht verfolgt wird, oder
   b) die geringfügig erscheinen, nur auf Antrag oder nur dann verfolgt wird, wenn die Strafverfolgungsbehörde wegen des besonderen öffentlichen Interesses an der Strafverfolgung ein Einschreiten von Amts wegen für geboten hält.

Zweiter Titel. Gemeinsame Vorschriften für Ordnungs- und Zwangsmittel

Art. 5 Bezeichnung der Rechtsnachteile.
In Vorschriften des Bundes- und des Landesrechts dürfen Rechtsnachteile, die nicht bei Straftaten angedroht werden, nicht als Freiheitsstrafe, Haftstrafe, Ordnungsstrafe oder Geldstrafe bezeichnet werden.

Art. 6[2]) Mindest- und Höchstmaß von Ordnungs- und Zwangsmitteln.

(1) [1]Droht das Bundesgesetz Ordnungsgeld oder Zwangsgeld an, ohne dessen Mindest- oder Höchstmaß zu bestimmen, so beträgt das Mindestmaß fünf, das Höchstmaß tausend Euro. [2]Droht das Landesgesetz Ordnungsgeld an, so gilt Satz 1 entsprechend.

(2) [1]Droht das Gesetz Ordnungshaft an, ohne das Mindest- oder Höchstmaß zu bestimmen, so beträgt das Mindestmaß einen Tag, das Höchstmaß sechs Wochen. [2]Die Ordnungshaft wird in diesem Fall nach Tagen bemessen.

---

[1]) Nr. 85.
[2]) Art. 6 Abs. 1 Satz 1 geänd. mWv 1.1.2002 durch G v. 13.12.2001 (BGBl. I S. 3574).

2. Abschnitt. Anpassung von Strafvorschriften

Art. 7 Zahlungserleichterungen bei Ordnungsgeld. (1) [1] Ist dem Betroffenen nach seinen wirtschaftlichen Verhältnissen nicht zuzumuten, das Ordnungsgeld sofort zu zahlen, so wird ihm eine Zahlungsfrist bewilligt oder gestattet, das Ordnungsgeld in bestimmten Teilbeträgen zu zahlen. [2] Dabei kann angeordnet werden, daß die Vergünstigung, das Ordnungsgeld in bestimmten Teilbeträgen zu zahlen, entfällt, wenn der Betroffene einen Teilbetrag nicht rechtzeitig zahlt.

(2) [1] Nach Festsetzung des Ordnungsgeldes entscheidet über die Bewilligung von Zahlungserleichterungen nach Absatz 1 die Stelle, der die Vollstreckung des Ordnungsgeldes obliegt. [2] Sie kann eine Entscheidung über Zahlungserleichterungen nachträglich ändern oder aufheben. [3] Dabei darf sie von einer vorausgegangenen Entscheidung zum Nachteil des Betroffenen nur auf Grund neuer Tatsachen oder Beweismittel abweichen.

(3) [1] Entfällt die Vergünstigung nach Absatz 1 Satz 2, das Ordnungsgeld in bestimmten Teilbeträgen zu zahlen, so wird dies in den Akten vermerkt. [2] Dem Betroffenen kann erneut eine Zahlungserleichterung bewilligt werden.

(4) Über Einwendungen gegen Anordnungen nach den Absätzen 2 und 3 entscheidet die Stelle, die das Ordnungsgeld festgesetzt hat, wenn einer anderen Stelle die Vollstreckung obliegt.

Art. 8 Nachträgliche Entscheidungen über die Ordnungshaft. (1) [1] Kann das Ordnungsgeld nicht beigetrieben werden und ist die Festsetzung der für diesen Fall vorgesehenen Ordnungshaft unterblieben, so wandelt das Gericht das Ordnungsgeld nachträglich in Ordnungshaft um. [2] Das Gericht entscheidet nach Anhörung der Beteiligten durch Beschluß.

(2) Das Gericht ordnet an, daß die Vollstreckung der Ordnungshaft, die an Stelle eines uneinbringlichen Ordnungsgeldes festgesetzt worden ist, unterbleibt, wenn die Vollstreckung für den Betroffenen eine unbillige Härte wäre.

Art. 9 Verjährung von Ordnungsmitteln. (1) [1] Die Verjährung schließt die Festsetzung von Ordnungsgeld und Ordnungshaft aus. [2] Die Verjährungsfrist beträgt, soweit das Gesetz nichts anderes bestimmt, zwei Jahre. [3] Die Verjährung beginnt, sobald die Handlung beendet ist. [4] Die Verjährung ruht, solange nach dem Gesetz das Verfahren zur Festsetzung des Ordnungsgeldes nicht begonnen oder nicht fortgesetzt werden kann.

(2) [1] Die Verjährung schließt auch die Vollstreckung des Ordnungsgeldes und der Ordnungshaft aus. [2] Die Verjährungsfrist beträgt zwei Jahre. [3] Die Verjährung beginnt, sobald das Ordnungsmittel vollstreckbar ist. [4] Die Verjährung ruht, solange

1. nach dem Gesetz die Vollstreckung nicht begonnen oder nicht fortgesetzt werden kann,
2. die Vollstreckung ausgesetzt ist oder
3. eine Zahlungserleichterung bewilligt ist.

Zweiter Abschnitt. Allgemeine Anpassung von Strafvorschriften

Art. 10 Geltungsbereich. (1) Die Vorschriften dieses Abschnitts gelten für die Strafvorschriften des Bundesrechts, soweit sie nicht durch Gesetz besonders geändert werden.

(2) Die Vorschriften gelten nicht für die Strafdrohungen des Wehrstrafgesetzes und des Zivildienstgesetzes[1]).

Art. 11 Freiheitsstrafdrohungen. Droht das Gesetz Freiheitsstrafe mit einem besonderen Mindestmaß an, das einen Monat oder weniger beträgt, so entfällt die Androhung dieses Mindestmaßes.

Art. 12 Geldstrafdrohungen. (1) [1] Droht das Gesetz neben Freiheitsstrafe ohne besonderes Mindestmaß wahlweise keine Geldstrafe an, so tritt neben die Freiheitsstrafe die wahlweise Androhung der Geldstrafe. [2] Dies gilt auch, wenn die Androhung des besonderen Mindestmaßes der Freiheitsstrafe nach Artikel 11 entfällt.

(2) An die Stelle einer neben Freiheitsstrafe wahlweise angedrohten Geldstrafe von unbeschränkter Höhe oder mit einem besonderen Höchstmaß oder mit einem Höchstmaß, das in dem Mehrfachen, Einfachen oder Bruchteil eines bestimmten Betrages besteht, tritt Geldstrafe mit dem gesetzlichen Höchstmaß (§ 40 Abs. 1 Satz 2, Abs. 2 Satz 3 des Strafgesetzbuches[2])), soweit Absatz 4 nichts anderes bestimmt.

(3) Ist Geldstrafe neben Freiheitsstrafe vorgeschrieben oder zugelassen, so entfällt diese Androhung.

(4) [1] Droht das Gesetz Freiheitsstrafe bis zu sechs Monaten an, so beträgt das Höchstmaß einer wahlweise angedrohten Geldstrafe einhundertachtzig Tagessätze. [2] Dies gilt auch, wenn sich die wahlweise Androhung der Geldstrafe aus Absatz 1 ergibt.

Art. 13[3]) *(aufgehoben)*

Art. 14[4]) Polizeiaufsicht. Soweit Vorschriften die Polizeiaufsicht zulassen, treten sie außer Kraft.

Art. 15[4]) Verfall. Soweit Vorschriften außerhalb des Allgemeinen Teils des Strafgesetzbuches[2]) den Verfall eines Gegenstandes oder eines ihm entsprechenden Wertersatzes in einer Straftat oder einer rechtswidrigen Tat vorschreiben oder zulassen, treten sie außer Kraft.

Art. 16[4]) Rücknahme des Strafantrages. Soweit Vorschriften außerhalb des Allgemeinen Teils des Strafgesetzbuches[2]) die Rücknahme des Strafantrages regeln, treten sie außer Kraft.

Art. 17[4]) Buße zugunsten des Verletzten. Soweit Vorschriften bestimmen, daß zugunsten des Verletzten einer Straftat auf eine Buße erkannt werden kann, treten sie außer Kraft.

---

[1]) Sartorius Nr. 625.
[2]) Nr. 85.
[3]) Art. 13 aufgeh. mWv 1.1.2002 durch G v. 13.12.2001 (BGBl. I S. 3574).
[4]) Für das Gebiet der ehem. DDR finden die Art. 14–292 aufgrund des EVertr. v. 31.8.1990 (BGBl. II S. 889, 957) keine Anwendung.

Dritter bis Fünfter Abschnitt

Art. 18–287[1] *(nicht wiedergegebene Änderungsvorschriften)*

Sechster Abschnitt.[1] Anpassung des Landesrechts

Art. 288 Geltungsbereich. Die Vorschriften dieses Abschnitts gelten für die Strafvorschriften des Landesrechts, soweit sie durch ein Landesgesetz nicht besonders geändert werden.

Art. 289 Allgemeine Anpassung. Vorschriften sind nicht mehr anzuwenden, soweit sie Rechtsfolgen androhen, die nach Artikel 3 nicht zulässig sind.

Art. 290 Geldstrafdrohungen. (1) Auf Geldstrafe kann auch dann erkannt werden, wenn das Gesetz neben Freiheitsstrafe wahlweise keine Geldstrafe androht.

(2) [1] Droht das Gesetz neben Freiheitsstrafe mit einem Höchstmaß von mehr als sechs Monaten wahlweise Geldstrafe von unbeschränkter Höhe oder mit einem besonderen Höchstmaß oder mit einem Höchstmaß an, das in dem Mehrfachen, Einfachen oder Bruchteil eines bestimmten Betrages besteht, so kann auf Geldstrafe bis zum gesetzlichen Höchstmaß erkannt werden. [2] Beträgt das Höchstmaß der wahlweise angedrohten Freiheitsstrafe nur sechs Monate, so kann auf Geldstrafe bis zu einhundertachtzig Tagessätzen erkannt werden.

(3) Vorschriften sind nicht mehr anzuwenden, soweit sie Geldstrafe neben Freiheitsstrafe vorschreiben oder zulassen.

Art. 291 Rücknahme des Strafantrages, Buße zugunsten des Verletzten.
Vorschriften sind nicht mehr anzuwenden, soweit sie
1. die Rücknahme des Strafantrags regeln oder
2. bestimmen, daß zugunsten des Verletzten einer Straftat auf eine Buße erkannt werden kann.

Art. 292 Nicht mehr anwendbare Straf- und Bußgeldtatbestände.
(1) Straf- und Bußgeldvorschriften des Landesrechts, die eine im Strafgesetzbuch[2] abschließend geregelte Materie zum Gegenstand haben, sind nicht mehr anzuwenden, soweit sie nicht nach Artikel 4 Abs. 3 bis 5 unberührt bleiben.

(2), (3) *(hier nicht wiedergegeben)*

---

[1] Für das Gebiet der ehem. DDR finden die Art. 14–292 aufgrund des EVertr. v. 31.8.1990 (BGBl. II S. 889, 957) keine Anwendung.
[2] Nr. **85**.

Siebenter Abschnitt. Ergänzende strafrechtliche Regelungen

Art. 293[1] **Abwendung der Vollstreckung der Ersatzfreiheitsstrafe und Erbringung von Arbeitsleistungen.** (1) ¹Die Landesregierungen werden ermächtigt, durch Rechtsverordnung[2] Regelungen zu treffen, wonach die Vollstreckungsbehörde dem Verurteilten gestatten kann, die Vollstreckung einer Ersatzfreiheitsstrafe nach § 43 des Strafgesetzbuches[3] durch freie Arbeit abzuwenden. ²Soweit der Verurteilte die freie Arbeit geleistet hat, ist die Ersatzfreiheitsstrafe erledigt. ³Die Arbeit muß unentgeltlich sein; sie darf nicht erwerbswirtschaftlichen Zwecken dienen. ⁴Die Landesregierungen können die Ermächtigung durch Rechtsverordnung auf die Landesjustizverwaltungen übertragen.

(2) ¹Durch die freie Arbeit wird kein Arbeitsverhältnis im Sinne des Arbeitsrechts und kein Beschäftigungsverhältnis im Sinne der Sozialversicherung, einschließlich der Arbeitslosenversicherung, oder des Steuerrechts begründet. ²Die Vorschriften über den Arbeitsschutz finden sinngemäße Anwendung.

(3) Absatz 2 gilt entsprechend für freie Arbeit, die aufgrund einer Anordnung im Gnadenwege ausgeübt wird sowie für gemeinnützige Leistungen und Arbeitsleistungen nach § 56b Abs. 2 Satz 1 Nr. 3 des Strafgesetzbuches, § 153a Abs. 1 Satz 1 Nr. 3 der Strafprozeßordnung[4], § 10 Abs. 1 Satz 3 Nr. 4 und § 15 Abs. 1 Satz 1 Nr. 3 des Jugendgerichtsgesetzes[5] und § 98 Abs. 1 Satz 1 Nr. 1 des Gesetzes über Ordnungswidrigkeiten[6] oder aufgrund einer vom Gesetz vorgesehenen entsprechenden Anwendung der genannten Vorschriften.

---

[1] Art. 293 neu gef. durch G v. 13.4.1986 (BGBl. I S. 393); Abs. 1 Satz 1 geänd. durch G v. 15.7.1992 (BGBl. I S. 1302); Überschrift und Abs. 3 neu gef. durch G v. 24.3.1997 (BGBl. I S. 594).

[2] **Baden-Württemberg:** VO des Justizministeriums über die Abwendung der Vollstreckung von Ersatzfreiheitsstrafen durch freie Arbeit v. 30.6.2009 (GBl. S. 338), geänd. durch VO v. 30.3.2021 (GBl. S. 383); **Berlin:** VO über die Abwendung der Vollstreckung von Ersatzfreiheitsstrafen durch freie Arbeit (Tilgungsverordnung – TilgV) v. 27.1.2021 (GVBl. S. 130); **Brandenburg:** VO über die Abwendung der Vollstreckung einer Ersatzfreiheitsstrafe durch freie Arbeit v. 19.6.2000 (GVBl. II S. 226), zuletzt geänd. durch VO v. 9.2.2016 (GVBl. II Nr. 5); **Bremen:** VO über die Tilgung uneinbringlicher Geldstrafen durch gemeinnützige Arbeit v. 6.12.2013 (Brem.GBl. S. 686); **Hamburg:** VO über die Abwendung der Vollstreckung von Ersatzfreiheitsstrafen durch gemeinnützige Arbeit (Tilgungsverordnung) v. 11.12.2012 (HmbGVBl. S. 521, ber. S. 8); **Hessen:** VO über die Tilgung von Ersatzfreiheitsstrafen durch freie Arbeit v. 24.1.1997 (GVBl. I S. 17), geänd. durch VO v. 1.3.2015 (GVBl. S. 124); **Mecklenburg-Vorpommern:** VO über die Abwendung der Vollstreckung einer Ersatzfreiheitsstrafe durch freie Arbeit v. 23.2.1993 (GVOBl. M-V S. 172), geänd. durch VO v. 6.5.2002 (GVOBl. M-V S. 194); **Niedersachsen:** VO über die Abwendung der Vollstreckung von Ersatzfreiheitsstrafe durch freie Arbeit v. 19.4.1996 (Nds. GVBl. S. 215); **Nordrhein-Westfalen:** VO über die Tilgung uneinbringlicher Geldstrafen durch freie Arbeit v. 7.12.2010 (GV. NRW. S. 663), geänd. durch VO v. 24.9.2014 (GV. NRW. S. 647); **Rheinland-Pfalz:** LandesVO über die Abwendung der Vollstreckung von Ersatzfreiheitsstrafen durch freie Arbeit v. 6.6.1988 (GVBl. S. 110); **Saarland:** VO über die Abwendung der Vollstreckung von Ersatzfreiheitsstrafen durch freie Arbeit v. 21.7.1986 (Amtsbl. S. 632), geänd. durch V v. 24.1.2006 (Amtsbl. S. 174); **Sachsen:** VO des Sächsischen Staatsministeriums der Justiz und für Europa über die Abwendung der Vollstreckung einer Ersatzfreiheitsstrafe durch Arbeit v. 8.1.2014 (SächsGVBl. S. 14); **Sachsen-Anhalt:** VO über die Abwendung der Vollstreckung von Ersatzfreiheitsstrafe durch freie Arbeit v. 21.9.1993 (GVBl. LSA S. 564); **Schleswig-Holstein:** LandesVO über die Abwendung der Vollstreckung von Ersatzfreiheitsstrafen durch freie Arbeit v. 12.2.1993 (GVOBl. Schl.-H. S. 129), zuletzt geänd. durch G v. 15.6.2004 (GVOBl. Schl.-H. S. 153); **Thüringen:** VO über die Tilgung uneinbringlicher Geldstrafen durch freie Arbeit v. 19.1.1993 (GVBl. S. 146).

[3] Nr. 85.
[4] Nr. 90.
[5] Nr. 89.
[6] Nr. 94.

7. Abschn. Ergänzende strafrechtl. Regelungen Art. 294–297 **EGStGB 85a**

Art. 294 Gerichtshilfe. [1] Die Gerichtshilfe (§ 160 Abs. 3 Satz 2 der Strafprozeßordnung[1])) gehört zum Geschäftsbereich der Landesjustizverwaltungen. [2] Die Landesregierung kann durch Rechtsverordnung eine andere Behörde aus dem Bereich der Sozialverwaltung bestimmen.

Art. 295[2]) **Aufsichtsstellen bei Führungsaufsicht.** (1) Die Aufsichtsstellen (§ 68a des Strafgesetzbuches[3])) gehören zum Geschäftsbereich der Landesjustizverwaltungen.

(2) [1] Die Aufgaben der Aufsichtsstelle werden von Beamten des höheren Dienstes, von staatlich anerkannten Sozialarbeitern oder Sozialpädagogen oder von Beamten des gehobenen Dienstes wahrgenommen. [2] Der Leiter der Aufsichtsstelle muß die Befähigung zum Richteramt besitzen oder ein Beamter des höheren Dienstes sein. [3] Die Leitung der Aufsichtsstelle kann auch einem Richter übertragen werden.

Art. 296[4]) *(aufgehoben)*

Art. 297[5]) **Verbot der Prostitution.** (1) [1] Die Landesregierung kann zum Schutze der Jugend oder des öffentlichen Anstandes
1. für das ganze Gebiet einer Gemeinde bis zu fünfzigtausend Einwohnern,
2. für Teile des Gebiets einer Gemeinde über zwanzigtausend Einwohner oder eines gemeindefreien Gebiets,
3. unabhängig von der Zahl der Einwohner für öffentliche Straßen, Wege, Plätze, Anlagen und für sonstige Orte, die von dort aus eingesehen werden können, im ganzen Gebiet oder in Teilen des Gebiets einer Gemeinde oder eines gemeindefreien Gebiets

durch Rechtsverordnung[6]) verbieten, der Prostitution nachzugehen. [2] Sie kann das Verbot nach Satz 1 Nr. 3 auch auf bestimmte Tageszeiten beschränken.

(2) Die Landesregierung kann diese Ermächtigung durch Rechtsverordnung[7]) auf eine oberste Landesbehörde oder andere Behörden übertragen.

---
[1]) Nr. 90.
[2]) Art. 295 Abs. 2 neu gef. durch G v. 15.8.1974 (BGBl. I S. 1942).
[3]) Nr. 85.
[4]) Art. 296 aufgeh. mWv 22.9.2021 durch G v. 14.9.2021 (BGBl. I S. 4250).
[5]) Art. 297 Abs. 2 neu gef. mWv 11.5.2000 durch G v. 3.5.2000 (BGBl. I S. 632).
[6]) **Baden-Württemberg:** VO v. 3.3.1976 (GBl. S. 290); **Bayern:** VO v. 26.5.1975 (BayRS II 1983 S. 253), zuletzt geänd. durch VO v. 28.11.2012 (GVBl S. 656); **Bremen:** VO v. 29.3.1976 (Brem.GBl. S. 109), zuletzt geänd. durch VO v. 6.1.2004 (Brem.GBl. S. 17); **Hamburg:** VO v. 21.10.1980 (HmbGVBl. S. 289), geänd. durch VO v. 22.12.1981 (HmbGVBl. S. 389); **Mecklenburg-Vorpommern:** LandesVO v. 30.6.1992 (GVOBl. M-V S. 384); **Saarland:** VO v. 25.1.2018 (Amtsbl. I S. 58); **Sachsen:** VO v. 10.9.1991 (SächsGVBl. S. 351), zuletzt geänd. durch VO v. 1.3.2012 (SächsGVBl. S. 157); VO v. 5.11.2019 (SächsGVBl. S. 732), geänd. durch VO v. 11.5.2020 (SächsGVBl. S. 245); VO v. 5.11.2019 (SächsGVBl. S. 743); **Thüringen:** VO v. 24.4.1992 (GVBl. S. 157).
[7]) **Baden-Württemberg:** VO v. 3.3.1976 (GBl. S. 290); **Bayern:** VO v. 28.1.2014 (GVBl. S. 22), zuletzt geänd. durch V v. 27.7.2021 (GVBl. S. 499); **Brandenburg:** VO v. 1.10.1993 (GVBl. II S. 676); **Bremen:** VO v. 7.1.2014 (Brem.GBl. S. 12); **Hessen:** VO v. 12.12.2007 (GVBl. I S. 859), zuletzt geänd. durch VO v. 11.12.2018 (GVBl. S. 716); **Mecklenburg-Vorpommern:** LandesVO v. 30.6.1992 (GVOBl. M-V S. 384); **Niedersachsen:** VO v. 9.12.2011 (Nds. GVBl. S. 487), zuletzt geänd. durch VO v. 2.2.2021 (Nds. GVBl. S. 32); **Nordrhein-Westfalen:** VO v. 11.3.1975 (GV. NRW. S. 258); **Rheinland-Pfalz:** LandesVO v. 27.11.1974 (GVBl. S. 595), zuletzt geänd. durch V v. 28.9.2010 (GVBl. S. 280); **Saarland:** VO v. 25.1.2018 (Amtsbl. I S. 58); **Sachsen:** VO v. 10.9.1991 (SächsGVBl. S. 351), zuletzt geänd. durch VO v. 1.3.2012 (SächsGVBl. S. 157); **Sachsen-Anhalt:** VO v. 15.11.1991 (GVBl. LSA S. 451); **Thüringen:** VO v. 24.4.1992 (GVBl. S. 157).

(3) Wohnungsbeschränkungen auf bestimmte Straßen oder Häuserblocks zum Zwecke der Ausübung der Prostitution (Kasernierungen) sind verboten.

Achter Abschnitt.[1] Schlußvorschriften

Art. 298 Mindestmaß der Freiheitsstrafe. (1) Eine Freiheitsstrafe unter einem Monat darf auch wegen solcher Taten nicht verhängt werden, die vor dem 1. Januar 1975 begangen worden sind.

(2) Hätte das Gericht nach bisherigem Recht eine Freiheitsstrafe unter einem Monat verhängt, so erkennt es auf eine Geldstrafe bis zu dreißig Tagessätzen.

Art. 299 Geldstrafe. (1) Die Vorschriften des neuen Rechts über die Geldstrafe (§§ 40 bis 43 des Strafgesetzbuches[2]) gelten auch für die vor dem 1. Januar 1975 begangenen Taten, soweit die Absätze 2 und 3 nichts anderes bestimmen.

(2) [1] Die Geldstrafe darf nach Zahl und Höhe der Tagessätze insgesamt das Höchstmaß der bisher angedrohten Geldstrafe nicht übersteigen. [2] Es dürfen nur so viele Tagessätze verhängt werden, daß die Ersatzfreiheitsstrafe nach § 43 des Strafgesetzbuches nicht höher ist als das nach bisherigem Recht angedrohte Höchstmaß der Ersatzfreiheitsstrafe.

(3) Neben Freiheitsstrafe darf eine Geldstrafe nach § 41 des Strafgesetzbuches nur verhängt werden, wenn auch nach bisherigem Recht eine Geldstrafe neben Freiheitsstrafe vorgeschrieben oder zugelassen war.

Art. 300 Übertretungen. (1) [1] Auf die vor dem 1. Januar 1975 begangenen Taten, die nach bisherigem Recht Übertretungen waren und nach neuem Recht Vergehen sind, ist das neue Recht mit der Beschränkung anzuwenden, daß sich die Voraussetzungen der Strafbarkeit und das Höchstmaß der Freiheitsstrafe nach bisherigem Recht bestimmen. [2] Artikel 298, 299 sind anzuwenden.

(2) Die vor dem 1. Januar 1975 begangenen Taten, die nach bisherigem Recht Übertretungen waren, bleiben bei der Anwendung des § 48 Abs. 1 des Strafgesetzbuches[2] außer Betracht.

Art. 301[3] *(aufgehoben)*

Art. 302 Anrechnung des Maßregelvollzugs auf die Strafe. Ist vor dem 1. Januar 1975 die Unterbringung in einer Heil- oder Pflegeanstalt oder in einer Trinkerheilanstalt oder einer Entziehungsanstalt nach § 456b Satz 2 der Strafprozeßordnung[4] in der bisherigen Fassung vor der Freiheitsstrafe vollzogen worden, so wird die Zeit des Vollzuges der Maßregel auf die Strafe angerechnet.

Art. 303 Führungsaufsicht. (1) Wegen einer Tat, die vor dem 1. Januar 1975 begangen worden ist, darf Führungsaufsicht nach § 68 Abs. 1 des Strafgesetzbuches[2] nicht angeordnet werden.

---

[1] Für das Gebiet der ehem. DDR finden die Art. 298–306 aufgrund des EVertr. v. 31.8.1990 (BGBl. II S. 889, 957) keine Anwendung.
[2] Nr. 85.
[3] Art. 301 aufgeh. durch G v. 20.12.1984 (BGBl. I S. 1654).
[4] Nr. 90.

Strafprozessordnung StPO 90

Lfd. Nr.	Änderndes Gesetz	Datum	Fundstelle	Betroffen	Hinweis
173.	Art. 2 59. G zur Änd. StGB – Verbesserung des Persönlichkeitsschutzes bei Bildaufnahmen	9.10.2020	BGBl. I S. 2075	§§ 255a, 374, 395, 397a	geänd. mWv 1.1.2021
174.	Art. 2 60. G zur Änd. des StGB – Modernisierung des Schriftenbegriffs und anderer Begriffe sowie Erweiterung der Strafbarkeit nach den §§ 86, 86a, 111 und 130 des StGB bei Handlungen im Ausland	30.11.2020	BGBl. I S. 2600	Inhaltsübersicht, §§ 97, 100a, 100b, 100g, 111q	geänd. mWv 1.1.2021
175.	Art. 2 G zur Durchführung der VO (EU) 2019/1148 des Europäischen Parlaments und des Rates vom 20.6.2019 über die Vermarktung und Verwendung von Ausgangsstoffen für Explosivstoffe, zur Änd. der VO (EG) Nr. 1907/2006 und zur Aufh. der VO (EU) Nr. 98/2013	3.12.2020	BGBl. I S. 2678	§ 100a	geänd. mWv 1.2.2021
176.	Art. 49 JahressteuerG 2020	21.12.2020	BGBl. I S. 3096	§ 459g	geänd. mWv 29.12.2020
177.	Art. 3 G zur Verbesserung der strafrechtlichen Bekämpfung der Geldwäsche	9.3.2021	BGBl. I S. 327	§§ 53, 100a, 100b, 100g	geänd. mWv 18.3.2021
178.	Art. 2 G zur Bekämpfung des Rechtsextremismus und der Hasskriminalität[1]	30.3.2021	BGBl. I S. 441, aufgeh. 2021, S. 448	Inhaltsübersicht, §§ 100g, 100j, 101a, 101b, 374	geänd. [aufgeh. durch G v. 30.3.2021, BGBl. I S. 448]
179.	Art. 8 G zur Anpassung der Regelungen über die Bestandsdatenauskunft an die Vorgaben aus der Entscheidung des BVerfG v. 27.5.2020	30.3.2021	BGBl. I S. 448, ber. S. 1380	Inhaltsübersicht, §§ 100j, 101a, 101b, 374 § 100k	geänd. mWv 2.4.2021 eingef. mWv 2.4.2021
180.	Art. 9 G zur Änd. des BND-G zur Umsetzung der Vorgaben des Bundesverfassungsgerichts sowie des Bundesverwaltungsgerichts	19.4.2021	BGBl. I S. 771	§§ 474, 492	geänd. mWv 1.1.2022
181.	Art. 15 Abs. 6 G zur Reform des Vormundschafts- und Betreuungsrechts	4.5.2021	BGBl. I S. 882	§ 126a	geänd. mWv 1.1.2023
182.	Art. 2 G zur Bekämpfung sexualisierter Gewalt gegen Kinder	16.6.2021	BGBl. I S. 1810	Inhaltsübersicht, §§ 48, 53, 100a, 100b, 100g, 110d, 112, 112a	geänd. mWv 1.7.2021

[1] **Amtl. Anm.:** Notifiziert gemäß der Richtlinie (EU) 2015/1535 des Europäischen Parlaments und des Rates vom 9. September 2015 über ein Informationsverfahren auf dem Gebiet der technischen Vorschriften und der Vorschriften für die Dienste der Informationsgesellschaft (ABl. L 241 vom 17.9.2015, S. 1).

EL 187 Oktober 2021

90 StPO — Strafprozessordnung

Lfd. Nr.	Änderndes Gesetz	Datum	Fundstelle	Betroffen	Hinweis
				§ 48a	eingef. mWv 1.7.2021
183.	Art. 17 Telekommunikationsmodernisierungs G[1]	23.6.2021	BGBl. I S. 1858	§§ 100g, 100j, 101a	geänd. mWv 1.12.2021
184.	Art. 2 G zur Regelung des Datenschutzes und des Schutzes der Privatsphäre in der Telekommunikation und bei Telemedien	23.6.2021	BGBl. I S. 1982	§§ 100j, 100k	geänd. mWv 1.12.2021
185.	Art. 1 G zur Fortentwicklung der StrafprozessO und zur Änd. weiterer Vorschriften	25.6.2021	BGBl. I S. 2099	Inhaltsübersicht, §§ 32b, 32e, 32f, 58a, 68, 99, 100, 100a, 100b, 100j, 101, 101a, 104, 110, 111d, 111h, 111i, 111k, 111l, 111n, 111o, 114b, 136, 138d, 145a, 163a, 168, 168a, 168b, 168c, 200, 222, 268, 271, 272, 286, 323, 330, 345, 5. Buch 2. Abschnitt, § 385, 5. Buch 3. und 4. Abschnitt, §§ 403, 404, 405, 5. Buch 5. Abschnitt, §§ 406e, 413, 421, 430, 435, 459g, 459h, 459i, 459j, 459k, 459l, 459m, 462, 472a, 479, 492	geänd. mWv 1.7.2021
				5. Buch 4. Abschnitt Überschrift	neu gef. mWv 1.7.2021
				§§ 95a, 163g, 5. Buch 1. Abschnitt (§ 373b), § 463e	eingef. mWv 1.7.2021
186.	Art. 15 G zur Neuregelung des Berufsrechts der anwaltlichen und steuerberatenden Berufsausübungsgesellschaften sowie zur Änd. weiterer Vorschriften im Bereich der rechtsberatenden Berufe	7.7.2021	BGBl. I S. 2363	§§ 32a, 53a	geänd. mWv 1.8.2022
187.	Art. 1 G zur Durchführung der VO (EU) 2019/816 sowie zur Änd. weiterer Vorschriften	10.8.2021	BGBl. I S. 3420	§ 81b	geänd. mWv 1.10.2022
188.	Art. 2 G zur Änd. des StGB – Strafbarkeit des Betreibens krimineller Handelsplattformen im Internet[2]	12.8.2021	BGBl. I S. 3544	§§ 100a, 100b, 100g, 100j	geänd. mWv 1.10.2021
189.	Art. 2 G zur Änd. des StGB – Verbesserung des strafrechtlichen Schutzes gegen sogenannte Feindeslisten, Strafbarkeit der Verbreitung	14.9.2021	BGBl. I S. 4250	Inhaltsübersicht, §§ 110d, 112a	geänd. mWv 22.9.2021

---

[1] **Amtl. Anm.:** Dieses Gesetz dient der Umsetzung der Richtlinie (EU) 2018/1972 des Europäischen Parlaments und des Rates vom 11. Dezember 2018 über den europäischen Kodex für die elektronische Kommunikation (Neufassung) (ABl. L 321 vom 17.12.2018, S. 36).

[2] **Amtl. Anm.:** Notifiziert gemäß der Richtlinie (EU) 2015/1535 des Europäischen Parlaments und des Rates vom 9. September 2015 über ein Informationsverfahren auf dem Gebiet der technischen Vorschriften und der Vorschriften für die Dienste der Informationsgesellschaft (ABl. L 241 vom 17.9.2015, S. 1).

Strafprozessordnung   StPO 90

Lfd. Nr.	Änderndes Gesetz	Datum	Fundstelle	Betroffen	Hinweis
	und des Besitzes von Anleitungen zu sexuellem Missbrauch von Kindern und Verbesserung der Bekämpfung verhetzender Inhalte sowie Bekämpfung von Propagandamitteln und Kennzeichen verfassungswidriger und terroristischer Organisationen				
190.	Art. 4 G zum Ausbau des elektronischen Rechtsverkehrs mit den Gerichten und zur Änd. weiterer Vorschriften[1]	5.10.2021	BGBl. I S. 4607	§§ 32a, 111k	geänd. mWv 1.1.2022

Vorbemerkung:
Die Änderung durch G v. 4.5.2021 (BGBl. I S. 882) tritt erst mWv 1.1.2023 in Kraft und ist im Text noch nicht berücksichtigt.
Die Änderungen durch G v. 7.7.2021 (BGBl. I S. 2363) treten erst mWv 1.8.2022 in Kraft und sind im Text noch nicht berücksichtigt.
Die Änderungen durch G v. 10.8.2021 (BGBl. I S. 3420) treten erst mWv 1.10.2022 in Kraft und sind im Text noch nicht berücksichtigt.

---

[1] **Amtl. Anm.:** Notifiziert gemäß der Richtlinie (EU) 2015/1535 des Europäischen Parlaments und des Rates vom 9. September 2015 über ein Informationsverfahren auf dem Gebiet der technischen Vorschriften und der Vorschriften für die Dienste der Informationsgesellschaft (ABl. L 241 vom 17.9.2015, S. 1).

Strafprozessordnung **StPO 90**

Nichtamtliche Inhaltsübersicht[1]

	§§
Erstes Buch. Allgemeine Vorschriften	1–150
Erster Abschnitt. Sachliche Zuständigkeit der Gerichte	1–6a
Zweiter Abschnitt. Gerichtsstand	7–21
Dritter Abschnitt. Ausschließung und Ablehnung von Gerichtspersonen	22–31
Vierter Abschnitt. Aktenführung und Kommunikation im Verfahren	32–32f
Abschnitt 4a. Gerichtliche Entscheidungen	33–35a
Abschnitt 4b. Verfahren bei Zustellungen	36–41
Fünfter Abschnitt. Fristen und Wiedereinsetzung in den vorigen Stand	42–47
Sechster Abschnitt. Zeugen	48–71
Siebter Abschnitt. Sachverständige und Augenschein	72–93
Achter Abschnitt. Ermittlungsmaßnahmen	94–111q
Neunter Abschnitt. Verhaftung und vorläufige Festnahme	112–130
Abschnitt 9a. Weitere Maßnahmen zur Sicherstellung der Strafverfolgung und Strafvollstreckung	131–132
Abschnitt 9b. Vorläufiges Berufsverbot	132a
Zehnter Abschnitt. Vernehmung des Beschuldigten	133–136a
Elfter Abschnitt. Verteidigung	137–150
Zweites Buch. Verfahren im ersten Rechtszug	151–295
Erster Abschnitt. Öffentliche Klage	151–157
Zweiter Abschnitt. Vorbereitung der öffentlichen Klage	158–177
Dritter Abschnitt. (weggefallen)	178–197
Vierter Abschnitt. Entscheidung über die Eröffnung des Hauptverfahrens	198–211
Fünfter Abschnitt. Vorbereitung der Hauptverhandlung	212–225a
Sechster Abschnitt. Hauptverhandlung	226–275
Siebter Abschnitt. Entscheidung über die im Urteil vorbehaltene oder die nachträgliche Anordnung der Sicherungsverwahrung	275a
Achter Abschnitt. Verfahren gegen Abwesende	276–295
Drittes Buch. Rechtsmittel	296–358
Erster Abschnitt. Allgemeine Vorschriften	296–303
Zweiter Abschnitt. Beschwerde	304–311a
Dritter Abschnitt. Berufung	312–332
Vierter Abschnitt. Revision	333–358
Viertes Buch. Wiederaufnahme eines durch rechtskräftiges Urteil abgeschlossenen Verfahrens	359–373a
Fünftes Buch. Beteiligung des Verletzten am Verfahren	373b–406l
Erster Abschnitt. Definition	373b
Zweiter Abschnitt. Privatklage	374–394
Dritter Abschnitt. Nebenklage	395–402
Vierter Abschnitt. Adhäsionsverfahren	403–406c
Fünfter Abschnitt. Sonstige Befugnisse der Verletzten	406d–406l
Sechstes Buch. Besondere Arten des Verfahrens	407–448
Erster Abschnitt. Verfahren bei Strafbefehlen	407–412
Zweiter Abschnitt. Sicherungsverfahren	413–416
Abschnitt 2a. Beschleunigtes Verfahren	417–420
Dritter Abschnitt. Verfahren bei Einziehung und Vermögensbeschlagnahme	421–443
Vierter Abschnitt. Verfahren bei Festsetzung von Geldbußen gegen juristische Personen und Personenvereinigungen	444–448
Siebentes Buch. Strafvollstreckung und Kosten des Verfahrens	449–473a
Erster Abschnitt. Strafvollstreckung	449–463e
Zweiter Abschnitt. Kosten des Verfahrens	464–473a

---

[1] Vom Abdruck der durch G v. 17.7.2015 (BGBl. I S. 1332) neu gef. detaillierten Inhaltsübersicht wurde aus Platzgründen abgesehen.

EL 187 Oktober 2021

	§§
Achtes Buch. Schutz und Verwendung von Daten...	474–500
Erster Abschnitt. Erteilung von Auskünften und Akteneinsicht, sonstige Verwendung von Daten für verfahrensübergreifende Zwecke	474–482
Zweiter Abschnitt. Regelungen über die Datenverarbeitung	483–491
Dritter Abschnitt. Länderübergreifendes staatsanwaltschaftliches Verfahrensregister...............	492–495
Vierter Abschnitt. Schutz personenbezogener Daten in einer elektronischen Akte; Verwendung personenbezogener Daten aus elektronischen Akten	496–499
Fünfter Abschnitt. Anwendbarkeit des Bundesdatenschutzgesetzes	500

Erstes Buch. Allgemeine Vorschriften
Erster Abschnitt. Sachliche Zuständigkeit der Gerichte

§ 1 Anwendbarkeit des Gerichtsverfassungsgesetzes. Die sachliche Zuständigkeit der Gerichte wird durch das Gesetz über die Gerichtsverfassung[1] bestimmt.

§ 2 Verbindung und Trennung von Strafsachen. (1) [1] Zusammenhängende Strafsachen, die einzeln zur Zuständigkeit von Gerichten verschiedener Ordnung gehören würden, können verbunden bei dem Gericht anhängig gemacht werden, dem die höhere Zuständigkeit beiwohnt. [2] Zusammenhängende Strafsachen, von denen einzelne zur Zuständigkeit besonderer Strafkammern nach § 74 Abs. 2 sowie den §§ 74a und 74c des Gerichtsverfassungsgesetzes[1] gehören würden, können verbunden bei der Strafkammer anhängig gemacht werden, der nach § 74e des Gerichtsverfassungsgesetzes der Vorrang zukommt.

(2) Aus Gründen der Zweckmäßigkeit kann durch Beschluß dieses Gerichts die Trennung der verbundenen Strafsachen angeordnet werden.

§ 3[2] Begriff des Zusammenhanges. Ein Zusammenhang ist vorhanden, wenn eine Person mehrerer Straftaten beschuldigt wird oder wenn bei einer Tat mehrere Personen als Täter, Teilnehmer oder der Datenhehlerei, Begünstigung, Strafvereitelung oder Hehlerei beschuldigt werden.

§ 4 Verbindung und Trennung rechtshängiger Strafsachen. (1) Eine Verbindung zusammenhängender oder eine Trennung verbundener Strafsachen kann auch nach Eröffnung des Hauptverfahrens auf Antrag der Staatsanwaltschaft oder des Angeklagten oder von Amts wegen durch gerichtlichen Beschluß angeordnet werden.

(2) [1] Zuständig für den Beschluß ist das Gericht höherer Ordnung, wenn die übrigen Gerichte zu seinem Bezirk gehören. [2] Fehlt ein solches Gericht, so entscheidet das gemeinschaftliche obere Gericht.

§ 5 Maßgebendes Verfahren. Für die Dauer der Verbindung ist der Straffall, der zur Zuständigkeit des Gerichts höherer Ordnung gehört, für das Verfahren maßgebend.

§ 6 Prüfung der sachlichen Zuständigkeit. Das Gericht hat seine sachliche Zuständigkeit in jeder Lage des Verfahrens von Amts wegen zu prüfen.

---

[1] Nr. 95.
[2] § 3 geänd. mWv 18.12.2015 durch G v. 10.12.2015 (BGBl. I S. 2218).

2. Abschnitt. Gerichtsstand

§ 6a Zuständigkeit besonderer Strafkammern. ¹Die Zuständigkeit besonderer Strafkammern nach den Vorschriften des Gerichtsverfassungsgesetzes § 74 Abs. 2, §§ 74a, 74c des Gerichtsverfassungsgesetzes[1]) prüft das Gericht bis zur Eröffnung des Hauptverfahrens von Amts wegen. ²Danach darf es seine Unzuständigkeit nur auf Einwand des Angeklagten beachten. ³Der Angeklagte kann den Einwand nur bis zum Beginn seiner Vernehmung zur Sache in der Hauptverhandlung geltend machen.

Zweiter Abschnitt. Gerichtsstand

§ 7 Gerichtsstand des Tatortes. (1) Der Gerichtsstand ist bei dem Gericht begründet, in dessen Bezirk die Straftat begangen ist.

(2) ¹Wird die Straftat durch den Inhalt einer im Geltungsbereich dieses Bundesgesetzes erschienenen Druckschrift verwirklicht, so ist als das nach Absatz 1 zuständige Gericht nur das Gericht anzusehen, in dessen Bezirk die Druckschrift erschienen ist. ²Jedoch ist in den Fällen der Beleidigung, sofern die Verfolgung im Wege der Privatklage stattfindet, auch das Gericht, in dessen Bezirk die Druckschrift verbreitet worden ist, zuständig, wenn in diesem Bezirk die beleidigte Person ihren Wohnsitz oder gewöhnlichen Aufenthalt hat.

§ 8 Gerichtsstand des Wohnsitzes oder Aufenthaltsortes. (1) Der Gerichtsstand ist auch bei dem Gericht begründet, in dessen Bezirk der Angeschuldigte zur Zeit der Erhebung der Klage seinen Wohnsitz hat.

(2) Hat der Angeschuldigte keinen Wohnsitz im Geltungsbereich dieses Bundesgesetzes, so wird der Gerichtsstand auch durch den gewöhnlichen Aufenthaltsort und, wenn ein solcher nicht bekannt ist, durch den letzten Wohnsitz bestimmt.

§ 9 Gerichtsstand des Ergreifungsortes. Der Gerichtsstand ist auch bei dem Gericht begründet, in dessen Bezirk der Beschuldigte ergriffen worden ist.

§ 10 Gerichtsstand bei Auslandstaten auf Schiffen oder in Luftfahrzeugen. (1) Ist die Straftat auf einem Schiff, das berechtigt ist, die Bundesflagge zu führen, außerhalb des Geltungsbereiches dieses Gesetzes begangen, so ist das Gericht zuständig, in dessen Bezirk der Heimathafen oder der Hafen im Geltungsbereich dieses Gesetzes liegt, den das Schiff nach der Tat zuerst erreicht.

(2) Absatz 1 gilt entsprechend für Luftfahrzeuge, die berechtigt sind, das Staatszugehörigkeitszeichen der Bundesrepublik Deutschland zu führen.[2])

§ 10a[3]) Gerichtsstand bei Auslandstaten im Bereich des Meeres. Ist für eine Straftat, die außerhalb des Geltungsbereichs dieses Gesetzes im Bereich des Meeres begangen wird, ein Gerichtsstand nicht begründet, so ist Hamburg Gerichtsstand; zuständiges Amtsgericht ist das Amtsgericht Hamburg.

§ 11 Gerichtsstand bei Auslandstaten exterritorialer Deutscher und deutscher Beamter. (1) ¹Deutsche, die das Recht der Exterritorialität genießen, sowie die im Ausland angestellten Beamten des Bundes oder eines deutschen Landes behalten hinsichtlich des Gerichtsstandes den Wohnsitz, den sie im Inland

---

[1]) Nr. 95.
[2]) Beachte auch das G zu dem Abkommen vom 14. September 1963 über strafbare und bestimmte andere an Bord von Luftfahrzeugen begangene Handlungen v. 4.2.1969 (BGBl. II S. 121) mit Bek. über das Inkrafttreten v. 20.5.1970 (BGBl. II S. 276).
[3]) § 10a geänd. durch G v. 2.8.1993 (BGBl. I S. 1407).

hatten. ² Wenn sie einen solchen Wohnsitz nicht hatten, so gilt der Sitz der Bundesregierung als ihr Wohnsitz.

(2) Auf Wahlkonsuln sind diese Vorschriften nicht anzuwenden.

§ 11a[1] **Gerichtsstand bei Auslandstaten von Soldaten in besonderer Auslandsverwendung.** Wird eine Straftat außerhalb des Geltungsbereiches dieses Gesetzes von Soldatinnen oder Soldaten der Bundeswehr in besonderer Auslandsverwendung (§ 62 Absatz 1 des Soldatengesetzes) begangen, so ist der Gerichtsstand bei dem für die Stadt Kempten zuständigen Gericht begründet.

§ 12[2] **Zusammentreffen mehrerer Gerichtsstände.** (1) Unter mehreren nach den Vorschriften der §§ 7 bis 11a und 13a zuständigen Gerichten gebührt dem der Vorzug, das die Untersuchung zuerst eröffnet hat.

(2) Jedoch kann die Untersuchung und Entscheidung einem anderen der zuständigen Gerichte durch das gemeinschaftliche obere Gericht übertragen werden.

§ 13 Gerichtsstand bei zusammenhängenden Strafsachen. (1) Für zusammenhängende Strafsachen, die einzeln nach den Vorschriften der §§ 7 bis 11 zur Zuständigkeit verschiedener Gerichte gehören würden, ist ein Gerichtsstand bei jedem Gericht begründet, das für eine der Strafsachen zuständig ist.

(2) ¹ Sind mehrere zusammenhängende Strafsachen bei verschiedenen Gerichten anhängig gemacht worden, so können sie sämtlich oder zum Teil durch eine den Anträgen der Staatsanwaltschaft entsprechende Vereinbarung dieser Gerichte bei einem unter ihnen verbunden werden. ² Kommt eine solche Vereinbarung nicht zustande, so entscheidet, wenn die Staatsanwaltschaft oder ein Angeschuldigter hierauf anträgt, das gemeinschaftliche obere Gericht darüber, ob und bei welchem Gericht die Verbindung einzutreten hat.

(3) In gleicher Weise kann die Verbindung wieder aufgehoben werden.

§ 13a Zuständigkeitsbestimmung durch den Bundesgerichtshof. Fehlt es im Geltungsbereich dieses Bundesgesetzes an einem zuständigen Gericht oder ist dieses nicht ermittelt, so bestimmt der Bundesgerichtshof das zuständige Gericht.

§ 14 Zuständigkeitsbestimmung durch das gemeinschaftliche obere Gericht. Besteht zwischen mehreren Gerichten Streit über die Zuständigkeit, so bestimmt das gemeinschaftliche obere Gericht das Gericht, das sich der Untersuchung und Entscheidung zu unterziehen hat.

§ 15 Gerichtsstand kraft Übertragung bei Hinderung des zuständigen Gerichts. Ist das an sich zuständige Gericht in einem einzelnen Falle an der Ausübung des Richteramtes rechtlich oder tatsächlich verhindert oder ist von der Verhandlung vor diesem Gericht eine Gefährdung der öffentlichen Sicherheit zu besorgen, so hat das zunächst obere Gericht die Untersuchung und Entscheidung dem gleichstehenden Gericht eines anderen Bezirks zu übertragen.

§ 16[3] **Prüfung der örtlichen Zuständigkeit; Einwand der Unzuständigkeit.** (1) ¹ Das Gericht prüft seine örtliche Zuständigkeit bis zur Eröffnung des Hauptverfahrens von Amts wegen. ² Danach darf es seine Unzuständigkeit nur auf Einwand des Angeklagten aussprechen. ³ Der Angeklagte kann den Einwand nur

---

[1] § 11a eingef. mWv 1.4.2013 durch G v. 21.1.2013 (BGBl. I S. 89).
[2] § 12 Abs. 1 geänd. mWv 1.4.2013 durch G v. 21.1.2013 (BGBl. I S. 89).
[3] § 16 Abs. 2 angef. mWv 17.7.2020 durch G v. 10.7.2020 (BGBl. I S. 1648).

3. Abschnitt. Ablehnung der Gerichtspersonen §§ 17–23 StPO 90

bis zum Beginn seiner Vernehmung zur Sache in der Hauptverhandlung geltend machen.

(2) ¹Ist Anklage von der Europäischen Staatsanwaltschaft erhoben worden, so prüft das Gericht auf Einwand des Angeklagten auch, ob die Europäische Staatsanwaltschaft gemäß Artikel 36 Absatz 3 der Verordnung (EU) 2017/1939 des Rates vom 12. Oktober 2017 zur Durchführung einer Verstärkten Zusammenarbeit zur Errichtung der Europäischen Staatsanwaltschaft (EUStA) (ABl. L 283 vom 31.10.2017, S. 1) befugt ist, vor einem Gericht im Geltungsbereich dieses Gesetzes Anklage zu erheben. ²Absatz 1 Satz 3 gilt entsprechend.

§§ 17 und 18 (weggefallen)

§ 19 Zuständigkeitsbestimmung bei Zuständigkeitsstreit. Haben mehrere Gerichte, von denen eines das zuständige ist, durch Entscheidungen, die nicht mehr anfechtbar sind, ihre Unzuständigkeit ausgesprochen, so bezeichnet das gemeinschaftliche obere Gericht das zuständige Gericht.

§ 20 Untersuchungshandlungen eines unzuständigen Gerichts. Die einzelnen Untersuchungshandlungen eines unzuständigen Gerichts sind nicht schon dieser Unzuständigkeit wegen ungültig.

§ 21 Befugnisse bei Gefahr im Verzug. Ein unzuständiges Gericht hat sich den innerhalb seines Bezirks vorzunehmenden Untersuchungshandlungen zu unterziehen, bei denen Gefahr im Verzug ist.

Dritter Abschnitt. Ausschließung und Ablehnung der Gerichtspersonen

§ 22[1)] **Ausschließung von der Ausübung des Richteramtes kraft Gesetzes.** Ein Richter ist von der Ausübung des Richteramtes kraft Gesetzes ausgeschlossen,
1. wenn er selbst durch die Straftat verletzt ist;
2. wenn er Ehegatte, Lebenspartner, Vormund oder Betreuer des Beschuldigten oder des Verletzten ist oder gewesen ist;
3. wenn er mit dem Beschuldigten oder mit dem Verletzten in gerader Linie verwandt oder verschwägert, in der Seitenlinie bis zum dritten Grad verwandt oder bis zum zweiten Grad verschwägert ist oder war;
4. wenn er in der Sache als Beamter der Staatsanwaltschaft, als Polizeibeamter, als Anwalt des Verletzten oder als Verteidiger tätig gewesen ist;
5. wenn er in der Sache als Zeuge oder Sachverständiger vernommen ist.

§ 23 Ausschließung eines Richters wegen Mitwirkung an der angefochtenen Entscheidung. (1) Ein Richter, der bei einer durch ein Rechtsmittel angefochtenen Entscheidung mitgewirkt hat, ist von der Mitwirkung bei der Entscheidung in einem höheren Rechtszuge kraft Gesetzes ausgeschlossen.

(2) ¹Ein Richter, der bei einer durch einen Antrag auf Wiederaufnahme des Verfahrens angefochtenen Entscheidung mitgewirkt hat, ist von der Mitwirkung bei Entscheidungen im Wiederaufnahmeverfahren kraft Gesetzes ausgeschlossen. ²Ist die angefochtene Entscheidung in einem höheren Rechtszug ergangen, so ist auch der Richter ausgeschlossen, der an der ihr zugrunde liegenden Entscheidung

---

[1)] § 22 Nr. 2 geänd. durch G v. 12.9.1990 (BGBl. I S. 2002); Nr. 2 geänd. mWv 1.8.2001 durch G v. 16.2.2001 (BGBl. I S. 266).

EL 187   Oktober 2021

in einem unteren Rechtszug mitgewirkt hat. ³Die Sätze 1 und 2 gelten entsprechend für die Mitwirkung bei Entscheidungen zur Vorbereitung eines Wiederaufnahmeverfahrens.

§ 24 Ablehnung eines Richters; Besorgnis der Befangenheit. (1) Ein Richter kann sowohl in den Fällen, in denen er von der Ausübung des Richteramtes kraft Gesetzes ausgeschlossen ist, als auch wegen Besorgnis der Befangenheit abgelehnt werden.

(2) Wegen Besorgnis der Befangenheit findet die Ablehnung statt, wenn ein Grund vorliegt, der geeignet ist, Mißtrauen gegen die Unparteilichkeit eines Richters zu rechtfertigen.

(3) ¹Das Ablehnungsrecht steht der Staatsanwaltschaft, dem Privatkläger und dem Beschuldigten zu. ²Den zur Ablehnung Berechtigten sind auf Verlangen die zur Mitwirkung bei der Entscheidung berufenen Gerichtspersonen namhaft zu machen.

§ 25[1] Ablehnungszeitpunkt. (1) ¹Die Ablehnung eines erkennenden Richters wegen Besorgnis der Befangenheit ist bis zum Beginn der Vernehmung des ersten Angeklagten über seine persönlichen Verhältnisse, in der Hauptverhandlung über die Berufung oder die Revision bis zum Beginn des Vortrags des Berichterstatters, zulässig. ²Ist die Besetzung des Gerichts nach § 222a Absatz 1 Satz 2 schon vor Beginn der Hauptverhandlung mitgeteilt worden, so muss das Ablehnungsgesuch unverzüglich angebracht werden. ³Alle Ablehnungsgründe sind gleichzeitig vorzubringen.

(2) ¹Im Übrigen darf ein Richter nur abgelehnt werden, wenn
1. die Umstände, auf welche die Ablehnung gestützt wird, erst später eingetreten oder dem zur Ablehnung Berechtigten erst später bekanntgeworden sind und
2. die Ablehnung unverzüglich geltend gemacht wird.

²Nach dem letzten Wort des Angeklagten ist die Ablehnung nicht mehr zulässig.

§ 26[2] Ablehnungsverfahren. (1) ¹Das Ablehnungsgesuch ist bei dem Gericht, dem der Richter angehört, anzubringen; es kann vor der Geschäftsstelle zu Protokoll erklärt werden. ²Das Gericht kann dem Antragsteller aufgeben, ein in der Hauptverhandlung angebrachtes Ablehnungsgesuch innerhalb einer angemessenen Frist schriftlich zu begründen.

(2) ¹Der Ablehnungsgrund und in den Fällen des § 25 Absatz 1 Satz 2 und Absatz 2 die Voraussetzungen des rechtzeitigen Vorbringens sind glaubhaft zu machen. ²Der Eid ist als Mittel der Glaubhaftmachung ausgeschlossen. ³Zur Glaubhaftmachung kann auf das Zeugnis des abgelehnten Richters Bezug genommen werden.

(3) Der abgelehnte Richter hat sich über den Ablehnungsgrund dienstlich zu äußern.

---

[1] § 25 Abs. 1 Satz 2 eingef., bish. Satz 2 wird Satz 3, Abs. 2 einl. Satzteil geänd. mWv 13.12.2019 durch G v. 10.12.2019 (BGBl. I S. 2121).
[2] § 26 Abs. 1 Satz 2 angef. durch G v. 28.10.1994 (BGBl. I S. 3186); Abs. 1 Satz 2 neu gef. mWv 24.8.2017 durch G v. 17.8.2017 (BGBl. I S. 3202); Abs. 2 Satz 1 geänd. mWv 13.12.2019 durch G v. 10.12.2019 (BGBl. I S. 2121).

3. Abschnitt. Ablehnung der Gerichtspersonen §§ 26a–29 StPO

§ 26a[1] **Verwerfung eines unzulässigen Ablehnungsantrags.** (1) Das Gericht verwirft die Ablehnung eines Richters als unzulässig, wenn
1. die Ablehnung verspätet ist,
2. ein Grund zur Ablehnung oder ein Mittel zur Glaubhaftmachung nicht oder nicht innerhalb der nach § 26 Absatz 1 Satz 2 bestimmten Frist angegeben wird oder
3. durch die Ablehnung offensichtlich das Verfahren nur verschleppt oder nur verfahrensfremde Zwecke verfolgt werden sollen.

(2) [1] Das Gericht entscheidet über die Verwerfung nach Absatz 1, ohne daß der abgelehnte Richter ausscheidet. [2] Im Falle des Absatzes 1 Nr. 3 bedarf es eines einstimmigen Beschlusses und der Angabe der Umstände, welche den Verwerfungsgrund ergeben. [3] Wird ein beauftragter oder ein ersuchter Richter, ein Richter im vorbereitenden Verfahren oder ein Strafrichter abgelehnt, so entscheidet er selbst darüber, ob die Ablehnung als unzulässig zu verwerfen ist.

§ 27 Entscheidung über einen zulässigen Ablehnungsantrag. (1) Wird die Ablehnung nicht als unzulässig verworfen, so entscheidet über das Ablehnungsgesuch das Gericht, dem der Abgelehnte angehört, ohne dessen Mitwirkung.

(2) Wird ein richterliches Mitglied der erkennenden Strafkammer abgelehnt, so entscheidet die Strafkammer in der für Entscheidungen außerhalb der Hauptverhandlung vorgeschriebenen Besetzung.

(3) [1] Wird ein Richter beim Amtsgericht abgelehnt, so entscheidet ein anderer Richter dieses Gerichts. [2] Einer Entscheidung bedarf es nicht, wenn der Abgelehnte das Ablehnungsgesuch für begründet hält.

(4) Wird das zur Entscheidung berufene Gericht durch Ausscheiden des abgelehnten Mitglieds beschlußunfähig, so entscheidet das zunächst obere Gericht.

§ 28 Rechtsmittel. (1) Der Beschluß, durch den die Ablehnung für begründet erklärt wird, ist nicht anfechtbar.

(2) [1] Gegen den Beschluß, durch den die Ablehnung als unzulässig verworfen oder als unbegründet zurückgewiesen wird, ist sofortige Beschwerde zulässig. [2] Betrifft die Entscheidung einen erkennenden Richter, so kann sie nur zusammen mit dem Urteil angefochten werden.

§ 29[2] **Verfahren nach Ablehnung eines Richters.** (1) Ein abgelehnter Richter hat vor Erledigung des Ablehnungsgesuchs nur solche Handlungen vorzunehmen, die keinen Aufschub gestatten.

(2) [1] Die Durchführung der Hauptverhandlung gestattet keinen Aufschub; sie findet bis zur Entscheidung über die Ablehnungsgesuch unter Mitwirkung des abgelehnten Richters statt. [2] Entscheidungen, die auch außerhalb der Hauptverhandlung ergehen können, dürfen nur dann unter Mitwirkung des abgelehnten Richters getroffen werden, wenn sie keinen Aufschub gestatten.

(3) [1] Über die Ablehnung ist spätestens vor Ablauf von zwei Wochen und stets vor Urteilsverkündung zu entscheiden. [2] Die zweiwöchige Frist für die Entscheidung über die Ablehnung beginnt
1. mit dem Tag, an dem das Ablehnungsgesuch angebracht wird, wenn ein Richter vor oder während der Hauptverhandlung abgelehnt wird,

---

[1] § 26a Abs. 1 Nr. 2 geänd. mWv 24.8.2017 durch G v. 17.8.2017 (BGBl. I S. 3202).
[2] § 29 neu gef. mWv 13.12.2019 durch G v. 10.12.2019 (BGBl. I S. 2121).

2. mit dem Tag des Eingangs der schriftlichen Begründung, wenn das Gericht dem Antragsteller gemäß § 26 Absatz 1 Satz 2 aufgegeben hat, das Ablehnungsgesuch innerhalb der vom Gericht bestimmten Frist schriftlich zu begründen.

[3] Findet der übernächste Verhandlungstag erst nach Ablauf von zwei Wochen statt, so kann über die Ablehnung spätestens bis zu dessen Beginn entschieden werden.

(4) [1] Wird die Ablehnung für begründet erklärt und muss die Hauptverhandlung nicht deshalb ausgesetzt werden, so ist ihr nach der Anbringung des Ablehnungsgesuchs liegender Teil zu wiederholen. [2] Dies gilt nicht für solche Teile der Hauptverhandlung, deren Wiederholung nicht oder nur mit unzumutbarem Aufwand möglich ist.

§ 30 Ablehnung eines Richters bei Selbstanzeige und von Amts wegen.

Das für die Erledigung eines Ablehnungsgesuchs zuständige Gericht hat auch dann zu entscheiden, wenn ein solches Gesuch nicht angebracht ist, ein Richter aber von einem Verhältnis Anzeige macht, das seine Ablehnung rechtfertigen könnte, oder wenn aus anderer Veranlassung Zweifel darüber entstehen, ob ein Richter kraft Gesetzes ausgeschlossen ist.

§ 31 Schöffen, Urkundsbeamte.

(1) Die Vorschriften dieses Abschnitts gelten für Schöffen sowie für Urkundsbeamte der Geschäftsstelle und andere als Protokollführer zugezogene Personen entsprechend.

(2) [1] Die Entscheidung trifft der Vorsitzende. [2] Bei der großen Strafkammer und beim Schwurgericht entscheiden die richterlichen Mitglieder. [3] Ist der Protokollführer einem Richter beigegeben, so entscheidet dieser über die Ablehnung oder Ausschließung.

Vierter Abschnitt.[1]) Aktenführung und Kommunikation im Verfahren
§ 32[2]) Elektronische Aktenführung; Verordnungsermächtigungen.

(1) *[Satz 1 bis 31.12.2025:]* [1] Die Akten können elektronisch geführt werden. *[Satz 1 ab 1.1.2026:]* [1] *Die Akten werden elektronisch geführt.* *[Satz 2 bis 30.6.2025:]* [2] Die Bundesregierung und die Landesregierungen bestimmen jeweils für ihren Bereich durch Rechtsverordnung den Zeitpunkt, von dem an die Akten elektronisch geführt werden. *[Satz 2 ab 1.7.2025:]* [2] *Die Bundesregierung und die Landesregierungen können jeweils für ihren Bereich durch Rechtsverordnung bestimmen, dass Akten, die in Papierform angelegt wurden, in Papierform weitergeführt werden.* *[Satz 3 bis 30.6.2025:]* [3] Sie können die Einführung der elektronischen Aktenführung dabei auf einzelne Gerichte oder Strafverfolgungsbehörden oder auf allgemein bestimmte Verfahren beschränken und bestimmen, dass Akten, die in Papierform angelegt wurden, auch nach Einführung der elektronischen Aktenführung in Papierform weitergeführt werden; wird von der Beschränkungsmöglichkeit Gebrauch gemacht, kann in der Rechtsverordnung bestimmt werden, dass durch Verwaltungsvorschrift, die öffentlich bekanntzumachen ist, geregelt wird, in welchen Verfahren die Akten elektronisch zu führen sind. [4] *[ab 1.7.2025:* [3]*]* Die Ermächtigung kann durch Rechtsverordnung auf die zuständigen Bundes- oder Landesministerien übertragen werden.

---

[1]) 4. Abschnitt (§§ 32–32c, 32e und 32f) eingef. mWv 1.1.2018, § 32d eingef. mWv 1.1.2022 durch G v. 5.7.2017 (BGBl. I S. 2208).

[2]) § 32 eingef. mWv 1.1.2018, Abs. 1 Satz 2 neu gef., Satz 3 aufgeh., bish. Satz 4 wird Satz 3 **mWv 1.7. 2025**, Satz 1 neu gef. **mWv 1.1.2026** durch G v. 5.7.2017 (BGBl. I S. 2208).

(2) ¹Die Bundesregierung und die Landesregierungen bestimmen jeweils für ihren Bereich durch Rechtsverordnung die für die elektronische Aktenführung geltenden organisatorischen und dem Stand der Technik entsprechenden technischen Rahmenbedingungen einschließlich der einzuhaltenden Anforderungen des Datenschutzes, der Datensicherheit und der Barrierefreiheit. ²Sie können die Ermächtigung durch Rechtsverordnung auf die zuständigen Bundes- oder Landesministerien übertragen.

(3) ¹Die Bundesregierung bestimmt durch Rechtsverordnung mit Zustimmung des Bundesrates die für die Übermittlung elektronischer Akten zwischen Strafverfolgungsbehörden und Gerichten geltenden Standards. ²Sie kann die Ermächtigung durch Rechtsverordnung ohne Zustimmung des Bundesrates auf die zuständigen Bundesministerien übertragen.

§ 32a[1]**) Elektronischer Rechtsverkehr mit Strafverfolgungsbehörden und Gerichten; Verordnungsermächtigungen.** (1) Elektronische Dokumente können bei Strafverfolgungsbehörden und Gerichten nach Maßgabe der folgenden Absätze eingereicht werden.

(2) ¹Das elektronische Dokument muss für die Bearbeitung durch die Strafverfolgungsbehörde oder das Gericht geeignet sein. ²Die Bundesregierung bestimmt durch Rechtsverordnung mit Zustimmung des Bundesrates technische Rahmenbedingungen für die Übermittlung und die Eignung zur Bearbeitung durch die Strafverfolgungsbehörde oder das Gericht.

(3) Ein Dokument, das schriftlich abzufassen, zu unterschreiben oder zu unterzeichnen ist, muss als elektronisches Dokument mit einer qualifizierten elektronischen Signatur der verantwortlichen Person versehen sein oder von der verantwortlichen Person signiert und auf einem sicheren Übermittlungsweg eingereicht werden.

(4) ¹Sichere Übermittlungswege sind
1. der Postfach- und Versanddienst eines De-Mail-Kontos, wenn der Absender bei Versand der Nachricht sicher im Sinne des § 4 Absatz 1 Satz 2 des De-Mail-Gesetzes angemeldet ist und er sich die sichere Anmeldung gemäß § 5 Absatz 5 des De-Mail-Gesetzes bestätigen lässt,
2. der Übermittlungsweg zwischen dem besonderen elektronischen Anwaltspostfach nach § 31a der Bundesrechtsanwaltsordnung[2]) oder einem entsprechenden, auf gesetzlicher Grundlage errichteten elektronischen Postfach und der elektronischen Poststelle der Behörde oder des Gerichts,
3. der Übermittlungsweg zwischen einem nach Durchführung eines Identifizierungsverfahrens eingerichteten Postfach einer Behörde oder einer juristischen Person des öffentlichen Rechts und der elektronischen Poststelle der Behörde oder des Gerichts,
4. der Übermittlungsweg zwischen einem nach Durchführung eines Identifizierungsverfahrens eingerichteten elektronischen Postfach einer natürlichen oder juristischen Person oder einer sonstigen Vereinigung und der elektronischen Poststelle der Behörde oder des Gerichts,

---

[1]) § 32a eingef. mWv 1.1.2018 durch G v. 5.7.2017 (BGBl. I S. 2208); Abs. 4 Nr. 3 geänd. mWv 21.12.2018 durch G v. 17.12.2018 (BGBl. I S. 2571); Abs. 2 Satz 2 neu gef., Abs. 4 Satz 1 Nr. 3 geänd., Nr. 4 und 5 eingef., bish. Nr. 4 wird Nr. 6, Satz 2 angef., Abs. 6 Satz 1 geänd. mWv 1.1.2022 durch G v. 5.10.2021 (BGBl. I S. 4607).

[2]) Habersack, Deutsche Gesetze ErgBd. Nr. 98.

5. der Übermittlungsweg zwischen einem nach Durchführung eines Identifizierungsverfahrens genutzten Postfach- und Versanddienst eines Nutzerkontos im Sinne des § 2 Absatz 5 des Onlinezugangsgesetzes und der elektronischen Poststelle der Behörde oder des Gerichts,
6. sonstige bundeseinheitliche Übermittlungswege, die durch Rechtsverordnung der Bundesregierung mit Zustimmung des Bundesrates festgelegt werden, bei denen die Authentizität und Integrität der Daten sowie die Barrierefreiheit gewährleistet sind.

[2] Das Nähere zu den Übermittlungswegen gemäß Satz 1 Nummer 3 bis 5 regelt die Rechtsverordnung nach Absatz 2 Satz 2.

(5) [1] Ein elektronisches Dokument ist eingegangen, sobald es auf der für den Empfang bestimmten Einrichtung der Behörde oder des Gerichts gespeichert ist. [2] Dem Absender ist eine automatisierte Bestätigung über den Zeitpunkt des Eingangs zu erteilen.

(6) [1] Ist ein elektronisches Dokument für die Bearbeitung durch die Behörde oder das Gericht nicht geeignet, ist dies dem Absender unter Hinweis auf die Unwirksamkeit des Eingangs unverzüglich mitzuteilen. [2] Das elektronische Dokument gilt als zum Zeitpunkt seiner früheren Einreichung eingegangen, sofern der Absender es unverzüglich in einer für die Behörde oder für das Gericht zur Bearbeitung geeigneten Form nachreicht und glaubhaft macht, dass es mit dem zuerst eingereichten Dokument inhaltlich übereinstimmt.

§ 32b[1]) Erstellung und Übermittlung strafverfolgungsbehördlicher und gerichtlicher elektronischer Dokumente; Verordnungsermächtigung.

(1) [1] Wird ein strafverfolgungsbehördliches oder gerichtliches Dokument als elektronisches Dokument erstellt, müssen ihm alle verantwortenden Personen ihre Namen hinzufügen. [2] Ein Dokument, das zu unterschreiben oder zu unterzeichnen ist, muss darüber hinaus mit einer qualifizierten elektronischen Signatur aller verantwortenden Personen versehen sein.

(2) Ein elektronisches Dokument ist zu den Akten gebracht, sobald es von einer verantwortenden Person oder auf deren Veranlassung in der elektronischen Akte gespeichert ist.

(3) *[Satz 1 bis 31.12.2025:]* [1] Werden die Akten elektronisch geführt, sollen Strafverfolgungsbehörden und Gerichte einander Dokumente als elektronisches Dokument übermitteln. *[Satz 1 ab 1.1.2026:]* [1] *Strafverfolgungsbehörden und Gerichte sollen einander Dokumente als elektronisches Dokument übermitteln.* [2] Die Anklageschrift, der Antrag auf Erlass eines Strafbefehls außerhalb einer Hauptverhandlung, die Berufung und ihre Begründung, die Revision, ihre Begründung und die Gegenerklärung sowie als elektronisches Dokument erstellte gerichtliche Entscheidungen sind als elektronisches Dokument zu übermitteln. [3] Ist dies aus technischen Gründen vorübergehend nicht möglich, ist die Übermittlung in Papierform zulässig; auf Anforderung ist ein elektronisches Dokument nachzureichen.

(4) [1] Abschriften und beglaubigte Abschriften können in Papierform oder als elektronisches Dokument erteilt werden. [2] Elektronische beglaubigte Abschriften müssen mit einer qualifizierten elektronischen Signatur der beglaubigenden Person versehen sein. [3] Wird eine beglaubigte Abschrift in Papierform durch Übertragung eines elektronischen Dokuments erstellt, das mit einer qualifizierten elektronischen

---

[1]) § 32b eingef. mWv 1.1.2018, Abs. 3 Satz 1 geänd. **mWv 1.1.2026** durch G v. 5.7.2017 (BGBl. I S. 2208); Abs. 1 Satz 2 geänd. mWv 1.7.2021 durch G v. 25.6.2021 (BGBl. I S. 2099).

4. Abschnitt. Aktenführung und Kommunikation §§ 32c–32e

Signatur versehen ist oder auf einem sicheren Übermittlungsweg eingereicht wurde, muss das Beglaubigungsvermerk das Ergebnis der Prüfung der Authentizität und Integrität des elektronischen Dokuments enthalten.

(5) [1] Die Bundesregierung bestimmt durch Rechtsverordnung mit Zustimmung des Bundesrates die für die Erstellung elektronischer Dokumente und deren Übermittlung zwischen Strafverfolgungsbehörden und Gerichten geltenden Standards. [2] Sie kann die Ermächtigung durch Rechtsverordnung ohne Zustimmung des Bundesrates auf die zuständigen Bundesministerien übertragen.

§ 32c[1)] Elektronische Formulare; Verordnungsermächtigung.
[1] Die Bundesregierung kann durch Rechtsverordnung mit Zustimmung des Bundesrates elektronische Formulare einführen. [2] Die Rechtsverordnung kann bestimmen, dass die in den Formularen enthaltenen Angaben ganz oder teilweise in strukturierter maschinenlesbarer Form zu übermitteln sind. [3] Die Formulare sind auf einer in der Rechtsverordnung zu bestimmenden Kommunikationsplattform im Internet zur Nutzung bereitzustellen. [4] Die Rechtsverordnung kann bestimmen, dass eine Identifikation des Formularverwenders abweichend von § 32a Absatz 3 durch Nutzung des elektronischen Identitätsnachweises nach § 18 des Personalausweisgesetzes[2)], § 12 des eID-Karte-Gesetzes oder § 78 Absatz 5 des Aufenthaltsgesetzes[3)] erfolgen kann. [5] Die Bundesregierung kann die Ermächtigung durch Rechtsverordnung ohne Zustimmung des Bundesrates auf die zuständigen Bundesministerien übertragen.

§ 32d[4)] Pflicht zur elektronischen Übermittlung.
[1] Verteidiger und Rechtsanwälte sollen den Strafverfolgungsbehörden und Gerichten Schriftsätze und deren Anlagen sowie schriftlich einzureichende Anträge und Erklärungen als elektronisches Dokument übermitteln. [2] Die Berufung und ihre Begründung, die Revision, ihre Begründung und die Gegenerklärung sowie die Privatklage und die Anschlusserklärung bei der Nebenklage müssen sie als elektronisches Dokument übermitteln. [3] Ist dies aus technischen Gründen vorübergehend nicht möglich, ist die Übermittlung in Papierform zulässig. [4] Die vorübergehende Unmöglichkeit ist bei der Ersatzeinreichung oder unverzüglich danach glaubhaft zu machen; auf Anforderung ist ein elektronisches Dokument nachzureichen.

§ 32e[5)] Übertragung von Dokumenten zu Aktenführungszwecken.
(1) [1] Dokumente, die nicht der Form entsprechen, in der die Akte geführt wird (Ausgangsdokumente), sind in die entsprechende Form zu übertragen. [2] Ausgangsdokumente, die als Beweismittel sichergestellt sind, können in die entsprechende Form übertragen werden.

(2) Bei der Übertragung ist nach dem Stand der Technik sicherzustellen, dass das übertragene Dokument mit dem Ausgangsdokument bildlich und inhaltlich übereinstimmt.

(3) [1] Bei der Übertragung eines nicht elektronischen Ausgangsdokuments in ein elektronisches Dokument ist dieses mit einem Übertragungsnachweis zu versehen,

---

[1)] § 32c eingef. mWv 1.1.2018 durch G v. 5.7.2017 (BGBl. I S. 2208); Satz 4 geänd. mWv 1.11.2019 durch G v. 21.6.2019 (BGBl. I S. 846).
[2)] Sartorius Nr. 255.
[3)] Sartorius Nr. 565.
[4)] § 32d eingef. mWv 1.1.2022 durch G v. 5.7.2017 (BGBl. I S. 2208).
[5)] § 32e eingef. mWv 1.1.2018 durch G v. 5.7.2017 (BGBl. I S. 2208); Abs. 3 Satz 2 neu gef., Abs. 4 Satz 2 aufgeh., bish. Satz 3 wird Satz 2 und geänd. mWv 1.7.2021 durch G v. 25.6.2021 (BGBl. I S. 2099).

der das bei der Übertragung angewandte Verfahren und die bildliche und inhaltliche Übereinstimmung dokumentiert. ²Wird ein von den verantwortenden Personen handschriftlich unterzeichnetes staatsanwaltschaftliches oder gerichtliches Schriftstück übertragen, so ist der Übertragungsnachweis vom Urkundsbeamten der Staatsanwaltschaft oder des Gerichts mit einer qualifizierten elektronischen Signatur zu versehen. ³Bei der Übertragung eines mit einer qualifizierten elektronischen Signatur versehenen oder auf einem sicheren Übermittlungsweg eingereichten elektronischen Ausgangsdokuments ist in den Akten zu vermerken, welches Ergebnis die Prüfung der Authentizität und Integrität des Ausgangsdokuments erbracht hat.

(4) ¹Ausgangsdokumente, die nicht als Beweismittel sichergestellt sind, müssen während des laufenden Verfahrens im Anschluss an die Übertragung mindestens sechs Monate lang gespeichert oder aufbewahrt werden. ²Ist das Verfahren abgeschlossen oder ist Verjährung eingetreten, dürfen Ausgangsdokumente, die nicht als Beweismittel sichergestellt sind, längstens bis zum Ablauf des zweiten auf den Abschluss des Verfahrens folgenden Kalenderjahres gespeichert oder aufbewahrt werden.

(5) ¹Ausgangsdokumente, die nicht als Beweismittel sichergestellt sind, können unter denselben Voraussetzungen wie sichergestellte Beweisstücke besichtigt werden. ²Zur Besichtigung ist berechtigt, wer befugt ist, die Akten einzusehen.

§ 32f[1) Form der Gewährung von Akteneinsicht; Verordnungsermächtigung. (1) ¹Einsicht in elektronische Akten wird durch Bereitstellen des Inhalts der Akte zum Abruf oder durch Übermittlung des Inhalts der Akte auf einem sicheren Übermittlungsweg gewährt. ²Auf besonderen Antrag wird Akteneinsicht durch Einsichtnahme in die elektronischen Akten in Diensträumen gewährt. ³Ein Aktenausdruck oder ein Datenträger mit dem Inhalt der elektronischen Akten wird auf besonders zu begründenden Antrag nur übermittelt, wenn der Antragsteller hieran ein berechtigtes Interesse hat. ⁴Stehen der Akteneinsicht in der nach Satz 1 vorgesehenen Form wichtige Gründe entgegen, kann die Akteneinsicht in der nach den Sätzen 2 und 3 vorgesehenen Form auch ohne Antrag gewährt werden.

(2) ¹Einsicht in Akten, die in Papierform vorliegen, wird durch Einsichtnahme in die Akten in Diensträumen gewährt. ²Die Akteneinsicht kann, soweit nicht wichtige Gründe entgegenstehen, auch durch Bereitstellen des Inhalts der Akten zum Abruf, durch Übermittlung des Inhalts der Akte auf einem sicheren Übermittlungsweg oder durch Bereitstellen einer Aktenkopie zur Mitnahme gewährt werden. ³Auf besonderen Antrag werden einem Verteidiger oder Rechtsanwalt, soweit nicht wichtige Gründe entgegenstehen, die Akten zur Einsichtnahme in seine Geschäftsräume oder in seine Wohnung mitgegeben.

(3) Entscheidungen über die Form der Gewährung von Akteneinsicht nach den Absätzen 1 und 2 sind nicht anfechtbar.

(4) ¹Durch technische und organisatorische Maßnahmen ist zu gewährleisten, dass Dritte im Rahmen der Akteneinsicht keine Kenntnis vom Akteninhalt nehmen können. ²Der Name der Person, der Akteneinsicht gewährt wird, soll durch technische Maßnahmen in abgerufenen Akten und auf übermittelten elektronischen Dokumenten nach dem Stand der Technik dauerhaft erkennbar gemacht werden.

[1)] § 32f eingef. mWv 1.1.2018 durch G v. 5.7.2017 (BGBl. I S. 2208); Abs. 1 Satz 1, Abs. 2 Satz 2 geänd. mWv 1.7.2021 durch G v. 25.6.2021 (BGBl. I S. 2099).

(5) [1] Personen, denen Akteneinsicht gewährt wird, dürfen Akten, Dokumente, Ausdrucke oder Abschriften, die ihnen nach Absatz 1 oder 2 überlassen worden sind, weder ganz noch teilweise öffentlich verbreiten oder sie Dritten zu verfahrensfremden Zwecken übermitteln oder zugänglich machen. [2] Nach Absatz 1 oder 2 erlangte personenbezogene Daten dürfen sie nur zu dem Zweck verwenden, für den die Akteneinsicht gewährt wurde. [3] Für andere Zwecke dürfen sie diese Daten nur verwenden, wenn dafür Auskunft oder Akteneinsicht gewährt

(Fortsetzung nächstes Blatt)

enthaltsortes eines Beschuldigten auf andere Weise aussichtslos oder wesentlich erschwert wäre.

(2) ¹Die Maßnahme darf sich nur gegen einen Beschuldigten richten. ²Gegen andere Personen darf die Maßnahme nur angeordnet werden, wenn auf Grund bestimmter Tatsachen anzunehmen ist, dass sie mit einem Beschuldigten in Verbindung stehen oder eine solche Verbindung hergestellt wird, die Maßnahme zur Erforschung des Sachverhalts oder zur Ermittlung des Aufenthaltsortes eines Beschuldigten führen wird und dies auf andere Weise aussichtslos oder wesentlich erschwert wäre.

(3) Die Maßnahme darf auch durchgeführt werden, wenn Dritte unvermeidbar betroffen werden.

(4) § 100d Absatz 1 und 2 sowie § 100e Absatz 1, 3, 5 Satz 1 gelten entsprechend.

§ 100g[1]**) Erhebung von Verkehrsdaten.** (1) ¹Begründen bestimmte Tatsachen den Verdacht, dass jemand als Täter oder Teilnehmer
1. eine Straftat von auch im Einzelfall erheblicher Bedeutung, insbesondere eine in § 100a Absatz 2 bezeichnete Straftat, begangen hat, in Fällen, in denen der Versuch strafbar ist, zu begehen versucht hat oder durch eine Straftat vorbereitet hat oder
2. eine Straftat mittels Telekommunikation begangen hat,

so dürfen Verkehrsdaten (§§ 9 und 12 des Telekommunikation-Telemedien-Datenschutz-Gesetzes und § 2a Absatz 1 des Gesetzes über die Errichtung einer Bundesanstalt für den Digitalfunk der Behörden und Organisationen mit Sicherheitsaufgaben) erhoben werden, soweit dies für die Erforschung des Sachverhalts erforderlich ist und die Erhebung der Daten in einem angemessenen Verhältnis zur Bedeutung der Sache steht. ²Im Fall des Satzes 1 Nummer 2 ist die Maßnahme nur zulässig, wenn die Erforschung des Sachverhalts auf andere Weise aussichtslos wäre. ³Die Erhebung gespeicherter (retrograder) Standortdaten ist nach diesem Absatz nur unter den Voraussetzungen des Absatzes 2 zulässig. ⁴Im Übrigen ist die Erhebung von Standortdaten nur für künftig anfallende Verkehrsdaten oder in Echtzeit und nur im Fall des Satzes 1 Nummer 1 zulässig, soweit sie für die Erforschung des Sachverhalts oder die Ermittlung des Aufenthaltsortes des Beschuldigten erforderlich ist.

(2) ¹Begründen bestimmte Tatsachen den Verdacht, dass jemand als Täter oder Teilnehmer eine der in Satz 2 bezeichneten besonders schweren Straftaten begangen hat oder in Fällen, in denen der Versuch strafbar ist, eine solche Straftat zu

---

[1]) § 100g neu gef. mWv 18.12.2015 durch G v. 10.12.2015 (BGBl. I S. 2218); Abs. 2 Satz 2 Nr. 1 Buchst. f geänd. mWv 15.10.2016 durch G v. 11.10.2016 (BGBl. I S. 2226); Abs. 2 Satz 2 Nr. 1 Buchst. c geänd. mWv 10.11.2016 durch G v. 4.11.2016 (BGBl. I S. 2460); Abs. 2 Satz 2 Nr. 1 Buchst. a geänd., Nr. 7 Buchst. d angef. mWv 1.1.2017 durch G v. 22.12.2016 (BGBl. I S. 3150); Abs. 2 Satz 2 Nr. 1 Buchst. g geänd. mWv 22.7.2017 durch G v. 17.7.2017 (BGBl. I S. 2442); Abs. 1 Satz 1 abschl. Satzteil geänd., Satz 3 neu gef., Satz 4 angef., Abs. 5 geänd. mWv 26.11.2019 durch G v. 20.11.2019 (BGBl. I S. 1724); Abs. 2 Satz 2 Nr. 1 Buchst. d geänd. mWv 1.1.2021 durch G v. 30.11.2020 (BGBl. I S. 2600); Abs. 2 Satz 2 Nr. 1 Buchst. g geänd. mWv 18.3.2021 durch G v. 9.3.2021 (BGBl. I S. 327); Überschrift neu gef., Abs. 1 Satz 2 eingef., bish. Sätze 2–4 werden Sätze 3–5, neuer Satz 5 geänd. mWv 1.7.2021 durch G v. 30.3.2021 (BGBl. I S. 441, insoweit aufgeh. durch G v. 30.3.2021, BGBl. I S. 448); Abs. 2 Satz 2 Nr. 1 Buchst. c und d geänd. mWv 1.7.2021 durch G v. 16.6.2021 (BGBl. I S. 1810); Abs. 1 Satz 1 abschl. Satzteil, Abs. 2 Satz 1, Abs. 3 Satz 2 geänd. mWv 1.12.2021 durch G v. 23.6.2021 (BGBl. I S. 1858); Abs. 2 Satz 2 Nr. 1 Buchst. b neu gef., Buchst. c eingef., bish. Buchst. c–h werden Buchst. d–i mWv 1.10.2021 durch G v. 12.8.2021 (BGBl. I S. 3544).

begehen versucht hat, und wiegt die Tat auch im Einzelfall besonders schwer, dürfen die nach § 176 des Telekommunikationsgesetzes gespeicherten Verkehrsdaten erhoben werden, soweit die Erforschung des Sachverhalts oder die Ermittlung des Aufenthaltsortes des Beschuldigten auf andere Weise wesentlich erschwert oder aussichtslos wäre und die Erhebung der Daten in einem angemessenen Verhältnis zur Bedeutung der Sache steht. ²Besonders schwere Straftaten im Sinne des Satzes 1 sind:

1. aus dem Strafgesetzbuch[1]:

   a) Straftaten des Hochverrats und der Gefährdung des demokratischen Rechtsstaates sowie des Landesverrats und der Gefährdung der äußeren Sicherheit nach den §§ 81, 82, 89a, nach den §§ 94, 95 Absatz 3 und § 96 Absatz 1, jeweils auch in Verbindung mit § 97b, sowie nach den §§ 97a, 98 Absatz 1 Satz 2, § 99 Absatz 2 und den §§ 100, 100a Absatz 4,

   b) besonders schwerer Fall des Landfriedensbruchs nach § 125a sowie Betreiben krimineller Handelsplattformen im Internet in den Fällen des § 127 Absatz 3 und 4,

   c) Bildung krimineller Vereinigungen nach § 129 Absatz 1 in Verbindung mit Absatz 5 Satz 3 sowie Bildung terroristischer Vereinigungen nach § 129a Absatz 1, 2, 4, 5 Satz 1 erste Alternative, jeweils auch in Verbindung mit § 129b Absatz 1,

   d) Straftaten gegen die sexuelle Selbstbestimmung in den Fällen der §§ 176, 176c, 176d und, unter den in § 177 Absatz 6 Satz 2 Nummer 2 genannten Voraussetzungen, des § 177,

   e) Verbreitung, Erwerb und Besitz kinder- und jugendpornographischer Inhalte in den Fällen des § 184b Absatz 1 Satz 1, Absatz 2 und 3 sowie des § 184c Absatz 2,

   f) Mord und Totschlag nach den §§ 211 und 212,

   g) Straftaten gegen die persönliche Freiheit in den Fällen der §§ 234, 234a Absatz 1, 2, §§ 239a, 239b und Zwangsprostitution und Zwangsarbeit nach § 232a Absatz 3, 4 oder 5 zweiter Halbsatz, § 232b Absatz 3, 4 oder 4 in Verbindung mit § 232a Absatz 4 oder 5 zweiter Halbsatz und Ausbeutung unter Ausnutzung einer Freiheitsberaubung nach § 233a Absatz 3 oder 4 zweiter Halbsatz,

   h) Einbruchdiebstahl in eine dauerhaft genutzte Privatwohnung nach § 244 Absatz 4, schwerer Bandendiebstahl nach § 244a Absatz 1, schwerer Raub nach § 250 Absatz 1 oder Absatz 2, Raub mit Todesfolge nach § 251, räuberische Erpressung nach § 255 und besonders schwerer Fall einer Erpressung nach § 253 unter den in § 253 Absatz 4 Satz 2 genannten Voraussetzungen, gewerbsmäßige Bandenhehlerei nach § 260a Absatz 1, besonders schwerer Fall der Geldwäsche nach § 261 unter den in § 261 Absatz 5 Satz 2 genannten Voraussetzungen, wenn die Vortat eine der in den Nummern 1 bis 8 genannten besonders schweren Straftaten ist,

   i) gemeingefährliche Straftaten in den Fällen der §§ 306 bis 306c, 307 Absatz 1 bis 3, des § 308 Absatz 1 bis 3, des § 309 Absatz 1 bis 4, des § 310 Absatz 1, der §§ 313, 314, 315 Absatz 3, des § 315b Absatz 3 sowie der §§ 316a und 316c,

---

[1] Nr. 85.

8. Abschnitt. Ermittlungsmaßnahmen § 100g StPO 90

2. aus dem Aufenthaltsgesetz[1]):
   a) Einschleusen von Ausländern nach § 96 Absatz 2,
   b) Einschleusen mit Todesfolge oder gewerbs- und bandenmäßiges Einschleusen nach § 97,
3. aus dem Außenwirtschaftsgesetz:
   Straftaten nach § 17 Absatz 1 bis 3 und § 18 Absatz 7 und 8,
4. aus dem Betäubungsmittelgesetz[2]):
   a) besonders schwerer Fall einer Straftat nach § 29 Absatz 1 Satz 1 Nummer 1, 5, 6, 10, 11 oder 13, Absatz 3 unter der in § 29 Absatz 3 Satz 2 Nummer 1 genannten Voraussetzung,
   b) eine Straftat nach den §§ 29a, 30 Absatz 1 Nummer 1, 2, 4, § 30a,
5. aus dem Grundstoffüberwachungsgesetz:
   eine Straftat nach § 19 Absatz 1 unter den in § 19 Absatz 3 Satz 2 genannten Voraussetzungen,
6. aus dem Gesetz über die Kontrolle von Kriegswaffen[3]):
   a) eine Straftat nach § 19 Absatz 2 oder § 20 Absatz 1, jeweils auch in Verbindung mit § 21,
   b) besonders schwerer Fall einer Straftat nach § 22a Absatz 1 in Verbindung mit Absatz 2,
7. aus dem Völkerstrafgesetzbuch[4]):
   a) Völkermord nach § 6,
   b) Verbrechen gegen die Menschlichkeit nach § 7,
   c) Kriegsverbrechen nach den §§ 8 bis 12,
   d) Verbrechen der Aggression nach § 13,
8. aus dem Waffengesetz[5]):
   a) besonders schwerer Fall einer Straftat nach § 51 Absatz 1 in Verbindung mit Absatz 2,
   b) besonders schwerer Fall einer Straftat nach § 52 Absatz 1 Nummer 1 in Verbindung mit Absatz 5.

(3) [1] Die Erhebung aller in einer Funkzelle angefallenen Verkehrsdaten (Funkzellenabfrage) ist nur zulässig,
1. wenn die Voraussetzungen des Absatzes 1 Satz 1 Nummer 1 erfüllt sind,
2. soweit die Erhebung der Daten in einem angemessenen Verhältnis zur Bedeutung der Sache steht und
3. soweit die Erforschung des Sachverhalts oder die Ermittlung des Aufenthaltsortes des Beschuldigten auf andere Weise aussichtslos oder wesentlich erschwert wäre.

[2] Auf nach § 176 des Telekommunikationsgesetzes gespeicherte Verkehrsdaten darf für eine Funkzellenabfrage nur unter den Voraussetzungen des Absatzes 2 zurückgegriffen werden.

(4) [1] Die Erhebung von Verkehrsdaten nach Absatz 2, auch in Verbindung mit Absatz 3 Satz 2, die sich gegen eine der in § 53 Absatz 1 Satz 1 Nummer 1 bis 5

---

[1]) **Sartorius Nr. 565.**
[2]) **Habersack, Deutsche Gesetze ErgBd. Nr. 86.**
[3]) **Sartorius Nr. 823.**
[4]) **Habersack, Deutsche Gesetze ErgBd. Nr. 85g.**
[5]) **Sartorius Nr. 820.**

genannten Personen richtet und die voraussichtlich Erkenntnisse erbringen würde, über die diese das Zeugnis verweigern dürfte, ist unzulässig. ²Dennoch erlangte Erkenntnisse dürfen nicht verwendet werden. ³Aufzeichnungen hierüber sind unverzüglich zu löschen. ⁴Die Tatsache ihrer Erlangung und der Löschung der Aufzeichnungen ist aktenkundig zu machen. ⁵Die Sätze 2 bis 4 gelten entsprechend, wenn durch eine Ermittlungsmaßnahme, die sich nicht gegen eine in § 53 Absatz 1 Satz 1 Nummer 1 bis 5 genannte Person richtet, von dieser Person Erkenntnisse erlangt werden, über die sie das Zeugnis verweigern dürfte. ⁶§ 160a Absatz 3 und 4 gilt entsprechend.

(5) Erfolgt die Erhebung von Verkehrsdaten nicht beim Erbringer von Telekommunikationsdiensten, bestimmt sie sich nach Abschluss des Kommunikationsvorgangs nach den allgemeinen Vorschriften.

§ 100h[1]) Weitere Maßnahmen außerhalb von Wohnraum.
(1) ¹Auch ohne Wissen der betroffenen Personen dürfen außerhalb von Wohnungen
1. Bildaufnahmen hergestellt werden,
2. sonstige besondere für Observationszwecke bestimmte technische Mittel verwendet werden,

wenn die Erforschung des Sachverhalts oder die Ermittlung des Aufenthaltsortes eines Beschuldigten auf andere Weise weniger erfolgversprechend oder erschwert wäre. ²Eine Maßnahme nach Satz 1 Nr. 2 ist nur zulässig, wenn Gegenstand der Untersuchung eine Straftat von erheblicher Bedeutung ist.

(2) ¹Die Maßnahmen dürfen sich nur gegen einen Beschuldigten richten. ²Gegen andere Personen sind
1. Maßnahmen nach Absatz 1 Nr. 1 nur zulässig, wenn die Erforschung des Sachverhalts oder die Ermittlung des Aufenthaltsortes eines Beschuldigten auf andere Weise erheblich weniger erfolgversprechend oder wesentlich erschwert wäre,
2. Maßnahmen nach Absatz 1 Nr. 2 nur zulässig, wenn auf Grund bestimmter Tatsachen anzunehmen ist, dass sie mit einem Beschuldigten in Verbindung stehen oder eine solche Verbindung hergestellt wird, die Maßnahme zur Erforschung des Sachverhalts oder zur Ermittlung des Aufenthaltsortes eines Beschuldigten führen wird und dies auf andere Weise aussichtslos oder wesentlich erschwert wäre.

(3) Die Maßnahmen dürfen auch durchgeführt werden, wenn Dritte unvermeidbar mitbetroffen werden.

(4) § 100d Absatz 1 und 2 gilt entsprechend.

§ 100i[2]) Technische Ermittlungsmaßnahmen bei Mobilfunkendgeräten.
(1) Begründen bestimmte Tatsachen den Verdacht, dass jemand als Täter oder Teilnehmer eine Straftat von auch im Einzelfall erheblicher Bedeutung, insbesondere eine in § 100a Abs. 2 bezeichnete Straftat, begangen hat, in Fällen, in denen der Versuch strafbar ist, zu begehen versucht hat oder durch eine Straftat vorbereitet hat, so dürfen durch technische Mittel
1. die Gerätenummer eines Mobilfunkendgerätes und die Kartennummer der darin verwendeten Karte sowie

---

[1]) § 100h neu gef. mWv 1.1.2008 durch G v. 21.12.2007 (BGBl. I S. 3198); Abs. 1 Satz 1 einl. Satzteil geänd., Abs. 4 angef. mWv 26.11.2019 durch G v. 20.11.2019 (BGBl. I S. 1724).
[2]) § 100i neu gef. mWv 1.1.2008 durch G v. 21.12.2007 (BGBl. I S. 3198); Abs. 3 geänd. mWv 24.8.2017 durch G v. 17.8.2017 (BGBl. I S. 3202).

2. der Standort eines Mobilfunkendgerätes

ermittelt werden, soweit dies für die Erforschung des Sachverhalts oder die Ermittlung des Aufenthaltsortes des Beschuldigten erforderlich ist.

(2) [1] Personenbezogene Daten Dritter dürfen anlässlich solcher Maßnahmen nur erhoben werden, wenn dies aus technischen Gründen zur Erreichung des Zwecks nach Absatz 1 unvermeidbar ist. [2] Über den Datenabgleich zur Ermittlung der gesuchten Geräte- und Kartennummer hinaus dürfen sie nicht verwendet werden und sind nach Beendigung der Maßnahme unverzüglich zu löschen.

(3) [1] § 100a Abs. 3 und § 100e Absatz 1 Satz 1 bis 3, Absatz 3 Satz 1 und Absatz 5 Satz 1 gelten entsprechend. [2] Die Anordnung ist auf höchstens sechs Monate zu befristen. [3] Eine Verlängerung um jeweils nicht mehr als sechs weitere Monate ist zulässig, soweit die in Absatz 1 bezeichneten Voraussetzungen fortbestehen.

§ 100j[1]) **Bestandsdatenauskunft.** (1) [1] Soweit dies für die Erforschung des Sachverhalts oder die Ermittlung des Aufenthaltsortes eines Beschuldigten erforderlich ist, darf Auskunft verlangt werden

1. über Bestandsdaten gemäß § 3 Nummer 6 des Telekommunikationsgesetzes und über die nach § 172 des Telekommunikationsgesetzes erhobenen Daten (§ 174 Absatz 1 Satz 1 des Telekommunikationsgesetzes) von demjenigen, der geschäftsmäßig Telekommunikationsdienste erbringt oder daran mitwirkt, und

2. über Bestandsdaten gemäß § 2 Absatz 2 Nummer 2 des Telekommunikation-Telemedien-Datenschutz-Gesetzes (§ 22 Absatz 1 Satz 1 des Telekommunikation-Telemedien-Datenschutz-Gesetzes) von demjenigen, der geschäftsmäßig eigene oder fremde Telemedien zur Nutzung bereithält oder den Zugang zur Nutzung vermittelt.

[2] Bezieht sich das Auskunftsverlangen nach Satz 1 Nummer 1 auf Daten, mittels derer der Zugriff auf Endgeräte oder auf Speichereinrichtungen, die in diesen Endgeräten oder hiervon räumlich getrennt eingesetzt werden, geschützt wird (§ 174 Absatz 1 Satz 2 des Telekommunikationsgesetzes), darf die Auskunft nur verlangt werden, wenn die gesetzlichen Voraussetzungen für die Nutzung der Daten vorliegen. [3] Bezieht sich das Auskunftsverlangen nach Satz 1 Nummer 2 auf als Bestandsdaten erhobene Passwörter oder andere Daten, mittels derer der Zugriff auf Endgeräte oder auf Speichereinrichtungen, die in diesen Endgeräten oder hiervon räumlich getrennt eingesetzt werden, geschützt wird (§ 23 des Telekommunikation-Telemedien-Datenschutz-Gesetzes), darf die Auskunft nur verlangt werden, wenn die gesetzlichen Voraussetzungen für ihre Nutzung zur Verfolgung einer besonders schweren Straftat nach § 100b Absatz 2 Nummer 1 Buchstabe a, c, e, f, g, h oder m, Nummer 3 Buchstabe b erste Alternative oder Nummer 5, 6, 9 oder 10 vorliegen.

---

[1]) § 100j eingef. mWv 1.7.2013 durch G v. 20.6.2013 (BGBl. I S. 1602); Abs. 2 geänd. mWv 18.12. 2015 durch G v. 10.12.2015 (BGBl. I S. 2218); Abs. 3 Satz 4 geänd. mWv 26.11.2019 durch G v. 20.11. 2019 (BGBl. I S. 1724); Abs. 1 Satz 2, Abs. 2 Satz 1, Abs. 5 Satz 1 geänd. mWv 1.7.2021 durch G v. 30.3. 2021 (BGBl. I S. 441, insoweit aufgeh. durch G v. 30.3.2021, BGBl. I S. 448); Abs. 1 Satz 1 neu gef., Satz 2 geänd., Satz 3 angef., Abs. 2 Satz 1 geänd., Satz 2 angef., Abs. 3 Sätze 1 und 4 geänd., Satz 2 neu gef., Abs. 4 Satz 1, Abs. 5 Satz 1 geänd. mWv 2.4.2021 durch G v. 30.3.2021 (BGBl. I S. 448, ber. S. 1380); Abs. 1 Satz 1 Nr. 1, Satz 2, Abs. 2 Satz 1 geänd. mWv 1.12.2021 durch G v. 23.6.2021 (BGBl. I S. 1858); Abs. 1 Satz 1 Nr. 2, Satz 2, Abs. 2 Satz 1 geänd. mWv 1.12.2021 durch G v. 23.6.2021 (BGBl. I S. 1982); Abs. 1 Satz 3 geänd. mWv 1.7.2021 durch G v. 25.6.2021 (BGBl. I S. 2099); Abs. 1 Satz 3 geänd. mWv 1.10.2021 durch G v. 12.8.2021 (BGBl. I S. 3544).

(2) ¹Die Auskunft nach Absatz 1 darf auch anhand einer zu einem bestimmten Zeitpunkt zugewiesenen Internetprotokoll-Adresse verlangt werden (§ 174 Absatz 1 Satz 3, § 177 Absatz 1 Nummer 3 des Telekommunikationsgesetzes und § 22 Absatz 1 Satz 3 und 4 des Telekommunikation-Telemedien-Datenschutz-Gesetzes). ²Das Vorliegen der Voraussetzungen für ein Auskunftsverlangen nach Satz 1 ist aktenkundig zu machen.

(3) ¹Auskunftsverlangen nach Absatz 1 Satz 2 und 3 dürfen nur auf Antrag der Staatsanwaltschaft durch das Gericht angeordnet werden. ²Im Fall von Auskunftsverlangen nach Absatz 1 Satz 2 kann die Anordnung bei Gefahr im Verzug auch durch die Staatsanwaltschaft oder ihre Ermittlungspersonen (§ 152 des Gerichtsverfassungsgesetzes[1]) getroffen werden. ³In diesem Fall ist die gerichtliche Entscheidung unverzüglich nachzuholen. ⁴Die Sätze 1 bis 3 finden bei Auskunftsverlangen nach Absatz 1 Satz 2 keine Anwendung, wenn die betroffene Person vom Auskunftsverlangen bereits Kenntnis hat oder haben muss oder wenn die Nutzung der Daten bereits durch eine gerichtliche Entscheidung gestattet wird. ⁵Das Vorliegen der Voraussetzungen nach Satz 4 ist aktenkundig zu machen.

(4) ¹Die betroffene Person ist in den Fällen des Absatzes 1 Satz 2 und 3 und des Absatzes 2 über die Beauskunftung zu benachrichtigen. ²Die Benachrichtigung erfolgt, soweit und sobald hierdurch der Zweck der Auskunft nicht vereitelt wird. ³Sie unterbleibt, wenn ihr überwiegende schutzwürdige Belange Dritter oder der betroffenen Person selbst entgegenstehen. ⁴Wird die Benachrichtigung nach Satz 2 zurückgestellt oder nach Satz 3 von ihr abgesehen, sind die Gründe aktenkundig zu machen.

(5) ¹Auf Grund eines Auskunftsverlangens nach Absatz 1 oder 2 hat derjenige, der geschäftsmäßig Telekommunikationsdienste oder Telemediendienste erbringt oder daran mitwirkt, die zur Auskunftserteilung erforderlichen Daten unverzüglich zu übermitteln. ² § 95 Absatz 2 gilt entsprechend.

§ 100k[2]) Erhebung von Nutzungsdaten bei Telemediendiensten.

(1) ¹Begründen bestimmte Tatsachen den Verdacht, dass jemand als Täter oder Teilnehmer eine Straftat von auch im Einzelfall erheblicher Bedeutung, insbesondere eine in § 100a Absatz 2 bezeichnete Straftat, begangen hat, in Fällen, in denen der Versuch strafbar ist, zu begehen versucht hat oder durch eine Straftat vorbereitet hat, dürfen von demjenigen, der geschäftsmäßig eigene oder fremde Telemedien zur Nutzung bereithält oder den Zugang zur Nutzung vermittelt, Nutzungsdaten (§ 2 Absatz 2 Nummer 3 des Telekommunikation-Telemedien-Datenschutz-Gesetzes) erhoben werden, soweit dies für die Erforschung des Sachverhalts erforderlich ist und die Erhebung der Daten in einem angemessenen Verhältnis zur Bedeutung der Sache steht. ²Die Erhebung gespeicherter (retrograder) Standortdaten ist nur unter den Voraussetzungen des § 100a Absatz 2 zulässig. ³Im Übrigen ist die Erhebung von Standortdaten nur für künftig anfallende Nutzungsdaten oder in Echtzeit zulässig, soweit sie für die Erforschung des Sachverhalts oder die Ermittlung des Aufenthaltsortes des Beschuldigten erforderlich ist.

(2) ¹Soweit die Straftat nicht von Absatz 1 erfasst wird, dürfen Nutzungsdaten auch dann erhoben werden, wenn bestimmte Tatsachen den Verdacht begründen, dass jemand als Täter oder Teilnehmer mittels Telemedien eine der folgenden

---

[1]) Nr. 95.
[2]) § 100k eingef. mWv 2.4.2021 durch G v. 30.3.2021 (BGBl. I S. 448, ber. S. 1380); Abs. 1 Satz 1, Abs. 3 geänd. mWv 1.12.2021 durch G v. 23.6.2021 (BGBl. I S. 1982).

8. Abschnitt. Ermittlungsmaßnahmen § 101 StPO

Straftaten begangen hat und die Erforschung des Sachverhalts auf andere Weise aussichtslos wäre:
1. aus dem Strafgesetzbuch[1])
   a) Verwenden von Kennzeichen verfassungswidriger Organisationen nach § 86a,
   b) Anleitung zur Begehung einer schweren staatsgefährdenden Gewalttat nach § 91,
   c) Öffentliche Aufforderung zu Straftaten nach § 111,
   d) Straftaten gegen die öffentliche Ordnung nach den §§ 126, 131 und 140,
   e) Beschimpfung von Bekenntnissen, Religionsgesellschaften und Weltanschauungsvereinigungen nach § 166,
   f) Verbreitung, Erwerb und Besitz kinderpornographischer Inhalte nach § 184b,
   g) Beleidigung, üble Nachrede und Verleumdung nach den §§ 185 bis 187 und Verunglimpfung des Andenkens Verstorbener nach § 189,
   h) Verletzungen des persönlichen Lebens- und Geheimbereichs nach den §§ 201a, 202a und 202c,
   i) Nachstellung nach § 238,
   j) Bedrohung nach § 241,
   k) Vorbereitung eines Computerbetruges nach § 263a Absatz 3,
   l) Datenveränderung und Computersabotage nach den §§ 303a und 303b Absatz 1,
2. aus dem Gesetz über Urheberrecht und verwandte Schutzrechte[2]) Straftaten nach den §§ 106 bis 108b,
3. aus dem Bundesdatenschutzgesetz[3]) nach § 42.

² Satz 1 gilt nicht für die Erhebung von Standortdaten.

(3) Abweichend von Absatz 1 und 2 darf die Staatsanwaltschaft ausschließlich zur Identifikation des Nutzers Auskunft über die nach § 2 Absatz 2 Nummer 3 Buchstabe a des Telekommunikation-Telemedien-Datenschutz-Gesetzes erhobenen Daten verlangen, wenn ihr der Inhalt der Nutzung des Telemediendienstes bereits bekannt ist.

(4) Die Erhebung von Nutzungsdaten nach Absatz 1 und 2 ist nur zulässig, wenn aufgrund von Tatsachen die Annahme gerechtfertigt ist, dass die betroffene Person den Telemediendienst nutzt, den derjenige, gegen den sich die Anordnung richtet, geschäftsmäßig zur Nutzung bereithält oder zu dem er den Zugang zur Nutzung vermittelt.

(5) Erfolgt die Erhebung von Nutzungsdaten oder Inhalten der Nutzung eines Telemediendienstes nicht bei einem Diensteanbieter, der geschäftsmäßig Telemedien zur Nutzung bereithält, bestimmt sie sich nach Abschluss des Kommunikationsvorgangs nach den allgemeinen Vorschriften.

§ 101[4]) **Verfahrensregelungen bei verdeckten Maßnahmen.** (1) Für Maßnahmen nach den §§ 98a, 99, 100a bis 100f, 100h, 100i, 110a, 163d bis 163g gelten, soweit nichts anderes bestimmt ist, die nachstehenden Regelungen.

---

[1]) Nr. 85.
[2]) Nr. 65.
[3]) **Sartorius Nr. 245.**
[4]) § 101 neu gef. mWv 1.1.2008 durch G v. 21.12.2007 (BGBl. I S. 3198); Abs. 4 Satz 1 Nr. 6 aufgeh., bish. Nr. 7–12 werden Nr. 6–11, Satz 4 geänd. mWv 18.12.2015 durch G v. 10.12.2015 (BGBl. I S. 2218); Abs. 2 Satz 1 geänd., Abs. 4 Satz 1 Nr. 4 eingef., bish. Nr. 4–11 werden Nr. 5–12, Abs. 6 Satz 5 geänd.

(2) ¹Entscheidungen und sonstige Unterlagen über Maßnahmen nach den §§ 100b, 100c, 100f, 100h Abs. 1 Nr. 2 und § 110a werden bei der Staatsanwaltschaft verwahrt. ²Zu den Akten sind sie erst zu nehmen, wenn die Voraussetzungen für eine Benachrichtigung nach Absatz 5 erfüllt sind.

(3) ¹Personenbezogene Daten, die durch Maßnahmen nach Absatz 1 erhoben wurden, sind entsprechend zu kennzeichnen. ²Nach einer Übermittlung an eine andere Stelle ist die Kennzeichnung durch diese aufrechtzuerhalten.

(4) ¹Von den in Absatz 1 genannten Maßnahmen sind im Falle
1. des § 98a die betroffenen Personen, gegen die nach Auswertung der Daten weitere Ermittlungen geführt wurden,
2. des § 99 der Absender und der Adressat der Postsendung,
3. des § 100a die Beteiligten der überwachten Telekommunikation,
4. des § 100b die Zielperson sowie die erheblich mitbetroffenen Personen,
5. des § 100c
   a) der Beschuldigte, gegen den sich die Maßnahme richtete,
   b) sonstige überwachte Personen,
   c) Personen, die die überwachte Wohnung zur Zeit der Durchführung der Maßnahme innehatten oder bewohnten,
6. des § 100f die Zielperson sowie die erheblich mitbetroffenen Personen,
7. des § 100h Abs. 1 die Zielperson sowie die erheblich mitbetroffenen Personen,
8. des § 100i die Zielperson,
9. des § 110a
   a) die Zielperson,
   b) die erheblich mitbetroffenen Personen,
   c) die Personen, deren nicht allgemein zugängliche Wohnung der Verdeckte Ermittler betreten hat,
10. des § 163d die betroffenen Personen, gegen die nach Auswertung der Daten weitere Ermittlungen geführt wurden,
11. des § 163e die Zielperson und die Person, deren personenbezogene Daten gemeldet worden sind,
12. des § 163f die Zielperson sowie die erheblich mitbetroffenen Personen,
13. des § 163g die Zielperson

zu benachrichtigen. ²Dabei ist auf die Möglichkeit nachträglichen Rechtsschutzes nach Absatz 7 und die dafür vorgesehene Frist hinzuweisen. ³Die Benachrichtigung unterbleibt, wenn ihr überwiegende schutzwürdige Belange einer betroffenen Person entgegenstehen. ⁴Zudem kann die Benachrichtigung einer in Satz 1 Nummer 2 und 3 bezeichneten Person, gegen die sich die Maßnahme nicht gerichtet hat, unterbleiben, wenn diese von der Maßnahme nur unerheblich betroffen wurde und anzunehmen ist, dass sie kein Interesse an einer Benachrichtigung hat. ⁵Nachforschungen zur Feststellung der Identität einer in Satz 1 bezeichneten Person sind nur vorzunehmen, wenn dies unter Berücksichtigung der Eingriffsintensität der Maßnahme gegenüber dieser Person, des Aufwands für

---

(Fortsetzung der Anm. von voriger Seite)
mWv 24.8.2017 durch G v. 17.8.2017 (BGBl. I S. 3202); Abs. 8 Satz 3 geänd. mWv 26.11.2019 durch G v. 20.11.2019 (BGBl. I S. 1724); Abs. 1 neu gef., Abs. 4 Satz 1 Nr. 12 geänd., Nr. 13 angef. mWv 1.7.2021 durch G v. 25.6.2021 (BGBl. I S. 2099).

8. Abschnitt. Ermittlungsmaßnahmen § 101a **StPO** 90

die Feststellung ihrer Identität sowie der daraus für diese oder andere Personen folgenden Beeinträchtigungen geboten ist.

(5) ¹Die Benachrichtigung erfolgt, sobald dies ohne Gefährdung des Untersuchungszwecks, des Lebens, der körperlichen Unversehrtheit und der persönlichen Freiheit einer Person und von bedeutenden Vermögenswerten, im Fall des § 110a auch der Möglichkeit der weiteren Verwendung des Verdeckten Ermittlers möglich ist. ²Wird die Benachrichtigung nach Satz 1 zurückgestellt, sind die Gründe aktenkundig zu machen.

(6) ¹Erfolgt die nach Absatz 5 zurückgestellte Benachrichtigung nicht binnen zwölf Monaten nach Beendigung der Maßnahme, bedürfen weitere Zurückstellungen der gerichtlichen Zustimmung. ²Das Gericht bestimmt die Dauer weiterer Zurückstellungen. ³Es kann dem endgültigen Absehen von der Benachrichtigung zustimmen, wenn die Voraussetzungen für eine Benachrichtigung mit an Sicherheit grenzender Wahrscheinlichkeit auch in Zukunft nicht eintreten werden. ⁴Sind mehrere Maßnahmen in einem engen zeitlichen Zusammenhang durchgeführt worden, so beginnt die in Satz 1 genannte Frist mit der Beendigung der letzten Maßnahme. ⁵Bei Maßnahmen nach den §§ 100b und 100c beträgt die in Satz 1 genannte Frist sechs Monate.

(7) ¹Gerichtliche Entscheidungen nach Absatz 6 trifft das für die Anordnung der Maßnahme zuständige Gericht, im Übrigen das Gericht am Sitz der zuständigen Staatsanwaltschaft. ²Die in Absatz 4 Satz 1 genannten Personen können bei dem nach Satz 1 zuständigen Gericht auch nach Beendigung der Maßnahme bis zu zwei Wochen nach ihrer Benachrichtigung die Überprüfung der Rechtmäßigkeit der Maßnahme sowie der Art und Weise ihres Vollzugs beantragen. ³Gegen die Entscheidung ist die sofortige Beschwerde statthaft. ⁴Ist die öffentliche Klage erhoben und der Angeklagte benachrichtigt worden, entscheidet über den Antrag das mit der Sache befasste Gericht in der das Verfahren abschließenden Entscheidung.

(8) ¹Sind die durch die Maßnahme erlangten personenbezogenen Daten zur Strafverfolgung und für eine etwaige gerichtliche Überprüfung der Maßnahme nicht mehr erforderlich, so sind sie unverzüglich zu löschen. ²Die Löschung ist aktenkundig zu machen. ³Soweit die Löschung lediglich für eine etwaige gerichtliche Überprüfung der Maßnahme zurückgestellt ist, dürfen die Daten ohne Einwilligung der betroffenen Personen nur zu diesem Zweck verwendet werden; ihre Verarbeitung ist entsprechend einzuschränken.

§ 101a[1]**) Gerichtliche Entscheidung; Datenkennzeichnung und -auswertung; Benachrichtigungspflichten bei Verkehrs- und Nutzungsdaten.**

(1) ¹Bei Erhebungen von Verkehrsdaten nach § 100g gelten § 100a Absatz 3 und 4 und § 100e entsprechend mit der Maßgabe, dass

1. in der Entscheidungsformel nach § 100e Absatz 3 Satz 2 auch die zu übermittelnden Daten und der Zeitraum, für den sie übermittelt werden sollen, eindeutig anzugeben sind,

---

[1]) § 101a eingef. mWv 18.12.2015 durch G v. 10.12.2015 (BGBl. I S. 2218); Abs. 1 Satz 1 einl. Satzteil, Nr. 1, 2, Sätze 2 und 3 geänd. mWv 24.8.2017 durch G v. 17.8.2017 (BGBl. I S. 3202); Abs. 1 Satz 1 einl. Satzteil, Abs. 6 Satz 1 geänd. mWv 1.7.2021 durch G v. 30.3.2021 (BGBl. I S. 441, insoweit aufgeh. durch G v. 30.3.2021, BGBl. I S. 448); Überschrift neu gef., Abs. 1a eingef., Abs. 2, 3 Satz 1 und Abs. 6 Satz 1 geänd., Abs. 7 angef. mWv 2.4.2021 durch G v. 30.3.2021 (BGBl. I S. 448, ber. S. 1380); Abs. 1 Satz 1 Nr. 2, Abs. 3 Satz 2, Abs. 4 Satz 1 Nr. 2, Abs. 5 geänd. mWv 1.12.2021 durch G v. 23.6.2021 (BGBl. I S. 1858); Abs. 4 Satz 1 einl. Satzteil, Nr. 1 geänd. mWv 1.7.2021 durch G v. 25.6.2021 (BGBl. I S. 2099).

2. der nach § 100a Absatz 4 Satz 1 zur Auskunft Verpflichtete auch mitzuteilen hat, welche der von ihm übermittelten Daten nach § 176 des Telekommunikationsgesetzes gespeichert wurden.

[2] In den Fällen des § 100g Absatz 2, auch in Verbindung mit § 100g Absatz 3 Satz 2, findet abweichend von Satz 1 § 100e Absatz 1 Satz 2 keine Anwendung. [3] Bei Funkzellenabfragen nach § 100g Absatz 3 genügt abweichend von § 100e Absatz 3 Satz 2 Nummer 5 eine räumlich und zeitlich eng begrenzte und hinreichend bestimmte Bezeichnung der Telekommunikation.

(1a) Bei der Erhebung und Beauskunftung von Nutzungsdaten eines Telemediendienstes nach § 100k gilt § 100a Absatz 3 und 4, bei der Erhebung von Nutzungsdaten nach § 100k Absatz 1 und 2 zudem § 100e Absatz 1 und 3 bis 5 entsprechend mit der Maßgabe, dass in der Entscheidungsformel nach § 100e Absatz 3 Satz 2 an die Stelle der Rufnummer (§ 100e Absatz 3 Satz 2 Nummer 5), soweit möglich eine eindeutige Kennung des Nutzerkontos des Betroffenen, ansonsten eine möglichst genaue Bezeichnung des Telemediendienstes tritt, auf den sich das Auskunftsverlangen bezieht.

(2) Wird eine Maßnahme nach § 100g oder § 100k Absatz 1 oder Absatz 2 angeordnet oder verlängert, sind in der Begründung einzelfallbezogen insbesondere die wesentlichen Erwägungen zur Erforderlichkeit und Angemessenheit der Maßnahme, auch hinsichtlich des Umfangs der zu erhebenden Daten und des Zeitraums, für den sie erhoben werden sollen, darzulegen.

(3) [1] Personenbezogene Daten, die durch Maßnahmen nach § 100g oder § 100k Absatz 1 oder Absatz 2 erhoben wurden, sind entsprechend zu kennzeichnen und unverzüglich auszuwerten. [2] Bei der Kennzeichnung ist erkennbar zu machen, ob es sich um Daten handelt, die nach § 176 des Telekommunikationsgesetzes gespeichert waren. [3] Nach der Übermittlung an eine andere Stelle ist die Kennzeichnung durch diese aufrechtzuerhalten. [4] Für die Löschung personenbezogener Daten gilt § 101 Absatz 8 entsprechend.

(4) [1] Verwertbare personenbezogene Daten, die durch Maßnahmen nach § 100g Absatz 2, auch in Verbindung mit § 100g Absatz 1 Satz 3 oder Absatz 3 Satz 2, erhoben wurden, dürfen ohne Einwilligung der Beteiligten der betroffenen Telekommunikation nur für folgende andere Zwecke und nur nach folgenden Maßgaben verwendet werden:

1. in anderen Strafverfahren zur Aufklärung einer Straftat, auf Grund derer eine Maßnahme nach § 100g Absatz 2, auch in Verbindung mit § 100g Absatz 1 Satz 3 oder Absatz 3 Satz 2, angeordnet werden könnte, oder zur Ermittlung des Aufenthalts der einer solchen Straftat beschuldigten Person;
2. Übermittlung zu Zwecken der Abwehr von konkreten Gefahren für Leib, Leben oder Freiheit einer Person oder für den Bestand des Bundes oder eines Landes (§ 177 Absatz 1 Nummer 2 des Telekommunikationsgesetzes).

[2] Die Stelle, die die Daten weiterleitet, macht die Weiterleitung und deren Zweck aktenkundig. [3] Sind die Daten nach Satz 1 Nummer 2 nicht mehr zur Abwehr der Gefahr oder nicht mehr für eine vorgerichtliche oder gerichtliche Überprüfung der zur Gefahrenabwehr getroffenen Maßnahmen erforderlich, so sind Aufzeichnungen über diese Daten von der für die Gefahrenabwehr zuständigen Stelle unverzüglich zu löschen. [4] Die Löschung ist aktenkundig zu machen. [5] Soweit die Löschung lediglich für eine etwaige vorgerichtliche oder gerichtliche Überprüfung zurückgestellt ist, dürfen die Daten nur für diesen Zweck verwendet werden; für eine Verwendung zu anderen Zwecken sind sie zu sperren.

8. Abschnitt. Ermittlungsmaßnahmen § 101b StPO 90

(5) Sind verwertbare personenbezogene Daten, die nach § 176 des Telekommunikationsgesetzes gespeichert waren, durch eine entsprechende polizeirechtliche Maßnahme erlangt worden, dürfen sie in einem Strafverfahren ohne Einwilligung der Beteiligten der betroffenen Telekommunikation nur zur Aufklärung einer Straftat, auf Grund derer eine Maßnahme nach § 100g Absatz 2, auch in Verbindung mit Absatz 3 Satz 2, angeordnet werden könnte, oder zur Ermittlung des Aufenthalts der einer solchen Straftat beschuldigten Person verwendet werden.

(6) [1] Die Beteiligten der betroffenen Telekommunikation und die betroffenen Nutzer des Telemediendienstes sind von der Erhebung der Verkehrsdaten nach § 100g oder der Nutzungsdaten nach § 100k Absatz 1 und 2 zu benachrichtigen. [2] § 101 Absatz 4 Satz 2 bis 5 und Absatz 5 bis 7 gilt entsprechend mit der Maßgabe, dass
1. das Unterbleiben der Benachrichtigung nach § 101 Absatz 4 Satz 3 der Anordnung des zuständigen Gerichts bedarf;
2. abweichend von § 101 Absatz 6 Satz 1 die Zurückstellung der Benachrichtigung nach § 101 Absatz 5 Satz 1 stets der Anordnung des zuständigen Gerichts bedarf und eine erstmalige Zurückstellung auf höchstens zwölf Monate zu befristen ist.

(7) [1] Die betroffene Person ist in den Fällen des § 100k Absatz 3 über die Beauskunftung zu benachrichtigen. [2] Die Benachrichtigung erfolgt, sobald hierdurch der Zweck der Beauskunftung nicht vereitelt wird. [3] Sie unterbleibt, wenn ihr überwiegende schutzwürdige Belange Dritter oder der betroffenen Person selbst entgegenstehen. [4] Wird die Benachrichtigung nach Satz 2 zurückgestellt oder nach Satz 3 von ihr abgesehen, sind die Gründe aktenkundig zu machen.

§ 101b[1)][2)] **Statistische Erfassung; Berichtspflichten.** (1) [1] Die Länder und der Generalbundesanwalt berichten dem Bundesamt für Justiz kalenderjährlich jeweils bis zum 30. Juni den Berichtsjahr folgenden Jahres über in ihrem Zuständigkeitsbereich angeordnete Maßnahmen nach den §§ 100a, 100b, 100c, 100g und 100k Absatz 1 und 2. [2] Das Bundesamt für Justiz erstellt eine Übersicht zu den im Berichtsjahr bundesweit angeordneten Maßnahmen und veröffentlicht diese im Internet. [3] Über die im jeweils vorangegangenen Kalenderjahr nach § 100c angeordneten Maßnahmen berichtet die Bundesregierung dem Deutschen Bundestag vor der Veröffentlichung im Internet.

(2) In den Übersichten über Maßnahmen nach § 100a sind anzugeben:
1. die Anzahl der Verfahren, in denen Maßnahmen nach § 100a Absatz 1 angeordnet worden sind;
2. die Anzahl der Überwachungsanordnungen nach § 100a Absatz 1, unterschieden nach Erst- und Verlängerungsanordnungen;
3. die jeweils zugrunde liegende Anlassstraftat nach der Unterteilung in § 100a Absatz 2;
4. die Anzahl der Verfahren, in denen ein Eingriff in ein von dem Betroffenen genutztes informationstechnisches System nach § 100a Absatz 1 Satz 2 und 3
   a) im richterlichen Beschluss angeordnet wurde und

[1)] § 101b neu gef. mWv 24.8.2017 durch G v. 17.8.2017 (BGBl. I S. 3202); Abs. 4 Nr. 8 geänd. mWv 26.11.2019 durch G v. 20.11.2019 (BGBl. I S. 1724); Abs. 5 Nr. 2 einl. Satzteil geänd. mWv 1.7.2021 durch G v. 30.3.2021 (BGBl. I S. 441, insoweit aufgeh. durch G v. 30.3.2021, BGBl. I S. 448); Abs. 1 Satz 1 geänd., Abs. 6 angef. mWv 2.4.2021 durch G v. 30.3.2021 (BGBl. I S. 448, ber. S. 1380).
[2)] Beachte hierzu Übergangsvorschriften in §§ 16 und 18 EGStPO (Nr. **90a**).

b) tatsächlich durchgeführt wurde.

(3) In den Übersichten über Maßnahmen nach § 100b sind anzugeben:
1. die Anzahl der Verfahren, in denen Maßnahmen nach § 100b Absatz 1 angeordnet worden sind;
2. die Anzahl der Überwachungsanordnungen nach § 100b Absatz 1, unterschieden nach Erst- und Verlängerungsanordnungen;
3. die jeweils zugrunde liegende Anlassstraftat nach Maßgabe der Unterteilung in § 100b Absatz 2;
4. die Anzahl der Verfahren, in denen ein Eingriff in ein vom Betroffenen genutztes informationstechnisches System tatsächlich durchgeführt wurde.

(4) In den Berichten über Maßnahmen nach § 100c sind anzugeben:
1. die Anzahl der Verfahren, in denen Maßnahmen nach § 100c Absatz 1 angeordnet worden sind;
2. die jeweils zugrunde liegende Anlassstraftat nach Maßgabe der Unterteilung in § 100b Absatz 2;
3. ob das Verfahren einen Bezug zur Verfolgung organisierter Kriminalität aufweist;
4. die Anzahl der überwachten Objekte je Verfahren nach Privatwohnungen und sonstigen Wohnungen sowie nach Wohnungen des Beschuldigten und Wohnungen dritter Personen;
5. die Anzahl der überwachten Personen je Verfahren nach Beschuldigten und nichtbeschuldigten Personen;
6. die Dauer der einzelnen Überwachung nach Dauer der Anordnung, Dauer der Verlängerung und Abhördauer;
7. wie häufig eine Maßnahme nach § 100d Absatz 4, § 100e Absatz 5 unterbrochen oder abgebrochen worden ist;
8. ob eine Benachrichtigung der betroffenen Personen (§ 101 Absatz 4 bis 6) erfolgt ist oder aus welchen Gründen von einer Benachrichtigung abgesehen worden ist;
9. ob die Überwachung Ergebnisse erbracht hat, die für das Verfahren relevant sind oder voraussichtlich relevant sein werden;
10. ob die Überwachung Ergebnisse erbracht hat, die für andere Strafverfahren relevant sind oder voraussichtlich relevant sein werden;
11. wenn die Überwachung keine relevanten Ergebnisse erbracht hat: die Gründe hierfür, differenziert nach technischen Gründen und sonstigen Gründen;
12. die Kosten der Maßnahme, differenziert nach Kosten für Übersetzungsdienste und sonstigen Kosten.

(5) In den Übersichten über Maßnahmen nach § 100g sind anzugeben:
1. unterschieden nach Maßnahmen nach § 100g Absatz 1, 2 und 3
   a) die Anzahl der Verfahren, in denen diese Maßnahmen durchgeführt wurden;
   b) die Anzahl der Erstanordnungen, mit denen diese Maßnahmen angeordnet wurden;
   c) die Anzahl der Verlängerungsanordnungen, mit denen diese Maßnahmen angeordnet wurden;
2. untergliedert nach der Anzahl der zurückliegenden Wochen, für die die Erhebung von Verkehrsdaten angeordnet wurde, jeweils bemessen ab dem Zeitpunkt der Anordnung

a) die Anzahl der Anordnungen nach § 100g Absatz 1;
b) die Anzahl der Anordnungen nach § 100g Absatz 2;
c) die Anzahl der Anordnungen nach § 100g Absatz 3;
d) die Anzahl der Anordnungen, die teilweise ergebnislos geblieben sind, weil die abgefragten Daten teilweise nicht verfügbar waren;
e) die Anzahl der Anordnungen, die ergebnislos geblieben sind, weil keine Daten verfügbar waren.

(6) In den Übersichten über Maßnahmen nach § 100k sind jeweils unterschieden nach Maßnahmen nach den Absätzen 1 und 2 anzugeben:
1. die Anzahl der Verfahren, in denen Maßnahmen angeordnet worden sind;
2. die Anzahl der Anordnungen, unterschieden nach Erst- und Verlängerungsanordnungen;
3. untergliedert nach der Anzahl der zurückliegenden Wochen, für die die Erhebung von Nutzungsdaten angeordnet wurde, jeweils bemessen ab dem Zeitpunkt der Anordnung

a) die Anzahl der Anordnungen, die teilweise ergebnislos geblieben sind, weil die abgefragten Daten teilweise nicht verfügbar waren;
b) die Anzahl der Anordnungen, die ergebnislos geblieben sind, weil keine Daten verfügbar waren.

§ 102[1] **Durchsuchung bei Beschuldigten.** Bei dem, welcher als Täter oder Teilnehmer einer Straftat oder der Datenhehlerei, Begünstigung, Strafvereitelung oder Hehlerei verdächtig ist, kann eine Durchsuchung der Wohnung und anderer Räume sowie seiner Person und der ihm gehörenden Sachen sowohl zum Zweck seiner Ergreifung als auch dann vorgenommen werden, wenn zu vermuten ist, daß die Durchsuchung zur Auffindung von Beweismitteln führen werde.

§ 103[2] **Durchsuchung bei anderen Personen.** (1) ¹Bei anderen Personen sind Durchsuchungen nur zur Ergreifung des Beschuldigten oder zur Verfolgung von Spuren einer Straftat oder zur Beschlagnahme bestimmter Gegenstände und nur dann zulässig, wenn Tatsachen vorliegen, aus denen zu schließen ist, daß die gesuchte Person, Spur oder Sache sich in den zu durchsuchenden Räumen befindet. ²Zum Zwecke der Ergreifung eines Beschuldigten, der dringend verdächtig ist, eine Straftat nach § 89a oder § 89c Absatz 1 bis 4 des Strafgesetzbuchs[3] oder nach § 129a, auch in Verbindung mit § 129b Abs. 1, die Strafgesetzbuches oder eine der in dieser Vorschrift bezeichneten Straftaten begangen zu haben, ist eine Durchsuchung von Wohnungen und anderen Räumen auch zulässig, wenn diese sich in einem Gebäude befinden, von dem auf Grund von Tatsachen anzunehmen ist, daß sich der Beschuldigte in ihm aufhält.

(2) Die Beschränkungen des Absatzes 1 Satz 1 gelten nicht für Räume, in denen der Beschuldigte ergriffen worden ist oder die er während der Verfolgung betreten hat.

---

[1] § 102 geänd. mWv 18.12.2015 durch G v. 10.12.2015 (BGBl. I S. 2218).
[2] § 103 Abs. 1 Satz 2 geänd. mWv 30.8.2002 durch G v. 22.8.2002 (BGBl. I S. 3390); Abs. 1 Satz 2 geänd. mWv 4.8.2009 durch G v. 30.7.2009 (BGBl. I S. 2437); Abs. 1 Satz 2 geänd. mWv 20.6.2015 durch G v. 12.6.2015 (BGBl. I S. 926).
[3] Nr. 85.

§ 104[1] **Durchsuchung von Räumen zur Nachtzeit.** (1) Zur Nachtzeit dürfen die Wohnung, die Geschäftsräume und das befriedete Besitztum nur in folgenden Fällen durchsucht werden:
1. bei Verfolgung auf frischer Tat,
2. bei Gefahr im Verzug,
3. wenn bestimmte Tatsachen den Verdacht begründen, dass während der Durchsuchung auf ein elektronisches Speichermedium zugegriffen werden wird, das als Beweismittel in Betracht kommt, und ohne die Durchsuchung zur Nachtzeit die Auswertung des elektronischen Speichermediums, insbesondere in unverschlüsselter Form, aussichtslos oder wesentlich erschwert wäre oder
4. zur Wiederergreifung eines entwichenen Gefangenen.

(2) Diese Beschränkung gilt nicht für Räume, die zur Nachtzeit jedermann zugänglich oder die der Polizei als Herbergen oder Versammlungsorte bestrafter Personen, als Niederlagen von Sachen, die mittels Straftaten erlangt sind, oder als Schlupfwinkel des Glücksspiels, des unerlaubten Betäubungsmittel- und Waffenhandels oder der Prostitution bekannt sind.

(3) Die Nachtzeit umfasst den Zeitraum von 21 bis 6 Uhr.

§ 105[2] **Verfahren bei der Durchsuchung.** (1) [1] Durchsuchungen dürfen nur durch den Richter, bei Gefahr im Verzug auch durch die Staatsanwaltschaft und ihre Ermittlungspersonen (§ 152 des Gerichtsverfassungsgesetzes[3]) angeordnet werden. [2] Durchsuchungen nach § 103 Abs. 1 Satz 2 ordnet der Richter an; die Staatsanwaltschaft ist hierzu befugt, wenn Gefahr im Verzug ist.

(2) [1] Wenn eine Durchsuchung der Wohnung, der Geschäftsräume oder des befriedeten Besitztums ohne Beisein des Richters oder des Staatsanwalts stattfindet, so sind, wenn möglich, ein Gemeindebeamter oder zwei Mitglieder der Gemeinde, in deren Bezirk die Durchsuchung erfolgt, zuzuziehen. [2] Die als Gemeindemitglieder zugezogenen Personen dürfen nicht Polizeibeamte oder Ermittlungspersonen der Staatsanwaltschaft sein.

(3) [1] Wird eine Durchsuchung in einem Dienstgebäude oder einer nicht allgemein zugänglichen Einrichtung oder Anlage der Bundeswehr erforderlich, so wird die vorgesetzte Dienststelle der Bundeswehr um ihre Durchführung ersucht. [2] Die ersuchende Stelle ist zur Mitwirkung berechtigt. [3] Des Ersuchens bedarf es nicht, wenn die Durchsuchung von Räumen vorzunehmen ist, die ausschließlich von anderen Personen als Soldaten bewohnt werden.

§ 106 **Hinzuziehung des Inhabers eines Durchsuchungsobjekts.**
(1) [1] Der Inhaber der zu durchsuchenden Räume oder Gegenstände darf der Durchsuchung beiwohnen. [2] Ist er abwesend, so ist, wenn möglich, sein Vertreter oder ein erwachsener Angehöriger, Hausgenosse oder Nachbar zuzuziehen.

(2) [1] Dem Inhaber oder der in dessen Abwesenheit zugezogenen Person ist in den Fällen des § 103 Abs. 1 der Zweck der Durchsuchung vor deren Beginn bekanntzumachen. [2] Diese Vorschrift gilt nicht für die Inhaber der in § 104 Abs. 2 bezeichneten Räume.

---

[1] § 104 Abs. 1 und 3 neu gef. mWv 1.7.2021 durch G v. 25.6.2021 (BGBl. I S. 2099).
[2] § 105 Abs. 1 Satz 1 und Abs. 2 Satz 2 geänd. mWv 1.9.2004 durch G v. 24.8.2004 (BGBl. I S. 2198).
[3] Nr. 185.

8. Abschnitt. Ermittlungsmaßnahmen §§ 107–110 StPO

§ 107 Durchsuchungsbescheinigung; Beschlagnahmeverzeichnis. [1]Dem von der Durchsuchung Betroffenen ist nach deren Beendigung auf Verlangen eine schriftliche Mitteilung zu machen, die den Grund der Durchsuchung (§§ 102, 103) sowie im Falle des § 102 die Straftat bezeichnen muß. [2]Auch ist ihm auf Verlangen ein Verzeichnis der in Verwahrung oder in Beschlag genommenen Gegenstände, falls aber nichts Verdächtiges gefunden wird, eine Bescheinigung hierüber zu geben.

§ 108[1] Beschlagnahme anderer Gegenstände. (1) [1]Werden bei Gelegenheit einer Durchsuchung Gegenstände gefunden, die zwar in keiner Beziehung zu der Untersuchung stehen, aber auf die Verübung einer anderen Straftat hindeuten, so sind sie einstweilen in Beschlag zu nehmen. [2]Der Staatsanwaltschaft ist hiervon Kenntnis zu geben. [3]Satz 1 findet keine Anwendung, soweit eine Durchsuchung nach § 103 Abs. 1 Satz 2 stattfindet.

(2) Werden bei einem Arzt Gegenstände im Sinne von Absatz 1 Satz 1 gefunden, die den Schwangerschaftsabbruch einer Patientin betreffen, ist ihre Verwertung zu Beweiszwecken in einem Strafverfahren gegen die Patientin wegen einer Straftat nach § 218 des Strafgesetzbuches[2] unzulässig.

(3) Werden bei einer in § 53 Abs. 1 Satz 1 Nr. 5 genannten Person Gegenstände im Sinne von Absatz 1 Satz 1 gefunden, auf die sich das Zeugnisverweigerungsrecht der genannten Person erstreckt, ist die Verwertung des Gegenstandes zu Beweiszwecken in einem Strafverfahren nur insoweit zulässig, als Gegenstand dieses Strafverfahrens eine Straftat ist, die im Höchstmaß mit mindestens fünf Jahren Freiheitsstrafe bedroht ist und bei der es sich nicht um eine Straftat nach § 353b des Strafgesetzbuches handelt.

§ 109 Kenntlichmachung beschlagnahmter Gegenstände. Die in Verwahrung oder in Beschlag genommenen Gegenstände sind genau zu verzeichnen und zur Verhütung von Verwechslungen durch amtliche Siegel oder in sonst geeigneter Weise kenntlich zu machen.

§ 110[3] Durchsicht von Papieren und elektronischen Speichermedien.

(1) Die Durchsicht der Papiere des von der Durchsuchung Betroffenen steht der Staatsanwaltschaft und auf deren Anordnung ihren Ermittlungspersonen (§ 152 des Gerichtsverfassungsgesetzes[4]) zu.

(2) [1]Im Übrigen sind Beamte zur Durchsicht der aufgefundenen Papiere nur dann befugt, wenn der Inhaber die Durchsicht genehmigt. [2]Andernfalls haben sie die Papiere, deren Durchsicht sie für geboten erachten, in einem Umschlag, der in Gegenwart des Inhabers mit dem Amtssiegel zu verschließen ist, an die Staatsanwaltschaft abzuliefern.

(3) [1]Nach Maßgabe der Absätze 1 und 2 ist auch die Durchsicht von elektronischen Speichermedien bei dem von der Durchsuchung Betroffenen zulässig. [2]Diese Durchsicht darf auch auf hiervon räumlich getrennte Speichermedien erstreckt werden, soweit auf sie von dem elektronischen Speichermedium aus

---

[1] § 108 Abs. 2 angef. durch G v. 27.7.1992 (BGBl. I S. 1398); Abs. 2 geänd., Abs. 3 angef. mWv 1.1.2008 durch G v. 21.12.2007 (BGBl. I S. 3198).
[2] Nr. 85.
[3] § 110 Abs. 1 und Abs. 2 Satz 1 geänd., Abs. 3 aufgeh. mWv 1.9.2004 durch G v. 24.8.2004 (BGBl. I S. 2198); Abs. 3 angef. mWv 1.1.2008 durch G v. 21.12.2007 (BGBl. I S. 3198); Abs. 3 neu gef., Abs. 4 angef. mWv 1.7.2021 durch G v. 25.6.2021 (BGBl. I S. 2099).
[4] Nr. 95.

zugegriffen werden kann, wenn andernfalls der Verlust der gesuchten Daten zu befürchten ist. ³Daten, die für die Untersuchung von Bedeutung sein können, dürfen gesichert werden.

(4) Werden Papiere zur Durchsicht mitgenommen oder Daten vorläufig gesichert, gelten die §§ 95a und 98 Absatz 2 entsprechend.

§ 110a[1]**) Verdeckter Ermittler.** (1) ¹Verdeckte Ermittler dürfen zur Aufklärung von Straftaten eingesetzt werden, wenn zureichende tatsächliche Anhaltspunkte dafür vorliegen, daß eine Straftat von erheblicher Bedeutung
1. auf dem Gebiet des unerlaubten Betäubungsmittel- oder Waffenverkehrs, der Geld- oder Wertzeichenfälschung,
2. auf dem Gebiet des Staatsschutzes (§§ 74a, 120 des Gerichtsverfassungsgesetzes[2])),
3. gewerbs- oder gewohnheitsmäßig oder
4. von einem Bandenmitglied oder in anderer Weise organisiert

begangen worden ist. ²Zur Aufklärung von Verbrechen dürfen Verdeckte Ermittler auch eingesetzt werden, soweit auf Grund bestimmter Tatsachen die Gefahr der Wiederholung besteht. ³Der Einsatz ist nur zulässig, soweit die Aufklärung auf andere Weise aussichtslos oder wesentlich erschwert wäre. ⁴Zur Aufklärung von Verbrechen dürfen Verdeckte Ermittler außerdem eingesetzt werden, wenn die besondere Bedeutung der Tat den Einsatz gebietet und andere Maßnahmen aussichtslos wären. ⁵§ 100d Absatz 1 und 2 gilt entsprechend.

(2) ¹Verdeckte Ermittler sind Beamte des Polizeidienstes, die unter einer ihnen verliehenen, auf Dauer angelegten, veränderten Identität (Legende) ermitteln. ²Sie dürfen unter der Legende am Rechtsverkehr teilnehmen.

(3) Soweit es für den Aufbau oder die Aufrechterhaltung der Legende unerläßlich ist, dürfen entsprechende Urkunden hergestellt, verändert und gebraucht werden.

§ 110b[3]) **Verfahren beim Einsatz eines Verdeckten Ermittlers.** (1) ¹Der Einsatz eines Verdeckten Ermittlers ist erst nach Zustimmung der Staatsanwaltschaft zulässig. ²Besteht Gefahr im Verzug und kann die Entscheidung der Staatsanwaltschaft nicht rechtzeitig eingeholt werden, so ist sie unverzüglich herbeizuführen; die Maßnahme ist zu beenden, wenn nicht die Staatsanwaltschaft binnen drei Werktagen zustimmt. ³Die Zustimmung ist schriftlich zu erteilen und zu befristen. ⁴Eine Verlängerung ist zulässig, solange die Voraussetzungen für den Einsatz fortbestehen.

(2) ¹Einsätze,
1. die sich gegen einen bestimmten Beschuldigten richten oder
2. bei denen der Verdeckte Ermittler eine Wohnung betritt, die nicht allgemein zugänglich ist,

bedürfen der Zustimmung des Gerichts. ²Bei Gefahr im Verzug genügt die Zustimmung der Staatsanwaltschaft. ³Kann die Entscheidung der Staatsanwaltschaft nicht rechtzeitig eingeholt werden, so ist sie unverzüglich herbeizuführen.

---

[1]) § 110a eingef. durch G v. 15.7.1992 (BGBl. I S. 1302); Abs. 1 Satz 5 angef. mWv 26.11.2019 durch G v. 20.11.2019 (BGBl. I S. 1724).
[2]) Nr. **95**.
[3]) § 110b eingef. durch G v. 15.7.1992 (BGBl. I S. 1302); Abs. 1 Satz 2, Abs. 2 Sätze 1 und 4, Abs. 3 Satz 2 geänd. mWv 1.1.2008 durch G v. 21.12.2007 (BGBl. I S. 3198).

8. Abschnitt. Ermittlungsmaßnahmen §§ 110c–111 **StPO** 90

⁴ Die Maßnahme ist zu beenden, wenn nicht das Gericht binnen drei Werktagen zustimmt. ⁵ Absatz 1 Satz 3 und 4 gilt entsprechend.

(3) ¹ Die Identität des Verdeckten Ermittlers kann auch nach Beendigung des Einsatzes geheimgehalten werden. ² Die Staatsanwaltschaft und das Gericht, die für die Entscheidung über die Zustimmung zu dem Einsatz zuständig sind, können verlangen, daß die Identität ihnen gegenüber offenbart wird. ³ Im übrigen ist in einem Strafverfahren die Geheimhaltung der Identität nach Maßgabe des § 96 zulässig, insbesondere dann, wenn Anlaß zu der Besorgnis besteht, daß die Offenbarung Leben, Leib oder Freiheit des Verdeckten Ermittlers oder einer anderen Person oder die Möglichkeit der weiteren Verwendung des Verdeckten Ermittlers gefährden würde.

§ 110c[1]) **Befugnisse des Verdeckten Ermittlers.** ¹ Verdeckte Ermittler dürfen unter Verwendung ihrer Legende eine Wohnung mit dem Einverständnis des Berechtigten betreten. ² Das Einverständnis darf nicht durch ein über die Nutzung der Legende hinausgehendes Vortäuschen eines Zutrittsrechts herbeigeführt werden. ³ Im übrigen richten sich die Befugnisse des Verdeckten Ermittlers nach diesem Gesetz und anderen Rechtsvorschriften.

§ 110d[2]) **Besonderes Verfahren bei Einsätzen zur Ermittlung von Straftaten nach den §§ 176e und 184b des Strafgesetzbuches.** ¹ Einsätze, bei denen entsprechend § 176e Absatz 5 oder § 184b Absatz 6 des Strafgesetzbuches[3]) Handlungen im Sinne des § 176e Absatz 1 oder *§ 184 Absatz 1 Nummer 1, 2 und 4*[4]) des Strafgesetzbuches vorgenommen werden, bedürfen der Zustimmung des Gerichts. ² In dem Antrag ist darzulegen, dass die handelnden Polizeibeamten auf den Einsatz umfassend vorbereitet wurden. ³ Bei Gefahr im Verzug genügt die Zustimmung der Staatsanwaltschaft. ⁴ Die Maßnahme ist zu beenden, wenn nicht das Gericht binnen drei Werktagen zustimmt. ⁵ Die Zustimmung ist schriftlich zu erteilen und zu befristen. ⁶ Eine Verlängerung ist zulässig, solange die Voraussetzungen für den Einsatz fortbestehen.

§ 110e[5]) *(aufgehoben)*

§ 111[6]) **Errichtung von Kontrollstellen an öffentlich zugänglichen Orten.**

(1) ¹ Begründen bestimmte Tatsachen den Verdacht, daß eine Straftat nach § 89a oder § 89c Absatz 1 bis 4 des Strafgesetzbuchs[3]) oder nach § 129a, auch in Verbindung mit § 129b Abs. 1, des Strafgesetzbuches, eine der in dieser Vorschrift bezeichneten Straftaten oder eine Straftat nach § 250 Abs. 1 Nr. 1 des Strafgesetzbuches begangen worden ist, so können auf öffentlichen Straßen und Plätzen und an anderen öffentlich zugänglichen Orten Kontrollstellen eingerichtet werden, wenn Tatsachen die Annahme rechtfertigen, daß diese Maßnahme zur Ergreifung des Täters oder zur Sicherstellung von Beweismitteln führen kann, die der Auf-

---

[1]) § 110c eingef. durch G v. 15.7.1992 (BGBl. I S. 1302).
[2]) § 110d eingef. mWv 13.3.2020 durch G v. 3.3.2020 (BGBl. I S. 431); Satz 1 geänd. mWv 1.7.2021 durch G v. 16.6.2021 (BGBl. I S. 1810); Überschrift und Satz 1 neu gef. mWv 22.9.2021 durch G v. 14.9.2021 (BGBl. I S. 4250).
[3]) Nr. 85.
[4]) Richtig wohl: „§ 184b Absatz 1 Satz 1 Nummer 1, 2 und 4 und Satz 2", vgl. die Überschrift des § 110d StPO und die amtl. Begründung in BT-Drs. 19/31115 S. 16.
[5]) § 110e aufgeh. mWv 1.1.2008 durch G v. 21.12.2007 (BGBl. I S. 3198).
[6]) § 111 Abs. 1 Satz 1 geänd. mWv 30.8.2002 durch G v. 22.8.2002 (BGBl. I S. 3390); Abs. 2 geänd. mWv 1.9.2004 durch G v. 24.8.2004 (BGBl. I S. 2198); Abs. 1 Satz 1 geänd. mWv 4.8.2009 durch G v. 30.7.2009 (BGBl. I S. 2437); Abs. 1 Satz 1 geänd. mWv 20.6.2015 durch G v. 12.6.2015 (BGBl. I S. 926).

klärung der Straftat dienen können. ²An einer Kontrollstelle ist jedermann verpflichtet, seine Identität feststellen und sich sowie mitgeführte Sachen durchsuchen zu lassen.

(2) Die Anordnung, eine Kontrollstelle einzurichten, trifft der Richter; die Staatsanwaltschaft und ihre Ermittlungspersonen (§ 152 des Gerichtsverfassungsgesetzes[1]) sind hierzu befugt, wenn Gefahr im Verzug ist.

(3) Für die Durchsuchung und die Feststellung der Identität nach Absatz 1 gelten § 106 Abs. 2 Satz 1, § 107 Satz 2 erster Halbsatz, die §§ 108, 109, 110 Abs. 1 und 2 sowie die §§ 163b und 163c entsprechend.

§ 111a[2] **Vorläufige Entziehung der Fahrerlaubnis.** (1) ¹Sind dringende Gründe für die Annahme vorhanden, daß die Fahrerlaubnis entzogen werden wird (§ 69 des Strafgesetzbuches[3]), so kann der Richter dem Beschuldigten durch Beschluß die Fahrerlaubnis vorläufig entziehen. ²Von der vorläufigen Entziehung können bestimmte Arten von Kraftfahrzeugen ausgenommen werden, wenn besondere Umstände die Annahme rechtfertigen, daß der Zweck der Maßnahme dadurch nicht gefährdet wird.

(2) Die vorläufige Entziehung der Fahrerlaubnis ist aufzuheben, wenn ihr Grund weggefallen ist oder wenn das Gericht im Urteil die Fahrerlaubnis nicht entzieht.

(3) ¹Die vorläufige Entziehung der Fahrerlaubnis wirkt zugleich als Anordnung oder Bestätigung der Beschlagnahme des von einer deutschen Behörde ausgestellten Führerscheins. ²Dies gilt auch, wenn der Führerschein von einer Behörde eines Mitgliedstaates der Europäischen Union oder eines anderen Vertragsstaates des Abkommens über den Europäischen Wirtschaftsraum ausgestellt worden ist, sofern der Inhaber seinen ordentlichen Wohnsitz im Inland hat.

(4) Ist ein Führerschein beschlagnahmt, weil er nach § 69 Abs. 3 Satz 2 des Strafgesetzbuches eingezogen werden kann, und bedarf es einer richterlichen Entscheidung über die Beschlagnahme, so tritt an deren Stelle die Entscheidung über die vorläufige Entziehung der Fahrerlaubnis.

(5) ¹Ein Führerschein, der in Verwahrung genommen, sichergestellt oder beschlagnahmt ist, weil er nach § 69 Abs. 3 Satz 2 des Strafgesetzbuches eingezogen werden kann, ist dem Beschuldigten zurückzugeben, wenn der Richter die vorläufige Entziehung der Fahrerlaubnis wegen Fehlens der in Absatz 1 bezeichneten Voraussetzungen ablehnt, wenn er sie aufhebt oder wenn das Gericht im Urteil die Fahrerlaubnis nicht entzieht. ²Wird jedoch im Urteil ein Fahrverbot nach § 44 des Strafgesetzbuches verhängt, so kann die Rückgabe des Führerscheins aufgeschoben werden, wenn der Beschuldigte nicht widerspricht.

(6) ¹In anderen als in Absatz 3 Satz 2 genannten ausländischen Führerscheinen ist die vorläufige Entziehung der Fahrerlaubnis zu vermerken. ²Bis zur Eintragung dieses Vermerkes kann der Führerschein beschlagnahmt werden (§ 94 Abs. 3, § 98).

---

[1] Nr. **95**.
[2] § 111a Abs. 3 Satz 1 und Abs. 6 Sätze 1 und 2 geänd., Abs. 3 Satz 2 angef. durch G v. 24.4.1998 (BGBl. I S. 747).
[3] Nr. **85**.

§ 111b[1]**) Beschlagnahme zur Sicherung der Einziehung oder Unbrauchbarmachung.** (1) ¹Ist die Annahme begründet, dass die Voraussetzungen der Einziehung oder Unbrauchbarmachung eines Gegenstandes vorliegen, so kann er zur Sicherung der Vollstreckung beschlagnahmt werden. ²Liegen dringende Gründe für diese Annahme vor, so soll die Beschlagnahme angeordnet werden. ³ § 94 Absatz 3 bleibt unberührt.

(2) Die §§ 102 bis 110 gelten entsprechend.

§ 111c[1]**) Vollziehung der Beschlagnahme.** (1) ¹Die Beschlagnahme einer beweglichen Sache wird dadurch vollzogen, dass die Sache in Gewahrsam genommen wird. ²Die Beschlagnahme kann auch dadurch vollzogen werden, dass sie durch Siegel oder in anderer Weise kenntlich gemacht wird.

(2) ¹Die Beschlagnahme einer Forderung oder eines anderen Vermögensrechtes, das nicht den Vorschriften über die Zwangsvollstreckung in das unbewegliche Vermögen unterliegt, wird durch Pfändung vollzogen. ²Die Vorschriften der Zivilprozessordnung[2]) über die Zwangsvollstreckung in Forderungen und andere Vermögensrechte sind insoweit sinngemäß anzuwenden. ³Die Aufforderung zur Abgabe der in § 840 Absatz 1 der Zivilprozessordnung bezeichneten Erklärungen ist in den Pfändungsbeschluss aufzunehmen.

(3) ¹Die Beschlagnahme eines Grundstücks oder eines Rechts, das den Vorschriften über die Zwangsvollstreckung in das unbewegliche Vermögen unterliegt, wird durch ihre Eintragung im Grundbuch vollzogen. ²Die Vorschriften des Gesetzes über die Zwangsversteigerung und Zwangsverwaltung[3]) über den Umfang der Beschlagnahme bei der Zwangsversteigerung gelten entsprechend.

(4) ¹Die Beschlagnahme eines Schiffes, eines Schiffsbauwerks oder eines Luftfahrzeugs wird nach Absatz 1 vollzogen. ²Ist der Gegenstand im Schiffs- oder Schiffsbauregister oder im Register für Pfandrechte an Luftfahrzeugen eingetragen, ist die Beschlagnahme in diesem Register einzutragen. ³Zu diesem Zweck können eintragungsfähige Schiffsbauwerke oder Luftfahrzeuge zur Eintragung angemeldet werden; die Vorschriften, die bei der Anmeldung durch eine Person, die auf Grund eines vollstreckbaren Titels eine Eintragung im Register verlangen kann, anzuwenden sind, gelten hierbei entsprechend.

§ 111d[4]**) Wirkung der Vollziehung der Beschlagnahme; Rückgabe beweglicher Sachen.** (1) ¹Die Vollziehung der Beschlagnahme eines Gegenstandes hat die Wirkung eines Veräußerungsverbotes im Sinne des § 136 des Bürgerlichen Gesetzbuchs[5]). ²Die Wirkung der Beschlagnahme wird von der Eröffnung des Insolvenzverfahrens über das Vermögen des Betroffenen nicht berührt; Maßnahmen nach § 111c können in einem solchen Verfahren nicht angefochten werden.

(2) ¹Eine beschlagnahmte bewegliche Sache kann dem Betroffenen zurückgegeben werden, wenn er einen den Wert der Sache entsprechenden Geldbetrag beibringt. ²Der beigebrachte Betrag tritt an die Stelle der Sache. ³Sie kann dem Betroffenen auch unter dem Vorbehalt jederzeitigen Widerrufs zur vorläufigen weiteren Benutzung bis zum Abschluss des Verfahrens überlassen werden; die

---

[1]) §§ 111b und 111c neu gef. mWv 1.7.2017 durch G v. 13.4.2017 (BGBl. I S. 872).
[2]) Nr. **100**.
[3]) Nr. **108**.
[4]) § 111d neu gef. mWv 1.7.2017 durch G v. 13.4.2017 (BGBl. I S. 872); Abs. 3 angef. mWv 1.7.2021 durch G v. 25.6.2021 (BGBl. I S. 2099).
[5]) Nr. **20**.

Maßnahme kann davon abhängig gemacht werden, dass der Betroffene Sicherheit leistet oder bestimmte Auflagen erfüllt.

(3) ¹Beschlagnahmtes Bargeld kann hinterlegt oder auf ein Konto der Justiz eingezahlt werden. ²Der mit der Einzahlung entstandene Auszahlungsanspruch tritt an die Stelle des Bargeldes.

§ 111e[1]) Vermögensarrest zur Sicherung der Wertersatzeinziehung.

(1) ¹Ist die Annahme begründet, dass die Voraussetzungen der Einziehung von Wertersatz vorliegen, so kann zur Sicherung der Vollstreckung der Vermögensarrest in das bewegliche und unbewegliche Vermögen des Betroffenen angeordnet werden. ²Liegen dringende Gründe für diese Annahme vor, so soll der Vermögensarrest angeordnet werden.

(2) Der Vermögensarrest kann auch zur Sicherung der Vollstreckung einer Geldstrafe und der voraussichtlichen Kosten des Strafverfahrens angeordnet werden, wenn gegen den Beschuldigten ein Urteil ergangen oder ein Strafbefehl erlassen worden ist.

(3) Zur Sicherung der Vollstreckungskosten ergeht kein Arrest.

(4) ¹In der Anordnung ist der zu sichernde Anspruch unter Angabe des Geldbetrages zu bezeichnen. ²Zudem ist in der Anordnung ein Geldbetrag festzusetzen, durch dessen Hinterlegung der Betroffene die Vollziehung des Arrestes abwenden und die Aufhebung der Vollziehung des Arrestes verlangen kann; § 108 Absatz 1 der Zivilprozessordnung[2]) gilt entsprechend.

(5) Die §§ 102 bis 110 gelten entsprechend.

(6) Die Möglichkeit einer Anordnung nach § 324 der Abgabenordnung steht einer Anordnung nach Absatz 1 nicht entgegen.

§ 111f[3]) Vollziehung des Vermögensarrestes.
(1) ¹Der Vermögensarrest in eine bewegliche Sache, in eine Forderung oder in ein anderes Vermögensrecht, das nicht der Zwangsvollstreckung in das unbewegliche Vermögen unterliegt, wird durch Pfändung vollzogen. ²Die §§ 928 und 930 der Zivilprozessordnung[2]) gelten sinngemäß. ³§ 111c Absatz 2 Satz 3 gilt entsprechend.

(2) ¹Der Vermögensarrest in ein Grundstück oder ein Recht, das den Vorschriften über die Zwangsvollstreckung in das unbewegliche Vermögen unterliegt, wird durch Eintragung einer Sicherungshypothek bewirkt. ²Die §§ 928 und 932 der Zivilprozessordung gelten sinngemäß.

(3) ¹Der Vermögensarrest in ein Schiff, ein Schiffsbauwerk oder ein Luftfahrzeug wird nach Absatz 1 bewirkt. ²Ist der Gegenstand im Schiffs- oder Schiffsbauregister oder im Register für Pfandrechte an Luftfahrzeugen eingetragen, gelten die §§ 928 und 931 der Zivilprozessordung sinngemäß.

(4) In den Fällen der Absätze 2 und 3 Satz 2 wird auch das Veräußerungsverbot nach § 111h Absatz 1 Satz 1 in Verbindung mit § 136 des Bürgerlichen Gesetzbuchs[4]) eingetragen.

---

[1]) § 111e neu gef. mWv 1.7.2017 durch G v. 13.4.2017 (BGBl. I S. 872).
[2]) Nr. **100**.
[3]) § 111f neu gef. mWv 1.7.2017 durch G v. 13.4.2017 (BGBl. I S. 872).
[4]) Nr. **20**.

8. Abschnitt. Ermittlungsmaßnahmen §§ 111g–111i **StPO 90**

§ 111g[1] **Aufhebung der Vollziehung des Vermögensarrestes.** (1) Hinterlegt der Betroffene den nach § 111e Absatz 4 festgesetzten Geldbetrag, wird die Vollziehungsmaßnahme aufgehoben.

(2) Ist der Arrest wegen einer Geldstrafe oder der voraussichtlich entstehenden Kosten des Strafverfahrens angeordnet worden, so ist eine Vollziehungsmaßnahme auf Antrag des Beschuldigten aufzuheben, soweit der Beschuldigte den Pfandgegenstand zur Aufbringung der Kosten seiner Verteidigung, seines Unterhalts oder des Unterhalts seiner Familie benötigt.

§ 111h[2] **Wirkung der Vollziehung des Vermögensarrestes.** (1) [1] Die Vollziehung des Vermögensarrestes in einen Gegenstand hat die Wirkung eines Veräußerungsverbots im Sinne des § 136 des Bürgerlichen Gesetzbuchs[3]. [2] Für das Sicherungsrecht, das in Vollziehung des Vermögensarrestes entsteht, gilt § 80 Absatz 2 Satz 2 der Insolvenzordnung[4].

(2) [1] Zwangsvollstreckungen in Gegenstände, die im Wege der Arrestvollziehung nach § 111f gesichert worden sind, sind während der Dauer der Arrestvollziehung nicht zulässig. [2] Die Vollziehung einer Arrestanordnung nach § 324 der Abgabenordnung bleibt unberührt, soweit der Arrestanspruch aus der Straftat erwachsen ist.

§ 111i[5] **Insolvenzverfahren.** (1) [1] Ist jemandem aus der Tat ein Anspruch auf Ersatz des Wertes des Erlangten erwachsen und wird das Insolvenzverfahren über das Vermögen des Arrestschuldners eröffnet, so erlischt das Sicherungsrecht nach § 111h Absatz 1 an dem Gegenstand oder an dem durch dessen Verwertung erzielten Erlös, sobald dieser vom Insolvenzbeschlag erfasst wird. [2] Das Sicherungsrecht erlischt nicht an Gegenständen, die in einem Staat belegen sind, in dem die Eröffnung des Insolvenzverfahrens nicht anerkannt wird. [3] Die Sätze 1 und 2 gelten entsprechend für das Pfandrecht an der nach § 111g Absatz 1 hinterlegten Sicherheit.

(2) [1] Sind mehrere Anspruchsberechtigte im Sinne des Absatzes 1 Satz 1 vorhanden und reicht der Wert des in Vollziehung des Vermögensarrestes gesicherten Gegenstandes oder des durch seine Verwertung erzielten Erlöses zur Befriedigung der von ihnen geltend gemachten Ansprüche nicht aus, so stellt die Staatsanwaltschaft einen Antrag auf Eröffnung des Insolvenzverfahrens über das Vermögen des Arrestschuldners. [2] Die Staatsanwaltschaft sieht von der Stellung eines Eröffnungsantrags ab, wenn begründete Zweifel daran bestehen, dass das Insolvenzverfahren auf Grund des Antrags eröffnet wird.

(3) [1] Verbleibt bei der Schlussverteilung ein Überschuss, so erwirbt der Staat bis zur Höhe des Vermögensarrestes das Pfandrecht am Anspruch des Schuldners auf Herausgabe des Überschusses. [2] In diesem Umfang hat der Insolvenzverwalter den Überschuss an die Staatsanwaltschaft herauszugeben.

---

[1] § 111g neu gef. mWv 1.7.2017 durch G v. 13.4.2017 (BGBl. I S. 872).
[2] § 111h neu gef. mWv 1.7.2017 durch G v. 13.4.2017 (BGBl. I S. 872); Abs. 2 Satz 1 geänd. mWv 1.7.2021 durch G v. 25.6.2021 (BGBl. I S. 2099).
[3] Nr. **20**.
[4] Nr. **110**.
[5] § 111i neu gef. mWv 1.7.2017 durch G v. 13.4.2017 (BGBl. I S. 872); Abs. 1 Satz 1 geänd., Abs. 2 Satz 1 neu gef. mWv 1.7.2021 durch G v. 25.6.2021 (BGBl. I S. 2099).

§ 111j[1]) Verfahren bei der Anordnung der Beschlagnahme und des Vermögensarrestes.
(1) ¹Beschlagnahme und Vermögensarrest werden durch das Gericht angeordnet. ²Bei Gefahr im Verzug kann die Anordnung auch durch die Staatsanwaltschaft erfolgen. ³Unter der Voraussetzung des Satzes 2 sind zur Beschlagnahme einer beweglichen Sache auch die Ermittlungspersonen der Staatsanwaltschaft (§ 152 des Gerichtsverfassungsgesetzes[2])) befugt.

(2) ¹Hat die Staatsanwaltschaft die Beschlagnahme oder den Arrest angeordnet, so beantragt sie innerhalb einer Woche die gerichtliche Bestätigung der Anordnung. ²Dies gilt nicht, wenn die Beschlagnahme einer beweglichen Sache angeordnet ist. ³Der Betroffene kann in allen Fällen die Entscheidung des Gerichts beantragen. ⁴Die Zuständigkeit des Gerichts bestimmt sich nach § 162.

§ 111k[3]) Verfahren bei der Vollziehung der Beschlagnahme und des Vermögensarrestes.
(1) ¹Beschlagnahme und Vermögensarrest werden durch die Staatsanwaltschaft vollzogen. ²Die erforderlichen Eintragungen in das Grundbuch und in die in § 111c Absatz 4 genannten Register sowie die in § 111c Absatz 4 genannten Anmeldungen werden auf Ersuchen der Staatsanwaltschaft bewirkt. ³Soweit ein Arrest nach den Vorschriften über die Pfändung in bewegliche Sachen zu vollziehen ist, kann dies durch die in § 2 des Justizbeitreibungsgesetzes[4]) bezeichnete Behörde, den Gerichtsvollzieher, die Staatsanwaltschaft oder deren Ermittlungspersonen (§ 152 des Gerichtsverfassungsgesetzes[2])) vollzogen werden. ⁴Die Beschlagnahme beweglicher Sachen kann auch durch die Ermittlungspersonen der Staatsanwaltschaft (§ 152 des Gerichtsverfassungsgesetzes) vollzogen werden. ⁵§ 98 Absatz 4 gilt entsprechend.

(2) ¹Für die Zustellung gilt § 37 Absatz 1 mit der Maßgabe, dass auch die Ermittlungspersonen der Staatsanwaltschaft (§ 152 des Gerichtsverfassungsgesetzes) mit der Ausführung beauftragt werden können. ²Für Zustellungen an ein im Inland zum Geschäftsbetrieb befugtes Kreditinstitut gelten die §§ 173 und 175 der Zivilprozessordnung[5]) entsprechend.

(3) Gegen Maßnahmen, die in Vollziehung der Beschlagnahme oder des Vermögensarrestes getroffen werden, kann der Betroffene die Entscheidung des nach § 162 zuständigen Gerichts beantragen.

§ 111l[6]) Mitteilungen.
(1) Die Staatsanwaltschaft teilt die Vollziehung der Beschlagnahme oder des Vermögensarrests demjenigen mit, dem ein Anspruch auf Rückgewähr des Erlangten oder auf Ersatz des Wertes des Erlangten aus der Tat erwachsen ist.

(2) In den Fällen der Beschlagnahme einer beweglichen Sache ist die Mitteilung mit dem Hinweis auf den Regelungsgehalt des Verfahrens über die Herausgabe nach den §§ 111n und 111o zu verbinden.

---

[1]) § 111j eingef. mWv 1.7.2017 durch G v. 13.4.2017 (BGBl. I S. 872).
[2]) Nr. 95.
[3]) § 111k neu gef. mWv 1.7.2017 durch G v. 13.4.2017 (BGBl. I S. 872); Abs. 1 Satz 2 eingef., bish. Sätze 2–4 werden Sätze 3–5 mWv 1.7.2021 durch G v. 25.6.2021 (BGBl. I S. 2099); Abs. 2 Satz 2 geänd. mWv 1.1.2022 durch G v. 5.10.2021 (BGBl. I S. 4607).
[4]) Nr. 122.
[5]) Nr. 100.
[6]) § 111l neu gef. mWv 1.7.2017 durch G v. 13.4.2017 (BGBl. I S. 872); Abs. 1 neu gef., Abs. 3 Satz 1, Abs. 4 Satz 1 geänd., Satz 3 neu gef., Satz 4 geänd. mWv 1.7.2021 durch G v. 25.6.2021 (BGBl. I S. 2099).

(3) ¹Wird ein Vermögensarrest vollzogen, so fordert die Staatsanwaltschaft den Anspruchsinhaber zugleich mit der Mitteilung auf zu erklären, ob und in welcher Höhe er den Anspruch auf Ersatz des Wertes des Erlangten, der ihm aus der Tat erwachsen ist, geltend machen wolle. ²Die Mitteilung ist mit dem Hinweis auf den Regelungsgehalt des § 111h Absatz 2 und der Verfahren nach § 111i Absatz 2, § 459h Absatz 2 sowie § 459k zu verbinden.

(4) ¹Die Mitteilung kann durch einmalige Bekanntmachung im Bundesanzeiger erfolgen, wenn eine Mitteilung gegenüber jedem einzelnen mit unverhältnismäßigem Aufwand verbunden wäre. ²Zusätzlich kann die Mitteilung auch in anderer geeigneter Weise veröffentlicht werden. ³Gleiches gilt, wenn unbekannt ist, wem ein Anspruch auf Rückgewähr des Erlangten oder auf Ersatz des Wertes des Erlangten aus der Tat erwachsen ist, oder wenn der Anspruchsinhaber unbekannten Aufenthalts ist. ⁴Personendaten dürfen nur veröffentlicht werden, soweit ihre Angabe zur Wahrung der Rechte der Anspruchsinhaber unerlässlich ist. ⁵Nach Beendigung der Sicherungsmaßnahmen veranlasst die Staatsanwaltschaft die Löschung der Bekanntmachung.

§ 111m[1]) Verwaltung beschlagnahmter oder gepfändeter Gegenstände.

(1) ¹Die Verwaltung von Gegenständen, die nach § 111c beschlagnahmt oder auf Grund eines Vermögensarrestes nach § 111f gepfändet worden sind, obliegt der Staatsanwaltschaft. ²Sie kann ihre Ermittlungspersonen (§ 152 des Gerichtsverfassungsgesetzes[2])) oder den Gerichtsvollzieher mit der Verwaltung beauftragen. ³In geeigneten Fällen kann auch eine andere Person mit der Verwaltung beauftragt werden.

(2) Gegen Maßnahmen, die im Rahmen der Verwaltung nach Absatz 1 getroffen werden, kann der Betroffene die Entscheidung des nach § 162 zuständigen Gerichts beantragen.

§ 111n[3]) Herausgabe beweglicher Sachen. (1) Wird eine bewegliche Sache, die nach § 94 beschlagnahmt oder auf andere Weise sichergestellt oder nach § 111c Absatz 1 beschlagnahmt worden ist, für Zwecke des Strafverfahrens nicht mehr benötigt, so wird sie an den letzten Gewahrsamsinhaber herausgegeben.

(2) Abweichend von Absatz 1 wird die Sache an denjenigen herausgegeben, dem sie durch die Straftat unmittelbar entzogen worden ist, wenn dieser bekannt ist.

(3) Steht der Herausgabe nach Absatz 1 oder Absatz 2 der Anspruch eines Dritten entgegen, wird die Sache an den Dritten herausgegeben, wenn dieser bekannt ist.

(4) Die Herausgabe erfolgt nur, wenn ihre Voraussetzungen offenkundig sind.

§ 111o[4]) Verfahren bei der Herausgabe. (1) Über die Herausgabe entscheidet im vorbereitenden Verfahren und nach rechtskräftigem Abschluss des Verfahrens die Staatsanwaltschaft, im Übrigen das mit der Sache befasste Gericht.

(2) Gegen die Verfügung der Staatsanwaltschaft können die Betroffenen die Entscheidung des nach § 162 zuständigen Gerichts beantragen.

---

[1]) § 111m neu gef. mWv 1.7.2017 durch G v. 13.4.2017 (BGBl. I S. 872).
[2]) Nr. 95.
[3]) § 111n neu gef. mWv 1.7.2017 durch G v. 13.4.2017 (BGBl. I S. 872, ber. 2018 I S. 1094); Abs. 2 und 3 geänd. mWv 1.7.2021 durch G v. 25.6.2021 (BGBl. I S. 2099).
[4]) § 111o eingef. mWv 1.7.2017 durch G v. 13.4.2017 (BGBl. I S. 872); Abs. 2 geänd. mWv 1.7.2021 durch G v. 25.6.2021 (BGBl. I S. 2099).

§ 111p[1]**) Notveräußerung.** (1) ¹Ein Gegenstand, der nach § 111c beschlagnahmt oder nach § 111f gepfändet worden ist, kann veräußert werden, wenn sein Verderb oder ein erheblicher Wertverlust droht oder seine Aufbewahrung, Pflege oder Erhaltung mit erheblichen Kosten oder Schwierigkeiten verbunden ist (Notveräußerung). ²Der Erlös tritt an die Stelle des veräußerten Gegenstandes.

(2) ¹Die Notveräußerung wird durch die Staatsanwaltschaft angeordnet. ²Ihren Ermittlungspersonen (§ 152 des Gerichtsverfassungsgesetzes[2])) steht diese Befugnis zu, wenn der Gegenstand zu verderben droht, bevor die Entscheidung der Staatsanwaltschaft herbeigeführt werden kann.

(3) ¹Die von der Beschlagnahme oder Pfändung Betroffenen sollen vor der Anordnung gehört werden. ²Die Anordnung sowie Zeit und Ort der Veräußerung sind ihnen, soweit dies ausführbar erscheint, mitzuteilen.

(4) ¹Die Durchführung der Notveräußerung obliegt der Staatsanwaltschaft. ²Die Staatsanwaltschaft kann damit auch ihre Ermittlungspersonen (§ 152 des Gerichtsverfassungsgesetzes) beauftragen. ³Für die Notveräußerung gelten im Übrigen die Vorschriften der Zivilprozessordnung[3]) über die Verwertung von Gegenständen sinngemäß.

(5) ¹Gegen die Notveräußerung und ihre Durchführung kann der Betroffene die Entscheidung des nach § 162 zuständigen Gerichts beantragen. ²Das Gericht, in dringenden Fällen der Vorsitzende, kann die Aussetzung der Veräußerung anordnen.

§ 111q[4]**) Beschlagnahme von Verkörperungen eines Inhalts und Vorrichtungen.** (1) Die Beschlagnahme einer Verkörperung eines Inhalts (§ 11 Absatz 3 des Strafgesetzbuches) oder einer Vorrichtung im Sinne des § 74d des Strafgesetzbuches[5]) darf nach § 111b Absatz 1 nicht angeordnet werden, wenn ihre nachteiligen Folgen, insbesondere die Gefährdung des öffentlichen Interesses an unverzögerter Verbreitung, offenbar außer Verhältnis zu der Bedeutung der Sache stehen.

(2) ¹Ausscheidbare Teile der Verkörperung, die nichts Strafbares enthalten, sind von der Beschlagnahme auszuschließen. ²Die Beschlagnahme kann in der Anordnung weiter beschränkt werden.

(3) Die Beschlagnahme kann dadurch abgewendet werden, dass der Betroffene den Teil eines Inhalts, der zur Beschlagnahme Anlass gibt, von der Vervielfältigung oder der Verbreitung ausschließt.

(4) ¹Die Beschlagnahme einer periodisch erscheinenden Verkörperung eines Inhalts (§ 11 Absatz 3 des Strafgesetzbuches) oder einer zu deren Herstellung gebrauchten oder bestimmten Vorrichtung im Sinne des § 74d des Strafgesetzbuches ordnet das Gericht an. ²Die Beschlagnahme einer Verkörperung eines anderen Inhalts (§ 11 Absatz 3 des Strafgesetzbuches) oder einer zu deren Herstellung gebrauchten oder bestimmten Vorrichtung im Sinne des § 74d des Strafgesetzbuches kann bei Gefahr in Verzug auch die Staatsanwaltschaft anordnen. ³Die Anordnung der Staatsanwaltschaft tritt außer Kraft, wenn sie nicht binnen

---

[1]) § 111p eingef. mWv 1.7.2017 durch G v. 13.4.2017 (BGBl. I S. 872).
[2]) Nr. **95**.
[3]) Nr. **100**.
[4]) § 111q eingef. mWv 1.7.2017 durch G v. 13.4.2017 (BGBl. I S. 872); Überschrift, Abs. 1, 2 Satz 1, Abs. 3, 4 Sätze 1, 2 und 4 geänd. mWv 1.1.2021 durch G v. 30.11.2020 (BGBl. I S. 2600).
[5]) Nr. **85**.

drei Tagen von dem Gericht bestätigt wird. [4] In der Anordnung der Beschlagnahme ist der genaue Inhalt, der zur Beschlagnahme Anlass gibt, zu bezeichnen.

(5) [1] Eine Beschlagnahme nach Absatz 4 ist aufzuheben, wenn nicht binnen zwei Monaten die öffentliche Klage erhoben oder die selbständige Einziehung beantragt ist. [2] Reicht die in Satz 1 bezeichnete Frist wegen des besonderen Umfanges der Ermittlungen nicht aus, kann das Gericht auf Antrag der Staatsanwaltschaft die Frist um weitere zwei Monate verlängern. [3] Der Antrag kann einmal wiederholt werden. [4] Vor Erhebung der öffentlichen Klage oder vor Beantragung der selbständigen Einziehung ist die Beschlagnahme aufzuheben, wenn die Staatsanwaltschaft dies beantragt.

Neunter Abschnitt. Verhaftung und vorläufige Festnahme

§ 112[1]**) Voraussetzungen der Untersuchungshaft; Haftgründe.** (1) [1] Die Untersuchungshaft darf gegen den Beschuldigten angeordnet werden, wenn er der Tat dringend verdächtig ist und ein Haftgrund besteht. [2] Sie darf nicht angeordnet werden, wenn sie zu der Bedeutung der Sache und der zu erwartenden Strafe oder Maßregel der Besserung und Sicherung außer Verhältnis steht.

(2) Ein Haftgrund besteht, wenn auf Grund bestimmter Tatsachen
1. festgestellt wird, daß der Beschuldigte flüchtig ist oder sich verborgen hält,
2. bei Würdigung der Umstände des Einzelfalles die Gefahr besteht, daß der Beschuldigte sich dem Strafverfahren entziehen werde (Fluchtgefahr), oder
3. das Verhalten des Beschuldigten den dringenden Verdacht begründet, er werde
   a) Beweismittel vernichten, verändern, beiseite schaffen, unterdrücken oder fälschen oder
   b) auf Mitbeschuldigte, Zeugen oder Sachverständige in unlauterer Weise einwirken oder
   c) andere zu solchem Verhalten veranlassen,
   und wenn deshalb die Gefahr droht, daß die Ermittlung der Wahrheit erschwert werde (Verdunkelungsgefahr).

(3) Gegen den Beschuldigten, der einer Straftat nach § 6 Absatz 1 Nummer 1 oder § 13 Absatz 1 des Völkerstrafgesetzbuches[2]) oder § 129a Abs. 1 oder Abs. 2, auch in Verbindung mit § 129b Abs. 1, oder nach den §§ 176c, 176d, 211, 212, 226, 306b oder 306c des Strafgesetzbuches[3]) oder, soweit durch die Tat Leib oder Leben eines anderen gefährdet worden ist, nach § 308 Abs. 1 bis 3 des Strafgesetzbuches dringend verdächtig ist, darf die Untersuchungshaft auch angeordnet werden, wenn ein Haftgrund nach Absatz 2 nicht besteht.

§ 112a[4]**) Haftgrund der Wiederholungsgefahr.** (1) [1] Ein Haftgrund besteht auch, wenn der Beschuldigte dringend verdächtig ist,

---

[1]) § 112 Abs. 3 geänd. durch G v. 28.10.1994 (BGBl. I S. 3186); Abs. 3 geänd. durch G v. 26.1.1998 (BGBl. I S. 164); Abs. 3 geänd. mWv 30.6.2002 durch G v. 26.6.2002 (BGBl. I S. 2254); Abs. 3 geänd. mWv 30.8.2002 durch G v. 22.8.2002 (BGBl. I S. 3390); Abs. 3 geänd. mWv 28.12.2003 durch G v. 22.12.2003 (BGBl. I S. 2836); Abs. 3 geänd. mWv 1.1.2017 durch G v. 22.12.2016 (BGBl. I S. 3150); Abs. 3 geänd. mWv 1.7.2021 durch G v. 16.6.2021 (BGBl. I S. 1810).
[2]) **Habersack, Deutsche Gesetze ErgBd. Nr. 85g.**
[3]) Nr. **85**.
[4]) § 112a Abs. 1 Satz 1 Nr. 2 geänd. durch G v. 9.6.1989 (BGBl. I S. 1059); Abs. 1 Satz 1 Nr. 2 geänd. durch G v. 15.7.1992 (BGBl. I S. 1302); Abs. 1 Satz 2 aufgeh. durch G v. 28.10.1994 (BGBl. I S. 3186); Abs. 1 Nr. 1 geänd. durch G v. 1.7.1997 (BGBl. I S. 1607); Abs. 1 Nr. 1 und 2 geänd. durch G v. 26.1. 1998 (BGBl. I S. 164); Abs. 1 Nr. 1 geänd. mWv 31.3.2007 durch G v. 22.3.2007 (BGBl. I S. 354); Abs. 1 →

1. eine Straftat nach den §§ 174, 174a, 176 bis 176d, 177, 178, 184b Absatz 2 oder nach § 238 Abs. 2 und 3 des Strafgesetzbuches[1]) oder
2. wiederholt oder fortgesetzt eine die Rechtsordnung schwerwiegend beeinträchtigende Straftat nach den §§ 89a, 89c Absatz 1 bis 4, nach § 125a, nach den §§ 224 bis 227, nach den §§ 243, 244, 249 bis 255, 260, nach § 263, nach den §§ 306 bis 306c oder § 316a des Strafgesetzbuches oder nach § 29 Absatz 1 Satz 1 Nummer 1, 10 oder Abs. 3, § 29a Abs. 1, § 30 Abs. 1, § 30a Abs. 1 des Betäubungsmittelgesetzes[2]) oder nach § 4 Absatz 3 Nummer 1 Buchstabe a des Neue-psychoaktive-Stoffe-Gesetzes

begangen zu haben, und bestimmte Tatsachen die Gefahr begründen, daß er vor rechtskräftiger Aburteilung weitere erhebliche Straftaten gleicher Art begehen oder die Straftat fortsetzen werde, die Haft zur Abwendung der drohenden Gefahr erforderlich und in den Fällen der Nummer 2 eine Freiheitsstrafe von mehr als einem Jahr zu erwarten ist. ²In die Beurteilung des dringenden Verdachts einer Tatbegehung im Sinne des Satzes 1 Nummer 2 sind auch solche Taten einzubeziehen, die Gegenstand anderer, auch rechtskräftig abgeschlossener, Verfahren sind oder waren.

(2) Absatz 1 findet keine Anwendung, wenn die Voraussetzungen für den Erlaß eines Haftbefehls nach § 112 vorliegen und die Voraussetzungen für die Aussetzung des Vollzugs des Haftbefehls nach § 116 Abs. 1, 2 nicht gegeben sind.

§ 113 Untersuchungshaft bei leichteren Taten. (1) Ist die Tat nur mit Freiheitsstrafe bis zu sechs Monaten oder mit Geldstrafe bis zu einhundertachtzig Tagessätzen bedroht, so darf die Untersuchungshaft wegen Verdunkelungsgefahr nicht angeordnet werden.

(2) In diesen Fällen darf die Untersuchungshaft wegen Fluchtgefahr nur angeordnet werden, wenn der Beschuldigte
1. sich dem Verfahren bereits einmal entzogen hatte oder Anstalten zur Flucht getroffen hat,
2. im Geltungsbereich dieses Gesetzes keinen festen Wohnsitz oder Aufenthalt hat oder
3. sich über seine Person nicht ausweisen kann.

§ 114 Haftbefehl. (1) Die Untersuchungshaft wird durch schriftlichen Haftbefehl des Richters angeordnet.

(2) In dem Haftbefehl sind anzuführen
1. der Beschuldigte,
2. die Tat, deren er dringend verdächtig ist, Zeit und Ort ihrer Begehung, die gesetzlichen Merkmale der Straftat und die anzuwendenden Strafvorschriften,
3. der Haftgrund sowie

(Fortsetzung der Anm. von voriger Seite)
Satz 2 angef. mWv 1.10.2009 durch G v. 29.7.2009 (BGBl. I S. 2280); Abs. 1 Satz 1 Nr. 2 geänd. mWv 4.8.2009 durch G v. 30.7.2009 (BGBl. I S. 2437); Abs. 1 Satz 1 Nr. 2 geänd. mWv 20.6.2015 durch G v. 12.6.2015 (BGBl. I S. 926); Abs. 1 Satz 1 Nr. 1 geänd. mWv 10.11.2016 durch G v. 4.11.2016 (BGBl. I S. 2460); Abs. 1 Satz 1 Nr. 2 geänd. mWv 26.11.2016 durch G v. 21.11.2016 (BGBl. I S. 2615); Abs. 1 Satz 1 Nr. 2 geänd. mWv 13.7.2017 durch G v. 5.7.2017 (BGBl. I S. 2208); Abs. 1 Satz 1 Nr. 1 geänd. mWv 1.7.2021 durch G v. 16.6.2021 (BGBl. I S. 1810); Abs. 1 Satz 1 Nr. 1 geänd. mWv 22.9.2021 durch G v. 14.9.2021 (BGBl. I S. 4250).
[1]) Nr. 185.
[2]) **Habersack, Deutsche Gesetze ErgBd. Nr. 86.**

9. Abschnitt. Verhaftung und vorl. Festnahme §§ 114a, 114b StPO 90

4. die Tatsachen, aus denen sich der dringende Tatverdacht und der Haftgrund ergibt, soweit nicht dadurch die Staatssicherheit gefährdet wird.

(3) Wenn die Anwendung des § 112 Abs. 1 Satz 2 naheliegt oder der Beschuldigte sich auf diese Vorschrift beruft, sind die Gründe dafür anzugeben, daß sie nicht angewandt wurde.

§ 114a[1]) **Aushändigung des Haftbefehls; Übersetzung.** [1]Dem Beschuldigten ist bei der Verhaftung eine Abschrift des Haftbefehls auszuhändigen; beherrscht er die deutsche Sprache nicht hinreichend, erhält er zudem eine Übersetzung in einer für ihn verständlichen Sprache. [2]Ist die Aushändigung einer Abschrift und einer etwaigen Übersetzung nicht möglich, ist ihm unverzüglich in einer für ihn verständlichen Sprache mitzuteilen, welches die Gründe für die Verhaftung sind und welche Beschuldigungen gegen ihn erhoben werden. [3]In diesem Fall ist die Aushändigung der Abschrift des Haftbefehls sowie einer etwaigen Übersetzung unverzüglich nachzuholen.

§ 114b[2]) **Belehrung des verhafteten Beschuldigten.** (1) [1]Der verhaftete Beschuldigte ist unverzüglich und schriftlich in einer für ihn verständlichen Sprache über seine Rechte zu belehren. [2]Ist eine schriftliche Belehrung erkennbar nicht ausreichend, hat zudem eine mündliche Belehrung zu erfolgen. [3]Entsprechend ist zu verfahren, wenn eine schriftliche Belehrung nicht möglich ist; sie soll jedoch nachgeholt werden, sofern dies in zumutbarer Weise möglich ist. [4]Der Beschuldigte soll schriftlich bestätigen, dass er belehrt wurde; falls er sich weigert, ist dies zu dokumentieren.

(2) [1]In der Belehrung nach Absatz 1 ist der Beschuldigte darauf hinzuweisen, dass er

1. unverzüglich, spätestens am Tag nach der Ergreifung, dem Gericht vorzuführen ist, das ihn zu vernehmen und über seine weitere Inhaftierung zu entscheiden hat,
2. das Recht hat, sich zur Beschuldigung zu äußern oder nicht zur Sache auszusagen,
3. zu seiner Entlastung einzelne Beweiserhebungen beantragen kann,
4. jederzeit, auch schon vor seiner Vernehmung, einen von ihm zu wählenden Verteidiger befragen kann; dabei sind ihm Informationen zur Verfügung zu stellen, die es ihm erleichtern, einen Verteidiger zu kontaktieren; auf bestehende anwaltliche Notdienste ist dabei hinzuweisen,
4a. in den Fällen des § 140 die Bestellung eines Pflichtverteidigers nach Maßgabe des § 141 Absatz 1 und des § 142 Absatz 1 beantragen kann; dabei ist auf die mögliche Kostenfolge des § 465 hinzuweisen,
5. das Recht hat, die Untersuchung durch einen Arzt oder eine Ärztin seiner Wahl zu verlangen,
6. einen Angehörigen oder eine Person seines Vertrauens benachrichtigen kann, soweit der Zweck der Untersuchung dadurch nicht erheblich gefährdet wird,

---

[1]) § 114a neu gef. mWv 1.1.2010 durch G v. 29.7.2009 (BGBl. I S. 2274).
[2]) § 114b neu gef. mWv 1.1.2010 durch G v. 29.7.2009 (BGBl. I S. 2274); Abs. 2 Satz 1 Nr. 4a eingef., Nr. 5 und 6 geänd., Nr. 7 und 8 angef., Satz 2 neu gef., Satz 3 eingef., bish. Satz 3 wird Satz 4 mWv 6.7.2013 durch G v. 2.7.2013 (BGBl. I S. 1938); Abs. 2 Satz 1 Nr. 7 geänd. mWv 1.1.2018 durch G v. 5.7.2017 (BGBl. I S. 2208); Abs. 2 Satz 1 Nr. 6 geänd. mWv 5.9.2017 durch G v. 27.8.2017 (BGBl. I S. 3295); Abs. 2 Satz 1 Nr. 4a neu gef. mWv 13.12.2019 durch G v. 10.12.2019 (BGBl. I S. 2128); Abs. 2 Satz 1 Nr. 4 und 4a geänd., Satz 3 neu gef. mWv 1.7.2021 durch G v. 25.6.2021 (BGBl. I S. 2099).

90 StPO §§ 114c, 114d   1. Buch. Allgemeine Vorschriften

7. nach Maßgabe des § 147 Absatz 4 beantragen kann, die Akten einzusehen und unter Aufsicht amtlich verwahrte Beweisstücke zu besichtigen, soweit er keinen Verteidiger hat, und
8. bei Aufrechterhaltung der Untersuchungshaft nach Vorführung vor den zuständigen Richter
   a) eine Beschwerde gegen den Haftbefehl einlegen oder eine Haftprüfung (§ 117 Absatz 1 und 2) und eine mündliche Verhandlung (§ 118 Absatz 1 und 2) beantragen kann,
   b) bei Unstatthaftigkeit der Beschwerde eine gerichtliche Entscheidung nach § 119 Absatz 5 beantragen kann und
   c) gegen behördliche Entscheidungen und Maßnahmen im Untersuchungshaftvollzug eine gerichtliche Entscheidung nach § 119a Absatz 1 beantragen kann.

[2] Der Beschuldigte ist auf das Akteneinsichtsrecht des Verteidigers nach § 147 hinzuweisen. [3] Ein Beschuldigter, der der deutschen Sprache nicht hinreichend mächtig ist, ist in einer ihm verständlichen Sprache darauf hinzuweisen, dass er nach Maßgabe des § 187 Absatz 1 bis 3 des Gerichtsverfassungsgesetzes[1]) für das gesamte Strafverfahren die unentgeltliche Hinzuziehung eines Dolmetschers oder Übersetzers beanspruchen kann; ein hör- oder sprachbehinderter Beschuldigter ist auf sein Wahlrecht nach § 186 Absatz 1 und 2 des Gerichtsverfassungsgesetzes hinzuweisen. [4] Ein ausländischer Staatsangehöriger ist darüber zu belehren, dass er die Unterrichtung der konsularischen Vertretung seines Heimatstaates verlangen und dieser Mitteilungen zukommen lassen kann.

§ 114c[2]) **Benachrichtigung von Angehörigen.** (1) Einem verhafteten Beschuldigten ist unverzüglich Gelegenheit zu geben, einen Angehörigen oder eine Person seines Vertrauens zu benachrichtigen, sofern der Zweck der Untersuchung dadurch nicht erheblich gefährdet wird.

(2) [1] Wird gegen einen verhafteten Beschuldigten nach der Vorführung vor das Gericht Haft vollzogen, hat das Gericht die unverzügliche Benachrichtigung eines seiner Angehörigen oder einer Person seines Vertrauens anzuordnen. [2] Die gleiche Pflicht besteht bei jeder weiteren Entscheidung über die Fortdauer der Haft.

§ 114d[3]) **Mitteilungen an die Vollzugsanstalt.** (1) [1] Das Gericht übermittelt der für den Beschuldigten zuständigen Vollzugsanstalt mit dem Aufnahmeersuchen eine Abschrift des Haftbefehls. [2] Darüber hinaus teilt es ihr mit
1. die das Verfahren führende Staatsanwaltschaft und das nach § 126 zuständige Gericht,
2. die Personen, die nach § 114c benachrichtigt worden sind,
3. Entscheidungen und sonstige Maßnahmen nach § 119 Abs. 1 und 2,
4. weitere im Verfahren ergehende Entscheidungen, soweit dies für die Erfüllung der Aufgaben der Vollzugsanstalt erforderlich ist,
5. Hauptverhandlungstermine und sich aus ihnen ergebende Erkenntnisse, die für die Erfüllung der Aufgaben der Vollzugsanstalt erforderlich sind,

---

[1]) Nr. 95.
[2]) § 114c eingef. mWv 1.1.2010 durch G v. 29.7.2009 (BGBl. I S. 2274); Abs. 1 geänd. mWv 5.9.2017 durch G v. 27.8.2017 (BGBl. I S. 3295).
[3]) § 114d eingef. mWv 1.1.2010 durch G v. 29.7.2009 (BGBl. I S. 2274); Abs. 2 Satz 2 geänd. mWv 1.1.2018 durch G v. 5.7.2017 (BGBl. I S. 2208).

9. Abschnitt. Verhaftung und vorl. Festnahme §§ 114e–115a **StPO 90**

6. den Zeitpunkt der Rechtskraft des Urteils sowie
7. andere Daten zur Person des Beschuldigten, die für die Erfüllung der Aufgaben der Vollzugsanstalt erforderlich sind, insbesondere solche über seine Persönlichkeit und weitere relevante Strafverfahren.

[3] Die Sätze 1 und 2 gelten bei Änderungen der mitgeteilten Tatsachen entsprechend. [4] Mitteilungen unterbleiben, soweit die Tatsachen der Vollzugsanstalt bereits anderweitig bekannt geworden sind.

(2) [1] Die Staatsanwaltschaft unterstützt das Gericht bei der Erfüllung seiner Aufgaben nach Absatz 1 und teilt der Vollzugsanstalt von Amts wegen insbesondere Daten nach Absatz 1 Satz 2 Nr. 7 sowie von ihr getroffene Entscheidungen und sonstige Maßnahmen nach § 119 Abs. 1 und 2 mit. [2] Zudem übermittelt die Staatsanwaltschaft der Vollzugsanstalt eine Abschrift der Anklageschrift und teilt dem nach § 126 Abs. 1 zuständigen Gericht die Anklageerhebung mit.

§ 114e[1]) Übermittlung von Erkenntnissen durch die Vollzugsanstalt.
[1] Die Vollzugsanstalt übermittelt dem Gericht und der Staatsanwaltschaft von Amts wegen beim Vollzug der Untersuchungshaft erlangte Erkenntnisse, soweit diese aus Sicht der Vollzugsanstalt für die Erfüllung der Aufgaben der Empfänger von Bedeutung sind und diesen nicht bereits anderweitig bekannt geworden sind. [2] Sonstige Befugnisse der Vollzugsanstalt, dem Gericht und der Staatsanwaltschaft Erkenntnisse mitzuteilen, bleiben unberührt.

§ 115[2]) Vorführung vor den zuständigen Richter. (1) Wird der Beschuldigte auf Grund des Haftbefehls ergriffen, so ist er unverzüglich dem zuständigen Gericht vorzuführen.

(2) Das Gericht hat den Beschuldigten unverzüglich nach der Vorführung, spätestens am nächsten Tage, über den Gegenstand der Beschuldigung zu vernehmen.

(3) [1] Bei der Vernehmung ist der Beschuldigte auf die ihn belastenden Umstände und sein Recht hinzuweisen, sich zur Beschuldigung zu äußern oder nicht zur Sache auszusagen. [2] Ihm ist Gelegenheit zu geben, die Verdachts- und Haftgründe zu entkräften und die Tatsachen geltend zu machen, die zu seinen Gunsten sprechen.

(4) [1] Wird die Haft aufrechterhalten, so ist der Beschuldigte über das Recht der Beschwerde und die anderen Rechtsbehelfe (§ 117 Abs. 1, 2, § 118 Abs. 1, 2, § 119 Abs. 5, § 119a Abs. 1) zu belehren. [2] § 304 Abs. 4 und 5 bleibt unberührt.

§ 115a[3]) Vorführung vor den Richter des nächsten Amtsgerichts.
(1) Kann der Beschuldigte nicht spätestens am Tag nach der Ergreifung dem zuständigen Gericht vorgeführt werden, so ist er unverzüglich, spätestens am Tage nach der Ergreifung, dem nächsten Amtsgericht vorzuführen.

(2) [1] Das Gericht hat den Beschuldigten unverzüglich nach der Vorführung, spätestens am nächsten Tage, zu vernehmen. [2] Bei der Vernehmung wird, soweit möglich, § 115 Abs. 3 angewandt. [3] Ergibt sich bei der Vernehmung, dass der Haftbefehl aufgehoben, seine Aufhebung durch die Staatsanwaltschaft beantragt (§ 120 Abs. 3) oder der Ergriffene nicht die in dem Haftbefehl bezeichnete Person

---

[1]) § 114e eingef. mWv 1.1.2010 durch G v. 29.7.2009 (BGBl. I S. 2274).
[2]) § 115 Abs. 1 und 2 geänd., Abs. 4 neu gef. mWv 1.1.2010 durch G v. 29.7.2009 (BGBl. I S. 2274).
[3]) § 115a Abs. 1 und 2 neu gef., Abs. 3 Satz 1 geänd. mWv 1.1.2010 durch G v. 29.7.2009 (BGBl. I S. 2274).

ist, so ist der Ergriffene freizulassen. ⁴Erhebt dieser sonst gegen den Haftbefehl oder dessen Vollzug Einwendungen, die nicht offensichtlich unbegründet sind, oder hat das Gericht Bedenken gegen die Aufrechterhaltung der Haft, so teilt es diese dem zuständigen Gericht und der zuständigen Staatsanwaltschaft unverzüglich und auf dem nach den Umständen angezeigten schnellsten Wege mit; das zuständige Gericht prüft unverzüglich, ob der Haftbefehl aufzuheben oder außer Vollzug zu setzen ist.

(3) ¹Wird der Beschuldigte nicht freigelassen, so ist er auf sein Verlangen dem zuständigen Gericht zur Vernehmung nach § 115 vorzuführen. ²Der Beschuldigte ist auf dieses Recht hinzuweisen und gemäß § 115 Abs. 4 zu belehren.

§ 116[1]) **Aussetzung des Vollzugs des Haftbefehls.** (1) ¹Der Richter setzt den Vollzug eines Haftbefehls, der lediglich wegen Fluchtgefahr gerechtfertigt ist, aus, wenn weniger einschneidende Maßnahmen die Erwartung hinreichend begrün-

(Fortsetzung nächstes Blatt)

---

[1]) Nach dem verfassungsrechtlichen Grundsatz der Verhältnismäßigkeit ist auch bei einem auf § 112 Abs. 4 [jetzt: § 112 Abs. 3] StPO gestützten Haftbefehl eine Haftverschonung in entsprechender Anwendung des § 116 StPO möglich; vgl. Beschl. des BVerfG v. 15.12.1965 – 1 BvR 513/65 – (NJW 1966 S. 243 = BVerfGE Bd. 19 S. 342 = JZ 1966 S. 146 = MDR 1966 S. 300).

Ordnungswidrigkeitengesetz

OWiG 94

Lfd. Nr.	Änderndes Gesetz	Datum	Fundstelle	Betroffen	Hinweis
48.	Art. 26 Abs. 6 G zur Umsetzung der RL (EU) 2016/680 im Strafverfahren sowie zur Anpassung datenschutzrechtl. Bestimmungen an die VO (EU) 2016/679	20.11.2019	BGBl. I S. 1724	§§ 49a, 49b, 49c	geänd. mWv 26.11.2019
49.	Art. 8 G zur Neuregelung des Rechts der notwendigen Verteidigung[1]	10.12.2019	BGBl. I S. 2128	§ 60	geänd. mWv 13.12.2019
50.	Art. 5 G zur Stärkung der Verfahrensrechte von Beschuldigten im Jugendstrafverfahren[2]	9.12.2019	BGBl. I S. 2146	§ 107	geänd. mWv 17.12.2019
51.	Art. 185 Elfte ZuständigkeitsanpassungsVO	19.6.2020	BGBl. I S. 1328	§ 131	geänd. mWv 27.6.2020
52.	Art. 3 60. G zur Änd. des Strafgesetzbuches – Modernisierung des Schriftenbegriffs und anderer Begriffe sowie Erweiterung der Strafbarkeit nach den §§ 86, 86a, 111 und 130 des Strafgesetzbuches bei Handlungen im Ausland	30.11.2020	BGBl. I S. 2600	§§ 12, 116, 119, 123	geänd. mWv 1.1.2021
53.	Art. 2 61. G zur Änd. des Strafgesetzbuches – Umsetzung der RL (EU) 2019/713 des Europäischen Parlaments und des Rates vom 17. April 2019 zur Bekämpfung von Betrug und Fälschung im Zusammenhang mit unbaren Zahlungsmitteln und zur Ersetzung des Rahmenbeschlusses 2001/413/JI des Rates[3]	10.3.2021	BGBl. I S. 333	§ 127	geänd. mWv 18.3.2021
54.	Art. 9a G zur Anpassung der Regelungen über die Bestandsdatenauskunft an die Vorgaben aus der Entscheidung des BVerfG v. 27.5.2020	30.3.2021	BGBl. I S. 448	§ 46	geänd. mWv 2.4.2021
55.	Art. 23 G zur Fortentwicklung der StrafprozessO und zur Änd. weiterer Vorschriften	25.6.2021	BGBl. I S. 2099	§§ 33, 51	geänd. mWv 1.7.2021

---

[1] **Amtl. Anm.:** Dieses Gesetz dient der Umsetzung der Richtlinie (EU) 2016/1919 des Europäischen Parlaments und des Rates vom 26. Oktober 2016 über Prozesskostenhilfe für Verdächtige und beschuldigte Personen in Strafverfahren sowie für gesuchte Personen in Verfahren zur Vollstreckung eines Europäischen Haftbefehls (ABl. L 297 vom 4.11.2016, S. 1; L 91 vom 5.4.2017, S. 40). [...]
[2] **Amtl. Anm.:** Dieses Gesetz dient der Umsetzung der Richtlinie (EU) 2016/800 des Europäischen Parlaments und des Rates vom 11. Mai 2016 über Verfahrensgarantien für Kinder, die Verdächtige oder beschuldigte Personen in Strafverfahren sind (ABl. L 132 vom 21.5.2016, S. 1).
[3] **Amtl. Anm.:** (ABl. L 123 vom 10.5.2019, S. 18).

Lfd. Nr.	Änderndes Gesetz	Datum	Fund-stelle	Betroffen	Hinweis
56.	Art. 31 G zum Ausbau des elektronischen Rechtsverkehrs mit den Gerichten und zur Änd. weiterer Vorschriften[1]	5.10.2021	BGBl. I S. 4607	§ 110c	geänd. mWv 1.1.2022

---

[1] **Amtl. Anm.:** Notifiziert gemäß der Richtlinie (EU) 2015/1535 des Europäischen Parlaments und des Rates vom 9. September 2015 über ein Informationsverfahren auf dem Gebiet der technischen Vorschriften und der Vorschriften für die Dienste der Informationsgesellschaft (ABl. L 241 vom 17.9.2015, S. 1).

Zwölfter Abschnitt.[1)] Aktenführung und Kommunikation im Verfahren

§ 110a[2)] Elektronische Aktenführung; Verordnungsermächtigungen.

(1) *[Satz 1 bis 31.12.2025:]* [1] Die Akten können elektronisch geführt werden. *[Satz 1 ab 1.1.2026:]* [1] *Die Akten werden elektronisch geführt.* *[Satz 2 bis 30.6.2025:]* [2] Die Bundesregierung und die Landesregierungen bestimmen jeweils für ihren Bereich durch Rechtsverordnung den Zeitpunkt, von dem an die Akten elektronisch geführt werden. *[Satz 2 ab 1.7.2025:]* [2] *Die Landesregierungen können durch Rechtsverordnung bestimmen, dass Akten, die in Papierform angelegt wurden, in Papierform weitergeführt werden.* *[Satz 3 bis 30.6.2025:]* [3] Sie können die Einführung der elektronischen Aktenführung dabei auf einzelne Gerichte oder Behörden oder auf allgemein bestimmte Verfahren beschränken und bestimmen, dass Akten, die in Papierform angelegt wurden, auch nach Einführung der elektronischen Aktenführung in Papierform weitergeführt werden; wird von der Beschränkungsmöglichkeit Gebrauch gemacht, kann in der Rechtsverordnung bestimmt werden, dass durch Verwaltungsvorschrift, die öffentlich bekanntzumachen ist, geregelt wird, in welchen Verfahren die Akten elektronisch zu führen sind. [4] *[ab 1.7.2025:]* [3] Die Ermächtigung kann durch Rechtsverordnung auf die zuständigen Bundes- oder Landesministerien übertragen werden.

(2) [1] Die Bundesregierung und die Landesregierungen bestimmen jeweils für ihren Bereich durch Rechtsverordnung die für die elektronische Aktenführung geltenden organisatorischen und dem Stand der Technik entsprechenden technischen Rahmenbedingungen einschließlich der einzuhaltenden Anforderungen des Datenschutzes, der Datensicherheit und der Barrierefreiheit. [2] Sie können die Ermächtigung durch Rechtsverordnung auf die zuständigen Bundes- oder Landesministerien übertragen.

(3) [1] Die Bundesregierung bestimmt durch Rechtsverordnung mit Zustimmung des Bundesrates die für die Übermittlung elektronischer Akten zwischen Behörden und Gerichten geltenden Standards. [2] Sie kann die Ermächtigung durch Rechtsverordnung ohne Zustimmung des Bundesrates auf die zuständigen Bundesministerien übertragen.

(4) Behörden im Sinne dieses Abschnitts sind die Staatsanwaltschaften und Verwaltungsbehörden einschließlich der Vollstreckungsbehörden sowie die Behörden des Polizeidienstes, soweit diese Aufgaben im Bußgeldverfahren wahrnehmen.

§ 110b[3)] Elektronische Formulare; Verordnungsermächtigung.

[1] Die Bundesregierung kann durch Rechtsverordnung mit Zustimmung des Bundesrates elektronische Formulare einführen. [2] Die Rechtsverordnung kann bestimmen, dass die in den Formularen enthaltenen Angaben ganz oder teilweise in strukturierter maschinenlesbarer Form zu übermitteln sind. [3] Die Formulare sind auf einer in der Rechtsverordnung zu bestimmenden Kommunikationsplattform im Internet zur Nutzung bereitzustellen. [4] Die Rechtsverordnung kann bestimmen, dass eine Iden-

---

[1)] 12. Abschnitt (§§ 110a–110c) neu gef. mWv 1.1.2018 durch G v. 5.7.2017 (BGBl. I S. 2208).
[2)] § 110a neu gef. mWv 1.1.2018, Abs. 1 Satz 2 neu gef., Satz 3 aufgeh., bish. Satz 4 wird Satz 3 **mWv 1.7.2025**, Satz 1 neu gef. **mWv 1.1.2026** durch G v. 5.7.2017 (BGBl. I S. 2208); Abs. 3 Satz 1 geänd. mWv 21.12.2018 durch G v. 17.12.2018 (BGBl. I S. 2571).
[3)] § 110b neu gef. mWv 1.1.2018 durch G v. 5.7.2017 (BGBl. I S. 2208); Satz 4 geänd. mWv 1.11.2019 durch G v. 21.6.2019 (BGBl. I S. 846).

tifikation des Formularverwenders abweichend von § 32a Absatz 3 der Strafprozessordnung[1] durch Nutzung des elektronischen Identitätsnachweises nach § 18 des Personalausweisgesetzes[2], § 12 des eID-Karte-Gesetzes oder § 78 Absatz 5 des Aufenthaltsgesetzes[3] erfolgen kann. [5]Die Bundesregierung kann die Ermächtigung durch Rechtsverordnung ohne Zustimmung des Bundesrates auf die zuständigen Bundesministerien übertragen.

§ 110c[4] Entsprechende Geltung der Strafprozessordnung für Aktenführung und Kommunikation im Verfahren. [1]Im Übrigen gelten die §§ 32a, 32b und 32d bis 32f der Strafprozessordnung[1] sowie die auf der Grundlage des § 32a Absatz 2 Satz 2 und Absatz 4 Satz 1 Nummer 6, des § 32b Absatz 5 und des § 32f Absatz 6 der Strafprozessordnung erlassenen Rechtsverordnungen entsprechend. [2]Abweichend von § 32b Absatz 1 Satz 2 der Strafprozessordnung ist bei der automatisierten Herstellung eines zu signierenden elektronischen Dokuments statt seiner die begleitende Verfügung zu signieren. [3]Abweichend von § 32e Absatz 4 Satz 1 der Strafprozessordnung müssen Ausgangsdokumente nicht gespeichert oder aufbewahrt werden, wenn die übertragenen Dokumente zusätzlich einen mit einer qualifizierten elektronischen Signatur versehenen Vermerk darüber enthalten, dass das Ausgangsdokument mit dem zur Akte zu nehmenden Dokument inhaltlich und bildlich übereinstimmt.

§§ 110d, 110e[5] *(aufgehoben)*

Dritter Teil. Einzelne Ordnungswidrigkeiten
Erster Abschnitt. Verstöße gegen staatliche Anordnungen

§ 111[6] Falsche Namensangabe. (1) Ordnungswidrig handelt, wer einer zuständigen Behörde, einem zuständigen Amtsträger oder einem zuständigen Soldaten der Bundeswehr über seinen Vor-, Familien- oder Geburtsnamen, den Ort oder Tag seiner Geburt, seinen Familienstand, seinen Beruf, seinen Wohnort, seine Wohnung oder seine Staatsangehörigkeit eine unrichtige Angabe macht oder die Angabe verweigert.

(2) Ordnungswidrig handelt auch der Täter, der fahrlässig nicht erkennt, daß die Behörde, der Amtsträger oder der Soldat zuständig ist.

(3) Die Ordnungswidrigkeit kann, wenn die Handlung nicht nach anderen Vorschriften geahndet werden kann, in den Fällen des Absatzes 1 mit einer Geldbuße bis zu eintausend Euro, in den Fällen des Absatzes 2 mit einer Geldbuße bis zu fünfhundert Euro geahndet werden.

§ 112[7] Verletzung der Hausordnung eines Gesetzgebungsorgans.
(1) Ordnungswidrig handelt, wer gegen Anordnungen verstößt, die ein Gesetzgebungsorgan des Bundes oder eines Landes oder sein Präsident über das Betreten

---

[1] Nr. 90.
[2] Sartorius Nr. 255.
[3] Sartorius Nr. 565.
[4] § 110c neu gef. mWv 1.1.2018 durch G v. 5.7.2017 (BGBl. I S. 2208); Satz 1 geänd. mWv 1.1.2022 durch G v. 5.10.2021 (BGBl. I S. 4607).
[5] §§ 110d und 110e aufgeh. mWv 1.1.2018 durch G v. 5.7.2017 (BGBl. I S. 2208).
[6] § 111 Abs. 3 geänd. durch G v. 26.1.1998 (BGBl. I S. 156); Abs. 3 geänd. mWv 1.1.2002 durch G v. 13.12.2001 (BGBl. I S. 3574).
[7] § 112 Abs. 2 geänd. mWv 1.1.2002 durch G v. 13.12.2001 (BGBl. I S. 3574).

Zivilprozessordnung ZPO 100

Lfd. Nr.	Änderndes Gesetz	Datum	Fundstelle	Betroffen	Hinweis
67.	Art. 8 G zur Fortentwicklung der StrafprozessO und zur Änd. weiterer Vorschriften	25.6.2021	BGBl. I S. 2099	§ 299	geänd. mWv 1.7.2021
68.	Art. 14 G zur Modernisierung des notariellen Berufsrechts und zur Änd. weiterer Vorschriften	25.6.2021	BGBl. I S. 2154	§ 797	neu gef. mWv 1.8.2021
69.	Art. 13 G zur Neuregelung des Berufsrechts der anwaltlichen und steuerberatenden Berufsausübungsgesellschaften sowie zur Änd. weiterer Vorschriften im Bereich der rechtsberatenden Berufe	7.7.2021	BGBl. I S. 2363	§ 130a	geänd. mWv 1.8.2022
70.	Art. 3 G zur Durchführung der VO (EU) 2019/1111 sowie zur Änd. sonstiger Vorschriften	10.8.2021	BGBl. I S. 3424	§§ 1080, 1111	geänd. mWv 18.8.2021
71.	Art. 34 Personengesellschaftsrechtsmodernisierungs G (MoPeG)	10.8.2021	BGBl. I S. 3436	Inhaltsübersicht, § 50	geänd. mWv 1.1.2024
				§§ 736, 859	neu gef. mWv 1.1.2024
				§ 735	aufgeh. mit Ablauf des 31.12.2023
72.	Art. 1–3 G zum Ausbau des elektronischen Rechtsverkehrs mit den Gerichten und zur Änd. weiterer Vorschriften[1]	5.10.2021	BGBl. I S. 4607	Inhaltsübersicht, §§ 91, 130a, 168, 174, 186, 193, 195, 278, 317, 699, 702, 724, 753, 829, 840	geänd. mWv 1.1.2022
				§§ 175, 176, 192	neu gef. mWv 1.1.2022
				§§ 173, 193a	eingef. mWv 1.1.2022
				§ 173	geänd. mWv 1.1.2023
				§ 173	geänd. mWv 1.1.2024

Vorbemerkung:
Die Änderungen durch G v. 4.5.2021 (BGBl. I S. 882) treten erst mWv 1.1. 2023 in Kraft und sind im Text noch nicht berücksichtigt.
Die Änderung durch G v. 7.7.2021 (BGBl. I S. 2363) tritt erst mWv 1.8. 2022 in Kraft und ist im Text noch nicht berücksichtigt.
Die Änderungen durch G v. 10.8.2021 (BGBl. I S. 3436) treten erst mWv 1.1.2024 in Kraft und sind im Text noch nicht berücksichtigt.

---

[1] **Amtl. Anm.:** Notifiziert gemäß der Richtlinie (EU) 2015/1535 des Europäischen Parlaments und des Rates vom 9. September 2015 über ein Informationsverfahren auf dem Gebiet der technischen Vorschriften und der Vorschriften für die Dienste der Informationsgesellschaft (ABl. L 241 vom 17.9.2015, S. 1).

EL 187   Oktober 2021

Zivilprozessordnung ZPO 100

Nichtamtliche Inhaltsübersicht[1]

	§§
Buch 1. Allgemeine Vorschriften	1–252
Abschnitt 1. Gerichte	1–49
Titel 1. Sachliche Zuständigkeit der Gerichte und Wertvorschriften	1–11
Titel 2. Gerichtsstand	12–37
Titel 3. Vereinbarung über die Zuständigkeit der Gerichte	38–40
Titel 4. Ausschließung und Ablehnung der Gerichtspersonen	41–49
Abschnitt 2. Parteien	50–127
Titel 1. Parteifähigkeit; Prozessfähigkeit	50–58
Titel 2. Streitgenossenschaft	59–63
Titel 3. Beteiligung Dritter am Rechtsstreit	64–77
Titel 4. Prozessbevollmächtigte und Beistände	78–90
Titel 5. Prozesskosten	91–107
Titel 6. Sicherheitsleistung	108–113
Titel 7. Prozesskostenhilfe und Prozesskostenvorschuss	114–127
Abschnitt 3. Verfahren	128–252
Titel 1. Mündliche Verhandlung	128–165
Titel 2. Verfahren bei Zustellungen	166–213a
Untertitel 1. Zustellungen von Amts wegen	166–190
Untertitel 2. Zustellungen auf Betreiben der Parteien	191–213a
Titel 3. Ladungen, Termine und Fristen	214–229
Titel 4. Folgen der Versäumung; Rechtsbehelfsbelehrung; Wiedereinsetzung in den vorigen Stand	230–238
Titel 5. Unterbrechung und Aussetzung des Verfahrens	239–252
Buch 2. Verfahren im ersten Rechtszug	253–510c
Abschnitt 1. Verfahren vor den Landgerichten	253–494a
Titel 1. Verfahren bis zum Urteil	253–299a
Titel 2. Urteil	300–329
Titel 3. Versäumnisurteil	330–347
Titel 4. Verfahren vor dem Einzelrichter	348–354
Titel 5. Allgemeine Vorschriften über die Beweisaufnahme	355–370
Titel 6. Beweis durch Augenschein	371–372a
Titel 7. Zeugenbeweis	373–401
Titel 8. Beweis durch Sachverständige	402–414
Titel 9. Beweis durch Urkunden	415–444
Titel 10. Beweis durch Parteivernehmung	445–477
Titel 11. Abnahme von Eiden und Bekräftigungen	478–484
Titel 12. Selbständiges Beweisverfahren	485–494a
Abschnitt 2. Verfahren vor den Amtsgerichten	495–510c
Buch 3. Rechtsmittel	511–577
Abschnitt 1. Berufung	511–541
Abschnitt 2. Revision	542–566
Abschnitt 3. Beschwerde	567–577
Titel 1. Sofortige Beschwerde	567–573
Titel 2. Rechtsbeschwerde	574–577
Buch 4. Wiederaufnahme des Verfahrens	578–591
Buch 5. Urkunden- und Wechselprozess	592–605a
Buch 6. Musterfeststellungsverfahren	606–687
Buch 7. Mahnverfahren	688–703d
Buch 8. Zwangsvollstreckung	704–959
Abschnitt 1. Allgemeine Vorschriften	704–802
Abschnitt 2. Zwangsvollstreckung wegen Geldforderungen	802a–882i
Titel 1. Allgemeine Vorschriften	802a–802l
Titel 2. Zwangsvollstreckung in das bewegliche Vermögen	803–863
Untertitel 1. Allgemeine Vorschriften	803–807
Untertitel 2. Zwangsvollstreckung in körperliche Sachen	808–827

---

[1] Von der Darstellung der einzelnen Paragraphen wurde abgesehen.

EL 187   Oktober 2021

	§§
Untertitel 3. Zwangsvollstreckung in Forderungen und andere Vermögensrechte	828–863
Titel 3. Zwangsvollstreckung in das unbewegliche Vermögen	864–871
Titel 4. Verteilungsverfahren	872–882
Titel 5. Zwangsvollstreckung in Sachen, die der Erfüllung öffentlicher Aufgaben dienen	882a
Titel 6. Schuldnerverzeichnis	882b–882i
Abschnitt 3. Zwangsvollstreckung zur Erwirkung der Herausgabe von Sachen und zur Erwirkung von Handlungen oder Unterlassungen	883–898
Abschnitt 4. Wirkungen des Pfändungsschutzkontos	899–915h
Abschnitt 5. Arrest und einstweilige Verfügung	916–945b
Abschnitt 6. Grenzüberschreitende vorläufige Kontenpfändung	946–959
Titel 1. Erlass des Beschlusses zur vorläufigen Kontenpfändung	946–949
Titel 2. Vollziehung des Beschlusses zur vorläufigen Kontenpfändung	950–952
Titel 3. Rechtsbehelfe	953–957
Titel 4. Schadensersatz; Verordnungsermächtigung	958, 959
Buch 9. (weggefallen)	960–1024
Buch 10. Schiedsrichterliches Verfahren	1025–1066
Abschnitt 1. Allgemeine Vorschriften	1025–1028
Abschnitt 2. Schiedsvereinbarung	1029–1033
Abschnitt 3. Bildung des Schiedsgerichts	1034–1039
Abschnitt 4. Zuständigkeit des Schiedsgerichts	1040, 1041
Abschnitt 5. Durchführung des schiedsrichterlichen Verfahrens	1042–1050
Abschnitt 6. Schiedsspruch und Beendigung des Verfahrens	1051–1058
Abschnitt 7. Rechtsbehelf gegen den Schiedsspruch	1059
Abschnitt 8. Voraussetzungen der Anerkennung und Vollstreckung von Schiedssprüchen	1060, 1061
Abschnitt 9. Gerichtliches Verfahren	1062–1065
Abschnitt 10. Außervertragliche Schiedsgerichte	1066
Buch 11. Justizielle Zusammenarbeit in der Europäischen Union	1067–1120
Abschnitt 1. Zustellung nach der Verordnung (EG) Nr. 1393/2007	1067–1071
Abschnitt 2. Beweisaufnahme nach der Verordnung (EG) Nr. 1206/2001	1072–1075
Abschnitt 3. Prozesskostenhilfe nach der Richtlinie 2003/8/EG	1076–1078
Abschnitt 4. Europäische Vollstreckungstitel nach der Verordnung (EG) Nr. 805/2004	1079–1086
Titel 1. Bestätigung inländischer Titel als Europäische Vollstreckungstitel	1079–1081
Titel 2. Zwangsvollstreckung aus Europäischen Vollstreckungstiteln im Inland	1082–1086
Abschnitt 5. Europäisches Mahnverfahren nach der Verordnung (EG) Nr. 1896/2006	1087–1096
Titel 1. Allgemeine Vorschriften	1087–1089
Titel 2. Einspruch gegen den Europäischen Zahlungsbefehl	1090, 1091
Titel 3. Überprüfung des Europäischen Zahlungsbefehls in Ausnahmefällen	1092, 1092a
Titel 4. Zwangsvollstreckung aus dem Europäischen Zahlungsbefehl	1093–1096
Abschnitt 6. Europäisches Verfahren für geringfügige Forderungen nach der Verordnung (EG) Nr. 861/2007	1097–1109
Titel 1. Erkenntnisverfahren	1097–1104a
Titel 2. Zwangsvollstreckung	1105–1109
Abschnitt 7. Anerkennung und Vollstreckung nach der Verordnung (EU) Nr. 1215/2012	1110–1117
Titel 1. Bescheinigung über inländische Titel	1110, 1111
Titel 2. Anerkennung und Vollstreckung ausländischer Titel im Inland	1112–1117
Abschnitt 8. Beweis der Echtheit ausländischer öffentlicher Urkunden nach der Verordnung (EU) 2016/1191	1118–1120

Abschnitt 2. Parteien §§ 88–91 ZPO

(2) Der Bevollmächtigte wird durch die von seiner Seite erfolgte Kündigung nicht gehindert, für den Vollmachtgeber so lange zu handeln, bis dieser für Wahrnehmung seiner Rechte in anderer Weise gesorgt hat.

§ 88 Mangel der Vollmacht. (1) Der Mangel der Vollmacht kann von dem Gegner in jeder Lage des Rechtsstreits gerügt werden.

(2) Das Gericht hat den Mangel der Vollmacht von Amts wegen zu berücksichtigen, wenn nicht als Bevollmächtigter ein Rechtsanwalt auftritt.

§ 89 Vollmachtloser Vertreter. (1) [1] Handelt jemand für eine Partei als Geschäftsführer ohne Auftrag oder als Bevollmächtigter ohne Beibringung einer Vollmacht, so kann er gegen oder ohne Sicherheitsleistung für Kosten und Schäden zur Prozessführung einstweilen zugelassen werden. [2] Das Endurteil darf erst erlassen werden, nachdem die für die Beibringung der Genehmigung zu bestimmende Frist abgelaufen ist. [3] Ist zu der Zeit, zu der das Endurteil erlassen wird, die Genehmigung nicht beigebracht, so ist der einstweilen zur Prozessführung Zugelassene zum Ersatz der dem Gegner infolge der Zulassung erwachsenen Kosten zu verurteilen; auch hat er dem Gegner die infolge der Zulassung entstandenen Schäden zu ersetzen.

(2) Die Partei muss die Prozessführung gegen sich gelten lassen, wenn sie auch nur mündlich Vollmacht erteilt oder wenn sie die Prozessführung ausdrücklich oder stillschweigend genehmigt hat.

§ 90[1)] **Beistand.** (1) [1] In der Verhandlung können die Parteien mit Beiständen erscheinen. [2] Beistand kann sein, wer in Verfahren, in denen die Partei den Rechtsstreit selbst führen kann, als Bevollmächtigter zur Vertretung in der Verhandlung befugt ist. [3] Das Gericht kann andere Personen als Beistand zulassen, wenn dies sachdienlich ist und hierfür nach den Umständen des Einzelfalls ein Bedürfnis besteht. [4] § 79 Abs. 3 Satz 1 und 3 und Abs. 4 gilt entsprechend.

(2) Das von dem Beistand Vorgetragene gilt als von der Partei vorgebracht, insoweit es nicht von dieser sofort widerrufen oder berichtigt wird.

Titel 5. Prozesskosten

§ 91[2)] **Grundsatz und Umfang der Kostenpflicht.** (1) [1] Die unterliegende Partei hat die Kosten des Rechtsstreits zu tragen, insbesondere die dem Gegner erwachsenen Kosten zu erstatten, soweit sie zur zweckentsprechenden Rechtsverfolgung oder Rechtsverteidigung notwendig waren. [2] Die Kostenerstattung umfasst auch die Entschädigung des Gegners für die durch notwendige Reisen oder durch die notwendige Wahrnehmung von Terminen entstandene Zeitversäumnis; die für die Entschädigung von Zeugen geltenden Vorschriften sind entsprechend anzuwenden.

(2) [1] Die gesetzlichen Gebühren und Auslagen des Rechtsanwalts der obsiegenden Partei sind in allen Prozessen zu erstatten, Reisekosten eines Rechtsanwalts, der nicht in dem Bezirk des Prozessgerichts niedergelassen ist und am Ort des Prozessgerichts auch nicht wohnt, jedoch nur insoweit, als die Zuziehung zur zweckentsprechenden Rechtsverfolgung oder Rechtsverteidigung notwendig war. [2] Die Kosten mehrerer Rechtsanwälte sind nur insoweit zu erstatten, als sie die

---

[1)] § 90 Abs. 1 neu gef. mWv 1.7.2008 durch G v. 12.12.2007 (BGBl. I S. 2840).
[2)] § 91 Abs. 2 Satz 1 geänd. mWv 1.6.2007 durch G v. 26.3.2007 (BGBl. I S. 358); Abs. 5 angef. mWv 1.1.2022 durch G v. 5.10.2021 (BGBl. I S. 4607).

Kosten eines Rechtsanwalts nicht übersteigen oder als in der Person des Rechtsanwalts ein Wechsel eintreten musste. ³ In eigener Sache sind dem Rechtsanwalt die Gebühren und Auslagen zu erstatten, die er als Gebühren und Auslagen eines bevollmächtigten Rechtsanwalts erstattet verlangen könnte.

(3) Zu den Kosten des Rechtsstreits im Sinne der Absätze 1, 2 gehören auch die Gebühren, die durch ein Güteverfahren vor einer durch die Landesjustizverwaltung eingerichteten oder anerkannten Gütestelle entstanden sind; dies gilt nicht, wenn zwischen der Beendigung des Güteverfahrens und der Klageerhebung mehr als ein Jahr verstrichen ist.

(4) Zu den Kosten des Rechtsstreits im Sinne von Absatz 1 gehören auch Kosten, die die obsiegende Partei der unterlegenen Partei im Verlaufe des Rechtsstreits gezahlt hat.

(5) Wurde in einem Rechtsstreit über einen Anspruch nach Absatz 1 Satz 1 entschieden, so ist die Verjährung des Anspruchs gehemmt, bis die Entscheidung rechtskräftig geworden ist oder der Rechtsstreit auf andere Weise beendet wird.

§ 91a Kosten bei Erledigung der Hauptsache. (1) ¹ Haben die Parteien in der mündlichen Verhandlung oder durch Einreichung eines Schriftsatzes oder zu Protokoll der Geschäftsstelle den Rechtsstreit in der Hauptsache für erledigt erklärt, so entscheidet das Gericht über die Kosten unter Berücksichtigung des bisherigen Sach- und Streitstandes nach billigem Ermessen durch Beschluss. ² Dasselbe gilt, wenn der Beklagte der Erledigungserklärung des Klägers nicht innerhalb einer Notfrist von zwei Wochen seit der Zustellung des Schriftsatzes widerspricht, wenn der Beklagte zuvor auf diese Folge hingewiesen worden ist.

(2) ¹ Gegen die Entscheidung findet die sofortige Beschwerde statt. ² Dies gilt nicht, wenn der Streitwert der Hauptsache den in § 511 genannten Betrag nicht übersteigt. ³ Vor der Entscheidung über die Beschwerde ist der Gegner zu hören.

§ 92 Kosten bei teilweisem Obsiegen. (1) ¹ Wenn jede Partei teils obsiegt, teils unterliegt, so sind die Kosten gegeneinander aufzuheben oder verhältnismäßig zu teilen. ² Sind die Kosten gegeneinander aufgehoben, so fallen die Gerichtskosten jeder Partei zur Hälfte zur Last.

(2) Das Gericht kann der einen Partei die gesamten Prozesskosten auferlegen, wenn
1. die Zuvielforderung der anderen Partei verhältnismäßig geringfügig war und keine oder nur geringfügig höhere Kosten veranlasst hat oder
2. der Betrag der Forderung der anderen Partei von der Festsetzung durch richterliches Ermessen, von der Ermittlung durch Sachverständige oder von einer gegenseitigen Berechnung abhängig war.

§ 93 Kosten bei sofortigem Anerkenntnis. Hat der Beklagte nicht durch sein Verhalten zur Erhebung der Klage Veranlassung gegeben, so fallen dem Kläger die Prozesskosten zur Last, wenn der Beklagte den Anspruch sofort anerkennt.

§ 93a[1] *(aufgehoben)*

§ 93b Kosten bei Räumungsklagen. (1) ¹ Wird einer Klage auf Räumung von Wohnraum mit Rücksicht darauf stattgegeben, dass ein Verlangen des Beklagten auf Fortsetzung des Mietverhältnisses auf Grund der §§ 574 bis 574b des

---

[1] § 93a aufgeh. mWv 1.9.2009 durch G v. 17.12.2008 (BGBl. I S. 2586).

Bürgerlichen Gesetzbuchs[1]) wegen der berechtigten Interessen des Klägers nicht gerechtfertigt ist, so kann das Gericht die Kosten ganz oder teilweise dem Kläger auferlegen, wenn der Beklagte die Fortsetzung des Mietverhältnisses unter Angabe von Gründen verlangt hatte und der Kläger aus Gründen obsiegt, die erst nachträglich entstanden sind (§ 574 Abs. 3 des Bürgerlichen Gesetzbuchs). [2]Dies gilt in einem Rechtsstreit wegen Fortsetzung des Mietverhältnisses bei Abweisung der Klage entsprechend.

(2) [1]Wird eine Klage auf Räumung von Wohnraum mit Rücksicht darauf abgewiesen, dass auf Verlangen des Beklagten die Fortsetzung des Mietverhältnisses auf Grund der §§ 574 bis 574b des Bürgerlichen Gesetzbuchs bestimmt wird, so kann das Gericht die Kosten ganz oder teilweise dem Beklagten auferlegen, wenn er auf Verlangen des Klägers nicht unverzüglich über die Gründe des Widerspruchs Auskunft erteilt hat. [2]Dies gilt in einem Rechtsstreit wegen Fortsetzung des Mietverhältnisses entsprechend, wenn der Klage stattgegeben wird.

(3) Erkennt der Beklagte den Anspruch auf Räumung von Wohnraum sofort an, wird ihm jedoch eine Räumungsfrist bewilligt, so kann das Gericht die Kosten ganz oder teilweise dem Kläger auferlegen, wenn der Beklagte bereits vor Erhebung der Klage unter Angabe von Gründen die Fortsetzung des Mietverhältnisses oder eine den Umständen nach angemessene Räumungsfrist vom Kläger vergeblich begehrt hatte.

§§ 93c, 93d[2]) *(aufgehoben)*

§ 94 Kosten bei übergegangenem Anspruch.
Macht der Kläger einen auf ihn übergegangenen[3]) Anspruch geltend, ohne dass er vor der Erhebung der Klage dem Beklagten den Übergang mitgeteilt und auf Verlangen nachgewiesen hat, so fallen ihm die Prozesskosten insoweit zur Last, als sie dadurch entstanden sind, dass der Beklagte durch die Unterlassung der Mitteilung oder des Nachweises veranlasst worden ist, den Anspruch zu bestreiten.

§ 95 Kosten bei Säumnis oder Verschulden.
Die Partei, die einen Termin oder eine Frist versäumt oder die Verlegung eines Termins, die Vertagung einer Verhandlung, die Anberaumung eines Termins zur Fortsetzung der Verhandlung oder die Verlängerung einer Frist durch ihr Verschulden veranlasst, hat die dadurch verursachten Kosten zu tragen.[4])

§ 96 Kosten erfolgloser Angriffs- oder Verteidigungsmittel.
Die Kosten eines ohne Erfolg gebliebenen Angriffs- oder Verteidigungsmittels können der Partei auferlegt werden, die es geltend gemacht hat, auch wenn sie in der Hauptsache obsiegt.

§ 97[5]) Rechtsmittelkosten.
(1) Die Kosten eines ohne Erfolg eingelegten Rechtsmittels fallen der Partei zur Last, die es eingelegt hat.

(2) Die Kosten des Rechtsmittelverfahrens sind der obsiegenden Partei ganz oder teilweise aufzuerlegen, wenn sie auf Grund eines neuen Vorbringens obsiegt, das sie in einem früheren Rechtszug geltend zu machen imstande war.

---

[1]) Nr. 20.
[2]) §§ 93c und 93d aufgeh. mWv 1.9.2009 durch G v. 17.12.2008 (BGBl. I S. 2586).
[3]) Richtig wohl: „übergegangenen".
[4]) Vgl. auch § 38 GKG (Nr. 115).
[5]) § 97 Abs. 3 aufgeh. mWv 1.9.2009 durch G v. 17.12.2008 (BGBl. I S. 2586).

§ 98 Vergleichskosten. [1]Die Kosten eines abgeschlossenen Vergleichs sind als gegeneinander aufgehoben anzusehen, wenn nicht die Parteien ein anderes vereinbart haben. [2]Das Gleiche gilt von den Kosten des durch Vergleich erledigten Rechtsstreits, soweit nicht über sie bereits rechtskräftig erkannt ist.

§ 99 Anfechtung von Kostenentscheidungen. (1) Die Anfechtung der Kostenentscheidung ist unzulässig, wenn nicht gegen die Entscheidung in der Hauptsache ein Rechtsmittel eingelegt wird.

(2) [1]Ist die Hauptsache durch eine auf Grund eines Anerkenntnisses ausgesprochene Verurteilung erledigt, so findet gegen die Kostenentscheidung die sofortige Beschwerde statt. [2]Dies gilt nicht, wenn der Streitwert der Hauptsache den in § 511 genannten Betrag nicht übersteigt. [3]Vor der Entscheidung über die Beschwerde ist der Gegner zu hören.

§ 100 Kosten bei Streitgenossen. (1) Besteht der unterliegende Teil aus mehreren Personen, so haften sie für die Kostenerstattung nach Kopfteilen.

(2) Bei einer erheblichen Verschiedenheit der Beteiligung am Rechtsstreit kann nach dem Ermessen des Gerichts die Beteiligung zum Maßstab genommen werden.

(3) Hat ein Streitgenosse ein besonderes Angriffs- oder Verteidigungsmittel geltend gemacht, so haften die übrigen Streitgenossen nicht für die dadurch veranlassten Kosten.

(4) [1]Werden mehrere Beklagte als Gesamtschuldner verurteilt, so haften sie auch für die Kostenerstattung, unbeschadet der Vorschrift des Absatzes 3, als Gesamtschuldner. [2]Die Vorschriften des bürgerlichen Rechts, nach denen sich diese Haftung auf die im Absatz 3 bezeichneten Kosten erstreckt, bleiben unberührt.

§ 101 Kosten einer Nebenintervention. (1) Die durch eine Nebenintervention verursachten Kosten sind dem Gegner der Hauptpartei aufzuerlegen, soweit er nach den Vorschriften der §§ 91 bis 98 die Kosten des Rechtsstreits zu tragen hat; soweit dies nicht der Fall ist, sind sie dem Nebenintervenienten aufzuerlegen.

(2) Gilt der Nebenintervenient als Streitgenosse der Hauptpartei (§ 69), so sind die Vorschriften des § 100 maßgebend.

§ 102 (weggefallen)

§ 103 Kostenfestsetzungsgrundlage; Kostenfestsetzungsantrag.
(1) Der Anspruch auf Erstattung der Prozesskosten kann nur auf Grund eines zur Zwangsvollstreckung geeigneten Titels geltend gemacht werden.

(2) [1]Der Antrag auf Festsetzung des zu erstattenden Betrages ist bei dem Gericht des ersten Rechtszuges anzubringen. [2]Die Kostenberechnung, ihre zur Mitteilung an den Gegner bestimmte Abschrift und die zur Rechtfertigung der einzelnen Ansätze dienenden Belege sind beizufügen.

§ 104[1]) **Kostenfestsetzungsverfahren.** (1) [1]Über den Festsetzungsantrag entscheidet das Gericht des ersten Rechtszuges. [2]Auf Antrag ist auszusprechen, dass die festgesetzten Kosten vom Eingang des Festsetzungsantrags, im Falle des § 105 Abs. 3 von der Verkündung des Urteils ab mit fünf Prozentpunkten über dem Basiszinssatz nach § 247 des Bürgerlichen Gesetzbuchs[2]) zu verzinsen sind. [3]Die

---

[1]) § 104 Abs. 1 Satz 2 geänd. mWv 31.12.2006 durch G v. 22.12.2006 (BGBl. I S. 3416).
[2]) Nr. 20.

Entscheidung ist, sofern dem Antrag ganz oder teilweise entsprochen wird, dem Gegner des Antragstellers unter Beifügung einer Abschrift der Kostenrechnung von Amts wegen zuzustellen. [4] Dem Antragsteller ist die Entscheidung nur dann von Amts wegen zuzustellen, wenn der Antrag ganz oder teilweise zurückgewiesen wird; im Übrigen ergeht die Mitteilung formlos.

(2) [1] Zur Berücksichtigung eines Ansatzes genügt, dass er glaubhaft gemacht ist. [2] Hinsichtlich der einem Rechtsanwalt erwachsenden Auslagen für Post- und Telekommunikationsdienstleistungen genügt die Versicherung des Rechtsanwalts, dass diese Auslagen entstanden sind. [3] Zur Berücksichtigung von Umsatzsteuerbeträgen genügt die Erklärung des Antragstellers, dass er die Beträge nicht als Vorsteuer abziehen kann.

(3) [1] Gegen die Entscheidung findet sofortige Beschwerde statt. [2] Das Beschwerdegericht kann das Verfahren aussetzen, bis die Entscheidung, auf die der Festsetzungsantrag gestützt wird, rechtskräftig ist.

§ 105 Vereinfachter Kostenfestsetzungsbeschluss. (1) [1] Der Festsetzungsbeschluss kann auf das Urteil und die Ausfertigungen gesetzt werden, sofern bei Eingang des Antrags eine Ausfertigung des Urteils noch nicht erteilt ist und eine Verzögerung der Ausfertigung nicht eintritt. [2] Erfolgt der Festsetzungsbeschluss in der Form des § 130b, ist er in einem gesonderten elektronischen Dokument festzuhalten. [3] Das Dokument ist mit dem Urteil untrennbar zu verbinden.

(2) [1] Eine besondere Ausfertigung und Zustellung des Festsetzungsbeschlusses findet in den Fällen des Absatzes 1 nicht statt. [2] Den Parteien ist der festgesetzte Betrag mitzuteilen, dem Gegner des Antragstellers unter Beifügung der Abschrift der Kostenberechnung. [3] Die Verbindung des Festsetzungsbeschlusses mit dem Urteil soll unterbleiben, sofern dem Festsetzungsantrag auch nur teilweise nicht entsprochen wird.

(3) Eines Festsetzungsantrags bedarf es nicht, wenn die Partei vor der Verkündung des Urteils die Berechnung ihrer Kosten eingereicht hat; in diesem Fall ist die dem Gegner mitzuteilende Abschrift der Kostenberechnung von Amts wegen anzufertigen.

§ 106 Verteilung nach Quoten. (1) [1] Sind die Prozesskosten ganz oder teilweise nach Quoten verteilt, so hat nach Eingang des Festsetzungsantrags das Gericht den Gegner aufzufordern, die Berechnung seiner Kosten binnen einer Woche bei Gericht einzureichen. [2] Die Vorschriften des § 105 sind nicht anzuwenden.

(2) [1] Nach fruchtlosem Ablauf der einwöchigen Frist ergeht die Entscheidung ohne Rücksicht auf die Kosten des Gegners, unbeschadet des Rechts des letzteren, den Anspruch auf Erstattung nachträglich geltend zu machen. [2] Der Gegner haftet für die Mehrkosten, die durch das nachträgliche Verfahren entstehen.

§ 107 Änderung nach Streitwertfestsetzung. (1) [1] Ergeht nach der Kostenfestsetzung eine Entscheidung, durch die der Wert des Streitgegenstandes festgesetzt wird, so ist, falls diese Entscheidung von der Wertberechnung abweicht, die der Kostenfestsetzung zugrunde liegt, auf Antrag die Kostenfestsetzung entsprechend abzuändern. [2] Über den Antrag entscheidet das Gericht des ersten Rechtszuges.

(2) [1] Der Antrag ist binnen der Frist von einem Monat bei der Geschäftsstelle anzubringen. [2] Die Frist beginnt mit der Zustellung und, wenn es einer solchen

nicht bedarf, mit der Verkündung des den Wert des Streitgegenstandes festsetzenden Beschlusses.

(3) Die Vorschriften des § 104 Abs. 3 sind anzuwenden.

Titel 6. Sicherheitsleistung

§ 108 Art und Höhe der Sicherheit. (1) [1]In den Fällen der Bestellung einer prozessualen Sicherheit kann das Gericht nach freiem Ermessen bestimmen, in welcher Art und Höhe die Sicherheit zu leisten ist. [2]Soweit das Gericht eine Bestimmung nicht getroffen hat und die Parteien ein anderes nicht vereinbart haben, ist die Sicherheitsleistung durch die schriftliche, unwiderrufliche, unbedingte und unbefristete Bürgschaft eines im Inland zum Geschäftsbetrieb befugten Kreditinstituts oder durch Hinterlegung von Geld oder solchen Wertpapieren zu bewirken, die nach § 234 Abs. 1 und 3 des Bürgerlichen Gesetzbuchs[1)] zur Sicherheitsleistung geeignet sind.

(2) Die Vorschriften des § 234 Abs. 2 und des § 235 des Bürgerlichen Gesetzbuchs sind entsprechend anzuwenden.

§ 109 Rückgabe der Sicherheit. (1) Ist die Veranlassung für eine Sicherheitsleistung weggefallen, so hat auf Antrag das Gericht, das die Bestellung der Sicherheit angeordnet oder zugelassen hat, eine Frist zu bestimmen, binnen der ihm die Partei, zu deren Gunsten die Sicherheit geleistet ist, die Einwilligung in die Rückgabe der Sicherheit zu erklären oder die Erhebung der Klage wegen ihrer Ansprüche nachzuweisen hat.

(2) [1]Nach Ablauf der Frist hat das Gericht auf Antrag die Rückgabe der Sicherheit anzuordnen, wenn nicht inzwischen die Erhebung der Klage nachgewiesen ist; ist die Sicherheit durch eine Bürgschaft bewirkt worden, so ordnet das Gericht das Erlöschen der Bürgschaft an. [2]Die Anordnung wird erst mit der Rechtskraft wirksam.

(3) [1]Die Anträge und die Einwilligung in die Rückgabe der Sicherheit können vor der Geschäftsstelle zu Protokoll erklärt werden. [2]Die Entscheidungen ergehen durch Beschluss.

(4) Gegen den Beschluss, durch den der im Absatz 1 vorgesehene Antrag abgelehnt wird, steht dem Antragsteller, gegen die im Absatz 2 bezeichnete Entscheidung steht beiden Teilen die sofortige Beschwerde zu.

§ 110[2)] Prozesskostensicherheit. (1) Kläger, die ihren gewöhnlichen Aufenthalt nicht in einem Mitgliedstaat der Europäischen Union oder einem Vertragsstaat des Abkommens über den Europäischen Wirtschaftsraum haben, leisten auf Verlangen des Beklagten wegen der Prozesskosten Sicherheit.

(2) Diese Verpflichtung tritt nicht ein:
1. wenn auf Grund völkerrechtlicher Verträge keine Sicherheit verlangt werden kann;
2. wenn die Entscheidung über die Erstattung der Prozesskosten an den Beklagten auf Grund völkerrechtlicher Verträge vollstreckt würde;

[1)] Nr. 20.
[2)] Vgl. §§ 18 bis 20 GVG (Nr. **95**) und Art. 17 Haager Übereinkommen über den Zivilprozess v. 1.3. 1954 (BGBl. 1958 II S. 576, 577). Siehe ferner § 11 G über die Rechtsstellung heimatloser Ausländer im Bundesgebiet (**Sartorius Nr. 563**) und für Mitglieder der in der Bundesrepublik stationierten ausländischen Truppen vgl. Art. 31 Zusatzabkommen zum NATO-Truppenstatut v. 3.8.1959 (BGBl. 1961 II S. 1218), zuletzt geänd. durch Abk. v. 28.9.1994 (BGBl. II S. 2598).

3. wenn der Kläger im Inland ein zur Deckung der Prozesskosten hinreichendes Grundvermögen oder dinglich gesicherte Forderungen besitzt;
4. bei Widerklagen;
5. bei Klagen, die auf Grund einer öffentlichen Aufforderung erhoben werden.

§ 111 Nachträgliche Prozesskostensicherheit. Der Beklagte kann auch dann Sicherheit verlangen, wenn die Voraussetzungen für die Verpflichtung zur Sicherheitsleistung erst im Laufe des Rechtsstreits eintreten und nicht ein zur Deckung ausreichender Teil des erhobenen Anspruchs unbestritten ist.

§ 112 Höhe der Prozesskostensicherheit. (1) Die Höhe der zu leistenden Sicherheit wird von dem Gericht nach freiem Ermessen festgesetzt.

(2) [1] Bei der Festsetzung ist derjenige Betrag der Prozesskosten zugrunde zu legen, den der Beklagte wahrscheinlich aufzuwenden haben wird. [2] Die dem Beklagten durch eine Widerklage erwachsenden Kosten sind hierbei nicht zu berücksichtigen.

(3) Ergibt sich im Laufe des Rechtsstreits, dass die geleistete Sicherheit nicht hinreicht, so kann der Beklagte die Leistung einer weiteren Sicherheit verlangen, sofern nicht ein zur Deckung ausreichender Teil des erhobenen Anspruchs unbestritten ist.

§ 113 Fristbestimmung für Prozesskostensicherheit. [1] Das Gericht hat dem Kläger bei Anordnung der Sicherheitsleistung eine Frist zu bestimmen, binnen der die Sicherheit zu leisten ist. [2] Nach Ablauf der Frist ist auf Antrag des Beklagten, wenn die Sicherheit bis zur Entscheidung nicht geleistet ist, die Klage für zurückgenommen zu erklären oder, wenn über ein Rechtsmittel des Klägers zu verhandeln ist, dieses zu verwerfen.

Titel 7. Prozesskostenhilfe[1] und Prozesskostenvorschuss

§ 114[2] Voraussetzungen. (1) [1] Eine Partei, die nach ihren persönlichen und wirtschaftlichen Verhältnissen die Kosten der Prozessführung nicht, nur zum Teil oder nur in Raten aufbringen kann, erhält auf Antrag Prozesskostenhilfe, wenn die beabsichtigte Rechtsverfolgung oder Rechtsverteidigung hinreichende Aussicht auf Erfolg bietet und nicht mutwillig erscheint. [2] Für die grenzüberschreitende Prozesskostenhilfe innerhalb der Europäischen Union gelten ergänzend die §§ 1076 bis 1078.

(2) Mutwillig ist die Rechtsverfolgung oder Rechtsverteidigung, wenn eine Partei, die keine Prozesskostenhilfe beansprucht, bei verständiger Würdigung aller Umstände von der Rechtsverfolgung oder Rechtsverteidigung absehen würde, obwohl eine hinreichende Aussicht auf Erfolg besteht.

---

[1] Vgl. Art. 20 bis 24 Haager Übereinkommen über den Zivilprozess v. 1.3.1954 (BGBl. 1958 II S. 576, 577). Siehe ferner § 11 G über die Rechtsstellung heimatloser Ausländer im Bundesgebiet **(Sartorius Nr. 563)** und für Mitglieder der in der Bundesrepublik stationierten ausländischen Truppen vgl. Art. 31 Zusatzabkommen zum NATO-Truppenstatut v. 3.8.1959 (BGBl. 1961 II S. 1218), zuletzt geänd. durch Abk. v. 28.9.1994 (BGBl. II S. 2598).
[2] § 114 Abs. 2 angef. mWv 1.1.2014 durch G v. 31.8.2013 (BGBl. I S. 3533).

§ 115[1)] Einsatz von Einkommen und Vermögen.

(1) [1]Die Partei hat ihr Einkommen einzusetzen. [2]Zum Einkommen gehören alle Einkünfte in Geld oder Geldeswert. [3]Von ihm sind abzusetzen:

1. a) die in § 82 Abs. 2 des Zwölften Buches Sozialgesetzbuch[2)] bezeichneten Beträge;
   b) bei Parteien, die ein Einkommen aus Erwerbstätigkeit erzielen, ein Betrag in Höhe von 50 vom Hundert des Regelsatzes, der für den alleinstehenden oder alleinerziehenden Leistungsberechtigten vom Bund gemäß der Regelbedarfsstufe 1 nach der Anlage zu § 28 des Zwölften Buches Sozialgesetzbuch festgesetzt oder fortgeschrieben worden ist;
2. a) für die Partei und ihren Ehegatten oder ihren Lebenspartner jeweils ein Betrag in Höhe des um 10 vom Hundert erhöhten Regelsatzes, der für den alleinstehenden oder alleinerziehenden Leistungsberechtigten vom Bund gemäß der Regelbedarfsstufe 1 nach der Anlage zu § 28 des Zwölften Buches Sozialgesetzbuch festgesetzt oder fortgeschrieben worden ist;
   b) bei weiteren Unterhaltsleistungen auf Grund gesetzlicher Unterhaltspflicht für jede unterhaltsberechtigte Person jeweils ein Betrag in Höhe des um 10 vom Hundert erhöhten Regelsatzes, der für eine Person ihres Alters vom Bund gemäß den Regelbedarfsstufen 3 bis 6 nach der Anlage zu § 28 des Zwölften Buches Sozialgesetzbuch festgesetzt oder fortgeschrieben worden ist;
3. die Kosten der Unterkunft und Heizung, soweit sie nicht in einem auffälligen Missverhältnis zu den Lebensverhältnissen der Partei stehen;

[1)] § 115 Abs. 1 Satz 3 Nr. 1 Buchst. b, Nr. 2 und Satz 5 neu gef. mWv 30.3.2011 durch G v. 24.3.2011 (BGBl. I S. 453); Abs. 1 Satz 3 Nr. 4 eingef., bish. Nr. 4 wird Nr. 5, Abs. 2 neu gef. mWv 1.1.2014 durch G v. 31.8.2013 (BGBl. I S. 3533); Abs. 1 Satz 5 geänd. mWv 8.9.2015 durch VO v. 31.8.2015 (BGBl. I S. 1474); Abs. 1 Satz 3 Nr. 1 Buchst. b, Nr. 2 Buchst. a und b geänd., Satz 5 eingef., bish. Sätze 5–8 werden Sätze 6–9, neuer Satz 6 geänd. mWv 1.1.2021 durch G v. 21.12.2020 (BGBl. I S. 3229).

[2)] § 82 Abs. 2 und 3 des Zwölften Buches Sozialgesetzbuch (**Sartorius ErgBd. Nr. 412**) lauten:
„(2) [1]Von dem Einkommen sind abzusetzen
1. auf das Einkommen entrichtete Steuern,
2. Pflichtbeiträge zur Sozialversicherung einschließlich der Beiträge zur Arbeitsförderung,
3. Beiträge zu öffentlichen oder privaten Versicherungen oder ähnlichen Einrichtungen, soweit diese Beiträge gesetzlich vorgeschrieben oder nach Grund und Höhe angemessen sind, sowie geförderte Altersvorsorgebeiträge nach § 82 des Einkommensteuergesetzes, soweit sie den Mindesteigenbeitrag nach § 86 des Einkommensteuergesetzes nicht überschreiten, und
4. die mit der Erzielung des Einkommens verbundenen notwendigen Ausgaben.

[2]Erhält eine leistungsberechtigte Person aus einer Tätigkeit Bezüge oder Einnahmen, die nach § 3 Nummer 12, 26 oder 26a des Einkommensteuergesetzes steuerfrei sind oder die als Taschengeld nach § 2 Nummer 4 des Bundesfreiwilligendienstgesetzes oder nach § 2 Absatz 1 Nummer 4 des Jugendfreiwilligendienstegesetzes gezahlt werden, ist abweichend von Satz 1 Nummer 2 bis 4 und den Absätzen 3 und 6 ein Betrag von bis zu 250 Euro monatlich nicht als Einkommen zu berücksichtigen. [3]Soweit ein Betrag nach Satz 2 in Anspruch genommen wird, gelten die Beträge nach Absatz 3 Satz 1 zweiter Halbsatz und nach Absatz 6 Satz 1 zweiter Halbsatz insoweit als ausgeschöpft.

(3) [1]Bei der Hilfe zum Lebensunterhalt und Grundsicherung im Alter und bei Erwerbsminderung ist ferner ein Betrag in Höhe von 30 vom Hundert des Einkommens aus selbständiger und nichtselbständiger Tätigkeit der Leistungsberechtigten abzusetzen, höchstens jedoch 50 vom Hundert der Regelbedarfsstufe 1 nach der Anlage zu § 28. [2]Abweichend von Satz 1 ist bei einer Beschäftigung in einer Werkstatt für behinderte Menschen oder bei anderen Leistungsanbietern nach § 60 des Neunten Buches von dem Entgelt ein Achtel der Regelbedarfsstufe 1 nach der Anlage zu § 28 zuzüglich 50 vom Hundert des diesen Betrag übersteigenden Entgelts abzusetzen. [3]Im Übrigen kann in begründeten Fällen ein anderer als in Satz 1 festgelegter Betrag vom Einkommen abgesetzt werden."

Abschnitt 2. Parteien §115 ZPO 100

4. Mehrbedarfe nach § 21 des Zweiten Buches Sozialgesetzbuch[1] und nach § 30 des Zwölften Buches Sozialgesetzbuch[2];
5. weitere Beträge, soweit dies mit Rücksicht auf besondere Belastungen angemessen ist; § 1610a des Bürgerlichen Gesetzbuchs[3] gilt entsprechend.

[4] Maßgeblich sind die Beträge, die zum Zeitpunkt der Bewilligung der Prozesskostenhilfe gelten. [5] Soweit am Wohnsitz der Partei aufgrund einer Neufestsetzung oder Fortschreibung nach § 29 Absatz 2 bis 4 des Zwölften Buches Sozialgesetzbuch höhere Regelsätze gelten, sind diese heranzuziehen. [6] Das Bundesministerium der Justiz und für Verbraucherschutz gibt bei jeder Neufestsetzung oder jeder Fortschreibung die maßgebenden Beträge nach Satz 3 Nummer 1 Buchstabe b und Nummer 2 und nach Satz 5 im Bundesgesetzblatt bekannt.[4] [7] Diese Beträge sind, soweit sie nicht volle Euro ergeben, bis zu 0,49 Euro abzurunden und von 0,50 Euro an aufzurunden. [8] Die Unterhaltsfreibeträge nach Satz 3 Nr. 2 vermin-

---

[1] **Sartorius ErgBd. Nr. 402.**
[2] **Sartorius ErgBd. Nr. 412.**
[3] Nr. 20.
[4] Siehe die Prozesskostenhilfebek. 2021 v. 28.12.2020 (BGBl. I S. 3344):
„Auf Grund des § 115 Absatz 1 Satz 6 der Zivilprozessordnung, der zuletzt durch Artikel 10 Nummer 3 des Gesetzes vom 21. Dezember 2020 (BGBl. I S. 3229) geändert worden ist, werden die ab dem 1. Januar 2021 maßgebenden Beträge, die nach § 115 Absatz 1 Satz 3 Nummer 1 Buchstabe b und Nummer 2 sowie Satz 5 der Zivilprozessordnung vom Einkommen der Partei abzusetzen sind, bekannt gemacht:

	Freibetrag Bund	Freibetrag in den Landkreisen Fürstenfeldbruck und Starnberg	Freibetrag im Landkreis München	Freibetrag in der Landeshauptstadt München
Parteien, die ein Einkommen aus Erwerbstätigkeit erzielen (§ 115 Absatz 1 Satz 3 Nummer 1 Buchstabe b der Zivilprozessordnung)	223 Euro	235 Euro	235 Euro	234 Euro
Partei, Ehegatte oder Lebenspartner (§ 115 Absatz 1 Satz 3 Nummer 2 Buchstabe a der Zivilprozessordnung)	491 Euro	516 Euro	517 Euro	515 Euro
Freibetrag für unterhaltsberechtigte Erwachsene (§ 115 Absatz 1 Satz 3 Nummer 2 Buchstabe b der Zivilprozessordnung Regelbedarfsstufe 3)	393 Euro	414 Euro	414 Euro	411 Euro
Freibetrag für unterhaltsberechtigte Jugendliche vom Beginn des 15. bis zur Vollendung des 18. Lebensjahres (§ 115 Absatz 1 Satz 3 Nummer 2 Buchstabe b der Zivilprozessordnung Regelbedarfsstufe 4)	410 Euro	430 Euro	432 Euro	429 Euro
Freibetrag für unterhaltsberechtigte Kinder vom Beginn des siebten bis zur Vollendung des 14. Lebensjahres (§ 115 Absatz 1 Satz 3 Nummer 2 Buchstabe b der Zivilprozessordnung Regelbedarfsstufe 5)	340 Euro	353 Euro	359 Euro	353 Euro
Freibetrag für unterhaltsberechtigte Kinder bis zur Vollendung des sechsten Lebensjahres (§ 115 Absatz 1 Satz 3 Nummer 2 Buchstabe b der Zivilprozessordnung Regelbedarfsstufe 6)	311 Euro	325 Euro	328 Euro	323 Euro"

dern sich um eigenes Einkommen der unterhaltsberechtigten Person. [9] Wird eine Geldrente gezahlt, so ist sie anstelle des Freibetrages abzusetzen, soweit dies angemessen ist.

(2) [1] Von dem nach den Abzügen verbleibenden Teil des monatlichen Einkommens (einzusetzendes Einkommen) sind Monatsraten in Höhe der Hälfte des einzusetzenden Einkommens festzusetzen; die Monatsraten sind auf volle Euro abzurunden. [2] Beträgt die Höhe einer Monatsrate weniger als 10 Euro, ist von der Festsetzung von Monatsraten abzusehen. [3] Bei einem einzusetzenden Einkommen von mehr als 600 Euro beträgt die Monatsrate 300 Euro zuzüglich des Teils des einzusetzenden Einkommens, der 600 Euro übersteigt. [4] Unabhängig von der Zahl der Rechtszüge sind höchstens 48 Monatsraten aufzubringen.

(3) [1] Die Partei hat ihr Vermögen einzusetzen, soweit dies zumutbar ist. [2] § 90 des Zwölften Buches Sozialgesetzbuch gilt entsprechend.

(4) Prozesskostenhilfe wird nicht bewilligt, wenn die Kosten der Prozessführung der Partei vier Monatsraten und die aus dem Vermögen aufzubringenden Teilbeträge voraussichtlich nicht übersteigen.

§ 116[1)] Partei kraft Amtes; juristische Person; parteifähige Vereinigung.

[1] Prozesskostenhilfe erhalten auf Antrag
1. eine Partei kraft Amtes, wenn die Kosten aus der verwalteten Vermögensmasse nicht aufgebracht werden können und den am Gegenstand des Rechtsstreits wirtschaftlich Beteiligten nicht zuzumuten ist, die Kosten aufzubringen;
2. eine juristische Person oder parteifähige Vereinigung, die im Inland, in einem anderen Mitgliedstaat der Europäischen Union oder einem anderen Vertragsstaat des Abkommens über den Europäischen Wirtschaftsraum gegründet und dort ansässig ist, wenn die Kosten weder von ihr noch von den am Gegenstand des Rechtsstreits wirtschaftlich Beteiligten aufgebracht werden können und wenn die Unterlassung der Rechtsverfolgung oder Rechtsverteidigung allgemeinen Interessen zuwiderlaufen würde.

[2] § 114 Absatz 1 Satz 1 letzter Halbsatz und Absatz 2 ist anzuwenden. [3] Können die Kosten nur zum Teil oder nur in Teilbeträgen aufgebracht werden, so sind die entsprechenden Beträge zu zahlen.

§ 117[2)] Antrag.

(1) [1] Der Antrag auf Bewilligung der Prozesskostenhilfe ist bei dem Prozessgericht zu stellen; er kann vor der Geschäftsstelle zu Protokoll erklärt werden. [2] In dem Antrag ist das Streitverhältnis unter Angabe der Beweismittel darzustellen. [3] Der Antrag auf Bewilligung von Prozesskostenhilfe für die Zwangsvollstreckung ist bei dem für die Zwangsvollstreckung zuständigen Gericht zu stellen.

(2) [1] Dem Antrag sind eine Erklärung der Partei über ihre persönlichen und wirtschaftlichen Verhältnisse (Familienverhältnisse, Beruf, Vermögen, Einkommen und Lasten) sowie entsprechende Belege beizufügen. [2] Die Erklärung und die Belege dürfen dem Gegner nur mit Zustimmung der Partei zugänglich gemacht werden;[3)] es sei denn, der Gegner hat gegen den Antragsteller nach den Vor-

---

[1)] § 116 Satz 2 geänd. mWv 31.12.2006 durch G v. 22.12.2006 (BGBl. I S. 3416); Satz 2 geänd. mWv 1.1.2014 durch G v. 31.8.2013 (BGBl. I S. 3533).
[2)] § 117 Abs. 2 Satz 2 geänd., Sätze 3 und 4 angef. mWv 1.9.2009 durch G v. 17.12.2008 (BGBl. I S. 2586); Abs. 3 Satz 2 geänd. mWv 1.1.2014 durch G v. 31.8.2013 (BGBl. I S. 3533); Abs. 2 Satz 1 geänd. mWv 8.9.2015 durch VO v. 31.8.2015 (BGBl. I S. 1474).
[3)] Zeichensetzung amtlich.

schriften des bürgerlichen Rechts einen Anspruch auf Auskunft über Einkünfte und Vermögen des Antragstellers. ³Dem Antragsteller ist vor der Übermittlung seiner Erklärung an den Gegner Gelegenheit zur Stellungnahme zu geben. ⁴Er ist über die Übermittlung seiner Erklärung zu unterrichten.

(3) ¹Das Bundesministerium der Justiz und für Verbraucherschutz wird ermächtigt, zur Vereinfachung und Vereinheitlichung des Verfahrens durch Rechtsverordnung¹⁾ mit Zustimmung des Bundesrates Formulare für die Erklärung einzuführen. ²Die Formulare enthalten die nach § 120a Absatz 2 Satz 4 erforderliche Belehrung.

(4) Soweit Formulare für die Erklärung eingeführt sind, muss sich die Partei ihrer bedienen.

§ 118²⁾ **Bewilligungsverfahren.** (1) ¹Dem Gegner ist Gelegenheit zur Stellungnahme zu geben, ob er die Voraussetzungen für die Bewilligung von Prozesskostenhilfe für gegeben hält, soweit dies aus besonderen Gründen nicht unzweckmäßig erscheint. ²Die Stellungnahme kann vor der Geschäftsstelle zu Protokoll erklärt werden. ³Das Gericht kann die Parteien zur mündlichen Erörterung laden, wenn eine Einigung zu erwarten ist; ein Vergleich ist zu gerichtlichem Protokoll zu nehmen. ⁴Dem Gegner entstandene Kosten werden nicht erstattet. ⁵Die durch die Vernehmung von Zeugen und Sachverständigen nach Absatz 2 Satz 3 entstandenen Auslagen sind als Gerichtskosten von der Partei zu tragen, der die Kosten des Rechtsstreits auferlegt sind.

(2) ¹Das Gericht kann verlangen, dass der Antragsteller seine tatsächlichen Angaben glaubhaft macht, es kann insbesondere auch die Abgabe einer Versicherung an Eides statt fordern. ²Es kann Erhebungen anstellen, insbesondere die Vorlegung von Urkunden anordnen und Auskünfte einholen. ³Zeugen und Sachverständige werden nicht vernommen, es sei denn, dass auf andere Weise nicht geklärt werden kann, ob die Rechtsverfolgung oder Rechtsverteidigung hinreichende Aussicht auf Erfolg bietet und nicht mutwillig erscheint; eine Beeidigung findet nicht statt. ⁴Hat der Antragsteller innerhalb einer vom Gericht gesetzten Frist Angaben über seine persönlichen und wirtschaftlichen Verhältnisse nicht glaubhaft gemacht oder bestimmte Fragen nicht oder ungenügend beantwortet, so lehnt das Gericht die Bewilligung von Prozesskostenhilfe insoweit ab.

(3) Die in Absatz 1, 2 bezeichneten Maßnahmen werden von dem Vorsitzenden oder einem von ihm beauftragten Mitglied des Gerichts durchgeführt.

§ 119³⁾ **Bewilligung.** (1) ¹Die Bewilligung der Prozesskostenhilfe erfolgt für jeden Rechtszug besonders. ²In einem höheren Rechtszug ist nicht zu prüfen, ob die Rechtsverfolgung oder Rechtsverteidigung hinreichende Aussicht auf Erfolg bietet oder mutwillig erscheint, wenn der Gegner das Rechtsmittel eingelegt hat.

(2) Die Bewilligung von Prozesskostenhilfe für die Zwangsvollstreckung in das bewegliche Vermögen umfasst alle Vollstreckungshandlungen im Bezirk des Vollstreckungsgerichts einschließlich des Verfahrens auf Abgabe der Vermögensauskunft und der eidesstattlichen Versicherung.

---

¹⁾ Siehe die Prozesskostenhilfeformularverordnung – PKHFV v. 6.1.2014 (BGBl. I S. 34).
²⁾ § 118 Abs. 1 Satz 1 neu gef., Abs. 2 Satz 1 geänd. mWv 1.1.2014 durch G v. 31.8.2013 (BGBl. I S. 3533).
³⁾ § 119 Abs. 2 geänd. mWv 26.11.2016 durch G v. 21.11.2016 (BGBl. I S. 2591).

§ 120[1)2)] Festsetzung von Zahlungen.

(1) ¹Mit der Bewilligung der Prozesskostenhilfe setzt das Gericht zu zahlende Monatsraten und aus dem Vermögen zu zahlende Beträge fest. ²Setzt das Gericht nach § 115 Absatz 1 Satz 3 Nummer 5 mit Rücksicht auf besondere Belastungen von dem Einkommen Beträge ab und ist anzunehmen, dass die Belastungen bis zum Ablauf von vier Jahren ganz oder teilweise entfallen werden, so setzt das Gericht zugleich diejenigen Zahlungen fest, die sich ergeben, wenn die Belastungen nicht oder nur in verringertem Umfang berücksichtigt werden, und bestimmt den Zeitpunkt, von dem an sie zu erbringen sind.

(2) Die Zahlungen sind an die Landeskasse zu leisten, im Verfahren vor dem Bundesgerichtshof an die Bundeskasse, wenn Prozesskostenhilfe in einem vorherigen Rechtszug nicht bewilligt worden ist.

(3) Das Gericht soll die vorläufige Einstellung der Zahlungen bestimmen,
1. wenn die Zahlungen der Partei die voraussichtlich entstehenden Kosten decken;
2. wenn die Partei, ein ihr beigeordneter Rechtsanwalt oder die Bundes- oder Landeskasse die Kosten gegen einen anderen am Verfahren Beteiligten geltend machen kann.

§ 120a[3)2)] Änderung der Bewilligung.

(1) ¹Das Gericht soll die Entscheidung über die zu leistenden Zahlungen ändern, wenn sich die für die Prozesskostenhilfe maßgebenden persönlichen oder wirtschaftlichen Verhältnisse wesentlich verändert haben. ²Eine Änderung der nach § 115 Absatz 1 Satz 3 Nummer 1 Buchstabe b und Nummer 2 maßgebenden Beträge ist nur auf Antrag und nur dann zu berücksichtigen, wenn sie dazu führt, dass keine Monatsrate zu zahlen ist. ³Auf Verlangen des Gerichts muss die Partei jederzeit erklären, ob eine Veränderung der Verhältnisse eingetreten ist. ⁴Eine Änderung zum Nachteil der Partei ist ausgeschlossen, wenn seit der rechtskräftigen Entscheidung oder der sonstigen Beendigung des Verfahrens vier Jahre vergangen sind.

(2) ¹Verbessern sich vor dem in Absatz 1 Satz 4 genannten Zeitpunkt die wirtschaftlichen Verhältnisse der Partei wesentlich oder ändert sich ihre Anschrift, hat sie dies dem Gericht unverzüglich mitzuteilen. ²Bezieht die Partei ein laufendes monatliches Einkommen, ist eine Einkommensverbesserung nur wesentlich, wenn die Differenz zu dem bisher zu Grunde gelegten Bruttoeinkommen nicht nur einmalig 100 Euro übersteigt. ³Satz 2 gilt entsprechend, soweit abzugsfähige Belastungen entfallen. ⁴Hierüber und über die Folgen eines Verstoßes ist die Partei bei der Antragstellung in dem gemäß § 117 Absatz 3 eingeführten Formular zu belehren.

(3) ¹Eine wesentliche Verbesserung der wirtschaftlichen Verhältnisse kann insbesondere dadurch eintreten, dass die Partei durch die Rechtsverfolgung oder Rechtsverteidigung etwas erlangt. ²Das Gericht soll nach der rechtskräftigen Entscheidung oder der sonstigen Beendigung des Verfahrens prüfen, ob eine Änderung der Entscheidung über die zu leistenden Zahlungen mit Rücksicht auf das durch die Rechtsverfolgung oder Rechtsverteidigung Erlangte geboten ist. ³Eine Änderung der Entscheidung ist ausgeschlossen, soweit die Partei bei rechtzeitiger Leistung des durch die Rechtsverfolgung oder Rechtsverteidigung Erlangten ratenfreie Prozesskostenhilfe erhalten hätte.

[1)] § 120 Abs. 1 Satz 2 geänd., Abs. 3 Nr. 1 neu gef., Abs. 4 aufgeh. mWv 1.1.2014 durch G v. 31.8.2013 (BGBl. I S. 3533).
[2)] Beachte hierzu Übergangsvorschrift in § 40 EGZPO (Nr. **101**).
[3)] § 120a eingef. mWv 1.1.2014 durch G v. 31.8.2013 (BGBl. I S. 3533).

(4) ¹Für die Erklärung über die Änderung der persönlichen oder wirtschaftlichen Verhältnisse nach Absatz 1 Satz 3 muss die Partei das gemäß § 117 Absatz 3 eingeführte Formular benutzen. ²Für die Überprüfung der persönlichen und wirtschaftlichen Verhältnisse gilt § 118 Absatz 2 entsprechend.

§ 121[1]) **Beiordnung eines Rechtsanwalts.** (1) Ist eine Vertretung durch Anwälte vorgeschrieben, wird der Partei ein zur Vertretung bereiter Rechtsanwalt ihrer Wahl beigeordnet.

(2) Ist eine Vertretung durch Anwälte nicht vorgeschrieben, wird der Partei auf ihren Antrag ein zur Vertretung bereiter Rechtsanwalt ihrer Wahl beigeordnet, wenn die Vertretung durch einen Rechtsanwalt erforderlich erscheint oder der Gegner durch einen Rechtsanwalt vertreten ist.

(3) Ein nicht in dem Bezirk des Prozessgerichts niedergelassener Rechtsanwalt kann nur beigeordnet werden, wenn dadurch weitere Kosten nicht entstehen.

(4) Wenn besondere Umstände dies erfordern, kann der Partei auf ihren Antrag ein zur Vertretung bereiter Rechtsanwalt ihrer Wahl zur Wahrnehmung eines Termins zur Beweisaufnahme vor dem ersuchten Richter oder zur Vermittlung des Verkehrs mit dem Prozessbevollmächtigten beigeordnet werden.

(5) Findet die Partei keinen zur Vertretung bereiten Anwalt, ordnet der Vorsitzende ihr auf Antrag einen Rechtsanwalt bei.

§ 122 Wirkung der Prozesskostenhilfe. (1) Die Bewilligung der Prozesskostenhilfe bewirkt, dass

1. die Bundes- oder Landeskasse

   a) die rückständigen und die entstehenden Gerichtskosten und Gerichtsvollzieherkosten,

   b) die auf sie übergegangenen Ansprüche der beigeordneten Rechtsanwälte gegen die Partei

   nur nach den Bestimmungen, die das Gericht trifft, gegen die Partei geltend machen kann,

2. die Partei von der Verpflichtung zur Sicherheitsleistung für die Prozesskosten befreit ist,

3. die beigeordneten Rechtsanwälte Ansprüche auf Vergütung gegen die Partei nicht geltend machen können.

(2) Ist dem Kläger, dem Berufungskläger oder dem Revisionskläger Prozesskostenhilfe bewilligt und ist nicht bestimmt worden, dass Zahlungen an die Bundes- oder Landeskasse zu leisten sind, so hat dies für den Gegner die einstweilige Befreiung von den in Absatz 1 Nr. 1 Buchstabe a bezeichneten Kosten zur Folge.

§ 123 Kostenerstattung. Die Bewilligung der Prozesskostenhilfe hat auf die Verpflichtung, die dem Gegner entstandenen Kosten zu erstatten, keinen Einfluss.

---

[1]) § 121 Abs. 3 geänd. mWv 1.6.2007 durch G v. 26.3.2007 (BGBl. I S. 358).

§ 124[1] Aufhebung der Bewilligung. (1) Das Gericht soll die Bewilligung der Prozesskostenhilfe aufheben, wenn
1. die Partei durch unrichtige Darstellung des Streitverhältnisses die für die Bewilligung der Prozesskostenhilfe maßgebenden Voraussetzungen vorgetäuscht hat;
2. die Partei absichtlich oder aus grober Nachlässigkeit unrichtige Angaben über die persönlichen oder wirtschaftlichen Verhältnisse gemacht oder eine Erklärung nach § 120a Absatz 1 Satz 3 nicht oder ungenügend abgegeben hat;
3. die persönlichen oder wirtschaftlichen Voraussetzungen für die Prozesskostenhilfe nicht vorgelegen haben; in diesem Fall ist die Aufhebung ausgeschlossen, wenn seit der rechtskräftigen Entscheidung oder sonstigen Beendigung des Verfahrens vier Jahre vergangen sind;
4. die Partei entgegen § 120a Absatz 2 Satz 1 bis 3 dem Gericht wesentliche Verbesserungen ihrer Einkommens- und Vermögensverhältnisse oder Änderungen ihrer Anschrift absichtlich oder aus grober Nachlässigkeit unrichtig oder nicht unverzüglich mitgeteilt hat;
5. die Partei länger als drei Monate mit der Zahlung einer Monatsrate oder mit der Zahlung eines sonstigen Betrages im Rückstand ist.

(2) Das Gericht kann die Bewilligung der Prozesskostenhilfe aufheben, soweit die von der Partei beantragte Beweiserhebung auf Grund von Umständen, die im Zeitpunkt der Bewilligung der Prozesskostenhilfe noch nicht berücksichtigt werden konnten, keine hinreichende Aussicht auf Erfolg bietet oder der Beweisantritt mutwillig erscheint.

§ 125 Einziehung der Kosten. (1) Die Gerichtskosten und die Gerichtsvollzieherkosten können von dem Gegner erst eingezogen werden, wenn er rechtskräftig in die Prozesskosten verurteilt ist.

(2) Die Gerichtskosten, von deren Zahlung der Gegner einstweilen befreit ist, sind von ihm einzuziehen, soweit er rechtskräftig in die Prozesskosten verurteilt oder der Rechtsstreit ohne Urteil über die Kosten beendet ist.

§ 126 Beitreibung der Rechtsanwaltskosten. (1) Die für die Partei bestellten Rechtsanwälte sind berechtigt, ihre Gebühren und Auslagen von dem in die Prozesskosten verurteilten Gegner im eigenen Namen beizutreiben.

(2) [1] Eine Einrede aus der Person der Partei ist nicht zulässig. [2] Der Gegner kann mit Kosten aufrechnen, die nach der in demselben Rechtsstreit über die Kosten erlassenen Entscheidung von der Partei zu erstatten sind.

§ 127[2] Entscheidungen. (1) [1] Entscheidungen im Verfahren über die Prozesskostenhilfe ergehen ohne mündliche Verhandlung. [2] Zuständig ist das Gericht des ersten Rechtszuges; ist das Verfahren in einem höheren Rechtszug anhängig, so ist das Gericht dieses Rechtszuges zuständig. [3] Soweit die Gründe der Entscheidung Angaben über die persönlichen und wirtschaftlichen Verhältnisse der Partei enthalten, dürfen sie dem Gegner nur mit Zustimmung der Partei zugänglich gemacht werden.

(2) [1] Die Bewilligung der Prozesskostenhilfe kann nur nach Maßgabe des Absatzes 3 angefochten werden. [2] Im Übrigen findet die sofortige Beschwerde statt;

---

[1] § 124 Abs. 1 einl. Satzteil und Nr. 2 geänd., Nr. 4 eingef., bish. Nr. 4 wird Nr. 5, Abs. 2 angef. mWv 1.1.2014 durch G v. 31.8.2013 (BGBl. I S. 3533).
[2] § 127 Abs. 2 Satz 3 und Abs. 3 Satz 3 geänd. mWv 1.1.2014 durch G v. 31.8.2013 (BGBl. I S. 3533); Abs. 3 Satz 2 neu gef. mWv 1.1.2020 durch G v. 12.12.2019 (BGBl. I S. 2633).

Abschnitt 3. Verfahren §§ 127a–128a ZPO 100

dies gilt nicht, wenn der Streitwert der Hauptsache den in § 511 genannten Betrag nicht übersteigt, es sei denn, das Gericht hat ausschließlich die persönlichen oder wirtschaftlichen Voraussetzungen für die Prozesskostenhilfe verneint. [3]Die Notfrist beträgt einen Monat.

(3) [1]Gegen die Bewilligung der Prozesskostenhilfe findet die sofortige Beschwerde der Staatskasse statt, wenn weder Monatsraten noch aus dem Vermögen zu zahlende Beträge festgesetzt worden sind. [2]Die Beschwerde kann nur darauf gestützt werden, dass die Partei gemäß § 115 Absatz 1 bis 3 nach ihren persönlichen und wirtschaftlichen Verhältnissen Zahlungen zu leisten oder gemäß § 116 Satz 3 Beträge zu zahlen hat. [3]Die Notfrist beträgt einen Monat und beginnt mit der Bekanntgabe des Beschlusses. [4]Nach Ablauf von drei Monaten seit der Verkündung der Entscheidung ist die Beschwerde unstatthaft. [5]Wird die Entscheidung nicht verkündet, so tritt an die Stelle der Verkündung der Zeitpunkt, in dem die unterschriebene Entscheidung der Geschäftsstelle übermittelt wird. [6]Die Entscheidung wird der Staatskasse nicht von Amts wegen mitgeteilt.

(4) Die Kosten des Beschwerdeverfahrens werden nicht erstattet.

§ 127a[1] *(aufgehoben)*

Abschnitt 3. Verfahren[2]
Titel 1. Mündliche Verhandlung

§ 128[3] **Grundsatz der Mündlichkeit; schriftliches Verfahren.** (1) Die Parteien verhandeln über den Rechtsstreit vor dem erkennenden Gericht mündlich.

(2) [1]Mit Zustimmung der Parteien, die nur bei einer wesentlichen Änderung der Prozesslage widerruflich ist, kann das Gericht eine Entscheidung ohne mündliche Verhandlung treffen. [2]Es bestimmt alsbald den Zeitpunkt, bis zu dem Schriftsätze eingereicht werden können, und den Termin zur Verkündung der Entscheidung. [3]Eine Entscheidung ohne mündliche Verhandlung ist unzulässig, wenn seit der Zustimmung der Parteien mehr als drei Monate verstrichen sind.

(3) Ist nur noch über die Kosten oder Nebenforderungen zu entscheiden, kann die Entscheidung ohne mündliche Verhandlung ergehen.

(4) Entscheidungen des Gerichts, die nicht Urteile sind, können ohne mündliche Verhandlung ergehen, soweit nichts anderes bestimmt ist.

§ 128a[4] **Verhandlung im Wege der Bild- und Tonübertragung.** (1) [1]Das Gericht kann den Parteien, ihren Bevollmächtigten und Beiständen auf Antrag oder von Amts wegen gestatten, sich während einer mündlichen Verhandlung an einem anderen Ort aufzuhalten und dort Verfahrenshandlungen vorzunehmen. [2]Die Verhandlung wird zeitgleich in Bild und Ton an diesen Ort und in das Sitzungszimmer übertragen.

(2) [1]Das Gericht kann auf Antrag gestatten, dass sich ein Zeuge, ein Sachverständiger oder eine Partei während einer Vernehmung an einem anderen Ort aufhält. [2]Die Vernehmung wird zeitgleich in Bild und Ton an diesen Ort und in das Sitzungszimmer übertragen. [3]Ist Parteien, Bevollmächtigten und Beiständen

---

[1] § 127a aufgeh. mWv 1.9.2009 durch G v. 17.12.2008 (BGBl. I S. 2586).
[2] Vgl. §§ 169–197 GVG (Nr. **95**).
[3] § 128 Abs. 3 geänd. mWv 1.1.2020 durch G v. 12.12.2019 (BGBl. I S. 2633).
[4] § 128a neu gef. mWv 1.11.2013 durch G v. 25.4.2013 (BGBl. I S. 935).

nach Absatz 1 Satz 1 gestattet worden, sich an einem anderen Ort aufzuhalten, so wird die Vernehmung auch an diesen Ort übertragen.

(3) ¹Die Übertragung wird nicht aufgezeichnet. ²Entscheidungen nach Absatz 1 Satz 1 und Absatz 2 Satz 1 sind unanfechtbar.

§ 129 Vorbereitende Schriftsätze. (1) In Anwaltsprozessen wird die mündliche Verhandlung durch Schriftsätze vorbereitet.

(2) In anderen Prozessen kann den Parteien durch richterliche Anordnung aufgegeben werden, die mündliche Verhandlung durch Schriftsätze oder zu Protokoll der Geschäftsstelle abzugebende Erklärungen vorzubereiten.

§ 129a Anträge und Erklärungen zu Protokoll. (1) Anträge und Erklärungen, deren Abgabe vor dem Urkundsbeamten der Geschäftsstelle zulässig ist, können vor der Geschäftsstelle eines jeden Amtsgerichts zu Protokoll abgegeben werden.

(2) ¹Die Geschäftsstelle hat das Protokoll unverzüglich an das Gericht zu übermitteln, an das der Antrag oder die Erklärung gerichtet ist. ²Die Wirkung einer Prozesshandlung tritt frühestens ein, wenn das Protokoll dort eingeht. ³Die Übermittlung des Protokolls kann demjenigen, der den Antrag oder die Erklärung zu Protokoll abgegeben hat, mit seiner Zustimmung überlassen werden.

§ 130[1] **Inhalt der Schriftsätze.** Die vorbereitenden Schriftsätze sollen enthalten:
1. die Bezeichnung der Parteien und ihrer gesetzlichen Vertreter nach Namen, Stand oder Gewerbe, Wohnort und Parteistellung; die Bezeichnung des Gerichts und des Streitgegenstandes; die Zahl der Anlagen;
1a. die für eine Übermittlung elektronischer Dokumente erforderlichen Angaben, sofern eine solche möglich ist;
2. die Anträge, welche die Partei in der Gerichtssitzung zu stellen beabsichtigt;
3. die Angabe der zur Begründung der Anträge dienenden tatsächlichen Verhältnisse;
4. die Erklärung über die tatsächlichen Behauptungen des Gegners;
5. die Bezeichnung der Beweismittel, deren sich die Partei zum Nachweis oder zur Widerlegung tatsächlicher Behauptungen bedienen will, sowie die Erklärung über die von dem Gegner bezeichneten Beweismittel;
6. die Unterschrift der Person, die den Schriftsatz verantwortet, bei Übermittlung durch einen Telefaxdienst (Telekopie) die Wiedergabe der Unterschrift in der Kopie.

§ 130a[2] **Elektronisches Dokument; Verordnungsermächtigung.**

(1) Vorbereitende Schriftsätze und deren Anlagen, schriftlich einzureichende Anträge und Erklärungen der Parteien sowie schriftlich einzureichende Auskünfte, Aussagen, Gutachten, Übersetzungen und Erklärungen Dritter können nach Maßgabe der folgenden Absätze als elektronische Dokumente bei Gericht eingereicht werden.

---

[1] § 130 Nr. 1a eingef. mWv 18.5.2017 durch G v. 12.5.2017 (BGBl. I S. 1121).
[2] § 130a neu gef. mWv 1.1.2018 durch G v. 10.10.2013 (BGBl. I S. 3786); Abs. 1 geänd., Abs. 3 Satz 2 angef. mWv 1.1.2020 durch G v. 12.12.2019 (BGBl. I S. 2633); Überschrift geänd., Abs. 2 Satz 2 neu gef., Abs. 4 Satz 1 Nr. 3 geänd., Nr. 4 und 5 eingef., bish. Nr. 4 wird Nr. 6, Satz 2 angef., Abs. 6 Satz 1 geänd. mWv 1.1.2022 durch G v. 5.10.2021 (BGBl. I S. 4607).

(2) ¹Das elektronische Dokument muss für die Bearbeitung durch das Gericht geeignet sein. ²Die Bundesregierung bestimmt durch Rechtsverordnung mit Zustimmung des Bundesrates technische Rahmenbedingungen für die Übermittlung und die Eignung zur Bearbeitung durch das Gericht.

(3) ¹Das elektronische Dokument muss mit einer qualifizierten elektronischen Signatur der verantwortenden Person versehen sein oder von der verantwortenden Person signiert und auf einem sicheren Übermittlungsweg eingereicht werden. ²Satz 1 gilt nicht für Anlagen, die vorbereitenden Schriftsätzen beigefügt sind.

(4) ¹Sichere Übermittlungswege sind

1. der Postfach- und Versanddienst eines De-Mail-Kontos, wenn der Absender bei Versand der Nachricht sicher im Sinne des § 4 Absatz 1 Satz 2 des De-Mail-Gesetzes angemeldet ist und er sich die sichere Anmeldung gemäß § 5 Absatz 5 des De-Mail-Gesetzes bestätigen lässt,
2. der Übermittlungsweg zwischen dem besonderen elektronischen Anwaltspostfach nach § 31a des Bundesrechtsanwaltsordnung[1]) oder einem entsprechenden, auf gesetzlicher Grundlage errichteten elektronischen Postfach und der elektronischen Poststelle des Gerichts,
3. der Übermittlungsweg zwischen einem nach Durchführung eines Identifizierungsverfahrens eingerichteten Postfach einer Behörde oder einer juristischen Person des öffentlichen Rechts und der elektronischen Poststelle des Gerichts,
4. der Übermittlungsweg zwischen einem nach Durchführung eines Identifizierungsverfahrens eingerichteten elektronischen Postfach einer natürlichen oder juristischen Person oder einer sonstigen Vereinigung und der elektronischen Poststelle des Gerichts,
5. der Übermittlungsweg zwischen einem nach Durchführung eines Identifizierungsverfahrens genutzten Postfach- und Versanddienst eines Nutzerkontos im Sinne des § 2 Absatz 5 des Onlinezugangsgesetzes und der elektronischen Poststelle des Gerichts,
6. sonstige bundeseinheitliche Übermittlungswege, die durch Rechtsverordnung der Bundesregierung mit Zustimmung des Bundesrates festgelegt werden, bei denen die Authentizität und Integrität der Daten sowie die Barrierefreiheit gewährleistet sind.

²Das Nähere zu den Übermittlungswegen gemäß Satz 1 Nummer 3 bis 5 regelt die Rechtsverordnung nach Absatz 2 Satz 2.

(5) ¹Ein elektronisches Dokument ist eingegangen, sobald es auf der für den Empfang bestimmten Einrichtung des Gerichts gespeichert ist. ²Dem Absender ist eine automatisierte Bestätigung über den Zeitpunkt des Eingangs zu erteilen.

(6) ¹Ist ein elektronisches Dokument für das Gericht zur Bearbeitung nicht geeignet, ist dies dem Absender unter Hinweis auf die Unwirksamkeit des Eingangs unverzüglich mitzuteilen. ²Das Dokument gilt als zum Zeitpunkt der früheren Einreichung eingegangen, sofern der Absender es unverzüglich in einer für das Gericht zur Bearbeitung geeigneten Form nachreicht und glaubhaft macht, dass es mit dem zuerst eingereichten Dokument inhaltlich übereinstimmt.

§ 130b[2]) Gerichtliches elektronisches Dokument.

¹Soweit dieses Gesetz dem Richter, dem Rechtspfleger, dem Urkundsbeamten der Geschäftsstelle oder

---

[1]) Habersack, Deutsche Gesetze ErgBd. Nr. 98.
[2]) § 130b Satz 2 angef. mWv 1.1.2018 durch G v. 5.7.2017 (BGBl. I S. 2208).

dem Gerichtsvollzieher die handschriftliche Unterzeichnung vorschreibt, genügt dieser Form die Aufzeichnung als elektronisches Dokument, wenn die verantwortenden Personen am Ende des Dokuments ihren Namen hinzufügen und das Dokument mit einer qualifizierten elektronischen Signatur versehen. ²Der in Satz 1 genannten Form genügt auch ein elektronisches Dokument, in welches das handschriftlich unterzeichnete Schriftstück gemäß § 298a Absatz 2 übertragen worden ist.

§ 130c[1] **Formulare; Verordnungsermächtigung.** ¹Das Bundesministerium der Justiz und für Verbraucherschutz kann durch Rechtsverordnung mit Zustimmung des Bundesrates elektronische Formulare einführen. ²Die Rechtsverordnung kann bestimmen, dass die in den Formularen enthaltenen Angaben ganz oder teilweise in strukturierter maschinenlesbarer Form zu übermitteln sind. ³Die Formulare sind auf einer in der Rechtsverordnung zu bestimmenden Kommunikationsplattform im Internet zur Nutzung bereitzustellen. ⁴Die Rechtsverordnung kann bestimmen, dass eine Identifikation des Formularverwenders abweichend von § 130a Absatz 3 auch durch Nutzung des elektronischen Identitätsnachweises nach § 18 des Personalausweisgesetzes[2], § 12 des eID-Karte-Gesetzes oder § 78 Absatz 5 des Aufenthaltsgesetzes[3] erfolgen kann.

§ 130d[4] **Nutzungspflicht für Rechtsanwälte und Behörden.** ¹Vorbereitende Schriftsätze und deren Anlagen sowie schriftlich einzureichende Anträge und Erklärungen, die durch einen Rechtsanwalt, durch eine Behörde oder durch eine juristische Person des öffentlichen Rechts einschließlich der von ihr zur Erfüllung ihrer öffentlichen Aufgaben gebildeten Zusammenschlüsse eingereicht werden, sind als elektronisches Dokument zu übermitteln. ²Ist dies aus technischen Gründen vorübergehend nicht möglich, bleibt die Übermittlung nach den allgemeinen Vorschriften zulässig. ³Die vorübergehende Unmöglichkeit ist bei der Ersatzeinreichung oder unverzüglich danach glaubhaft zu machen; auf Anforderung ist ein elektronisches Dokument nachzureichen.

§ 131[5] **Beifügung von Urkunden.** (1) Dem vorbereitenden Schriftsatz sind die in den Händen der Partei befindlichen Urkunden, auf die in dem Schriftsatz Bezug genommen wird, in Abschrift beizufügen.

(2) Kommen nur einzelne Teile einer Urkunde in Betracht, so genügt die Beifügung eines Auszugs, der den Eingang, die zur Sache gehörende Stelle, den Schluss, das Datum und die Unterschrift enthält.

(3) Sind die Urkunden dem Gegner bereits bekannt oder von bedeutendem Umfang, so genügt ihre genaue Bezeichnung mit dem Erbieten, Einsicht zu gewähren.

§ 132 **Fristen für Schriftsätze.** (1) ¹Der vorbereitende Schriftsatz, der neue Tatsachen oder ein anderes neues Vorbringen enthält, ist so rechtzeitig einzureichen, dass er mindestens eine Woche vor der mündlichen Verhandlung zugestellt

---

[1] § 130c eingef. mWv 1.7.2014 durch G v. 10.10.2013 (BGBl. I S. 3786); Satz 1 geänd. mWv 8.9.2015 durch VO v. 31.8.2015 (BGBl. I S. 1474); Satz 4 geänd. mWv 1.11.2019 durch G v. 21.6.2019 (BGBl. I S. 846).
[2] Sartorius Nr. 255.
[3] Sartorius Nr. 565.
[4] § 130d eingef. mWv 1.1.2022 durch G v. 10.10.2013 (BGBl. I S. 3786).
[5] § 131 Abs. 1 geänd. mWv 1.7.2014 durch G v. 10.10.2013 (BGBl. I S. 3786).

werden kann. ²Das Gleiche gilt für einen Schriftsatz, der einen Zwischenstreit betrifft.

(2) ¹Der vorbereitende Schriftsatz, der eine Gegenerklärung auf neues Vorbringen enthält, ist so rechtzeitig einzureichen, dass er mindestens drei Tage vor der mündlichen Verhandlung zugestellt werden kann. ²Dies gilt nicht, wenn es sich um eine schriftliche Gegenerklärung in einem Zwischenstreit handelt.

§ 133 Abschriften. (1) ¹Die Parteien sollen den Schriftsätzen, die sie bei dem Gericht einreichen, die für die Zustellung erforderliche Zahl von Abschriften der Schriftsätze und deren Anlagen beifügen. ²Das gilt nicht für elektronisch übermittelte Dokumente sowie für Anlagen, die dem Gegner in Urschrift oder in Abschrift vorliegen.

(2) Im Falle der Zustellung von Anwalt zu Anwalt (§ 195) haben die Parteien sofort nach der Zustellung eine für das Prozessgericht bestimmte Abschrift ihrer vorbereitenden Schriftsätze und der Anlagen bei dem Gericht einzureichen.

§ 134 Einsicht von Urkunden. (1) Die Partei ist, wenn sie rechtzeitig aufgefordert wird, verpflichtet, die in ihren Händen befindlichen Urkunden, auf die sie in einem vorbereitenden Schriftsatz Bezug genommen hat, vor der mündlichen Verhandlung auf der Geschäftsstelle niederzulegen und den Gegner von der Niederlegung zu benachrichtigen.

(2) ¹Der Gegner hat zur Einsicht der Urkunden eine Frist von drei Tagen. ²Die Frist kann auf Antrag von dem Vorsitzenden verlängert oder abgekürzt werden.

§ 135 Mitteilung von Urkunden unter Rechtsanwälten. (1) Den Rechtsanwälten steht es frei, die Mitteilung von Urkunden von Hand zu Hand gegen Empfangsbescheinigung zu bewirken.

(2) Gibt ein Rechtsanwalt die ihm eingehändigte Urkunde nicht binnen der bestimmten Frist zurück, so ist er auf Antrag nach mündlicher Verhandlung zur unverzüglichen Rückgabe zu verurteilen.

(3) Gegen das Zwischenurteil findet sofortige Beschwerde statt.

§ 136 Prozessleitung durch Vorsitzenden. (1) Der Vorsitzende eröffnet und leitet die Verhandlung.

(2) ¹Er erteilt das Wort und kann es demjenigen, der seinen Anordnungen nicht Folge leistet, entziehen. ²Er hat jedem Mitglied des Gerichts auf Verlangen zu gestatten, Fragen zu stellen.

(3) Er hat Sorge zu tragen, dass die Sache erschöpfend erörtert und die Verhandlung ohne Unterbrechung zu Ende geführt wird; erforderlichenfalls hat er die Sitzung zur Fortsetzung der Verhandlung sofort zu bestimmen.

(4) Er schließt die Verhandlung, wenn nach Ansicht des Gerichts die Sache vollständig erörtert ist, und verkündet die Urteile und Beschlüsse des Gerichts.

§ 137 Gang der mündlichen Verhandlung. (1) Die mündliche Verhandlung wird dadurch eingeleitet, dass die Parteien ihre Anträge stellen.

(2) Die Vorträge der Parteien sind in freier Rede zu halten; sie haben das Streitverhältnis in tatsächlicher und rechtlicher Beziehung zu umfassen.

(3) ¹Eine Bezugnahme auf Dokumente ist zulässig, soweit keine der Parteien widerspricht und das Gericht sie für angemessen hält. ²Die Vorlesung von Dokumenten findet nur insoweit statt, als es auf ihren wörtlichen Inhalt ankommt.

(4) In Anwaltsprozessen ist neben dem Anwalt auch der Partei selbst auf Antrag das Wort zu gestatten.

§ 138 Erklärungspflicht über Tatsachen; Wahrheitspflicht. (1) Die Parteien haben ihre Erklärungen über tatsächliche Umstände vollständig und der Wahrheit gemäß abzugeben.

(2) Jede Partei hat sich über die von dem Gegner behaupteten Tatsachen zu erklären.

(3) Tatsachen, die nicht ausdrücklich bestritten werden, sind als zugestanden anzusehen, wenn nicht die Absicht, sie bestreiten zu wollen, aus den übrigen Erklärungen der Partei hervorgeht.

(4) Eine Erklärung mit Nichtwissen ist nur über Tatsachen zulässig, die weder eigene Handlungen der Partei noch Gegenstand ihrer eigenen Wahrnehmung gewesen sind.

§ 139[1] **Materielle Prozessleitung.** (1) [1]Das Gericht hat das Sach- und Streitverhältnis, soweit erforderlich, mit den Parteien nach der tatsächlichen und rechtlichen Seite zu erörtern und Fragen zu stellen. [2]Es hat dahin zu wirken, dass die Parteien sich rechtzeitig und vollständig über alle erheblichen Tatsachen erklären, insbesondere ungenügende Angaben zu den geltend gemachten Tatsachen ergänzen, die Beweismittel bezeichnen und die sachdienlichen Anträge stellen. [3]Das Gericht kann durch Maßnahmen der Prozessleitung das Verfahren strukturieren und den Streitstoff abschichten.

(2) [1]Auf einen Gesichtspunkt, den eine Partei erkennbar übersehen oder für unerheblich gehalten hat, darf das Gericht, soweit nicht nur eine Nebenforderung betroffen ist, seine Entscheidung nur stützen, wenn es darauf hingewiesen und Gelegenheit zur Äußerung dazu gegeben hat. [2]Dasselbe gilt für einen Gesichtspunkt, den das Gericht anders beurteilt als beide Parteien.

(3) Das Gericht hat auf die Bedenken aufmerksam zu machen, die hinsichtlich der von Amts wegen zu berücksichtigenden Punkte bestehen.

(4) [1]Hinweise nach dieser Vorschrift sind so früh wie möglich zu erteilen und aktenkundig zu machen. [2]Ihre Erteilung kann nur durch den Inhalt der Akten bewiesen werden. [3]Gegen den Inhalt der Akten ist nur der Nachweis der Fälschung zulässig.

(5) Ist einer Partei eine sofortige Erklärung zu einem gerichtlichen Hinweis nicht möglich, so soll auf ihren Antrag das Gericht eine Frist bestimmen, in der sie die Erklärung in einem Schriftsatz nachbringen kann.

§ 140 Beanstandung von Prozessleitung oder Fragen. Wird eine auf die Sachleitung bezügliche Anordnung des Vorsitzenden oder eine von dem Vorsitzenden oder einem Gerichtsmitglied gestellte Frage von einer bei der Verhandlung beteiligten Person als unzulässig beanstandet, so entscheidet das Gericht.

§ 141 Anordnung des persönlichen Erscheinens. (1) [1]Das Gericht soll das persönliche Erscheinen beider Parteien anordnen, wenn dies zur Aufklärung des Sachverhalts geboten erscheint. [2]Ist einer Partei wegen großer Entfernung oder aus sonstigem wichtigen Grund die persönliche Wahrnehmung des Termins nicht zuzumuten, so sieht das Gericht von der Anordnung ihres Erscheinens ab.

---

[1] § 139 Abs. 1 Satz 3 angef. mWv 1.1.2020 durch G v. 12.12.2019 (BGBl. I S. 2633).

Abschnitt 3. Verfahren §§ 142–144 ZPO 100

(2) ¹Wird das Erscheinen angeordnet, so ist die Partei von Amts wegen zu laden. ²Die Ladung ist der Partei selbst mitzuteilen, auch wenn sie einen Prozessbevollmächtigten bestellt hat; der Zustellung bedarf die Ladung nicht.

(3) ¹Bleibt die Partei im Termin aus, so kann gegen sie Ordnungsgeld wie gegen einen im Vernehmungstermin nicht erschienenen Zeugen festgesetzt werden. ²Dies gilt nicht, wenn die Partei zur Verhandlung einen Vertreter entsendet, der zur Aufklärung des Tatbestandes in der Lage und zur Abgabe der gebotenen Erklärungen, insbesondere zu einem Vergleichsabschluss, ermächtigt ist. ³Die Partei ist auf die Folgen ihres Ausbleibens in der Ladung hinzuweisen.

§ 142[1]**) Anordnung der Urkundenvorlegung.** (1) ¹Das Gericht kann anordnen, dass eine Partei oder ein Dritter die in ihrem oder seinem Besitz befindlichen Urkunden und sonstigen Unterlagen, auf die sich eine Partei bezogen hat, vorlegt. ²Das Gericht kann hierfür eine Frist setzen sowie anordnen, dass die vorgelegten Unterlagen während einer von ihm zu bestimmenden Zeit auf der Geschäftsstelle verbleiben.

(2) ¹Dritte sind zur Vorlegung nicht verpflichtet, soweit ihnen diese nicht zumutbar ist oder sie zur Zeugnisverweigerung gemäß den §§ 383 bis 385 berechtigt sind. ²Die §§ 386 bis 390 gelten entsprechend.

(3) ¹Das Gericht kann anordnen, dass von in fremder Sprache abgefassten Urkunden eine Übersetzung beigebracht wird, die ein Übersetzer angefertigt hat, der für Sprachübertragungen der betreffenden Art in einem Land nach den landesrechtlichen Vorschriften ermächtigt oder öffentlich bestellt wurde oder einem solchen Übersetzer jeweils gleichgestellt ist. ²Eine solche Übersetzung gilt als richtig und vollständig, wenn dies vom Übersetzer bescheinigt wird. ³Die Bescheinigung soll auf die Übersetzung gesetzt werden, Ort und Tag der Übersetzung sowie die Stellung des Übersetzers angeben und von ihm unterschrieben werden. ⁴Der Beweis der Unrichtigkeit oder Unvollständigkeit der Übersetzung ist zulässig. ⁵Die Anordnung nach Satz 1 kann nicht gegenüber dem Dritten ergehen.

§ 143 Anordnung der Aktenübermittlung. Das Gericht kann anordnen, dass die Parteien die in ihrem Besitz befindlichen Akten vorlegen, soweit diese aus Dokumenten bestehen, welche die Verhandlung und Entscheidung der Sache betreffen.

§ 144[2]**) Augenschein; Sachverständige.** (1) ¹Das Gericht kann die Einnahme des Augenscheins sowie die Hinzuziehung von Sachverständigen anordnen. ²Es kann zu diesem Zweck einer Partei oder einem Dritten die Vorlegung eines in ihrem oder seinem Besitz befindlichen Gegenstandes aufgeben und hierfür eine Frist setzen. ³Es kann auch die Duldung der Maßnahme nach Satz 1 aufgeben, sofern nicht eine Wohnung betroffen ist.

(2) ¹Dritte sind zur Vorlegung oder Duldung nicht verpflichtet, soweit ihnen diese nicht zumutbar ist oder sie zur Zeugnisverweigerung gemäß den §§ 383 bis 385 berechtigt sind. ²Die §§ 386 bis 390 gelten entsprechend.

---

[1]) § 142 Abs. 3 Sätze 2–4 eingef., bish. Satz 2 wird Satz 5 und geänd. mWv 25.4.2006 durch G v. 19.4.2006 (BGBl. I S. 866); Abs. 3 Satz 1 neu gef. mWv 12.12.2008 durch G v. 30.10.2008 (BGBl. I S. 2122); Abs. 3 Satz 1 geänd. mWv 28.12.2010 durch G v. 22.12.2010 (BGBl. I S. 2248).

[2]) § 144 Abs. 1 Satz 1 geänd., Abs. 3 neu gef. mWv 1.1.2020 durch G v. 12.12.2019 (BGBl. I S. 2633).

(3) Die Vorschriften, die eine auf Antrag angeordnete Einnahme des Augenscheins oder Begutachtung durch Sachverständige zum Gegenstand haben, sind entsprechend anzuwenden.

§ 145[1] Prozesstrennung. (1) [1]Das Gericht kann anordnen, dass mehrere in einer Klage erhobene Ansprüche in getrennten Prozessen verhandelt werden, wenn dies aus sachlichen Gründen gerechtfertigt ist. [2]Die Entscheidung ergeht durch Beschluss und ist zu begründen.

(2) Das Gleiche gilt, wenn der Beklagte eine Widerklage erhoben hat und der Gegenanspruch mit dem in der Klage geltend gemachten Anspruch nicht in rechtlichem Zusammenhang steht.

(3) Macht der Beklagte die Aufrechnung einer Gegenforderung geltend, die mit der in der Klage geltend gemachten Forderung nicht in rechtlichem Zusammenhang steht, so kann das Gericht anordnen, dass über die Klage und über die Aufrechnung getrennt verhandelt werde; die Vorschriften des § 302 sind anzuwenden.

§ 146 Beschränkung auf einzelne Angriffs- und Verteidigungsmittel.
Das Gericht kann anordnen, dass bei mehreren auf denselben Anspruch sich beziehenden selbständigen Angriffs- oder Verteidigungsmitteln (Klagegründen, Einreden, Repliken usw.) die Verhandlung zunächst auf eines oder einige dieser Angriffs- oder Verteidigungsmittel zu beschränken sei.

§ 147 Prozessverbindung. Das Gericht kann die Verbindung mehrerer bei ihm anhängiger Prozesse derselben oder verschiedener Parteien zum Zwecke der gleichzeitigen Verhandlung und Entscheidung anordnen, wenn die Ansprüche, die den Gegenstand dieser Prozesse bilden, in rechtlichem Zusammenhang stehen oder in einer Klage hätten geltend gemacht werden können.

§ 148[2] Aussetzung bei Vorgreiflichkeit. (1) Das Gericht kann, wenn die Entscheidung des Rechtsstreits ganz oder zum Teil von dem Bestehen oder Nichtbestehen eines Rechtsverhältnisses abhängt, das den Gegenstand eines anderen anhängigen Rechtsstreits bildet oder von einer Verwaltungsbehörde festzustellen ist, anordnen, dass die Verhandlung bis zur Erledigung des anderen Rechtsstreits oder bis zur Entscheidung der Verwaltungsbehörde auszusetzen sei.

(2) Das Gericht kann ferner, wenn die Entscheidung des Rechtsstreits von Feststellungszielen abhängt, die den Gegenstand eines anhängigen Musterfeststellungsverfahrens bilden, auf Antrag des Klägers, der nicht Verbraucher ist, anordnen, dass die Verhandlung bis zur Erledigung des Musterfeststellungsverfahrens auszusetzen sei.

§ 149 Aussetzung bei Verdacht einer Straftat. (1) Das Gericht kann, wenn sich im Laufe eines Rechtsstreits der Verdacht einer Straftat ergibt, deren Ermittlung auf die Entscheidung von Einfluss ist, die Aussetzung der Verhandlung bis zur Erledigung des Strafverfahrens anordnen.

(2) [1]Das Gericht hat die Verhandlung auf Antrag einer Partei fortzusetzen, wenn seit der Aussetzung ein Jahr vergangen ist. [2]Dies gilt nicht, wenn gewichtige Gründe für die Aufrechterhaltung der Aussetzung sprechen.

---

[1] § 145 Abs. 1 neu gef. mWv 1.1.2013 durch G v. 5.12.2012 (BGBl. I S. 2418).
[2] § 148 Abs. 2 angef. mWv 1.11.2018 durch G v. 12.7.2018 (BGBl. I S. 1151).

Abschnitt 3. Verfahren §§ 150–157 ZPO

§ 150 Aufhebung von Trennung, Verbindung oder Aussetzung. [1] Das Gericht kann die von ihm erlassenen, eine Trennung, Verbindung oder Aussetzung betreffenden Anordnungen wieder aufheben. [2] § 149 Abs. 2 bleibt unberührt.

§ 151 (weggefallen)

§ 152 Aussetzung bei Eheaufhebungsantrag. [1] Hängt die Entscheidung eines Rechtsstreits davon ab, ob eine Ehe aufhebbar ist,[1)] und ist die Aufhebung beantragt, so hat das Gericht auf Antrag das Verfahren auszusetzen. [2] Ist das Verfahren über die Aufhebung erledigt, so findet die Aufnahme des ausgesetzten Verfahrens statt.

§ 153 Aussetzung bei Vaterschaftsanfechtungsklage. Hängt die Entscheidung eines Rechtsstreits davon ab, ob ein Mann, dessen Vaterschaft im Wege der Anfechtungsklage angefochten worden ist, der Vater des Kindes ist, so gelten die Vorschriften des § 152 entsprechend.

§ 154 Aussetzung bei Ehe- oder Kindschaftsstreit. (1) Wird im Laufe eines Rechtsstreits streitig, ob zwischen den Parteien eine Ehe oder eine Lebenspartnerschaft bestehe oder nicht bestehe, und hängt von der Entscheidung dieser Frage die Entscheidung des Rechtsstreits ab, so hat das Gericht auf Antrag das Verfahren auszusetzen, bis der Streit über das Bestehen oder Nichtbestehen der Ehe oder der Lebenspartnerschaft im Wege der Feststellungsklage erledigt ist.

(2) Diese Vorschrift gilt entsprechend, wenn im Laufe eines Rechtsstreits streitig wird, ob zwischen den Parteien ein Eltern- und Kindesverhältnis bestehe oder nicht bestehe oder ob der einen Partei die elterliche Sorge für die andere zustehe oder nicht zustehe, und von der Entscheidung dieser Fragen die Entscheidung des Rechtsstreits abhängt.

§ 155 Aufhebung der Aussetzung bei Verzögerung. In den Fällen der §§ 152, 153 kann das Gericht auf Antrag die Anordnung, durch die das Verfahren ausgesetzt ist, aufheben, wenn die Betreibung des Rechtsstreits, der zu der Aussetzung Anlass gegeben hat, verzögert wird.

§ 156 Wiedereröffnung der Verhandlung. (1) Das Gericht kann die Wiedereröffnung einer Verhandlung, die geschlossen war, anordnen.

(2) Das Gericht hat die Wiedereröffnung insbesondere anzuordnen, wenn
1. das Gericht einen entscheidungserheblichen und rügbaren Verfahrensfehler (§ 295), insbesondere eine Verletzung der Hinweis- und Aufklärungspflicht (§ 139) oder eine Verletzung des Anspruchs auf rechtliches Gehör, feststellt,
2. nachträglich Tatsachen vorgetragen und glaubhaft gemacht werden, die einen Wiederaufnahmegrund (§§ 579, 580) bilden, oder
3. zwischen dem Schluss der mündlichen Verhandlung und dem Schluss der Beratung und Abstimmung (§§ 192 bis 197 des Gerichtsverfassungsgesetzes)[2)] ein Richter ausgeschieden ist.

§ 157[3)] **Untervertretung in der Verhandlung.** Der bevollmächtigte Rechtsanwalt kann in Verfahren, in denen die Parteien den Rechtsstreit selbst führen

---

[1)] Vgl. dazu §§ 1313 ff. BGB (Nr. 20).
[2)] Nr. 95.
[3)] § 157 neu gef. mWv 1.7.2008 durch G v. 12.12.2007 (BGBl. I S. 2840).

können, zur Vertretung in der Verhandlung einen Referendar bevollmächtigen, der im Vorbereitungsdienst bei ihm beschäftigt ist.

§ 158[1]) **Entfernung infolge Prozessleitungsanordnung.** Ist eine bei der Verhandlung beteiligte Person zur Aufrechterhaltung der Ordnung von dem Ort der Verhandlung entfernt worden, so kann auf Antrag gegen sie in gleicher Weise verfahren werden, als wenn sie freiwillig sich entfernt hätte.

§ 159[2]) **Protokollaufnahme.** (1) [1] Über die Verhandlung und jede Beweisaufnahme ist ein Protokoll aufzunehmen. [2] Für die Protokollführung kann ein Urkundsbeamter der Geschäftsstelle zugezogen werden, wenn dies auf Grund des zu erwartenden Umfangs des Protokolls, in Anbetracht der besonderen Schwierigkeit der Sache oder aus einem sonstigen wichtigen Grund erforderlich ist.

(2) [1] Absatz 1 gilt entsprechend für Verhandlungen, die außerhalb der Sitzung vor Richtern beim Amtsgericht oder vor beauftragten oder ersuchten Richtern stattfinden. [2] Ein Protokoll über eine Güteverhandlung oder weitere Güteversuche vor einem Güterichter nach § 278 Absatz 5 wird nur auf übereinstimmenden Antrag der Parteien aufgenommen.

§ 160 Inhalt des Protokolls. (1) Das Protokoll enthält
1. den Ort und den Tag der Verhandlung;
2. die Namen der Richter, des Urkundsbeamten der Geschäftsstelle und des etwa zugezogenen Dolmetschers;
3. die Bezeichnung des Rechtsstreits;
4. die Namen der erschienenen Parteien, Nebenintervenienten, Vertreter, Bevollmächtigten, Beistände, Zeugen und Sachverständigen und im Falle des § 128a den Ort, von dem aus sie an der Verhandlung teilnehmen;
5. die Angabe, dass öffentlich verhandelt oder die Öffentlichkeit ausgeschlossen worden ist.

(2) Die wesentlichen Vorgänge der Verhandlung sind aufzunehmen.

(3) Im Protokoll sind festzustellen
1. Anerkenntnis, Anspruchsverzicht und Vergleich;
2. die Anträge;
3. Geständnis und Erklärung über einen Antrag auf Parteivernehmung sowie sonstige Erklärungen, wenn ihre Feststellung vorgeschrieben ist;
4. die Aussagen der Zeugen, Sachverständigen und vernommenen Parteien; bei einer wiederholten Vernehmung braucht die Aussage nur insoweit in das Protokoll aufgenommen zu werden, als sie von der früheren abweicht;
5. das Ergebnis eines Augenscheins;
6. die Entscheidungen (Urteile, Beschlüsse und Verfügungen) des Gerichts;
7. die Verkündung der Entscheidungen;
8. die Zurücknahme der Klage oder eines Rechtsmittels;
9. der Verzicht auf Rechtsmittel;
10. das Ergebnis der Güteverhandlung.

(4) [1] Die Beteiligten können beantragen, dass bestimmte Vorgänge oder Äußerungen in das Protokoll aufgenommen werden. [2] Das Gericht kann von der Auf-

---

[1]) § 158 Satz 2 aufgeh. mWv 1.7.2008 durch G v. 12.12.2007 (BGBl. I S. 2840).
[2]) § 159 Abs. 2 Satz 2 angef. mWv 26.7.2012 durch G v. 21.7.2012 (BGBl. I S. 1577).

nahme absehen, wenn es auf die Feststellung des Vorgangs oder der Äußerung nicht ankommt. ³ Dieser Beschluss ist unanfechtbar; er ist in das Protokoll aufzunehmen.

(5) Der Aufnahme in das Protokoll steht die Aufnahme in eine Schrift gleich, die dem Protokoll als Anlage beigefügt und in ihm als solche bezeichnet ist.

§ 160a[1]) **Vorläufige Protokollaufzeichnung.** (1) Der Inhalt des Protokolls kann in einer gebräuchlichen Kurzschrift, durch verständliche Abkürzungen oder auf einem Ton- oder Datenträger vorläufig aufgezeichnet werden.

(2) ¹ Das Protokoll ist in diesem Fall unverzüglich nach der Sitzung herzustellen. ² Soweit Feststellungen nach § 160 Abs. 3 Nr. 4 und 5 mit einem Tonaufnahmegerät vorläufig aufgezeichnet worden sind, braucht lediglich dies in dem Protokoll vermerkt zu werden. ³ Das Protokoll ist um die Feststellungen zu ergänzen, wenn eine Partei dies bis zum rechtskräftigen Abschluss des Verfahrens beantragt oder das Rechtsmittelgericht die Ergänzung anfordert. ⁴ Sind Feststellungen nach § 160 Abs. 3 Nr. 4 unmittelbar aufgenommen und ist zugleich das wesentliche Ergebnis der Aussagen vorläufig aufgezeichnet worden, so kann eine Ergänzung des Protokolls nur um das wesentliche Ergebnis der Aussagen verlangt werden.

(3) ¹ Die vorläufigen Aufzeichnungen sind zu den Prozessakten zu nehmen oder, wenn sie sich nicht dazu eignen, bei der Geschäftsstelle mit den Prozessakten aufzubewahren. ² Aufzeichnungen auf Ton- oder Datenträgern können gelöscht werden,
1. soweit das Protokoll nach der Sitzung hergestellt oder um die vorläufig aufgezeichneten Feststellungen ergänzt ist, wenn die Parteien innerhalb eines Monats nach Mitteilung der Abschrift keine Einwendungen erhoben haben;
2. nach rechtskräftigem Abschluss des Verfahrens.

³ Soweit das Gericht über eine zentrale Datenspeichereinrichtung verfügt, können die vorläufigen Aufzeichnungen an Stelle der Aufbewahrung nach Satz 1 auf der zentralen Datenspeichereinrichtung gespeichert werden.

(4) Die endgültige Herstellung durch Aufzeichnung auf Datenträger in der Form des § 130b ist möglich.

§ 161 Entbehrliche Feststellungen. (1) Feststellungen nach § 160 Abs. 3 Nr. 4 und 5 brauchen nicht in das Protokoll aufgenommen zu werden,
1. wenn das Prozessgericht die Vernehmung oder den Augenschein durchführt und das Endurteil der Berufung oder der Revision nicht unterliegt;
2. soweit die Klage zurückgenommen, der geltend gemachte Anspruch anerkannt oder auf ihn verzichtet wird, auf ein Rechtsmittel verzichtet oder der Rechtsstreit durch einen Vergleich beendet wird.

(2) ¹ In dem Protokoll ist zu vermerken, dass die Vernehmung oder der Augenschein durchgeführt worden ist. ² § 160a Abs. 3 gilt entsprechend.

§ 162 Genehmigung des Protokolls. (1) ¹ Das Protokoll ist insoweit, als es Feststellungen nach § 160 Abs. 3 Nr. 1, 3, 4, 5, 8, 9 oder zu Protokoll erklärte Anträge enthält, den Beteiligten vorzulesen oder zur Durchsicht vorzulegen. ² Ist der Inhalt des Protokolls nur vorläufig aufgezeichnet worden, so genügt es, wenn die Aufzeichnungen vorgelesen oder abgespielt werden. ³ In dem Protokoll

---

[1]) § 160a Abs. 3 Satz 3 angef. mWv 18.12.2007 durch G v. 12.12.2007 (BGBl. I S. 2840).

ist zu vermerken, dass dies geschehen und die Genehmigung erteilt ist oder welche Einwendungen erhoben worden sind.

(2) [1] Feststellungen nach § 160 Abs. 3 Nr. 4 brauchen nicht abgespielt zu werden, wenn sie in Gegenwart der Beteiligten unmittelbar aufgezeichnet worden sind; der Beteiligte, dessen Aussage aufgezeichnet ist, kann das Abspielen verlangen. [2] Soweit Feststellungen nach § 160 Abs. 3 Nr. 4 und 5 in Gegenwart der Beteiligten diktiert worden sind, kann das Abspielen, das Vorlesen oder die Vorlage zur Durchsicht unterbleiben, wenn die Beteiligten nach der Aufzeichnung darauf verzichten; in dem Protokoll ist zu vermerken, dass der Verzicht ausgesprochen worden ist.

§ 163 Unterschreiben des Protokolls. (1) [1] Das Protokoll ist von dem Vorsitzenden und von dem Urkundsbeamten der Geschäftsstelle zu unterschreiben. [2] Ist der Inhalt des Protokolls ganz oder teilweise mit einem Tonaufnahmegerät vorläufig aufgezeichnet worden, so hat der Urkundsbeamte der Geschäftsstelle die Richtigkeit der Übertragung zu prüfen und durch seine Unterschrift zu bestätigen; dies gilt auch dann, wenn der Urkundsbeamte der Geschäftsstelle zur Sitzung nicht zugezogen war.

(2) [1] Ist der Vorsitzende verhindert, so unterschreibt für ihn der älteste beisitzende Richter; war nur ein Richter tätig und ist dieser verhindert, so genügt die Unterschrift des zur Protokollführung zugezogenen Urkundsbeamten der Geschäftsstelle. [2] Ist dieser verhindert, so genügt die Unterschrift des Richters. [3] Der Grund der Verhinderung soll im Protokoll vermerkt werden.

§ 164 Protokollberichtigung. (1) Unrichtigkeiten des Protokolls können jederzeit berichtigt werden.

(2) Vor der Berichtigung sind die Parteien und, soweit es die in § 160 Abs. 3 Nr. 4 genannten Feststellungen betrifft, auch die anderen Beteiligten zu hören.

(3) [1] Die Berichtigung wird auf dem Protokoll vermerkt; dabei kann auf eine mit dem Protokoll zu verbindende Anlage verwiesen werden. [2] Der Vermerk ist von dem Richter, der das Protokoll unterschrieben hat, oder von dem allein tätig gewesenen Richter, selbst wenn dieser an der Unterschrift verhindert war, und von dem Urkundsbeamten der Geschäftsstelle, soweit er zur Protokollführung zugezogen war, zu unterschreiben.

(4) [1] Erfolgt der Berichtigungsvermerk in der Form des § 130b, ist er in einem gesonderten elektronischen Dokument festzuhalten. [2] Das Dokument ist mit dem Protokoll untrennbar zu verbinden.

§ 165 Beweiskraft des Protokolls. [1] Die Beachtung der für die Verhandlung vorgeschriebenen Förmlichkeiten kann nur durch das Protokoll bewiesen werden. [2] Gegen seinen diese Förmlichkeiten betreffenden Inhalt ist nur der Nachweis der Fälschung zulässig.

Titel 2. Verfahren bei Zustellungen
Untertitel 1. Zustellungen von Amts wegen

§ 166 Zustellung. (1) Zustellung ist die Bekanntgabe eines Dokuments an eine Person in der in diesem Titel bestimmten Form.

(2) Dokumente, deren Zustellung vorgeschrieben oder vom Gericht angeordnet ist, sind von Amts wegen zuzustellen, soweit nicht anderes bestimmt ist.

§ 167 Rückwirkung der Zustellung. Soll durch die Zustellung eine Frist gewahrt werden oder die Verjährung neu beginnen oder nach § 204 des Bürgerlichen Gesetzbuchs[1] gehemmt werden, tritt diese Wirkung bereits mit Eingang des Antrags oder der Erklärung ein, wenn die Zustellung demnächst erfolgt.

§ 168[2] **Aufgaben der Geschäftsstelle.** (1) [1] Die Geschäftsstelle führt die Zustellung nach §§ 173 bis 176 Absatz 1 aus. [2] Sie kann einen nach § 33 Abs. 1 des Postgesetzes[3] beliehenen Unternehmer (Post) oder einen Justizbediensteten mit der Ausführung der Zustellung beauftragen. [3] Den Auftrag an die Post erteilt die Geschäftsstelle auf dem dafür vorgesehenen Vordruck.

(2) Der Vorsitzende des Prozessgerichts oder ein von ihm bestimmtes Mitglied können einen Gerichtsvollzieher oder eine andere Behörde mit der Ausführung der Zustellung beauftragen, wenn eine Zustellung nach Absatz 1 keinen Erfolg verspricht.

§ 169[4] **Bescheinigung des Zeitpunktes der Zustellung; Beglaubigung.**
(1) Die Geschäftsstelle bescheinigt auf Antrag den Zeitpunkt der Zustellung.

(2) [1] Die Beglaubigung der zuzustellenden Schriftstücke wird von der Geschäftsstelle vorgenommen. [2] Dies gilt auch, soweit von einem Anwalt eingereichte Schriftstücke nicht bereits von diesem beglaubigt wurden.

(3) [1] Eine in Papierform zuzustellende Abschrift kann auch durch maschinelle Bearbeitung beglaubigt werden. [2] Anstelle der handschriftlichen Unterzeichnung ist die Abschrift mit dem Gerichtssiegel zu versehen. [3] Dasselbe gilt, wenn eine Abschrift per Telekopie zugestellt wird.

(4) [1] Ein Schriftstück oder ein elektronisches Dokument kann in beglaubigter elektronischer Abschrift zugestellt werden. [2] Die Beglaubigung erfolgt mit einer qualifizierten elektronischen Signatur des Urkundsbeamten der Geschäftsstelle.

(5) Ein elektronisches Dokument kann ohne Beglaubigung elektronisch zugestellt werden, wenn es
1. nach § 130a oder § 130b Satz 1 mit einer qualifizierten elektronischen Signatur der verantwortenden Personen versehen ist,
2. nach § 130a auf einem sicheren Übermittlungsweg eingereicht wurde und mit einem Authentizitäts- und Integritätsnachweis versehen ist oder
3. nach Maßgabe des § 298a errichtet wurde und mit einem Übertragungsnachweis nach § 298a Absatz 2 Satz 3 oder 4 versehen ist.

§ 170 Zustellung an Vertreter. (1) [1] Bei nicht prozessfähigen Personen ist an ihren gesetzlichen Vertreter zuzustellen. [2] Die Zustellung an die nicht prozessfähige Person ist unwirksam.

(2) Ist der Zustellungsadressat keine natürliche Person, genügt die Zustellung an den Leiter.

(3) Bei mehreren gesetzlichen Vertretern oder Leitern genügt die Zustellung an einen von ihnen.

---
[1] Nr. 20.
[2] § 168 Abs. 1 Satz 1 geänd. mWv 1.1.2022 durch G v. 5.10.2021 (BGBl. I S. 4607).
[3] **Sartorius ErgBd. Nr. 910.**
[4] § 169 Abs. 3–5 angef. mWv 1.7.2014 durch G v. 10.10.2013 (BGBl. I S. 3786); Abs. 4 und 5 neu gef. mWv 1.1.2018 durch G v. 5.7.2017 (BGBl. I S. 2208); Abs. 4 Satz 1 geänd. mWv 1.1.2020 durch G v. 12.12.2019 (BGBl. I S. 2633).

§ 171 Zustellung an Bevollmächtigte. ¹An den rechtsgeschäftlich bestellten Vertreter kann mit gleicher Wirkung wie an den Vertretenen zugestellt werden. ²Der Vertreter hat eine schriftliche Vollmacht vorzulegen.

§ 172 Zustellung an Prozessbevollmächtigte. (1) ¹In einem anhängigen Verfahren hat die Zustellung an den für den Rechtszug bestellten Prozessbevollmächtigten zu erfolgen. ²Das gilt auch für die Prozesshandlungen, die das Verfahren vor diesem Gericht infolge eines Einspruchs, einer Aufhebung des Urteils dieses Gerichts, einer Wiederaufnahme des Verfahrens, einer Rüge nach § 321a oder eines neuen Vorbringens in dem Verfahren der Zwangsvollstreckung betreffen. ³Das Verfahren vor dem Vollstreckungsgericht gehört zum ersten Rechtszug.

(2) ¹Ein Schriftsatz, durch den ein Rechtsmittel eingelegt wird, ist dem Prozessbevollmächtigten des Rechtszuges zuzustellen, dessen Entscheidung angefochten wird. ²Wenn bereits ein Prozessbevollmächtigter für den höheren Rechtszug bestellt ist, ist der Schriftsatz diesem zuzustellen. ³Der Partei ist selbst zuzustellen, wenn sie einen Prozessbevollmächtigten nicht bestellt hat.

§ 173[1] **Zustellung von elektronischen Dokumenten.** (1) Ein elektronisches Dokument kann elektronisch nur auf einem sicheren Übermittlungsweg zugestellt werden.

[Abs. 2 bis 31.12.2022:]

(2) ¹Einen sicheren Übermittlungsweg für die elektronische Zustellung eines elektronischen Dokuments haben zu eröffnen:
1. Rechtsanwälte, Notare, Gerichtsvollzieher sowie
2. Behörden, Körperschaften oder Anstalten des öffentlichen Rechts.

²Steuerberater und sonstige in professioneller Eigenschaft am Prozess beteiligte Personen, Vereinigungen und Organisationen, bei denen von einer erhöhten Zuverlässigkeit ausgegangen werden kann, sollen einen sicheren Übermittlungsweg für die elektronische Zustellung eröffnen.

[Abs. 2 ab 1.1.2023 bis 31.12.2023:]

(2) ¹Einen sicheren Übermittlungsweg für die elektronische Zustellung eines elektronischen Dokuments haben zu eröffnen:
1. Rechtsanwälte, Notare, Gerichtsvollzieher, Steuerberater sowie
2. Behörden, Körperschaften oder Anstalten des öffentlichen Rechts.

²sonstige[2] *in professioneller Eigenschaft am Prozess beteiligte Personen, Vereinigungen und Organisationen, bei denen von einer erhöhten Zuverlässigkeit ausgegangen werden kann, sollen einen sicheren Übermittlungsweg für die elektronische Zustellung eröffnen.*

[Abs. 2 ab 1.1.2024:]

(2) Einen sicheren Übermittlungsweg für die elektronische Zustellung eines elektronischen Dokuments haben zu eröffnen:
1. Rechtsanwälte, Notare, Gerichtsvollzieher, Steuerberater sowie sonstige in professioneller Eigenschaft am Prozess beteiligte Personen, Vereinigungen und Organisationen, bei denen von einer erhöhten Zuverlässigkeit ausgegangen werden kann, sowie
2. Behörden, Körperschaften oder Anstalten des öffentlichen Rechts.

---

[1] § 173 eingef. mWv 1.1.2022, Abs. 2 Satz 1 Nr. 1 und Satz 2 geänd. **mWv 1.1.2023**, Abs. 2 bish. Satz 1 Nr. 1 geänd., Satz 2 aufgeh. **mWv 1.1.2024** durch G v. 5.10.2021 (BGBl. I S. 4607).
[2] Richtig wohl: „Sonstige".

Abschnitt 3. Verfahren §§ 174–176 ZPO

(3) ¹Die elektronische Zustellung an die in Absatz 2 Genannten wird durch ein elektronisches Empfangsbekenntnis nachgewiesen, das an das Gericht zu übermitteln ist. ²Für die Übermittlung ist der vom Gericht mit der Zustellung zur Verfügung gestellte strukturierte Datensatz zu verwenden. ³Stellt das Gericht keinen strukturierten Datensatz zur Verfügung, so ist dem Gericht das elektronische Empfangsbekenntnis als elektronisches Dokument (§ 130a) zu übermitteln.

(4) ¹An andere als die in Absatz 2 Genannten kann ein elektronisches Dokument elektronisch nur zugestellt werden, wenn sie der Zustellung elektronischer Dokumente für das jeweilige Verfahren zugestimmt haben. ²Die Zustimmung gilt mit der Einreichung eines elektronischen Dokuments im jeweiligen Verfahren auf einem sicheren Übermittlungsweg als erteilt. ³Andere als natürliche Personen können die Zustimmung auch allgemein erteilen. ⁴Ein elektronisches Dokument gilt am dritten Tag nach dem auf der automatisierten Eingangsbestätigung ausgewiesenen Tag des Eingangs in dem vom Empfänger eröffneten elektronischen Postfach als zugestellt. ⁵Satz 4 gilt nicht, wenn der Empfänger nachweist, dass das Dokument nicht oder zu einem späteren Zeitpunkt zugegangen ist.

§ 174[1]** Zustellung durch Aushändigung an der Amtsstelle.** ¹Ein Schriftstück kann dem Adressaten oder seinem rechtsgeschäftlich bestellten Vertreter durch Aushändigung an der Amtsstelle zugestellt werden. ²Zum Nachweis der Zustellung ist auf dem Schriftstück und in den Akten zu vermerken, dass es zum Zwecke der Zustellung ausgehändigt wurde und wann das geschehen ist; bei Aushändigung an den Vertreter ist dies mit dem Zusatz zu vermerken, an wen das Schriftstück ausgehändigt wurde und dass die Vollmacht nach § 171 Satz 2 vorgelegt wurde. ³Der Vermerk ist von dem Bediensteten zu unterschreiben, der die Aushändigung vorgenommen hat.

§ 175[2]** Zustellung von Schriftstücken gegen Empfangsbekenntnis.**

(1) Ein Schriftstück kann den in § 173 Absatz 2 Genannten gegen Empfangsbekenntnis zugestellt werden.

(2) ¹Eine Zustellung gegen Empfangsbekenntnis kann auch durch Telekopie erfolgen. ²Die Übermittlung soll mit dem Hinweis „Zustellung gegen Empfangsbekenntnis" eingeleitet werden und die absendende Stelle, den Namen und die Anschrift des Zustellungsadressaten sowie den Namen des Justizbediensteten erkennen lassen, der das Dokument zur Übermittlung aufgegeben hat.

(3) Die Zustellung nach den Absätzen 1 und 2 wird durch das mit Datum und Unterschrift des Adressaten versehene Empfangsbekenntnis nachgewiesen.

(4) Das Empfangsbekenntnis muss schriftlich, durch Telekopie oder als elektronisches Dokument (§ 130a) an das Gericht gesandt werden.

§ 176[3]** Zustellung durch Einschreiben mit Rückschein; Zustellungsauftrag.** (1) ¹Ein Schriftstück kann durch Einschreiben mit Rückschein zugestellt werden. ²Zum Nachweis der Zustellung genügt der Rückschein.

(2) ¹Wird die Post, ein Justizbediensteter oder ein Gerichtsvollzieher mit der Zustellung eines Schriftstücks beauftragt oder wird eine andere Behörde um die Zustellung ersucht, so übergibt die Geschäftsstelle das zuzustellende Schriftstück in

---

[1] § 174 aufgeh., bish. § 173 wird § 174 mWv 1.1.2022 durch G v. 5.10.2021 (BGBl. I S. 4607).
[2] § 175 neu gef. mWv 1.1.2022 durch G v. 5.10.2021 (BGBl. I S. 4607).
[3] § 176 neu gef. mWv 1.1.2022 durch G v. 5.10.2021 (BGBl. I S. 4607).

einem verschlossenen Umschlag und ein vorbereitetes Formular einer Zustellungsurkunde. ²Die Zustellung erfolgt nach den §§ 177 bis 181.

§ 177 Ort der Zustellung. Das Schriftstück kann der Person, der zugestellt werden soll, an jedem Ort übergeben werden, an dem sie angetroffen wird.

§ 178[1] Ersatzzustellung in der Wohnung, in Geschäftsräumen und Einrichtungen. (1) Wird die Person, der zugestellt werden soll, in ihrer Wohnung, in dem Geschäftsraum oder in einer Gemeinschaftseinrichtung, in der sie wohnt, nicht angetroffen, kann das Schriftstück zugestellt werden

1. in der Wohnung einem erwachsenen Familienangehörigen, einer in der Familie beschäftigten Person oder einem erwachsenen ständigen Mitbewohner,
2. in Geschäftsräumen einer dort beschäftigten Person,
3. in Gemeinschaftseinrichtungen dem Leiter der Einrichtung oder einem dazu ermächtigten Vertreter.

(2) Die Zustellung an eine der in Absatz 1 bezeichneten Personen ist unwirksam, wenn diese an dem Rechtsstreit als Gegner der Person, der zugestellt werden soll, beteiligt ist.

§ 179 Zustellung bei verweigerter Annahme. ¹Wird die Annahme des zuzustellenden Schriftstücks unberechtigt verweigert, so ist das Schriftstück in der Wohnung oder in dem Geschäftsraum zurückzulassen. ²Hat der Zustellungsadressat keine Wohnung oder ist kein Geschäftsraum vorhanden, ist das zuzustellende Schriftstück zurückzusenden. ³Mit der Annahmeverweigerung gilt das Schriftstück als zugestellt.

§ 180 Ersatzzustellung durch Einlegen in den Briefkasten. ¹Ist die Zustellung nach § 178 Abs. 1 Nr. 1 oder 2 nicht ausführbar, kann das Schriftstück in einen zu der Wohnung oder dem Geschäftsraum gehörenden Briefkasten oder in eine ähnliche Vorrichtung eingelegt werden, die der Adressat für den Postempfang eingerichtet hat und die in der allgemein üblichen Art für eine sichere Aufbewahrung geeignet ist. ²Mit der Einlegung gilt das Schriftstück als zugestellt. ³Der Zusteller vermerkt auf dem Umschlag des zuzustellenden Schriftstücks das Datum der Zustellung.

§ 181 Ersatzzustellung durch Niederlegung. (1) ¹Ist die Zustellung nach § 178 Abs. 1 Nr. 3 oder § 180 nicht ausführbar, kann das zuzustellende Schriftstück auf der Geschäftsstelle des Amtsgerichts, in dessen Bezirk der Ort der Zustellung liegt, niedergelegt werden. ²Wird die Post mit der Ausführung der Zustellung beauftragt, ist das zuzustellende Schriftstück am Ort der Zustellung oder am Ort des Amtsgerichts bei einer von der Post dafür bestimmten Stelle niederzulegen. ³Über die Niederlegung ist eine schriftliche Mitteilung auf dem vorgesehenen Formular unter der Anschrift der Person, der zugestellt werden soll, in der bei gewöhnlichen Briefen üblichen Weise abzugeben oder, wenn das nicht möglich ist, an der Tür der Wohnung, des Geschäftsraums oder der Gemeinschaftseinrichtung anzuheften. ⁴Das Schriftstück gilt mit der Abgabe der schriftlichen Mitteilung als zugestellt. ⁵Der Zusteller vermerkt auf dem Umschlag des zuzustellenden Schriftstücks das Datum der Zustellung.

---

[1] § 178 Abs. 2 ber. BGBl. 2007 I S. 1781.

(2) ¹Das niedergelegte Schriftstück ist drei Monate zur Abholung bereitzuhalten. ²Nicht abgeholte Schriftstücke sind danach an den Absender zurückzusenden.

§ 182[1]) **Zustellungsurkunde.** (1) ¹Zum Nachweis der Zustellung nach den §§ 171, 177 bis 181 ist eine Urkunde auf dem hierfür vorgesehenen Formular anzufertigen. ²Für diese Zustellungsurkunde gilt § 418.

(2) Die Zustellungsurkunde muss enthalten:
1. die Bezeichnung der Person, der zugestellt werden soll,
2. die Bezeichnung der Person, an die der Brief oder das Schriftstück übergeben wurde,
3. im Falle des § 171 die Angabe, dass die Vollmachtsurkunde vorgelegen hat,
4. im Falle der §§ 178, 180 die Angabe des Grundes, der diese Zustellung rechtfertigt und wenn nach § 181 verfahren wurde, die Bemerkung, wie die schriftliche Mitteilung abgegeben wurde,
5. im Falle des § 179 die Erwähnung, wer die Annahme verweigert hat und dass der Brief am Ort der Zustellung zurückgelassen oder an den Absender zurückgesandt wurde,
6. die Bemerkung, dass der Tag der Zustellung auf dem Umschlag, der das zuzustellende Schriftstück enthält, vermerkt ist,
7. den Ort, das Datum und auf Anordnung der Geschäftsstelle auch die Uhrzeit der Zustellung,
8. Name, Vorname und Unterschrift des Zustellers sowie die Angabe des beauftragten Unternehmens oder der ersuchten Behörde.

(3) Die Zustellungsurkunde ist der Geschäftsstelle in Urschrift oder als elektronisches Dokument unverzüglich zurückzuleiten.

§ 183[2]) **Zustellung im Ausland.** (1) ¹Soweit nicht unmittelbar anwendbare Regelungen der Europäischen Union in ihrer jeweils geltenden Fassung, insbesondere
1. die Verordnung (EG) Nr. 1393/2007[3]) des Europäischen Parlaments und des Rates vom 13. November 2007 über die Zustellung gerichtlicher und außergerichtlicher Schriftstücke in Zivil- oder Handelssachen in den Mitgliedstaaten („Zustellung von Schriftstücken") und zur Aufhebung der Verordnung (EG) Nr. 1348/2000 des Rates (ABl. L 324 vom 10.12.2007, S. 79), die durch die Verordnung (EU) Nr. 517/2013 (ABl. L 158 vom 10.6.2013, S. 1) geändert worden ist, sowie
2. das Abkommen zwischen der Europäischen Gemeinschaft und dem Königreich Dänemark vom 19. Oktober 2005 über die Zustellung gerichtlicher und außergerichtlicher Schriftstücke in Zivil- oder Handelssachen (ABl. L 300 vom 17.11.2005, S. 55)

maßgeblich sind, gelten für die Zustellung im Ausland die nachfolgenden Absätze 2 bis 5. ²Für die Durchführung der in Satz 1 genannten Regelungen gelten § 1067 Absatz 1, § 1068 Absatz 1 und § 1069 Absatz 1.

---

[1]) § 182 Abs. 3 neu gef. mWv 1.7.2014 durch G v. 10.10.2013 (BGBl. I S. 3786).
[2]) § 183 neu gef. mWv 13.11.2008 durch G v. 30.10.2008 (BGBl. I S. 2122); Abs. 1 eingef., bish. Abs. 1 wird Abs. 2, bish. Abs. 2 wird Abs. 3 und Satz 1 geänd., bish. Abs. 3 und 4 werden Abs. 4 und 5 und neu gef., bish. Abs. 5 aufgeh. mWv 17.6.2017 durch G v. 11.6.2017 (BGBl. I S. 1607); Abs. 2 Satz 2 neu gef., Abs. 5 Satz 1 geänd. mWv 1.1.2022 durch G v. 5.10.2021 (BGBl. I S. 4607).
[3]) Habersack, Deutsche Gesetze ErgBd. Nr. 103c.

(2) ¹Eine Zustellung im Ausland ist nach den bestehenden völkerrechtlichen Vereinbarungen vorzunehmen. ²Wenn Schriftstücke aufgrund solcher Vereinbarungen unmittelbar durch die Post zugestellt werden dürfen, dann soll dies durch Einschreiben mit Rückschein oder mittels eines gleichwertigen Nachweises bewirkt werden, anderenfalls soll die Zustellung auf Ersuchen des Vorsitzenden des Prozessgerichts unmittelbar durch die Behörden des fremden Staates erfolgen.

(3) ¹Ist eine Zustellung nach Absatz 2 nicht möglich, ist durch die zuständige diplomatische oder konsularische Vertretung des Bundes oder die sonstige zuständige Behörde zuzustellen. ²Nach Satz 1 ist insbesondere zu verfahren, wenn völkerrechtliche Vereinbarungen nicht bestehen, die zuständigen Stellen des betreffenden Staates zur Rechtshilfe nicht bereit sind oder besondere Gründe eine solche Zustellung rechtfertigen.

(4) An entsandte *Beschäftige*[1]) einer deutschen Auslandsvertretung und die in ihrer Privatwohnung lebenden Personen erfolgt die Zustellung auf Ersuchen des Vorsitzenden des Prozessgerichts durch die zuständige Auslandsvertretung.

(5) ¹Zum Nachweis der Zustellung nach Absatz 2 Satz 2 erster Halbsatz genügt der Rückschein oder ein gleichwertiger Nachweis. ²Die Zustellung nach Absatz 2 Satz 2 zweiter Halbsatz und den Absätzen 3 und 4 wird durch das Zeugnis der ersuchten Behörde nachgewiesen.

§ 184[2]) Zustellungsbevollmächtigter; Zustellung durch Aufgabe zur Post.

(1) ¹Das Gericht kann bei der Zustellung nach § 183 Absatz 2 bis 5 anordnen, dass die Partei innerhalb einer angemessenen Frist einen Zustellungsbevollmächtigten benennt, der im Inland wohnt oder dort einen Geschäftsraum hat, falls sie nicht einen Prozessbevollmächtigten bestellt hat. ²Wird kein Zustellungsbevollmächtigter benannt, so können spätere Zustellungen bis zur nachträglichen Benennung dadurch bewirkt werden, dass das Schriftstück unter der Anschrift der Partei zur Post gegeben wird.

(2) ¹Das Schriftstück gilt zwei Wochen nach Aufgabe zur Post als zugestellt. ²Das Gericht kann eine längere Frist bestimmen. ³In der Anordnung nach Absatz 1 ist auf diese Rechtsfolgen hinzuweisen. ⁴Zum Nachweis der Zustellung ist in den Akten zu vermerken, zu welcher Zeit und unter welcher Anschrift das Schriftstück zur Post gegeben wurde.

§ 185[3]) Öffentliche Zustellung.
Die Zustellung kann durch öffentliche Bekanntmachung (öffentliche Zustellung) erfolgen, wenn

1. der Aufenthaltsort einer Person unbekannt und eine Zustellung an einen Vertreter oder Zustellungsbevollmächtigten nicht möglich ist,
2. bei juristischen Personen, die zur Anmeldung einer inländischen Geschäftsanschrift zum Handelsregister verpflichtet sind, eine Zustellung weder unter der eingetragenen Anschrift noch unter einer im Handelsregister eingetragenen Anschrift einer für Zustellungen empfangsberechtigten Person oder einer ohne Ermittlungen bekannten anderen inländischen Anschrift möglich ist,
3. eine Zustellung im Ausland nicht möglich ist oder keinen Erfolg verspricht oder

---

[1]) Richtig wohl: „Beschäftigte".
[2]) § 184 Abs. 1 neu gef. mWv 13.11.2008 durch G v. 30.10.2008 (BGBl. I S. 2122); Abs. 1 Satz 1 geänd. mWv 17.6.2017 durch G v. 11.6.2017 (BGBl. I S. 1607).
[3]) § 185 Nr. 2 eingef., bish. Nr. 2 und 3 werden Nr. 3 und 4 mWv 1.11.2008 durch G v. 23.10.2008 (BGBl. I S. 2026).

4. die Zustellung nicht erfolgen kann, weil der Ort der Zustellung die Wohnung einer Person ist, die nach den §§ 18 bis 20 des Gerichtsverfassungsgesetzes[1]) der Gerichtsbarkeit nicht unterliegt.

§ 186[2]) **Bewilligung und Ausführung der öffentlichen Zustellung.**
(1) [1] Über die Bewilligung der öffentlichen Zustellung entscheidet das Prozessgericht. [2] Die Entscheidung kann ohne mündliche Verhandlung ergehen.

(2) [1] Die öffentliche Zustellung erfolgt durch Aushang einer Benachrichtigung an der Gerichtstafel oder durch Veröffentlichung der Benachrichtigung in einem elektronischen Informations- und Kommunikationssystem, das im Gericht öffentlich zugänglich ist. [2] Die Benachrichtigung muss erkennen lassen
1. die Person, für die zugestellt wird,
2. den Namen und die letzte bekannte Anschrift des Zustellungsadressaten,
3. das Datum, das Aktenzeichen des Schriftstücks und die Bezeichnung des Prozessgegenstandes sowie
4. die Stelle, wo das Schriftstück eingesehen werden kann.

[3] Die Benachrichtigung muss den Hinweis enthalten, dass ein Schriftstück öffentlich zugestellt wird und Fristen in Gang gesetzt werden können, nach deren Ablauf Rechtsverluste drohen können. [4] Bei der Zustellung einer Ladung muss die Benachrichtigung den Hinweis enthalten, dass das Schriftstück eine Ladung zu einem Termin enthält, dessen Versäumung Rechtsnachteile zur Folge haben kann.

(3) In den Akten ist zu vermerken, wann die Benachrichtigung ausgehängt und wann sie abgenommen wurde.

§ 187[3]) **Veröffentlichung der Benachrichtigung.** Das Prozessgericht kann zusätzlich anordnen, dass die Benachrichtigung einmal oder mehrfach im Bundesanzeiger oder in anderen Blättern zu veröffentlichen ist.

§ 188 Zeitpunkt der öffentlichen Zustellung. [1] Das Schriftstück gilt als zugestellt, wenn seit dem Aushang der Benachrichtigung ein Monat vergangen ist. [2] Das Prozessgericht kann eine längere Frist bestimmen.

§ 189 Heilung von Zustellungsmängeln. Lässt sich die formgerechte Zustellung eines Dokuments nicht nachweisen oder ist das Dokument unter Verletzung zwingender Zustellungsvorschriften zugegangen, so gilt es in dem Zeitpunkt als zugestellt, in dem das Dokument der Person, an die die Zustellung dem Gesetz gemäß gerichtet war oder gerichtet werden konnte, tatsächlich zugegangen ist.

§ 190[4]) **Einheitliche Zustellungsformulare.** Das Bundesministerium der Justiz und für Verbraucherschutz wird ermächtigt, durch Rechtsverordnung mit Zustimmung des Bundesrates zur Vereinfachung und Vereinheitlichung der Zustellung Formulare einzuführen.

---

[1]) Nr. **95**.
[2]) § 186 Abs. 2 Satz 1 geänd., Satz 2 aufgeh., bish. Sätze 3–5 werden Sätze 2–4 mWv 1.1.2022 durch G v. 5.10.2021 (BGBl. I S. 4607).
[3]) § 187 geänd. mWv 1.4.2012 durch G v. 22.12.2011 (BGBl. I S. 3044).
[4]) § 190 geänd. mWv 8.9.2015 durch VO v. 31.8.2015 (BGBl. I S. 1474).

Untertitel 2. Zustellungen auf Betreiben der Parteien

§ 191 Zustellung. Ist eine Zustellung auf Betreiben der Parteien zugelassen oder vorgeschrieben, finden die Vorschriften über die Zustellung von Amts wegen entsprechende Anwendung, soweit sich nicht aus den nachfolgenden Vorschriften Abweichungen ergeben.

§ 192[1] **Zustellung durch Gerichtsvollzieher.** [1] Die von den Parteien zu betreibenden Zustellungen erfolgen unbeschadet der Zustellung im Ausland (§ 183) durch den Gerichtsvollzieher. [2] Im Verfahren vor dem Amtsgericht kann die Partei den Gerichtsvollzieher durch Vermittlung durch die Geschäftsstelle des Prozessgerichts mit der Zustellung beauftragen. [3] Insoweit hat diese den Gerichtsvollzieher mit der Zustellung zu beauftragen.

§ 193[2] **Zustellung von Schriftstücken.** (1) [1] Soll ein Dokument als Schriftstück zugestellt werden, so übermittelt die Partei dem Gerichtsvollzieher das zuzustellende Dokument
1. in Papierform zusammen mit den erforderlichen Abschriften oder
2. als elektronisches Dokument auf einem sicheren Übermittlungsweg.

[2] Im Falle des Satzes 1 Nummer 1 beglaubigt der Gerichtsvollzieher die Abschriften; er kann fehlende Abschriften selbst herstellen. [3] Im Falle des Satzes 1 Nummer 2 fertigt der Gerichtsvollzieher die erforderlichen Abschriften als Ausdrucke selbst und beglaubigt diese.

(2) [1] Der Gerichtsvollzieher beurkundet im Falle des Absatzes 1 Satz 1 Nummer 1 auf der Urschrift des zuzustellenden Schriftstücks oder auf dem mit der Urschrift zu verbindenden hierfür vorgesehenen Formular die Ausführung der Zustellung nach § 182 Abs. 2 und vermerkt die Person, in deren Auftrag er zugestellt hat. [2] Im Falle des Absatzes 1 Satz 1 Nummer 2 gilt Satz 1 mit der Maßgabe, dass der Gerichtsvollzieher die Beurkundung auf einem Ausdruck des zuzustellenden elektronischen Dokuments oder auf dem mit dem Ausdruck zu verbindenden hierfür vorgesehenen Formular vornimmt. [3] Bei Zustellung durch Aufgabe zur Post ist das Datum und die Anschrift, unter der die Aufgabe erfolgte, zu vermerken.

(3) Der Gerichtsvollzieher vermerkt auf dem zu übergebenden Schriftstück den Tag der Zustellung, sofern er nicht eine beglaubigte Abschrift der Zustellungsurkunde übergibt.

(4) Die Zustellungsurkunde ist der Partei zu übermitteln, für die zugestellt wurde.

§ 193a[3] **Zustellung von elektronischen Dokumenten.** (1) [1] Soll ein Dokument als elektronisches Dokument zugestellt werden, so übermittelt die Partei dem Gerichtsvollzieher das zuzustellende Dokument
1. elektronisch auf einem sicheren Übermittlungsweg oder
2. als Schriftstück.

[2] Im Falle des Satzes 1 Nummer 2 überträgt der Gerichtsvollzieher das Schriftstück in ein elektronisches Dokument.

---

[1] § 192 neu gef. mWv 1.1.2022 durch G v. 5.10.2021 (BGBl. I S. 4607).
[2] § 193 Überschrift neu gef., Abs. 1 eingef., bish. Abs. 1–3 werden Abs. 2–4, neuer Abs. 2 Satz 1 geänd., Satz 2 eingef., bish. Satz 2 wird Satz 3 mWv 1.1.2022 durch G v. 5.10.2021 (BGBl. I S. 4607).
[3] § 193a eingef. mWv 1.1.2022 durch G v. 5.10.2021 (BGBl. I S. 4607).

(2) ¹ Als Nachweis der Zustellung dient die automatisierte Eingangsbestätigung. ² Der Zeitpunkt der Zustellung ist der in der automatisierten Eingangsbestätigung ausgewiesene Zeitpunkt des Eingangs in dem vom Empfänger eröffneten elektronischen Postfach. ³ Im Falle des Absatzes 1 Satz 1 Nummer 1 ist die automatisierte Eingangsbestätigung mit dem zuzustellenden elektronischen Dokument zu verbinden und der Partei zu übermitteln, für die zugestellt wurde. ⁴ Im Falle des Absatzes 1 Satz 1 Nummer 2 fertigt der Gerichtsvollzieher einen Ausdruck der automatisierten Eingangsbestätigung, verbindet den Ausdruck mit dem zuzustellenden Schriftstück und übermittelt dieses der Partei, für die zugestellt wurde.

§ 194 Zustellungsauftrag. (1) ¹ Beauftragt der Gerichtsvollzieher die Post mit der Ausführung der Zustellung, vermerkt er auf dem zuzustellenden Schriftstück, im Auftrag welcher Person er es der Post übergibt. ² Auf der Urschrift des zuzustellenden Schriftstücks oder auf einem mit ihr zu verbindenden Übergabebogen bezeugt er, dass die mit der Anschrift des Zustellungsadressaten, der Bezeichnung des absendenden Gerichtsvollziehers und einem Aktenzeichen versehene Sendung der Post übergeben wurde.

(2) Die Post leitet die Zustellungsurkunde unverzüglich an den Gerichtsvollzieher zurück.

§ 195¹⁾ Zustellung von Anwalt zu Anwalt. (1) ¹ Sind die Parteien durch Anwälte vertreten, so kann ein Dokument auch dadurch zugestellt werden, dass der zustellende Anwalt das Dokument dem anderen Anwalt übermittelt (Zustellung von Anwalt zu Anwalt). ² Auch Schriftsätze, die nach den Vorschriften dieses Gesetzes von Amts wegen zugestellt werden, können stattdessen von Anwalt zu Anwalt zugestellt werden, wenn nicht gleichzeitig dem Gegner eine gerichtliche Anordnung mitzuteilen ist. ³ In dem Schriftsatz soll die Erklärung enthalten sein, dass von Anwalt zu Anwalt zugestellt werde. ⁴ Die Zustellung ist dem Gericht, sofern dies für die zu treffende Entscheidung erforderlich ist, nachzuweisen. ⁵ Für die Zustellung von Anwalt zu Anwalt gelten § 173 Absatz 1 und § 175 Absatz 2 Satz 1 entsprechend.

(2) ¹ Zum Nachweis der Zustellung eines Schriftstücks genügt das mit Datum und Unterschrift versehene Empfangsbekenntnis desjenigen Anwalts, dem zugestellt worden ist ² § 175 Absatz 4 gilt entsprechend. ³ Die Zustellung eines elektronischen Dokuments ist durch ein elektronisches Empfangsbekenntnis in Form eines strukturierten Datensatzes nachzuweisen. ⁴ Der Anwalt, der zustellt, hat dem anderen Anwalt auf Verlangen eine Bescheinigung über die Zustellung zu erteilen.

§§ 195a bis 213a (weggefallen)

Titel 3. Ladungen, Termine und Fristen

§ 214 Ladung zum Termin. Die Ladung zu einem Termin wird von Amts wegen veranlasst.

---

¹⁾ § 195 Abs. 2 Satz 2 neu gef. mWv 1.1.2018 durch G v. 10.10.2013 (BGBl. I S. 3786); Abs. 1 Satz 5, Abs. 2 Satz 1 neu gef., Satz 2 geänd., Satz 3 eingef., bish. Satz 3 wird Satz 4 mWv 1.1.2022 durch G v. 5.10.2021 (BGBl. I S. 4607).

§ 215 Notwendiger Inhalt der Ladung zur mündlichen Verhandlung. (1) ¹In der Ladung zur mündlichen Verhandlung ist über die Folgen einer Versäumung des Termins zu belehren (§§ 330 bis 331a). ²Die Belehrung hat die Rechtsfolgen aus den §§ 91 und 708 Nr. 2 zu umfassen.

(2) In Anwaltsprozessen muss die Ladung zur mündlichen Verhandlung, sofern die Zustellung nicht an einen Rechtsanwalt erfolgt, die Aufforderung enthalten, einen Anwalt zu bestellen.

§ 216 Terminsbestimmung. (1) Die Termine werden von Amts wegen bestimmt, wenn Anträge oder Erklärungen eingereicht werden, über die nur nach mündlicher Verhandlung entschieden werden kann oder über die mündliche Verhandlung vom Gericht angeordnet ist.

(2) Der Vorsitzende hat die Termine unverzüglich zu bestimmen.

(3) Auf Sonntage, allgemeine Feiertage oder Sonnabende sind Termine nur in Notfällen anzuberaumen.

§ 217 Ladungsfrist. Die Frist, die in einer anhängigen Sache zwischen der Zustellung der Ladung und dem Terminstag liegen soll (Ladungsfrist), beträgt in Anwaltsprozessen mindestens eine Woche, in anderen Prozessen mindestens drei Tage.

§ 218 Entbehrlichkeit der Ladung. Zu Terminen, die in verkündeten Entscheidungen bestimmt sind, ist eine Ladung der Parteien unbeschadet der Vorschriften des § 141 Abs. 2 nicht erforderlich.

§ 219 Terminsort. (1) Die Termine werden an der Gerichtsstelle abgehalten, sofern nicht die Einnahme eines Augenscheins an Ort und Stelle, die Verhandlung mit einer am Erscheinen vor Gericht verhinderten Person oder eine sonstige Handlung erforderlich ist, die an der Gerichtsstelle nicht vorgenommen werden kann.

(2) Der Bundespräsident ist nicht verpflichtet, persönlich an der Gerichtsstelle zu erscheinen.

§ 220 Aufruf der Sache; versäumter Termin. (1) Der Termin beginnt mit dem Aufruf der Sache.

(2) Der Termin ist von einer Partei versäumt, wenn sie bis zum Schluss nicht verhandelt.

§ 221 Fristbeginn. *(1)*[1] Der Lauf einer richterlichen Frist beginnt, sofern nicht bei ihrer Festsetzung ein anderes bestimmt wird, mit der Zustellung des Dokuments, in dem die Frist festgesetzt ist, und, wenn es einer solchen Zustellung nicht bedarf, mit der Verkündung der Frist.

§ 222 Fristberechnung. (1) Für die Berechnung der Fristen gelten die Vorschriften des Bürgerlichen Gesetzbuchs.[2]

(2) Fällt das Ende einer Frist auf einen Sonntag, einen allgemeinen Feiertag oder einen Sonnabend, so endet die Frist mit Ablauf des nächsten Werktages.

(3) Bei der Berechnung einer Frist, die nach Stunden bestimmt ist, werden Sonntage, allgemeine Feiertage und Sonnabende nicht mitgerechnet.

---

[1] Absatzzähler amtlich.
[2] Vgl. §§ 187–193 BGB (Nr. 20).

Abschnitt 3. Verfahren   §§ 223–227 ZPO

§ 223 (weggefallen)

§ 224 Fristkürzung; Fristverlängerung. (1) [1] Durch Vereinbarung der Parteien können Fristen, mit Ausnahme der Notfristen, abgekürzt werden. [2] Notfristen sind nur diejenigen Fristen, die in diesem Gesetz als solche bezeichnet sind.

(2) Auf Antrag können richterliche und gesetzliche Fristen abgekürzt oder verlängert werden, wenn erhebliche Gründe glaubhaft gemacht sind, gesetzliche Fristen jedoch nur in den besonders bestimmten Fällen.

(3) Im Falle der Verlängerung wird die neue Frist von dem Ablauf der vorigen Frist an berechnet, wenn nicht im einzelnen Fall ein anderes bestimmt ist.

§ 225 Verfahren bei Friständerung. (1) Über das Gesuch um Abkürzung oder Verlängerung einer Frist kann ohne mündliche Verhandlung entschieden werden.

(2) Die Abkürzung oder wiederholte Verlängerung darf nur nach Anhörung des Gegners bewilligt werden.

(3) Eine Anfechtung des Beschlusses, durch den das Gesuch um Verlängerung einer Frist zurückgewiesen ist, findet nicht statt.

§ 226 Abkürzung von Zwischenfristen. (1) Einlassungsfristen, Ladungsfristen sowie diejenigen Fristen, die für die Zustellung vorbereitender Schriftsätze bestimmt sind, können auf Antrag abgekürzt werden.

(2) Die Abkürzung der Einlassungs- und der Ladungsfristen wird dadurch nicht ausgeschlossen, dass infolge der Abkürzung die mündliche Verhandlung durch Schriftsätze nicht vorbereitet werden kann.

(3) Der Vorsitzende kann bei Bestimmung des Termins die Abkürzung ohne Anhörung des Gegners und des sonst Beteiligten verfügen; diese Verfügung ist dem Beteiligten abschriftlich mitzuteilen.

§ 227[1)] **Terminsänderung.** (1) [1] Aus erheblichen Gründen kann ein Termin aufgehoben oder verlegt sowie eine Verhandlung vertagt werden. [2] Erhebliche Gründe sind insbesondere nicht
1. das Ausbleiben einer Partei oder die Ankündigung, nicht zu erscheinen, wenn nicht das Gericht dafür hält, dass die Partei ohne ihr Verschulden am Erscheinen verhindert ist;
2. die mangelnde Vorbereitung einer Partei, wenn nicht die Partei dies genügend entschuldigt;
3. das Einvernehmen der Parteien allein.

(2) Die erheblichen Gründe sind auf Verlangen des Vorsitzenden, für eine Vertagung auf Verlangen des Gerichts glaubhaft zu machen.

(3) [1] Ein für die Zeit vom 1. Juli bis 31. August bestimmter Termin, mit Ausnahme eines Termins zur Verkündung einer Entscheidung, ist auf Antrag innerhalb einer Woche nach Zugang der Ladung oder Terminsbestimmung zu verlegen. [2] Dies gilt nicht für
1. Arrestsachen oder die eine einstweilige Verfügung oder einstweilige Anordnung betreffenden Sachen,

---

[1)] § 227 Abs. 3 Satz 2 Nr. 3 aufgeh. mWv 1.9.2009 durch G v. 17.12.2008 (BGBl. I S. 2586).

2. Streitigkeiten wegen Überlassung, Benutzung, Räumung oder Herausgabe von Räumen oder wegen Fortsetzung des Mietverhältnisses über Wohnraum auf Grund der §§ 574 bis 574b des Bürgerlichen Gesetzbuchs[1],
3. *(aufgehoben)*
4. Wechsel- oder Scheckprozesse,
5. Bausachen, wenn über die Fortsetzung eines angefangenen Baues gestritten wird,
6. Streitigkeiten wegen Überlassung oder Herausgabe einer Sache an eine Person, bei der die Sache nicht der Pfändung unterworfen ist,
7. Zwangsvollstreckungsverfahren oder
8. Verfahren der Vollstreckbarerklärung oder zur Vornahme richterlicher Handlungen im Schiedsverfahren;

dabei genügt es, wenn nur einer von mehreren Ansprüchen die Voraussetzungen erfüllt. ³Wenn das Verfahren besonderer Beschleunigung bedarf, ist dem Verlegungsantrag nicht zu entsprechen.

(4) ¹Über die Aufhebung sowie Verlegung eines Termins entscheidet der Vorsitzende ohne mündliche Verhandlung; über die Vertagung einer Verhandlung entscheidet das Gericht. ²Die Entscheidung ist kurz zu begründen. ³Sie ist unanfechtbar.

§ 228 (weggefallen)

§ 229 Beauftragter oder ersuchter Richter. Die in diesem Titel dem Gericht und dem Vorsitzenden beigelegten Befugnisse stehen dem beauftragten oder ersuchten Richter in Bezug auf die von diesen zu bestimmenden Termine und Fristen zu.

Titel 4.[2] Folgen der Versäumung; Rechtsbehelfsbelehrung; Wiedereinsetzung in den vorigen Stand

§ 230 Allgemeine Versäumungsfolge. Die Versäumung einer Prozesshandlung hat zur allgemeinen Folge, dass die Partei mit der vorzunehmenden Prozesshandlung ausgeschlossen wird.

§ 231 Keine Androhung; Nachholung der Prozesshandlung. (1) Einer Androhung der gesetzlichen Folgen der Versäumung bedarf es nicht; sie treten von selbst ein, sofern nicht dieses Gesetz einen auf Verwirklichung des Rechtsnachteils gerichteten Antrag erfordert.

(2) Im letzteren Fall kann, solange nicht der Antrag gestellt und die mündliche Verhandlung über ihn geschlossen ist, die versäumte Prozesshandlung nachgeholt werden.

§ 232[3] Rechtsbehelfsbelehrung. ¹Jede anfechtbare gerichtliche Entscheidung hat eine Belehrung über das statthafte Rechtsmittel, den Einspruch, den Widerspruch oder die Erinnerung sowie über das Gericht, bei dem der Rechtsbehelf einzulegen ist, über den Sitz des Gerichts und über die einzuhaltende Form und Frist zu enthalten. ²Dies gilt nicht in Verfahren, in denen sich die Parteien durch einen Rechtsanwalt vertreten lassen müssen, es sei denn, es ist über einen Ein-

---

[1] Nr. 20.
[2] Titel 4 Überschrift geänd. mWv 1.1.2014 durch G v. 5.12.2012 (BGBl. I S. 2418).
[3] § 232 neu gef. mWv 1.1.2014 durch G v. 5.12.2012 (BGBl. I S. 2418).

spruch oder Widerspruch zu belehren oder die Belehrung ist an einen Zeugen oder Sachverständigen zu richten. ³Über die Möglichkeit der Sprungrevision muss nicht belehrt werden.

§ 233[1]) **Wiedereinsetzung in den vorigen Stand.** ¹War eine Partei ohne ihr Verschulden verhindert, eine Notfrist oder die Frist zur Begründung der Berufung, der Revision, der Nichtzulassungsbeschwerde oder der Rechtsbeschwerde oder die Frist des § 234 Abs. 1 einzuhalten, so ist ihr auf Antrag Wiedereinsetzung in den vorigen Stand zu gewähren. ²Ein Fehlen des Verschuldens wird vermutet, wenn eine Rechtsbehelfsbelehrung unterblieben oder fehlerhaft ist.

§ 234[2]) **Wiedereinsetzungsfrist.** (1) ¹Die Wiedereinsetzung muss innerhalb einer zweiwöchigen Frist beantragt werden. ²Die Frist beträgt einen Monat, wenn die Partei verhindert ist, die Frist zur Begründung der Berufung, der Revision, der Nichtzulassungsbeschwerde oder der Rechtsbeschwerde einzuhalten.

(2) Die Frist beginnt mit dem Tag, an dem das Hindernis behoben ist.

(3) Nach Ablauf eines Jahres, von dem Ende der versäumten Frist an gerechnet, kann die Wiedereinsetzung nicht mehr beantragt werden.

§ 235 (weggefallen)

§ 236 Wiedereinsetzungsantrag. (1) Die Form des Antrags auf Wiedereinsetzung richtet sich nach den Vorschriften, die für die versäumte Prozesshandlung gelten.

(2) ¹Der Antrag muss die Angabe der die Wiedereinsetzung begründenden Tatsachen enthalten; diese sind bei der Antragstellung oder im Verfahren über den Antrag glaubhaft zu machen. ²Innerhalb der Antragsfrist ist die versäumte Prozesshandlung nachzuholen; ist dies geschehen, so kann Wiedereinsetzung auch ohne Antrag gewährt werden.

§ 237 Zuständigkeit für Wiedereinsetzung. Über den Antrag auf Wiedereinsetzung entscheidet das Gericht, dem die Entscheidung über die nachgeholte Prozesshandlung zusteht.

§ 238 Verfahren bei Wiedereinsetzung. (1) ¹Das Verfahren über den Antrag auf Wiedereinsetzung ist mit dem Verfahren über die nachgeholte Prozesshandlung zu verbinden. ²Das Gericht kann jedoch das Verfahren zunächst auf die Verhandlung und Entscheidung über den Antrag beschränken.

(2) ¹Auf die Entscheidung über die Zulässigkeit des Antrags und auf die Anfechtung der Entscheidung sind die Vorschriften anzuwenden, die in diesen Beziehungen für die nachgeholte Prozesshandlung gelten. ²Der Partei, die den Antrag gestellt hat, steht jedoch der Einspruch nicht zu.

(3) Die Wiedereinsetzung ist unanfechtbar.

(4) Die Kosten der Wiedereinsetzung fallen dem Antragsteller zur Last, soweit sie nicht durch einen unbegründeten Widerspruch des Gegners entstanden sind.

---

[1]) § 233 geänd. mWv 1.9.2009 durch G v. 17.12.2008 (BGBl. I S. 2586); Satz 2 angef. mWv 1.1.2014 durch G v. 5.12.2012 (BGBl. I S. 2418).
[2]) § 234 Abs. 1 Satz 2 geänd. mWv 1.9.2009 durch G v. 17.12.2008 (BGBl. I S. 2586).

Titel 5. Unterbrechung und Aussetzung des Verfahrens

§ 239 Unterbrechung durch Tod der Partei. (1) Im Falle des Todes einer Partei tritt eine Unterbrechung des Verfahrens bis zu dessen Aufnahme durch die Rechtsnachfolger ein.

(2) Wird die Aufnahme verzögert, so sind auf Antrag des Gegners die Rechtsnachfolger zur Aufnahme und zugleich zur Verhandlung der Hauptsache zu laden.

(3) [1] Die Ladung ist mit dem den Antrag enthaltenden Schriftsatz den Rechtsnachfolgern selbst zuzustellen. [2] Die Ladungsfrist wird von dem Vorsitzenden bestimmt.

(4) Erscheinen die Rechtsnachfolger in dem Termin nicht, so ist auf Antrag die behauptete Rechtsnachfolge als zugestanden anzunehmen und zur Hauptsache zu verhandeln.

(5) Der Erbe ist vor der Annahme der Erbschaft zur Fortsetzung des Rechtsstreits nicht verpflichtet.

§ 240 Unterbrechung durch Insolvenzverfahren. [1] Im Falle der Eröffnung des Insolvenzverfahrens über das Vermögen einer Partei wird das Verfahren, wenn es die Insolvenzmasse betrifft, unterbrochen, bis es nach den für das Insolvenzverfahren geltenden Vorschriften aufgenommen oder das Insolvenzverfahren beendet wird. [2] Entsprechendes gilt, wenn die Verwaltungs- und Verfügungsbefugnis über das Vermögen des Schuldners auf einen vorläufigen Insolvenzverwalter übergeht.

§ 241 Unterbrechung durch Prozessunfähigkeit. (1) Verliert eine Partei die Prozessfähigkeit oder stirbt der gesetzliche Vertreter einer Partei oder hört seine Vertretungsbefugnis auf, ohne dass die Partei prozessfähig geworden ist, so wird das Verfahren unterbrochen, bis der gesetzliche Vertreter oder der neue gesetzliche Vertreter von seiner Bestellung dem Gericht Anzeige macht oder der Gegner seine Absicht, das Verfahren fortzusetzen, dem Gericht angezeigt und das Gericht diese Anzeige von Amts wegen zugestellt hat.

(2) Die Anzeige des gesetzlichen Vertreters ist dem Gegner der durch ihn vertretenen Partei, die Anzeige des Gegners ist dem Vertreter zuzustellen.

(3) Diese Vorschriften sind entsprechend anzuwenden, wenn eine Nachlassverwaltung angeordnet wird.

§ 242 Unterbrechung durch Nacherbfolge. Tritt während des Rechtsstreits zwischen einem Vorerben und einem Dritten über einen der Nacherbfolge unterliegenden Gegenstand der Fall der Nacherbfolge ein, so gelten, sofern der Vorerbe befugt war, ohne Zustimmung des Nacherben über den Gegenstand zu verfügen, hinsichtlich der Unterbrechung und der Aufnahme des Verfahrens die Vorschriften des § 239 entsprechend.

§ 243 Aufnahme bei Nachlasspflegschaft und Testamentsvollstreckung. Wird im Falle der Unterbrechung des Verfahrens durch den Tod einer Partei ein Nachlasspfleger bestellt oder ist ein zur Führung des Rechtsstreits berechtigter Testamentsvollstrecker vorhanden, so sind die Vorschriften des § 241 und, wenn über den Nachlass das Insolvenzverfahren eröffnet wird, die Vorschriften des § 240 bei der Aufnahme des Verfahrens anzuwenden.

§ 244 Unterbrechung durch Anwaltsverlust. (1) Stirbt in Anwaltsprozessen der Anwalt einer Partei oder wird er unfähig, die Vertretung der Partei fortzuführen, so tritt eine Unterbrechung des Verfahrens ein, bis der bestellte neue Anwalt seine Bestellung dem Gericht angezeigt und das Gericht die Anzeige dem Gegner von Amts wegen zugestellt hat.

(2) [1] Wird diese Anzeige verzögert, so ist auf Antrag des Gegners die Partei selbst zur Verhandlung der Hauptsache zu laden oder zur Bestellung eines neuen Anwalts binnen einer von dem Vorsitzenden zu bestimmenden Frist aufzufordern. [2] Wird dieser Aufforderung nicht Folge geleistet, so ist das Verfahren als aufgenommen anzusehen. [3] Bis zur nachträglichen Anzeige der Bestellung eines neuen Anwalts erfolgen alle Zustellungen an die zur Anzeige verpflichtete Partei.

§ 245[1]**) Unterbrechung durch Stillstand der Rechtspflege.** Hört infolge eines Krieges oder eines anderen Ereignisses die Tätigkeit des Gerichts auf, so wird für die Dauer dieses Zustandes das Verfahren unterbrochen.

§ 246 Aussetzung bei Vertretung durch Prozessbevollmächtigten.
(1) Fand in den Fällen des Todes, des Verlustes der Prozessfähigkeit, des Wegfalls des gesetzlichen Vertreters, der Anordnung einer Nachlassverwaltung oder des Eintritts der Nacherbfolge (§§ 239, 241, 242) eine Vertretung durch einen Prozessbevollmächtigten statt, so tritt eine Unterbrechung des Verfahrens nicht ein; das Prozessgericht hat jedoch auf Antrag des Bevollmächtigten, in den Fällen des Todes und der Nacherbfolge auch auf Antrag des Gegners die Aussetzung des Verfahrens anzuordnen.

(2) Die Dauer der Aussetzung und die Aufnahme des Verfahrens richten sich nach den Vorschriften der §§ 239, 241 bis 243; in den Fällen des Todes und der Nacherbfolge ist die Ladung mit dem Schriftsatz, in dem sie beantragt ist, auch dem Bevollmächtigten zuzustellen.

§ 247 Aussetzung bei abgeschnittenem Verkehr. Hält sich eine Partei an einem Ort auf, der durch obrigkeitliche Anordnung oder durch Krieg oder durch andere Zufälle von dem Verkehr mit dem Prozessgericht abgeschnitten ist, so kann das Gericht auch von Amts wegen die Aussetzung des Verfahrens bis zur Beseitigung des Hindernisses anordnen.

§ 248 Verfahren bei Aussetzung. (1) Das Gesuch um Aussetzung des Verfahrens ist bei dem Prozessgericht anzubringen; es kann vor der Geschäftsstelle zu Protokoll erklärt werden.

(2) Die Entscheidung kann ohne mündliche Verhandlung ergehen.

§ 249 Wirkung von Unterbrechung und Aussetzung. (1) Die Unterbrechung und Aussetzung des Verfahrens hat die Wirkung, dass der Lauf einer jeden Frist aufhört und nach Beendigung der Unterbrechung oder Aussetzung die volle Frist von neuem zu laufen beginnt.

(2) Die während der Unterbrechung oder Aussetzung von einer Partei in Ansehung der Hauptsache vorgenommenen Prozesshandlungen sind der anderen Partei gegenüber ohne rechtliche Wirkung.

(3) Durch die nach dem Schluss einer mündlichen Verhandlung eintretende Unterbrechung wird die Verkündung der auf Grund dieser Verhandlung zu erlassenden Entscheidung nicht gehindert.

---

[1]) Wegen der Aufnahme von Verfahren, die am 8.5.1945 bei Gerichten anhängig waren, an denen deutsche Gerichtsbarkeit nicht mehr ausgeübt wird, siehe das ZuständigkeitsergänzungsG v. 7.8.1952 (BGBl. I S. 407), geänd. durch G v. 19.4.2006 (BGBl. I S. 866).

§ 250 Form von Aufnahme und Anzeige. Die Aufnahme eines unterbrochenen oder ausgesetzten Verfahrens und die in diesem Titel erwähnten Anzeigen erfolgen durch Zustellung eines bei Gericht einzureichenden Schriftsatzes.

§ 251 Ruhen des Verfahrens. ¹ Das Gericht hat das Ruhen des Verfahrens anzuordnen, wenn beide Parteien dies beantragen und anzunehmen ist, dass wegen Schwebens von Vergleichsverhandlungen oder aus sonstigen wichtigen Gründen diese Anordnung zweckmäßig ist. ² Die Anordnung hat auf den Lauf der im § 233 bezeichneten Fristen keinen Einfluss.

§ 251a Säumnis beider Parteien; Entscheidung nach Lage der Akten.

(1) Erscheinen oder verhandeln in einem Termin beide Parteien nicht, so kann das Gericht nach Lage der Akten entscheiden.

(2) ¹ Ein Urteil nach Lage der Akten darf nur ergehen, wenn in einem früheren Termin mündlich verhandelt worden ist. ² Es darf frühestens in zwei Wochen verkündet werden. ³ Das Gericht hat der nicht erschienenen Partei den Verkündungstermin formlos mitzuteilen. ⁴ Es bestimmt neuen Termin zur mündlichen Verhandlung, wenn die Partei dies spätestens am siebenten Tag vor dem zur Verkündung bestimmten Termin beantragt und glaubhaft macht, dass sie ohne ihr Verschulden ausgeblieben ist und die Verlegung des Termins nicht rechtzeitig beantragen konnte.

(3) Wenn das Gericht nicht nach Lage der Akten entscheidet und nicht nach § 227 vertagt, ordnet es das Ruhen des Verfahrens an.

§ 252 Rechtsmittel bei Aussetzung. Gegen die Entscheidung, durch die auf Grund der Vorschriften dieses Titels oder auf Grund anderer gesetzlicher Bestimmungen die Aussetzung des Verfahrens angeordnet oder abgelehnt wird, findet die sofortige Beschwerde statt.

Buch 2. Verfahren im ersten Rechtszug
Abschnitt 1. Verfahren vor den Landgerichten
Titel 1. Verfahren bis zum Urteil

§ 253[1]**) Klageschrift.** (1) Die Erhebung der Klage erfolgt durch Zustellung eines Schriftsatzes (Klageschrift).

(2) Die Klageschrift muss enthalten:
1. die Bezeichnung der Parteien und des Gerichts;
2. die bestimmte Angabe des Gegenstandes und des Grundes des erhobenen Anspruchs, sowie einen bestimmten Antrag.

(3) Die Klageschrift soll ferner enthalten:
1. die Angabe, ob der Klageerhebung der Versuch einer Mediation oder eines anderen Verfahrens der außergerichtlichen Konfliktbeilegung vorausgegangen ist, sowie eine Äußerung dazu, ob einem solchen Verfahren Gründe entgegenstehen;
2. die Angabe des Wertes des Streitgegenstandes, wenn hiervon die Zuständigkeit des Gerichts abhängt und der Streitgegenstand nicht in einer bestimmten Geldsumme besteht;

---

[1]) § 253 Abs. 3 neu gef. mWv 26.7.2012 durch G v. 21.7.2012 (BGBl. I S. 1577).

3. eine Äußerung dazu, ob einer Entscheidung der Sache durch den Einzelrichter Gründe entgegenstehen.

(4) Außerdem sind die allgemeinen Vorschriften über die vorbereitenden Schriftsätze auch auf die Klageschrift anzuwenden.

(5) [1] Die Klageschrift sowie sonstige Anträge und Erklärungen einer Partei, die zugestellt werden sollen, sind bei dem Gericht schriftlich unter Beifügung der für ihre Zustellung oder Mitteilung erforderlichen Zahl von Abschriften einzureichen. [2] Einer Beifügung von Abschriften bedarf es nicht, soweit die Klageschrift elektronisch eingereicht wird.

§ 254 Stufenklage. Wird mit der Klage auf Rechnungslegung oder auf Vorlegung eines Vermögensverzeichnisses oder auf Abgabe einer eidesstattlichen Versicherung die Klage auf Herausgabe desjenigen verbunden, was der Beklagte aus dem zugrunde liegenden Rechtsverhältnis schuldet, so kann die bestimmte Angabe der Leistungen, die der Kläger beansprucht, vorbehalten werden, bis die Rechnung mitgeteilt, das Vermögensverzeichnis vorgelegt oder die eidesstattliche Versicherung abgegeben ist.

§ 255 Fristbestimmung im Urteil. (1) Hat der Kläger für den Fall, dass der Beklagte nicht vor dem Ablauf einer ihm zu bestimmenden Frist den erhobenen Anspruch befriedigt, das Recht, Schadensersatz wegen Nichterfüllung zu fordern oder die Aufhebung eines Vertrages herbeizuführen, so kann er verlangen, dass die Frist im Urteil bestimmt wird.

(2) Das Gleiche gilt, wenn dem Kläger das Recht, die Anordnung einer Verwaltung zu verlangen, für den Fall zusteht, dass der Beklagte nicht vor dem Ablauf einer ihm zu bestimmenden Frist die beanspruchte Sicherheit leistet, sowie in dem Falle des § 2193 Abs. 2 des Bürgerlichen Gesetzbuchs[1]) für die Bestimmung einer Frist zur Vollziehung der Auflage.

§ 256 Feststellungsklage. (1) Auf Feststellung des Bestehens oder Nichtbestehens eines Rechtsverhältnisses, auf Anerkennung einer Urkunde oder auf Feststellung ihrer Unechtheit kann Klage erhoben werden, wenn der Kläger ein rechtliches Interesse daran hat, dass das Rechtsverhältnis oder die Echtheit oder Unechtheit der Urkunde durch richterliche Entscheidung alsbald festgestellt werde.

(2) Bis zum Schluss derjenigen mündlichen Verhandlung, auf die das Urteil ergeht, kann der Kläger durch Erweiterung des Klageantrags, der Beklagte durch Erhebung einer Widerklage beantragen, dass ein im Laufe des Prozesses streitig gewordenes Rechtsverhältnis, von dessen Bestehen oder Nichtbestehen die Entscheidung des Rechtsstreits ganz oder zum Teil abhängt, durch richterliche Entscheidung festgestellt werde.

§ 257 Klage auf künftige Zahlung oder Räumung. Ist die Geltendmachung einer nicht von einer Gegenleistung abhängigen Geldforderung oder die Geltendmachung des Anspruchs auf Räumung eines Grundstücks oder eines Raumes, der anderen als Wohnzwecken dient, an den Eintritt eines Kalendertages geknüpft, so kann Klage auf künftige Zahlung oder Räumung erhoben werden.

§ 258 Klage auf wiederkehrende Leistungen. Bei wiederkehrenden Leistungen kann auch wegen der erst nach Erlass des Urteils fällig werdenden Leistungen Klage auf künftige Entrichtung erhoben werden.

---

[1]) Nr. 20.

§ 259 Klage wegen Besorgnis nicht rechtzeitiger Leistung. Klage auf künftige Leistung kann außer den Fällen der §§ 257, 258 erhoben werden, wenn den Umständen nach die Besorgnis gerechtfertigt ist, dass der Schuldner sich der rechtzeitigen Leistung entziehen werde.

§ 260 Anspruchshäufung. Mehrere Ansprüche des Klägers gegen denselben Beklagten können, auch wenn sie auf verschiedenen Gründen beruhen, in einer Klage verbunden werden, wenn für sämtliche Ansprüche das Prozessgericht zuständig und dieselbe Prozessart zulässig ist.

§ 261 Rechtshängigkeit. (1) Durch die Erhebung der Klage wird die Rechtshängigkeit der Streitsache begründet.

(2) Die Rechtshängigkeit eines erst im Laufe des Prozesses erhobenen Anspruchs tritt mit dem Zeitpunkt ein, in dem der Anspruch in der mündlichen Verhandlung geltend gemacht oder ein den Erfordernissen des § 253 Abs. 2 Nr. 2 entsprechender Schriftsatz zugestellt wird.

(3) Die Rechtshängigkeit hat folgende Wirkungen:
1. während der Dauer der Rechtshängigkeit kann die Streitsache von keiner Partei anderweitig anhängig gemacht werden;
2. die Zuständigkeit des Prozessgerichts wird durch eine Veränderung der sie begründenden Umstände nicht berührt.

§ 262 Sonstige Wirkungen der Rechtshängigkeit. [1]Die Vorschriften des bürgerlichen Rechts über die sonstigen Wirkungen der Rechtshängigkeit bleiben unberührt. [2]Diese Wirkungen sowie alle Wirkungen, die durch die Vorschriften des bürgerlichen Rechts an die Anstellung, Mitteilung oder gerichtliche Anmeldung der Klage, an die Ladung oder Einlassung des Beklagten geknüpft werden, treten unbeschadet der Vorschrift des § 167 mit der Erhebung der Klage ein.

§ 263 Klageänderung. Nach dem Eintritt der Rechtshängigkeit ist eine Änderung der Klage zulässig, wenn der Beklagte einwilligt oder das Gericht sie für sachdienlich erachtet.

§ 264 Keine Klageänderung. Als eine Änderung der Klage ist es nicht anzusehen, wenn ohne Änderung des Klagegrundes
1. die tatsächlichen oder rechtlichen Anführungen ergänzt oder berichtigt werden;
2. der Klageantrag in der Hauptsache oder in Bezug auf Nebenforderungen erweitert oder beschränkt wird;
3. statt des ursprünglich geforderten Gegenstandes wegen einer später eingetretenen Veränderung ein anderer Gegenstand oder das Interesse gefordert wird.

§ 265 Veräußerung oder Abtretung der Streitsache. (1) Die Rechtshängigkeit schließt das Recht der einen oder der anderen Partei nicht aus, die in Streit befangene Sache zu veräußern oder den geltend gemachten Anspruch abzutreten.

(2) [1]Die Veräußerung oder Abtretung hat auf den Prozess keinen Einfluss. [2]Der Rechtsnachfolger ist nicht berechtigt, ohne Zustimmung des Gegners den Prozess als Hauptpartei an Stelle des Rechtsvorgängers zu übernehmen oder eine Hauptintervention zu erheben. [3]Tritt der Rechtsnachfolger als Nebenintervenient auf, so ist § 69 nicht anzuwenden.

(3) Hat der Kläger veräußert oder abgetreten, so kann ihm, sofern das Urteil nach § 325 gegen den Rechtsnachfolger nicht wirksam sein würde, der Einwand

entgegengesetzt werden, dass er zur Geltendmachung des Anspruchs nicht mehr befugt sei.

§ 266 Veräußerung eines Grundstücks. (1) ¹Ist über das Bestehen oder Nichtbestehen eines Rechts, das für ein Grundstück in Anspruch genommen wird, oder einer Verpflichtung, die auf einem Grundstück ruhen soll, zwischen dem Besitzer und einem Dritten ein Rechtsstreit anhängig, so ist im Falle der Veräußerung des Grundstücks der Rechtsnachfolger berechtigt und auf Antrag des Gegners verpflichtet, den Rechtsstreit in der Lage, in der er sich befindet, als Hauptpartei zu übernehmen. ²Entsprechendes gilt für einen Rechtsstreit über das Bestehen oder Nichtbestehen einer Verpflichtung, die auf einem eingetragenen Schiff oder Schiffsbauwerk ruhen soll.

(2) ¹Diese Bestimmung ist insoweit nicht anzuwenden, als ihr Vorschriften des bürgerlichen Rechts zugunsten derjenigen, die Rechte von einem Nichtberechtigten herleiten, entgegenstehen. ²In einem solchen Fall gilt, wenn der Kläger veräußert hat, die Vorschrift des § 265 Abs. 3.

§ 267 Vermutete Einwilligung in die Klageänderung. Die Einwilligung des Beklagten in die Änderung der Klage ist anzunehmen, wenn er, ohne der Änderung zu widersprechen, sich in einer mündlichen Verhandlung auf die abgeänderte Klage eingelassen hat.

§ 268 Unanfechtbarkeit der Entscheidung. Eine Anfechtung der Entscheidung, dass eine Änderung der Klage nicht vorliege oder dass die Änderung zuzulassen sei, findet nicht statt.

§ 269[1]) **Klagerücknahme.** (1) Die Klage kann ohne Einwilligung des Beklagten nur bis zum Beginn der mündlichen Verhandlung des Beklagten zur Hauptsache zurückgenommen werden.

(2) ¹Die Zurücknahme der Klage und, soweit sie zur Wirksamkeit der Zurücknahme erforderlich ist, auch die Einwilligung des Beklagten sind dem Gericht gegenüber zu erklären. ²Die Zurücknahme der Klage erfolgt, wenn sie nicht bei der mündlichen Verhandlung erklärt wird, durch Einreichung eines Schriftsatzes. ³Der Schriftsatz ist dem Beklagten zuzustellen, wenn seine Einwilligung zur Wirksamkeit der Zurücknahme der Klage erforderlich ist. ⁴Widerspricht der Beklagte der Zurücknahme der Klage nicht innerhalb einer Notfrist von zwei Wochen seit der Zustellung des Schriftsatzes, so gilt seine Einwilligung als erteilt, wenn der Beklagte zuvor auf diese Folge hingewiesen worden ist.

(3) ¹Wird die Klage zurückgenommen, so ist der Rechtsstreit als nicht anhängig geworden anzusehen; ein bereits ergangenes, noch nicht rechtskräftiges Urteil wird wirkungslos, ohne dass es seiner ausdrücklichen Aufhebung bedarf. ²Der Kläger ist verpflichtet, die Kosten des Rechtsstreits zu tragen, soweit nicht bereits rechtskräftig über sie erkannt ist oder sie dem Beklagten aus einem anderen Grund aufzuerlegen sind. ³Ist der Anlass zur Einreichung der Klage vor Rechtshängigkeit weggefallen und wird die Klage daraufhin zurückgenommen, so bestimmt sich die Kostentragungspflicht unter Berücksichtigung des bisherigen Sach- und Streitstandes nach billigem Ermessen; dies gilt auch, wenn die Klage nicht zugestellt wurde.

---

[1]) § 269 Abs. 4 Satz 2 angef. mWv 1.1.2014 durch G v. 31.8.2013 (BGBl. I S. 3533).

(4) [1]Das Gericht entscheidet auf Antrag über die nach Absatz 3 eintretenden Wirkungen durch Beschluss. [2]Ist einem Beklagten Prozesskostenhilfe bewilligt worden, hat das Gericht über die Kosten von Amts wegen zu entscheiden.

(5) [1]Gegen den Beschluss findet die sofortige Beschwerde statt, wenn der Streitwert der Hauptsache den in § 511 genannten Betrag übersteigt. [2]Die Beschwerde ist unzulässig, wenn gegen die Entscheidung über den Festsetzungsantrag (§ 104) ein Rechtsmittel nicht mehr zulässig ist.

(6) Wird die Klage von neuem angestellt, so kann der Beklagte die Einlassung verweigern, bis die Kosten erstattet sind.

§ 270 Zustellung; formlose Mitteilung. [1]Mit Ausnahme der Klageschrift und solcher Schriftsätze, die Sachanträge enthalten, sind Schriftsätze und sonstige Erklärungen der Parteien, sofern nicht das Gericht die Zustellung anordnet, ohne besondere Form mitzuteilen. [2]Bei Übersendung durch die Post gilt die Mitteilung, wenn die Wohnung der Partei im Bereich des Ortsbestellverkehrs liegt, an dem folgenden, im Übrigen an dem zweiten Werktag nach der Aufgabe zur Post als bewirkt, sofern nicht die Partei glaubhaft macht, dass ihr die Mitteilung nicht oder erst in einem späteren Zeitpunkt zugegangen ist.

§ 271 Zustellung der Klageschrift. (1) Die Klageschrift ist unverzüglich zuzustellen.

(2) Mit der Zustellung ist der Beklagte aufzufordern, einen Rechtsanwalt zu bestellen, wenn er eine Verteidigung gegen die Klage beabsichtigt.

§ 272[1]) Bestimmung der Verfahrensweise. (1) Der Rechtsstreit ist in der Regel in einem umfassend vorbereiteten Termin zur mündlichen Verhandlung (Haupttermin) zu erledigen.

(2) Der Vorsitzende bestimmt entweder einen frühen ersten Termin zur mündlichen Verhandlung (§ 275) oder veranlasst ein schriftliches Vorverfahren (§ 276).

(3) Die Güteverhandlung und die mündliche Verhandlung sollen so früh wie möglich stattfinden.

(4) Räumungssachen sind vorrangig und beschleunigt durchzuführen.

§ 273 Vorbereitung des Termins. (1) Das Gericht hat erforderliche vorbereitende Maßnahmen rechtzeitig zu veranlassen.

(2) Zur Vorbereitung jedes Termins kann der Vorsitzende oder ein von ihm bestimmtes Mitglied des Prozessgerichts insbesondere

1. den Parteien die Ergänzung oder Erläuterung ihrer vorbereitenden Schriftsätze aufgeben, insbesondere eine Frist zur Erklärung über bestimmte klärungsbedürftige Punkte setzen;
2. Behörden oder Träger eines öffentlichen Amtes um Mitteilung von Urkunden oder um Erteilung amtlicher Auskünfte ersuchen;
3. das persönliche Erscheinen der Parteien anordnen;
4. Zeugen, auf die sich eine Partei bezogen hat, und Sachverständige zur mündlichen Verhandlung laden sowie eine Anordnung nach § 378 treffen;
5. Anordnungen nach den §§ 142, 144 treffen.

(3) [1]Anordnungen nach Absatz 2 Nr. 4 und, soweit die Anordnungen nicht gegenüber einer Partei zu treffen sind, 5 sollen nur ergehen, wenn der Beklagte

---

[1]) § 272 Abs. 4 angef. mWv 1.5.2013 durch G v. 11.3.2013 (BGBl. I S. 434).

Abschnitt 1. Verfahren vor den Landgerichten §§ 274–276 ZPO

dem Klageanspruch bereits widersprochen hat. ²Für die Anordnungen nach Absatz 2 Nr. 4 gilt § 379 entsprechend.

(4) ¹Die Parteien sind von jeder Anordnung zu benachrichtigen. ²Wird das persönliche Erscheinen der Parteien angeordnet, so gelten die Vorschriften des § 141 Abs. 2, 3.

§ 274[1] Ladung der Parteien; Einlassungsfrist. (1) Nach der Bestimmung des Termins zur mündlichen Verhandlung ist die Ladung der Parteien durch die Geschäftsstelle zu veranlassen.

(2) Die Ladung ist dem Beklagten mit der Klageschrift zuzustellen, wenn das Gericht einen frühen ersten Verhandlungstermin bestimmt.

(3) ¹Zwischen der Zustellung der Klageschrift und dem Termin zur mündlichen Verhandlung muss ein Zeitraum von mindestens zwei Wochen liegen (Einlassungsfrist). ²Ist die Zustellung im Ausland vorzunehmen, so beträgt die Einlassungsfrist einen Monat. ³Der Vorsitzende kann auch eine längere Frist bestimmen.

§ 275 Früher erster Termin. (1) ¹Zur Vorbereitung des frühen ersten Termins zur mündlichen Verhandlung kann der Vorsitzende oder ein von ihm bestimmtes Mitglied des Prozessgerichts dem Beklagten eine Frist zur schriftlichen Klageerwiderung setzen. ²Andernfalls ist der Beklagte aufzufordern, etwa vorzubringende Verteidigungsmittel unverzüglich durch den zu bestellenden Rechtsanwalt in einem Schriftsatz dem Gericht mitzuteilen; § 277 Abs. 1 Satz 2 gilt entsprechend.

(2) Wird das Verfahren in dem frühen ersten Termin zur mündlichen Verhandlung nicht abgeschlossen, so trifft das Gericht alle Anordnungen, die zur Vorbereitung des Haupttermins noch erforderlich sind.

(3) Das Gericht setzt in dem Termin eine Frist zur schriftlichen Klageerwiderung, wenn der Beklagte noch nicht oder nicht ausreichend auf die Klage erwidert hat und ihm noch keine Frist nach Absatz 1 Satz 1 gesetzt war.

(4) ¹Das Gericht kann dem Kläger in dem Termin oder nach Eingang der Klageerwiderung eine Frist zur schriftlichen Stellungnahme auf die Klageerwiderung setzen. ²Außerhalb der mündlichen Verhandlung kann der Vorsitzende die Frist setzen.

§ 276[2] Schriftliches Vorverfahren. (1) ¹Bestimmt der Vorsitzende keinen frühen ersten Termin zur mündlichen Verhandlung, so fordert er den Beklagten mit der Zustellung der Klage auf, wenn er sich gegen die Klage verteidigen wolle, dies binnen einer Notfrist von zwei Wochen nach Zustellung der Klageschrift dem Gericht schriftlich anzuzeigen; der Kläger ist von der Aufforderung zu unterrichten. ²Zugleich ist dem Beklagten eine Frist von mindestens zwei weiteren Wochen zur schriftlichen Klageerwiderung zu setzen. ³Ist die Zustellung der Klage im Ausland vorzunehmen, so beträgt die Frist nach Satz 1 einen Monat. ⁴Der Vorsitzende kann in diesem Fall auch eine längere Frist bestimmen.

(2) ¹Mit der Aufforderung ist der Beklagte über die Folgen einer Versäumung der ihm nach Absatz 1 Satz 1 gesetzten Frist sowie darüber zu belehren, dass er die Erklärung, der Klage entgegentreten zu wollen, nur durch den zu bestellenden Rechtsanwalt abgeben kann. ²Die Belehrung über die Möglichkeit des Erlasses

---

[1] § 274 Abs. 3 Satz 2 neu gef., Satz 3 angef. mWv 17.6.2017 durch G v. 11.6.2017 (BGBl. I S. 1607).
[2] § 276 Abs. 1 Satz 3 neu gef., Satz 4 angef. mWv 17.6.2017 durch G v. 11.6.2017 (BGBl. I S. 1607).

eines Versäumnisurteils nach § 331 Abs. 3 hat die Rechtsfolgen aus den §§ 91 und 708 Nr. 2 zu umfassen.

(3) Der Vorsitzende kann dem Kläger eine Frist zur schriftlichen Stellungnahme auf die Klageerwiderung setzen.

§ 277 Klageerwiderung; Replik.
(1) [1] In der Klageerwiderung hat der Beklagte seine Verteidigungsmittel vorzubringen, soweit es nach der Prozesslage einer sorgfältigen und auf Förderung des Verfahrens bedachten Prozessführung entspricht. [2] Die Klageerwiderung soll ferner eine Äußerung dazu enthalten, ob einer Entscheidung der Sache durch den Einzelrichter Gründe entgegenstehen.

(2) Der Beklagte ist darüber, dass die Klageerwiderung durch den zu bestellenden Rechtsanwalt bei Gericht einzureichen ist, und über die Folgen einer Fristversäumung zu belehren.

(3) Die Frist zur schriftlichen Klageerwiderung nach § 275 Abs. 1 Satz 1, Abs. 3 beträgt mindestens zwei Wochen.

(4) Für die schriftliche Stellungnahme auf die Klageerwiderung gelten Absatz 1 Satz 1 und Absätze 2 und 3 entsprechend.

§ 278[1]) Gütliche Streitbeilegung, Güteverhandlung, Vergleich.
(1) Das Gericht soll in jeder Lage des Verfahrens auf eine gütliche Beilegung des Rechtsstreits oder einzelner Streitpunkte bedacht sein.

(2) [1] Der mündlichen Verhandlung geht zum Zwecke der gütlichen Beilegung des Rechtsstreits eine Güteverhandlung voraus, es sei denn, es hat bereits ein Einigungsversuch vor einer außergerichtlichen Gütestelle stattgefunden oder die Güteverhandlung erscheint erkennbar aussichtslos. [2] Das Gericht hat in der Güteverhandlung den Sach- und Streitstand mit den Parteien unter freier Würdigung aller Umstände zu erörtern und, soweit erforderlich, Fragen zu stellen. [3] Die erschienenen Parteien sollen hierzu persönlich gehört werden. [4] § 128a Absatz 1 und 3 gilt entsprechend.

(3) [1] Für die Güteverhandlung sowie für weitere Güteversuche soll das persönliche Erscheinen der Parteien angeordnet werden. [2] § 141 Abs. 1 Satz 2, Abs. 2 und 3 gilt entsprechend.

(4) Erscheinen beide Parteien in der Güteverhandlung nicht, ist das Ruhen des Verfahrens anzuordnen.

(5) [1] Das Gericht kann die Parteien für die Güteverhandlung sowie für weitere Güteversuche vor einen hierfür bestimmten und nicht entscheidungsbefugten Richter (Güterichter) verweisen. [2] Der Güterichter kann alle Methoden der Konfliktbeilegung einschließlich der Mediation einsetzen.

(6) [1] Ein gerichtlicher Vergleich kann auch dadurch geschlossen werden, dass die Parteien dem Gericht einen schriftlichen Vergleichsvorschlag unterbreiten oder einen schriftlichen oder zu Protokoll der mündlichen Verhandlung erklärten Vergleichsvorschlag des Gerichts durch Schriftsatz oder durch Erklärung zu Protokoll der mündlichen Verhandlung gegenüber dem Gericht annehmen. [2] Das Gericht stellt das Zustandekommen und den Inhalt eines nach Satz 1 geschlossenen Vergleichs durch Beschluss fest. [3] § 164 gilt entsprechend.

---

[1]) § 278 Abs. 5 neu gef. mWv 26.7.2012 durch G v. 21.7.2012 (BGBl. I S. 1577); Abs. 6 Satz 1 neu gef. mWv 1.1.2020 durch G v. 12.12.2019 (BGBl. I S. 2633); Abs. 2 Satz 4 angef. mWv 1.1.2022 durch G v. 5.10.2021 (BGBl. I S. 4607).

§ 278a[1]) **Mediation, außergerichtliche Konfliktbeilegung.** (1) Das Gericht kann den Parteien eine Mediation oder ein anderes Verfahren der außergerichtlichen Konfliktbeilegung vorschlagen.

(2) Entscheiden sich die Parteien zur Durchführung einer Mediation oder eines anderen Verfahrens der außergerichtlichen Konfliktbeilegung, ordnet das Gericht das Ruhen des Verfahrens an.

§ 279 Mündliche Verhandlung. (1) [1] Erscheint eine Partei in der Güteverhandlung nicht oder ist die Güteverhandlung erfolglos, soll sich die mündliche Verhandlung (früher erster Termin oder Haupttermin) unmittelbar anschließen. [2] Andernfalls ist unverzüglich Termin zur mündlichen Verhandlung zu bestimmen.

(2) Im Haupttermin soll der streitigen Verhandlung die Beweisaufnahme unmittelbar folgen.

(3) Im Anschluss an die Beweisaufnahme hat das Gericht erneut den Sach- und Streitstand und, soweit bereits möglich, das Ergebnis der Beweisaufnahme mit den Parteien zu erörtern.

§ 280 Abgesonderte Verhandlung über Zulässigkeit der Klage. (1) Das Gericht kann anordnen, dass über die Zulässigkeit der Klage abgesondert verhandelt wird.

(2) [1] Ergeht ein Zwischenurteil, so ist es in Betreff der Rechtsmittel als Endurteil anzusehen. [2] Das Gericht kann jedoch auf Antrag anordnen, dass zur Hauptsache zu verhandeln ist.

§ 281[2]) **Verweisung bei Unzuständigkeit.** (1) [1] Ist auf Grund der Vorschriften über die örtliche oder sachliche Zuständigkeit der Gerichte die Unzuständigkeit des Gerichts auszusprechen, so hat das angegangene Gericht, sofern das zuständige Gericht bestimmt werden kann, auf Antrag des Klägers durch Beschluss sich für unzuständig zu erklären und den Rechtsstreit an das zuständige Gericht zu verweisen. [2] Sind mehrere Gerichte zuständig, so erfolgt die Verweisung an das vom Kläger gewählte Gericht.

(2) [1] Anträge und Erklärungen zur Zuständigkeit des Gerichts können vor dem Urkundsbeamten der Geschäftsstelle abgegeben werden. [2] Der Beschluss ist unanfechtbar. [3] Der Rechtsstreit wird bei dem im Beschluss bezeichneten Gericht mit Eingang der Akten anhängig. [4] Der Beschluss ist für dieses Gericht bindend.

(3) [1] Die im Verfahren vor dem angegangenen Gericht erwachsenen Kosten werden als Teil der Kosten behandelt, die bei dem im Beschluss bezeichneten Gericht erwachsen. [2] Dem Kläger sind die entstandenen Mehrkosten auch dann aufzuerlegen, wenn er in der Hauptsache obsiegt.

§ 282 Rechtzeitigkeit des Vorbringens. (1) Jede Partei hat in der mündlichen Verhandlung ihre Angriffs- und Verteidigungsmittel, insbesondere Behauptungen, Bestreiten, Einwendungen, Einreden, Beweismittel und Beweiseinreden, so zeitig vorzubringen, wie es nach der Prozesslage einer sorgfältigen und auf Förderung des Verfahrens bedachten Prozessführung entspricht.

---

[1]) § 278a eingef. mWv 26.7.2012 durch G v. 21.7.2012 (BGBl. I S. 1577).
[2]) Über die Abgabe in Ehesachen bei Ansprüchen hinsichtlich der Ehewohnung oder des Hausrats vgl. § 202 G über das Verfahren in Familiensachen und in den Angelegenheiten der freiwilligen Gerichtsbarkeit (FamFG) (Nr. 112), über die Abgabe in Landwirtschaftssachen vgl. § 12 G über das gerichtliche Verfahren in Landwirtschaftssachen **(Habersack, Deutsche Gesetze ErgBd. Nr. 39a).**

(2) Anträge sowie Angriffs- und Verteidigungsmittel, auf die der Gegner voraussichtlich ohne vorhergehende Erkundigung keine Erklärung abgeben kann, sind vor der mündlichen Verhandlung durch vorbereitenden Schriftsatz so zeitig mitzuteilen, dass der Gegner die erforderliche Erkundigung noch einzuziehen vermag.

(3) [1] Rügen, die die Zulässigkeit der Klage betreffen, hat der Beklagte gleichzeitig und vor seiner Verhandlung zur Hauptsache vorzubringen. [2] Ist ihm vor der mündlichen Verhandlung eine Frist zur Klageerwiderung gesetzt, so hat er die Rügen schon innerhalb der Frist geltend zu machen.

§ 283 Schriftsatzfrist für Erklärungen zum Vorbringen des Gegners.

[1] Kann sich eine Partei in der mündlichen Verhandlung auf ein Vorbringen des Gegners nicht erklären, weil es ihr nicht rechtzeitig vor dem Termin mitgeteilt worden ist, so kann auf ihren Antrag das Gericht eine Frist bestimmen, in der sie die Erklärung in einem Schriftsatz nachbringen kann; gleichzeitig wird ein Termin zur Verkündung einer Entscheidung anberaumt. [2] Eine fristgemäß eingereichte Erklärung muss, eine verspätet eingereichte Erklärung kann das Gericht bei der Entscheidung berücksichtigen.

§ 283a[1]) Sicherungsanordnung.

(1) [1] Wird eine Räumungsklage mit einer Zahlungsklage aus demselben Rechtsverhältnis verbunden, ordnet das Prozessgericht auf Antrag des Klägers an, dass der Beklagte wegen der Geldforderungen, die nach Rechtshängigkeit der Klage fällig geworden sind, Sicherheit zu leisten hat, soweit
1. die Klage auf diese Forderungen hohe Aussicht auf Erfolg hat und
2. die Anordnung nach Abwägung der beiderseitigen Interessen zur Abwendung besonderer Nachteile für den Kläger gerechtfertigt ist. Hinsichtlich der abzuwägenden Interessen genügt deren Glaubhaftmachung.
[2] Streiten die Parteien um das Recht des Klägers, die Geldforderung zu erhöhen, erfasst die Sicherungsanordnung den Erhöhungsbetrag nicht. [3] Gegen die Entscheidung über die Sicherungsanordnung findet die sofortige Beschwerde statt.

(2) Der Beklagte hat die Sicherheitsleistung binnen einer vom Gericht zu bestimmenden Frist nachzuweisen.

(3) Soweit der Kläger obsiegt, ist in einem Endurteil oder einer anderweitigen den Rechtsstreit beendenden Regelung auszusprechen, dass er berechtigt ist, sich aus der Sicherheit zu befriedigen.

(4) [1] Soweit dem Kläger nach dem Endurteil oder nach der anderweitigen Regelung ein Anspruch in Höhe der Sicherheitsleistung nicht zusteht, hat er den Schaden zu ersetzen, der dem Beklagten durch die Sicherheitsleistung entstanden ist. [2] § 717 Absatz 2 Satz 2 gilt entsprechend.

§ 284 Beweisaufnahme.

[1] Die Beweisaufnahme und die Anordnung eines besonderen Beweisaufnahmeverfahrens durch Beweisbeschluss wird durch die Vorschriften des fünften bis elften Titels bestimmt. [2] Mit Einverständnis der Parteien kann das Gericht die Beweise in der ihm geeignet erscheinenden Art aufnehmen. [3] Das Einverständnis kann auf einzelne Beweiserhebungen beschränkt werden. [4] Es kann nur bei einer wesentlichen Änderung der Prozesslage vor Beginn der Beweiserhebung, auf die es sich bezieht, widerrufen werden.

---

[1]) § 283a eingef. mWv 1.5.2013 durch G v. 11.3.2013 (BGBl. I S. 434).

§ 285 Verhandlung nach Beweisaufnahme. (1) Über das Ergebnis der Beweisaufnahme haben die Parteien unter Darlegung des Streitverhältnisses zu verhandeln.

(2) Ist die Beweisaufnahme nicht vor dem Prozessgericht erfolgt, so haben die Parteien ihr Ergebnis auf Grund der Beweisverhandlungen vorzutragen.

§ 286 Freie Beweiswürdigung. (1) [1] Das Gericht hat unter Berücksichtigung des gesamten Inhalts der Verhandlungen und des Ergebnisses einer etwaigen Beweisaufnahme nach freier Überzeugung zu entscheiden, ob eine tatsächliche Behauptung für wahr oder für nicht wahr zu erachten sei. [2] In dem Urteil sind die Gründe anzugeben, die für die richterliche Überzeugung leitend gewesen sind.

(2) An gesetzliche Beweisregeln ist das Gericht nur in den durch dieses Gesetz bezeichneten Fällen gebunden.

§ 287 Schadensermittlung; Höhe der Forderung. (1) [1] Ist unter den Parteien streitig, ob ein Schaden entstanden sei und wie hoch sich der Schaden oder ein zu ersetzendes Interesse belaufe, so entscheidet hierüber das Gericht unter Würdigung aller Umstände nach freier Überzeugung. [2] Ob und inwieweit eine beantragte Beweisaufnahme oder von Amts wegen die Begutachtung durch Sachverständige anzuordnen sei, bleibt dem Ermessen des Gerichts überlassen. [3] Das Gericht kann den Beweisführer über den Schaden oder das Interesse vernehmen; die Vorschriften des § 452 Abs. 1 Satz 1, Abs. 2 bis 4 gelten entsprechend.

(2) Die Vorschriften des Absatzes 1 Satz 1, 2 sind bei vermögensrechtlichen Streitigkeiten auch in anderen Fällen entsprechend anzuwenden, soweit unter den Parteien die Höhe einer Forderung streitig ist und die vollständige Aufklärung aller hierfür maßgebenden Umstände mit Schwierigkeiten verbunden ist, die zu der Bedeutung des streitigen Teiles der Forderung in keinem Verhältnis stehen.

§ 288 Gerichtliches Geständnis. (1) Die von einer Partei behaupteten Tatsachen bedürfen insoweit keines Beweises, als sie im Laufe des Rechtsstreits von dem Gegner bei einer mündlichen Verhandlung oder zum Protokoll eines beauftragten oder ersuchten Richters zugestanden sind.

(2) Zur Wirksamkeit des gerichtlichen Geständnisses ist dessen Annahme nicht erforderlich.

§ 289 Zusätze beim Geständnis. (1) Die Wirksamkeit des gerichtlichen Geständnisses wird dadurch nicht beeinträchtigt, dass ihm eine Behauptung hinzugefügt wird, die ein selbständiges Angriffs- oder Verteidigungsmittel enthält.

(2) Inwiefern eine vor Gericht erfolgte einräumende Erklärung ungeachtet anderer zusätzlicher oder einschränkender Behauptungen als ein Geständnis anzusehen sei, bestimmt sich nach der Beschaffenheit des einzelnen Falles.

§ 290 Widerruf des Geständnisses. [1] Der Widerruf hat auf die Wirksamkeit des gerichtlichen Geständnisses nur dann Einfluss, wenn die widerrufende Partei beweist, dass das Geständnis der Wahrheit nicht entspreche und durch einen Irrtum veranlasst sei. [2] In diesem Fall verliert das Geständnis seine Wirksamkeit.

§ 291 Offenkundige Tatsachen. Tatsachen, die bei dem Gericht offenkundig sind, bedürfen keines Beweises.

§ 292 Gesetzliche Vermutungen. [1] Stellt das Gesetz für das Vorhandensein einer Tatsache eine Vermutung auf, so ist der Beweis des Gegenteils zulässig, sofern nicht das Gesetz ein anderes vorschreibt. [2] Dieser Beweis kann auch durch den Antrag auf Parteivernehmung nach § 445 geführt werden.

§ 292a (weggefallen)

§ 293 Fremdes Recht; Gewohnheitsrecht; Statuten. [1] Das in einem anderen Staat geltende Recht, die Gewohnheitsrechte und Statuten bedürfen des Beweises nur insofern, als sie dem Gericht unbekannt sind. [2] Bei Ermittlung dieser Rechtsnormen ist das Gericht auf die von den Parteien beigebrachten Nachweise nicht beschränkt; es ist befugt, auch andere Erkenntnisquellen zu benutzen und zum Zwecke einer solchen Benutzung das Erforderliche anzuordnen.

§ 294 Glaubhaftmachung. (1) Wer eine tatsächliche Behauptung glaubhaft zu machen hat, kann sich aller Beweismittel bedienen, auch zur Versicherung an Eides statt zugelassen werden.

(2) Eine Beweisaufnahme, die nicht sofort erfolgen kann, ist unstatthaft.

§ 295 Verfahrensrügen. (1) Die Verletzung einer das Verfahren und insbesondere die Form einer Prozesshandlung betreffenden Vorschrift kann nicht mehr gerügt werden, wenn die Partei auf die Befolgung der Vorschrift verzichtet, oder wenn sie bei der nächsten mündlichen Verhandlung, die auf Grund des betreffenden Verfahrens stattgefunden hat oder in der darauf Bezug genommen ist, den Mangel nicht gerügt hat, obgleich sie erschienen und ihr der Mangel bekannt war oder bekannt sein musste.

(2) Die vorstehende Bestimmung ist nicht anzuwenden, wenn Vorschriften verletzt sind, auf deren Befolgung eine Partei wirksam nicht verzichten kann.

§ 296 Zurückweisung verspäteten Vorbringens. (1) Angriffs- und Verteidigungsmittel, die erst nach Ablauf einer hierfür gesetzten Frist (§ 273 Abs. 2 Nr. 1 und, soweit die Fristsetzung gegenüber einer Partei ergeht, 5, § 275 Abs. 1 Satz 1, Abs. 3, 4, § 276 Abs. 1 Satz 2, Abs. 3, § 277) vorgebracht werden, sind nur zuzulassen, wenn nach der freien Überzeugung des Gerichts ihre Zulassung die Erledigung des Rechtsstreits nicht verzögern würde oder wenn die Partei die Verspätung genügend entschuldigt.

(2) Angriffs- und Verteidigungsmittel, die entgegen § 282 Abs. 1 nicht rechtzeitig vorgebracht oder entgegen § 282 Abs. 2 nicht rechtzeitig mitgeteilt werden, können zurückgewiesen werden, wenn ihre Zulassung nach der freien Überzeugung des Gerichts die Erledigung des Rechtsstreits verzögern würde und die Verspätung auf grober Nachlässigkeit beruht.

(3) Verspätete Rügen, die die Zulässigkeit der Klage betreffen und auf die der Beklagte verzichten kann, sind nur zuzulassen, wenn der Beklagte die Verspätung genügend entschuldigt.

(4) In den Fällen der Absätze 1 und 3 ist der Entschuldigungsgrund auf Verlangen des Gerichts glaubhaft zu machen.

§ 296a Vorbringen nach Schluss der mündlichen Verhandlung. [1] Nach Schluss der mündlichen Verhandlung, auf die das Urteil ergeht, können Angriffs- und Verteidigungsmittel nicht mehr vorgebracht werden. [2] § 139 Abs. 5, §§ 156, 283 bleiben unberührt.

§ 297 Form der Antragstellung. (1) [1] Die Anträge sind aus den vorbereitenden Schriftsätzen zu verlesen. [2] Soweit sie darin nicht enthalten sind, müssen sie

Abschnitt 1. Verfahren vor den Landgerichten §§ 298, 298a ZPO 100

aus einer dem Protokoll als Anlage beizufügenden Schrift verlesen werden. ³ Der Vorsitzende kann auch gestatten, dass die Anträge zu Protokoll erklärt werden.

(2) Die Verlesung kann dadurch ersetzt werden, dass die Parteien auf die Schriftsätze Bezug nehmen, die die Anträge enthalten.

§ 298[1] **Aktenausdruck.** (1) ¹ Werden die Akten in Papierform geführt, ist von einem elektronischen Dokument ein Ausdruck für die Akten zu fertigen. ² Kann dies bei Anlagen zu vorbereitenden Schriftsätzen nicht oder nur mit unverhältnismäßigem Aufwand erfolgen, so kann ein Ausdruck unterbleiben. ³ Die Daten sind in diesem Fall dauerhaft zu speichern; der Speicherort ist aktenkundig zu machen.

(2) Wird das elektronische Dokument auf einem sicheren Übermittlungsweg eingereicht, so ist dies aktenkundig zu machen.

(3) Ist das elektronische Dokument mit einer qualifizierten elektronischen Signatur versehen und nicht auf einem sicheren Übermittlungsweg eingereicht, muss der Ausdruck einen Vermerk darüber enthalten,

1. welches Ergebnis die Integritätsprüfung des Dokumentes ausweist,
2. wen die Signaturprüfung als Inhaber der Signatur ausweist,
3. welchen Zeitpunkt die Signaturprüfung für die Anbringung der Signatur ausweist.

(4) Ein eingereichtes elektronisches Dokument kann nach Ablauf von sechs Monaten gelöscht werden.

§ 298a[2] **Elektronische Akte; Verordnungsermächtigung.**
[Abs. 1 bis 31.12.2025:]

(1) ¹ Die Prozessakten können elektronisch geführt werden. ² Die Bundesregierung und die Landesregierungen bestimmen für ihren Bereich durch Rechtsverordnung den Zeitpunkt, von dem an elektronische Akten geführt werden sowie die hierfür geltenden organisatorisch-technischen Rahmenbedingungen für die Bildung, Führung und Aufbewahrung der elektronischen Akten. ³ Die Landesregierungen können die Ermächtigung durch Rechtsverordnung auf die Landesjustizverwaltungen übertragen. ⁴ Die Zulassung der elektronischen Akte kann auf einzelne Gerichte oder Verfahren beschränkt werden; wird von dieser Möglichkeit Gebrauch gemacht, kann in der Rechtsverordnung bestimmt werden, dass durch Verwaltungsvorschrift, die öffentlich bekanntzumachen ist, geregelt wird, in welchen Verfahren die Akten elektronisch zu führen sind.

(1a) *[ab 1.1.2026: (1)]* ¹ Die Prozessakten werden *[bis 31.12.2025:* ab dem 1. Januar 2026*]* elektronisch geführt. ² Die Bundesregierung und die Landesregierungen bestimmen jeweils für ihren Bereich durch Rechtsverordnung die organisatorischen und dem Stand der Technik entsprechenden technischen Rahmenbedingungen für die Bildung, Führung und Aufbewahrung der elektronischen Akten einschließlich der einzuhaltenden Anforderungen der Barrierefreiheit. ³ Die Bundesregierung und die Landesregierungen können jeweils für ihren Bereich durch Rechtsverordnung bestimmen, dass Akten, die in Papierform angelegt wurden, in Papierform weitergeführt werden. ⁴ Die Landesregierungen können die Ermächti-

---

[1] § 298 neu gef. mWv 1.1.2018 durch G v. 10.10.2013 (BGBl. I S. 3786).
[2] § 298a Abs. 3 aufgeh. mWv 1.1.2018 durch G v. 10.10.2013 (BGBl. I S. 3786); Überschrift neu gef., Abs. 1 Satz 4 geänd. mWv 13.7.2017, Abs. 1a eingef., Abs. 2 neu gef. mWv 1.1.2018, Abs. 1 aufgeh., bish. Abs. 1a wird Abs. 1 und Satz 1 geänd. **mWv 1.1.2026** durch G v. 5.7.2017 (BGBl. I S. 2208).

EL 187 Oktober 2021 73

gungen nach den Sätzen 2 und 3 durch Rechtsverordnung auf die für die Zivilgerichtsbarkeit zuständigen obersten Landesbehörden übertragen. [5] Die Rechtsverordnungen der Bundesregierung bedürfen nicht der Zustimmung des Bundesrates.

(2) [1] Werden die Prozessakten elektronisch geführt, sind in Papierform vorliegende Schriftstücke und sonstige Unterlagen nach dem Stand der Technik zur Ersetzung der Urschrift in ein elektronisches Dokument zu übertragen. [2] Es ist sicherzustellen, dass das elektronische Dokument mit den vorliegenden Schriftstücken und sonstigen Unterlagen bildlich und inhaltlich übereinstimmt. [3] Das elektronische Dokument ist mit einem Übertragungsnachweis zu versehen, der das bei der Übertragung angewandte Verfahren und die bildliche und inhaltliche Übereinstimmung dokumentiert. [4] Wird ein von den verantwortlichen Personen handschriftlich unterzeichnetes gerichtliches Schriftstück übertragen, ist der Übertragungsnachweis mit einer qualifizierten elektronischen Signatur des Urkundsbeamten der Geschäftsstelle zu versehen. [5] Die in Papierform vorliegenden Schriftstücke und sonstigen Unterlagen können sechs Monate nach der Übertragung vernichtet werden, sofern sie nicht rückgabepflichtig sind.

§ 299[1]) Akteneinsicht; Abschriften.
(1) Die Parteien können die Prozessakten einsehen und sich aus ihnen durch die Geschäftsstelle Ausfertigungen, Auszüge und Abschriften erteilen lassen.

(2) Dritten Personen kann der Vorstand des Gerichts ohne Einwilligung der Parteien die Einsicht der Akten nur gestatten, wenn ein rechtliches Interesse glaubhaft gemacht wird.

(3) [1] Werden die Prozessakten elektronisch geführt, gewährt die Geschäftsstelle Akteneinsicht durch Bereitstellung des Inhalts der Akten zum Abruf oder durch Übermittlung des Inhalts der Akten auf einem sicheren Übermittlungsweg. [2] Auf besonderen Antrag wird Akteneinsicht durch Einsichtnahme in die Akten in Diensträumen gewährt. [3] Ein Aktenausdruck oder ein Datenträger mit dem Inhalt der Akte wird auf besonders zu begründenden Antrag nur übermittelt, wenn der Antragsteller hieran ein berechtigtes Interesse darlegt. [4] Stehen der Akteneinsicht in der nach Satz 1 vorgesehenen Form wichtige Gründe entgegen, kann die Akteneinsicht in der nach den Sätzen 2 und 3 vorgesehenen Form auch ohne Antrag gewährt werden. [5] Eine Entscheidung über einen Antrag nach Satz 3 ist nicht anfechtbar.

(4) Die Entwürfe zu Urteilen, Beschlüssen und Verfügungen, die zu ihrer Vorbereitung gelieferten Arbeiten sowie die Dokumente, die Abstimmungen betreffen, werden weder vorgelegt noch abschriftlich mitgeteilt.

§ 299a Datenträgerarchiv.
[1] Sind die Prozessakten nach ordnungsgemäßen Grundsätzen zur Ersetzung der Urschrift auf einen Bild- oder anderen Datenträger übertragen worden und liegt der schriftliche Nachweis darüber vor, dass die Wiedergabe mit der Urschrift übereinstimmt, so können Ausfertigungen, Auszüge und Abschriften von dem Bild- oder anderen Datenträger erteilt werden. [2] Auf der Urschrift anzubringende Vermerke werden in diesem Fall bei dem Nachweis angebracht.

---

[1]) § 299 Abs. 3 neu gef. mWv 1.1.2018 durch G v. 5.7.2017 (BGBl. I S. 2208); Abs. 3 Satz 1 geänd. mWv 1.7.2021 durch G v. 25.6.2021 (BGBl. I S. 2099).

Titel 2. Urteil

§ 300 **Endurteil.** (1) Ist der Rechtsstreit zur Endentscheidung reif, so hat das Gericht sie durch Endurteil zu erlassen.

(2) Das Gleiche gilt, wenn von mehreren zum Zwecke gleichzeitiger Verhandlung und Entscheidung verbundenen Prozessen nur der eine zur Endentscheidung reif ist.

§ 301 **Teilurteil.** (1) [1] Ist von mehreren in einer Klage geltend gemachten Ansprüchen nur der eine oder ist nur ein Teil eines Anspruchs oder bei erhobener Widerklage nur die Klage oder die Widerklage zur Endentscheidung reif, so hat das Gericht sie durch Endurteil (Teilurteil) zu erlassen. [2] Über einen Teil eines einheitlichen Anspruchs, der nach Grund und Höhe streitig ist, kann durch Teilurteil nur entschieden werden, wenn zugleich ein Grundurteil über den restlichen Teil des Anspruchs ergeht.

(2) Der Erlass eines Teilurteils kann unterbleiben, wenn es das Gericht nach Lage der Sache nicht für angemessen erachtet.

§ 302 **Vorbehaltsurteil.** (1) Hat der Beklagte die Aufrechnung einer Gegenforderung geltend gemacht, so kann, wenn nur die Verhandlung über die Forderung zur Entscheidung reif ist, diese unter Vorbehalt der Entscheidung über die Aufrechnung ergehen.

(2) Enthält das Urteil keinen Vorbehalt, so kann die Ergänzung des Urteils nach Vorschrift des § 321 beantragt werden.

(3) Das Urteil, das unter Vorbehalt der Entscheidung über die Aufrechnung ergeht, ist in Betreff der Rechtsmittel und der Zwangsvollstreckung als Endurteil anzusehen.

(4) [1] In Betreff der Aufrechnung, über welche die Entscheidung vorbehalten ist, bleibt der Rechtsstreit anhängig. [2] Soweit sich in dem weiteren Verfahren ergibt, dass der Anspruch des Klägers unbegründet war, ist das frühere Urteil aufzuheben, der Kläger mit dem Anspruch abzuweisen und über die Kosten anderweit zu entscheiden. [3] Der Kläger ist zum Ersatz des Schadens verpflichtet, der dem Beklagten durch die Vollstreckung des Urteils oder durch eine zur Abwendung der Vollstreckung gemachte Leistung entstanden ist. [4] Der Beklagte kann den Anspruch auf Schadensersatz in dem anhängigen Rechtsstreit geltend machen; wird der Anspruch geltend gemacht, so ist er als zur Zeit der Zahlung oder Leistung rechtshängig geworden anzusehen.

§ 303 **Zwischenurteil.** Ist ein Zwischenstreit zur Entscheidung reif, so kann die Entscheidung durch Zwischenurteil ergehen.

§ 304 **Zwischenurteil über den Grund.** (1) Ist ein Anspruch nach Grund und Betrag streitig, so kann das Gericht über den Grund vorab entscheiden.

(2) Das Urteil ist in Betreff der Rechtsmittel als Endurteil anzusehen; das Gericht kann jedoch, wenn der Anspruch für begründet erklärt ist, auf Antrag anordnen, dass über den Betrag zu verhandeln sei.

§ 305[1]) Urteil unter Vorbehalt erbrechtlich beschränkter Haftung.

(1) Durch die Geltendmachung der dem Erben nach den §§ 2014, 2015 des Bürgerlichen Gesetzbuchs[2]) zustehenden Einreden wird eine unter dem Vorbehalt der beschränkten Haftung ergehende Verurteilung des Erben nicht ausgeschlossen.

(2) Das Gleiche gilt für die Geltendmachung der Einreden, die im Falle der fortgesetzten Gütergemeinschaft dem überlebenden Ehegatten oder Lebenspartner nach dem § 1489 Abs. 2 und den §§ 2014, 2015 des Bürgerlichen Gesetzbuchs zustehen.

§ 305a[3]) Urteil unter Vorbehalt seerechtlich beschränkter Haftung.

(1) [1]Unterliegt der in der Klage geltend gemachte Anspruch der Haftungsbeschränkung nach § 611 Absatz 1 oder 3, §§ 612 bis 616 des Handelsgesetzbuchs[4]) und macht der Beklagte geltend, dass
1. aus demselben Ereignis weitere Ansprüche, für die er die Haftung beschränken kann, entstanden sind und
2. die Summe der Ansprüche die Haftungshöchstbeträge übersteigt, die für diese Ansprüche in Artikel 6 oder 7 des Haftungsbeschränkungsübereinkommens (§ 611 Absatz 1 Satz 1 des Handelsgesetzbuchs) oder in den §§ 612, 613 oder 615 des Handelsgesetzbuchs bestimmt sind,

so kann das Gericht das Recht auf Beschränkung der Haftung bei der Entscheidung unberücksichtigt lassen, wenn die Erledigung des Rechtsstreits wegen Ungewissheit über Grund oder Betrag der weiteren Ansprüche nach der freien Überzeugung des Gerichts nicht unwesentlich erschwert wäre. [2]Das Gleiche gilt, wenn der in der Klage geltend gemachte Anspruch der Haftungsbeschränkung nach den §§ 4 bis 5n des Binnenschifffahrtsgesetzes unterliegt und der Beklagte geltend macht, dass aus demselben Ereignis weitere Ansprüche entstanden sind, für die er die Haftung beschränken kann und die in ihrer Summe die für sie in den §§ 5e bis 5k des Binnenschifffahrtsgesetzes bestimmten Haftungshöchstbeträge übersteigen.

(2) Lässt das Gericht das Recht auf Beschränkung der Haftung unberücksichtigt, so ergeht das Urteil
1. im Falle des Absatzes 1 Satz 1 unter dem Vorbehalt, dass der Beklagte das Recht auf Beschränkung der Haftung geltend machen kann, wenn ein Fonds nach dem Haftungsbeschränkungsübereinkommen errichtet worden ist oder bei Geltendmachung des Rechts auf Beschränkung der Haftung errichtet wird,
2. im Falle des Absatzes 1 Satz 2 unter dem Vorbehalt, dass der Beklagte das Recht auf Beschränkung der Haftung geltend machen kann, wenn ein Fonds nach § 5d des Binnenschifffahrtsgesetzes errichtet worden ist oder bei Geltendmachung des Rechts auf Beschränkung der Haftung errichtet wird.

§ 306 Verzicht.
Verzichtet der Kläger bei der mündlichen Verhandlung auf den geltend gemachten Anspruch, so ist er auf Grund des Verzichts mit dem Anspruch abzuweisen, wenn der Beklagte die Abweisung beantragt.

---

[1]) § 305 Abs. 2 geänd. mWv 26.11.2015 durch G v. 20.11.2015 (BGBl. I S. 2010).
[2]) Nr. 20.
[3]) § 305a Abs. 1 Satz 1 einl. Satzteil und Nr. 2 geänd. mWv 25.4.2013 durch G v. 20.4.2013 (BGBl. I S. 831); Abs. 1 Satz 2 geänd. mWv 1.7.2019 durch G v. 5.7.2016 (BGBl. I S. 1578) iVm Bek. v. 20.2.2019 (BGBl. I S. 196).
[4]) Nr. 50.

Abschnitt 1. Verfahren vor den Landgerichten §§ 307–311 ZPO

§ 307 Anerkenntnis. [1] Erkennt eine Partei den gegen sie geltend gemachten Anspruch ganz oder zum Teil an, so ist sie dem Anerkenntnis gemäß zu verurteilen. [2] Einer mündlichen Verhandlung bedarf es insoweit nicht.

§ 308 Bindung an die Parteianträge. (1) [1] Das Gericht ist nicht befugt, einer Partei etwas zuzusprechen, was nicht beantragt ist. [2] Dies gilt insbesondere von Früchten, Zinsen und anderen Nebenforderungen.

(2) Über die Verpflichtung, die Prozesskosten zu tragen, hat das Gericht auch ohne Antrag zu erkennen.

§ 308a Entscheidung ohne Antrag in Mietsachen. (1) [1] Erachtet das Gericht in einer Streitigkeit zwischen dem Vermieter und dem Mieter oder dem Mieter und dem Untermieter wegen Räumung von Wohnraum den Räumungsanspruch für unbegründet, weil der Mieter nach den §§ 574 bis 574b des Bürgerlichen Gesetzbuchs[1]) eine Fortsetzung des Mietverhältnisses verlangen kann, so hat es in dem Urteil auch ohne Antrag auszusprechen, für welche Dauer und unter welchen Änderungen der Vertragsbedingungen das Mietverhältnis fortgesetzt wird. [2] Vor dem Ausspruch sind die Parteien zu hören.

(2) Der Ausspruch ist selbständig anfechtbar.

§ 309 Erkennende Richter. Das Urteil kann nur von denjenigen Richtern gefällt werden, welche der dem Urteil zugrunde liegenden Verhandlung beigewohnt haben.

§ 310 Termin der Urteilsverkündung. (1) [1] Das Urteil wird in dem Termin, in dem die mündliche Verhandlung geschlossen wird, oder in einem sofort anzuberaumenden Termin verkündet. [2] Dieser wird nur dann über drei Wochen hinaus angesetzt, wenn wichtige Gründe, insbesondere der Umfang oder die Schwierigkeit der Sache, dies erfordern.

(2) Wird das Urteil nicht in dem Termin, in dem die mündliche Verhandlung geschlossen wird, verkündet, so muss es bei der Verkündung in vollständiger Form abgefasst sein.

(3) [1] Bei einem Anerkenntnisurteil und einem Versäumnisurteil, die nach §§ 307, 331 Abs. 3 ohne mündliche Verhandlung ergehen, wird die Verkündung durch die Zustellung des Urteils ersetzt. [2] Dasselbe gilt bei einem Urteil, das den Einspruch gegen ein Versäumnisurteil verwirft (§ 341 Abs. 2).

§ 311 Form der Urteilsverkündung. (1) Das Urteil ergeht im Namen des Volkes.

(2) [1] Das Urteil wird durch Vorlesung der Urteilsformel verkündet. [2] Die Vorlesung der Urteilsformel kann durch eine Bezugnahme auf die Urteilsformel ersetzt werden, wenn bei der Verkündung von den Parteien niemand erschienen ist. [3] Versäumnisurteile, Urteile, die auf Grund eines Anerkenntnisses erlassen werden, sowie Urteile, welche die Folge der Zurücknahme der Klage oder des Verzichts auf den Klageanspruch aussprechen, können verkündet werden, auch wenn die Urteilsformel noch nicht schriftlich abgefasst ist.

(3) Die Entscheidungsgründe werden, wenn es für angemessen erachtet wird, durch Vorlesung der Gründe oder durch mündliche Mitteilung des wesentlichen Inhalts verkündet.

---

[1]) Nr. 20.

(4) Wird das Urteil nicht in dem Termin verkündet, in dem die mündliche Verhandlung geschlossen wird, so kann es der Vorsitzende in Abwesenheit der anderen Mitglieder des Prozessgerichts verkünden.

§ 312 Anwesenheit der Parteien. (1) [1] Die Wirksamkeit der Verkündung eines Urteils ist von der Anwesenheit der Parteien nicht abhängig. [2] Die Verkündung gilt auch derjenigen Partei gegenüber als bewirkt, die den Termin versäumt hat.

(2) Die Befugnis einer Partei, auf Grund eines verkündeten Urteils das Verfahren fortzusetzen oder von dem Urteil in anderer Weise Gebrauch zu machen, ist von der Zustellung an den Gegner nicht abhängig, soweit nicht dieses Gesetz ein anderes bestimmt.

§ 313 Form und Inhalt des Urteils. (1) Das Urteil enthält:
1. die Bezeichnung der Parteien, ihrer gesetzlichen Vertreter und der Prozessbevollmächtigten;
2. die Bezeichnung des Gerichts und die Namen der Richter, die bei der Entscheidung mitgewirkt haben;
3. den Tag, an dem die mündliche Verhandlung geschlossen worden ist;
4. die Urteilsformel;
5. den Tatbestand;
6. die Entscheidungsgründe.

(2) [1] Im Tatbestand sollen die erhobenen Ansprüche und die dazu vorgebrachten Angriffs- und Verteidigungsmittel unter Hervorhebung der gestellten Anträge nur ihrem wesentlichen Inhalt nach knapp dargestellt werden. [2] Wegen der Einzelheiten des Sach- und Streitstandes soll auf Schriftsätze, Protokolle und andere Unterlagen verwiesen werden.

(3) Die Entscheidungsgründe enthalten eine kurze Zusammenfassung der Erwägungen, auf denen die Entscheidung in tatsächlicher und rechtlicher Hinsicht beruht.

§ 313a[1]) **Weglassen von Tatbestand und Entscheidungsgründen.**
(1) [1] Des Tatbestandes bedarf es nicht, wenn ein Rechtsmittel gegen das Urteil unzweifelhaft nicht zulässig ist. [2] In diesem Fall bedarf es auch keiner Entscheidungsgründe, wenn die Parteien auf sie verzichten oder wenn ihr wesentlicher Inhalt in das Protokoll aufgenommen worden ist.

(2) [1] Wird das Urteil in dem Termin, in dem die mündliche Verhandlung geschlossen worden ist, verkündet, so bedarf es des Tatbestands und der Entscheidungsgründe nicht, wenn beide Parteien auf Rechtsmittel gegen das Urteil verzichten. [2] Ist das Urteil nur für eine Partei anfechtbar, so genügt es, wenn diese verzichtet.

(3) Der Verzicht nach Absatz 1 oder 2 kann bereits vor der Verkündung des Urteils erfolgen; er muss spätestens binnen einer Woche nach dem Schluss der mündlichen Verhandlung gegenüber dem Gericht erklärt sein.

(4) Die Absätze 1 bis 3 sind nicht anzuwenden im Fall der Verurteilung zu künftig fällig werdenden wiederkehrenden Leistungen oder wenn zu erwarten ist, dass das Urteil im Ausland geltend gemacht werden wird.

---

[1]) § 313a Abs. 4 neu gef. mWv 1.9.2009 durch G v. 17.12.2008 (BGBl. I S. 2586).

Abschnitt 1. Verfahren vor den Landgerichten §§ 313b–316 ZPO

(5) Soll ein ohne Tatbestand und Entscheidungsgründe hergestelltes Urteil im Ausland geltend gemacht werden, so gelten die Vorschriften über die Vervollständigung von Versäumnis- und Anerkenntnisurteilen entsprechend.

§ 313b Versäumnis-, Anerkenntnis- und Verzichtsurteil. (1) [1] Wird durch Versäumnisurteil, Anerkenntnisurteil oder Verzichtsurteil erkannt, so bedarf es nicht des Tatbestandes und der Entscheidungsgründe. [2] Das Urteil ist als Versäumnis-, Anerkenntnis- oder Verzichtsurteil zu bezeichnen.

(2) [1] Das Urteil kann in abgekürzter Form nach Absatz 1 auf die bei den Akten befindliche Urschrift oder Abschrift der Klage oder auf ein damit zu verbindendes Blatt gesetzt werden. [2] Die Namen der Richter braucht das Urteil nicht zu enthalten. [3] Die Bezeichnung der Parteien, ihrer gesetzlichen Vertreter und der Prozessbevollmächtigten sind in das Urteil nur aufzunehmen, soweit von den Angaben der Klageschrift abgewichen wird. [4] Wird nach dem Antrag des Klägers erkannt, so kann in der Urteilsformel auf die Klageschrift Bezug genommen werden. [5] Wird das Urteil auf ein Blatt gesetzt, das mit der Klageschrift verbunden wird, so soll die Verbindungsstelle mit dem Gerichtssiegel versehen oder die Verbindung mit Schnur und Siegel bewirkt werden.

(3) Absatz 1 ist nicht anzuwenden, wenn zu erwarten ist, dass das Versäumnisurteil oder das Anerkenntnisurteil im Ausland geltend gemacht werden soll.

(4) Absatz 2 ist nicht anzuwenden, wenn die Prozessakten elektronisch geführt werden.

§ 314 Beweiskraft des Tatbestandes. [1] Der Tatbestand des Urteils liefert Beweis für das mündliche Parteivorbringen. [2] Der Beweis kann nur durch das Sitzungsprotokoll entkräftet werden.

§ 315 Unterschrift der Richter. (1) [1] Das Urteil ist von den Richtern, die bei der Entscheidung mitgewirkt haben, zu unterschreiben. [2] Ist ein Richter verhindert, seine Unterschrift beizufügen, so wird dies unter Angabe des Verhinderungsgrundes von dem Vorsitzenden und bei dessen Verhinderung von dem ältesten beisitzenden Richter unter dem Urteil vermerkt.

(2) [1] Ein Urteil, das in dem Termin, in dem die mündliche Verhandlung geschlossen wird, verkündet wird, ist vor Ablauf von drei Wochen, vom Tage der Verkündung an gerechnet, vollständig abgefasst der Geschäftsstelle zu übermitteln. [2] Kann dies ausnahmsweise nicht geschehen, so ist innerhalb dieser Frist das von den Richtern unterschriebene Urteil ohne Tatbestand und Entscheidungsgründe der Geschäftsstelle zu übermitteln. [3] In diesem Fall sind Tatbestand und Entscheidungsgründe alsbald nachträglich anzufertigen, von den Richtern besonders zu unterschreiben und der Geschäftsstelle zu übermitteln.

(3) [1] Der Urkundsbeamte der Geschäftsstelle hat auf dem Urteil den Tag der Verkündung oder der Zustellung nach § 310 Abs. 3 zu vermerken und diesen Vermerk zu unterschreiben. [2] Werden die Prozessakten elektronisch geführt, hat der Urkundsbeamte der Geschäftsstelle den Vermerk in einem gesonderten Dokument festzuhalten. [3] Das Dokument ist mit dem Urteil untrennbar zu verbinden.

§ 316 (weggefallen)

§ 317[1]) **Urteilszustellung und -ausfertigung.** (1) ¹Die Urteile werden den Parteien, verkündete Versäumnisurteile nur der unterliegenden Partei in Abschrift zugestellt. ²Eine Zustellung nach § 310 Abs. 3 genügt. ³Auf übereinstimmenden Antrag der Parteien kann der Vorsitzende die Zustellung verkündeter Urteile bis zum Ablauf von fünf Monaten nach der Verkündung hinausschieben.

(2) ¹Ausfertigungen werden nur auf Antrag und nur in Papierform erteilt. ²Solange das Urteil nicht verkündet und nicht unterschrieben ist, dürfen von ihm Ausfertigungen, Auszüge und Abschriften nicht erteilt werden. ³Die von einer Partei beantragte Ausfertigung eines Urteils erfolgt ohne Tatbestand und Entscheidungsgründe; dies gilt nicht, wenn die Partei eine vollständige Ausfertigung beantragt.

(3) Ausfertigungen, Auszüge und Abschriften eines als elektronisches Dokument (§ 130b) vorliegenden Urteils können von einem Urteilsausdruck erteilt werden.

(4) Die Ausfertigung und Auszüge der Urteile sind von dem Urkundsbeamten der Geschäftsstelle zu unterschreiben und mit dem Gerichtssiegel zu versehen.

(5) ¹Ist das Urteil nach § 313b Abs. 2 in abgekürzter Form hergestellt, so erfolgt die Ausfertigung in gleicher Weise unter Benutzung einer beglaubigten Abschrift der Klageschrift oder in der Weise, dass das Urteil durch Aufnahme der in § 313 Abs. 1 Nr. 1 bis 4 bezeichneten Angaben vervollständigt wird. ²Die Abschrift der Klageschrift kann durch den Urkundsbeamten der Geschäftsstelle oder durch den Rechtsanwalt des Klägers beglaubigt werden.

§ 318 Bindung des Gerichts. Das Gericht ist an die Entscheidung, die in den von ihm erlassenen End- und Zwischenurteilen enthalten ist, gebunden.

§ 319 Berichtigung des Urteils. (1) Schreibfehler, Rechnungsfehler und ähnliche offenbare Unrichtigkeiten, die in dem Urteil vorkommen, sind jederzeit von dem Gericht auch von Amts wegen zu berichtigen.

(2) ¹Der Beschluss, der eine Berichtigung ausspricht, wird auf dem Urteil und den Ausfertigungen vermerkt. ²Erfolgt der Berichtigungsbeschluss in der Form des § 130b, ist er in einem gesonderten elektronischen Dokument festzuhalten. ³Das Dokument ist mit dem Urteil untrennbar zu verbinden.

(3) Gegen den Beschluss, durch den der Antrag auf Berichtigung zurückgewiesen wird, findet kein Rechtsmittel, gegen den Beschluss, der eine Berichtigung ausspricht, findet sofortige Beschwerde statt.

§ 320[2]) **Berichtigung des Tatbestandes.** (1) Enthält der Tatbestand des Urteils Unrichtigkeiten, die nicht unter die Vorschriften der vorstehenden Paragraphen fallen, Auslassungen, Dunkelheiten oder Widersprüche, so kann die Berichtigung binnen einer zweiwöchigen Frist durch Einreichung eines Schriftsatzes beantragt werden.

(2) ¹Die Frist beginnt mit der Zustellung des in vollständiger Form abgefassten Urteils. ²Der Antrag kann schon vor dem Beginn der Frist gestellt werden. ³Die

---

¹) § 317 Abs. 1 Satz 2 geänd., Abs. 2 Satz 1 eingef., bish. Sätze 1 und 2 werden Sätze 2 und 3, Abs. 5 aufgeh., bish Abs. 6 wird Abs. 5 mWv 1.7.2014 durch G v. 10.10.2013 (BGBl. I S. 3786); Abs. 3 geänd. mWv 1.1.2018 durch G v. 5.7.2017 (BGBl. I S. 2208); Abs. 3 geänd. mWv 1.1.2022 durch G v. 5.10.2021 (BGBl. I S. 4607).

²) § 320 Abs. 3 aufgeh., bish. Abs. 4 und 5 werden Abs. 3 und 4 mWv 1.1.2020 durch G v. 12.12.2019 (BGBl. I S. 2633).

Berichtigung des Tatbestandes ist ausgeschlossen, wenn sie nicht binnen drei Monaten seit der Verkündung des Urteils beantragt wird.

(3) [1] Das Gericht entscheidet ohne Beweisaufnahme. [2] Bei der Entscheidung wirken nur diejenigen Richter mit, die bei dem Urteil mitgewirkt haben. [3] Ist ein Richter verhindert, so gibt bei Stimmengleichheit die Stimme des Vorsitzenden und bei dessen Verhinderung die Stimme des ältesten Richters den Ausschlag. [4] Eine Anfechtung des Beschlusses findet nicht statt. [5] Der Beschluss, der eine Berichtigung ausspricht, wird auf dem Urteil und den Ausfertigungen vermerkt. [6] Erfolgt der Berichtigungsbeschluss in der Form des § 130b, ist er in einem gesonderten elektronischen Dokument festzuhalten. [7] Das Dokument ist mit dem Urteil untrennbar zu verbinden.

(4) Die Berichtigung des Tatbestandes hat eine Änderung des übrigen Teils des Urteils nicht zur Folge.

§ 321[1)] **Ergänzung des Urteils.** (1) Wenn ein nach dem ursprünglich festgestellten oder nachträglich berichtigten Tatbestand von einer Partei geltend gemachter Haupt- oder Nebenanspruch oder wenn der Kostenpunkt bei der Endentscheidung ganz oder teilweise übergangen ist, so ist auf Antrag das Urteil durch nachträgliche Entscheidung zu ergänzen.

(2) Die nachträgliche Entscheidung muss binnen einer zweiwöchigen Frist, die mit der Zustellung des Urteils beginnt, durch Einreichung eines Schriftsatzes beantragt werden.

(3) [1] Auf einen Antrag, der die Ergänzung des Urteils um einen Hauptanspruch zum Gegenstand hat, ist ein Termin zur mündlichen Verhandlung anzuberaumen. [2] Dem Gegner des Antragstellers ist mit der Ladung zu diesem Termin der den Antrag enthaltende Schriftsatz zuzustellen. [3] Über einen Antrag, der die Ergänzung des Urteils um einen Nebenanspruch oder den Kostenpunkt zum Gegenstand hat, kann ohne mündliche Verhandlung entschieden werden, wenn die Bedeutung der Sache keine mündliche Verhandlung erfordert; § 128 Absatz 2 Satz 2 gilt entsprechend.

(4) Eine mündliche Verhandlung hat nur den nicht erledigten Teil des Rechtsstreits zum Gegenstand.

§ 321a Abhilfe bei Verletzung des Anspruchs auf rechtliches Gehör.
(1) [1] Auf die Rüge der durch die Entscheidung beschwerten Partei ist das Verfahren fortzuführen, wenn

1. ein Rechtsmittel oder ein anderer Rechtsbehelf gegen die Entscheidung nicht gegeben ist und
2. das Gericht den Anspruch dieser Partei auf rechtliches Gehör in entscheidungserheblicher Weise verletzt hat.

[2] Gegen eine der Endentscheidung vorausgehende Entscheidung findet die Rüge nicht statt.

(2) [1] Die Rüge ist innerhalb einer Notfrist von zwei Wochen nach Kenntnis von der Verletzung des rechtlichen Gehörs zu erheben; der Zeitpunkt der Kenntniserlangung ist glaubhaft zu machen. [2] Nach Ablauf eines Jahres seit Bekanntgabe der angegriffenen Entscheidung kann die Rüge nicht mehr erhoben werden. [3] Formlos mitgeteilte Entscheidungen gelten mit dem dritten Tage nach Aufgabe zur Post als bekannt gegeben. [4] Die Rüge ist schriftlich bei dem Gericht zu erheben, dessen

---

[1)] § 321 Abs. 3 neu gef., Abs. 4 geänd. mWv 1.1.2020 durch G v. 12.12.2019 (BGBl. I S. 2633).

Entscheidung angegriffen wird. [5]Die Rüge muss die angegriffene Entscheidung bezeichnen und das Vorliegen der in Absatz 1 Satz 1 Nr. 2 genannten Voraussetzungen darlegen.

(3) Dem Gegner ist, soweit erforderlich, Gelegenheit zur Stellungnahme zu geben.

(Fortsetzung nächstes Blatt)

§ 698 Abgabe des Verfahrens am selben Gericht. Die Vorschriften über die Abgabe des Verfahrens gelten sinngemäß, wenn Mahnverfahren und streitiges Verfahren bei demselben Gericht durchgeführt werden.

§ 699[1]) **Vollstreckungsbescheid.** (1) ¹Auf der Grundlage des Mahnbescheids erlässt das Gericht auf Antrag einen Vollstreckungsbescheid, wenn der Antragsgegner nicht rechtzeitig Widerspruch erhoben hat. ²Der Antrag kann nicht vor Ablauf der Widerspruchsfrist gestellt werden; er hat die Erklärung zu enthalten, ob und welche Zahlungen auf den Mahnbescheid geleistet worden sind. ³Ist der Rechtsstreit bereits an ein anderes Gericht abgegeben, so erlässt dieses den Vollstreckungsbescheid.

(2) Soweit das Mahnverfahren nicht maschinell bearbeitet wird, kann der Vollstreckungsbescheid auf den Mahnbescheid gesetzt werden.

(3) ¹In den Vollstreckungsbescheid sind die bisher entstandenen Kosten des Verfahrens aufzunehmen. ²Der Antragsteller braucht die Kosten nur zu berechnen, wenn das Mahnverfahren nicht maschinell bearbeitet wird; im Übrigen genügen die zur maschinellen Berechnung erforderlichen Angaben.

(4) ¹Der Vollstreckungsbescheid wird dem Antragsgegner von Amts wegen zugestellt, wenn nicht der Antragsteller die Übermittlung an sich zur Zustellung im Parteibetrieb beantragt hat. ²In diesen Fällen wird der Vollstreckungsbescheid dem Antragsteller zur Zustellung übermittelt; die Geschäftsstelle des Gerichts vermittelt diese Zustellung nicht. ³Bewilligt das mit dem Mahnverfahren befasste Gericht die öffentliche Zustellung, wird diese nach § 186 Absatz 2 Satz 1 bis 3 bei dem Gericht vorgenommen, das in dem Mahnbescheid gemäß § 692 Absatz 1 Nummer 1 bezeichnet worden ist.

(5) Die Belehrung gemäß § 232 ist dem Antragsgegner zusammen mit der Zustellung des Vollstreckungsbescheids schriftlich mitzuteilen.

§ 700 Einspruch gegen den Vollstreckungsbescheid. (1) Der Vollstreckungsbescheid steht einem für vorläufig vollstreckbar erklärten Versäumnisurteil gleich.

(2) Die Streitsache gilt als mit der Zustellung des Mahnbescheids rechtshängig geworden.

(3) ¹Wird Einspruch eingelegt, so gibt das Gericht, das den Vollstreckungsbescheid erlassen hat, den Rechtsstreit von Amts wegen an das Gericht ab, das in dem Mahnbescheid gemäß § 692 Abs. 1 Nr. 1 bezeichnet worden ist, wenn die Parteien übereinstimmend die Abgabe an ein anderes Gericht verlangen, an dieses. ² § 696 Abs. 1 Satz 3 bis 5, Abs. 2, 5, § 697 Abs. 1, 4, § 698 gelten entsprechend. ³ § 340 Abs. 3 ist nicht anzuwenden.

(4) ¹Bei Eingang der Anspruchsbegründung ist wie nach Eingang einer Klage weiter zu verfahren, wenn der Einspruch nicht als unzulässig verworfen wird. ² § 276 Abs. 1 Satz 1, 3, Abs. 2 ist nicht anzuwenden.

(5) Geht die Anspruchsbegründung innerhalb der von der Geschäftsstelle gesetzten Frist nicht ein und wird der Einspruch auch nicht als unzulässig verworfen, bestimmt der Vorsitzende unverzüglich Termin; § 697 Abs. 3 Satz 2 gilt entsprechend.

---

[1]) § 699 Abs. 1 Satz 2 geänd. mWv 31.12.2006 durch G v. 22.12.2006 (BGBl. I S. 3416); Abs. 5 angef. mWv 1.1.2014 durch G v. 5.12.2012 (BGBl. I S. 2418); Abs. 1 Satz 2 geänd. mWv 1.1.2018 durch G v. 5.7.2017 (BGBl. I S. 2208); Abs. 4 Satz 3 neu gef. mWv 1.1.2022 durch G v. 5.10.2021 (BGBl. I S. 4607).

(6) Der Einspruch darf nach § 345 nur verworfen werden, soweit die Voraussetzungen des § 331 Abs. 1, 2 erster Halbsatz für ein Versäumnisurteil vorliegen; soweit die Voraussetzungen nicht vorliegen, wird der Vollstreckungsbescheid aufgehoben.

§ 701 Wegfall der Wirkung des Mahnbescheids. [1] Ist Widerspruch nicht erhoben und beantragt der Antragsteller den Erlass des Vollstreckungsbescheids nicht binnen einer sechsmonatigen Frist, die mit der Zustellung des Mahnbescheids beginnt, so fällt die Wirkung des Mahnbescheids weg. [2] Dasselbe gilt, wenn der Vollstreckungsbescheid rechtzeitig beantragt ist, der Antrag aber zurückgewiesen wird.

§ 702[1] **Form von Anträgen und Erklärungen.** (1) [1] Im Mahnverfahren können die Anträge und Erklärungen vor dem Urkundsbeamten der Geschäftsstelle abgegeben werden. [2] Soweit Formulare eingeführt sind, werden diese ausgefüllt; der Urkundsbeamte vermerkt unter Angabe des Gerichts und des Datums, dass er den Antrag oder die Erklärung aufgenommen hat. [3] Auch soweit Formulare nicht eingeführt sind, ist für den Antrag auf Erlass eines Mahnbescheids oder eines Vollstreckungsbescheids bei dem für das Mahnverfahren zuständigen Gericht die Aufnahme eines Protokolls nicht erforderlich.

(2) [1] Anträge und Erklärungen können in einer nur maschinell lesbaren Form übermittelt werden, wenn diese dem Gericht für seine maschinelle Bearbeitung geeignet erscheint. [2] Werden Anträge und Erklärungen, für die maschinell bearbeitbare Formulare nach § 703c Absatz 1 Satz 2 Nummer 1 eingeführt sind, von einem Rechtsanwalt, einer registrierten Person nach § 10 Absatz 1 Satz 1 Nummer 1 des Rechtsdienstleistungsgesetzes[2], einer Behörde oder einer juristischen Person des öffentlichen Rechts einschließlich der von ihr zur Erfüllung ihrer öffentlichen Aufgaben gebildeten Zusammenschlüsse übermittelt, ist nur diese Form der Übermittlung zulässig. [3] Anträge und Erklärungen können unter Nutzung des elektronischen Identitätsnachweises nach § 18 des Personalausweisgesetzes[3], § 12 des eID-Karte-Gesetzes oder § 78 Absatz 5 des Aufenthaltsgesetzes[4] gestellt werden. [4] Der handschriftlichen Unterzeichnung bedarf es nicht, wenn in anderer Weise gewährleistet ist, dass die Anträge oder Erklärungen nicht ohne den Willen des Antragstellers oder Erklärenden übermittelt werden.

(3) Der Antrag auf Erlass eines Mahnbescheids oder eines Vollstreckungsbescheids wird dem Antragsgegner nicht mitgeteilt.

§ 703 Kein Nachweis der Vollmacht. [1] Im Mahnverfahren bedarf es des Nachweises einer Vollmacht nicht. [2] Wer als Bevollmächtigter einen Antrag einreicht oder einen Rechtsbehelf einlegt, hat seine ordnungsgemäße Bevollmächtigung zu versichern.

§ 703a Urkunden-, Wechsel- und Scheckmahnverfahren. (1) Ist der Antrag des Antragstellers auf den Erlass eines Urkunden-, Wechsel- oder Scheckmahnbescheids gerichtet, so wird der Mahnbescheid als Urkunden-, Wechsel- oder Scheckmahnbescheid bezeichnet.

---

[1] § 702 Abs. 2 eingef., bish. Abs. 2 wird Abs. 3 mWv 1.1.2018, Abs. 2 Satz 2 geänd. mWv 1.1.2020 durch G v. 5.7.2017 (BGBl. I S. 2208); Abs. 2 Satz 3 geänd. mWv 1.11.2019 durch G v. 21.6.2019 (BGBl. I S. 846); Abs. 2 Satz 2 geänd. mWv 1.1.2022 durch G v. 5.10.2021 (BGBl. I S. 4607).
[2] Habersack, Deutsche Gesetze ErgBd. Nr. 99.
[3] Sartorius Nr. 255.
[4] Sartorius Nr. 565.

(2) Für das Urkunden-, Wechsel- und Scheckmahnverfahren gelten folgende besondere Vorschriften:
1. die Bezeichnung als Urkunden-, Wechsel- oder Scheckmahnbescheid hat die Wirkung, dass die Streitsache, wenn rechtzeitig Widerspruch erhoben wird, im Urkunden-, Wechsel- oder Scheckprozess anhängig wird;
2. die Urkunden sollen in dem Antrag auf Erlass des Mahnbescheids und in dem Mahnbescheid bezeichnet werden; ist die Sache an das Streitgericht abzugeben, so müssen die Urkunden in Urschrift oder in Abschrift der Anspruchsbegründung beigefügt werden;
3. im Mahnverfahren ist nicht zu prüfen, ob die gewählte Prozessart statthaft ist;
4. beschränkt sich der Widerspruch auf den Antrag, dem Beklagten die Ausführung seiner Rechte vorzubehalten, so ist der Vollstreckungsbescheid unter diesem Vorbehalt zu erlassen. Auf das weitere Verfahren ist die Vorschrift des § 600 entsprechend anzuwenden.

§ 703b[1] Sonderregelungen für maschinelle Bearbeitung.

(1) Bei maschineller Bearbeitung werden Beschlüsse, Verfügungen, Ausfertigungen und Vollstreckungsklauseln mit dem Gerichtssiegel versehen; einer Unterschrift bedarf es nicht.

(2) Das Bundesministerium der Justiz und für Verbraucherschutz wird ermächtigt, durch Rechtsverordnung mit Zustimmung des Bundesrates den Verfahrensablauf zu regeln, soweit dies für eine einheitliche maschinelle Bearbeitung der Mahnverfahren erforderlich ist (Verfahrensablaufplan).

§ 703c[2] Formulare; Einführung der maschinellen Bearbeitung.

(1) [1] Das Bundesministerium der Justiz und für Verbraucherschutz wird ermächtigt, durch Rechtsverordnung[3] mit Zustimmung des Bundesrates zur Vereinfachung des Mahnverfahrens und zum Schutze der in Anspruch genommenen Partei Formulare einzuführen. [2] Für
1. Mahnverfahren bei Gerichten, die die Verfahren maschinell bearbeiten,
2. Mahnverfahren bei Gerichten, die die Verfahren nicht maschinell bearbeiten,
3. Mahnverfahren, in denen der Mahnbescheid im Ausland zuzustellen ist,
4. Mahnverfahren, in denen der Mahnbescheid nach Artikel 32 des Zusatzabkommens zum NATO-Truppenstatut vom 3. August 1959 (BGBl. 1961 II S. 1183, 1218) zuzustellen ist,
können unterschiedliche Formulare eingeführt werden.

(2) Soweit nach Absatz 1 Formulare für Anträge und Erklärungen der Parteien eingeführt sind, müssen sich die Parteien ihrer bedienen.

(3) Die Landesregierungen bestimmen durch Rechtsverordnung den Zeitpunkt, in dem für ein Amtsgericht die maschinelle Bearbeitung der Mahnverfahren eingeführt wird; sie können die Ermächtigung durch Rechtsverordnung auf die Landesjustizverwaltungen übertragen.

---

[1] § 703b Abs. 1 geänd. mWv 1.1.2013 durch G v. 5.12.2012 (BGBl. I S. 2418); Abs. 2 geänd. mWv 8.9.2015 durch VO v. 31.8.2015 (BGBl. I S. 1474).
[2] § 703c Abs. 1 Satz 1 geänd. mWv 8.9.2015 durch VO v. 31.8.2015 (BGBl. I S. 1474).
[3] Siehe die VO zur Einführung von Vordrucken für das Mahnverfahren v. 6.5.1977 (BGBl. I S. 693), zuletzt geänd. durch G v. 5.10.2021 (BGBl. I S. 4607) und die VO zur Einführung von Vordrucken für das Mahnverfahren bei Gerichten, die das Verfahren maschinell bearbeiten v. 6.6.1978 (BGBl. I S. 705, ber. S. 1185), zuletzt geänd. durch Bek. v. 29.1.2018 (BAnz AT 01.02.2018 B1).

§ 703d Antragsgegner ohne allgemeinen inländischen Gerichtsstand.
(1) Hat der Antragsgegner keinen allgemeinen Gerichtsstand im Inland, so gelten die nachfolgenden besonderen Vorschriften.

(2) [1] Zuständig für das Mahnverfahren ist das Amtsgericht, das für das streitige Verfahren zuständig sein würde, wenn die Amtsgerichte im ersten Rechtszug sachlich unbeschränkt zuständig wären. [2] § 689 Abs. 3 gilt entsprechend.

Buch 8. Zwangsvollstreckung
Abschnitt 1. Allgemeine Vorschriften

§ 704[1]) Vollstreckbare Endurteile.
Die Zwangsvollstreckung findet statt aus Endurteilen, die rechtskräftig oder für vorläufig vollstreckbar erklärt sind.

§ 705 Formelle Rechtskraft.
[1] Die Rechtskraft der Urteile tritt vor Ablauf der für die Einlegung des zulässigen Rechtsmittels oder des zulässigen Einspruchs bestimmten Frist nicht ein. [2] Der Eintritt der Rechtskraft wird durch rechtzeitige Einlegung des Rechtsmittels oder des Einspruchs gehemmt.

§ 706[2]) Rechtskraft- und Notfristzeugnis.
(1) Zeugnisse über die Rechtskraft der Urteile sind auf Grund der Prozessakten von der Geschäftsstelle des Gerichts des ersten Rechtszuges und, solange der Rechtsstreit in einem höheren Rechtszug anhängig ist, von der Geschäftsstelle des Gerichts dieses Rechtszuges zu erteilen.

(2) [1] Soweit die Erteilung des Zeugnisses davon abhängt, dass gegen das Urteil ein Rechtsmittel nicht eingelegt ist, holt die Geschäftsstelle des Gerichts des ersten Rechtszuges bei der Geschäftsstelle des für das Rechtsmittel zuständigen Gerichts eine Mitteilung in Textform ein, dass bis zum Ablauf der Notfrist eine Rechtsmittelschrift nicht eingereicht sei. [2] Einer Mitteilung durch die Geschäftsstelle des Revisionsgerichts, dass ein Antrag auf Zulassung der Revision nach § 566 nicht eingereicht sei, bedarf es nicht.

§ 707 Einstweilige Einstellung der Zwangsvollstreckung.
(1) [1] Wird die Wiedereinsetzung in den vorigen Stand oder eine Wiederaufnahme des Verfahrens beantragt oder die Rüge nach § 321a erhoben oder wird der Rechtsstreit nach der Verkündung eines Vorbehaltsurteils fortgesetzt, so kann das Gericht auf Antrag anordnen, dass die Zwangsvollstreckung gegen oder ohne Sicherheitsleistung einstweilen eingestellt werde oder nur gegen Sicherheitsleistung stattfinde und dass die Vollstreckungsmaßregeln gegen Sicherheitsleistung aufzuheben seien. [2] Die Einstellung der Zwangsvollstreckung ohne Sicherheitsleistung ist nur zulässig, wenn glaubhaft gemacht wird, dass der Schuldner zur Sicherheitsleistung nicht in der Lage ist und die Vollstreckung einen nicht zu ersetzenden Nachteil bringen würde.

(2) [1] Die Entscheidung ergeht durch Beschluss. [2] Eine Anfechtung des Beschlusses findet nicht statt.

---

[1]) § 704 Abs. 2 aufgeh. mWv 1.9.2009 durch G v. 17.12.2008 (BGBl. I S. 2586).
[2]) § 706 Abs. 1 Satz 2 aufgeh. mWv 1.9.2009 durch G v. 17.12.2008 (BGBl. I S. 2586); Abs. 2 neu gef. mWv 1.8.2009 durch G v. 29.7.2009 (BGBl. I S. 2258).

§ 708[1] **Vorläufige Vollstreckbarkeit ohne Sicherheitsleistung.** Für vorläufig vollstreckbar ohne Sicherheitsleistung sind zu erklären:
1. Urteile, die auf Grund eines Anerkenntnisses oder eines Verzichts ergehen;
2. Versäumnisurteile und Urteile nach Lage der Akten gegen die säumige Partei gemäß § 331a;
3. Urteile, durch die gemäß § 341 der Einspruch als unzulässig verworfen wird;
4. Urteile, die im Urkunden-, Wechsel- oder Scheckprozess erlassen werden;
5. Urteile, die ein Vorbehaltsurteil, das im Urkunden-, Wechsel- oder Scheckprozess erlassen wurde, für vorbehaltlos erklären;
6. Urteile, durch die Arreste oder einstweilige Verfügungen abgelehnt oder aufgehoben werden;
7. Urteile in Streitigkeiten zwischen dem Vermieter und dem Mieter oder Untermieter von Wohnräumen oder anderen Räumen oder zwischen dem Mieter und dem Untermieter solcher Räume wegen Überlassung, Benutzung oder Räumung, wegen Fortsetzung des Mietverhältnisses über Wohnraum auf Grund der §§ 574 bis 574b des Bürgerlichen Gesetzbuchs[2] sowie wegen Zurückhaltung der von dem Mieter oder dem Untermieter in die Mieträume eingebrachten Sachen;
8. Urteile, die die Verpflichtung aussprechen, Unterhalt, Renten wegen Entziehung einer Unterhaltsforderung oder Renten wegen einer Verletzung des Körpers oder der Gesundheit zu entrichten, soweit sich die Verpflichtung auf die Zeit nach der Klageerhebung und auf das ihr vorausgehende letzte Vierteljahr bezieht;
9. Urteile nach §§ 861, 862 des Bürgerlichen Gesetzbuchs auf Wiedereinräumung des Besitzes oder auf Beseitigung oder Unterlassung einer Besitzstörung;
10. Berufungsurteile in vermögensrechtlichen Streitigkeiten. Wird die Berufung durch Urteil oder Beschluss gemäß § 522 Absatz 2 zurückgewiesen, ist auszusprechen, dass das angefochtene Urteil ohne Sicherheitsleistung vorläufig vollstreckbar ist;
11. andere Urteile in vermögensrechtlichen Streitigkeiten, wenn der Gegenstand der Verurteilung in der Hauptsache 1 250 Euro nicht übersteigt oder wenn nur die Entscheidung über die Kosten vollstreckbar ist und eine Vollstreckung im Wert von nicht mehr als 1 500 Euro ermöglicht.

§ 709 Vorläufige Vollstreckbarkeit gegen Sicherheitsleistung. [1] Andere Urteile sind gegen eine der Höhe nach zu bestimmende Sicherheit für vorläufig vollstreckbar zu erklären. [2] Soweit wegen einer Geldforderung zu vollstrecken ist, genügt es, wenn die Höhe der Sicherheitsleistung in einem bestimmten Verhältnis zur Höhe des jeweils zu vollstreckenden Betrages angegeben wird. [3] Handelt es sich um ein Urteil, das ein Versäumnisurteil aufrechterhält, so ist auszusprechen, dass die Vollstreckung aus dem Versäumnisurteil nur gegen Leistung der Sicherheit fortgesetzt werden darf.

§ 710 Ausnahmen von der Sicherheitsleistung des Gläubigers. Kann der Gläubiger die Sicherheit nach § 709 nicht oder nur unter erheblichen Schwierigkeiten leisten, so ist das Urteil auf Antrag auch ohne Sicherheitsleistung für vorläufig vollstreckbar zu erklären, wenn die Aussetzung der Vollstreckung dem

---

[1] § 708 Nr. 10 geänd. mWv 27.10.2011 durch G v. 21.10.2011 (BGBl. I S. 2082).
[2] Nr. 20.

Gläubiger einen schwer zu ersetzenden oder schwer abzusehenden Nachteil bringen würde oder aus einem sonstigen Grund für den Gläubiger unbillig wäre, insbesondere weil er die Leistung für seine Lebenshaltung oder seine Erwerbstätigkeit dringend benötigt.

§ 711 Abwendungsbefugnis. [1] In den Fällen des § 708 Nr. 4 bis 11 hat das Gericht auszusprechen, dass der Schuldner die Vollstreckung durch Sicherheitsleistung oder Hinterlegung abwenden darf, wenn nicht der Gläubiger vor der Vollstreckung Sicherheit leistet. [2] § 709 Satz 2 gilt entsprechend, für den Schuldner jedoch mit der Maßgabe, dass Sicherheit in einem bestimmten Verhältnis zur Höhe des auf Grund des Urteils vollstreckbaren Betrages zu leisten ist. [3] Für den Gläubiger gilt § 710 entsprechend.

§ 712 Schutzantrag des Schuldners. (1) [1] Würde die Vollstreckung dem Schuldner einen nicht zu ersetzenden Nachteil bringen, so hat ihm das Gericht auf Antrag zu gestatten, die Vollstreckung durch Sicherheitsleistung oder Hinterlegung ohne Rücksicht auf eine Sicherheitsleistung des Gläubigers abzuwenden; § 709 Satz 2 gilt in den Fällen des § 709 Satz 1 entsprechend. [2] Ist der Schuldner dazu nicht in der Lage, so ist das Urteil nicht für vorläufig vollstreckbar zu erklären oder die Vollstreckung auf die in § 720a Abs. 1, 2 bezeichneten Maßregeln zu beschränken.

(2) [1] Dem Antrag des Schuldners ist nicht zu entsprechen, wenn ein überwiegendes Interesse des Gläubigers entgegensteht. [2] In den Fällen des § 708 kann das Gericht anordnen, dass das Urteil nur gegen Sicherheitsleistung vorläufig vollstreckbar ist.

§ 713 Unterbleiben von Schuldnerschutzanordnungen. Die in den §§ 711, 712 zugunsten des Schuldners zugelassenen Anordnungen sollen nicht ergehen, wenn die Voraussetzungen, unter denen ein Rechtsmittel gegen das Urteil stattfindet, unzweifelhaft nicht vorliegen.

§ 714 Anträge zur vorläufigen Vollstreckbarkeit. (1) Anträge nach den §§ 710, 711 Satz 3, § 712 sind vor Schluss der mündlichen Verhandlung zu stellen, auf die das Urteil ergeht.

(2) Die tatsächlichen Voraussetzungen sind glaubhaft zu machen.

§ 715 Rückgabe der Sicherheit. (1) [1] Das Gericht, das eine Sicherheitsleistung des Gläubigers angeordnet oder zugelassen hat, ordnet auf Antrag die Rückgabe der Sicherheit an, wenn ein Zeugnis über die Rechtskraft des für vorläufig vollstreckbar erklärten Urteils vorgelegt wird. [2] Ist die Sicherheit durch eine Bürgschaft bewirkt worden, so ordnet das Gericht das Erlöschen der Bürgschaft an.

(2) § 109 Abs. 3 gilt entsprechend.

§ 716 Ergänzung des Urteils. Ist über die vorläufige Vollstreckbarkeit nicht entschieden, so sind wegen Ergänzung des Urteils die Vorschriften des § 321 anzuwenden.

§ 717 Wirkungen eines aufhebenden oder abändernden Urteils. (1) Die vorläufige Vollstreckbarkeit tritt mit der Verkündung eines Urteils, das die Entscheidung in der Hauptsache oder die Vollstreckbarkeitserklärung aufhebt oder abändert, insoweit außer Kraft, als die Aufhebung oder Abänderung ergeht.

Abschnitt 1. Allgemeine Vorschriften §§ 718–720a ZPO

(2) ¹ Wird ein für vorläufig vollstreckbar erklärtes Urteil aufgehoben oder abgeändert, so ist der Kläger zum Ersatz des Schadens verpflichtet, der dem Beklagten durch die Vollstreckung des Urteils oder durch eine zur Abwendung der Vollstreckung gemachte Leistung entstanden ist. ² Der Beklagte kann den Anspruch auf Schadensersatz in dem anhängigen Rechtsstreit geltend machen; wird der Anspruch geltend gemacht, so ist er als zur Zeit der Zahlung oder Leistung rechtshängig geworden anzusehen.

(3) ¹ Die Vorschriften des Absatzes 2 sind auf die im § 708 Nr. 10 bezeichneten Berufungsurteile, mit Ausnahme der Versäumnisurteile, nicht anzuwenden. ² Soweit ein solches Urteil aufgehoben oder abgeändert wird, ist der Kläger auf Antrag des Beklagten zur Erstattung des von diesem auf Grund des Urteils Gezahlten oder Geleisteten zu verurteilen. ³ Die Erstattungspflicht des Klägers bestimmt sich nach den Vorschriften über die Herausgabe einer ungerechtfertigten Bereicherung. ⁴ Wird der Antrag gestellt, so ist der Anspruch auf Erstattung als zur Zeit der Zahlung oder Leistung rechtshängig geworden anzusehen; die mit der Rechtshängigkeit nach den Vorschriften des bürgerlichen Rechts verbundenen Wirkungen treten mit der Zahlung oder Leistung auch dann ein, wenn der Antrag nicht gestellt wird.

§ 718[1]**) Vorabentscheidung über vorläufige Vollstreckbarkeit.** (1) ¹ In der Berufungsinstanz ist über die vorläufige Vollstreckbarkeit auf Antrag vorab zu entscheiden. ² Die Entscheidung kann ohne mündliche Verhandlung ergehen; § 128 Absatz 2 Satz 2 gilt entsprechend.

(2) Eine Anfechtung der in der Berufungsinstanz über die vorläufige Vollstreckbarkeit erlassenen Entscheidung findet nicht statt.

§ 719 Einstweilige Einstellung bei Rechtsmittel und Einspruch.
(1) ¹ Wird gegen ein für vorläufig vollstreckbar erklärtes Urteil der Einspruch oder die Berufung eingelegt, so gelten die Vorschriften des § 707 entsprechend. ² Die Zwangsvollstreckung aus einem Versäumnisurteil darf nur gegen Sicherheitsleistung eingestellt werden, es sei denn, dass das Versäumnisurteil nicht in gesetzlicher Weise ergangen ist oder die säumige Partei glaubhaft macht, dass ihre Säumnis unverschuldet war.

(2) ¹ Wird Revision gegen ein für vorläufig vollstreckbar erklärtes Urteil eingelegt, so ordnet das Revisionsgericht auf Antrag an, dass die Zwangsvollstreckung einstweilen eingestellt wird, wenn die Vollstreckung dem Schuldner einen nicht zu ersetzenden Nachteil bringen würde und nicht ein überwiegendes Interesse des Gläubigers entgegensteht. ² Die Parteien haben die tatsächlichen Voraussetzungen glaubhaft zu machen.

(3) Die Entscheidung ergeht durch Beschluss.

§ 720 Hinterlegung bei Abwendung der Vollstreckung. Darf der Schuldner nach § 711 Satz 1, § 712 Abs. 1 Satz 1 die Vollstreckung durch Sicherheitsleistung oder Hinterlegung abwenden, so ist gepfändetes Geld oder der Erlös gepfändeter Gegenstände zu hinterlegen.

§ 720a Sicherungsvollstreckung. (1) ¹ Aus einem nur gegen Sicherheit vorläufig vollstreckbaren Urteil, durch das der Schuldner zur Leistung von Geld

---

[1]) § 718 Abs. 1 neu gef. mWv 1.1.2020 durch G v. 12.12.2019 (BGBl. I S. 2633).

verurteilt worden ist, darf der Gläubiger ohne Sicherheitsleistung die Zwangsvollstreckung insoweit betreiben, als
a) bewegliches Vermögen gepfändet wird,
b) im Wege der Zwangsvollstreckung in das unbewegliche Vermögen eine Sicherungshypothek oder Schiffshypothek eingetragen wird.
[2] Der Gläubiger kann sich aus dem belasteten Gegenstand nur nach Leistung der Sicherheit befriedigen.

(2) Für die Zwangsvollstreckung in das bewegliche Vermögen gilt § 930 Abs. 2, 3 entsprechend.

(3) Der Schuldner ist befugt, die Zwangsvollstreckung nach Absatz 1 durch Leistung einer Sicherheit in Höhe des Hauptanspruchs abzuwenden, wegen dessen der Gläubiger vollstrecken kann, wenn nicht der Gläubiger vorher die ihm obliegende Sicherheit geleistet hat.

§ 721 Räumungsfrist. (1) [1] Wird auf Räumung von Wohnraum erkannt, so kann das Gericht auf Antrag oder von Amts wegen dem Schuldner eine den Umständen nach angemessene Räumungsfrist gewähren. [2] Der Antrag ist vor dem Schluss der mündlichen Verhandlung zu stellen, auf die das Urteil ergeht. [3] Ist der Antrag bei der Entscheidung übergangen, so gilt § 321; bis zur Entscheidung kann das Gericht auf Antrag die Zwangsvollstreckung wegen des Räumungsanspruchs einstweilen einstellen.

(2) [1] Ist auf künftige Räumung erkannt und über eine Räumungsfrist noch nicht entschieden, so kann dem Schuldner eine den Umständen nach angemessene Räumungsfrist gewährt werden, wenn er spätestens zwei Wochen vor dem Tag, an dem nach dem Urteil zu räumen ist, einen Antrag stellt. [2] §§ 233 bis 238 gelten sinngemäß.

(3) [1] Die Räumungsfrist kann auf Antrag verlängert oder verkürzt werden. [2] Der Antrag auf Verlängerung ist spätestens zwei Wochen vor Ablauf der Räumungsfrist zu stellen. [3] §§ 233 bis 238 gelten sinngemäß.

(4) [1] Über Anträge nach den Absätzen 2 oder 3 entscheidet das Gericht erster Instanz, solange die Sache in der Berufungsinstanz anhängig ist, das Berufungsgericht. [2] Die Entscheidung ergeht durch Beschluss. [3] Vor der Entscheidung ist der Gegner zu hören. [4] Das Gericht ist befugt, die im § 732 Abs. 2 bezeichneten Anordnungen zu erlassen.

(5) [1] Die Räumungsfrist darf insgesamt nicht mehr als ein Jahr betragen. [2] Die Jahresfrist rechnet vom Tage der Rechtskraft des Urteils oder, wenn nach einem Urteil auf künftige Räumung an einem späteren Tage zu räumen ist, von diesem Tage an.

(6) Die sofortige Beschwerde findet statt
1. gegen Urteile, durch die auf Räumung von Wohnraum erkannt ist, wenn sich das Rechtsmittel lediglich gegen die Versagung, Gewährung oder Bemessung einer Räumungsfrist richtet;
2. gegen Beschlüsse über Anträge nach den Absätzen 2 oder 3.

(7) [1] Die Absätze 1 bis 6 gelten nicht für Mietverhältnisse über Wohnraum im Sinne des § 549 Abs. 2 Nr. 3 sowie in den Fällen des § 575 des Bürgerlichen Gesetzbuchs[1]). [2] Endet ein Mietverhältnis im Sinne des § 575 des Bürgerlichen

---

[1]) Nr. 20.

Gesetzbuchs durch außerordentliche Kündigung, kann eine Räumungsfrist höchstens bis zum vertraglich bestimmten Zeitpunkt der Beendigung gewährt werden.

§ 722 Vollstreckbarkeit ausländischer Urteile. (1) Aus dem Urteil eines ausländischen Gerichts findet die Zwangsvollstreckung nur statt, wenn ihre Zulässigkeit durch ein Vollstreckungsurteil ausgesprochen ist.

(2) Für die Klage auf Erlass des Urteils ist das Amtsgericht oder Landgericht, bei dem der Schuldner seinen allgemeinen Gerichtsstand hat, und sonst das Amtsgericht oder Landgericht zuständig, bei dem nach § 23 gegen den Schuldner Klage erhoben werden kann.

§ 723 Vollstreckungsurteil. (1) Das Vollstreckungsurteil ist ohne Prüfung der Gesetzmäßigkeit der Entscheidung zu erlassen.

(2) [1] Das Vollstreckungsurteil ist erst zu erlassen, wenn das Urteil des ausländischen Gerichts nach dem für dieses Gericht geltenden Recht die Rechtskraft erlangt hat. [2] Es ist nicht zu erlassen, wenn die Anerkennung des Urteils nach § 328 ausgeschlossen ist.

§ 724[1)2)] **Vollstreckbare Ausfertigung.** (1) Die Zwangsvollstreckung wird auf Grund einer mit der Vollstreckungsklausel versehenen Ausfertigung des Urteils (vollstreckbare Ausfertigung) durchgeführt.

(2) [1] Die vollstreckbare Ausfertigung wird von dem Urkundsbeamten der Geschäftsstelle des Gerichts des ersten Rechtszuges erteilt. [2] Ist der Rechtsstreit bei einem höheren Gericht anhängig, so kann die vollstreckbare Ausfertigung auch von dem Urkundsbeamten der Geschäftsstelle dieses Gerichts erteilt werden.

§ 725[2)] **Vollstreckungsklausel.** Die Vollstreckungsklausel:
„Vorstehende Ausfertigung wird dem usw. (Bezeichnung der Partei) zum Zwecke der Zwangsvollstreckung erteilt"
ist der Ausfertigung des Urteils am Schluss beizufügen, von dem Urkundsbeamten der Geschäftsstelle zu unterschreiben und mit dem Gerichtssiegel zu versehen.

§ 726 Vollstreckbare Ausfertigung bei bedingten Leistungen. (1) Von Urteilen, deren Vollstreckung nach ihrem Inhalt von dem durch den Gläubiger zu beweisenden Eintritt einer anderen Tatsache als einer dem Gläubiger obliegenden Sicherheitsleistung abhängt, darf eine vollstreckbare Ausfertigung nur erteilt werden, wenn der Beweis durch öffentliche oder öffentlich beglaubigte Urkunden geführt wird.

(2) Hängt die Vollstreckung von einer Zug um Zug zu bewirkenden Leistung des Gläubigers an den Schuldner ab, so ist der Beweis, dass der Schuldner befriedigt oder im Verzug der Annahme ist, nur dann erforderlich, wenn die dem Schuldner obliegende Leistung in der Abgabe einer Willenserklärung besteht.

§ 727[3)] **Vollstreckbare Ausfertigung für und gegen Rechtsnachfolger.**
(1) Eine vollstreckbare Ausfertigung kann für den Rechtsnachfolger des in dem Urteil bezeichneten Gläubigers sowie gegen denjenigen Rechtsnachfolger des in dem Urteil bezeichneten Schuldners und denjenigen Besitzer der in Streit be-

---

[1)] § 724 Abs. 2 neu gef. mWv 1.1.2022 durch G v. 5.10.2021 (BGBl. I S. 4607).
[2)] Nach dem EVertr. **(Habersack II Nr. 2)** können Entscheidungen der gesellschaftlichen Gerichte nicht für vollstreckbar erklärt werden.
[3)] Beachte auch §§ 93 und 94 SGB XII – Sozialhilfe – **(Sartorius ErgBd. Nr. 412)**.

100 ZPO §§ 728–733 Buch 8. Zwangsvollstreckung

fangenen Sache, gegen die das Urteil nach § 325 wirksam ist, erteilt werden, sofern die Rechtsnachfolge oder das Besitzverhältnis bei dem Gericht offenkundig ist oder durch öffentliche oder öffentlich beglaubigte Urkunden nachgewiesen wird.

(2) Ist die Rechtsnachfolge oder das Besitzverhältnis bei dem Gericht offenkundig, so ist dies in der Vollstreckungsklausel zu erwähnen.

§ 728 Vollstreckbare Ausfertigung bei Nacherbe oder Testamentsvollstrecker. (1) Ist gegenüber dem Vorerben in nach § 326 dem Nacherben gegenüber wirksames Urteil ergangen, so sind auf die Erteilung einer vollstreckbaren Ausfertigung für und gegen den Nacherben die Vorschriften des § 727 entsprechend anzuwenden.

(2) [1] Das Gleiche gilt, wenn gegenüber einem Testamentsvollstrecker ein nach § 327 dem Erben gegenüber wirksames Urteil ergangen ist, für die Erteilung einer vollstreckbaren Ausfertigung für und gegen den Erben. [2] Eine vollstreckbare Ausfertigung kann gegen den Erben erteilt werden, auch wenn die Verwaltung des Testamentsvollstreckers noch besteht.

§ 729 Vollstreckbare Ausfertigung gegen Vermögens- und Firmenübernehmer. (1) Hat jemand das Vermögen eines anderen durch Vertrag mit diesem nach der rechtskräftigen Feststellung einer Schuld des anderen übernommen, so sind auf die Erteilung einer vollstreckbaren Ausfertigung des Urteils gegen den Übernehmer die Vorschriften des § 727 entsprechend anzuwenden.

(2) Das Gleiche gilt für die Erteilung einer vollstreckbaren Ausfertigung gegen denjenigen, der ein unter Lebenden erworbenes Handelsgeschäft unter der bisherigen Firma fortführt, in Ansehung der Verbindlichkeiten, für die er nach § 25 Abs. 1 Satz 1, Abs. 2 des Handelsgesetzbuchs[1]) haftet, sofern sie vor dem Erwerb des Geschäfts gegen den früheren Inhaber rechtskräftig festgestellt worden sind.

§ 730 Anhörung des Schuldners. In den Fällen des § 726 Abs. 1 und der §§ 727 bis 729 kann der Schuldner vor der Erteilung der vollstreckbaren Ausfertigung gehört werden.

§ 731 Klage auf Erteilung der Vollstreckungsklausel. Kann der nach dem § 726 Abs. 1 und den §§ 727 bis 729 erforderliche Nachweis durch öffentliche oder öffentlich beglaubigte Urkunden nicht geführt werden, so hat der Gläubiger bei dem Prozessgericht des ersten Rechtszuges aus dem Urteil auf Erteilung der Vollstreckungsklausel Klage zu erheben.

§ 732 Erinnerung gegen Erteilung der Vollstreckungsklausel. (1) [1] Über Einwendungen des Schuldners, welche die Zulässigkeit der Vollstreckungsklausel betreffen, entscheidet das Gericht, von dessen Geschäftsstelle die Vollstreckungsklausel erteilt ist. [2] Die Entscheidung ergeht durch Beschluss.

(2) Das Gericht kann vor der Entscheidung eine einstweilige Anordnung erlassen; es kann insbesondere anordnen, dass die Zwangsvollstreckung gegen oder ohne Sicherheitsleistung einstweilen einzustellen oder nur gegen Sicherheitsleistung fortzusetzen sei.

§ 733 Weitere vollstreckbare Ausfertigung. (1) Vor der Erteilung einer weiteren vollstreckbaren Ausfertigung kann der Schuldner gehört werden, sofern nicht die zuerst erteilte Ausfertigung zurückgegeben wird.

---

[1]) Nr. 50.

Abschnitt 1. Allgemeine Vorschriften §§ 734–739 ZPO

(2) Die Geschäftsstelle hat von der Erteilung der weiteren Ausfertigung den Gegner in Kenntnis zu setzen.

(3) Die weitere Ausfertigung ist als solche ausdrücklich zu bezeichnen.

§ 734 Vermerk über Ausfertigungserteilung auf der Urteilsurschrift.

¹Vor der Aushändigung einer vollstreckbaren Ausfertigung ist auf der Urschrift des Urteils zu vermerken, für welche Partei und zu welcher Zeit die Ausfertigung erteilt ist. ²Werden die Prozessakten elektronisch geführt, so ist der Vermerk in einem gesonderten elektronischen Dokument festzuhalten. ³Das Dokument ist mit dem Urteil untrennbar zu verbinden.

§ 735 Zwangsvollstreckung gegen nicht rechtsfähigen Verein. Zur Zwangsvollstreckung in das Vermögen eines nicht rechtsfähigen Vereins genügt ein gegen den Verein ergangenes Urteil.

§ 736 Zwangsvollstreckung gegen BGB-Gesellschaft. Zur Zwangsvollstreckung in das Gesellschaftsvermögen einer nach § 705 des Bürgerlichen Gesetzbuchs[1)] eingegangenen Gesellschaft ist ein gegen alle Gesellschafter ergangenes Urteil erforderlich.[2)]

§ 737 Zwangsvollstreckung bei Vermögens- oder Erbschaftsnießbrauch.

(1) Bei dem Nießbrauch an einem Vermögen ist wegen der vor der Bestellung des Nießbrauchs entstandenen Verbindlichkeiten des Bestellers die Zwangsvollstreckung in die dem Nießbrauch unterliegenden Gegenstände ohne Rücksicht auf den Nießbrauch zulässig, wenn der Besteller zu der Leistung und der Nießbraucher zur Duldung der Zwangsvollstreckung verurteilt ist.

(2) Das Gleiche gilt bei dem Nießbrauch an einer Erbschaft für die Nachlassverbindlichkeiten.

§ 738 Vollstreckbare Ausfertigung gegen Nießbraucher. (1) Ist die Bestellung des Nießbrauchs an einem Vermögen nach der rechtskräftigen Feststellung einer Schuld des Bestellers erfolgt, so sind auf die Erteilung einer in Ansehung der dem Nießbrauch unterliegenden Gegenstände vollstreckbaren Ausfertigung des Urteils gegen den Nießbraucher die Vorschriften der §§ 727, 730 bis 732 entsprechend anzuwenden.

(2) Das Gleiche gilt bei dem Nießbrauch an einer Erbschaft für die Erteilung einer vollstreckbaren Ausfertigung des gegen den Erblasser ergangenen Urteils.

§ 739[3)] **Gewahrsamsvermutung bei Zwangsvollstreckung gegen Ehegatten und Lebenspartner.** (1) Wird zugunsten der Gläubiger eines der Ehegatten gemäß § 1362 des Bürgerlichen Gesetzbuchs[1)] vermutet, dass der Schuldner Eigentümer beweglicher Sachen ist, so gilt, unbeschadet der Rechte Dritter, für die Durchführung der Zwangsvollstreckung nur der Schuldner als Gewahrsamsinhaber und Besitzer.

(2) Absatz 1 gilt entsprechend für die Vermutung des § 8 Abs. 1 des Lebenspartnerschaftsgesetzes zugunsten der Gläubiger eines der Lebenspartner.

[1)] Nr. 20.
[2)] Für die OHG vgl. § 124 Abs. 2 und § 129 Abs. 4 HGB (Nr. 50).
[3)] § 739 Abs. 1 neu gef. mWv 22.12.2018 durch G v. 18.12.2018 (BGBl. I S. 2639).

§ 740[1)] **Zwangsvollstreckung in das Gesamtgut.** (1) Leben die Ehegatten oder Lebenspartner in Gütergemeinschaft und verwaltet einer von ihnen das Gesamtgut allein, so ist zur Zwangsvollstreckung in das Gesamtgut ein Urteil gegen diesen Ehegatten oder Lebenspartner erforderlich und genügend.

(2) Verwalten die Ehegatten oder Lebenspartner das Gesamtgut gemeinschaftlich, so ist die Zwangsvollstreckung in das Gesamtgut nur zulässig, wenn beide Ehegatten oder Lebenspartner zur Leistung verurteilt sind.

§ 741[2)] **Zwangsvollstreckung in das Gesamtgut bei Erwerbsgeschäft.**

Betreibt ein Ehegatte oder Lebenspartner, der in Gütergemeinschaft lebt und das Gesamtgut nicht oder nicht allein verwaltet, selbständig ein Erwerbsgeschäft, so ist zur Zwangsvollstreckung in das Gesamtgut ein gegen ihn ergangenes Urteil genügend, es sei denn, dass zur Zeit des Eintritts der Rechtshängigkeit der Einspruch des anderen Ehegatten oder Lebenspartners gegen den Betrieb des Erwerbsgeschäfts oder der Widerruf seiner Einwilligung zu dem Betrieb im Güterrechtsregister eingetragen war.

§ 742[3)] **Vollstreckbare Ausfertigung bei Gütergemeinschaft während des Rechtsstreits.** Ist die Gütergemeinschaft erst eingetreten, nachdem ein von einem Ehegatten oder Lebenspartner oder gegen einen Ehegatten oder Lebenspartner geführter Rechtsstreit rechtshängig geworden ist, und verwaltet dieser Ehegatte oder Lebenspartner das Gesamtgut nicht oder nicht allein, so sind auf die Erteilung einer in Ansehung des Gesamtgutes vollstreckbaren Ausfertigung des Urteils für oder gegen den anderen Ehegatten oder Lebenspartner die Vorschriften der §§ 727, 730 bis 732 entsprechend anzuwenden.

§ 743[4)] **Beendete Gütergemeinschaft.** Nach der Beendigung der Gütergemeinschaft ist vor der Auseinandersetzung die Zwangsvollstreckung in das Gesamtgut nur zulässig, wenn

1. beide Ehegatten oder Lebenspartner zu der Leistung verurteilt sind oder
2. der eine Ehegatte oder Lebenspartner zu der Leistung verurteilt ist und der andere zur Duldung der Zwangsvollstreckung.

§ 744[5)] **Vollstreckbare Ausfertigung bei beendeter Gütergemeinschaft.**

Ist die Beendigung der Gütergemeinschaft nach der Beendigung eines Rechtsstreits des Ehegatten oder Lebenspartners eingetreten, der das Gesamtgut allein verwaltet, so sind auf die Erteilung einer in Ansehung des Gesamtgutes vollstreckbaren Ausfertigung des Urteils gegen den anderen Ehegatten oder Lebenspartner die Vorschriften der §§ 727, 730 bis 732 entsprechend anzuwenden.

§ 744a Zwangsvollstreckung bei Eigentums- und Vermögensgemeinschaft. Leben die Ehegatten gemäß Artikel 234 § 4 Abs. 2 des Einführungsgesetzes zum Bürgerlichen Gesetzbuch[6)] im Güterstand der Eigentums- und Vermögensgemeinschaft, sind für die Zwangsvollstreckung in Gegenstände des ge-

---

[1)] § 740 Abs. 1 und 2 geänd. mWv 26.11.2015 durch G v. 20.11.2015 (BGBl. I S. 2010).
[2)] § 741 geänd. mWv 26.11.2015 durch G v. 20.11.2015 (BGBl. I S. 2010).
[3)] § 742 geänd. mWv 26.11.2015 durch G v. 20.11.2015 (BGBl. I S. 2010).
[4)] § 743 neu gef. mWv 26.11.2015 durch G v. 20.11.2015 (BGBl. I S. 2010).
[5)] § 744 geänd. mWv 26.11.2015 durch G v. 20.11.2015 (BGBl. I S. 2010).
[6)] Nr. 21.

meinschaftlichen Eigentums und Vermögens die §§ 740 bis 744, 774 und 860 entsprechend anzuwenden.

§ 745[1]) **Zwangsvollstreckung bei fortgesetzter Gütergemeinschaft.**
(1) Im Falle der fortgesetzten Gütergemeinschaft ist zur Zwangsvollstreckung in das Gesamtgut ein gegen den überlebenden Ehegatten oder Lebenspartner ergangenes Urteil erforderlich und genügend.

(2) Nach der Beendigung der fortgesetzten Gütergemeinschaft gelten die §§ 743 und 744 mit der Maßgabe, dass
1. an die Stelle desjenigen Ehegatten oder Lebenspartners, der das Gesamtgut allein verwaltet, der überlebende Ehegatte oder Lebenspartner tritt und
2. an die Stelle des anderen Ehegatten oder Lebenspartners die anteilsberechtigten Abkömmlinge treten.

§ 746 (weggefallen)

§ 747 Zwangsvollstreckung in ungeteilten Nachlass. Zur Zwangsvollstreckung in einen Nachlass ist, wenn mehrere Erben vorhanden sind, bis zur Teilung ein gegen alle Erben ergangenes Urteil erforderlich.

§ 748 Zwangsvollstreckung bei Testamentsvollstrecker. (1) Unterliegt ein Nachlass der Verwaltung eines Testamentsvollstreckers, so ist zur Zwangsvollstreckung in den Nachlass ein gegen den Testamentsvollstrecker ergangenes Urteil erforderlich und genügend.

(2) Steht dem Testamentsvollstrecker nur die Verwaltung einzelner Nachlassgegenstände zu, so ist die Zwangsvollstreckung in diese Gegenstände nur zulässig, wenn der Erbe zu der Leistung, der Testamentsvollstrecker zur Duldung der Zwangsvollstreckung verurteilt ist.

(3) Zur Zwangsvollstreckung wegen eines Pflichtteilsanspruchs ist im Falle des Absatzes 1 wie im Falle des Absatzes 2 ein sowohl gegen den Erben als gegen den Testamentsvollstrecker ergangenes Urteil erforderlich.

§ 749 Vollstreckbare Ausfertigung für und gegen Testamentsvollstrecker.
[1] Auf die Erteilung einer vollstreckbaren Ausfertigung eines für oder gegen den Erblasser ergangenen Urteils für oder gegen den Testamentsvollstrecker sind die Vorschriften der §§ 727, 730 bis 732 entsprechend anzuwenden. [2] Auf Grund einer solchen Ausfertigung ist die Zwangsvollstreckung nur in die der Verwaltung des Testamentsvollstreckers unterliegenden Nachlassgegenstände zulässig.

§ 750 Voraussetzungen der Zwangsvollstreckung. (1) [1] Die Zwangsvollstreckung darf nur beginnen, wenn die Personen, für und gegen die sie stattfinden soll, in dem Urteil oder in der ihm beigefügten Vollstreckungsklausel namentlich bezeichnet sind und das Urteil bereits zugestellt ist oder gleichzeitig zugestellt wird. [2] Eine Zustellung durch den Gläubiger genügt; in diesem Fall braucht die Ausfertigung des Urteils Tatbestand und Entscheidungsgründe nicht zu enthalten.

(2) Handelt es sich um die Vollstreckung eines Urteils, dessen vollstreckbare Ausfertigung nach § 726 Abs. 1 erteilt worden ist, oder soll ein Urteil, das nach den §§ 727 bis 729, 738, 742, 744, dem § 745 Abs. 2 und dem § 749 für oder gegen eine der dort bezeichneten Personen wirksam ist, für oder gegen eine dieser

---

[1]) § 745 Abs. 1 geänd., Abs. 2 neu gef. mWv 26.11.2015 durch G v. 20.11.2015 (BGBl. I S. 2010).

Personen vollstreckt werden, so muss außer dem zu vollstreckenden Urteil auch die ihm beigefügte Vollstreckungsklausel und, sofern die Vollstreckungsklausel auf Grund öffentlicher oder öffentlich beglaubigter Urkunden erteilt ist, auch eine Abschrift dieser Urkunden vor Beginn der Zwangsvollstreckung zugestellt sein oder gleichzeitig mit ihrem Beginn zugestellt werden.

(3) Eine Zwangsvollstreckung nach § 720a darf nur beginnen, wenn das Urteil und die Vollstreckungsklausel mindestens zwei Wochen vorher zugestellt sind.

§ 751 Bedingungen für Vollstreckungsbeginn. (1) Ist die Geltendmachung des Anspruchs von dem Eintritt eines Kalendertages abhängig, so darf die Zwangsvollstreckung nur beginnen, wenn der Kalendertag abgelaufen ist.

(2) Hängt die Vollstreckung von einer dem Gläubiger obliegenden Sicherheitsleistung ab, so darf mit der Zwangsvollstreckung nur begonnen oder sie nur fortgesetzt werden, wenn die Sicherheitsleistung durch eine öffentliche oder öffentlich beglaubigte Urkunde nachgewiesen und eine Abschrift dieser Urkunde bereits zugestellt ist oder gleichzeitig zugestellt wird.

§ 752 Sicherheitsleistung bei Teilvollstreckung. [1] Vollstreckt der Gläubiger im Fall des § 751 Abs. 2 nur wegen eines Teilbetrages, so bemisst sich die Höhe der Sicherheitsleistung nach dem Verhältnis des Teilbetrages zum Gesamtbetrag. [2] Darf der Schuldner in den Fällen des § 709 die Vollstreckung gemäß § 712 Abs. 1 Satz 1 abwenden, so gilt für ihn Satz 1 entsprechend.

§ 753[1)2)] **Vollstreckung durch Gerichtsvollzieher; Verordnungsermächtigung.** (1) Die Zwangsvollstreckung wird, soweit sie nicht den Gerichten zugewiesen ist, durch Gerichtsvollzieher durchgeführt, die sie im Auftrag des Gläubigers zu bewirken haben.

(2) [1] Der Gläubiger kann wegen Erteilung des Auftrags zur Zwangsvollstreckung die Mitwirkung der Geschäftsstelle in Anspruch nehmen. [2] Der von der Geschäftsstelle beauftragte Gerichtsvollzieher gilt als von dem Gläubiger beauftragt.

(3) [1] Das Bundesministerium der Justiz und für Verbraucherschutz wird ermächtigt, durch Rechtsverordnung mit Zustimmung des Bundesrates verbindliche Formulare für den Auftrag einzuführen. [2] Für elektronisch eingereichte Aufträge können besondere Formulare vorgesehen werden.

(4) [1] Schriftlich einzureichende Anträge und Erklärungen der Parteien sowie schriftlich einzureichende Auskünfte, Aussagen, Gutachten, Übersetzungen und Erklärungen Dritter können als elektronisches Dokument beim Gerichtsvollzieher eingereicht werden. [2] Für das elektronische Dokument gelten § 130a, auf dieser Grundlage erlassene Rechtsverordnungen sowie § 298 entsprechend. [3] Die Bundesregierung kann in der Rechtsverordnung nach § 130a Absatz 2 Satz 2 besondere technische Rahmenbedingungen für die Übermittlung und Bearbeitung elektronischer Dokumente in Zwangsvollstreckungsverfahren durch Gerichtsvollzieher bestimmen.

(5) § 130d gilt entsprechend.

[1)] § 753 Abs. 3 angef. mWv 1.8.2009 durch G v. 29.7.2009 (BGBl. I S. 2258); Abs. 3 Satz 1 geänd. mWv 8.9.2015 durch VO v. 31.8.2015 (BGBl. I S. 1474); Überschrift neu gef., Abs. 3 Satz 1 geänd., Abs. 4 angef. mWv 26.11.2016 durch G v. 21.11.2016 (BGBl. I S. 2591, geänd. durch G v. 5.7.2017, BGBl. I S. 2208); Abs. 4 neu gef. mWv 1.1.2018, Abs. 5 angef. mWv 1.1.2022 durch G v. 5.7.2017 (BGBl. I S. 2208); Abs. 4 Satz 4 aufgeh. mWv 1.1.2022 durch G v. 5.10.2021 (BGBl. I S. 4767).
[2)] Beachte hierzu Übergangsvorschrift in § 43 EGZPO (Nr. **101**).

Abschnitt 1. Allgemeine Vorschriften §§ 753a–754a ZPO 100

§ 753a[1] **Vollmachtsnachweis.** [1] Bei der Durchführung der Zwangsvollstreckung wegen Geldforderungen in das bewegliche Vermögen haben Bevollmächtigte nach § 79 Absatz 2 Satz 1 und 2 Nummer 3 und 4 ihre ordnungsgemäße Bevollmächtigung zu versichern; des Nachweises einer Vollmacht bedarf es in diesen Fällen nicht. [2] Satz 1 gilt nicht für Anträge nach § 802g.

§ 754[2][3] **Vollstreckungsauftrag und vollstreckbare Ausfertigung.**
(1) Durch den Vollstreckungsauftrag und die Übergabe der vollstreckbaren Ausfertigung wird der Gerichtsvollzieher ermächtigt, Leistungen des Schuldners entgegenzunehmen und diese zu quittieren sowie mit Wirkung für den Gläubiger Zahlungsvereinbarungen nach Maßgabe des § 802b zu treffen.

(2) [1] Dem Schuldner und Dritten gegenüber wird der Gerichtsvollzieher zur Vornahme der Zwangsvollstreckung und der in Absatz 1 bezeichneten Handlungen durch den Besitz der vollstreckbaren Ausfertigung ermächtigt. [2] Der Mangel oder die Beschränkung des Auftrags kann diesen Personen gegenüber von dem Gläubiger nicht geltend gemacht werden.

§ 754a[4] **Vereinfachter Vollstreckungsauftrag bei Vollstreckungsbescheiden.** (1) [1] Im Fall eines elektronisch eingereichten Auftrags zur Zwangsvollstreckung aus einem Vollstreckungsbescheid, der einer Vollstreckungsklausel nicht bedarf, ist bei der Zwangsvollstreckung wegen Geldforderungen die Übermittlung der Ausfertigung des Vollstreckungsbescheides entbehrlich, wenn

1. die sich aus dem Vollstreckungsbescheid ergebende fällige Geldforderung einschließlich titulierter Nebenforderungen und Kosten nicht mehr als 5 000 Euro beträgt; Kosten der Zwangsvollstreckung sind bei der Berechnung der Forderungshöhe nur zu berücksichtigen, wenn sie allein Gegenstand des Vollstreckungsauftrags sind;
2. die Vorlage anderer Urkunden als der Ausfertigung des Vollstreckungsbescheides nicht vorgeschrieben ist;
3. der Gläubiger dem Auftrag eine Abschrift des Vollstreckungsbescheides nebst Zustellungsbescheinigung als elektronisches Dokument beifügt und
4. der Gläubiger versichert, dass ihm eine Ausfertigung des Vollstreckungsbescheides und eine Zustellungsbescheinigung vorliegen und die Forderung in Höhe des Vollstreckungsauftrags noch besteht.

[2] Sollen Kosten der Zwangsvollstreckung vollstreckt werden, sind dem Auftrag zusätzlich zu den in Satz 1 Nummer 3 genannten Dokumenten eine nachprüfbare Aufstellung der Kosten und entsprechende Belege als elektronisches Dokument beizufügen.

(2) Hat der Gerichtsvollzieher Zweifel an dem Vorliegen einer Ausfertigung des Vollstreckungsbescheides oder der übrigen Vollstreckungsvoraussetzungen, teilt er dies dem Gläubiger mit und führt die Zwangsvollstreckung erst durch, nachdem der Gläubiger die Ausfertigung des Vollstreckungsbescheides übermittelt oder die übrigen Vollstreckungsvoraussetzungen nachgewiesen hat.

---

[1] § 753a eingef. mWv 1.1.2021 durch G v. 22.12.2020 (BGBl. I S. 3320).
[2] § 754 neu gef. mWv 1.1.2013 durch G v. 29.7.2009 (BGBl. I S. 2258).
[3] Beachte hierzu Übergangsvorschrift in § 39 EGZPO (Nr. 101).
[4] § 754a eingef. mWv 26.11.2016, Abs. 3 aufgeh. mWv 1.1.2018 durch G v. 21.11.2016 (BGBl. I S. 2591).

100 ZPO § 755 — Buch 8. Zwangsvollstreckung

§ 755[1)][2)] **Ermittlung des Aufenthaltsorts des Schuldners.** (1) ¹Ist der Wohnsitz oder gewöhnliche Aufenthaltsort des Schuldners nicht bekannt, darf der Gerichtsvollzieher auf Grund des Vollstreckungsauftrags und der Übergabe der vollstreckbaren Ausfertigung zur Ermittlung des Aufenthaltsorts des Schuldners bei der Meldebehörde die gegenwärtigen Anschriften sowie Angaben zur Haupt- und Nebenwohnung des Schuldners erheben. ²Der Gerichtsvollzieher darf auch beauftragt werden, die gegenwärtigen Anschriften, den Ort der Hauptniederlassung oder den Sitz des Schuldners zu erheben
1. durch Einsicht in das Handels-, Genossenschafts-, Partnerschafts-, Unternehmens- oder Vereinsregister oder
2. durch Einholung einer Auskunft bei den nach Landesrecht für die Durchführung der Aufgaben nach § 14 Absatz 1 der Gewerbeordnung[3)] zuständigen Behörden.

(2) ¹Soweit der Aufenthaltsort des Schuldners nach Absatz 1 nicht zu ermitteln ist, darf der Gerichtsvollzieher
1. zunächst beim Ausländerzentralregister die Angaben zur aktenführenden Ausländerbehörde sowie zum Zuzug oder Fortzug des Schuldners und anschließend bei der gemäß der Auskunft aus dem Ausländerzentralregister aktenführenden Ausländerbehörde den Aufenthaltsort des Schuldners,
2. bei den Trägern der gesetzlichen Rentenversicherung und bei einer berufsständischen Versorgungseinrichtung im Sinne des § 6 Absatz 1 Satz 1 Nummer 1 des Sechsten Buches Sozialgesetzbuch[4)] die dort bekannte derzeitige Anschrift, den derzeitigen oder zukünftigen Aufenthaltsort des Schuldners sowie
3. bei dem Kraftfahrt-Bundesamt die Halterdaten nach § 33 Abs. 1 Satz 1 Nr. 2 des Straßenverkehrsgesetzes[5)]

erheben. ²Ist der Schuldner Unionsbürger, darf der Gerichtsvollzieher die Daten nach Satz 1 Nummer 1 nur erheben, wenn ihm tatsächliche Anhaltspunkte für die Vermutung der Feststellung des Nichtbestehens oder des Verlusts des Freizügigkeitsrechts vorliegen. ³Eine Übermittlung der Daten nach Satz 1 Nummer 1 an den Gerichtsvollzieher ist ausgeschlossen, wenn der Schuldner Unionsbürger ist, für den eine Feststellung des Nichtbestehens oder des Verlusts des Freizügigkeitsrechts nicht vorliegt. ⁴Die Erhebung nach Satz 1 Nummer 2 bei einer berufsständischen Versorgungseinrichtung darf der Gerichtsvollzieher nur durchführen, wenn der Gläubiger die berufsständische Versorgungseinrichtung bezeichnet und tatsächliche Anhaltspunkte nennt, die nahelegen, dass der Schuldner Mitglied dieser berufsständischen Versorgungseinrichtung ist.

(3) Nach Absatz 1 oder Absatz 2 erhobene Daten, die innerhalb der letzten drei Monate bei dem Gerichtsvollzieher eingegangen sind, darf dieser auch in einem Zwangsvollstreckungsverfahren eines weiteren Gläubigers gegen denselben Schuldner verarbeiten, wenn die Voraussetzungen für die Datenerhebung auch bei diesem Gläubiger vorliegen.

[1)] § 755 neu gef. mWv 1.1.2013 durch G v. 29.7.2009 (BGBl. I S. 2258); Abs. 2 Sätze 2 und 3 eingef., bish. Satz 2 wird Satz 4 mWv 1.1.2013 durch G v. 20.12.2012 (BGBl. I S. 2745); Abs. 1 Satz 2 angef., Abs. 2 Satz 4 aufgeh., Abs. 3 angef. mWv 26.11.2016 durch G v. 21.11.2016 (BGBl. I S. 2591); Abs. 3 geänd. mWv 26.11.2019 durch G v. 20.11.2019 (BGBl. I S. 1724); Abs. 2 Satz 1 Nr. 2 geänd., Satz 4 angef. mWv 1.1.2022 durch G v. 7.5.2021 (BGBl. I S. 850).
[2)] Beachte hierzu Übergangsvorschrift in § 39 EGZPO (Nr. **101**).
[3)] **Sartorius Nr. 800**.
[4)] **Aichberger, SGB Nr. 6**.
[5)] Nr. **35**.

Abschnitt 1. Allgemeine Vorschriften

§ 756 Zwangsvollstreckung bei Leistung Zug um Zug. (1) Hängt die Vollstreckung von einer Zug um Zug zu bewirkenden Leistung des Gläubigers an den Schuldner ab, so darf der Gerichtsvollzieher die Zwangsvollstreckung nicht beginnen, bevor er dem Schuldner die diesem gebührende Leistung in einer den Verzug der Annahme begründenden Weise angeboten hat, sofern nicht der Beweis, dass der Schuldner befriedigt oder im Verzug der Annahme ist, durch öffentliche oder öffentlich beglaubigte Urkunden geführt wird und eine Abschrift dieser Urkunden bereits zugestellt ist oder gleichzeitig zugestellt wird.

(2) Der Gerichtsvollzieher darf mit der Zwangsvollstreckung beginnen, wenn der Schuldner auf das wörtliche Angebot des Gerichtsvollziehers erklärt, dass er die Leistung nicht annehmen werde.

§ 757 Übergabe des Titels und Quittung. (1) Der Gerichtsvollzieher hat nach Empfang der Leistungen dem Schuldner die vollstreckbare Ausfertigung nebst einer Quittung auszuliefern, bei teilweiser Leistung diese auf der vollstreckbaren Ausfertigung zu vermerken und dem Schuldner Quittung zu erteilen.

(2) Das Recht des Schuldners, nachträglich eine Quittung des Gläubigers selbst zu fordern, wird durch diese Vorschriften nicht berührt.

§ 757a[1] **Auskunfts- und Unterstützungsersuchen.** (1) Der Gerichtsvollzieher kann die zuständige Polizeidienststelle um Auskunft ersuchen, ob nach polizeilicher Einschätzung bei einer durchzuführenden Vollstreckungshandlung eine Gefahr für Leib oder Leben des Gerichtsvollziehers oder einer weiteren an der Vollstreckungshandlung beteiligten Person besteht.

(2) In dem Auskunftsersuchen nach Absatz 1 ist Folgendes anzugeben:
1. Art und Ort der Vollstreckungshandlung,
2. Vornamen und Name des Schuldners,
3. soweit bekannt Geburtsname, Geburtsdatum und Geburtsort des Schuldners sowie
4. Wohnanschrift des Schuldners.

(3) [1] Erteilt die Polizeidienststelle die Auskunft, dass nach polizeilicher Einschätzung eine Gefahr nach Absatz 1 besteht, so kann der Gerichtsvollzieher um Unterstützung durch die polizeilichen Vollzugsorgane bei der durchzuführenden Vollstreckungshandlung nachsuchen. [2] Ein Unterstützungsersuchen kann der Gerichtsvollzieher auch zusammen mit einem Auskunftsersuchen nach Absatz 1 stellen.

(4) [1] Der Gerichtsvollzieher kann auch ohne Auskunftsersuchen ein Unterstützungsersuchen stellen, wenn
1. tatsächliche Anhaltspunkte für das Bestehen einer Gefahr nach Absatz 1 vorliegen oder
2. sich die Gefahr aus der Art der Vollstreckungshandlung ergibt.

[2] Auf Unterstützungsersuchen nach Satz 1 ist Absatz 2 entsprechend anzuwenden; bei Unterstützungsersuchen nach Satz 1 Nummer 1 hat der Gerichtsvollzieher zusätzlich die tatsächlichen Anhaltspunkte für das Vorliegen einer Gefahr nach Absatz 1 und, sofern die Gefahr von einer dritten Person ausgeht, die ihm bekannten Daten nach Absatz 2 Nummer 2 bis 4 über die dritte Person anzugeben.

---

[1] § 757a eingef. mWv 1.1.2022 durch G v. 7.5.2021 (BGBl. I S. 850).

(5) ¹Über die Durchführung eines Auskunfts- oder eines Unterstützungsersuchens setzt der Gerichtsvollzieher den Schuldner oder, sofern Daten einer dritten Person nach Absatz 4 Satz 2 Halbsatz 2 übermittelt worden sind, die dritte Person unverzüglich nach Erledigung des Vollstreckungsauftrags in Kenntnis. ²Abweichend von § 760 Satz 1 darf in Bezug auf Inhalte der Akten des Gerichtsvollziehers, die in Zusammenhang mit einem Auskunfts- oder einem Unterstützungsersuchen stehen, neben dem Schuldner nur der dritten Person, deren Daten übermittelt worden sind, Akteneinsicht gestattet und eine Abschrift erteilt werden; § 760 Satz 2 bleibt unberührt.

§ 758 Durchsuchung; Gewaltanwendung. (1) Der Gerichtsvollzieher ist befugt, die Wohnung und die Behältnisse des Schuldners zu durchsuchen, soweit der Zweck der Vollstreckung dies erfordert.

(2) Er ist befugt, die verschlossenen Haustüren, Zimmertüren und Behältnisse öffnen zu lassen.

(3) Er ist, wenn er Widerstand findet, zur Anwendung von Gewalt befugt und kann zu diesem Zweck die Unterstützung der polizeilichen Vollzugsorgane nachsuchen.

§ 758a[1)2)] **Richterliche Durchsuchungsanordnung; Vollstreckung zur Unzeit.** (1) ¹Die Wohnung des Schuldners darf ohne dessen Einwilligung nur auf Grund einer Anordnung des Richters bei dem Amtsgericht durchsucht werden, in dessen Bezirk die Durchsuchung erfolgen soll. ²Dies gilt nicht, wenn die Einholung der Anordnung den Erfolg der Durchsuchung gefährden würde.

(2) Auf die Vollstreckung eines Titels auf Räumung oder Herausgabe von Räumen und auf die Vollstreckung eines Haftbefehls nach § 802g ist Absatz 1 nicht anzuwenden.

(3) ¹Willigt der Schuldner in die Durchsuchung ein oder ist eine Anordnung gegen ihn nach Absatz 1 Satz 1 ergangen oder nach Absatz 1 Satz 2 entbehrlich, so haben Personen, die Mitgewahrsam an der Wohnung des Schuldners haben, die Durchsuchung zu dulden. ²Unbillige Härten gegenüber Mitgewahrsamsinhabern sind zu vermeiden.

(4) ¹Der Gerichtsvollzieher nimmt eine Vollstreckungshandlung zur Nachtzeit und an Sonn- und Feiertagen nicht vor, wenn dies für den Schuldner und die Mitgewahrsamsinhaber eine unbillige Härte darstellt oder der zu erwartende Erfolg in einem Missverhältnis zu dem Eingriff steht, in Wohnungen nur auf Grund einer besonderen Anordnung des Richters bei dem Amtsgericht. ²Die Nachtzeit umfasst die Stunden von 21 bis 6 Uhr.

(5) Die Anordnung nach Absatz 1 ist bei der Zwangsvollstreckung vorzuzeigen.

(6) ¹Das Bundesministerium der Justiz und für Verbraucherschutz wird ermächtigt, durch Rechtsverordnung[3)] mit Zustimmung des Bundesrates Formulare für den Antrag auf Erlass einer richterlichen Durchsuchungsanordnung nach Absatz 1 einzuführen. ²Soweit nach Satz 1 Formulare eingeführt sind, muss sich der Antragsteller ihrer bedienen. ³Für Verfahren bei Gerichten, die die Verfahren elektro-

---

[1)] § 758a Abs. 2 geänd. mWv 1.1.2013 durch G v. 29.7.2009 (BGBl. I S. 2258); Abs. 6 Satz 1 geänd. mWv 8.9.2015 durch VO v. 31.8.2015 (BGBl. I S. 1474).
[2)] Beachte hierzu Übergangsvorschrift in § 39 EGZPO (Nr. **101**).
[3)] VO über Formulare für die Zwangsvollstreckung (Zwangsvollstreckungsformular-Verordnung – ZVFV) v. 23.8.2012 (BGBl. I S. 1822), geänd. durch VO v. 16.6.2014 (BGBl. I S. 754).

Abschnitt 1. Allgemeine Vorschriften §§ 759–764 ZPO

nisch bearbeiten, und für Verfahren bei Gerichten, die die Verfahren nicht elektronisch bearbeiten, können unterschiedliche Formulare eingeführt werden.

§ 759[1] **Zuziehung von Zeugen.** Wird bei einer Vollstreckungshandlung Widerstand geleistet oder ist bei einer in der Wohnung des Schuldners vorzunehmenden Vollstreckungshandlung weder der Schuldner noch ein erwachsener Familienangehöriger, eine in der Familie beschäftigte Person oder ein erwachsener ständiger Mitbewohner anwesend, so hat der Gerichtsvollzieher zwei erwachsene Personen oder einen Gemeinde- oder Polizeibeamten als Zeugen zuzuziehen.

§ 760[2] **Akteneinsicht; Aktenabschrift.** ¹Jeder Person, die bei dem Vollstreckungsverfahren beteiligt ist, muss auf Begehren Einsicht der Akten des Gerichtsvollziehers gestattet und Abschrift einzelner Aktenstücke erteilt werden. ²Werden die Akten des Gerichtsvollziehers elektronisch geführt, erfolgt die Gewährung von Akteneinsicht durch Erteilung von Ausdrucken, durch Übermittlung von elektronischen Dokumenten oder durch Wiedergabe auf einem Bildschirm; dies gilt auch für die nach § 885a Absatz 2 Satz 2 elektronisch gespeicherten Dateien.

§ 761 (weggefallen)

§ 762 Protokoll über Vollstreckungshandlungen. (1) Der Gerichtsvollzieher hat über jede Vollstreckungshandlung ein Protokoll aufzunehmen.

(2) Das Protokoll muss enthalten:
1. Ort und Zeit der Aufnahme;
2. den Gegenstand der Vollstreckungshandlung unter kurzer Erwähnung der wesentlichen Vorgänge;
3. die Namen der Personen, mit denen verhandelt ist;
4. die Unterschrift dieser Personen und den Vermerk, dass die Unterzeichnung nach Vorlesung oder Vorlegung zur Durchsicht und nach Genehmigung erfolgt sei;
5. die Unterschrift des Gerichtsvollziehers.

(3) Hat einem der unter Nummer 4 bezeichneten Erfordernisse nicht genügt werden können, so ist der Grund anzugeben.

§ 763 Aufforderungen und Mitteilungen. (1) Die Aufforderungen und sonstigen Mitteilungen, die zu den Vollstreckungshandlungen gehören, sind von dem Gerichtsvollzieher mündlich zu erlassen und vollständig in das Protokoll aufzunehmen.

(2) ¹Kann dies mündlich nicht ausgeführt werden, so hat der Gerichtsvollzieher eine Abschrift des Protokolls zuzustellen oder durch die Post zu übersenden. ²Es muss im Protokoll vermerkt werden, dass diese Vorschrift befolgt ist. ³Eine öffentliche Zustellung findet nicht statt.

§ 764 Vollstreckungsgericht. (1) Die den Gerichten zugewiesene Anordnung von Vollstreckungshandlungen und Mitwirkung bei solchen gehört zur Zuständigkeit der Amtsgerichte als Vollstreckungsgerichte.

---

[1] § 759 geänd. mWv 30.6.2013 durch G v. 26.6.2013 (BGBl. I S. 1809).
[2] § 760 Satz 2 geänd. mWv 1.5.2013 durch G v. 11.3.2013 (BGBl. I S. 434).

100 ZPO §§ 765, 765a   Buch 8. Zwangsvollstreckung

(2) Als Vollstreckungsgericht ist, sofern nicht das Gesetz ein anderes Amtsgericht bezeichnet, das Amtsgericht anzusehen, in dessen Bezirk das Vollstreckungsverfahren stattfinden soll oder stattgefunden hat.

(3) Die Entscheidungen des Vollstreckungsgerichts ergehen durch Beschluss.

§ 765 Vollstreckungsgerichtliche Anordnungen bei Leistung Zug um Zug. Hängt die Vollstreckung von einer Zug um Zug zu bewirkenden Leistung des Gläubigers an den Schuldner ab, so darf das Vollstreckungsgericht eine Vollstreckungsmaßregel nur anordnen, wenn

1. der Beweis, dass der Schuldner befriedigt oder im Verzug der Annahme ist, durch öffentliche oder öffentlich beglaubigte Urkunden geführt wird und eine Abschrift dieser Urkunden bereits zugestellt ist; der Zustellung bedarf es nicht, wenn bereits der Gerichtsvollzieher die Zwangsvollstreckung nach § 756 Abs. 1 begonnen hatte und der Beweis durch das Protokoll des Gerichtsvollziehers geführt wird; oder
2. der Gerichtsvollzieher eine Vollstreckungsmaßnahme nach § 756 Abs. 2 durchgeführt hat und diese durch das Protokoll des Gerichtsvollziehers nachgewiesen ist.

§ 765a[1]**) Vollstreckungsschutz.** (1) [1]Auf Antrag des Schuldners kann das Vollstreckungsgericht eine Maßnahme der Zwangsvollstreckung ganz oder teilweise aufheben, untersagen oder einstweilen einstellen, wenn die Maßnahme unter voller Würdigung des Schutzbedürfnisses des Gläubigers wegen ganz besonderer Umstände eine Härte bedeutet, die mit den guten Sitten nicht vereinbar ist. [2]Es ist befugt, die in § 732 Abs. 2 bezeichneten Anordnungen zu erlassen. [3]Betrifft die Maßnahme ein Tier, so hat das Vollstreckungsgericht bei der von ihm vorzunehmenden Abwägung die Verantwortung des Menschen für das Tier zu berücksichtigen.

(2) Eine Maßnahme zur Erwirkung der Herausgabe von Sachen kann der Gerichtsvollzieher bis zur Entscheidung des Vollstreckungsgerichts, jedoch nicht länger als eine Woche, aufschieben, wenn ihm die Voraussetzungen des Absatzes 1 Satz 1 glaubhaft gemacht werden und dem Schuldner die rechtzeitige Anrufung des Vollstreckungsgerichts nicht möglich war.

(3) In Räumungssachen ist der Antrag nach Absatz 1 spätestens zwei Wochen vor dem festgesetzten Räumungstermin zu stellen, es sei denn, dass die Gründe, auf denen der Antrag beruht, erst nach diesem Zeitpunkt entstanden sind oder der Schuldner ohne sein Verschulden an einer rechtzeitigen Antragstellung gehindert war.

(4) Das Vollstreckungsgericht hebt seinen Beschluss auf Antrag auf oder ändert ihn, wenn dies mit Rücksicht auf eine Änderung der Sachlage geboten ist.

(5) Die Aufhebung von Vollstreckungsmaßregeln erfolgt in den Fällen des Absatzes 1 Satz 1 und des Absatzes 4 erst nach Rechtskraft des Beschlusses.

---

[1]) Siehe auch § 79 Abs. 2 G über das BVerfG **(Sartorius Nr. 40):**

„**§ 79.** (2) [1]Im übrigen bleiben vorbehaltlich der Vorschrift des § 95 Abs. 2 oder einer besonderen gesetzlichen Regelung die nicht mehr anfechtbaren Entscheidungen, die auf einer gemäß § 78 für nichtig erklärten Norm beruhen, unberührt. [2]Die Vollstreckung aus einer solchen Entscheidung ist unzulässig. [3]Soweit die Zwangsvollstreckung nach den Vorschriften der Zivilprozeßordnung durchzuführen ist, gilt die Vorschrift des § 767 der Zivilprozeßordnung entsprechend. [4]Ansprüche aus ungerechtfertigter Bereicherung sind ausgeschlossen."

§ 766 Erinnerung gegen Art und Weise der Zwangsvollstreckung.
(1) ¹Über Anträge, Einwendungen und Erinnerungen, welche die Art und Weise der Zwangsvollstreckung oder das vom Gerichtsvollzieher bei ihr zu beobachtende Verfahren betreffen, entscheidet das Vollstreckungsgericht. ²Es ist befugt, die im § 732 Abs. 2 bezeichneten Anordnungen zu erlassen.

(2) Dem Vollstreckungsgericht steht auch die Entscheidung zu, wenn ein Gerichtsvollzieher sich weigert, einen Vollstreckungsauftrag zu übernehmen oder eine Vollstreckungshandlung dem Auftrag gemäß auszuführen, oder wenn wegen der von dem Gerichtsvollzieher in Ansatz gebrachten Kosten Erinnerungen erhoben werden.

§ 767 Vollstreckungsabwehrklage.
(1) Einwendungen, die den durch das Urteil festgestellten Anspruch selbst betreffen, sind von dem Schuldner im Wege der Klage bei dem Prozessgericht des ersten Rechtszuges geltend zu machen.

(2) Sie sind nur insoweit zulässig, als die Gründe, auf denen sie beruhen, erst nach dem Schluss der mündlichen Verhandlung, in der Einwendungen nach den Vorschriften dieses Gesetzes spätestens hätten geltend gemacht werden müssen, entstanden sind und durch Einspruch nicht mehr geltend gemacht werden können.

(3) Der Schuldner muss in der von ihm zu erhebenden Klage alle Einwendungen geltend machen, die er zur Zeit der Erhebung der Klage geltend zu machen imstande war.

§ 768 Klage gegen Vollstreckungsklausel.
Die Vorschriften des § 767 Abs. 1, 3 gelten entsprechend, wenn in den Fällen des § 726 Abs. 1, der §§ 727 bis 729, 738, 742, 744, des § 745 Abs. 2 und des § 749 der Schuldner den bei der Erteilung der Vollstreckungsklausel als bewiesen angenommenen Eintritt der Voraussetzung für die Erteilung der Vollstreckungsklausel bestreitet, unbeschadet der Befugnis des Schuldners, in diesen Fällen Einwendungen gegen die Zulässigkeit der Vollstreckungsklausel nach § 732 zu erheben.

§ 769[1)] Einstweilige Anordnungen.
(1) ¹Das Prozessgericht kann auf Antrag anordnen, dass bis zum Erlass des Urteils über die in den §§ 767, 768 bezeichneten Einwendungen der Zwangsvollstreckung gegen oder ohne Sicherheitsleistung eingestellt oder nur gegen Sicherheitsleistung fortgesetzt werde und dass Vollstreckungsmaßregeln gegen Sicherheitsleistung aufzuheben seien. ²Es setzt eine Sicherheitsleistung für die Einstellung der Zwangsvollstreckung nicht fest, wenn der Schuldner zur Sicherheitsleistung nicht in der Lage ist und die Rechtsverfolgung durch ihn hinreichende Aussicht auf Erfolg bietet. ³Die tatsächlichen Behauptungen, die den Antrag begründen, sind glaubhaft zu machen.

(2) ¹In dringenden Fällen kann das Vollstreckungsgericht eine solche Anordnung erlassen, unter Bestimmung einer Frist, innerhalb der die Entscheidung des Prozessgerichts beizubringen sei. ²Nach fruchtlosem Ablauf der Frist wird die Zwangsvollstreckung fortgesetzt.

(3) Die Entscheidung über diese Anträge ergeht durch Beschluss.

(4) Im Fall der Anhängigkeit einer auf Herabsetzung gerichteten Abänderungsklage gelten die Absätze 1 bis 3 entsprechend.

[1)] § 769 Abs. 1 Satz 2 eingef., bish. Satz 2 wird Satz 3 mWv 19.8.2008 durch G v. 12.8.2008 (BGBl. I S. 1666); Abs. 4 angef. mWv 1.9.2009 durch G v. 17.12.2008 (BGBl. I S. 2586).

§ 770 Einstweilige Anordnungen im Urteil. [1]Das Prozessgericht kann in dem Urteil, durch das über die Einwendungen entschieden wird, die in dem vorstehenden Paragraphen bezeichneten Anordnungen erlassen oder die bereits erlassenen Anordnungen aufheben, abändern oder bestätigen. [2]Für die Anfechtung einer solchen Entscheidung gelten die Vorschriften des § 718 entsprechend.

§ 771 Drittwiderspruchsklage. (1) Behauptet ein Dritter, dass ihm an dem Gegenstand der Zwangsvollstreckung ein die Veräußerung hinderndes Recht zustehe, so ist der Widerspruch gegen die Zwangsvollstreckung im Wege der Klage bei dem Gericht geltend zu machen, in dessen Bezirk die Zwangsvollstreckung erfolgt.

(2) Wird die Klage gegen den Gläubiger und den Schuldner gerichtet, so sind diese als Streitgenossen anzusehen.

(3) [1]Auf die Einstellung der Zwangsvollstreckung und die Aufhebung der bereits getroffenen Vollstreckungsmaßregeln sind die Vorschriften der §§ 769, 770 entsprechend anzuwenden. [2]Die Aufhebung einer Vollstreckungsmaßregel ist auch ohne Sicherheitsleistung zulässig.

§ 772 Drittwiderspruchsklage bei Veräußerungsverbot. [1]Solange ein Veräußerungsverbot der in den §§ 135, 136 des Bürgerlichen Gesetzbuchs[1]) bezeichneten Art besteht, soll der Gegenstand, auf den es sich bezieht, wegen eines persönlichen Anspruchs oder auf Grund eines infolge des Verbots unwirksamen Rechts nicht im Wege der Zwangsvollstreckung veräußert oder überwiesen werden. [2]Auf Grund des Veräußerungsverbots kann nach Maßgabe des § 771 Widerspruch erhoben werden.

§ 773 Drittwiderspruchsklage des Nacherben. [1]Ein Gegenstand, der zu einer Vorerbschaft gehört, soll nicht im Wege der Zwangsvollstreckung veräußert oder überwiesen werden, wenn die Veräußerung oder die Überweisung im Falle des Eintritts der Nacherbfolge nach § 2115 des Bürgerlichen Gesetzbuchs[1]) dem Nacherben gegenüber unwirksam ist. [2]Der Nacherbe kann nach Maßgabe des § 771 Widerspruch erheben.

§ 774[2]) **Drittwiderspruchsklage des Ehegatten oder Lebenspartners.**
Findet nach § 741 die Zwangsvollstreckung in das Gesamtgut statt, so kann ein Ehegatte oder Lebenspartner nach Maßgabe des § 771 Widerspruch erheben, wenn das gegen den anderen Ehegatten oder Lebenspartner ergangene Urteil in Ansehung des Gesamtgutes ihm gegenüber unwirksam ist.

§ 775 Einstellung oder Beschränkung der Zwangsvollstreckung. Die Zwangsvollstreckung ist einzustellen oder zu beschränken:
1. wenn die Ausfertigung einer vollstreckbaren Entscheidung vorgelegt wird, aus der sich ergibt, dass das zu vollstreckende Urteil oder seine vorläufige Vollstreckbarkeit aufgehoben oder dass die Zwangsvollstreckung für unzulässig erklärt oder ihre Einstellung angeordnet ist;
2. wenn die Ausfertigung einer gerichtlichen Entscheidung vorgelegt wird, aus der sich ergibt, dass die einstweilige Einstellung der Vollstreckung oder einer Voll-

---
[1]) Nr. **20**.
[2]) § 774 Überschrift neu gef., Wortlaut geänd. mWv 26.11.2015 durch G v. 20.11.2015 (BGBl. I S. 2010).

Abschnitt 1. Allgemeine Vorschriften §§ 776–780 ZPO

streckungsmaßregel angeordnet ist oder dass die Vollstreckung nur gegen Sicherheitsleistung fortgesetzt werden darf;
3. wenn eine öffentliche Urkunde vorgelegt wird, aus der sich ergibt, dass die zur Abwendung der Vollstreckung erforderliche Sicherheitsleistung oder Hinterlegung erfolgt ist;
4. wenn eine öffentliche Urkunde oder eine von dem Gläubiger ausgestellte Privaturkunde vorgelegt wird, aus der sich ergibt, dass der Gläubiger nach Erlass des zu vollstreckenden Urteils befriedigt ist oder Stundung bewilligt hat;
5. wenn der Einzahlungs- oder Überweisungsnachweis einer Bank oder Sparkasse vorgelegt wird, aus dem sich ergibt, dass der zur Befriedigung des Gläubigers erforderliche Betrag zur Auszahlung an den Gläubiger oder auf dessen Konto eingezahlt oder überwiesen worden ist.

§ 776 Aufhebung von Vollstreckungsmaßregeln. [1]In den Fällen des § 775 Nr. 1, 3 sind zugleich die bereits getroffenen Vollstreckungsmaßregeln aufzuheben. [2]In den Fällen der Nummern 4, 5 bleiben diese Maßregeln einstweilen bestehen; dasselbe gilt in den Fällen der Nummer 2, sofern nicht durch die Entscheidung auch die Aufhebung der bisherigen Vollstreckungshandlungen angeordnet ist.

§ 777 Erinnerung bei genügender Sicherung des Gläubigers. [1]Hat der Gläubiger eine bewegliche Sache des Schuldners im Besitz, in Ansehung deren ihm ein Pfandrecht oder ein Zurückbehaltungsrecht für seine Forderung zusteht, so kann der Schuldner der Zwangsvollstreckung in sein übriges Vermögen nach § 766 widersprechen, soweit die Forderung durch den Wert der Sache gedeckt ist. [2]Steht dem Gläubiger ein solches Recht in Ansehung der Sache auch für eine andere Forderung zu, so ist der Widerspruch nur zulässig, wenn auch diese Forderung durch den Wert der Sache gedeckt ist.

§ 778 Zwangsvollstreckung vor Erbschaftsannahme. (1) Solange der Erbe die Erbschaft nicht angenommen hat, ist eine Zwangsvollstreckung wegen eines Anspruchs, der sich gegen den Nachlass richtet, nur in den Nachlass zulässig.

(2) Wegen eigener Verbindlichkeiten des Erben ist eine Zwangsvollstreckung in den Nachlass vor der Annahme der Erbschaft nicht zulässig.

§ 779 Fortsetzung der Zwangsvollstreckung nach dem Tod des Schuldners. (1) Eine Zwangsvollstreckung, die zur Zeit des Todes des Schuldners gegen ihn bereits begonnen hatte, wird in seinen Nachlass fortgesetzt.

(2) [1]Ist bei einer Vollstreckungshandlung die Zuziehung des Schuldners nötig, so hat, wenn die Erbschaft noch nicht angenommen oder wenn der Erbe unbekannt oder es ungewiss ist, ob er die Erbschaft angenommen hat, das Vollstreckungsgericht auf Antrag des Gläubigers dem Erben einen einstweiligen besonderen Vertreter zu bestellen. [2]Die Bestellung hat zu unterbleiben, wenn ein Nachlasspfleger bestellt ist oder wenn die Verwaltung des Nachlasses einem Testamentsvollstrecker zusteht.

§ 780 Vorbehalt der beschränkten Erbenhaftung. (1) Der als Erbe des Schuldners verurteilte Beklagte kann die Beschränkung seiner Haftung nur geltend machen, wenn sie ihm im Urteil vorbehalten ist.

(2) Der Vorbehalt ist nicht erforderlich, wenn der Fiskus als gesetzlicher Erbe verurteilt wird oder wenn das Urteil über eine Nachlassverbindlichkeit gegen

einen Nachlassverwalter oder einen anderen Nachlasspfleger oder gegen einen Testamentsvollstrecker, dem die Verwaltung des Nachlasses zusteht, erlassen wird.

§ 781 Beschränkte Erbenhaftung in der Zwangsvollstreckung. Bei der Zwangsvollstreckung gegen den Erben des Schuldners bleibt die Beschränkung der Haftung unberücksichtigt, bis auf Grund derselben gegen die Zwangsvollstreckung von dem Erben Einwendungen erhoben werden.

§ 782 Einreden des Erben gegen Nachlassgläubiger. ¹Der Erbe kann auf Grund der ihm nach den §§ 2014, 2015 des Bürgerlichen Gesetzbuchs[1]) zustehenden Einreden nur verlangen, dass die Zwangsvollstreckung für die Dauer der dort bestimmten Fristen auf solche Maßregeln beschränkt wird, die zur Vollziehung eines Arrestes zulässig sind. ²Wird vor dem Ablauf der Frist die Eröffnung des Nachlassinsolvenzverfahrens beantragt, so ist auf Antrag die Beschränkung der Zwangsvollstreckung auch nach dem Ablauf der Frist aufrechtzuerhalten, bis über die Eröffnung des Insolvenzverfahrens rechtskräftig entschieden ist.

§ 783 Einreden des Erben gegen persönliche Gläubiger. In Ansehung der Nachlassgegenstände kann der Erbe die Beschränkung der Zwangsvollstreckung nach § 782 auch gegenüber den Gläubigern verlangen, die nicht Nachlassgläubiger sind, es sei denn, dass er für die Nachlassverbindlichkeiten unbeschränkt haftet.

§ 784 Zwangsvollstreckung bei Nachlassverwaltung und -insolvenzverfahren. (1) Ist eine Nachlassverwaltung angeordnet oder das Nachlassinsolvenzverfahren eröffnet, so kann der Erbe verlangen, dass Maßregeln der Zwangsvollstreckung, die zugunsten eines Nachlassgläubigers in sein nicht zum Nachlass gehörendes Vermögen erfolgt sind, aufgehoben werden, es sei denn, dass er für die Nachlassverbindlichkeiten unbeschränkt haftet.

(2) Im Falle der Nachlassverwaltung steht dem Nachlassverwalter das gleiche Recht gegenüber Maßregeln der Zwangsvollstreckung zu, die zugunsten eines anderen Gläubigers als eines Nachlassgläubigers in den Nachlass erfolgt sind.

§ 785 Vollstreckungsabwehrklage des Erben. Die auf Grund der §§ 781 bis 784 erhobenen Einwendungen werden nach den Vorschriften der §§ 767, 769, 770 erledigt.

§ 786[2]) **Vollstreckungsabwehrklage bei beschränkter Haftung.** (1) Die Vorschriften des § 780 Abs. 1 und der §§ 781 bis 785 sind auf die nach § 1489 des Bürgerlichen Gesetzbuchs[1]) eintretende beschränkte Haftung, die Vorschriften des § 780 Abs. 1 und der §§ 781, 785 sind auf die nach den §§ 1480, 1504, 1629a, 2187 des Bürgerlichen Gesetzbuchs eintretende beschränkte Haftung entsprechend anzuwenden.

(2) Bei der Zwangsvollstreckung aus Urteilen, die bis zum Inkrafttreten des Minderjährigenhaftungsbeschränkungsgesetzes vom 25. August 1998 (BGBl. I S. 2487) am 1. Juli 1999 ergangen sind, kann die Haftungsbeschränkung nach § 1629a des Bürgerlichen Gesetzbuchs auch dann geltend gemacht werden, wenn sie nicht gemäß § 780 Abs. 1 dieses Gesetzes im Urteil vorbehalten ist.

---

[1]) Nr. 20.
[2]) § 786 Abs. 2 angef. mWv 25.4.2006 durch G v. 19.4.2006 (BGBl. I S. 866).

Abschnitt 1. Allgemeine Vorschriften § 786a

§ 786a[1)] See- und binnenschifffahrtsrechtliche Haftungsbeschränkung.

(1) Die Vorschriften des § 780 Abs. 1 und des § 781 sind auf die nach § 611 Absatz 1 oder 3, §§ 612 bis 616 des Handelsgesetzbuchs[2)] oder nach den §§ 4 bis 5n des Binnenschifffahrtsgesetzes eintretende beschränkte Haftung entsprechend anzuwenden.

(2) Ist das Urteil nach § 305a unter Vorbehalt ergangen, so gelten für die Zwangsvollstreckung die folgenden Vorschriften:
1. Wird die Eröffnung eines Seerechtlichen oder eines Binnenschifffahrtsrechtlichen Verteilungsverfahrens nach der Schifffahrtsrechtlichen Verteilungsordnung beantragt, an dem der Gläubiger mit dem Anspruch teilnimmt, so entscheidet das Gericht nach § 5 Abs. 3 der Schifffahrtsrechtlichen Verteilungsordnung über die Einstellung der Zwangsvollstreckung; nach Eröffnung des Seerechtlichen Verteilungsverfahrens sind die Vorschriften des § 8 Abs. 4 und 5 der Schifffahrtsrechtlichen Verteilungsordnung, nach Eröffnung des Binnenschifffahrtsrechtlichen Verteilungsverfahrens die Vorschriften des § 8 Abs. 4 und 5 in Verbindung mit § 41 der Schifffahrtsrechtlichen Verteilungsordnung anzuwenden.
2. [1] Ist nach Artikel 11 des Haftungsbeschränkungsübereinkommens (§ 611 Absatz 1 Satz 1 des Handelsgesetzbuchs) von dem Schuldner oder für ihn ein Fonds in einem anderen Vertragsstaat des Übereinkommens errichtet worden, so sind, sofern der Gläubiger den Anspruch gegen den Fonds geltend gemacht hat, die Vorschriften des § 50 der Schifffahrtsrechtlichen Verteilungsordnung anzuwenden. [2] Hat der Gläubiger den Anspruch nicht gegen den Fonds geltend gemacht oder sind die Voraussetzungen des § 50 Abs. 2 der Schifffahrtsrechtlichen Verteilungsordnung nicht gegeben, so werden Einwendungen, die auf Grund des Rechts auf Beschränkung der Haftung erhoben werden, nach den Vorschriften der §§ 767, 769, 770 erledigt; das Gleiche gilt, wenn der Fonds in dem anderen Vertragsstaat erst bei Geltendmachung des Rechts auf Beschränkung der Haftung errichtet wird.
3. [1] Ist von dem Schuldner oder für diesen ein Fonds in einem anderen Vertragsstaat des Straßburger Übereinkommens vom 27. September 2012 über die Beschränkung der Haftung in der Binnenschifffahrt (CLNI 2012) (BGBl. 2016 II S. 738, 739) errichtet worden, so ist, sofern der Gläubiger den Anspruch gegen den Fonds geltend machen kann, § 52 der Schifffahrtsrechtlichen Verteilungsordnung anzuwenden. [2] Sind die Voraussetzungen des § 52 Absatz 3 der Schifffahrtsrechtlichen Verteilungsordnung nicht gegeben, so werden Einwendungen, die auf Grund des Rechts auf Beschränkung der Haftung nach den §§ 4 bis 5n des Binnenschifffahrtsgesetzes erhoben werden, nach den §§ 767, 769, 770 erledigt; das Gleiche gilt, wenn der Fonds in dem anderen Vertragsstaat erst bei Geltendmachung des Rechts auf Beschränkung der Haftung errichtet wird.

(3) Ist das Urteil eines ausländischen Gerichts unter dem Vorbehalt ergangen, dass der Beklagte das Recht auf Beschränkung der Haftung geltend machen kann, wenn ein Fonds nach Artikel 11 des Haftungsbeschränkungsübereinkommens oder nach Artikel 12 des Straßburger Übereinkommens vom 27. September 2012 über die Beschränkung der Haftung in der Binnenschifffahrt (CLNI 2012) errichtet

---

[1)] § 786a Abs. 1 und 2 Nr. 2 geänd. mWv 25.4.2013 durch G v. 20.4.2013 (BGBl. I S. 831); Abs. 1 und 3 geänd., Abs. 2 Nr. 3 neu gef. mWv 1.7.2019 durch G v. 5.7.2016 (BGBl. I S. 1578) iVm Bek. v. 20.2.2019 (BGBl. I S. 196).
[2)] Nr. **50**.

worden ist oder bei Geltendmachung des Rechts auf Beschränkung der Haftung errichtet wird, so gelten für die Zwangsvollstreckung wegen des durch das Urteil festgestellten Anspruchs die Vorschriften des Absatzes 2 entsprechend.

§ 787 Zwangsvollstreckung bei herrenlosem Grundstück oder Schiff.
(1) Soll durch die Zwangsvollstreckung ein Recht an einem Grundstück, das von dem bisherigen Eigentümer nach § 928 des Bürgerlichen Gesetzbuchs[1]) aufgegeben und von dem Aneignungsberechtigten noch nicht erworben worden ist, geltend gemacht werden, so hat das Vollstreckungsgericht auf Antrag einen Vertreter zu bestellen, dem bis zur Eintragung eines neuen Eigentümers die Wahrnehmung der sich aus dem Eigentum ergebenden Rechte und Verpflichtungen im Zwangsvollstreckungsverfahren obliegt.

(2) Absatz 1 gilt entsprechend, wenn durch die Zwangsvollstreckung ein Recht an einem eingetragenen Schiff oder Schiffsbauwerk geltend gemacht werden soll, das von dem bisherigen Eigentümer nach § 7 des Gesetzes über Rechte an eingetragenen Schiffen und Schiffsbauwerken vom 15. November 1940 (RGBl. I S. 1499) aufgegeben und von dem Aneignungsberechtigten noch nicht erworben worden ist.

§ 788[2)3)] **Kosten der Zwangsvollstreckung.** (1) [1]Die Kosten der Zwangsvollstreckung fallen, soweit sie notwendig waren (§ 91), dem Schuldner zur Last; sie sind zugleich mit dem zur Zwangsvollstreckung stehenden Anspruch beizutreiben. [2]Als Kosten der Zwangsvollstreckung gelten auch die Kosten der Ausfertigung und der Zustellung des Urteils. [3]Soweit mehrere Schuldner als Gesamtschuldner verurteilt worden sind, haften sie auch für die Kosten der Zwangsvollstreckung als Gesamtschuldner; § 100 Abs. 3 und 4 gilt entsprechend.

(2) [1]Auf Antrag setzt das Vollstreckungsgericht, bei dem zum Zeitpunkt der Antragstellung eine Vollstreckungshandlung anhängig ist, und nach Beendigung der Zwangsvollstreckung das Gericht, in dessen Bezirk die letzte Vollstreckungshandlung erfolgt ist, die Kosten gemäß § 103 Abs. 2, den §§ 104, 107 fest. [2]Im Falle einer Vollstreckung nach den Vorschriften der §§ 887, 888 und 890 entscheidet das Prozessgericht des ersten Rechtszuges.

(3) Die Kosten der Zwangsvollstreckung sind dem Schuldner zu erstatten, wenn das Urteil, aus dem die Zwangsvollstreckung erfolgt ist, aufgehoben wird.

(4) Die Kosten eines Verfahrens nach den §§ 765a, 811a, 811b, 829, 850k, 851a, 851b, 900 und 904 bis 907 kann das Gericht ganz oder teilweise dem Gläubiger auferlegen, wenn dies aus besonderen, in dem Verhalten des Gläubigers liegenden Gründen der Billigkeit entspricht.

§ 789 Einschreiten von Behörden. Wird zum Zwecke der Vollstreckung das Einschreiten einer Behörde erforderlich, so hat das Gericht die Behörde um ihr Einschreiten zu ersuchen.

§ 790[4)] *(aufgehoben)*

[1)] Nr. 20.
[2)] § 788 Abs. 4 geänd. mWv 1.7.2010 und mWv 1.1.2012 durch G v. 7.7.2009 (BGBl. I S. 1707); Abs. 4 geänd. mWv 1.1.2013 durch G v. 29.7.2009 (BGBl. I S. 2258); Abs. 4 geänd. mWv 1.12.2021 durch G v. 22.11.2020 (BGBl. I S. 2466).
[3)] Beachte hierzu Übergangsvorschrift in § 39 EGZPO (Nr. **101**).
[4)] § 790 aufgeh. mWv 1.9.2009 durch G v. 17.12.2008 (BGBl. I S. 2586).

Abschnitt 1. Allgemeine Vorschriften §§ 791–794 ZPO 100

§ 791 (weggefallen)

§ 792 Erteilung von Urkunden an Gläubiger. Bedarf der Gläubiger zum Zwecke der Zwangsvollstreckung eines Erbscheins oder einer anderen Urkunde, die dem Schuldner auf Antrag von einer Behörde, einem Beamten oder einem Notar zu erteilen ist, so kann er die Erteilung an Stelle des Schuldners verlangen.

§ 793 Sofortige Beschwerde. Gegen Entscheidungen, die im Zwangsvollstreckungsverfahren ohne mündliche Verhandlung ergehen können, findet sofortige Beschwerde statt.

§ 794[1)2)] **Weitere Vollstreckungstitel.** (1) Die Zwangsvollstreckung findet ferner statt:
1. aus Vergleichen, die zwischen den Parteien oder zwischen einer Partei und einem Dritten zur Beilegung des Rechtsstreits seinem ganzen Umfang nach oder in Betreff eines Teiles des Streitgegenstandes vor einem deutschen Gericht oder vor einer durch die Landesjustizverwaltung eingerichteten oder anerkannten Gütestelle abgeschlossen sind, sowie aus Vergleichen, die gemäß § 118 Abs. 1 Satz 3 oder § 492 Abs. 3 zu richterlichem Protokoll genommen sind;
2. aus Kostenfestsetzungsbeschlüssen;
2a. *(aufgehoben)*
2b. (weggefallen)
3. aus Entscheidungen, gegen die das Rechtsmittel der Beschwerde stattfindet;
3a. *(aufgehoben)*
4. aus Vollstreckungsbescheiden;
4a. aus Entscheidungen, die Schiedssprüche für vollstreckbar erklären, sofern die Entscheidungen rechtskräftig oder für vorläufig vollstreckbar erklärt sind;
4b. aus Beschlüssen nach § 796b oder § 796c;
5. aus Urkunden, die von einem deutschen Gericht oder von einem deutschen Notar innerhalb der Grenzen seiner Amtsbefugnisse in der vorgeschriebenen Form aufgenommen sind, sofern die Urkunde über einen Anspruch errichtet ist, der einer vergleichsweisen Regelung zugänglich, nicht auf Abgabe einer Willenserklärung gerichtet ist und nicht den Bestand eines Mietverhältnisses über Wohnraum betrifft, und der Schuldner sich in der Urkunde wegen des zu bezeichnenden Anspruchs der sofortigen Zwangsvollstreckung unterworfen hat;
6. aus für vollstreckbar erklärten Europäischen Zahlungsbefehlen nach der Verordnung (EG) Nr. 1896/2006[3)].

[1)] § 794 Abs. 1 Nr. 5 geänd., Nr. 6 angef. mWv 12.12.2008 durch G v. 30.10.2008 (BGBl. I S. 2122); Abs. 1 Nr. 2a und 3a aufgeh., Nr. 3 geänd. mWv 1.9.2009 durch G v. 17.12.2008 (BGBl. I S. 2586); Abs. 1 Nr. 6 geänd., Nr. 7–9 angef. mWv 10.1.2015 durch G v. 8.7.2014 (BGBl. I S. 890); Abs. 1 Nr. 8 geänd. mWv 14.7.2017 durch G v. 11.6.2017 (BGBl. I S. 1607).
[2)] Beachte hierzu § 66 Abs. 4 SGB X **(Sartorius ErgBd. Nr. 410)**:
„**§ 66 Vollstreckung.** (4) ¹Aus einem Verwaltungsakt kann auch die Zwangsvollstreckung in entsprechender Anwendung der Zivilprozessordnung stattfinden. ²Der Vollstreckungsschuldner soll vor Beginn der Vollstreckung mit einer Zahlungsfrist von einer Woche gemahnt werden. ³Die vollstreckbare Ausfertigung erteilt der Behördenleiter, sein allgemeiner Vertreter oder ein anderer auf Antrag eines Leistungsträgers von der Aufsichtsbehörde ermächtigter Angehöriger des öffentlichen Dienstes. ⁴Bei den Versicherungsträgern und der Bundesagentur für Arbeit tritt in Satz 3 an die Stelle der Aufsichtsbehörden der Vorstand."
[3)] **Habersack, Deutsche Gesetze ErgBd. Nr. 103g.**

EL 187 Oktober 2021 163

100 ZPO § 794a Buch 8. Zwangsvollstreckung

7. aus Titeln, die in einem anderen Mitgliedstaat der Europäischen Union nach der Verordnung (EG) Nr. 805/2004[1]) des Europäischen Parlaments und des Rates vom 21. April 2004 zur Einführung eines Europäischen Vollstreckungstitels für unbestrittene Forderungen als Europäische Vollstreckungstitel bestätigt worden sind;

8. aus Titeln, die in einem anderen Mitgliedstaat der Europäischen Union im Verfahren nach der Verordnung (EG) Nr. 861/2007[2]) des Europäischen Parlaments und des Rates vom 11. Juli 2007 zur Einführung eines europäischen Verfahrens für geringfügige Forderungen (ABl. L 199 vom 31.7.2007, S. 1; L 141 vom 5.6.2015, S. 118), die zuletzt durch die Verordnung (EU) 2015/2421 (ABl. L 341 vom 24.12.2015, S. 1) geändert worden ist, ergangen sind;

9. aus Titeln eines anderen Mitgliedstaats der Europäischen Union, die nach der Verordnung (EU) Nr. 1215/2012[3]) des Europäischen Parlaments und des Rates vom 12. Dezember 2012 über die gerichtliche Zuständigkeit und die Anerkennung und Vollstreckung von Entscheidungen in Zivil- und Handelssachen zu vollstrecken sind.

(2) Soweit nach den Vorschriften der §§ 737, 743, des § 745 Abs. 2 und des § 748 Abs. 2 die Verurteilung eines Beteiligten zur Duldung der Zwangsvollstreckung erforderlich ist, wird sie dadurch ersetzt, dass der Beteiligte in einer nach Absatz 1 Nr. 5 aufgenommenen Urkunde die sofortige Zwangsvollstreckung in die seinem Recht unterworfenen Gegenstände bewilligt.

§ 794a Zwangsvollstreckung aus Räumungsvergleich. (1) ¹Hat sich der Schuldner in einem Vergleich, aus dem die Zwangsvollstreckung stattfindet, zur Räumung von Wohnraum verpflichtet, so kann ihm das Amtsgericht, in dessen Bezirk der Wohnraum belegen ist, auf Antrag eine den Umständen nach angemessene Räumungsfrist bewilligen. ²Der Antrag ist spätestens zwei Wochen vor dem Tag, an dem nach dem Vergleich zu räumen ist, zu stellen; §§ 233 bis 238 gelten sinngemäß. ³Die Entscheidung ergeht durch Beschluss. ⁴Vor der Entscheidung ist der Gläubiger zu hören. ⁵Das Gericht ist befugt, die im § 732 Abs. 2 bezeichneten Anordnungen zu erlassen.

(2) ¹Die Räumungsfrist kann auf Antrag verlängert oder verkürzt werden. ²Absatz 1 Satz 2 bis 5 gilt entsprechend.

(3) ¹Die Räumungsfrist darf insgesamt nicht mehr als ein Jahr, gerechnet vom Tag des Abschlusses des Vergleichs, betragen. ²Ist nach dem Vergleich an einem späteren Tag zu räumen, so rechnet die Frist von diesem Tag an.

(4) Gegen die Entscheidung des Amtsgerichts findet die sofortige Beschwerde statt.

(5) ¹Die Absätze 1 bis 4 gelten nicht für Mietverhältnisse über Wohnraum im Sinne des § 549 Abs. 2 Nr. 3 sowie in den Fällen des § 575 des Bürgerlichen Gesetzbuchs[4]). ²Endet ein Mietverhältnis im Sinne des § 575 des Bürgerlichen Gesetzbuchs durch außerordentliche Kündigung, kann eine Räumungsfrist höchstens bis zum vertraglich bestimmten Zeitpunkt der Beendigung gewährt werden.

---

[1]) *Habersack, Deutsche Gesetze ErgBd.* Nr. 103f.
[2]) *Habersack, Deutsche Gesetze ErgBd.* Nr. 103e.
[3]) *Habersack, Deutsche Gesetze ErgBd.* Nr. 103.
[4]) Nr. 20.

Abschnitt 1. Allgemeine Vorschriften §§ 795–796a ZPO 100

§ 795[1]) **Anwendung der allgemeinen Vorschriften auf die weiteren Vollstreckungstitel.** [1] Auf die Zwangsvollstreckung aus den in § 794 erwähnten Schuldtiteln sind die Vorschriften der §§ 724 bis 793 entsprechend anzuwenden, soweit nicht in den §§ 795a bis 800, 1079 bis 1086, 1093 bis 1096 und 1107 bis 1117 abweichende Vorschriften enthalten sind. [2] Auf die Zwangsvollstreckung aus den in § 794 Abs. 1 Nr. 2 erwähnten Schuldtiteln ist § 720a entsprechend anzuwenden, wenn die Schuldtitel auf Urteilen beruhen, die nur gegen Sicherheitsleistung vorläufig vollstreckbar sind. [3] Die Vorschriften der in § 794 Absatz 1 Nummer 6 bis 9 genannten Verordnungen bleiben unberührt.

§ 795a Zwangsvollstreckung aus Kostenfestsetzungsbeschluss. Die Zwangsvollstreckung aus einem Kostenfestsetzungsbeschluss, der nach § 105 auf das Urteil gesetzt ist, erfolgt auf Grund einer vollstreckbaren Ausfertigung des Urteils; einer besonderen Vollstreckungsklausel für den Festsetzungsbeschluss bedarf es nicht.

§ 795b[2]) **Vollstreckbarerklärung des gerichtlichen Vergleichs.** Bei Vergleichen, die vor einem deutschen Gericht geschlossen sind (§ 794 Abs. 1 Nr. 1) und deren Wirksamkeit ausschließlich vom Eintritt einer sich aus der Verfahrensakte ergebenden Tatsache abhängig ist, wird die Vollstreckungsklausel von dem Urkundsbeamten der Geschäftsstelle des Gerichts des ersten Rechtszugs und, wenn der Rechtsstreit bei einem höheren Gericht anhängig ist, von dem Urkundsbeamten der Geschäftsstelle dieses Gerichts erteilt.

§ 796 Zwangsvollstreckung aus Vollstreckungsbescheiden. (1) Vollstreckungsbescheide bedürfen der Vollstreckungsklausel nur, wenn die Zwangsvollstreckung für einen anderen als den in dem Bescheid bezeichneten Gläubiger oder gegen einen anderen als den in dem Bescheid bezeichneten Schuldner erfolgen soll.

(2) Einwendungen, die den Anspruch selbst betreffen, sind nur insoweit zulässig, als die Gründe, auf denen sie beruhen, nach Zustellung des Vollstreckungsbescheids entstanden sind und durch Einspruch nicht mehr geltend gemacht werden können.

(3) Für Klagen auf Erteilung der Vollstreckungsklausel sowie für Klagen, durch welche die den Anspruch selbst betreffenden Einwendungen geltend gemacht werden oder der bei der Erteilung der Vollstreckungsklausel als bewiesen angenommene Eintritt der Voraussetzung für die Erteilung der Vollstreckungsklausel bestritten wird, ist das Gericht zuständig, das für die Entscheidung im Streitverfahren zuständig gewesen wäre.

§ 796a Voraussetzungen für die Vollstreckbarerklärung des Anwaltsvergleichs. (1) Ein von Rechtsanwälten im Namen und mit Vollmacht der von ihnen vertretenen Parteien abgeschlossener Vergleich wird auf Antrag einer Partei für vollstreckbar erklärt, wenn der Schuldner darin der sofortigen Zwangsvollstreckung unterworfen hat und der Vergleich unter Angabe des Tages seines Zustandekommens bei einem Amtsgericht niedergelegt ist, bei dem eine der Parteien zur Zeit des Vergleichsabschlusses ihren allgemeinen Gerichtsstand hat.

---

[1]) § 795 Satz 3 angef. mWv 12.12.2008 durch G v. 30.10.2008 (BGBl. I S. 2122); Satz 1 geänd., Satz 3 neu gef. mWv 10.1.2015 durch G v. 8.7.2014 (BGBl. I S. 890).
[2]) § 795b eingef. mWv 31.12.2006 durch G v. 22.12.2006 (BGBl. I S. 3416).

EL 187 Oktober 2021 165

(2) Absatz 1 gilt nicht, wenn der Vergleich auf die Abgabe einer Willenserklärung gerichtet ist oder den Bestand eines Mietverhältnisses über Wohnraum betrifft.

(3) Die Vollstreckbarerklärung ist abzulehnen, wenn der Vergleich unwirksam ist oder seine Anerkennung gegen die öffentliche Ordnung verstoßen würde.

§ 796b Vollstreckbarerklärung durch das Prozessgericht. (1) Für die Vollstreckbarerklärung nach § 796a Abs. 1 ist das Gericht als Prozessgericht zuständig, das für die gerichtliche Geltendmachung des zu vollstreckenden Anspruchs zuständig wäre.

(2) [1] Vor der Entscheidung über den Antrag auf Vollstreckbarerklärung ist der Gegner zu hören. [2] Die Entscheidung ergeht durch Beschluss. [3] Eine Anfechtung findet nicht statt.

§ 796c Vollstreckbarerklärung durch einen Notar. (1) [1] Mit Zustimmung der Parteien kann ein Vergleich ferner von einem Notar, der seinen Amtssitz im Bezirk eines nach § 796a Abs. 1 zuständigen Gerichts hat, in Verwahrung genommen und für vollstreckbar erklärt werden. [2] Die §§ 796a und 796b gelten entsprechend.

(2) [1] Lehnt der Notar die Vollstreckbarerklärung ab, ist dies zu begründen. [2] Die Ablehnung durch den Notar kann mit dem Antrag auf gerichtliche Entscheidung bei dem nach § 796b Abs. 1 zuständigen Gericht angefochten werden.

§ 797[1) Verfahren bei vollstreckbaren Urkunden. (1) Die vollstreckbare Ausfertigung wird erteilt bei
1. gerichtlichen Urkunden von dem Urkundsbeamten der Geschäftsstelle des die Urkunde verwahrenden Gerichts,
2. notariellen Urkunden von
   a) dem die Urkunde verwahrenden Notar,
   b) der die Urkunde verwahrenden Notarkammer oder
   c) dem die Urkunde verwahrenden Amtsgericht.

(2) Die Entscheidung über die Erteilung einer weiteren vollstreckbaren Ausfertigung wird getroffen bei
1. gerichtlichen Urkunden von dem die Urkunde verwahrenden Gericht,
2. notariellen Urkunden von
   a) dem die Urkunde verwahrenden Notar,
   b) der die Urkunde verwahrenden Notarkammer oder
   c) dem die Urkunde verwahrenden Amtsgericht.

(3) Die Entscheidung über Einwendungen, welche die Zulässigkeit der Vollstreckungsklausel und die Zulässigkeit der Erteilung einer weiteren vollstreckbaren Ausfertigung betreffen, wird getroffen bei
1. gerichtlichen Urkunden von dem die Urkunde verwahrenden Gericht,
2. notariellen Urkunden von dem Amtsgericht,
   a) in dessen Bezirk der die Urkunde verwahrende Notar seinen Amtssitz hat,
   b) in dessen Bezirk die die Urkunde verwahrende Notarkammer ihren Sitz hat oder

---

[1)] § 797 neu gef. mWv 1.8.2021 durch G v. 25.6.2021 (BGBl. I S. 2154).

c) das die Urkunde verwahrt.

(4) Auf die Geltendmachung von Einwendungen, die den Anspruch selbst betreffen, ist § 767 Absatz 2 nicht anzuwenden.

(5) ¹Das Gericht, bei dem der Schuldner im Inland seinen allgemeinen Gerichtsstand hat, ist zuständig für
1. Klagen auf Erteilung der Vollstreckungsklausel,
2. Klagen, durch welche die den Anspruch selbst betreffenden Einwendungen geltend gemacht werden, und
3. Klagen, durch welche der bei der Erteilung der Vollstreckungsklausel als bewiesen angenommene Eintritt der Voraussetzung für die Erteilung der Vollstreckungsklausel bestritten wird.

²Hat der Schuldner im Inland keinen allgemeinen Gerichtsstand, so ist das Gericht zuständig, bei dem nach § 23 gegen den Schuldner Klage erhoben werden kann.

(6) Auf Beschlüsse nach § 796c sind die Absätze 1 bis 5 entsprechend anzuwenden.

§ 797a Verfahren bei Gütestellenvergleichen. (1) Bei Vergleichen, die vor Gütestellen der im § 794 Abs. 1 Nr. 1 bezeichneten Art geschlossen sind, wird die Vollstreckungsklausel von dem Urkundsbeamten der Geschäftsstelle desjenigen Amtsgerichts erteilt, in dessen Bezirk die Gütestelle ihren Sitz hat.

(2) Über Einwendungen, welche die Zulässigkeit der Vollstreckungsklausel betreffen, entscheidet das im Absatz 1 bezeichnete Gericht.

(3) § 797 Abs. 5 gilt entsprechend.

(4) ¹Die Landesjustizverwaltung kann Vorsteher von Gütestellen ermächtigen, die Vollstreckungsklausel für Vergleiche zu erteilen, die vor der Gütestelle geschlossen sind. ²Die Ermächtigung erstreckt sich nicht auf die Fälle des § 726 Abs. 1, der §§ 727 bis 729 und des § 733. ³Über Einwendungen, welche die Zulässigkeit der Vollstreckungsklausel betreffen, entscheidet das im Absatz 1 bezeichnete Gericht.

§ 798¹⁾ **Wartefrist.** Aus einem Kostenfestsetzungsbeschluss, der nicht auf das Urteil gesetzt ist, aus Beschlüssen nach § 794 Abs. 1 Nr. 4b sowie aus den nach § 794 Abs. 1 Nr. 5 aufgenommenen Urkunden darf die Zwangsvollstreckung nur beginnen, wenn der Schuldtitel mindestens zwei Wochen vorher zugestellt ist.

§ 798a²⁾ *(aufgehoben)*

§ 799 Vollstreckbare Urkunde bei Rechtsnachfolge. Hat sich der Eigentümer eines mit einer Hypothek, einer Grundschuld oder einer Rentenschuld belasteten Grundstücks in einer nach § 794 Abs. 1 Nr. 5 aufgenommenen Urkunde der sofortigen Zwangsvollstreckung unterworfen und ist dem Rechtsnachfolger des Gläubigers eine vollstreckbare Ausfertigung erteilt, so ist die Zustellung der die Rechtsnachfolge nachweisenden öffentlichen oder öffentlich beglaubigten Urkunde nicht erforderlich, wenn der Rechtsnachfolger als Gläubiger im Grundbuch eingetragen ist.

---

¹⁾ § 798 geänd. mWv 1.9.2009 durch G v. 17.12.2008 (BGBl. I S. 2586).
²⁾ § 798a aufgeh. mWv 1.9.2009 durch G v. 17.12.2008 (BGBl. I S. 2586).

§ 799a[1]) **Schadensersatzpflicht bei der Vollstreckung aus Urkunden durch andere Gläubiger.** ¹Hat sich der Eigentümer eines Grundstücks in Ansehung einer Hypothek oder Grundschuld in einer Urkunde nach § 794 Abs. 1 Nr. 5 der sofortigen Zwangsvollstreckung in das Grundstück unterworfen und betreibt ein anderer als der in der Urkunde bezeichnete Gläubiger die Vollstreckung, so ist dieser, soweit die Vollstreckung aus der Urkunde für unzulässig erklärt wird, dem Schuldner zum Ersatz des Schadens verpflichtet, der diesem durch die Vollstreckung aus der Urkunde oder durch eine zur Abwendung der Vollstreckung erbrachte Leistung entsteht. ²Satz 1 gilt entsprechend, wenn sich der Schuldner wegen der Forderungen, zu deren Sicherung das Grundpfandrecht bestellt worden ist, oder wegen der Forderung aus einem demselben Zweck dienenden Schuldanerkenntnis der sofortigen Vollstreckung in sein Vermögen unterworfen hat.

§ 800 Vollstreckbare Urkunde gegen den jeweiligen Grundstückseigentümer. (1) ¹Der Eigentümer kann sich in einer nach § 794 Abs. 1 Nr. 5 aufgenommenen Urkunde in Ansehung einer Hypothek, einer Grundschuld oder einer Rentenschuld der sofortigen Zwangsvollstreckung in der Weise unterwerfen, dass die Zwangsvollstreckung aus der Urkunde gegen den jeweiligen Eigentümer des Grundstücks zulässig sein soll. ²Die Unterwerfung bedarf in diesem Fall der Eintragung in das Grundbuch.

(2) Bei der Zwangsvollstreckung gegen einen späteren Eigentümer, der im Grundbuch eingetragen ist, bedarf es nicht der Zustellung der den Erwerb des Eigentums nachweisenden öffentlichen oder öffentlich beglaubigten Urkunde.

(3) Ist die sofortige Zwangsvollstreckung gegen den jeweiligen Eigentümer zulässig, so ist für die im § 797 Abs. 5 bezeichneten Klagen das Gericht zuständig, in dessen Bezirk das Grundstück belegen ist.

§ 800a Vollstreckbare Urkunde bei Schiffshypothek. (1) Die Vorschriften der §§ 799, 800 gelten für eingetragene Schiffe und Schiffsbauwerke, die mit einer Schiffshypothek belastet sind, entsprechend.

(2) Ist die sofortige Zwangsvollstreckung gegen den jeweiligen Eigentümer zulässig, so ist für die im § 797 Abs. 5 bezeichneten Klagen das Gericht zuständig, in dessen Bezirk das Register für das Schiff oder das Schiffsbauwerk geführt wird.

§ 801[2]) **Landesrechtliche Vollstreckungstitel.** (1) Die Landesgesetzgebung ist nicht gehindert, auf Grund anderer als der in den §§ 704, 794 bezeichneten Schuldtitel die gerichtliche Zwangsvollstreckung zuzulassen und insoweit von diesem Gesetz abweichende Vorschriften über die Zwangsvollstreckung zu treffen.

(2) Aus landesrechtlichen Schuldtiteln im Sinne des Absatzes 1 kann im gesamten Bundesgebiet vollstreckt werden.

§ 802 Ausschließlichkeit der Gerichtsstände. Die in diesem Buch angeordneten Gerichtsstände sind ausschließliche.

---

[1]) § 799a eingef. mWv 19.8.2008 durch G v. 12.8.2008 (BGBl. I S. 1666).
[2]) § 801 Abs. 2 angef. mWv 25.4.2006 durch G v. 19.4.2006 (BGBl. I S. 866).

Abschnitt 2. Zwangsvollstreckung wegen Geldforderungen
Titel 1.[1)2)] Allgemeine Vorschriften

§ 802a[1)2)] **Grundsätze der Vollstreckung; Regelbefugnisse des Gerichtsvollziehers.** (1) Der Gerichtsvollzieher wirkt auf eine zügige, vollständige und Kosten sparende Beitreibung von Geldforderungen hin.

(2) ¹Auf Grund eines entsprechenden Vollstreckungsauftrags und der Übergabe der vollstreckbaren Ausfertigung ist der Gerichtsvollzieher unbeschadet weiterer Zuständigkeiten befugt,
1. eine gütliche Erledigung der Sache (§ 802b) zu versuchen,
2. eine Vermögensauskunft des Schuldners (§ 802c) einzuholen,
3. Auskünfte Dritter über das Vermögen des Schuldners (§ 802l) einzuholen,
4. die Pfändung und Verwertung körperlicher Sachen zu betreiben,
5. eine Vorpfändung (§ 845) durchzuführen; hierfür bedarf es nicht der vorherigen Erteilung einer vollstreckbaren Ausfertigung und der Zustellung des Schuldtitels.

²Die Maßnahmen sind in dem Vollstreckungsauftrag zu bezeichnen, die Maßnahme nach Satz 1 Nr. 1 jedoch nur dann, wenn sich der Auftrag hierauf beschränkt.

§ 802b[1)2)] **Gütliche Erledigung; Vollstreckungsaufschub bei Zahlungsvereinbarung.** (1) Der Gerichtsvollzieher soll in jeder Lage des Verfahrens auf eine gütliche Erledigung bedacht sein.

(2) ¹Hat der Gläubiger eine Zahlungsvereinbarung nicht ausgeschlossen, so kann der Gerichtsvollzieher dem Schuldner eine Zahlungsfrist einräumen oder eine Tilgung durch Teilleistungen (Ratenzahlung) gestatten, sofern der Schuldner glaubhaft darlegt, die nach Höhe und Zeitpunkt festzusetzenden Zahlungen erbringen zu können. ²Soweit ein Zahlungsplan nach Satz 1 festgesetzt wird, ist die Vollstreckung aufgeschoben. ³Die Tilgung soll binnen zwölf Monaten abgeschlossen sein.

(3) ¹Der Gerichtsvollzieher unterrichtet den Gläubiger unverzüglich über den gemäß Absatz 2 festgesetzten Zahlungsplan und den Vollstreckungsaufschub. ²Widerspricht der Gläubiger unverzüglich, so wird der Zahlungsplan mit der Unterrichtung des Schuldners hinfällig; zugleich endet der Vollstreckungsaufschub. ³Dieselben Wirkungen treten ein, wenn der Schuldner mit einer festgesetzten Zahlung ganz oder teilweise länger als zwei Wochen in Rückstand gerät.

§ 802c[1)2)] **Vermögensauskunft des Schuldners.** (1) ¹Der Schuldner ist verpflichtet, zum Zwecke der Vollstreckung einer Geldforderung auf Verlangen des Gerichtsvollziehers Auskunft über sein Vermögen nach Maßgabe der folgenden Vorschriften zu erteilen sowie seinen Geburtsnamen, sein Geburtsdatum und seinen Geburtsort anzugeben. ²Handelt es sich bei dem Vollstreckungsschuldner um eine juristische Person oder um eine Personenvereinigung, so hat er seine Firma, die Nummer des Registerblatts im Handelsregister und seinen Sitz anzugeben.

[1)] Titel 1 (§§ 802a–802l) eingef. mWv 1.1.2013 durch G v. 29.7.2009 (BGBl. I S. 2258), mit Ausnahme von § 802k Abs. 3 und 4, die gem. Art. 6 Satz 1 dieses G bereits am 1.8.2009 in Kraft getreten sind; § 802c Abs. 1 Satz 2 angef., Abs. 3 Satz 1 geänd. mWv 1.1.2013 durch G v. 22.12.2011 (BGBl. I S. 3044); Abs. 2 Satz 4 geänd. mWv 1.1.2022 durch G v. 7.5.2021 (BGBl. I S. 850).
[2)] Beachte hierzu Übergangsvorschrift in § 39 EGZPO (Nr. **101**).

(2) ¹Zur Auskunftserteilung hat der Schuldner alle ihm gehörenden Vermögensgegenstände anzugeben. ²Bei Forderungen sind Grund und Beweismittel zu bezeichnen. ³Ferner sind anzugeben:
1. die entgeltlichen Veräußerungen des Schuldners an eine nahestehende Person (§ 138 der Insolvenzordnung[1]), die dieser in den letzten zwei Jahren vor dem Termin nach § 802f Abs. 1 und bis zur Abgabe der Vermögensauskunft vorgenommen hat;
2. die unentgeltlichen Leistungen des Schuldners, die dieser in den letzten vier Jahren vor dem Termin nach § 802f Abs. 1 und bis zur Abgabe der Vermögensauskunft vorgenommen hat, sofern sie sich nicht auf gebräuchliche Gelegenheitsgeschenke geringen Wertes richteten.

⁴Sachen, die nach § 811 Absatz 1 Nummer 1 Buchstabe a und Nummer 2 der Pfändung offensichtlich nicht unterworfen sind, brauchen nicht angegeben zu werden, es sei denn, dass eine Austauschpfändung in Betracht kommt.

(3) ¹Der Schuldner hat zu Protokoll an Eides statt zu versichern, dass er die Angaben nach den Absätzen 1 und 2 nach bestem Wissen und Gewissen richtig und vollständig gemacht habe. ²Die Vorschriften der §§ 478 bis 480, 483 gelten entsprechend.

§ 802d[2)3)] **Weitere Vermögensauskunft.** (1) ¹Der Schuldner ist innerhalb von zwei Jahren nach Abgabe der Vermögensauskunft nach § 802c oder nach § 284 der Abgabenordnung nicht verpflichtet, eine weitere Vermögensauskunft abzugeben, es sei denn, ein Gläubiger macht Tatsachen glaubhaft, die auf eine wesentliche Veränderung der Vermögensverhältnisse des Schuldners schließen lassen. ²Besteht keine Pflicht zur Abgabe einer Vermögensauskunft nach Satz 1, leitet der Gerichtsvollzieher dem Gläubiger einen Ausdruck des letzten abgegebenen Vermögensverzeichnisses zu; ein Verzicht des Gläubigers auf die Zuleitung ist unbeachtlich. ³Der Gläubiger darf die erlangten Daten nur zu Vollstreckungszwecken verarbeiten und hat die Daten nach Zweckerreichung zu löschen; hierauf ist er vom Gerichtsvollzieher hinzuweisen. ⁴Von der Zuleitung eines Ausdrucks nach Satz 2 setzt der Gerichtsvollzieher den Schuldner in Kenntnis und belehrt ihn über die Möglichkeit der Eintragung in das Schuldnerverzeichnis (§ 882c).

(2) Anstelle der Zuleitung eines Ausdrucks kann dem Gläubiger auf Antrag das Vermögensverzeichnis als elektronisches Dokument übermittelt werden, wenn dieses mit einer qualifizierten elektronischen Signatur versehen und gegen unbefugte Kenntnisnahme geschützt ist.

§ 802e[4)3)] **Zuständigkeit.** (1) Für die Abnahme der Vermögensauskunft und der eidesstattlichen Versicherung ist der Gerichtsvollzieher bei dem Amtsgericht zuständig, in dessen Bezirk der Schuldner im Zeitpunkt der Auftragserteilung seinen Wohnsitz oder in Ermangelung eines solchen seinen Aufenthaltsort hat.

(2) Ist der angegangene Gerichtsvollzieher nicht zuständig, so leitet er die Sache auf Antrag des Gläubigers an den zuständigen Gerichtsvollzieher weiter.

[1)] Nr. 110.
[2)] § 802d eingef. mWv 1.1.2013 durch G v. 29.7.2009 (BGBl. I S. 2258); Abs. 1 Satz 2 neu gef. mWv 26.11.2016 durch G v. 21.11.2016 (BGBl. I S. 2591); Abs. 1 Satz 3 geänd. mWv 26.11.2019 durch G v. 20.11.2019 (BGBl. I S. 1724); Überschrift, Abs. 1 Satz 1 neu gef., Satz 2 geänd. mWv 1.1.2022 durch G v. 7.5.2021 (BGBl. I S. 850).
[3)] Beachte hierzu Übergangsvorschrift in § 39 EGZPO (Nr. **101**).
[4)] § 802e eingef. mWv 1.1.2013 durch G v. 29.7.2009 (BGBl. I S. 2258).

Abschnitt 2. Zwangsvollstr. w. Geldforderungen   §§ 802f, 802g   ZPO 100

§ 802f[1)][2)] **Verfahren zur Abnahme der Vermögensauskunft.** (1) ¹Zur Abnahme der Vermögensauskunft setzt der Gerichtsvollzieher dem Schuldner für die Begleichung der Forderung eine Frist von zwei Wochen. ²Zugleich bestimmt er für den Fall, dass die Forderung nach Fristablauf nicht vollständig beglichen ist, einen Termin zur Abgabe der Vermögensauskunft alsbald nach Fristablauf und lädt den Schuldner zu diesem Termin in seine Geschäftsräume. ³Der Schuldner hat die zur Abgabe der Vermögensauskunft erforderlichen Unterlagen im Termin beizubringen. ⁴Der Fristsetzung nach Satz 1 bedarf es nicht, wenn der Gerichtsvollzieher den Schuldner bereits zuvor zur Zahlung aufgefordert hat und seit dieser Aufforderung zwei Wochen verstrichen sind, ohne dass die Aufforderung Erfolg hatte.

(2) ¹Abweichend von Absatz 1 kann der Gerichtsvollzieher bestimmen, dass die Abgabe der Vermögensauskunft in der Wohnung des Schuldners stattfindet. ²Der Schuldner kann dieser Bestimmung binnen einer Woche gegenüber dem Gerichtsvollzieher widersprechen. ³Andernfalls gilt der Termin als pflichtwidrig versäumt, wenn der Schuldner in diesem Termin aus Gründen, die er zu vertreten hat, die Vermögensauskunft nicht abgibt.

(3) ¹Mit der Terminsladung ist der Schuldner über die nach § 802c Abs. 2 erforderlichen Angaben zu belehren. ²Der Schuldner ist über seine Rechte und Pflichten nach den Absätzen 1 und 2, über die Folgen einer unentschuldigten Terminssäumnis oder einer Verletzung seiner Auskunftspflichten sowie über die Möglichkeit der Einholung von Auskünften Dritter nach § 802l und der Eintragung in das Schuldnerverzeichnis bei Abgabe der Vermögensauskunft nach § 882c zu belehren.

(4) ¹Zahlungsaufforderungen, Ladungen, Bestimmungen und Belehrungen nach den Absätzen 1 bis 3 sind dem Schuldner zuzustellen, auch wenn dieser einen Prozessbevollmächtigten bestellt hat; einer Mitteilung an den Prozessbevollmächtigten bedarf es nicht. ²Dem Gläubiger ist die Terminsbestimmung nach Maßgabe des § 357 Abs. 2 mitzuteilen.

(5) ¹Der Gerichtsvollzieher errichtet in einem elektronischen Dokument eine Aufstellung mit den nach § 802c Absatz 1 und 2 erforderlichen Angaben (Vermögensverzeichnis). ²Diese Angaben sind dem Schuldner vor Abgabe der Versicherung nach § 802c Abs. 3 vorzulesen oder zur Durchsicht auf einem Bildschirm wiederzugeben. ³Dem Schuldner ist auf Verlangen ein Ausdruck zu erteilen.

(6) ¹Der Gerichtsvollzieher hinterlegt das Vermögensverzeichnis bei dem zentralen Vollstreckungsgericht nach § 802k Abs. 1 und leitet dem Gläubiger unverzüglich einen Ausdruck zu. ²Der Ausdruck muss den Vermerk enthalten, dass er mit dem Inhalt des Vermögensverzeichnisses übereinstimmt; § 802d Abs. 1 Satz 3 und Abs. 2 gilt entsprechend.

§ 802g[3)][2)] **Erzwingungshaft.** (1) ¹Auf Antrag des Gläubigers erlässt das Gericht gegen den Schuldner, der dem Termin zur Abgabe der Vermögensauskunft unentschuldigt fernbleibt oder die Abgabe der Vermögensauskunft gemäß § 802c

---
[1)] § 802f eingef. mWv 1.1.2013 durch G v. 29.7.2009 (BGBl. I S. 2258); Abs. 5 Satz 1 geänd. mWv 1.1.2013 durch G v. 22.12.2011 (BGBl. I S. 3044); Abs. 1 Satz 4 angef., Abs. 5 Satz 1 neu gef. mWv 26.11.2016 durch G v. 21.11.2016 (BGBl. I S. 2591).
[2)] Beachte hierzu Übergangsvorschrift in § 39 EGZPO (Nr. **101**).
[3)] § 802g eingef. mWv 1.1.2013 durch G v. 29.7.2009 (BGBl. I S. 2258); Abs. 2 Satz 2 neu gef. mWv 26.11.2016 durch G v. 21.11.2016 (BGBl. I S. 2591).

ohne Grund verweigert, zur Erzwingung der Abgabe einen Haftbefehl. ²In dem Haftbefehl sind der Gläubiger, der Schuldner und der Grund der Verhaftung zu bezeichnen. ³Einer Zustellung des Haftbefehls vor seiner Vollziehung bedarf es nicht.

(2) ¹Die Verhaftung des Schuldners erfolgt durch einen Gerichtsvollzieher. ²Der Gerichtsvollzieher händigt dem Schuldner von Amts wegen bei der Verhaftung eine beglaubigte Abschrift des Haftbefehls aus.

§ 802h[1)2)] **Unzulässigkeit der Haftvollstreckung.** (1) Die Vollziehung des Haftbefehls ist unstatthaft, wenn seit dem Tag, an dem der Haftbefehl erlassen wurde, zwei Jahre vergangen sind.

(2) Gegen einen Schuldner, dessen Gesundheit durch die Vollstreckung der Haft einer nahen und erheblichen Gefahr ausgesetzt würde, darf, solange dieser Zustand dauert, die Haft nicht vollstreckt werden.

§ 802i[1)2)] **Vermögensauskunft des verhafteten Schuldners.** (1) ¹Der verhaftete Schuldner kann zu jeder Zeit bei dem Gerichtsvollzieher des Amtsgerichts des Haftortes verlangen, ihm die Vermögensauskunft abzunehmen. ²Dem Verlangen ist unverzüglich stattzugeben; § 802f Abs. 5 gilt entsprechend. ³Dem Gläubiger wird die Teilnahme ermöglicht, wenn er dies beantragt hat und seine Teilnahme nicht zu einer Verzögerung der Abnahme führt.

(2) ¹Nach Abgabe der Vermögensauskunft wird der Schuldner aus der Haft entlassen. ² § 802f Abs. 5 und 6 gilt entsprechend.

(3) ¹Kann der Schuldner vollständige Angaben nicht machen, weil er die erforderlichen Unterlagen nicht bei sich hat, so kann der Gerichtsvollzieher einen neuen Termin bestimmen und die Vollziehung des Haftbefehls bis zu diesem Termin aussetzen. ² § 802f gilt entsprechend; der Setzung einer Zahlungsfrist bedarf es nicht.

§ 802j[1)2)] **Dauer der Haft; erneute Haft.** (1) ¹Die Haft darf die Dauer von sechs Monaten nicht übersteigen. ²Nach Ablauf der sechs Monate wird der Schuldner von Amts wegen aus der Haft entlassen.

(2) Gegen den Schuldner, der ohne sein Zutun auf Antrag des Gläubigers aus der Haft entlassen ist, findet auf Antrag desselben Gläubigers eine Erneuerung der Haft nicht statt.

(3) Ein Schuldner, gegen den wegen Verweigerung der Abgabe der Vermögensauskunft eine Haft von sechs Monaten vollstreckt ist, kann innerhalb der folgenden zwei Jahre auch auf Antrag eines anderen Gläubigers nur unter den Voraussetzungen des § 802d von neuem zur Abgabe einer solchen Vermögensauskunft durch Haft angehalten werden.

§ 802k[3)2)] **Zentrale Verwaltung der Vermögensverzeichnisse.** (1) ¹Nach § 802f Abs. 6 dieses Gesetzes oder nach § 284 Abs. 7 Satz 4 der Abgabenordnung zu hinterlegende Vermögensverzeichnisse werden landesweit von einem zentralen

---

[1)] §§ 802h–j eingef. mWv 1.1.2013 durch G v. 29.7.2009 (BGBl. I S. 2258).
[2)] Beachte hierzu Übergangsvorschrift in § 39 EGZPO (Nr. **101**).
[3)] § 802k eingef. mWv 1.1.2013 durch G v. 29.7.2009 (BGBl. I S. 2258), mit Ausnahme von Abs. 3 und 4, die gem. Art. 6 Satz 1 dieses G bereits am 1.8.2009 in Kraft getreten sind; Abs. 4 Satz 1 geänd. mWv 30.12.2011, Abs. 1 Satz 2 eingef., bish. Sätze 2 und 3 werden Sätze 3 und 4 mWv 1.1.2013 durch G v. 22.12.2011 (BGBl. I S. 3044); Abs. 4 Satz 1 geänd. mWv 8.9.2015 durch VO v. 31.8.2015 (BGBl. I S. 1474); Abs. 3 Satz 3 geänd., Abs. 5 angef. mWv 26.11.2019 durch G v. 20.11.2019 (BGBl. I S. 1724).

Abschnitt 2. Zwangsvollstr. w. Geldforderungen **§ 802k ZPO 100**

Vollstreckungsgericht in elektronischer Form verwaltet. ²Die Vermögensverzeichnisse können über eine zentrale und länderübergreifende Abfrage im Internet eingesehen und abgerufen werden. ³Gleiches gilt für Vermögensverzeichnisse, die auf Grund einer § 284 Abs. 1 bis 7 der Abgabenordnung gleichwertigen bundesgesetzlichen oder landesgesetzlichen Regelung errichtet wurden, soweit diese Regelung die Hinterlegung anordnet. ⁴Ein Vermögensverzeichnis nach Satz 1 oder Satz 2 ist nach Ablauf von zwei Jahren seit Abgabe der Auskunft oder bei Eingang eines neuen Vermögensverzeichnisses zu löschen.

(2) ¹Die Gerichtsvollzieher können die von den zentralen Vollstreckungsgerichten nach Absatz 1 verwalteten Vermögensverzeichnisse zu Vollstreckungszwecken abrufen. ²Den Gerichtsvollziehern stehen Vollstreckungsbehörden gleich, die
1. Vermögensauskünfte nach § 284 der Abgabenordnung verlangen können,
2. durch Bundesgesetz oder durch Landesgesetz dazu befugt sind, vom Schuldner Auskunft über sein Vermögen zu verlangen, wenn diese Auskunftsbefugnis durch die Errichtung eines nach Absatz 1 zu hinterlegenden Vermögensverzeichnisses ausgeschlossen wird, oder
3. durch Bundesgesetz oder durch Landesgesetz dazu befugt sind, vom Schuldner die Abgabe einer Vermögensauskunft nach § 802c gegenüber dem Gerichtsvollzieher zu verlangen.

³Zur Einsicht befugt sind ferner Vollstreckungsgerichte, Insolvenzgerichte und Registergerichte sowie Strafverfolgungsbehörden, soweit dies zur Erfüllung der ihnen obliegenden Aufgaben erforderlich ist.

(3) ¹Die Landesregierungen bestimmen durch Rechtsverordnung, welches Gericht die Aufgaben des zentralen Vollstreckungsgerichts nach Absatz 1 wahrzunehmen hat. ²Sie können diese Befugnis auf die Landesjustizverwaltungen übertragen. ³Das zentrale Vollstreckungsgericht kann andere Stellen mit der Datenverarbeitung beauftragen; die datenschutzrechtlichen Vorschriften über die Verarbeitung personenbezogener Daten im Auftrag sind zu beachten.

(4) ¹Das Bundesministerium der Justiz und für Verbraucherschutz wird ermächtigt, durch Rechtsverordnung[1)] mit Zustimmung des Bundesrates die Einzelheiten des Inhalts, der Form, Aufnahme, Übermittlung, Verwaltung und Löschung der Vermögensverzeichnisse nach § 802f Abs. 5 dieses Gesetzes und nach § 284 Abs. 7 der Abgabenordnung oder gleichwertigen Regelungen im Sinne von Absatz 1 Satz 2 sowie der Einsichtnahme, insbesondere durch ein automatisiertes Abrufverfahren, zu regeln. ²Die Rechtsverordnung hat geeignete Regelungen zur Sicherung des Datenschutzes und der Datensicherheit vorzusehen. ³Insbesondere ist sicherzustellen, dass die Vermögensverzeichnisse
1. bei der Übermittlung an das zentrale Vollstreckungsgericht nach Absatz 1 sowie bei der Weitergabe an die anderen Stellen nach Absatz 3 Satz 3 gegen unbefugte Kenntnisnahme geschützt sind,
2. unversehrt und vollständig wiedergegeben werden,
3. jederzeit ihrem Ursprung nach zugeordnet werden können und
4. nur von registrierten Nutzern abgerufen werden können und jeder Abrufvorgang protokolliert wird.

(5) ¹Macht eine betroffene Person das Auskunftsrecht nach Artikel 15 Absatz 1 der Verordnung (EU) 2016/679[2)] des Europäischen Parlaments und des Rates vom

---

[1)] Siehe hierzu die VermögensverzeichnisVO (Nr. **102b**).
[2)] Sartorius Nr. 246.

27. April 2016 zum Schutz natürlicher Personen bei der Verarbeitung personenbezogener Daten, zum freien Datenverkehr und zur Aufhebung der Richtlinie 95/46/EG (Datenschutz-Grundverordnung) (ABl. L 119 vom 4.5.2016, S. 1; L 314 vom 22.11.2016, S. 72; L 127 vom 23.5.2018, S. 2) in Bezug auf personenbezogene Daten geltend, die in den von den zentralen Vollstreckungsgerichten nach Absatz 1 verwalteten Vermögensverzeichnissen enthalten sind, so sind der betroffenen Person im Hinblick auf die Empfänger, denen die personenbezogenen Daten offengelegt worden sind oder noch offengelegt werden, nur die Kategorien berechtigter Empfänger mitzuteilen. [2] Das Widerspruchsrecht gemäß Artikel 21 der Verordnung (EU) 2016/679 findet in Bezug auf die personenbezogenen Daten, die in den von den zentralen Vollstreckungsgerichten nach Absatz 1 verwalteten Vermögensverzeichnissen enthalten sind, keine Anwendung.

§ 802l[1)2)] **Auskunftsrechte des Gerichtsvollziehers.** (1) [1] Der Gerichtsvollzieher darf vorbehaltlich der Sätze 2 und 3 folgende Maßnahmen durchführen, soweit sie zur Vollstreckung erforderlich sind:
1. Erhebung des Namens und der Vornamen oder der Firma sowie der Anschrift der derzeitigen Arbeitgeber des Schuldners bei den Trägern der gesetzlichen Rentenversicherung und bei einer berufsständischen Versorgungseinrichtung im Sinne des § 6 Absatz 1 Satz 1 Nummer 1 des Sechsten Buches Sozialgesetzbuch[3)];
2. Ersuchen an das Bundeszentralamt für Steuern, bei den Kreditinstituten die in § 93b Absatz 1 und 1a der Abgabenordnung bezeichneten Daten, ausgenommen die Identifikationsnummer nach § 139b der Abgabenordnung, abzurufen (§ 93 Absatz 8 der Abgabenordnung);
3. Erhebung der Fahrzeug- und Halterdaten nach § 33 Absatz 1 des Straßenverkehrsgesetzes[4)] beim Kraftfahrt-Bundesamt zu einem Fahrzeug, als dessen Halter der Schuldner eingetragen ist.

[2] Maßnahmen nach Satz 1 sind nur zulässig, wenn
1. die Ladung zu dem Termin zur Abgabe der Vermögensauskunft an den Schuldner nicht zustellbar ist und
   a) die Anschrift, unter der die Zustellung ausgeführt werden sollte, mit der Anschrift übereinstimmt, die von einer der in § 755 Absatz 1 und 2 genannten Stellen innerhalb von drei Monaten vor oder nach dem Zustellungsversuch mitgeteilt wurde, oder
   b) die Meldebehörde nach dem Zustellungsversuch die Auskunft erteilt, dass ihr keine derzeitige Anschrift des Schuldners bekannt ist, oder
   c) die Meldebehörde innerhalb von drei Monaten vor Erteilung des Vollstreckungsauftrags die Auskunft erteilt hat, dass ihr keine derzeitige Anschrift des Schuldners bekannt ist;
2. der Schuldner seiner Pflicht zur Abgabe der Vermögensauskunft in dem der Maßnahme nach Satz 1 zugrundeliegenden Vollstreckungsverfahren nicht nachkommt oder

---

[1)] § 802l eingef. mWv 1.1.2013 durch G v. 29.7.2009 (BGBl. I S. 2258); Abs. 4 und 5 angef. mWv 26.11.2016 durch G v. 21.11.2016 (BGBl. I S. 2591); Abs. 2 Satz 1 geänd. mWv 26.11.2019 durch G v. 20.11.2019 (BGBl. I S. 1724); Abs. 1 neu gef., Abs. 3 Satz 2 geänd. mWv 1.1.2022 durch G v. 7.5.2021 (BGBl. I S. 850).
[2)] Beachte hierzu Übergangsvorschrift in § 39 EGZPO (Nr. **101**).
[3)] **Aichberger, SGB Nr. 6.**
[4)] Nr. **35**.

3. bei einer Vollstreckung in die in der Vermögensauskunft aufgeführten Vermögensgegenstände eine vollständige Befriedigung des Gläubigers nicht zu erwarten ist.

³ Die Erhebung nach Satz 1 Nummer 1 bei einer berufsständischen Versorgungseinrichtung ist zusätzlich zu den Voraussetzungen des Satzes 2 nur zulässig, wenn der Gläubiger die berufsständische Versorgungseinrichtung bezeichnet und tatsächliche Anhaltspunkte nennt, die nahelegen, dass der Schuldner Mitglied dieser berufsständischen Versorgungseinrichtung ist.

(2) ¹ Daten, die für die Zwecke der Vollstreckung nicht erforderlich sind, hat der Gerichtsvollzieher unverzüglich zu löschen oder deren Verarbeitung einzuschränken. ² Die Löschung ist zu protokollieren.

(3) ¹ Über das Ergebnis einer Erhebung oder eines Ersuchens nach Absatz 1 setzt der Gerichtsvollzieher den Gläubiger unter Beachtung des Absatzes 2 unverzüglich und den Schuldner innerhalb von vier Wochen nach Erhalt in Kenntnis. ² § 802d Absatz 1 Satz 3 und Absatz 2 gilt entsprechend.

(4) ¹ Nach Absatz 1 Satz 1 erhobene Daten, die innerhalb der letzten drei Monate bei dem Gerichtsvollzieher eingegangen sind, darf dieser auch einem weiteren Gläubiger übermitteln, wenn die Voraussetzungen für die Datenerhebung auch bei diesem Gläubiger vorliegen. ² Der Gerichtsvollzieher hat dem weiteren Gläubiger die Tatsache, dass die Daten in einem anderen Verfahren erhoben wurden, und den Zeitpunkt ihres Eingangs bei ihm mitzuteilen. ³ Eine erneute Auskunft ist auf Antrag des weiteren Gläubigers einzuholen, wenn Anhaltspunkte dafür vorliegen, dass seit dem Eingang der Auskunft eine Änderung der Vermögensverhältnisse, über die nach Absatz 1 Satz 1 Auskunft eingeholt wurde, eingetreten ist.

(5) Übermittelt der Gerichtsvollzieher Daten nach Absatz 4 Satz 1 an einen weiteren Gläubiger, so hat er den Schuldner davon innerhalb von vier Wochen nach der Übermittlung in Kenntnis zu setzen; § 802d Absatz 1 Satz 3 und Absatz 2 gilt entsprechend.

Titel 2.[1] Zwangsvollstreckung in das bewegliche Vermögen
Untertitel 1. Allgemeine Vorschriften

§ 803 Pfändung. (1) ¹ Die Zwangsvollstreckung in das bewegliche Vermögen erfolgt durch Pfändung. ² Sie darf nicht weiter ausgedehnt werden, als es zur Befriedigung des Gläubigers und zur Deckung der Kosten der Zwangsvollstreckung erforderlich ist.

(2) Die Pfändung hat zu unterbleiben, wenn sich von der Verwertung der zu pfändenden Gegenstände ein Überschuss über die Kosten der Zwangsvollstreckung nicht erwarten lässt.

§ 804 Pfändungspfandrecht. (1) Durch die Pfändung erwirbt der Gläubiger ein Pfandrecht an dem gepfändeten Gegenstande.

(2) Das Pfandrecht gewährt dem Gläubiger im Verhältnis zu anderen Gläubigern dieselben Rechte wie ein durch Vertrag erworbenes Faustpfandrecht; es geht Pfand- und Vorzugsrechten vor, die für den Fall eines Insolvenzverfahrens den Faustpfandrechten nicht gleichgestellt sind.[2]

---

[1] Bish. Titel 1 wird Titel 2 mWv 1.1.2013 durch G v. 29.7.2009 (BGBl. I S. 2258).
[2] Vgl. §§ 49 ff. InsO (Nr. 110).

(3) Das durch eine frühere Pfändung begründete Pfandrecht geht demjenigen vor, das durch eine spätere Pfändung begründet wird.

§ 805 Klage auf vorzugsweise Befriedigung. (1) Der Pfändung einer Sache kann ein Dritter, der sich nicht im Besitz der Sache befindet, auf Grund eines Pfand- oder Vorzugsrechts nicht widersprechen; er kann jedoch seinen Anspruch auf vorzugsweise Befriedigung aus dem Erlös im Wege der Klage geltend machen, ohne Rücksicht darauf, ob seine Forderung fällig ist oder nicht.

(2) Die Klage ist bei dem Vollstreckungsgericht und, wenn der Streitgegenstand zur Zuständigkeit der Amtsgerichte nicht gehört, bei dem Landgericht zu erheben, in dessen Bezirk das Vollstreckungsgericht seinen Sitz hat.

(3) Wird die Klage gegen den Gläubiger und den Schuldner gerichtet, so sind diese als Streitgenossen anzusehen.

(4) [1] Wird der Anspruch glaubhaft gemacht, so hat das Gericht die Hinterlegung des Erlöses anzuordnen. [2] Die Vorschriften der §§ 769, 770 sind hierbei entsprechend anzuwenden.

§ 806 Keine Gewährleistung bei Pfandveräußerung. Wird ein Gegenstand auf Grund der Pfändung veräußert, so steht dem Erwerber wegen eines Mangels im Recht oder wegen eines Mangels der veräußerten Sache ein Anspruch auf Gewährleistung nicht zu.

§ 806a Mitteilungen und Befragung durch den Gerichtsvollzieher.
(1) Erhält der Gerichtsvollzieher anlässlich der Zwangsvollstreckung durch Befragung des Schuldners oder durch Einsicht in Dokumente Kenntnis von Geldforderungen des Schuldners gegen Dritte und konnte eine Pfändung nicht bewirkt werden oder wird eine bewirkte Pfändung voraussichtlich nicht zur vollständigen Befriedigung des Gläubigers führen, so teilt er Namen und Anschriften der Drittschuldner sowie den Grund der Forderungen und für diese bestehende Sicherheiten dem Gläubiger mit.

(2) [1] Trifft der Gerichtsvollzieher den Schuldner in der Wohnung nicht an und konnte eine Pfändung nicht bewirkt werden oder wird eine bewirkte Pfändung voraussichtlich nicht zur vollständigen Befriedigung des Gläubigers führen, so kann der Gerichtsvollzieher die zum Hausstand des Schuldners gehörenden erwachsenen Personen nach dem Arbeitgeber des Schuldners befragen. [2] Diese sind zu einer Auskunft nicht verpflichtet und vom Gerichtsvollzieher auf die Freiwilligkeit ihrer Angaben hinzuweisen. [3] Seine Erkenntnisse teilt der Gerichtsvollzieher dem Gläubiger mit.

§ 806b[1)2)] *(aufgehoben)*

§ 807[3)2)] **Abnahme der Vermögensauskunft nach Pfändungsversuch.**
(1) [1] Hat der Gläubiger die Vornahme der Pfändung beim Schuldner beantragt und
1. hat der Schuldner die Durchsuchung (§ 758) verweigert oder
2. ergibt der Pfändungsversuch, dass eine Pfändung voraussichtlich nicht zu einer vollständigen Befriedigung des Gläubigers führen wird,

---

[1)] § 806b aufgeh. mWv 1.1.2013 durch G v. 29.7.2009 (BGBl. I S. 2258).
[2)] Beachte hierzu Übergangsvorschrift in § 39 EGZPO (Nr. **101**).
[3)] § 807 neu gef. mWv 1.1.2013 durch G v. 29.7.2009 (BGBl. I S. 2258).

so kann der Gerichtsvollzieher dem Schuldner die Vermögensauskunft auf Antrag des Gläubigers abweichend von § 802f sofort abnehmen. ² § 802f Abs. 5 und 6 findet Anwendung.

(2) ¹ Der Schuldner kann einer sofortigen Abnahme widersprechen. ² In diesem Fall verfährt der Gerichtsvollzieher nach § 802f; der Setzung einer Zahlungsfrist bedarf es nicht.

Untertitel 2. Zwangsvollstreckung in körperliche Sachen

§ 808 **Pfändung beim Schuldner.** (1) Die Pfändung der im Gewahrsam des Schuldners befindlichen körperlichen Sachen wird dadurch bewirkt, dass der Gerichtsvollzieher sie in Besitz nimmt.

(2) ¹ Andere Sachen als Geld, Kostbarkeiten und Wertpapiere sind im Gewahrsam des Schuldners zu belassen, sofern nicht hierdurch die Befriedigung des Gläubigers gefährdet wird. ² Werden die Sachen im Gewahrsam des Schuldners belassen, so ist die Wirksamkeit der Pfändung dadurch bedingt, dass durch Anlegung von Siegeln oder auf sonstige Weise die Pfändung ersichtlich gemacht ist.

(3) Der Gerichtsvollzieher hat den Schuldner von der erfolgten Pfändung in Kenntnis zu setzen.

§ 809 **Pfändung beim Gläubiger oder bei Dritten.** Die vorstehenden Vorschriften sind auf die Pfändung von Sachen, die sich im Gewahrsam des Gläubigers oder eines zur Herausgabe bereiten Dritten befinden, entsprechend anzuwenden.

§ 810 **Pfändung ungetrennter Früchte.** (1) ¹ Früchte, die von dem Boden noch nicht getrennt sind, können gepfändet werden, solange nicht ihre Beschlagnahme im Wege der Zwangsvollstreckung in das unbewegliche Vermögen erfolgt ist. ² Die Pfändung darf nicht früher als einen Monat vor der gewöhnlichen Zeit der Reife erfolgen.

(2) Ein Gläubiger, der ein Recht auf Befriedigung aus dem Grundstück hat, kann der Pfändung nach Maßgabe des § 771 widersprechen, sofern nicht die Pfändung für einen im Falle der Zwangsvollstreckung in das Grundstück vorgehenden Anspruch erfolgt ist.

§ 811[1)2)] **Unpfändbare Sachen und Tiere.** (1) Nicht der Pfändung unterliegen
1. Sachen, die der Schuldner oder eine Person, mit der er in einem gemeinsamen Haushalt zusammenlebt, benötigt
    a) für eine bescheidene Lebens- und Haushaltsführung;
    b) für die Ausübung einer Erwerbstätigkeit oder eine damit in Zusammenhang stehende Aus- oder Fortbildung;
    c) aus gesundheitlichen Gründen;
    d) zur Ausübung von Religion oder Weltanschauung oder als Gegenstand religiöser oder weltanschaulicher Verehrung, wenn ihr Wert 500 Euro nicht übersteigt;

[1)] § 811 neu gef. mWv 1.1.2022 durch G v. 7.5.2021 (BGBl. I S. 850).
[2)] **Weitere Fälle der Unpfändbarkeit** (außer den in § 811 aufgeführten Fällen):
1. die Fahrbetriebsmittel der Eisenbahn: G betreffend die Unzulässigkeit der Pfändung von Eisenbahnfahrbetriebsmitteln v. 3.5.1886 (RGBl. S. 131), geänd. durch G v. 5.10.1994 (BGBl. I S. 2911);
2. in das Deckungsregister nach § 5 PfandbriefG eingetragene Werte: § 29 PfandbriefG v. 22.5.2005 (BGBl. I S. 1373), zuletzt geänd. durch G v. 5.7.2021 (BGBl. I S. 3338).

2. Gartenhäuser, Wohnlauben und ähnliche Einrichtungen, die der Schuldner oder dessen Familie als ständige Unterkunft nutzt und die der Zwangsvollstreckung in das bewegliche Vermögen unterliegen;
3. Bargeld
   a) für den Schuldner, der eine natürliche Person ist, in Höhe von einem Fünftel,
   b) für jede weitere Person, mit der der Schuldner in einem gemeinsamen Haushalt zusammenlebt, in Höhe von einem Zehntel
   des täglichen Freibetrages nach § 850c Absatz 1 Nummer 3 in Verbindung mit Absatz 4 Nummer 1 für jeden Kalendertag ab dem Zeitpunkt der Pfändung bis zu dem Ende des Monats, in dem die Pfändung bewirkt wird; der Gerichtsvollzieher kann im Einzelfall nach pflichtgemäßem Ermessen einen abweichenden Betrag festsetzen;
4. Unterlagen, zu deren Aufbewahrung eine gesetzliche Verpflichtung besteht oder die der Schuldner oder eine Person, mit der er in einem gemeinsamen Haushalt zusammenlebt, zu Buchführungs- oder Dokumentationszwecken benötigt;
5. private Aufzeichnungen, durch deren Verwertung in Persönlichkeitsrechte eingegriffen wird;
6. öffentliche Urkunden, die der Schuldner, dessen Familie oder eine Person, mit der er in einem gemeinsamen Haushalt zusammenlebt, für Beweisführungszwecke benötigt;
7. Trauringe, Orden und Ehrenzeichen;
8. Tiere, die der Schuldner oder eine Person, mit der er in einem gemeinsamen Haushalt zusammenlebt,
   a) nicht zu Erwerbszwecken hält oder
   b) für die Ausübung einer Erwerbstätigkeit benötigt,
   sowie das für diese Tiere erforderliche Futter und die erforderliche Streu.

(2) [1] Eine in Absatz 1 Nummer 1 Buchstabe a und b sowie Nummer 2 bezeichnete Sache oder ein in Absatz 1 Nummer 8 Buchstabe b bezeichnetes Tier kann abweichend von Absatz 1 gepfändet werden, wenn der Verkäufer wegen einer durch Eigentumsvorbehalt gesicherten Geldforderung aus dem Verkauf der Sache oder des Tieres vollstreckt. [2] Die Vereinbarung des Eigentumsvorbehaltes ist durch eine Urkunde nachzuweisen.

(3) Auf Antrag des Gläubigers lässt das Vollstreckungsgericht die Pfändung eines in Absatz 1 Nummer 8 Buchstabe a bezeichneten Tieres zu, wenn dieses einen hohen Wert hat und die Unpfändbarkeit für den Gläubiger eine Härte bedeuten würde, die auch unter Würdigung der Belange des Tierschutzes und der berechtigten Interessen des Schuldners nicht zu rechtfertigen ist.

(4) Sachen, die der Schuldner für eine Lebens- und Haushaltsführung benötigt, die nicht als bescheiden angesehen werden kann, sollen nicht gepfändet werden, wenn offensichtlich ist, dass durch ihre Verwertung nur ein Erlös erzielt würde, der in keinem Verhältnis zum Anschaffungswert steht.

§ 811a[1] Austauschpfändung.

(1) Die Pfändung einer nach § 811 Absatz 1 Nummer 1 Buchstabe a und b und Nummer 2 unpfändbaren Sache kann zugelassen werden, wenn der Gläubiger dem Schuldner vor der Wegnahme der Sache ein Ersatzstück, das dem geschützten Verwendungszweck genügt, oder den zur Beschaffung eines solchen Ersatzstückes erforderlichen Geldbetrag überlässt; ist dem

---

[1] § 811a Abs. 1 geänd. mWv 1.1.2022 durch G v. 7.5.2021 (BGBl. I S. 850).

Gläubiger die rechtzeitige Ersatzbeschaffung nicht möglich oder nicht zuzumuten, so kann die Pfändung mit der Maßgabe zugelassen werden, dass dem Schuldner der zur Ersatzbeschaffung erforderliche Geldbetrag aus dem Vollstreckungserlös überlassen wird (Austauschpfändung).

(2) [1] Über die Zulässigkeit der Austauschpfändung entscheidet das Vollstreckungsgericht auf Antrag des Gläubigers durch Beschluss. [2] Das Gericht soll die Austauschpfändung nur zulassen, wenn sie nach Lage der Verhältnisse angemessen ist, insbesondere wenn zu erwarten ist, dass der Vollstreckungserlös den Wert des Ersatzstückes erheblich übersteigen werde. [3] Das Gericht setzt den Wert eines vom Gläubiger angebotenen Ersatzstückes oder den zur Ersatzbeschaffung erforderlichen Betrag fest. [4] Bei der Austauschpfändung nach Absatz 1 Halbsatz 1 ist der festgesetzte Betrag dem Gläubiger aus dem Vollstreckungserlös zu erstatten; er gehört zu den Kosten der Zwangsvollstreckung.

(3) Der dem Schuldner überlassene Geldbetrag ist unpfändbar.

(4) Bei der Austauschpfändung nach Absatz 1 Halbsatz 2 ist die Wegnahme der gepfändeten Sache erst nach Rechtskraft des Zulassungsbeschlusses zulässig.

§ 811b Vorläufige Austauschpfändung. (1) [1] Ohne vorgängige Entscheidung des Gerichts ist eine vorläufige Austauschpfändung zulässig, wenn eine Zulassung durch das Gericht zu erwarten ist. [2] Der Gerichtsvollzieher soll die Austauschpfändung nur vornehmen, wenn zu erwarten ist, dass der Vollstreckungserlös den Wert des Ersatzstückes erheblich übersteigen wird.

(2) Die Pfändung ist aufzuheben, wenn der Gläubiger nicht binnen einer Frist von zwei Wochen nach Benachrichtigung von der Pfändung einen Antrag nach § 811a Abs. 2 bei dem Vollstreckungsgericht gestellt hat oder wenn ein solcher Antrag rechtskräftig zurückgewiesen ist.

(3) Bei der Benachrichtigung ist dem Gläubiger unter Hinweis auf die Antragsfrist und die Folgen ihrer Versäumung mitzuteilen, dass die Pfändung als Austauschpfändung erfolgt ist.

(4) [1] Die Übergabe des Ersatzstückes oder des zu seiner Beschaffung erforderlichen Geldbetrages an den Schuldner und die Fortsetzung der Zwangsvollstreckung erfolgen erst nach Erlass des Beschlusses gemäß § 811a Abs. 2 auf Anweisung des Gläubigers. [2] § 811a Abs. 4 gilt entsprechend.

§ 811c[1]) **Vorwegpfändung.** (1) [1] Ist zu erwarten, dass eine Sache demnächst pfändbar wird, so kann sie gepfändet werden, ist aber im Gewahrsam des Schuldners zu belassen. [2] Die Vollstreckung darf erst fortgesetzt werden, wenn die Sache pfändbar geworden ist.

(2) Die Pfändung ist aufzuheben, wenn die Sache nicht binnen eines Jahres pfändbar geworden ist.

§ 812[2]) *(aufgehoben)*

§ 813[3]) **Schätzung.** (1) [1] Die gepfändeten Sachen sollen bei der Pfändung auf ihren gewöhnlichen Verkaufswert geschätzt werden. [2] Die Schätzung des Wertes von Kostbarkeiten soll einem Sachverständigen übertragen werden. [3] In anderen

---

[1]) § 811c aufgeh., bish. § 811d wird § 811c mWv 1.1.2022 durch G v. 7.5.2021 (BGBl. I S. 850).
[2]) § 812 aufgeh. mWv 1.1.2022 durch G v. 7.5.2021 (BGBl. I S. 850).
[3]) § 813 Abs. 3 neu gef. mWv 1.1.2022 durch G v. 7.5.2021 (BGBl. I S. 850).

Fällen kann das Vollstreckungsgericht auf Antrag des Gläubigers oder des Schuldners die Schätzung durch einen Sachverständigen anordnen.

(2) ¹Ist die Schätzung des Wertes bei der Pfändung nicht möglich, so soll sie unverzüglich nachgeholt und ihr Ergebnis nachträglich in dem Pfändungsprotokoll vermerkt werden. ²Werden die Akten des Gerichtsvollziehers elektronisch geführt, so ist das Ergebnis der Schätzung in einem gesonderten elektronischen Dokument zu vermerken. ³Das Dokument ist mit dem Pfändungsprotokoll untrennbar zu verbinden.

(3) Sollen bei Personen, die Landwirtschaft betreiben,
1. Früchte, die vom Boden noch nicht getrennt sind,
2. Sachen nach § 811 Absatz 1 Nummer 1 Buchstabe b,
3. Tiere nach § 811 Absatz 1 Nummer 8 Buchstabe b oder
4. landwirtschaftliche Erzeugnisse

gepfändet werden, so soll ein landwirtschaftlicher Sachverständiger herangezogen werden, sofern anzunehmen ist, dass der Wert dieser Sachen und Tiere insgesamt den Betrag von 2 000 Euro übersteigt.

(4) Die Landesjustizverwaltung kann bestimmen, dass auch in anderen Fällen ein Sachverständiger zugezogen werden soll.

§§ 813a, 813b[1)2)] *(aufgehoben)*

§ 814[3)] Öffentliche Versteigerung.
(1) Die gepfändeten Sachen sind von dem Gerichtsvollzieher öffentlich zu versteigern; Kostbarkeiten sind vor der Versteigerung durch einen Sachverständigen abzuschätzen.[4)]

(2) Eine öffentliche Versteigerung kann nach Wahl des Gerichtsvollziehers
1. als Versteigerung vor Ort oder
2. als allgemein zugängliche Versteigerung im Internet über eine Versteigerungsplattform

erfolgen.

(3) ¹Die Landesregierungen bestimmen für die Versteigerung im Internet nach Absatz 2 Nummer 2 durch Rechtsverordnung
1. den Zeitpunkt, von dem an die Versteigerung zugelassen ist,
2. die Versteigerungsplattform,
3. die Zulassung zur und den Ausschluss von der Teilnahme an der Versteigerung; soweit die Zulassung zur Teilnahme oder der Ausschluss von einer Versteigerung einen Identitätsnachweis natürlicher Personen vorsieht, ist spätestens ab dem 1. Januar 2013 auch die Nutzung des elektronischen Identitätsnachweises (§ 18 des Personalausweisgesetzes, § 12 des eID-Karte-Gesetzes oder § 78 Absatz 5 des Aufenthaltsgesetzes[5)]) zu diesem Zweck zu ermöglichen,
4. Beginn, Ende und Abbruch der Versteigerung,

[1)] §§ 813a und 813b aufgeh. mWv 1.1.2013 durch G v. 29.7.2009 (BGBl. I S. 2258).
[2)] Beachte hierzu Übergangsvorschrift in § 39 EGZPO (Nr. **101**).
[3)] § 814 Abs. 2 und 3 angef. mWv 5.8.2009 durch G v. 30.7.2009 (BGBl. I S. 2474); Abs. 3 Satz 1 Nr. 3 geänd. mWv 1.11.2019 durch G v. 21.6.2019 (BGBl. I S. 846).
[4)] **Amtl. Anm.:** § 814 Halbsatz 2 gemäß Artikel 5 Nr. 1 des Gesetzes vom 20. August 1953 (BGBl. I S. 952) außer Kraft, soweit er sich nicht auf das Verwaltungszwangsverfahren bezieht.
[5)] **Sartorius Nr. 565.**

5. die Versteigerungsbedingungen und die sonstigen rechtlichen Folgen der Versteigerung einschließlich der Belehrung der Teilnehmer über den Gewährleistungsausschluss nach § 806;
6. die Anonymisierung der Angaben zur Person des Schuldners vor ihrer Veröffentlichung und die Möglichkeit der Anonymisierung der Daten der Bieter;
7. das sonstige zu beachtende besondere Verfahren.

²Sie können die Ermächtigung durch Rechtsverordnung auf die Landesjustizverwaltungen übertragen.

§ 815 Gepfändetes Geld. (1) Gepfändetes Geld ist dem Gläubiger abzuliefern.

(2) ¹Wird dem Gerichtsvollzieher glaubhaft gemacht, dass an gepfändetem Geld ein die Veräußerung hinderndes Recht eines Dritten bestehe, so ist das Geld zu hinterlegen. ²Die Zwangsvollstreckung ist fortzusetzen, wenn nicht binnen einer Frist von zwei Wochen seit dem Tag der Pfändung eine Entscheidung des nach § 771 Abs. 1 zuständigen Gerichts über die Einstellung der Zwangsvollstreckung beigebracht wird.

(3) Die Wegnahme des Geldes durch den Gerichtsvollzieher gilt als Zahlung von Seiten des Schuldners, sofern nicht nach Absatz 2 oder nach § 720 die Hinterlegung zu erfolgen hat.

§ 816[1)] **Zeit und Ort der Versteigerung.** (1) Die Versteigerung der gepfändeten Sachen darf nicht vor Ablauf einer Woche seit dem Tag der Pfändung geschehen, sofern nicht der Gläubiger und der Schuldner über sie eine frühere Versteigerung sich einigen oder diese erforderlich ist, um die Gefahr einer beträchtlichen Wertverringerung der zu versteigernden Sache abzuwenden oder um unverhältnismäßige Kosten einer längeren Aufbewahrung zu vermeiden.

(2) Die Versteigerung erfolgt in der Gemeinde, in der die Pfändung geschehen ist, oder an einem anderen Ort im Bezirk des Vollstreckungsgerichts, sofern nicht der Gläubiger und der Schuldner über einen dritten Ort sich einigen.

(3) Zeit und Ort der Versteigerung sind unter allgemeiner Bezeichnung der zu versteigernden Sachen öffentlich bekannt zu machen.

(4) Bei der Versteigerung gilt die Vorschrift des § 1239 Absatz 1 Satz 1 des Bürgerlichen Gesetzbuchs[2)] entsprechend; bei der Versteigerung vor Ort ist auch § 1239 Absatz 2 des Bürgerlichen Gesetzbuchs entsprechend anzuwenden.

(5) Die Absätze 2 und 3 gelten nicht bei einer Versteigerung im Internet.

§ 817[3)] **Zuschlag und Ablieferung.** (1) ¹Bei der Versteigerung vor Ort soll dem Zuschlag an den Meistbietenden ein dreimaliger Aufruf vorausgehen. ²Bei einer Versteigerung im Internet ist der Zuschlag der Person erteilt, die am Ende der Versteigerung das höchste, wenigstens das nach § 817a Absatz 1 Satz 1 zu erreichende Mindestgebot abgegeben hat; sie ist von dem Zuschlag zu benachrichtigen. ³§ 156 des Bürgerlichen Gesetzbuchs[2)] gilt entsprechend.

(2) Die zugeschlagene Sache darf nur abgeliefert werden, wenn das Kaufgeld gezahlt worden ist oder bei Ablieferung gezahlt wird.

(3) ¹Hat der Meistbietende nicht zu der in den Versteigerungsbedingungen bestimmten Zeit oder in Ermangelung einer solchen Bestimmung nicht vor dem

---

[1)] § 816 Abs. 4 neu gef., Abs. 5 angef. mWv 5.8.2009 durch G v. 30.7.2009 (BGBl. I S. 2474).
[2)] Nr. **20**.
[3)] § 817 Abs. 1 und 2 neu gef. mWv 5.8.2009 durch G v. 30.7.2009 (BGBl. I S. 2474).

Schluss des Versteigerungstermins die Ablieferung gegen Zahlung des Kaufgeldes verlangt, so wird die Sache anderweit versteigert. ²Der Meistbietende wird zu einem weiteren Gebot nicht zugelassen; er haftet für den Ausfall, auf den Mehrerlös hat er keinen Anspruch.

(4) ¹Wird der Zuschlag dem Gläubiger erteilt, so ist dieser von der Verpflichtung zur baren Zahlung so weit befreit, als der Erlös nach Abzug der Kosten der Zwangsvollstreckung zu seiner Befriedigung zu verwenden ist, sofern nicht dem Schuldner nachgelassen ist, durch Sicherheitsleistung oder durch Hinterlegung die Vollstreckung abzuwenden. ²Soweit der Gläubiger von der Verpflichtung zur baren Zahlung befreit ist, gilt der Betrag als von dem Schuldner an den Gläubiger gezahlt.

§ 817a Mindestgebot. (1) ¹Der Zuschlag darf nur auf ein Gebot erteilt werden, das mindestens die Hälfte des gewöhnlichen Verkaufswertes der Sache erreicht (Mindestgebot). ²Der gewöhnliche Verkaufswert und das Mindestgebot sollen bei dem Ausbieten bekannt gegeben werden.

(2) ¹Wird der Zuschlag nicht erteilt, weil ein das Mindestgebot erreichendes Gebot nicht abgegeben ist, so bleibt das Pfandrecht des Gläubigers bestehen. ²Er kann jederzeit die Anberaumung eines neuen Versteigerungstermins oder die Anordnung anderweitiger Verwertung der gepfändeten Sache nach § 825 beantragen. ³Wird die anderweitige Verwertung angeordnet, so gilt Absatz 1 entsprechend.

(3) ¹Gold- und Silbersachen dürfen auch nicht unter ihrem Gold- oder Silberwert zugeschlagen werden. ²Wird ein den Zuschlag gestattendes Gebot nicht abgegeben, so kann der Gerichtsvollzieher den Verkauf aus freier Hand zu dem Preise bewirken, der den Gold- oder Silberwert erreicht, jedoch nicht unter der Hälfte des gewöhnlichen Verkaufswertes.

§ 818 Einstellung der Versteigerung. Die Versteigerung wird eingestellt, sobald der Erlös zur Befriedigung des Gläubigers und zur Deckung der Kosten der Zwangsvollstreckung hinreicht.

§ 819 Wirkung des Erlösempfanges. Die Empfangnahme des Erlöses durch den Gerichtsvollzieher gilt als Zahlung von Seiten des Schuldners, sofern nicht dem Schuldner nachgelassen ist, durch Sicherheitsleistung oder durch Hinterlegung die Vollstreckung abzuwenden.

§ 820 (weggefallen)

§ 821 Verwertung von Wertpapieren. Gepfändete Wertpapiere sind, wenn sie einen Börsen- oder Marktpreis haben, von dem Gerichtsvollzieher aus freier Hand zum Tageskurs zu verkaufen und, wenn sie einen solchen Preis nicht haben, nach den allgemeinen Bestimmungen zu versteigern.

§ 822 Umschreibung von Namenspapieren. Lautet ein Wertpapier auf Namen, so kann der Gerichtsvollzieher durch das Vollstreckungsgericht ermächtigt werden, die Umschreibung auf den Namen des Käufers zu erwirken und die hierzu erforderlichen Erklärungen an Stelle des Schuldners abzugeben.

§ 823 Außer Kurs gesetzte Inhaberpapiere. Ist ein Inhaberpapier durch Einschreibung auf den Namen oder in anderer Weise außer Kurs gesetzt, so kann der Gerichtsvollzieher durch das Vollstreckungsgericht ermächtigt werden, die Wie-

Abschnitt 2. Zwangsvollstr. w. Geldforderungen §§ 824–828 ZPO

derinkurssetzung zu erwirken und die hierzu erforderlichen Erklärungen an Stelle des Schuldners abzugeben.

§ 824 Verwertung ungetrennter Früchte. [1] Die Versteigerung gepfändeter, von dem Boden noch nicht getrennter Früchte ist erst nach der Reife zulässig. [2] Sie kann vor oder nach der Trennung der Früchte erfolgen; im letzteren Fall hat der Gerichtsvollzieher die Aberntung bewirken zu lassen.

§ 825 Andere Verwertungsart. (1) [1] Auf Antrag des Gläubigers oder des Schuldners kann der Gerichtsvollzieher eine gepfändete Sache in anderer Weise oder an einem anderen Ort verwerten, als in den vorstehenden Paragraphen bestimmt ist. [2] Über die beabsichtigte Verwertung hat der Gerichtsvollzieher den Antragsgegner zu unterrichten. [3] Ohne Zustimmung des Antragsgegners darf er die Sache nicht vor Ablauf von zwei Wochen nach Zustellung der Unterrichtung verwerten.

(2) Die Versteigerung einer gepfändeten Sache durch eine andere Person als den Gerichtsvollzieher kann das Vollstreckungsgericht auf Antrag des Gläubigers oder des Schuldners anordnen.

§ 826 Anschlusspfändung. (1) Zur Pfändung bereits gepfändeter Sachen genügt die in das Protokoll aufzunehmende Erklärung des Gerichtsvollziehers, dass er die Sachen für seinen Auftraggeber pfände.

(2) Ist die erste Pfändung durch einen anderen Gerichtsvollzieher bewirkt, so ist diesem eine Abschrift des Protokolls zuzustellen.

(3) Der Schuldner ist von den weiteren Pfändungen in Kenntnis zu setzen.

§ 827 Verfahren bei mehrfacher Pfändung. (1) [1] Auf den Gerichtsvollzieher, von dem die erste Pfändung bewirkt ist, geht der Auftrag des zweiten Gläubigers kraft Gesetzes über, sofern nicht das Vollstreckungsgericht auf Antrag eines beteiligten Gläubigers oder des Schuldners anordnet, dass die Verrichtungen jenes Gerichtsvollziehers von einem anderen zu übernehmen seien. [2] Die Versteigerung erfolgt für alle beteiligten Gläubiger.

(2) [1] Ist der Erlös zur Deckung der Forderungen nicht ausreichend und verlangt der Gläubiger, für den die zweite oder eine spätere Pfändung erfolgt ist, ohne Zustimmung der übrigen beteiligten Gläubiger eine andere Verteilung als nach der Reihenfolge der Pfändungen, so hat der Gerichtsvollzieher die Sachlage unter Hinterlegung des Erlöses dem Vollstreckungsgericht anzuzeigen. [2] Dieser Anzeige sind die auf das Verfahren sich beziehenden Dokumente beizufügen.

(3) In gleicher Weise ist zu verfahren, wenn die Pfändung für mehrere Gläubiger gleichzeitig bewirkt ist.

Untertitel 3. Zwangsvollstreckung in Forderungen und andere Vermögensrechte

§ 828 Zuständigkeit des Vollstreckungsgerichts. (1) Die gerichtlichen Handlungen, welche die Zwangsvollstreckung in Forderungen und andere Vermögensrechte zum Gegenstand haben, erfolgen durch das Vollstreckungsgericht.

(2) Als Vollstreckungsgericht ist das Amtsgericht, bei dem der Schuldner im Inland seinen allgemeinen Gerichtsstand hat, und sonst das Amtsgericht zuständig, bei dem nach § 23 gegen den Schuldner Klage erhoben werden kann.

(3) [1] Ist das angegangene Gericht nicht zuständig, gibt es die Sache auf Antrag des Gläubigers an das zuständige Gericht ab. [2] Die Abgabe ist nicht bindend.

§ 829[1] **Pfändung einer Geldforderung.** (1) [1] Soll eine Geldforderung gepfändet werden, so hat das Gericht dem Drittschuldner zu verbieten, an den Schuldner zu zahlen. [2] Zugleich hat das Gericht an den Schuldner das Gebot zu erlassen, sich jeder Verfügung über die Forderung, insbesondere ihrer Einziehung, zu enthalten. [3] Die Pfändung mehrerer Geldforderungen gegen verschiedene Drittschuldner soll auf Antrag des Gläubigers durch einheitlichen Beschluss ausgesprochen werden, soweit dies für Zwecke der Vollstreckung geboten erscheint und kein Grund zu der Annahme besteht, dass schutzwürdige Interessen der Drittschuldner entgegenstehen.

(2) [1] Der Gläubiger hat den Beschluss dem Drittschuldner zustellen zu lassen. [2] Der Gerichtsvollzieher hat dem Schuldner den Beschluss mit dem Zustellungsnachweis sofort zuzustellen, sofern nicht eine öffentliche Zustellung erforderlich ist. [3] An Stelle einer an den Schuldner im Ausland zu bewirkenden Zustellung erfolgt die Zustellung durch Aufgabe zur Post, sofern die Zustellung weder nach der Verordnung (EG) Nr. 1393/2007[2] noch nach dem Abkommen zwischen der Europäischen Gemeinschaft und dem Königreich Dänemark über die Zustellung gerichtlicher und außergerichtlicher Schriftstücke in Zivil- und Handelssachen vom 19. Oktober 2005 (ABl. L 300 vom 17.11.2005, S. 55, L 120 vom 5.5.2006, S. 23) zu bewirken ist.

(3) Mit der Zustellung des Beschlusses an den Drittschuldner ist die Pfändung als bewirkt anzusehen.

(4) [1] Das Bundesministerium der Justiz und für Verbraucherschutz wird ermächtigt, durch Rechtsverordnung[3] mit Zustimmung des Bundesrates Formulare für den Antrag auf Erlass eines Pfändungs- und Überweisungsbeschlusses einzuführen. [2] Soweit nach Satz 1 Formulare eingeführt sind, muss sich der Antragsteller ihrer bedienen. [3] Für Verfahren bei Gerichten, die die Verfahren elektronisch bearbeiten, und für Verfahren bei Gerichten, die die Verfahren nicht elektronisch bearbeiten, können unterschiedliche Formulare eingeführt werden.

§ 829a[4] **Vereinfachter Vollstreckungsantrag bei Vollstreckungsbescheiden.** (1) [1] Im Fall eines elektronischen Antrags zur Zwangsvollstreckung aus einem Vollstreckungsbescheid, der einer Vollstreckungsklausel nicht bedarf, ist bei Pfändung und Überweisung einer Geldforderung (§§ 829, 835) die Übermittlung der Ausfertigung des Vollstreckungsbescheides entbehrlich, wenn
1. die sich aus dem Vollstreckungsbescheid ergebende fällige Geldforderung einschließlich titulierter Nebenforderungen und Kosten nicht mehr als 5 000 Euro beträgt; Kosten der Zwangsvollstreckung sind bei der Berechnung der Forderungshöhe nur zu berücksichtigen, wenn sie allein Gegenstand des Vollstreckungsantrags sind;
2. die Vorlage anderer Urkunden als der Ausfertigung des Vollstreckungsbescheides nicht vorgeschrieben ist;

---

[1] § 829 Abs. 4 Satz 1 geänd. mWv 8.9.2015 durch VO v. 31.8.2015 (BGBl. I S. 1474); Abs. 2 Satz 3 neu gef. mWv 26.11.2016 durch G v. 21.11.2016 (BGBl. I S. 2591); Abs. 2 Satz 2 neu gef. mWv 1.1.2022 durch G v. 5.10.2021 (BGBl. I S. 4607).
[2] **Habersack, Deutsche Gesetze ErgBd. Nr. 103c.**
[3] Siehe hierzu die VO über Formulare für die Zwangsvollstreckung (Zwangsvollstreckungsformular-Verordnung – ZVFV) v. 23.8.2012 (BGBl. I S. 1822), geänd. durch VO v. 16.6.2014 (BGBl. I S. 754).
[4] § 829a eingef. mWv 1.1.2013 durch G v. 29.7.2009 (BGBl. I S. 2258); Überschrift, Abs. 1 Satz 1 einl. Satzteil, Nr. 1, 3, 4 und Satz 2 geänd. mWv 1.1.2013 durch G v. 22.12.2011 (BGBl. I S. 3044); Abs. 1 Satz 1 Nr. 3 geänd. mWv 1.7.2014 durch G v. 10.10.2013 (BGBl. I S. 3786); Abs. 1 Satz 1 Nr. 1 geänd. mWv 26.11.2016, Abs. 3 aufgeh. mWv 1.1.2018 durch G v. 21.11.2016 (BGBl. I S. 2591).

3. der Gläubiger eine Abschrift des Vollstreckungsbescheides nebst Zustellungsbescheinigung als elektronisches Dokument dem Antrag beifügt und
4. der Gläubiger versichert, dass ihm eine Ausfertigung des Vollstreckungsbescheides und eine Zustellungsbescheinigung vorliegen und die Forderung in Höhe des Vollstreckungsantrags noch besteht.

² Sollen Kosten der Zwangsvollstreckung vollstreckt werden, sind zusätzlich zu den in Satz 1 Nr. 3 genannten Dokumenten eine nachprüfbare Aufstellung der Kosten und entsprechende Belege als elektronisches Dokument dem Antrag beizufügen.

(2) Hat das Gericht an dem Vorliegen einer Ausfertigung des Vollstreckungsbescheides oder der übrigen Vollstreckungsvoraussetzungen Zweifel, teilt es dies dem Gläubiger mit und führt die Zwangsvollstreckung erst durch, nachdem der Gläubiger die Ausfertigung des Vollstreckungsbescheides übermittelt oder die übrigen Vollstreckungsvoraussetzungen nachgewiesen hat.

§ 830 Pfändung einer Hypothekenforderung. (1) ¹ Zur Pfändung einer Forderung, für die eine Hypothek besteht, ist außer dem Pfändungsbeschluss die Übergabe des Hypothekenbriefes an den Gläubiger erforderlich. ² Wird die Übergabe im Wege der Zwangsvollstreckung erwirkt, so gilt sie als erfolgt, wenn der Gerichtsvollzieher den Brief zum Zwecke der Ablieferung an den Gläubiger wegnimmt. ³ Ist die Erteilung des Hypothekenbriefes ausgeschlossen, so ist die Eintragung der Pfändung in das Grundbuch erforderlich; die Eintragung erfolgt auf Grund des Pfändungsbeschlusses.

(2) Wird der Pfändungsbeschluss vor der Übergabe des Hypothekenbriefes oder der Eintragung der Pfändung dem Drittschuldner zugestellt, so gilt die Pfändung diesem gegenüber mit der Zustellung als bewirkt.

(3) ¹ Diese Vorschriften sind nicht anzuwenden, soweit es sich um die Pfändung der Ansprüche auf die im § 1159 des Bürgerlichen Gesetzbuchs[1]) bezeichneten Leistungen handelt. ² Das Gleiche gilt bei einer Sicherungshypothek im Falle des § 1187 des Bürgerlichen Gesetzbuchs von der Pfändung der Hauptforderung.

§ 830a Pfändung einer Schiffshypothekenforderung. (1) Zur Pfändung einer Forderung, für die eine Schiffshypothek besteht, ist die Eintragung der Pfändung in das Schiffsregister oder in das Schiffsbauregister erforderlich; die Eintragung erfolgt auf Grund des Pfändungsbeschlusses.

(2) Wird der Pfändungsbeschluss vor der Eintragung der Pfändung dem Drittschuldner zugestellt, so gilt die Pfändung diesem gegenüber mit der Zustellung als bewirkt.

(3) ¹ Diese Vorschriften sind nicht anzuwenden, soweit es sich um die Pfändung der Ansprüche auf die im § 53 des Gesetzes über Rechte an eingetragenen Schiffen und Schiffsbauwerken vom 15. November 1940 (RGBl. I S. 1499) bezeichneten Leistungen handelt. ² Das Gleiche gilt, wenn bei einer Schiffshypothek für eine Forderung aus einer Schuldverschreibung auf den Inhaber, aus einem Wechsel oder aus einem anderen durch Indossament übertragbaren Papier die Hauptforderung gepfändet wird.

§ 831 Pfändung indossabler Papiere. Die Pfändung von Forderungen aus Wechseln und anderen Papieren, die durch Indossament übertragen werden können, wird dadurch bewirkt, dass der Gerichtsvollzieher diese Papiere in Besitz nimmt.

---

¹) Nr. 20.

100 ZPO §§ 832–835   Buch 8. Zwangsvollstreckung

§ 832 Pfändungsumfang bei fortlaufenden Bezügen. Das Pfandrecht, das durch die Pfändung einer Gehaltsforderung oder einer ähnlichen in fortlaufenden Bezügen bestehenden Forderung erworben wird, erstreckt sich auch auf die nach der Pfändung fällig werdenden Beträge.

§ 833 Pfändungsumfang bei Arbeits- und Diensteinkommen. (1) [1]Durch die Pfändung eines Diensteinkommens wird auch das Einkommen betroffen, das der Schuldner infolge der Versetzung in ein anderes Amt, der Übertragung eines neuen Amtes oder einer Gehaltserhöhung zu beziehen hat. [2]Diese Vorschrift ist auf den Fall der Änderung des Dienstherrn nicht anzuwenden.

(2) Endet das Arbeits- oder Dienstverhältnis und begründen Schuldner und Drittschuldner innerhalb von neun Monaten ein solches neu, so erstreckt sich die Pfändung auf die Forderung aus dem neuen Arbeits- oder Dienstverhältnis.

§ 833a[1]) Pfändungsumfang bei Kontoguthaben. Die Pfändung des Guthabens eines Kontos bei einem Kreditinstitut umfasst das am Tag der Zustellung des Pfändungsbeschlusses bei dem Kreditinstitut bestehende Guthaben sowie die Tagesguthaben der auf die Pfändung folgenden Tage.

§ 834 Keine Anhörung des Schuldners. Vor der Pfändung ist der Schuldner über das Pfändungsgesuch nicht zu hören.

§ 835[2]) Überweisung einer Geldforderung. (1) Die gepfändete Geldforderung ist dem Gläubiger nach seiner Wahl zur Einziehung oder an Zahlungs statt zum Nennwert zu überweisen.

(2) Im letzteren Fall geht die Forderung auf den Gläubiger mit der Wirkung über, dass er, soweit die Forderung besteht, wegen seiner Forderung an den Schuldner als befriedigt anzusehen ist.

(3) [1]Die Vorschriften des § 829 Abs. 2, 3 sind auf die Überweisung entsprechend anzuwenden. [2]Wird ein bei einem Kreditinstitut gepfändetes Guthaben eines Schuldners, der eine natürliche Person ist, dem Gläubiger überwiesen, so darf erst einen Monat nach der Zustellung des Überweisungsbeschlusses an den Drittschuldner aus dem Guthaben an den Gläubiger geleistet oder der Betrag hinterlegt werden; ist künftiges Guthaben gepfändet worden, ordnet das Vollstreckungsgericht auf Antrag zusätzlich an, dass erst einen Monat nach der Gutschrift von eingehenden Zahlungen an den Gläubiger geleistet oder der Betrag hinterlegt werden darf.

(4) Wenn nicht wiederkehrend zahlbare Vergütungen eines Schuldners, der eine natürliche Person ist, für persönlich geleistete Arbeiten oder Dienste oder sonstige Einkünfte, die kein Arbeitseinkommen sind, dem Gläubiger überwiesen werden, so darf der Drittschuldner erst einen Monat nach der Zustellung des Überweisungsbeschlusses an den Gläubiger leisten oder den Betrag hinterlegen.

---

[1]) § 833a eingef. mWv 1.7.2010, Überschrift neu gef. und Abs. 2 aufgeh. mWv 1.1.2012 durch G v. 7.7.2009 (BGBl. I S. 1707).

[2]) § 835 Abs. 3 Satz 2 neu gef., Abs. 4 angef. mWv 1.7.2010 durch G v. 7.7.2009 (BGBl. I S. 1707); Abs. 4 eingef., bish. Abs. 4 wird Abs. 5 mWv 16.4.2011 durch G v. 12.4.2011 (BGBl. I S. 615); Abs. 3 Satz 2 geänd., Abs. 4 aufgeh., bish. Abs. 5 wird Abs. 4 und geänd. mWv 1.12.2021 durch G v. 22.11.2020 (BGBl. I S. 2466).

§ **836**[1)][2)] **Wirkung der Überweisung.** (1) Die Überweisung ersetzt die förmlichen Erklärungen des Schuldners, von denen nach den Vorschriften des bürgerlichen Rechts die Berechtigung zur Einziehung der Forderung abhängig ist.

(2) Der Überweisungsbeschluss gilt, auch wenn er mit Unrecht erlassen ist, zugunsten des Drittschuldners dem Schuldner gegenüber so lange als rechtsbeständig, bis er aufgehoben wird und die Aufhebung zur Kenntnis des Drittschuldners gelangt.

(3) [1] Der Schuldner ist verpflichtet, dem Gläubiger die zur Geltendmachung der Forderung nötige Auskunft zu erteilen und ihm die über die Forderung vorhandenen Urkunden herauszugeben. [2] Erteilt der Schuldner die Auskunft nicht, so ist er auf Antrag des Gläubigers verpflichtet, sie zu Protokoll zu geben und seine Angaben an Eides statt zu versichern. [3] Der gemäß § 802e zuständige Gerichtsvollzieher lädt den Schuldner zur Abgabe der Auskunft und eidesstattlichen Versicherung. [4] Die Vorschriften des § 802f Abs. 4 und der §§ 802g bis 802i, 802j Abs. 1 und 2 gelten entsprechend. [5] Die Herausgabe der Urkunden kann von dem Gläubiger im Wege der Zwangsvollstreckung erwirkt werden.

§ **837 Überweisung einer Hypothekenforderung.** (1) [1] Zur Überweisung einer gepfändeten Forderung, für die eine Hypothek besteht, genügt die Aushändigung des Überweisungsbeschlusses an den Gläubiger. [2] Ist die Erteilung des Hypothekenbriefes ausgeschlossen, so ist zur Überweisung an Zahlungs statt die Eintragung der Überweisung in das Grundbuch erforderlich; die Eintragung erfolgt auf Grund des Überweisungsbeschlusses.

(2) [1] Diese Vorschriften sind nicht anzuwenden, soweit es sich um die Überweisung der Ansprüche auf die im § 1159 des Bürgerlichen Gesetzbuchs[3)] bezeichneten Leistungen handelt. [2] Das Gleiche gilt bei einer Sicherungshypothek im Falle des § 1187 des Bürgerlichen Gesetzbuchs von der Überweisung der Hauptforderung.

(3) Bei einer Sicherungshypothek der im § 1190 des Bürgerlichen Gesetzbuchs bezeichneten Art kann die Hauptforderung nach den allgemeinen Vorschriften gepfändet und überwiesen werden, wenn der Gläubiger die Überweisung der Forderung ohne die Hypothek an Zahlungs statt beantragt.

§ **837a Überweisung einer Schiffshypothekenforderung.** (1) [1] Zur Überweisung einer gepfändeten Forderung, für die eine Schiffshypothek besteht, genügt, wenn die Forderung zur Einziehung überwiesen wird, die Aushändigung des Überweisungsbeschlusses an den Gläubiger. [2] Zur Überweisung an Zahlungs statt ist die Eintragung der Überweisung in das Schiffsregister oder in das Schiffsbauregister erforderlich; die Eintragung erfolgt auf Grund des Überweisungsbeschlusses.

(2) [1] Diese Vorschriften sind nicht anzuwenden, soweit es sich um die Überweisung der Ansprüche auf die im § 53 des Gesetzes über Rechte an eingetragenen Schiffen und Schiffsbauwerken vom 15. November 1940 (RGBl. I S. 1499) bezeichneten Leistungen handelt. [2] Das Gleiche gilt, wenn bei einer Schiffshypothek für eine Forderung aus einer Schuldverschreibung auf den Inhaber, aus einem

---
[1)] § 836 Abs. 3 Sätze 3 und 4 eingef., bish. Satz 4 wird Satz 5 mWv 1.1.2013 durch G v. 29.7.2009 (BGBl. I S. 2258).
[2)] Beachte hierzu Übergangsvorschrift in § 39 EGZPO (Nr. **101**).
[3)] Nr. **20**.

Wechsel oder aus einem anderen durch Indossament übertragbaren Papier die Hauptforderung überwiesen wird.

(3) Bei einer Schiffshypothek für einen Höchstbetrag (§ 75 des im Absatz 2 genannten Gesetzes) gilt § 837 Abs. 3 entsprechend.

§ 838 Einrede des Schuldners bei Faustpfand. Wird eine durch ein Pfandrecht an einer beweglichen Sache gesicherte Forderung überwiesen, so kann der Schuldner die Herausgabe des Pfandes an den Gläubiger verweigern, bis ihm Sicherheit für die Haftung geleistet wird, die für ihn aus einer Verletzung der dem Gläubiger dem Verpfänder gegenüber obliegenden Verpflichtungen entstehen kann.

§ 839 Überweisung bei Abwendungsbefugnis. Darf der Schuldner nach § 711 Satz 1, § 712 Abs. 1 Satz 1 die Vollstreckung durch Sicherheitsleistung oder Hinterlegung abwenden, so findet die Überweisung gepfändeter Geldforderungen nur zur Einziehung und nur mit der Wirkung statt, dass der Drittschuldner den Schuldbetrag zu hinterlegen hat.

§ 840[1] Erklärungspflicht des Drittschuldners. (1) Auf Verlangen des Gläubigers hat der Drittschuldner binnen zwei Wochen, von der Zustellung des Pfändungsbeschlusses an gerechnet, dem Gläubiger zu erklären:
1. ob und inwieweit er die Forderung als begründet anerkenne und Zahlung zu leisten bereit sei;
2. ob und welche Ansprüche andere Personen an die Forderung machen;
3. ob und wegen welcher Ansprüche die Forderung bereits für andere Gläubiger gepfändet sei;
4. ob innerhalb der letzten zwölf Monate im Hinblick auf das Konto, dessen Guthaben gepfändet worden ist, nach § 907 die Unpfändbarkeit des Guthabens festgesetzt worden ist, und
5. ob es sich bei dem Konto, dessen Guthaben gepfändet worden ist, um ein Pfändungsschutzkonto im Sinne des § 850k oder ein Gemeinschaftskonto im Sinne des § 850l handelt; bei einem Gemeinschaftskonto ist zugleich anzugeben, ob der Schuldner nur gemeinsam mit einer oder mehreren anderen Personen verfügungsbefugt ist.

(2) [1] Die Aufforderung zur Abgabe dieser Erklärungen muss in die Zustellungsurkunde aufgenommen werden; bei Zustellungen nach § 193a muss die Aufforderung als elektronisches Dokument zusammen mit dem Pfändungsbeschluss übermittelt werden. [2] Der Drittschuldner haftet dem Gläubiger für den aus der Nichterfüllung seiner Verpflichtung entstehenden Schaden.

(3) [1] Die Erklärungen des Drittschuldners können innerhalb der in Absatz 1 bestimmten Frist auch gegenüber dem Gerichtsvollzieher abgegeben werden. [2] Werden die Erklärungen bei einer Zustellung des Pfändungsbeschlusses nach § 193 abgegeben, so sind sie in die Zustellungsurkunde aufzunehmen und von dem Drittschuldner zu unterschreiben.

---

[1] § 840 Abs. 1 Nr. 3 geänd., Nr. 4 und 5 angef. mWv 1.7.2010, Nr. 4 geänd. mWv 1.1.2012 durch G v. 7.7.2009 (BGBl. I S. 1707); Abs. 1 Nr. 4 geänd., Nr. 5 neu gef. mWv 1.12.2021 durch G v. 22.11.2020 (BGBl. I S. 2466); Abs. 2 Satz 1, Abs. 3 neu gef. mWv 1.1.2022 durch G v. 5.10.2021 (BGBl. I S. 4387).

Abschnitt 2. Zwangsvollstr. w. Geldforderungen   §§ 841–846 ZPO

§ 841 Pflicht zur Streitverkündung. Der Gläubiger, der die Forderung einklagt, ist verpflichtet, dem Schuldner gerichtlich den Streit zu verkünden, sofern nicht eine Zustellung im Ausland oder eine öffentliche Zustellung erforderlich wird.

§ 842 Schadenersatz bei verzögerter Beitreibung. Der Gläubiger, der die Beitreibung einer ihm zur Einziehung überwiesenen Forderung verzögert, haftet dem Schuldner für den daraus entstehenden Schaden.

§ 843 Verzicht des Pfandgläubigers. [1] Der Gläubiger kann auf die durch Pfändung und Überweisung zur Einziehung erworbenen Rechte unbeschadet seines Anspruchs verzichten. [2] Die Verzichtleistung erfolgt durch eine dem Schuldner zuzustellende Erklärung. [3] Die Erklärung ist auch dem Drittschuldner zuzustellen.

§ 844 Andere Verwertungsart. (1) Ist die gepfändete Forderung bedingt oder betagt oder ist ihre Einziehung wegen der Abhängigkeit von einer Gegenleistung oder aus anderen Gründen mit Schwierigkeiten verbunden, so kann das Gericht auf Antrag an Stelle der Überweisung eine andere Art der Verwertung anordnen.

(2) Vor dem Beschluss, durch welchen dem Antrag stattgegeben wird, ist der Gegner zu hören, sofern nicht eine Zustellung im Ausland oder eine öffentliche Zustellung erforderlich wird.

§ 845[1)2)] Vorpfändung. (1) [1] Schon vor der Pfändung kann der Gläubiger auf Grund eines vollstreckbaren Schuldtitels durch den Gerichtsvollzieher dem Drittschuldner und dem Schuldner die Benachrichtigung, dass die Pfändung bevorstehe, zustellen lassen mit der Aufforderung an den Drittschuldner, nicht an den Schuldner zu zahlen, und mit der Aufforderung an den Schuldner, sich jeder Verfügung über die Forderung, insbesondere ihrer Einziehung, zu enthalten. [2] Der Gerichtsvollzieher hat die Benachrichtigung mit den Aufforderungen selbst anzufertigen, wenn er von dem Gläubiger hierzu ausdrücklich beauftragt worden ist. [3] An Stelle einer an den Schuldner im Ausland zu bewirkenden Zustellung erfolgt die Zustellung durch Aufgabe zur Post, sofern die Zustellung weder nach der Verordnung (EG) Nr. 1393/2007[3)] noch nach dem Abkommen zwischen der Europäischen Gemeinschaft und dem Königreich Dänemark über die Zustellung gerichtlicher und außergerichtlicher Schriftstücke in Zivil- und Handelssachen zu bewirken ist.

(2) [1] Die Benachrichtigung an den Drittschuldner hat die Wirkung eines Arrestes (§ 930), sofern die Pfändung der Forderung innerhalb eines Monats bewirkt wird. [2] Die Frist beginnt mit dem Tag, an dem die Benachrichtigung zugestellt ist.

§ 846 Zwangsvollstreckung in Herausgabeansprüche. Die Zwangsvollstreckung in Ansprüche, welche die Herausgabe oder Leistung körperlicher Sachen zum Gegenstand haben, erfolgt nach den §§ 829 bis 845 unter Berücksichtigung der nachstehenden Vorschriften.

[1)] § 845 Abs. 1 Satz 4 angef. mWv 31.12.2006 durch G v. 22.12.2006 (BGBl. I S. 3416); Abs. 1 Satz 3 aufgeh., bish. Satz 4 wird Satz 3 mWv 1.1.2013 durch G v. 29.7.2009 (BGBl. I S. 2258); Abs. 1 Satz 3 neu gef. mWv 26.11.2016 durch G v. 21.11.2016 (BGBl. I S. 2591).
[2)] Beachte hierzu Übergangsvorschrift in § 39 EGZPO (Nr. **101**).
[3)] **Habersack, Deutsche Gesetze ErgBd. Nr. 103c.**

§ 847 Herausgabeanspruch auf eine bewegliche Sache. (1) Bei der Pfändung eines Anspruchs, der eine bewegliche körperliche Sache betrifft, ist anzuordnen, dass die Sache an einen vom Gläubiger zu beauftragenden Gerichtsvollzieher herauszugeben sei.

(2) Auf die Verwertung der Sache sind die Vorschriften über die Verwertung gepfändeter Sachen anzuwenden.

§ 847a Herausgabeanspruch auf ein Schiff. (1) Bei der Pfändung eines Anspruchs, der ein eingetragenes Schiff betrifft, ist anzuordnen, dass das Schiff an einen vom Vollstreckungsgericht zu bestellenden Treuhänder herauszugeben ist.

(2) [1] Ist der Anspruch auf Übertragung des Eigentums gerichtet, so vertritt der Treuhänder den Schuldner bei der Übertragung des Eigentums. [2] Mit dem Übergang des Eigentums auf den Schuldner erlangt der Gläubiger eine Schiffshypothek für seine Forderung. [3] Der Treuhänder hat die Eintragung der Schiffshypothek in das Schiffsregister zu bewilligen.

(3) Die Zwangsvollstreckung in das Schiff wird nach den für die Zwangsvollstreckung in unbewegliche Sachen geltenden Vorschriften bewirkt.

(4) Die vorstehenden Vorschriften gelten entsprechend, wenn der Anspruch ein Schiffsbauwerk betrifft, das im Schiffsbauregister eingetragen ist oder in dieses Register eingetragen werden kann.

§ 848 Herausgabeanspruch auf eine unbewegliche Sache. (1) Bei Pfändung eines Anspruchs, der eine unbewegliche Sache betrifft, ist anzuordnen, dass die Sache an einen auf Antrag des Gläubigers vom Amtsgericht der belegenen Sache zu bestellenden Sequester herauszugeben sei.

(2) [1] Ist der Anspruch auf Übertragung des Eigentums gerichtet, so hat die Auflassung an den Sequester als Vertreter des Schuldners zu erfolgen. [2] Mit dem Übergang des Eigentums auf den Schuldner erlangt der Gläubiger eine Sicherungshypothek für seine Forderung. [3] Der Sequester hat die Eintragung der Sicherungshypothek zu bewilligen.

(3) Die Zwangsvollstreckung in die herausgegebene Sache wird nach den für die Zwangsvollstreckung in unbewegliche Sachen geltenden Vorschriften bewirkt.

§ 849 Keine Überweisung an Zahlungs statt. Eine Überweisung der im § 846 bezeichneten Ansprüche an Zahlungs statt ist unzulässig.

§ 850 Pfändungsschutz für Arbeitseinkommen. (1) Arbeitseinkommen, das in Geld zahlbar ist, kann nur nach Maßgabe der §§ 850a bis 850i gepfändet werden.

(2) Arbeitseinkommen im Sinne dieser Vorschrift sind die Dienst- und Versorgungsbezüge der Beamten, Arbeits- und Dienstlöhne, Ruhegelder und ähnliche nach dem einstweiligen oder dauernden Ausscheiden aus dem Dienst- oder Arbeitsverhältnis gewährte fortlaufende Einkünfte, ferner Hinterbliebenenbezüge sowie sonstige Vergütungen für Dienstleistungen aller Art, die die Erwerbstätigkeit des Schuldners vollständig oder zu einem wesentlichen Teil in Anspruch nehmen.

(3) Arbeitseinkommen sind auch die folgenden Bezüge, soweit sie in Geld zahlbar sind:

a) Bezüge, die ein Arbeitnehmer zum Ausgleich für Wettbewerbsbeschränkungen für die Zeit nach Beendigung seines Dienstverhältnisses beanspruchen kann;

b) Renten, die auf Grund von Versicherungsverträgen gewährt werden, wenn diese Verträge zur Versorgung des Versicherungsnehmers oder seiner unterhaltsberechtigten Angehörigen eingegangen sind.

(4) Die Pfändung des in Geld zahlbaren Arbeitseinkommens erfasst alle Vergütungen, die dem Schuldner aus der Arbeits- oder Dienstleistung zustehen, ohne Rücksicht auf ihre Benennung oder Berechnungsart.

§ 850a[1]) Unpfändbare Bezüge. Unpfändbar sind

1. zur Hälfte die für die Leistung von Mehrarbeitsstunden gezahlten Teile des Arbeitseinkommens;
2. die für die Dauer eines Urlaubs über das Arbeitseinkommen hinaus gewährten Bezüge, Zuwendungen aus Anlass eines besonderen Betriebsereignisses und Treugelder, soweit sie den Rahmen des Üblichen nicht übersteigen;
3. Aufwandsentschädigungen, Auslösungsgelder und sonstige soziale Zulagen für auswärtige Beschäftigungen, das Entgelt für selbstgestelltes Arbeitsmaterial, Gefahrenzulagen sowie Schmutz- und Erschwerniszulagen, soweit diese Bezüge den Rahmen des Üblichen nicht übersteigen;
4. Weihnachtsvergütungen bis zu der Hälfte des Betrages, dessen Höhe sich nach Aufrundung des monatlichen Freibetrages nach § 850c Absatz 1 in Verbindung mit Absatz 4 auf den nächsten vollen 10-Euro-Betrag ergibt;
5. Geburtsbeihilfen sowie Beihilfen aus Anlass der Eingehung einer Ehe oder Begründung einer Lebenspartnerschaft, sofern die Vollstreckung wegen anderer als der aus Anlass der Geburt, der Eingehung einer Ehe oder der Begründung einer Lebenspartnerschaft entstandenen Ansprüche betrieben wird;
6. Erziehungsgelder, Studienbeihilfen und ähnliche Bezüge;
7. Sterbe- und Gnadenbezüge aus Arbeits- oder Dienstverhältnissen;
8. Blindenzulagen.

§ 850b[2]) Bedingt pfändbare Bezüge. (1) Unpfändbar sind ferner

1. Renten, die wegen einer Verletzung des Körpers oder der Gesundheit zu entrichten sind;
2. Unterhaltsrenten, die auf gesetzlicher Vorschrift beruhen, sowie die wegen Entziehung einer solchen Forderung zu entrichtenden Renten;
3. fortlaufende Einkünfte, die ein Schuldner aus Stiftungen oder sonst auf Grund der Fürsorge und Freigebigkeit eines Dritten oder auf Grund eines Altenteils- oder Auszugsvertrags bezieht;
4. Bezüge aus Witwen-, Waisen-, Hilfs- und Krankenkassen, die ausschließlich oder zu einem wesentlichen Teil zu Unterstützungszwecken gewährt werden, ferner Ansprüche aus Lebensversicherungen, die nur auf den Todesfall des Versicherungsnehmers abgeschlossen sind, wenn die Versicherungssumme 5 400 Euro nicht übersteigt.

(2) Diese Bezüge können nach den für Arbeitseinkommen geltenden Vorschriften gepfändet werden, wenn die Vollstreckung in das sonstige bewegliche Vermögen des Schuldners zu einer vollständigen Befriedigung des Gläubigers nicht geführt hat oder voraussichtlich nicht führen wird und wenn nach den Umständen

---

[1]) § 850a Nr. 5 geänd. mWv 26.11.2015 durch G v. 20.11.2015 (BGBl. I S. 2010); Nr. 4 neu gef. mWv 1.1.2022 durch G v. 7.5.2021 (BGBl. I S. 850).
[2]) § 850b Abs. 1 Nr. 4 geänd. mWv 1.1.2022 durch G v. 7.5.2021 (BGBl. I S. 850).

des Falles, insbesondere nach der Art des beizutreibenden Anspruchs und der Höhe der Bezüge, die Pfändung der Billigkeit entspricht.

(3) Das Vollstreckungsgericht soll vor seiner Entscheidung die Beteiligten hören.

§ 850c[1]) Pfändungsgrenzen für Arbeitseinkommen.

(1) Arbeitseinkommen ist unpfändbar, wenn es, je nach dem Zeitraum, für den es gezahlt wird, nicht mehr als
1. *1 178,59 Euro* monatlich,
2. *271,24 Euro* wöchentlich oder
3. *54,25 Euro* täglich

beträgt.[2])

(2) [1] Gewährt der Schuldner auf Grund einer gesetzlichen Verpflichtung seinem Ehegatten, einem früheren Ehegatten, seinem Lebenspartner, einem früheren Lebenspartner, einem Verwandten oder nach den §§ 1615l und 1615n des Bürgerlichen Gesetzbuchs einem Elternteil Unterhalt, so erhöht sich der Betrag nach Absatz 1 für die erste Person, der Unterhalt gewährt wird, und zwar um
1. *443,57 Euro* monatlich,
2. *102,08 Euro* wöchentlich oder
3. *20,42 Euro* täglich.

[2] Für die zweite bis fünfte Person, der Unterhalt gewährt wird, erhöht sich der Betrag nach Absatz 1 um je
1. *247,12 Euro* monatlich,
2. *56,87 Euro* wöchentlich oder
3. *11,37 Euro* täglich.[2])

(3) [1] Übersteigt das Arbeitseinkommen den Betrag nach Absatz 1, so ist es hinsichtlich des überschießenden Teils in Höhe von drei Zehnteln unpfändbar. [2] Gewährt der Schuldner nach Absatz 2 Unterhalt, so sind für die erste Person weitere zwei Zehntel und für die zweite bis fünfte Person jeweils ein weiteres Zehntel unpfändbar. [3] Der Teil des Arbeitseinkommens, der
1. *3 613,08 Euro* monatlich,
2. *831,50 Euro* wöchentlich oder
3. *166,30 Euro* täglich[3])

übersteigt, bleibt bei der Berechnung des unpfändbaren Betrages unberücksichtigt.

---

[1]) § 850c Abs. 1–3 neu gef., Abs. 4 und 5 eingef., bish. Abs. 4 wird Abs. 6 und geänd. mWv 8.5.2021 durch G v. 22.11.2020 (BGBl. I S. 2466, geänd. durch G v. 7.5.2021, BGBl. I S. 850).

[2]) Ab 1.7.2021 geltende Beträge gem. Abs. 4 Satz 1 iVm der Pfändungsfreigrenzenbek. 2021 v. 10.5.2021 (BGBl. I S. 1099, auszugsweise wiedergegeben als nichtamtlicher Anhang zur ZPO):

unpfändbar gem. Abs. 1:	Erhöhungsbetrag für die 1. Person gem. Abs. 2 Satz 1:	Erhöhungsbetrag für die 2.–5. Person gem. Abs. 2 Satz 2:	
1 252,64 Euro	471,44 Euro	262,65 Euro	monatlich
288,28 Euro	108,50 Euro	60,45 Euro	wöchentlich
57,66 Euro	21,70 Euro	12,09 Euro	täglich

[3]) Ab 1.7.2021: **3 840,08 Euro** monatlich, **883,74 Euro** wöchentlich, **176,75 Euro** täglich gem. Abs. 4 Satz 1 iVm der Pfändungsfreigrenzenbek. 2021 v. 10.5.2021 (BGBl. I S. 1099, auszugsweise wiedergegeben als nichtamtlicher Anhang zur ZPO.

(4) ¹Das Bundesministerium der Justiz und für Verbraucherschutz macht im Bundesgesetzblatt Folgendes bekannt (Pfändungsfreigrenzenbekanntmachung)[1]:
1. die Höhe des unpfändbaren Arbeitseinkommens nach Absatz 1,
2. die Höhe der Erhöhungsbeträge nach Absatz 2,
3. die Höhe der in Absatz 3 Satz 3 genannten Höchstbeträge.
²Die Beträge werden jeweils zum 1. Juli eines Jahres entsprechend der im Vergleich zum jeweiligen Vorjahreszeitraum sich ergebenden prozentualen Entwicklung des Grundfreibetrages nach § 32a Absatz 1 Satz 2 Nummer 1 des Einkommensteuergesetzes angepasst; der Berechnung ist die am 1. Januar des jeweiligen Jahres geltende Fassung des § 32a Absatz 1 Satz 2 Nummer 1 des Einkommensteuergesetzes zugrunde zu legen.

(5) ¹Um den nach Absatz 3 pfändbaren Teil des Arbeitseinkommens zu berechnen, ist das Arbeitseinkommen, gegebenenfalls nach Abzug des nach Absatz 3 Satz 3 pfändbaren Betrages, auf eine Zahl abzurunden, die bei einer Auszahlung für
1. Monate bei einer Teilung durch 10 eine natürliche Zahl ergibt,
2. Wochen bei einer Teilung durch 2,5 eine natürliche Zahl ergibt,
3. Tage bei einer Teilung durch 0,5 eine natürliche Zahl ergibt.
²Die sich aus der Berechnung nach Satz 1 ergebenden Beträge sind in der Pfändungsfreigrenzenbekanntmachung als Tabelle enthalten. ³Im Pfändungsbeschluss genügt die Bezugnahme auf die Tabelle.

(6) Hat eine Person, welcher der Schuldner auf Grund gesetzlicher Verpflichtung Unterhalt gewährt, eigene Einkünfte, so kann das Vollstreckungsgericht auf Antrag des Gläubigers nach billigem Ermessen bestimmen, dass diese Person bei der Berechnung des unpfändbaren Teils des Arbeitseinkommens ganz oder teilweise unberücksichtigt bleibt; soll die Person nur teilweise berücksichtigt werden, so ist Absatz 5 Satz 3 nicht anzuwenden.

§ 850d[2] Pfändbarkeit bei Unterhaltsansprüchen.

(1) ¹Wegen der Unterhaltsansprüche, die kraft Gesetzes einem Verwandten, dem Ehegatten, einem früheren Ehegatten, dem Lebenspartner, einem früheren Lebenspartner oder nach §§ 1615l, 1615n des Bürgerlichen Gesetzbuchs[3] einem Elternteil zustehen, sind das Arbeitseinkommen und die in § 850a Nr. 1, 2 und 4 genannten Bezüge ohne die in § 850c bezeichneten Beschränkungen pfändbar. ²Dem Schuldner ist jedoch so viel zu belassen, als er für seinen notwendigen Unterhalt und zur Erfüllung seiner laufenden gesetzlichen Unterhaltspflichten gegenüber dem dem Gläubiger vorgehenden Berechtigten oder zur gleichmäßigen Befriedigung des Gläubigers gleichstehenden Berechtigten bedarf; von den in § 850a Nr. 1, 2 und 4 genannten Bezügen hat ihm mindestens die Hälfte des nach § 850a unpfändbaren Betrages zu verbleiben. ³Der dem Schuldner hiernach verbleibende Teil seines Arbeitseinkommens darf den Betrag nicht übersteigen, der ihm nach den Vorschriften des § 850c gegenüber nicht bevorrechtigten Gläubigern zu verbleiben hätte. ⁴Für die Pfändung wegen der Rückstände, die länger als ein Jahr vor dem Antrag auf Erlass des Pfändungsbeschlusses fällig geworden sind, gelten die Vorschriften dieses Absatzes insoweit nicht, als nach Lage der Verhältnisse nicht

---

[1] Siehe die Pfändungsfreigrenzenbek. 2021 v. 10.5.2021 (BGBl. I S. 1099), auszugsweise wiedergegeben als nichtamtlicher Anhang zur ZPO.
[2] § 850d Abs. 2 neu gef. mWv 1.1.2008 durch G v. 21.12.2007 (BGBl. I S. 3189).
[3] Nr. **20**.

100 ZPO § 850e — Buch 8. Zwangsvollstreckung

anzunehmen ist, dass der Schuldner sich seiner Zahlungspflicht absichtlich entzogen hat.

(2) Mehrere nach Absatz 1 Berechtigte sind mit ihren Ansprüchen in der Reihenfolge nach § 1609 des Bürgerlichen Gesetzbuchs und § 16 des Lebenspartnerschaftsgesetzes[1]) zu berücksichtigen, wobei mehrere gleich nahe Berechtigte untereinander den gleichen Rang haben.

(3) Bei der Vollstreckung wegen der in Absatz 1 bezeichneten Ansprüche sowie wegen der aus Anlass einer Verletzung des Körpers oder der Gesundheit zu zahlenden Renten kann zugleich mit der Pfändung wegen fälliger Ansprüche auch künftig fällig werdendes Arbeitseinkommen wegen der dann jeweils fällig werdenden Ansprüche gepfändet und überwiesen werden.

§ 850e Berechnung des pfändbaren Arbeitseinkommens. Für die Berechnung des pfändbaren Arbeitseinkommens gilt Folgendes:

1. [1] Nicht mitzurechnen sind die nach § 850a der Pfändung entzogenen Bezüge, ferner Beträge, die unmittelbar auf Grund steuerrechtlicher oder sozialrechtlicher Vorschriften zur Erfüllung gesetzlicher Verpflichtungen des Schuldners abzuführen sind. [2] Diesen Beträgen stehen gleich die auf den Auszahlungszeitraum entfallenden Beträge, die der Schuldner
    a) nach den Vorschriften der Sozialversicherungsgesetze zur Weiterversicherung entrichtet oder
    b) an eine Ersatzkasse oder an ein Unternehmen der privaten Krankenversicherung leistet, soweit sie den Rahmen des Üblichen nicht übersteigen.
2. [1] Mehrere Arbeitseinkommen sind auf Antrag vom Vollstreckungsgericht bei der Pfändung zusammenzurechnen. [2] Der unpfändbare Grundbetrag ist in erster Linie dem Arbeitseinkommen zu entnehmen, das die wesentliche Grundlage der Lebenshaltung des Schuldners bildet.
2a. [1] Mit Arbeitseinkommen sind auf Antrag auch Ansprüche auf laufende Geldleistungen nach dem Sozialgesetzbuch zusammenzurechnen, soweit diese der Pfändung unterworfen sind. [2] Der unpfändbare Grundbetrag ist, soweit die Pfändung nicht wegen gesetzlicher Unterhaltsansprüche erfolgt, in erster Linie den laufenden Geldleistungen nach dem Sozialgesetzbuch zu entnehmen. [3] Ansprüche auf Geldleistungen für Kinder dürfen mit Arbeitseinkommen nur zusammengerechnet werden, soweit sie nach § 76 des Einkommensteuergesetzes oder nach § 54 Abs. 5 des Ersten Buches Sozialgesetzbuch[2]) gepfändet werden können.
3. [1] Erhält der Schuldner neben seinem in Geld zahlbaren Einkommen auch Naturalleistungen, so sind Geld- und Naturalleistungen zusammenzurechnen. [2] In diesem Fall ist der in Geld zahlbare Betrag insoweit pfändbar, als der nach § 850c unpfändbare Teil des Gesamteinkommens durch den Wert der dem Schuldner verbleibenden Naturalleistungen gedeckt ist.
4. [1] Trifft eine Pfändung, eine Abtretung oder eine sonstige Verfügung wegen eines der in § 850d bezeichneten Ansprüche mit einer Pfändung wegen eines sonstigen Anspruchs zusammen, so sind auf die Unterhaltsansprüche zunächst die gemäß § 850d der Pfändung in erweitertem Umfang unterliegenden Teile des Arbeitseinkommens zu verrechnen. [2] Die Verrechnung nimmt auf Antrag eines Beteiligten das Vollstreckungsgericht vor. [3] Der Drittschuldner kann,

---

[1]) Habersack, Deutsche Gesetze ErgBd. Nr. 43.
[2]) Sartorius ErgBd. Nr. 401.

194 — Oktober 2021 EL 187

Abschnitt 2. Zwangsvollstr. w. Geldforderungen §§ 850f–850h ZPO

solange ihm eine Entscheidung des Vollstreckungsgerichts nicht zugestellt ist, nach dem Inhalt der ihm bekannten Pfändungsbeschlüsse, Abtretungen und sonstigen Verfügungen mit befreiender Wirkung leisten.

§ 850f[1]) **Änderung des unpfändbaren Betrages.** (1) Das Vollstreckungsgericht kann dem Schuldner auf Antrag von dem nach den Bestimmungen der §§ 850c, 850d und 850i pfändbaren Teil seines Arbeitseinkommens einen Teil belassen, wenn

1. der Schuldner nachweist, dass bei Anwendung der Pfändungsfreigrenzen entsprechend § 850c der notwendige Lebensunterhalt im Sinne des Dritten und Vierten Kapitels des Zwölften Buches Sozialgesetzbuch[2]) oder nach Kapitel 3 Abschnitt 2 des Zweiten Buches Sozialgesetzbuch[3]) für sich und für die Personen, denen er gesetzlich zum Unterhalt verpflichtet ist, nicht gedeckt ist,
2. besondere Bedürfnisse des Schuldners aus persönlichen oder beruflichen Gründen oder
3. der besondere Umfang der gesetzlichen Unterhaltspflichten des Schuldners, insbesondere die Zahl der Unterhaltsberechtigten, dies erfordern

und überwiegende Belange des Gläubigers nicht entgegenstehen.

(2) Wird die Zwangsvollstreckung wegen einer Forderung aus einer vorsätzlich begangenen unerlaubten Handlung betrieben, so kann das Vollstreckungsgericht auf Antrag des Gläubigers den pfändbaren Teil des Arbeitseinkommens ohne Rücksicht auf die in § 850c vorgesehenen Beschränkungen bestimmen; dem Schuldner ist jedoch so viel zu belassen, wie er für seinen notwendigen Unterhalt und zur Erfüllung seiner laufenden gesetzlichen Unterhaltspflichten bedarf.

§ 850g Änderung der Unpfändbarkeitsvoraussetzungen. [1]Ändern sich die Voraussetzungen für die Bemessung des unpfändbaren Teils des Arbeitseinkommens, so hat das Vollstreckungsgericht auf Antrag des Schuldners oder des Gläubigers den Pfändungsbeschluss entsprechend zu ändern. [2]Antragsberechtigt ist auch ein Dritter, dem der Schuldner kraft Gesetzes Unterhalt zu gewähren hat. [3]Der Drittschuldner kann nach dem Inhalt des früheren Pfändungsbeschlusses mit befreiender Wirkung leisten, bis ihm der Änderungsbeschluss zugestellt wird.

§ 850h Verschleiertes Arbeitseinkommen. (1) [1]Hat sich der Empfänger der vom Schuldner geleisteten Arbeiten oder Dienste verpflichtet, Leistungen an einen Dritten zu bewirken, die nach Lage der Verhältnisse ganz oder teilweise eine Vergütung für die Leistung des Schuldners darstellen, so kann der Anspruch des Drittberechtigten insoweit auf Grund des Schuldtitels gegen den Schuldner gepfändet werden, wie wenn der Anspruch dem Schuldner zustände. [2]Die Pfändung des Vergütungsanspruchs des Schuldners umfasst ohne weiteres den Anspruch des Drittberechtigten. [3]Der Pfändungsbeschluss ist dem Drittberechtigten ebenso wie dem Schuldner zuzustellen.

(2) [1]Leistet der Schuldner einem Dritten in einem ständigen Verhältnis Arbeiten oder Dienste, die nach Art und Umfang üblicherweise vergütet werden, unentgeltlich oder gegen eine unverhältnismäßig geringe Vergütung, so gilt im Verhältnis des Gläubigers zu dem Empfänger der Arbeits- und Dienstleistungen eine

---

[1]) § 850f Abs. 1 Buchst. a wird Nr. 1 und neu gef., Buchst. b und c werden Nr. 2 und 3, Abs. 3 aufgeh. mWv 8.5.2021 durch G v. 22.11.2020 (BGBl. I S. 2466, geänd. durch G v. 7.5.2021, BGBl. I S. 850).
[2]) Sartorius ErgBd. Nr. 412.
[3]) Sartorius ErgBd. Nr. 402.

EL 187 Oktober 2021 195

angemessene Vergütung als geschuldet. ²Bei der Prüfung, ob diese Voraussetzungen vorliegen, sowie bei der Bemessung der Vergütung ist auf alle Umstände des Einzelfalles, insbesondere die Art der Arbeits- und Dienstleistung, die verwandtschaftlichen oder sonstigen Beziehungen zwischen dem Dienstberechtigten und dem Dienstverpflichteten und die wirtschaftliche Leistungsfähigkeit des Dienstberechtigten Rücksicht zu nehmen.

§ 850i[1]) **Pfändungsschutz für sonstige Einkünfte.** (1) ¹Werden nicht wiederkehrend zahlbare Vergütungen für persönlich geleistete Arbeiten oder Dienste oder sonstige Einkünfte, die kein Arbeitseinkommen sind, gepfändet, so hat das Gericht dem Schuldner auf Antrag während eines angemessenen Zeitraums so viel zu belassen, als ihm nach freier Schätzung des Gerichts verbleiben würde, wenn sein Einkommen aus laufendem Arbeits- oder Dienstlohn bestünde. ²Bei der Entscheidung sind die wirtschaftlichen Verhältnisse des Schuldners, insbesondere seine sonstigen Verdienstmöglichkeiten, frei zu würdigen. ³Der Antrag des Schuldners ist insoweit abzulehnen, als überwiegende Belange des Gläubigers entgegenstehen.

(2) Die Vorschriften des § 27 des Heimarbeitsgesetzes vom 14. März 1951 (BGBl. I S. 191) bleiben unberührt.[2])

(3) Die Bestimmungen der Versicherungs-, Versorgungs- und sonstigen gesetzlichen Vorschriften über die Pfändung von Ansprüchen bestimmter Art bleiben unberührt.[3])

---

[1]) § 850i Überschrift und Abs. 1 neu gef., Abs. 2 aufgeh., bish. Abs. 3 und 4 werden Abs. 2 und 3 mWv 1.7.2010 durch G v. 7.7.2009 (BGBl. I S. 1707).
[2]) § 27 HeimarbeitsG lautet:
„**§ 27. Pfändungsschutz.** Für das Entgelt, das den in Heimarbeit Beschäftigten oder den Gleichgestellten gewährt wird, gelten die Vorschriften über den Pfändungsschutz für Vergütungen, die auf Grund eines Arbeits- oder Dienstverhältnisses geschuldet werden, entsprechend."
[3]) Beachte hierzu § 54 Sozialgesetzbuch (SGB I) – Allgemeiner Teil – **(Sartorius ErgBd. Nr. 401)** mit späteren Änderungen:
„**§ 54 Pfändung.** (1) Ansprüche auf Dienst- und Sachleistungen können nicht gepfändet werden.
(2) Ansprüche auf einmalige Geldleistungen können nur gepfändet werden, soweit nach den Umständen des Falles, insbesondere nach den Einkommens- und Vermögensverhältnissen des Leistungsberechtigten, der Art des beizutreibenden Anspruchs sowie der Höhe und der Zweckbestimmung der Geldleistung, die Pfändung der Billigkeit entspricht.
(3) Unpfändbar sind Ansprüche auf
1. Elterngeld bis zur Höhe der nach § 10 des Bundeselterngeld- und Elternzeitgesetzes anrechnungsfreien Beträge sowie dem Erziehungsgeld vergleichbare Leistungen der Länder,
2. Mutterschaftsgeld nach § 19 Absatz 1 des Mutterschutzgesetzes, soweit das Mutterschaftsgeld nicht aus einer Teilzeitbeschäftigung während der Elternzeit herrührt, bis zur Höhe des Elterngeldes nach § 2 des Bundeselterngeld- und Elternzeitgesetzes, soweit es die anrechnungsfreien Beträge nach § 10 des Bundeselterngeld- und Elternzeitgesetzes nicht übersteigt,
2a. Wohngeld, soweit nicht die Pfändung wegen Ansprüchen erfolgt, die Gegenstand der §§ 9 und 10 des Wohngeldgesetzes sind,
3. Geldleistungen, die dafür bestimmt sind, den durch einen Körper- oder Gesundheitsschaden bedingten Mehraufwand auszugleichen.
(4) Im übrigen können Ansprüche auf laufende Geldleistungen wie Arbeitseinkommen gepfändet werden.
(5) ¹Ein Anspruch des Leistungsberechtigten auf Geldleistungen für Kinder (§ 48 Abs. 1 Satz 2) kann nur wegen gesetzlicher Unterhaltsansprüche eines Kindes, das bei der Festsetzung der Geldleistung berücksichtigt wird, gepfändet werden. ²Für die Höhe des pfändbaren Betrages bei Kindergeld gilt:
1. Gehört das unterhaltsberechtigte Kind zum Kreis der Kinder, für die dem Leistungsberechtigten Kindergeld gezahlt wird, ist eine Pfändung bis zu dem Betrag möglich, der bei gleichmäßiger Verteilung des Kindergeldes auf jedes dieser Kinder entfällt. Ist das Kindergeld durch die Berücksichtigung eines weiteren Kindes erhöht, für das einer dritten Person Kindergeld oder dieser oder dem →

Abschnitt 2. Zwangsvollstr. w. Geldforderungen   §§ 850k, 850l   ZPO

§ 850k[1]) **Einrichtung und Beendigung des Pfändungsschutzkontos.**
(1) [1]Eine natürliche Person kann jederzeit von dem Kreditinstitut verlangen, dass ein von ihr dort geführtes Zahlungskonto als Pfändungsschutzkonto geführt wird. [2]Satz 1 gilt auch, wenn das Zahlungskonto zum Zeitpunkt des Verlangens einen negativen Saldo aufweist. [3]Ein Pfändungsschutzkonto darf jedoch ausschließlich auf Guthabenbasis geführt werden.

(2) [1]Ist Guthaben auf dem Zahlungskonto bereits gepfändet worden, kann der Schuldner die Führung dieses Kontos als Pfändungsschutzkonto zum Beginn des vierten auf sein Verlangen folgenden Geschäftstages fordern. [2]Das Vertragsverhältnis zwischen dem Kontoinhaber und dem Kreditinstitut bleibt im Übrigen unberührt.

(3) [1]Jede Person darf nur ein Pfändungsschutzkonto unterhalten. [2]Bei dem Verlangen nach Absatz 1 hat der Kunde gegenüber dem Kreditinstitut zu versichern, dass er kein weiteres Pfändungsschutzkonto unterhält.

(4) [1]Unterhält ein Schuldner entgegen Absatz 3 Satz 1 mehrere Zahlungskonten als Pfändungsschutzkonten, ordnet das Vollstreckungsgericht auf Antrag des Gläubigers an, dass nur das von dem Gläubiger in seinem Antrag bezeichnete Zahlungskonto der Schuldner als Pfändungsschutzkonto verbleibt. [2]Der Gläubiger hat den Umstand, dass ein Schuldner entgegen Satz 1 mehrere Zahlungskonten als Pfändungsschutzkonten unterhält, durch Vorlage entsprechender Erklärungen der Drittschuldner glaubhaft zu machen. [3]Eine Anhörung des Schuldners durch das Vollstreckungsgericht unterbleibt. [4]Die Anordnung nach Satz 1 ist allen Drittschuldnern zuzustellen. [5]Mit der Zustellung der Anordnung an diejenigen Kreditinstitute, deren Zahlungskonten nicht zum Pfändungsschutzkonto bestimmt sind, entfallen die Wirkungen dieser Pfändungsschutzkonten.

(5) [1]Der Kontoinhaber kann mit einer Frist von mindestens vier Geschäftstagen zum Monatsende von dem Kreditinstitut verlangen, dass das dort geführte Pfändungsschutzkonto als Zahlungskonto ohne Pfändungsschutz geführt wird. [2]Absatz 2 Satz 2 gilt entsprechend.

§ 850l[2]) **Pfändung des Gemeinschaftskontos.** (1) [1]Unterhält der Schuldner, der eine natürliche Person ist, mit einer anderen natürlichen oder mit einer juristischen Person oder mit einer Mehrheit von Personen ein Gemeinschaftskonto und wird Guthaben auf diesem Konto gepfändet, so darf das Kreditinstitut erst nach Ablauf von einem Monat nach Zustellung des Überweisungsbeschlusses aus dem Guthaben an den Gläubiger leisten oder den Betrag hinterlegen. [2]Satz 1 gilt auch für künftiges Guthaben.

(2) [1]Ist der Schuldner eine natürliche Person, kann er innerhalb des Zeitraums nach Absatz 1 Satz 1 von dem Kreditinstitut verlangen, bestehendes oder künftiges Guthaben von dem Gemeinschaftskonto auf ein bei dem Kreditinstitut allein auf

---

(Fortsetzung der Anm. von voriger Seite)
Leistungsberechtigten eine andere Geldleistung für Kinder zusteht, so bleibt der Erhöhungsbetrag bei der Bestimmung des pfändbaren Betrages des Kindergeldes nach Satz 1 außer Betracht.
2. Der Erhöhungsbetrag (Nummer 1 Satz 2) ist zugunsten jedes bei der Festsetzung des Kindergeldes berücksichtigten unterhaltsberechtigten Kindes zu dem Anteil pfändbar, der sich bei gleichmäßiger Verteilung auf alle Kinder, die bei der Festsetzung des Kindergeldes zu Leistungsberechtigten berücksichtigt werden, ergibt.
(6) In den Fällen der Absätze 2, 4 und 5 gilt § 53 Abs. 6 entsprechend."
[1]) § 850k neu gef. mWv 1.12.2021 durch G v. 22.11.2020 (BGBl. I S. 2466).
[2]) § 850l neu gef. mWv 1.12.2021 durch G v. 22.11.2020 (BGBl. I S. 2466); Abs. 2 Satz 2 geänd. mWv 1.12.2021 durch G v. 7.5.2021 (BGBl. I S. 850).

seinen Namen lautendes Zahlungskonto zu übertragen. ²Wird Guthaben nach Satz 1 übertragen und verlangt der Schuldner innerhalb des Zeitraums nach Absatz 1 Satz 1, dass das Zahlungskonto als Pfändungsschutzkonto geführt wird, so gelten für die Einrichtung des Pfändungsschutzkontos § 850k und für das übertragene Guthaben die Regelungen des Buches 8 Abschnitt 4. ³Für die Übertragung nach Satz 1 ist eine Mitwirkung anderer Kontoinhaber oder des Gläubigers nicht erforderlich. ⁴Der Übertragungsbetrag beläuft sich auf den Kopfteil des Schuldners an dem Guthaben. ⁵Sämtliche Kontoinhaber und der Gläubiger können sich auf eine von Satz 4 abweichende Aufteilung des Übertragungsbetrages einigen; die Vereinbarung ist dem Kreditinstitut in Textform mitzuteilen.

(3) Absatz 2 Satz 1 und 3 bis 5 ist auf natürliche Personen, mit denen der Schuldner das Gemeinschaftskonto unterhält, entsprechend anzuwenden.

(4) Die Wirkungen von Pfändung und Überweisung von Guthaben auf dem Gemeinschaftskonto setzen sich an dem nach Absatz 2 Satz 1 auf ein Einzelkonto des Schuldners übertragenen Guthaben fort; sie setzen sich nicht an dem Guthaben fort, das nach Absatz 3 übertragen wird.

§ 851 Nicht übertragbare Forderungen. (1) Eine Forderung ist in Ermangelung besonderer Vorschriften der Pfändung nur insoweit unterworfen, als sie übertragbar ist.

(2) Eine nach § 399 des Bürgerlichen Gesetzbuchs[1)] nicht übertragbare Forderung kann insoweit gepfändet und zur Einziehung überwiesen werden, als der geschuldete Gegenstand der Pfändung unterworfen ist.

§ 851a Pfändungsschutz für Landwirte. (1) Die Pfändung von Forderungen, die einem die Landwirtschaft betreibenden Schuldner aus dem Verkauf von landwirtschaftlichen Erzeugnissen zustehen, ist auf seinen Antrag vom Vollstreckungsgericht insoweit aufzuheben, als die Einkünfte zum Unterhalt des Schuldners, seiner Familie und seiner Arbeitnehmer oder zur Aufrechterhaltung einer geordneten Wirtschaftsführung unentbehrlich sind.

(2) Die Pfändung soll unterbleiben, wenn offenkundig ist, dass die Voraussetzungen für die Aufhebung der Zwangsvollstreckung nach Absatz 1 vorliegen.

§ 851b[2) 3)] **Pfändungsschutz bei Miet- und Pachtzinsen.** (1) ¹Die Pfändung von Miete und Pacht ist auf Antrag des Schuldners vom Vollstreckungsgericht insoweit aufzuheben, als diese Einkünfte für den Schuldner zur laufenden Unterhaltung des Grundstücks, zur Vornahme notwendiger Instandsetzungsarbeiten und zur Befriedigung von Ansprüchen unentbehrlich sind, die bei einer Zwangsvollstreckung in das Grundstück dem Anspruch des Gläubigers nach § 10 des Gesetzes über die Zwangsversteigerung und die Zwangsverwaltung[4)] vorgehen würden. ²Das Gleiche gilt von der Pfändung von Barmitteln und Guthaben, die aus Miet- oder Pachtzahlungen herrühren und zu den in Satz 1 bezeichneten Zwecken unentbehrlich sind.

(2) ¹Wird der Antrag nicht binnen einer Frist von zwei Wochen gestellt, so ist er ohne sachliche Prüfung zurückzuweisen, wenn das Vollstreckungsgericht der Überzeugung ist, dass der Schuldner den Antrag in der Absicht der Verschleppung

---

[1)] Nr. **20**.
[2)] § 851b Abs. 2 neu gef., Abs. 3 und 4 angef. mWv 1.1.2013 durch G v. 29.7.2009 (BGBl. I S. 2258).
[3)] Beachte hierzu Übergangsvorschrift in § 39 EGZPO (Nr. **101**).
[4)] Nr. **108**.

oder aus grober Nachlässigkeit nicht früher gestellt hat. ²Die Frist beginnt mit der Pfändung.

(3) Anordnungen nach Absatz 1 können mehrmals ergehen und, soweit es nach Lage der Verhältnisse geboten ist, auf Antrag aufgehoben oder abgeändert werden.

(4) ¹Vor den in den Absätzen 1 und 3 bezeichneten Entscheidungen ist, soweit dies ohne erhebliche Verzögerung möglich ist, der Gläubiger zu hören. ²Die für die Entscheidung wesentlichen tatsächlichen Verhältnisse sind glaubhaft zu machen. ³Die Pfändung soll unterbleiben, wenn offenkundig ist, dass die Voraussetzungen für die Aufhebung der Zwangsvollstreckung nach Absatz 1 vorliegen.

§ 851c[1]**) Pfändungsschutz bei Altersrenten.** (1) Ansprüche auf Leistungen, die auf Grund von Verträgen gewährt werden, dürfen nur wie Arbeitseinkommen gepfändet werden, wenn
1. die Leistung in regelmäßigen Zeitabständen lebenslang und nicht vor Vollendung des 60. Lebensjahres oder nur bei Eintritt der Berufsunfähigkeit gewährt wird,
2. über die Ansprüche aus dem Vertrag nicht verfügt werden darf,
3. die Bestimmung von Dritten mit Ausnahme von Hinterbliebenen als Berechtigte ausgeschlossen ist und
4. die Zahlung einer Kapitalleistung, ausgenommen eine Zahlung für den Todesfall, nicht vereinbart wurde.

(2) ¹Beträge, die der Schuldner anspart, um in Erfüllung eines Vertrages nach Absatz 1 eine angemessene Alterssicherung aufzubauen, unterliegen nicht der Pfändung, soweit sie
1. jährlich nicht mehr betragen als
   a) 6 000 Euro bei einem Schuldner vom 18. bis zum vollendeten 27. Lebensjahr und
   b) 7 000 Euro bei einem Schuldner vom 28. bis zum vollendeten 67. Lebensjahr und
2. einen Gesamtbetrag von 340 000 Euro nicht übersteigen.

²Die in Satz 1 genannten Beträge werden jeweils zum 1. Juli eines jeden fünften Jahres entsprechend der Entwicklung auf dem Kapitalmarkt, des Sterblichkeitsrisikos und der Höhe der Pfändungsfreigrenze angepasst und die angepassten Beträge vom Bundesministerium der Justiz und für Verbraucherschutz in der Pfändungsfreigrenzenbekanntmachung im Sinne des § 850c Absatz 4 Satz 1 bekannt gemacht. ³Übersteigt der Rückkaufwert der Alterssicherung den unpfändbaren Betrag, sind drei Zehntel des überschießenden Betrags unpfändbar. ⁴Satz 3 gilt nicht für den Teil des Rückkaufwerts, der den dreifachen Wert des in Satz 1 Nummer 2 genannten Betrags übersteigt.

(3) § 850e Nr. 2 und 2a gilt entsprechend.

§ 851d[2]**) Pfändungsschutz bei steuerlich gefördertem Altersvorsorgevermögen.** Monatliche Leistungen in Form einer lebenslangen Rente oder monatlicher Ratenzahlungen im Rahmen eines Auszahlungsplans nach § 1 Abs. 1 Satz 1

---

[1] § 851c eingef. mWv 31.3.2007 durch G v. 26.3.2007 (BGBl. I S. 368); Abs. 2 Sätze 1, 2 neu gef., Satz 4 geänd. mWv 1.1.2022 durch G v. 7.5.2021 (BGBl. I S. 850).
[2] § 851d eingef. mWv 31.3.2007 durch G v. 26.3.2007 (BGBl. I S. 368).

Nr. 4 des Altersvorsorgeverträge-Zertifizierungsgesetzes[1] aus steuerlich gefördertem Altersvorsorgevermögen sind wie Arbeitseinkommen pfändbar.

§ 852[2] **Beschränkt pfändbare Forderungen.** (1) Der Pflichtteilsanspruch ist der Pfändung nur unterworfen, wenn er durch Vertrag anerkannt oder rechtshängig geworden ist.

(2) Das Gleiche gilt für den nach § 528 des Bürgerlichen Gesetzbuchs[3] dem Schenker zustehenden Anspruch auf Herausgabe des Geschenkes sowie für den Anspruch eines Ehegatten oder Lebenspartners auf den Ausgleich des Zugewinns.

§ 853 Mehrfache Pfändung einer Geldforderung. Ist eine Geldforderung für mehrere Gläubiger gepfändet, so ist der Drittschuldner berechtigt und auf Verlangen eines Gläubigers, dem die Forderung überwiesen wurde, verpflichtet, unter Anzeige der Sachlage und unter Aushändigung der ihm zugestellten Beschlüsse an das Amtsgericht, dessen Beschluss ihm zuerst zugestellt ist, den Schuldbetrag zu hinterlegen.

§ 854 Mehrfache Pfändung eines Anspruchs auf bewegliche Sachen.
(1) ¹Ist ein Anspruch, der eine bewegliche körperliche Sache betrifft, für mehrere Gläubiger gepfändet, so ist der Drittschuldner berechtigt und auf Verlangen eines Gläubigers, dem der Anspruch überwiesen wurde, verpflichtet, die Sache unter Anzeige der Sachlage und unter Aushändigung der ihm zugestellten Beschlüsse dem Gerichtsvollzieher herauszugeben, der nach dem ihm zuerst zugestellten Beschluss zur Empfangnahme der Sache ermächtigt ist. ²Hat der Gläubiger einen solchen Gerichtsvollzieher nicht bezeichnet, so wird dieser auf Antrag des Drittschuldners von dem Amtsgericht des Ortes ernannt, wo die Sache herauszugeben ist.

(2) ¹Ist der Erlös zur Deckung der Forderungen nicht ausreichend und verlangt der Gläubiger, für den die zweite oder eine spätere Pfändung erfolgt ist, ohne Zustimmung der übrigen beteiligten Gläubiger eine andere Verteilung als nach der Reihenfolge der Pfändungen, so hat der Gerichtsvollzieher die Sachlage unter Hinterlegung des Erlöses dem Amtsgericht anzuzeigen, dessen Beschluss dem Drittschuldner zuerst zugestellt ist. ²Dieser Anzeige sind die Dokumente beizufügen, die sich auf das Verfahren beziehen.

(3) In gleicher Weise ist zu verfahren, wenn die Pfändung für mehrere Gläubiger gleichzeitig bewirkt ist.

§ 855 Mehrfache Pfändung eines Anspruchs auf eine unbewegliche Sache. Betrifft der Anspruch eine unbewegliche Sache, so ist der Drittschuldner berechtigt und auf Verlangen eines Gläubigers, dem der Anspruch überwiesen wurde, verpflichtet, die Sache unter Anzeige der Sachlage und unter Aushändigung der ihm zugestellten Beschlüsse an den von dem Amtsgericht der belegenen Sache ernannten oder auf seinen Antrag zu ernennenden Sequester herauszugeben.

§ 855a Mehrfache Pfändung eines Anspruchs auf ein Schiff. (1) Betrifft der Anspruch ein eingetragenes Schiff, so ist der Drittschuldner berechtigt und auf Verlangen eines Gläubigers, dem der Anspruch überwiesen wurde, verpflichtet,

---

[1] Aichberger, SGB Nr. 6/80.
[2] § 852 Abs. 2 geänd. mWv 26.11.2015 durch G v. 20.11.2015 (BGBl. I S. 2010).
[3] Nr. 20.

das Schiff unter Anzeige der Sachlage und unter Aushändigung der Beschlüsse dem Treuhänder herauszugeben, der in dem ihm zuerst zugestellten Beschluss bestellt ist.

(2) Absatz 1 gilt sinngemäß, wenn der Anspruch ein Schiffsbauwerk betrifft, das im Schiffsbauregister eingetragen ist oder in dieses Register eingetragen werden kann.

§ 856 Klage bei mehrfacher Pfändung. (1) Jeder Gläubiger, dem der Anspruch überwiesen wurde, ist berechtigt, gegen den Drittschuldner Klage auf Erfüllung der nach den Vorschriften der §§ 853 bis 855 diesem obliegenden Verpflichtungen zu erheben.

(2) Jeder Gläubiger, für den der Anspruch gepfändet ist, kann sich dem Kläger in jeder Lage des Rechtsstreits als Streitgenosse anschließen.

(3) Der Drittschuldner hat bei dem Prozessgericht zu beantragen, dass die Gläubiger, welche die Klage nicht erhoben und dem Kläger sich nicht angeschlossen haben, zum Termin zur mündlichen Verhandlung geladen werden.

(4) Die Entscheidung, die in dem Rechtsstreit über den in der Klage erhobenen Anspruch erlassen wird, ist für und gegen sämtliche Gläubiger wirksam.

(5) Der Drittschuldner kann sich gegenüber einem Gläubiger auf die ihm günstige Entscheidung nicht berufen, wenn der Gläubiger zum Termin zur mündlichen Verhandlung nicht geladen worden ist.

§ 857 Zwangsvollstreckung in andere Vermögensrechte. (1) Für die Zwangsvollstreckung in andere Vermögensrechte, die nicht Gegenstand der Zwangsvollstreckung in das unbewegliche Vermögen sind, gelten die vorstehenden Vorschriften entsprechend.

(2) Ist ein Drittschuldner nicht vorhanden, so ist die Pfändung mit dem Zeitpunkt als bewirkt anzusehen, in welchem dem Schuldner das Gebot, sich jeder Verfügung über das Recht zu enthalten, zugestellt ist.

(3) Ein unveräußerliches Recht ist in Ermangelung besonderer Vorschriften der Pfändung insoweit unterworfen, als die Ausübung einem anderen überlassen werden kann.

(4) [1] Das Gericht kann bei der Zwangsvollstreckung in unveräußerliche Rechte, deren Ausübung einem anderen überlassen werden kann, besondere Anordnungen erlassen. [2] Es kann insbesondere bei der Zwangsvollstreckung in Nutzungsrechte eine Verwaltung anordnen; in diesem Fall wird die Pfändung durch Übergabe der zu benutzenden Sache an den Verwalter bewirkt, sofern sie nicht durch Zustellung des Beschlusses bereits vorher bewirkt ist.

(5) Ist die Veräußerung des Rechts selbst zulässig, so kann auch diese Veräußerung von dem Gericht angeordnet werden.

(6) Auf die Zwangsvollstreckung in eine Reallast, eine Grundschuld oder eine Rentenschuld sind die Vorschriften über die Zwangsvollstreckung in eine Forderung, für die eine Hypothek besteht, entsprechend anzuwenden.

(7) Die Vorschrift des § 845 Abs. 1 Satz 2 ist nicht anzuwenden.

§ 858 Zwangsvollstreckung in Schiffspart. (1) Für die Zwangsvollstreckung in die Schiffspart (§§ 489 ff. des Handelsgesetzbuchs[1]) gilt § 857 mit folgenden Abweichungen.

---

[1] Nr. 50.

(2) Als Vollstreckungsgericht ist das Amtsgericht zuständig, bei dem das Register für das Schiff geführt wird.

(3) [1] Die Pfändung bedarf der Eintragung in das Schiffsregister; die Eintragung erfolgt auf Grund des Pfändungsbeschlusses. [2] Der Pfändungsbeschluss soll dem Korrespondentreeder zugestellt werden; wird der Beschluss diesem vor der Eintragung zugestellt, so gilt die Pfändung ihm gegenüber mit der Zustellung als bewirkt.

(4) [1] Verwertet wird die gepfändete Schiffspart im Wege der Veräußerung. [2] Dem Antrag auf Anordnung der Veräußerung ist ein Auszug aus dem Schiffsregister beizufügen, der alle das Schiff und die Schiffspart betreffenden Eintragungen enthält; der Auszug darf nicht älter als eine Woche sein.

(5) [1] Ergibt der Auszug aus dem Schiffsregister, dass die Schiffspart mit einem Pfandrecht belastet ist, das einem anderen als dem betreibenden Gläubiger zusteht, so ist die Hinterlegung des Erlöses anzuordnen. [2] Der Erlös wird in diesem Fall nach den Vorschriften der §§ 873 bis 882 verteilt; Forderungen, für die ein Pfandrecht an der Schiffspart eingetragen ist, sind nach dem Inhalt des Schiffsregisters in den Teilungsplan aufzunehmen.

§ 859 Pfändung von Gesamthandanteilen.

(1) [1] Der Anteil eines Gesellschafters an dem Gesellschaftsvermögen einer nach § 705 des Bürgerlichen Gesetzbuchs[1] eingegangenen Gesellschaft ist der Pfändung unterworfen. [2] Der Anteil eines Gesellschafters an den einzelnen zu dem Gesellschaftsvermögen gehörenden Gegenständen ist der Pfändung nicht unterworfen.

(2) Die gleichen Vorschriften gelten für den Anteil eines Miterben an dem Nachlass und an den einzelnen Nachlassgegenständen.

§ 860[2]) Pfändung von Gesamtgutanteilen.

(1) [1] Bei dem Güterstand der Gütergemeinschaft ist der Anteil eines Ehegatten oder Lebenspartners an dem Gesamtgut und an den einzelnen dazu gehörenden Gegenständen der Pfändung nicht unterworfen. [2] Das Gleiche gilt bei der fortgesetzten Gütergemeinschaft von den Anteilen des überlebenden Ehegatten oder Lebenspartners und der Abkömmlinge.

(2) Nach der Beendigung der Gemeinschaft ist der Anteil an dem Gesamtgut zugunsten der Gläubiger des Anteilsberechtigten der Pfändung unterworfen.

§§ 861 und 862 (weggefallen)

§ 863 Pfändungsbeschränkungen bei Erbschaftsnutzungen.

(1) [1] Ist der Schuldner als Erbe nach § 2338 des Bürgerlichen Gesetzbuchs[1] durch die Einsetzung eines Nacherben beschränkt, so sind die Nutzungen der Erbschaft der Pfändung nicht unterworfen, soweit sie zur Erfüllung der dem Schuldner seinem Ehegatten, seinem früheren Ehegatten, seinem Lebenspartner, einem früheren Lebenspartner oder seinen Verwandten gegenüber gesetzlich obliegenden Unterhaltspflicht und zur Bestreitung seines standesmäßigen Unterhalts erforderlich sind. [2] Das Gleiche gilt, wenn der Schuldner nach § 2338 des Bürgerlichen Gesetzbuchs durch die Ernennung eines Testamentsvollstreckers beschränkt ist, für seinen Anspruch auf den jährlichen Reinertrag.

---

[1]) Nr. 20.
[2]) § 860 Abs. 1 Sätze 1 und 2 geänd. mWv 26.11.2015 durch G v. 20.11.2015 (BGBl. I S. 2010).

(2) Die Pfändung ist unbeschränkt zulässig, wenn der Anspruch eines Nachlassgläubigers oder ein auch dem Nacherben oder dem Testamentsvollstrecker gegenüber wirksames Recht geltend gemacht wird.

(3) Diese Vorschriften gelten entsprechend, wenn der Anteil eines Abkömmlings an dem Gesamtgut der fortgesetzten Gütergemeinschaft nach § 1513 Abs. 2 des Bürgerlichen Gesetzbuchs einer Beschränkung der im Absatz 1 bezeichneten Art unterliegt.

Titel 3.[1]) Zwangsvollstreckung in das unbewegliche Vermögen

§ 864 Gegenstand der Immobiliarvollstreckung. (1) Der Zwangsvollstreckung in das unbewegliche Vermögen unterliegen außer den Grundstücken die Berechtigungen, für welche die sich auf Grundstücke beziehenden Vorschriften gelten, die im Schiffsregister eingetragenen Schiffe und die Schiffsbauwerke, die im Schiffsbauregister eingetragen sind oder in dieses Register eingetragen werden können.

(2) Die Zwangsvollstreckung in den Bruchteil eines Grundstücks, einer Berechtigung der im Absatz 1 bezeichneten Art oder eines Schiffes oder Schiffsbauwerks ist nur zulässig, wenn der Bruchteil in dem Anteil eines Miteigentümers besteht oder wenn sich der Anspruch des Gläubigers auf ein Recht gründet, mit dem der Bruchteil als solcher belastet ist.

§ 865 Verhältnis zur Mobiliarvollstreckung. (1) Die Zwangsvollstreckung in das unbewegliche Vermögen umfasst auch die Gegenstände, auf die sich bei Grundstücken und Berechtigungen die Hypothek, bei Schiffen oder Schiffsbauwerken die Schiffshypothek erstreckt.

(2) [1] Diese Gegenstände können, soweit sie Zubehör sind, nicht gepfändet werden. [2] Im Übrigen unterliegen sie auch der Zwangsvollstreckung in das bewegliche Vermögen, solange nicht ihre Beschlagnahme im Wege der Zwangsvollstreckung in das unbewegliche Vermögen erfolgt ist.

§ 866[2]) Arten der Vollstreckung. (1) Die Zwangsvollstreckung in ein Grundstück erfolgt durch Eintragung einer Sicherungshypothek für die Forderung, durch Zwangsversteigerung und durch Zwangsverwaltung.

(2) Der Gläubiger kann verlangen, dass eine dieser Maßregeln allein oder neben den übrigen ausgeführt werde.

(3) [1] Eine Sicherungshypothek (Absatz 1) darf nur für einen Betrag von mehr als 750 Euro eingetragen werden; Zinsen bleiben dabei unberücksichtigt, soweit sie als Nebenforderung geltend gemacht sind. [2] Auf Grund mehrerer demselben Gläubiger zustehender Schuldtitel kann eine einheitliche Sicherungshypothek eingetragen werden.

§ 867 Zwangshypothek. (1) [1] Die Sicherungshypothek wird auf Antrag des Gläubigers in das Grundbuch eingetragen; die Eintragung ist auf dem vollstreckbaren Titel zu vermerken. [2] Mit der Eintragung entsteht die Hypothek. [3] Das Grundstück haftet auch für die dem Schuldner zur Last fallenden Kosten der Eintragung.

(2) [1] Sollen mehrere Grundstücke des Schuldners mit der Hypothek belastet werden, so ist der Betrag der Forderung auf die einzelnen Grundstücke zu ver-

---

[1]) Bish. Titel 2 wird Titel 3 mWv 1.1.2013 durch G v. 29.7.2009 (BGBl. I S. 2258).
[2]) Vgl. hierzu § 8 ErbbaurechtsG (Nr. 41).

teilen. ²Die Größe der Teile bestimmt der Gläubiger; für die Teile gilt § 866 Abs. 3 Satz 1 entsprechend.

(3) Zur Befriedigung aus dem Grundstück durch Zwangsversteigerung genügt der vollstreckbare Titel, auf dem die Eintragung vermerkt ist.

§ 868 Erwerb der Zwangshypothek durch den Eigentümer. (1) Wird durch eine vollstreckbare Entscheidung die zu vollstreckende Entscheidung oder ihre vorläufige Vollstreckbarkeit aufgehoben oder die Zwangsvollstreckung für unzulässig erklärt oder deren Einstellung angeordnet, so erwirbt der Eigentümer des Grundstücks die Hypothek.

(2) Das Gleiche gilt, wenn durch eine gerichtliche Entscheidung die einstweilige Einstellung der Vollstreckung und zugleich die Aufhebung der erfolgten Vollstreckungsmaßregeln angeordnet wird oder wenn die zur Abwendung der Vollstreckung nachgelassene Sicherheitsleistung oder Hinterlegung erfolgt.

§ 869 Zwangsversteigerung und Zwangsverwaltung. Die Zwangsversteigerung und die Zwangsverwaltung werden durch ein besonderes Gesetz geregelt.

§ 870 Grundstücksgleiche Rechte. Auf die Zwangsvollstreckung in eine Berechtigung, für welche die sich auf Grundstücke beziehenden Vorschriften gelten, sind die Vorschriften über die Zwangsvollstreckung in Grundstücke entsprechend anzuwenden.

§ 870a[1] Zwangsvollstreckung in ein Schiff oder Schiffsbauwerk.
(1) ¹Die Zwangsvollstreckung in ein eingetragenes Schiff oder in ein Schiffsbauwerk, das im Schiffsbauregister eingetragen ist oder in dieses Register eingetragen werden kann, erfolgt durch Eintragung einer Schiffshypothek für die Forderung oder durch Zwangsversteigerung. ²Die Anordnung einer Zwangsversteigerung eines Seeschiffs ist unzulässig, wenn sich das Schiff auf der Reise befindet und nicht in einem Hafen liegt.

(2) § 866 Abs. 2, 3, § 867 gelten entsprechend.

(3) ¹Wird durch eine vollstreckbare Entscheidung die zu vollstreckende Entscheidung oder ihre vorläufige Vollstreckbarkeit aufgehoben oder die Zwangsvollstreckung für unzulässig erklärt oder deren Einstellung angeordnet, so erlischt die Schiffshypothek; § 57 Abs. 3 des Gesetzes über Rechte an eingetragenen Schiffen und Schiffsbauwerken vom 15. November 1940 (RGBl. I S. 1499) ist anzuwenden. ²Das Gleiche gilt, wenn durch eine gerichtliche Entscheidung die einstweilige Einstellung der Zwangsvollstreckung und zugleich die Aufhebung der erfolgten Vollstreckungsmaßregeln angeordnet wird oder wenn die zur Abwendung der Vollstreckung nachgelassene Sicherheitsleistung oder Hinterlegung erfolgt.

§ 871[2] Landesrechtlicher Vorbehalt bei Eisenbahnen. Unberührt bleiben die landesgesetzlichen Vorschriften, nach denen, wenn ein anderer als der Eigentümer einer Eisenbahn oder Kleinbahn den Betrieb der Bahn kraft eigenen Nutzungsrechts ausübt, das Nutzungsrecht und gewisse dem Betriebe gewidmete Gegenstände in Ansehung der Zwangsvollstreckung zum unbeweglichen Vermögen gehören und die Zwangsvollstreckung abweichend von den Vorschriften des Bundesrechts geregelt ist.

---

[1] § 870a Abs. 1 Satz 2 angef. mWv 25.4.2013 durch G v. 20.4.2013 (BGBl. I S. 831).
[2] § 871 ber. BGBl. 2007 I S. 1781.

Titel 4.[1] **Verteilungsverfahren**

§ 872 Voraussetzungen. Das Verteilungsverfahren tritt ein, wenn bei der Zwangsvollstreckung in das bewegliche Vermögen ein Geldbetrag hinterlegt ist, der zur Befriedigung der beteiligten Gläubiger nicht hinreicht.

§ 873[2] **Aufforderung des Verteilungsgerichts.** Das zuständige Amtsgericht (§§ 827, 853, 854) hat nach Eingang der Anzeige über die Sachlage an jeden der beteiligten Gläubiger die Aufforderung zu erlassen, binnen zwei Wochen eine Berechnung der Forderung an Kapital, Zinsen, Kosten und sonstigen Nebenforderungen einzureichen.

§ 874 Teilungsplan. (1) Nach Ablauf der zweiwöchigen Fristen wird von dem Gericht ein Teilungsplan angefertigt.

(2) Der Betrag der Kosten des Verfahrens ist von dem Bestand der Masse vorweg in Abzug zu bringen.

(3) [1] Die Forderung eines Gläubigers, der bis zur Anfertigung des Teilungsplanes der an ihn gerichteten Aufforderung nicht nachgekommen ist, wird nach der Anzeige und deren Unterlagen berechnet. [2] Eine nachträgliche Ergänzung der Forderung findet nicht statt.

§ 875 Terminsbestimmung. (1) [1] Das Gericht hat zur Erklärung über den Teilungsplan sowie zur Ausführung der Verteilung einen Termin zu bestimmen. [2] Der Teilungsplan muss spätestens drei Tage vor dem Termin auf der Geschäftsstelle zur Einsicht der Beteiligten niedergelegt werden.

(2) Die Ladung des Schuldners zu dem Termin ist nicht erforderlich, wenn sie durch Zustellung im Ausland oder durch öffentliche Zustellung erfolgen müsste.

§ 876 Termin zur Erklärung und Ausführung. [1] Wird in dem Termin ein Widerspruch gegen den Plan nicht erhoben, so ist dieser zur Ausführung zu bringen. [2] Erfolgt ein Widerspruch, so hat sich jeder dabei beteiligte Gläubiger sofort zu erklären. [3] Wird der Widerspruch von den Beteiligten als begründet anerkannt oder kommt anderweit eine Einigung zustande, so ist der Plan demgemäß zu berichtigen. [4] Wenn ein Widerspruch sich nicht erledigt, so wird der Plan insoweit ausgeführt, als er durch den Widerspruch nicht betroffen wird.

§ 877 Säumnisfolgen. (1) Gegen einen Gläubiger, der in dem Termin weder erschienen ist noch vor dem Termin bei dem Gericht Widerspruch erhoben hat, wird angenommen, dass er mit der Ausführung des Planes einverstanden sei.

(2) Ist ein in dem Termin nicht erschienener Gläubiger bei dem Widerspruch beteiligt, den ein anderer Gläubiger erhoben hat, so wird angenommen, dass er diesen Widerspruch nicht als begründet anerkenne.

§ 878 Widerspruchsklage. (1) [1] Der widersprechende Gläubiger muss ohne vorherige Aufforderung binnen einer Frist von einem Monat, die mit dem Terminstag beginnt, dem Gericht nachweisen, dass er gegen die beteiligten Gläubiger Klage erhoben habe. [2] Nach fruchtlosem Ablauf dieser Frist wird die Ausführung des Planes ohne Rücksicht auf den Widerspruch angeordnet.

(2) Die Befugnis des Gläubigers, der dem Plan widersprochen hat, ein besseres Recht gegen den Gläubiger, der einen Geldbetrag nach dem Plan erhalten hat, im

---

[1] Bish. Titel 3 wird Titel 4 mWv 1.1.2013 durch G v. 29.7.2009 (BGBl. I S. 2258).
[2] § 873 ber. BGBl. 2007 I S. 1781.

Wege der Klage geltend zu machen, wird durch die Versäumung der Frist und durch die Ausführung des Planes nicht ausgeschlossen.

§ 879 Zuständigkeit für die Widerspruchsklage. (1) Die Klage ist bei dem Verteilungsgericht und, wenn der Streitgegenstand zur Zuständigkeit der Amtsgerichte nicht gehört, bei dem Landgericht zu erheben, in dessen Bezirk das Verteilungsgericht seinen Sitz hat.

(2) Das Landgericht ist für sämtliche Klagen zuständig, wenn seine Zuständigkeit nach dem Inhalt der erhobenen und in dem Termin nicht zur Erledigung gelangten Widersprüche auch nur bei einer Klage begründet ist, sofern nicht die sämtlichen beteiligten Gläubiger vereinbaren, dass das Verteilungsgericht über alle Widersprüche entscheiden solle.

§ 880 Inhalt des Urteils. [1] In dem Urteil, durch das über einen erhobenen Widerspruch entschieden wird, ist zugleich zu bestimmen, an welche Gläubiger und in welchen Beträgen der streitige Teil der Masse auszuzahlen sei. [2] Wird dies nicht für angemessen erachtet, so ist die Anfertigung eines neuen Planes und ein anderweites Verteilungsverfahren in dem Urteil anzuordnen.

§ 881 Versäumnisurteil. Das Versäumnisurteil gegen einen widersprechenden Gläubiger ist dahin zu erlassen, dass der Widerspruch als zurückgenommen anzusehen sei.

§ 882 Verfahren nach dem Urteil. Auf Grund des erlassenen Urteils wird die Auszahlung oder das anderweite Verteilungsverfahren von dem Verteilungsgericht angeordnet.

Titel 5.[1] Zwangsvollstreckung in Sachen, die der Erfüllung öffentlicher Aufgaben dienen

§ 882a[2] **Zwangsvollstreckung wegen einer Geldforderung.** (1) [1] Die Zwangsvollstreckung gegen den Bund oder ein Land wegen einer Geldforderung darf, soweit nicht dingliche Rechte verfolgt werden, erst vier Wochen nach dem Zeitpunkt beginnen, in dem der Gläubiger seine Absicht, die Zwangsvollstreckung zu betreiben, der zur Vertretung des Schuldners berufenen Behörde und, sofern die Zwangsvollstreckung in ein von einer anderen Behörde verwaltetes Vermögen erfolgen soll, auch dem zuständigen Ministerium der Finanzen angezeigt hat. [2] Dem Gläubiger ist auf Verlangen der Empfang der Anzeige zu bescheinigen. [3] Soweit in solchen Fällen die Zwangsvollstreckung durch den Gerichtsvollzieher zu erfolgen hat, ist der Gerichtsvollzieher auf Antrag des Gläubigers vom Vollstreckungsgericht zu bestimmen.

(2) [1] Die Zwangsvollstreckung ist unzulässig in Sachen, die für die Erfüllung öffentlicher Aufgaben eines in Absatz 1 Satz 1 bezeichneten Schuldners unentbehrlich sind oder deren Veräußerung ein öffentliches Interesse entgegensteht. [2] Darüber, ob die Voraussetzungen des Satzes 1 vorliegen, ist im Streitfall nach § 766 zu entscheiden. [3] Vor der Entscheidung ist das zuständige Ministerium zu hören.

---

[1] Bish. Titel 4 wird Titel 5 mWv 1.1.2013 durch G v. 29.7.2009 (BGBl. I S. 2258); Überschrift neu gef. mWv 1.12.2021 durch G v. 22.11.2020 (BGBl. I S. 2466).
[2] § 882a Abs. 1 Satz 1, Abs. 2 Sätze 1 und 3, Abs. 3 Satz 1 geänd., Abs. 4 neu gef. mWv 1.12.2021 durch G v. 22.11.2020 (BGBl. I S. 2466).

Abschnitt 2. Zwangsvollstr. w. Geldforderungen § 882b ZPO

(3) ¹Die Vorschriften der Absätze 1 und 2 sind auf die Zwangsvollstreckung gegen sonstige Körperschaften, Anstalten und Stiftungen des öffentlichen Rechtes mit der Maßgabe anzuwenden, dass an die Stelle der Behörde im Sinne des Absatzes 1 die gesetzlichen Vertreter treten. ²Für öffentlich-rechtliche Bank- und Kreditanstalten gelten die Beschränkungen der Absätze 1 und 2 nicht.

(4) ¹Soll in eine für die Erfüllung öffentlicher Aufgaben unentbehrliche Sache vollstreckt werden, die im Eigentum eines Dritten steht, kann das Vollstreckungsgericht auf Antrag die Zwangsvollstreckung wegen einer Geldforderung gemäß § 766 für unzulässig erklären. ²Antragsberechtigt sind
1. der Schuldner und
2. der Bund, das Land, die Körperschaft, Anstalt oder Stiftung des öffentlichen Rechts.

³Voraussetzung für die Antragsberechtigung nach Satz 2 Nummer 2 ist, dass die Sache zur Erfüllung der jeweiligen öffentlichen Aufgaben der in Satz 2 Nummer 2 genannten Antragsberechtigten dient. ⁴Vor der Entscheidung ist das zuständige Ministerium zu hören.

(5) Der Ankündigung der Zwangsvollstreckung und der Einhaltung einer Wartefrist nach Maßgabe der Absätze 1 und 3 bedarf es nicht, wenn es sich um den Vollzug einer einstweiligen Verfügung handelt.

Titel 6.[1)][2)] Schuldnerverzeichnis

§ 882b[3)][2)] **Inhalt des Schuldnerverzeichnisses.** (1) Das zentrale Vollstreckungsgericht nach § 882h Abs. 1 führt ein Verzeichnis (Schuldnerverzeichnis) derjenigen Personen,
1. deren Eintragung der Gerichtsvollzieher nach Maßgabe des § 882c angeordnet hat;
2. deren Eintragung die Vollstreckungsbehörde nach Maßgabe des § 284 Abs. 9 der Abgabenordnung angeordnet hat; einer Eintragungsanordnung nach § 284 Abs. 9 der Abgabenordnung steht die Anordnung der Eintragung in das Schuldnerverzeichnis durch eine Vollstreckungsbehörde gleich, die auf Grund einer gleichwertigen Regelung durch Bundesgesetz oder durch Landesgesetz ergangen ist;
3. deren Eintragung das Insolvenzgericht nach Maßgabe des § 26 Absatz 2 oder des § 303a der Insolvenzordnung[4)] angeordnet hat.

(2) Im Schuldnerverzeichnis werden angegeben:
1. Name, Vorname und Geburtsname des Schuldners sowie die Firma und deren Nummer des Registerblatts im Handelsregister,
2. Geburtsdatum und Geburtsort des Schuldners,
3. Wohnsitze des Schuldners oder Sitz des Schuldners,
einschließlich abweichender Personendaten.

[1)] Titel 6 (§§ 882b–882h) eingef. mWv 1.1.2013 durch G v. 29.7.2009 (BGBl. I S. 2258), wobei § 882g Abs. 8 und § 882h Abs. 2 und 3 gem. Art. 6 Satz 1 dieses G bereits am 1.8.2009 in Kraft getreten sind.
[2)] Beachte hierzu Übergangsvorschrift in § 39 EGZPO (Nr. **101**).
[3)] § 882b eingef. mWv 1.1.2013 durch G v. 29.7.2009 (BGBl. I S. 2258); Abs. 1 Nr. 3 und Abs. 3 Nr. 4 neu gef. mWv 1.7.2014 durch G v. 15.7.2013 (BGBl. I S. 2379).
[4)] Nr. **110**.

(3) Im Schuldnerverzeichnis werden weiter angegeben:
1. Aktenzeichen und Gericht oder Vollstreckungsbehörde der Vollstreckungssache oder des Insolvenzverfahrens,
2. im Fall des Absatzes 1 Nr. 1 das Datum der Eintragungsanordnung und der gemäß § 882c zur Eintragung führende Grund,
3. im Fall des Absatzes 1 Nr. 2 das Datum der Eintragungsanordnung und der gemäß § 284 Abs. 9 der Abgabenordnung oder einer gleichwertigen Regelung im Sinne von Absatz 1 Nr. 2 Halbsatz 2 zur Eintragung führende Grund,
4. im Fall des Absatzes 1 Nummer 3 das Datum der Eintragungsanordnung sowie die Feststellung, dass ein Antrag auf Eröffnung des Insolvenzverfahrens über das Vermögen des Schuldners mangels Masse gemäß § 26 Absatz 1 Satz 1 der Insolvenzordnung abgewiesen wurde, oder bei einer Eintragung gemäß § 303a der Insolvenzordnung der zur Eintragung führende Grund und das Datum der Entscheidung des Insolvenzgerichts.

§ 882c[1)2)] **Eintragungsanordnung.** (1) [1]Der zuständige Gerichtsvollzieher ordnet von Amts wegen die Eintragung des Schuldners in das Schuldnerverzeichnis an, wenn
1. der Schuldner seiner Pflicht zur Abgabe der Vermögensauskunft nicht nachgekommen ist;
2. eine Vollstreckung nach dem Inhalt des Vermögensverzeichnisses offensichtlich nicht geeignet wäre, zu einer vollständigen Befriedigung des Gläubigers zu führen, auf dessen Antrag die Vermögensauskunft erteilt oder dem die erteilte Auskunft zugeleitet wurde, oder
3. der Schuldner dem Gerichtsvollzieher nicht innerhalb eines Monats nach Abgabe der Vermögensauskunft oder Bekanntgabe der Zuleitung nach § 802d Abs. 1 Satz 2 die vollständige Befriedigung des Gläubigers nachweist, auf dessen Antrag die Vermögensauskunft erteilt oder dem die erteilte Auskunft zugeleitet wurde. Dies gilt nicht, solange ein Zahlungsplan nach § 802b festgesetzt und nicht hinfällig ist.

[2]Die Anordnung der Eintragung des Schuldners in das Schuldnerverzeichnis ist Teil des Vollstreckungsverfahrens.

(2) [1]Die Eintragungsanordnung soll kurz begründet werden. [2]Der Gerichtsvollzieher stellt sie dem Schuldner von Amts wegen zu, soweit sie ihm nicht mündlich bekannt gegeben und in das Protokoll aufgenommen wird (§ 763 Absatz 1). [3]Über die Bewilligung der öffentlichen Zustellung entscheidet abweichend von § 186 Absatz 1 Satz 1 der Gerichtsvollzieher.

(3) [1]Die Eintragungsanordnung hat die in § 882b Abs. 2 und 3 genannten Daten zu enthalten. [2]Sind dem Gerichtsvollzieher die nach § 882b Abs. 2 Nr. 1 bis 3 im Schuldnerverzeichnis anzugebenden Daten nicht bekannt, holt er Auskünfte bei den in § 755 Abs. 1 und 2 Satz 1 Nr. 1 genannten Stellen ein, um die erforderlichen Daten zu beschaffen. [3]Hat der Gerichtsvollzieher Anhaltspunkte dafür, dass zugunsten des Schuldners eine Auskunftssperre gemäß § 51 des Bundesmeldegesetzes[3)] eingetragen oder ein bedingter Sperrvermerk gemäß § 52 des

---

[1)] § 882c eingef. mWv 1.1.2013 durch G v. 29.7.2009 (BGBl. I S. 2258); Abs. 1 Satz 2 angef., Abs. 2 Satz 2 neu gef., Satz 3 angef., Abs. 3 Satz 2 geänd. mWv 26.11.2016, Abs. 3 Satz 3 angef. mWv 1.11.2017 durch G v. 21.11.2016 (BGBl. I S. 2591).
[2)] Beachte hierzu Übergangsvorschrift in § 39 EGZPO (Nr. **101**).
[3)] **Sartorius Nr. 256.**

Abschnitt 2. Zwangsvollstr. w. Geldforderungen §§ 882d, 882e ZPO

Bundesmeldegesetzes eingerichtet wurde, hat der Gerichtsvollzieher den Schuldner auf die Möglichkeit eines Vorgehens nach § 882f Absatz 2 hinzuweisen.

§ 882d[1)2)] **Vollziehung der Eintragungsanordnung.** (1) [1] Gegen die Eintragungsanordnung nach § 882c kann der Schuldner binnen zwei Wochen seit Bekanntgabe Widerspruch beim zuständigen Vollstreckungsgericht einlegen. [2] Der Widerspruch hemmt nicht die Vollziehung. [3] Nach Ablauf der Frist des Satzes 1 übermittelt der Gerichtsvollzieher die Anordnung unverzüglich elektronisch dem zentralen Vollstreckungsgericht nach § 882h Abs. 1. [4] Dieses veranlasst die Eintragung des Schuldners. [5] Wird dem Gerichtsvollzieher vor der Übermittlung der Anordnung nach Satz 3 bekannt, dass die Voraussetzungen für die Eintragung nicht oder nicht mehr vorliegen, hebt er die Anordnung auf und unterrichtet den Schuldner hierüber.

(2) [1] Auf Antrag des Schuldners kann das Vollstreckungsgericht anordnen, dass die Eintragung einstweilen ausgesetzt wird. [2] Das zentrale Vollstreckungsgericht nach § 882h Abs. 1 hat von einer Eintragung abzusehen, wenn ihm die Ausfertigung einer vollstreckbaren Entscheidung vorgelegt wird, aus der sich ergibt, dass die Eintragungsanordnung einstweilen ausgesetzt ist.

(3) [1] Über die Rechtsbehelfe nach den Absätzen 1 und 2 ist der Schuldner mit der Bekanntgabe der Eintragungsanordnung zu belehren. [2] Das Gericht, das über die Rechtsbehelfe entschieden hat, übermittelt seine Entscheidung dem zentralen Vollstreckungsgericht nach § 882h Abs. 1 elektronisch.

§ 882e[3)2)] **Löschung.** (1) Eine Eintragung im Schuldnerverzeichnis wird nach Ablauf von drei Jahren seit dem Tag der Eintragungsanordnung von dem zentralen Vollstreckungsgericht nach § 882h Abs. 1 gelöscht.

(2) [1] Über Einwendungen gegen die Löschung nach Absatz 1 oder ihre Versagung entscheidet der Urkundsbeamte der Geschäftsstelle. [2] Gegen seine Entscheidung findet die Erinnerung nach § 573 statt.

(3) Abweichend von Absatz 1 wird eine Eintragung auf Anordnung des zentralen Vollstreckungsgerichts nach § 882h Abs. 1 gelöscht, wenn diesem
1. die vollständige Befriedigung des Gläubigers nachgewiesen worden ist;
2. das Fehlen oder der Wegfall des Eintragungsgrundes bekannt geworden ist oder
3. die Ausfertigung einer vollstreckbaren Entscheidung vorgelegt wird, aus der sich ergibt, dass die Eintragungsanordnung aufgehoben oder einstweilen ausgesetzt ist.

(4) [1] Wird dem zentralen Vollstreckungsgericht nach § 882h Abs. 1 bekannt, dass der Inhalt einer Eintragung von Beginn an fehlerhaft war, wird die Eintragung durch den Urkundsbeamten der Geschäftsstelle geändert. [2] Wird der Schuldner oder ein Dritter durch die Änderung der Eintragung beschwert, findet die Erinnerung nach § 573 statt.

[1)] § 882d eingef. mWv 1.1.2013 durch G v. 29.7.2009 (BGBl. I S. 2258); Abs. 1 Satz 5 angef. mWv 26.11.2016 durch G v. 21.11.2016 (BGBl. I S. 2591).
[2)] Beachte hierzu Übergangsvorschrift in § 39 EGZPO (Nr. **101**).
[3)] § 882e eingef. mWv 1.1.2013 durch G v. 29.7.2009 (BGBl. I S. 2258); Abs. 1 Satz 2 aufgeh. mWv 1.7.2014 durch G v. 15.7.2013 (BGBl. I S. 2379).

100 ZPO §§ 882f, 882g Buch 8. Zwangsvollstreckung

§ 882f[1)2)] **Einsicht in das Schuldnerverzeichnis.** (1) [1]Die Einsicht in das Schuldnerverzeichnis ist jedem gestattet, der darlegt, Angaben nach § 882b zu benötigen:
1. für Zwecke der Zwangsvollstreckung;
2. um gesetzliche Pflichten zur Prüfung der wirtschaftlichen Zuverlässigkeit zu erfüllen;
3. um Voraussetzungen für die Gewährung von öffentlichen Leistungen zu prüfen;
4. um wirtschaftliche Nachteile abzuwenden, die daraus entstehen können, dass Schuldner ihren Zahlungsverpflichtungen nicht nachkommen;
5. für Zwecke der Strafverfolgung und der Strafvollstreckung;
6. zur Auskunft über ihn selbst betreffende Eintragungen;
7. für Zwecke der Dienstaufsicht über Justizbedienstete, die mit dem Schuldnerverzeichnis befasst sind.

[2]Die Informationen dürfen nur für den Zweck verarbeitet werden, für den sie übermittelt worden sind; sie sind nach Zweckerreichung zu löschen. [3]Nichtöffentliche Stellen sind darauf bei der Übermittlung hinzuweisen.

(2) [1]Das Recht auf Einsichtnahme durch Dritte erstreckt sich nicht auf Angaben nach § 882b Absatz 2 Nummer 3, wenn glaubhaft gemacht wird, dass zugunsten des Schuldners eine Auskunftssperre gemäß § 51 des Bundesmeldegesetzes[3)] eingetragen oder ein bedingter Sperrvermerk gemäß § 52 des Bundesmeldegesetzes eingerichtet wurde. [2]Der Schuldner hat das Bestehen einer solchen Auskunftssperre oder eines solchen Sperrvermerks gegenüber dem Gerichtsvollzieher glaubhaft zu machen. [3]Satz 2 gilt entsprechend gegenüber dem zentralen Vollstreckungsgericht, wenn die Eintragungsanordnung an dieses gemäß § 882d Absatz 1 Satz 3 übermittelt worden ist. [4]Satz 1 ist nicht anzuwenden auf die Einsichtnahme in das Schuldnerverzeichnis durch Gerichte und Behörden für die in Absatz 1 Satz 1 Nummer 2 und 5 bezeichneten Zwecke.

§ 882g[4)2)] **Erteilung von Abdrucken.** (1) [1]Aus dem Schuldnerverzeichnis können auf Antrag Abdrucke zum laufenden Bezug erteilt werden, auch durch Übermittlung in einer nur maschinell lesbaren Form. [2]Bei der Übermittlung in einer nur maschinell lesbaren Form gelten die von der Landesjustizverwaltung festgelegten Datenübertragungsregeln. [3]Liegen die Voraussetzungen des § 882f Absatz 2 vor, dürfen Abdrucke insoweit nicht erteilt werden.

(2) Abdrucke erhalten:
1. Industrie- und Handelskammern sowie Körperschaften des öffentlichen Rechts, in denen Angehörige eines Berufes kraft Gesetzes zusammengeschlossen sind (Kammern),
2. Antragsteller, die Abdrucke zur Errichtung und Führung nichtöffentlicher zentraler Schuldnerverzeichnisse verwenden, oder

---

[1)] § 882f eingef. mWv 1.1.2013 durch G v. 29.7.2009 (BGBl. I S. 2258); Abs. 1 Satz 1 Nr. 6 geänd., Nr. 7 angef. mWv 26.11.2016, Abs. 2 angef. mWv 1.11.2017 durch G v. 21.11.2016 (BGBl. I S. 2591); Abs. 1 Satz 2 geänd. mWv 26.11.2019 durch G v. 20.11.2019 (BGBl. I S. 1724).
[2)] Beachte hierzu Übergangsvorschrift in § 39 EGZPO (Nr. **101**).
[3)] Sartorius Nr. 256.
[4)] § 882g eingef. mWv 1.1.2013 durch G v. 29.7.2009 (BGBl. I S. 2258), wobei Abs. 8 gem. Art. 6 Satz 1 dieses G bereits am 1.8.2009 in Kraft getreten ist; Abs. 8 geänd. mWv 8.9.2015 durch VO v. 31.8. 2015 (BGBl. I S. 1474); Abs. 1 Satz 3 angef. mWv 1.11.2017 durch G v. 21.11.2016 (BGBl. I S. 2591); Abs. 7 Satz 1 geänd. mWv 26.11.2019 durch G v. 20.11.2019 (BGBl. I S. 1724).

3. Antragsteller, deren berechtigtem Interesse durch Einzeleinsicht in die Länderschuldnerverzeichnisse oder durch den Bezug von Listen nach Absatz 5 nicht hinreichend Rechnung getragen werden kann.

(3) [1] Die Abdrucke sind vertraulich zu behandeln und dürfen Dritten nicht zugänglich gemacht werden. [2] Nach der Beendigung des laufenden Bezugs sind die Abdrucke unverzüglich zu vernichten; Auskünfte dürfen nicht mehr erteilt werden.

(4) [1] Die Kammern dürfen ihren Mitgliedern oder den Mitgliedern einer anderen Kammer Auskünfte erteilen. [2] Andere Bezieher von Abdrucken dürfen Auskünfte erteilen, soweit dies zu ihrer ordnungsgemäßen Tätigkeit gehört. [3] Absatz 3 gilt entsprechend. [4] Die Auskünfte dürfen auch im automatisierten Abrufverfahren erteilt werden, soweit dieses Verfahren unter Berücksichtigung der schutzwürdigen Interessen der Betroffenen und der Geschäftszwecke der zum Abruf berechtigten Stellen angemessen ist.

(5) [1] Die Kammern dürfen die Abdrucke in Listen zusammenfassen oder hiermit Dritte beauftragen; sie haben diese bei der Durchführung des Auftrags zu beaufsichtigen. [2] Die Listen dürfen den Mitgliedern von Kammern auf Antrag zum laufenden Bezug überlassen werden. [3] Für den Bezug der Listen gelten Absatz 2 Nr. 3 und Absatz 3 entsprechend. [4] Die Bezieher der Listen dürfen Auskünfte nur jemandem erteilen, dessen Belange sie kraft Gesetzes oder Vertrages wahrzunehmen haben.

(6) [1] Für Abdrucke, Listen und Aufzeichnungen über eine Eintragung im Schuldnerverzeichnis, die auf der Verarbeitung von Abdrucken oder Listen oder auf Auskünften über Eintragungen im Schuldnerverzeichnis beruhen, gilt § 882e Abs. 1 entsprechend. [2] Über vorzeitige Löschungen (§ 882e Abs. 3) sind die Bezieher von Abdrucken innerhalb eines Monats zu unterrichten. [3] Sie unterrichten unverzüglich die Bezieher von Listen (Absatz 5 Satz 2). [4] In den auf Grund der Abdrucke und Listen erstellten Aufzeichnungen sind die Eintragungen unverzüglich zu löschen. [5] Listen sind auch unverzüglich zu vernichten, soweit sie durch neue ersetzt werden.

(7) [1] In den Fällen des Absatzes 2 Nr. 2 und 3 sowie des Absatzes 5 gilt für nichtöffentliche Stellen § 40 des Bundesdatenschutzgesetzes mit der Maßgabe, dass die Aufsichtsbehörde auch die Verarbeitung dieser personenbezogenen Daten in oder aus Akten überwacht. [2] Entsprechendes gilt für nichtöffentliche Stellen, die von den in Absatz 2 genannten Stellen Auskünfte erhalten haben.

(8) Das Bundesministerium der Justiz und für Verbraucherschutz wird ermächtigt, durch Rechtsverordnung mit Zustimmung des Bundesrates
1. Vorschriften über den Bezug von Abdrucken nach den Absätzen 1 und 2 und das Bewilligungsverfahren sowie den Bezug von Listen nach Absatz 5 zu erlassen;
2. Einzelheiten der Einrichtung und Ausgestaltung automatisierter Abrufverfahren nach Absatz 4 Satz 4, insbesondere der Protokollierung der Abrufe für Zwecke der Datenschutzkontrolle, zu regeln;
3. die Erteilung und Aufbewahrung von Abdrucken aus dem Schuldnerverzeichnis, die Anfertigung, Verwendung und Weitergabe von Listen, die Mitteilung und den Vollzug von Löschungen und den Ausschluss vom Bezug von Abdrucken und Listen näher zu regeln, um die ordnungsgemäße Behandlung der Mitteilungen, den Schutz vor unbefugter Verwendung und die rechtzeitige Löschung von Eintragungen sicherzustellen;

4. zur Durchsetzung der Vernichtungs- und Löschungspflichten im Fall des Widerrufs der Bewilligung die Verhängung von Zwangsgeldern vorzusehen; das einzelne Zwangsgeld darf den Betrag von 25 000 Euro nicht übersteigen.

§ 882h[1)2)] Zuständigkeit; Ausgestaltung des Schuldnerverzeichnisses.

(1) [1]Das Schuldnerverzeichnis wird für jedes Land von einem zentralen Vollstreckungsgericht geführt. [2]Der Inhalt des Schuldnerverzeichnisses kann über eine zentrale und länderübergreifende Abfrage im Internet eingesehen werden. [3]Die Länder können Einzug und Verteilung der Gebühren sowie weitere Abwicklungsaufgaben im Zusammenhang mit der Abfrage nach Satz 2 auf die zuständige Stelle eines Landes übertragen.

(2) [1]Die Landesregierungen bestimmen durch Rechtsverordnung, welches Gericht die Aufgaben des zentralen Vollstreckungsgerichts nach Absatz 1 wahrzunehmen hat. [2]§ 802k Abs. 3 Satz 2 und 3 gilt entsprechend. [3]Die Führung des Schuldnerverzeichnisses stellt eine Angelegenheit der Justizverwaltung dar.

(3)[3)] [1]Das Bundesministerium der Justiz und für Verbraucherschutz wird ermächtigt, durch Rechtsverordnung mit Zustimmung des Bundesrates die Einzelheiten zu Form und Übermittlung der Eintragungsanordnungen nach § 882b Abs. 1 und der Entscheidungen nach § 882d Abs. 1 Satz 2 dieses Gesetzes und § 284 Abs. 10 Satz 2 der Abgabenordnung oder gleichwertigen Regelungen im Sinne von § 882b Abs. 1 Nr. 2 Halbsatz 2 dieses Gesetzes sowie zum Inhalt des Schuldnerverzeichnisses und zur Ausgestaltung der Einsicht insbesondere durch ein automatisiertes Abrufverfahren zu regeln. [2]Die Rechtsverordnung hat geeignete Regelungen zur Sicherung des Datenschutzes und der Datensicherheit vorzusehen. [3]Insbesondere ist sicherzustellen, dass die Daten

1. bei der elektronischen Übermittlung an das zentrale Vollstreckungsgericht nach Absatz 1 sowie bei der Weitergabe an eine andere Stelle nach Absatz 2 Satz 2 gegen unbefugte Kenntnisnahme geschützt sind,
2. unversehrt und vollständig wiedergegeben werden,
3. jederzeit ihrem Ursprung nach zugeordnet werden können und
4. nur von registrierten Nutzern nach Angabe des Verwendungszwecks abgerufen werden können, jeder Abrufvorgang protokolliert wird und Nutzer im Fall des missbräuchlichen Datenabrufs oder einer missbräuchlichen Datenverarbeitung von der Einsichtnahme ausgeschlossen werden können.

[4]Die Daten der Nutzer dürfen nur für die in Satz 3 Nr. 4 genannten Zwecke verarbeitet werden.

§ 882i[4)] Rechte der Betroffenen.

(1) [1]Das Auskunftsrecht nach Artikel 15 Absatz 1 und das Recht auf Erhalt einer Kopie nach Artikel 15 Absatz 3 der Verordnung (EU) 2016/679[5)] wird in Bezug auf die personenbezogenen Daten, die im Schuldnerverzeichnis und in den an das zentrale Vollstreckungsgericht

---

[1)] § 882h eingef. mWv 1.1.2013, wobei Abs. 2 und 3 gem. Art. 6 Satz 1 dieses G bereits am 1.8.2009 in Kraft getreten sind; Abs. 3 Satz 1 geänd. mWv 8.9.2015 durch VO v. 31.8.2015 (BGBl. I S. 1474); Abs. 3 Satz 3 Nr. 4, Satz 4 geänd. mWv 26.11.2019 durch G v. 20.11.2019 (BGBl. I S. 1724).
[2)] Beachte hierzu Übergangsvorschrift in § 39 EGZPO (Nr. 101).
[3)] Siehe hierzu auch die VO über den Bezug von Abdrucken aus dem Schuldnerverzeichnis (Schuldnerverzeichnisabdruckverordnung – SchuVAbdrV) (Nr. 102a) und die VO über die Führung des Schuldnerverzeichnisses (Schuldnerverzeichnisführungsverordnung – SchuFV) (Nr. 102).
[4)] § 882i eingef. mWv 26.11.2019 durch G v. 20.11.2019 (BGBl. I S. 1724).
[5)] **Sartorius Nr. 246.**

übermittelten Anordnungen der Eintragung in das Schuldnerverzeichnis enthalten sind, dadurch gewährt, dass die betroffene Person Einsicht in das Schuldnerverzeichnis über die zentrale und länderübergreifende Abfrage im Internet nach § 882h Absatz 1 Satz 2 nehmen kann. ²Eine Information der betroffenen Person über konkrete Empfänger, gegenüber denen die in Satz 1 genannten personenbezogenen Daten offengelegt werden, erfolgt nur insoweit, als Daten zu diesen Empfängern nach den Vorschriften für Zwecke der Datenschutzkontrolle zu speichern sind.

(2) Hinsichtlich der im Schuldnerverzeichnis enthaltenen personenbezogenen Daten kann das Recht auf Berichtigung nach Artikel 16 der Verordnung (EU) 2016/679 nur unter den Voraussetzungen ausgeübt werden, die in § 882e für Löschung von Eintragungen oder die Änderung fehlerhafter Eintragungen vorgesehen sind.

(3) Das Widerspruchsrecht gemäß Artikel 21 der Verordnung (EU) 2016/679 gilt nicht in Bezug auf die personenbezogenen Daten, die im Schuldnerverzeichnis und in den an das zentrale Vollstreckungsgericht übermittelten Anordnungen der Eintragung in das Schuldnerverzeichnis enthalten sind.

Abschnitt 3. Zwangsvollstreckung zur Erwirkung der Herausgabe von Sachen und zur Erwirkung von Handlungen oder Unterlassungen

§ 883[1)2)] **Herausgabe bestimmter beweglicher Sachen.** (1) Hat der Schuldner eine bewegliche Sache oder eine Menge bestimmter beweglicher Sachen herauszugeben, so sind sie von dem Gerichtsvollzieher ihm wegzunehmen und dem Gläubiger zu übergeben.

(2) ¹Wird die herauszugebende Sache nicht vorgefunden, so ist der Schuldner verpflichtet, auf Antrag des Gläubigers zu Protokoll an Eides statt zu versichern, dass er die Sache nicht besitze, auch nicht wisse, wo die Sache sich befinde. ²Der gemäß § 802e zuständige Gerichtsvollzieher lädt den Schuldner zur Abgabe der eidesstattlichen Versicherung. ³Die Vorschriften der §§ 478 bis 480, 483, 802f Abs. 4, §§ 802g bis 802i und 802j Abs. 1 und 2 gelten entsprechend.

(3) Das Gericht kann eine der Sachlage entsprechende Änderung der eidesstattlichen Versicherung beschließen.

§ 884 Leistung einer bestimmten Menge vertretbarer Sachen. Hat der Schuldner eine bestimmte Menge vertretbarer Sachen oder Wertpapiere zu leisten, so gilt die Vorschrift des § 883 Abs. 1 entsprechend.

§ 885[3)] **Herausgabe von Grundstücken oder Schiffen.** (1) ¹Hat der Schuldner eine unbewegliche Sache oder ein eingetragenes Schiff oder Schiffsbauwerk herauszugeben, zu überlassen oder zu räumen, so hat der Gerichtsvollzieher den Schuldner aus dem Besitz zu setzen und den Gläubiger in den Besitz einzuweisen. ²Der Gerichtsvollzieher hat den Schuldner aufzufordern, eine Anschrift zum Zweck von Zustellungen oder einen Zustellungsbevollmächtigten zu benennen.

(2) Bewegliche Sachen, die nicht Gegenstand der Zwangsvollstreckung sind, werden von dem Gerichtsvollzieher weggeschafft und dem Schuldner oder, wenn

---

[1)] § 883 Abs. 2 Sätze 2 und 3 angef., Abs. 4 aufgeh. mWv 1.1.2013 durch G v. 29.7.2009 (BGBl. I S. 2258).
[2)] Beachte hierzu Übergangsvorschrift in § 39 EGZPO (Nr. **101**).
[3)] § 885 Abs. 1 Sätze 3 und 4 aufgeh. mWv 1.9.2009 durch G v. 17.12.2008 (BGBl. I S. 2586); Abs. 2 geänd., Abs. 3 und 4 neu gef., Abs. 5 angef. mWv 1.5.2013 durch G v. 11.3.2013 (BGBl. I S. 434).

dieser abwesend ist, einem Bevollmächtigten des Schuldners, einem erwachsenen Familienangehörigen, einer in der Familie beschäftigten Person oder einem erwachsenen ständigen Mitbewohner übergeben oder zur Verfügung gestellt.

(3) [1] Ist weder der Schuldner noch eine der bezeichneten Personen anwesend oder wird die Entgegennahme verweigert, hat der Gerichtsvollzieher die in Absatz 2 bezeichneten Sachen auf Kosten des Schuldners in die Pfandkammer zu schaffen oder anderweitig in Verwahrung zu bringen. [2] Bewegliche Sachen, an deren Aufbewahrung offensichtlich kein Interesse besteht, sollen unverzüglich vernichtet werden.

(4) [1] Fordert der Schuldner die Sachen nicht binnen einer Frist von einem Monat nach der Räumung ab, veräußert der Gerichtsvollzieher die Sachen und hinterlegt den Erlös. [2] Der Gerichtsvollzieher veräußert die Sachen und hinterlegt den Erlös auch dann, wenn der Schuldner die Sachen binnen einer Frist von einem Monat abfordert, ohne binnen einer Frist von zwei Monaten nach der Räumung die Kosten zu zahlen. [3] Die §§ 806, 814 und 817 sind entsprechend anzuwenden. [4] Sachen, die nicht verwertet werden können, sollen vernichtet werden.

(5) Unpfändbare Sachen und solche Sachen, bei denen ein Verwertungserlös nicht zu erwarten ist, sind auf Verlangen des Schuldners jederzeit ohne Weiteres herauszugeben.

§ 885a[1]) **Beschränkter Vollstreckungsauftrag.** (1) Der Vollstreckungsauftrag kann auf die Maßnahmen nach § 885 Absatz 1 beschränkt werden.

(2) [1] Der Gerichtsvollzieher hat in dem Protokoll (§ 762) die frei ersichtlichen beweglichen Sachen zu dokumentieren, die er bei der Vornahme der Vollstreckungshandlung vorfindet. [2] Er kann bei der Dokumentation Bildaufnahmen in elektronischer Form herstellen.

(3) [1] Der Gläubiger kann bewegliche Sachen, die nicht Gegenstand der Zwangsvollstreckung sind, jederzeit wegschaffen und hat sie zu verwahren. [2] Bewegliche Sachen, an deren Aufbewahrung offensichtlich kein Interesse besteht, kann er jederzeit vernichten. [3] Der Gläubiger hat hinsichtlich der Maßnahmen nach den Sätzen 1 und 2 nur Vorsatz und grobe Fahrlässigkeit zu vertreten.

(4) [1] Fordert der Schuldner die Sachen beim Gläubiger nicht binnen einer Frist von einem Monat nach der Einweisung des Gläubigers in den Besitz ab, kann der Gläubiger die Sachen verwerten. [2] Die §§ 372 bis 380, 382, 383 und 385 des Bürgerlichen Gesetzbuchs [2]) sind entsprechend anzuwenden. [3] Eine Androhung der Versteigerung findet nicht statt. [4] Sachen, die nicht verwertet werden können, können vernichtet werden.

(5) Unpfändbare Sachen und solche Sachen, bei denen ein Verwertungserlös nicht zu erwarten ist, sind auf Verlangen des Schuldners jederzeit ohne Weiteres herauszugeben.

(6) Mit der Mitteilung des Räumungstermins weist der Gerichtsvollzieher den Gläubiger und den Schuldner auf die Bestimmungen der Absätze 2 bis 5 hin.

(7) Die Kosten nach den Absätzen 3 und 4 gelten als Kosten der Zwangsvollstreckung.

§ 886 Herausgabe bei Gewahrsam eines Dritten. Befindet sich eine herauszugebende Sache im Gewahrsam eines Dritten, so ist dem Gläubiger auf dessen

---

[1]) § 885a eingef. mWv 1.5.2013 durch G v. 11.3.2013 (BGBl. I S. 434).
[2]) Nr. 20.

Abschnitt 3: Erwirkung von Handlungen §§ 887–890 ZPO 100

Antrag der Anspruch des Schuldners auf Herausgabe der Sache nach den Vorschriften zu überweisen, welche die Pfändung und Überweisung einer Geldforderung betreffen.

§ 887 Vertretbare Handlungen. (1) Erfüllt der Schuldner die Verpflichtung nicht, eine Handlung vorzunehmen, deren Vornahme durch einen Dritten erfolgen kann, so ist der Gläubiger von dem Prozessgericht des ersten Rechtszuges auf Antrag zu ermächtigen, auf Kosten des Schuldners die Handlung vornehmen zu lassen.

(2) Der Gläubiger kann zugleich beantragen, den Schuldner zur Vorauszahlung der Kosten zu verurteilen, die durch die Vornahme der Handlung entstehen werden, unbeschadet des Rechts auf eine Nachforderung, wenn die Vornahme der Handlung einen größeren Kostenaufwand verursacht.

(3) Auf die Zwangsvollstreckung zur Erwirkung der Herausgabe oder Leistung von Sachen sind die vorstehenden Vorschriften nicht anzuwenden.

§ 888[1)2)] **Nicht vertretbare Handlungen.** (1) [1]Kann eine Handlung durch einen Dritten nicht vorgenommen werden, so ist, wenn sie ausschließlich von dem Willen des Schuldners abhängt, auf Antrag von dem Prozessgericht des ersten Rechtszuges zu erkennen, dass der Schuldner zur Vornahme der Handlung durch Zwangsgeld und für den Fall, dass dieses nicht beigetrieben werden kann, durch Zwangshaft oder durch Zwangshaft anzuhalten sei. [2]Das einzelne Zwangsgeld darf den Betrag von 25 000 Euro nicht übersteigen. [3]Für die Zwangshaft gelten die Vorschriften des Zweiten Abschnitts über die Haft entsprechend.

(2) Eine Androhung der Zwangsmittel findet nicht statt.

(3) Diese Vorschriften kommen im Falle der Verurteilung zur Leistung von Diensten aus einem Dienstvertrag nicht zur Anwendung.

§ 888a Keine Handlungsvollstreckung bei Entschädigungspflicht. Ist im Falle des § 510b der Beklagte zur Zahlung einer Entschädigung verurteilt, so ist die Zwangsvollstreckung auf Grund der Vorschriften der §§ 887, 888 ausgeschlossen.

§ 889 Eidesstattliche Versicherung nach bürgerlichem Recht. (1) [1]Ist der Schuldner auf Grund der Vorschriften des bürgerlichen Rechts zur Abgabe einer eidesstattlichen Versicherung verurteilt, so wird die Versicherung vor dem Amtsgericht als Vollstreckungsgericht abgegeben, in dessen Bezirk der Schuldner im Inland seinen Wohnsitz oder in Ermangelung eines solchen seinen Aufenthaltsort hat, sonst vor dem Amtsgericht als Vollstreckungsgericht, in dessen Bezirk das Prozessgericht des ersten Rechtszuges seinen Sitz hat. [2]Die Vorschriften der §§ 478 bis 480, 483 gelten entsprechend.

(2) Erscheint der Schuldner in dem zur Abgabe der eidesstattlichen Versicherung bestimmten Termin nicht oder verweigert er die Abgabe der eidesstattlichen Versicherung, so verfährt das Vollstreckungsgericht nach § 888.

§ 890 Erzwingung von Unterlassungen und Duldungen. (1) [1]Handelt der Schuldner der Verpflichtung zuwider, eine Handlung zu unterlassen oder die Vornahme einer Handlung zu dulden, so ist er wegen einer jeden Zuwiderhandlung

---

[1)] § 888 Abs. 3 geänd. mWv 1.9.2009 durch G v. 17.12.2008 (BGBl. I S. 2586); Abs. 1 Satz 3 geänd. mWv 1.1.2013 durch G v. 29.7.2009 (BGBl. I S. 2258).
[2)] Beachte hierzu Übergangsvorschrift in § 39 EGZPO (Nr. **101**).

auf Antrag des Gläubigers von dem Prozessgericht des ersten Rechtszuges zu einem Ordnungsgeld und für den Fall, dass dieses nicht beigetrieben werden kann, zur Ordnungshaft oder zur Ordnungshaft bis zu sechs Monaten zu verurteilen. ²Das einzelne Ordnungsgeld darf den Betrag von 250 000 Euro, die Ordnungshaft insgesamt zwei Jahre nicht übersteigen.

(2) Der Verurteilung muss eine entsprechende Androhung vorausgehen, die, wenn sie in dem die Verpflichtung aussprechenden Urteil nicht enthalten ist, auf Antrag von dem Prozessgericht des ersten Rechtszuges erlassen wird.

(3) Auch kann der Schuldner auf Antrag des Gläubigers zur Bestellung einer Sicherheit für den durch fernere Zuwiderhandlungen entstehenden Schaden auf bestimmte Zeit verurteilt werden.

§ 891 Verfahren; Anhörung des Schuldners; Kostenentscheidung. ¹Die nach den §§ 887 bis 890 zu erlassenden Entscheidungen ergehen durch Beschluss. ²Vor der Entscheidung ist der Schuldner zu hören. ³Für die Kostenentscheidung gelten die §§ 91 bis 93, 95 bis 100, 106, 107 entsprechend.

§ 892 Widerstand des Schuldners. Leistet der Schuldner Widerstand gegen die Vornahme einer Handlung, die er nach den Vorschriften der §§ 887, 890 zu dulden hat, so kann der Gläubiger zur Beseitigung des Widerstandes einen Gerichtsvollzieher zuziehen, der nach den Vorschriften des § 758 Abs. 3 und des § 759 zu verfahren hat.

§ 892a[1]) *(aufgehoben)*

§ 893 Klage auf Leistung des Interesses. (1) Durch die Vorschriften dieses Abschnitts wird das Recht des Gläubigers nicht berührt, die Leistung des Interesses zu verlangen.

(2) Den Anspruch auf Leistung des Interesses hat der Gläubiger im Wege der Klage bei dem Prozessgericht des ersten Rechtszuges geltend zu machen.

§ 894[2]) Fiktion der Abgabe einer Willenserklärung. ¹Ist der Schuldner zur Abgabe einer Willenserklärung verurteilt, so gilt die Erklärung als abgegeben, sobald das Urteil die Rechtskraft erlangt hat. ²Ist die Willenserklärung von einer Gegenleistung abhängig gemacht, so tritt diese Wirkung ein, sobald nach den Vorschriften der §§ 726, 730 eine vollstreckbare Ausfertigung des rechtskräftigen Urteils erteilt ist.

§ 895 Willenserklärung zwecks Eintragung bei vorläufig vollstreckbarem Urteil. ¹Ist durch ein vorläufig vollstreckbares Urteil der Schuldner zur Abgabe einer Willenserklärung verurteilt, auf Grund deren eine Eintragung in das Grundbuch, das Schiffsregister oder das Schiffsbauregister erfolgen soll, so gilt die Eintragung einer Vormerkung oder eines Widerspruchs als bewilligt. ²Die Vormerkung oder der Widerspruch erlischt, wenn das Urteil durch eine vollstreckbare Entscheidung aufgehoben wird.

§ 896 Erteilung von Urkunden an Gläubiger. Soll auf Grund eines Urteils, das eine Willenserklärung des Schuldners ersetzt, eine Eintragung in ein öffentliches Buch oder Register vorgenommen werden, so kann der Gläubiger an Stelle

---

[1]) § 892a aufgeh. mWv 1.9.2009 durch G v. 17.12.2008 (BGBl. I S. 2586).
[2]) § 894 Abs. 2 aufgeh. mWv 1.9.2009 durch G v. 17.12.2008 (BGBl. I S. 2586).

des Schuldners die Erteilung der im § 792 bezeichneten Urkunden verlangen, soweit er dieser Urkunden zur Herbeiführung der Eintragung bedarf.

§ 897 Übereignung; Verschaffung von Grundpfandrechten. (1) Ist der Schuldner zur Übertragung des Eigentums oder zur Bestellung eines Rechts an einer beweglichen Sache verurteilt, so gilt die Übergabe der Sache als erfolgt, wenn der Gerichtsvollzieher die Sache zum Zwecke der Ablieferung an den Gläubiger wegnimmt.

(2) Das Gleiche gilt, wenn der Schuldner zur Bestellung einer Hypothek, Grundschuld oder Rentenschuld oder zur Abtretung oder Belastung einer Hypothekenforderung, Grundschuld oder Rentenschuld verurteilt ist, für die Übergabe des Hypotheken-, Grundschuld- oder Rentenschuldbriefs.

§ 898 Gutgläubiger Erwerb. Auf einen Erwerb, der sich nach den §§ 894, 897 vollzieht, sind die Vorschriften des bürgerlichen Rechts zugunsten derjenigen, die Rechte von einem Nichtberechtigten herleiten, anzuwenden.

Abschnitt 4.[1] Wirkungen des Pfändungsschutzkontos

§ 899[1] **Pfändungsfreier Betrag; Übertragung.** (1) [1]Wird Guthaben auf dem Pfändungsschutzkonto des Schuldners gepfändet, kann der Schuldner jeweils bis zum Ende des Kalendermonats aus dem Guthaben über einen Betrag verfügen, dessen Höhe sich nach Aufrundung des monatlichen Freibetrages nach § 850c Absatz 1 in Verbindung mit Absatz 4 auf den nächsten vollen 10-Euro-Betrag ergibt; insoweit wird das Guthaben nicht von der Pfändung erfasst. [2]Satz 1 gilt entsprechend, wenn Guthaben auf einem Zahlungskonto des Schuldners gepfändet ist, das vor Ablauf von einem Monat seit der Zustellung des Überweisungsbeschlusses an den Drittschuldner in ein Pfändungsschutzkonto umgewandelt wird. [3]§ 900 Absatz 2 bleibt unberührt.

(2) [1]Hat der Schuldner in dem jeweiligen Kalendermonat nicht über Guthaben in Höhe des gesamten nach Absatz 1 pfändungsfreien Betrages verfügt, wird dieses nicht verbrauchte Guthaben in den drei nachfolgenden Kalendermonaten zusätzlich zu dem nach Absatz 1 geschützten Guthaben nicht von der Pfändung erfasst. [2]Verfügungen sind jeweils mit dem Guthaben zu verrechnen, das zuerst dem Pfändungsschutzkonto gutgeschrieben wurde.

(3) [1]Einwendungen gegen die Höhe eines pfändungsfreien Betrages hat der Schuldner dem Kreditinstitut spätestens bis zum Ablauf des seiner auf die Berechnung des pfändungsfreien Betrages folgenden Kalendermonats mitzuteilen. [2]Nach Ablauf dieser Frist kann der Schuldner nur Einwendungen geltend machen, deren verspätete Geltendmachung er nicht zu vertreten hat.

§ 900[1] **Moratorium bei Überweisung an den Gläubiger.** (1) [1]Wird künftiges Guthaben auf einem Pfändungsschutzkonto gepfändet und dem Gläubiger überwiesen, darf der Drittschuldner erst nach Ablauf des Kalendermonats, der auf die jeweilige Gutschrift folgt, an den Gläubiger leisten oder den Betrag hinterlegen; eine Verlängerung des in § 899 Absatz 2 bezeichneten Zeitraums erfolgt dadurch nicht. [2]Auf Antrag des Gläubigers kann das Vollstreckungsgericht eine von Satz 1 erster Halbsatz abweichende Anordnung treffen, wenn sonst unter Würdigung des Schutzbedürfnisses des Schuldners für den Gläubiger eine unzumutbare Härte entstünde.

---

[1]) Abschnitt 4 (§§ 899–910) neu gef. mWv 1.12.2021 durch G v. 22.11.2020 (BGBl. I S. 2466).

(2) Guthaben, aus dem bis zum Ablauf der Frist des Absatzes 1 nicht an den Gläubiger geleistet oder das bis zu diesem Zeitpunkt nicht hinterlegt werden darf, ist in dem auf die Gutschrift folgenden Kalendermonat Guthaben im Sinne des § 899 Absatz 1 Satz 1.

§ 901[1] **Verbot der Aufrechnung und Verrechnung.** (1) Verlangt eine natürliche Person von dem Kreditinstitut, dass ein von ihr dort geführtes Zahlungskonto, das einen negativen Saldo aufweist, als Pfändungsschutzkonto geführt wird, darf das Kreditinstitut ab dem Verlangen nicht mit seinen Forderungen gegen Forderungen des Kontoinhabers aufrechnen oder einen zugunsten des Kontoinhabers bestehenden Saldo mit einem zugunsten des Kreditinstituts bestehenden Saldo verrechnen, soweit die Gutschrift auf dem Zahlungskonto als Guthaben auf einem Pfändungsschutzkonto nicht von der Pfändung erfasst sein würde.

(2) [1] Das Verbot der Aufrechnung und Verrechnung nach Absatz 1 gilt für ein Zahlungskonto, auf das sich eine Pfändung erstreckt, bereits ab dem Zeitpunkt der Kenntnis des Kreditinstituts von der Pfändung. [2] Das Verbot der Aufrechnung oder Verrechnung entfällt jedoch, wenn der Schuldner nicht gemäß § 899 Absatz 1 Satz 2 verlangt, dass das Zahlungskonto als Pfändungsschutzkonto geführt wird.

(3) [1] Gutschriften auf dem Zahlungskonto, die nach Absatz 1 oder 2 dem Verbot der Aufrechnung und Verrechnung unterliegen, sind als Guthaben auf das Pfändungsschutzkonto zu übertragen. [2] Im Fall des Absatzes 2 erfolgt die Übertragung jedoch nur, wenn der Schuldner gemäß § 899 Absatz 1 Satz 2 verlangt, dass das Zahlungskonto als Pfändungsschutzkonto geführt wird.

§ 902[1] **Erhöhungsbeträge.** [1] Neben dem pfändungsfreien Betrag nach § 899 Absatz 1 Satz 1 werden folgende Erhöhungsbeträge nicht von der Pfändung des Guthabens auf einem Pfändungsschutzkonto erfasst:
1. die pfändungsfreien Beträge nach § 850c Absatz 2 in Verbindung mit Absatz 4, wenn der Schuldner
   a) einer Person oder mehreren Personen auf Grund gesetzlicher Verpflichtung Unterhalt gewährt;
   b) Geldleistungen nach dem Zweiten[2] oder Zwölften Buch Sozialgesetzbuch[3] für Personen entgegennimmt, die mit ihm in einer Bedarfsgemeinschaft im Sinne des § 7 Absatz 3 des Zweiten Buches Sozialgesetzbuch oder in einer Gemeinschaft nach den §§ 19, 20, 27, 39 Satz 1 oder § 43 des Zwölften Buches Sozialgesetzbuch leben und denen er nicht auf Grund gesetzlicher Vorschriften zum Unterhalt verpflichtet ist;
   c) Geldleistungen nach dem Asylbewerberleistungsgesetz für Personen entgegennimmt, mit denen er in einem gemeinsamen Haushalt zusammenlebt und denen er nicht auf Grund gesetzlicher Vorschriften zum Unterhalt verpflichtet ist;
2. Geldleistungen im Sinne des § 54 Absatz 2 oder Absatz 3 Nummer 3 des Ersten Buches Sozialgesetzbuch[4];
3. Geldleistungen gemäß § 5 Absatz 1 des Gesetzes zur Errichtung einer Stiftung „Mutter und Kind – Schutz des ungeborenen Lebens";

---

[1] Abschnitt 4 (§§ 899–910) neu gef. mWv 1.12.2021 durch G v. 22.11.2020 (BGBl. I S. 2466).
[2] Sartorius ErgBd. Nr. 402.
[3] Sartorius ErgBd. Nr. 412.
[4] Sartorius ErgBd. Nr. 401.

Abschn. 4. Wirkungen des Pfändungsschutzkontos § 903 ZPO

4. Geldleistungen, die dem Schuldner selbst nach dem Zweiten oder Zwölften Buch Sozialgesetzbuch oder dem Asylbewerberleistungsgesetz gewährt werden, in dem Umfang, in dem diese den pfändungsfreien Betrag nach § 899 Absatz 1 Satz 1 übersteigen;
5. das Kindergeld nach dem Einkommensteuergesetz und andere gesetzliche Geldleistungen für Kinder, es sei denn, dass wegen einer Unterhaltsforderung des Kindes, für das die Leistungen gewährt oder bei dem sie berücksichtigt werden, gepfändet wird;
6. Geldleistungen, die dem Schuldner nach landesrechtlichen oder anderen als in den Nummern 1 bis 5 genannten bundesrechtlichen Rechtsvorschriften gewährt werden, in welchen die Unpfändbarkeit der Geldleistung festgelegt wird.

²Für die Erhöhungsbeträge nach Satz 1 gilt § 899 Absatz 2 entsprechend.

§ 903[1]) **Nachweise über Erhöhungsbeträge.** (1) ¹Das Kreditinstitut kann aus Guthaben, soweit es als Erhöhungsbetrag unpfändbar ist, mit befreiender Wirkung gegenüber dem Schuldner an den Gläubiger leisten, bis der Schuldner dem Kreditinstitut nachweist, dass es sich um Guthaben handelt, das nach § 902 nicht von der Pfändung erfasst wird. ²Der Nachweis ist zu führen durch Vorlage einer Bescheinigung
1. der Familienkasse, des Sozialleistungsträgers oder einer mit der Gewährung von Geldleistungen im Sinne des § 902 Satz 1 befassten Einrichtung,
2. des Arbeitgebers oder
3. einer geeigneten Person oder Stelle im Sinne des § 305 Absatz 1 Nummer 1 der Insolvenzordnung.

(2) ¹Das Kreditinstitut hat Bescheinigungen nach Absatz 1 Satz 2 für die Dauer zu beachten, für die sie ausgestellt sind. ²Unbefristete Bescheinigungen hat das Kreditinstitut für die Dauer von zwei Jahren zu beachten. ³Nach Ablauf des in Satz 2 genannten Zeitraums kann das Kreditinstitut von dem Kontoinhaber, der eine Bescheinigung nach Absatz 1 Satz 2 vorgelegt hat, die Vorlage einer neuen Bescheinigung verlangen. ⁴Vor Ablauf des in Satz 2 genannten Zeitraums kann das Kreditinstitut eine neue Bescheinigung verlangen, wenn tatsächliche Anhaltspunkte bestehen, die die Annahme rechtfertigen, dass die Angaben in der Bescheinigung unrichtig sind oder nicht mehr zutreffen.

(3) ¹Jede der in Absatz 1 Satz 2 Nummer 1 genannten Stellen, die Leistungen im Sinne des § 902 Satz 1 Nummer 1 Buchstabe b und c sowie Nummer 2 bis 6 durch Überweisung auf ein Zahlungskonto des Schuldners erbringt, ist verpflichtet, auf Antrag des Schuldners eine Bescheinigung nach Absatz 1 Satz 2 über ihre Leistungen auszustellen. ²Die Bescheinigung muss folgende Angaben enthalten:
1. die Höhe der Leistung,
2. in welcher Höhe die Leistung zu welcher der in § 902 Satz 1 Nummer 1 Buchstabe b und c sowie Nummer 2 bis 6 genannten Leistungsarten gehört,
3. für welchen Zeitraum die Leistung gewährt wird.

³Darüber hinaus ist die in Absatz 1 Satz 2 Nummer 1 genannte Stelle verpflichtet, soweit sie Kenntnis hiervon hat, Folgendes zu bescheinigen:
1. die Anzahl der Personen, denen der Schuldner auf Grund gesetzlicher Verpflichtung Unterhalt gewährt,

---

[1]) Abschnitt 4 (§§ 899–910) neu gef. mWv 1.12.2021 durch G v. 22.11.2020 (BGBl. I S. 2466).

2. das Geburtsdatum der minderjährigen unterhaltsberechtigten Personen.

(4) Das Kreditinstitut hat die Angaben in der Bescheinigung nach Absatz 1 Satz 2 ab dem zweiten auf die Vorlage der Bescheinigung folgenden Geschäftstag zu beachten.

§ 904[1]**) Nachzahlung von Leistungen.** (1) Werden laufende Geldleistungen zu einem späteren Zeitpunkt als dem Monat, auf den sich die Leistungen beziehen, ausbezahlt, so werden sie von der Pfändung des Guthabens auf dem Pfändungsschutzkonto nicht erfasst, wenn es um Geldleistungen gemäß § 902 Satz 1 Nummer 1 Buchstabe b oder c oder Nummer 4 bis 6 handelt.

(2) Laufende Geldleistungen nach dem Sozialgesetzbuch, die nicht in Absatz 1 genannt sind, sowie Arbeitseinkommen nach § 850 Absatz 2 und 3 werden von der Pfändung des Guthabens auf dem Pfändungsschutzkonto nicht erfasst, wenn der nachgezahlte Betrag 500 Euro nicht übersteigt.

(3) [1] Laufende Geldleistungen nach Absatz 2, bei denen der nachgezahlte Betrag 500 Euro übersteigt, werden von der Pfändung des Guthabens auf dem Pfändungsschutzkonto nicht erfasst, soweit der für den jeweiligen Monat nachgezahlte Betrag in dem Monat, auf den er sich bezieht, nicht zu einem pfändbaren Guthaben geführt hätte. [2] Wird die Nachzahlung pauschal und für einen Bewilligungszeitraum gewährt, der länger als ein Monat ist, ist die Nachzahlungssumme zu gleichen Teilen auf die Zahl der betroffenen Monate aufzuteilen.

(4) Für Nachzahlungen von Leistungen nach den Absätzen 1 und 2 gilt § 903 Absatz 1, 3 Satz 1 und Absatz 4 entsprechend.

(5) [1] Für die Festsetzung der Höhe des pfändungsfreien Betrages in den Fällen des Absatzes 3 ist das Vollstreckungsgericht zuständig. [2] Entscheidungen nach Satz 1 ergehen auf Antrag des Schuldners durch Beschluss. [3] Der Beschluss nach Satz 2 gilt als Bescheinigung im Sinne des § 903 Absatz 1 Satz 2.

§ 905[1]**) Festsetzung der Erhöhungsbeträge durch das Vollstreckungsgericht.** [1] Macht der Schuldner glaubhaft, dass er eine Bescheinigung im Sinne des § 903 Absatz 1 Satz 2, um deren Erteilung er
1. zunächst bei einer in § 903 Absatz 1 Satz 2 Nummer 1 genannten Stelle, von der er eine Leistung bezieht, und nachfolgend
2. bei einer weiteren Stelle, die zur Erteilung der Bescheinigung berechtigt ist,

nachgesucht hat, nicht in zumutbarer Weise von diesen Stellen erlangen konnte, hat das Vollstreckungsgericht in dem Beschluss auf Antrag der Erhöhungsbeträge nach § 902 festzusetzen und die Angaben nach § 903 Absatz 3 Satz 2 zu bestimmen. [2] Dabei hat das Vollstreckungsgericht den Schuldner auf die Möglichkeit der Stellung eines Antrags nach § 907 Absatz 1 Satz 1 hinzuweisen, wenn nach dem Vorbringen des Schuldners unter Beachtung der von ihm vorgelegten Unterlagen die Voraussetzungen dieser Vorschrift erfüllt sein könnten. [3] Der Beschluss des Vollstreckungsgerichts nach Satz 1 gilt als Bescheinigung im Sinne des § 903 Absatz 1 Satz 2.

§ 906[1]**) Festsetzung eines abweichenden pfändungsfreien Betrages durch das Vollstreckungsgericht.** (1) [1] Wird Guthaben wegen einer der in § 850d oder § 850f Absatz 2 bezeichneten Forderungen gepfändet, tritt an die Stelle der nach § 899 Absatz 1 und § 902 Satz 1 pfändungsfreien Beträge der vom Vollstreckungs-

---

[1]) Abschnitt 4 (§§ 899–910) neu gef. mWv 1.12.2021 durch G v. 22.11.2020 (BGBl. I S. 2466).

Abschn. 4. Wirkungen des Pfändungsschutzkontos §§ 907–909 ZPO 100

gericht im Pfändungsbeschluss belassene Betrag. ²In den Fällen des § 850d Absatz 1 und 2 kann das Vollstreckungsgericht auf Antrag einen von Satz 1 abweichenden pfändungsfreien Betrag festlegen.

(2) Das Vollstreckungsgericht setzt auf Antrag einen von § 899 Absatz 1 und § 902 Satz 1 abweichenden pfändungsfreien Betrag fest, wenn sich aus einer bundes- oder landesrechtlichen Vorschrift eine solche Abweichung ergibt.

(3) In den Fällen des Absatzes 1 Satz 2 und des Absatzes 2
1. ist der Betrag in der Regel zu beziffern,
2. hat das Vollstreckungsgericht zu prüfen, ob eine der in § 732 Absatz 2 bezeichneten Anordnungen zu erlassen ist, und
3. gilt § 905 Satz 2 entsprechend.

(4) Für Beträge, die nach den Absätzen 1 oder 2 festgesetzt sind, gilt § 899 Absatz 2 entsprechend.

§ 907[1] **Festsetzung der Unpfändbarkeit von Kontoguthaben auf dem Pfändungsschutzkonto.** (1) ¹Auf Antrag des Schuldners kann das Vollstreckungsgericht festsetzen, dass das Guthaben auf dem Pfändungsschutzkonto für die Dauer von bis zu zwölf Monaten der Pfändung nicht unterworfen ist, wenn der Schuldner
1. nachweist, dass dem Konto in den letzten sechs Monaten vor Antragstellung ganz überwiegend nur unpfändbare Beträge gutgeschrieben worden sind, und
2. glaubhaft macht, dass auch innerhalb der nächsten sechs Monate ganz überwiegend nur die Gutschrift unpfändbarer Beträge zu erwarten ist.

²Die Festsetzung ist abzulehnen, wenn ihr überwiegende Belange des Gläubigers entgegenstehen.

(2) ¹Auf Antrag jedes Gläubigers ist die Festsetzung der Unpfändbarkeit aufzuheben, wenn deren Voraussetzungen nicht mehr vorliegen oder die Festsetzung den überwiegenden Belangen des den Antrag stellenden Gläubigers entgegensteht. ²Der Schuldner hat die Gläubiger auf eine wesentliche Veränderung seiner Vermögensverhältnisse unverzüglich hinzuweisen.

§ 908[1] **Aufgaben des Kreditinstituts.** (1) Das Kreditinstitut ist dem Schuldner zur Leistung aus dem nicht von der Pfändung erfassten Guthaben im Rahmen des vertraglich Vereinbarten verpflichtet.

(2) Das Kreditinstitut informiert den Schuldner in einer für diesen geeigneten und zumutbaren Weise über
1. das im laufenden Kalendermonat noch verfügbare von der Pfändung nicht erfasste Guthaben und
2. den Betrag, der mit Ablauf des laufenden Kalendermonats nicht mehr pfändungsfrei ist.

(3) Das Kreditinstitut hat dem Kontoinhaber die Absicht, eine neue Bescheinigung nach § 903 Absatz 2 Satz 3 zu verlangen, mindestens zwei Monate vor dem Zeitpunkt, ab dem es die ihm vorliegende Bescheinigung nicht mehr berücksichtigen will, mitzuteilen.

§ 909[1] **Datenweitergabe; Löschungspflicht.** (1) ¹Das Kreditinstitut darf zum Zwecke der Überprüfung der Richtigkeit der Versicherung nach § 850k Absatz 3

---

[1] Abschnitt 4 (§§ 899–910) neu gef. mWv 1.12.2021 durch G v. 22.11.2020 (BGBl. I S. 2466).

EL 187 Oktober 2021 221

Satz 2 Auskunfteien mitteilen, dass es für den Kontoinhaber ein Pfändungsschutzkonto führt. ²Nur zu diesem Zweck dürfen die Auskunfteien diese Angabe verarbeiten und sie nur auf Anfrage anderer Kreditinstitute an diese übermitteln. ³Die Verarbeitung zu einem anderen Zweck ist auch mit Einwilligung des Kontoinhabers unzulässig.

(2) ¹Wird das Pfändungsschutzkonto für den Kontoinhaber nicht mehr geführt, hat das Kreditinstitut die Auskunfteien, die nach Absatz 1 Satz 1 eine Mitteilung erhalten haben, unverzüglich zu unterrichten. ²Die Auskunfteien haben nach Erhalt dieser Unterrichtung die Angabe über die Führung des Pfändungsschutzkontos unverzüglich zu löschen.

§ 910[1] **Verwaltungsvollstreckung.** ¹Die §§ 850k und 850l sowie die Regelungen dieses Abschnitts gelten auch bei einer Pfändung von Kontoguthaben wegen Forderungen, die im Wege der Verwaltungsvollstreckung nach Bundesrecht beigetrieben werden. ²Mit Ausnahme der Fälle des § 850k Absatz 4 Satz 1, des § 904 Absatz 5 und des § 907 tritt die Vollstreckungsbehörde an die Stelle des Vollstreckungsgerichts.

§§ 911–915h[2] *(aufgehoben)*

Abschnitt 5. Arrest und einstweilige Verfügung

§ 916 Arrestanspruch. (1) Der Arrest findet zur Sicherung der Zwangsvollstreckung in das bewegliche oder unbewegliche Vermögen wegen einer Geldforderung oder wegen eines Anspruchs statt, der in eine Geldforderung übergehen kann.

(2) Die Zulässigkeit des Arrestes wird nicht dadurch ausgeschlossen, dass der Anspruch betagt oder bedingt ist, es sei denn, dass der bedingte Anspruch wegen der entfernten Möglichkeit des Eintritts der Bedingung einen gegenwärtigen Vermögenswert nicht hat.

§ 917[3] **Arrestgrund bei dinglichem Arrest.** (1) Der dingliche Arrest findet statt, wenn zu besorgen ist, dass ohne dessen Verhängung die Vollstreckung des Urteils vereitelt oder wesentlich erschwert werden würde.

(2) ¹Als ein zureichender Arrestgrund ist es anzusehen, wenn das Urteil im Ausland vollstreckt werden müsste und die Gegenseitigkeit nicht verbürgt ist. ²Eines Arrestgrundes bedarf es nicht, wenn der Arrest nur zur Sicherung der Zwangsvollstreckung in ein Schiff stattfindet.

§ 918 Arrestgrund bei persönlichem Arrest. Der persönliche Sicherheitsarrest findet nur statt, wenn er erforderlich ist, um die gefährdete Zwangsvollstreckung in das Vermögen des Schuldners zu sichern.[4]

§ 919 Arrestgericht. Für die Anordnung des Arrestes ist sowohl das Gericht der Hauptsache als das Amtsgericht zuständig, in dessen Bezirk der mit Arrest zu belegende Gegenstand oder die in ihrer persönlichen Freiheit zu beschränkende Person sich befindet.

---

[1] Abschnitt 4 (§§ 899–910) neu gef. mWv 1.12.2021 durch G v. 22.11.2020 (BGBl. I S. 2466).
[2] §§ 911–915h aufgeh. mWv 1.1.2013 durch G v. 29.7.2009 (BGBl. I S. 2258).
[3] § 917 Abs. 2 Satz 2 angef. mWv 25.4.2013 durch G v. 20.4.2013 (BGBl. I S. 831).
[4] Vgl. dazu Art. 26 Haager Übereinkommen über den Zivilprozeß v. 1.3.1954 (BGBl. 1958 II S. 576, 577): Gleichstellung der Angehörigen eines Vertragsstaates mit den eigenen Staatsangehörigen.

Abschnitt 5. Arrest und einstweilige Verfügung §§ 920–926 ZPO

§ 920 Arrestgesuch. (1) Das Gesuch soll die Bezeichnung des Anspruchs unter Angabe des Geldbetrages oder des Geldwertes sowie die Bezeichnung des Arrestgrundes enthalten.

(2) Der Anspruch und der Arrestgrund sind glaubhaft zu machen.

(3) Das Gesuch kann vor der Geschäftsstelle zu Protokoll erklärt werden.

§ 921 Entscheidung über das Arrestgesuch. [1] Das Gericht kann, auch wenn der Anspruch oder der Arrestgrund nicht glaubhaft gemacht ist, den Arrest anordnen, sofern wegen der dem Gegner drohenden Nachteile Sicherheit geleistet wird. [2] Es kann die Anordnung des Arrestes von einer Sicherheitsleistung abhängig machen, selbst wenn der Anspruch und der Arrestgrund glaubhaft gemacht sind.

§ 922 Arresturteil und Arrestbeschluss. (1) [1] Die Entscheidung über das Gesuch ergeht im Falle einer mündlichen Verhandlung durch Endurteil, andernfalls durch Beschluss. [2] Die Entscheidung, durch die der Arrest angeordnet wird, ist zu begründen, wenn sie im Ausland geltend gemacht werden soll.

(2) Den Beschluss, durch den ein Arrest angeordnet wird, hat die Partei, die den Arrest erwirkt hat, zustellen zu lassen.

(3) Der Beschluss, durch den das Arrestgesuch zurückgewiesen oder vorherige Sicherheitsleistung für erforderlich erklärt wird, ist dem Gegner nicht mitzuteilen.

§ 923 Abwendungsbefugnis. In dem Arrestbefehl ist ein Geldbetrag festzustellen, durch dessen Hinterlegung die Vollziehung des Arrestes gehemmt und der Schuldner zu dem Antrag auf Aufhebung des vollzogenen Arrestes berechtigt wird.

§ 924 Widerspruch. (1) Gegen den Beschluss, durch den ein Arrest angeordnet wird, findet Widerspruch statt.

(2) [1] Die widersprechende Partei hat in dem Widerspruch die Gründe darzulegen, die sie für die Aufhebung des Arrestes geltend machen will. [2] Das Gericht hat Termin zur mündlichen Verhandlung von Amts wegen zu bestimmen. [3] Ist das Arrestgericht ein Amtsgericht, so ist der Widerspruch unter Angabe der Gründe, die für die Aufhebung des Arrestes geltend gemacht werden sollen, schriftlich oder zum Protokoll der Geschäftsstelle zu erheben.

(3) [1] Durch Erhebung des Widerspruchs wird die Vollziehung des Arrestes nicht gehemmt. [2] Das Gericht kann aber eine einstweilige Anordnung nach § 707 treffen; § 707 Abs. 1 Satz 2 ist nicht anzuwenden.

§ 925 Entscheidung nach Widerspruch. (1) Wird Widerspruch erhoben, so ist über die Rechtmäßigkeit des Arrestes durch Endurteil zu entscheiden.

(2) Das Gericht kann den Arrest ganz oder teilweise bestätigen, abändern oder aufheben, auch die Bestätigung, Abänderung oder Aufhebung von einer Sicherheitsleistung abhängig machen.

§ 926 Anordnung der Klageerhebung. (1) Ist die Hauptsache nicht anhängig, so hat das Arrestgericht[1]) auf Antrag ohne mündliche Verhandlung anzuordnen, dass die Partei, die den Arrestbefehl erwirkt hat, binnen einer zu bestimmenden Frist Klage zu erheben habe.

---

[1]) Vgl. hierzu § 20 Nr. 14 RechtspflegerG (Nr. **96**).

(2) Wird dieser Anordnung nicht Folge geleistet, so ist auf Antrag die Aufhebung des Arrestes durch Endurteil auszusprechen.

§ 927 Aufhebung wegen veränderter Umstände. (1) Auch nach der Bestätigung des Arrestes kann wegen veränderter Umstände, insbesondere wegen Erledigung des Arrestgrundes oder auf Grund des Erbietens zur Sicherheitsleistung die Aufhebung des Arrestes beantragt werden.

(2) Die Entscheidung ist durch Endurteil zu erlassen; sie ergeht durch das Gericht, das den Arrest angeordnet hat, und wenn die Hauptsache anhängig ist, durch das Gericht der Hauptsache.

§ 928 Vollziehung des Arrestes. Auf die Vollziehung des Arrestes sind die Vorschriften über die Zwangsvollstreckung entsprechend anzuwenden, soweit nicht die nachfolgenden Paragraphen abweichende Vorschriften enthalten.

§ 929[1]) **Vollstreckungsklausel; Vollziehungsfrist.** (1) Arrestbefehle bedürfen der Vollstreckungsklausel nur, wenn die Vollziehung für einen anderen als den in dem Befehl bezeichneten Gläubiger oder gegen einen anderen als den in dem Befehl bezeichneten Schuldner erfolgen soll.

(2) [1]Die Vollziehung des Arrestbefehls ist unstatthaft, wenn seit dem Tag, an dem der Befehl verkündet oder der Partei, auf deren Gesuch er erging, zugestellt ist, ein Monat verstrichen ist. [2]Kann ein ausländischer Sicherungstitel im Inland ohne vorherige Vollstreckbarerklärung vollzogen werden, so beträgt die Frist nach Satz 1 zwei Monate.

(3) [1]Die Vollziehung ist vor der Zustellung des Arrestbefehls an den Schuldner zulässig. [2]Sie ist jedoch ohne Wirkung, wenn die Zustellung nicht innerhalb einer Woche nach der Vollziehung und vor Ablauf der für diese im vorhergehenden Absatz bestimmten Frist erfolgt.

§ 930[2]) **Vollziehung in bewegliches Vermögen und Forderungen.**

(1) [1]Die Vollziehung des Arrestes in bewegliches Vermögen wird durch Pfändung bewirkt. [2]Die Pfändung erfolgt nach denselben Grundsätzen wie jede andere Pfändung und begründet ein Pfandrecht mit den im § 804 bestimmten Wirkungen. [3]Für die Pfändung einer Forderung ist das Arrestgericht als Vollstreckungsgericht zuständig.

(2) Gepfändetes Geld und ein im Verteilungsverfahren auf den Gläubiger fallender Betrag des Erlöses werden hinterlegt.

(3) Das Vollstreckungsgericht kann auf Antrag anordnen, dass eine bewegliche körperliche Sache, wenn sie der Gefahr einer beträchtlichen Wertverringerung ausgesetzt ist oder wenn ihre Aufbewahrung unverhältnismäßige Kosten verursachen würde, versteigert und der Erlös hinterlegt werde.

(4) Die Vollziehung des Arrestes in ein nicht eingetragenes Seeschiff ist unzulässig, wenn sich das Schiff auf der Reise befindet und nicht in einem Hafen liegt.

---

[1]) § 929 Abs. 2 Satz 2 angef. mWv 1.1.2022 durch G v. 7.5.2021 (BGBl. I S. 850).
[2]) § 930 Abs. 4 angef. mWv 25.4.2013 durch G v. 20.4.2013 (BGBl. I S. 831).

Abschnitt 5. Arrest und einstweilige Verfügung §§ 931–933 ZPO 100

§ 931[1] **Vollziehung in eingetragenes Schiff oder Schiffsbauwerk.**
(1) Die Vollziehung des Arrestes in ein eingetragenes Schiff oder Schiffsbauwerk wird durch Pfändung nach den Vorschriften über die Pfändung beweglicher Sachen mit folgenden Abweichungen bewirkt.

(2) Die Pfändung begründet ein Pfandrecht an dem gepfändeten Schiff oder Schiffsbauwerk; das Pfandrecht gewährt dem Gläubiger im Verhältnis zu anderen Rechten dieselben Rechte wie eine Schiffshypothek.

(3) Die Pfändung wird auf Antrag des Gläubigers vom Arrestgericht als Vollstreckungsgericht angeordnet; das Gericht hat zugleich das Registergericht um die Eintragung einer Vormerkung zur Sicherung des Arrestpfandrechts in das Schiffsregister oder Schiffsbauregister zu ersuchen; die Vormerkung erlischt, wenn die Vollziehung des Arrestes unstatthaft wird.

(4) Der Gerichtsvollzieher hat bei der Vornahme der Pfändung das Schiff oder Schiffsbauwerk in Bewachung und Verwahrung zu nehmen.

(5) Ist zur Zeit der Arrestvollziehung die Zwangsversteigerung des Schiffes oder Schiffsbauwerks eingeleitet, so gilt die in diesem Verfahren erfolgte Beschlagnahme des Schiffes oder Schiffsbauwerks als erste Pfändung im Sinne des § 826; die Abschrift des Pfändungsprotokolls ist dem Vollstreckungsgericht einzureichen.

(6) [1] Das Arrestpfandrecht wird auf Antrag des Gläubigers in das Schiffsregister oder Schiffsbauregister eingetragen; der nach § 923 festgestellte Geldbetrag ist als der Höchstbetrag zu bezeichnen, für den das Schiff oder Schiffsbauwerk haftet. [2] Im Übrigen gelten der § 867 Abs. 1 und 2 und der § 870a Abs. 3 entsprechend, soweit nicht vorstehend etwas anderes bestimmt ist.

(7) Die Vollziehung des Arrestes in ein eingetragenes Seeschiff ist unzulässig, wenn sich das Schiff auf der Reise befindet und nicht in einem Hafen liegt.

§ 932 Arresthypothek. (1) [1] Die Vollziehung des Arrestes in ein Grundstück oder in eine Berechtigung, für welche die sich auf Grundstücke beziehenden Vorschriften gelten, erfolgt durch Eintragung einer Sicherungshypothek für die Forderung; der nach § 923 festgestellte Geldbetrag ist als der Höchstbetrag zu bezeichnen, für den das Grundstück oder die Berechtigung haftet. [2] Ein Anspruch nach § 1179a oder § 1179b des Bürgerlichen Gesetzbuchs[2] steht dem Gläubiger oder im Grundbuch eingetragenen Gläubiger der Sicherungshypothek nicht zu.

(2) Im Übrigen gelten die Vorschriften des § 866 Abs. 3 Satz 1, des § 867 Abs. 1 und 2 und des § 868.

(3) Der Antrag auf Eintragung der Hypothek gilt im Sinne des § 929 Abs. 2, 3 als Vollziehung des Arrestbefehls.

§ 933[3) 4)] **Vollziehung des persönlichen Arrestes.** [1] Die Vollziehung des persönlichen Sicherheitsarrestes richtet sich, wenn sie durch Haft erfolgt, nach den Vorschriften der §§ 802g, 802h und 802j Abs. 1 und 2 und, wenn sie durch sonstige Beschränkung der persönlichen Freiheit erfolgt, nach den vom Arrestgericht zu treffenden besonderen Anordnungen, für welche die Beschränkungen der Haft maßgebend sind. [2] In den Haftbefehl ist der nach § 923 festgestellte Geldbetrag aufzunehmen.

---

[1] § 931 Abs. 7 angef. mWv 25.4.2013 durch G v. 20.4.2013 (BGBl. I S. 831).
[2] Nr. **20**.
[3] § 933 Satz 1 geänd. mWv 1.1.2013 durch G v. 29.7.2009 (BGBl. I S. 2258).
[4] Beachte hierzu Übergangsvorschrift in § 39 EGZPO (Nr. **101**).

§ 934 Aufhebung der Arrestvollziehung. (1) Wird der in dem Arrestbefehl festgestellte Geldbetrag hinterlegt, so wird der vollzogene Arrest von dem Vollstreckungsgericht[1] aufgehoben.

(2) Das Vollstreckungsgericht kann die Aufhebung des Arrestes auch anordnen, wenn die Fortdauer besondere Aufwendungen erfordert und die Partei, auf deren Gesuch der Arrest verhängt wurde, den nötigen Geldbetrag nicht vorschießt.

(3) Die in diesem Paragraphen erwähnten Entscheidungen ergehen durch Beschluss.

(4) Gegen den Beschluss, durch den der Arrest aufgehoben wird, findet sofortige Beschwerde statt.

§ 935 Einstweilige Verfügung bezüglich Streitgegenstand. Einstweilige Verfügungen in Bezug auf den Streitgegenstand sind zulässig, wenn zu besorgen ist, dass durch eine Veränderung des bestehenden Zustandes die Verwirklichung des Rechts einer Partei vereitelt oder wesentlich erschwert werden könnte.

§ 936 Anwendung der Arrestvorschriften. Auf die Anordnung einstweiliger Verfügungen und das weitere Verfahren sind die Vorschriften über die Anordnung von Arresten und über das Arrestverfahren entsprechend anzuwenden, soweit nicht die nachfolgenden Paragraphen abweichende Vorschriften enthalten.

§ 937 Zuständiges Gericht. (1) Für den Erlass einstweiliger Verfügungen ist das Gericht der Hauptsache zuständig.

(2) Die Entscheidung kann in dringenden Fällen sowie dann, wenn der Antrag auf Erlass einer einstweiligen Verfügung zurückzuweisen ist, ohne mündliche Verhandlung ergehen.

§ 938[2] Inhalt der einstweiligen Verfügung. (1) Das Gericht bestimmt nach freiem Ermessen, welche Anordnungen zur Erreichung des Zweckes erforderlich sind.

(2) Die einstweilige Verfügung kann auch in einer Sequestration sowie darin bestehen, dass dem Gegner eine Handlung geboten oder verboten, insbesondere die Veräußerung, Belastung oder Verpfändung eines Grundstücks oder eines eingetragenen Schiffes oder Schiffsbauwerks untersagt wird.

§ 939 Aufhebung gegen Sicherheitsleistung. Nur unter besonderen Umständen kann die Aufhebung einer einstweiligen Verfügung gegen Sicherheitsleistung gestattet werden.

§ 940 Einstweilige Verfügung zur Regelung eines einstweiligen Zustandes. Einstweilige Verfügungen sind auch zum Zwecke der Regelung eines einstweiligen Zustandes in Bezug auf ein streitiges Rechtsverhältnis zulässig, sofern diese Regelung, insbesondere bei dauernden Rechtsverhältnissen zur Abwendung wesentlicher Nachteile oder zur Verhinderung drohender Gewalt oder aus anderen Gründen nötig erscheint.

---

[1] Vgl. hierzu § 20 Nr. 15 RechtspflegerG (Nr. 96).
[2] § 938 Abs. 1 geänd. mWv 1.1.2014 durch G v. 5.12.2012 (BGBl. I S. 2418).

§ 940a[1]) **Räumung von Wohnraum.** (1) Die Räumung von Wohnraum darf durch einstweilige Verfügung nur wegen verbotener Eigenmacht oder bei einer konkreten Gefahr für Leib oder Leben angeordnet werden.

(2) Die Räumung von Wohnraum darf durch einstweilige Verfügung auch gegen einen Dritten angeordnet werden, der im Besitz der Mietsache ist, wenn gegen den Mieter ein vollstreckbarer Räumungstitel vorliegt und der Vermieter vom Besitzerwerb des Dritten erst nach dem Schluss der mündlichen Verhandlung Kenntnis erlangt hat.

(3) Ist Räumungsklage wegen Zahlungsverzugs erhoben, darf die Räumung von Wohnraum durch einstweilige Verfügung auch angeordnet werden, wenn der Beklagte einer Sicherungsanordnung (§ 283a) im Hauptsacheverfahren nicht Folge leistet.

(4) In den Fällen der Absätze 2 und 3 hat das Gericht den Gegner vor Erlass einer Räumungsverfügung anzuhören.

§ 941 Ersuchen um Eintragungen im Grundbuch usw. Hat auf Grund der einstweiligen Verfügung eine Eintragung in das Grundbuch, das Schiffsregister oder das Schiffsbauregister zu erfolgen, so ist das Gericht befugt, das Grundbuchamt oder die Registerbehörde um die Eintragung zu ersuchen.

§ 942 Zuständigkeit des Amtsgerichts der belegenen Sache. (1) In dringenden Fällen kann das Amtsgericht, in dessen Bezirk sich der Streitgegenstand befindet, eine einstweilige Verfügung erlassen unter Bestimmung einer Frist, innerhalb der die Ladung des Gegners zur mündlichen Verhandlung über die Rechtmäßigkeit der einstweiligen Verfügung bei dem Gericht der Hauptsache zu beantragen ist.

(2) [1] Die einstweilige Verfügung, auf Grund deren eine Vormerkung oder Widerspruch gegen die Richtigkeit des Grundbuchs, des Schiffsregisters oder des Schiffsbauregisters eingetragen werden soll, kann von dem Amtsgericht erlassen werden, in dessen Bezirk das Grundstück belegen ist oder der Heimathafen oder der Heimatort des Schiffes oder der Bauort des Schiffsbauwerks sich befindet, auch wenn der Fall nicht für dringlich erachtet wird; liegt der Heimathafen des Schiffes nicht im Inland, so kann die einstweilige Verfügung vom Amtsgericht in Hamburg erlassen werden. [2] Die Bestimmung der im Absatz 1 bezeichneten Frist hat nur auf Antrag des Gegners zu erfolgen.

(3) Nach fruchtlosem Ablauf der Frist hat das Amtsgericht auf Antrag die erlassene Verfügung aufzuheben.

(4) Die in diesem Paragraphen erwähnten Entscheidungen des Amtsgerichts ergehen durch Beschluss.

§ 943 Gericht der Hauptsache. (1) Als Gericht der Hauptsache im Sinne der Vorschriften dieses Abschnitts ist das Gericht des ersten Rechtszuges und, wenn die Hauptsache in der Berufungsinstanz anhängig ist, das Berufungsgericht anzusehen.

(2) Das Gericht der Hauptsache ist für die nach § 109 zu treffenden Anordnungen ausschließlich zuständig, wenn die Hauptsache anhängig ist oder anhängig gewesen ist.

---

[1]) § 940a neu gef. mWv 1.5.2013 durch G v. 11.3.2013 (BGBl. I S. 434).

§ 944 Entscheidung des Vorsitzenden bei Dringlichkeit. In dringenden Fällen kann der Vorsitzende über die in diesem Abschnitt erwähnten Gesuche, sofern deren Erledigung eine mündliche Verhandlung nicht erfordert, anstatt des Gerichts entscheiden.

§ 945 Schadensersatzpflicht. Erweist sich die Anordnung eines Arrestes oder einer einstweiligen Verfügung als von Anfang an ungerechtfertigt oder wird die angeordnete Maßregel auf Grund des § 926 Abs. 2 oder des § 942 Abs. 3 aufgehoben, so ist die Partei, welche die Anordnung erwirkt hat, verpflichtet, dem Gegner den Schaden zu ersetzen, der ihm aus der Vollziehung der angeordneten Maßregel oder dadurch entsteht, dass er Sicherheit leistet, um die Vollziehung abzuwenden oder die Aufhebung der Maßregel zu erwirken.

§ 945a[1] Einreichung von Schutzschriften. (1) [1] Die Landesjustizverwaltung Hessen führt für die Länder ein zentrales, länderübergreifendes elektronisches Register für Schutzschriften (Schutzschriftenregister). [2] Schutzschriften sind vorbeugende Verteidigungsschriftsätze gegen erwartete Anträge auf Arrest oder einstweilige Verfügung.

(2) [1] Eine Schutzschrift gilt als bei allen ordentlichen Gerichten der Länder eingereicht, sobald sie in das Schutzschriftenregister eingestellt ist. [2] Schutzschriften sind sechs Monate nach ihrer Einstellung zu löschen.

(3) [1] Die Gerichte erhalten Zugriff auf das Register über ein automatisiertes Abrufverfahren. [2] Die Verwendung der Daten ist auf das für die Erfüllung der gesetzlichen Aufgaben Erforderliche zu beschränken. [3] Abrufvorgänge sind zu protokollieren.

§ 945b[2] Verordnungsermächtigung. Das Bundesministerium der Justiz und für Verbraucherschutz hat durch Rechtsverordnung mit Zustimmung des Bundesrates die näheren Bestimmungen über die Einrichtung und Führung des Registers, über die Einreichung von Schutzschriften zum Register, über den Abruf von Schutzschriften aus dem Register sowie über die Einzelheiten der Datenübermittlung und -speicherung sowie der Datensicherheit und der Barrierefreiheit zu treffen.

Abschnitt 6.[3] Grenzüberschreitende vorläufige Kontenpfändung
Titel 1. Erlass des Beschlusses zur vorläufigen Kontenpfändung

§ 946[3] Zuständigkeit. (1) [1] Für den Erlass des Beschlusses zur vorläufigen Kontenpfändung nach der Verordnung (EU) Nr. 655/2014[4] des Europäischen Parlaments und des Rates vom 15. Mai 2014 zur Einführung eines Verfahrens für einen Europäischen Beschluss zur vorläufigen Kontenpfändung im Hinblick auf die Erleichterung der grenzüberschreitenden Eintreibung von Forderungen in Zivil- und Handelssachen (ABl. L 189 vom 27.6.2014, S. 59) ist das Gericht der Hauptsache zuständig. [2] Die §§ 943 und 944 gelten entsprechend.

---

[1] § 945a eingef. mWv 1.1.2016 durch G v. 10.10.2013 (BGBl. I S. 3786); Abs. 1 Satz 1 geänd. mWv 1.1.2016 durch G v. 20.11.2015 (BGBl. I S. 2018).
[2] § 945b eingef. mWv 1.7.2014 durch G v. 10.10.2013 (BGBl. I S. 3786); geänd. mWv 8.9.2015 durch VO v. 31.8.2015 (BGBl. I S. 1474); geänd. mWv 26.11.2015 durch G v. 20.11.2015 (BGBl. I S. 2018).
[3] Abschnitt 6 (§§ 946–959) eingef. mWv 18.1.2017 durch G v. 21.11.2016 (BGBl. I S. 2591).
[4] Habersack, Deutsche Gesetze ErgBd. Nr. 103h.

Abschn. 6. Grenzüberschr. vorl. Kontenpfändung §§ 947–949 **ZPO 100**

(2) Hat der Gläubiger bereits eine öffentliche Urkunde (Artikel 4 Nummer 10 der Verordnung (EU) Nr. 655/2014) erwirkt, in der der Schuldner verpflichtet wird, die Forderung zu erfüllen, ist das Gericht zuständig, in dessen Bezirk die Urkunde errichtet worden ist.

§ 947[1] Verfahren. (1) [1]Der Gläubiger kann sich in dem Verfahren auf Erlass des Beschlusses zur vorläufigen Kontenpfändung aller Beweismittel sowie der Versicherung an Eides statt bedienen. [2]Nur eine Beweisaufnahme, die sofort erfolgen kann, ist statthaft.

(2) [1]Das Gericht darf die ihm nach Artikel 14 Absatz 6 der Verordnung (EU) Nr. 655/2014[2] übermittelten Kontoinformationen für die Zwecke des jeweiligen Verfahrens auf Erlass eines Beschlusses zur vorläufigen Kontenpfändung speichern, übermitteln und nutzen. [2]Soweit übermittelte Kontoinformationen für den Erlass des Beschlusses zur vorläufigen Kontenpfändung nicht erforderlich sind, sind sie unverzüglich zu löschen oder ist deren Verarbeitung einzuschränken. [3]Die Löschung ist zu protokollieren. [4]§ 802d Absatz 1 Satz 3 gilt entsprechend.

§ 948[3] Ersuchen um Einholung von Kontoinformationen. (1) Zuständige Auskunftsbehörde gemäß Artikel 14 der Verordnung (EU) Nr. 655/2014[2] für die Einholung von Kontoinformationen ist das Bundesamt für Justiz.

(2) Zum Zweck der Einholung von Kontoinformationen nach Artikel 14 der Verordnung (EU) Nr. 655/2014 darf das Bundesamt für Justiz das Bundeszentralamt für Steuern ersuchen, bei den Kreditinstituten die in § 93b Absatz 1 der Abgabenordnung bezeichneten Daten abzurufen (§ 93 Absatz 8 der Abgabenordnung).

(3) [1]Das Bundesamt für Justiz protokolliert die eingehenden Ersuchen um Einholung von Kontoinformationen gemäß Artikel 14 der Verordnung (EU) Nr. 655/2014. [2]Zu protokollieren sind ebenfalls die Bezeichnung der ersuchenden Stelle eines anderen Mitgliedstaates der Europäischen Union, der Abruf der in § 93b Absatz 1 der Abgabenordnung bezeichneten Daten und der Zeitpunkt des Eingangs dieser Daten sowie die Weiterleitung der eingegangenen Daten an die ersuchende Stelle. [3]Das Bundesamt für Justiz löscht den Inhalt der eingeholten Kontoinformationen unverzüglich nach deren Übermittlung an die ersuchende Stelle; die Löschung ist zu protokollieren.

§ 949[3] Nicht rechtzeitige Einleitung des Hauptsacheverfahrens. (1) Ein im Inland erlassener Beschluss zur vorläufigen Kontenpfändung wird nach Artikel 10 Absatz 2 Unterabsatz 1 der Verordnung (EU) Nr. 655/2014[2] durch Beschluss widerrufen.

(2) [1]Zuständige Stelle, an die gemäß Artikel 10 Absatz 2 Unterabsatz 3 der Verordnung (EU) Nr. 655/2014 das Widerrufsformblatt zu übermitteln ist, ist das Amtsgericht, in dessen Bezirk das Vollstreckungsverfahren stattfinden soll oder stattgefunden hat. [2]Ist ein in einem anderen Mitgliedstaat der Europäischen Union erlassener Beschluss zur vorläufigen Kontenpfändung im Inland zu vollziehen, hat das Amtsgericht nach Satz 1 den Beschluss, durch den das Gericht den Beschluss zur vorläufigen Kontenpfändung widerrufen hat, der Bank im Sinne des Artikels 4 Nummer 2 der Verordnung (EU) Nr. 655/2014 zuzustellen.

---

[1] § 947 eingef. mWv 18.1.2017 durch G v. 21.11.2016 (BGBl. I S. 2591); Abs. 2 Satz 2 geänd. mWv 26.11.2019 durch G v. 20.11.2019 (BGBl. I S. 1724).
[2] Habersack, Deutsche Gesetze ErgBd. Nr. 103h.
[3] Abschnitt 6 (§§ 946–959) eingef. mWv 18.1.2017 durch G v. 21.11.2016 (BGBl. I S. 2591).

EL 187 Oktober 2021 229

Titel 2. Vollziehung des Beschlusses zur vorläufigen Kontenpfändung

§ 950[1] Anwendbare Vorschriften. Auf die Vollziehung des Beschlusses zur vorläufigen Kontenpfändung sind die Vorschriften des Achten Buchs über die Zwangsvollstreckung sowie § 930 Absatz 1 Satz 2 entsprechend anzuwenden, soweit die Verordnung (EU) Nr. 655/2014[2] und die §§ 951 bis 957 keine abweichenden Vorschriften enthalten.

§ 951[1] Vollziehung von im Inland erlassenen Beschlüssen. (1) [1]Ist ein im Inland erlassener Beschluss zur vorläufigen Kontenpfändung im Inland zu vollziehen, hat der Gläubiger, der seinen Wohnsitz in einem anderen Mitgliedstaat der Europäischen Union hat, den Beschluss der Bank zustellen zu lassen. [2]Ist der Beschluss in einem anderen Mitgliedstaat der Europäischen Union zu vollziehen, hat der Gläubiger die Zustellung gemäß Artikel 23 Absatz 3 Unterabsatz 1 der Verordnung (EU) Nr. 655/2014[2] an die Bank zu veranlassen.

(2) [1]Das Gericht, das den Beschluss erlassen hat, lässt dem Schuldner den Beschluss nach Artikel 28 der Verordnung (EU) Nr. 655/2014 zustellen; diese Zustellung gilt als Zustellung auf Betreiben des Gläubigers (§ 191). [2]Eine Übersetzung oder Transliteration, die nach Artikel 28 Absatz 5 in Verbindung mit Artikel 49 Absatz 1 der Verordnung (EU) Nr. 655/2014 erforderlich ist, hat der Gläubiger bereitzustellen.

§ 952[1] Vollziehung von in einem anderen Mitgliedstaat erlassenen Beschlüssen. (1) Zuständige Stelle ist
1. in den in Artikel 23 Absatz 3, 5 und 6, Artikel 25 Absatz 3 und Artikel 27 Absatz 2 der Verordnung (EU) Nr. 655/2014[2] bezeichneten Fällen das Amtsgericht, in dessen Bezirk das Vollstreckungsverfahren stattfinden soll oder stattgefunden hat,
2. in den in Artikel 28 Absatz 3 der Verordnung (EU) Nr. 655/2014 bezeichneten Fällen das Amtsgericht, in dessen Bezirk der Schuldner seinen Wohnsitz hat.

(2) Das nach Absatz 1 Nummer 1 zuständige Amtsgericht hat
1. in den in Artikel 23 Absatz 3 der Verordnung (EU) Nr. 655/2014 bezeichneten Fällen der Bank den Beschluss zur vorläufigen Kontenpfändung zuzustellen,
2. in den in Artikel 27 Absatz 2 der Verordnung (EU) Nr. 655/2014 bezeichneten Fällen der Bank die Freigabeerklärung des Gläubigers zuzustellen.

Titel 3. Rechtsbehelfe

§ 953[1] Rechtsbehelfe des Gläubigers. (1) Gegen die Ablehnung des Antrags auf Erlass eines Beschlusses zur vorläufigen Kontenpfändung und gegen den Widerruf des Beschlusses zur vorläufigen Kontenpfändung (§ 949 Absatz 1), soweit sie durch das Gericht des ersten Rechtszuges erfolgt sind, findet die sofortige Beschwerde statt.

(2) [1]Die in Artikel 21 Absatz 2 Satz 1 der Verordnung (EU) Nr. 655/2014[2] bezeichnete Frist von 30 Tagen für die Einlegung des Rechtsbehelfs beginnt mit der Zustellung der Entscheidung an den Gläubiger. [2]Dies gilt auch in den Fällen des § 321a Absatz 2 für die Ablehnung des Antrags auf Erlass des Beschlusses durch das Berufungsgericht.

---

[1] Abschnitt 6 (§§ 946–959) eingef. mWv 18.1.2017 durch G v. 21.11.2016 (BGBl. I S. 2591).
[2] Habersack, Deutsche Gesetze ErgBd. Nr. 103h.

(3) Die sofortige Beschwerde gegen den Widerruf des Beschlusses zur vorläufigen Kontenpfändung ist innerhalb einer Notfrist von einem Monat ab Zustellung einzulegen.

§ 954[1]**) Rechtsbehelfe nach den Artikeln 33 bis 35 der Verordnung (EU) Nr. 655/2014.** (1) [1] Über den Rechtsbehelf des Schuldners gegen einen im Inland erlassenen Beschluss zur vorläufigen Kontenpfändung nach Artikel 33 Absatz 1 der Verordnung (EU) Nr. 655/2014[2]) (Widerspruch) entscheidet das Gericht, das den Beschluss erlassen hat. [2] Die Entscheidung ergeht durch Beschluss. [3] Die Sätze 1 und 2 gelten entsprechend für den Widerspruch des Schuldners gemäß Artikel 33 Absatz 2 der Verordnung (EU) Nr. 655/2014 gegen die Entscheidung nach Artikel 12 der Verordnung (EU) Nr. 655/2014.

(2) [1] Über den Rechtsbehelf des Schuldners wegen Einwendungen gegen die Vollziehung eines Beschlusses zur vorläufigen Kontenpfändung im Inland nach Artikel 34 der Verordnung (EU) Nr. 655/2014 entscheidet das Vollstreckungsgericht (§ 764 Absatz 2). [2] Für den Antrag nach Artikel 34 Absatz 1 Buchstabe a der Verordnung (EU) Nr. 655/2014 gelten § 906 Absatz 1 Satz 2, Absatz 2 und § 907 entsprechend.

(3) [1] Über Rechtsbehelfe, die nach Artikel 35 Absatz 3 und 4 der Verordnung (EU) Nr. 655/2014 im Vollstreckungsmitgliedstaat eingelegt werden, entscheidet ebenfalls das Vollstreckungsgericht. [2] Sofern nach Artikel 35 der Verordnung (EU) Nr. 655/2014 das Gericht zuständig ist, das den Beschluss zur vorläufigen Kontenpfändung erlassen hat, ergeht die Entscheidung durch Beschluss.

(4) [1] Zuständige Stelle ist in den Fällen des Artikels 36 Absatz 5 Unterabsatz 2 der Verordnung (EU) Nr. 655/2014 das Amtsgericht, in dessen Bezirk das Vollstreckungsverfahren stattfinden soll oder stattgefunden hat. [2] Dieses hat den Beschluss der Bank zuzustellen.

§ 955[3]**) Sicherheitsleistung nach Artikel 38 der Verordnung (EU) Nr. 655/2014.** [1] Für die Entscheidung über Anträge des Schuldners auf Beendigung der Vollstreckung wegen erbrachter Sicherheitsleistung nach Artikel 38 Absatz 1 Buchstabe b der Verordnung (EU) Nr. 655/2014[2]) ist das Vollstreckungsgericht zuständig. [2] Die Entscheidung nach Artikel 38 Absatz 1 der Verordnung (EU) Nr. 655/2014 ergeht durch Beschluss.

§ 956[3]**) Rechtsmittel gegen die Entscheidungen nach § 954 Absatz 1 bis 3 und § 955.** (1) [1] Gegen die Entscheidungen des Vollstreckungsgerichts nach § 954 Absatz 2 und 3 Satz 1 sowie nach § 955 Satz 1 findet die sofortige Beschwerde statt. [2] Dies gilt auch für Entscheidungen des Gerichts des ersten Rechtszugs in den Fällen des § 954 Absatz 1 und 3 Satz 2 sowie des § 955 Satz 2.

(2) Die sofortige Beschwerde ist innerhalb einer Notfrist von einem Monat ab Zustellung der Entscheidung einzulegen.

§ 957[3]**) Ausschluss der Rechtsbeschwerde.** In Verfahren zur grenzüberschreitenden vorläufigen Kontenpfändung nach der Verordnung (EU) Nr. 655/2014[2]) findet die Rechtsbeschwerde nicht statt.

---

[1]) § 954 eingef. mWv 18.1.2017 durch G v. 21.11.2016 (BGBl. I S. 2591); Abs. 2 Satz 2 geänd. mWv 1.12.2021 durch G v. 22.11.2020 (BGBl. I S. 2466).
[2]) **Habersack, Deutsche Gesetze ErgBd. Nr. 103h.**
[3]) Abschnitt 6 (§§ 946–959) eingef. mWv 18.1.2017 durch G v. 21.11.2016 (BGBl. I S. 2591).

Titel 4. Schadensersatz; Verordnungsermächtigung

§ 958[1] **Schadensersatz.** ¹Erweist sich die Anordnung eines Beschlusses zur vorläufigen Kontenpfändung, der im Inland vollzogen worden ist, als von Anfang an ungerechtfertigt, so ist der Gläubiger verpflichtet, dem Schuldner den Schaden zu ersetzen, der ihm aus der Vollziehung des Beschlusses oder dadurch entsteht, dass er Sicherheit leistet, um die Freigabe der vorläufig gepfändeten Gelder oder die Beendigung der Vollstreckung zu erwirken. ²Im Übrigen richtet sich die Haftung des Gläubigers gegenüber dem Schuldner nach Artikel 13 Absatz 1 und 2 der Verordnung (EU) Nr. 655/2014[2].

§ 959[3] **Verordnungsermächtigung.** (1) Die Landesregierungen können die Aufgaben nach Artikel 10 Absatz 2, Artikel 23 Absatz 3, 5 und 6, Artikel 25 Absatz 3, Artikel 27 Absatz 2, Artikel 28 Absatz 3 sowie Artikel 36 Absatz 5 Unterabsatz 2 und 3 der Verordnung (EU) Nr. 655/2014[2] einem Amtsgericht für die Bezirke mehrerer Amtsgerichte durch Rechtsverordnung zuweisen.

(2) Die Landesregierungen können die Ermächtigung nach Absatz 1 durch Rechtsverordnung einer obersten Landesbehörde übertragen.

Buch 9.[4] *(aufgehoben)*

§§ 960–1024[4] *(aufgehoben)*

Buch 10. Schiedsrichterliches Verfahren

Abschnitt 1. Allgemeine Vorschriften

§ 1025 Anwendungsbereich. (1) Die Vorschriften dieses Buches sind anzuwenden, wenn der Ort des schiedsrichterlichen Verfahrens im Sinne des § 1043 Abs. 1 in Deutschland liegt.

(2) Die Bestimmungen der §§ 1032, 1033 und 1050 sind auch dann anzuwenden, wenn der Ort des schiedsrichterlichen Verfahrens im Ausland liegt oder noch nicht bestimmt ist.

(3) Solange der Ort des schiedsrichterlichen Verfahrens noch nicht bestimmt ist, sind die deutschen Gerichte für die Ausübung der in den §§ 1034, 1035, 1037 und 1038 bezeichneten gerichtlichen Aufgaben zuständig, wenn der Beklagte oder der Kläger seinen Sitz oder seinen gewöhnlichen Aufenthalt in Deutschland hat.

(4) Für die Anerkennung und Vollstreckung ausländischer Schiedssprüche gelten die §§ 1061 bis 1065.

---

[1] § 958 eingef. mWv 18.1.2017 durch G v. 21.11.2016 (BGBl. I S. 2591).
[2] **Habersack, Deutsche Gesetze ErgBd. Nr. 103h.**
[3] § 959 eingef. mWv 18.1.2017 durch G v. 21.11.2016 (BGBl. I S. 2591).
[4] Buch 9 (Frühere §§ 946–959, §§ 960–1024) aufgeh. mWv 1.9.2009 durch G v. 17.12.2008 (BGBl. I S. 2586); siehe nunmehr das G über das Verfahren in Familiensachen und in den Angelegenheiten der freiwilligen Gerichtsbarkeit (FamFG) (Nr. 112).

Abschnitt 8.[1)] Beweis der Echtheit ausländischer öffentlicher Urkunden nach der Verordnung (EU) 2016/1191

§ 1118[1)] Zentralbehörde. [1] Das Bundesamt für Justiz ist Zentralbehörde nach Artikel 15 Absatz 1 der Verordnung (EU) 2016/1191 des Europäischen Parlaments und des Rates vom 6. Juli 2016 zur Förderung der Freizügigkeit von Bürgern durch die Vereinfachung der Anforderungen an die Vorlage bestimmter öffentlicher Urkunden innerhalb der Europäischen Union und zur Änderung der Verordnung (EU) Nr. 1024/2012 (ABl. L 200 vom 26.7.2016, S. 1). [2] Die Verfahren nach diesem Gesetz vor dem Bundesamt für Justiz sind Justizverwaltungsverfahren. [3] Informationen nach Artikel 22 Absatz 2 der Verordnung werden durch das Bundesamt für Justiz mitgeteilt.

§ 1119[1)] Verwaltungszusammenarbeit. (1) [1] Soweit bei der Überprüfung der Echtheit einer öffentlichen Urkunde oder einer beglaubigten Kopie eine Nachfrage bei der ausstellenden deutschen Behörde erforderlich ist, kann sich das Bundesamt für Justiz unmittelbar an diese Behörde wenden. [2] Dazu nutzt es das Binnenmarkt-Informationssystem unter Beachtung bereits vorhandener Verfahrensstrukturen. [3] Diese Behörden sind im Rahmen ihrer Zuständigkeit neben dem Bundesamt für Justiz auch zuständig für die Beantwortung von Auskunftsersuchen der Mitgliedstaaten der Europäischen Union.

(2) Über Änderungen bei den gemäß Artikel 22 Absatz 1 Buchstabe b der Verordnung einzustellenden Urkunden unterrichtet das Bundesministerium des Innern, für Bau und Heimat das Bundesamt für Justiz, soweit diese in seine Zuständigkeit fallen.

§ 1120[1)] Mehrsprachige Formulare. [1] Mehrsprachige Formulare gemäß Artikel 7 der Verordnung (EU) 2016/1191 werden durch die Behörden ausgestellt, die für die Erteilung der Urkunden zuständig sind. [2] Das Bundesamt für Justiz ist für das Ausstellen der Formulare zuständig, soweit Urkunden des Geschäftsbereichs des Bundesministeriums der Justiz und für Verbraucherschutz oder gerichtliche Urkunden betroffen sind.

[1)] Abschnitt 8 (§§ 1118–1120) angef. mWv 16.2.2019 durch G v. 31.1.2019 (BGBl. I S. 54).

Anlage[1]

(aufgehoben)

Nichtamtlicher Anhang[2]
(zu § 850c)

[Pfändungsfreibeträge ab 1.7.2021]
Auszahlung für Monate

Nettolohn monatlich	\multicolumn{7}{c}{Pfändbarer Betrag bei Unterhaltspflicht für … Personen}						
	0	1	2	3	4	5 und mehr
	\multicolumn{7}{c}{in Euro}					
bis 1 259,99	–	–	–	–	–	–
1 260,00 bis 1 269,99	5,15	–	–	–	–	–
1 270,00 bis 1 279,99	12,15	–	–	–	–	–
1 280,00 bis 1 289,99	19,15	–	–	–	–	–
1 290,00 bis 1 299,99	26,15	–	–	–	–	–
1 300,00 bis 1 309,99	33,15	–	–	–	–	–
1 310,00 bis 1 319,99	40,15	–	–	–	–	–
1 320,00 bis 1 329,99	47,15	–	–	–	–	–
1 330,00 bis 1 339,99	54,15	–	–	–	–	–
1 340,00 bis 1 349,99	61,15	–	–	–	–	–
1 350,00 bis 1 359,99	68,15	–	–	–	–	–
1 360,00 bis 1 369,99	75,15	–	–	–	–	–
1 370,00 bis 1 379,99	82,15	–	–	–	–	–
1 380,00 bis 1 389,99	89,15	–	–	–	–	–
1 390,00 bis 1 399,99	96,15	–	–	–	–	–
1 400,00 bis 1 409,99	103,15	–	–	–	–	–
1 410,00 bis 1 419,99	110,15	–	–	–	–	–
1 420,00 bis 1 429,99	117,15	–	–	–	–	–
1 430,00 bis 1 439,99	124,15	–	–	–	–	–
1 440,00 bis 1 449,99	131,15	–	–	–	–	–
1 450,00 bis 1 459,99	138,15	–	–	–	–	–
1 460,00 bis 1 469,99	145,15	–	–	–	–	–
1 470,00 bis 1 479,99	152,15	–	–	–	–	–
1 480,00 bis 1 489,99	159,15	–	–	–	–	–
1 490,00 bis 1 499,99	166,15	–	–	–	–	–
1 500,00 bis 1 509,99	173,15	–	–	–	–	–
1 510,00 bis 1 519,99	180,15	–	–	–	–	–
1 520,00 bis 1 529,99	187,15	–	–	–	–	–
1 530,00 bis 1 539,99	194,15	–	–	–	–	–
1 540,00 bis 1 549,99	201,15	–	–	–	–	–
1 550,00 bis 1 559,99	208,15	–	–	–	–	–
1 560,00 bis 1 569,99	215,15	–	–	–	–	–
1 570,00 bis 1 579,99	222,15	–	–	–	–	–
1 580,00 bis 1 589,99	229,15	–	–	–	–	–
1 590,00 bis 1 599,99	236,15	–	–	–	–	–
1 600,00 bis 1 609,99	243,15	–	–	–	–	–

[1] Anl. aufgeh. mWv 1.12.2021 durch G v. 22.11.2020 (BGBl. I S. 2466).
[2] Pfändungsfreibeträge in der **ab 1.7.2021** geltenden Fassung gem. dem Anhang der Pfändungsfreigrenzenbek. 2021 v. 10.5.2021 (BGBl. I S. 1099).

Unterlassungsklagengesetz UKlaG 105

Lfd. Nr.	Änderndes Gesetz	Datum	Fundstelle	Betroffen	Hinweis
28.	Art. 7 G zur Umsetzung der RL über alternative Streitbeilegung in Verbraucherangelegenheiten und zur Durchführung der VO über Online-Streitbeilegung in Verbraucherangelegenheiten[1]	19.2.2016	BGBl. I S. 254	§ 8 § 14, 16 § 2	geänd. mWv 26.2.2016 neu gef. mWv 26.2.2016 geänd. mWv 1.2.2017
29.	Art. 6 G zur Umsetzung der WohnimmobilienkreditRL und zur Änd. handelsrechtl. Vorschriften[2]	11.3.2016	BGBl. I S. 396	§ 14	geänd. mWv 21.3.2016
30.	Art. 3 G zur Umsetzung der RL über die Vergleichbarkeit von Zahlungskontoentgelten, den Wechsel von Zahlungskonten sowie den Zugang zu Zahlungskonten mit grundlegenden Funktionen[3]	11.4.2016	BGBl. I S. 720	§§ 2, 14, 16	geänd. mWv 18.6.2016
31.	Art. 3 G zur Reform des Bauvertragsrechts, zur Änd. der kaufrechtlichen Mängelhaftung, zur Stärkung des zivilprozessualen Rechtsschutzes und zum maschinellen Siegel im Grundbuch- und Schiffsregisterverfahren	28.4.2017	BGBl. I S. 969	§ 2	geänd. mWv 1.1.2018
32.	Art. 24 Abs. 5 Zweites FinanzmarktnovellierungsG	23.6.2017	BGBl. I S. 1693	§ 2	geänd. mWv 3.1.2018
33.	Art. 3 Drittes G zur Änd. reiserechtlicher Vorschriften[4]	17.7.2017	BGBl. I S. 2394	§ 2	geänd. mWv 1.7.2018
34.	Art. 4 G zur Umsetzung der Zweiten ZahlungsdiensteRL[5]	17.7.2017	BGBl. I S. 2446	§ 14	geänd. mWv 13.1.2018

[1] **Amtl. Anm.:** *(abgedruckt in Änderungstabelle Nr. 20)*
[2] **Amtl. Anm.:** Dieses Gesetz dient der Umsetzung der Richtlinie 2014/17/EU des Europäischen Parlaments und des Rates vom 4. Februar 2014 über Wohnimmobilienkreditverträge für Verbraucher und zur Änderung der Richtlinien 2008/48/EG und 2013/36/EU und der Verordnung (EU) Nr. 1093/2010 (ABl. L 60 vom 28.2.2014, S. 34).
[3] **Amtl. Anm.:** Dieses Gesetz dient der Umsetzung der Richtlinie 2014/92/EU des Europäischen Parlaments und des Rates vom 23. Juli 2014 über die Vergleichbarkeit von Zahlungskontoentgelten, den Wechsel von Zahlungskonten und den Zugang zu Zahlungskonten mit grundlegenden Funktionen (ABl. L 257 vom 28.8.2014, S. 214).
[4] **Amtl. Anm.:** Dieses Gesetz dient der Umsetzung der Richtlinie (EU) 2015/2302 des Europäischen Parlaments und des Rates vom 25. November 2015 über Pauschalreisen und verbundene Reiseleistungen, zur Änderung der Verordnung (EG) Nr. 2006/2004 und der Richtlinie 2011/83/EU des Europäischen Parlaments und des Rates sowie zur Aufhebung der Richtlinie 90/314/EWG des Rates (ABl. L 326 vom 11.12.2015, S. 1).
[5] **Amtl. Anm.:** Dieses Gesetz dient der Umsetzung der Richtlinie (EU) 2015/2366 des Europäischen Parlaments und des Rates vom 25. November 2015 über Zahlungsdienste im Binnenmarkt, zur Änderung der Richtlinien 2002/65/EG, 2009/110/EG und 2013/36/EU und der Verordnung (EU) Nr. 1093/2010 sowie zur Aufhebung der Richtlinie 2007/64/EG (ABl. L 337 vom 23.12.2015, S. 35; L 169 vom 28.6.2016, S. 18).

105 UKlaG — Unterlassungsklagengesetz

Lfd. Nr.	Änderndes Gesetz	Datum	Fundstelle	Betroffen	Hinweis
35.	Art. 2 Abs. 6 G zur Änd. des EG-VerbraucherschutzdurchsetzungsG sowie des G über die Errichtung des Bundesamts für Justiz	25.6.2020	BGBl. I S. 1474	§ 4a	neu gef. mWv 30.6.2020
36.	Art. 2 G zur Stärkung des fairen Wettbewerbs	26.11.2020	BGBl. I S. 2568	§§ 2b, 4e, 5, 13, 13a	geänd. mWv 2.12.2020
				§§ 4, Abschnitt 6 Überschrift, §§ 16, 17	neu gef. mWv 2.12.2020
				§ 4a, 4b, 4c, 4d, Abschnitt 7 Überschrift	eingef. mWv 2.12.2020
				§ 3	geänd. mWv 1.12.2021
37.	Art. 4 G zur Anpassung des Urheberrechts an die Erfordernisse des digitalen Binnenmarktes[1]	31.5.2021	BGBl. I S. 1204	§§ 3a, 6	geänd. mWv 7.6.2021
				§ 2a	neu gef. mWv 7.6.2021
38.	Art. 20 TelekommunikationsmodernisierungsG[2]	23.6.2021	BGBl. I S. 1858	§ 2	geänd. mWv 1.12.2021
39.	Art. 3 G zur Umsetzung der RL über bestimmte vertragsrechtliche Aspekte der Bereitstellung digitaler Inhalte und digitaler Dienstleistungen[3]	25.6.2021	BGBl. I S. 2123	§ 2	geänd. mWv 1.1.2022

[1] **Amtl. Anm.:** Dieses Gesetz dient der Umsetzung der Richtlinie (EU) 2019/790 des Europäischen Parlaments und des Rates vom 17. April 2019 über das Urheberrecht und die verwandten Schutzrechte im digitalen Binnenmarkt und zur Änderung der Richtlinien 96/9/EG und 2001/29/EG (ABl. L 130 vom 17.5.2019, S. 92; L 259 vom 10.10.2019, S. 86). [...]

[2] **Amtl. Anm.:** Dieses Gesetz dient der Umsetzung der Richtlinie (EU) 2018/1972 des Europäischen Parlaments und des Rates vom 11. Dezember 2018 über den europäischen Kodex für die elektronische Kommunikation (Neufassung) (ABl. L 321 vom 17.12.2018, S. 36).

[3] **Amtl. Anm.:** Dieses Gesetz dient der Umsetzung der Richtlinie (EU) 2019/770 des Europäischen Parlaments und des Rates vom 20. Mai 2019 über bestimmte vertragsrechtliche Aspekte der Bereitstellung digitaler Inhalte und digitaler Dienstleistungen (ABl. L 136 vom 22.5.2019, S. 1; L 305 vom 26.11.2019, S. 62).

Abschnitt 1. Ansprüche bei Verbraucherrechts- und anderen Verstößen

§ 1 Unterlassungs- und Widerrufsanspruch bei Allgemeinen Geschäftsbedingungen. Wer in Allgemeinen Geschäftsbedingungen Bestimmungen, die nach den §§ 307 bis 309 des Bürgerlichen Gesetzbuchs unwirksam sind, verwendet oder für den rechtsgeschäftlichen Verkehr empfiehlt, kann auf Unterlassung und im Fall des Empfehlens auch auf Widerruf in Anspruch genommen werden.

§ 1a[1]) Unterlassungsanspruch wegen der Beschränkung der Haftung bei Zahlungsverzug. Wer in anderer Weise als durch Verwendung oder Empfehlung von Allgemeinen Geschäftsbedingungen den Vorschriften des § 271a Absatz 1 bis 3, des § 286 Absatz 5 oder des § 288 Absatz 6 des Bürgerlichen Gesetzbuchs[2]) zuwiderhandelt, kann auf Unterlassung in Anspruch genommen werden.

§ 2[3]) Ansprüche bei verbraucherschutzgesetzwidrigen Praktiken. (1) [1] Wer in anderer Weise als durch Verwendung oder Empfehlung von Allgemeinen Geschäftsbedingungen Vorschriften zuwiderhandelt, die dem Schutz der Verbraucher dienen (Verbraucherschutzgesetze), kann im Interesse des Verbraucherschutzes auf Unterlassung und Beseitigung in Anspruch genommen werden. [2] Werden die Zuwiderhandlungen in einem Unternehmen von einem Mitarbeiter oder Beauftragten begangen, so ist der Unterlassungsanspruch oder der Beseitigungsanspruch auch gegen den Inhaber des Unternehmens begründet. [3] Bei Zuwiderhandlungen gegen die in Absatz 2 Satz 1 Nummer 11 genannten Vorschriften richtet sich der Beseitigungsanspruch nach den entsprechenden datenschutzrechtlichen Vorschriften.

(2) [1] Verbraucherschutzgesetze im Sinne dieser Vorschrift sind insbesondere
1. die Vorschriften des Bürgerlichen Rechts, die für
   a) außerhalb von Geschäftsräumen geschlossene Verträge,
   b) Fernabsatzverträge,
   c) Verbraucherverträge über digitale Produkte,

---

[1]) § 1a eingef. mWv 29.7.2014 durch G v. 22.7.2014 (BGBl. I S. 1218).
[2]) Nr. 20.
[3]) § 2 Abs. 2 Nr. 6 neu gef. mWv 1.1.2004 durch G v. 15.12.2003 (BGBl. I S. 2676); Abs. 2 Nr. 6 geänd., Nr. 7 angef. mWv 1.1.2008 durch G v. 16.7.2007 (BGBl. I S. 1330); Abs. 2 Nr. 7 geänd., Nr. 8 angef. mWv 1.7.2008 durch G v. 12.12.2007 (BGBl. I S. 2840, geänd. durch G v. 12.6.2008, BGBl. I S. 1000); Abs. 2 Nr. 8 geänd., Nr. 9 angef. mWv 1.1.2009 durch G v. 25.10.2008 (BGBl. I S. 2074, ber. 2009 S. 371); Abs 2 Nr. 10 angef. mWv 1.10.2009 durch G v. 29.7.2009 (BGBl. I S. 2319); Abs. 2 Nr. 1 neu gef. mWv 23.2.2011 durch G v. 17.1.2011 (BGBl. I S. 34); Abs. 2 Nr. 6 geänd. mWv 22.7.2013 durch G v. 4.7.2013 (BGBl. I S. 1981); Abs. 2 Nr. 1 Buchst. a geänd. mWv 13.6.2014 durch G v. 20.9. 2013 (BGBl. I S. 3642); Abs. 2 Nr. 9 neu gef. mWv 1.8.2014 durch G v. 21.7.2014 (BGBl. I S. 1066); Überschrift geänd., Abs. 1 Satz 1 geänd., Satz 2 neu gef., Satz 3 angef., Abs. 2 Satz 1 Nr. 4 neu gef., Nr. 10 geänd., Nr. 11 und Satz 2 angef., Abs. 3 aufgeh. mWv 24.2.2016 durch G v. 17.2.2016 (BGBl. I S. 233); Abs. 2 Satz 1 Nr. 10 geänd., Nr. 12 angef. mWv 1.2.2017 durch G v. 19.2.2016 (BGBl. I S. 254); Abs. 2 Satz 1 Nr. 11 und 12 geänd., Nr. 13 angef. mWv 18.6.2016 durch G v. 11.4.2016 (BGBl. I S. 720); Abs. 2 Satz 1 Nr. 1 Buchst. f eingef., bish. Buchst. f–h werden Buchst. g–i mWv 1.1.2018 durch G v. 28.4.2017 (BGBl. I S. 969); Abs. 2 Nr. 7 geänd. mWv 3.1.2018 durch G v. 23.6.2017 (BGBl. I S. 1693); Abs. 2 Satz 1 Nr. 1 Buchst. g geänd. mWv 1.7.2018 durch G v. 17.7.2017 (BGBl. I S. 2394); Abs. 2 Satz 1 Nr. 12 und 13 geänd., Nr. 14 angef. mWv 1.12.2021 durch G v. 23.6.2021 (BGBl. I S. 1858); Abs. 2 Satz 1 Buchst. c eingef., bish. Buchst. c–i werden Buchst. d–j mWv 1.1.2022 durch G v. 25.6.2021 (BGBl. I S. 2123).

d) Verbrauchsgüterkäufe,
e) Teilzeit-Wohnrechteverträge, Verträge über langfristige Urlaubsprodukte sowie Vermittlungsverträge und Tauschsystemverträge,
f) Verbraucherdarlehensverträge, Finanzierungshilfen und Ratenlieferungsverträge,
g) Bauverträge,
h) Pauschalreiseverträge, die Reisevermittlung und die Vermittlung verbundener Reiseleistungen,
i) Darlehensvermittlungsverträge sowie
j) Zahlungsdiensteverträge

zwischen einem Unternehmer und einem Verbraucher gelten,
2. die Vorschriften zur Umsetzung der Artikel 5, 10 und 11 der Richtlinie 2000/31/EG des Europäischen Parlaments und des Rates vom 8. Juni 2000 über bestimmte rechtliche Aspekte der Dienste der Informationsgesellschaft, insbesondere des elektronischen Geschäftsverkehrs, im Binnenmarkt („Richtlinie über den elektronischen Geschäftsverkehr", ABl. EG Nr. L 178 S. 1),
3. das Fernunterrichtsschutzgesetz,
4. die Vorschriften zur Umsetzung der Artikel 19 bis 26 der Richtlinie 2010/13/EU des Europäischen Parlaments und des Rates vom 10. März 2010 zur Koordinierung bestimmter Rechts- und Verwaltungsvorschriften der Mitgliedstaaten über die Bereitstellung audiovisueller Mediendienste (ABl. L 95 vom 15.4.2010, S. 1),
5. die entsprechenden Vorschriften des Arzneimittelgesetzes[1]) sowie Artikel 1 §§ 3 bis 13 des Gesetzes über die Werbung auf dem Gebiete des Heilwesens[2]),
6. § 126 des Investmentgesetzes oder § 305 des Kapitalanlagegesetzbuchs,
7. die Vorschriften des Abschnitts 11 des Wertpapierhandelsgesetzes[3]), die das Verhältnis zwischen einem Wertpapierdienstleistungsunternehmen und einem Kunden regeln,
8. das Rechtsdienstleistungsgesetz[4]),
9. die §§ 59 und 60 Absatz 1, die §§ 78, 79 Absatz 2 und 3 sowie § 80 des Erneuerbare-Energien-Gesetzes[5]),
10. das Wohn- und Betreuungsvertragsgesetz[6]),
11. die Vorschriften, welche die Zulässigkeit regeln
    a) der Erhebung personenbezogener Daten eines Verbrauchers durch einen Unternehmer oder
    b) der Verarbeitung oder der Nutzung personenbezogener Daten, die über einen Verbraucher erhoben wurden, durch einen Unternehmer,
    wenn die Daten zu Zwecken der Werbung, der Markt- und Meinungsforschung, des Betreibens einer Auskunftei, des Erstellens von Persönlichkeits- und Nutzungsprofilen, des Adresshandels, des sonstigen Datenhandels oder zu vergleichbaren kommerziellen Zwecken erhoben, verarbeitet oder genutzt werden,

---

[1]) Sartorius ErgBd. Nr. 272.
[2]) Sartorius ErgBd. Nr. 277.
[3]) Habersack, Deutsche Gesetze ErgBd. Nr. 58.
[4]) Habersack, Deutsche Gesetze ErgBd. Nr. 99.
[5]) Sartorius ErgBd. Nr. 833.
[6]) Habersack, Deutsche Gesetze ErgBd. Nr. 30a.

12. § 2 Absatz 2 sowie die §§ 36 und 37 des Verbraucherstreitbeilegungsgesetzes[1]) vom 19. Februar 2016 (BGBl. I S. 254) und Artikel 14 Absatz 1 und 2 der Verordnung (EU) Nr. 524/2013 des Europäischen Parlaments und des Rates vom 21. Mai 2013 über die Online-Beilegung verbraucherrechtlicher Streitigkeiten und zur Änderung der Verordnung (EG) Nr. 2006/2004 und der Richtlinie 2009/22/EG (ABl. L 165 vom 18.6.2013, S. 1),
13. die Vorschriften des Zahlungskontengesetzes, die das Verhältnis zwischen einem Zahlungsdienstleister und einem Verbraucher regeln, und
14. die Vorschriften des Telekommunikationsgesetzes, die das Verhältnis zwischen Anbietern von öffentlich zugänglichen Telekommunikationsdiensten und Verbrauchern regeln.

[2] Eine Datenerhebung, Datenverarbeitung oder Datennutzung zu einem vergleichbaren kommerziellen Zweck im Sinne des Satzes 1 Nummer 11 liegt insbesondere nicht vor, wenn personenbezogene Daten eines Verbrauchers von einem Unternehmer ausschließlich für die Begründung, Durchführung oder Beendigung eines rechtsgeschäftlichen oder rechtsgeschäftsähnlichen Schuldverhältnisses mit dem Verbraucher erhoben, verarbeitet oder genutzt werden.

§ 2a[2]) **Unterlassungsanspruch nach dem Urheberrechtsgesetz.** Wer gegen § 95b Absatz 1 Satz 1 des Urheberrechtsgesetzes[3]) verstößt, kann auf Unterlassung in Anspruch genommen werden.

§ 2b[4]) **Missbräuchliche Geltendmachung von Ansprüchen.** [1] Die Geltendmachung eines Anspruchs nach den §§ 1 bis 2a ist unzulässig, wenn sie unter Berücksichtigung der gesamten Umstände missbräuchlich ist, insbesondere wenn sie vorwiegend dazu dient, gegen den Anspruchsgegner einen Anspruch auf Ersatz von Aufwendungen oder Kosten der Rechtsverfolgung entstehen zu lassen.
[2] Eine missbräuchliche Geltendmachung ist im Zweifel anzunehmen, wenn
1. die Vereinbarung einer offensichtlich überhöhten Vertragsstrafe verlangt wird,
2. die vorgeschlagene Unterlassungsverpflichtung offensichtlich über die abgemahnte Rechtsverletzung hinausgeht,
3. mehrere Zuwiderhandlungen, die zusammen hätten abgemahnt werden können, einzeln abgemahnt werden oder
4. wegen einer Zuwiderhandlung, für die mehrere Zuwiderhandelnde verantwortlich sind, die Ansprüche gegen die Zuwiderhandelnden ohne sachlichen Grund nicht zusammen geltend gemacht werden.
[3] In diesen Fällen kann der Anspruchsgegner Ersatz der für seine Rechtsverteidigung erforderlichen Aufwendungen verlangen. [4] Weitergehende Ersatzansprüche bleiben unberührt.

§ 3[5]) **Anspruchsberechtigte Stellen.** (1) [1] Die in den §§ 1 bis 2 bezeichneten Ansprüche auf Unterlassung, auf Widerruf und auf Beseitigung stehen zu:

---

[1]) Habersack, Deutsche Gesetze ErgBd. Nr. 107.
[2]) § 2a neu gef. mWv 7.6.2021 durch G v. 31.5.2021 (BGBl. I S. 1204).
[3]) Nr. **65**.
[4]) § 2b eingef. mWv 24.2.2016 durch G v. 17.2.2016 (BGBl. I S. 233); Satz 2 eingef., bish. Sätze 2 und 3 werden Sätze 3 und 4 mWv 2.12.2020 durch G v. 26.11.2020 (BGBl. I S. 2568).
[5]) § 3 Abs. 1 neu gef. mWv 29.7.2014 durch G v. 22.7.2014 (BGBl. I S. 1218); Abs. 2 Nr. 1 geänd. mWv 18.4.2016 durch G v. 17.2.2016 (BGBl. I S. 203); Abs. 1 neu gef. mWv 1.12.2021 durch G v. 26.11.2020 (BGBl. I S. 2568).

1. den qualifizierten Einrichtungen, die in der Liste nach § 4 eingetragen sind, oder den qualifizierten Einrichtungen aus anderen Mitgliedstaaten der Europäischen Union, die in dem Verzeichnis der Europäischen Kommission nach Artikel 4 Absatz 3 der Richtlinie 2009/22/EG eingetragen sind,
2. den qualifizierten Wirtschaftsverbänden, die in die Liste nach § 8b des Gesetzes gegen den unlauteren Wettbewerb[1]) eingetragen sind, soweit ihnen eine erhebliche Zahl von Unternehmern angehört, die Waren und Dienstleistungen gleicher oder verwandter Art auf demselben Markt vertreiben, und die Zuwiderhandlung die Interessen ihrer Mitglieder berührt,
3. den Industrie- und Handelskammern, den nach der Handwerksordnung[2]) errichteten Organisationen und anderen berufsständischen Körperschaften des öffentlichen Rechts sowie den Gewerkschaften im Rahmen der Erfüllung ihrer Aufgaben bei der Vertretung selbständiger beruflicher Interessen.

[2] Der Anspruch kann nur an Stellen im Sinne des Satzes 1 abgetreten werden.
[3] Stellen nach Satz 1 Nummer 1 und 2 können die Ansprüche nicht geltend machen, solange ihre Eintragung ruht.

(2) Die in Absatz 1 Satz 1 Nummer 1 bezeichneten Stellen können die folgenden Ansprüche nicht geltend machen:
1. Ansprüche nach § 1, wenn Allgemeine Geschäftsbedingungen gegenüber einem Unternehmer (§ 14 des Bürgerlichen Gesetzbuchs[3])) oder einem öffentlichen Auftraggeber (§ 99 Nummer 1 bis 3 des Gesetzes gegen Wettbewerbsbeschränkungen[4])) verwendet oder wenn Allgemeine Geschäftsbedingungen zur ausschließlichen Verwendung zwischen Unternehmern oder zwischen Unternehmern und öffentlichen Auftraggebern empfohlen werden,
2. Ansprüche nach § 1a, es sei denn, eine Zuwiderhandlung gegen § 288 Absatz 6 des Bürgerlichen Gesetzbuchs betrifft einen Anspruch eines Verbrauchers.

§ 3a[5]) Anspruchsberechtigte Verbände nach § 2a.

[1] Der in § 2a bezeichnete Anspruch auf Unterlassung steht rechtsfähigen Verbänden zur nicht gewerbsmäßigen und nicht nur vorübergehenden Förderung der Interessen derjenigen zu, die durch § 95b Abs. 1 Satz 1 des Urheberrechtsgesetzes[6]) begünstigt werden. [2] Der Anspruch kann nur an Verbände im Sinne des Satzes 1 abgetreten werden.

§ 4[7]) Liste der qualifizierten Einrichtungen.

(1) [1] Das Bundesamt für Justiz führt eine Liste der qualifizierten Einrichtungen und veröffentlicht sie in der jeweils aktuellen Fassung auf seiner Internetseite. [2] Es übermittelt die Liste mit Stand zum 1. Januar und zum 1. Juli eines jeden Jahres an die Europäische Kommission unter Hinweis auf Artikel 4 Absatz 2 der Richtlinie 2009/22/EG.

(2) [1] Ein eingetragener Verein, zu dessen satzungsmäßigen Aufgaben es gehört, Interessen der Verbraucher durch nicht gewerbsmäßige Aufklärung und Beratung wahrzunehmen, wird auf seinen Antrag in die Liste eingetragen, wenn

---

[1]) Nr. 73.
[2]) Sartorius Nr. 815.
[3]) Nr. 20.
[4]) Nr. 74.
[5]) § 3a eingef. mWv 1.9.2004 durch G v. 10.9.2003 (BGBl. I S. 1774); Satz 1 geänd. mWv 7.6.2021 durch G v. 31.5.2021 (BGBl. I S. 1204).
[6]) Nr. 65.
[7]) § 4 neu gef. mWv 2.12.2020 durch G v. 26.11.2020 (BGBl. I S. 2568).

er mindestens drei Verbände, die im gleichen Aufgabenbereich tätig sind, oder mindestens 75 natürliche Personen als Mitglieder hat,
2. er zum Zeitpunkt der Antragstellung seit mindestens einem Jahr im Vereinsregister eingetragen ist und ein Jahr seine satzungsmäßigen Aufgaben wahrgenommen hat,
3. auf Grund seiner bisherigen Tätigkeit sowie seiner personellen, sachlichen und finanziellen Ausstattung gesichert erscheint, dass er
   a) seine satzungsgemäßen Aufgaben auch künftig dauerhaft wirksam und sachgerecht erfüllen wird und
   b) seine Ansprüche nicht vorwiegend geltend machen wird, um für sich Einnahmen aus Abmahnungen oder Vertragsstrafen zu erzielen,
4. den Mitgliedern keine Zuwendungen aus dem Vereinsvermögen gewährt werden und Personen, die für den Verein tätig sind, nicht durch unangemessen hohe Vergütungen oder andere Zuwendungen begünstigt werden.

²Es wird unwiderleglich vermutet, dass Verbraucherzentralen sowie andere Verbraucherverbände, wenn sie überwiegend mit öffentlichen Mitteln gefördert werden, diese Voraussetzungen erfüllen.

(3) ¹Über die Eintragung wird durch einen schriftlichen Bescheid entschieden, der dem antragstellenden Verein zuzustellen ist. ²Auf der Grundlage eines wirksamen Bescheides ist der Verein unter Angabe des Namens, der Anschrift, des zuständigen Registergerichts, der Registernummer und des satzungsmäßigen Zwecks in die Liste einzutragen.

(4) Auf Antrag erteilt das Bundesamt für Justiz einer qualifizierten Einrichtung, die in der Liste eingetragen ist, eine Bescheinigung über ihre Eintragung.

§ 4a[1] **Überprüfung der Eintragung.** (1) Das Bundesamt für Justiz überprüft von Amts wegen, ob eine qualifizierte Einrichtung, die in der Liste nach § 4 eingetragen ist, die Eintragungsvoraussetzungen nach § 4 Absatz 2 Satz 1 erfüllt,
1. nach Ablauf von zwei Jahren nach ihrer Ersteintragung und danach jeweils nach Ablauf von fünf Jahren nach Abschluss der letzten Überprüfung oder
2. unabhängig von den Fristen nach Nummer 1, wenn begründete Zweifel am Vorliegen der Eintragungsvoraussetzungen bestehen.

(2) Ergeben sich in einem Rechtsstreit begründete Zweifel daran, ob eine qualifizierte Einrichtung, die in der Liste nach § 4 eingetragen ist, die Eintragungsvoraussetzungen nach § 4 Absatz 2 Satz 1 erfüllt, kann das Gericht das Bundesamt für Justiz zur Überprüfung der Eintragung auffordern und die Verhandlung bis zum Abschluss der Überprüfung aussetzen.

(3) Das Bundesamt für Justiz kann die qualifizierten Einrichtungen und deren Vorstandsmitglieder zur Befolgung der Pflichten im Verfahren zur Überprüfung der Eintragung durch die Festsetzung eines Zwangsgelds anhalten.

§ 4b[2] **Berichtspflichten und Mitteilungspflichten.** (1) ¹Die qualifizierten Einrichtungen, die in der Liste nach § 4 Absatz 1 eingetragen sind, sind verpflichtet, bis zum 30. Juni eines jeden Kalenderjahres dem Bundesamt für Justiz für das vorangegangene Kalenderjahr zu berichten über

---

[1] § 4a eingef. mWv 2.12.2020 durch G v. 26.11.2020 (BGBl. I S. 2568).
[2] § 4b eingef. mWv 2.12.2020 durch G v. 26.11.2020 (BGBl. I S. 2568).

1. die Anzahl der von ihnen ausgesprochenen Abmahnungen, gestellten Anträge auf einstweilige Verfügungen und erhobene Klagen zur Durchsetzung ihrer Ansprüche unter Angabe der diesen Durchsetzungsmaßnahmen zugrunde liegenden Zuwiderhandlungen,
2. die Anzahl der auf Grund von Abmahnungen vereinbarten strafbewehrten Unterlassungsverpflichtungen unter Angabe der Höhe der darin vereinbarten Vertragsstrafe,
3. die Höhe der entstandenen Ansprüche auf
   a) Aufwendungsersatz für Abmahnungen,
   b) Erstattung der Kosten der gerichtlichen Rechtsverfolgung und
   c) verwirkte Vertragsstrafen sowie
4. die Anzahl ihrer Mitglieder zum 31. Dezember und deren Bezeichnung.

[2] Satz 1 Nummer 4 ist nicht anzuwenden auf qualifizierte Einrichtungen, für die die Vermutung nach § 4 Absatz 2 Satz 2 gilt.

(2) Das Bundesamt für Justiz kann die qualifizierten Einrichtungen und deren Vorstandsmitglieder zur Befolgung der Pflichten nach Absatz 1 durch die Festsetzung eines Zwangsgelds anhalten.

(3) Gerichte haben dem Bundesamt für Justiz Entscheidungen mitzuteilen, in denen festgestellt wird, dass eine qualifizierte Einrichtung, die in der Liste nach § 4 eingetragen ist, einen Anspruch missbräuchlich geltend gemacht hat.

§ 4c[1]) Aufhebung der Eintragung.

(1) Die Eintragung einer qualifizierten Einrichtung in der Liste nach § 4 ist mit Wirkung für die Zukunft aufzuheben, wenn
1. die qualifizierte Einrichtung dies beantragt oder
2. die Voraussetzungen für die Eintragung nach § 4 Absatz 2 Satz 1 nicht vorlagen oder weggefallen sind.

(2) [1] Ist auf Grund tatsächlicher Anhaltspunkte damit zu rechnen, dass die Eintragung nach Absatz 1 Nummer 2 zurückzunehmen oder zu widerrufen ist, so soll das Bundesamt für Justiz das Ruhen der Eintragung für einen bestimmten Zeitraum anordnen. [2] Das Ruhen darf für längstens drei Monate angeordnet werden. [3] Ruht die Eintragung, ist dies in der Liste nach § 4 zu vermerken.

(3) Widerspruch und Anfechtungsklage gegen Entscheidungen nach Absatz 1 oder Absatz 2 haben keine aufschiebende Wirkung.

(4) Auf Antrag bescheinigt das Bundesamt für Justiz einem Dritten, der ein rechtliches Interesse daran hat, dass die Eintragung einer qualifizierten Einrichtung in der Liste nach § 4 ruht oder aufgehoben worden ist.

§ 4d[2]) Verordnungsermächtigung.

Das Bundesministerium der Justiz und für Verbraucherschutz wird ermächtigt, durch Rechtsverordnung ohne Zustimmung des Bundesrates die Einzelheiten zu regeln
1. zur Eintragung von eingetragenen Vereinen in die Liste nach § 4 sowie zur Überprüfung und Aufhebung von Eintragungen einer qualifizierten Einrichtung in der Liste nach § 4, einschließlich der in den Verfahren bestehenden Mitwirkungs- und Nachweispflichten und
2. zu den Berichtspflichten der qualifizierten Einrichtungen nach § 4b Absatz 1.

---

[1]) § 4c eingef. mWv 2.12.2020 durch G v. 26.11.2020 (BGBl. I S. 2568).
[2]) § 4d eingef. mWv 2.12.2020 durch G v. 26.11.2020 (BGBl. I S. 2568).

§ 4e[1] Unterlassungsanspruch bei innergemeinschaftlichen Verstößen.

(1) Wer einen Verstoß im Sinne von Artikel 3 Nummer 5 der Verordnung (EU) 2017/2394 des Europäischen Parlaments und des Rates vom 12. Dezember 2017 über die Zusammenarbeit zwischen den für die Durchsetzung der Verbraucherschutzgesetze zuständigen nationalen Behörden und zur Aufhebung der Verordnung (EG) Nr. 2006/2004 (ABl. L 345 vom 27.12.2017, S. 1), die zuletzt durch die Richtlinie (EU) 2019/771 (ABl. L 136 vom 22.5.2019, S. 28) geändert worden ist, in der jeweils geltenden Fassung, begeht, kann auf Unterlassung in Anspruch genommen werden.

(2) [1] Die Ansprüche stehen den Stellen nach § 3 Absatz 1 Satz 1 zu. [2] Es wird unwiderleglich vermutet, dass ein nach § 7 Absatz 3 des EU-Verbraucherschutzdurchführungsgesetzes benannter Dritter eine Stelle nach Satz 1 ist. [3] § 3 Absatz 1 Satz 2 und 3 ist entsprechend anzuwenden.

Abschnitt 2. Verfahrensvorschriften

Unterabschnitt 1. Allgemeine Vorschriften

§ 5[2] Anwendung der Zivilprozessordnung und anderer Vorschriften.

Auf das Verfahren sind die Vorschriften der Zivilprozessordnung[3] und § 12 Absatz 1, 3 und 4, § 13 Absatz 1 bis 3 und 5 sowie § 13a des Gesetzes gegen den unlauteren Wettbewerb[4] anzuwenden, soweit sich aus diesem Gesetz nicht etwas anderes ergibt.

§ 6[5] Zuständigkeit.

(1) [1] Für Klagen nach diesem Gesetz ist das Landgericht ausschließlich zuständig, in dessen Bezirk der Beklagte seine gewerbliche Niederlassung oder in Ermangelung einer solchen seinen Wohnsitz hat. [2] Hat der Beklagte im Inland weder eine gewerbliche Niederlassung noch einen Wohnsitz, so ist das Gericht des inländischen Aufenthaltsorts zuständig, in Ermangelung eines solchen das Gericht, in dessen Bezirk

1. die nach den §§ 307 bis 309 des Bürgerlichen Gesetzbuchs[6] unwirksamen Bestimmungen in Allgemeinen Geschäftsbedingungen verwendet wurden,
2. gegen Verbraucherschutzgesetze verstoßen wurde oder
3. gegen § 95b Absatz 1 Satz 1 des Urheberrechtsgesetzes[7] verstoßen wurde.

(2) [1] Die Landesregierungen werden ermächtigt, zur sachdienlichen Förderung oder schnelleren Erledigung der Verfahren durch Rechtsverordnung einem Landgericht für die Bezirke mehrerer Landgerichte Rechtsstreitigkeiten nach diesem Gesetz zuzuweisen. [2] Die Landesregierungen können die Ermächtigung durch Rechtsverordnung auf die Landesjustizverwaltungen übertragen.

(3) Die vorstehenden Absätze gelten nicht für Klagen, die einen Anspruch der in § 13 bezeichneten Art zum Gegenstand haben.

---

[1] Früherer § 4a neu gef. mWv 30.6.2020 durch G v. 25.6.2020 (BGBl. I S. 1474); bish. § 4a wird § 4e und Abs. 2 Satz 3 geänd. mWv 2.12.2020 durch G v. 26.11.2020 (BGBl. I S. 2568).
[2] § 5 geänd. mWv 8.7.2004 durch G v. 3.7.2004 (BGBl. I S. 1414); geänd. mWv 9.10.2013 durch G v. 1.10.2013 (BGBl. I S. 3714); geänd. mWv 2.12.2020 durch G v. 26.11.2020 (BGBl. I S. 2568).
[3] Nr. 100.
[4] Nr. 73.
[5] § 6 Abs. 1 Satz 2 neu gef. mWv 1.9.2004 durch G v. 10.9.2003 (BGBl. I S. 1774); Abs. 1 Satz 2 Nr. 3 geänd. mWv 7.6.2021 durch G v. 31.5.2021 (BGBl. I S. 1204).
[6] Nr. 20.
[7] Nr. 65.

§ 7 Veröffentlichungsbefugnis. ¹Wird der Klage stattgegeben, so kann dem Kläger auf Antrag die Befugnis zugesprochen werden, die Urteilsformel mit der Bezeichnung des verurteilten Beklagten auf dessen Kosten im Bundesanzeiger, im Übrigen auf eigene Kosten bekannt zu machen. ²Das Gericht kann die Befugnis zeitlich begrenzen.

Unterabschnitt 2. Besondere Vorschriften für Klagen nach § 1

§ 8[1] Klageantrag und Anhörung. (1) Der Klageantrag muss bei Klagen nach § 1 auch enthalten:
1. den Wortlaut der beanstandeten Bestimmungen in Allgemeinen Geschäftsbedingungen,
2. die Bezeichnung der Art der Rechtsgeschäfte, für die die Bestimmungen beanstandet werden.

(2) Das Gericht hat vor der Entscheidung über eine Klage nach § 1 die Bundesanstalt für Finanzdienstleistungsaufsicht zu hören, wenn Gegenstand der Klage
1. Bestimmungen in Allgemeinen Versicherungsbedingungen sind oder
2. Bestimmungen in Allgemeinen Geschäftsbedingungen sind, für die nach dem Bausparkassengesetz[2] oder dem Kapitalanlagegesetzbuch eine Genehmigung vorgesehen ist.

§ 9[3] Besonderheiten der Urteilsformel. Erachtet das Gericht die Klage nach § 1 für begründet, so enthält die Urteilsformel auch:
1. die beanstandeten Bestimmungen der Allgemeinen Geschäftsbedingungen im Wortlaut,
2. die Bezeichnung der Art der Rechtsgeschäfte, für welche die den Unterlassungsanspruch begründenden Bestimmungen der Allgemeinen Geschäftsbedingungen nicht verwendet oder empfohlen werden dürfen,
3. das Gebot, die Verwendung oder Empfehlung inhaltsgleicher Bestimmungen in Allgemeinen Geschäftsbedingungen zu unterlassen,
4. für den Fall der Verurteilung zum Widerruf das Gebot, das Urteil in gleicher Weise bekannt zu geben, wie die Empfehlung verbreitet wurde.

§ 10 Einwendung wegen abweichender Entscheidung. Der Verwender, dem die Verwendung einer Bestimmung untersagt worden ist, kann im Wege der Klage nach § 767 der Zivilprozessordnung[4] einwenden, dass nachträglich eine Entscheidung des Bundesgerichtshofs oder des Gemeinsamen Senats der Obersten Gerichtshöfe des Bundes ergangen ist, welche die Verwendung dieser Bestimmung für dieselbe Art von Rechtsgeschäften nicht untersagt, und dass die Zwangsvollstreckung aus dem Urteil gegen ihn in unzumutbarer Weise seinen Geschäftsbetrieb beeinträchtigen würde.

§ 11 Wirkungen des Urteils. ¹Handelt der verurteilte Verwender einem auf § 1 beruhenden Unterlassungsgebot zuwider, so ist die Bestimmung in den All-

---

[1] § 8 Abs. 2 neu gef. mWv 1.1.2004 durch G v. 15.12.2003 (BGBl. I S. 2676); Abs. 2 Nr. 2 neu gef. mWv 22.7.2013 durch G v. 4.7.2013 (BGBl. I S. 1981); Abs. 2 einl. Satzteil geänd. mWv 26.2.2016 durch G v. 19.2.2016 (BGBl. I S. 254).
[2] Sartorius ErgBd. Nr. 857.
[3] § 9 Nr. 2 und 3 geänd. mWv 8.7.2004 durch G v. 3.7.2004 (BGBl. I S. 1414).
[4] Nr. 100.

gemeinen Geschäftsbedingungen als unwirksam anzusehen, soweit sich der betroffene Vertragsteil auf die Wirkung des Unterlassungsurteils beruft. ²Er kann sich jedoch auf die Wirkung des Unterlassungsurteils nicht berufen, wenn der verurteilte Verwender gegen das Urteil die Klage nach § 10 erheben könnte.

Unterabschnitt 3. Besondere Vorschriften für Klagen nach § 2

§ 12[1]) **Einigungsstelle.** Für Klagen nach § 2 gelten § 15 des Gesetzes gegen den unlauteren Wettbewerb[2]) und die darin enthaltene Verordnungsermächtigung entsprechend.

§ 12a[3]) **Anhörung der Datenschutzbehörden in Verfahren über Ansprüche nach § 2.** ¹Das Gericht hat vor einer Entscheidung in einem Verfahren über einen Anspruch nach § 2, das eine Zuwiderhandlung gegen ein Verbraucherschutzgesetz nach § 2 Absatz 2 Satz 1 Nummer 11 zum Gegenstand hat, die zuständige inländische Datenschutzbehörde zu hören. ²Satz 1 ist nicht anzuwenden, wenn über einen Antrag auf Erlass einer einstweiligen Verfügung ohne mündliche Verhandlung entschieden wird.

Abschnitt 3.[4]) Auskunft zur Durchsetzung von Ansprüchen

§ 13[5]) **Auskunftsanspruch der anspruchsberechtigten Stellen.** (1) Wer geschäftsmäßig Post-, Telekommunikations- oder Telemediendienste erbringt oder an der Erbringung solcher Dienste mitwirkt, hat anspruchsberechtigten Stellen nach § 3 Absatz 1 Satz 1 auf deren Verlangen den Namen und die zustellfähige Anschrift eines an Post-, Telekommunikations- oder Telemediendiensten Beteiligten mitzuteilen, wenn diese Stellen schriftlich versichern, dass sie die Angaben zur Durchsetzung ihrer Ansprüche nach den §§ 1 bis 2a oder nach § 4e benötigen und nicht anderweitig beschaffen können.

(2) ¹Der Anspruch besteht nur, soweit die Auskunft ausschließlich anhand der bei dem Auskunftspflichtigen vorhandenen Bestandsdaten erteilt werden kann. ²Die Auskunft darf nicht deshalb verweigert werden, weil der Beteiligte, dessen Angaben mitgeteilt werden sollen, in die Übermittlung nicht einwilligt.

(3) ¹Der Auskunftspflichtige kann von dem Auskunftsberechtigten einen angemessenen Ausgleich für die Erteilung der Auskunft verlangen. ²Der Auskunftsberechtigte kann von dem Beteiligten, dessen Angaben mitgeteilt worden sind, Erstattung des gezahlten Ausgleichs verlangen, wenn er gegen diesen Beteiligten einen Anspruch nach den §§ 1 bis 2a oder nach § 4e hat.

§ 13a[6]) **Auskunftsanspruch sonstiger Betroffener.** Wer von einem anderen Unterlassung der Lieferung unbestellter Sachen, der Erbringung unbestellter sonstiger Leistungen oder der Zusendung oder sonstigen Übermittlung unverlangter

---

[1]) § 12 geänd. mWv 8.7.2004 durch G v. 3.7.2004 (BGBl. I S. 1414).
[2]) Nr. 73.
[3]) § 12a eingef. mWv 24.2.2016 durch G v. 17.2.2016 (BGBl. I S. 233).
[4]) Abschnitt 3 Überschrift neu gef. mWv 24.2.2016 durch G v. 17.2.2016 (BGBl. I S. 233).
[5]) § 13 Abs. 3 und 5 aufgeh., bish. Abs. 4 wird Abs. 3 mWv 31.10.2009 durch G v. 29.7.2009 (BGBl. I S. 2355); Abs. 3 neu gef. mWv 24.2.2016 durch G v. 17.2.2016 (BGBl. I S. 233); Abs. 1 neu gef., Abs. 3 Satz 2 geänd. mWv 2.12.2020 durch G v. 26.11.2020 (BGBl. I S. 2568).
[6]) § 13a Satz 2 aufgeh., bish. Satz 1 geänd. mWv 31.10.2009 durch G v. 29.7.2009 (BGBl. I S. 2355); geänd. mWv 24.2.2016 durch G v. 17.2.2016 (BGBl. I S. 233); geänd. mWv 2.12.2020 durch G v. 26.11.2020 (BGBl. I S. 2568).

Werbung verlangen kann, hat die Ansprüche gemäß § 13 mit der Maßgabe, dass an die Stelle eines Anspruchs nach den §§ 1 bis 2a oder nach § 4e sein Anspruch auf Unterlassung nach allgemeinen Vorschriften tritt.

Abschnitt 4.[1]) Außergerichtliche Schlichtung

§ 14[2]) **Schlichtungsverfahren und Verordnungsermächtigung.** (1) ¹Bei Streitigkeiten aus der Anwendung

1. der Vorschriften des Bürgerlichen Gesetzbuchs[3]) betreffend Fernabsatzverträge über Finanzdienstleistungen,
2. der §§ 491 bis 508, 511 und 655a bis 655d des Bürgerlichen Gesetzbuchs sowie Artikel 247a § 1 des Einführungsgesetzes zum Bürgerlichen Gesetzbuche[4]),
3. der Vorschriften betreffend Zahlungsdiensteverträge in
   a) den §§ 675c bis 676c des Bürgerlichen Gesetzbuchs,
   b) der Verordnung (EG) Nr. 924/2009 des Europäischen Parlaments und des Rates vom 16. September 2009 über grenzüberschreitende Zahlungen in der Gemeinschaft und zur Aufhebung der Verordnung (EG) Nr. 2560/2001 (ABl. L 266 vom 9.10.2009, S. 11), die zuletzt durch Artikel 17 der Verordnung (EU) Nr. 260/2012 (ABl. L 94 vom 30.3.2012, S. 22) geändert worden ist, und
   c) der Verordnung (EU) Nr. 260/2012 des Europäischen Parlaments und des Rates vom 14. März 2012 zur Festlegung der technischen Vorschriften und der Geschäftsanforderungen für Überweisungen und Lastschriften in Euro und zur Änderung der Verordnung (EG) Nr. 924/2009 (ABl. L 94 vom 30.3. 2012, S. 22), die durch die Verordnung (EU) Nr. 248/2014 (ABl. L 84 vom 20.3.2014, S. 1) geändert worden ist,
   d) der Verordnung (EU) 2015/751 des Europäischen Parlaments und des Rates vom 29. April 2015 über Interbankenentgelte für kartengebundene Zahlungsvorgänge (ABl. L 123 vom 19.5.2015, S. 1),
4. der Vorschriften des Zahlungsdiensteaufsichtsgesetzes, soweit sie Pflichten von E-Geld-Emittenten oder Zahlungsdienstleistern gegenüber ihren Kunden begründen,
5. der Vorschriften des Zahlungskontengesetzes, die das Verhältnis zwischen einem Zahlungsdienstleister und einem Verbraucher regeln,
6. der Vorschriften des Kapitalanlagegesetzbuchs, wenn an der Streitigkeit Verbraucher beteiligt sind, oder
7. sonstiger Vorschriften im Zusammenhang mit Verträgen, die Bankgeschäfte nach § 1 Absatz 1 Satz 2 des Kreditwesengesetzes[5]) oder Finanzdienstleistungen nach § 1 Absatz 1a Satz 2 des Kreditwesengesetzes betreffen, zwischen Verbrauchern und nach dem Kreditwesengesetz beaufsichtigten Unternehmen

können die Beteiligten unbeschadet ihres Rechts, die Gerichte anzurufen, eine vom Bundesamt für Justiz für diese Streitigkeiten anerkannte private Verbraucher-

---

[1]) Abschnitt 4 Überschrift neu gef. mWv 31.10.2009 durch G v. 29.7.2009 (BGBl. I S. 2355).
[2]) § 14 neu gef. mWv 26.2.2016 durch G v. 19.2.2016 (BGBl. I S. 254); Abs. 1 Satz 1 Nr. 2 neu gef. mWv 21.3.2016 durch G v. 11.3.2016 (BGBl. I S. 396); Abs. 1 Satz 1 Nr. 5 eingef., bish. Nr. 5 und 6 werden Nr. 6 und 7, Satz 2 geänd. mWv 18.6.2016 durch G v. 11.4.2016 (BGBl. I S. 720); Abs. 1 Satz 1 Nr. 4 neu gef. mWv 13.1.2018 durch G v. 17.7.2017 (BGBl. I S. 2446).
[3]) Nr. 20.
[4]) Nr. 21.
[5]) Sartorius ErgBd. Nr. 856.

schlichtungsstelle oder die bei der Deutschen Bundesbank oder die bei der Bundesanstalt für Finanzdienstleistungsaufsicht eingerichtete Verbraucherschlichtungsstelle anrufen. ²Die bei der Deutschen Bundesbank eingerichtete Verbraucherschlichtungsstelle ist für die Streitigkeiten nach Satz 1 Nummer 1 bis 5 zuständig; die bei der Bundesanstalt für Finanzdienstleistungsaufsicht eingerichtete Verbraucherschlichtungsstelle ist für die Streitigkeiten nach Satz 1 Nummer 6 und 7 zuständig. ³Diese behördlichen Verbraucherschlichtungsstellen sind nur zuständig, wenn es für die Streitigkeit keine zuständige anerkannte Verbraucherschlichtungsstelle gibt.

(2) ¹Jede Verbraucherschlichtungsstelle nach Absatz 1 muss mit mindestens zwei Schlichtern besetzt sein, die die Befähigung zum Richteramt haben. ²Die Schlichter müssen unabhängig sein und das Schlichtungsverfahren fair und unparteiisch führen. ³Sie sollen ihre Schlichtungsvorschläge am geltenden Recht ausrichten und sie sollen insbesondere die zwingenden Verbraucherschutzgesetze beachten. ⁴Für das Schlichtungsverfahren kann von einem Verbraucher kein Entgelt verlangt werden.

(3) ¹Das Bundesamt für Justiz erkennt auf Antrag eine Schlichtungsstelle als private Verbraucherschlichtungsstelle nach Absatz 1 Satz 1 an, wenn
1. der Träger der Schlichtungsstelle ein eingetragener Verein ist,
2. die Schlichtungsstelle für die Streitigkeiten nach Absatz 1 Satz 1 zuständig ist und
3. die Organisation, Finanzierung und Verfahrensordnung der Schlichtungsstelle den Anforderungen dieses Gesetzes und der Rechtsverordnung entspricht, die auf Grund dieses Gesetzes erlassen wurde.

²Die Verfahrensordnung einer anerkannten Schlichtungsstelle kann nur mit Zustimmung des Bundesamts für Justiz geändert werden.

(4) Das Bundesamt für Justiz nimmt die Verbraucherschlichtungsstellen nach Absatz 1 in die Liste nach § 33 Absatz 1 des Verbraucherstreitbeilegungsgesetzes[1]) auf und macht die Anerkennung und den Widerruf oder die Rücknahme der Anerkennung im Bundesanzeiger bekannt.

(5) Das Bundesministerium der Justiz und für Verbraucherschutz regelt im Einvernehmen mit dem Bundesministerium der Finanzen durch Rechtsverordnung, die nicht der Zustimmung des Bundesrates bedarf, entsprechend den Anforderungen der Richtlinie 2013/11/EU des Europäischen Parlaments und des Rates vom 21. Mai 2013 über die alternative Beilegung verbraucherrechtlicher Streitigkeiten und zur Änderung der Verordnung (EG) Nr. 2006/2004 und der Richtlinie 2009/22/EG (ABl. L 165 vom 18.6.2013, S. 63)
1. die näheren Einzelheiten der Organisation und des Verfahrens der bei der Deutschen Bundesbank und der bei der Bundesanstalt für Finanzdienstleistungsaufsicht nach diesem Gesetz eingerichteten Verbraucherschlichtungsstellen, insbesondere auch die Kosten des Schlichtungsverfahrens für einen am Schlichtungsverfahren beteiligten Unternehmer,
2. die Voraussetzungen und das Verfahren für die Anerkennung einer privaten Verbraucherschlichtungsstelle und für die Aufhebung dieser Anerkennung sowie die Voraussetzungen und das Verfahren für die Zustimmung zur Änderung der Verfahrensordnung,

---

[1]) Habersack, Deutsche Gesetze ErgBd. Nr. 107.

3. die Zusammenarbeit der behördlichen Verbraucherschlichtungsstellen und der privaten Verbraucherschlichtungsstellen mit
   a) staatlichen Stellen, insbesondere der Bundesanstalt für Finanzdienstleistungsaufsicht, und
   b) vergleichbaren Stellen zur außergerichtlichen Streitbeilegung in anderen Vertragsstaaten des Abkommens über den Europäischen Wirtschaftsraum.

Abschnitt 5. Anwendungsbereich

§ 15 Ausnahme für das Arbeitsrecht. Dieses Gesetz findet auf das Arbeitsrecht keine Anwendung.

Abschnitt 6.[1] Bußgeldvorschriften

§ 16[2] Bußgeldvorschriften. (1) Ordnungswidrig handelt, wer vorsätzlich oder fahrlässig

1. entgegen § 4b Absatz 1, auch in Verbindung mit einer Rechtsverordnung nach § 4d Nummer 2, einen dort genannten Bericht nicht, nicht richtig, nicht vollständig oder nicht rechtzeitig erstattet oder
2. einer Rechtsverordnung nach § 4d Nummer 1 oder einer vollziehbaren Anordnung auf Grund einer solchen Rechtsverordnung zuwiderhandelt, soweit die Rechtsverordnung für einen bestimmten Tatbestand auf diese Bußgeldvorschrift verweist.

(2) Die Ordnungswidrigkeit kann mit einer Geldbuße bis zu hunderttausend Euro geahndet werden.

(3) Verwaltungsbehörde im Sinne des § 36 Absatz 1 Nummer 1 des Gesetzes über Ordnungswidrigkeiten[3] ist das Bundesamt für Justiz.

Abschnitt 7.[4] Überleitungsvorschriften

§ 17[5] Überleitungsvorschriften zu dem Gesetz zur Stärkung des fairen Wettbewerbs. (1) Abweichend von § 4a Absatz 1 Nummer 1 sind die Eintragungsvoraussetzungen bei qualifizierten Einrichtungen, die vor dem 2. Dezember 2020 in die Liste nach § 4 eingetragen wurden und die am 2. Dezember 2020 schon länger als zwei Jahre in der Liste nach § 4 eingetragen sind, vom Bundesamt für Justiz im Zeitraum vom 2. Dezember 2020 bis zum 31. Dezember 2021 zu überprüfen.

(2) Die Berichtspflichten nach § 4b Absatz 1 sind erstmals für das Kalenderjahr 2021 zu erfüllen.

---

[1] Abschnitt 6 Überschrift neu gef. mWv 2.12.2020 durch G v. 26.11.2020 (BGBl. I S. 2568).
[2] § 16 neu gef. mWv 2.12.2020 durch G v. 26.11.2020 (BGBl. I S. 2568).
[3] Nr. 94.
[4] Abschnitt 7 Überschrift eingef. mWv 2.12.2020 durch G v. 26.11.2020 (BGBl. I S. 2568).
[5] § 17 neu gef. mWv 2.12.2020 durch G v. 26.11.2020 (BGBl. I S. 2568).

Insolvenzordnung

InsO 110

Lfd. Nr.	Änderndes Gesetz	Datum	Fundstelle	Betroffen	Hinweis
48.	Art. 2 G zur Durchführung der VO (EU) 2015/848 über Insolvenzverfahren[1]	5.6.2017	BGBl. I S. 1476	§§ 13, 15a, 27, 35, 303a, 305	geänd. mWv 26.6.2017
49.	Art. 24 Abs. 3 Zweites FinanzmarktnovellierungsG	23.6.2017	BGBl. I S. 1693	§ 340	geänd. mWv 3.1.2018
50.	Art. 2 Pfändungsschutzkonto-FortentwicklungsG	22.11.2020	BGBl. I S. 2466	§ 36	geänd. mWv 1.12.2021
51.	Art. 5 Sanierungs- und Insolvenzrechtsfortentwicklungs G[2][3]	22.12.2020	BGBl. I S. 3256	§§ 3, 3a, 3c, 4, 5, 14, 15a, 18, 19, 21, 39, 55, 56, 56a, 59, 66, 174, 210a, 217, 220, 222, 230, 232, 235, 245, 251, 252, 253, 254, 258, 269f, 270g, 272, 274, 276a, 284, 292, 348, 354	geänd. mWv 1.1.2021
				§§ 270, 270a, 270b, 270c	neu gef. mWv 1.1.2021
				§§ 10a, 15b, 223a, 238b, 245a, 270d, 270e, 270f	eingef. mWv 1.1.2021
52.	Art. 2, 6 G zur weiteren Verkürzung des Restschuldbefreiungsverfahrens und zur Anpassung pandemiebedingter Vorschriften im Gesellschafts-, Genossenschafts-, Vereins- und Stiftungsrecht sowie im Miet- und Pachtrecht[4][5]	22.12.2020	BGBl. I S. 3328	§§ 286, 287, 287a, 295, 296, 300a, 301	geänd. mWv 1.10.2020
				§ 300	neu gef. mWv 1.10.2020
				§§ 35, 287a, 295, 296	geänd. mWv 31.12.2020
				§ 295a	eingef. mWv 31.12.2020
53.	Art. 2 G zur Verbesserung des Schutzes von Gerichtsvollziehern vor Gewalt sowie zur Änd. weiterer zwangsvollstreckungsrechtlicher Vorschriften und zur Änd. des InfektionsschutzG	7.5.2021	BGBl. I S. 850	§ 36	geänd. mWv 1.1.2022
				§ 98	geänd. mWv 1.11.2022
54.	Art. 5 G zur Vereinheitlichung des Stiftungsrechts und zur Änd. des InfektionsschutzG	16.7.2021	BGBl. I S. 2947	§§ 23, 31	geänd. mWv 1.1.2026

[1] **Amtl. Anm.:** Dieses Gesetz dient der Durchführung der Verordnung (EU) 2015/848 des Europäischen Parlaments und des Rates vom 20. Mai 2015 über Insolvenzverfahren (ABl. L 141 vom 5.6.2015, S. 19; L 349 vom 21.12.2016, S. 6), die zuletzt durch die Verordnung (EU) 2017/353 (ABl. L 57 vom 3.3.2017, S. 19) geändert worden ist.

[2] **Amtl. Anm.:** Dieses Gesetz dient der weiteren Umsetzung der Richtlinie (EU) 2019/1023 des Europäischen Parlaments und des Rates vom 20. Juni 2019 über präventive Restrukturierungsrahmen, über Entschuldung und über Tätigkeitsverbote sowie über Maßnahmen zur Steigerung der Effizienz von Restrukturierungs-, Insolvenz- und Entschuldungsverfahren und zur Änderung der Richtlinie (EU) 2017/1132 (Richtlinie über Restrukturierung und Insolvenz) (ABl. L 172 vom 26.6.2019, S. 18).

[3] Beachte zu den Änderungen durch dieses G die Übergangsvorschrift in Art. 103m EGInsO (Nr. **110a**).

[4] **Amtl. Anm.:** Artikel 2 dieses Gesetzes dient der Umsetzung der Richtlinie (EU) 2019/1023 des Europäischen Parlaments und des Rates vom 20. Juni 2019 über präventive Restrukturierungsrahmen, über Entschuldung und über Tätigkeitsverbote sowie über Maßnahmen zur Steigerung der Effizienz von Restrukturierungs-, Insolvenz- und Entschuldungsverfahren und zur Änderung der Richtlinie (EU) 2017/1132 (Richtlinie über Restrukturierung und Insolvenz) (ABl. L 172 vom 26.6.2019, S. 18).

[5] Beachte zu den Änderungen durch dieses G die Übergangsvorschriften in Art. 103k und 103l EGInsO (Nr. **110a**).

Lfd. Nr.	Änderndes Gesetz	Datum	Fundstelle	Betroffen	Hinweis
55.	Art. 35 PersonengesellschaftsrechtsmodernisierungsG (MoPeG)	10.8.2021	BGBl. I S. 3436	§§ 11, 15, 15a, 18, 19, 23, 27, 31, 84, 93, 118, 138, 225a, 227, 230, 260, 276a	geänd. mWv 1.1.2024

Vorbemerkung:

Die Änderungen durch G v. 7.5.2021 (BGBl. I S. 850) treten teilweise erst mWv 1.11.2022 in Kraft und sind insoweit im Text noch nicht berücksichtigt.

Die Änderungen durch G v. 16.7.2021 (BGBl. I S. 2947) treten erst mWv 1.1.2026 in Kraft und sind im Text noch nicht berücksichtigt.

Die Änderungen durch G v. 10.8.2021 (BGBl. I S. 3436) treten erst mWv 1.1.2024 in Kraft und sind im Text noch nicht berücksichtigt.

Zweiter Abschnitt. Insolvenzmasse. Einteilung der Gläubiger

§ 35[1)2)] **Begriff der Insolvenzmasse.** (1) Das Insolvenzverfahren erfaßt das gesamte Vermögen, das dem Schuldner zur Zeit der Eröffnung des Verfahrens gehört und das er während des Verfahrens erlangt (Insolvenzmasse).

(2) [1]Übt der Schuldner eine selbstständige Tätigkeit aus oder beabsichtigt er, demnächst eine solche Tätigkeit auszuüben, hat der Insolvenzverwalter ihm gegenüber zu erklären, ob Vermögen aus der selbstständigen Tätigkeit zur Insolvenzmasse gehört und ob Ansprüche aus dieser Tätigkeit im Insolvenzverfahren geltend gemacht werden können. [2]§ 295a gilt entsprechend. [3]Auf Antrag des Gläubigerausschusses oder, wenn ein solcher nicht bestellt ist, der Gläubigerversammlung ordnet das Insolvenzgericht die Unwirksamkeit der Erklärung an.

(3) [1]Der Schuldner hat den Verwalter unverzüglich über die Aufnahme oder Fortführung einer selbständigen Tätigkeit zu informieren. [2]Ersucht der Schuldner den Verwalter um die Freigabe einer solchen Tätigkeit, hat sich der Verwalter unverzüglich, spätestens nach einem Monat zu dem Ersuchen zu erklären.

(4) [1]Die Erklärung des Insolvenzverwalters ist dem Gericht gegenüber anzuzeigen. [2]Das Gericht hat die Erklärung und den Beschluss über ihre Unwirksamkeit öffentlich bekannt zu machen.

§ 36[3)] **Unpfändbare Gegenstände.** (1) [1]Gegenstände, die nicht der Zwangsvollstreckung unterliegen, gehören nicht zur Insolvenzmasse. [2]Die §§ 850, 850a, 850c, 850e, 850f Abs. 1, §§ 850g bis 850l, 851c, 851d, 899 bis 904, 905 Satz 1 und 3 sowie § 906 Absatz 2 bis 4 der Zivilprozessordnung[4)] gelten entsprechend. [3]Verfügungen des Schuldners über Guthaben, das nach den Vorschriften der Zivilprozessordnung über die Wirkungen des Pfändungsschutzkontos nicht von der Pfändung erfasst wird, bedürfen zu ihrer Wirksamkeit nicht der Freigabe dieses Kontoguthabens durch den Insolvenzverwalter.

(2) Zur Insolvenzmasse gehören jedoch
1. die Geschäftsbücher des Schuldners; gesetzliche Pflichten zur Aufbewahrung von Unterlagen bleiben unberührt;
2. im Fall einer selbständigen Tätigkeit des Schuldners die Sachen nach § 811 Absatz 1 Nummer 1 Buchstabe b und Tiere nach § 811 Absatz 1 Nummer 8 Buchstabe b der Zivilprozessordnung; hiervon ausgenommen sind Sachen, die für die Fortsetzung einer Erwerbstätigkeit erforderlich sind, welche in der Erbringung persönlicher Leistungen besteht.

(3) Sachen, die zum gewöhnlichen Hausrat gehören und im Haushalt des Schuldners gebraucht werden, gehören nicht zur Insolvenzmasse, wenn ohne weiteres ersichtlich ist, daß durch ihre Verwertung nur ein Erlös erzielt werden würde, der zu dem Wert außer allem Verhältnis steht.

[1)] § 35 Abs. 2 und 3 angef. mWv 1.7.2007 durch G v. 13.4.2007 (BGBl. I S. 509); Abs. 2 Satz 2 geänd. mWv 1.7.2014 durch G v. 15.7.2013 (BGBl. I S. 2379); Abs. 2 Satz 2 geänd. mWv 26.6.2017 durch G v. 5.6.2017 (BGBl. I S. 1476); Abs. 2 geänd., Abs. 3 eingef., bish. Abs. 3 wird Abs. 4 mWv 31.12.2020 durch G v. 22.12.2020 (BGBl. I S. 3328) .
[2)] Beachte hierzu Übergangsvorschrift in Art. 103c EGInsO (Nr. **110a**).
[3)] § 36 Abs. 2 Nr. 2 geänd. durch G v. 19.12.1998 (BGBl. I S. 3836); Abs. 1 Satz 2, Abs. 4 angef. mWv 1.12.2001 durch G v. 26.10.2001 (BGBl. I S. 2710); Abs. 1 Satz 2 geänd. mWv 31.3.2007 durch G v. 26.3.2007 (BGBl. I S. 368); Abs. 1 Satz 2 geänd. mWv 1.7.2010 und mWv 1.1.2012 durch G v. 7.7.2009 (BGBl. I S. 1707); Abs. 1 Satz 2 geänd. mWv 1.12.2021 durch G v. 22.11.2020 (BGBl. I S. 2466); Abs. 2 Nr. 2 neu gef. mWv 1.1.2022 durch G v. 7.5.2021 (BGBl. I S. 850).
[4)] Nr. **100**.

(4) ¹Für Entscheidungen, ob ein Gegenstand nach den in Absatz 1 Satz 2 genannten Vorschriften der Zwangsvollstreckung unterliegt, ist das Insolvenzgericht zuständig. ²Anstelle eines Gläubigers ist der Insolvenzverwalter antragsberechtigt. ³Für das Eröffnungsverfahren gelten die Sätze 1 und 2 entsprechend.

§ 37[1]) **Gesamtgut bei Gütergemeinschaft.** (1) ¹Wird bei dem Güterstand der Gütergemeinschaft das Gesamtgut von einem Ehegatten allein verwaltet und über das Vermögen dieses Ehegatten das Insolvenzverfahren eröffnet, so gehört das Gesamtgut zur Insolvenzmasse. ²Eine Auseinandersetzung des Gesamtguts findet nicht statt. ³Durch das Insolvenzverfahren über das Vermögen des anderen Ehegatten wird das Gesamtgut nicht berührt.

(2) Verwalten die Ehegatten das Gesamtgut gemeinschaftlich, so wird das Gesamtgut durch das Insolvenzverfahren über das Vermögen eines Ehegatten nicht berührt.

(3) Absatz 1 ist bei der fortgesetzten Gütergemeinschaft mit der Maßgabe anzuwenden, daß an die Stelle des Ehegatten, der das Gesamtgut allein verwaltet, der überlebende Ehegatte, an die Stelle des anderen Ehegatten die Abkömmlinge treten.

(4) Die Absätze 1 bis 3 gelten für Lebenspartner entsprechend.

§ 38 Begriff der Insolvenzgläubiger. Die Insolvenzmasse dient zur Befriedigung der persönlichen Gläubiger, die einen zur Zeit der Eröffnung des Insolvenzverfahrens begründeten Vermögensanspruch gegen den Schuldner haben (Insolvenzgläubiger).

§ 39[2]) [3]) **Nachrangige Insolvenzgläubiger.** (1) ¹Im Rang nach den übrigen Forderungen der Insolvenzgläubiger werden in folgender Rangfolge, bei gleichem Rang nach dem Verhältnis ihrer Beträge, berichtigt:
1. die seit der Eröffnung des Insolvenzverfahrens laufenden Zinsen und Säumniszuschläge auf Forderungen der Insolvenzgläubiger;
2. die Kosten, die den einzelnen Insolvenzgläubigern durch ihre Teilnahme am Verfahren erwachsen;
3. Geldstrafen, Geldbußen, Ordnungsgelder und Zwangsgelder sowie solche Nebenfolgen einer Straftat oder Ordnungswidrigkeit, die zu einer Geldzahlung verpflichten;
4. Forderungen auf eine unentgeltliche Leistung des Schuldners;
5. nach Maßgabe der Absätze 4 und 5 Forderungen auf Rückgewähr eines Gesellschafterdarlehens oder Forderungen aus Rechtshandlungen, die einem solchen Darlehen wirtschaftlich entsprechen.

²Satz 1 Nummer 5 ist nicht anzuwenden, wenn eine staatliche Förderbank oder eines ihrer Tochterunternehmen einem Unternehmen, an dem die staatliche Förderbank oder eines ihrer Tochterunternehmen beteiligt ist, ein Darlehen gewährt oder eine andere einer Darlehensgewährung wirtschaftlich entsprechende Rechtshandlung vorgenommen hat.

---

[1]) § 37 Abs. 4 angef. mWv 26.11.2015 durch G v. 20.11.2015 (BGBl. I S. 2010).
[2]) § 39 Abs. 1 Nr. 1 geänd. mWv 1.7.2007 durch G v. 13.4.2007 (BGBl. I S. 509); Abs. 1 Nr. 5 neu gef., Abs. 4 und 5 angef. mWv 1.11.2008 durch G v. 23.10.2008 (BGBl. I S. 2026); Abs. 1 Satz 2 angef. mWv 1.1.2021 durch G v. 22.12.2020 (BGBl. I S. 3256).
[3]) Beachte hierzu Übergangsvorschrift in Art. 103d EGInsO (Nr. **110a**).

(2) Forderungen, für die zwischen Gläubiger und Schuldner der Nachrang im Insolvenzverfahren vereinbart worden ist, werden im Zweifel nach den in Absatz 1 bezeichneten Forderungen berichtigt.

(3) Die Zinsen der Forderungen nachrangiger Insolvenzgläubiger und die Kosten, die diesen Gläubigern durch ihre Teilnahme am Verfahren entstehen, haben den gleichen Rang wie die Forderungen dieser Gläubiger.

(4) [1]Absatz 1 Nr. 5 gilt für Gesellschaften, die weder eine natürliche Person noch eine Gesellschaft als persönlich haftenden Gesellschafter haben, bei der ein

(Fortsetzung nächstes Blatt)

Familienverfahrensgesetz FamFG 112

Lfd. Nr.	Änderndes Gesetz	Datum	Fundstelle	Betroffen	Hinweis
55.	Art. 7 Abs. 39 G zur Umsetzung der RL (EU) 2019/2034 über die Beaufsichtigung von Wertpapierinstituten[1]	12.5.2021	BGBl. I S. 990	§ 375	geänd. mWv 26.6.2021
56.	Art. 3 G zum Schutz von Kindern mit Varianten der Geschlechtsentwicklung	12.5.2021	BGBl. I S. 1082	Inhaltsübersicht	geänd. mWv 22.5.2021
				§ 167b	eingef. mWv 22.5.2021
57.	Art. 2 G zur Änd. des Versorgungsausgleichsrechts	12.5.2021	BGBl. I S. 1085	§§ 114, 222, 226	geänd. mWv 1.8.2021
58.	Art. 7 Kinder- und JugendstärkungsG	3.6.2021	BGBl. I S. 1444	§ 166	geänd. mWv 10.6.2021
59.	Art. 26 Abs. 5 FinanzmarktintegritätsstärkungsG	3.6.2021	BGBl. I S. 1534	§ 375	geänd. mWv 1.7.2021
60.	Art. 5 G zur Bekämpfung sexualisierter Gewalt gegen Kinder	16.6.2021	BGBl. I S. 1810	Inhaltsübersicht, §§ 68, 174, 191, 493	geänd. mWv 1.7.2021
				§§ 158, 159	neu gef. mWv 1.7.2021
				§§ 158b, 158c	eingef. mWv 1.7.2021
				§ 158a	eingef. mWv 1.1.2022
61.	Art. 15 G zur Modernisierung des notariellen Berufsrechts und zur Änd. weiterer Vorschriften	25.6.2021	BGBl. I S. 2154	§ 347	geänd. mWv 1.8.2021
62.	Art. 6 G zur Vereinheitlichung des Stiftungsrechts und zur Änd. des InfektionsschutzG	16.7.2021	BGBl. I S. 2947	§ 356	geänd. mWv 1.7.2023
63.	Art. 8 G zur Umsetzung der Digitalisierungsrichtlinie (DiRUG)[2]	5.7.2021	BGBl. I S. 3338	§§ 387, 393, 394	geänd. mWv 1.8.2022
64.	Art. 45 PersonengesellschaftsrechtsmodernisierungsG (MoPeG)	10.8.2021	BGBl. I S. 3436	§§ 376, 387	geänd. mWv 18.8.2021
				Inhaltsübersicht, §§ 374, 375, 376, 378, 379, 380, 382, 388, 392, 393, 394	geänd. mWv 1.1.2024

[1] **Amtl. Anm.:** Dieses Gesetz dient der Umsetzung der Richtlinie (EU) 2019/2034 des Europäischen Parlaments und des Rates vom 27. November 2019 über die Beaufsichtigung von Wertpapierfirmen und zur Änderung der Richtlinien 2002/87/EG, 2009/65/EG, 2011/61/EU, 2013/36/EU, 2014/59/EU und 2014/65/EU (ABl. L 314 vom 5.12.2019, S. 64) sowie der Anpassung der nationalen Gesetze und Verordnungen an die Verordnung (EU) 2019/2033 des Europäischen Parlaments und des Rates vom 27. November 2019 über die Aufsichtsanforderungen an Wertpapierfirmen und zur Änderung der Verordnungen (EU) Nr. 1093/2010, (EU) Nr. 575/2013, (EU) Nr. 600/2014 und (EU) Nr. 806/2014 (ABl. L 314 vom 5.12.2019, S. 1; L 20 vom 24.1.2020, S. 26).

[2] **Amtl. Anm.:** Dieses Gesetz dient der Umsetzung der Richtlinie (EU) 2019/1151 des Europäischen Parlaments und des Rates vom 20. Juni 2019 zur Änderung der Richtlinie (EU) 2017/1132 im Hinblick auf den Einsatz digitaler Werkzeuge und Verfahren im Gesellschaftsrecht (ABl. L 186 vom 11.7.2019, S. 80).

EL 187 Oktober 2021 4

Lfd. Nr.	Änderndes Gesetz	Datum	Fundstelle	Betroffen	Hinweis
65.	Art. 5 G zum Ausbau des elektronischen Rechtsverkehrs mit den Gerichten und zur Änd. weiterer Vorschriften[1]	5.10.2021	BGBl. I S. 4607	§ 14b	neu gef. mWv 1.1.2022

Vorbemerkung:

Die Änderungen durch G v. 4.5.2021 (BGBl. I S. 882) treten erst mWv 1.1.2023 in Kraft und sind im Text noch nicht berücksichtigt.

Die Änderung durch G v. 16.7.2021 (BGBl. I S. 2947) tritt erst mWv 1.7.2023 in Kraft und ist im Text noch nicht berücksichtigt.

Die Änderungen durch G v. 5.7.2021 (BGBl. I S. 3338) treten erst mWv 1.8.2022 in Kraft und sind im Text noch nicht berücksichtigt.

Die Änderungen durch G v. 10.8.2021 (BGBl. I S. 3436) treten teilweise erst mWv 1.1.2024 in Kraft und sind insoweit im Text noch nicht berücksichtigt.

---

[1] **Amtl. Anm.:** Notifiziert gemäß der Richtlinie (EU) 2015/1535 des Europäischen Parlaments und des Rates vom 9. September 2015 über ein Informationsverfahren auf dem Gebiet der technischen Vorschriften und der Vorschriften für die Dienste der Informationsgesellschaft (ABl. L 241 vom 17.9.2015, S. 1).

Familienverfahrensgesetz **FamFG 112**

Nichtamtliche Inhaltsübersicht[1]

	§§
Buch 1. Allgemeiner Teil	1–110
Abschnitt 1. Allgemeine Vorschriften	1–22a
Abschnitt 2. Verfahren im ersten Rechtszug	23–37
Abschnitt 3. Beschluss	38–48
Abschnitt 4. Einstweilige Anordnung	49–57
Abschnitt 5. Rechtsmittel	58–75
Unterabschnitt 1. Beschwerde	58–69
Unterabschnitt 2. Rechtsbeschwerde	70–75
Abschnitt 6. Verfahrenskostenhilfe	76–79
Abschnitt 7. Kosten	80–85
Abschnitt 8. Vollstreckung	86–96a
Unterabschnitt 1. Allgemeine Vorschriften	86, 87
Unterabschnitt 2. Vollstreckung von Entscheidungen über die Herausgabe von Personen und die Regelung des Umgangs	88–94
Unterabschnitt 3. Vollstreckung nach der Zivilprozessordnung	95–96a
Abschnitt 9. Verfahren mit Auslandsbezug	97–110
Unterabschnitt 1. Verhältnis zu völkerrechtlichen Vereinbarungen und Rechtsakten der Europäischen Union	97
Unterabschnitt 2. Internationale Zuständigkeit	98–106
Unterabschnitt 3. Anerkennung und Vollstreckbarkeit ausländischer Entscheidungen	107–110
Buch 2. Verfahren in Familiensachen	111–270
Abschnitt 1. Allgemeine Vorschriften	111–120
Abschnitt 2. Verfahren in Ehesachen; Verfahren in Scheidungssachen und Folgesachen	121–150
Unterabschnitt 1. Verfahren in Ehesachen	121–132
Unterabschnitt 2. Verfahren in Scheidungssachen und Folgesachen	133–150
Abschnitt 3. Verfahren in Kindschaftssachen	151–168a
Abschnitt 4. Verfahren in Abstammungssachen	169–185
Abschnitt 5. Verfahren in Adoptionssachen	186–199
Abschnitt 6. Verfahren in Ehewohnungs- und Haushaltssachen	200–209
Abschnitt 7. Verfahren in Gewaltschutzsachen	210–216a
Abschnitt 8. Verfahren in Versorgungsausgleichssachen	217–230
Abschnitt 9. Verfahren in Unterhaltssachen	231–260
Unterabschnitt 1. Besondere Verfahrensvorschriften	231–245
Unterabschnitt 2. Einstweilige Anordnung	246–248
Unterabschnitt 3. Vereinfachtes Verfahren über den Unterhalt Minderjähriger	249–260
Abschnitt 10. Verfahren in Güterrechtssachen	261–265
Abschnitt 11. Verfahren in sonstigen Familiensachen	266–268
Abschnitt 12. Verfahren in Lebenspartnerschaftssachen	269, 270
Buch 3. Verfahren in Betreuungs- und Unterbringungssachen	271–341
Abschnitt 1. Verfahren in Betreuungssachen	271–311
Abschnitt 2. Verfahren in Unterbringungssachen	312–339
Abschnitt 3. Verfahren in betreuungsgerichtlichen Zuweisungssachen	340, 341
Buch 4. Verfahren in Nachlass- und Teilungssachen	342–373
Abschnitt 1. Begriffsbestimmung; örtliche Zuständigkeit	342–344
Abschnitt 2. Verfahren in Nachlasssachen	345–362
Unterabschnitt 1. Allgemeine Bestimmungen	345
Unterabschnitt 2. Verwahrung von Verfügungen von Todes wegen	346, 347
Unterabschnitt 3. Eröffnung von Verfügungen von Todes wegen	348–351
Unterabschnitt 4. Erbscheinsverfahren; Testamentsvollstreckung	352–355
Unterabschnitt 5. Sonstige verfahrensrechtliche Regelungen	356–362
Abschnitt 3. Verfahren in Teilungssachen	363–373
Buch 5. Verfahren in Registersachen, unternehmensrechtliche Verfahren	374–409
Abschnitt 1. Begriffsbestimmung	374, 375
Abschnitt 2. Zuständigkeit	376, 377

---

[1] Von der Darstellung der einzelnen Paragraphen wurde abgesehen.

	§§
Abschnitt 3. Registersachen	378–401
Unterabschnitt 1. Verfahren	378–387
Unterabschnitt 2. Zwangsgeldverfahren	388–392
Unterabschnitt 3. Löschungs- und Auflösungsverfahren	393–399
Unterabschnitt 4. Ergänzende Vorschriften für das Vereinsregister	400, 401
Abschnitt 4. Unternehmensrechtliche Verfahren	402–409
Buch 6. Verfahren in weiteren Angelegenheiten der freiwilligen Gerichtsbarkeit	410–414
Buch 7. Verfahren in Freiheitsentziehungssachen	415–432
Buch 8. Verfahren in Aufgebotssachen	433–484
Abschnitt 1. Allgemeine Verfahrensvorschriften	433–441
Abschnitt 2. Aufgebot des Eigentümers von Grundstücken, Schiffen und Schiffsbauwerken	442–446
Abschnitt 3. Aufgebot des Gläubigers von Grund- und Schiffspfandrechten sowie der Berechtigten sonstiger dinglicher Rechte	447–453
Abschnitt 4. Aufgebot von Nachlassgläubigern	454–464
Abschnitt 5. Aufgebot der Schiffsgläubiger	465
Abschnitt 6. Aufgebot zur Kraftloserklärung von Urkunden	466–484
Buch 9. Schlussvorschriften	485–493

Buch 1. Allgemeiner Teil
Abschnitt 1. Allgemeine Vorschriften

§ 1 Anwendungsbereich. Dieses Gesetz gilt für das Verfahren in Familiensachen sowie in den Angelegenheiten der freiwilligen Gerichtsbarkeit, soweit sie durch Bundesgesetz den Gerichten zugewiesen sind.

§ 2 Örtliche Zuständigkeit. (1) Unter mehreren örtlich zuständigen Gerichten ist das Gericht zuständig, das zuerst mit der Angelegenheit befasst ist.

(2) Die örtliche Zuständigkeit eines Gerichts bleibt bei Veränderung der sie begründenden Umstände erhalten.

(3) Gerichtliche Handlungen sind nicht deswegen unwirksam, weil sie von einem örtlich unzuständigen Gericht vorgenommen worden sind.

§ 3 Verweisung bei Unzuständigkeit. (1) ¹Ist das angerufene Gericht örtlich oder sachlich unzuständig, hat es sich, sofern das zuständige Gericht bestimmt werden kann, durch Beschluss für unzuständig zu erklären und die Sache an das zuständige Gericht zu verweisen. ²Vor der Verweisung sind die Beteiligten anzuhören.

(2) ¹Sind mehrere Gerichte zuständig, ist die Sache an das vom Antragsteller gewählte Gericht zu verweisen. ²Unterbleibt die Wahl oder ist das Verfahren von Amts wegen eingeleitet worden, ist die Sache an das vom angerufenen Gericht bestimmte Gericht zu verweisen.

(3) ¹Der Beschluss ist nicht anfechtbar. ²Er ist für das als zuständig bezeichnete Gericht bindend.

(4) Die im Verfahren vor dem angerufenen Gericht entstehenden Kosten werden als Teil der Kosten behandelt, die bei dem im Beschluss bezeichneten Gericht anfallen.

§ 4 Abgabe an ein anderes Gericht. ¹Das Gericht kann die Sache aus wichtigem Grund an ein anderes Gericht abgeben, wenn sich dieses zur Übernahme der Sache bereit erklärt hat. ²Vor der Abgabe sollen die Beteiligten angehört werden.

Abschnitt 1. Allgemeine Vorschriften §§ 5–7 FamFG 112

§ 5 Gerichtliche Bestimmung der Zuständigkeit. (1) Das zuständige Gericht wird durch das nächsthöhere gemeinsame Gericht bestimmt:
1. wenn das an sich zuständige Gericht in einem einzelnen Fall an der Ausübung der Gerichtsbarkeit rechtlich oder tatsächlich verhindert ist;
2. wenn es mit Rücksicht auf die Grenzen verschiedener Gerichtsbezirke oder aus sonstigen tatsächlichen Gründen ungewiss ist, welches Gericht für das Verfahren zuständig ist;
3. wenn verschiedene Gerichte sich rechtskräftig für zuständig erklärt haben;
4. wenn verschiedene Gerichte, von denen eines für das Verfahren zuständig ist, sich rechtskräftig für unzuständig erklärt haben;
5. wenn eine Abgabe aus wichtigem Grund (§ 4) erfolgen soll, die Gerichte sich jedoch nicht einigen können.

(2) Ist das nächsthöhere gemeinsame Gericht der Bundesgerichtshof, wird das zuständige Gericht durch das Oberlandesgericht bestimmt, zu dessen Bezirk das zuerst mit der Sache befasste Gericht gehört.

(3) Der Beschluss, der das zuständige Gericht bestimmt, ist nicht anfechtbar.

§ 6 Ausschließung und Ablehnung der Gerichtspersonen. (1) [1] Für die Ausschließung und Ablehnung der Gerichtspersonen gelten die §§ 41 bis 49 der Zivilprozessordnung[1] entsprechend. [2] Ausgeschlossen ist auch, wer bei einem vorausgegangenen Verwaltungsverfahren mitgewirkt hat.

(2) Der Beschluss, durch den das Ablehnungsgesuch für unbegründet erklärt wird, ist mit der sofortigen Beschwerde in entsprechender Anwendung der §§ 567 bis 572 der Zivilprozessordnung anfechtbar.

§ 7 Beteiligte. (1) In Antragsverfahren ist der Antragsteller Beteiligter.

(2) Als Beteiligte sind hinzuzuziehen:
1. diejenigen, deren Recht durch das Verfahren unmittelbar betroffen wird,
2. diejenigen, die auf Grund dieses oder eines anderen Gesetzes von Amts wegen oder auf Antrag zu beteiligen sind.

(3) Das Gericht kann von Amts wegen oder auf Antrag weitere Personen als Beteiligte hinzuziehen, soweit dies in diesem oder einem anderen Gesetz vorgesehen ist.

(4) [1] Diejenigen, die auf ihren Antrag als Beteiligte zu dem Verfahren hinzuziehen sind oder hinzugezogen werden können, sind von der Einleitung des Verfahrens zu benachrichtigen, soweit sie dem Gericht bekannt sind. [2] Sie sind über ihr Antragsrecht zu belehren.

(5) [1] Das Gericht entscheidet durch Beschluss, wenn es einem Antrag auf Hinzuziehung gemäß Absatz 2 oder Absatz 3 nicht entspricht. [2] Der Beschluss ist mit der sofortigen Beschwerde in entsprechender Anwendung der §§ 567 bis 572 der Zivilprozessordnung[1] anfechtbar.

(6) Wer anzuhören ist oder eine Auskunft zu erteilen hat, ohne dass die Voraussetzungen des Absatzes 2 oder Absatzes 3 vorliegen, wird dadurch nicht Beteiligter.

---

[1] Nr. 100.

§ 8 Beteiligtenfähigkeit. Beteiligtenfähig sind
1. natürliche und juristische Personen,
2. Vereinigungen, Personengruppen und Einrichtungen, soweit ihnen ein Recht zustehen kann,
3. Behörden.

§ 9 Verfahrensfähigkeit. (1) Verfahrensfähig sind
1. die nach bürgerlichem Recht Geschäftsfähigen,
2. die nach bürgerlichem Recht beschränkt Geschäftsfähigen, soweit sie für den Gegenstand des Verfahrens nach bürgerlichem Recht als geschäftsfähig anerkannt sind,
3. die nach bürgerlichem Recht beschränkt Geschäftsfähigen, soweit sie das 14. Lebensjahr vollendet haben und sie in einem Verfahren, das ihre Person betrifft, ein ihnen nach bürgerlichem Recht zustehendes Recht geltend machen,
4. diejenigen, die auf Grund dieses oder eines anderen Gesetzes dazu bestimmt werden.

(2) Soweit ein Geschäftsunfähiger oder in der Geschäftsfähigkeit Beschränkter nicht verfahrensfähig ist, handeln für ihn die nach bürgerlichem Recht dazu befugten Personen.

(3) Für Vereinigungen sowie für Behörden handeln ihre gesetzlichen Vertreter und Vorstände.

(4) Das Verschulden eines gesetzlichen Vertreters steht dem Verschulden eines Beteiligten gleich.

(5) Die §§ 53 bis 58 der Zivilprozessordnung[1]) gelten entsprechend.

§ 10 Bevollmächtigte. (1) Soweit eine Vertretung durch Rechtsanwälte nicht geboten ist, können die Beteiligten das Verfahren selbst betreiben.

(2) [1] Die Beteiligten können sich durch einen Rechtsanwalt als Bevollmächtigten vertreten lassen. [2] Darüber hinaus sind als Bevollmächtigte, soweit eine Vertretung durch Rechtsanwälte nicht geboten ist, vertretungsbefugt nur
1. Beschäftigte des Beteiligten oder eines mit ihm verbundenen Unternehmens (§ 15 des Aktiengesetzes[2])); Behörden und juristische Personen des öffentlichen Rechts einschließlich der von ihnen zur Erfüllung ihrer öffentlichen Aufgaben gebildeten Zusammenschlüsse können sich auch durch Beschäftigte anderer Behörden oder juristischer Personen des öffentlichen Rechts einschließlich der von ihnen zur Erfüllung ihrer öffentlichen Aufgaben gebildeten Zusammenschlüsse vertreten lassen;
2. volljährige Familienangehörige (§ 15 der Abgabenordnung, § 11 des Lebenspartnerschaftsgesetzes[3])), Personen mit Befähigung zum Richteramt und die Beteiligten, wenn die Vertretung nicht im Zusammenhang mit einer entgeltlichen Tätigkeit steht;
3. Notare.

(3) [1] Das Gericht weist Bevollmächtigte, die nicht nach Maßgabe des Absatzes 2 vertretungsbefugt sind, durch unanfechtbaren Beschluss zurück. [2] Verfahrenshand-

---
[1]) Nr. 100.
[2]) Nr. 51.
[3]) Habersack, Deutsche Gesetze ErgBd. Nr. 43.

Abschnitt 1. Allgemeine Vorschriften §§ 11–13 FamFG 112

lungen, die ein nicht vertretungsbefugter Bevollmächtigter bis zu seiner Zurückweisung vorgenommen hat, und Zustellungen oder Mitteilungen an diesen Bevollmächtigten sind wirksam. [3] Das Gericht kann den in Absatz 2 Satz 2 Nr. 1 und 2 bezeichneten Bevollmächtigten durch unanfechtbaren Beschluss die weitere Vertretung untersagen, wenn sie nicht in der Lage sind, das Sach- und Streitverhältnis sachgerecht darzustellen.

(4) [1] Vor dem Bundesgerichtshof müssen sich die Beteiligten, außer im Verfahren über die Ausschließung und Ablehnung von Gerichtspersonen und im Verfahren über die Verfahrenskostenhilfe, durch einen beim Bundesgerichtshof zugelassenen Rechtsanwalt vertreten lassen. [2] Behörden und juristische Personen des öffentlichen Rechts einschließlich der von ihnen zur Erfüllung ihrer öffentlichen Aufgaben gebildeten Zusammenschlüsse können sich durch eigene Beschäftigte mit Befähigung zum Richteramt oder durch Beschäftigte mit Befähigung zum Richteramt anderer Behörden oder juristischer Personen des öffentlichen Rechts einschließlich der von ihnen zur Erfüllung ihrer öffentlichen Aufgaben gebildeten Zusammenschlüsse vertreten lassen. [3] Für die Beiordnung eines Notanwaltes gelten die §§ 78b und 78c der Zivilprozessordnung[1]) entsprechend.

(5) Richter dürfen nicht als Bevollmächtigte vor dem Gericht auftreten, dem sie angehören.

§ 11 Verfahrensvollmacht. [1] Die Vollmacht ist schriftlich zu den Gerichtsakten einzureichen. [2] Sie kann nachgereicht werden; hierfür kann das Gericht eine Frist bestimmen. [3] Der Mangel der Vollmacht kann in jeder Lage des Verfahrens geltend gemacht werden. [4] Das Gericht hat den Mangel der Vollmacht von Amts wegen zu berücksichtigen, wenn nicht als Bevollmächtigter ein Rechtsanwalt oder Notar auftritt. [5] Im Übrigen gelten die §§ 81 bis 87 und 89 der Zivilprozessordnung[1]) entsprechend.

§ 12 Beistand. [1] Im Termin können die Beteiligten mit Beiständen erscheinen. [2] Beistand kann sein, wer in Verfahren, in denen die Beteiligten das Verfahren selbst betreiben können, als Bevollmächtigter zur Vertretung befugt ist. [3] Das Gericht kann andere Personen als Beistand zulassen, wenn dies sachdienlich ist und hierfür nach den Umständen des Einzelfalls ein Bedürfnis besteht. [4] § 10 Abs. 3 Satz 1 und 3 und Abs. 5 gilt entsprechend. [5] Das von dem Beistand Vorgetragene gilt als von dem Beteiligten vorgebracht, soweit es nicht von diesem sofort widerrufen oder berichtigt wird.

§ 13[2]) Akteneinsicht. (1) Die Beteiligten können die Gerichtsakten auf der Geschäftsstelle einsehen, soweit nicht schwerwiegende Interessen eines Beteiligten oder eines Dritten entgegenstehen.

(2) [1] Personen, die an dem Verfahren nicht beteiligt sind, kann Einsicht nur gestattet werden, soweit sie ein berechtigtes Interesse glaubhaft machen und schutzwürdige Interessen eines Beteiligten oder eines Dritten nicht entgegenstehen. [2] Die Einsicht ist zu versagen, wenn ein Fall des § 1758 des Bürgerlichen Gesetzbuchs[3]) vorliegt.

(3) [1] Soweit Akteneinsicht gewährt wird, können die Berechtigten sich auf ihre Kosten durch die Geschäftsstelle Ausfertigungen, Auszüge und Abschriften erteilen lassen. [2] Die Abschrift ist auf Verlangen zu beglaubigen.

---

[1]) Nr. **100.**
[2]) § 13 Abs. 5 Satz 2 aufgeh. mWv 1.1.2018 durch G v. 5.7.2017 (BGBl. I S. 2208).
[3]) Nr. **20.**

EL 187 Oktober 2021

112 FamFG § 14 Buch 1. Allgemeiner Teil

(4) [1] Einem Rechtsanwalt, einem Notar oder einer beteiligten Behörde kann das Gericht die Akten in die Amts- oder Geschäftsräume überlassen. [2] Ein Recht auf Überlassung von Beweisstücken in die Amts- oder Geschäftsräume besteht nicht. [3] Die Entscheidung nach Satz 1 ist nicht anfechtbar.

(5) Werden die Gerichtsakten elektronisch geführt, gilt § 299 Abs. 3 der Zivilprozessordnung[1)] entsprechend.

(6) Die Entwürfe zu Beschlüssen und Verfügungen, die zu ihrer Vorbereitung gelieferten Arbeiten sowie die Dokumente, die Abstimmungen betreffen, werden weder vorgelegt noch abschriftlich mitgeteilt.

(7) Über die Akteneinsicht entscheidet das Gericht, bei Kollegialgerichten der Vorsitzende.

§ 14[2)] Elektronische Akte; elektronisches Dokument; Verordnungsermächtigung.

(1) *[Satz 1 bis 31.12.2025:]* [1] Die Gerichtsakten können elektronisch geführt werden. *[Satz 1 ab 1.1.2026:]* [1] *Die Gerichtsakten werden elektronisch geführt.* [2] § 298a Absatz 2 der Zivilprozessordnung[1)] gilt entsprechend.

(2) [1] Anträge und Erklärungen der Beteiligten sowie schriftlich einzureichende Auskünfte, Aussagen, Gutachten, Übersetzungen und Erklärungen Dritter können als elektronisches Dokument übermittelt werden. [2] Für das elektronische Dokument gelten § 130a der Zivilprozessordnung, auf dieser Grundlage erlassene Rechtsverordnungen sowie § 298 der Zivilprozessordnung entsprechend.

(3) Für das gerichtliche elektronische Dokument gelten die §§ 130b und 298 der Zivilprozessordnung entsprechend.

[Abs. 4 bis 31.12.2025:]

(4) [1] Die Bundesregierung und die Landesregierungen bestimmen für ihren Bereich durch Rechtsverordnung den Zeitpunkt, von dem an elektronische Akten geführt werden können. [2] Die Bundesregierung und die Landesregierungen bestimmen für ihren Bereich durch Rechtsverordnung die geltenden organisatorisch-technischen Rahmenbedingungen für die Bildung, Führung und Aufbewahrung der elektronischen Akten. [3] Die Landesregierungen können die Ermächtigung durch Rechtsverordnung auf die jeweils zuständige oberste Landesbehörde übertragen. [4] Die Zulassung der elektronischen Akte kann auf einzelne Gerichte oder Verfahren beschränkt werden; wird von dieser Möglichkeit Gebrauch gemacht, kann in der Rechtsverordnung bestimmt werden, dass durch Verwaltungsvorschrift, die öffentlich bekanntzumachen ist, geregelt wird, in welchen Verfahren die Akten elektronisch zu führen sind. [5] Akten in Verfahren gemäß § 151 Nummer 4 und § 271, die in Papierform angelegt wurden, können ab einem in der Rechtsverordnung bestimmten Zeitpunkt in elektronischer Form weitergeführt werden.

[Abs. 4 ab 1.1.2026:]

(4) [1] Die Bundesregierung und die Landesregierungen bestimmen jeweils für ihren Bereich durch Rechtsverordnung die organisatorischen und dem Stand der Technik entsprechenden technischen Rahmenbedingungen für die Bildung, Führung und Aufbewahrung der elektro-

---

[1)] Nr. 100.
[2)] § 14 Abs. 1 Satz 2 geänd., Abs. 2 Satz 1 neu gef., Satz 2 und Abs. 4 Sätze 1, 2 und 4 geänd. mWv 1.1. 2018 durch G v. 10.10.2013 (BGBl. I S. 3786); Überschrift neu gef., Abs. 4 Satz 4 geänd. mWv 13.7. 2017, Abs. 2 Satz 2 neu gef., Abs. 4a eingef. mWv 1.1.2018, Abs. 1 Satz 1 neu gef., Abs. 4 aufgeh., bish. Abs. 4a wird Abs. 4 und Satz 1 aufgeh., bish. Sätze 2–5 werden Sätze 1–4, neuer Satz 3 geänd. **mWv 1.1. 2026** durch G v. 5.7.2017 (BGBl. I S. 2208); Abs. 4 Satz 5 angef., Abs. 4a Satz 3 neu gef. mWv 1.1.2020 durch G v. 12.12.2019 (BGBl. I S. 2633).

nischen Akten einschließlich der einzuhaltenden Anforderungen der Barrierefreiheit. ²Die Bundesregierung und die Landesregierungen können jeweils für ihren Bereich durch Rechtsverordnung bestimmen, dass Akten, die in Papierform angelegt wurden, in Papierform oder in Verfahren gemäß § 151 Nummer 4 und § 271 ab einem bestimmten Stichtag in elektronischer Form weitergeführt werden. ³Die Landesregierungen können die Ermächtigungen nach den Sätzen 1 und 2 durch Rechtsverordnung auf die für die Zivilgerichtsbarkeit zuständigen obersten Landesbehörden übertragen. ⁴Die Rechtsverordnungen der Bundesregierung bedürfen nicht der Zustimmung des Bundesrates.

[Abs. 4a bis 31.12.2025:]

(4a) ¹Die Gerichtsakten werden ab dem 1. Januar 2026 elektronisch geführt. ²Die Bundesregierung und die Landesregierungen bestimmen jeweils für ihren Bereich durch Rechtsverordnung die organisatorischen und dem Stand der Technik entsprechenden technischen Rahmenbedingungen für die Bildung, Führung und Aufbewahrung der elektronischen Akten einschließlich der einzuhaltenden Anforderungen der Barrierefreiheit. ³Die Bundesregierung und die Landesregierungen können jeweils für ihren Bereich durch Rechtsverordnung bestimmen, dass Akten, die in Papierform angelegt wurden, in Papierform oder in Verfahren gemäß § 151 Nummer 4 und § 271 ab einem bestimmten Stichtag in elektronischer Form weitergeführt werden. ⁴Die Landesregierungen können die Ermächtigungen nach den Sätzen 2 und 3 durch Rechtsverordnung auf die für die Zivilgerichtsbarkeit zuständigen obersten Landesbehörden übertragen. ⁵Die Rechtsverordnungen der Bundesregierung bedürfen nicht der Zustimmung des Bundesrates.

(5) ¹Sind die Gerichtsakten nach ordnungsgemäßen Grundsätzen zur Ersetzung der Urschrift auf einen Bild- oder anderen Datenträger übertragen worden und liegt der schriftliche Nachweis darüber vor, dass die Wiedergabe mit der Urschrift übereinstimmt, so können Ausfertigungen, Auszüge und Abschriften von dem Bild- oder dem Datenträger erteilt werden. ²Auf der Urschrift anzubringende Vermerke werden in diesem Fall bei dem Nachweis angebracht.

§ 14a[1] **Formulare; Verordnungsermächtigung.** ¹Das Bundesministerium der Justiz und für Verbraucherschutz kann durch Rechtsverordnung mit Zustimmung des Bundesrates elektronische Formulare einführen. ²Die Rechtsverordnung kann bestimmen, dass die in den Formularen enthaltenen Angaben ganz oder teilweise in strukturierter maschinenlesbarer Form zu übermitteln sind. ³Die Formulare sind auf einer in der Rechtsverordnung zu bestimmenden Kommunikationsplattform im Internet zur Nutzung bereitzustellen. ⁴Die Rechtsverordnung kann bestimmen, dass eine Identifikation des Formularverwenders abweichend von § 130a Absatz 3 der Zivilprozessordnung[2] auch durch Nutzung des elektronischen Identitätsnachweises nach § 18 des Personalausweisgesetzes[3], § 12 des eID-Karte-Gesetzes oder § 78 Absatz 5 des Aufenthaltsgesetzes[4] erfolgen kann.

---

[1] § 14a eingef. mWv 1.7.2014 durch G v. 10.10.2013 (BGBl. I S. 3786); Satz 1 geänd. mWv 8.9.2015 durch VO v. 31.8.2015 (BGBl. I S. 1474); Satz 4 geänd. mWv 1.11.2019 durch G v. 21.6.2019 (BGBl. I S. 846).
[2] Nr. 100.
[3] Sartorius Nr. 255.
[4] Sartorius Nr. 565.

§ 14b[1] Nutzungspflicht für Rechtsanwälte, Notare und Behörden.
(1) ¹Bei Gericht schriftlich einzureichende Anträge und Erklärungen sind durch einen Rechtsanwalt, durch einen Notar, durch eine Behörde oder durch eine juristische Person des öffentlichen Rechts einschließlich der von ihr zur Erfüllung ihrer öffentlichen Aufgaben gebildeten Zusammenschlüsse als elektronisches Dokument zu übermitteln. ²Ist dies aus technischen Gründen vorübergehend nicht möglich, so bleibt die Übermittlung nach den allgemeinen Vorschriften zulässig. ³Die vorübergehende Unmöglichkeit ist mit der Ersatzeinreichung oder unverzüglich danach glaubhaft zu machen; auf Anforderung ist ein elektronisches Dokument nachzureichen.

(2) ¹Andere Anträge und Erklärungen, die durch einen Rechtsanwalt, durch einen Notar, durch eine Behörde oder durch eine juristische Person des öffentlichen Rechts einschließlich der von ihr zur Erfüllung ihrer öffentlichen Aufgaben gebildeten Zusammenschlüsse eingereicht werden, sollen als elektronisches Dokument übermittelt werden. ²Werden sie nach den allgemeinen Vorschriften übermittelt, so ist auf Anforderung ein elektronisches Dokument nachzureichen.

§ 15 Bekanntgabe; formlose Mitteilung. (1) Dokumente, deren Inhalt eine Termins- oder Fristbestimmung enthält oder den Lauf einer Frist auslöst, sind den Beteiligten bekannt zu geben.

(2) ¹Die Bekanntgabe kann durch Zustellung nach den §§ 166 bis 195 der Zivilprozessordnung[2] oder dadurch bewirkt werden, dass das Schriftstück unter der Anschrift des Adressaten zur Post gegeben wird. ²Soll die Bekanntgabe im Inland bewirkt werden, gilt das Schriftstück drei Tage nach Aufgabe zur Post als bekannt gegeben, wenn nicht der Beteiligte glaubhaft macht, dass ihm das Schriftstück nicht oder erst zu einem späteren Zeitpunkt zugegangen ist.

(3) Ist eine Bekanntgabe nicht geboten, können Dokumente den Beteiligten formlos mitgeteilt werden.

(Fortsetzung nächstes Blatt)

---

[1] § 14b eingef. mWv 1.1.2022 durch G v. 10.10.2013 (BGBl. I S. 3786) und neu gef. mWv 1.1.2022 durch G v. 5.10.2021 (BGBl. I S. 4607).
[2] Nr. **100**.

Abschnitt 5. Rechtsmittel §§ 62–65 FamFG

§ 62[1] **Statthaftigkeit der Beschwerde nach Erledigung der Hauptsache.** (1) Hat sich die angefochtene Entscheidung in der Hauptsache erledigt, spricht das Beschwerdegericht auf Antrag aus, dass die Entscheidung des Gerichts des ersten Rechtszugs den Beschwerdeführer in seinen Rechten verletzt hat, wenn der Beschwerdeführer ein berechtigtes Interesse an der Feststellung hat.

(2) Ein berechtigtes Interesse liegt in der Regel vor, wenn
1. schwerwiegende Grundrechtseingriffe vorliegen oder
2. eine Wiederholung konkret zu erwarten ist.

(3) Hat der Verfahrensbeistand oder der Verfahrenspfleger die Beschwerde eingelegt, gelten die Absätze 1 und 2 entsprechend.

§ 63[2] **Beschwerdefrist.** (1) Die Beschwerde ist, soweit gesetzlich keine andere Frist bestimmt ist, binnen einer Frist von einem Monat einzulegen.

(2) Die Beschwerde ist binnen einer Frist von zwei Wochen einzulegen, wenn sie sich gegen folgende Entscheidungen richtet:
1. Endentscheidungen im Verfahren der einstweiligen Anordnung oder
2. Entscheidungen über Anträge auf Genehmigung eines Rechtsgeschäfts.

(3) [1]Die Frist beginnt jeweils mit der schriftlichen Bekanntgabe des Beschlusses an die Beteiligten. [2]Kann die schriftliche Bekanntgabe an einen Beteiligten nicht bewirkt werden, beginnt die Frist spätestens mit Ablauf von fünf Monaten nach Erlass des Beschlusses.

§ 64[3] **Einlegung der Beschwerde.** (1) [1]Die Beschwerde ist bei dem Gericht einzulegen, dessen Beschluss angefochten wird. [2]Anträge auf Bewilligung von Verfahrenskostenhilfe für eine beabsichtigte Beschwerde sind bei dem Gericht einzulegen, dessen Beschluss angefochten werden soll.

(2) [1]Die Beschwerde wird durch Einreichung einer Beschwerdeschrift oder zur Niederschrift der Geschäftsstelle eingelegt. [2]Die Einlegung der Beschwerde zur Niederschrift der Geschäftsstelle ist in Ehesachen und in Familienstreitsachen ausgeschlossen. [3]Die Beschwerde muss die Bezeichnung des angefochtenen Beschlusses sowie die Erklärung enthalten, dass Beschwerde gegen diesen Beschluss eingelegt wird. [4]Sie ist von dem Beschwerdeführer oder seinem Bevollmächtigten zu unterzeichnen.

(3) Das Beschwerdegericht kann vor der Entscheidung eine einstweilige Anordnung erlassen; es kann insbesondere anordnen, dass die Vollziehung des angefochtenen Beschlusses auszusetzen ist.

§ 65[4] **Beschwerdebegründung.** (1) Die Beschwerde soll begründet werden.

(2) Das Beschwerdegericht oder der Vorsitzende kann dem Beschwerdeführer eine Frist zur Begründung der Beschwerde einräumen.

(3) Die Beschwerde kann auf neue Tatsachen und Beweismittel gestützt werden.

(4) Die Beschwerde kann nicht darauf gestützt werden, dass das Gericht des ersten Rechtszugs seine Zuständigkeit zu Unrecht angenommen hat.

---

[1] § 62 Abs. 3 angef. mWv 22.7.2017 durch G v. 17.7.2017 (BGBl. I S. 2426).
[2] § 63 Abs. 2 neu gef. mWv 1.1.2013 durch G v. 5.12.2012 (BGBl. I S. 2418).
[3] § 64 Abs. 1 Satz 2 angef. mWv 1.1.2013 durch G v. 5.12.2012 (BGBl. I S. 2418).
[4] § 65 Abs. 2 geänd. mWv 1.1.2013 durch G v. 5.12.2012 (BGBl. I S. 2418).

§ 66 Anschlussbeschwerde. ¹Ein Beteiligter kann sich der Beschwerde anschließen, selbst wenn er auf die Beschwerde verzichtet hat oder die Beschwerdefrist verstrichen ist; die Anschließung erfolgt durch Einreichung der Beschwerdeanschlussschrift bei dem Beschwerdegericht. ²Die Anschließung verliert ihre Wirkung, wenn die Beschwerde zurückgenommen oder als unzulässig verworfen wird.

§ 67 Verzicht auf die Beschwerde; Rücknahme der Beschwerde.
(1) Die Beschwerde ist unzulässig, wenn der Beschwerdeführer hierauf nach Bekanntgabe des Beschlusses durch Erklärung gegenüber dem Gericht verzichtet hat.

(2) Die Anschlussbeschwerde ist unzulässig, wenn der Anschlussbeschwerdeführer hierauf nach Einlegung des Hauptrechtsmittels durch Erklärung gegenüber dem Gericht verzichtet hat.

(3) Der gegenüber einem anderen Beteiligten erklärte Verzicht hat die Unzulässigkeit der Beschwerde nur dann zur Folge, wenn dieser sich darauf beruft.

(4) Der Beschwerdeführer kann die Beschwerde bis zum Erlass der Beschwerdeentscheidung durch Erklärung gegenüber dem Gericht zurücknehmen.

§ 68[1]) **Gang des Beschwerdeverfahrens.** (1) ¹Hält das Gericht, dessen Beschluss angefochten wird, die Beschwerde für begründet, hat es ihr abzuhelfen; anderenfalls ist die Beschwerde unverzüglich dem Beschwerdegericht vorzulegen. ²Das Gericht ist zur Abhilfe nicht befugt, wenn die Beschwerde sich gegen eine Endentscheidung in einer Familiensache richtet.

(2) ¹Das Beschwerdegericht hat zu prüfen, ob die Beschwerde an sich statthaft und ob sie in der gesetzlichen Form und Frist eingelegt ist. ²Mangelt es an einem dieser Erfordernisse, ist die Beschwerde als unzulässig zu verwerfen.

(3) ¹Das Beschwerdeverfahren bestimmt sich im Übrigen nach den Vorschriften über das Verfahren im ersten Rechtszug. ²Das Beschwerdegericht kann von der Durchführung eines Termins, einer mündlichen Verhandlung oder einzelner Verfahrenshandlungen absehen, wenn diese bereits im ersten Rechtszug vorgenommen wurden und von einer erneuten Vornahme keine zusätzlichen Erkenntnisse zu erwarten sind.

(4) ¹Das Beschwerdegericht kann die Beschwerde durch Beschluss einem seiner Mitglieder zur Entscheidung als Einzelrichter übertragen; § 526 der Zivilprozessordnung[2]) gilt mit der Maßgabe entsprechend, dass eine Übertragung auf einen Richter auf Probe ausgeschlossen ist. ²Zudem kann das Beschwerdegericht die persönliche Anhörung des Kindes durch Beschluss einem seiner Mitglieder als beauftragtem Richter übertragen, wenn es dies aus Gründen des Kindeswohls für sachgerecht hält oder das Kind offensichtlich nicht in der Lage ist, seine Neigungen und seinen Willen kundzutun. ³Gleiches gilt für die Verschaffung eines persönlichen Eindrucks von dem Kind.

(5) Absatz 3 Satz 2 und Absatz 4 Satz 1 finden keine Anwendung, wenn die Beschwerde ein Hauptsacheverfahren betrifft, in dem eine der folgenden Entscheidungen in Betracht kommt:
1. die teilweise oder vollständige Entziehung der Personensorge nach den §§ 1666 und 1666a des Bürgerlichen Gesetzbuchs[3]),

---

[1]) § 68 Abs. 4 Sätze 2 und 3, Abs. 5 angef. mWv 1.7.2021 durch G v. 16.6.2021 (BGBl. I S. 1810).
[2]) Nr. **100**.
[3]) Nr. **20**.

2. der Ausschluss des Umgangsrechts nach § 1684 des Bürgerlichen Gesetzbuchs oder
3. eine Verbleibensanordnung nach § 1632 Absatz 4 oder § 1682 des Bürgerlichen Gesetzbuchs.

§ 69 Beschwerdeentscheidung. (1) [1]Das Beschwerdegericht hat in der Sache selbst zu entscheiden. [2]Es darf die Sache unter Aufhebung des angefochtenen Beschlusses und des Verfahrens nur dann an das Gericht des ersten Rechtszugs zurückverweisen, wenn dieses in der Sache noch nicht entschieden hat. [3]Das Gleiche gilt, soweit das Verfahren an einem wesentlichen Mangel leidet und zur Entscheidung eine umfangreiche oder aufwändige Beweiserhebung notwendig wäre und ein Beteiligter die Zurückverweisung beantragt. [4]Das Gericht des ersten Rechtszugs hat die rechtliche Beurteilung, die das Beschwerdegericht der Aufhebung zugrunde gelegt hat, auch seiner Entscheidung zugrunde zu legen.

(2) Der Beschluss des Beschwerdegerichts ist zu begründen.

(3) Für die Beschwerdeentscheidung gelten im Übrigen die Vorschriften über den Beschluss im ersten Rechtszug entsprechend.

Unterabschnitt 2. Rechtsbeschwerde

§ 70[1]) **Statthaftigkeit der Rechtsbeschwerde.** (1) Die Rechtsbeschwerde eines Beteiligten ist statthaft, wenn sie das Beschwerdegericht oder das Oberlandesgericht im ersten Rechtszug in dem Beschluss zugelassen hat.

(2) [1]Die Rechtsbeschwerde ist zuzulassen, wenn
1. die Rechtssache grundsätzliche Bedeutung hat oder
2. die Fortbildung des Rechts oder die Sicherung einer einheitlichen Rechtsprechung eine Entscheidung des Rechtsbeschwerdegerichts erfordert.
[2]Das Rechtsbeschwerdegericht ist an die Zulassung gebunden.

(3) [1]Die Rechtsbeschwerde gegen einen Beschluss des Beschwerdegerichts ist ohne Zulassung statthaft in
1. Betreuungssachen zur Bestellung eines Betreuers, zur Aufhebung einer Betreuung, zur Anordnung oder Aufhebung eines Einwilligungsvorbehalts,
2. Unterbringungssachen und Verfahren nach § 151 Nr. 6 und 7 sowie
3. Freiheitsentziehungssachen.
[2]In den Fällen des Satzes 1 Nr. 2 und 3 gilt dies nur, wenn sich die Rechtsbeschwerde gegen den Beschluss richtet, der die Unterbringungsmaßnahme oder die Freiheitsentziehung anordnet. [3]In den Fällen des Satzes 1 Nummer 3 ist die Rechtsbeschwerde abweichend von Satz 2 auch dann ohne Zulassung statthaft, wenn sie sich gegen den eine freiheitsentziehende Maßnahme ablehnenden oder zurückweisenden Beschluss in den in § 417 Absatz 2 Satz 2 Nummer 5 genannten Verfahren richtet.

(4) Gegen einen Beschluss im Verfahren über die Anordnung, Abänderung oder Aufhebung einer einstweiligen Anordnung oder eines Arrests findet die Rechtsbeschwerde nicht statt.

---

[1]) § 70 Abs. 3 Satz 3 angef. mWv 1.8.2015 durch G v. 27.7.2015 (BGBl. I S. 1386); Abs. 3 Satz 2 geänd. mWv 28.6.2019 durch G v. 19.6.2019 (BGBl. I S. 840).

§ 71 Frist und Form der Rechtsbeschwerde. (1) [1]Die Rechtsbeschwerde ist binnen einer Frist von einem Monat nach der schriftlichen Bekanntgabe des Beschlusses durch Einreichen einer Beschwerdeschrift bei dem Rechtsbeschwerdegericht einzulegen. [2]Die Rechtsbeschwerdeschrift muss enthalten:
1. die Bezeichnung des Beschlusses, gegen den die Rechtsbeschwerde gerichtet wird und
2. die Erklärung, dass gegen diesen Beschluss Rechtsbeschwerde eingelegt werde.

[3]Die Rechtsbeschwerdeschrift ist zu unterschreiben. [4]Mit der Rechtsbeschwerdeschrift soll eine Ausfertigung oder beglaubigte Abschrift des angefochtenen Beschlusses vorgelegt werden.

(2) [1]Die Rechtsbeschwerde ist, sofern die Beschwerdeschrift keine Begründung enthält, binnen einer Frist von einem Monat zu begründen. [2]Die Frist beginnt mit der schriftlichen Bekanntgabe des angefochtenen Beschlusses. [3]§ 551 Abs. 2 Satz 5 und 6 der Zivilprozessordnung[1]) gilt entsprechend.

(3) Die Begründung der Rechtsbeschwerde muss enthalten:
1. die Erklärung, inwieweit der Beschluss angefochten und dessen Aufhebung beantragt werde (Rechtsbeschwerdeanträge);
2. die Angabe der Rechtsbeschwerdegründe, und zwar
   a) die bestimmte Bezeichnung der Umstände, aus denen sich die Rechtsverletzung ergibt;
   b) soweit die Rechtsbeschwerde darauf gestützt wird, dass das Gesetz in Bezug auf das Verfahren verletzt sei, die Bezeichnung der Tatsachen, die den Mangel ergeben.

(4) Die Rechtsbeschwerde- und die Begründungsschrift sind den anderen Beteiligten bekannt zu geben.

§ 72 Gründe der Rechtsbeschwerde. (1) [1]Die Rechtsbeschwerde kann nur darauf gestützt werden, dass die angefochtene Entscheidung auf einer Verletzung des Rechts beruht. [2]Das Recht ist verletzt, wenn eine Rechtsnorm nicht oder nicht richtig angewendet worden ist.

(2) Die Rechtsbeschwerde kann nicht darauf gestützt werden, dass das Gericht des ersten Rechtszugs seine Zuständigkeit zu Unrecht angenommen hat.

(3) Die §§ 547, 556 und 560 der Zivilprozessordnung[1]) gelten entsprechend.

§ 73 Anschlussrechtsbeschwerde. [1]Ein Beteiligter kann sich bis zum Ablauf einer Frist von einem Monat nach der Bekanntgabe der Begründungsschrift der Rechtsbeschwerde durch Einreichen einer Anschlussschrift beim Rechtsbeschwerdegericht anschließen, auch wenn er auf die Rechtsbeschwerde verzichtet hat, die Rechtsbeschwerdefrist verstrichen oder die Rechtsbeschwerde nicht zugelassen worden ist. [2]Die Anschlussrechtsbeschwerde ist in der Anschlussschrift zu begründen und zu unterschreiben. [3]Die Anschließung verliert ihre Wirkung, wenn die Rechtsbeschwerde zurückgenommen, als unzulässig verworfen oder nach § 74a Abs. 1 zurückgewiesen wird.

§ 74 Entscheidung über die Rechtsbeschwerde. (1) [1]Das Rechtsbeschwerdegericht hat zu prüfen, ob die Rechtsbeschwerde an sich statthaft ist und ob sie in der

---

[1]) Nr. 100.

Abschnitt 5. Rechtsmittel §§ 74a, 75 FamFG 112

gesetzlichen Form und Frist eingelegt und begründet ist. ²Mangelt es an einem dieser Erfordernisse, ist die Rechtsbeschwerde als unzulässig zu verwerfen.

(2) Ergibt die Begründung des angefochtenen Beschlusses zwar eine Rechtsverletzung, stellt sich die Entscheidung aber aus anderen Gründen als richtig dar, ist die Rechtsbeschwerde zurückzuweisen.

(3) ¹Der Prüfung des Rechtsbeschwerdegerichts unterliegen nur die von den Beteiligten gestellten Anträge. ²Das Rechtsbeschwerdegericht ist an die geltend gemachten Rechtsbeschwerdegründe nicht gebunden. ³Auf Verfahrensmängel, die nicht von Amts wegen zu berücksichtigen sind, darf die angefochtene Entscheidung nur geprüft werden, wenn die Mängel nach § 71 Abs. 3 und § 73 Satz 2 gerügt worden sind. ⁴Die §§ 559, 564 der Zivilprozessordnung[1]) gelten entsprechend.

(4) Auf das weitere Verfahren sind, soweit sich nicht Abweichungen aus den Vorschriften dieses Unterabschnitts ergeben, die im ersten Rechtszug geltenden Vorschriften entsprechend anzuwenden.

(5) Soweit die Rechtsbeschwerde begründet ist, ist der angefochtene Beschluss aufzuheben.

(6) ¹Das Rechtsbeschwerdegericht entscheidet in der Sache selbst, wenn diese zur Endentscheidung reif ist. ²Andernfalls verweist es die Sache unter Aufhebung des angefochtenen Beschlusses und des Verfahrens zur anderweitigen Behandlung und Entscheidung an das Beschwerdegericht oder, wenn dies aus besonderen Gründen geboten erscheint, an das Gericht des ersten Rechtszugs zurück. ³Die Zurückverweisung kann an einen anderen Spruchkörper des Gerichts erfolgen, das die angefochtene Entscheidung erlassen hat. ⁴Das Gericht, an das die Sache zurückverwiesen ist, hat die rechtliche Beurteilung, die der Aufhebung zugrunde liegt, auch seiner Entscheidung zugrunde zu legen.

(7) Von einer Begründung der Entscheidung kann abgesehen werden, wenn sie nicht geeignet wäre, zur Klärung von Rechtsfragen grundsätzlicher Bedeutung, zur Fortbildung des Rechts oder zur Sicherung einer einheitlichen Rechtsprechung beizutragen.

§ 74a Zurückweisungsbeschluss. (1) Das Rechtsbeschwerdegericht weist die vom Beschwerdegericht zugelassene Rechtsbeschwerde durch einstimmigen Beschluss ohne mündliche Verhandlung oder Erörterung im Termin zurück, wenn es davon überzeugt ist, dass die Voraussetzungen für die Zulassung der Rechtsbeschwerde nicht vorliegen und die Rechtsbeschwerde keine Aussicht auf Erfolg hat.

(2) Das Rechtsbeschwerdegericht oder der Vorsitzende hat zuvor die Beteiligten auf die beabsichtigte Zurückweisung der Rechtsbeschwerde und die Gründe hierfür hinzuweisen und dem Rechtsbeschwerdeführer binnen einer zu bestimmenden Frist Gelegenheit zur Stellungnahme zu geben.

(3) Der Beschluss nach Absatz 1 ist zu begründen, soweit die Gründe für die Zurückweisung nicht bereits in dem Hinweis nach Absatz 2 enthalten sind.

§ 75[2]) **Sprungrechtsbeschwerde.** (1) ¹Gegen die im ersten Rechtszug erlassenen Beschlüsse, die ohne Zulassung der Beschwerde unterliegen, findet auf Antrag unter Übergehung der Beschwerdeinstanz unmittelbar die Rechtsbeschwerde (Sprungrechtsbeschwerde) statt, wenn

---

[1]) Nr. 100.
[2]) § 75 Abs. 2 Satz 1 eingef. mWv 1.1.2013 durch G v. 5.12.2012 (BGBl. I S. 2418).

1. die Beteiligten in die Übergehung der Beschwerdeinstanz einwilligen und
2. das Rechtsbeschwerdegericht die Sprungrechtsbeschwerde zulässt.

² Der Antrag auf Zulassung der Sprungrechtsbeschwerde und die Erklärung der Einwilligung gelten als Verzicht auf das Rechtsmittel der Beschwerde.

(2) ¹ Die Sprungrechtsbeschwerde ist in der in § 63 bestimmten Frist einzulegen. ² Für das weitere Verfahren gilt § 566 Abs. 2 bis 8 der Zivilprozessordnung[1]) entsprechend.

Abschnitt 6. Verfahrenskostenhilfe

§ 76 Voraussetzungen. (1) Auf die Bewilligung von Verfahrenskostenhilfe finden die Vorschriften der Zivilprozessordnung[1]) über die Prozesskostenhilfe entsprechende Anwendung, soweit nachfolgend nichts Abweichendes bestimmt ist.

(2) Ein Beschluss, der im Verfahrenskostenhilfeverfahren ergeht, ist mit der sofortigen Beschwerde in entsprechender Anwendung der §§ 567 bis 572, 127 Abs. 2 bis 4 der Zivilprozessordnung anfechtbar.

§ 77[2]) Bewilligung. (1) ¹ Vor der Bewilligung der Verfahrenskostenhilfe kann das Gericht den übrigen Beteiligten Gelegenheit zur Stellungnahme geben. ² In Antragsverfahren ist dem Antragsgegner Gelegenheit zur Stellungnahme zu geben, ob er die Voraussetzungen für die Bewilligung von Verfahrenskostenhilfe für gegeben hält, soweit dies aus besonderen Gründen nicht unzweckmäßig erscheint.

(2) Die Bewilligung von Verfahrenskostenhilfe für die Vollstreckung in das bewegliche Vermögen umfasst alle Vollstreckungshandlungen im Bezirk des Vollstreckungsgerichts einschließlich des Verfahrens auf Abgabe der Vermögensauskunft und der Versicherung an Eides statt.

§ 78 Beiordnung eines Rechtsanwalts. (1) Ist eine Vertretung durch einen Rechtsanwalt vorgeschrieben, wird dem Beteiligten ein zur Vertretung bereiter Rechtsanwalt seiner Wahl beigeordnet.

(2) Ist eine Vertretung durch einen Rechtsanwalt nicht vorgeschrieben, wird dem Beteiligten auf seinen Antrag ein zur Vertretung bereiter Rechtsanwalt seiner Wahl beigeordnet, wenn wegen der Schwierigkeit der Sach- und Rechtslage die Vertretung durch einen Rechtsanwalt erforderlich erscheint.

(3) Ein nicht in dem Bezirk des Verfahrensgerichts niedergelassener Rechtsanwalt kann nur beigeordnet werden, wenn hierdurch besondere Kosten nicht entstehen.

(4) Wenn besondere Umstände dies erfordern, kann dem Beteiligten auf seinen Antrag ein zur Vertretung bereiter Rechtsanwalt seiner Wahl zur Wahrnehmung eines Termins zur Beweisaufnahme vor dem ersuchten Richter oder zur Vermittlung des Verkehrs mit dem Verfahrensbevollmächtigten beigeordnet werden.

(5) Findet der Beteiligte keinen zur Vertretung bereiten Anwalt, ordnet der Vorsitzende ihm auf Antrag einen Rechtsanwalt bei.

§ 79 (entfallen)

---

[1]) Nr. **100**.
[2]) § 77 Abs. 1 Satz 2 neu gef. mWv 1.1.2014 durch G v. 31.8.2013 (BGBl. I S. 3533); Abs. 2 geänd. mWv 9.6.2017 durch G v. 1.6.2017 (BGBl. I S. 1396).

Abschnitt 7. Kosten

§ 80 Umfang der Kostenpflicht. [1] Kosten sind die Gerichtskosten (Gebühren und Auslagen) und die zur Durchführung des Verfahrens notwendigen Aufwendungen der Beteiligten. [2] § 91 Abs. 1 Satz 2 der Zivilprozessordnung[1]) gilt entsprechend.

§ 81[2]) **Grundsatz der Kostenpflicht.** (1) [1] Das Gericht kann die Kosten des Verfahrens nach billigem Ermessen den Beteiligten ganz oder zum Teil auferlegen. [2] Es kann auch anordnen, dass von der Erhebung der Kosten abzusehen ist. [3] In Familiensachen ist stets über die Kosten zu entscheiden.

(2) Das Gericht soll die Kosten des Verfahrens ganz oder teilweise einem Beteiligten auferlegen, wenn

1. der Beteiligte durch grobes Verschulden Anlass für das Verfahren gegeben hat;
2. der Antrag des Beteiligten von vornherein keine Aussicht auf Erfolg hatte und der Beteiligte dies erkennen musste;
3. der Beteiligte zu einer wesentlichen Tatsache schuldhaft unwahre Angaben gemacht hat;
4. der Beteiligte durch schuldhaftes Verletzen seiner Mitwirkungspflichten das Verfahren erheblich verzögert hat;
5. der Beteiligte einer richterlichen Anordnung zur Teilnahme an einem kostenfreien Informationsgespräch über Mediation oder über eine sonstige Möglichkeit der außergerichtlichen Konfliktbeilegung nach § 156 Absatz 1 Satz 3 oder einer richterlichen Anordnung zur Teilnahme an einer Beratung nach § 156 Absatz 1 Satz 4 nicht nachgekommen ist, sofern der Beteiligte dies nicht genügend entschuldigt hat.

(3) Einem minderjährigen Beteiligten können Kosten in Kindschaftssachen, die seine Person betreffen, nicht auferlegt werden.

(4) Einem Dritten können Kosten des Verfahrens nur auferlegt werden, soweit die Tätigkeit des Gerichts durch ihn veranlasst wurde und ihn ein grobes Verschulden trifft.

(5) Bundesrechtliche Vorschriften, die die Kostenpflicht abweichend regeln, bleiben unberührt.

§ 82 Zeitpunkt der Kostenentscheidung. Ergeht eine Entscheidung über die Kosten, hat das Gericht hierüber in der Endentscheidung zu entscheiden.

§ 83 Kostenpflicht bei Vergleich, Erledigung und Rücknahme.

(1) [1] Wird das Verfahren durch Vergleich erledigt und haben die Beteiligten keine Bestimmung über die Kosten getroffen, fallen die Gerichtskosten jedem Teil zu gleichen Teilen zur Last. [2] Die außergerichtlichen Kosten trägt jeder Beteiligte selbst.

(2) Ist das Verfahren auf sonstige Weise erledigt oder wird der Antrag zurückgenommen, gilt § 81 entsprechend.

§ 84 Rechtsmittelkosten. Das Gericht soll die Kosten eines ohne Erfolg eingelegten Rechtsmittels dem Beteiligten auferlegen, der es eingelegt hat.

---

[1]) Nr. **100**.
[2]) § 81 Abs. 2 Nr. 5 neu gef. mWv 26.7.2012 durch G v. 21.7.2012 (BGBl. I S. 1577); Abs. 3 geänd. mWv 1.1.2013 durch G v. 5.12.2012 (BGBl. I S. 2418).

§ 85 Kostenfestsetzung. Die §§ 103 bis 107 der Zivilprozessordnung[1]) über die Festsetzung des zu erstattenden Betrags sind entsprechend anzuwenden.

Abschnitt 8. Vollstreckung

Unterabschnitt 1. Allgemeine Vorschriften

§ 86 Vollstreckungstitel. (1) Die Vollstreckung findet statt aus
1. gerichtlichen Beschlüssen;
2. gerichtlich gebilligten Vergleichen (§ 156 Abs. 2);
3. weiteren Vollstreckungstiteln im Sinne des § 794 der Zivilprozessordnung[1]), soweit die Beteiligten über den Gegenstand des Verfahrens verfügen können.

(2) Beschlüsse sind mit Wirksamwerden vollstreckbar.

(3) Vollstreckungstitel bedürfen der Vollstreckungsklausel nur, wenn die Vollstreckung nicht durch das Gericht erfolgt, das den Titel erlassen hat.

§ 87[2]) **Verfahren; Beschwerde.** (1) ¹Das Gericht wird in Verfahren, die von Amts wegen eingeleitet werden können, von Amts wegen tätig und bestimmt die im Fall der Zuwiderhandlung vorzunehmenden Vollstreckungsmaßnahmen. ²Der Berechtigte kann die Vornahme von Vollstreckungshandlungen beantragen; entspricht das Gericht dem Antrag nicht, entscheidet es durch Beschluss.

(2) Die Vollstreckung darf nur beginnen, wenn der Beschluss bereits zugestellt ist oder gleichzeitig zugestellt wird.

(3) ¹Der Gerichtsvollzieher ist befugt, ein Auskunfts- und Unterstützungsersuchen nach § 757a der Zivilprozessordnung[1]) zu stellen. ²§ 758 Abs. 1 und 2 sowie die §§ 759 bis 763 der Zivilprozessordnung gelten entsprechend.

(4) Ein Beschluss, der im Vollstreckungsverfahren ergeht, ist mit der sofortigen Beschwerde in entsprechender Anwendung der §§ 567 bis 572 der Zivilprozessordnung anfechtbar.

(5) Für die Kostenentscheidung gelten die §§ 80 bis 82 und 84 entsprechend.

Unterabschnitt 2. Vollstreckung von Entscheidungen über die Herausgabe von Personen und die Regelung des Umgangs

§ 88[3]) **Grundsätze.** (1) Die Vollstreckung erfolgt durch das Gericht, in dessen Bezirk die Person zum Zeitpunkt der Einleitung der Vollstreckung ihren gewöhnlichen Aufenthalt hat.

(2) Das Jugendamt leistet dem Gericht in geeigneten Fällen Unterstützung.

(3) ¹Die Verfahren sind vorrangig und beschleunigt durchzuführen. ²Die §§ 155b und 155c gelten entsprechend.

§ 89[4]) **Ordnungsmittel.** (1) ¹Bei der Zuwiderhandlung gegen einen Vollstreckungstitel zur Herausgabe von Personen und zur Regelung des Umgangs kann das Gericht gegenüber dem Verpflichteten Ordnungsgeld und für den Fall, dass dieses nicht beigetrieben werden kann, Ordnungshaft anordnen. ²Verspricht die Anordnung eines Ordnungsgelds keinen Erfolg, kann das Gericht Ordnungshaft anordnen. ³Die Anordnungen ergehen durch Beschluss.

---

[1]) Nr. **100**.
[2]) § 87 Abs. 3 Satz 1 geänd. mWv 1.1.2022 durch G v. 7.5.2021 (BGBl. I S. 850).
[3]) § 88 Abs. 3 angef. mWv 15.10.2016 durch G v. 11.10.2016 (BGBl. I S. 2222).
[4]) § 89 Abs. 3 Satz 2 geänd. mWv 1.1.2013 durch G v. 29.7.2009 (BGBl. I S. 2258).

(2) Der Beschluss, der die Herausgabe der Person oder die Regelung des Umgangs anordnet, hat auf die Folgen einer Zuwiderhandlung gegen den Vollstreckungstitel hinzuweisen.

(3) ¹Das einzelne Ordnungsgeld darf den Betrag von 25 000 Euro nicht übersteigen. ²Für den Vollzug der Haft gelten § 802g Abs. 1 Satz 2 und Abs. 2, die §§ 802h und 802j Abs. 1 der Zivilprozessordnung[1]) entsprechend.

(4) ¹Die Festsetzung eines Ordnungsmittels unterbleibt, wenn der Verpflichtete Gründe vorträgt, aus denen sich ergibt, dass er die Zuwiderhandlung nicht zu vertreten hat. ²Werden Gründe, aus denen sich das fehlende Vertretenmüssen ergibt, nachträglich vorgetragen, wird die Festsetzung aufgehoben.

§ 90 Anwendung unmittelbaren Zwanges. (1) Das Gericht kann durch ausdrücklichen Beschluss zur Vollstreckung unmittelbaren Zwang anordnen, wenn
1. die Festsetzung von Ordnungsmitteln erfolglos geblieben ist;
2. die Festsetzung von Ordnungsmitteln keinen Erfolg verspricht;
3. eine alsbaldige Vollstreckung der Entscheidung unbedingt geboten ist.

(2) ¹Anwendung unmittelbaren Zwanges gegen ein Kind darf nicht zugelassen werden, wenn das Kind herausgegeben werden soll, um das Umgangsrecht auszuüben. ²Im Übrigen darf unmittelbarer Zwang gegen ein Kind nur zugelassen werden, wenn dies unter Berücksichtigung des Kindeswohls gerechtfertigt ist und eine Durchsetzung der Verpflichtung mit milderen Mitteln nicht möglich ist.

§ 91[2]) Richterlicher Durchsuchungsbeschluss. (1) ¹Die Wohnung des Verpflichteten darf ohne dessen Einwilligung nur auf Grund eines richterlichen Beschlusses durchsucht werden. ²Dies gilt nicht, wenn der Erlass des Beschlusses den Erfolg der Durchsuchung gefährden würde.

(2) Auf die Vollstreckung eines Haftbefehls nach § 94 in Verbindung mit § 802g der Zivilprozessordnung[1]) ist Absatz 1 nicht anzuwenden.

(3) ¹Willigt der Verpflichtete in die Durchsuchung ein oder ist ein Beschluss gegen ihn nach Absatz 1 Satz 1 ergangen oder nach Absatz 1 Satz 2 entbehrlich, haben Personen, die Mitgewahrsam an der Wohnung des Verpflichteten haben, die Durchsuchung zu dulden. ²Unbillige Härten gegenüber Mitgewahrsamsinhabern sind zu vermeiden.

(4) Der Beschluss nach Absatz 1 ist bei der Vollstreckung vorzulegen.

§ 92 Vollstreckungsverfahren. (1) ¹Vor der Festsetzung von Ordnungsmitteln ist der Verpflichtete zu hören. ²Dies gilt auch für die Anordnung von unmittelbarem Zwang, es sei denn, dass hierdurch die Vollstreckung vereitelt oder wesentlich erschwert würde.

(2) Dem Verpflichteten sind mit der Festsetzung von Ordnungsmitteln oder der Anordnung von unmittelbarem Zwang die Kosten des Verfahrens aufzuerlegen.

(3) ¹Die vorherige Durchführung eines Verfahrens nach § 165 ist nicht Voraussetzung für die Festsetzung von Ordnungsmitteln oder die Anordnung von unmittelbarem Zwang. ²Die Durchführung eines solchen Verfahrens steht der Festsetzung von Ordnungsmitteln oder der Anordnung von unmittelbarem Zwang nicht entgegen.

---

[1]) Nr. **100**.
[2]) § 91 Abs. 2 geänd. mWv 1.1.2013 durch G v. 29.7.2009 (BGBl. I S. 2258).

§ 93 Einstellung der Vollstreckung. (1) [1] Das Gericht kann durch Beschluss die Vollstreckung einstweilen einstellen oder beschränken und Vollstreckungsmaßregeln aufheben, wenn
1. Wiedereinsetzung in den vorigen Stand beantragt wird;
2. Wiederaufnahme des Verfahrens beantragt wird;
3. gegen eine Entscheidung Beschwerde eingelegt wird;
4. die Abänderung einer Entscheidung beantragt wird;
5. die Durchführung eines Vermittlungsverfahrens (§ 165) beantragt wird.

[2] In der Beschwerdeinstanz ist über die einstweilige Einstellung der Vollstreckung vorab zu entscheiden. [3] Der Beschluss ist nicht anfechtbar.

(2) Für die Einstellung oder Beschränkung der Vollstreckung und die Aufhebung von Vollstreckungsmaßregeln gelten § 775 Nr. 1 und 2 und § 776 der Zivilprozessordnung[1]) entsprechend.

§ 94[2]) **Eidesstattliche Versicherung.** [1] Wird eine herauszugebende Person nicht vorgefunden, kann das Gericht anordnen, dass der Verpflichtete eine eidesstattliche Versicherung über ihren Verbleib abzugeben hat. [2] § 883 Abs. 2 und 3 der Zivilprozessordnung[1]) gilt entsprechend.

Unterabschnitt 3. Vollstreckung nach der Zivilprozessordnung

§ 95 Anwendung der Zivilprozessordnung. (1) Soweit in den vorstehenden Unterabschnitten nichts Abweichendes bestimmt ist, sind auf die Vollstreckung
1. wegen einer Geldforderung,
2. zur Herausgabe einer beweglichen oder unbeweglichen Sache,
3. zur Vornahme einer vertretbaren oder nicht vertretbaren Handlung,
4. zur Erzwingung von Duldungen und Unterlassungen oder
5. zur Abgabe einer Willenserklärung

die Vorschriften der Zivilprozessordnung[1]) über die Zwangsvollstreckung entsprechend anzuwenden.

(2) An die Stelle des Urteils tritt der Beschluss nach den Vorschriften dieses Gesetzes.

(3) [1] Macht der aus einem Titel wegen einer Geldforderung Verpflichtete glaubhaft, dass die Vollstreckung ihm einen nicht zu ersetzenden Nachteil bringen würde, hat das Gericht auf seinen Antrag die Vollstreckung vor Eintritt der Rechtskraft in der Entscheidung auszuschließen. [2] In den Fällen des § 707 Abs. 1 und des § 719 Abs. 1 der Zivilprozessordnung kann die Vollstreckung nur unter derselben Voraussetzung eingestellt werden.

(4) Ist die Verpflichtung zur Herausgabe oder Vorlage einer Sache oder zur Vornahme einer vertretbaren Handlung zu vollstrecken, so kann das Gericht durch Beschluss neben oder anstelle einer Maßnahme nach den §§ 883, 885 bis 887 der Zivilprozessordnung die in § 888 der Zivilprozessordnung vorgesehenen Maßnahmen anordnen, soweit ein Gesetz nicht etwas anderes bestimmt.

---

[1]) Nr. **100**.
[2]) § 94 Satz 2 neu gef. mWv 1.1.2013 durch G v. 29.7.2009 (BGBl. I S. 2258).

§ 96) **Vollstreckung in Verfahren nach dem Gewaltschutzgesetz und in Ehewohnungssachen.** (1) ¹Handelt der Verpflichtete einer Anordnung nach § 1 des Gewaltschutzgesetzes[2] zuwider, eine Handlung zu unterlassen, kann der Berechtigte zur Beseitigung einer jeden andauernden Zuwiderhandlung einen Gerichtsvollzieher zuziehen. ²Der Gerichtsvollzieher hat nach § 758 Abs. 3 und § 759 der Zivilprozessordnung[3] zu verfahren; er kann ein Auskunfts- und Unterstützungsersuchen nach § 757a der Zivilprozessordnung stellen. ³Die §§ 890 und 891 der Zivilprozessordnung bleiben daneben anwendbar.

(2) ¹Bei einer einstweiligen Anordnung in Gewaltschutzsachen, soweit Gegenstand des Verfahrens Regelungen aus dem Bereich der Ehewohnungssachen sind, und in Ehewohnungssachen ist die mehrfache Einweisung des Besitzes im Sinne des § 885 Abs. 1 der Zivilprozessordnung während der Geltungsdauer möglich. ²Einer erneuten Zustellung an den Verpflichteten bedarf es nicht.

§ 96a Vollstreckung in Abstammungssachen. (1) Die Vollstreckung eines durch rechtskräftigen Beschluss oder gerichtlichen Vergleich titulierten Anspruchs nach § 1598a des Bürgerlichen Gesetzbuchs[4] auf Duldung einer nach den anerkannten Grundsätzen der Wissenschaft durchgeführten Probeentnahme, insbesondere die Entnahme einer Speichel- oder Blutprobe, ist ausgeschlossen, wenn die Art der Probeentnahme der zu untersuchenden Person nicht zugemutet werden kann.

(2) Bei wiederholter unberechtigter Verweigerung der Untersuchung kann auch unmittelbarer Zwang angewendet werden, insbesondere die zwangsweise Vorführung zur Untersuchung angeordnet werden.

Abschnitt 9. Verfahren mit Auslandsbezug

Unterabschnitt 1.[5] Verhältnis zu völkerrechtlichen Vereinbarungen und Rechtsakten der Europäischen Union

§ 97)[6] **Vorrang und Unberührtheit.** (1) ¹Regelungen in völkerrechtlichen Vereinbarungen gehen, soweit sie unmittelbar anwendbares innerstaatliches Recht geworden sind, den Vorschriften dieses Gesetzes vor. ²Regelungen in Rechtsakten der Europäischen Union bleiben unberührt.

(2) Die zur Umsetzung und Ausführung von Vereinbarungen und Rechtsakten im Sinne des Absatzes 1 erlassenen Bestimmungen bleiben unberührt.

Unterabschnitt 2. Internationale Zuständigkeit

§ 98)[7] **Ehesachen; Verbund von Scheidungs- und Folgesachen.** (1) Die deutschen Gerichte sind für Ehesachen zuständig, wenn
1. ein Ehegatte Deutscher ist oder bei der Eheschließung war;
2. beide Ehegatten ihren gewöhnlichen Aufenthalt im Inland haben;
3. ein Ehegatte Staatenloser mit gewöhnlichem Aufenthalt im Inland ist;

---

[1] § 96 Überschrift, Abs. 2 Satz 1 geänd. mWv 1.9.2009 durch G v. 6.7.2009 (BGBl. I S. 1696); Abs. 1 Satz 2 geänd. mWv 1.1.2022 durch G v. 7.5.2021 (BGBl. I S. 850).
[2] Habersack, Deutsche Gesetze ErgBd. Nr. 49.
[3] Nr. 100.
[4] Nr. 20.
[5] UAbschnitt 1 Überschrift geänd. mWv 21.12.2018 durch G v. 17.12.2018 (BGBl. I S. 2573).
[6] § 97 Abs. 1 Satz 2 geänd. mWv 21.12.2018 durch G v. 17.12.2018 (BGBl. I S. 2573).
[7] § 98 Abs. 2 eingef., bish. Abs. 2 wird Abs. 3 mWv 22.7.2017 durch G v. 17.7.2017 (BGBl. I S. 2429).

4. ein Ehegatte seinen gewöhnlichen Aufenthalt im Inland hat, es sei denn, dass die zu fällende Entscheidung offensichtlich nach dem Recht keines der Staaten anerkannt würde, denen einer der Ehegatten angehört.

(2) Für Verfahren auf Aufhebung der Ehe nach Artikel 13 Absatz 3 Nummer 2 des Einführungsgesetzes zum Bürgerlichen Gesetzbuche[1]) sind die deutschen Gerichte auch zuständig, wenn der Ehegatte, der im Zeitpunkt der Eheschließung das 16., aber nicht das 18. Lebensjahr vollendet hatte, seinen Aufenthalt im Inland hat.

(3) Die Zuständigkeit der deutschen Gerichte nach Absatz 1 erstreckt sich im Fall des Verbunds von Scheidungs- und Folgesachen auf die Folgesachen.

§ 99 Kindschaftssachen.

(1) [1]Die deutschen Gerichte sind außer in Verfahren nach § 151 Nr. 7 zuständig, wenn das Kind

1. Deutscher ist oder
2. seinen gewöhnlichen Aufenthalt im Inland hat.

[2]Die deutschen Gerichte sind ferner zuständig, soweit das Kind der Fürsorge durch ein deutsches Gericht bedarf.

(2) Sind für die Anordnung einer Vormundschaft sowohl die deutschen Gerichte als auch die Gerichte eines anderen Staates zuständig und ist die Vormundschaft in dem anderen Staat anhängig, kann die Anordnung der Vormundschaft im Inland unterbleiben, wenn dies im Interesse des Mündels liegt.

(3) [1]Sind für die Anordnung einer Vormundschaft sowohl die deutschen Gerichte als auch die Gerichte eines anderen Staates zuständig und besteht die Vormundschaft im Inland, kann das Gericht, bei dem die Vormundschaft anhängig ist, sie an den Staat, dessen Gerichte für die Anordnung der Vormundschaft zuständig sind, abgeben, wenn dies im Interesse des Mündels liegt, der Vormund seine Zustimmung erteilt und dieser Staat sich zur Übernahme bereit erklärt. [2]Verweigert der Vormund oder, wenn mehrere Vormünder die Vormundschaft gemeinschaftlich führen, einer von ihnen seine Zustimmung, so entscheidet anstelle des Gerichts, bei dem die Vormundschaft anhängig ist, das im Rechtszug übergeordnete Gericht. [3]Der Beschluss ist nicht anfechtbar.

(4) Die Absätze 2 und 3 gelten entsprechend für Verfahren nach § 151 Nr. 5 und 6.

§ 100 Abstammungssachen.

Die deutschen Gerichte sind zuständig, wenn das Kind, die Mutter, der Vater oder der Mann, der an Eides statt versichert, der Mutter während der Empfängniszeit beigewohnt zu haben,

1. Deutscher ist oder
2. seinen gewöhnlichen Aufenthalt im Inland hat.

§ 101 Adoptionssachen.

Die deutschen Gerichte sind zuständig, wenn der Annehmende, einer der annehmenden Ehegatten oder das Kind

1. Deutscher ist oder
2. seinen gewöhnlichen Aufenthalt im Inland hat.

---

[1]) Nr. 21.

Grundbuchordnung GBO 114

Lfd. Nr.	Änderndes Gesetz	Datum	Fundstelle	Betroffen	Hinweis
17.	Art. 1 G zur Einführung eines Datenbankgrundbuchs	1.10.2013	BGBl. I S. 3719	§§ 2, 5, 6, 7, 12c, 33, 36, 37, 44, 116, 126, 129, 131, 133, 134, 134a, 140, 141, 148, 149	geänd. mWv 9.10.2013
				§ 127	neu gef. mWv 9.10.2013
				§ 117	aufgeh. mWv 9.10.2013
				§§ 12, 12a	geänd. mWv 1.10.2014
18.	Art. 12 G zur Förderung des elektronischen Rechtsverkehrs mit den Gerichten	10.10.2013	BGBl. I S. 3786	§ 137	geänd. mWv 1.7.2014
				§ 81	geänd. mWv 1.1.2018
19.	Art. 2 G zur Erleichterung der Umsetzung der Grundbuchamtsreform in Baden-Württemberg sowie zur Änd. des EGZPO und des WohnungseigentumsG	5.12.2014	BGBl. I S. 1962	§ 1	geänd. mWv 1.1.2018
				§ 149	neu gef. mWv 1.1.2018
20.	Art. 6 G zum Internationalen Erbrecht und zur Änd. von Vorschriften zum Erbschein sowie zur Änd. sonstiger Vorschriften	29.6.2015	BGBl. I S. 1042	§§ 35, 83	geänd. mWv 17.8.2015
21.	Art. 153 Zehnte ZuständigkeitsanpassungsVO	31.8.2015	BGBl. I S. 1474	§§ 1, 10, 10a, 12, 28, 133, 134, 141, 148, 150	geänd. mWv 8.9.2015
22.	Art. 3 G zur Verlängerung der Befristung von Vorschriften nach den Terrorismusbekämpfungsgesetzen	3.12.2015	BGBl. I S. 2161	§§ 12, 133	geänd. mWv 1.3.2016
23.	Art. 16 EU-KontenpfändungsVO-DurchführungsG	21.11.2016	BGBl. I S. 2591	§ 149	geänd. mWv 1.4.2012
24.	Art. 8 G zur Reform des Bauvertragsrechts, zur Änd. der kaufrechtlichen Mängelhaftung, zur Stärkung des zivilprozessualen Rechtsschutzes und zum maschinellen Siegel im Grundbuch- und Schiffsregisterverfahren	28.4.2017	BGBl. I S. 969	§ 29	geänd. mWv 5.5.2017
25.	Art. 5 G zur Neuordnung der Aufbewahrung von Notariatsunterlagen und zur Einrichtung des Elektronischen Urkundenarchivs bei der Bundesnotarkammer sowie zur Änd. weiterer Gesetze	1.6.2017	BGBl. I S. 1396	§§ 15, 143	geänd. mWv 9.6.2017
				§ 151	eingef. mWv 9.6.2017

EL 187 Oktober 2021

114 GBO Grundbuchordnung

Lfd. Nr.	Änderndes Gesetz	Datum	Fundstelle	Betroffen	Hinweis
26.	Art. 11 Abs. 18 eIDAS-DurchführungsG[1)2)]	18.7.2017	BGBl. I S. 2745	§§ 137, 140	geänd. mWv 29.7.2017
27.	Art. 15 G zur Umsetzung der RL (EU) 2016/680 im Strafverfahren sowie zur Anpassung datenschutzrechtl. Bestimmungen an die VO (EU) 2016/679[3)]	20.11.2019	BGBl. I S. 1724	§§ 126, 131, 133, 134a § 12d Anl.	geänd. mWv 26.11.2019 eingef. mWv 26.11.2019 aufgeh. mit Ablauf des 25.11.2019
28.	Art. 15 G zur Änd. von Vorschriften über die außergerichtliche Streitbeilegung in Verbrauchersachen und zur Änd. weiterer Gesetze	30.11.2019	BGBl. I S. 1942	§ 133	geänd. mWv 6.12.2019
29.	Art. 11 G zur Umsetzung der ÄndRL zur Vierten EU-GeldwäscheRL[4)]	12.12.2019	BGBl. I S. 2602	§ 12	geänd. mWv 1.1.2020
30.	Art. 6 Wohnungseigentumsmodernisierungsgesetz (WEMoG)	16.10.2020	BGBl. I S. 2187	§ 150	geänd. mWv 23.10.2020
31.	Art. 40 PersonengesellschaftsrechtsmodernisierungsG (MoPeG)	10.8.2021	BGBl. I S. 3436	§§ 32, 47, 82	geänd. mWv 1.1.2024
32.	Art. 28 G zum Ausbau des elektronischen Rechtsverkehrs mit den Gerichten und zur Änd. weiterer Vorschriften[2)]	5.10.2021	BGBl. I S. 4607	§ 140	geänd. mWv 1.1.2022

Vorbemerkung:
Die Änderungen durch G v. 10.8.2021 (BGBl. I S. 3436) treten erst mWv 1.1.2024 in Kraft und sind im Text noch nicht berücksichtigt.

[1)] **Amtl. Anm.:** Dieses Gesetz dient der Durchführung der Verordnung (EU) Nr. 910/2014 des Europäischen Parlaments und des Rates vom 23. Juli 2014 über elektronische Identifizierung und Vertrauensdienste für elektronische Transaktionen im Binnenmarkt und zur Aufhebung der Richtlinie 1999/93/EG.

[2)] **Amtl. Anm.:** Notifiziert gemäß der Richtlinie (EU) 2015/1535 des Europäischen Parlaments und des Rates vom 9. September 2015 über ein Informationsverfahren auf dem Gebiet der technischen Vorschriften und der Vorschriften für die Dienste der Informationsgesellschaft (ABl. L 241 vom 17.9.2015, S. 1).

[3)] **Amtl. Anm.:** Die Artikel 1, 10, 13 und 15 dieses Gesetzes dienen der Umsetzung der Richtlinie (EU) 2016/680 des Europäischen Parlaments und des Rates vom 27. April 2016 zum Schutz natürlicher Personen bei der Verarbeitung personenbezogener Daten durch die zuständigen Behörden zum Zwecke der Verhütung, Ermittlung, Aufdeckung oder Verfolgung von Straftaten oder der Strafvollstreckung sowie zum freien Datenverkehr und zur Aufhebung des Rahmenbeschlusses 2008/977/JI des Rates (ABl. L 119 vom 4.5.2016, S. 89; L 127 vom 23.5.2018, S. 9).

[4)] **Amtl. Anm.:** Dieses Gesetz dient der Umsetzung der Richtlinie (EU) 2018/843 des Europäischen Parlaments und des Rates vom 30. Mai 2018 zur Änderung der Richtlinie (EU) 2015/849 zur Verhinderung der Nutzung des Finanzsystems zum Zwecke der Geldwäsche und der Terrorismusfinanzierung und zur Änderung der Richtlinien 2009/138/EG und 2013/36/EU (ABl. L 156 vom 19.6.2018, S. 43).

7. Abschnitt. Das maschinell geführte Grundbuch § 133a GBO 114

Bearbeitung ist nur zulässig, wenn der Eigentümer des Grundstücks, bei Erbbau- und Gebäudegrundbüchern der Inhaber des Erbbaurechts oder Gebäudeeigentums, zustimmt oder die Zwangsvollstreckung in das Grundstück, Erbbaurecht oder Gebäudeeigentum betrieben werden soll und die abrufende Person oder Stelle das Vorliegen dieser Umstände durch Verwendung entsprechender elektronischer Zeichen versichert.

(5) Dem Eigentümer des Grundstücks oder dem Inhaber eines grundstücksgleichen Rechts ist jederzeit Auskunft zu geben über die Abrufe zu führenden Protokoll zu geben, soweit nicht die Bekanntgabe den Erfolg strafrechtlicher Ermittlungen oder die Aufgabenwahrnehmung einer Verfassungsschutzbehörde, des Bundesnachrichtendienstes oder des Militärischen Abschirmdienstes gefährden würde; dieses Protokoll kann nach Ablauf von zwei Jahren vernichtet werden.

(6) ¹Genehmigungen nach Absatz 2 gelten in Ansehung der Voraussetzungen nach den Absätzen 1 und 2 Satz 3 Nr. 1 und 2 im gesamten Land, dessen Behörden sie erteilt haben. ²Sobald die technischen Voraussetzungen dafür gegeben sind, gelten sie auch im übrigen Bundesgebiet. ³Das Bundesministerium der Justiz und für Verbraucherschutz stellt durch Rechtsverordnung mit Zustimmung des Bundesrates fest, wann und in welchen Teilen des Bundesgebiets diese Voraussetzungen gegeben sind. ⁴Anstelle der Genehmigungen können auch öffentlich-rechtliche Verträge oder Verwaltungsvereinbarungen geschlossen werden. ⁵Die Sätze 1 und 2 gelten entsprechend.

§ 133a[1]) **Erteilung von Grundbuchabdrucken durch Notare; Verordnungsermächtigung.** (1) ¹Notare dürfen demjenigen, der ihnen ein berechtigtes Interesse im Sinne des § 12 darlegt, den Inhalt des Grundbuchs mitteilen. ²Die Mitteilung kann auch durch die Erteilung eines Grundbuchabdrucks erfolgen.

(2) Die Mitteilung des Grundbuchinhalts im öffentlichen Interesse oder zu wissenschaftlichen und Forschungszwecken ist nicht zulässig.

(3) ¹Über die Mitteilung des Grundbuchinhalts führt der Notar ein Protokoll. ²Dem Eigentümer des Grundstücks oder dem Inhaber eines grundstücksgleichen Rechts ist auf Verlangen Auskunft aus diesem Protokoll zu geben.

(4) Einer Protokollierung der Mitteilung bedarf es nicht, wenn
1. die Mitteilung der Vorbereitung oder Ausführung eines sonstigen Amtsgeschäfts nach § 20 oder § 24 Absatz 1 der Bundesnotarordnung[2]) dient oder
2. der Grundbuchinhalt dem Auskunftsberechtigten nach Absatz 3 Satz 2 mitgeteilt wird.

(5) ¹Die Landesregierungen werden ermächtigt, durch Rechtsverordnung zu bestimmen, dass abweichend von Absatz 1 der Inhalt von Grundbuchblättern, die von Grundbuchämtern des jeweiligen Landes geführt werden, nicht mitgeteilt werden darf. ²Dies gilt nicht, wenn die Mitteilung der Vorbereitung oder Ausführung eines sonstigen Amtsgeschäfts nach § 20 oder § 24 Absatz 1 der Bundesnotarordnung dient. ³Die Landesregierungen können die Ermächtigung durch Rechtsverordnung auf die Landesjustizverwaltungen übertragen.

---

[1]) § 133a eingef. mWv 1.9.2013 durch G v. 26.6.2013 (BGBl. I S. 1800).
[2]) **Habersack, Deutsche Gesetze ErgBd. Nr. 98a.**

§ 134[1] **[Ermächtigung des Bundesministeriums der Justiz]** ¹Das Bundesministerium der Justiz und für Verbraucherschutz wird ermächtigt, durch Rechtsverordnung mit Zustimmung des Bundesrates nähere Vorschriften zu erlassen über

1. die Einzelheiten der Anforderungen an die Einrichtung und das Nähere zur Gestaltung des maschinell geführten Grundbuchs sowie die Abweichungen von den Vorschriften des Ersten bis Sechsten Abschnitts der Grundbuchordnung, die für die maschinelle Führung des Grundbuchs erforderlich sind;
2. die Einzelheiten der Gewährung von Einsicht in maschinell geführte Grundbücher;
3. die Einzelheiten der Einrichtung automatisierter Verfahren zur Übermittlung von Daten aus dem Grundbuch auch durch Abruf und der Genehmigung hierfür.

²Das Bundesministerium der Justiz und für Verbraucherschutz kann im Rahmen seiner Ermächtigung nach Satz 1 die Regelung weiterer Einzelheiten durch Rechtsverordnung den Landesregierungen übertragen und hierbei auch vorsehen, daß diese ihre Ermächtigung durch Rechtsverordnung auf die Landesjustizverwaltungen übertragen können.

§ 134a[2)3)] **Datenübermittlung bei der Entwicklung von Verfahren zur Anlegung des Datenbankgrundbuchs.** (1) ¹Die Landesjustizverwaltungen können dem Entwickler eines automatisierten optischen Zeichen- und Inhaltserkennungsverfahrens (Migrationsprogramm) nach Maßgabe der Absätze 2 bis 5 Grundbuchdaten zur Verfügung stellen. ²Das Migrationsprogramm soll bei der Einführung eines Datenbankgrundbuchs die Umwandlung der Grundbuchdaten in voll strukturierte Eintragungen sowie deren Speicherung unterstützen.

(2) ¹Der Entwickler des Migrationsprogramms darf die ihm übermittelten Grundbuchdaten ausschließlich für die Entwicklung und den Test des Migrationsprogramms verwenden. ²Die Übermittlung der Daten an den Entwickler erfolgt zentral über eine durch Verwaltungsabkommen der Länder bestimmte Landesjustizverwaltung. ³Die beteiligten Stellen haben dem jeweiligen Stand der Technik entsprechende Maßnahmen zur Sicherstellung von Datenschutz und Datensicherheit zu treffen, insbesondere zur Wahrung der Vertraulichkeit der betroffenen Daten. ⁴Die nach Satz 2 bestimmte Landesjustizverwaltung ist für die Einhaltung der Vorschriften des Datenschutzes verantwortlich und vereinbart mit dem Entwickler die Einzelheiten der Datenverarbeitung.

(3) ¹Die Auswahl der zu übermittelnden Grundbuchdaten erfolgt durch die Landesjustizverwaltungen. ²Ihr ist ein inhaltlich repräsentativer Querschnitt des Grundbuchdatenbestands zugrunde zu legen. ³Im Übrigen erfolgt die Auswahl nach formalen Kriterien. ⁴Dazu zählen insbesondere die für die Grundbucheintragungen verwendeten Schriftarten und Schriftbilder, die Gliederung der Grundbuchblätter, die Darstellungsqualität der durch Umstellung erzeugten Grundbuchinhalte sowie das Dateiformat der umzuwandelnden Daten. ⁵Es dürfen nur so viele Daten übermittelt werden, wie für die Entwicklung und den Test des Migrations-

---

[1)] § 134 Satz 2 geänd. mWv 1.10.2009 durch G v. 11.8.2009 (BGBl. I S. 2713); Satz 1 Nr. 1 geänd. mWv 9.10.2013 durch G v. 1.10.2013 (BGBl. I S. 3719); Satz 1 einl. Satzteil und Satz 2 geänd. mWv 8.9.2015 durch VO v. 31.8.2015 (BGBl. I S. 1474).

[2)] § 134a eingef. mWv 22.12.2011 durch G v. 15.12.2011 (BGBl. I S. 2714); Abs. 1 Satz 2 geänd. mWv 9.10.2013 durch G v. 1.10.2013 (BGBl. I S. 3719); Abs. 1 Satz 1 geänd. mWv 26.11.2019 durch G v. 20.11.2019 (BGBl. I S. 1724).

[3)] § 134a tritt am 31.12.2024 außer Kraft, vgl. § 150 Abs. 6.

8. Abschnitt. Elektron. Rechtsverkehr u. Grundakte § 135 GBO

programms notwendig sind, je Land höchstens 5 Prozent des jeweiligen Gesamtbestands an Grundbuchblättern.

(4) ¹Der Entwickler des Migrationsprogramms kann die von ihm gespeicherten Grundbuchdaten sowie die daraus abgeleiteten Daten der nach Absatz 2 Satz 2 bestimmten Landesjustizverwaltung oder den jeweils betroffenen Landesjustizverwaltungen übermitteln. ²Dort dürfen die Daten nur für Funktionstests des Migrationsprogramms sowie für die Prüfung und Geltendmachung von Gewährleistungsansprüchen in Bezug auf das Migrationsprogramm verwendet werden; die Daten sind dort zu löschen, wenn sie dafür nicht mehr erforderlich sind.

(5) ¹Der Entwickler des Migrationsprogramms hat die von ihm gespeicherten Grundbuchdaten sowie die daraus abgeleiteten Daten zu löschen, sobald ihre Kenntnis für die Erfüllung der in Absatz 2 Satz 1 genannten Zwecke nicht mehr erforderlich ist. ²An die Stelle einer Löschung tritt eine Sperrung, soweit und solange die Kenntnis der in Satz 1 bezeichneten Daten für die Abwehr von Gewährleistungsansprüchen der Landesjustizverwaltungen erforderlich ist. ³Ihm überlassene Datenträger hat der Entwickler der übermittelnden Stelle zurückzugeben.

(6) Für den im Rahmen der Konzeptionierung eines Datenbankgrundbuchs zu erstellenden Prototypen eines Migrationsprogramms mit eingeschränkter Funktionalität gelten die Absätze 1 bis 5 entsprechend.

Achter Abschnitt.[1)] **Elektronischer Rechtsverkehr und elektronische Grundakte**

§ 135[1)] **Elektronischer Rechtsverkehr und elektronische Grundakte; Verordnungsermächtigungen.** (1) ¹Anträge, sonstige Erklärungen sowie Nachweise über andere Eintragungsvoraussetzungen können dem Grundbuchamt nach Maßgabe der folgenden Bestimmungen als elektronische Dokumente übermittelt werden. ²Die Landesregierungen werden ermächtigt, durch Rechtsverordnung

1. den Zeitpunkt zu bestimmen, von dem an elektronische Dokumente übermittelt werden können; die Zulassung kann auf einzelne Grundbuchämter beschränkt werden;
2. Einzelheiten der Datenübermittlung und -speicherung zu regeln sowie Dateiformate für die zu übermittelnden elektronischen Dokumente festzulegen, um die Eignung für die Bearbeitung durch das Grundbuchamt sicherzustellen;
3. die ausschließlich für den Empfang elektronisch in elektronischer Form gestellten Eintragungsanträgen und sonstigen elektronischen Dokumenten in Grundbuchsachen vorgesehene direkt adressierbare Einrichtung des Grundbuchamts zu bestimmen;
4. zu bestimmen, dass Notare
    a) Dokumente elektronisch zu übermitteln haben und
    b) neben den elektronischen Dokumenten bestimmte darin enthaltene Angaben in strukturierter maschinenlesbarer Form zu übermitteln haben;
    die Verpflichtung kann auf die Einreichung bei einzelnen Grundbuchämtern, auf einzelne Arten von Eintragungsvorgängen oder auf Dokumente bestimmten Inhalts beschränkt werden;
5. Maßnahmen für den Fall des Auftretens technischer Störungen anzuordnen.

[1)] 8. Abschnitt (§§ 135–141) eingef. mWv 1.10.2009 durch G v. 11.8.2009 (BGBl. I S. 2713).

EL 187 Oktober 2021

114 GBO §§ 136, 137 8. Abschnitt. Elektron. Rechtsverkehr u. Grundakte

³ Ein Verstoß gegen eine nach Satz 2 Nummer 4 begründete Verpflichtung steht dem rechtswirksamen Eingang von Dokumenten beim Grundbuchamt nicht entgegen.

(2) ¹ Die Grundakten können elektronisch geführt werden. ² Die Landesregierungen werden ermächtigt, durch Rechtsverordnung den Zeitpunkt zu bestimmen, von dem an die Grundakten elektronisch geführt werden; die Anordnung kann auf einzelne Grundbuchämter oder auf Teile des bei einem Grundbuchamt geführten Grundaktenbestands beschränkt werden.

(3) Die Landesregierungen können die Ermächtigungen nach Absatz 1 Satz 2 und Absatz 2 Satz 2 durch Rechtsverordnung auf die Landesjustizverwaltungen übertragen.

(4) ¹ Für den elektronischen Rechtsverkehr und die elektronischen Grundakten gilt § 126 Absatz 1 Satz 2 und Absatz 3 entsprechend. ² Die Vorschriften des Vierten Abschnitts über den elektronischen Rechtsverkehr und die elektronische Akte in Beschwerdeverfahren bleiben unberührt.

§ 136[1]) Eingang elektronischer Dokumente beim Grundbuchamt.

(1) ¹ Ein mittels Datenfernübertragung als elektronisches Dokument übermittelter Eintragungsantrag ist beim Grundbuchamt eingegangen, sobald ihn die für den Empfang bestimmte Einrichtung nach § 135 Absatz 1 Satz 2 Nummer 3 aufgezeichnet hat. ² Der genaue Zeitpunkt soll mittels eines elektronischen Zeitstempels bei dem Antrag vermerkt werden. ³ § 13 Absatz 2 und 3 ist nicht anzuwenden. ⁴ Die Übermittlung unmittelbar der nach § 135 Absatz 1 Satz 2 Nummer 3 bestimmte Einrichtung ist dem Absender unter Angabe des Eingangszeitpunkts unverzüglich zu bestätigen. ⁵ Die Bestätigung ist mit einer elektronischen Signatur zu versehen, die die Prüfung der Herkunft und der Unverfälschtheit der durch sie signierten Daten ermöglicht.

(2) ¹ Für den Eingang eines Eintragungsantrags, der als elektronisches Dokument auf einem Datenträger eingereicht wird, gilt § 13 Absatz 2 Satz 2 und Absatz 3. ² Der genaue Zeitpunkt des Antragseingangs soll bei dem Antrag vermerkt werden.

(3) ¹ Elektronische Dokumente können nur dann rechtswirksam beim Grundbuchamt eingehen, wenn sie für die Bearbeitung durch das Grundbuchamt geeignet sind. ² Ist ein Dokument für die Bearbeitung durch das Grundbuchamt nicht geeignet, ist dies dem Absender oder dem Einreicher eines Datenträgers nach Absatz 2 Satz 1 unter Hinweis auf die Unwirksamkeit des Eingangs und auf die geltenden technischen Rahmenbedingungen unverzüglich mitzuteilen.

§ 137[2]) Form elektronischer Dokumente.

(1) ¹ Ist eine zur Eintragung erforderliche Erklärung oder eine andere Voraussetzung der Eintragung durch eine öffentliche oder öffentlich beglaubigte Urkunde nachzuweisen, so kann diese als ein mit einem einfachen elektronischen Zeugnis nach § 39a des Beurkundungsgesetzes[3]) versehenes elektronisches Dokument übermittelt werden. ² Der Nachweis kann auch durch die Übermittlung eines öffentlichen elektronischen Dokuments (§ 371a Absatz 3 Satz 1 der Zivilprozessordnung[4]) geführt werden, wenn

---

[1]) § 136 eingef. mWv 1.10.2009 durch G v. 11.8.2009 (BGBl. I S. 2713).
[2]) § 137 eingef. mWv 1.10.2009 durch G v. 11.8.2009 (BGBl. I S. 2713); Abs. 1 Satz 2 geänd. mWv 1.7.2014 durch G v. 10.10.2013 (BGBl. I S. 3786); Abs. 1 Satz 2 Nr. 1, Abs. 2 Nr. 2 und Abs. 3 geänd. mWv 29.7.2017 durch G v. 18.7.2017 (BGBl. I S. 2745).
[3]) Nr. 37.
[4]) Nr. 100.

8. Abschnitt. Elektron. Rechtsverkehr u. Grundakte   §§ 138, 139   **GBO 114**

1. das Dokument mit einer qualifizierten elektronischen Signatur versehen ist und
2. das der Signatur zugrunde liegende qualifizierte Zertifikat oder ein zugehöriges qualifiziertes Attributzertifikat die Behörde oder die Eigenschaft als mit öffentlichem Glauben versehene Person erkennen lässt.

[3] Ein etwaiges Erfordernis, dem Grundbuchamt den Besitz der Urschrift oder einer Ausfertigung einer Urkunde nachzuweisen, bleibt unberührt.

(2) Werden Erklärungen oder Ersuchen einer Behörde, auf Grund deren eine Eintragung vorgenommen werden soll, als elektronisches Dokument übermittelt, muss
1. das Dokument den Namen der ausstellenden Person enthalten und die Behörde erkennen lassen,
2. das Dokument von der ausstellenden Person mit einer qualifizierten elektronischen Signatur versehen sein und
3. das der Signatur zugrunde liegende qualifizierte Zertifikat oder ein zugehöriges qualifiziertes Attributzertifikat die Behörde erkennen lassen.

(3) Erklärungen, für die durch Rechtsvorschrift die Schriftform vorgeschrieben ist, können als elektronisches Dokument übermittelt werden, wenn dieses den Namen der ausstellenden Person enthält und mit einer qualifizierten elektronischen Signatur versehen ist.

(4) [1] Eintragungsanträge sowie sonstige Erklärungen, die nicht den Formvorschriften der Absätze 1 bis 3 unterliegen, können als elektronisches Dokument übermittelt werden, wenn dieses den Namen der ausstellenden Person enthält. [2] Die §§ 30 und 31 gelten mit der Maßgabe, dass die in der Form des § 29 nachzuweisenden Erklärungen als elektronische Dokumente gemäß den Absätzen 1 und 2 übermittelt werden können.

§ 138[1]) **Übertragung von Dokumenten.** (1) [1] In Papierform vorliegende Schriftstücke können in elektronische Dokumente übertragen und in dieser Form anstelle der Schriftstücke in die Grundakte übernommen werden. [2] Die Schriftstücke können anschließend ausgesondert werden, die mit einem Eintragungsantrag eingereichten Urkunden jedoch nicht vor der Entscheidung über den Antrag.

(2) [1] Der Inhalt der zur Grundakte genommenen elektronischen Dokumente ist in lesbarer Form zu erhalten. [2] Die Dokumente können hierzu in ein anderes Dateiformat übertragen und in dieser Form anstelle der bisherigen Dateien in die Grundakte übernommen werden.

(3) [1] Wird die Grundakte nicht elektronisch geführt, sind von den eingereichten elektronischen Dokumenten Ausdrucke für die Akte zu fertigen. [2] Die elektronischen Dokumente können aufbewahrt und nach der Anlegung der elektronischen Grundakte in diese übernommen werden; nach der Übernahme können die Ausdrucke vernichtet werden.

§ 139[1]) **Aktenausdruck, Akteneinsicht und Datenabruf.** (1) [1] An die Stelle der Abschrift aus der Grundakte tritt der Ausdruck und an die Stelle der beglaubigten Abschrift der amtliche Ausdruck. [2] Die Ausdrucke werden nicht unterschrieben. [3] Der amtliche Ausdruck ist als solcher zu bezeichnen und mit einem

---

[1]) §§ 138 und 139 eingef. mWv 1.10.2009 durch G v. 11.8.2009 (BGBl. I S. 2713).

Dienstsiegel oder -stempel zu versehen; er steht einer beglaubigten Abschrift gleich.

(2) ¹Die Einsicht in die elektronischen Grundakten kann auch bei einem anderen als dem Grundbuchamt gewährt werden, das diese Grundakten führt. ²Über die Gestattung der Einsicht entscheidet das Grundbuchamt, bei dem die Einsicht begehrt wird.

(3) ¹Für den Abruf von Daten aus den elektronischen Grundakten kann ein automatisiertes Verfahren eingerichtet werden. ²§ 133 gilt entsprechend mit der Maßgabe, dass das Verfahren nicht auf die in § 12 Absatz 1 Satz 2 genannten Urkunden beschränkt ist.

§ 140[1] Entscheidungen, Verfügungen und Mitteilungen. (1) ¹Wird die Grundakte vollständig oder teilweise elektronisch geführt, können Entscheidungen und Verfügungen in elektronischer Form erlassen werden. ²Sie sind von der ausstellenden Person mit ihrem Namen zu versehen, Beschlüsse und Zwischenverfügungen zusätzlich mit einer qualifizierten elektronischen Signatur. ³Die Landesregierungen werden ermächtigt, durch Rechtsverordnung den Zeitpunkt zu bestimmen, von dem an Entscheidungen und Verfügungen in elektronischer Form zu erlassen sind; die Anordnung kann auf einzelne Grundbuchämter beschränkt werden. ⁴Die Landesregierungen können die Ermächtigung durch Rechtsverordnung auf die Landesjustizverwaltungen übertragen.

(2) ¹Den in § 173 Absatz 2 der Zivilprozessordnung[2] genannten Empfängern können Entscheidungen, Verfügungen und Mitteilungen durch die Übermittlung elektronischer Dokumente bekannt gegeben werden. ²Im Übrigen ist die Übermittlung elektronischer Dokumente zulässig, wenn der Empfänger dem ausdrücklich zugestimmt hat. ³Die Dokumente sind gegen unbefugte Kenntnisnahme zu schützen. ⁴Bei der Übermittlung von Beschlüssen und Zwischenverfügungen sind die Dokumente mit einer elektronischen Signatur zu

(Fortsetzung nächstes Blatt)

---

[1] § 140 eingef. mWv 1.10.2009 durch G v. 11.8.2009 (BGBl. I S. 2713); Abs. 1 Satz 1 geänd. mWv 9.10.2013 durch G v. 1.10.2013 (BGBl. I S. 3719); Abs. 1 Satz 2 geänd. mWv 29.7.2017 durch G v. 18.7.2017 (BGBl. I S. 2745); Abs. 2 Satz 1 geänd. mWv 1.1.2022 durch G v. 5.10.2021 (BGBl. I S. 4807).
[2] Nr. 100.

JVEG 116

116. Gesetz über die Vergütung von Sachverständigen, Dolmetscherinnen, Dolmetschern, Übersetzerinnen und Übersetzern sowie die Entschädigung von ehrenamtlichen Richterinnen, ehrenamtlichen Richtern, Zeuginnen, Zeugen und Dritten (Justizvergütungs- und -entschädigungsgesetz – JVEG)[1)]

Vom 5. Mai 2004
(BGBl. I S. 718, 776)

FNA 367-3

Lfd. Nr.	Änderndes Gesetz	Datum	Fundstelle	Betroffen	Hinweis
1.	Art. 16 AnhörungsrügenG	9.12.2004	BGBl. I S. 3220	Inhaltsübersicht, Anl. 1	geänd. mWv 1.1.2005
				§ 4a	eingef. mWv mWv 1.1.2005
2.	Art. 14 Abs. 5 JustizkommunikationsG	22.3.2005	BGBl. I S. 837	Inhaltsübersicht, §§ 4, 7, 12, 14	geänd. mWv 1.4.2005
				§ 4b	eingef. mWv 1.4.2005
3.	Art. 5 G zur Einführung von Kapitalanleger-Musterverfahren	16.8.2005	BGBl. I S. 2437, geänd. 2006, S. 3416	§ 13	geänd. mWv 1.11.2005
4.	Art. 19 Zweites JustizmodernisierungsG	22.12.2006	BGBl. I S. 3416	§§ 7, 13	geänd. mWv 31.12.2006
5.	Art. 18 Abs. 4 G zur Neuregelung des Rechtsberatungsrechts[2)]	12.12.2007	BGBl. I S. 2840	§§ 4, 4a	geänd. mWv 1.7.2008
6.	Art. 47 Abs. 5 FGG-ReformG	17.12.2008	BGBl. I S. 2586	§ 13	geänd. mWv 1.9.2009
7.	Art. 1 TK-Entschädigungs-NeuordnungsG	29.4.2009	BGBl. I S. 994	§ 23	geänd. mWv 1.7.2009
				Anl. 3	eingef. mWv 1.7.2009
8.	Art. 7 Abs. 3 G zur Modernisierung von Verfahren im anwaltl. u. notariellen BerufsR, zur Errichtung einer Schlichtungsstelle der Rechtsanwaltschaft sowie zur Änd. sonst. Vorschr.[3)]	30.7.2009	BGBl. I S. 2449	§ 4	geänd. mWv 5.8.2009

[1)] Verkündet als Art. 2 KostenrechtsmodernisierungsG v. 5.5.2004 (BGBl. I S. 718); Inkrafttreten gem. Art. 8 Satz 1 dieses G am 1.7.2004.
[2)] **Amtl. Anm.:** Dieses Gesetz dient der Umsetzung der Richtlinie 2005/36/EG des Europäischen Parlaments und des Rates vom 7. September 2005 über die Anerkennung von Berufsqualifikationen (ABl. EU Nr. L 255 S. 22).
[3)] **Amtl. Anm.:** Dieses Gesetz dient der Umsetzung der Richtlinie 2006/123/EG des Europäischen Parlaments und des Rates vom 12. Dezember 2006 über Dienstleistungen im Binnenmarkt (ABl. L 376 vom 27.12.2006, S. 36).

EL 187 Oktober 2021

Lfd. Nr.	Änderndes Gesetz	Datum	Fund-stelle	Betroffen	Hinweis
9.	Art. 5 G zur Reform des KapMuG und zur Änd. anderer Vorschriften	19.10.2012	BGBl. I S. 2182	§ 13	geänd. mWv 1.11.2012
10.	Art. 13 G zur Einführung einer Rechtsbehelfsbelehrung im Zivilprozess und zur Änd. anderer Vorschr.	5.12.2012	BGBl. I S. 2418	Inhaltsübersicht § 4b	geänd. mWv 1.1.2014 eingef. mWv 1.1.2014
11.	Art. 7 2. Kostenrechtsmodernisierungs G	23.7.2013	BGBl. I S. 2586	Inhaltsübersicht, §§ 1, 2, 7, 9, 10, 11, 12, 13, 16, 17, 18, 19, 20, 21, 22, Anl. 1, 2, 3 § 4b § 8a	geänd. mWv 1.8.2013 neu gef. mWv 1.8.2013 eingef. mWv 1.8.2013
12.	Art. 4 G zur Einführung einer Speicherpflicht und einer Höchstspeicherfrist für Verkehrsdaten[1]	10.12.2015	BGBl. I S. 2218	Inhaltsübersicht, §§ 6, 23, Anl. 2, 3	geänd. mWv 18.12.2015
13.	Art. 5 Abs. 2 G zur Änd. des Sachverständigenrechts und zur weiteren Änd. des FamFG sowie zur Änd. des SGG, der VwGO, der FGO und des GKG	11.10.2016	BGBl. I S. 2222	§ 8a	geänd. mWv 15.10.2016
14.	Art. 6 Kostenrechtsänderungs G 2021	21.12.2020	BGBl. I S. 3229	Inhaltsübersicht, §§ 2, 3, 4, 5, 7, 8a, 10, 12, 13, 15, 16, 17, 18, 19, 20, 21, 22, 23 § 9, 11, Anl. 1, 2	geänd. mWv 1.1.2021 neu gef. mWv 1.1.2021
15.	Art. 15 Abs. 15 G zur Reform des Vormundschafts- und Betreuungsrechts	4.5.2021	BGBl. I S. 882	Anl. 1	geänd. mWv 1.1.2023
16.	Art. 18 Telekommunikationsmodernisierungs G[2]	23.6.2021	BGBl. I S. 1858	Anl. 3	geänd. mWv 1.12.2021
17.	Art. 17 G zur Modernisierung des notariellen Berufsrechts und zur Änd. weiterer Vorschriften	25.6.2021	BGBl. I S. 2154	Anl. 1	geänd. mWv 3.7.2021

Vorbemerkung:
Die Änderungen durch G v. 4.5.2021 (BGBl. I S. 882) treten erst mWv 1.1. 2023 in Kraft und sind im Text noch nicht berücksichtigt.

---

[1] **Amtl. Anm.:** Notifiziert gemäß der Richtlinie 98/34/EG des Europäischen Parlaments und des Rates vom 22. Juni 1998 über ein Informationsverfahren auf dem Gebiet der Normen und technischen Vorschriften und der Vorschriften für die Dienste der Informationsgesellschaft (ABl. L 204 vom 21.07.1998, S. 37), zuletzt geändert durch Artikel 26 Absatz 2 der Verordnung (EU) Nr. 1025/2012 des Europäischen Parlaments und des Rates vom 25. Oktober 2012 (ABl. L 316 vom 14.11.2012, S. 12).

[2] **Amtl. Anm.:** Dieses Gesetz dient der Umsetzung der Richtlinie (EU) 2018/1972 des Europäischen Parlaments und des Rates vom 11. Dezember 2018 über den europäischen Kodex für die elektronische Kommunikation (Neufassung) (ABl. L 321 vom 17.12.2018, S. 36).

Anlage zu § 23 Abs. 1 Anl. 3 JVEG 116

Anlage 3[1])
(zu § 23 Abs. 1)

[Besondere Entschädigungen]

Nr.	Tätigkeit	Höhe
	Allgemeine Vorbemerkung:	
	(1) Die Entschädigung nach dieser Anlage schließt alle mit der Erledigung des Ersuchens der Strafverfolgungsbehörde verbundenen Tätigkeiten des Telekommunikationsunternehmens sowie etwa anfallende sonstige Aufwendungen (§ 7 JVEG) ein.	
	(2) Für Leistungen, die die Strafverfolgungsbehörden über eine zentrale Kontaktstelle des Generalbundesanwalts, des Bundeskriminalamtes, der Bundespolizei oder des Zollkriminalamtes oder über entsprechende für ein Bundesland oder für mehrere Bundesländer zuständige Kontaktstellen anfordern und abrechnen, ermäßigen sich die Entschädigungsbeträge nach den Nummern 100, 101, 300 bis 321 und 400 bis 402 um 20 Prozent, wenn bei der Anforderung darauf hingewiesen worden ist, dass es sich bei der anfordernden Stelle um eine zentrale Kontaktstelle handelt.	
	Abschnitt 1. Überwachung der Telekommunikation	
	Vorbemerkung 1:	
	(1) Die Vorschriften dieses Abschnitts gelten für die Heranziehung im Zusammenhang mit Funktionsprüfungen der Aufzeichnungs- und Auswertungseinrichtungen der berechtigten Stellen entsprechend.	
	(2) Leitungskosten werden nur entschädigt, wenn die betreffende Leitung innerhalb des Überwachungszeitraums mindestens einmal zur Übermittlung überwachter Telekommunikation an die Strafverfolgungsbehörde genutzt worden ist.	
	(3) Für die Überwachung eines Voice-over-IP-Anschlusses oder eines Zugangs zu einem elektronischen Postfach richtet sich die Entschädigung für die Leitungskosten nach den Nummern 102 bis 104. Dies gilt auch für die Überwachung eines Mobilfunkanschlusses, es sei denn, dass auch die Überwachung des über diesen Anschluss abgewickelten Datenverkehrs angeordnet worden ist und für die Übermittlung von Daten Leitungen mit Übertragungsgeschwindigkeiten von mehr als 144 kbit/s genutzt werden müssen und auch genutzt worden sind. In diesem Fall richtet sich die Entschädigung einheitlich nach den Nummern 111 bis 113.	
100	Umsetzung einer Anordnung zur Überwachung der Telekommunikation, unabhängig von der Zahl der dem Anschluss zugeordneten Kennungen: je Anschluss .... Mit der Entschädigung ist auch der Aufwand für die Abschaltung der Maßnahme entgolten.	100,00 €
101	Verlängerung einer Maßnahme zur Überwachung der Telekommunikation oder Umschaltung einer solchen Maßnahme auf Veranlassung der Strafverfolgungsbehörde auf einen anderen Anschluss dieser Stelle	35,00 €
	Leitungskosten für die Übermittlung der zu überwachenden Telekommunikation: für jeden überwachten Anschluss,	
102	– wenn die Überwachungsmaßnahme nicht länger als eine Woche dauert	24,00 €
103	– wenn die Überwachungsmaßnahme länger als eine Woche, jedoch nicht länger als zwei Wochen dauert	42,00 €
104	– wenn die Überwachungsmaßnahme länger als zwei Wochen dauert:	

---

[1]) Anl. 3 angef. mWv 1.7.2009 durch G v. 29.4.2009 (BGBl. I S. 994); geänd. mWv 1.8.2013 durch G v. 23.7.2013 (BGBl. I S. 2586); mWv 18.12.2015 durch G v. 10.12.2015 (BGBl. I S. 2218); mWv 1.12.2021 durch G v. 23.6.2021 (BGBl. I S. 1858).

EL 187 Oktober 2021

116 JVEG Anl. 3

Anlage zu § 23 Abs. 1

Nr.	Tätigkeit	Höhe
	je angefangenen Monat	75,00 €
	Der überwachte Anschluss ist ein ISDN-Basisanschluss:	
105	– Die Entschädigung nach Nummer 102 beträgt	40,00 €
106	– Die Entschädigung nach Nummer 103 beträgt	70,00 €
107	– Die Entschädigung nach Nummer 104 beträgt	125,00 €
	Der überwachte Anschluss ist ein ISDN-Primärmultiplexanschluss:	
108	– Die Entschädigung nach Nummer 102 beträgt	490,00 €
109	– Die Entschädigung nach Nummer 103 beträgt	855,00 €
110	– Die Entschädigung nach Nummer 104 beträgt	1 525,00 €
	Der überwachte Anschluss ist ein digitaler Teilnehmeranschluss mit einer Übertragungsgeschwindigkeit von mehr als 144 kbit/s, aber kein ISDN-Primärmultiplexanschluss:	
111	– Die Entschädigung nach Nummer 102 beträgt	65,00 €
112	– Die Entschädigung nach Nummer 103 beträgt	110,00 €
113	– Die Entschädigung nach Nummer 104 beträgt	200,00 €
	Abschnitt 2. Auskünfte über Bestandsdaten	
200	Auskunft über Bestandsdaten nach § 3 Nr. 6 TKG, sofern	
	1. die Auskunft nicht über das automatisierte Auskunftsverfahren nach § 173 TKG erteilt werden kann und die Unmöglichkeit der Auskunftserteilung auf diesem Wege nicht vom Unternehmen zu vertreten ist und	
	2. für die Erteilung der Auskunft nicht auf Verkehrsdaten zurückgegriffen werden muss:	
	je angefragten Kundendatensatz	18,00 €
201	Auskunft über Bestandsdaten, zu deren Erteilung auf Verkehrsdaten zurückgegriffen werden muss:	
	für bis zu 10 in demselben Verfahren gleichzeitig angefragte Kennungen, die der Auskunftserteilung zugrunde liegen	35,00 €
	Bei mehr als 10 angefragten Kennungen wird die Pauschale für jeweils bis zu 10 weitere Kennungen erneut gewährt. Kennung ist auch eine IP-Adresse.	
202	Es muss auf Verkehrsdaten nach § 176 Abs. 2 bis 4 TKG zurückgegriffen werden:	
	Die Pauschale 201 beträgt	40,00 €
	Abschnitt 3. Auskünfte über Verkehrsdaten	
300	Auskunft über gespeicherte Verkehrsdaten:	
	für jede Kennung, die der Auskunftserteilung zugrunde liegt	30,00 €

Anlage zu § 23 Abs. 1 Anl. 3 **JVEG 116**

Nr.	Tätigkeit	Höhe
	Die Mitteilung der die Kennung betreffenden Standortdaten ist mit abgegolten.	
301	Für die Auskunft muss auf Verkehrsdaten nach § 176 Abs. 2 bis 4 TKG zurückgegriffen werden: Die Pauschale 300 beträgt	35,00 €
302	Die Auskunft wird im Fall der Nummer 300 aufgrund eines einheitlichen Ersuchens auch oder ausschließlich für künftig anfallende Verkehrsdaten zu bestimmten Zeitpunkten erteilt: für die zweite und jede weitere in dem Ersuchen verlangte Teilauskunft	10,00 €
303	Auskunft über gespeicherte Verkehrsdaten zu Verbindungen, die zu einer bestimmten Zieladresse hergestellt wurden, durch Suche in allen Datensätzen der abgehenden Verbindungen eines Betreibers (Zielwahlsuche): je Zieladresse	90,00 €
	Die Mitteilung der Standortdaten der Zieladresse ist mit abgegolten.	
304	Für die Auskunft muss auf Verkehrsdaten nach § 176 Abs. 2 bis 4 TKG zurückgegriffen werden: Die Pauschale 303 beträgt	110,00 €
305	Die Auskunft wird im Fall der Nummer 303 aufgrund eines einheitlichen Ersuchens auch oder ausschließlich für künftig anfallende Verkehrsdaten zu bestimmten Zeitpunkten erteilt: für die zweite und jede weitere in dem Ersuchen verlangte Teilauskunft	70,00 €
306	Auskunft über gespeicherte Verkehrsdaten für eine von der Strafverfolgungsbehörde benannte Funkzelle (Funkzellenabfrage)	30,00 €
307	Für die Auskunft muss auf Verkehrsdaten nach § 176 Abs. 2 bis 4 TKG zurückgegriffen werden: Die Pauschale 306 beträgt	35,00 €
308	Auskunft über gespeicherte Verkehrsdaten für mehr als eine von der Strafverfolgungsbehörde benannte Funkzelle: Die Pauschale 306 erhöht sich für jede weitere Funkzelle um	4,00 €
309	Auskunft über gespeicherte Verkehrsdaten für mehr als eine von der Strafverfolgungsbehörde benannte Funkzelle und für die Auskunft muss auf Verkehrsdaten nach § 176 Abs. 2 bis 4 TKG zurückgegriffen werden: Die Pauschale 306 erhöht sich für jede weitere Funkzelle um	5,00 €
310	Auskunft über gespeicherte Verkehrsdaten in Fällen, in denen lediglich Ort und Zeitraum bekannt sind:	

116 JVEG Anl. 3

Anlage zu § 23 Abs. 1

Nr.	Tätigkeit	Höhe
311	Die Abfrage erfolgt für einen bestimmten, durch eine Adresse bezeichneten Standort .... Für die Auskunft muss auf Verkehrsdaten nach § 176 Abs. 2 bis 4 TKG zurückgegriffen werden: Die Pauschale 310 beträgt	60,00 € 70,00 €
312	Die Auskunft erfolgt für eine Fläche: − Die Entfernung der am weitesten voneinander entfernten Punkte beträgt nicht mehr als 10 Kilometer: Die Pauschale 310 beträgt	190,00 €
313	− Die Entfernung der am weitesten voneinander entfernten Punkte beträgt mehr als 10, aber nicht mehr als 25 Kilometer: Die Pauschale 310 beträgt	490,00 €
314	− Die Entfernung der am weitesten voneinander entfernten Punkte beträgt mehr als 25, aber nicht mehr als 45 Kilometer: Die Pauschale 310 beträgt	930,00 €
	Liegen die am weitesten voneinander entfernten Punkte mehr als 45 Kilometer auseinander, ist für den darüber hinausgehenden Abstand die Entschädigung nach den Nummern 312 bis 314 gesondert zu berechnen. Die Auskunft erfolgt für eine Fläche und es muss auf Verkehrsdaten nach § 176 Abs. 2 bis 4 TKG zurückgegriffen werden:	
315	− Die Entfernung der am weitesten voneinander entfernten Punkte beträgt nicht mehr als 10 Kilometer: Die Pauschale 310 beträgt	230,00 €
316	− Die Entfernung der am weitesten voneinander entfernten Punkte beträgt mehr als 10, aber nicht mehr als 25 Kilometer: Die Pauschale 310 beträgt	590,00 €
317	− Die Entfernung der am weitesten voneinander entfernten Punkte beträgt mehr als 25, aber nicht mehr als 45 Kilometer: Die Pauschale 310 beträgt	1 120,00 €
	Liegen die am weitesten voneinander entfernten Punkte mehr als 45 Kilometer auseinander, ist für den darüber hinausgehenden Abstand die Entschädigung nach den Nummern 315 bis 317 gesondert zu berechnen.	
318	Die Auskunft erfolgt für eine bestimmte Wegstrecke: Die Pauschale 310 beträgt für jeweils angefangene 10 Kilometer Länge	110,00 €
319	Die Auskunft erfolgt für eine bestimmte Wegstrecke und es muss auf Verkehrsdaten nach § 176 Abs. 2 bis 4 TKG zurückgegriffen werden:	

Anlage zu § 23 Abs. 1   **Anl. 3**   **JVEG 116**

Nr.	Tätigkeit	Höhe
	Die Pauschale 310 beträgt für jeweils angefangene 10 Kilometer Länge	130,00 €
320	Umsetzung einer Anordnung zur Übermittlung künftig anfallender Verkehrsdaten in Echtzeit:	
	je Anschluss	100,00 €
	Mit der Entschädigung ist auch der Aufwand für die Abschaltung der Übermittlung und die Mitteilung der den Anschluss betreffenden Standortdaten entgolten.	
321	Verlängerung der Maßnahme im Fall der Nummer 320	35,00 €
	Leitungskosten für die Übermittlung der Verkehrsdaten in den Fällen der Nummern 320 bis 321:	
322	– wenn die angeordnete Übermittlung nicht länger als eine Woche dauert	8,00 €
323	– wenn die angeordnete Übermittlung länger als eine Woche, aber nicht länger als zwei Wochen dauert ..	14,00 €
324	– wenn die angeordnete Übermittlung länger als zwei Wochen dauert:	
	je angefangenen Monat	25,00 €
325	Übermittlung der Verkehrsdaten auf einem Datenträger	10,00 €
	Abschnitt 4. Sonstige Auskünfte	
400	Auskunft über den letzten dem Netz bekannten Standort eines Mobiltelefons (Standortabfrage)	90,00 €
401	Im Fall der Nummer 400 muss auf Verkehrsdaten nach § 176 Abs. 2 bis 4 TKG zurückgegriffen werden:	
	Die Pauschale 400 beträgt	110,00 €
402	Auskunft über die Struktur von Funkzellen:	
	je Funkzelle	35,00 €

122. Justizbeitreibungsgesetz (JBeitrG)
In der Fassung der Bekanntmachung vom 27. Juni 2017[1]
(BGBl. I S. 1926)

FNA 365-1

Lfd. Nr.	Änderndes Gesetz	Datum	Fundstelle	Betroffen	Hinweis
1.	Art. 14 EU-KontenpfändungsVO-DurchführungsG	21.11.2016	BGBl. I S. 2591, geänd. 2017, S. 2208	§ 6 § 6	geänd. mWv 1.1.2018 geänd. mWv 1.1.2022
2.	Art. 5 G zur Verbesserung der Sachaufklärung in der Verwaltungsvollstreckung	30.6.2017	BGBl. I S. 2094	§ 6	geänd. mWv 6.7.2017
3.	Art. 3 Abs. 4 Pfändungsschutzkonto-FortentwicklungsG	22.11.2020	BGBl. I S. 2466	§ 6	geänd. mWv 1.12.2021
4.	Art. 4 Abs. 5 G zur Verbesserung des Schutzes von Gerichtsvollziehern vor Gewalt sowie zur Änd. weiterer zwangsvollstreckungsrechtlicher Vorschriften und zur Änd. des InfektionsschutzG	7.5.2021	BGBl. I S. 850	§ 6	geänd. mWv 1.1.2022
5.	Art. 15 Abs. 14 G zur Reform des Vormundschafts- und Betreuungsrechts	4.5.2021	BGBl. I S. 882	§ 1	geänd. mWv 1.1.2023

Vorbemerkung:
Die Änderung durch G v. 4.5.2021 (BGBl. I S. 882) tritt erst mWv 1.1.2023 in Kraft und ist im Text noch nicht berücksichtigt.

§ 1 [**Nach diesem Gesetz beizutreibende Ansprüche**] (1) Nach diesem Gesetz werden folgende Ansprüche beigetrieben, soweit sie von Justizbehörden des Bundes einzuziehen sind:
1. Geldstrafen und andere Ansprüche, deren Beitreibung sich nach den Vorschriften über die Vollstreckung von Geldstrafen richtet;
2. gerichtlich erkannte Geldbußen und Nebenfolgen einer Ordnungswidrigkeit, die zu einer Geldzahlung verpflichten;
2a. Ansprüche aus gerichtlichen Anordnungen über die Einziehung oder die Unbrauchbarmachung einer Sache;
2b. Ansprüche aus gerichtlichen Anordnungen über die Herausgabe von Akten und sonstigen Unterlagen nach § 407a Absatz 5 Satz 2 der Zivilprozessordnung[2];
3. Ordnungs- und Zwangsgelder;
4. Gerichtskosten;

---
[1] Neubekanntmachung der JustizbeitreibungsO v. 11.3.1937 (RGBl. I S. 298) unter neuem Titel in der ab 1.7.2017 geltenden Fassung.
[2] Nr. **100**.

EL 187 Oktober 2021

4a. Ansprüche auf Zahlung der vom Gericht im Verfahren der Prozesskostenhilfe oder nach § 4b der Insolvenzordnung[1)] bestimmten Beträge;
4b. nach den §§ 168 und 292 Absatz 1 des Gesetzes über das Verfahren in Familiensachen und in den Angelegenheiten der freiwilligen Gerichtsbarkeit[2)] festgesetzte Ansprüche;
5. Zulassungs- und Prüfungsgebühren;
6. alle sonstigen Justizverwaltungsabgaben;
7. Kosten der Gerichtsvollzieher und Vollziehungsbeamten, soweit sie selbständig oder gleichzeitig mit einem Anspruch, der nach diesem Gesetz vollstreckt wird, bei dem Auftraggeber oder Ersatzpflichtigen beigetrieben werden;
8. Ansprüche gegen Beamte, nichtbeamtete Beisitzer und Vertrauenspersonen, gegen Rechtsanwälte, Vormünder, Betreuer, Pfleger und Verfahrenspfleger, gegen Zeugen und Sachverständige sowie gegen mittellose Personen auf Erstattung von Beträgen, die ihnen in einem gerichtlichen Verfahren zuviel gezahlt sind;
9. Ansprüche gegen Beschuldigte und Nebenbeteiligte auf Erstattung von Beträgen, die ihnen in den Fällen der §§ 465, 467, 467a, 470, 472b, 473 der Strafprozessordnung zuviel gezahlt sind;
10. alle sonstigen Ansprüche, die nach Bundes- oder Landesrecht im Verwaltungszwangsverfahren beigetrieben werden können, soweit nicht ein Bundesgesetz vorschreibt, dass sich die Vollstreckung nach dem Verwaltungsvollstreckungsgesetz[3)] oder der Abgabenordnung richtet.

(2) Dieses Gesetz findet auch auf die Einziehung von Ansprüchen im Sinne des Absatzes 1 durch Justizbehörden der Länder Anwendung, soweit die Ansprüche auf bundesrechtlicher Regelung beruhen.

(3) Die Vorschriften dieses Gesetzes über das gerichtliche Verfahren finden auch dann Anwendung, wenn sonstige Ansprüche durch die Justizbehörden der Länder im Verwaltungszwangsverfahren eingezogen werden.

(4) Werden zusammen mit einem Anspruch nach Absatz 1 Nummer 1 bis 3 die Kosten des Verfahrens beigetrieben, so gelten auch für die Kosten die Vorschriften über die Vollstreckung dieses Anspruchs.[4)]

(5) [1]Nach diesem Gesetz werden auch die Gebühren und Auslagen des Deutschen Patentamts und die sonstigen dem Absatz 1 entsprechenden Ansprüche, die beim Deutschen Patentamt entstehen, beigetrieben. [2]Dies gilt auch für Ansprüche gegen Patentanwälte und Erlaubnisscheininhaber.

(6) [1]Die Landesregierungen werden ermächtigt, durch Rechtsverordnung abweichend von diesem Gesetz zu bestimmen, dass Gerichtskosten in den Fällen des § 109 Absatz 2 des Gesetzes über Ordnungswidrigkeiten[5)] und des § 27 des Gerichtskostengesetzes[6)] nach Vorschriften des Landesrechts beigetrieben werden. [2]Die Landesregierungen können die Ermächtigung durch Rechtsverordnung auf die Landesjustizverwaltung übertragen.

[1)] Nr. 110.
[2)] Nr. 112.
[3)] **Sartorius Nr. 112.**
[4)] Siehe die Einforderungs- und BeitreibungsAO (EBAO) v. 1.8.2011 (BAnz. Nr. 112a S. 1, 22), die in Bund und Ländern einheitlich aufgrund einer Sonderveröffentlichung gilt. In **Hessen**: EBAO v. 2.8.2006 (JMBl. S. 430).
[5)] Nr. 94.
[6)] Nr. 115.

§ 2 [Gerichtskassen als Vollstreckungsbehörden] (1) [1]Die Beitreibung obliegt in den Fällen des § 1 Absatz 1 Nummer 1 bis 3 den nach den Verfahrensgesetzen für die Vollstreckung dieser Ansprüche zuständigen Stellen, soweit nicht die in Absatz 2 bezeichnete Vollstreckungsbehörde zuständig ist, im Übrigen den Gerichtskassen als Vollstreckungsbehörden. [2]Die Landesregierungen werden ermächtigt, an Stelle der Gerichtskassen andere Behörden als Vollstreckungsbehörden zu bestimmen.[1)] [3]Die Landesregierungen können die Ermächtigung auf die Landesjustizverwaltung übertragen.

(2) Vollstreckungsbehörde für Ansprüche, die beim Bundesverfassungsgericht, Bundesministerium der Justiz und für Verbraucherschutz, Bundesgerichtshof, Bundesverwaltungsgericht, Bundesfinanzhof, Generalbundesanwalt beim Bundesgerichtshof, Bundespatentgericht, Deutschen Patent- und Markenamt, Bundesamt für Justiz oder dem mit der Führung des Unternehmensregisters im Sinn des § 8b des Handelsgesetzbuchs[2)] Beliehenen entstehen, ist das Bundesamt für Justiz.

(3) [1]Von den in Absatz 1 bezeichneten Vollstreckungsbehörden ist diejenige zuständig, die den beizutreibenden Anspruch einzuziehen hat. [2]Dem Vollziehungsbeamten obliegende Vollstreckungshandlungen kann die Vollstreckungsbehörde außerhalb ihres Amtsbezirks durch einen Vollziehungsbeamten vornehmen lassen, der für den Ort der Vollstreckung zuständig ist. [3]Die Unzuständigkeit einer Vollstreckungsbehörde berührt die Wirksamkeit ihrer Vollstreckungsmaßnahmen nicht.

(4) Die Vollstreckungsbehörden haben einander Amtshilfe zu leisten.

§ 3 [Zustellungen] [1]Zustellungen sind nur erforderlich, soweit dies besonders bestimmt ist. [2]Sie werden sinngemäß nach den Vorschriften der Zivilprozessordnung[3)] über Zustellungen von Amts wegen bewirkt. [3]Die dem Gericht vorbehaltenen Anordnungen trifft die Vollstreckungsbehörde.

§ 4 [Vollstreckungsschuldner] [1]Die Vollstreckung kann gegen jeden durchgeführt werden, der nach den für die beizutreibenden Anspruch geltenden besonderen Vorschriften oder kraft Gesetzes nach den Vorschriften des bürgerlichen Rechts zur Leistung oder zur Duldung der Vollstreckung verpflichtet ist. [2]Aus einer Zwangshypothek, die für einen der im § 1 bezeichneten Ansprüche eingetragen ist, kann auch gegen den Rechtsnachfolger des Schuldners in das belastete Grundstück vollstreckt werden.

§ 5 [Beginn der Vollstreckung] (1) [1]Die Vollstreckung darf erst beginnen, wenn der beizutreibende Anspruch fällig ist. [2]In den Fällen des § 1 Absatz 1 Nummer 8 und 9 darf die Vollstreckung erst beginnen, wenn der Zahlungspflichtige von den ihm zustehenden Rechtsbehelfen binnen zwei Wochen nach der Zahlungsaufforderung oder nach der Mitteilung einer Entscheidung über seine Einwendungen gegen die Zahlungsaufforderung keinen Gebrauch gemacht hat.

[1)] Andere Behörden (auch Staatsanwaltschaften) wurden bestimmt: **Baden-Württemberg:** VO v. 7.10. 1995 (GBl. S. 766), zuletzt geänd. durch VO v. 13.11.2018 (GBl. S. 435); **Bayern:** VO v. 17.12.2004 (GVBl. S. 585), geänd. durch v. 28.11.2017 (GVBl. S. 587); **Brandenburg:** VO v. 23.4.2018 (GVBl. II Nr. 29); **Bremen:** VO v. 31.10.1972 (Brem.GBl. S. 237), zuletzt geänd. durch VO v. 18.12.1974 (Brem.GBl. S. 351); **Mecklenburg-Vorpommern:** LandesVO v. 2.2.2017 (GVOBl. M-V S. 14); **Nordrhein-Westfalen:** VO v. 20.4.2018 (GV. NRW. S. 238); **Rheinland-Pfalz:** LandesVO v. 15.1.1975 (GVBl. S. 64); **Sachsen:** § 29b VO **(Habersack II Nr. 245c/2)**.
[2)] Nr. 50.
[3)] Nr. 100.

³ Vorschriften, wonach aus vollstreckbaren Entscheidungen oder Verpflichtungserklärungen erst nach deren Zustellung vollstreckt werden darf, bleiben unberührt.

(2) In der Regel soll der Vollstreckungsschuldner (§ 4) vor Beginn der Vollstreckung zur Leistung innerhalb von zwei Wochen schriftlich aufgefordert und nach vergeblichem Ablauf der Frist besonders gemahnt werden.

§ 6[1] [Anzuwendende Vorschriften]

(1) Für die Vollstreckung gelten nach Maßgabe der Absätze 2 bis 4 folgende Vorschriften sinngemäß:
1. §§ 735 bis 737, 739 bis 741, 743, 745 bis 748, 753 Absatz 4 und 5, §§ 755, 757a, 758, 758a, 759, 761, 762, 764, 765a, 766, 771 bis 776, 778, 779, 781 bis 784, 786, 788, 789, 792, 793, 802a bis 802i, 802j Absatz 1 und 3, §§ 802k bis 827, 828 Absatz 2 und 3, §§ 829 bis 837a, 840 Absatz 1, Absatz 2 Satz 2, §§ 841 bis 886, 899 bis 910 der Zivilprozessordnung[2],
2. sonstige Vorschriften des Bundesrechts, die die Zwangsvollstreckung aus Urteilen in bürgerlichen Rechtsstreitigkeiten beschränken, sowie
3. die landesrechtlichen Vorschriften über die Zwangsvollstreckung gegen Gemeindeverbände oder Gemeinden.

(2) ¹An die Stelle des Gläubigers tritt die Vollstreckungsbehörde. ²Bei der Zwangsvollstreckung in Forderungen und andere Vermögensrechte wird der Pfändungs- und der Überweisungsbeschluss von der Vollstreckungsbehörde erlassen. ³Die Aufforderung zur Abgabe der in § 840 Absatz 1 der Zivilprozessordnung genannten Erklärungen ist in den Pfändungsbeschluss aufzunehmen.

(3) ¹An die Stelle des Gerichtsvollziehers tritt der Vollziehungsbeamte. ²Der Vollziehungsbeamte wird zur Annahme der Leistung, zur Ausstellung von Empfangsbekenntnissen und zu Vollstreckungshandlungen durch einen schriftlichen Auftrag der Vollstreckungsbehörde ermächtigt. ³Aufträge, die mit Hilfe automatischer Einrichtungen erstellt werden, werden mit dem Dienstsiegel versehen; einer Unterschrift bedarf es nicht. ⁴Der Vollziehungsbeamte hat im Auftrag der Vollstreckungsbehörde auch die in § 840 Absatz 1 der Zivilprozessordnung bezeichneten Erklärungen entgegenzunehmen. ⁵Die in § 845 der Zivilprozessordnung bezeichnete Benachrichtigung hat der Vollziehungsbeamte nach den Vorschriften der Zivilprozessordnung über die Zustellung auf Betreiben der Parteien zuzustellen.

(4) Gepfändete Forderungen sind nicht an Zahlungs statt zu überweisen.

(5) Die Vollstreckungsbehörden dürfen das Bundeszentralamt für Steuern ersuchen, bei den Kreditinstituten die in § 93b Absatz 1 und 1a der Abgabenordnung bezeichneten Daten, ausgenommen die Identifikationsnummer nach § 139b der Abgabenordnung, abzurufen, wenn
1. die Ladung zu dem Termin zur Abgabe der Vermögensauskunft an den Vollstreckungsschuldner nicht zustellbar ist und
   a) die Anschrift, unter der die Zustellung ausgeführt werden sollte, mit der Anschrift übereinstimmt, die von einer der in § 755 Absatz 1 und 2 der Zivilprozessordnung genannten Stellen innerhalb von drei Monaten vor oder nach dem Zustellungsversuch mitgeteilt wurde, oder

---

[1]) § 6 Abs. 1 Nr. 1 geänd. mWv 1.1.2018 und mWv 1.1.2022 durch G v. 21.11.2016 (BGBl. I S. 2591); Abs. 5 angef. mWv 6.7.2017 durch G v. 30.6.2017 (BGBl. I S. 2094); Abs. 1 Nr. 1 geänd. mWv 1.12. 2021 durch G v. 22.11.2020 (BGBl. I S. 2466); Abs. 1 Nr. 1 geänd., Abs. 5 neu gef. mWv 1.1.2022 durch G v. 7.5.2021 (BGBl. I S. 850).
[2]) Nr. 100.

b) die Meldebehörde nach dem Zustellungsversuch die Auskunft erteilt, dass ihr keine derzeitige Anschrift des Vollstreckungsschuldners bekannt ist, oder

c) die Meldebehörde innerhalb von drei Monaten vor Erteilung des Vollstreckungsauftrags die Auskunft erteilt hat, dass ihr keine derzeitige Anschrift des Vollstreckungsschuldners bekannt ist;

2. der Vollstreckungsschuldner seiner Pflicht zur Abgabe der Vermögensauskunft in dem dem Ersuchen zugrundeliegenden Vollstreckungsverfahren nicht nachkommt oder

3. bei einer Vollstreckung in die in der Vermögensauskunft aufgeführten Vermögensgegenstände eine vollständige Befriedigung der Forderung nicht zu erwarten ist.

§ 7 [Vermögensauskunft, Vollstreckung in unbewegliches Vermögen]

[1] Die Abnahme der Vermögensauskunft beantragt die Vollstreckungsbehörde bei dem zuständigen Gerichtsvollzieher; die Vollstreckung in unbewegliches Vermögen beantragt sie bei dem zuständigen Amtsgericht. [2] Der Antrag ersetzt den vollstreckbaren Schuldtitel. [3] Eine Zustellung des Antrags an den Schuldner ist nicht erforderlich. [4] Die Vollstreckungsbehörde kann die bei dem zentralen Vollstreckungsgericht nach § 802k Absatz 1 der Zivilprozessordnung[1]) verwalteten Vermögensverzeichnisse zu Vollstreckungszwecken abrufen.

§ 8 [Einwendungen]

(1) [1] Einwendungen, die den beizutreibenden Anspruch selbst, die Haftung für den Anspruch oder die Verpflichtung zur Duldung der Vollstreckung betreffen, sind vom Schuldner gerichtlich geltend zu machen

bei Ansprüchen nach § 1 Absatz 1 Nummer 4, 6, 7

nach den Vorschriften über Erinnerungen gegen den Kostenansatz,

bei Ansprüchen gegen nichtbeamtete Beisitzer, Vertrauenspersonen, Rechtsanwälte, Zeugen, Sachverständige und mittellose Personen (§ 1 Absatz 1 Nummer 8)

nach den Vorschriften über die Feststellung eines Anspruchs dieser Personen,

bei Ansprüchen nach § 1 Absatz 1 Nummer 9

nach den Vorschriften über Erinnerungen gegen den Festsetzungsbeschluss.

[2] Die Einwendung, dass mit einer Gegenforderung aufgerechnet worden sei, ist in diesem Verfahren nur zulässig, wenn die Gegenforderung anerkannt oder gerichtlich festgestellt ist. [3] Das Gericht kann anordnen, dass die Beitreibung bis zum Erlass der Entscheidung gegen oder ohne Sicherheitsleistung eingestellt werde und dass die Vollstreckungsmaßregeln gegen Sicherheitsleistung aufzuheben seien.

(2) [1] Für Einwendungen, die auf Grund der §§ 781 bis 784, 786 der Zivilprozessordnung[1]) erhoben werden, gelten die Vorschriften der §§ 767, 769, 770 der Zivilprozessordnung sinngemäß. [2] Für die Klage ist das Gericht zuständig, in dessen Bezirk die Vollstreckung stattgefunden hat.

§ 9 [Einstweilige Einstellung; Zahlungsnachweis; Stundung]

(1) Werden Einwendungen gegen die Vollstreckung erhoben, so kann die Vollstreckungsbehörde die Vollstreckungsmaßnahmen einstweilen einstellen, aufheben oder von weiteren Vollstreckungsmaßnahmen Abstand nehmen, bis über die Einwendung endgültig entschieden ist.

---

[1]) Nr. 100.

(2) Der Vollziehungsbeamte hat von der Pfändung abzusehen, wenn ihm die Zahlung oder Stundung der Schuld nachgewiesen wird.

§ 10 [Anwendung des GKG und des GvKostG] (1) Bei der Pfändung von Forderungen oder anderen Vermögensrechten gelten die Vorschriften des Gerichtskostengesetzes[1] sinngemäß.

(2) Für die Tätigkeit des Vollziehungsbeamten gelten die Vorschriften des Gerichtsvollzieherkostengesetzes[2] sinngemäß.

§ 11 (Inkrafttreten)

---

[1] Nr. 115.
[2] Nr. 123.

123. Gesetz über Kosten der Gerichtsvollzieher (Gerichtsvollzieherkostengesetz – GvKostG)[1)]

Vom 19. April 2001
(BGBl. I S. 623)

FNA 362-2

Lfd. Nr.	Änderndes Gesetz	Datum	Fundstelle	Betroffen	Hinweis
1.	Art. 3 G zur Neuordnung des Gerichtsvollzieherkostenrechts	19.4.2001	BGBl. I S. 623, geänd. 2001, S. 3422	§§ 2, 8, Anl.	geänd. mWv 1.1.2002
2.	Art. 2 Abs. 22 ZustellungsreformG	25.6.2001	BGBl. I S. 1206, geänd. 2001, S. 3422	§ 11, Anl.	geänd. mWv 1.7.2002
3.	Art. 5 Abs. 8 SchuldrechtsmodernisierungsG[2)]	26.11.2001	BGBl. I S. 3138	§ 8	geänd. mWv 1.1.2002
4.	Art. 9 Abs. 3 Elektronische Register/JustizkostenG	10.12.2001	BGBl. I S. 3422	Inhaltsübersicht, § 8, Anl.	geänd. mWv 15.12.2001
5.	Art. 8 GewaltschutzG-EinführungsG	11.12.2001	BGBl. I S. 3513	Anl.	geänd. mWv 2.1.2002
6.	Art. 1 Abs. 3 Ermäßigungssatz-AufhebungsG	22.2.2002	BGBl. I S. 981	§ 20	geänd. mWv 1.3.2002
7.	Art. 19 OLG-VertretungsÄndG	23.7.2002	BGBl. I S. 2850	§§ 3, 4, 10, Anl.	geänd. mWv 1.8.2002
8.	Art. 24 Viertes G für moderne Dienstleistungen am Arbeitsmarkt	24.12.2003	BGBl. I S. 2954, aufgeh. 2004, S. 3220	§ 2	geänd. mWv 1.1.2005, insoweit aufgeh. 2004, S. 3220
9.	Art. 40 G zur Einordnung des Sozialhilferechts in das SGB	27.12.2003	BGBl. I S. 3022, aufgeh. 2004, S. 3220	§ 2	geänd. mWv 1.1.2005, insoweit aufgeh. 2004, S. 3220
10.	Art. 4 Abs. 30 KostenrechtsmodernisierungsG	5.5.2004	BGBl. I S. 718	Inhaltsübersicht, §§ 5, 8, Anl. § 20	geänd. mWv 1.7.2004 aufgeh. mWv 1.7.2004
11.	Art. 10 Kommunales OptionsG	30.7.2004	BGBl. I S. 2014	§ 2	geänd. mWv 6.8.2004
12.	Art. 13 AnhörungsrügenG	9.12.2004	BGBl. I S. 3220	§§ 2, 5	geänd. mWv 1.1.2005
13.	Art. 14 Abs. 3 JustizkommunikationsG	22.3.2005	BGBl. I S. 837	§ 5, Anl.	geänd. mWv 1.4.2005

[1)] Verkündet als Art. 1 G zur Neuordnung des Gerichtsvollzieherkostenrechts (GvKostRNeuOG) v. 19.4.2001 (BGBl. I S. 623); Inkrafttreten gem. Art. 4 dieses G am 1.5.2001.
[2)] **Amtl. Anm.:** *(abgedruckt in Änderungstabelle Nr. 95)*

123 GvKostG — Gerichtsvollzieherkostengesetz

Lfd. Nr.	Änderndes Gesetz	Datum	Fundstelle	Betroffen	Hinweis
14.	Art. 47 Abs. 3 FGG-ReformG[1]	17.12.2008	BGBl. I S. 2586	§§ 3, 4, 13, 15, Anl.	geänd. mWv 1.9.2009
15.	Art. 3 Abs. 3 G zur Reform der Sachaufklärung in der Zwangsvollstreckung	29.7.2009	BGBl. I S. 2258	§§ 3, 10, 18, Anl.	geänd. mWv 1.1.2013
16.	Art. 3 G über die Internetversteigerung in der Zwangsvollstreckung und zur Änd. anderer Gesetze	30.7.2009	BGBl. I S. 2474	Anl.	geänd. mWv 5.8.2009
17.	Art. 11 G zur Einführung einer Rechtsbehelfsbelehrung im Zivilprozess und zur Änd. anderer Vorschr.	5.12.2012	BGBl. I S. 2418	Inhaltsübersicht § 3a	geänd. mWv 1.1.2014 eingef. mWv 1.1.2014
18.	Art. 7 MietrechtsänderungsG	11.3.2013	BGBl. I S. 434	§ 17, Anl.	geänd. mWv 1.5.2013
19.	Art. 6 2. KostenrechtsmodernisierungsG	23.7.2013	BGBl. I S. 2586	Inhaltsübersicht, §§ 3, 5, 10, 12, 13, 15, 17, Abschnitt 4 und 5, Anl. Abschnitt 3 (§ 12a)	geänd. mWv 1.8.2013 eingef. mWv 1.8.2013
20.	Art. 12 EU-KontenpfändungsVO-DurchführungsG	21.11.2016	BGBl. I S. 2591	§§ 3, 10, Anl.	geänd. mWv 26.11.2016
21.	Art. 17 G zur Regelung des Sozialen Entschädigungsrechts	12.12.2019	BGBl. I S. 2652	Inhaltsübersicht, § 2 § 20	geänd. mWv 1.1.2024 neu gef. mWv 1.1.2024
22.	Art. 12 WohnungseigentumsmodernisierungsG (WEMoG)	16.10.2020	BGBl. I S. 2187	Anl.	geänd. mWv 23.10.2020
23.	Art. 3 KostenrechtsänderungsG 2021	21.12.2020	BGBl. I S. 3229	§§ 3, 7, Anl.	geänd. mWv 1.1.2021
24.	Art. 4 Abs. 4 G zur Verbesserung des Schutzes von Gerichtsvollziehern vor Gewalt sowie zur Änd. weiterer zwangsvollstreckungsrechtl. Vorschriften und zur Änd. des InfektionsschutzG	7.5.2021	BGBl. I S. 850	Anl.	geänd. mWv 1.1.2022
25.	Art. 26 G über die Entschädigung der Soldatinnen und Soldaten und zur Neuordnung des Soldatenversorgungsrechts	20.8.2021	BGBl. I S. 3932	Inhaltsübersicht, § 2 § 20	geänd. mWv 1.1.2025 aufgeh. mit Ablauf des 31.12.2024
26.	Art. 20 G zum Ausbau des elektronischen Rechtsverkehrs mit den Gerichten und zur Änd. weiterer Vorschriften[2]	5.10.2021	BGBl. I S. 4607	Anl.	geänd. mWv 1.11.2021

[1] Beachte hierzu Übergangsvorschrift in Art. 111 FGG-RG (Nr. **112a**).
[2] **Amtl. Anm.**: Notifiziert gemäß der Richtlinie (EU) 2015/1535 des Europäischen Parlaments und des Rates vom 9. September 2015 über ein Informationsverfahren auf dem Gebiet der technischen Vorschriften und der Vorschriften für die Dienste der Informationsgesellschaft (ABl. L 241 vom 17.9.2015, S. 1).

Abschnitt 1. Allgemeine Vorschriften §§ 1, 2 **GvKostG 123**

Inhaltsübersicht[1]

Abschnitt 1. Allgemeine Vorschriften

§ 1 Geltungsbereich
§ 2 Kostenfreiheit
§ 3 Auftrag
§ 3a Rechtsbehelfsbelehrung
§ 4 Vorschuss
§ 5 Kostenansatz, Erinnerung, Beschwerde, Gehörsrüge
§ 6 Nachforderung
§ 7 Nichterhebung von Kosten wegen unrichtiger Sachbehandlung
§ 8 Verjährung, Verzinsung
§ 9 Höhe der Kosten

Abschnitt 2. Gebührenvorschriften

§ 10 Abgeltungsbereich der Gebühren
§ 11 Tätigkeit zur Nachtzeit, an Sonnabenden, Sonn- und Feiertagen
§ 12 Siegelungen, Vermögensverzeichnisse, Proteste und ähnliche Geschäfte

Abschnitt 3. Auslagenvorschriften

§ 12a Erhöhtes Wegegeld

Abschnitt 4. Kostenzahlung

§ 13 Kostenschuldner
§ 14 Fälligkeit
§ 15 Entnahmerecht
§ 16 Verteilung der Verwertungskosten
§ 17 Verteilung der Auslagen bei der Durchführung mehrerer Aufträge

Abschnitt 5. Übergangs- und Schlussvorschriften

§ 18 Übergangsvorschrift
§ 19 Übergangsvorschrift aus Anlass des Inkrafttretens dieses Gesetzes
[bis 31.12.2023:]
§ 20 *(aufgehoben)*
[vom 1.1.2024 bis 31.12.2024:]
§ 20 *Übergangsregelung aus Anlass des Gesetzes zur Regelung des Sozialen Entschädigungsrechts*
[ab 1.1.2025:]
§ 20 *(aufgehoben)*

Abschnitt 1. Allgemeine Vorschriften

§ 1 Geltungsbereich (1) Für die Tätigkeit des Gerichtsvollziehers, für die er nach Bundes- oder Landesrecht sachlich zuständig ist, werden Kosten (Gebühren und Auslagen) nur nach diesem Gesetz erhoben.

(2) Landesrechtliche Vorschriften über die Kosten der Vollstreckung im Verwaltungszwangsverfahren bleiben unberührt.

§ 2[2] **Kostenfreiheit.** (1) [1] Von der Zahlung der Kosten sind befreit der Bund, die Länder und die nach dem Haushaltsplan des Bundes oder eines Landes für Rechnung des Bundes oder eines Landes verwalteten öffentlichen Körperschaften oder Anstalten, bei einer Zwangsvollstreckung nach § 885 der Zivilprozessord-

---

[1] Inhaltsübersicht geänd. mWv 15.12.2001 durch G v. 10.12.2001 (BGBl. I S. 3422); mWv 1.1.2014 durch G v. 5.12.2012 (BGBl. I S. 2418); mWv 1.8.2013 durch G v. 23.7.2013 (BGBl. I S. 2586); **mWv 1.1.2024** durch G v. 12.12.2019 (BGBl. I S. 2652); **mWv 1.1.2025** durch G v. 20.8.2021 (BGBl. I S. 3932); sie wurde nichtamtlich an die nachträglichen Änderungen mWv 1.7.2004 durch G v. 5.5.2004 (BGBl. I S. 718) angepasst.

[2] § 2 Abs. 1 Satz 1 geänd. mWv 1.1.2002 durch G v. 19.4.2001 (BGBl. I S. 623); Abs. 2 Satz 1 neu gef. mWv 1.1.2005 durch G v. 9.12.2004 (BGBl. I S. 3220); Abs. 2 Satz 1 geänd. **mWv 1.1.2024** durch G v. 12.12.2019 (BGBl. I S. 2652); Abs. 2 Satz 1 geänd. **mWv 1.1.2025** durch G v. 20.8.2021 (BGBl. I S. 3932).

EL 187 Oktober 2021

nung[1]) wegen der Auslagen jedoch nur, soweit diese einen Betrag von 5 000 Euro nicht übersteigen. ²Bei der Vollstreckung wegen öffentlich-rechtlicher Geldforderungen ist maßgebend, wer ohne Berücksichtigung des § 252 der Abgabenordnung oder entsprechender Vorschriften Gläubiger der Forderung ist.

(2) ¹Bei der Durchführung des Zwölften Buches Sozialgesetzbuch[2]) sind die Träger der Sozialhilfe, bei der Durchführung des Zweiten Buches Sozialgesetzbuch[3]) die nach diesem Buch zuständigen Träger der Leistungen, bei der Durchführung des Achten Buches Sozialgesetzbuch[4]) die Träger der öffentlichen Jugendhilfe *[bis 31.12.2023:* und bei der Durchführung der ihnen obliegenden Aufgaben nach dem Bundesversorgungsgesetz[5]) die Träger der Kriegsopferfürsorge*]* *[vom 1.1.2024 bis 31.12.2024: und bei der Durchführung der Besonderen Leistungen im Einzelfall nach dem Vierzehnten Buch Sozialgesetzbuch[6]) die Träger der Sozialen Entschädigung] [ab 1.1.2025: , bei der Durchführung der Besonderen Leistungen im Einzelfall nach dem Vierzehnten Buch Sozialgesetzbuch die Träger der Sozialen Entschädigung und bei der Durchführung der Leistungen nach Kapitel 5 des Soldatenentschädigungsgesetzes der Träger der Soldatenentschädigung]* von den Gebühren befreit. ²Sonstige Vorschriften, die eine sachliche oder persönliche Befreiung von Kosten gewähren, gelten für Gerichtsvollzieherkosten nur insoweit, als sie ausdrücklich auch diese Kosten umfassen.

(3) Landesrechtliche Vorschriften, die in weiteren Fällen eine sachliche oder persönliche Befreiung von Gerichtsvollzieherkosten gewähren, bleiben unberührt.

(4) Die Befreiung von der Zahlung der Kosten oder der Gebühren steht der Entnahme der Kosten aus dem Erlös (§ 15) nicht entgegen.

§ 3[7]) **Auftrag.** (1) ¹Ein Auftrag umfasst alle Amtshandlungen, die zu seiner Durchführung erforderlich sind; einem Vollstreckungsauftrag können mehrere Vollstreckungstitel zugrunde liegen. ²Werden bei der Durchführung eines Auftrags mehrere Amtshandlungen durch verschiedene Gerichtsvollzieher erledigt, die ihren Amtssitz in verschiedenen Amtsgerichtsbezirken haben, gilt die Tätigkeit jedes Gerichtsvollziehers als Durchführung eines besonderen Auftrags. ³Jeweils verschiedene Aufträge sind die Zustellung auf Betreiben der Parteien, die Vollstreckung einschließlich der Verwertung und besondere Geschäfte nach Abschnitt 4 des Kostenverzeichnisses, soweit sie nicht Nebengeschäft sind. ⁴Die Vollziehung eines Haftbefehls ist ein besonderer Auftrag.

(2) ¹Es handelt sich jedoch um denselben Auftrag, wenn der Gerichtsvollzieher gleichzeitig beauftragt wird,
1. einen oder mehrere Vollstreckungstitel zuzustellen und hieraus gegen den Zustellungsempfänger zu vollstrecken,

---

[1]) Nr. 100.
[2]) Sartorius ErgBd. Nr. 412.
[3]) Sartorius ErgBd. Nr. 402.
[4]) Habersack, Deutsche Gesetze ErgBd. Nr. 46.
[5]) Aichberger, SGB Nr. 20/10.
[6]) Aichberger, SGB Nr. 14.
[7]) § 3 Abs. 1 Satz 1 neu gef., Sätze 3 und 4 angef., Abs. 2 Satz 1 Nr. 1 geänd., Nr. 2 neu gef., Satz 2 eingef., bish. Satz 2 wird Satz 3, Abs. 4 Satz 3 eingef., bish. Sätze 3 und 4 werden Sätze 4 und 5 mWv 1.8. 2002 durch G v. 23.7.2002 (BGBl. I S. 2850); Abs. 3 Satz 2 und Abs. 4 Satz 3 geänd. mWv 1.1.2013 durch G v. 29.7.2009 (BGBl. I S. 2258); Abs. 1 Satz 3 geänd. mWv 1.8.2013 durch G v. 23.7.2013 (BGBl. I S. 2586); Abs. 2 Satz 1 Nr. 3 neu gef., Satz 2 eingef., bish. Sätze 2 und 3 werden Sätze 3 und 4 mWv 26.11.2016 durch G v. 21.11.2016 (BGBl. I S. 2591); Abs. 2 Satz 2 Nr. 2 geänd. mWv 1.1.2021 durch G v. 21.12.2020 (BGBl. I S. 3229).

Abschnitt 1. Allgemeine Vorschriften § 3a **GvKostG 123**

2. mehrere Zustellungen an denselben Zustellungsempfänger oder an Gesamtschuldner zu bewirken oder
3. mehrere Vollstreckungshandlungen gegen denselben Vollstreckungsschuldner oder Verpflichteten (Schuldner) oder Vollstreckungshandlungen gegen Gesamtschuldner auszuführen.

²Der Gerichtsvollzieher gilt auch dann als gleichzeitig beauftragt, wenn
1. der Auftrag zur Abnahme der Vermögensauskunft mit einem Vollstreckungsauftrag verbunden ist (§ 807 Absatz 1 der Zivilprozessordnung[1]), es sei denn, der Gerichtsvollzieher nimmt die Vermögensauskunft nur deshalb nicht ab, weil der Schuldner nicht anwesend ist, oder
2. der Auftrag, eine gütliche Erledigung der Sache zu versuchen, in der Weise mit einem Auftrag auf Vornahme einer Amtshandlung nach § 802a Absatz 2 Satz 1 Nummer 2 oder Nummer 4 der Zivilprozessordnung verbunden ist, dass diese Amtshandlung nur im Fall des Scheiterns des Versuchs der gütlichen Erledigung vorgenommen werden soll.

³Bei allen Amtshandlungen nach § 845 Abs. 1 der Zivilprozessordnung handelt es sich um denselben Auftrag. ⁴Absatz 1 Satz 2 bleibt unberührt.

(3) ¹Ein Auftrag ist erteilt, wenn er dem Gerichtsvollzieher oder der Geschäftsstelle des Gerichts, deren Vermittlung oder Mitwirkung in Anspruch genommen wird, zugegangen ist. ²Wird der Auftrag zur Abnahme der Vermögensauskunft mit einem Vollstreckungsauftrag verbunden (§ 807 Abs. 1 der Zivilprozessordnung), gilt der Auftrag zur Abnahme der Vermögensauskunft als erteilt, sobald die Voraussetzungen nach § 807 Abs. 1 der Zivilprozessordnung vorliegen.

(4) ¹Ein Auftrag gilt als durchgeführt, wenn er zurückgenommen worden ist oder seiner Durchführung oder weiteren Durchführung Hinderungsgründe entgegenstehen. ²Dies gilt nicht, wenn der Auftraggeber zur Fortführung des Auftrags eine richterliche Anordnung nach § 758a der Zivilprozessordnung beibringen muss und diese Anordnung dem Gerichtsvollzieher innerhalb eines Zeitraumes von drei Monaten zugeht, der mit dem ersten Tag des auf die Absendung einer entsprechenden Anforderung an den Auftraggeber folgenden Kalendermonats beginnt. ³Satz 2 ist entsprechend anzuwenden, wenn der Schuldner zu dem Termin zur Abnahme der Vermögensauskunft nicht erscheint oder die Abgabe der Vermögensauskunft ohne Grund verweigert und der Gläubiger innerhalb des in Satz 2 genannten Zeitraums einen Auftrag zur Vollziehung eines Haftbefehls erteilt. ⁴Der Zurücknahme steht es gleich, wenn der Gerichtsvollzieher dem Auftraggeber mitteilt, dass er den Auftrag als zurückgenommen betrachtet, weil damit zu rechnen ist, dass die Zwangsvollstreckung wegen fruchtlos verlaufen, und wenn der Auftraggeber nicht bis zum Ablauf des auf die Absendung der Mitteilung folgenden Kalendermonats widerspricht. ⁵Der Zurücknahme steht es auch gleich, wenn im Falle des § 4 Abs. 1 Satz 1 und 2 der geforderte Vorschuss nicht bis zum Ablauf des auf die Absendung der Vorschussanforderung folgenden Kalendermonats beim Gerichtsvollzieher eingegangen ist.

§ 3a[2] **Rechtsbehelfsbelehrung.** Jede Kostenrechnung und jede anfechtbare Entscheidung hat eine Belehrung über den statthaften Rechtsbehelf sowie über die Stelle, bei der dieser Rechtsbehelf einzulegen ist, über deren Sitz und über die einzuhaltende Form zu enthalten.

---

[1]) Nr. 100.
[2]) § 3a eingef. mWv 1.1.2014 durch G v. 5.12.2012 (BGBl. I S. 2418).

EL 187 Oktober 2021

§ 4[1] Vorschuss.

(1) [1] Der Auftraggeber ist zur Zahlung eines Vorschusses verpflichtet, der die voraussichtlich entstehenden Kosten deckt. [2] Die Durchführung des Auftrags kann von der Zahlung des Vorschusses abhängig gemacht werden. [3] Die Sätze 1 und 2 gelten nicht, wenn der Auftrag vom Gericht erteilt wird oder dem Auftraggeber Prozess- oder Verfahrenskostenhilfe bewilligt ist. [4] Sie gelten ferner nicht für die Erhebung von Gebührenvorschüssen, wenn aus einer Entscheidung eines Gerichts für Arbeitssachen oder aus einem vor diesem Gericht abgeschlossenen Vergleich zu vollstrecken ist.

(2) [1] Reicht ein Vorschuss nicht aus, um die zur Aufrechterhaltung einer Vollstreckungsmaßnahme voraussichtlich erforderlichen Auslagen zu decken, gilt Absatz 1 entsprechend. [2] In diesem Fall ist der Auftraggeber zur Leistung eines weiteren Vorschusses innerhalb einer Frist von mindestens zwei Wochen aufzufordern. [3] Nach Ablauf der Frist kann der Gerichtsvollzieher die Vollstreckungsmaßnahme aufheben, wenn die Aufforderung verbunden mit einem Hinweis auf die Folgen der Nichtzahlung nach den Vorschriften der Zivilprozessordnung[2] zugestellt worden ist und die geforderte Zahlung nicht bei dem Gerichtsvollzieher eingegangen ist.

(3) In den Fällen des § 3 Abs. 4 Satz 2 bis 5 bleibt die Verpflichtung zur Zahlung der vorzuschießenden Beträge bestehen.

§ 5[3] Kostenansatz, Erinnerung, Beschwerde, Gehörsrüge.

(1) [1] Die Kosten werden von dem Gerichtsvollzieher angesetzt, der den Auftrag durchgeführt hat. [2] Der Kostenansatz kann im Verwaltungswege berichtigt werden, solange nicht eine gerichtliche Entscheidung getroffen ist.

(2) [1] Über die Erinnerung des Kostenschuldners und der Staatskasse gegen den Kostenansatz entscheidet, soweit nicht nach § 766 Abs. 2 der Zivilprozessordnung[2] das Vollstreckungsgericht zuständig ist, das Amtsgericht, in dessen Bezirk der Gerichtsvollzieher seinen Amtssitz hat. [2] Auf die Erinnerung und die Beschwerde ist § 66 Absatz 2 bis 8 des Gerichtskostengesetzes[4], auf die Rüge wegen Verletzung des Anspruchs auf rechtliches Gehör ist § 69a des Gerichtskostengesetzes entsprechend anzuwenden.

(3) Auf die Erinnerung des Kostenschuldners gegen die Anordnung des Gerichtsvollziehers, die Durchführung des Auftrags oder die Aufrechterhaltung einer Vollstreckungsmaßnahme von der Zahlung eines Vorschusses abhängig zu machen, und auf die Beschwerde ist Absatz 2 entsprechend anzuwenden.

(4) Für Verfahren nach den Absätzen 1 bis 3 sind die Vorschriften der Zivilprozessordnung über die elektronische Akte und über das elektronische Dokument anzuwenden.

§ 6 Nachforderung.

Wegen unrichtigen Ansatzes dürfen Kosten nur nachgefordert werden, wenn der berichtigte Ansatz vor Ablauf des nächsten Kalenderjahres nach Durchführung des Auftrags dem Zahlungspflichtigen mitgeteilt worden ist.

---

[1] § 4 Abs. 3 geänd. mWv 1.8.2002 durch G v. 23.7.2002 (BGBl. I S. 2850); Abs. 1 Satz 3 geänd. mWv 1.9.2009 durch G v. 17.12.2008 (BGBl. I S. 2586).
[2] Nr. **100**.
[3] § 5 Abs. 2 Sätze 3 und 4 aufgeh. mWv 1.7.2004 durch G v. 5.5.2004 (BGBl. I S. 718); Abs. 2 Satz 2 neu gef. mWv 1.4.2005 durch G v. 22.3.2005 (BGBl. I S. 837); Überschrift neu gef, Abs. 2 Satz 2 geänd., Abs. 4 angef. mWv 1.8.2013 durch G v. 23.7.2013 (BGBl. I S. 2586).
[4] Nr. **115**.

Abschnitt 2. Gebührenvorschriften §§ 7–10 GvKostG 123

§ 7[1] Nichterhebung von Kosten wegen unrichtiger Sachbehandlung. (1) [1]Kosten, die bei richtiger Behandlung der Sache nicht entstanden wären, werden nicht erhoben. [2]Das Gleiche gilt für Auslagen, die durch eine von Amts wegen veranlasste Verlegung eines Termins oder einer Maßnahme entstanden sind.

(2) [1]Die Entscheidung trifft der Gerichtsvollzieher. [2]§ 5 Abs. 2 ist entsprechend anzuwenden. [3]Solange nicht das Gericht entschieden hat, kann eine Anordnung nach Absatz 1 im Verwaltungsweg erlassen werden. [4]Eine im Verwaltungsweg getroffene Anordnung kann nur im Verwaltungsweg geändert werden.

§ 8[2] Verjährung, Verzinsung. (1) Ansprüche auf Zahlung von Kosten verjähren in vier Jahren nach Ablauf des Kalenderjahres, in dem die Kosten fällig geworden sind.

(2) [1]Ansprüche auf Rückerstattung von Kosten verjähren in vier Jahren nach Ablauf des Kalenderjahres, in dem die Zahlung erfolgt ist. [2]Die Verjährung beginnt jedoch nicht vor dem in Absatz 1 bezeichneten Zeitpunkt. [3]Durch die Einlegung eines Rechtsbehelfs mit dem Ziel der Rückerstattung wird die Verjährung wie durch Klageerhebung gehemmt.

(3) [1]Auf die Verjährung sind die Vorschriften des Bürgerlichen Gesetzbuchs[3] anzuwenden; die Verjährung wird nicht von Amts wegen berücksichtigt. [2]Die Verjährung der Ansprüche auf Zahlung von Kosten beginnt auch durch die Aufforderung zur Zahlung oder durch eine dem Kostenschuldner mitgeteilte Stundung erneut. [3]Ist der Aufenthalt des Kostenschuldners unbekannt, so genügt die Zustellung durch Aufgabe zur Post unter seiner letzten bekannten Anschrift. [4]Bei Kostenbeträgen unter 25 Euro beginnt die Verjährung weder erneut noch wird sie oder ihr Ablauf gehemmt.

(4) Ansprüche auf Zahlung und Rückerstattung von Kosten werden nicht verzinst.

§ 9 Höhe der Kosten. Kosten werden nach dem Kostenverzeichnis der Anlage zu diesem Gesetz erhoben, soweit nichts anderes bestimmt ist.

Abschnitt 2. Gebührenvorschriften

§ 10[4] Abgeltungsbereich der Gebühren. (1) [1]Bei Durchführung desselben Auftrags wird eine Gebühr nach derselben Nummer des Kostenverzeichnisses nur einmal erhoben. [2]Dies gilt nicht für die nach Abschnitt 6 des Kostenverzeichnisses zu erhebenden Gebühren, wenn für die Erledigung mehrerer Amtshandlungen Gebühren nach verschiedenen Nummern des Kostenverzeichnisses zu erheben wären. [3]Eine Gebühr nach dem genannten Abschnitt wird nicht neben der entsprechenden Gebühr für die Erledigung der Amtshandlung erhoben.

---

[1] § 7 Abs. 1 Satz 2 angef. mWv 1.1.2021 durch G v. 21.12.2020 (BGBl. I S. 3229).
[2] § 8 Überschrift neu gef., Abs. 4 angef. mWv 15.12.2001 durch G v. 10.12.2001 (BGBl. I S. 3422); Abs. 3 Satz 4 geänd. mWv 1.1.2002 durch G v. 19.4.2001 (BGBl. I S. 623); Abs 2 Satz 1 und Abs. 3 Satz 4 geänd., Abs. 2 Satz 3 angef., Abs. 3 Satz 2 neu gef. mWv 1.1.2002 durch G v. 26.11.2001 (BGBl. I S. 3138); Abs. 2 Satz 3 geänd. mWv 1.7.2004 durch G v. 5.5.2004 (BGBl. I S. 718).
[3] Nr. 20.
[4] § 10 Abs. 2 Satz 4 angef., Abs. 3 Sätze 1 und 2 geänd. mWv 18.8.2002 durch G v. 23.7.2002 (BGBl. I S. 3220); Abs. 1 Satz 2 neu gef., Abs. 4 angef., Satz 4 aufgeh., Abs. 3 Sätze 1 und 2 geänd. mWv 1.8.2013 durch G v. 23.7.2013 (BGBl. I S. 2586); Abs. 3 Satz 3 Nr. 3 geänd. mWv 26.11.2016 durch G v. 21.11.2016 (BGBl. I S. 2591).

EL 187 Oktober 2021

(2) ¹Ist der Gerichtsvollzieher beauftragt, die gleiche Vollstreckungshandlung wiederholt vorzunehmen, sind die Gebühren für jede Vollstreckungshandlung gesondert zu erheben. ²Dasselbe gilt, wenn der Gerichtsvollzieher auch ohne ausdrückliche Weisung des Auftraggebers die weitere Vollstreckung betreibt, weil nach dem Ergebnis der Verwertung der Pfandstücke die Vollstreckung nicht zur vollen Befriedigung des Auftraggebers führt oder Pfandstücke bei dem Schuldner abhanden gekommen oder beschädigt worden sind. ³Gesondert zu erheben sind
1. eine Gebühr nach Abschnitt 1 des Kostenverzeichnisses für jede Zustellung,
2. eine Gebühr nach Nummer 430 des Kostenverzeichnisses für jede Zahlung,
3. eine Gebühr nach Nummer 440 oder Nummer 441 des Kostenverzeichnisses für die Erhebung von Daten bei jeder der in den §§ 755 und 802l der Zivilprozessordnung[1]) genannten Stellen und
4. eine Gebühr nach Nummer 600 des Kostenverzeichnisses für jede nicht erledigte Zustellung.

(3) ¹Ist der Gerichtsvollzieher gleichzeitig beauftragt, Vollstreckungshandlungen gegen Gesamtschuldner auszuführen, sind die Gebühren nach den Nummern 200, 205, 260, 261, 262 und 270 des Kostenverzeichnisses für jeden Gesamtschuldner gesondert zu erheben. ²Das Gleiche gilt für die in Abschnitt 6 des Kostenverzeichnisses bestimmten Gebühren, wenn Amtshandlungen der in den Nummern 205, 260, 261, 262 und 270 des Kostenverzeichnisses genannten Art nicht erledigt worden sind.

§ 11[2]) **Tätigkeit zur Nachtzeit, an Sonnabenden, Sonn- und Feiertagen.**
Wird der Gerichtsvollzieher auf Verlangen zur Nachtzeit (§ 758a Abs. 4 Satz 2 der Zivilprozessordnung[1])) oder an einem Sonnabend, Sonntag oder Feiertag tätig, so werden die doppelten Gebühren erhoben.

§ 12[3]) **Siegelungen, Vermögensverzeichnisse, Proteste und ähnliche Geschäfte.** Die Gebühren für Wechsel- und Scheckproteste, für Siegelungen und Entsiegelungen, für die Aufnahme von Vermögensverzeichnissen sowie für die Mitwirkung als Urkundsperson bei der Aufnahme von Vermögensverzeichnissen bestimmen sich nach den für Notare geltenden Regelungen des Gerichts- und Notarkostengesetzes[4]).

Abschnitt 3.[5]) Auslagenvorschriften

§ 12a[5]) **Erhöhtes Wegegeld.** (1) Die Landesregierungen werden ermächtigt, durch Rechtsverordnung eine höhere Stufe nach Nummer 711 des Kostenverzeichnisses für Wege festzusetzen, die von bestimmten Gerichtsvollziehern in bestimmte Regionen des Bezirks eines Amtsgerichts zurückzulegen sind, wenn die kürzeste öffentlich nutzbare Wegstrecke erheblich von der nach der Luftlinie bemessenen Entfernung abweicht, weil ein nicht nur vorübergehendes Hindernis besteht.

---

[1]) Nr. 100.
[2]) § 11 geänd. mWv 1.7.2002 durch G v. 25.6.2001 (BGBl. I S. 1206).
[3]) § 12 Abs. 2 aufgeh., bish. Abs. 1 Satz 2 aufgeh. und bish. Satz 1 geänd. mWv 1.8.2013 durch G v. 23.7.2013 (BGBl. I S. 2586).
[4]) Nr. 119.
[5]) Abschnitt 3 (§ 12a) eingef. mWv 1.8.2013 durch G v. 23.7.2013 (BGBl. I S. 2586).

(2) Eine erhebliche Abweichung nach Absatz 1 liegt vor, wenn die kürzeste öffentlich nutzbare Wegstrecke sowohl vom Amtsgericht als auch vom Geschäftszimmer des Gerichtsvollziehers mindestens doppelt so weit ist wie die nach der Luftlinie bemessene Entfernung.

(3) In der Rechtsverordnung ist die niedrigste Stufe festzusetzen, bei der eine erhebliche Abweichung nach Absatz 2 nicht mehr vorliegt.

(4) Die Landesregierungen können die Ermächtigung durch Rechtsverordnung auf die Landesjustizverwaltung übertragen.

Abschnitt 4.[1] Kostenzahlung

§ 13[2] **Kostenschuldner.** (1) [1]Kostenschuldner sind
1. der Auftraggeber,
2. der Vollstreckungsschuldner für die notwendigen Kosten der Zwangsvollstreckung und
3. der Verpflichtete für die notwendigen Kosten der Vollstreckung.

[2]Schuldner der Auslagen nach den Nummern 714 und 715 des Kostenverzeichnisses ist nur der Ersteher.

(2) Mehrere Kostenschuldner haften als Gesamtschuldner.

(3) Wird der Auftrag vom Gericht erteilt, so gelten die Kosten als Auslagen des gerichtlichen Verfahrens.

§ 14 Fälligkeit. [1]Gebühren werden fällig, wenn der Auftrag durchgeführt ist oder länger als zwölf Kalendermonate ruht. [2]Auslagen werden sofort nach ihrer Entstehung fällig.

§ 15[3] **Entnahmerecht.** (1) [1]Kosten, die im Zusammenhang mit der Versteigerung oder dem Verkauf von beweglichen Sachen, von Früchten, die vom Boden noch nicht getrennt sind, sowie von Forderungen oder anderen Vermögensrechten, ferner bei der öffentlichen Verpachtung an den Meistbietenden und bei der Mitwirkung bei einer Versteigerung durch einen Dritten (§ 825 Abs. 2 der Zivilprozessordnung) entstehen, können dem Erlös vorweg entnommen werden. [2]Dies gilt auch für die Kosten der Entfernung von Pfandstücken aus dem Gewahrsam des Schuldners, des Gläubigers oder eines Dritten, ferner für die Kosten des Transports und der Lagerung.

(2) Andere als die in Absatz 1 genannten Kosten oder ein hierauf zu zahlender Vorschuss können bei der Ablieferung von Geld an den Auftraggeber oder bei der Hinterlegung von Geld für den Auftraggeber entnommen werden.

(3) [1]Die Absätze 1 und 2 gelten nicht, soweit § 459b der Strafprozessordnung oder § 94 des Gesetzes über Ordnungswidrigkeiten entgegensteht. [2]Sie gelten ferner nicht, wenn dem Auftraggeber Prozess- oder Verfahrenskostenhilfe bewilligt ist. [3]Bei mehreren Auftraggebern stehen die Sätze 1 und 2 einer Vorwegnahme aus dem Erlös (Absatz 1) nicht entgegen, wenn deren Voraussetzungen nicht für alle Auftraggeber vorliegen. [4]Die Sätze 1 und 2 stehen einer Entnahme aus dem

---

[1] Bish. Abschnitt 3 wird Abschnitt 4 mWv 1.8.2013 durch G v. 23.7.2013 (BGBl. I S. 2586).
[2] § 13 Abs. 1 neu gef. mWv 1.9.2009 durch G v. 17.12.2008 (BGBl. I S. 2586); Abs. 1 Satz 2 angef. mWv 1.8.2013 durch G v. 23.7.2013 (BGBl. I S. 2586).
[3] § 15 Abs. 3 Satz 2 geänd. mWv 1.9.2009 durch G v. 17.12.2008 (BGBl. I S. 2586); Abs. 2 geänd. mWv 1.8.2013 durch G v. 23.7.2013 (BGBl. I S. 2586).

123 GvKostG §§ 16–20 Abschnitt 5. Übergangs- und Schlussvorschriften

Erlös auch nicht entgegen, wenn der Erlös höher ist als die Summe der Forderungen aller Auftraggeber.

§ 16 Verteilung der Verwertungskosten. Reicht der Erlös einer Verwertung nicht aus, um die in § 15 Abs. 1 bezeichneten Kosten zu decken, oder wird ein Erlös nicht erzielt, sind diese Kosten im Verhältnis der Forderungen zu verteilen.

§ 17[1] **Verteilung der Auslagen bei der Durchführung mehrerer Aufträge.**
¹ Auslagen, die in anderen als den in § 15 Abs. 1 genannten Fällen bei der gleichzeitigen Durchführung mehrerer Aufträge entstehen, sind nach der Zahl der Aufträge zu verteilen, soweit die Auslagen nicht ausschließlich bei der Durchführung eines Auftrags entstanden sind. ² Das Wegegeld (Nummer 711 des Kostenverzeichnisses) und die Auslagenpauschale (Nummer 716 des Kostenverzeichnisses) sind für jeden Auftrag gesondert zu erheben.

Abschnitt 5.[2] Übergangs- und Schlussvorschriften

§ 18[3] **Übergangsvorschrift.** (1) ¹ Die Kosten sind nach bisherigem Recht zu erheben, wenn der Auftrag vor dem Inkrafttreten einer Gesetzesänderung erteilt worden ist, Kosten der in § 15 Abs. 1 genannten Art jedoch nur, wenn sie vor dem Inkrafttreten einer Gesetzesänderung entstanden sind. ² Wenn der Auftrag zur Abnahme der Vermögensauskunft mit einem Vollstreckungsauftrag verbunden ist, ist der Zeitpunkt maßgebend, zu dem der Vollstreckungsauftrag erteilt ist.

(2) Absatz 1 gilt auch, wenn Vorschriften geändert werden, auf die dieses Gesetz verweist.

§ 19 Übergangsvorschrift aus Anlass des Inkrafttretens dieses Gesetzes.
(1) ¹ Die Kosten sind vorbehaltlich des Absatzes 2 nach dem Gesetz über Kosten der Gerichtsvollzieher in der im Bundesgesetzblatt Teil III, Gliederungsnummer 362-1, veröffentlichten bereinigten Fassung, zuletzt geändert durch Artikel 2 Abs. 5 des Gesetzes vom 17. Dezember 1997 (BGBl. I S. 3039), zu erheben, wenn der Auftrag vor dem Inkrafttreten dieses Gesetzes erteilt worden ist; § 3 Abs. 3 Satz 1 und § 18 Abs. 1 Satz 2 sind anzuwenden. ² Werden solche Aufträge und Aufträge, die nach dem Inkrafttreten dieses Gesetzes erteilt worden sind, durch dieselbe Amtshandlung erledigt, sind die Gebühren insoweit gesondert zu erheben.

(2) Kosten der in § 15 Abs. 1 genannten Art sind nach neuem Recht zu erheben, soweit sie nach dem Inkrafttreten dieses Gesetzes entstanden sind.

[§ 20 bis 31.12.2023:]
§ 20[4] *(aufgehoben)*

[§ 20 vom 1.1.2024 bis 31.12.2024:]
§ 20[5] **Übergangsregelung aus Anlass des Gesetzes zur Regelung des Sozialen Entschädigungsrechts.** Für Personen, die Leistungen nach dem Soldatenversorgungsgesetz in der Fassung der Bekanntmachung vom 16. September 2009 (BGBl. I S. 3054), das

---

[1] § 17 Satz 2 geänd. mWv 1.5.2013 durch G v. 11.3.2013 (BGBl. I S. 434); Satz 2 geänd. mWv 1.8.2013 durch G v. 23.7.2013 (BGBl. I S. 2586).
[2] Bish. Abschnitt 4 wird Abschnitt 5 mWv 1.8.2013 durch G v. 23.7.2013 (BGBl. I S. 2586).
[3] § 18 Abs. 1 Satz 2 geänd. mWv 1.1.2013 durch G v. 29.7.2009 (BGBl. I S. 2258).
[4] § 20 aufgeh. mWv 1.7.2004 durch G v. 5.5.2004 (BGBl. I S. 718).
[5] § 20 neu angef. **mWv 1.1.2024** durch G v. 12.12.2019 (BGBl. I S. 2652).

zuletzt durch Artikel 19 des Gesetzes vom 4. August 2019 (BGBl. I S. 1147) geändert worden ist, in Verbindung mit dem Bundesversorgungsgesetz[1]) in der Fassung der Bekanntmachung vom 22. Januar 1982 (BGBl. I S. 21), das zuletzt durch Artikel 1 der Verordnung vom 13. Juni 2019 (BGBl. I S. 793) geändert worden ist, erhalten, gelten die Vorschriften des § 2 Absatz 2 Satz 1 in der am 31. Dezember 2023 geltenden Fassung weiter.

[§ 20 ab 1.1.2025:]
§ 20[2]) *(aufgehoben)*

Anlage[3])
(zu § 9)

Kostenverzeichnis

Gliederung

Abschnitt 1. Zustellung auf Betreiben der Parteien (§ 191 ZPO)
Abschnitt 2. Vollstreckung
Abschnitt 3. Verwertung
Abschnitt 4. Besondere Geschäfte
Abschnitt 5. Zeitzuschlag
Abschnitt 6. Nicht erledigte Amtshandlung
Abschnitt 7. Auslagen

Nr.	Gebührentatbestand	Gebühr
	**Abschnitt 1. Zustellung auf Betreiben der Parteien (§ 191 ZPO)**	
	Vorbemerkung 1: (1) Die Zustellung an den Zustellungsbevollmächtigten mehrerer Beteiligter gilt als eine Zustellung. (2) Die Gebühr nach Nummer 100 oder 101 wird auch erhoben, wenn der Gerichtsvollzieher die Ladung zum Termin zur Abnahme der Vermögensauskunft (§ 802f ZPO) oder den Pfändungs- und Überweisungsbeschluss an den Schuldner (§ 829 Abs. 2 Satz 2, auch i.V.m. § 835 Abs. 3 Satz 1 ZPO) zustellt.	
100	Persönliche Zustellung durch den Gerichtsvollzieher	11,00 €
101	Sonstige Zustellung	3,30 €
102	Beglaubigung eines Schriftstückes, das dem Gerichtsvollzieher zum Zwecke der Zustellung übermittelt wurde (§ 193 Abs. 1 ZPO) je Seite .... Eine angefangene Seite wird voll berechnet.	Gebühr in Höhe der Dokumentenpauschale

---

[1]) Aichberger, SGB Nr. 20/10.
[2]) § 20 aufgeh. **mWv 1.1.2025** durch G v. 20.8.2021 (BGBl. I S. 3932).
[3]) Anl. neu gef. mWv 1.1.2002 durch G v. 19.4.2001 (BGBl. I S. 623, geänd. durch G v. 10.12.2001, BGBl. I S. 3422); geänd. durch G v. 25.6.2001 (BGBl. I S. 1206, geänd. durch G v. 10.12. 2001, BGBl. I S. 3422); mWv 2.1.2002 durch G v. 11.12.2001 (BGBl. I S. 3513); mWv 1.8.2002 durch G v. 23.7.2002 (BGBl. I S. 2850); mWv 1.7.2004 durch G v. 5.5.2004 (BGBl. I S. 718); mWv 1.4.2005 durch G v. 22.3.2005 (BGBl. I S. 837); mWv 1.9.2009 durch G v. 17.12.2008 (BGBl. I S. 2586); mWv 1.1.2013 durch G v. 29.7.2009 (BGBl. I S. 2258); mWv 5.8.2009 durch G v. 30.7.2009 (BGBl. I S. 2474); mWv 1.5.2013 durch G v. 11.3.2013 (BGBl. I S. 434); mWv 1.8.2013 durch G v. 23.7.2013 (BGBl. I S. 2586); mWv 26.11.2016 durch G v. 21.11.2016 (BGBl. I S. 2591); mWv 23.10.2020 durch G v. 16.10. 2020 (BGBl. I S. 2187); mWv 1.1.2021 durch G v. 21.12.2020 (BGBl. I S. 3229); mWv 1.1.2022 durch G v. 7.5.2021 (BGBl. I S. 850); mWv 1.11.2021 durch G v. 5.10.2021 (BGBl. I S. 4607).

Nr.	Gebührentatbestand	Gebühr
	Abschnitt 2. Vollstreckung	
200	Amtshandlung nach § 845 Abs. 1 Satz 2 ZPO (Vorpfändung)	17,60 €
205	Bewirkung einer Pfändung (§ 808 Abs. 1, 2 Satz 2, §§ 809, 826 oder § 831 ZPO)	28,60 €
	Neben dieser Gebühr wird gegebenenfalls ein Zeitzuschlag nach Nummer 500 erhoben.	
206	Übernahme beweglicher Sachen zum Zwecke der Verwertung in den Fällen der §§ 847 und 854 ZPO	17,60 €
207	Versuch einer gütlichen Erledigung der Sache (§ 802b ZPO)	17,60 €
	Die Gebühr entsteht auch im Fall der gütlichen Erledigung.	
208	Der Gerichtsvollzieher ist gleichzeitig mit einer auf eine Maßnahme nach § 802a Abs. 2 Satz 1 Nr. 2 oder Nr. 4 ZPO gerichteten Amtshandlung beauftragt:	
	Die Gebühr 207 ermäßigt sich auf	8,80 €
210	Übernahme des Vollstreckungsauftrags von einem anderen Gerichtsvollzieher, wenn der Schuldner unter Mitnahme der Pfandstücke in einen anderen Amtsgerichtsbezirk verzogen ist	17,60 €
220	Entfernung von Pfandstücken, die im Gewahrsam des Schuldners, des Gläubigers oder eines Dritten belassen waren	17,60 €
	Die Gebühr wird nur einmal erhoben, wenn die Pfandstücke aufgrund mehrerer Aufträge entfernt werden. Neben dieser Gebühr wird gegebenenfalls ein Zeitzuschlag nach Nummer 500 erhoben.	
221	Wegnahme oder Entgegennahme beweglicher Sachen durch den zur Vollstreckung erschienenen Gerichtsvollzieher	28,60 €
	Neben dieser Gebühr wird gegebenenfalls ein Zeitzuschlag nach Nummer 500 erhoben.	
230	Wegnahme oder Entgegennahme einer Person durch den zur Vollstreckung erschienenen Gerichtsvollzieher ..	57,20 €
	Neben dieser Gebühr wird gegebenenfalls ein Zeitzuschlag nach Nummer 500 erhoben. Sind mehrere Personen wegzunehmen, werden die Gebühren für jede Person gesondert erhoben.	
240	Entsetzung aus dem Besitz unbeweglicher Sachen oder eingetragener Schiffe oder Schiffsbauwerke und die Einweisung in den Besitz	150,00 €
	Neben dieser Gebühr wird gegebenenfalls ein Zeitzuschlag nach Nummer 500 erhoben.	
241	Der Gerichtsvollzieher ist nicht mit der Wegschaffung beweglicher Sachen beauftragt:	
	Die Gebühr 240 ermäßigt sich auf	100,00 €
	Mit der Gebühr sind auch die Dokumentation der frei beweglichen Sachen im Protokoll und die Nutzung elektronischer Bildaufzeichnungsmittel abgegolten.	

Kostenverzeichnis Anl. GvKostG 123

Nr.	Gebührentatbestand	Gebühr
242	Wegnahme ausländischer Schiffe, die in das Schiffsregister eingetragen werden müssten, wenn sie deutsche Schiffe wären, und ihre Übergabe an den Gläubiger ...... Neben dieser Gebühr wird gegebenenfalls ein Zeitzuschlag nach Nummer 500 erhoben.	143,00 €
243	Übergabe unbeweglicher Sachen an den Verwalter im Falle der Zwangsversteigerung oder Zwangsverwaltung Neben dieser Gebühr wird gegebenenfalls ein Zeitzuschlag nach Nummer 500 erhoben.	107,80 €
250	Zuziehung zur Beseitigung des Widerstandes (§ 892 ZPO) oder zur Beseitigung einer andauernden Zuwiderhandlung gegen eine Anordnung nach § 1 GewSchG (§ 96 Abs. 1 FamFG) sowie Anwendung von unmittelbarem Zwang auf Anordnung des Gerichts im Fall des § 90 FamFG .... Neben dieser Gebühr wird gegebenenfalls ein Zeitzuschlag nach Nummer 500 erhoben.	57,20 €
260	Abnahme der Vermögensauskunft nach den §§ 802c, 802d Abs. 1 oder nach § 807 ZPO	36,30 €
261	Übermittlung eines mit eidesstattlicher Versicherung abgegebenen Vermögensverzeichnisses an einen Drittgläubiger (§ 802d Abs. 1 Satz 2, Abs. 2 ZPO)	36,30 €
262	Abnahme der eidesstattlichen Versicherung nach § 836 Abs. 3 oder § 883 Abs. 2 ZPO	41,80 €
270	Verhaftung, Nachverhaftung, zwangsweise Vorführung	42,90 €
	Abschnitt 3. Verwertung	

Vorbemerkung 3:
Die Gebühren werden bei jeder Verwertung nur einmal erhoben. Dieselbe Verwertung liegt auch vor, wenn der Gesamterlös aus der Versteigerung oder dem Verkauf mehrerer Gegenstände einheitlich zu verteilen ist oder zu verteilen wäre und im Falle der Versteigerung oder des Verkaufs die Verwertung in einem Termin, bei einer Versteigerung im Internet in einem Ausgebot, erfolgt.

300	Versteigerung, Verkauf oder Verwertung in anderer Weise nach § 825 Abs. 1 ZPO von – beweglichen Sachen, – Früchten, die noch nicht vom Boden getrennt sind, – Forderungen oder anderen Vermögensrechten .... Neben dieser Gebühr wird gegebenenfalls ein Zeitzuschlag nach Nummer 500 erhoben. Dies gilt nicht bei einer Versteigerung im Internet.	57,20 €
301	Öffentliche Verpachtung an den Meistbietenden .... Neben dieser Gebühr wird gegebenenfalls ein Zeitzuschlag nach Nummer 500 erhoben.	57,20 €
302	Anberaumung eines neuen Versteigerungs- oder Verpachtungstermins oder das nochmalige Ausgebot bei einer Versteigerung im Internet .... (1) Die Gebühr wird für die Anberaumung eines neuen Versteigerungs- oder Verpachtungstermins nur erhoben, wenn der vorherige Termin auf Antrag des Gläubigers oder des Antragstellers oder nach den Vorschriften der §§ 765a, 775, 802b ZPO nicht stattgefunden hat oder wenn der	11,00 €

123 GvKostG Anl.   Kostenverzeichnis

Nr.	Gebührentatbestand	Gebühr
	Termin infolge des Ausbleibens von Bietern oder wegen ungenügender Gebote erfolglos geblieben ist.	
	(2) Die Gebühr wird für das nochmalige Ausgebot bei einer Versteigerung im Internet nur erhoben, wenn das vorherige Ausgebot auf Antrag des Gläubigers oder des Antragstellers oder nach den Vorschriften der §§ 765a, 775, 802b ZPO abgebrochen worden ist oder wenn das Ausgebot infolge des Ausbleibens von Geboten oder wegen ungenügender Gebote erfolglos geblieben ist.	
310	Mitwirkung bei der Versteigerung durch einen Dritten (§ 825 Abs. 2 ZPO)	17,60 €
	Neben dieser Gebühr wird gegebenenfalls ein Zeitzuschlag nach Nummer 500 erhoben.	
	Abschnitt 4. Besondere Geschäfte	
400	Bewachung und Verwahrung eines Schiffes, eines Schiffsbauwerks oder eines Luftfahrzeugs (§§ 165, 170, 170a, 171, 171c, 171g, 171h ZVG, § 99 Abs. 2, § 106 Abs. 1 Nr. 1 des Gesetzes über Rechte an Luftfahrzeugen)	107,80 €
	Neben dieser Gebühr wird gegebenenfalls ein Zeitzuschlag nach Nummer 500 erhoben.	
401	Feststellung der Mieter oder Pächter von Grundstücken im Auftrag des Gerichts je festgestellte Person	7,70 €
	Die Gebühr wird auch erhoben, wenn die Ermittlungen nicht zur Feststellung eines Mieters oder Pächters führen.	
410	Tatsächliches Angebot einer Leistung (§§ 293, 294 BGB) außerhalb der Zwangsvollstreckung	17,60 €
411	Beurkundung eines Leistungsangebots	7,70 €
	Die Gebühr entfällt, wenn die Gebühr nach Nummer 410 zu erheben ist.	
420	Entfernung von Gegenständen aus dem Gewahrsam des Inhabers zum Zwecke der Versteigerung oder Verwahrung außerhalb der Zwangsvollstreckung	17,60 €
430	Entgegennahme einer Zahlung, wenn diese nicht ausschließlich auf Kosten nach diesem Gesetz entfällt, die bei der Durchführung des Auftrags entstanden sind	4,40 €
	Die Gebühr wird auch erhoben, wenn der Gerichtsvollzieher einen entgegengenommenen Scheck selbst einzieht oder einen Scheck aufgrund eines entsprechenden Auftrags des Auftraggebers an diesen weiterleitet. Die Gebühr wird nicht bei Wechsel- oder Scheckprotesten für die Entgegennahme der Wechsel- oder Schecksumme (Artikel 84 des Wechselgesetzes, Artikel 55 Abs. 3 des Scheckgesetzes) erhoben.	
440	Erhebung von Daten bei einer der in § 755 Abs. 2, § 802l Abs. 1 ZPO genannten Stellen	14,30 €
	Die Gebühr entsteht nicht, wenn die Auskunft nach § 882c Abs. 3 Satz 2 ZPO eingeholt wird.	
441	Erhebung von Daten bei einer der in § 755 Abs. 1 ZPO genannten Stellen	5,50 €
	Die Gebühr entsteht nicht, wenn die Auskunft nach § 882c Abs. 3 Satz 2 ZPO eingeholt wird.	
442	Übermittlung von Daten nach § 802l Abs. 4 ZPO	5,50 €

Kostenverzeichnis Anl. **GvKostG 123**

Nr.	Gebührentatbestand	Gebühr
	Abschnitt 5. Zeitzuschlag	
500	Zeitzuschlag, sofern dieser bei der Gebühr vorgesehen ist, wenn die Erledigung der Amtshandlung nach dem Inhalt des Protokolls mehr als 3 Stunden in Anspruch nimmt, für jede weitere angefangene Stunde	22,00 €
	Maßgebend ist die Dauer der Amtshandlung vor Ort.	

Abschnitt 6. Nicht erledigte Amtshandlung

Vorbemerkung 6:

Gebühren nach diesem Abschnitt werden erhoben, wenn eine Amtshandlung, mit deren Erledigung der Gerichtsvollzieher beauftragt worden ist, aus Rechtsgründen oder infolge von Umständen, die weder in der Person des Gerichtsvollziehers liegen noch von seiner Entschließung abhängig sind, nicht erledigt wird. Dies gilt insbesondere auch, wenn nach dem Inhalt des Protokolls pfändbare Gegenstände nicht vorhanden sind oder die Pfändung nach § 803 Abs. 2, § 811 Absatz 4 und § 851b Absatz 3 Satz 3 ZPO zu unterbleiben hat. Eine Gebühr wird nicht erhoben, wenn der Auftrag an einen anderen Gerichtsvollzieher abgegeben wird oder hätte abgegeben werden können.

	Nicht erledigte	
600	– Zustellung (Nummern 100 und 101)	3,30 €
601	– Wegnahme einer Person (Nummer 230)	28,60 €
602	– Entsetzung aus dem Besitz (Nummer 240), Wegnahme ausländischer Schiffe (Nummer 242) oder Übergabe an den Verwalter (Nummer 243)	35,20 €
603	– Beurkundung eines Leistungsangebots (Nummer 411)	6,60 €
604	– Amtshandlung der in den Nummern 205 bis 207, 210 bis 221, 250 bis 301, 310, 400, 410 und 420 genannten Art	16,50 €
	Die Gebühr für die nicht abgenommene Vermögensauskunft wird nicht erhoben, wenn diese deshalb nicht abgenommen wird, weil der Schuldner sie innerhalb der letzten zwei Jahre bereits abgegeben hat (§ 802d Abs. 1 Satz 1 ZPO). Für einen nicht erledigten Versuch einer gütlichen Erledigung der Sache wird in dem in Nummer 208 genannten Fall eine Gebühr nicht erhoben.	

Nr.	Auslagentatbestand	Höhe
	Abschnitt 7. Auslagen	
700	Pauschale für die Herstellung und Überlassung von Dokumenten:	
	1. Kopien und Ausdrucke,	
	a) die auf Antrag angefertigt oder per Telefax übermittelt werden,	
	b) die angefertigt werden, weil der Auftraggeber es unterlassen hat, die erforderliche Zahl von Mehrfertigungen beizufügen:	
	für die ersten 50 Seiten je Seite	0,50 €
	für jede weitere Seite	0,15 €
	für die ersten 50 Seiten in Farbe je Seite	1,00 €
	für jede weitere Seite in Farbe	0,30 €

EL 187 Oktober 2021

123 GvKostG Anl.

Kostenverzeichnis

Nr.	Auslagentatbestand	Höhe
	2. Überlassung von elektronisch gespeicherten Dateien oder deren Bereitstellung zum Abruf anstelle der in Nummer 1 genannten Kopien und Ausdrucke:	
	je Datei	1,50 €
	für die in einem Arbeitsgang überlassenen, bereitgestellten oder in einem Arbeitsgang auf denselben Datenträger übertragenen Dokumente insgesamt höchstens	5,00 €
	(1) Die Höhe der Dokumentenpauschale nach Nummer 1 ist bei Durchführung eines Auftrags und für jeden Kostenschuldner nach § 13 Abs. 1 Nr. 1 GvKostG gesondert zu berechnen; Gesamtschuldner gelten als ein Schuldner.	
	(2) Werden zum Zweck der Überlassung von elektronisch gespeicherten Dateien Dokumente zuvor auf Antrag von der Papierform in die elektronische Form übertragen, beträgt die Dokumentenpauschale nach Nummer 2 nicht weniger als die Dokumentenpauschale im Fall der Nummer 1 betragen würde.	
	(3) § 191a Abs. 1 Satz 5 GVG bleibt unberührt.	
	(4) Eine Dokumentenpauschale für die erste Kopie oder den ersten Ausdruck des Vermögensverzeichnisses und der Niederschrift über die Abgabe der Vermögensauskunft wird von demjenigen Kostenschuldner nicht erhoben, von dem die Gebühr 260 oder 261 zu erheben ist. Entsprechendes gilt, wenn anstelle der in Satz 1 genannten Kopien oder Ausdrucke elektronisch gespeicherte Dateien überlassen werden (§ 802d Abs. 2 ZPO).	
701	Entgelte für Zustellungen mit Zustellungsurkunde	in voller Höhe
702	Auslagen für öffentliche Bekanntmachungen und Einstellung eines Ausgebots auf einer Versteigerungsplattform zur Versteigerung im Internet	in voller Höhe
	Auslagen werden nicht erhoben für die Bekanntmachung und Einstellung in einem elektronischen Informations- und Kommunikationssystem, wenn das Entgelt nicht für den Einzelfall oder nicht für ein einzelnes Verfahren berechnet wird.	
703	Nach dem JVEG an Zeugen, Sachverständige, Dolmetscher und Übersetzer zu zahlende Beträge	in voller Höhe
	(1) Die Beträge werden auch erhoben, wenn aus Gründen der Gegenseitigkeit, der Verwaltungsvereinfachung oder aus vergleichbaren Gründen keine Zahlungen zu leisten sind.	
	(2) Auslagen für Kommunikationshilfen zur Verständigung mit einer hör- oder sprachbehinderten Person (§ 186 GVG) und für Übersetzer, die zur Erfüllung der Rechte blinder oder sehbehinderter Personen herangezogen werden (§ 191a Abs. 1 GVG), werden nicht erhoben.	
704	An die zum Öffnen von Türen und Behältnissen sowie an die zur Durchsuchung von Schuldnern zugezogenen Personen zu zahlende Beträge	in voller Höhe
705	Kosten für die Umschreibung eines auf den Namen lautenden Wertpapiers oder für die Wiederinkurssetzung eines Inhaberpapiers	in voller Höhe

Kostenverzeichnis Anl. **GvKostG 123**

Nr.	Auslagentatbestand	Höhe
706	Kosten, die von einem Kreditinstitut erhoben werden, weil ein Scheck des Schuldners nicht eingelöst wird	in voller Höhe
707	An Dritte zu zahlende Beträge für die Beförderung von Personen, Tieren und Sachen, das Verwahren von Tieren und Sachen, das Füttern von Tieren, die Beaufsichtigung von Sachen sowie das Abernten von Früchten .... Diese Vorschrift ist nicht anzuwenden bei dem Transport von Sachen oder Tieren an den Ersteher oder an einen von diesem benannten Dritten im Rahmen der Verwertung.	in voller Höhe
708	An deutsche Behörden für die Erfüllung von deren eigenen Aufgaben zu zahlende Gebühren sowie diejenigen Auslagen, die diesen Behörden, öffentlichen Einrichtungen oder deren Bediensteten als Ersatz für Auslagen der in den Nummern 700 und 701 bezeichneten Art zustehen	in voller Höhe
709	Kosten für Arbeitshilfen	in voller Höhe
710	Pauschale für die Benutzung von eigenen Beförderungsmitteln des Gerichtsvollziehers zur Beförderung von Personen und Sachen je Fahrt	6,00 €
711	Wegegeld je Auftrag für zurückgelegte Wegstrecken, wenn sich aus einer Rechtsverordnung nach § 12a GvKostG nichts anderes ergibt,	
	– Stufe 1: bis zu 10 Kilometer	3,25 €
	– Stufe 2: von mehr als 10 Kilometern bis 20 Kilometer	6,50 €
	– Stufe 3: von mehr als 20 Kilometern bis 30 Kilometer	9,75 €
	– Stufe 4: von mehr als 30 Kilometern bis 40 Kilometer	13,00 €
	– Stufe 5: von mehr als 40 Kilometern	16,25 €
	(1) Das Wegegeld wird erhoben, wenn der Gerichtsvollzieher zur Durchführung des Auftrags Wegstrecken innerhalb des Bezirks des Amtsgerichts, dem der Gerichtsvollzieher zugewiesen ist, oder innerhalb des dem Gerichtsvollzieher zugewiesenen Bezirks eines anderen Amtsgerichts zurückgelegt hat. (2) Maßgebend ist die Entfernung von dem Amtsgericht, dem der Gerichtsvollzieher zugewiesen ist, zum Ort der Amtshandlung, wenn nicht die Entfernung vom Geschäftszimmer des Gerichtsvollziehers geringer ist. Werden mehrere Wege zurückgelegt, ist der Weg mit der weitesten Entfernung maßgebend. Die Entfernung ist nach der Luftlinie zu messen. (3) Wegegeld wird nicht erhoben für 1. die sonstige Zustellung (Nummer 101), 2. die Versteigerung von Pfandstücken, die sich in der Pfandkammer befinden, und 3. im Rahmen des allgemeinen Geschäftsbetriebes zurückzulegende Wege, insbesondere zur Post und zum Amtsgericht. (4) In den Fällen des § 10 Abs. 2 Satz 1 und 2 GvKostG wird das Wegegeld für jede Vollstreckungshandlung, im Falle der Vorpfändung für jede Zustellung an einen Drittschuldner gesondert erhoben. Zieht der	

123 GvKostG Anl. Kostenverzeichnis

Nr.	Auslagentatbestand	Höhe
	Gerichtsvollzieher Teilbeträge ein (§ 802b ZPO), wird das Wegegeld für den Einzug des zweiten und sodann jedes weiteren Teilbetrages je einmal gesondert erhoben. Das Wegegeld für den Einzug einer Rate entsteht bereits mit dem ersten Versuch, die Rate einzuziehen.	
712	Bei Geschäften außerhalb des Bezirks des Amtsgerichts, dem der Gerichtsvollzieher zugewiesen ist, oder außerhalb des dem Gerichtsvollzieher zugewiesenen Bezirks eines anderen Amtsgerichts, Reisekosten nach den für den Gerichtsvollzieher geltenden beamtenrechtlichen Vorschriften	in voller Höhe
713	Pauschale für die Dokumentation mittels geeigneter elektronischer Bildaufzeichnungsmittel (§ 885a Abs. 2 Satz 2 ZPO)	5,00 €
	Mit der Pauschale sind insbesondere die Aufwendungen für die elektronische Datenaufbewahrung abgegolten.	
714	An Dritte zu zahlende Beträge für den Versand oder den Transport von Sachen oder Tieren im Rahmen der Verwertung an den Ersteher oder an einen von diesem benannten Dritten und für eine von dem Ersteher beantragte Versicherung für den Versand oder den Transport	in voller Höhe
715	Kosten für die Verpackung im Fall der Nummer 714	in voller Höhe – mindestens 3,00 €
716	Pauschale für sonstige bare Auslagen je Auftrag	20 % der zu erhebenden Gebühren – mindestens 3,00 €, höchstens 10,00 €
717	Umsatzsteuer auf die Kosten	in voller Höhe
	Dies gilt nicht, wenn die Umsatzsteuer nach § 19 Abs. 1 UStG unerhoben bleibt.	

Für handschriftliche Notizen

Für handschriftliche Notizen

Für handschriftliche Notizen

Für handschriftliche Notizen

Für handschriftliche Notizen

Für handschriftliche Notizen

Für handschriftliche Notizen

Für handschriftliche Notizen

Für handschriftliche Notizen

Für handschriftliche Notizen

Für handschriftliche Notizen

Für handschriftliche Notizen

Für handschriftliche Notizen

Für handschriftliche Notizen

Für handschriftliche Notizen

Für handschriftliche Notizen

Für handschriftliche Notizen

Für handschriftliche Notizen

Für handschriftliche Notizen

Für handschriftliche Notizen